해커스 토익 RC

실전 1000제 1 READING

해설집

해커스 어학연구소

최신 토익 경향을 완벽하게 반영한
해커스 토익 실전 1000제 1 READING 해설집을 내면서

해커스 토익이 항상 독보적인 베스트셀러의 자리를 지킬 수 있는 것은 **늘 처음과 같은 마음으로 더 좋은 책**을 만들기 위해 고민하고, **최신 경향을 반영하기 위해 끊임없이 노력**하기 때문입니다.

그리고 이러한 노력 끝에 **최신 토익 경향을 반영한**《**해커스 토익 실전 1000제 1 Reading 해설집**》(최신개정판)을 출간하게 되었습니다.

최신 출제 경향의 문제 이해로 실전 완벽 대비!

최신 토익 출제 경향이 완벽 반영된《해커스 토익 실전 1000제 1 Reading 문제집》의 모든 문제 유형을 세분화하고, 각 유형에 따른 명쾌한 해설로 문제를 제대로 이해하고 풀 수 있도록 하였습니다. 이러한 문제 이해를 바탕으로 실전에 보다 철저하게 대비할 수 있으며, 나아가 토익 리딩 실력 또한 향상시킬 수 있도록 하였습니다.

상세한 해설과 문제 풀이 전략 적용을 통한 고득점 달성!

모든 문제에 대한 해석과 정답에 대한 해설은 기본이고, 오답까지 상세하게 분석한 해설과 중요 어휘를 수록하여 문제를 확실하게 이해하고 학습할 수 있습니다. 또한, 모든 문제에 난이도를 표시하여 자신의 실력과 학습 목표에 따라 학습할 수 있을 뿐만 아니라, 지문에서 정답의 단서가 되는 부분이 질문이나 정답 보기에서 어떻게 바뀌어 표현되었는지를 한눈에 확인할 수 있는 '바꾸어 표현하기' 등 문제 풀이에 실질적으로 도움이 되는 구성도 함께 수록하여 실전 고득점 달성이 가능합니다.

《**해커스 토익 실전 1000제 1 Reading 해설집**》이 여러분의 토익 목표 점수 달성에 확실한 해결책이 되고 영어 실력 향상, 나아가 여러분의 꿈을 향한 길에 믿음직한 동반자가 되기를 소망합니다.

해커스 어학연구소

CONTENTS

상세한 해설집으로 토익 점수
확실하게 잡는다!

PART 5 해설 미리보기

1. 문제, 해석
2. 난이도
3. 문제 유형
4. 해설
5. 어휘

■ PART 5

101
The CEO will ------- meet with clients during his visit to Berlin.

(A) brief (B) briefing
(C) briefest (D) briefly

최고경영자는 베를린으로의 방문 동안 고객들과 짧게 만날 것이다.

정답 (D)

■ 부사 자리
조동사(will)와 동사원형(meet) 사이에 와서 동사를 꾸며줄 수 있는 부사 (D) briefly(짧게)가 정답이다. 형용사 (A), 명사 (B), 형용사의 최상급 (C)는 동사를 꾸밀 수 없다.

어휘 client n. 고객 briefing n. 브리핑, 요약 보고

PART 6 해설 미리보기

1. 문제, 해석
5. 어휘
3. 문제 유형
2. 난이도
4. 해설

■ PART 6

Questions 131-134 refer to the following notice.

131-134는 다음 공고에 관한 문제입니다.

Notice for Carmel Tower Residents

On July 20, Carmel Tower will ------- work on a refurbishment of the building's hallways. The project will take four weeks to complete. During this period, work crews will need to enter the building. -------, access to the service elevator will be temporarily limited. Rest assured, efforts will be made to avoid ------- to building occupants. However, some noise and dust may be anticipated. -------. Contact the building management office if you have any concerns.

Carmel 타워 주민들을 위한 공고

131 7월 20일에, Carmel 타워는 건물의 복도를 재단장하는 작업을 시작할 것입니다. 그 프로젝트는 완료하는 데 4주가 걸릴 것입니다. 이 기간 동안, 작업자들이 건물에 들어가야 할 것입니다. 132 따라서, 서비스 엘리베이터의 출입이 일시적으로 제한될 것입니다. 133 건물 입주자분들께 지장을 드리지 않도록 노력할 것이므로 안심하십시오. 그러나, 약간의 소음과 먼지가 예상될 수 있습니다. 134 불편을 최소화하기 위해 문을 닫아주십시오. 우려가 있으시면 건물 관리 사무소로 연락해 주십시오.

131 (A) interrupt
(B) initiate
(C) postpone
(D) conclude

132 (A) Conversely
(B) Formerly
(C) Consequently
(D) Similarly

133 (A) disrupts
(B) disrupted
(C) disruptions
(D) disrupt

134 (A) Severe weather has been forecast for this weekend.
(B) Notices will be sent when the entrance has been reopened.
(C) Every worker is responsible for keeping their area safe.
(D) Please keep doors closed to minimize the inconvenience.

어휘 resident n. 주민, 거주자 refurbishment n. 재단장 hallway n. 복도 temporarily adv. 일시적으로 rest assured phr. 안심하다, 믿어도 된다 occupant n. 입주자 dust n. 먼지 anticipate v. 예상하다, 예측하다 management n. 관리 concern n. 우려, 걱정

131 ■ 동사 어휘 주변 문맥 파악

정답 (B)

'건물의 복도를 재단장하는 작업을 ___ 할 것이다'라는 문맥이므로 모든 보기가 정답의 후보이다. 빈칸이 있는 문장만으로는 정답을 고를 수 없으므로 주변 문맥이나 전체 문맥을 파악해야 한다. 뒤 문장에서 그 프로젝트는 완료하는 데 4주가 걸릴 것이라고 했으므로, 건물의 복도를 재단장하는 작업을 시작할 것임을 알 수 있다. 따라서 동사 (B) initiate(시작하다)가 정답이다. (A) interrupt는 '중단시키다', (C) postpone은 '연기하다', (D) conclude는 '끝내다'라는 의미이다.

PART 5 & 6

1. 문제, 해석

최신 출제 경향과 난이도가 반영된 문제를 해설집에도 그대로 수록하였습니다. 해설을 보기 전에, 문제를 다시 한번 풀어보며 자신이 어떤 과정으로 정답을 선택했는지 되짚어보고, 함께 수록된 정확한 해석을 보며 문제를 확실히 이해하고 문장 구조를 꼼꼼하게 파악합니다.

2. 난이도

사전 테스트를 거쳐 검증된 문제별 난이도를 '하, 중, 상, 최상'의 4단계로 나누어 각 문제 번호 아래에 표시하였습니다. 각 문제별 난이도를 참고하여 자신의 실력과 학습 목표에 따라 학습할 수 있습니다.

3. 문제 유형

자주 틀리는 문제 유형을 쉽게 파악할 수 있도록 모든 문제마다 문제 유형을 제시하였습니다. 문제 유형은 모두 《해커스 토익 Reading》의 목차 목록과 동일하여, 특정 유형에 대해 보완 학습이 필요할 경우 쉽게 참고할 수 있도록 하였습니다.

4. 해설

문제 유형별로 가장 효과적인 해결 방법을 제시하였을 뿐만 아니라, 오답 보기가 오답이 되는 이유까지도 상세하게 설명하였습니다. 이와 함께, 중요 문법·어휘를 함께 학습할 수 있도록 문법·어휘 포인트 설명을 추가로 제공하였습니다.

5. 어휘

문제 풀이 시 사전을 찾는 불편을 덜 수 있도록 지문 및 문제에서 사용된 단어나 어구의 뜻을 품사 표시와 함께 수록하였습니다.

PART 7 해설 미리보기

1. 지문, 문제, 해석
3. 정답의 단서
6. 어휘
2. 난이도
4. 문제 유형
7. 바꾸어 표현하기
5. 해설

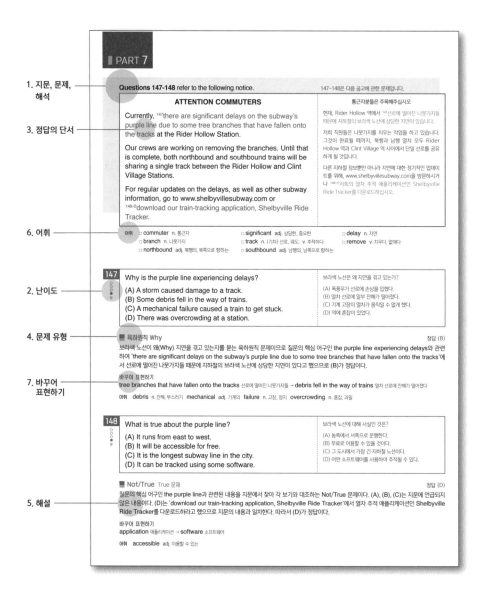

PART 7

Questions 147-148 refer to the following notice.

147-148은 다음 공고에 관한 문제입니다.

ATTENTION COMMUTERS

Currently, [147]there are significant delays on the subway's purple line due to some tree branches that have fallen onto the tracks at the Rider Hollow Station.

Our crews are working on removing the branches. Until that is complete, both northbound and southbound trains will be sharing a single track between the Rider Hollow and Clint Village Stations.

For regular updates on the delays, as well as other subway information, go to www.shelbyvillesubway.com or [148-D]download our train-tracking application, Shelbyville Ride Tracker.

통근자분들은 주목해주십시오.

현재, Rider Hollow 역에서 [147]선로에 떨어진 나뭇가지들 때문에 지하철의 보라색 노선에 상당한 지연이 있습니다.

저희 직원들은 나뭇가지를 치우는 작업을 하고 있습니다. 그것이 완료될 때까지, 북행과 남행 열차 모두 Rider Hollow 역과 Clint Village 역 사이에서 단일 선로를 공유하게 될 것입니다.

다른 지하철 정보뿐만 아니라 지연에 대한 정기적인 업데이트를 위해, www.shelbyvillesubway.com을 방문하시거나 [148-D]저희의 열차 추적 애플리케이션인 Shelbyville Ride Tracker를 다운로드하십시오.

어휘 □ **commuter** n. 통근자   □ **significant** adj. 상당한, 중요한   □ **delay** n. 지연
□ **branch** n. 나뭇가지   □ **track** n. (기차) 선로, 궤도; v. 추적하다   □ **remove** v. 치우다, 없애다
□ **northbound** adj. 북행의, 북쪽으로 향하는   □ **southbound** adj. 남행의, 남쪽으로 향하는

147

Why is the purple line experiencing delays?

(A) A storm caused damage to a track.
(B) Some debris fell in the way of trains.
(C) A mechanical failure caused a train to get stuck.
(D) There was overcrowding at a station.

보라색 노선은 왜 지연을 겪고 있는가?

(A) 폭풍우가 선로에 손상을 입혔다.
(B) 열차 선로에 일부 잔해가 떨어졌다.
(C) 기계 고장이 열차를 움직일 수 없게 했다.
(D) 역에 혼잡이 있었다.

■ 육하원칙 Why   정답 (B)

보라색 노선이 왜(Why) 지연을 겪고 있는지를 묻는 육하원칙 문제이므로 질문의 핵심 어구인 the purple line experiencing delays와 관련하여 'there are significant delays on the subway's purple line due to some tree branches that have fallen onto the tracks'에서 선로에 떨어진 나뭇가지들 때문에 지하철의 보라색 노선에 상당한 지연이 있다고 했으므로 (B)가 정답이다.

바꾸어 표현하기
tree branches that have fallen onto the tracks 선로에 떨어진 나뭇가지들 → debris fell in the way of trains 열차 선로에 잔해가 떨어졌다

어휘   **debris** n. 잔해, 부스러기   **mechanical** adj. 기계의   **failure** n. 고장, 정지   **overcrowding** n. 혼잡, 과밀

148

What is true about the purple line?

(A) It runs from east to west.
(B) It will be accessible for free.
(C) It is the longest subway line in the city.
(D) It can be tracked using some software.

보라색 노선에 대해 사실인 것은?

(A) 동쪽에서 서쪽으로 운행한다.
(B) 무료로 이용할 수 있을 것이다.
(C) 그 도시에서 가장 긴 지하철 노선이다.
(D) 어떤 소프트웨어를 사용하여 추적될 수 있다.

■ Not/True True 문제   정답 (D)

질문의 핵심 어구인 the purple line과 관련된 내용을 지문에서 찾아 각 보기와 대조하는 Not/True 문제이다. (A), (B), (C)는 지문에 언급되지 않은 내용이다. (D)는 'download our train-tracking application, Shelbyville Ride Tracker'에서 열차 추적 애플리케이션인 Shelbyville Ride Tracker를 다운로드하라고 했으므로 지문의 내용과 일치한다. 따라서 (D)가 정답이다.

바꾸어 표현하기
application 애플리케이션 → software 소프트웨어

어휘   **accessible** adj. 이용할 수 있는

PART 7

1. 지문, 문제, 해석

최신 출제 경향과 난이도가 반영된 지문 및 문제를 해설집에도 그대로 수록하였습니다. 해설을 보기 전에 문제를 다시 한번 풀어보며 자신이 어떤 과정으로 정답을 선택했는지 되짚어보고, 함께 수록된 정확한 해석을 보며 문제를 확실히 이해하고 문장 구조를 꼼꼼하게 파악합니다.

2. 난이도

사전 테스트를 거쳐 검증된 문제별 난이도를 '하, 중, 상, 최상'의 4단계로 나누어 각 문제 번호 아래에 표시하였습니다. 각 문제별 난이도를 참고하여 자신의 실력과 학습 목표에 따라 학습할 수 있습니다.

3. 정답의 단서

지문에서 정답을 선택하는 데 결정적인 단서가 되는 부분을 파란색으로 표시하였습니다. 해설을 읽기 전에 먼저 지문에서 파란색으로 표시된 단서를 찾고, 정답을 선택하는 연습을 합니다.

4. 문제 유형

모든 문제에 세분화된 유형을 표시하여 해설에서 출제 유형에 따른 문제 풀이 방법을 익힐 수 있도록 하였습니다. 문제 유형은 모두 《해커스 토익 Reading》의 목차 목록과 동일하여, 특정 유형에 대해 보완 학습이 필요할 경우 쉽게 참고할 수 있도록 하였습니다.

5. 해설

질문 유형별로 가장 효율적인 해결 방법이 적용된 문제 풀이 방법을 제시하였습니다. 질문의 핵심 어구를 파악하고, 이를 지문에서 찾아 보기와 연결하고 정답을 선택하는 문제 풀이 과정을 읽는 것만으로도 자연스럽게 Part 7의 유형별 문제 풀이 전략을 익힐 수 있습니다.

6. 어휘

문제 풀이 시 사전을 찾는 불편을 덜 수 있도록 지문 및 문제에서 사용된 단어나 어구의 뜻을 품사 표시와 함께 수록하였습니다.

7. 바꾸어 표현하기

지문의 내용이 질문이나 보기에서 바꾸어 표현된 경우, [지문의 표현 → 보기의 표현] 혹은 [질문의 표현 → 지문의 표현]으로 정리하여 한눈에 확인할 수 있도록 하였습니다. 이를 통해 Part 7 풀이 전략을 익히고 나아가 고득점 달성이 가능하도록 하였습니다.

토익 소개 및 시험장 Tips

토익이란 무엇인가?

TOEIC은 **Test Of English for International Communication**의 약자로 영어가 모국어가 아닌 사람들을 대상으로 언어 본래의 기능인 '커뮤니케이션' 능력에 중점을 두고 일상생활 또는 국제 업무 등에 필요한 실용영어 능력을 평가하는 시험입니다. 토익은 일상생활 및 비즈니스 현장에서 필요로 하는 내용을 평가하기 위해 개발되었고 다음과 같은 실용적인 주제들을 주로 다룹니다.

- 협력 개발: 연구, 제품 개발
- 재무 회계: 대출, 투자, 세금, 회계, 은행 업무
- 일반 업무: 계약, 협상, 마케팅, 판매
- 기술 영역: 전기, 공업 기술, 컴퓨터, 실험실
- 사무 영역: 회의, 서류 업무
- 물품 구입: 쇼핑, 물건 주문, 대금 지불

- 식사: 레스토랑, 회식, 만찬
- 문화: 극장, 스포츠, 피크닉
- 건강: 의료 보험, 병원 진료, 치과
- 제조: 생산 조립 라인, 공장 경영
- 직원: 채용, 은퇴, 급여, 진급, 고용 기회
- 주택: 부동산, 이사, 기업 부지

토익의 파트별 구성

구성		내용	문항 수	시간	배점
Listening Test	Part 1	사진 묘사	6문항 (1번~6번)	45분	495점
	Part 2	질의 응답	25문항 (7번~31번)		
	Part 3	짧은 대화	39문항, 13지문 (32번~70번)		
	Part 4	짧은 담화	30문항, 10지문 (71번~100번)		
Reading Test	Part 5	단문 빈칸 채우기 (문법/어휘)	30문항 (101번~130번)	75분	495점
	Part 6	장문 빈칸 채우기 (문법/어휘/문장 고르기)	16문항, 4지문 (131번~146번)		
	Part 7	지문 읽고 문제 풀기(독해) - 단일 지문 (Single Passage) - 이중 지문 (Double Passages) - 삼중 지문 (Triple Passages)	54문항, 15지문 (147번~200번) - 29문항, 10지문 (147번~175번) - 10문항, 2지문 (176번~185번) - 15문항, 3지문 (186번~200번)		
Total		7 Parts	200문항	120분	990점

토익 접수 방법 및 성적 확인

1. 접수 방법
- 접수 기간을 TOEIC위원회 인터넷 사이트(www.toeic.co.kr) 혹은 공식 애플리케이션에서 확인하고 접수합니다.
- 접수 시 jpg형식의 사진 파일이 필요하므로 미리 준비합니다.

2. 성적 확인
- 시험일로부터 약 10일 이후 TOEIC위원회 인터넷 사이트(www.toeic.co.kr) 혹은 공식 애플리케이션에서 확인합니다. (성적 발표 기간은 회차마다 상이함)
- 시험 접수 시, 우편 수령과 온라인 출력 중 성적 수령 방법을 선택할 수 있습니다.
  *온라인 출력은 성적 발표 즉시 발급 가능하나, 우편 수령은 약 7일가량의 발송 기간이 소요될 수 있습니다.

시험 당일 준비물

| 신분증 | 연필&지우개 | 시계 | 수험번호를 적어둔 메모 | 오답노트&단어암기장 |

* 시험 당일 신분증이 없으면 시험에 응시할 수 없으므로, 반드시 ETS에서 요구하는 신분증(주민등록증, 운전면허증, 공무원증 등)을 지참해야 합니다.
  ETS에서 인정하는 신분증 종류는 TOEIC위원회 인터넷 사이트(www.toeic.co.kr)에서 확인 가능합니다.

시험 진행 순서

정기시험/추가시험(오전)	추가시험(오후)	진행내용	유의사항
AM 9:30 - 9:45	PM 2:30 - 2:45	답안지 작성 오리엔테이션	10분 전에 고사장에 도착하여, 이름과 수험번호로 고사실을 확인합니다.
AM 9:45 - 9:50	PM 2:45 - 2:50	쉬는 시간	준비해간 오답노트나 단어암기장으로 최종 정리를 합니다. 시험 중간에는 쉬는 시간이 없으므로 화장실에 꼭 다녀오도록 합니다.
AM 9:50 - 10:10	PM 2:50 - 3:10	신분 확인 및 문제지 배부	
AM 10:10 - 10:55	PM 3:10 - 3:55	Listening Test	Part 1과 Part 2는 문제를 풀면서 정답을 바로 답안지에 마킹합니다. Part 3와 Part 4는 문제의 정답 보기 옆에 살짝 표시해두고, Listening Test가 끝난 후 한꺼번에 마킹합니다.
AM 10:55 - 12:10	PM 3:55 - 5:10	Reading Test	각 문제를 풀 때 바로 정답을 마킹합니다.

* 추가시험은 토요일 오전 또는 오후에 시행되므로 이 사항도 꼼꼼히 확인합니다.

* 당일 진행 순서에 대한 더 자세한 내용은 해커스토익(Hackers.co.kr) 사이트에서 확인할 수 있습니다.

파트별 형태 및 전략

Part 5 단문 빈칸 채우기 (30문제)

· 한 문장의 빈칸에 알맞은 문법 사항이나 어휘를 4개의 보기 중에서 고르는 유형
· 권장 소요 시간: 11분 (문제당 풀이 시간: 20초~22초)

문제 형태

1 문법

> **101.** Mr. Monroe announced his ------- to retire from the firm at a meeting last week.
>
> (A) decides
> (B) decisively
> (C) decision
> (D) decisive

해설 101. 빈칸 앞에 형용사 역할을 하는 소유격 인칭대명사(his)가 왔으므로 형용사의 꾸밈을 받을 수 있는 명사 (C)가 정답이다.

2 어휘

> **102.** Effective on Monday, employees must start ------- a new procedure for ordering office supplies.
>
> (A) causing
> (B) following
> (C) excluding
> (D) informing

해설 102. '직원들은 새로운 절차를 ____하기 시작해야 한다'라는 문맥에 가장 잘 어울리는 단어는 동사 follow의 동명사 (B)이다.

문제 풀이 전략

1. 보기를 보고 문법 문제인지, 어휘 문제인지 유형을 파악합니다.
네 개의 보기를 보고 문법 사항을 묻는 문제인지, 어휘의 의미를 묻는 문제인지를 파악합니다. 보기가 첫 번째 예제의 decides, decisively, decision, decisive처럼 품사가 다른 단어들로 구성되어 있으면 문법 문제이고, 두 번째 예제의 causing, following, excluding, informing처럼 품사는 같지만 의미가 다른 단어들로 구성되어 있으면 어휘 문제입니다.

2. 문제 유형에 따라 빈칸 주변이나 문장 구조 또는 문맥을 통해 정답을 선택합니다.
문법 문제는 빈칸 주변이나 문장 구조를 통해 빈칸에 적합한 문법적 요소를 정답으로 선택합니다. 어휘 문제의 경우 문맥을 확인하여 문맥에 가장 적합한 단어를 정답으로 선택합니다.

* 실제 시험을 볼 때, Part 1과 Part 2의 디렉션이 나오는 동안 Part 5 문제를 최대한 많이 풀면 전체 시험 시간 조절에 도움이 됩니다.

Part 6 장문 빈칸 채우기 (16문제)

· 한 지문 내의 4개의 빈칸에 알맞은 문법 사항이나 어휘, 문장을 고르는 유형. 총 4개의 지문 출제.
· 권장 소요 시간: 8분 (문제당 풀이 시간: 25초~30초)

문제 형태

Questions 131-134 refer to the following e-mail.

Dear Ms. Swerter,

It was a treat to see your group ------- its music at the community event in Morristown. Do you think you
131.
could do the same for us at a private gathering next month? My company ------- a welcoming
132.
celebration for some clients. -------. We are planning a special dinner and are hoping your group can
133.
provide the accompanying entertainment. We'd also like to book the dancers who were with you at the
concert. Their performance was quite ------- to watch. Our guests would surely enjoy seeing both acts
134.
together. Please let me know.

Shannon Lemmick

어휘 **131.**	(A) act (B) explain (C) perform (D) observe	문장 고르기 **133.**	(A) I'd like to buy tickets for the afternoon show. (B) You may request their services for an additional charge. (C) It will be their first time meeting with my company's staff. (D) We approve of the schedule you have proposed.
문법 **132.**	(A) will be hosting (B) hosted (C) hosts (D) to host	어휘 **134.**	(A) tough (B) thrilling (C) content (D) punctual

해설 131. '당신의 그룹이 지역 사회 행사에서 곡을 연주하는 것을 보게 되어 좋았다'라는 문맥이므로 동사 (C)가 정답이다.

132. 앞 문장에서 다음 달에 같은 공연을 해줄 수 있는지 물었으므로 행사가 미래에 열린다는 것을 알 수 있다. 따라서 미래 시제 (A)가 정답이다.

133. 앞 문장에서 '회사는 몇몇 고객들을 위한 환영 행사를 개최할 것이다'라고 했으므로 빈칸에는 고객들과의 만남에 대한 추가적인 내용이 들어가야 함을 알 수 있다. 따라서 (C)가 정답이다.

134. '그들의 공연은 관람하기에 꽤 황홀했다'라는 문맥이므로 형용사 (B)가 정답이다.

문제 풀이 전략

1. 보기를 보고 문제 유형을 파악합니다.

보기를 먼저 보고 문법 문제, 어휘 문제, 문장 고르기 문제 가운데 어떤 유형의 문제인지를 파악합니다.

2. 문제 유형에 따라 빈칸이 포함된 문장이나, 앞뒤 문장, 또는 전체 지문의 문맥을 통해 정답을 선택합니다.

Part 6에서는 빈칸이 포함된 문장뿐만 아니라 앞뒤 문장, 전체 지문의 문맥을 통해 정답을 파악해야 하는 문제도 출제됩니다. 그러므로 빈칸이 포함된 문장의 구조 및 문맥으로 정답 선택이 어려울 경우 앞뒤 문맥이나 전체 문맥을 통해 정답을 선택합니다.

Part 7 지문 읽고 문제 풀기 (54문제)

· 지문을 읽고 지문과 관련된 질문들에 대해 가장 적절한 보기를 정답으로 고르는 유형
· 구성: Single Passage에서 29문제, Double Passages에서 10문제, Triple Passages에서 15문제 출제
· 권장 소요 시간: 54분 (문제당 풀이 시간: 1분)

문제 형태

1 단일 지문 (Single Passage)

Questions 164-167 refer to the following advertisement.

AVALON WINDOWS
The window professionals

For over 30 years, homeowners have trusted Avalon Windows for expert window installation and repair. We offer quick and efficient service no matter what the job is. — [1] —. We ensure total customer satisfaction for a reasonable price. — [2] —. We provide accurate measurements, a complete project estimate with no hidden fees, and a 10-year warranty on all installations. We also offer a selection of window styles and sizes for you to choose from. — [3] —. Simply call us at 555-2092 to receive a free catalog in the mail or to schedule a consultation. Mention this advertisement when you call and receive 15 percent off your next window installation. — [4] —.

164. For whom is the advertisement intended?

(A) Real estate consultants
(B) Proprietors of residences
(C) Construction contractors
(D) Building supply retailers

165. What is true about Avalon Windows?

(A) It offers guarantees on installations.
(B) It also offers construction services.
(C) It plans to expand style selections.
(D) It charges a small fee for job estimates.

166. How can customers obtain discounts on a service?

(A) By ordering a specific number of windows
(B) By signing up on a Web site
(C) By mailing in a special coupon
(D) By mentioning an advertisement

167. In which of the positions marked [1], [2], [3], and [4] does the following sentence best belong?

"In fact, if you aren't pleased with our work, you'll get your money back."

(A) [1]
(B) [2]
(C) [3]
(D) [4]

해설　164. 주택 소유자들이 Avalon Windows사에 전문적인 창문 설치와 수리를 믿고 맡겨왔다고 했으므로 (B)가 정답이다.

165. Avalon Windows사가 모든 설치에 대해 10년의 보증을 제공한다고 했으므로 (A)가 정답이다.

166. 전화해서 이 광고를 언급하면 다음 창문 설치 시 15퍼센트 할인을 받는다고 했으므로 (D)가 정답이다.

167. 제시된 문장이 실제로 작업에 만족하지 않을 시에는 돈을 돌려받을 것이라고 했으므로, [2]에 제시된 문장이 들어가면 Avalon Windows사는 전면적인 고객 만족을 보장하므로 실제로 작업에 만족하지 않을 시에는 돈을 돌려받을 것이라는 자연스러운 문맥이 된다는 것을 알 수 있다. 따라서 (B)가 정답이다.

2 이중 지문 (Double Passages)

Questions 176-180 refer to the following e-mails.

To: Natalie Mercer <n.mercer@silverfield.com>
From: Robert Altieri <r.altieri@silverfield.com>
Subject: Digital Creators Conference (DCC)
Date: October 9
Attachment: DCC passes

Natalie,

I have attached four passes for you and your team to the upcoming DCC in San Francisco and would now like to go ahead and book your accommodations there. I know you stayed at the Gordon Suites and the Grand Burgess Hotel in previous years, but I think I have found some better options. Please indicate which of the following hotels you wish to stay at in response to this e-mail.

The Bismarck Hotel is close to the convention center but unfortunately does not offer access to Wi-Fi. Those who need to work from the hotel may thus be interested in the Newburg Plaza, which provides free Internet use. However, staying at this location would require the reservation of a car service, as it is a 20-minute drive from the conference venue.

Let me know which one you prefer when you have a moment. Also, please note that the passes I have attached allow entry to the event halls on all four days. Meals are not included, but there are places to purchase food at nearby restaurants. Thank you.

Robert

To: Robert Altieri <r.altieri@silverfield.com>
From: Natalie Mercer <n.mercer@silverfield.com>
Subject: Re: Digital Creators Conference (DCC)
Date: October 9

Robert,

I think it's best for us to have access to the Internet at the hotel. Some of my team members will be convening on evenings following the conference events and may want to reference information online. As for the car service, I believe we can have expenses reimbursed for that. Everyone agrees that a 20-minute ride doesn't sound like a major inconvenience.

But before you make the reservation, could you check what the rates are for parking at the hotel? Francine will be taking her own vehicle to San Francisco and will need to leave it in a lot for the duration of the conference. Thanks in advance.

Natalie

176. Why did Mr. Altieri write the e-mail?

(A) To invite a guest to speak at a conference
(B) To ask about a preference for a trip
(C) To explain a travel expense policy
(D) To ask for airline recommendations

177. What is NOT mentioned about the Digital Creators Conference?

(A) It lasts for four days.
(B) It is a short drive from the airport.
(C) It is close to dining establishments.
(D) It is being held in San Francisco.

178. In the second e-mail, the word "reference" in paragraph 1, line 2, is closest in meaning to

(A) mention
(B) supply
(C) search
(D) adapt

179. Which hotel will Mr. Altieri most likely book?

(A) The Gordon Suites
(B) The Grand Burgess Hotel
(C) The Bismarck Hotel
(D) The Newburg Plaza

180. What is indicated about Ms. Mercer?

(A) She has a team member who will bring her own car.
(B) She might change her mind about attending the DCC.
(C) She has an issue with Mr. Altieri's proposals.
(D) She is busy preparing for a series of presentations.

해설   176. 선택할 수 있는 2가지 숙박 시설 중 어느 것을 더 선호하는지 알려달라고 했으므로 (B)가 정답이다.

177. 공항에서 차로 가까운 거리에 있다는 내용은 지문에 언급되지 않았으므로 (B)가 정답이다.

178. reference를 포함하고 있는 구절 'will be convening ~ and may want to reference information online'에서 reference가 '찾아보다, 참고하다'라는 뜻으로 사용되었다. 따라서 '찾다'라는 의미의 (C)가 정답이다.

179. 두 번째 이메일에서 호텔에 인터넷 이용이 가능한 것이 좋을 것 같다고 했고, 첫 번째 이메일에서 Newburg Plaza가 무료 인터넷 이용을 제공한다고 했으므로 (D)가 정답이다.

180. 같이 회의에 가는 Francine이 자신의 차량을 샌프란시스코에 가져올 것이라고 했으므로 (A)가 정답이다.

3 삼중 지문 (Triple Passages)

Questions 186-190 refer to the following e-mail, schedule, and article.

TO: Ben Finch <ben.finch@mymail.com>
FROM: Taylor Gray <t.gray@streetmag.com>
SUBJECT: Welcome to *Street Magazine*
DATE: June 12

Hi Ben,

Congratulations on being selected as an intern for *Street Magazine*. For 25 years, the citizens of Seattle have looked to us weekly for the latest fashion, art, and music news.

Your internship will be from July 1 to December 31. You will report to me five days a week from 9:00 A.M. to 6:00 P.M. As an intern, you will not be a salaried employee, but we will provide an allowance for some expenses. If you do well, there may be a place for you here after your internship ends.

Please note that although you will have to do office work for various departments as the need arises, your responsibilities will be to research, take notes, and fact check content for me.

Taylor Gray

Personal Work Schedule: Taylor Gray
Thursday, August 7

Time	Activities	To do
09:30	Discuss budget with Mr. Robinson	
11:30	Leave for lunch appointment with photographer Stacy Larson	
13:00	Review photo submissions for "People" section	
14:30	Proofread articles for print version of lifestyle section	Send final list to Ms. McKee
16:00	Cover photo shoot at West Town Music Club	Assign to Ryan Oakley
16:30	Fact check music section for Web site	
17:30	Pick up laundry at Van's Cleaners	
18:00	Interview owner of Contempo Art Space	

Street Magazine

"Fusion In Fusion"
Opening Reception, Contempo Art Space
Thursday, August 7, 6:00 P.M. – 8:00 P.M.

This exhibit of artwork expresses an appreciation for all creative art forms, such as visual art, music, dance, film, and more. Works are representational or abstract, in 2D or 3D. All pieces exhibited in the main gallery will be for sale. This exhibit will be on display until November 6. For details, please contact gallery owner Mischa Michaels at 555-3941.

186. What is NOT true about the internship position at *Street Magazine*?

(A) It does not pay a regular salary.
(B) It involves working with different departments.
(C) It can lead to offers of a permanent job.
(D) It is available only during the summer.

187. What is suggested about *Street Magazine* in the e-mail?

(A) It is planning to relocate its office.
(B) It is published on a weekly basis.
(C) It is mainly devoted to fashion news.
(D) It has subscribers in many cities.

188. What task will Mr. Finch most likely be assigned on August 7?

(A) Proofreading lifestyle section material
(B) Collecting items from a laundry facility
(C) Reviewing photographic submissions
(D) Fact checking music section content

189. What can be inferred about Ms. Gray?

(A) She will be interviewing Ms. Michaels.
(B) She is unable to make her lunch appointment.
(C) She will be supervising a photo shoot.
(D) She is responsible for approving a budget.

190. What is mentioned about the exhibit at Contempo Art Space?

(A) It is a collection of past works by a group.
(B) Some of the artworks may be purchased on-site.
(C) It will run in conjunction with another event.
(D) Most of the participants are known artists.

해설   186. 이메일에서 *Street*지에서의 인턴직이 7월 1일부터 12월 31일까지라고 했으므로 (D)가 정답이다.

187. 지역 독자들이 *Street*지가 주간 단위로 최신 사건들을 알려줄 것이라고 기대해왔다고 했으므로 (B)가 정답이다.

188. 이메일에서 Ms. Finch가 맡을 일 중 Ms. Gray를 위해 온라인 기사의 사실 확인을 하는 것이 있다고 했고, 일정표에서 Ms. Gray의 8월 7일 일정에 웹사이트의 음악 부문에 대한 사실 확인이 포함되어 있으므로 (D)가 정답이다.

189. 일정표에서 Ms. Gray의 일정에 Contempo Art Space의 소유주와의 인터뷰가 있고, 기사에서 Contempo Art Space의 소유주가 Mischa Michaels라고 했으므로 (A)가 정답이다.

190. 기사에서 Contempo Art Space의 주요 갤러리에 전시된 모든 작품들은 판매될 것이라고 했으므로 (B)가 정답이다.

문제 풀이 전략

아래 전략 선택 TIP을 참고하여 <문제 먼저 읽고 지문 읽기> 또는 <지문 먼저 읽고 문제 읽기> 중 자신에게 맞는 전략을 택하여 빠르고 정확하게 문제를 풀 수 있도록 합니다.

전략 선택 TIP

1) 다음 주어진 글의 내용을 이해하며 읽는 데 몇 초가 걸리는지 기록해 둡니다.

Come join the annual office party on Friday, December 20th! Be sure to stop by Mr. Maschino's desk to inform him of your participation as well as the attendance of any accompanying family members. We hope to see you all there!

2) 아래 문제를 풀어봅니다.

What should employees tell Mr. Maschino about?
(A) Bringing family members to a party   (B) Planning for a celebration
(C) Catering for company events   (D) Giving cash to a charity

정답: (A)

글을 읽는 데 10초 이상이 걸렸거나 문제를 풀면서 다시 글의 내용을 확인했다면 → 전략 1

글을 읽는 데 10초 미만이 걸렸고, 문제를 한번에 풀었다면 → 전략 2

전략 1 문제 먼저 읽고 지문 읽기

1. **질문들을 빠르게 읽고 지문에서 확인할 내용을 파악합니다.**
   지문을 읽기 전 먼저 질문들을 빠르게 읽어서, 어떤 내용을 지문에서 중점적으로 읽어야 하는지 확인합니다.

2. **지문을 읽으며, 미리 읽어 두었던 질문과 관련된 내용이 언급된 부분에서 정답의 단서를 확인합니다.**
   미리 읽어 두었던 질문의 핵심 어구와 관련된 내용이 언급된 부분을 지문에서 찾아 정답의 단서를 확인합니다.

3. **정답의 단서를 그대로 언급했거나, 다른 말로 바꾸어 표현한 보기를 정답으로 선택합니다.**

전략 2 지문 먼저 읽고 문제 읽기

1. **지문의 종류나 글의 제목을 확인하여 지문의 전반적인 내용을 추측합니다.**

2. **지문을 읽으며 문제로 나올 것 같은 부분을 특히 꼼꼼히 확인합니다.**
   중심 내용, 특정 인물 및 사건, 예외 및 변동 등의 사항은 문제로 나올 가능성이 크므로 이러한 부분들을 집중적으로 확인하며 지문을 읽습니다.

3. **정답의 단서를 그대로 언급했거나, 다른 말로 바꾸어 표현한 보기를 정답으로 선택합니다.**

수준별 맞춤 학습 플랜

TEST 01을 마친 후 자신의 환산 점수에 맞는 학습 플랜을 선택하고 매일매일 박스에 체크하며 공부합니다. 각 TEST를 마친 후, 다양한 자료를 활용하여 각 테스트를 꼼꼼하게 리뷰합니다.

* 각 테스트를 마친 후, 해당 테스트의 점수를 문제집 앞쪽에 있는 [토익 Reading 목표 달성기]에 기록하여 자신의 점수 변화를 확인할 수 있습니다.

400점 이상
2주 완성 학습 플랜
· 2주 동안 매일 테스트 1회분을 문제집 뒤의 Answer Sheet(p.411)를 활용하여 실전처럼 풀어본 후 꼼꼼하게 리뷰합니다.
· 틀린 문제와 난이도 최상 문제를 다시 한번 풀어보며 완벽하게 이해합니다.
· 틀린 문제는 정답 및 오답 해설을 보며 오답이 왜 오답인지 그 이유까지 확실하게 파악합니다.

	Day 1	Day 2	Day 3	Day 4	Day 5
Week 1	☐ Test 01 풀기 및 리뷰	☐ Test 02 풀기 및 리뷰	☐ Test 03 풀기 및 리뷰	☐ Test 04 풀기 및 리뷰	☐ Test 05 풀기 및 리뷰
Week 2	☐ Test 06 풀기 및 리뷰	☐ Test 07 풀기 및 리뷰	☐ Test 08 풀기 및 리뷰	☐ Test 09 풀기 및 리뷰	☐ Test 10 풀기 및 리뷰

300~395점
3주 완성 학습 플랜
· 3주 동안 첫째 날, 둘째 날에 테스트 1회분씩을 풀어본 후 꼼꼼하게 리뷰하고, 셋째 날에는 2회분에 대한 심화 학습을 합니다.
· 틀린 문제와 난이도 상 이상의 문제를 다시 한번 풀어보며 완벽하게 이해합니다.
· 틀린 문제는 정답 및 오답 해설을 보며 오답이 왜 오답인지 그 이유까지 확실하게 파악합니다.
· 모든 문제마다 표시된 문제 유형을 보며 자신이 자주 틀리는 문제 유형이 무엇인지 파악하고 보완합니다.
· 지문에 파란색으로 표시된 정답의 단서를 보고 정답을 선택해보며 문제 풀이 노하우를 파악합니다.

	Day 1	Day 2	Day 3	Day 4	Day 5
Week 1	☐ Test 01 풀기 및 리뷰	☐ Test 02 풀기 및 리뷰	☐ Test 01&02 심화 학습	☐ Test 03 풀기 및 리뷰	☐ Test 04 풀기 및 리뷰
Week 2	☐ Test 03&04 심화 학습	☐ Test 05 풀기 및 리뷰	☐ Test 06 풀기 및 리뷰	☐ Test 05&06 심화 학습	☐ Test 07 풀기 및 리뷰
Week 3	☐ Test 08 풀기 및 리뷰	☐ Test 07&08 심화 학습	☐ Test 09 풀기 및 리뷰	☐ Test 10 풀기 및 리뷰	☐ Test 09&10 심화 학습

295점 이하
4주 완성 학습 플랜

· 4주 동안 이틀에 걸쳐 테스트 1회분을 풀고 꼼꼼하게 리뷰합니다.
· 틀린 문제와 난이도 중 이상의 문제를 다시 한번 풀어보며 완벽하게 이해합니다.
· 틀린 문제는 정답 및 오답 해설을 보며 오답이 왜 오답인지 그 이유까지 확실하게 파악합니다.
· 모든 문제마다 표시된 문제 유형을 보며 자신이 자주 틀리는 문제 유형이 무엇인지 파악하고 보완합니다.
· 지문에 파란색으로 표시된 정답의 단서를 보고 정답을 선택해보며 문제 풀이 노하우를 파악합니다.
· Part 7의 중요한 바꾸어 표현하기를 정리하고 암기합니다.

	Day 1	Day 2	Day 3	Day 4	Day 5
Week 1	☐ Test 01 풀기	☐ Test 01 리뷰	☐ Test 02 풀기	☐ Test 02 리뷰	☐ Test 03 풀기
Week 2	☐ Test 03 리뷰	☐ Test 04 풀기	☐ Test 04 리뷰	☐ Test 05 풀기	☐ Test 05 리뷰
Week 3	☐ Test 06 풀기	☐ Test 06 리뷰	☐ Test 07 풀기	☐ Test 07 리뷰	☐ Test 08 풀기
Week 4	☐ Test 08 리뷰	☐ Test 09 풀기	☐ Test 09 리뷰	☐ Test 10 풀기	☐ Test 10 리뷰

해커스와 함께라면 여러분의 목표를 더 빠르게 달성할 수 있습니다!
자신의 점수에 맞춰 아래 해커스 교재로 함께 학습하시면 더욱 빠르게 여러분이 목표한 바를 달성할 수 있습니다.

400점 이상	300~395점	295점 이하
《해커스 토익 Reading》	《해커스 토익 750+ RC》	《해커스 토익 스타트 Reading》

▌TEST 01

PART 5

101
○○○●○ 하

The CEO will ------- meet with clients during his visit to Berlin.

(A) brief
(B) briefing
(C) briefest
(D) briefly

최고경영자는 베를린으로의 방문 동안 고객들과 짧게 만날 것이다.

■ **부사 자리**   정답 (D)

조동사(will)와 동사원형(meet) 사이에 와서 동사를 꾸며줄 수 있는 부사 (D) briefly(짧게)가 정답이다. 형용사 (A), 명사 (B), 형용사의 최상급 (C)는 동사를 꾸밀 수 없다.

어휘   client n. 고객   briefing n. 브리핑, 요약 보고

102
○○○●○ 중

The Lee Valley Fire Department launched an ------- to determine what caused the forest fire.

(A) investigation
(B) investigatory
(C) investigate
(D) investigative

Lee Valley 소방서는 무엇이 산불을 야기했는지 원인을 밝히기 위해 수사에 착수했다.

■ **명사 자리**   정답 (A)

타동사(launched)의 목적어 역할을 하면서 부정관사(an) 다음에 올 수 있는 것은 명사이므로 명사 (A) investigation(수사)이 정답이다. 참고로, launch an investigation(수사에 착수하다)을 관용구로 알아둔다. 형용사 (B)와 (D), 동사 (C)는 명사 자리에 올 수 없다.

어휘   investigatory adj. 조사의, 연구의   investigate v. 조사하다, 수사하다   investigative adj. 조사의, 수사의

103
○○○●○ 중

Please ------- some snacks for the hike as it will take about four hours to complete.

(A) promote
(B) pack
(C) mark
(D) balance

완료하는 데 약 4시간 정도 걸릴 것이므로 도보 여행을 위해 간식을 조금 챙기세요.

■ **동사 어휘**   정답 (B)

'도보 여행을 위해 간식을 조금 챙기세요'라는 문맥이므로 동사 (B) pack(챙기다)이 정답이다. (A) promote는 '장려하다, 홍보하다', (C) mark는 '표시하다', (D) balance는 '균형을 이루다'라는 의미이다.

어휘   hike n. 도보 여행   complete v. 완료하다, 마치다

104
○○○●○ 상

Ms. Ewing ------- the results of last month's survey and then produce a summary next week.

(A) collected
(B) collecting
(C) had collected
(D) will collect

Ms. Ewing은 지난달의 설문 조사 결과를 수집할 것이고 그러고 나서 다음 주에 개요를 작성할 것이다.

■ **병치 구문**   정답 (D)

등위접속사(and)가 동사(produce)와 또 다른 동사인 빈칸을 연결하고 있음을 알 수 있다. 뒤에 오는 동사(produce)가 동사원형이므로 조동사(will) 다음에 동사원형(collect)이 오는 형태인 (D) will collect가 정답이다. 과거형 동사 또는 과거분사 (A), 동명사 또는 현재분사 (B), 과거완료형 동사 (C)는 동사원형과 병치를 이룰 수 없다.

어휘   result n. 결과   survey n. 설문 조사   summary n. 개요, 요약   collect v. 수집하다, 모으다

105
○○○○●
상

Charles Hayes is ------- the top chess players in England, having defeated many former champions.

(A) around
(B) between
(C) among
(D) inside

Charles Hayes는 많은 이전 우승자들을 이긴 영국 최고의 체스 선수들 중의 한 사람이다.

■ **전치사 선택** 기타　　　　　　　　　　　　　　　　　　　　　　　　　　　　　　　　　　정답 (C)

'Charles Hayes는 영국 최고의 체스 선수들 중의 한 사람이다'라는 의미가 되어야 하므로 위치를 나타내는 전치사 (C) among(~ 중의 한 사람으로)이 정답이다. (A) around는 '~ 주위에'라는 의미로 위치를 나타낸다. (B) between은 '~ 사이에'라는 의미로 두 개의 대상 사이의 관계나 위치, 또는 시간을 나타내며 보통 between A and B(A와 B 사이에)의 형태로 쓰인다. (D) inside는 '~ 안에'라는 의미로 위치를 나타낸다.

어휘　defeat v. 이기다, 물리치다　former adj. 이전의　champion n. 우승자

106
○○○○●
중

------- workers find in the concert hall will remain in the lost and found center for only one week.

(A) Few
(B) Several
(C) Anything
(D) Most

직원들이 콘서트홀에서 발견하는 것은 무엇이든 분실물 보관소 센터에 일주일 동안만 남아있을 것이다.

■ **부정대명사**　　　　　　　　　　　　　　　　　　　　　　　　　　　　　　　　　　　　　정답 (C)

'직원들이 콘서트홀에서 발견하는 것은 무엇이든 분실물 보관소 센터에 일주일 동안만 남아있을 것이다'라는 의미가 되어야 하므로 부정대명사 (C) Anything(무엇이든)이 정답이다. 대명사 (A), (B), (D)는 각각 '(여러 가지 것들 중에서의) 소수/몇 개/대부분'을 의미하므로 답이 될 수 없다.

어휘　lost and found phr. 분실물 보관소

107
○○○○●
중

Mr. Robinson fulfilled all of the company's requirements and is therefore ------- to apply for a permanent position.

(A) qualify
(B) qualifying
(C) qualifies
(D) qualified

Mr. Robinson은 그 회사의 조건을 모두 충족시켰고 따라서 정규직에 지원할 자격이 있다.

■ **[보어 자리] 현재분사 vs. 과거분사**　　　　　　　　　　　　　　　　　　　　　　　　　정답 (D)

빈칸이 be동사(is)의 보어 자리이므로 보어 자리에 올 수 있는 형용사 역할을 하는 분사 (B)와 (D)가 정답의 후보이다. 주어(Mr. Robinson)와 보어가 'Mr. Robinson이 정규직에 지원할 자격이 있다'라는 의미의 수동 관계이므로 동사 qualify(자격을 주다)의 과거분사 (D) qualified가 정답이다. 현재분사 (B)를 쓰면 'Mr. Robinson이 정규직에 지원할 자격을 준다'라는 어색한 문맥이 된다. 동사 (A)와 (C)는 보어 자리에 올 수 없다.

어휘　fulfill v. 충족시키다, 이행하다　requirement n. 조건　permanent position phr. 정규직　qualify v. 자격을 주다

108
○○○○●
상

The play *Middle of Summer* had a ------- ending, with an unexpected twist that left audiences in shock.

(A) conventional
(B) memorable
(C) marginal
(D) prosperous

연극 *Middle of Summer*는 관객들을 충격에 빠트린 생각지 않은 예상 밖의 전개가 있는 인상적인 결말을 맺었다.

■ **형용사 어휘**　　　　　　　　　　　　　　　　　　　　　　　　　　　　　　　　　　　　정답 (B)

'연극이 생각지 않은 예상 밖의 전개가 있는 인상적인 결말을 맺었다'라는 문맥이므로 형용사 (B) memorable(인상적인, 기억할 만한)이 정답이다. (A) conventional은 '관습적인', (C) marginal은 '미미한, 중요하지 않은', (D) prosperous는 '번영한, 번창한'이라는 의미이다.

어휘　unexpected adj. 생각지 않은, 뜻밖의　twist n. (이야기·사건 등의) 예상 밖의 전개, 비틀기

109

------- Mactran Corporation established a comprehensive recycling program last year, many staff members don't follow the guidelines properly.

(A) Although
(B) Until
(C) If
(D) Before

비록 Mactran사가 작년에 종합적인 재활용 프로그램을 수립했지만, 많은 직원들은 지침을 제대로 따르지 않는다.

■ 부사절 접속사 양보   정답 (A)

절(____ ~ last year)과 절(many ~ properly)을 연결할 수 있는 모든 보기가 정답의 후보이다. '비록 Mactran사가 작년에 종합적인 재활용 프로그램을 수립했지만, 많은 직원들은 지침을 제대로 따르지 않는다'라는 의미가 되어야 하므로 양보를 나타내는 부사절 접속사 (A) Although (비록 ~이지만)가 정답이다. 부사절 접속사 (B) Until(~까지), (C) If(만약 ~이라면), (D) Before(~하기 전에)를 쓸 경우, 각각 'Mactran사가 작년에 종합적인 재활용 프로그램을 수립했을 때까지/만약 Mactran사가 작년에 종합적인 재활용 프로그램을 수립했다면/Mactran사가 작년에 종합적인 재활용 프로그램을 수립했기 전에, 많은 직원들은 지침을 제대로 따르지 않는다'라는 어색한 문맥을 만든다.

어휘   establish v. 수립하다, 설립하다   comprehensive adj. 종합적인   recycling n. 재활용   guideline n. 지침   properly adv. 제대로, 올바르게

110

The route for the New Year's Day Parade has been outlined, but organizers are still ------- the details.

(A) finalize
(B) finalizes
(C) finalizing
(D) finalized

새해 퍼레이드의 경로가 윤곽이 그려졌지만, 주최자들은 여전히 세부 사항을 마무리 짓고 있다.

■ [be동사 다음에 올 수 있는 것] 진행형 (be + -ing)   정답 (C)

빈칸이 be동사(are) 다음에 왔으므로 진행형을 만드는 -ing형 (C)와 수동형을 만드는 p.p.형 (D)가 정답의 후보이다. 빈칸 뒤에 목적어(the details)가 있으므로 be동사와 함께 진행형을 만드는 -ing형 (C) finalizing이 정답이다. p.p.형 (D)는 빈칸 앞의 be동사(are)와 함께 쓰이면 수동태가 되어 목적어를 취할 수 없다. 동사원형 (A)와 3인칭 단수형 동사 (B)는 be동사 다음에 올 수 없다.

어휘   route n. 경로, 길   outline v. 윤곽을 그리다   organizer n. 주최자, 조직자   detail n. 세부 사항   finalize v. 마무리 짓다

111

At the Wilkinsburg city council meeting, there was a ------- consensus that property taxes should be raised.

(A) generalization
(B) generally
(C) generalize
(D) general

Wilkinsburg 시의회 회의에서, 재산세가 인상되어야 한다는 전반적인 합의가 있었다.

■ 형용사 자리   정답 (D)

빈칸 뒤의 명사(consensus)를 꾸밀 수 있는 것은 형용사이므로 형용사 (D) general(전반적인)이 정답이다. 명사 (A), 부사 (B), 동사 (C)는 명사를 꾸밀 수 없다.

어휘   city council phr. 시의회   consensus n. 합의   property tax phr. 재산세   generalization n. 일반화   generalize v. 일반화하다

112

A million new units of the video game console ------- at CX's factories right now to meet customer demand.

(A) to manufacture
(B) would have manufactured
(C) had been manufactured
(D) are being manufactured

고객의 수요를 충족시키기 위해 CX사의 공장들에서는 지금 100만 개의 새로운 비디오 게임기가 제조되고 있다.

■ [동사 자리] 현재 진행 시제   정답 (D)

문장(A million ~ demand)에 동사가 없으므로 동사 (B), (C), (D)가 정답의 후보이다. 현재를 나타내는 시간 표현(right now)이 있으므로 현재 시점에 진행되고 있는 일을 나타낼 때 사용되는 현재 진행 시제 (D) are being manufactured가 정답이다. (B) would have manufactured는 가정법 과거완료의 주절의 동사 자리에서 과거 사실의 반대를 가정할 때 쓰인다. 과거완료 시제 (C) had been manufactured는 과거의 특정 시점 이전에 발생한 일을 표현할 때 쓰인다. to 부정사 (A)는 동사 자리에 올 수 없다.

어휘   video game console phr. 비디오 게임기   demand n. 수요, 요구   manufacture v. 제조하다

113

○●●●
상

Anyone with a camera is eligible to ------- in the Sydney 48-Hour Photography Competition.

(A) result
(B) obtain
(C) participate
(D) choose

카메라를 가진 사람은 누구나 시드니 48시간 사진 촬영 대회에 참가할 자격이 있다.

■ 동사 관련 어구 　　　　　　　　　　정답 (C)

'카메라를 가진 사람은 누구나 사진 촬영 대회에 참가할 자격이 있다'라는 문맥이므로 빈칸 뒤의 전치사 in과 함께 '~에 참가하다'라는 의미의 어구인 participate in을 만드는 동사 (C) participate가 정답이다. (A) result는 '~으로 끝나다', (B) obtain은 '얻다, 취득하다', (D) choose는 '선택하다'라는 의미이다.

어휘　be eligible to　phr. ~할 자격이 있다　photography　n. 사진 촬영, 사진술　competition　n. 대회

114

○○○●
중

------- weather forecasts, the town of Wilshire can expect up to eight inches of snow tomorrow.

(A) Provided that
(B) According to
(C) Other than
(D) Along with

일기 예보에 따르면, Wilshire 마을은 내일 최고 8인치의 눈이 올 것을 예상할 수 있다.

■ [수식어 거품을 이끄는 것] 전치사 선택　기타 　　　　정답 (B)

이 문장은 주어(the town of Wilshire)와 동사(can expect)를 갖춘 완전한 절이므로 ＿＿ ~ weather forecasts는 수식어 거품으로 보아야 한다. 이 수식어 거품은 동사가 없는 거품구이므로 거품구를 이끌 수 있는 전치사 (B), (C), (D)가 정답의 후보이다. '일기 예보에 따르면, Wilshire 마을은 내일 최고 8인치의 눈이 올 것을 예상할 수 있다'라는 의미가 되어야 하므로 전치사 (B) According to(~에 따르면)가 정답이다. (C) Other than은 '~ 이외에', (D) Along with는 '~와 함께'라는 의미이다. 부사절 접속사 (A) Provided that(오직 ~하는 경우에만, 만일 ~이라면)은 거품구가 아닌 거품절을 이끈다.

어휘　weather forecast　phr. 일기 예보　up to　phr. 최고 ~, ~까지

115

○○○●
중

Staff members will ------- Harmon Inc.'s latest kitchen appliances on stage at this weekend's Food Expo.

(A) demonstrate
(B) implement
(C) conceive
(D) express

직원들은 이번 주말의 식품 박람회 무대에서 Harmon사의 최신 주방용품을 보여줄 것이다.

■ 동사 어휘 　　　　　　　　　　정답 (A)

'직원들은 식품 박람회 무대에서 최신 주방용품을 보여줄 것이다'라는 문맥이므로 동사 (A) demonstrate(보여주다, 설명하다)가 정답이다. (B) implement는 '시행하다', (C) conceive는 '생각하다, 상상하다', (D) express는 '표현하다'라는 의미이다.

어휘　kitchen appliance　phr. 주방용품

116

○○○●
중

Because of his extensive experience, board members consider Mr. Peters the ------- candidate for the CEO position.

(A) inferior
(B) factual
(C) ideal
(D) polite

그의 폭넓은 경험 때문에, 임원들은 Mr. Peters를 최고경영자 직책에 이상적인 후보자로 생각한다.

■ 형용사 어휘 　　　　　　　　　　정답 (C)

'그의 폭넓은 경험 때문에, 임원들은 Mr. Peters를 최고경영자 직책에 이상적인 후보로 생각한다'라는 문맥이므로 형용사 (C) ideal(이상적인)이 정답이다. (A) inferior는 '열등한'이라는 의미이다. (B) factual은 '사실에 기반을 둔, 사실에 입각한'이라는 뜻으로 사물과 함께 쓰이므로 답이 될 수 없다. (D) polite는 '예의 바른'이라는 의미이다.

어휘　extensive　adj. 폭넓은, 광범위한　experience　n. 경험　candidate　n. 후보자

117

○○○●○○
8초

All applications to Florian University's Master's in Business Administration Program are due ------- January 1.

(A) through   (B) with
(C) by   (D) into

모든 Florian 대학교 경영학 석사 과정 지원서는 1월 1일까지 마감이다.

■ **전치사 선택** 시점   정답 (C)

'지원서는 1월 1일까지 마감이다'라는 의미가 되어야 하므로 시점을 나타내는 전치사 (C) by(~까지)가 정답이다. (A) through는 '~ 동안, ~ 내내'라는 의미로 기간을 나타낸다. (B) with은 '~과 함께'라는 의미이다. (D) into는 '~ 안으로'라는 의미로 방향을 나타낸다.

어휘 application n. 지원(서) due adj. 마감인, ~하기로 되어 있는

118

○○○●○○
8초

The company shifted ------- from its old business model to a fully digital one.

(A) radicalizing   (B) radically
(C) radicalize   (D) radical

그 회사는 오래된 사업 모델에서 완전히 디지털 방식의 모델로 급진적으로 바뀌었다.

■ **부사 자리**   정답 (B)

빈칸 앞의 동사(shifted)를 꾸밀 수 있는 것은 부사이므로 부사 (B) radically(급진적으로)가 정답이다. 현재분사 (A), 동사 (C), 명사 또는 형용사 (D)는 동사를 꾸밀 수 없다.

어휘 shift v. 바뀌다, 달라지다 radicalize v. 급진적으로 하다 radical n. 급진주의자; adj. 급진적인

119

○○○●○○
8초

Priyanka Reddy is the youngest ------- ever to receive the prestigious Clinton Film Award.

(A) director   (B) directly
(C) directed   (D) direction

Priyanka Reddy는 지금까지 명성 높은 Clinton 영화상을 받은 최연소 감독이다.

■ **[명사 자리] 사람명사 vs. 사물/추상명사**   정답 (A)

빈칸 앞의 형용사의 최상급(youngest)의 꾸밈을 받을 수 있는 것은 명사이므로 명사 (A)와 (D)가 정답의 후보이다. 'Priyanka Reddy는 지금까지 명성 높은 Clinton 영화상을 받은 최연소 감독이다'라는 의미가 되어야 하므로 사람명사 (A) director(감독)가 정답이다. 추상명사 (D) direction(연출)을 쓸 경우 'Priyanka Reddy는 지금까지 명성 높은 Clinton 영화상을 받은 최연소 연출이다'라는 어색한 문맥이 된다. 부사 (B), 동사 또는 과거분사 (C)는 명사 자리에 올 수 없다.

어휘 prestigious adj. 명성 높은, 일류의

120

○○○●○○
8초

Reporters ------- don't carry an official press badge will not be allowed into the venue.

(A) what   (B) who
(C) which   (D) they

공식 기자 신분증을 가지고 있지 않은 기자들은 그 장소에 들어오는 것이 허용되지 않을 것이다.

■ **[수식어 거품을 이끄는 것] 관계대명사의 선택과 격**   정답 (B)

이 문장은 주어(Reporters), 동사(will not be allowed)를 갖춘 완전한 절이므로, ___ ~ badge는 수식어 거품으로 보아야 한다. 이 수식어 거품은 동사(don't carry)를 갖추었으나 주어가 없는 불완전한 절이므로, 주격 관계대명사 (B)와 (C)가 정답의 후보이다. 선행사(Reporters)가 사물이 아닌 사람이므로, 사람 관계대명사 (B) who가 정답이다. 관계대명사 (C) which는 선행사가 사물일 때 사용된다. 명사절 접속사 (A) what은 그 자체가 주어 또는 목적어 역할을 하며, what이 이끄는 절은 문장 내에서 주어나 목적어로 쓰인다. 주격 인칭대명사 (D) they는 수식어 거품을 이끌 수 없다.

어휘 reporter n. 기자 official adj. 공식적인 press n. (신문·잡지) 기자, 언론계 badge n. 신분증 venue n. 장소

121
최상

The waiter was very ------- since the food wasn't being served in a timely manner.

(A) appropriate
(B) succinct
(C) apologetic
(D) competent

그 종업원은 음식이 제때 제공되지 않아서 매우 미안해했다.

■ 형용사 어휘 　　　　　　　　　　　　　　　　　　　　　　　　　　　　　　　　정답 (C)

'그 종업원은 음식이 제때 제공되지 않아서 매우 미안해했다'라는 문맥이므로 형용사 (C) apologetic(미안해하는)이 정답이다. (A) appropriate는 '적절한, 알맞은', (B) succinct는 '간단명료한, 간결한', (D) competent는 '능숙한'이라는 의미이다.

122
상

------- the product warranty has expired, Jassen Manufacturing will not repair the customer's item for free.

(A) As though
(B) Given that
(C) Besides
(D) Nevertheless

제품 품질 보증서가 만료된 것을 고려하면, Jassen 제조사는 그 고객의 제품을 무료로 수리하지 않을 것이다.

■ [수식어 거품을 이끄는 것] 부사절 접속사 _이유_ 　　　　　　　　　　　　　　　　정답 (B)

이 문장은 주어(Jassen Manufacturing), 동사(will not repair), 목적어(the customer's item)를 갖춘 완전한 절이므로, ___ ~ expired는 수식어 거품으로 보아야 한다. 이 수식어 거품은 동사(has expired)가 있는 거품절이므로, 거품절을 이끌 수 있는 부사절 접속사 (A)와 (B)가 정답의 후보이다. '제품 품질 보증서가 만료된 것을 고려하면, Jassen 제조사는 그 고객의 제품을 무료로 수리하지 않을 것이다'라는 의미가 되어야 하므로 이유를 나타내는 부사절 접속사 (B) Given that(~을 고려하면)이 정답이다. (A) As though(마치 ~처럼)는 '마치 제품 품질 보증서가 만료된 것처럼, Jassen 제조사는 그 고객의 제품을 무료로 수리하지 않을 것이다'라는 어색한 문맥이 된다. 접속부사 (C) Besides(게다가)와 (D) Nevertheless(그럼에도 불구하고)는 수식어 거품을 이끌 수 없다.

어휘　warranty n. 품질 보증서　expire v. 만료되다　repair v. 수리하다　for free phr. 무료로

123
상

Over the past decade, much ------- has been made in stem cell research, leading to many medical breakthroughs.

(A) approval
(B) efficiency
(C) progress
(D) preference

지난 10년 동안, 줄기세포 연구에서 많은 진전이 있었고, 많은 의학적 발전으로 이어졌다.

■ 명사 어휘 　　　　　　　　　　　　　　　　　　　　　　　　　　　　　　　　　정답 (C)

'줄기세포 연구에서 많은 진전이 있었고, 많은 의학적 발전으로 이어졌다'라는 문맥이므로 명사 (C) progress(진전)가 정답이다. (A) approval은 '인정, 승인', (B) efficiency는 '효율성', (D) preference는 '선호'라는 의미이다.

어휘　decade n. 10년　stem cell phr. 줄기세포　breakthrough n. 발전, 돌파구

124
중

Johnny Baker has ------- declined the offer to host the televised *Channel 10 Holiday Show*.

(A) repeatedly
(B) repeats
(C) repetition
(D) repeated

Johnny Baker는 텔레비전으로 방송되는 *Channel 10 Holiday Show*를 진행해달라는 제안을 여러 차례 거절해왔다.

■ 부사 자리 　　　　　　　　　　　　　　　　　　　　　　　　　　　　　　　　　정답 (A)

동사(has declined)를 꾸밀 수 있는 것은 부사이므로 부사 (A) repeatedly(여러 차례, 거듭해서)가 정답이다. 동사 또는 명사 (B), 명사 (C), 동사 또는 과거분사 (D)는 동사를 꾸밀 수 없다.

어휘　decline v. 거절하다　offer n. 제안; v. 제안하다　host v. 진행하다　televise v. 텔레비전으로 방송하다　repetition n. 반복

125

Members of the loyalty program may take advantage of discount offers ------- earn points for their purchases.

(A) in case
(B) so that
(C) regarding
(D) as well as

■ 상관접속사
정답 (D)

조동사(may) 뒤에 있는 동사원형(take advantage of)과 동사원형(earn)을 대등하게 연결할 수 있고, '회원들은 그들의 구매에 대해 포인트를 받을 수 있을 뿐만 아니라 할인 혜택을 이용할 수도 있다'라는 문맥이므로 B as well as A의 형태로 쓰여 'A뿐만 아니라 B도'라는 의미를 나타내는 상관접속사 (D) as well as가 정답이다. 부사절 접속사 (A)와 (B)는 뒤에 주어와 동사가 와야 하는데 빈칸 뒤에 주어가 없으므로 답이 될 수 없다. 전치사 (C)는 뒤에 명사가 와야 한다.

어휘 loyalty program phr. 고객 보상 프로그램(고정 고객 확보를 위한 판매촉진 프로그램) take advantage of phr. ~을 이용하다 earn v. 받다, 얻다

126

The product must ------- further testing before it can be released to the public.

(A) undergo
(B) perceive
(C) discover
(D) examine

■ 동사 어휘
정답 (A)

'그 제품이 대중에 공개될 수 있기 전에 추가 테스트를 받아야 한다'라는 문맥이므로 동사 (A) undergo(받다, 겪다)가 정답이다. (B) perceive는 '인지하다', (C) discover는 '발견하다', (D) examine은 '조사하다'라는 의미이다.

어휘 further adj. 추가의 release v. 공개하다, 발표하다 public n. 대중, 사람들

127

------- all the cities that the pop singer visited during her recent world tour, Seoul was her favorite.

(A) Of
(B) About
(C) To
(D) Upon

■ 전치사 선택 기타
정답 (A)

'방문했던 모든 도시들 중에서, 서울이 그녀가 특히 좋아한 곳이었다'라는 의미가 되어야 하므로 전치사 (A) Of(~ 중에서)가 정답이다. (B) About은 '~에 관하여, 대하여'라는 의미를 나타낸다. (C) To는 '~ 쪽으로'라는 의미로 방향을 나타낸다. (D) Upon은 '~ 위에, ~ 후에'라는 의미로 위치나 시점을 나타낸다.

어휘 favorite n. 특히 좋아하는 것; adj. 매우 좋아하는

128

The chef often reminds viewers that they can replace hard-to-find items with ------- ingredients they have available.

(A) either
(B) both
(C) another
(D) whichever

■ 명사절 접속사 복합관계형용사 whichever
정답 (D)

전치사(with)의 목적어 역할을 하는 명사절(___ ~ available)을 이끌면서, 빈칸 뒤의 명사(ingredients)를 꾸며주는 형용사 역할을 할 수 있는 복합관계형용사 (D) whichever(어느 ~이든)가 정답이다. 한정사 (A) either(둘 중 하나의)는 두 가지 대상 중 하나를 가리킬 때 사용되어 단수 명사와 쓰여야 하며, or(또는)와 함께 상관접속사 either A or B(A 또는 B 중 하나)의 형태로 쓰이기도 한다. 수량 표현 (B) both(둘 다)와 (C) another(또 다른)는 명사절을 이끌 수 없고, (C)는 단수 명사 앞에 오므로 답이 될 수 없다.

어휘 chef n. 요리사 remind v. 상기시키다 replace v. 대체하다 hard-to-find adj. 구하기 어려운 ingredient n. 재료

129
○○●○
중

During his award acceptance speech, Mitchell Cummings thanked his investors for their ------- support.

(A) continuously   (B) continuity
(C) continuous   (D) continue

그의 수상 소감에서, Mitchell Cummings는 그의 투자자들에게 그들의 끊임없는 지지에 대해 감사를 표했다.

■ 형용사 자리   정답 (C)

빈칸 뒤의 명사(support)를 꾸밀 수 있는 것은 형용사이므로 형용사 (C) continuous(끊임없는)가 정답이다. 부사 (A), 명사 (B), 동사 (D)는 명사를 꾸밀 수 없다.

어휘 award acceptance speech phr. 수상 소감 investor n. 투자자 continuity n. 지속성

130
○○●●
상

The resort has had to ------- discount its room rates to attract visitors over the past year.

(A) neatly   (B) heavily
(C) densely   (D) evenly

그 리조트는 지난 1년 동안 방문객들을 끌어모으기 위해 객실 요금을 크게 할인해야 했다.

■ 부사 어휘   정답 (B)

'그 리조트는 방문객들을 끌어모으기 위해 객실 요금을 크게 할인해야 했다'라는 문맥이므로 부사 (B) heavily(크게)가 정답이다. (A) neatly는 '깔끔하게', (C) densely는 '빽빽하게', (D) evenly는 '균등하게'라는 의미이다.

어휘 attract v. 끌어모으다 visitor n. 방문객

PART 6

Questions 131-134 refer to the following notice.

131-134는 다음 공고에 관한 문제입니다.

Notice for Carmel Tower Residents

On July 20, Carmel Tower will ------- work on a refurbishment
                                    131
of the building's hallways. The project will take four weeks to
complete. During this period, work crews will need to enter
the building. -------, access to the service elevator will be
                132
temporarily limited. Rest assured, efforts will be made to
avoid ------- to building occupants. However, some noise and
       133
dust may be anticipated. -------. Contact the building
                           134
management office if you have any concerns.

Carmel 타워 주민들을 위한 공고

131 7월 20일에, Carmel 타워는 건물의 복도를 재단장하는 작업을 시작할 것입니다. 그 프로젝트는 완료하는 데 4주가 걸릴 것입니다. 이 기간 동안, 작업자들이 건물에 들어가야 할 것입니다. **132** 따라서, 서비스 엘리베이터의 출입이 일시적으로 제한될 것입니다. **133** 건물 입주자분들께 지장을 드리지 않도록 노력할 것이므로 안심하십시오. 그러나, 약간의 소음과 먼지가 예상될 수 있습니다. **134** 불편을 최소화하기 위해 문을 닫아주십시오. 우려가 있으시면 건물 관리 사무소로 연락해 주십시오.

131 (A) interrupt
(B) initiate
(C) postpone
(D) conclude

132 (A) Conversely
(B) Formerly
(C) Consequently
(D) Similarly

133 (A) disrupts
(B) disrupted
(C) disruptions
(D) disrupt

134 (A) Severe weather has been forecast for this weekend.
(B) Notices will be sent when the entrance has been reopened.
(C) Every worker is responsible for keeping their area safe.
(D) Please keep doors closed to minimize the inconvenience.

어휘 **resident** n. 주민, 거주자 **refurbishment** n. 재단장 **hallway** n. 복도 **temporarily** adv. 일시적으로
rest assured phr. 안심하다, 믿어도 된다 **occupant** n. 입주자 **dust** n. 먼지 **anticipate** v. 예상하다, 예측하다 **management** n. 관리
concern n. 우려, 걱정

131 ■ 동사 어휘 주변 문맥 파악

정답 (B)

'건물의 복도를 재단장하는 작업을 ___할 것이다'라는 문맥이므로 모든 보기가 정답의 후보이다. 빈칸이 있는 문장만으로는 정답을 고를 수 없으므로 주변 문맥이나 전체 문맥을 파악한다. 뒤 문장에서 그 프로젝트는 완료하는 데 4주가 걸릴 것이라고 했으므로, 건물의 복도를 재단장하는 작업을 시작할 것임을 알 수 있다. 따라서 동사 (B) initiate(시작하다)가 정답이다. (A) interrupt는 '중단시키다', (C) postpone은 '연기하다', (D) conclude는 '끝내다'라는 의미이다.

132 ■ 접속부사 주변 문맥 파악

정답 (C)

빈칸이 콤마와 함께 문장의 맨 앞에 온 접속부사 자리이므로, 앞 문장과 빈칸이 있는 문장의 의미 관계를 파악하여 정답을 선택한다. 앞 문장에서 프로젝트 기간 동안 작업자들이 건물에 들어가야 할 것이라고 했고, 빈칸이 있는 문장에서는 서비스 엘리베이터의 출입이 일시적으로 제한될 것이라고 했으므로 앞 문장의 결과를 나타낼 때 사용되는 접속부사 (C) Consequently(따라서)가 정답이다. (A) Conversely는 '반대로', (B) Formerly는 '이전에', (D) Similarly는 '유사하게'라는 의미로 빈칸에 쓸 경우 어색한 문맥이 된다.

133 ■ 명사 자리

정답 (C)

타동사(avoid)의 목적어 자리에 올 수 있는 것은 명사이므로 명사 disruption(지장, 방해)의 복수형 (C) disruptions가 정답이다. 동사 (A), 동사 또는 과거분사 (B), 동사 또는 형용사 (D)는 명사 자리에 올 수 없다.

134 ■ 알맞은 문장 고르기

정답 (D)

빈칸에 들어갈 알맞은 문장을 고르는 문제이므로 주변 문맥 또는 전체 문맥을 파악한다. 앞부분에서 Carmel 타워가 건물의 복도를 재단장하는 작업을 시작할 것이라고 했고, 앞 문장 'However, some noise and dust may be anticipated.'에서 약간의 소음과 먼지가 예상될 수 있다고 했으므로 빈칸에는 입주민들이 겪을 불편을 줄이기 위한 방안과 관련된 내용이 들어가야 함을 알 수 있다. 따라서 (D) Please keep doors closed to minimize the inconvenience가 정답이다.

보기 해석
(A) 이번 주말에는 혹독한 날씨가 예보되었습니다.
(B) 입구가 다시 열렸을 때 공지가 발송될 것입니다.
(C) 모든 작업자는 그들의 구역을 안전하게 유지할 책임이 있습니다.
(D) 불편을 최소화하기 위해 문을 닫아주십시오.

어휘 forecast v. 예보하다 entrance n. 입구 minimize v. 최소화하다 inconvenience n. 불편

Questions 135-138 refer to the following information.

135-138은 다음 안내문에 관한 문제입니다.

Setting up the Audipro SL-2

Congratulations on your purchase of the Audipro SL-2 speaker system. The SL-2 ------- to deliver powerful home
135
audio in a package that is easy to install.

To begin the setup process, download the Audipro app and register your speaker. -------. Then, while still on the app,
136
connect the speaker to your Wi-Fi network. The speaker will ------- detect compatible media players or televisions on your
137
network. Follow the instructions on the app to connect to each -------. The SL-2 can also be connected manually by
138
using the cables enclosed within the box.

Audipro SL-2 설치

Audipro SL-2 스피커 시스템을 구입하신 것을 축하드립니다. **135** SL-2는 설치하기 쉬운 패키지로 강력한 가정용 오디오를 제공하도록 설계되었습니다.

설치 과정을 시작하시려면, Audipro 앱을 다운로드하시고 당신의 스피커를 등록하십시오. **136** 상자에 있는 제품 번호를 입력하시면 됩니다. 그런 다음, 앱에 계속 있으시면서, 스피커를 당신의 와이파이 네트워크에 연결하십시오. **137** 스피커는 당신의 네트워크에서 호환되는 미디어 플레이어 또는 텔레비전을 자동으로 찾아낼 것입니다. **138** 앱의 지시에 따라 각 장치에 연결하십시오. SL-2는 박스 안에 동봉된 케이블을 사용하여 수동으로 연결될 수도 있습니다.

135 (A) has designed
(B) designed
(C) is designed
(D) will design

136 (A) This can be done by entering the product number on the box.
(B) Hold down the button on the side to reset your speaker.
(C) Some older brands will need additional modifications.
(D) Speaker stands for each component are sold separately.

137 (A) hardly
(B) randomly
(C) occasionally
(D) automatically

138 (A) outlet
(B) device
(C) video
(D) account

어휘 **install** v. 설치하다 **register** v. 등록하다 **connect** v. 연결하다 **detect** v. 찾아내다, 감지하다 **compatible** adj. 호환되는
instruction n. 지시, 설명 **manually** adv. 수동으로 **enclosed** adj. 동봉된

135 ■ 능동태와 수동태의 구별 정답 (C)

design이 '설계하다'라는 의미의 타동사로 쓰였는데 빈칸 뒤에 목적어가 없으므로 수동태 (C) is designed가 정답이다. 능동태 (A), (B), (D)는 답이 될 수 없다.

136 ■ 알맞은 문장 고르기 정답 (A)

빈칸에 들어갈 알맞은 문장을 고르는 문제이므로 주변 문맥 또는 전체 문맥을 파악한다. 앞 문장 'To begin the setup process, download the Audipro app and register your speaker.'에서 설치 과정을 시작하려면 Audipro 앱을 다운로드하고 스피커를 등록하라고 했으므로 빈칸에는 앱에서 스피커를 등록하는 것과 관련된 내용이 들어가야 함을 알 수 있다. 따라서 (A) This can be done by entering the product number on the box가 정답이다.

보기 해석
(A) 상자에 있는 제품 번호를 입력하시면 됩니다.
(B) 스피커를 재설정하려면 옆에 있는 버튼을 누르십시오.
(C) 일부 구형 브랜드는 추가적인 변경이 필요할 것입니다.
(D) 각 구성 요소를 위한 스피커 스탠드는 별도로 판매됩니다.

어휘 reset v. 재설정하다 additional adj. 추가적인 modification n. 변경, 수정 component n. 구성 요소 separately adv. 별도로

137 ■ 부사 어휘 주변 문맥 파악 정답 (D)

'스피커는 네트워크에서 호환되는 미디어 플레이어 또는 텔레비전을 ____ 찾아낼 것이다'라는 문맥이므로 (B), (C), (D)가 정답의 후보이다. 빈칸이 있는 문장만으로는 정답을 고를 수 없으므로 주변 문맥이나 전체 문맥을 파악한다. 앞 문장에서 앱에 계속 있으면서 스피커를 와이파이 네트워크에 연결하라고 했고, 뒤 문장에서 앱의 지시에 따라 연결하라고 했으므로 스피커가 네트워크에서 호환되는 미디어 플레이어 또는 텔레비전을 자동으로 찾아낼 것임을 알 수 있다. 따라서 부사 (D) automatically(자동으로)가 정답이다. (A) hardly는 '거의 ~ 아니다', (B) randomly는 '무작위로', (C) occasionally는 '가끔'이라는 의미이다.

138 ■ 명사 어휘 주변 문맥 파악 정답 (B)

'앱의 지시에 따라 각 ____ 에 연결하십시오'라는 문맥이므로 (A), (B), (D)가 정답의 후보이다. 빈칸이 있는 문장만으로는 정답을 고를 수 없으므로 주변 문맥이나 전체 문맥을 파악한다. 앞 문장에서 스피커가 네트워크에서 호환되는 미디어 플레이어 또는 텔레비전을 찾아낼 것이라고 했으므로, 앱의 지시에 따라 호환되는 미디어 플레이어 또는 텔레비전, 즉 장치에 연결할 수 있음을 알 수 있다. 따라서 명사 (B) device(장치)가 정답이다. (A) outlet은 '콘센트', (C) video는 '비디오', (D) account는 '계정'이라는 의미이다.

TO: Beth Carlin <bcarlin@eduswiftsystems.org>
FROM: John Statler <statler@agpfoundation.org>
DATE: October 22
SUBJECT: AGP Nonprofit Awards

Dear Ms. Carlin,

------- AGP, it is my honor to inform you that EduSwift
139
Systems has been shortlisted for the AGP Nonprofit of the
Year Award. An invitation to the year-end awards banquet
will be forthcoming. Your ------- would be greatly appreciated.
140
The event will provide an opportunity to network with
members of similar organizations. Also, prominent
publications such as *The National Herald* -------
141
representatives from each finalist every year. So, the event
will be good for increasing publicity.

To confirm, please reply to this e-mail. -------. We can
142
reserve up to eight seats for you at the event.

Congratulations again,
John Statler
AGP Foundation

수신: Beth Carlin <bcarlin@eduswiftsystems.org>
발신: John Statler <statler@agpfoundation.org>
날짜: 10월 22일
제목: AGP 비영리 단체 대상

Ms. Carlin께,

139 AGP를 대표하여, EduSwift Systems가 올해의 AGP
비영리 단체 대상 최종 후보 명단에 올랐음을 알려드리게
되어 영광입니다. 연말 시상식 연회에 대한 초대장이 곧 올
것입니다. **140** 귀하의 참석은 대단히 환영받을 것입니다. 그
행사는 비슷한 단체들의 구성원들과 네트워크를 형성할 기
회를 제공할 것입니다. **141** 또한, *The National Herald*와
같은 저명한 출판사들이 매년 각 결승전 진출자의 대표들을
인터뷰합니다. 그래서, 그 행사는 언론의 관심을 늘리는 데
좋을 것입니다.

확인하기 위해, 이 이메일에 회신해 주십시오. **142** 귀하의
단체의 인원수를 명시해 주십시오. 그 행사에 귀하를 위해
최대 8석까지 예약해 드릴 수 있습니다.

다시 한번 축하드리며,
John Statler 드림
AGP 재단

139 (A) Including
(B) Without
(C) As for
(D) On behalf of

140 (A) support
(B) insight
(C) attendance
(D) investment

141 (A) interview
(B) interviewing
(C) interviews
(D) is interviewing

142 (A) Let us know where you would like it delivered.
(B) The menu will feature food from a range of cuisines.
(C) You will receive a call from a magazine
representative.
(D) Please indicate the number of people in your party.

어휘   nonprofit n. 비영리 단체 honor n. 영광; v. 기리다 shortlist v. 최종 후보자 명단에 올리다 invitation n. 초대장
forthcoming adj. 곧 올, 다가오는 appreciate v. 환영하다, 감사하다 opportunity n. 기회 organization n. 단체, 기관
prominent adj. 저명한, 유명한 representative n. 대표, 직원 finalist n. 결승전 진출자 publicity n. 언론의 관심, 홍보 confirm v. 확인하다
reserve v. 예약하다

139 ■ 동사, 형용사, 명사와 함께 쓰인 전치사 표현 정답 (D)

○
○
●
●
●
상

'AGP를 대표하여, EduSwift Systems가 올해의 AGP 비영리 단체 대상 최종 후보 명단에 올랐음을 알려주게 되어 영광이다'라는 의미가 되어야 하므로 전치사 표현 (D) On behalf of(~을 대표하여)가 정답이다. (A) Including은 '~을 포함하여', (B) Without은 '~ 없이', (C) As for는 '~에 대해 말하자면'이라는 의미이다.

140 ■ 명사 어휘 주변 문맥 파악 정답 (C)

○
○
●
●
●
상

'___은 대단히 환영받을 것이다'라는 문맥이므로 모든 보기가 정답의 후보이다. 빈칸이 있는 문장만으로는 정답을 고를 수 없으므로 주변 문맥이나 전체 문맥을 파악한다. 앞 문장에서 연말 시상식 연회에 대한 초대장이 곧 올 것이라고 했으므로, 시상식 연회에 참석해 달라는 내용이 올 것임을 알 수 있다. 따라서 명사 (C) attendance(참석)가 정답이다. (A) support는 '지원', (B) insight는 '이해, 통찰력', (D) investment는 '투자'라는 의미이다.

141 ■ [동사 자리] 단수 주어 뒤에는 단수 동사, 복수 주어 뒤에는 복수 동사를 쓴다. 정답 (A)

○
○
○
●
●
중

문장에 주어(prominent publications)만 있고 동사가 없으므로 동사 (A), (C), (D)가 정답의 후보이다. 주어(prominent publications)가 복수 명사이므로 복수 동사 (A) interview가 정답이다. 단수 동사 (C)와 (D)는 복수 주어와 쓰일 수 없다. 참고로, 빈칸 앞의 _Herald_는 수식어 거품(such ~ _Herald_)의 일부로, _Herald_만 보고 단수형 (C) interviews와 (D) is interviewing을 고르지 않도록 주의한다. 동명사 또는 현재분사 (B)는 동사 자리에 올 수 없다.

142 ■ 알맞은 문장 고르기 정답 (D)

○
○
○
●
●
중

빈칸에 들어갈 알맞은 문장을 고르는 문제이므로 주변 문맥 또는 전체 문맥을 파악한다. 앞 문장 'To confirm, please reply to this e-mail.'에서 확인하기 위해 이 이메일에 회신해 달라고 했고, 뒤 문장 'We can reserve up to eight seats for you at the event.'에서 그 행사에 상대방을 위해 최대 8석까지 예약해 줄 수 있다고 했으므로 빈칸에는 참석하는 인원수와 관련된 내용이 들어가야 함을 알 수 있다. 따라서 (D) Please indicate the number of people in your party가 정답이다.

보기 해석
(A) 그것이 어디로 배달되기를 원하시는지 알려주십시오.
(B) 그 메뉴는 다양한 요리의 음식을 특징으로 할 것입니다.
(C) 귀하는 잡지사 직원으로부터 전화를 받으실 것입니다.
(D) 귀하의 단체의 인원수를 명시해 주십시오.

어휘 **deliver** v. 배달하다 **cuisine** n. 요리 **indicate** v. 명시하다, 나타내다 **party** n. 단체, 일행

(BRANSON)—Local children's charity Riley's Kids ------- 143 a donation of $1 million. Riley's Kids CEO Amber Thomas expressed gratitude for the donation that was made early last month. Evidently, it came from a single ------- donor. 144 "We've had donations come from undisclosed sources before," Thomas said, "but never one of this size." Thomas said that the donation will allow Riley's Kids to continue expanding its downtown Branson Youth Center. ------- will 145 soon have a new library and basketball court. -------. Now 146 the center may open as early as April of next year.

(브랜슨)—**143** 지역 어린이 자선 단체인 Riley's Kids가 1백만 달러의 기부를 받았다. Riley's Kids의 최고경영자인 Amber Thomas는 지난달 초에 이뤄진 기부에 대해 감사를 표했다. **144** 듣기로는, 그것은 익명의 한 기부자로부터 왔다. Thomas는 "저희는 이전에 밝혀지지 않은 출처로부터 기부를 받은 적이 있었지만, 이 정도 규모의 것은 한 번도 없었습니다."라고 말했다. Thomas는 그 기부로 Riley's Kids가 시내의 Branson 청소년 센터를 계속해서 확장할 수 있게 할 것이라고 말했다. **145** 그것은 곧 새로운 도서관과 농구장을 갖게 될 것이다. **146** 그 작업은 예산 부족으로 인해 작년에 중단되었다. 이제 그 센터는 이르면 내년 4월에 문을 열 수도 있다.

143 (A) has received
(B) will receive
(C) receiving
(D) to receive

144 (A) well-known
(B) frequent
(C) anonymous
(D) influential

145 (A) It
(B) They
(C) We
(D) She

146 (A) The donated books will need to be sorted first.
(B) The work was halted last year due to a budget shortfall.
(C) Visitors to the center must sign in at the reception desk.
(D) Businesses have agreed to sponsor the annual event.

어휘 **charity** n. 자선 단체 **donation** n. 기부(금) **gratitude** n. 감사 **evidently** adv. 듣기로는, 분명히 **donor** n. 기부자 **undisclosed** adj. 밝혀지지 않은, 드러나지 않은 **source** n. 출처, 근원 **expand** v. 확장하다

143 ▪ [동사 자리] 현재완료 시제 주변 문맥 파악   정답 (A)

문장에 동사가 없으므로 동사 (A)와 (B)가 정답의 후보이다. '지역 어린이 자선 단체인 Riley's Kids가 1백만 달러의 기부를 받다'라는 문맥인데, 이 경우 빈칸이 있는 문장만으로는 올바른 시제의 동사를 고를 수 없으므로 주변 문맥이나 전체 문맥을 파악한다. 뒤 문장에서 Riley's Kids의 최고경영자인 Amber Thomas가 지난달 초에 이뤄진 기부에 대해 감사를 표했다고 했으므로 이 단체가 1백만 달러의 기부를 받은 것이 과거에 발생한 일임을 알 수 있다. 따라서 과거에 발생한 일이 현재까지 영향을 미치거나 방금 완료된 것을 표현할 때 사용되는 현재완료 시제 (A) has received가 정답이다. 미래 시제 (B)는 미래에 일어날 일, 미래 상황에 대한 추측이나 의지를 나타낸다. 동명사 또는 현재분사 (C)와 to 부정사 (D)는 동사 자리에 올 수 없다.

144 ▪ 형용사 어휘 주변 문맥 파악   정답 (C)

'듣기로는, 그것은 ____한 한 기부자로부터 왔다'라는 문맥이므로 모든 보기가 정답의 후보이다. 빈칸이 있는 문장만으로는 정답을 고를 수 없으므로 주변 문맥이나 전체 문맥을 파악한다. 뒤 문장에서 이전에 밝혀지지 않은 출처로부터 기부를 받은 적이 있었지만 이 정도 규모의 것은 한 번도 없었다고 했으므로 익명의 기부자로부터 왔음을 알 수 있다. 따라서 형용사 (C) anonymous(익명의)가 정답이다. (A) well-known은 '잘 알려진, 유명한', (B) frequent는 '빈번한, 잦은', (D) influential은 '영향력 있는'이라는 의미이다.

145 ▪ 명사-대명사 일치 주변 문맥 파악   정답 (A)

'____은 곧 새로운 도서관과 농구장을 갖게 될 것이다'라는 문맥이므로 모든 보기가 정답의 후보이다. 빈칸이 있는 문장만으로는 정답을 고를 수 없으므로 주변 문맥이나 전체 문맥을 파악한다. 앞 문장에서 그 기부로 Riley's Kids가 시내의 Branson 청소년 센터를 계속해서 확장할 수 있게 할 것이라고 했으므로 Branson 청소년 센터를 가리키는 3인칭 단수 주격 인칭대명사 (A) It이 정답이다. 3인칭 복수 주격 인칭대명사 (B) They와 1인칭 복수 주격 대명사 (C) We는 단수 명사(Branson Youth Center)를 가리킬 수 없고, 3인칭 단수 주격 인칭대명사 (D) She는 지칭하는 대상의 성별이 여성일 때만 사용할 수 있으므로 답이 될 수 없다.

146 ▪ 알맞은 문장 고르기   정답 (B)

빈칸에 들어갈 알맞은 문장을 고르는 문제이므로 주변 문맥 또는 전체 문맥을 파악한다. 앞 문장 '(It) will soon have a new library and basketball court.'에서 그것, 즉 Branson 청소년 센터가 곧 새로운 도서관과 농구장을 갖게 될 것이라고 했고, 뒤 문장 'Now the center may open as early as April of next year.'에서 이제 센터가 이르면 내년 4월에 문을 열 수도 있다고 했으므로 빈칸에는 Branson 청소년 센터의 확장 일정과 관련된 내용이 들어가야 함을 알 수 있다. 따라서 (B) The work was halted last year due to a budget shortfall이 정답이다.

보기 해석
(A) 기증된 책들은 우선 분류될 필요가 있을 것이다.
(B) 그 작업은 예산 부족으로 인해 작년에 중단되었다.
(C) 센터 방문자들은 접수처에서 서명하고 들어가야 한다.
(D) 기업들은 연례행사를 후원하기로 합의했다.

어휘 sort v. 분류하다 halt v. 중단시키다 budget n. 예산 shortfall n. 부족 sign in phr. ~에 서명하고 들어가다 reception desk phr. 접수처 sponsor v. 후원하다 annual adj. 연례의

PART 7

Questions 147-148 refer to the following notice.

147-148은 다음 공고에 관한 문제입니다.

ATTENTION COMMUTERS	**통근자분들은 주목해주십시오**
Currently, [147]there are significant delays on the subway's purple line due to some tree branches that have fallen onto the tracks at the Rider Hollow Station.	현재, Rider Hollow 역에서 [147]선로에 떨어진 나뭇가지들 때문에 지하철의 보라색 노선에 상당한 지연이 있습니다.
Our crews are working on removing the branches. Until that is complete, both northbound and southbound trains will be sharing a single track between the Rider Hollow and Clint Village Stations.	저희 직원들은 나뭇가지를 치우는 작업을 하고 있습니다. 그것이 완료될 때까지, 북행과 남행 열차 모두 Rider Hollow 역과 Clint Village 역 사이에서 단일 선로를 공유하게 될 것입니다.
For regular updates on the delays, as well as other subway information, go to www.shelbyvillesubway.com or [148-D]download our train-tracking application, Shelbyville Ride Tracker.	다른 지하철 정보뿐만 아니라 지연에 대한 정기적인 업데이트를 위해, www.shelbyvillesubway.com을 방문하시거나 [148-D]저희의 열차 추적 애플리케이션인 Shelbyville Ride Tracker를 다운로드하십시오.

어휘　□ **commuter** n. 통근자　　□ **significant** adj. 상당한, 중요한　　□ **delay** n. 지연
　　　□ **branch** n. 나뭇가지　　　□ **track** n. (기차) 선로, 궤도; v. 추적하다　　□ **remove** v. 치우다, 없애다
　　　□ **northbound** adj. 북행의, 북쪽으로 향하는　　□ **southbound** adj. 남행의, 남쪽으로 향하는

147
○○○●○
하

Why is the purple line experiencing delays?

(A) A storm caused damage to a track.
(B) Some debris fell in the way of trains.
(C) A mechanical failure caused a train to get stuck.
(D) There was overcrowding at a station.

보라색 노선은 왜 지연을 겪고 있는가?

(A) 폭풍우가 선로에 손상을 입혔다.
(B) 열차 선로에 일부 잔해가 떨어졌다.
(C) 기계 고장이 열차가 움직일 수 없게 했다.
(D) 역에 혼잡이 있었다.

█ 육하원칙 Why　　　　　　　　　　　　　　　　　　　　　　　　　　　　　정답 (B)

보라색 노선이 왜(Why) 지연을 겪고 있는지를 묻는 육하원칙 문제이므로 질문의 핵심 어구인 the purple line experiencing delays와 관련하여 'there are significant delays on the subway's purple line due to some tree branches that have fallen onto the tracks'에서 선로에 떨어진 나뭇가지들 때문에 지하철의 보라색 노선에 상당한 지연이 있다고 했으므로 (B)가 정답이다.

바꾸어 표현하기
tree branches that have fallen onto the tracks 선로에 떨어진 나뭇가지들 → debris fell in the way of trains 열차 선로에 잔해가 떨어졌다

어휘　**debris** n. 잔해, 부스러기　**mechanical** adj. 기계의　**failure** n. 고장, 정지　**overcrowding** n. 혼잡, 과밀

148
○○○●○
하

What is true about the purple line?

(A) It runs from east to west.
(B) It will be accessible for free.
(C) It is the longest subway line in the city.
(D) It can be tracked using some software.

보라색 노선에 대해 사실인 것은?

(A) 동쪽에서 서쪽으로 운행한다.
(B) 무료로 이용할 수 있을 것이다.
(C) 그 도시에서 가장 긴 지하철 노선이다.
(D) 어떤 소프트웨어를 사용하여 추적될 수 있다.

█ Not/True True 문제　　　　　　　　　　　　　　　　　　　　　　　　　　정답 (D)

질문의 핵심 어구인 the purple line과 관련된 내용을 지문에서 찾아 각 보기와 대조하는 Not/True 문제이다. (A), (B), (C)는 지문에 언급되지 않은 내용이다. (D)는 'download our train-tracking application, Shelbyville Ride Tracker'에서 열차 추적 애플리케이션인 Shelbyville Ride Tracker를 다운로드하라고 했으므로 지문의 내용과 일치한다. 따라서 (D)가 정답이다.

바꾸어 표현하기
application 애플리케이션 → software 소프트웨어

어휘　**accessible** adj. 이용할 수 있는

Questions 149-150 refer to the following text-message chain.

149-150은 다음 메시지 대화문에 관한 문제입니다.

Jim Leonard [10:18 A.M.]	**Jim Leonard** [오전 10시 18분]
Hi, Tricia. This is Jim. I got your text earlier saying that the oven in your apartment isn't working.	안녕하세요, Tricia. 저는 Jim입니다. 아까 당신의 아파트에 있는 오븐이 작동하지 않는다는 문자를 받았어요.

Tricia Madison [10:21 A.M.]
Hi, Jim. Yeah, I turned it up to 350 degrees last night to bake some cookies, but it was still cold after 30 minutes. It doesn't seem to be working at all.

Jim Leonard [10:22 A.M.]
OK. [149]Do you know if the pilot light has gone out?

Tricia Madison [10:23 A.M.]
[149]Actually, I didn't check. I would do that now, but I'm at work.

Jim Leonard [10:25 A.M.]
Well, [150]I have the keys to everyone's units, so I can stop by this afternoon to check on the pilot light. If the problem is more serious, I'll have to call a repair person.

Tricia Madison [10:28 A.M.]
Sounds great. I hope it can be fixed soon. Thanks so much for dealing with this issue promptly!

Tricia Madison [오전 10시 21분]
안녕하세요, Jim. 네, 어젯밤에 쿠키를 구우려고 350도까지 올려놨는데, 30분이 지나도 여전히 차가웠어요. 전혀 작동하지 않는 것 같아요.

Jim Leonard [오전 10시 22분]
네. [149]혹시 점화용 불씨가 나갔는지 아세요?

Tricia Madison [오전 10시 23분]
[149]사실, 확인하지 않았어요. 저는 지금 확인하고 싶지만, 저는 일하는 중이에요.

Jim Leonard [오전 10시 25분]
음, [150]저는 모든 사람의 가구의 열쇠를 가지고 있어서, 오늘 오후에 점화용 불씨를 확인하기 위해 들를 수 있어요. 만약 문제가 더 심각하면, 수리공을 불러야 할 거예요.

Tricia Madison [오전 10시 28분]
좋아요. 빨리 고쳐지면 좋겠어요. 이 문제를 신속히 처리해 주셔서 정말 감사합니다!

어휘 □ **degree** n. (온도·각도 단위인) 도   □ **bake** v. 굽다   □ **pilot light** phr. 점화용 불씨, 표시등
□ **repair person** phr. 수리공   □ **promptly** adv. 신속히

149
○○○●

At 10:23 A.M., what does Ms. Madison mean when she writes, "I'm at work"?

(A) She has to postpone a meeting.
(B) She is trying to fix a problem.
(C) She cannot perform a check.
(D) She cannot repair an appliance.

오전 10시 23분에, Ms. Madison이 "I'm at work"라고 썼을 때 그녀가 의도한 것은?

(A) 만남을 연기해야 한다.
(B) 문제를 해결하려고 노력하고 있다.
(C) 점검을 행할 수 없다.
(D) 기기를 수리할 수 없다.

■ 의도 파악

정답 (C)

Ms. Madison이 의도한 것을 묻는 문제이므로 질문의 인용어구(I'm at work)가 언급된 주변 문맥을 확인한다. 'Do you know if the pilot light has gone out?'에서 Jim Leonard가 혹시 점화용 불씨가 나갔는지 아는지 묻자, Ms. Madison이 'Actually, I didn't check. I would do that now'에서 사실 확인하지 않았다고 하면서 지금 확인하고 싶다고 한 후, 'I'm at work'(저는 일하는 중이에요)라고 한 것을 통해, Ms. Madison이 점화용 불씨를 점검할 수 없다는 것을 알 수 있다. 따라서 (C)가 정답이다.

어휘 **perform** v. 행하다, 수행하다   **appliance** n. 기기

Who most likely is Mr. Leonard?	Mr. Leonard는 누구일 것 같은가?
(A) An apartment resident	(A) 아파트 주민
(B) A repair person	(B) 수리공
(C) A building manager	(C) 건물 관리인
(D) A prospective tenant	(D) 예비 세입자

■ **추론** 세부 정보 　　　　　　　　　　　　　　　　　　　　　　　　　　　　　　　　　　정답 (C)

질문의 핵심 어구인 Mr. Leonard에 대해 추론하는 문제이다. 'I have the keys to everyone's units, so I can stop by this afternoon to check on the pilot light. If the problem is more serious, I'll have to call a repair person.'에서 Mr. Leonard가 자신이 모든 사람의 가구의 열쇠를 가지고 있어서 오늘 오후에 점화용 불씨를 확인하기 위해 들를 수 있다고 한 후, 만약 문제가 더 심각하면 수리공을 불러야 할 거라고 했으므로, Mr. Leonard가 건물 관리인이라는 사실을 추론할 수 있다. 따라서 (C)가 정답이다.

어휘　resident n. 주민, 거주자　prospective adj. 예비의, 미래의　tenant n. 세입자, 주민

Questions 151-152 refer to the following survey.

151-152는 다음 설문조사에 관한 문제입니다.

Snappeshop

Name: *Gabe Edwards*

Would you recommend our company to others? <u>Y</u> / N

For the questions below, please select an option from 1 to 5 with 5 being the highest.

How satisfied are you with our service?

1 ☐   2 ☐   3 ☐   4 ☒   5 ☐

How efficient is our delivery service?

1 ☐   2 ☐   3 ☐   4 ☐   5 ☒

How would you rank our customer service?

1 ☐   2 ☒   3 ☐   4 ☐   5 ☐

What do you think about our catalog?

[151]*Compared to other online outlets, you don't have a wide range of items.*

What do you think about our customer service?

When I called customer service, they kept passing me around to different departments.

[152]**Which aspect of our service do you like the most?**

[152]*I like the low shipping fees and the speed of delivery.*

Snappeshop

이름: *Gabe Edwards*

저희 회사를 다른 사람들에게 추천하시겠습니까?
네 / 아니오

아래 질문에 대해, 1부터 5(5가 가장 높음)까지의 선택지를 골라주십시오.

저희 서비스에 얼마나 만족하십니까?
1 ☐   2 ☐   3 ☐   4 ☒   5 ☐

저희 배달 서비스는 얼마나 효율적입니까?
1 ☐   2 ☐   3 ☐   4 ☐   5 ☒

저희 고객 서비스를 어떻게 평가하시겠습니까?
1 ☐   2 ☒   3 ☐   4 ☐   5 ☐

저희 상품 목록에 대해 어떻게 생각하십니까?
[151]*다른 온라인 매장들에 비해, 품목이 다양하지 않습니다.*

저희 고객 서비스에 대해 어떻게 생각하십니까?
제가 고객 서비스에 전화했을 때, 그들은 저를 계속해서 다른 부서들로 넘겼습니다.

[152]저희 서비스의 어느 측면이 가장 마음에 드십니까?
[152]*저렴한 배송료와 배송 속도가 마음에 듭니다.*

어휘
☐ **recommend** v. 추천하다
☐ **efficient** adj. 효율적인
☐ **a wide range of** phr. 다양한, 광범위한
☐ **option** n. 선택지
☐ **delivery** n. 배달
☐ **department** n. 부서
☐ **satisfy** v. 만족시키다
☐ **rank** v. 평가하다, 등급을 매기다; n. 등급, 순위
☐ **aspect** n. 측면, 양상

151

··· 최상

What is indicated about Mr. Edwards?

(A) He is a longtime user of Snappeshop.
(B) He uses several online shopping sites.
(C) He has asked for a refund before.
(D) He recently changed his address.

Mr. Edwards에 대해 암시되는 것은?

(A) Snappeshop의 오랜 사용자이다.
(B) 여러 온라인 쇼핑 사이트들을 이용한다.
(C) 이전에 환불을 요청한 적이 있다.
(D) 최근에 그의 주소를 변경했다.

■ **추론** 세부 정보

정답 (B)

질문의 핵심 어구인 Mr. Edwards에 대해 추론하는 문제이다. 'Compared to other online outlets, you don't have a wide range of items.'에서 다른 온라인 매장들에 비해 품목이 다양하지 않다고 했으므로, Mr. Edwards가 여러 온라인 쇼핑 사이트들을 이용한다는 사실을 추론할 수 있다. 따라서 (B)가 정답이다.

바꾸어 표현하기

online outlets 온라인 매장들 → online shopping sites 온라인 쇼핑 사이트들

어휘 **longtime** adj. 오랜, 여러 해의 **refund** n. 환불; v. 환불하다

152

Which aspect of Snappeshop does Mr. Edwards like?

(A) The variety of items being offered
(B) The special deals during holidays
(C) The fast customer service
(D) The cheap price of shipping

Mr. Edwards는 Snappeshop의 어느 측면을 좋아하는가?

(A) 제공되는 품목의 다양성
(B) 연휴 동안의 특가 상품
(C) 빠른 고객 서비스
(D) 저렴한 배송료

■ **육하원칙** Which
정답 (D)

Mr. Edwards가 Snappeshop의 어느(Which) 측면을 좋아하는지를 묻는 육하원칙 문제이다. 질문의 핵심 어구인 aspect of Snappeshop ~ Mr. Edwards like와 관련하여, 'Which aspect of our service do you like the most?', 'I like the low shipping fees'에서 저희, 즉 Snappeshop 서비스의 가장 마음에 드는 측면을 묻는 질문에 대해 저렴한 배송료가 마음에 든다고 답했으므로 (D)가 정답이다.

바꾸어 표현하기
the low shipping fees 저렴한 배송료 → The cheap price of shipping 저렴한 배송료

어휘 variety n. 다양성 special deal phr. 특가 상품

HISTORIC LONDON TOURS: GUIDES WANTED

Do you consider yourself a local history expert? Are you an engaging public speaker? Are you passionate about the city? If so, consider applying to be a guide at Historic London Tours. We are the oldest and most popular tour agency in the city. [153-A]We organise bus, boat, and walking tours for thousands of visitors a year. Right now, we are looking for five individuals to help us conduct our walking tours.

[154]Applicants must:
- [154]Show a thorough knowledge of the city's history by taking a 30-minute exam
- Deliver a 10-minute presentation on a neighbourhood of the city of their choosing
- Pass a background check

[155]The successful candidates will work 25 to 30 hours per week including weekends, with extra hours added during the summer. The standard pay is £14 per hour, and we pay £21 per hour on holidays. Full employment benefits are provided.

To apply, go to www.historiclondon.co.uk/jobs and submit a résumé and cover letter explaining why you would be the ideal candidate. The deadline for applications is March 31.

HISTORIC LONDON 여행사: 가이드 모집

당신은 당신 스스로를 지역 역사 전문가라고 생각하십니까? 당신은 매력적인 연설가입니까? 당신은 도시에 대해 열정적입니까? 만약 그렇다면, Historic London 여행사에서 가이드가 되는 것에 지원하는 것을 고려해보십시오. 저희는 이 도시에서 가장 오래되고 가장 인기 있는 여행사입니다. [153-A]저희는 매년 수천 명의 방문객들을 위한 버스, 보트, 그리고 도보 여행을 준비합니다. 현재, 저희가 도보 여행을 안내하는 것을 도와줄 다섯 사람을 찾고 있습니다.

[154]지원자들은 다음을 수행해야 합니다:
- [154]30분짜리 시험을 쳐서 도시의 역사에 대한 완벽한 지식을 보여줍니다.
- 자신이 선택한 도시의 지역에 대해 10분짜리 발표를 합니다.
- 신원 조사를 통과합니다.

[155]합격자들은 주말을 포함해 주당 25시간에서 30시간 정도 근무할 것이며, 여름 동안 시간 외 근무 시간이 추가될 것입니다. 기본급은 시간당 14파운드이고, 저희는 휴일에 시간당 21파운드를 지급합니다. 완전 고용 혜택이 제공됩니다.

지원하시려면, www.historiclondon.co.uk/jobs에 접속하여 이력서와 당신이 이상적인 지원자가 될 이유를 설명하는 자기소개서를 제출하십시오. 지원서 마감일은 3월 31일입니다.

어휘　□ **expert** n. 전문가
□ **passionate** adj. 열정적인
□ **conduct** v. 안내하다, 수행하다
□ **successful candidate** phr. 합격자
□ **submit** v. 제출하다
□ **deadline** n. 마감일

□ **engaging** adj. 매력적인
□ **walking tour** phr. 도보 여행
□ **applicant** n. 지원자
□ **employment** n. 고용
□ **résumé** n. 이력서
□ **application** n. 지원(서)

□ **public speaker** phr. 연설가, 강연자
□ **individual** n. 사람, 개인
□ **thorough** adj. 완벽한, 철저한
□ **benefit** n. 혜택, 수당
□ **cover letter** phr. 자기소개서

153

What is stated about Historic London Tours?

(A) It provides multiple types of tours.
(B) It is expanding its service into other cities.
(C) It is cheaper than other tour agencies.
(D) It trains its employees for months.

Historic London 여행사에 대해 언급된 것은?

(A) 다양한 종류의 여행을 제공한다.
(B) 다른 도시들로 서비스를 확장하고 있다.
(C) 다른 여행사들보다 더 저렴하다.
(D) 직원들을 몇 달 동안 교육시킨다.

■ **Not/True** True 문제　　　　　　　　　　　　　　　　　　　　　　　　　　　　　정답 (A)

질문의 핵심 어구인 Historic London Tours와 관련된 내용을 지문에서 찾아 각 보기와 대조하는 Not/True 문제이다. (B), (C), (D)는 지문에 언급되지 않은 내용이다. (A)는 'We organise bus, boat, and walking tours for thousands of visitors a year.'에서 매년 수천 명의 방문객들을 위한 버스, 보트, 그리고 도부 여행을 준비한다고 했으므로 지문의 내용과 일치한다. 따라시 (A)가 정답이다.

바꾸어 표현하기
bus, boat, and walking tours 버스, 보트, 그리고 도보 여행 → multiple types of tours 다양한 종류의 여행

어휘　train v. 교육시키다

154
○○○○ 하

What must job applicants do?

(A) Submit a copy of a certificate
(B) Provide a recommendation letter
(C) Prepare a tour schedule
(D) Complete a history test

구직자들은 무엇을 해야 하는가?

(A) 자격증 사본을 제출한다
(B) 추천서를 제공한다
(C) 여행 일정을 준비한다
(D) 역사 시험을 완료한다

■ **육하원칙** What
정답 (D)

구직자들이 무엇(What)을 해야 하는지를 묻는 육하원칙 문제이다. 질문의 핵심 어구인 job applicants do와 관련하여, 'Applicants must:', 'Show a thorough knowledge of the city's history by taking a 30-minute exam'에서 지원자는 30분짜리 시험을 쳐서 도시의 역사에 대한 완벽한 지식을 보여줘야 한다고 했으므로 (D)가 정답이다.

바꾸어 표현하기
exam 시험 → test 시험

어휘   certificate n. 자격증   recommendation letter phr. 추천서   prepare v. 준비하다   complete v. 완료하다, 마치다

155
○○●○ 영

What is indicated about the guide job?

(A) It requires a special uniform.
(B) It is busier during the summer.
(C) It pays more for people with experience.
(D) It often leads to an upper-management job.

가이드 직에 대해 암시되는 것은?

(A) 특별한 유니폼을 필요로 한다.
(B) 여름 동안에 더 바쁘다.
(C) 경력이 있는 사람들에게 더 많은 돈을 준다.
(D) 종종 고위 관리직으로 이어진다.

■ **추론** 세부 정보
정답 (B)

질문의 핵심 어구인 the guide job에 대해 추론하는 문제이다. 'The successful candidates will work 25 to 30 hours ~, with extra hours added during the summer.'에서 합격자, 즉 가이드 직의 합격자들은 25시간에서 30시간 정도 근무할 것이며, 여름 동안 시간 외 근무 시간이 추가될 것이라고 했으므로 가이드 직이 여름 동안에 더 바쁘다는 사실을 추론할 수 있다. 따라서 (B)가 정답이다.

어휘   experience n. 경력, 경험

FROM: Swift Link (555-4278)
SENT: May 18, 12:10 P.M.

[156]This is a notification that your International Travel Plan has been activated. Between May 18 and May 25, you will receive cellular service within Poland. The cost of this coverage is $10 per day. [157]Note that you will be charged extra if you exceed five gigabytes of data, so we suggest turning off applications that use lots of data. To switch to a plan with more data, please use the Swift Link mobile application. Thank you.

발신: Swift Link (555-4278)
발송됨: 5월 18일, 오후 12시 10분

[156]이것은 귀하의 국제 여행 요금제가 활성화되었다는 알림입니다. 5월 18일에서 5월 25일 사이에, 폴란드 내에서 이동 전화 서비스를 받으실 것입니다. 이 서비스 구역의 비용은 하루에 10달러입니다. [157]5기가바이트의 데이터를 초과하면 추가 요금이 부과될 것이므로, 많은 데이터를 쓰는 애플리케이션을 끄는 것을 추천합니다. 더 많은 데이터가 있는 요금제로 바꾸시려면, Swift Link 모바일 애플리케이션을 사용하십시오. 감사합니다.

여휘　□ notification n. 알림, 통지　□ activate v. 활성화시키다, 작동시키다　□ cellular service phr. 이동 전화 서비스
　　　□ coverage n. 서비스 구역, 적용 범위　□ exceed v. 초과하다

156

Why was the text message sent?

(A) To report that a data limit has been exceeded
(B) To remind the recipient about an unpaid bill
(C) To promote a new international travel plan
(D) To announce that the recipient is receiving service

문자 메시지는 왜 발송되었는가?

(A) 데이터 한도가 초과되었음을 알리기 위해
(B) 수신자에게 미납 청구서에 대해 상기시키기 위해
(C) 새로운 국제 여행 요금제를 홍보하기 위해
(D) 수신자가 서비스를 받고 있음을 알리기 위해

■ 주제/목적 찾기 글을 쓴 이유　　　　　　정답 (D)

문자 메시지가 발송된 이유를 묻는 목적 찾기 문제이므로 지문의 앞부분을 주의 깊게 확인한다. 'This is a notification that your International Travel Plan has been activated. Between May 18 and May 25, you will receive cellular service within Poland.'에서 국제 여행 요금제가 활성화되었다는 알림이라며 5월 18일에서 5월 25일 사이에 폴란드 내에서 이동 전화 서비스를 받을 것이라고 했으므로 (D)가 정답이다.

여휘　recipient n. 수신자, 수취인

157

What does the message recommend that the recipient do?

(A) Limit data consumption
(B) Upgrade to a newer phone model
(C) Download a user manual
(D) Stay within certain areas

메시지는 수신자에게 무엇을 하라고 추천하는가?

(A) 데이터 소진을 제한한다
(B) 새로운 휴대폰 모델로 업그레이드한다
(C) 사용자 설명서를 다운로드한다
(D) 특정 지역 내에 머무른다

■ 육하원칙 What　　　　　　정답 (A)

메시지가 수신자에게 무엇(What)을 하라고 추천하는지를 묻는 육하원칙 문제이다. 질문의 핵심 어구인 the message recommend that the recipient do와 관련하여, 'Note that you will be charged extra if you exceed five gigabytes of data, so we suggest turning off applications that use lots of data.'에서 5기가바이트의 데이터를 초과하면 추가 요금이 부과될 것이므로 많은 데이터를 쓰는 애플리케이션을 끄는 것을 추천한다고 했으므로 (A)가 정답이다.

바꾸어 표현하기
recommend 추천하다 → suggest 추천하다
turning off applications that use lots of data 많은 데이터를 쓰는 애플리케이션을 끄는 것 → Limit data consumption 데이터 소진을 제한하다

여휘　consumption n. 소진, 소모 manual n. 설명서 certain adj. 특정한

158-160은 다음 기사에 관한 문제입니다.

Paisley Park Diner Changes Management

For decades, Paisley Park Diner has been one of the most iconic restaurants in Indianapolis. 158-AIts colorful interior filled with vintage items evokes an innocent, bygone era. According to *Indianapolis Now* magazine, 158-B/Cit also boasts the city's friendliest servers and best apple pie.

160Now, founder and longtime manager Guy Hubert has decided to step down. — [1] —. 160At 72, Mr. Hubert is ready to leave the stresses of running the restaurant behind and looks forward to enjoying his retirement. Succeeding him will be his 38-year-old son, Gavin. "Gavin has been working at the diner as head chef for over 15 years," says Mr. Hubert. — [2] —. "I have every confidence that he knows what it takes to keep the place running smoothly."

The younger Hubert says he plans to keep the core aspects of the diner fully intact. — [3] —. However, he wants to add international dishes to the menu that go beyond traditional American fare. — [4] —. 159He also aims to make selected menu items available for delivery.

Paisley Park 식당이 관리자를 바꾸다

수십 년 동안, Paisley Park 식당은 인디애나폴리스에서 가장 상징적인 식당들 중 하나였다. 158-A고전적인 물건들로 가득 찬 화려한 인테리어는 순수한 지난간 시대를 불러일으킨다. *Indianapolis Now*지에 따르면, 158-B/C그것은 또한 도시에서 가장 친절한 직원들과 최고의 사과파이를 자랑한다.

160이제, 설립자이자 오랜 경영자인 Guy Hubert가 사임하기로 결정했다. — [1] —. 16072세로, Mr. Hubert는 뒤에서 식당을 경영하는 것에 대한 스트레스를 떨쳐버릴 준비가 되어 있으며 그의 은퇴 생활을 즐기게 되기를 기대한다. 38세인 그의 아들 Gavin이 그의 뒤를 이을 것이다. Mr. Hubert는 "Gavin은 식당에서 15년 넘게 주방장으로 일해왔습니다."라고 말한다. — [2] —. "저는 그가 그곳을 원활하게 운영하기 위해 무엇이 필요한지 알고 있다고 전적으로 확신합니다."

젊은 Hubert는 식당의 핵심적인 측면을 완전히 원래대로 유지할 계획이라고 말한다. — [3] —. 하지만, 그는 전통적인 미국 요리를 넘어 국제적인 요리를 메뉴에 추가하고 싶어 한다. — [4] —. 159그는 또한 배달을 이용할 수 있는 엄선된 메뉴 항목을 만드는 것을 목표로 한다.

어휘 □ **management** n. 관리자, 경영진
□ **vintage** adj. 고전적인
□ **bygone** adj. 지난간, 옛날의
□ **server** n. 직원
□ **retirement** n. 은퇴 생활
□ **core** adj. 핵심적인
□ **traditional** adj. 전통적인

□ **decade** n. 십 년
□ **evoke** v. 불러일으키다
□ **era** n. 시대
□ **longtime** adj. 오랜, 여러 해의
□ **succeed** v. 뒤를 잇다
□ **intact** adj. 원래대로의, 온전한
□ **fare** n. 요리, 식사

□ **iconic** adj. 상징적인, 대표적인
□ **innocent** adj. 순수한, 죄 없는
□ **boast** v. 자랑하다
□ **step down** phr. 사임하다
□ **confidence** n. 확신, 자신감
□ **international** adj. 국제적인
□ **selected** adj. 엄선된, 선택된

158
○○●○
∞

What is NOT an attraction of Paisley Park Diner?

(A) A visually appealing interior
(B) Friendly service staff
(C) A popular dessert item
(D) Food discounts on some days

Paisley Park 식당의 매력이 아닌 것은?

(A) 시각적으로 매력적인 인테리어
(B) 친절한 서비스 직원들
(C) 인기 있는 디저트 품목
(D) 특정 요일에 음식 할인

■ **Not/True** Not 문제   정답 (D)

질문의 핵심 어구인 an attraction of Paisley Park Diner와 관련된 내용을 지문에서 찾아 각 보기와 대조하는 Not/True 문제이다. (A)는 'Its colorful interior filled with vintage items'에서 고전적인 물건들로 가득 찬 화려한 인테리어라고 했으므로 지문의 내용과 일치한다. (B)와 (C)는 'it also boasts the city's friendliest servers and best apple pie'에서 도시에서 가장 친절한 직원들과 최고의 사과파이를 자랑한다고 했으므로 지문의 내용과 일치한다. (D)는 지문에 언급되지 않은 내용이다. 따라서 (D)가 정답이다.

바꾸어 표현하기
colorful interior filled with vintage items 고전적인 물건들로 가득 찬 화려한 인테리어 → A visually appealing interior 시각적으로 매력적인 인테리어
servers 직원들 → service staff 서비스 직원들

어휘 **attraction** n. 매력 **visually** adv. 시각적으로 **appealing** adj. 매력적인

159
○○○○
●∞

What does Gavin Hubert want to do once he becomes manager?

(A) Remodel the interior
(B) Extend the operating hours
(C) Add a delivery option
(D) Open up a second branch

Gavin Hubert는 그가 경영자가 되면 무엇을 하고 싶어 하는가?

(A) 인테리어를 리모델링한다
(B) 영업시간을 연장한다
(C) 배달 옵션을 추가한다
(D) 두 번째 지점을 연다

■ **육하원칙** What

정답 (C)

Gavin Hubert가 경영자가 되면 무엇(What)을 하고 싶어 하는지를 묻는 육하원칙 문제이다. 질문의 핵심 어구인 Gavin Hubert want to do once he becomes manager와 관련하여, 'He also aims to make selected menu items available for delivery.'에서 배달을 이용할 수 있는 엄선된 메뉴 항목을 만드는 것을 목표로 한다고 했으므로 (C)가 정답이다.

어휘 operating hours phr. 영업시간 branch n. 지점

160
○○○○
●∞

In which of the positions marked [1], [2], [3], and [4] does the following sentence best belong?

"His last day will be on February 28."

(A) [1]
(B) [2]
(C) [3]
(D) [4]

[1], [2], [3], [4]로 표시된 위치 중, 다음 문장이 들어갈 곳으로 가장 적절한 것은?

"그의 마지막 날은 2월 28일이 될 것이다."

(A) [1]
(B) [2]
(C) [3]
(D) [4]

■ **문장 위치 찾기**

정답 (A)

지문의 흐름상 주어진 문장이 들어가기에 가장 적절한 곳을 고르는 문제이다. 주어진 문장에서 그의 마지막 날은 2월 28일이 될 것이라고 했으므로, 이 문장이 그, 즉 경영자인 Guy Hubert가 사임하는 것과 관련된 내용이 나오는 부분에 들어가야 함을 알 수 있다. [1]의 앞 문장인 'Now, founder and longtime manager Guy Hubert has decided to step down.'에서 이제 설립자이자 오랜 경영자인 Guy Hubert가 사임하기로 결정했다고 했고, 뒤 문장인 'At 72, Mr. Hubert ~ looks forward to enjoying his retirement.'에서 72세로 Mr. Hubert가 그의 은퇴 생활을 즐기게 되기를 기대한다고 했으므로, [1]에 제시된 문장이 들어가면 경영자인 Guy Hubert가 2월 28일에 사임하기로 결정했고, 그가 은퇴 생활을 즐기게 되기를 기대한다는 자연스러운 문맥이 된다는 것을 알 수 있다. 따라서 (A)가 정답이다.

Fumiko Suzuki [10:51 A.M.]

I would like your input on employee satisfaction. 161-A/CIn our staff survey, several employees complained about having too much work. The stress this has caused has affected overall productivity. What could be some solutions?

Jintao Bang [10:52 A.M.]

162I think one good idea would be to stop sending work-related e-mails after the office has closed.

Hendrick Schulz [10:54 A.M.]

That would be beneficial. Moreover, more breaks should be encouraged. Maybe even offer a team-building activity at the office. Engaging socially with colleagues has been proven to eliminate or reduce stress.

Fumiko Suzuki [10:56 A.M.]

Those are great suggestions. I'll bring them up with the board of directors and push for reforms. I know other offices offer similar perks and amenities, too.

Hendrick Schulz [10:58 A.M.]

Yes, but it's not about copying other companies. Those things actually help retain and attract highly skilled talent. These days, it's important to maintain a mutually beneficial relationship between employees and employers.

Fumiko Suzuki [10:59 A.M.]

163We also had a budget surplus last quarter. I recommend we invest in other improvements. For instance, we could update the cafeteria interior or add some new menu choices.

Jintao Bang [11:01 A.M.]

I like the idea of changing the menu. That would bring about positive reactions from everyone. I can consult with an acquaintance, Stacy Hill. 164-BShe used to run her own catering business. Now, she's writing a book of healthy recipes.

Fumiko Suzuki [11:02 A.M.]

Let's all think about these ideas some more and meet tomorrow morning to discuss them further.

Fumiko Suzuki [오전 10시 51분]

직원 만족에 대한 여러분의 의견을 듣고 싶어요. 161-A/C직원 설문 조사에서, 몇몇 직원들이 일이 너무 많은 것에 대해 불평했어요. 이것이 야기한 스트레스는 전반적인 생산성에 영향을 미쳤어요. 무엇이 해결책이 될 수 있을까요?

Jintao Bang [오전 10시 52분]

162저는 사무실이 문을 닫은 후에 업무와 관련된 이메일을 보내는 것을 중단하는 것이 하나의 좋은 아이디어라고 생각해요.

Hendrick Schulz [오전 10시 54분]

도움이 되겠네요. 게다가, 더 많은 휴식이 장려되어야 해요. 어쩌면 사무실에서 팀워크 활동을 제공해볼 수도 있어요. 동료들과 사회적으로 관계를 맺는 것이 스트레스를 없애거나 줄인다는 것이 입증되었어요.

Fumiko Suzuki [오전 10시 56분]

그것들은 좋은 제안들이에요. 제가 이사회에 그것들을 가져가서 개선을 요구할게요. 다른 사무실들도 비슷한 특전과 편의 시설을 제공하는 것으로 알고 있어요.

Hendrick Schulz [오전 10시 58분]

네, 하지만 그것은 다른 회사들을 따라 하는 것에 대한 게 아니에요. 그러한 것들은 실제로 고도로 숙련된 인재를 유지하고 끌어들이는 데 도움을 줘요. 요즘, 직원들과 고용주들 사이에 서로 유익한 관계를 유지하는 것이 중요해요.

Fumiko Suzuki [오전 10시 59분]

163우리는 또한 지난 분기에 예산 잉여금이 있었어요. 저는 우리가 다른 개선에 투자하는 것을 제안해요. 예를 들어, 우리는 구내식당 인테리어를 새롭게 하거나 새로운 메뉴 종류를 추가할 수 있어요.

Jintao Bang [오전 11시 01분]

저는 메뉴를 바꾸는 아이디어가 좋아요. 그것은 모든 사람들로부터 긍정적인 반응을 가져올 거예요. 저는 지인인 Stacy Hill과 상의할 수 있어요. 164-B그녀는 자신의 음식 공급업체를 운영하곤 했어요. 지금, 그녀는 건강에 좋은 요리법에 대한 책을 쓰고 있어요.

Fumiko Suzuki [오전 11시 02분]

우리 모두 이 아이디어들에 대해 좀 더 생각해보고 내일 아침에 만나서 더 논의해요.

어휘
□ **input** n. 의견
□ **overall** adj. 전반적인, 종합적인
□ **beneficial** adj. 도움이 되는, 유익한
□ **socially** adv. 사회적으로
□ **reduce** v. 줄이다
□ **reform** n. 개선, 개혁
□ **retain** v. 유지하다, 고용하다
□ **mutually** adv. 서로, 상호간에
□ **surplus** n. 잉여금, 흑자
□ **improvement** n. 개선
□ **consult with** phr. ~와 상의하다

□ **satisfaction** n. 만족
□ **productivity** n. 생산성
□ **encourage** v. 장려하다, 권장하다
□ **colleague** n. 동료
□ **suggestion** n. 제안
□ **perk** n. 특전
□ **attract** v. 끌어들이다
□ **relationship** n. 관계
□ **quarter** n. 분기
□ **positive** adj. 긍정적인
□ **acquaintance** n. 지인, 아는 사람

□ **complain** v. 불평하다
□ **solution** n. 해결책
□ **engage** v. 관계를 맺다
□ **eliminate** v. 없애다
□ **push for** phr. 요구하다
□ **amenity** n. 편의 시설
□ **talent** n. 인재, 재능
□ **budget** n. 예산
□ **invest** v. 투자하다
□ **reaction** n. 반응
□ **run** v. 운영하다, 진행하다

161
○○○●●●
○

What is mentioned about the survey?

(A) It revealed issues among employees.
(B) It has been delayed for a while.
(C) It suggests an overall lack of work.
(D) It is related to staff evaluations.

설문 조사에 대해 언급된 것은?

(A) 직원들 사이의 문제를 드러냈다.
(B) 한동안 연기되었다.
(C) 전반적인 업무 부족을 암시한다.
(D) 직원 평가와 관련이 있다.

■ **Not/True** True 문제 　　　　　　　　　　　　　　　　　　　　　　　　　　　　　　　　　정답 (A)

질문의 핵심 어구인 the survey와 관련된 내용을 지문에서 찾아 각 보기와 대조하는 Not/True 문제이다. (A)는 'In our staff survey, several employees complained about having too much work.'에서 Fumiko Suzuki가 직원 설문 조사에서 몇몇 직원들이 일이 너무 많은 것에 대해 불평했다고 했으므로 지문의 내용과 일치한다. 따라서 (A)가 정답이다. (B)와 (D)는 지문에 언급되지 않은 내용이다. (C)는 'In our staff survey, several employees complained about having too much work.'에서 Fumiko Suzuki가 직원 설문 조사에서 몇몇 직원들이 일이 너무 많은 것에 대해 불평했다고 했으므로 지문의 내용과 일치하지 않는다.

어휘　reveal v. 드러내다, 밝히다　lack n. 부족, 결핍　evaluation n. 평가

162
○○○●●●
○

At 10:54 A.M., what does Mr. Schulz imply when he writes, "That would be beneficial"?

(A) He sees the value in purchasing new devices.
(B) He supports a contract renewal.
(C) He agrees with limiting work e-mails.
(D) He would like to request additional help.

오전 10시 54분에, Mr. Schulz가 "That would be beneficial"이라고 썼을 때 그가 의도한 것은?

(A) 새로운 기기를 구입하는 것의 가치를 알고 있다.
(B) 계약 연장을 지지한다.
(C) 업무 이메일을 제한하는 것에 동의한다.
(D) 추가 도움을 요청하고 싶어 한다.

■ **의도 파악** 　　　　　　　　　　　　　　　　　　　　　　　　　　　　　　　　　정답 (C)

Mr. Schulz가 의도한 것을 묻는 문제이므로 질문의 인용어구(That would be beneficial)가 언급된 주변 문맥을 확인한다. 'I think one good idea would be to stop sending work-related e-mails after the office has closed.'에서 Jintao Bang이 사무실이 문을 닫은 후에 업무와 관련된 이메일을 보내는 것을 중단하는 것이 하나의 좋은 아이디어라고 생각한다고 하자, Mr. Schulz가 'That would be beneficial.'(도움이 되겠네요)이라고 한 것을 통해, Mr. Schulz가 업무 이메일을 제한하는 것에 동의한다는 것을 알 수 있다. 따라서 (C)가 정답이다.

바꾸어 표현하기
stop sending work-related e-mails 업무와 관련된 이메일을 보내는 것을 중단하다 → limiting work e-mails 업무 이메일을 제한하는 것

어휘　value n. 가치　support v. 지지하다　contract n. 계약　renewal n. 연장, 갱신　request v. 요청하다　additional adj. 추가의

163
○○○●●●
○

What does Ms. Suzuki suggest?

(A) Applying for a government grant
(B) Using some available funds
(C) Moving an office to another building
(D) Hiring a marketing expert

Ms. Suzuki는 무엇을 제안하는가?

(A) 정부 보조금을 신청하는 것
(B) 사용 가능한 일부 자금을 쓰는 것
(C) 사무실을 다른 건물로 이전하는 것
(D) 마케팅 전문가를 고용하는 것

■ **육하원칙** What 　　　　　　　　　　　　　　　　　　　　　　　　　　　　　　　　정답 (B)

Ms. Suzuki가 무엇(What)을 제안하는지를 묻는 육하원칙 문제이다. 질문의 핵심 어구인 Ms. Suzuki suggest와 관련하여, 'We ~ had a budget surplus last quarter. I recommend we invest in other improvements.'에서 Ms. Suzuki가 지난 분기에 예산 잉여금이 있었으므로 다른 개선에 투자하는 것을 제안한다고 했으므로 (B)가 정답이다.

바꾸어 표현하기
budget surplus 예산 잉여금 → some available funds 사용 가능한 일부 자금

어휘　government grant phr. 정부 보조금　hire v. 고용하다　expert n. 전문가

164

What is true about Stacy Hill?

(A) She developed a cafeteria's menu.
(B) She no longer runs a business.
(C) She submitted a proposal.
(D) She helps businesses with work-life balance.

Stacy Hill에 대해 사실인 것은?

(A) 구내식당 메뉴를 개발했다.
(B) 더 이상 사업체를 운영하지 않는다.
(C) 제안서를 제출했다.
(D) 일과 삶의 균형이 있는 사업체를 돕는다.

■ **Not/True** True 문제

정답 (B)

질문의 핵심 어구인 Stacy Hill과 관련된 내용을 지문에서 찾아 각 보기와 대조하는 Not/True 문제이다. (A), (C), (D)는 지문에 언급되지 않은 내용이다. (B)는 'She used to run her own catering business. Now, she's writing a book of healthy recipes.'에서 Jintao Bang이 그녀, 즉 Stacy Hill이 자신의 음식 공급업체를 운영하곤 했다며 지금 그녀는 건강에 좋은 요리법에 대한 책을 쓰고 있다고 했으므로 지문의 내용과 일치한다. 따라서 (B)가 정답이다.

어휘　work-life balance　phr. 일과 삶의 균형

TO: Harry Riley <h.riley@webmail.com>
FROM: Brenda O'Connell <b.oconnell@secondcity.com>
SUBJECT: Info
DATE: June 18

Dear Mr. Riley,

Thank you for submitting your résumé to the Second City Temp Agency. [165]I believe we have found a job that matches your skills. — [1] —.

The Ross and Donahue Law Firm is seeking an assistant to help with data entry. They posted the announcement a week ago. Essentially, you would be updating the firm's database of clients. [166-B/168]According to your résumé, you worked with a variety of database programs, including HX2 and Organizer, throughout your time in college. — [2] —. [168]By all indications, you have the right experience for the job.

With your permission, I will go ahead and submit your materials to the Ross and Donahue Law Firm. — [3] —. They are interviewing applicants now and will make a decision by June 28. If you are offered an interview, [167]I would strongly suggest going on the firm's Web site and reading about their mission and what type of law they specialize in. — [4] —. Please let me know if you want me to send in your application.

Sincerely,

Brenda O'Connell

수신: Harry Riley <h.riley@webmail.com>
발신: Brenda O'Connell <b.oconnell@secondcity.com>
제목: 정보
날짜: 6월 18일

Mr. Riley께,

Second City Temp 대행사에 당신의 이력서를 제출해 주셔서 감사합니다. [165]저는 저희가 당신의 능력에 맞는 일자리를 찾았다고 믿습니다. — [1] —.

Ross and Donahue 법률 사무소는 데이터 입력을 도와줄 보조를 찾고 있습니다. 그들은 일주일 전에 공고를 올렸습니다. 기본적으로, 당신은 그 회사의 고객 데이터베이스를 업데이트할 것입니다. [166-B/168]당신의 이력서에 따르면, 당신은 대학 시절 내내 HX2와 Organizer를 포함하여 다양한 데이터베이스 프로그램들로 작업했습니다. — [2] —. [168]모든 점들을 고려해 볼 때, 당신은 그 일자리에 적합한 경력을 갖추고 있습니다.

당신의 동의를 받으면, 진행하고 당신의 자료를 Ross and Donahue 법률 사무소에 제출할 것입니다. — [3] —. 그들은 지금 지원자들을 인터뷰하고 있고 6월 28일까지 결정을 내릴 것입니다. 만약 당신이 인터뷰를 제안 받는다면, [167]저는 회사의 웹사이트에 들어가서 그들의 사명과 그들이 어떤 종류의 법을 전문으로 하는지에 대해 읽으실 것을 강력히 제안합니다. — [4] —. 제가 당신의 지원서를 보내길 원하시면 제게 알려 주십시오.

Brenda O'Connell 드림

어휘 □ law firm phr. 법률 사무소 □ assistant n. 보조, 조수 □ data entry phr. 데이터 입력
□ post v. 올리다, 게시하다 □ announcement n. 공고 □ essentially adv. 기본적으로, 근본적으로
□ permission n. 동의, 허락 □ material n. 자료, 재료 □ make a decision phr. 결정을 내리다
□ mission n. 사명, 임무 □ specialize in phr. ~을 전문으로 하다

Why was the e-mail written?

(A) To request technical assistance
(B) To promote a new law firm
(C) To provide instructions on data entry
(D) To give notification of a potential job

이메일은 왜 쓰였는가?

(A) 기술 지원을 요청하기 위해
(B) 새로운 법률 사무소를 홍보하기 위해
(C) 데이터 입력에 대한 지침을 제공하기 위해
(D) 가능성이 있는 일자리에 대해 알림을 주기 위해

■ **주제/목적 찾기** 글을 쓴 이유 　　　　　　　　　　　　　　　　　　　　　　　　　　　　　　　　　정답 (D)

이메일이 쓰인 이유를 묻는 목적 찾기 문제이므로 지문의 앞부분을 주의 깊게 확인한다. 'I believe we have found a job that matches your skills.'에서 당신, 즉 Mr. Riley의 능력에 맞는 일자리를 찾았다고 믿는다고 했으므로 (D)가 정답이다.

어휘　technical adj. 기술의　assistance n. 지원　promote v. 홍보하다　notification n. 알림, 통지　potential adj. 가능성이 있는, 잠재적인

What is stated about Mr. Riley?

(A) He has a law degree.
(B) He knows about database software.
(C) He has a large network of clients.
(D) He is currently a college student.

Mr. Riley에 대해 언급된 것은?

(A) 법학 학위를 가지고 있다.
(B) 데이터베이스 소프트웨어에 대해 알고 있다.
(C) 넓은 고객 네트워크를 가지고 있다.
(D) 현재 대학생이다.

■ **Not/True** True 문제 　　　　　　　　　　　　　　　　　　　　　　　　　　　　　　　　　　　　　정답 (B)

질문의 핵심 어구인 Mr. Riley와 관련된 내용을 지문에서 찾아 각 보기와 대조하는 Not/True 문제이다. (A), (C), (D)는 지문에 언급되지 않은 내용이다. (B)는 'According to your résumé, you worked with a variety of database programs, ~ throughout your time in college.'에서 이력서에 따르면 당신, 즉 Mr. Riley가 대학 시절 내내 다양한 데이터베이스 프로그램들로 작업했다고 했으므로 지문의 내용과 일치한다. 따라서 (B)가 정답이다.

바꾸어 표현하기
programs 프로그램들 → software 소프트웨어

어휘　degree n. 학위　network n. (사람·단체들 간의) 네트워크, 관계

What does Ms. O'Connell recommend that Mr. Riley do?

(A) Read about a law firm online
(B) Review his knowledge of a program
(C) Practice a job interview with her
(D) Change some information in a database

Ms. O'Connell은 Mr. Riley에게 무엇을 하라고 추천하는가?

(A) 온라인으로 법률 사무소에 대해 읽는다
(B) 프로그램에 대한 그의 지식을 확인한다
(C) 그녀와 구직 면접을 연습한다
(D) 데이터베이스의 일부 정보를 변경한다

■ **육하원칙** What 　　　　　　　　　　　　　　　　　　　　　　　　　　　　　　　　　　　　　　　정답 (A)

Ms. O'Connell이 Mr. Riley에게 무엇(What)을 하라고 추천하는지를 묻는 육하원칙 문제이다. 질문의 핵심 어구인 Ms. O'Connell recommend that Mr. Riley do와 관련하여, 'I would strongly suggest going on the firm's Web site and reading about their mission and what type of law they specialize in'에서 회사의 웹사이트에 들어가서 그들, 즉 Ross and Donahue 법률 사무소의 사명과 그들이 어떤 종류의 법을 전문으로 하는지에 대해 읽을 것을 강력히 제안한다고 했으므로 (A)가 정답이다.

어휘　knowledge n. 지식

○○○● ∞

In which of the positions marked [1], [2], [3], and [4] does the following sentence best belong?

"You also previously served as an intern at the Kelson Law Firm."

(A) [1]
(B) [2]
(C) [3]
(D) [4]

[1], [2], [3], [4]로 표시된 위치 중, 다음 문장이 들어갈 곳으로 가장 적절한 것은?

"당신은 또한 이전에 Kelson 법률 사무소에서 인턴으로 근무했습니다."

(A) [1]
(B) [2]
(C) [3]
(D) [4]

■ 문장 위치 찾기   정답 (B)

지문의 흐름상 주어진 문장이 들어가기에 가장 적절한 곳을 고르는 문제이다. 주어진 문장에서 당신, 즉 Mr. Riley는 또한 이전에 Kelson 법률 사무소에서 인턴으로 근무했다고 했으므로, 이 문장이 Mr. Riley의 경력과 관련된 내용이 나오는 부분에 들어가야 함을 알 수 있다. [2]의 앞 문장인 'According to your résumé, you worked with a variety of database programs, ~ throughout your time in college.'에서 이력서에 따르면 Mr. Riley는 대학 시절 내내 다양한 데이터베이스 프로그램들로 작업했다고 했고, 뒤 문장인 'By all indications, you have the right experience for the job.'에서 모든 점들을 고려해 볼 때 Mr. Riley가 그 일자리에 적합한 경력을 갖추고 있다고 했으므로, [2]에 제시된 문장이 들어가면 이력서에 따르면 Mr. Riley는 대학 시절 내내 다양한 데이터베이스 프로그램들로 작업했고 또한 이전에 Kelson 법률 사무소에서 인턴으로 근무했으며 이러한 모든 점들을 고려해 볼 때, Mr. Riley가 그 일자리에 적합한 경력을 갖추고 있다는 자연스러운 문맥이 된다는 것을 알 수 있다. 따라서 (B)가 정답이다.

어휘   previously adv. 이전에

169-171은 다음 이메일에 관한 문제입니다.

To: Gelson Cable <customerservice@gelsoncable.com>
From: Candice Novak <c.novak@raymailer.com>
Date: February 13
Subject: Subscription

To Whom It May Concern,

I recently spent 50 minutes waiting on the phone to talk to one of your representatives about a problem with my cable subscription. This is not the first time this has happened, and I have had enough. [169]I would like to cancel my subscription, effective immediately.

Over the years, I have regularly called about the quality of the signal in my building, but your representatives have ignored my complaints. Furthermore, [170]they did not explain why some of my favorite cable channels were suddenly dropped from my subscription. When I called to find out about this, I was informed that they were only available in the Premium Package now.

After having been a loyal customer for more than a decade, I have no interest in paying for another month of service. [171]I also strongly suggest that you start treating your subscribers differently.

Sincerely,
Candice Novak

수신: Gelson Cable사
　　　<customerservice@gelsoncable.com>
발신: Candice Novak <c.novak@raymailer.com>
날짜: 2월 13일
제목: 구독

관계자분께,

저는 최근에 당신의 직원들 중 한 명과 제 케이블 구독과 관련된 문제에 대해 통화하기 위해 50분 동안 기다렸습니다. 이런 일이 일어난 것이 이번이 처음이 아니고, 저는 충분히 겪었습니다. [169]저는 즉시, 제 구독을 취소하고 싶습니다.

몇 년 동안, 저는 정기적으로 저희 건물에서의 신호 품질에 대해 전화했지만, 당신의 직원들은 제 불평을 무시해왔습니다. 게다가, [170]그들은 제가 가장 좋아하는 케이블 채널들 중 일부가 왜 갑자기 제 구독에서 빠졌는지 설명하지 않았습니다. 제가 이것에 대해 알아보기 위해 전화했을 때, 저는 이제 그것들이 프리미엄 패키지에서만 이용 가능하다는 것을 통지받았습니다.

10년 넘게 단골 고객으로 지내온 후에, 저는 한 달 더 서비스 비용을 지불할 의향이 없습니다. [171]저는 또한 귀사가 구독자들을 다르게 대하기 시작해야 한다고 강력히 제안 드립니다.

Candice Novak 드림

어휘		
□ **subscription** n. 구독	□ **representative** n. 직원, 대표	□ **immediately** adv. 즉시
□ **regularly** adv. 정기적으로	□ **quality** n. 품질	□ **ignore** v. 무시하다
□ **complaint** n. 불평, 불만	□ **favorite** adj. 가장 좋아하는	□ **suddenly** adv. 갑자기
□ **drop** v. ~을 빼다	□ **find out** phr. 알아보다, 찾아내다	□ **inform** v. 통지하다, 알리다
□ **loyal customer** phr. 단골 고객	□ **strongly** adv. 강력히, 적극적으로	□ **treat** v. 대하다, 대접하다
□ **subscriber** n. 구독자	□ **differently** adv. 다르게	

169
○○○●○

What is Ms. Novak trying to do?

(A) Inquire about service upgrades
(B) Schedule a repair
(C) Cancel her cable plan
(D) Join a loyalty program

Ms. Novak은 무엇을 하려고 하는가?

(A) 서비스 업그레이드에 대해 문의한다
(B) 수리 일정을 잡는다
(C) 케이블 요금제를 취소한다
(D) 고객 보상 프로그램에 가입한다

■ **육하원칙** What

정답 (C)

Ms. Novak이 무엇(What)을 하려고 하는지를 묻는 육하원칙 문제이다. 질문의 핵심 어구인 Ms. Novak trying to do와 관련하여, 'I would like to cancel my subscription, effective immediately.'에서 즉시 자신의 구독, 즉 케이블 구독을 취소하고 싶다고 했으므로 (C)가 정답이다.

바꾸어 표현하기
cancel ~ subscription 구독을 취소하다 → Cancel ~ plan 요금제를 취소하다

어휘　inquire v. 문의하다, 묻다

170 최상

What can be inferred about Gelson Cable?

(A) It mailed a bill to the wrong address.
(B) It charges a fee for equipment repairs.
(C) It made changes to cable packages.
(D) It was bought by another company.

Gelson 케이블사에 대해 추론될 수 있는 것은?

(A) 잘못된 주소로 고지서를 보냈다.
(B) 장비 수리에 비용을 청구한다.
(C) 케이블 패키지에 변경을 가했다.
(D) 다른 회사에 의해 매입되었다.

■ **추론** 세부 정보　　　　　　　　　　　　　　　　　　　　　　　　　　　　　　　　　정답 (C)

질문의 핵심 어구인 Gelson Cable에 대해 추론하는 문제이다. 'they did not explain why some of my favorite cable channels were suddenly dropped from my subscription. When I called to find out about this, I was informed that they were only available in the Premium Package now.'에서 그들, 즉 Gelson 케이블사 직원들은 자신, 즉 Ms. Novak이 가장 좋아하는 케이블 채널들 중 일부가 왜 갑자기 구독에서 빠졌는지 설명하지 않았고 이것에 대해 알아보기 위해 전화했을 때 이제 그것들이 프리미엄 패키지에서만 이용 가능하다는 것을 통지받았다고 했으므로, Gelson 케이블사가 케이블 패키지에 변경을 가했다는 사실을 추론할 수 있다. 따라서 (C)가 정답이다.

어휘　mail v. (우편으로) 보내다, 부치다

171 중

What advice does Ms. Novak provide?

(A) Improving customer service
(B) Offering some free merchandise
(C) Waiving an initiation fee
(D) Lengthening a contract

Ms. Novak은 어떤 조언을 제공하는가?

(A) 고객 서비스를 개선하는 것
(B) 일부 무료 상품을 제공하는 것
(C) 가입비를 적용하지 않는 것
(D) 계약을 연장하는 것

■ **육하원칙** What　　　　　　　　　　　　　　　　　　　　　　　　　　　　　　　　　정답 (A)

Ms. Novak이 어떤(What) 조언을 제공하는지를 묻는 육하원칙 문제이다. 질문의 핵심 어구인 advice ~ Ms. Novak provide와 관련하여, 'I ~ strongly suggest that you start treating your subscribers differently.'에서 귀사, 즉 Gelson Cable사가 구독자들을 다르게 대하기 시작해야 한다고 강력히 제안한다고 했으므로 (A)가 정답이다.

바꾸어 표현하기
treating ~ subscribers differently 구독자들을 다르게 대하기 → Improving customer service 고객 서비스를 개선하는 것

어휘　improve v. 개선하다, 향상시키다　merchandise n. 상품, 물품　waive v. 적용하지 않다, 포기하다　initiation n. 가입, 시작
　　　lengthen v. 연장하다, 늘이다

BookED CEO Opens New Chapter in Company's Story

August 26—[172]BookED CEO Lisa Wang, who took over the role in January, has already introduced significant changes to the popular online application. The existing subscription-based model allows users to read a selection of essays, books, and other publications by authors who are not backed by large publishing houses. These independent releases are curated by BookED's team of literary experts and presented to customers as personalized recommendations.

[174-C]Now, BookED is publishing its own original material. They have directly commissioned freelance journalists and novelists to create content to be released starting next month. This has been accompanied by the application's launch of a points system. [175]BookED has engineered a system that allows customers to earn points by recommending the company's new content on social media platforms. The points may be used to access any other content provided on the application. BookED has said it will continuously develop new methods for its users to earn points.

[175]Industry observers say the changes will grow the application's customer base. They also believe BookED may begin offering the public a chance to buy shares of stock in the company beginning next year.

BookED 최고경영자가 회사의 역사에 새로운 장을 열다

8월 26일—[172]1월에 그 역할을 이어받은 BookED의 최고 경영자 Lisa Wang은 인기 있는 온라인 애플리케이션에 중요한 변화를 이미 도입했다. 기존 구독 기반의 모델은 사용자들이 대형 출판사에 의해 후원되지 않는 작가들의 각종 에세이, 책, 기타 출판물을 읽을 수 있도록 한다. 이러한 독립적인 공개물은 BookED의 문학 전문가팀에 의해 엄선되며 고객들에게 맞춤 추천으로 제시된다.

[174-C]이제, BookED는 자체 독자적인 자료를 출판할 것이다. 이들은 다음 달부터 공개될 콘텐츠를 제작하기 위해 프리랜서로 일하는 언론인들과 소설가들에게 직접적으로 의뢰했다. 이것은 애플리케이션의 포인트 시스템 개시와 동반되었다. [175]BookED는 소셜 미디어 플랫폼에서 회사의 새로운 콘텐츠를 추천함으로써 고객들이 포인트를 얻을 수 있게 하는 시스템을 제작했다. 포인트는 애플리케이션에서 제공되는 모든 다른 콘텐츠를 이용하는 데 사용될 수 있다. BookED는 사용자들이 포인트를 얻을 수 있는 새로운 방법을 지속적으로 개발하겠다고 말했다.

[175]업계 전문가들은 이러한 변화들이 애플리케이션의 고객층을 증가시킬 것이라고 말한다. 그들은 또한 BookED가 내년부터 대중에게 그 회사의 주식을 살 기회를 제공하기 시작할 수도 있다는 의견을 가진다.

어휘
□ introduce v. 도입하다, 소개하다　　□ existing adj. 기존의, 존재하는　　□ independent adj. 독립적인, 독자적인
□ original adj. 독자적인　　□ directly adv. 직접적으로　　□ commission v. 의뢰하다, 주문하다
□ journalist n. 언론인, 기자　　□ novelist n. 소설가　　□ be accompanied by phr. ~을 동반하다
□ engineer v. 제작하다; n. 기술자　　□ continuously adv. 지속적으로, 계속해서　　□ method n. 방법
□ observer n. 전문가, 관찰자　　□ share of stock phr. 주식

172

What did Ms. Wang do in January?

(A) Signed with a literary agent
(B) Published a novel
(C) Created a business venture
(D) Assumed a new job

Ms. Wang은 1월에 무엇을 했는가?

(A) 작가 대리인과 계약했다
(B) 소설을 출판했다
(C) 벤처 사업을 창립했다
(D) 새로운 일을 맡았다

■ **육하원칙** What　　　　　　　　　　　　　　　　　　　　　　　　　　정답 (D)

Ms. Wang이 1월에 무엇(What)을 했는지를 묻는 육하원칙 문제이다. 질문의 핵심 어구인 Ms. Wang do in January와 관련하여, 'BookED CEO Lisa Wang, who took over the role in January'에서 1월에 그 역할을 이어받은 BookED의 최고경영자 Lisa Wang이라고 했으므로 (D)가 정답이다.

바꾸어 표현하기
took over the role 역할을 이어받았다 → Assumed a new job 새로운 일을 맡았다

어휘 literary agent phr. 작가 대리인　venture n. 벤처 사업, (사업상의) 모험　assume v. 맡다, 가정하다

173

The word "backed" in paragraph 1, line 5, is closest in meaning to

(A) inspired
(B) reversed
(C) retired
(D) supported

○●●●
상

1문단 다섯 번째 줄의 단어 "backed"는 의미상 ~와 가장 가깝다.

(A) 격려되다
(B) 역전되다
(C) 퇴직하다
(D) 지원받다

■ 동의어   정답 (D)

backed를 포함하는 구절 'authors who are not backed by large publishing houses'에서 backed가 '후원되다'라는 뜻으로 사용되었다. 따라서 '지원받다'라는 뜻을 가진 (D)가 정답이다.

174

What is mentioned about BookED?

(A) It has many followers on social media.
(B) It has partnered with news organizations.
(C) It produces its own content.
(D) It attracted more investors after its announcement.

○○○●
중

BookED에 대해 언급된 것은?

(A) 소셜 미디어에 많은 팔로워들이 있다.
(B) 언론사들과 협력했다.
(C) 자체 콘텐츠를 제작한다.
(D) 발표 후에 더 많은 투자자들을 끌어들였다.

■ Not/True True 문제   정답 (C)

질문의 핵심 어구인 BookED와 관련된 내용을 지문에서 찾아 각 보기와 대조하는 Not/True 문제이다. (A), (B), (D)는 지문에 언급되지 않은 내용이다. (C)는 'Now, BookED is publishing its own original material.'에서 이제 BookED는 자체 독자적인 자료를 출판할 것이라고 했으므로 지문의 내용과 일치한다. 따라서 (C)가 정답이다.

바꾸어 표현하기
own original material 자체 독자적인 자료 → own content 자체 콘텐츠

어휘 partner with phr. ~와 협력하다   news organization phr. 언론사   investor n. 투자자

175

What is suggested about the points system?

(A) It requires a preapproved bank account.
(B) It will be launched in the following year.
(C) It allows points to be shared between users.
(D) It could help generate new users.

○●●●
최상

포인트 시스템에 대해 암시되는 것은?

(A) 사전에 승인된 은행 계좌가 필요하다.
(B) 다음 해에 출시될 것이다.
(C) 포인트가 사용자들 간에 공유될 수 있게 허용한다.
(D) 새로운 사용자들을 만들어내는 데 도움을 줄 수 있다.

■ 추론 세부 정보   정답 (D)

질문의 핵심 어구인 the points system에 대해 추론하는 문제이다. 'BookED has engineered a system that allows customers to earn points'에서 BookED는 고객들이 포인트를 얻을 수 있게 하는 시스템을 제작했다고 했고, 'Industry observers say the changes will grow the application's customer base.'에서 업계 전문가들은 이러한 변화들이 애플리케이션의 고객층을 증가시킬 것이라고 말한다고 했으므로 포인트 시스템이 새로운 사용자를 만들어내는 데 도움을 줄 수 있다는 사실을 추론할 수 있다. 따라서 (D)가 정답이다.

바꾸어 표현하기
grow the ~ customer base 고객층을 증가시키다 → generate new users 새로운 사용자들을 만들어내다

어휘 generate v. 만들어내다, 발생시키다

지문 1

To: Sally Hartley <sally.hartley@southgeorgiafinancial.com>
From: Raymond Moran <raymond@trebeldesigns.com>
Subject: Order #7190-1715
Date: April 1

Dear Ms. Hartley,

We are very happy that you chose Trebel Designs to create personalized marketing items for your company. [176/179]Your order of 500 pens was shipped yesterday, [176]and it should arrive within one to two business days. [177-C]You may view the invoice on our Web site. As mentioned, [177-B]you received a 10 percent discount for being a first-time customer.

With your order, I have also included a catalog of all the products we offer. Many of our customers have found that handing out T-shirts, hats, coffee mugs, pens, bags, or other items with a company logo on them is an effective way to market their businesses. Trebel Designs can use any logo design you send us, or [180-B]we'd be happy to create a new one for you using one of our template designs. Please note that it will take us one week to create the design.

Thank you for your business, and we look forward to working with you again in the future.

Sincerely,
Raymond Moran

수신: Sally Hartley
 <sally.hartley@southgeorgiafinancial.com>
발신: Raymond Moran
 <raymond@trebeldesigns.com>
제목: 주문 번호 7190-1715
날짜: 4월 1일

Ms. Hartley께,

귀사를 위한 맞춤형 마케팅 물품들을 만들기 위해 Trebel Designs사를 선택해주셔서 매우 기쁩니다. [176/179]귀사의 주문품인 500개의 펜은 어제 발송되었고, [176]그것은 영업일 1~2일 이내에 도착할 것입니다. [177-C]귀하는 저희 웹사이트에서 송장을 보실 수 있습니다. 언급했듯이, [177-B]귀사는 처음 구매하는 고객이기 때문에 10퍼센트 할인을 받으셨습니다.

귀사의 주문과 함께, 저는 저희가 제공하는 모든 제품들의 카탈로그도 포함시켰습니다. 저희의 많은 고객분들이 회사 로고가 새겨진 티셔츠, 모자, 커피 머그잔, 펜, 가방, 또는 다른 물건들을 나눠주는 것이 그들의 사업을 광고하는 효과적인 방법이라는 것을 발견했습니다. Trebel Designs사는 귀사가 저희에게 보내주시는 모든 로고 디자인을 사용할 수 있으며, 아니면 [180-B]당사의 견본 디자인 중 하나를 사용하여 기꺼이 새로운 로고 디자인을 만들어 드리겠습니다. 저희가 디자인을 만드는 데 일주일이 걸릴 것이라는 점을 알아두시길 바랍니다.

귀사의 거래에 감사드리며, 앞으로 또 귀사와 함께 일하기를 고대합니다.

Raymond Moran 드림

지문 2

To: Raymond Moran <raymond@trebeldesigns.com>
From: Sally Hartley
 <sally.hartley@southgeorgiafinancial.com>
Subject: RE: Order #7190-1715
[178]Date: April 2

Dear Mr. Moran,

I would like to thank you for the great customer service. We received our order this morning, and everything looks fantastic. In fact, [178]some of us will be attending a career expo next month to recruit some new employees, so [179]I would like to place an order for 300 more of the same item.

[180-A/B]I'd also like you to design a logo for a training program we are planning for new staff. Could you start working on this immediately? I'd like to unveil it to our board at their next meeting. I've sent the details in a separate e-mail.

Thank you again.

Sally Hartley
Senior Marketing Director
South Georgia Financial

수신: Raymond Moran
 <raymond@trebeldesigns.com>
발신: Sally Hartley
 <sally.hartley@southgeorgiafinancial.com>
제목: 회신: 주문 번호 7190-1715
[178]날짜: 4월 2일

Mr. Moran께,

훌륭한 고객 서비스에 감사드리고 싶습니다. 오늘 아침에 주문품을 받았는데, 모든 것이 훌륭해 보입니다. 사실, [178]다음 달에 일부 신입사원을 채용하기 위해 저희 중 몇몇이 직업 박람회에 참석할 것이어서, [179]같은 물품으로 300개를 더 주문하고 싶습니다.

[180-A/B]신입사원을 대상으로 계획하고 있는 교육 프로그램을 위한 로고도 디자인해 주셨으면 합니다. 이 일을 바로 시작해주실 수 있습니까? 다음 회의 때 그것을 이사회에 공개하고 싶습니다. 자세한 내용은 다른 이메일로 보내드렸습니다.

다시 한번 감사합니다.

Sally Hartley 드림
선임 마케팅 이사
South Georgia Financial사

지문 1　□ **personalized** adj. 맞춤형의, 개인화된　　□ **business day** phr. 영업일　　□ **invoice** n. 송장, 청구서
　　　　□ **discount** n. 할인　　　　　　　　　□ **hand out** phr. 나눠주다　　　□ **effective** adj. 효과적인
　　　　□ **market** v. 광고하다, 내놓다; n. 시장　　□ **template** n. 견본, 본보기

지문 2　□ **career** n. 직업, 경력　　　　　　　　□ **training** n. 교육, 훈련　　　　□ **immediately** adv. 바로, 즉시
　　　　□ **unveil** v. 공개하다, 발표하다　　　　□ **board** n. 이사회

176

○○○○● 하

What is one purpose of the first e-mail?

(A) To announce a policy update
(B) To verify some specifications
(C) To confirm a shipment
(D) To set up a payment plan

첫 번째 이메일의 하나의 목적은 무엇인가?

(A) 정책 업데이트를 공지하기 위해
(B) 일부 사양을 확인하기 위해
(C) 발송을 확인해 주기 위해
(D) 지급 계획을 설정하기 위해

■ **주제/목적 찾기** 글의 목적　　　　　　　　　　　　　　　　　　　　　　　　　　　정답 (C)

첫 번째 이메일의 목적을 묻는 목적 찾기 문제이므로 첫 번째 이메일의 내용을 확인한다. 첫 번째 이메일의 'Your order of 500 pens was shipped yesterday, and it should arrive within one to two business days.'에서 주문품인 500개의 펜이 어제 발송되었고 그것이 영업일 1~2일 이내에 도착할 것이라고 했으므로 (C)가 정답이다.

어휘　**policy** n. 정책, 방침　**verify** v. 확인하다　**specification** n. 사양, 규격

177

○○○●○ 중

What is indicated about Trebel Designs?

(A) It just opened a store.
(B) It offers discounts to new clients.
(C) It is planning to launch a Web site.
(D) It is looking to hire a graphic artist.

Trebel Designs사에 대해 언급된 것은?

(A) 막 매장을 열었다.
(B) 신규 고객들에게 할인을 제공한다.
(C) 웹사이트를 개설할 계획이다.
(D) 그래픽 아티스트를 고용하려고 하고 있다.

■ **Not/True** True 문제　　　　　　　　　　　　　　　　　　　　　　　　　　　　정답 (B)

질문의 핵심 어구인 Trebel Designs와 관련된 내용을 지문에서 찾아 각 보기와 대조하는 Not/True 문제이므로 Trebel Designs사가 작성한 첫 번째 이메일에서 관련 내용을 확인한다. (A)와 (D)는 지문에 언급되지 않은 내용이다. (B)는 'you received a 10 percent discount for being a first-time customer'에서 수신자의 회사가 처음 구매하는 고객이기 때문에 10퍼센트 할인을 받았다고 했으므로 지문의 내용과 일치한다. 따라서 (B)가 정답이다. (C)는 'You may view the invoice on our Web site.'에서 웹사이트에서 송장을 볼 수 있다고 했으므로 지문의 내용과 일치하지 않는다.

바꾸어 표현하기

received a ~ discount for being a first-time customer 처음 구매하는 고객이기 때문에 할인을 받았다
→ offers discounts to new clients 신규 고객들에게 할인을 제공하다

178

○○○○● 하

What will South Georgia Financial do in May?

(A) Participate in a job fair
(B) Transfer some employees
(C) Attend a marketing conference
(D) Hold a press conference

South Georgia Financial사는 5월에 무엇을 할 것인가?

(A) 취업 박람회에 참가한다
(B) 일부 직원들을 전근시킨다
(C) 마케팅 학회에 참석한다
(D) 기자회견을 연다

■ **육하원칙** What　　　　　　　　　　　　　　　　　　　　　　　　　　　　　　정답 (A)

South Georgia Financial사가 5월에 무엇(What)을 할 것인지를 묻는 육하원칙 문제이므로 질문의 핵심 어구인 South Georgia Financial 사가 작성한 두 번째 이메일에서 관련 내용을 확인한다. 두 번째 이메일의 'Date: April 2'에서 이메일이 4월 2일에 작성되었음을 알 수 있고, 'some of us will be attending a career expo next month'에서 다음 달에 자신들 중 몇몇이 직업 박람회에 참석할 것이라고 했으므로 (A)가 정답이다.

바꾸어 표현하기

a career expo 직업 박람회 → a job fair 취업 박람회

어휘　**transfer** v. 전근시키다, 옮기다　**conference** n. 학회, 회의　**press conference** phr. 기자회견

Which items does Ms. Hartley want to order more of?

(A) Hats
(B) Coffee mugs
(C) Pens
(D) Bags

Ms. Hartley는 어떤 물품들을 더 주문하고 싶어 하는가?

(A) 모자
(B) 커피 머그잔
(C) 펜
(D) 가방

■ **육하원칙** 연계 문제   정답 (C)

두 지문의 내용을 종합해서 풀어야 하는 연계 문제이다. 질문의 핵심 어구인 items ~ Ms. Hartley want to order more of에서 Ms. Hartley가 어떤(Which) 물품들을 더 주문하고 싶어 하는지를 묻고 있으므로 Ms. Hartley가 작성한 두 번째 이메일을 먼저 확인한다.

단서 1 두 번째 이메일의 'I would like to place an order for 300 more of the same item'에서 Ms. Hartley가 같은 물품으로 300개를 더 주문하고 싶다고 했다. 그런데 이전에 주문한 물품이 무엇인지 제시되지 않았으므로 첫 번째 이메일에서 관련 내용을 확인한다.

단서 2 첫 번째 이메일의 'Your order of 500 pens was shipped yesterday'에서 Ms. Hartley가 소속된 회사의 주문품인 500개의 펜이 어제 발송되었음을 확인할 수 있다.

두 단서를 종합할 때, Ms. Hartley가 더 주문하고 싶어 하는 물품들은 펜임을 알 수 있다. 따라서 (C)가 정답이다.

What is true about Ms. Hartley's design?

(A) It is intended for a career expo.
(B) It will take a week to fulfill.
(C) It must be in black and white.
(D) It will include ideas from new employees.

Ms. Hartley의 디자인에 대해 사실인 것은?

(A) 직업 박람회를 위한 것이다.
(B) 완료하는 데 일주일이 걸릴 것이다.
(C) 흑백이어야 한다.
(D) 신입사원들의 아이디어를 포함할 것이다.

■ **Not/True** 연계 문제   정답 (B)

두 지문의 내용을 종합해서 풀어야 하는 연계 문제이다. 질문의 핵심 어구인 Ms. Hartley's design과 관련된 내용을 지문에서 찾아 각 보기와 대조하는 Not/True 문제이므로 Ms. Hartley가 작성한 두 번째 이메일을 먼저 확인한다.

단서 1 두 번째 이메일의 'I'd also like you to design a logo for a training program we are planning for new staff.'에서 신입사원을 대상으로 계획하고 있는 교육 프로그램을 위한 로고도 디자인해 주었으면 한다고 했다. 그런데 로고를 제작하는 데 시간이 얼마나 소요되는지 제시되지 않았으므로 첫 번째 이메일에서 관련 내용을 확인한다.

단서 2 첫 번째 이메일의 'we'd be happy to create a new one for you using one of our template designs. Please note that it will take us one week to create the design.'에서 회사의 견본 디자인 중 하나를 사용하여 기꺼이 새로운 로고 디자인을 만들어주겠다고 한 후, 디자인을 만드는 데 일주일이 걸릴 것이라는 점을 알아두길 바란다는 것을 확인할 수 있다.

두 단서를 종합할 때, Ms. Hartley의 디자인은 South Georgia Financial사의 교육 프로그램을 위한 새로운 로고 디자인으로, Trebel Designs사에서 준비하는 데 일주일이 걸릴 것임을 알 수 있다. 따라서 (B)가 정답이다. (A)는 두 번째 이메일의 'I'd also like you to design a logo for a training program we are planning for new staff.'에서 신입사원을 대상으로 계획하고 있는 교육 프로그램을 위한 로고도 디자인해 주었으면 한다고 했으므로 지문의 내용과 일치하지 않는다. (C)와 (D)는 지문에 언급되지 않은 내용이다.

어휘 **fulfill** v. 완료하다, 수행하다

지문 1

181-BBull Run Ski Resort Sports Shop
181-BEquipment Rental Information

In addition to selling equipment by several manufacturers, the Bull Run Ski Resort's sports shop rents out a variety of equipment so you can enjoy your time on the ski slopes.

We have:
- Ski packages including skis, boots, and poles from $50 per day or $150 per week
- Ski jackets and pants from $30 per day or $90 per week
- 181-BHelmets for $15 per day or $45 per week*
- Goggles for $10 per day or $30 per week
- Gloves for $5 per day or $15 per week

We offer various sizes for children and adults. 182Sizing charts to help you determine the correct sizes based on height and weight are available at the counter. All rental bills must be settled immediately. 185A 15 percent discount is offered to guests staying at the Bull Run Ski Resort.

181-B*For safety reasons, all skiers must wear a helmet while on the slopes.

181-BBull Run 스키 리조트 스포츠 상점
181-B장비 대여 정보

여러 제조업체들의 장비를 판매하는 것에 더하여, Bull Run 스키 리조트의 스포츠 상점은 여러분이 스키 슬로프에서 시간을 즐기실 수 있도록 다양한 장비를 대여해 드립니다.

다음이 있습니다:
- 하루당 50달러 또는 주당 150달러부터인 스키, 부츠, 폴을 포함한 스키 패키지
- 하루당 30달러 또는 주당 90달러부터인 스키 재킷과 바지
- 181-B하루당 15달러 또는 주당 45달러인 헬멧*
- 하루당 10달러 또는 주당 30달러인 고글
- 하루당 5달러 또는 주당 15달러인 장갑

저희는 어린이와 성인을 위한 다양한 사이즈를 제공합니다. 182키와 몸무게를 기준으로 정확한 사이즈를 정하는 데 도움을 줄 사이즈 표가 카운터에서 제공됩니다. 모든 대여 청구 금액은 즉시 지불되어야 합니다. 185Bull Run 스키 리조트에 머무르는 손님들에게 15퍼센트 할인이 제공됩니다.

181-B*안전상의 이유로, 모든 스키 타는 사람들은 슬로프에 있을 때 헬멧을 착용해야 합니다.

지문 2

Bull Run Ski Resort Sports Shop
Equipment Rental Form

Name: Marcus Carver
Address: 945 Elgin Avenue, Winnipeg, MB R3E 1B3, Canada
Phone Number: 555-9708
Date: February 15
185Rental Period: 1 day

Credit Card Number: ****-****-****-3533
Billing Address: Same as above

Item	Quantity	Price per Item	Cost
184Ski package	1842	$50	$100
184Helmet	1842	$15	$30
184Goggles	1842	$10	$20
184Gloves	1842	$5	$10
Subtotal			$160
18515% discount			185-$24
Total due			$136

Please note: One-day rentals must be used on the day they are rented. There are no refunds for rentals.

Bull Run 스키 리조트 스포츠 상점
장비 대여 양식

이름: Marcus Carver
주소: 945번지 Elgin가, 위니펙, 매니토바주 R3E 1B3, 캐나다
전화번호: 555-9708
날짜: 2월 15일
185대여 기간: 1일

신용카드 번호: ****-****-****-3533
청구서 발송 주소: 위와 동일

품목	수량	품목당 가격	비용
184스키 패키지	1842	50달러	100달러
184헬멧	1842	15달러	30달러
184고글	1842	10달러	20달러
184장갑	1842	5달러	10달러
소계			160달러
18515% 할인			185-24달러
총 요금			136달러

유의하십시오: 하루 대여는 대여된 당일에 이용되어야 합니다. 대여료는 환불되지 않습니다.

지문 1 □ equipment n. 장비 □ rental n. 대여 □ manufacturer n. 제조업체
□ slope n. (스키장의) 슬로프 □ pole n. 폴, 막대기 □ various adj. 다양한
□ determine v. 정하다, 결정하다

지문 2 □ billing n. 청구서 발송 □ quantity n. 수량, 양 □ due n. 요금, 사용료; adj. (돈을) 지불해야 하는

What is stated about the Bull Run Ski Resort sports shop?

(A) It offers all of the top sportswear brands.
(B) It rents out compulsory safety gear.
(C) It is closed for several weeks during the year.
(D) It sells used equipment at low prices.

Bull Run 스키 리조트 스포츠 상점에 대해 언급된 것은?

(A) 모든 최고의 스포츠웨어 브랜드를 제공한다.
(B) 의무적인 안전 장비를 대여해준다.
(C) 1년 중 몇 주 동안 문을 닫는다.
(D) 중고 장비를 저렴한 가격에 판매한다.

■ **Not/True** True 문제 　　정답 (B)

질문의 핵심 어구인 the Bull Run Ski Resort sports shop과 관련된 내용을 지문에서 찾아 각 보기와 대조하는 Not/True 문제이므로 Bull Run 스키 리조트 스포츠 상점과 관련된 내용이 언급된 첫 번째 지문인 안내문에서 관련 내용을 확인한다. (A), (C), (D)는 지문에 언급되지 않은 내용이다. (B)는 'Bull Run Ski Resort Sports Shop', 'Equipment Rental Information', 'Helmets for $15 per day or $45 per week*', '*For safety reasons, all skiers must wear a helmet while on the slopes.'에서 Bull Run 스키 리조트 스포츠 상점의 장비 대여 정보에 하루당 15달러 또는 주당 45달러인 헬멧이 포함되어 있고, 안전상의 이유로 모든 스키 타는 사람들은 슬로프에 있을 때 헬멧을 착용해야 한다고 했으므로 지문의 내용과 일치한다. 따라서 (B)가 정답이다.

바꾸어 표현하기
a helmet 헬멧 → safety gear 안전 장비

어휘 compulsory adj. 의무적인, 강제적인

According to the information, how can people figure out what size they need?

(A) By calling an attendant
(B) By reading a pamphlet
(C) By visiting a Web site
(D) By looking at a chart

안내문에 따르면, 사람들은 그들이 필요한 사이즈가 무엇인지 어떻게 알 수 있는가?

(A) 안내원을 부름으로써
(B) 팸플릿을 읽어봄으로써
(C) 웹사이트를 방문함으로써
(D) 표를 봄으로써

■ **육하원칙** How 　　　정답 (D)

안내문에 따르면 사람들이 필요한 사이즈가 무엇인지 어떻게(how) 알 수 있는지를 묻는 육하원칙 문제이므로 첫 번째 지문인 안내문에서 관련 내용을 확인한다. 안내문의 'Sizing charts to help you determine the correct sizes based on height and weight are available at the counter.'에서 키와 몸무게를 기준으로 정확한 사이즈를 정하는 데 도움을 줄 사이즈 표가 카운터에서 제공된다고 했으므로 (D)가 정답이다.

어휘 attendant n. 안내원, 수행원

In the information, the word "settled" in paragraph 3, line 2, is closest in meaning to

(A) placed
(B) demanded
(C) paid
(D) established

안내문에서, 3문단 두 번째 줄의 단어 "settled"는 의미상 −와 가장 가깝다.

(A) 놓여지다
(B) 요구되다
(C) 지불되다
(D) 수립되다

■ **동의어** 　　정답 (C)

첫 번째 지문인 안내문의 settled를 포함하는 구절 'All rental bills must be settled immediately.'에서 settled가 '지불되다'라는 뜻으로 사용되었다. 따라서 '지불되다'라는 뜻을 가진 (C)가 정답이다.

184
○○●●

○ 중

What is implied about Mr. Carver's rental?

(A) The equipment is for more than one person.
(B) The total qualifies him for a membership rate.
(C) It may be extended at no extra cost.
(D) It may be refunded for a partial amount.

Mr. Carver의 대여에 대해 암시되는 것은?

(A) 그 장비는 한 명보다 더 많은 사람을 위한 것이다.
(B) 총액은 그에게 회원제 요금의 자격을 준다.
(C) 추가 비용 없이 연장될 수 있다.
(D) 일부 금액이 환불될 수 있다.

■ **추론** 세부 정보   정답 (A)

질문의 핵심 어구인 Mr. Carver's rental에 대해 추론하는 문제이므로 Mr. Carver가 언급된 두 번째 지문인 양식에서 관련 내용을 확인한다.
양식의 'Ski package, 2', 'Helmet, 2', 'Goggles, 2', 'Gloves, 2'에서 스키 패키지, 헬멧, 고글, 장갑을 각각 두 개씩 대여했으므로, 장비가
한 명보다 더 많은 사람을 위한 것이라는 사실을 추론할 수 있다. 따라서 (A)가 정답이다.

어휘 extend v. 연장하다 extra adj. 추가의 partial adj. 일부의

185
○○●●

○ 중

What is indicated about Mr. Carver?

(A) He will be taking classes as a beginner.
(B) He plans to practice winter sports for a week.
(C) He has recently purchased a ski jacket.
(D) He rented a room at the resort.

Mr. Carver에 대해 암시되는 것은?

(A) 초보자로서 수업을 들을 것이다.
(B) 일주일 동안 겨울 스포츠를 연습할 계획이다.
(C) 최근에 스키 재킷을 구입했다.
(D) 리조트에서 객실을 빌렸다.

■ **추론** 연계 문제   정답 (D)

두 지문의 내용을 종합적으로 확인한 후 추론해서 풀어야 하는 연계 문제이다. 질문의 핵심 어구인 Mr. Carver가 언급된 양식을 먼저 확인한다.
[단서 1] 두 번째 지문(양식)의 'Rental Period: 1 day', '15% discount, -$24'에서 Mr. Carver가 장비를 1일 대여했고 15%인 24달러를 할
인받았다고 했다. 그런데 할인받은 이유가 제시되지 않았으므로 안내문에서 관련 내용을 확인한다.
[단서 2] 첫 번째 지문(안내문)의 'A 15 percent discount is offered to guests staying at the Bull Run Ski Resort.'에서 Bull Run 스키
리조트에 머무르는 손님들에게 15퍼센트 할인이 제공된다는 사실을 확인할 수 있다.
두 단서를 종합할 때, Mr. Carver가 Bull Run 스키 리조트에서 묵고 있어서 장비를 대여하는데 15퍼센트 할인을 받았다는 사실을 추론할 수 있
다. 따라서 (D)가 정답이다.

어휘 beginner n. 초보자, 초심자

Questions 186-190 refer to the following Web page, list, and e-mail.

186-190은 다음 웹페이지, 목록, 이메일에 관한 문제입니다.

지문 1

ROSENSTEIN REAL ESTATE

| Home | About Us | Agents | Contact |

186-CRosenstein Real Estate is among the most trusted real estate agencies in the Chicago area. Though we can help you find properties anywhere in the city and its neighboring suburbs, 186-Cwe specialize in locating upscale housing in the city's north and northwestern areas.

187When you use us to find a property, you not only get a thorough tour of the premises, but you also receive extensive information to help you make the best decision. We provide a complete rundown of a property's amenities and an overview of its history.

A list of all of the properties we represent is available here. 188-A/B/C/DProperties within Chicago are represented by real estate agents George Rosenstein and Mary Kowalski. Those in surrounding areas are represented by Karl Mitchell.

ROSENSTEIN 부동산

| 홈 | 소개 | 중개인 | 연락처 |

186-CRosenstein 부동산은 시카고 지역에서 가장 신뢰받고 있는 부동산 중개업소들 중 한 곳입니다. 저희는 도시와 인근 교외의 어느 곳에서나 부동산을 찾도록 도와드릴 수 있지만, 186-C도시의 북부와 북서부 지역에 있는 고급 주택을 찾는 것을 전문으로 하고 있습니다.

187여러분이 부동산을 찾기 위해 저희를 이용하실 때, 여러분은 그 부동산을 철저히 둘러볼 수 있을 뿐만 아니라, 최선의 결정을 내리는 데 도움이 되는 광범위한 정보를 얻으실 수도 있습니다. 저희는 부동산의 생활 편의 시설에 대한 완전한 설명과 그곳의 내력에 대한 개요를 제공합니다.

저희가 제시하는 모든 부동산의 목록은 여기에서 이용하실 수 있습니다. 188-A/B/C/D시카고 내 부동산은 부동산 중개인 George Rosenstein과 Mary Kowalski에 의해 제시됩니다. 주변 지역의 부동산은 Karl Mitchell에 의해 제시됩니다.

지문 2

Properties represented by Rosenstein Real Estate as of January 1

Address	Price	Bedrooms	Bathrooms
188-A980 Boston Street, Chicago, IL	$380,000	3	2
188-B118 Michigan Street, Chicago, IL	$410,100	4	3
188-C1001 Lipton Street, Evanston, IL	$360,500	2	2
188-D280 Irving Street, Chicago, IL	$550,400	4	3
190 Sherman Road, Chicago, IL	$290,900	2	1

190Call 555-3928 to schedule a tour. We are available from 9 A.M. to 6 P.M. on weekdays.

1월 1일 현재 Rosenstein 부동산에 의해 제시되는 부동산

주소	가격	침실	욕실
188-A980번지 Boston가, 시카고, 일리노이주	380,000달러	3	2
188-B118번지 Michigan가, 시카고, 일리노이주	410,100달러	4	3
188-C1001번지 Lipton가, 에번스턴, 일리노이주	360,500달러	2	2
188-D280번지 Irving가, 시카고, 일리노이주	550,400달러	4	3
190번지 Sherman로, 시카고, 일리노이주	290,900달러	2	1

190방문 일정을 잡으시려면 555-3928로 전화주세요. 저희는 평일 오전 9시부터 오후 6시까지 이용하실 수 있습니다.

지문 3

TO: Rosenstein Real Estate <inquiries@rosenstein.com>
FROM: Anne Dahlberg <anned98@mittermail.com>
SUBJECT: Apartment
DATE: January 3

To Whom It May Concern,

189My husband and I recently accepted teaching positions at Northbrook University in Chicago. Along with our son, we plan on moving to the city next month. We've been browsing real estate listings for a while now. Ideally, we'd like an apartment that costs under $400,000, and has two

수신: Rosenstein 부동산 <inquiries@rosenstein.com>
발신: Anne Dahlberg <anned98@mittermail.com>
제목: 아파트
날짜: 1월 3일

관계자분께,

189제 남편과 저는 최근에 시카고의 Northbrook 대학교에서 교편을 잡았습니다. 아들과 함께, 저희는 다음 달에 그 도시로 이사할 계획입니다. 저희는 지금 한동안 부동산 목록을 둘러보고 있습니다. 이상적으로는, 저희는 40만 달러 미만의 가격이고, 침실 두 개와 욕실 두 개가 있는 아파트를

bedrooms and two bathrooms. However, we're somewhat flexible with those requirements. The apartment at 190 Sherman Road is quite appealing. We like how close it is to our university. Is that apartment still available? If so, [190]we'd love to arrange a tour of it, preferably this upcoming weekend, when my husband and I will be in the city. Please let me know.

Best,

Anne Dahlberg

원합니다. 그러나, 저희는 이러한 필요 조건에 대해 어느 정도 융통성이 있습니다. 190번지 Sherman로에 있는 아파트가 꽤 매력적입니다. 저희는 그곳이 저희 대학교와 가까워서 좋습니다. 그 아파트가 아직 이용 가능한가요? 그렇다면, [190]가급적이면 남편과 제가 그 도시에 있을 때인 다가오는 이번 주말에 그곳의 방문을 계획하고 싶습니다. 저에게 알려주세요.

Anne Dahlberg 드림

지문 1
□ real estate phr. 부동산
□ property n. 부동산, 토지
□ locate v. 찾다, 위치시키다
□ premise n. 부동산, 토지
□ complete adj. 완전한
□ represent v. 제시하다, 대표하다

□ agent n. 중개인, 대리인
□ neighboring adj. 인근의, 이웃의
□ upscale adj. 고급의, 고가의
□ extensive adj. 광범위한
□ rundown n. 설명
□ surrounding adj. 주변의

□ trusted adj. 신뢰받고 있는
□ suburb n. 교외
□ thorough adj. 철저한
□ decision n. 결정
□ overview n. 개요

지문 2 □ bedroom n. 침실

□ bathroom n. 욕실

지문 3
□ browse v. 둘러보다, 훑어보다
□ flexible adj. 융통성 있는
□ appealing adj. 매력적인
□ upcoming adj. 다가오는, 곧 있을

□ ideally adv. 이상적으로는
□ requirement n. 필요 조건
□ arrange v. ~을 계획하다

□ somewhat adv. 어느 정도, 다소
□ quite adv. 꽤, 상당히
□ preferably adv. 가급적이면

186

What is true about Rosenstein Real Estate?

(A) It employs over a dozen real estate agents.
(B) It requires tenants to provide personal references.
(C) It concentrates on a particular area of Chicago.
(D) It has offices in three different cities.

Rosenstein 부동산에 대해 사실인 것은?

(A) 12명이 넘는 부동산 중개인을 고용하고 있다.
(B) 임차인들이 신원 보증을 제공할 것을 요구한다.
(C) 시카고의 특정 지역에 집중한다.
(D) 세 개의 다른 도시에 사무실을 가지고 있다.

■ Not/True True 문제   정답 (C)

질문의 핵심 어구인 Rosenstein Real Estate와 관련된 내용을 지문에서 찾아 각 보기와 대조하는 Not/True 문제이므로, Rosenstein 부동산과 관련된 내용이 언급된 첫 번째 지문인 웹페이지에서 관련 내용을 확인한다. (A), (B), (D)는 지문에 언급되지 않은 내용이다. (C)는 'Rosenstein Real Estate is among the most trusted real estate agencies in the Chicago area.'에서 Rosenstein 부동산이 시카고 지역에서 가장 신뢰받고 있는 부동산 중개업소들 중 한 곳이라고 한 후, 'we specialize in locating upscale housing in the city's north and northwestern areas'에서 도시의 북부와 북서부 지역에 있는 고급 주택을 찾는 것을 전문으로 하고 있다고 했으므로 지문의 내용과 일치한다. 따라서 (C)가 정답이다.

어휘 employ v. 고용하다, 일을 주다 dozen adj. 12의 tenant n. 임차인, 세입자 personal reference phr. 신원 보증
concentrate v. 집중하다, 전념하다 particular adj. 특정한

What does Rosenstein Real Estate do to help its clients make decisions?

(A) It posts videos of properties online.
(B) It arranges meetings with owners.
(C) It provides comprehensive information.
(D) It offers professional estimates for repairs.

Rosenstein 부동산은 고객들이 결정하는 것을 돕기 위해 무엇을 하는가?

(A) 온라인에 부동산의 영상을 게시한다.
(B) 주인들과의 만남을 주선한다.
(C) 포괄적인 정보를 제공한다.
(D) 수리에 대한 전문적인 견해를 제공한다.

■ **육하원칙** What 　　　　　　　　　　　　　　　　　　　　　　　　　　　　　　정답 (C)

Rosenstein 부동산이 고객들이 결정하는 것을 돕기 위해 무엇(What)을 하는지를 묻는 육하원칙 문제이므로 질문의 핵심 어구인 Rosenstein Real Estate do to help its clients make decisions와 관련된 내용이 언급된 첫 번째 지문인 웹페이지를 확인한다. 웹페이지의 'When you use us to find a property, you not only get a thorough tour of the premises, but you also receive extensive information to help you make the best decision.'에서 부동산을 찾기 위해 자신들, 즉 Rosenstein 부동산을 이용할 때 고객들이 그 부동산을 철저히 둘러볼 수 있을 뿐만 아니라 최선의 결정을 내리는 데 도움이 되는 광범위한 정보를 얻을 수도 있다고 했으므로 (C)가 정답이다.

바꾸어 표현하기
extensive information 광범위한 정보 → comprehensive information 포괄적인 정보

어휘　comprehensive adj. 포괄적인, 종합적인　professional adj. 전문적인　estimate n. 견적

Which property is NOT represented by Mr. Rosenstein or Ms. Kowalski?

(A) 980 Boston Street
(B) 118 Michigan Street
(C) 1001 Lipton Street
(D) 280 Irving Street

어느 부동산이 Mr. Rosenstein이나 Ms. Kowalski에 의해 제시되지 않는가?

(A) 980번지 Boston가
(B) 118번지 Michigan가
(C) 1001번지 Lipton가
(D) 280번지 Irving가

■ **Not/True** 연계 문제 　　　　　　　　　　　　　　　　　　　　　　　　　　정답 (C)

세 지문 중 두 지문의 내용을 종합해서 풀어야 하는 연계 문제이다. 질문의 핵심 어구인 property is ~ represented by Mr. Rosenstein or Ms. Kowalski와 관련된 내용을 지문에서 찾아 각 보기와 대조하는 NOT/TRUE 문제이므로 Mr. Rosenstein과 Ms. Kowalski에 대한 내용이 언급된 첫 번째 지문인 웹페이지와 두 번째 지문인 목록을 확인한다. (A), (B), (D)는 웹페이지의 'Properties within Chicago are represented by real estate agents George Rosenstein and Mary Kowalski.'에서 시카고 내 부동산은 부동산 중개인 George Rosenstein과 Mary Kowalski에 의해 제시된다고 했고, 목록의 '980 Boston Street, Chicago', '118 Michigan Street, Chicago', '280 Irving Street, Chicago'에서 980번지 Boston가, 118번지 Michigan가, 280번지 Irving가는 시카고에 있다고 한 것을 통해 Mr. Rosenstein이나 Ms. Kowalski에 의해 제시되는 부동산이므로 지문의 내용과 일치한다. (C)는 웹페이지의 'Properties within Chicago are represented by real estate agents George Rosenstein and Mary Kowalski.'에서 시카고 내 부동산은 부동산 중개인 George Rosenstein과 Mary Kowalski에 의해 제시된다고 했고, 목록의 '1001 Lipton Street, Evanston'에서 1001번지 Lipton가는 에 번스턴에 있다고 한 것을 통해 Mr. Rosenstein이나 Ms. Kowalski에 의해 제시되지 않는 부동산이므로 지문의 내용과 일치하지 않는다. 따라서 (C)가 정답이다.

189 ○○○○ 중

What is indicated about Ms. Dahlberg?

(A) She just completed a university course.
(B) She is planning on moving on the weekend.
(C) She wants to sell an apartment.
(D) She currently lives outside of Chicago.

Ms. Dahlberg에 대해 암시되는 것은?

(A) 대학교 과정을 막 마쳤다.
(B) 주말에 이사할 계획이다.
(C) 아파트를 팔기를 원한다.
(D) 현재 시카고 바깥쪽에 살고 있다.

■ **추론** 세부 정보

정답 (D)

질문의 핵심 어구인 Ms. Dahlberg에 대해 추론하는 문제이므로 Ms. Dahlberg가 작성한 세 번째 지문인 이메일을 확인한다. 이메일의 'My husband and I recently accepted teaching positions at Northbrook University in Chicago. Along with our son, we plan on moving to the city next month.'에서 남편과 자신, 즉 Ms. Dahlberg가 최근에 시카고의 Northbrook 대학교에서 교편을 잡았고 아들과 함께 다음 달에 그 도시로 이사할 계획이라고 한 것에서 Ms. Dahlberg가 현재 시카고 바깥쪽에 살고 있다는 사실을 추론할 수 있다. 따라서 (D)가 정답이다.

어휘 complete v. 마치다, 끝내다

190 ○○○○ 상

What can be inferred about Ms. Dahlberg's tour request?

(A) She has to rent a vehicle.
(B) The agent will be unavailable.
(C) She cannot go without the owner.
(D) The tour will take place virtually.

Ms. Dahlberg의 방문 요청에 대해 추론될 수 있는 것은?

(A) 그녀는 차량을 빌려야 한다.
(B) 중개인은 만날 수 없을 것이다.
(C) 그녀는 주인 없이 갈 수 없다.
(D) 방문은 가상으로 이루어질 것이다.

■ **추론** 연계 문제

정답 (B)

세 지문 중 두 지문의 내용을 종합적으로 확인한 후 추론해서 풀어야 하는 연계 문제이다. 질문의 핵심 어구인 Ms. Dahlberg's tour request와 관련된 내용이 언급된 이메일을 먼저 확인한다.

단서 1 세 번째 지문(이메일)의 'we'd love to arrange a tour of it, preferably this upcoming weekend, when my husband and I will be in the city'에서 가급적이면 남편과 자신, 즉 Ms. Dahlberg가 그 도시, 즉 시카고에 있을 때인 다가오는 이번 주말에 그곳, 즉 Rosenstein 부동산에 의해 제시되는 부동산인 190번지 Sherman로에 있는 아파트의 방문을 계획하고 싶다고 했다. 그런데 이번 주말에 해당 부동산을 방문할 수 있을지 제시되지 않았으므로 목록에서 관련 내용을 확인한다.

단서 2 두 번째 지문(목록)의 'Call 555-3928 to schedule a tour. We are available from 9 A.M. to 6 P.M. on weekdays.'에서 방문 일정을 잡으려면 555-3928로 전화 달라고 하며 평일 오전 9시부터 오후 6시까지 이용할 수 있다고 했다.

두 단서를 종합할 때, Ms. Dahlberg가 방문하기를 희망하는 이번 주말에는 중개인을 만날 수 없을 것이라는 사실을 추론할 수 있다. 따라서 (B)가 정답이다.

어휘 vehicle n. 차량 take place phr. 이루어지다, 발생하다 virtually adv. (컴퓨터를 이용하여) 가상으로

Questions 191-195 refer to the following notice, letter, and report.

191-195는 다음 공고, 편지, 보고서에 관한 문제입니다.

NOTICE

[191]Crystal Condominiums will be inspecting all units from January 6 to 10. The facilities manager will accompany a technician from FailSafe Home Inspections as he tours the building. Each inspection will take approximately 60 minutes.

The inspection will include a check for the following:
- Insect infestation
- Plumbing problems
- Gas leaks

[191]You will receive additional information in your mailbox to let you know when your inspection is scheduled. On the day of the inspection, you'll also receive text-message alerts notifying you when the technician enters and exits your unit.

Residents of Units 1 to 20 will receive their inspection report on January 11.
[193]*Residents of Units 21 to 40 will receive their inspection report on January 15.*

공고

[191]Crystal 아파트는 1월 6일부터 10일까지 모든 세대를 점검할 예정입니다. 시설 관리자가 FailSafe Home Inspections사의 기술자가 건물을 둘러볼 때 동행할 것입니다. 각 점검은 약 60분 정도 소요될 것입니다.

점검은 다음 사항에 대한 확인을 포함할 것입니다:
· 벌레 출몰
· 배관 문제
· 가스 누출

[191]여러분의 점검이 언제 예정되어 있는지를 알려드리기 위해 추가 정보를 우편함으로 받으실 것입니다. 점검 당일에는, 기술자가 언제 여러분의 세대를 들어가고 나가는지를 알리는 문자 메시지 알림도 받을 것입니다.

1호에서 20호의 주민들은 1월 11일에 그들의 점검 보고서를 받을 것입니다.
[193]*21호에서 40호의 주민들은 1월 15일에 그들의 점검 보고서를 받을 것입니다.*

[193]Ms. Alyssa Matthews
[193/194]Unit 38

Dear Ms. Matthews,

[192/194]Your inspection is scheduled for January 10 at 10 A.M. The facilities manager will unlock your unit for the technician and relock the unit when the technician leaves.

We encourage you to leave your unit during the inspection to allow the technician to work freely. If it's necessary for you to be at home during your scheduled time, please notify the facilities manager as soon as possible.

Please also notify the facilities manager of any concerns you may have.

Sincerely,

The Management

[193]Ms. Alyssa Matthews
[193/194]38호

Ms. Matthews께,

[192/194]귀하의 점검은 1월 10일 오전 10시에 예정되어 있습니다. 시설 관리자가 기술자를 위해 귀하의 세대 문을 열어줄 것이고 기술자가 나갈 때 다시 잠글 것입니다.

기술자가 자유롭게 작업할 수 있도록 점검 중에는 세대에서 나가 계시는 것을 권장합니다. 예정된 시간 동안 집에 계셔야 할 필요가 있다면, 가능한 한 빨리 시설 관리자에게 알려주십시오.

또한 귀하께서 가지고 있을 수 있는 어떠한 문제라도 시설 관리자에게 알려주십시오.

관리사무소 드림

Crystal Condominiums Inspection Report

Below are the results of your recent condominium unit inspection. Please review this report carefully.

[194]**Inspection date:** January 10
[194]**Arrival time:** 10:30 A.M.
[194]**Unit:** 38
[194]**Technician:** Allen Scott

Inspection Key:
A – No problems detected
B – Minor problems detected
C – Major problems detected

Crystal 아파트 점검 보고서

아래는 최근 귀하의 아파트 세대 점검 결과입니다. 이 보고서를 주의 깊게 검토하십시오.

[194]점검 날짜: 1월 10일
[194]도착 시간: 오전 10시 30분
[194]세대: 38호
[194]기술자: Allen Scott

점검 기호 설명:
A – 발견된 문제 없음
B – 사소한 문제 발견됨
C – 주요한 문제 발견됨

Items	Grade	Issue	Recommended Action
Windows	A		
Walls/Ceilings	B	Minor crack in dining room ceiling	No action needed
Alarm system	A		
Smoke detectors	B	Batteries in three devices replaced	No further action needed
Carbon monoxide detectors	A		
195Plumbing	B	Minor leak in pipes beneath kitchen sink	195Contact facilities manager to arrange repair
Gas	A		
Electricity	A		
Insects	B	Several ants in dining room	Contact facilities manager to arrange for exterminator

Comments: Unit 38 is in good shape overall. However, the resident should reach out to the facilities manager to arrange for repair of a leaking pipe in the kitchen. Unit 38 should also receive extermination services to prevent future insect problems.

항목	등급	문제	권장 조치
창문	A		
벽/천장	B	식당 천장의 경미한 균열	작업 필요 없음
경보 시스템	A		
연기 탐지기	B	기기 세 대에서 배터리 교체	추가 작업 필요 없음
일산화탄소 검출기	A		
195배관	B	주방 싱크 아래 파이프에서 경미한 누출	195수리를 계획하기 위해 시설 관리자에게 연락
가스	A		
전기	A		
벌레	B	식당에 있는 개미 몇 마리	해충 구제약을 마련하기 위해 시설 관리자에게 연락

의견: 38호는 대체로 상태가 양호합니다. 다만, 거주자는 시설 관리자에게 연락하여 주방의 누수 배관 수리를 진행해야 합니다. 38호는 또한 추후 곤충 문제를 예방하기 위해 구제 서비스를 받아야 합니다.

지문 1
- □ condominium n. 아파트, 콘도
- □ accompany v. 동행하다, 함께 ~하다
- □ approximately adv. 약
- □ plumbing n. 배관
- □ alert n. 알림, 경계
- □ inspect v. 점검하다, 검사하다
- □ technician n. 기술자
- □ insect n. 벌레, 곤충
- □ leak n. 누출
- □ notify v. 알리다
- □ facility n. 시설, 설비
- □ inspection n. 점검, 검토
- □ infestation n. 출몰, 만연
- □ mailbox n. 우편함

지문 2
- □ encourage v. 권장하다, 장려하다
- □ freely adv. 자유롭게
- □ concern n. 문제, 걱정

지문 3
- □ crack n. 균열, 금
- □ exterminator n. (해충) 구제약, 해충 구제업자
- □ detector n. 탐지기, 검출기
- □ carbon monoxide phr. 일산화탄소

191

For whom is the notice most likely intended?

(A) The FailSafe technician
(B) The Crystal Condominiums manager
(C) Crystal Condominiums residents
(D) Building maintenance workers

공고는 누구를 대상으로 하는 것 같은가?

(A) FailSafe 기술자
(B) Crystal 아파트 관리자
(C) Crystal 아파트 주민들
(D) 건물 유지 보수 작업자들

■ 추론 전체 정보
정답 (C)

지문 곳곳에 퍼져 있는 여러 단서를 종합하여 공고의 대상을 추론하는 문제이므로 첫 번째 지문인 공고를 확인한다. 공고의 'Crystal Condominiums will be inspecting all units from January 6 to 10.'에서 Crystal 아파트는 1월 6일부터 10일까지 모든 세대를 점검할 예정이라고 했고, 'You will receive additional information in your mailbox to let you know when your inspection is scheduled.'에서 점검이 언제 예정되어 있는지를 알려주기 위해 추가 정보를 우편함으로 받을 것이라고 한 후, 세대 점검에 대한 세부 내용으로 이어지고 있으므로 Crystal 아파트 주민들을 대상으로 하는 공고임을 추론할 수 있다. 따라서 (C)가 정답이다.

What information can be found in the letter?	편지에서 찾을 수 있는 정보는 무엇인가?
(A) The date of an inspection (B) The name of a technician (C) The details of a problem (D) The location of an office	(A) 점검 날짜 (B) 기술자의 이름 (C) 문제에 대한 세부 정보 (D) 사무실의 위치

■ **육하원칙** What　　　　　　　　　　　　　　　　　　　　　　　　　　　　　　정답 (A)

편지에서 찾을 수 있는 정보가 무엇(What)인지를 묻는 육하원칙 문제이므로 두 번째 지문인 편지에서 관련 내용을 확인한다. 편지의 'Your inspection is scheduled for January 10 at 10 A.M.'에서 점검이 1월 10일 오전 10시에 예정되어 있다고 했으므로 (A)가 정답이다.

When did Ms. Matthews most likely receive her inspection report?	Ms. Matthews는 언제 그녀의 점검 보고서를 받았을 것 같은가?
(A) January 6 (B) January 10 (C) January 11 (D) January 15	(A) 1월 6일 (B) 1월 10일 (C) 1월 11일 (D) 1월 15일

■ **추론** 연계 문제　　　　　　　　　　　　　　　　　　　　　　　　　　　　　정답 (D)

세 지문 중 두 지문의 내용을 종합적으로 확인한 후 추론해서 풀어야 하는 연계 문제이다. 질문의 핵심 어구인 Ms. Matthews ~ receive her inspection report와 관련하여 Ms. Matthews에게 보내진 편지를 먼저 확인한다.

단서 1 두 번째 지문(편지)의 'Ms. Alyssa Matthews', 'Unit 38'에서 Ms. Matthews가 38호에 산다는 사실을 확인할 수 있다. 그런데 38호가 언제 점검 보고서를 받는지 제시되지 않았으므로 공고에서 관련 내용을 확인한다.

단서 2 첫 번째 지문(공고)의 'Residents of Units 21 to 40 will receive their inspection report on January 15.'에서 21호에서 40호의 주민들은 1월 15일에 그들의 점검 보고서를 받을 것임을 확인할 수 있다.

두 단서를 종합할 때, Ms. Matthews는 38호에 살고 있으므로 1월 15일에 점검 보고서를 받았다는 사실을 추론할 수 있다. 따라서 (D)가 정답이다.

What is suggested about Mr. Scott?	Mr. Scott에 대해 암시되는 것은?
(A) He arrived late for his appointment. (B) He performed simple plumbing repairs. (C) He left the apartment before 11 A.M. (D) He was informed about some problems in advance.	(A) 약속 시간에 늦었다. (B) 간단한 배관 수리를 했다. (C) 오전 11시 전에 아파트를 떠났다. (D) 몇 가지 문제에 대해 미리 통지를 받았다.

■ **추론** 연계 문제　　　　　　　　　　　　　　　　　　　　　　　　　　　　　정답 (A)

세 지문 중 두 지문의 내용을 종합적으로 확인한 후 추론해서 풀어야 하는 연계 문제이다. 질문의 핵심 어구인 Mr. Scott과 관련된 내용이 언급된 보고서를 먼저 확인한다.

단서 1 세 번째 지문(보고서)의 'Inspection date: January 10', 'Arrival time: 10:30 A.M.', 'Unit: 38', 'Technician: Allen Scott'에서 기술자인 Mr. Scott이 1월 10일 오전 10시 30분에 38호에 도착했다고 했다. 그런데 원래 약속 시간이 언제인지 제시되지 않았으므로 편지에서 관련 내용을 확인한다.

단서 2 두 번째 지문(편지)의 'Unit 38', 'Your inspection is scheduled for January 10 at 10 A.M.'에서 38호의 점검이 1월 10일 오전 10시에 예정되어 있었다는 사실을 확인할 수 있다.

두 단서를 종합할 때, Mr. Scott이 약속 시간인 오전 10시보다 30분 늦은 시간인 오전 10시 30분에 도착했음을 추론할 수 있다. 따라서 (A)가 정답이다.

어휘　appointment n. 약속　in advance phr. 미리, 사전에

According to the report, which item requires further action?

(A) The windows
(B) The walls
(C) The alarm system
(D) The plumbing

보고서에 따르면, 어느 항목이 추가 조치가 필요한가?

(A) 창문
(B) 벽
(C) 경보 시스템
(D) 배관

■ **육하원칙** Which

정답 (D)

보고서에 따르면 어느(which) 항목이 추가 조치가 필요한지를 묻는 육하원칙 문제이므로 세 번째 지문인 보고서에서 관련 내용을 확인한다. 보고서의 'Plumbing', 'Contact facilities manager to arrange repair'에서 배관은 수리를 계획하기 위해 시설 관리자에게 연락하는 것이 권장된다고 했으므로 (D)가 정답이다.

지문 1

Writers' Workshops
November 17
Kilwin City Library

Have you always dreamed of publishing your own novel or poetry collection? Are you curious to learn if you have what it takes to become a writer?
It's time to make this dream a reality!

[198]Join us for our writers' workshop series, sponsored by the Southern Ohio Writers' Guild.

[198]Workshops are hosted at the Kilwin City Library. Light refreshments will be provided, courtesy of Blueberry Bakery and Café. [198]All workshops presented by the Southern Ohio Writers' Guild are available at no cost to participants. However, space is limited, so sign up today!

Ask one of our librarians for more information or contact Lola Nicholson at the Southern Ohio Writers' Guild at lnicholson@sowg.org.

작가 워크숍
11월 17일
Kilwin 시립 도서관

항상 자신의 소설이나 시집을 출판하는 것을 꿈꿔오셨나요? 여러분이 작가가 되기 위해 필요한 자질을 가지고 있는지 궁금한가요?
이 꿈을 현실로 만들 때입니다!

[198]남부 오하이오 작가 협회의 후원을 받고 있는 저희의 작가 워크숍 시리즈에 참여하세요.

[198]워크숍은 Kilwin 시립 도서관에서 열립니다. Blueberry 베이커리와 카페의 호의인 가벼운 다과가 제공될 것입니다. [198]남부 오하이오 작가 협회에 의해 진행되는 모든 워크숍은 참가자들에게 무료로 이용 가능합니다. 하지만, 공간이 한정되어 있으니, 오늘 신청하세요!

더 많은 정보가 필요하시면 저희 사서들 중 한 명에게 문의 하시거나 남부 오하이오 작가 협회의 Lola Nicholson에게 lnicholson@sowg.org로 연락하세요.

지문 2

Kilwin City Library Writers' Workshop Schedule

Workshop Title	Dates	Times	Location
The Great American Novel	Dec 1 to Feb 13	Mondays, 6 to 8 P.M.	Conference Room A
[199]Simplifying Sonnets	[199]Dec 18 to Feb 13	[199]Thursdays, 1 to 2 P.M.	Conference Room A
English Poetry	Dec 19 to Feb 14	Fridays, 3 to 4 P.M.	Main Lecture Hall
Teen Essay Writing	Dec 20 to Feb 15	Saturdays, 3 to 4 P.M.	Children's Room

Writers' workshops rely upon regular attendance. [196]Attendees who miss more than two workshops without prior notice may be dropped from the register.

[196]If you are interested in a more casual environment, the Southern Ohio Writers' Guild hosts a weekly coffee hour for writers on Wednesdays from 4 to 5 P.M. at the Blueberry Café and Bakery. [196]No preregistration is required, and all walk-ins are welcome!

Kilwin 시립 도서관 작가 워크숍 일정표

워크숍 제목	날짜	시간	장소
위대한 미국 소설	12월 1일부터 2월 13일까지	월요일, 오후 6시부터 8시까지	A 회의실
[199]소네트 쉽게 하기	[199]12월 18일부터 2월 13일까지	[199]목요일, 오후 1시부터 2시까지	A 회의실
영시	12월 19일부터 2월 14일까지	금요일, 오후 3시부터 4시까지	주 강당
청소년 에세이 쓰기	12월 20일부터 2월 15일까지	토요일, 오후 3시부터 4시까지	어린이실

작가 워크숍은 정기적인 출석을 필요로 합니다. [196]사전 통지 없이 워크숍에 2회 넘게 출석하지 않은 참석자들은 명부에서 빠질 수 있습니다.

[196]좀 더 가벼운 분위기에 관심이 있으시다면, 남부 오하이오 작가 협회가 수요일 오후 4시부터 5시까지 Blueberry 카페와 베이커리에서 작가들을 위한 주간 커피 다과회를 주최합니다. [196]사전 등록은 필요 없으며, 예약 없이 오시는 분들 모두 환영합니다!

지문 3

To: Barbara Espinoza <barbespin@capomail.com>
From: Lola Nicholson <lnicholson@sowg.org>
Date: November 27
Subject: Re: Workshop

수신: Barbara Espinoza <barbespin@capomail.com>
발신: Lola Nicholson <lnicholson@sowg.org>
날짜: 11월 27일
제목: 회신: 워크숍

Hi, Barbara! [197/199]I have enrolled you in your requested workshop. [199]The first session is scheduled for December 18 at 1 P.M. However, please arrive at least 10 minutes early to receive your workshop materials. [198]Your workshop will be held in the same location at the Kilwin City Library as the literacy workshop you attended last summer.

Laptop computers are not needed for the workshop, but participants are welcome to bring one. [200]If you are willing to have your work reviewed, we encourage you to bring some samples as well, but please limit these to a few short selections.

Please let me know if you have any other questions!

Sincerely,
Lola Nicholson
Outreach Coordinator
[198]Southern Ohio Writers' Guild

안녕하세요, Barbara! [197/199]귀하께서 요청하신 워크숍에 등록해 드렸습니다. [199]첫 번째 세션은 12월 18일 오후 1시에 예정되어 있습니다. 하지만, 워크숍 자료를 받으시려면 적어도 10분 일찍 도착해주십시오. [198]귀하의 워크숍은 Kilwin 시립 도서관에서 지난여름에 참석하셨던 교양 워크숍과 같은 장소에서 개최될 것입니다.

워크숍에는 노트북이 필요하지 않지만, 참가자들은 그것을 가져와도 좋습니다. [200]당신의 작품이 검토되도록 하실 의향이 있으시다면, 몇 가지 샘플도 가져오시길 권하지만, 몇 가지 간단한 엄선된 것들로 제한해 주십시오.

다른 질문이 있으시면 제게 알려주십시오!

Lola Nicholson 드림
복지 활동 관리자
[198]남부 오하이오 작가 협회

지문 1
- □ publish v. 출판하다
- □ reality n. 현실
- □ courtesy n. 호의, 특별 대우
- □ poetry collection phr. 시집
- □ guild n. 협회
- □ participant n. 참가자
- □ curious adj. 궁금한, 알고 싶어 하는
- □ refreshment n. 다과
- □ librarian n. 사서

지문 2
- □ conference room phr. 회의실
- □ attendance n. 출석
- □ casual adj. 가벼운, 격식을 차리지 않는
- □ walk-in n. 예약 없이 가는 사람
- □ simplify v. 쉽게 하다, 단순화하다
- □ prior adj. 사전의
- □ environment n. 분위기, 환경
- □ rely upon phr. ~을 필요로 하다, ~에 의존하다
- □ register n. 명부, 등록부; v. 등록하다
- □ preregistration n. 사전 등록, 예비 등록

지문 3
- □ enroll v. 등록하다
- □ selection n. 엄선된 것, 선택
- □ literacy n. 교양 있음, 읽고 쓸 줄 앎
- □ outreach n. 복지 활동
- □ review v. 검토하다

196

○
●
●
●
상

According to the schedule, what is indicated about the Southern Ohio Writers' Guild weekly coffee hour?

(A) Individuals who want to attend must reserve seats in advance.
(B) Writers are not required to attend each session.
(C) Guests are not permitted to visit these meetings.
(D) Students can receive complimentary coffee or tea.

일정표에 따르면, 남부 오하이오 작가 협회의 주간 커피 다과회에 대해 암시되는 것은?

(A) 참석을 원하는 개인들은 사전에 좌석을 예약해야 한다.
(B) 작가들은 각 세션에 참석하도록 요구되지 않는다.
(C) 손님들은 이 모임에 방문하는 것이 허용되지 않는다.
(D) 학생들은 무료 커피나 차를 받을 수 있다.

■ 추론 세부 정보   정답 (B)

질문의 핵심 어구인 the Southern Ohio Writers' Guild weekly coffee hour와 관련된 내용을 일정표에서 찾아 추론하는 문제이므로 두 번째 지문인 일정표에서 관련 내용을 확인한다. 일정표의 'Attendees who miss more than two workshops without prior notice may be dropped from the register.'에서 사전 통지 없이 워크숍에 2회 넘게 출석하지 않은 참석자들은 명부에서 빠질 수 있다고 한 후, 'If you are interested in a more casual environment, the Southern Ohio Writers' Guild hosts a weekly coffee hour for writers', 'No preregistration is required, and all walk-ins are welcome!'에서 좀 더 가벼운 분위기에 관심이 있다면 남부 오하이오 작가 협회가 작가들을 위한 주간 커피 다과회를 주최한다며 사전 등록은 필요 없고 예약 없이 오는 사람들을 모두 환영한다고 했으므로 작가들이 남부 오하이오 작가 협회의 주간 커피 다과회에 반드시 참석하도록 요구되지 않는다는 사실을 추론할 수 있다. 따라서 (B)가 정답이다.

어휘 individual n. 개인 reserve v. 예약하다 permit v. 허용하다 complimentary adj. 무료의

197
○●●●
중

What is the purpose of the e-mail?

(A) To confirm an enrollment
(B) To announce new expenses
(C) To report a change of schedule
(D) To introduce a speaker

이메일의 목적은 무엇인가?

(A) 등록을 확인해주기 위해
(B) 새로운 비용을 알리기 위해
(C) 일정의 변경을 알리기 위해
(D) 연사를 소개하기 위해

■ **주제/목적 찾기** 글의 목적   정답 (A)

이메일의 목적을 묻는 목적 찾기 문제이므로 세 번째 지문인 이메일의 내용을 확인한다. 이메일의 'I have enrolled you in your requested workshop.'에서 당신, 즉 Ms. Espinoza가 요청한 워크숍에 등록해 주었다고 했으므로 (A)가 정답이다.

어휘 enrollment n. 등록 expense n. 비용

198
○●●●
상

What is suggested about the Kilwin City Library?

(A) It rents out laptop computers.
(B) It was the former workplace of Ms. Nicholson.
(C) It owns a collection of works by local authors.
(D) It held a free event in the past.

Kilwin 시립 도서관에 대해 암시되는 것은?

(A) 노트북 컴퓨터를 대여해 준다.
(B) Ms. Nicholson의 이전 직장이었다.
(C) 지역 작가들의 작품을 소유하고 있다.
(D) 과거에 무료 행사를 열었다.

■ **추론** 연계 문제   정답 (D)

세 지문 중 두 지문의 내용을 종합적으로 확인한 후 추론해서 풀어야 하는 연계 문제이다. 질문의 핵심 어구인 the Kilwin City Library와 관련된 내용이 언급된 광고지를 먼저 확인한다.

단서1 첫 번째 지문(광고지)의 'Join us for our writers' workshop series, sponsored by the Southern Ohio Writers' Guild.', 'Workshops are hosted at the Kilwin City Library.'에서 남부 오하이오 작가 협회의 후원을 받고 있는 작가 워크숍 시리즈에 참여하라며 워크숍이 Kilwin 시립 도서관에서 열린다고 했고, 'All workshops presented by the Southern Ohio Writers' Guild are available at no cost to participants.'에서 남부 오하이오 작가 협회에 의해 진행되는 모든 워크숍은 참가자들에게 무료로 이용 가능하다고 했다. 그런데 과거에도 남부 오하이오 작가 협회가 Kilwin 시립 도서관에서 행사를 열었는지 제시되지 않았으므로 이메일에서 관련 내용을 확인한다.

단서2 세 번째 지문(이메일)의 'Your workshop will be held in the same location at the Kilwin City Library as the literacy workshop you attended last summer.', 'Southern Ohio Writers' Guild'에서 이메일 발신자가 남부 오하이오 작가 협회에서 Ms. Espinoza의 워크숍이 Kilwin 시립 도서관에서 Ms. Espinoza가 지난여름에 참석했던 교양 워크숍과 같은 장소에서 개최될 것임을 안내하는 사실을 확인할 수 있다.

두 단서를 종합할 때, 남부 오하이오 작가 협회에서 과거에 주최한 행사인 교양 워크숍이 Kilwin 시립 도서관에서 무료로 열렸다는 사실을 추론할 수 있다. 따라서 (D)가 정답이다.

어휘 author n. 작가

199
○○●●
중

What workshop has Ms. Espinoza enrolled in?

(A) The Great American Novel
(B) Simplifying Sonnets
(C) English Poetry
(D) Teen Essay Writing

Ms. Espinoza가 등록한 워크숍은 무엇인가?

(A) 위대한 미국 소설
(B) 소네트 쉽게 하기
(C) 영시
(D) 청소년 에세이 쓰기

■ **육하원칙** 연계 문제   정답 (B)

세 지문 중 두 지문의 내용을 종합해서 풀어야 하는 연계 문제이다. 질문의 핵심 어구인 workshop ~ Ms. Espinoza enrolled in에서 Ms. Espinoza가 등록한 워크숍이 무엇(What)인지를 묻고 있으므로 Ms. Espinoza에게 보내진 이메일을 먼저 확인한다.

단서1 세 번째 지문(이메일)의 'I have enrolled you in your requested workshop. The first session is scheduled for December 18 at 1 P.M.'에서 이메일 발신인인 Ms. Nicholson이 상대방, 즉 Ms. Espinoza가 요청한 워크숍에 등록해 주었다고 했고 첫 번째 세션이 12월 18일 오후 1시에 예정되어 있다고 했다. 그런데 어떤 워크숍인지 제시되지 않았으므로 일정표에서 관련 내용을 확인한다.

단서2 두 번째 지문(일정표)의 'Simplifying Sonnets', 'Dec 18 to Feb 13', 'Thursdays, 1 to 2 P.M.'에서 소네트 쉽게 하기 워크숍이 12월 18일부터 2월 13일까지 목요일 오후 1시부터 2시까지 진행됨을 확인할 수 있다.

두 단서를 종합할 때, Ms. Espinoza가 등록한 워크숍이 소네트 쉽게 하기임을 알 수 있다. 따라서 (B)가 정답이다.

According to the e-mail, what are workshop participants encouraged to do?

(A) Join a separate seminar
(B) Download some information
(C) Leave a detailed review
(D) Bring examples of personal work

이메일에 따르면, 워크숍 참가자들은 무엇을 하도록 권장되는가?

(A) 별개의 세미나에 참석한다
(B) 일부 정보를 다운로드한다
(C) 상세한 후기를 남긴다
(D) 개인의 작품 견본을 가져온다

■ **육하원칙** What   정답 (D)

이메일에 따르면 워크숍 참가자들이 무엇(what)을 하도록 권장되는지를 묻는 육하원칙 문제이므로 세 번째 지문인 이메일에서 관련 내용을 확인한다. 이메일의 'If you are willing to have your work reviewed, we encourage you to bring some samples as well'에서 당신, 즉 워크숍 참가자인 Ms. Espinoza에게 작품이 검토되도록 할 의향이 있으면 몇 가지 샘플도 가져오길 권한다고 했으므로 (D)가 정답이다.

바꾸어 표현하기
samples 샘플 → examples 견본

어휘   separate adj. 별개의, 분리된 detailed adj. 상세한 example n. 견본, 본보기 personal adj. 개인의

▌TEST 02

PART 5

101

○○○●○
중

The interns will work ------- the direction of the research department manager.

(A) beyond
(B) among
(C) under
(D) beside

인턴들은 연구부장의 지휘하에 일할 것이다.

■ 전치사 선택 위치　　　　　　　　　　　　　　　　　　　　　　　　　　　　　　　　　　　정답 (C)

'연구부장의 지휘하에 일할 것이다'라는 의미가 되어야 하므로 위치를 나타내는 전치사 (C) under(~하에, ~ 아래에)가 정답이다. (A) beyond는 '~보다 뛰어난, ~ 이상으로'라는 의미이다. (B) among은 '(셋 이상의 그룹 내의 사람/사물) ~ 사이에', (D) beside는 '~ 옆에'라는 의미로 위치를 나타낸다.

어휘　direction n. 지휘, 명령

102

○○○●○
하

The historic house on Ambrose Road has changed ------- since it was built 150 years ago.

(A) considered
(B) considerably
(C) considerable
(D) considering

Ambrose가에 있는 역사적인 주택은 150년 전에 그것이 지어진 이래로 상당히 바뀌었다.

■ 부사 자리　　　　　　　　　　　　　　　　　　　　　　　　　　　　　　　　　　　　　　정답 (B)

동사(has changed)를 꾸밀 수 있는 것은 부사이므로 부사 (B) considerably(상당히, 많이)가 정답이다. 동사 또는 과거분사 (A), 형용사 (C), 동명사 또는 현재분사 (D)는 동사를 꾸밀 수 없다.

어휘　historic adj. 역사적인　considerable adj. 상당한, 많은

103

○○○●○
중

The directors of PenTex are meeting with executives from DRW Corporation, which ------- have talked about merging with.

(A) them
(B) themselves
(C) their
(D) they

PenTex사의 임원들은 DRW사의 경영진과 만나고 있으며, 그들은 그곳과 합병하는 것에 관해 이야기했었다.

■ [주어 자리] 인칭대명사의 격　　　　　　　　　　　　　　　　　　　　　　　　　　　　　정답 (D)

which가 이끄는 관계절(which ~ with) 내에 주어가 없으므로 주어 역할을 할 수 있는 주격 인칭대명사 (D) they가 정답이다. 목적격 인칭대명사 (A), 재귀대명사 (B), 소유격 인칭대명사 (C)는 주어 역할을 할 수 없다. 참고로, 관계절(which ~ with)이 꾸미는 선행사(DRW Corporation)는 관계절 내의 동명사구 merging with의 목적어임을 알아둔다.

어휘　director n. 임원　executive n. 경영진　merge with phr. ~과 합병하다

104

○○○●○
하

Tenants who wish to end their lease should ------- the proprietor a minimum of 30 days before moving out.

(A) notify
(B) notified
(C) notifying
(D) notifies

임대차 계약을 끝내고 싶은 세입자들은 이사 가기 최소 30일 전에 소유주에게 통지해야 한다.

■ 조동사 + 동사원형　　　　　　　　　　　　　　　　　　　　　　　　　　　　　　　　　　정답 (A)

조동사(should) 다음에는 동사원형이 와야 하므로 (A) notify(통지하다)가 정답이다. 과거형 동사 또는 과거분사 (B), 동명사 또는 현재분사 (C), 3인칭 단수형 동사 (D)는 조동사 다음에 올 수 없다. 참고로, who wish to ~ lease는 선행사(Tenants)를 꾸미는 관계절임을 알아둔다.

어휘　tenant n. 세입자, 임차인　lease n. 임대차 계약　proprietor n. 소유주, 주인　move out phr. 이사 가다

105

Sylvia Lyman graduated at the top of her class and was immediately hired by a ------- law firm.

(A) practical   (B) prestigious
(C) deliberate   (D) supplemental

Sylvia Lyman은 그녀의 반에서 1등으로 졸업했고 일류 법률 사무소에 의해 바로 채용되었다.

■ 형용사 어휘   정답 (B)

'일류 법률 사무소에 의해 바로 채용되었다'라는 문맥이므로 형용사 (B) prestigious(일류의)가 정답이다. (A) practical은 '실질적인', (C) deliberate는 '신중한, 고의적인', (D) supplemental은 '보충의'라는 의미이다.

어휘 **immediately** adv. 바로, 즉시 **hire** v. 채용하다, 고용하다

106

Comparing samples can help customers ------- the perfect tiles for their bathroom walls and floors.

(A) select   (B) complete
(C) harm   (D) reveal

샘플을 비교하는 것은 고객들이 그들의 화장실 벽과 바닥에 적합한 타일을 선택하도록 도울 수 있다.

■ 동사 어휘   정답 (A)

'고객들이 적합한 타일을 선택하도록 도울 수 있다'라는 문맥이므로 동사 (A) select(선택하다)가 정답이다. (B) complete은 '완료하다, 작성하다', (C) harm은 '손상시키다', (D) reveal은 '드러내다'라는 의미이다.

어휘 **compare** v. 비교하다 **floor** n. 바닥, 층

107

Hotel managers communicate ------- with their staff to ensure operations are running in a smooth manner.

(A) regular   (B) regularity
(C) regulars   (D) regularly

호텔 지배인들은 순조롭게 운영되고 있는지 확실하게 하기 위해 그들의 직원들과 정기적으로 의사소통한다.

■ 부사 자리   정답 (D)

빈칸 앞의 동사(communicate)를 꾸밀 수 있는 것은 부사이므로 부사 (D) regularly가 정답이다. 형용사 또는 명사 (A), 명사 (B)와 (C)는 동사를 꾸밀 수 없다. 만약 빈칸 앞의 동사 communicate를 '전달하다'라는 뜻의 타동사로 보고 명사 (A), (B), (C)를 타동사의 목적어로 본다 해도, '호텔 지배인들은 단골손님(들)/정기적임을 전달했다'라는 어색한 문맥을 만든다.

어휘 **communicate** v. 의사소통하다, 전달하다 **ensure** v. 확실하게 하다, 보장하다 **in a smooth manner** phr. 순조롭게
regular adj. 정기적인 n. 단골손님 **regularity** n. 정기적임, 규칙적임

108

Arrow Publicity produced a campaign that is designed to ------- audiences between the ages of 18 and 25.

(A) appeal to   (B) approve of
(C) point out   (D) result from

Arrow 광고사는 18세에서 25세 사이의 시청자들의 흥미를 끌도록 고안된 광고를 제작했다.

■ 동사 관련 어구   정답 (A)

'18세에서 25세 사이의 시청자들의 흥미를 끌도록 고안된 광고'라는 문맥이므로 동사 어구 (A) appeal to(~의 흥미를 끌다)가 정답이다. (B) approve of는 '~을 승인하다', (C) point out은 '~을 지적하다, 언급하다', (D) result from은 '~이 원인이다, ~의 결과로 생기다'라는 의미이다.

어휘 **produce** v. 제작하다 **campaign** n. 광고, 캠페인 **design** v. 고안하다, 설계하다 **audience** n. 시청자, 청중

109

The company will provide training to new recruits, so neither experience ------- a degree is required.

(A) and
(B) but
(C) nor
(D) or

회사는 새로운 신입사원들에게 교육을 제공할 것이므로, 경력도 학위도 필요하지 않다.

■ 상관접속사　　　　　　　　　　　　　　　　　　　　정답 (C)

빈칸 앞의 neither와 함께 상관접속사 neither A nor B(A도 B도 아닌)를 만드는 (C) nor가 정답이다. 등위접속사 (A) and(그리고), (B) but(그러나), (D) or(또는)는 neither와 함께 쓰일 수 없다. 참고로, 주어가 neither A nor B의 형태일 때는 동사를 B(a degree)에 수일치시켜야 하므로 단수 동사(is required)가 쓰였음을 알아둔다.

어휘　recruit n. 신입사원; v. 모집하다, 뽑다　experience n. 경력, 경험　degree n. 학위

110

Meta Rail passengers are entitled to full ticket refunds ------- their train is canceled or delayed.

(A) along with
(B) except for
(C) as though
(D) provided that

Meta 철도사의 승객들은 오직 열차가 취소되거나 지연되는 경우에만 표를 전액 환불받을 권리가 있다.

■ [수식어 거품을 이끄는 것] 부사절 접속사　조건　　　　　정답 (D)

이 문장은 주어(Meta Rail passengers)와 동사(are entitled)를 갖춘 완전한 절이므로, ___ their train ~ delayed는 수식어 거품으로 보아야 한다. 이 수식어 거품은 동사(is canceled, delayed)가 있는 거품절이므로, 거품절을 이끌 수 있는 부사절 접속사 (C)와 (D)가 정답의 후보이다. '오직 열차가 취소되거나 지연되는 경우에만 전액 환불받을 권리가 있다'라는 의미가 되어야 하므로 조건을 나타내는 부사절 접속사 (D) provided that(오직 ~하는 경우에만, 만일 ~이라면)이 정답이다. (C) as though(마치 ~처럼)를 쓰면 '마치 열차가 취소되거나 지연되는 것처럼 전액 환불받을 권리가 있다'라는 어색한 문맥이 된다. 전치사 (A) along with(~과 함께)와 (B) except for(~을 제외하고)는 거품절이 아닌 거품구를 이끈다.

어휘　be entitled to phr. ~할 권리가 있다　full refund phr. 전액 환불　delay v. 지연시키다, 지체하게 하다

111

Analysts have predicted that the price of oil ------- by approximately 30 percent in the coming year.

(A) increase
(B) will increase
(C) were increased
(D) have increased

분석가들은 내년에 유가가 약 30퍼센트 오를 것으로 예측했다.

■ 미래 시제　　　　　　　　　　　　　　　　　　　　정답 (B)

that절(that the price ~ year)에 미래 시간 표현(in the coming year)이 있으므로 미래 시제 (B) will increase가 정답이다. 현재 시제 (A), 과거 시제 (C), 현재완료 시제 (D)는 미래 시간 표현과 함께 쓰일 수 없다.

어휘　analyst n. 분석가　predict v. 예측하다　approximately adv. 약, 거의　in the coming year phr. 내년에, 다음 해에

112

Employees will now be offered the ------- of working from home for up to half of their weekly hours.

(A) benefit
(B) benefited
(C) beneficial
(D) benefiting

직원들은 이제 주간 근무 시간의 절반까지 재택근무할 수 있는 혜택을 제공받을 것이다.

■ [명사 자리] 동명사 vs. 명사　　　　　　　　　　　　정답 (A)

정관사(the)와 전치사(of) 사이에 올 수 있는 것은 명사이므로 명사 (A)와 명사 역할을 하는 동명사 (D)가 정답의 후보이다. '재택근무할 수 있는 혜택을 제공받을 것이다'라는 의미가 되어야 하므로 명사 (A) benefit(혜택, 이익)이 정답이다. 동명사 (D)는 '재택근무할 수 있는 유익하게 하는 것을 제공받을 것이다'라는 어색한 문맥을 만든다. 동사 또는 과거분사 (B)와 형용사 (C)는 명사 자리에 올 수 없다.

어휘　work from home phr. 재택근무하다　hour n. (근무) 시간　beneficial adj. 유익한, 이로운

113

Knoll Consulting tries to hire staff ------- personal values match the company's.

(A) whom
(B) which
(C) whose
(D) who

> Knoll 컨설팅사는 개인적인 가치관이 회사의 것과 맞는 직원들을 고용하려고 한다.

■ [수식어 거품을 이끄는 것] 관계대명사의 선택과 격　　　　　정답 (C)

이 문장은 주어(Knoll Consulting), 동사(tries), 목적어(to hire staff)를 갖춘 완전한 절이므로, ___ ~ company's는 수식어 거품으로 보아야 한다. 이 수식어 거품은 빈칸 앞의 명사(staff)를 선행사로 갖는 관계절이므로 관계절을 이끄는 관계대명사인 모든 보기가 정답의 후보이다. 이때 관계절(___ ~ company's) 내에 주어(personal values)가 있으므로, 빈칸 뒤의 명사(personal values)를 꾸미면서 함께 관계절 내의 주어가 될 수 있는 소유격 관계대명사 (C) whose(~의)가 정답이다. 목적격 관계대명사 (A) whom과 주격 관계대명사 (D) who는 관계절 내에서 각각 목적어와 주어 역할을 하기 때문에 다음에 목적어나 주어가 없는 불완전한 절이 와야 한다. 주격 또는 목적격 관계대명사 (B) which는 선행사가 사물일 때 사용된다.

어휘　personal adj. 개인적인　value n. 가치관, 가치　match v. (서로) 맞다, 일치하다

114

Unlike ------- mobile phones, Tektone's innovative TX-81 can be repaired with parts produced by other companies.

(A) habitual
(B) defective
(C) appropriate
(D) conventional

> 기존의 휴대전화와는 달리, Tektone사의 혁신적인 TX-81은 다른 회사에 의해 생산된 부품들로 수리될 수 있다.

■ 형용사 어휘　　　　　정답 (D)

'기존의 휴대전화와는 달리, 혁신적인 TX-81은 다른 회사에 의해 생산된 부품들로 수리될 수 있다'라는 문맥이므로 형용사 (D) conventional (기존의, 전통적인)이 정답이다. (A) habitual은 '습관적인, 늘 하는', (B) defective는 '결함이 있는', (C) appropriate는 '적절한, 알맞은'이라는 의미이다.

어휘　innovative adj. 혁신적인　repair v. 수리하다　part n. 부품, 부분　produce v. 생산하다

115

Colora house paints are 50 percent more ------- to weather damage than similar products on the market.

(A) resist
(B) resists
(C) resistant
(D) resistance

> Colora 주택용 페인트는 시판 중인 비슷한 제품들보다 기상 재해에 50퍼센트만큼 더 잘 견딘다.

■ [보어 자리] 명사 보어 vs. 형용사 보어　　　　　정답 (C)

빈칸이 be동사(are)의 보어 자리이므로 보어 자리에 올 수 있는 형용사 (C)와 명사 (D)가 정답의 후보이다. 'Colora 주택용 페인트는 비슷한 제품들보다 기상 재해에 더 잘 견딘다'라는 의미가 되어야 하므로 형용사 (C) resistant(잘 견디는)가 정답이다. 참고로, resistant to(~에 잘 견디는)를 관용구로 알아둔다. 명사 (D) resistance(저항, 내성)를 쓰면 주어(Colora house paints)와 동격이 되어 'Colora 주택용 페인트는 더 많은 저항이다'라는 어색한 문장이 된다. 동사 (A)와 (B)는 보어 자리에 올 수 없다. 참고로, 50 percent는 '50퍼센트만큼'이라는 의미의 부사구로, 비교급 표현 more와 함께 빈칸에 들어갈 형용사 resistant를 꾸며주고 있음을 알아둔다.

어휘　weather damage phr. 기상 재해　on the market phr. 시판 중인, 시장에 나와 있는　resist v. 저항하다, 반대하다

116

Some of the new office furniture is ------- sized and does not fit in the intended office space.

(A) silently
(B) awkwardly
(C) solidly
(D) sharply

> 몇몇 새로운 사무용 가구는 크기가 어색하게 만들어져 계획된 사무실 공간에 맞지 않는다.

■ 부사 어휘　　　　　정답 (B)

'크기가 어색하게 만들어져 계획된 사무실 공간에 맞지 않는다'라는 문맥이므로 부사 (B) awkwardly(어색하게, 서투르게)가 정답이다. (A) silently는 '조용히', (C) solidly는 '튼튼하게', (D) sharply는 '날카롭게'라는 의미이다.

어휘　size v. ~ 크기로 만들다; n. 크기, 치수　intended adj. 계획된, 의도된

117 ○●●●● 상

Housing costs in New York are far higher than ------- in its neighboring state, New Jersey.

(A) anyone
(B) other
(C) that
(D) those

뉴욕의 주거 비용은 인근 주인 뉴저지의 것보다 훨씬 더 비싸다.

■ 지시대명사

정답 (D)

'뉴욕의 주거 비용은 뉴저지의 주거 비용보다 훨씬 더 비싸다'라는 의미가 되어야 하므로 앞에 나온 복수 명사(Housing costs)를 대신하는 지시대명사 (D) those가 정답이다. 부정대명사 (A) anyone은 '누구나'라는 의미로 정해지지 않은 막연한 사람을 가리킨다. (B) other (다른)는 이미 언급한 것 이외의 몇몇을 가리키는 형용사로 쓰이며, 대명사로 사용될 경우에는 others나 the other(s)의 형태로 쓰여 각각 '(이미 언급한 것 이외의) 다른 것들', '나머지 전부'를 의미한다. 지시대명사 (C) that은 앞에 나온 단수 명사와 불가산 명사를 대신할 때 쓰인다.

어휘 housing n. 주거, 주택 neighboring adj. 인근의, 이웃의

---

118 ○○○○● 하

The Martinsburg Fine Arts Museum is ------- known for its collection of classical paintings.

(A) widely
(B) wide
(C) wider
(D) widen

Martinsburg 미술관은 고전주의 회화 소장품으로 널리 알려져 있다.

■ 부사 자리

정답 (A)

동사(is known)를 꾸밀 수 있는 것은 부사이므로 부사 (A) widely(널리)가 정답이다. 형용사 (B), 형용사의 비교급 (C), 동사 (D)는 동사를 꾸밀 수 없다. 형용사 (B)와 (C)를 be동사(is)의 보어로 본다 해도 빈칸 뒤의 known과 함께 쓰일 수 없다. 참고로, be widely known(널리 알려져 있다)을 관용구로 외워둔다.

어휘 collection n. 소장품, 수집품 classical adj. 고전주의의, 고전의 widen v. 넓히다, 넓어지다

---

119 ○○○○● 하

Making surveys anonymous is a good way to get honest ------- from consumers.

(A) opinions
(B) clues
(C) chances
(D) decisions

설문 조사를 익명으로 하는 것은 소비자들로부터 솔직한 의견을 받는 좋은 방법이다.

■ 명사 어휘

정답 (A)

'소비자들로부터 솔직한 의견을 받는 좋은 방법'이라는 문맥이므로 (A) opinions(의견)가 정답이다. (B)의 clue는 '단서, 실마리', (C)의 chance는 '기회, 운', (D)의 decision은 '결정, 판단'이라는 의미이다.

어휘 survey n. (설문) 조사 anonymous adj. 익명인 honest adj. 솔직한, 정직한

---

120 ○○○●● 중

Having made a reservation, Mr. Quinn and his colleagues were seated immediately ------- arriving at the restaurant.

(A) up
(B) in
(C) upon
(D) to

예약했기 때문에, Mr. Quinn과 그의 동료들은 식당에 도착하자마자 바로 앉았다.

■ 전치사 선택 시점

정답 (C)

'식당에 도착하자마자 바로 앉았다'라는 의미가 되어야 하므로 시점을 나타내는 전치사 (C) upon(~하자마자, ~ 후에)이 정답이다. (A) up은 '~ 위에'라는 의미로 위치를, (B) in은 '~에, ~에서'라는 의미로 시간이나 장소를, (D) to는 '~로, ~쪽으로'라는 의미로 방향을 나타낸다.

어휘 make a reservation phr. 예약하다 colleague n. 동료 immediately adv. 바로, 즉시

121

The contract can be legally ------- if one party fails to satisfy the terms of the agreement.

(A) terminated
(B) recovered
(C) designated
(D) disconnected

한쪽 당사자가 합의 조건을 이행하지 못하는 경우 계약은 합법적으로 해지될 수 있다.

■ 유사의미 동사 정답 (A)

'합의 조건을 이행하지 못하는 경우 계약은 합법적으로 해지될 수 있다'라는 문맥이므로 동사 terminate(해지하다, 끝내다)의 p.p.형 (A) terminated가 정답이다. (D)의 disconnect(중단하다, 끊다)도 해석상 그럴듯해 보이지만, 가스·수도·전기 등의 공급을 중단하는 것을 의미하므로 답이 될 수 없다. (B)의 recover는 '회복하다, 되찾다', (C)의 designate는 '지정하다, 임명하다'라는 의미이다.

어휘 contract n. 계약 legally adv. 합법적으로 party n. 당사자 satisfy v. 이행하다, 충족시키다 term n. 조건, 조항 agreement n. 합의, 계약

122

During her first year as editor-in-chief, Ms. Reed expanded *The National Gazette*'s ------- to over 250,000.

(A) read
(B) readers
(C) reading
(D) readership

편집장으로서의 첫해 동안, Ms. Reed는 *The National Gazette*지의 독자 수를 25만 명 이상으로 확대했다.

■ [명사 자리] 사람명사 vs. 추상명사 정답 (D)

동사(expanded)의 목적어이면서 소유격(*The National Gazette*'s)의 꾸밈을 받을 수 있는 것은 명사이므로 명사 (B), (C), (D)가 정답의 후보이다. '독자 수를 25만 명 이상으로 확대했다'라는 의미가 되어야 하므로 추상명사 (D) readership(독자 수, 독자층)이 정답이다. 사람명사 (B) readers(독자들)도 해석상 그럴듯해 보이지만, expand는 범위, 크기, 사업 등을 확장하는 것을 의미하며 사람명사를 목적어로 취하지 않으므로 답이 될 수 없다. 추상명사 (C) reading(독서)을 쓸 경우 '독서를 25만 명 이상으로 확대했다'라는 어색한 문맥이 된다. 동사 (A)는 명사 자리에 올 수 없다.

어휘 editor-in-chief n. 편집장 expand v. 확대하다, 확장하다

123

To conserve paper, Florence Media Productions has placed ------- on the number of photocopies employees can make each day.

(A) limit
(B) limitless
(C) limitations
(D) limited

종이를 아껴 쓰기 위해, Florence 미디어 제작사는 직원들이 하루에 만들 수 있는 복사본의 수에 제한을 두었다.

■ 명사 자리 정답 (C)

타동사(has placed)의 목적어 자리에 올 수 있는 것은 명사이므로 명사 (A)와 (C)가 정답의 후보이다. '하루에 만들 수 있는 복사본의 수에 제한을 두었다'라는 의미가 되어야 하므로 명사 (C) limitations(제한, 한정)가 정답이다. (A) limit(제한)은 가산 명사이므로 복수형으로 쓰이거나 관사와 함께 쓰여야 한다. 형용사 (B), 동사 또는 과거분사 (D)는 명사 자리에 올 수 없다. 참고로, place a limit on(~에 제한을 두다)을 관용구로 알아둔다.

어휘 conserve v. 아껴 쓰다 limit n. 제한; v. 제한하다 limitless adj. 방대한, 무한한

People who are ------- to wear eyeglasses when driving can be penalized for not doing so.

(A) obligate   (B) obligation
(C) obligated   (D) obligating

운전할 때 안경을 써야 할 의무가 있는 사람들은 그렇게 하지 않는 것에 대해 처벌받을 수 있다.

■ 'be + 형용사' 숙어   정답 (C)

'안경을 써야 할 의무가 있는 사람들'이라는 문맥이므로, 빈칸 앞의 be동사(are), 뒤의 to와 결합하여 be obligated to(~할 의무가 있다)를 만드는 형용사 (C) obligated(의무가 있는)가 정답이다. 동사원형 (A) obligate(의무를 지우다)는 be동사 다음에 올 수 없다. obligate를 '불가피한, 부득이한'이라는 의미의 형용사로 본다 해도, to 부정사와 함께 쓰일 수 없으므로 답이 될 수 없다. 명사 (B) obligation(의무, 책임)은 be동사 다음에 올 수는 있지만, 보어로서 주어(People)와 동격 관계가 되어 '의무인 사람들'이라는 어색한 문맥을 만든다. -ing형 (D)를 쓰면 'be동사 (are) + -ing'의 진행형이 되어 '안경을 써야 할 의무를 지우고 있는 사람들'이라는 어색한 문맥을 만든다. 참고로, who ~ driving은 선행사 (People)를 꾸미는 관계절임을 알아둔다.

어휘   penalize v. 처벌하다

The e-mail sent by Mr. Duchene at Laudner Holdings is ------- Ms. Coleman was waiting for.

(A) who   (B) what
(C) how   (D) when

Laudner Holdings사의 Mr. Duchene에게서 온 이메일은 Ms. Coleman이 기다리고 있던 것이다.

■ 명사절 접속사   의문사 what   정답 (B)

빈칸 이하(___ ~ for)는 be동사(is)의 보어이므로, 보어 자리에 올 수 있는 명사절을 이끄는 명사절 접속사인 모든 보기가 정답의 후보이다. '이메일은 Ms. Coleman이 기다리고 있던 것이다'라는 의미가 되어야 하며 빈칸이 포함된 절(___ ~ for)에 동사구(was waiting for)의 목적어가 없으므로, 그 자체가 명사절의 목적어 역할을 하여 뒤에 불완전한 절이 오는 의문대명사 (B) what(~한 것)이 정답이다. 의문대명사 (A) who(~한 사람)를 쓰면 '이메일은 Ms. Coleman이 기다리고 있던 사람이다'라는 어색한 문맥이 된다. 의문부사 (C) how(어떻게)와 (D) when(언제)은 뒤에 빠지는 것이 없는 완벽한 절이 와야 하는데, 빈칸이 포함된 절(___ ~ for)은 동사구(was waiting for)의 목적어가 없는 불완전한 절이므로 답이 될 수 없다.

Residents anticipate that the ------- construction project for a new city library will begin in a month.

(A) proposal   (B) proposed
(C) proposing   (D) propose

주민들은 새로운 시립 도서관을 위해 제안된 건설 사업이 한 달 후에 시작될 것으로 예상한다.

■ [형용사 자리] 현재분사 vs. 과거분사   정답 (B)

빈칸 뒤의 명사(construction project)를 꾸밀 수 있는 것은 형용사이므로 형용사 역할을 할 수 있는 과거분사 (B)와 현재분사 (C)가 정답의 후보이다. 꾸밈을 받는 명사(construction project)와 분사가 '제안된 건설 사업'이라는 의미의 수동 관계이므로 동사 propose(제안하다)의 과거분사 (B) proposed가 정답이다. 현재분사 (C) proposing을 쓸 경우 능동의 의미가 되어 '제안하는 건설 사업'이라는 어색한 문맥이 된다. 명사 (A)와 동사 (D)는 명사를 꾸밀 수 없다.

어휘   resident n. 주민, 거주자   anticipate v. 예상하다, 예측하다   proposal n. 제안

127

최상

Dr. Andrea Griffin received the Scientific Achievements Award for her ------- of a new South American butterfly species.

(A) translation
(B) acceptance
(C) dedication
(D) identification

Dr. Andrea Griffin은 새로운 남아메리카 나비 종에 대한 발견으로 과학 공로상을 받았다.

■ 명사 어휘   정답 (D)

'새로운 나비 종에 대한 발견으로 상을 받았다'라는 문맥이므로 (D) identification(발견, 인지)이 정답이다. (A) translation은 '번역, 통역', (B) acceptance는 '수락, 동의'라는 의미이다. (C) dedication(전념, 헌신)도 해석상 그럴듯해 보이지만, '~에 대한 전념'이라는 의미를 가지기 위해서는 to와 함께 쓰여야 한다.

어휘 species n. 종

128

중

Ms. Kowalski's marketing staff ------- worked all night to prepare the presentation material.

(A) currently
(B) especially
(C) diligently
(D) entirely

Ms. Kowalski의 마케팅 직원들은 발표 자료를 준비하기 위해 밤새도록 열심히 일했다.

■ 부사 어휘   정답 (C)

'밤새도록 열심히 일했다'라는 문맥이므로 (C) diligently(열심히)가 정답이다. (A) currently는 '현재, 지금', (B) especially는 '특히, 특별히', (D) entirely는 '전적으로, 완전히'라는 의미이다.

어휘 material n. 자료

129

상

------- a workplace injury, Mr. Galvert was provided with three months of paid leave.

(A) On behalf of
(B) In compensation for
(C) To the extent of
(D) In preference to

업무 현장에서의 부상에 대한 보상으로, Mr. Galvert는 3개월의 유급 휴가를 받았다.

■ 동사, 형용사, 명사와 함께 쓰인 전치사 표현   정답 (B)

'업무 현장에서의 부상에 대한 보상으로 유급 휴가를 받았다'라는 의미가 되어야 하므로 전치사 표현 (B) In compensation for(~에 대한 보상으로)가 정답이다. (A) On behalf of는 '~을 대표하여', (C) To the extent of는 '~ 정도까지', (D) In preference to는 '~보다 우선적으로'라는 의미이다.

어휘 workplace n. 업무 현장, 직장 injury n. 부상 paid leave phr. 유급 휴가

130

중

Sales records for Forest Fleece Jackets showed an ------- after a harsh winter was forecast.

(A) improvement
(B) attraction
(C) occupation
(D) absence

혹독한 겨울이 예보된 후 Forest 양털 재킷의 판매 실적은 향상을 보였다.

■ 명사 어휘   정답 (A)

'판매 실적은 향상을 보였다'라는 문맥이므로 (A) improvement(향상, 호전)가 정답이다. 참고로, show an improvement(향상을 보이다)를 관용구로 알아둔다. (B) attraction은 '끌어당김, 명소', (C) occupation은 '직업, 점유', (D) absence는 '결석, 부재'라는 의미이다.

어휘 sales record phr. 판매 실적 fleece n. 양털 harsh adj. 혹독한, 가혹한 forecast v. 예보하다, 예측하다

PART 6

Questions 131-134 refer to the following article.

131-134는 다음 기사에 관한 문제입니다.

A ribbon-cutting ceremony for the Palm Lane Youth Center took place in downtown Jalisco yesterday evening. The center is the ------- building of the city's four planned facilities
131
for people aged 8 to 18. Three more will be built over the coming years, fulfilling the mayor's campaign promise to provide recreational and educational opportunities to the city's children and teenagers.

Overall, the ceremony went ------- well. Important members
132
of the community came in large numbers to show their support. -------. The mayor thanked everyone for their
133
contributions to the center and ------- a group of local children
134
onto the stage to help him when it came time to cut the ribbon.

Palm Lane 청소년 센터의 개관식이 어젯밤 Jalisco 시내에서 열렸다. **131** 이 센터는 8세에서 18세의 사람들을 위해 계획된 시의 네 개 시설 중 첫 번째 건물이다. 앞으로 몇 년에 걸쳐 세 개가 더 지어질 것이며, 이는 시의 어린이들과 청소년들에게 오락 및 교육의 기회를 제공하겠다는 시장의 선거 공약을 이행할 것이다.

132 전반적으로, 기념식은 상당히 잘 진행되었다. 지역 사회의 주요 구성원들이 그들의 지지를 보여 주기 위해 대거 참가했다. **133** 몇몇 유명 인사들도 참석했다. **134** 시장은 센터에 대한 공헌에 대해 모두에게 감사를 표했으며 리본을 자를 때가 오자 그를 도와줄 한 무리의 지역 어린이들을 무대로 초대했다.

131 (A) first
(B) tallest
(C) last
(D) finest

132 (A) enough
(B) rather
(C) so far
(D) right

133 (A) It is nearly impossible to get a ticket.
(B) Many shared happy memories of the center.
(C) More funds will need to be raised soon.
(D) Several celebrities were present, too.

134 (A) invites
(B) inviting
(C) invited
(D) will invite

어휘 **ribbon-cutting** n. 개관식, 준공식 **take place** phr. 열리다, 개최되다 **facility** n. 시설 **fulfill** v. 이행하다, 수행하다 **mayor** n. 시장
campaign promise phr. 선거 공약 **recreational** adj. 오락의, 휴양의 **overall** adv. 전반적으로, 전부 **in large numbers** phr. 대거
contribution n. 공헌, 기여

131 ■ 형용사 어휘 주변 문맥 파악 정답 (A)

'이 센터는 8세에서 18세의 사람들을 위해 계획된 시의 네 개 시설 중 ___한 건물이다'라는 문맥이므로 모든 보기가 정답의 후보이다. 빈칸이 있는 문장만으로는 정답을 고를 수 없으므로 주변 문맥이나 전체 문맥을 파악한다. 뒤 문장에서 앞으로 몇 년에 걸쳐 세 개가 더 지어질 것이라고 했으므로 이 센터가 네 개 시설 중 첫 번째 건물임을 알 수 있다. 따라서 형용사 (A) first(첫 번째의, 처음의)가 정답이다. (B) tallest는 형용사 tall (높은)의 최상급으로 '가장 높은'이라는 의미이다. (C) last는 '마지막의'라는 의미이다. (D) finest는 형용사 fine(좋은)의 최상급으로 '가장 좋은'이라는 의미이다.

132 ■ 부사 선택 정답 (B)

'전반적으로 기념식은 상당히 잘 진행되었다'라는 의미가 되어야 하므로 부사 (B) rather(상당히, 꽤)가 정답이다. (A) enough(충분히)는 빈칸 뒤의 부사(well)를 앞이 아닌 뒤에서 꾸며주어야 한다. (C) so far(지금까지, 여태까지)를 쓰면 '전반적으로 기념식은 지금까지 잘 진행되었다'라는 의미가 되는데, 기념식은 어젯밤에 종료되었으며 현재 진행 중이 아니므로 답이 될 수 없다. (D) right은 '바로, 오직'이라는 의미이다.

133 ■ 알맞은 문장 고르기 정답 (D)

빈칸에 들어갈 알맞은 문장을 고르는 문제이므로 주변 문맥 또는 전체 문맥을 파악한다. 앞 문장 'Important members of the community came in large numbers to show their support.'에서 지역 사회의 주요 구성원들이 대거 참가했다고 했으므로 빈칸에는 참석한 사람들과 관련된 내용이 들어가야 함을 알 수 있다. 따라서 (D) Several celebrities were present, too가 정답이다.

보기 해석
(A) 표를 구하는 것은 거의 불가능하다.
(B) 많은 사람들이 센터에 대한 행복한 추억을 공유했다.
(C) 곧 더 많은 기금이 모여야 할 것이다.
(D) 몇몇 유명 인사들도 참석했다.

어휘 **nearly** adv. 거의 **fund** n. 기금, 자금 **raise** v. 모으다 **celebrity** n. 유명 인사 **present** adj. 참석한, 있는

134 ■ [동사 자리] 과거 시제 정답 (C)

첫 번째 절(The mayor thanked ~ center)과 등위접속사(and)로 연결된 두 번째 절(___ ~ ribbon)에 동사가 없으므로 동사 (A), (C), (D)가 정답의 후보이다. '시장은 모두에게 감사를 표했으며 리본을 자를 때가 오자 어린이들을 무대로 초대했다'라는 의미가 되어야 하므로 동사 invite(초대하다)의 과거 시제 (C) invited가 정답이다. 현재 시제 (A)는 주로 반복적인 행동이나 습관을 나타내며, 미래 시제 (D)는 아직 일어나지 않은 미래의 일을 나타낼 때 사용된다. 동명사 또는 현재분사 (B)는 동사 자리에 올 수 없다.

Vince Johnson
4897 Buford Street
Atlanta, GA 30329

Dear Mr. Johnson,

Welcome to Skyspan Airlines' loyalty program, Skyspan Rewards. As a member, you will be ------- points every time
135
you fly with us.

Once you have collected over 50,000 points, you will be entitled to a free round-trip domestic ticket on Skyspan Airlines. If you accumulate over 100,000 points, you will qualify for the ------- benefits of our platinum-level membership.
136
These include the full use of our special luxury Platinum Lounge, which is only accessible to our
highest-ranking card carriers.

Your membership card has been included with this letter, along with a temporary access code for your online account.
-------. You can learn more about ------- points and how to
137   138
keep track of them on the Web site.

Respectfully,

Karen Lawson
Membership Coordinator

Vince Johnson
4897번지 Buford가
애틀랜타, 조지아주 30329

Mr. Johnson께,

Skyspan 항공사의 고객 보상 프로그램인 Skyspan Rewards에 가입하신 것을 환영합니다. 135 회원으로서, 귀하는 저희와 함께 비행할 때마다 포인트를 받으시게 될 것입니다.

5만 포인트 이상을 모으시면, Skyspan 항공사의 무료 왕복 국내선 항공권을 받을 자격이 주어질 것입니다. 136 10만 포인트 이상을 적립하시면, 플래티넘 등급 멤버십의 독점적인 혜택을 받을 자격을 얻으실 것입니다. 이는 가장 높은 등급의 카드 소지자들만 이용할 수 있는 저희의 호화로운 특별 플래티넘 라운지의 완전한 사용을 포함합니다.

귀하의 멤버십 카드는 온라인 계정에 대한 임시 비밀번호와 함께, 이 편지에 동봉되어 있습니다. 137 로그인하기 위해 그것을 사용한 다음 비밀번호를 변경하십시오. 138 포인트를 얻는 것과 그것의 정보를 얻는 방법에 대해 웹사이트에서 더 많이 알아보실 수 있습니다.

Karen Lawson 드림
멤버십 관리자

135 (A) praised
(B) admired
(C) elevated
(D) awarded

136 (A) necessary
(B) residual
(C) exclusive
(D) mutual

137 (A) Your subscription will be renewed in a few weeks.
(B) Skyspan Airlines flies to many exciting destinations.
(C) The Internet makes booking hotels more convenient.
(D) Please use it to log in and then change your password.

138 (A) acquire
(B) acquisition
(C) acquiring
(D) to acquire

어휘   collect v. 모으다   round-trip adj. 왕복의   domestic adj. 국내의   accumulate v. 적립하다, 모으다   qualify for phr. ~할 자격을 얻다
accessible to phr. ~가 이용할 수 있는   temporary adj. 임시의   access code phr. 비밀번호   keep track of phr. ~의 정보를 얻다, 추적하다

135 ■ 동사 어휘 　　정답 (D)

'비행할 때마다 포인트를 받게 될 것이다'라는 문맥이므로 award(주다, 수여하다)의 p.p.형 (D) awarded가 정답이다. (A)의 praise는 '칭찬하다', (B)의 admire는 '존경하다, 칭찬하다', (C)의 elevate는 '올리다, 높이다'라는 의미이다.

136 ■ 형용사 어휘　주변 문맥 파악 　　　　　　　　　　　　　　　　　　　　　　　　　　　　　　　정답 (C)

'10만 포인트 이상을 적립하면 플래티넘 등급 멤버십의 ___한 혜택을 받을 자격을 얻을 것이다'라는 문맥이므로 모든 보기가 정답의 후보이다. 빈칸이 있는 문장만으로는 정답을 고를 수 없으므로 주변 문맥이나 전체 문맥을 파악한다. 뒤 문장에서 이는 가장 높은 등급의 카드 소지자들만 이용할 수 있는 특별 라운지의 완전한 사용을 포함한다고 했으므로, 10만 포인트 이상을 적립하면 플래티넘 등급 멤버십의 독점적인 혜택을 받을 자격을 얻을 것임을 알 수 있다. 따라서 형용사 (C) exclusive(독점적인)가 정답이다. (A) necessary는 '필요한, 필수적인', (B) residual은 '남은, 잔여의', (D) mutual은 '상호간의, 서로의'라는 의미이다.

137 ■ 알맞은 문장 고르기 　　　　　　　　　　　　　　　　　　　　　　　　　　　　　　　　　　　정답 (D)

빈칸에 들어갈 알맞은 문장을 고르는 문제이므로 주변 문맥 또는 전체 문맥을 파악한다. 앞 문장 'Your membership card has been included with this letter, along with a temporary access code for your online account.'에서 온라인 계정에 대한 임시 비밀번호가 편지에 동봉되어 있다고 했으므로 빈칸에는 온라인 계정의 임시 비밀번호와 관련된 내용이 들어가야 함을 알 수 있다. 따라서 (D) Please use it to log in and then change your password가 정답이다.

보기 해석
(A) 귀하의 구독 기간은 몇 주 후에 연장될 것입니다.
(B) Skyspan 항공사는 많은 흥미로운 목적지로 비행합니다.
(C) 인터넷은 호텔 예약을 더 편리하게 만듭니다.
(D) 로그인하기 위해 그것을 사용한 다음 비밀번호를 변경하십시오.

어휘　subscription n. 구독 (기간)　renew v. 연장하다, 갱신하다　destination n. 목적지　convenient adj. 편리한

138 ■ [목적어 자리] 동명사 vs. 명사 　　　　　　　　　　　　　　　　　　　　　　　　　　　　　정답 (C)

전치사(about)의 목적어 자리에 올 수 있는 것은 명사이므로 명사 (B)와 명사 역할을 하는 동명사 (C)가 정답의 후보이다. 빈칸 다음에 온 목적어(points)를 가질 수 있는 것은 동명사이므로 동사 acquire(얻다, 취득하다)의 동명사 (C) acquiring이 정답이다. 명사 (B)는 명사를 목적어로 가질 수 없다. 동사 (A)와 to 부정사 (D)는 전치사의 목적어 자리에 올 수 없다.

어휘　acquisition n. 습득, 인수

Questions 139-142 refer to the following announcement.

139-142는 다음 공고에 관한 문제입니다.

Valentine Fragrances is very happy to announce that our boutique in Verona is officially opening on March 2 at 10:00 A.M. We'd like to thank our loyal customers for keeping our online store ------- business for these last two years.
139
-------. A grand opening event ------- at the boutique, which is
140　　　　　　　　　　　　　**141**
located at 623 Main Street. All are welcome to stop by and try some samples, watch a demonstration on the process of making fragrances, and meet the founder, Ms. Carly Brown. Additionally, Valentine Fragrances requires three sales associates for various shifts. ------- will be accepted until
142
February 22.

Valentine Fragrances는 Verona에 있는 저희 부티크가 3월 2일 오전 10시에 공식적으로 개점한다는 것을 발표하게 되어 매우 기쁩니다. **139** 지난 2년 동안 저희 온라인 매장을 계속 영업할 수 있도록 해주신 것에 대해 단골 손님들께 감사드리고 싶습니다. **140** 여러분의 도움은 저희가 마침내 실제 지점을 확보할 수 있게 해주었습니다. **141** 개점 행사는 623번지 Main가에 있는 부티크에서 열릴 것입니다. 모두 마음껏 들르셔서 샘플을 써보고, 향수 제조 과정에 대한 시연을 보고, 창립자인 Ms. Carly Brown도 만나보십시오. 부가적으로, Valentine Fragrances는 다양한 근무 시간에 대한 세 명의 판매 직원이 필요합니다. **142** 지원서는 2월 22일까지 받을 것입니다.

139 (A) below
(B) out of
(C) in
(D) over

140 (A) We have decided to extend our hours for the holidays.
(B) Moreover, new perfumes are being developed and tested.
(C) Your support has allowed us to finally have a physical store.
(D) A customer service training session will be organized shortly.

141 (A) will be held
(B) was held
(C) has been held
(D) to be held

142 (A) Proposals
(B) Coupons
(C) Applications
(D) Checks

어휘　**officially** adv. 공식적으로　**loyal customer** phr. 단골손님　**grand opening** phr. 개점　**stop by** phr. (~에) 들르다
try v. (시험 삼아) 써보다, 시도해보다　**demonstration** n. 시연, 시범　**founder** n. 창립자, 설립자

139 ■ 명사와 함께 쓰인 전치사 표현　　　　　　　　　　　　　　　　　　　　　　　　　　　　정답 (C)

○○○●○
중

'온라인 매장을 계속 영업할 수 있도록 해준 것에 대해 감사하고 싶다'라는 의미가 되어야 하므로 빈칸 뒤의 명사 business와 함께 '영업하는'이라는 의미의 어구인 in business를 만드는 전치사 (C) in이 정답이다. (A) below는 '~ 아래에'라는 의미로 위치를, (B) out of는 '~ 밖으로'라는 의미로 방향을 나타낸다. 참고로, out of business(폐업한, 파산한)를 관용구로 외워둔다. (D) over는 '~ 동안, ~ 위에'라는 의미로 기간이나 위치를 나타낸다.

140 ■ 알맞은 문장 고르기　　　　　　　　　　　　　　　　　　　　　　　　　　　　　　　　정답 (C)

○○○●○
중

빈칸에 들어갈 알맞은 문장을 고르는 문제이므로 주변 문맥 또는 전체 문맥을 파악한다. 앞 문장 'We'd like to thank our loyal customers for keeping our online store (in) business'에서 온라인 매장을 계속 영업할 수 있도록 해준 것에 대해 단골 손님들에게 감사하고 싶다고 했으므로 빈칸에는 단골 손님들에게 감사하는 것과 관련된 추가적인 내용이 들어가야 함을 알 수 있다. 따라서 (C) Your support has allowed us to finally have a physical store가 정답이다.

보기 해석
(A) 저희는 휴일 동안 영업시간을 연장하기로 결정했습니다.
(B) 게다가, 새로운 향수들이 개발 및 시험되는 중입니다.
(C) 여러분의 도움은 저희가 마침내 실제 지점을 확보할 수 있게 해주었습니다.
(D) 고객 서비스 교육 과정이 곧 준비될 것입니다.

어휘　extend v. 연장하다, 확대하다　hour n. 영업시간　physical adj. 실제의, 물리적인　organize v. 준비하다, 조직하다　shortly adv. 곧

141 ■ [동사 자리] 미래 시제　주변 문맥 파악　　　　　　　　　　　　　　　　　　　　　　정답 (A)

○○○●○
중

문장에 동사가 없으므로 동사 (A), (B), (C)가 정답의 후보이다. '개점 행사가 623번지 Main가에 있는 부티크에서 열리다'라는 문맥인데, 이 경우 빈칸이 있는 문장만으로는 올바른 시제의 동사를 고를 수 없으므로 주변 문맥이나 전체 문맥을 파악한다. 뒤 문장에서 마음껏 들러서 샘플을 써보고 향수 제조 과정에 대한 시연을 보고 창립자도 만나보라고 했으므로, 개점 행사가 열리는 것은 미래에 일어날 일임을 알 수 있다. 따라서 미래 시제 (A) will be held가 정답이다. 과거 시제 (B)와 현재완료 시제 (C)는 미래의 일을 나타낼 수 없다. to 부정사 (D)는 동사 자리에 올 수 없다.

142 ■ 명사 어휘　주변 문맥 파악　　　　　　　　　　　　　　　　　　　　　　　　　　　　정답 (C)

○○○●○
중

'___는 2월 22일까지 받을 것이다'라는 문맥이므로 모든 보기가 정답의 후보이다. 빈칸이 있는 문장만으로는 정답을 고를 수 없으므로 주변 문맥이나 전체 문맥을 파악한다. 앞 문장에서 다양한 근무 시간에 대한 세 명의 판매 직원이 필요하다고 했으므로 2월 22일까지 지원서를 받을 것임을 알 수 있다. 따라서 명사 (C) Applications(지원서)가 정답이다. (A)의 Proposal은 '제안서, 제안', (B)의 Coupon은 '쿠폰, 할인권', (D)의 Check은 '수표'라는 의미이다.

www.shanemcgovernaccounting.com

Struggling to create and maintain accurate records is more common among entrepreneurs than you might think. -------,
143
hiring an experienced accountant like Shane McGovern can help you understand the basics of accounting and prevent costly mistakes from being made. Mr. McGovern has -------
144
countless business owners in filing tax forms, maintaining records, and managing finances. He ------- offers customized
145
organization systems. This service in particular has been appreciated by many prominent business owners. Check out feedback from previous customers here: Testimonials.

Still not sure if Shane McGovern Accounting can help you with your business? -------.
146

www.shanemcgovernaccounting.com

정확한 기록을 작성하고 관리하기 위해 고심하는 것은 여러분이 생각할 수 있는 것보다 기업가들 사이에서 더 흔합니다. **143** 하지만, Shane McGovern과 같이 경험이 풍부한 회계사를 고용하는 것은 여러분이 회계의 기본을 이해하도록 도와주고 손실이 큰 실수가 발생하는 것을 막아줄 수 있습니다. **144** Mr. McGovern은 세금 신고서 제출, 기록 관리, 그리고 재정 관리에 있어서 수많은 사업주들을 도와왔습니다. **145** 그는 또한 개개인의 요구에 맞춘 조직 시스템을 제공합니다. 이 서비스는 특히 많은 저명한 경영주들에 의해 인정받아왔습니다. 여기에서 이전 고객들의 의견을 확인해보세요: 추천의 글.

Shane McGovern 회계사무소가 사업과 관련하여 여러분을 도와줄 수 있을지 아직도 확신하지 못하시나요? **146** 무료 상담 일정을 잡기 위해 오늘 전화하세요.

143 (A) Specifically
(B) However
(C) In fact
(D) Otherwise

144 (A) assists
(B) assist
(C) assisting
(D) assisted

145 (A) barely
(B) also
(C) never
(D) only

146 (A) Thank you for submitting an inquiry.
(B) Your business is greatly appreciated.
(C) Call today to schedule a free consultation.
(D) Make sure to balance your account promptly.

어휘 **struggle** v. 고심하다, 애쓰다 **maintain** v. 관리하다, 유지하다 **accurate** adj. 정확한, 정밀한 **entrepreneur** n. 기업가, 사업가 **experienced** adj. 경험이 풍부한, 능숙한 **accountant** n. 회계사 **prevent** v. ~을 막다 **costly** adj. 손실이 큰, 값비싼 **countless** adj. 수많은, 무수한 **file** v. 제출하다, 철하다 **tax form** phr. 세금 신고서 **manage** v. 관리하다 **finance** n. 재정 **customized** adj. 개개인의 요구에 맞춘 **organization** n. 조직, 단체 **in particular** phr. 특히, 특별히 **appreciate** v. 인정하다, 고마워하다 **prominent** adj. 저명한 **testimonial** n. 추천의 글, 추천장

143 ■ 접속부사 주변 문맥 파악

빈칸이 콤마와 함께 문장의 맨 앞에 온 접속부사 자리이므로, 앞 문장과 빈칸이 있는 문장의 의미 관계를 파악하여 정답을 선택한다. 앞 문장에서 정확한 기록을 작성하고 관리하기 위해 고심하는 것은 기업가들 사이에서 흔하다고 했고, 빈칸이 있는 문장에서 Shane McGovern과 같이 경험이 풍부한 회계사를 고용하는 것은 회계의 기본을 이해하도록 도와주고 손실이 큰 실수가 발생하는 것을 막아줄 수 있다고 했으므로 앞의 내용에 덧붙여 다소 상반되는 새로운 내용을 언급할 때 사용되는 접속부사 (B) However(하지만)가 정답이다. (A) Specifically는 '특별히, 명확하게', (C) In fact는 '사실', (D) Otherwise는 '그렇지 않으면'이라는 의미로 빈칸에 쓸 경우 어색한 문맥이 된다.

144 ■ [have동사 다음에 올 수 있는 것] 완료형(have + p.p.)

정답 (D)

'Mr. McGovern은 수많은 사업주들을 도와왔다'라는 문맥이므로 빈칸 앞의 have동사(has)와 함께 현재완료 시제를 만드는 동사 assist(돕다)의 p.p.형 (D) assisted가 정답이다. 3인칭 단수형 (A), 동사원형 (B), 현재분사 (C)는 have동사 다음에 올 수 없다. 만약 빈칸 앞의 동사 (has)를 '가지다'라는 뜻의 타동사로 보고 (A)와 (B)를 '원조, 조력'이라는 의미의 명사로 본다 해도, 특별한 연결어 없이 빈칸 뒤에 있는 명사구 (countless business owners)와 나란히 올 수 없으므로 답이 될 수 없다.

145 ■ 부사 어휘 주변 문맥 파악

정답 (B)

'그는 ____ 개개인의 요구에 맞춘 조직 시스템을 제공한다'라는 문맥이므로 모든 보기가 정답의 후보이다. 빈칸이 있는 문장만으로는 정답을 고를 수 없으므로 주변 문맥이나 전체 문맥을 파악한다. 앞 문장에서 Mr. McGovern이 세금 신고서 제출, 기록 관리, 그리고 재정 관리에 있어서 수많은 사업주들을 도와왔다고 했고, 뒤 문장에서 이 서비스는 특히 많은 저명한 경영주들에 의해 인정받아왔다고 했으므로 Mr. McGovern이 개개인의 요구에 맞춘 조직 시스템 또한 제공한다는 점을 알 수 있다. 따라서 부사 (B) also(또한)가 정답이다. (A) barely는 '간신히, 거의 ~않다', (C) never는 '결코 ~않다', (D) only는 '오직 ~만'이라는 의미이다.

146 ■ 알맞은 문장 고르기

정답 (C)

빈칸에 들어갈 알맞은 문장을 고르는 문제이므로 주변 문맥 또는 전체 문맥을 파악한다. 앞 문장 'Still not sure if Shane McGovern Accounting can help you with your business?'에서 Shane McGovern 회계사무소가 사업과 관련하여 도와줄 수 있을지 아직도 확신하지 못하는지 묻고 있으므로 빈칸에는 Shane McGovern 회계사무소에 대해 확신을 갖는 데 도움을 줄 수 있는 것과 관련된 내용이 들어가야 함을 알 수 있다. 따라서 (C) Call today to schedule a free consultation이 정답이다.

보기 해석
(A) 문의해주셔서 감사드립니다.
(B) 귀하의 거래에 매우 감사드립니다.
(C) 무료 상담 일정을 잡기 위해 오늘 전화하세요.
(D) 반드시 즉시 결제해주십시오.

어휘 inquiry n. 문의, 질문 schedule v. 일정을 잡다 consultation n. 상담 make sure phr. 반드시 ~하다
balance an account phr. 결제하다, 계산하다 promptly adv. 즉시

PART 7

Questions 147-148 refer to the following Web page.

147-148은 다음 웹페이지에 관한 문제입니다.

https://www.kileyandjulien.com/alexandria/contactus

KILEY AND JULIEN

Stylish Clothes for Kids

HOME I PRODUCTS I SPECIAL OFFERS I CONTACT US

147-BOur main store in Ohio is located at 5250 Harville Boulevard, Alexandria, OH 43002.
To visit us, follow these directions:

By car
• Take Highway 43, and exit onto Maple Street.
• Turn right onto Harville Boulevard.
• The shop will be on the right-hand side.

147-B**By bus**
• Take bus 34.
• Get off at the Harville Boulevard bus stop.

147-AWe also have smaller outlets at the following locations:
350 Acrewood Street, Alexandria 45249 (directions)
119 Indianwoods Lane, Alexandria 45249 (directions)

147-CRegular hours for all outlets are Monday to Saturday, 9 A.M. to 8 P.M., and Sunday, 10 A.M. to 7 P.M. Stores close for all national holidays.

For any inquiries or concerns, you may contact us at:
Telephone: 614-555-3010
E-mail: jenwoods@kileyandjulien.com

148You may also open a chat dialogue here if you need a prompt response to a question.

https://www.kileyandjulien.com/alexandria/contactus

KILEY AND JULIEN

아이들을 위한 멋진 옷

| 홈 | 제품 | 특별 할인 | 연락처 |

147-B오하이오에 있는 저희 본점은 5250번지 Harville대로, 알렉산드리아, 오하이오주 43002에 있습니다.
방문하시려면, 다음 길 안내를 따르십시오:

자동차로 오시는 경우
• 43번 고속도로를 타고, Maple가로 나가십시오.
• Harville대로에서 우회전하십시오.
• 매장은 우측에 있을 것입니다.

147-B버스로 오시는 경우
• 34번 버스를 타십시오.
• Harville대로 버스 정류장에서 하차하십시오.

147-A저희는 또한 다음 위치에 더 작은 소매점들을 가지고 있습니다:
350번지 Acrewood가, 알렉산드리아 45249 (길 안내)
119번지 Indianwoods로, 알렉산드리아 45249 (길 안내)

147-C모든 소매점의 정상 영업시간은 월요일부터 토요일은 오전 9시부터 오후 8시까지이며, 일요일은 오전 10시부터 오후 7시까지입니다. 모든 공휴일에는 매장이 문을 닫습니다.

문의 사항이나 용무가 있으시면, 다음으로 연락하실 수 있습니다:
전화: 614-555-3010
이메일: jenwoods@kileyandjulien.com

질문에 대한 148신속한 답변이 필요하시면 여기에서 채팅을 시작하실 수도 있습니다.

어휘 □ **stylish** adj. 멋진, 유행하는
□ **exit** v. 나가다; n. 출구, 출입로
□ **outlet** n. 소매점, 판매 대리점
□ **concern** n. 용무, 우려

□ **offer** n. 할인
□ **right-hand side** phr. 우측, 오른쪽
□ **regular hours** phr. 정상 영업시간
□ **open** v. 시작하다, 열다

□ **directions** n. 길 안내
□ **get off** phr. 하차하다, 내리다
□ **national holiday** phr. 공휴일, 국경일
□ **prompt** adj. 신속한, 즉각적인

147

What is NOT true about Kiley and Julien?

(A) It has branches in Alexandria.
(B) Its main store is accessible by public transport.
(C) It closes earlier than usual on Sundays.
(D) It holds special sales on holidays.

Kiley and Julien에 대해 사실이 아닌 것은?

(A) 알렉산드리아에 지점들을 가지고 있다.
(B) 본점은 대중교통으로 갈 수 있다.
(C) 일요일에는 평소보다 일찍 문을 닫는다.
(D) 휴일에는 특별 할인을 한다.

■ Not/True Not 문제 　　　　　　　　　　　　　　　　　　　　　　　　　　　　　　　　정답 (D)

질문의 핵심 어구인 Kiley and Julien과 관련된 내용을 지문에서 찾아 각 보기와 대조하는 Not/True 문제이다. (A)는 'We also have smaller outlets at the following locations:', '350 Acrewood Street, Alexandria', '119 Indianwoods Lane, Alexandria'에서 Kiley and Julien이 알렉산드리아에 2개의 소매점을 가지고 있음을 알 수 있으므로 지문의 내용과 일치한다. (B)는 'Our main store in Ohio', 'By bus', 'Take bus 34.'에서 오하이오에 있는 본점에 버스로 가는 경우 34번 버스를 타라고 했으므로 지문의 내용과 일치한다. (C)는 'Regular hours for all outlets are Monday to Saturday, 9 A.M. to 8 P.M., and Sunday, 10 A.M. to 7 P.M.'에서 모든 소매점의 정상 영업시간이 월요일부터 토요일은 오후 8시까지이고 일요일은 오후 7시까지라고 했으므로 지문의 내용과 일치한다. (D)는 지문에 언급되지 않은 내용이다. 따라서 (D)가 정답이다.

바꾸어 표현하기
outlets 소매점 → branches 지점
bus 버스 → public transport 대중교통

어휘　branch n. 지점, 지사

148

What can a customer do to get a fast response?

(A) Write an e-mail
(B) Enter a code
(C) Start an online discussion
(D) Call a number

고객은 신속한 답변을 받기 위해 무엇을 할 수 있는가?

(A) 이메일을 작성한다
(B) 번호를 입력한다
(C) 온라인 상담을 시작한다
(D) 전화를 한다

■ 육하원칙 What 　　　　　　　　　　　　　　　　　　　　　　　　　　　　　　　　정답 (C)

고객이 신속한 답변을 받기 위해 무엇(What)을 할 수 있는지를 묻는 육하원칙 문제이다. 질문의 핵심 어구인 a customer do to get a fast response'와 관련하여, 'You may ~ open a chat dialogue ~ if you need a prompt response'에서 신속한 답변이 필요하면 채팅을 시작할 수 있다고 했으므로 (C)가 정답이다.

바꾸어 표현하기
fast 신속한 → prompt 신속한
open a chat dialogue 채팅을 시작하다 → Start an online discussion 온라인 상담을 시작하다

Questions 149-150 refer to the following text-message chain.

149-150은 다음 메시지 대화문에 관한 문제입니다.

Marvin Lee [1:46 P.M.] Hi Sandra. This meeting might go on for a while. ¹⁴⁹Is there a chance you can go and pick up the brochures for the development on State Avenue?	Marvin Lee [오후 1시 46분] 안녕하세요 Sandra. 이 회의는 당분간 계속될 것 같아요. ¹⁴⁹당신이 가셔서 State가 개발에 관한 책자들을 찾아오실 수 있을까요?
Sandra Vasquez [1:47 P.M.] Sure. Did you go with Harry's Prints down the street?	Sandra Vasquez [오후 1시 47분] 물론이죠. 길 아래쪽의 Harry's 인쇄소를 고르셨나요?
Marvin Lee [1:48 P.M.] No. They couldn't do it. I chose the shop on Dearborn Avenue. It's called Simple Printing. ¹⁵⁰I don't remember the exact address, but I can look it up.	Marvin Lee [오후 1시 48분] 아니요. 그들은 할 수 없었어요. 저는 Dearborn가에 있는 가게를 선택했어요. Simple 인쇄소라는 곳이에요. ¹⁵⁰정확한 주소는 기억나지 않지만, 제가 찾아볼 수 있어요.
Sandra Vasquez [1:50 P.M.] There's no need for that. ¹⁵⁰I've worked with them before. I can leave in about 10 minutes. Do you need them at the office or somewhere else?	Sandra Vasquez [오후 1시 50분] 그럴 필요 없어요. ¹⁵⁰저는 이전에 그들과 함께 일한 적이 있어요. 10분 정도 후에 출발할 수 있어요. 사무실 또는 다른 곳에서 그것들이 필요하신가요?
Marvin Lee [1:51 P.M.] The office is fine. Thank you so much.	Marvin Lee [오후 1시 51분] 사무실이 괜찮아요. 정말 감사해요.

어휘 □ **pick up** phr. 찾아오다　□ **exact** adj. 정확한　□ **look up** phr. ~을 찾아보다

149
○○●○
∞

Why does Mr. Lee contact Ms. Vasquez?

(A) To report a technical issue
(B) To give an update on a meeting
(C) To get a recommendation
(D) To organize a pickup

Mr. Lee는 왜 Ms. Vasquez에게 연락하는가?

(A) 기술적인 문제를 보고하기 위해
(B) 회의에 대한 업데이트를 제공하기 위해
(C) 추천을 받기 위해
(D) 물건을 찾으러 가는 것을 준비하기 위해

■ **주제/목적 찾기** 글을 쓴 이유　　　　　　　　　　　　　　　　　　　　　　　　　　　정답 (D)

Mr. Lee가 Ms. Vasquez에게 연락한 이유를 묻는 목적 찾기 문제이므로 지문의 앞부분을 주의 깊게 확인한다. Mr. Lee가 'Is there a chance you can go and pick up the brochures ~?'에서 당신, 즉 Ms. Vasquez에게 가서 책자들을 찾아올 수 있을지 물어봤으므로 (D)가 정답이다.

어휘 **technical** adj. 기술적인 **recommendation** n. 추천 **pickup** n. 물건을 찾으러 감, 수거

150
○○○●
∞

At 1:50 P.M., what does Ms. Vasquez mean when she writes, "There's no need for that"?

(A) Some prints can be left on a desk.
(B) Mr. Lee can easily postpone his next meeting.
(C) Some extra material does not have to be collected.
(D) Mr. Lee does not have to look up information.

오후 1시 50분에, Ms. Vasquez가 "There's no need for that"이라고 썼을 때 그녀가 의도한 것은?

(A) 일부 인쇄물은 책상 위에 남겨져도 된다.
(B) Mr. Lee는 그의 다음 회의를 쉽게 연기할 수 있다.
(C) 일부 추가 자료는 수집되지 않아도 된다.
(D) Mr. Lee는 정보를 찾아볼 필요가 없다.

■ **의도 파악**　　　　　　　　　　　　　　　　　　　　　　　　　　　　　　　　　　정답 (D)

Ms. Vasquez가 의도한 것을 묻는 문제이므로, 질문의 인용어구(There's no need for that)가 언급된 주변 문맥을 확인한다. 'I don't remember the exact address, but I can look it up.'에서 Marvin Lee가 정확한 주소는 기억나지 않지만 자신이 찾아볼 수 있다고 하자, Ms. Vasquez가 'There's no need for that'(그럴 필요 없어요)이라고 한 후, 'I've worked with them before.'에서 이전에 그들과 함께 일한 적이 있다고 한 것을 통해, Mr. Lee가 정보를 찾아볼 필요가 없음을 알 수 있다. 따라서 (D)가 정답이다.

어휘 **postpone** v. 연기하다 **collect** v. 수집하다, 모으다

Snow Tourism Skyrockets!
By Pete Jenkins

February 28—According to research conducted by the Boulder Tourism Bureau, more people visited the city and surrounding ski lodges this past December and January than in any winter in the past five decades. More tourists mean that the area's economy experienced an unexpected boost. Of course, [151-B]local business owners could not have been happier about their additional profits.

Well-known local meteorologist Laura Nowak forecast that the area would have several weeks of light, powdery snow in zero degree weather. [152-A]She referred to "perfect snow conditions" for skiers, and her prediction helped attract tourists to the Boulder area in record-breaking numbers this season. Nowak also expects similar conditions for next winter, and possibly for winters after that. This is welcome news for hotels and ski resorts in the region. Bookings are already filling up for next year, and most local businesses are hopeful that the tourism boom will continue.

눈 관광이 급상승하고 있다!
Pete Jenkins 작성

2월 28일—Boulder 관광청에 의해 시행된 조사에 따르면, 지난 50년간의 그 어떤 겨울에보다도 더 많은 사람들이 지난 12월과 1월에 그 도시와 인근 스키 별장을 방문했다. 더 많은 관광객은 그 지역의 경제가 예상치 못한 경기 부양을 겪었다는 것을 의미한다. 물론, [151-B]지역 사업주들은 추가 수익에 더할 나위 없이 기뻐했다.

유명한 지역 기상학자인 Laura Nowak은 0도의 날씨 속에서 그 지역에 몇 주간 가벼운 가루 상태의 눈이 내릴 것으로 예측했다. [152-A]그녀는 스키 타는 사람들에게 "완벽한 눈 상태"임을 언급했고, 그녀의 예측은 이번 시즌에 기록적인 수로 관광객들을 Boulder 지역으로 끌어들이는 데 도움을 주었다. Nowak은 내년 겨울, 그리고 아마 내후년 겨울에 대해서도 비슷한 날씨를 예상한다. 이는 그 지역 내의 호텔과 스키장에게 희소식이다. 내년에 대한 예약이 이미 꽉 차고 있으며, 대부분의 지역 사업체들은 관광 호황이 계속되기를 기대하고 있다.

어휘 □ **skyrocket** v. 급상승하다, 치솟다　□ **conduct** v. 시행하다, 실시하다　□ **surrounding** adj. 인근의, 주변의
　　 □ **lodge** n. 별장, 호텔, 숙소　□ **boost** n. (경기) 부양, 부양책　□ **meteorologist** n. 기상학자
　　 □ **forecast** v. 예측하다, 예보하다; n. 예측, 예보　□ **refer to** phr. ~을 언급하다, 말하다　□ **prediction** n. 예측, 예보
　　 □ **record-breaking** adj. 기록적인, 기록을 깨는　□ **boom** n. 호황, 붐

151

What does the article indicate about local business owners?

(A) They are seeking ways to draw tourists year-round.
(B) Their profits have increased.
(C) They are pleased with Boulder's economic plan.
(D) They are expanding lodges and ski resorts.

기사가 지역 사업주들에 대해 언급하는 것은?

(A) 1년 내내 관광객을 끌어들일 방법을 모색하고 있다.
(B) 수익이 증가했다.
(C) Boulder의 경제 계획에 만족한다.
(D) 별장과 스키장을 확충하고 있다.

■ Not/True True 문제　　　　　정답 (B)

질문의 핵심 어구인 local business owners와 관련된 내용을 지문에서 찾아 각 보기와 대조하는 Not/True 문제이다. (A), (C), (D)는 지문에 언급되지 않은 내용이다. (B)는 'local business owners could not have been happier about their additional profits'에서 지역 사업주들은 추가 수익에 더할 나위 없이 기뻐했다고 했으므로 지문의 내용과 일치한다. 따라서 (B)가 정답이다.

어휘 **seek** v. 모색하다, 찾다　**year-round** adv. 1년 내내

152

What is stated about Ms. Nowak?

(A) She influenced people's travel plans.
(B) She works as a tourism agent.
(C) She engages in winter sports.
(D) She moved to Boulder in December.

Ms. Nowak에 대해 언급된 것은?

(A) 사람들의 여행 계획에 영향을 주었다.
(B) 여행사 직원으로 일한다.
(C) 동계 스포츠에 종사한다.
(D) 12월에 Boulder로 이사했다.

■ Not/True True 문제　　　　　정답 (A)

질문의 핵심 어구인 Ms. Nowak과 관련된 내용을 지문에서 찾아 각 보기와 대조하는 Not/True 문제이다. (A)는 'She referred to "perfect snow conditions" for skiers, and her prediction helped attract tourists to the Boulder area'에서 그녀, 즉 Ms. Nowak이 스키 타는 사람들에게 "완벽한 눈 상태"임을 언급했고, 그녀의 예측은 관광객들을 Boulder 지역으로 끌어들이는 데 도움을 주었다고 했으므로 지문의 내용과 일치한다. 따라서 (A)가 정답이다. (B), (C), (D)는 지문에 언급되지 않은 내용이다.

어휘 **engage in** phr. ~에 종사하다

To all subscribers of Excellent Publications:

— [1] —. For over 50 years, 153-Dreaders subscribed to *The World Today*, our monthly print magazine, for articles about global events. However, it was discontinued and, instead, readers had access to the first online version of the magazine, which we renamed *The Thinker*, soon after the last print issue was released. — [2] —.

153-D/155It has been one year since that change, and 154Excellent Publications has continued to offer subscribers the same outstanding articles as before, only exclusively on the Internet. — [3] —. 155Though the new electronic news magazine is continuing to grow in popularity, some readers are still requesting that the traditional printed version be brought back. So, we have decided to put out an annual print edition of *The Thinker*, beginning this year. 154The print issue will include our most popular articles from the previous 12 months. — [4] —. It will be delivered to all digital subscribers' homes as a bonus at the end of the year. For any questions regarding the annual print issue, please visit www.thethinker.com/bonusprint.

Excellent 출판사의 모든 구독자께:

— [1] —. 50년 넘게, 153-D독자들은 세계의 사건에 대한 기사를 보기 위해, 저희의 월간 인쇄 잡지인 *The World Today*지를 구독했습니다. 하지만, 그것은 단종되었고, 대신에, 독자들은 그것의 마지막 인쇄판이 발행된 직후, 저희가 *The Thinker*지라고 명칭을 바꾼 그 잡지의 첫 온라인판을 이용했습니다. — [2] —.

153-D/155그 변화로부터 1년이 지났고, 154Excellent 출판사는 오로지 인터넷에서만 이전과 같은 훌륭한 기사들을 구독자들에게 계속해서 제공해왔습니다. — [3] —. 155그 새로운 인터넷 뉴스 잡지는 계속해서 인기가 상승하고 있지만, 일부 독자들은 여전히 기존의 인쇄판을 다시 돌려달라고 요구하고 있습니다. 따라서, 저희는 올해부터 *The Thinker*지의 연간 인쇄판을 발행하기로 결정했습니다. 154그 인쇄판은 지난 12개월 동안 가장 인기 있었던 기사들을 포함할 것입니다. — [4] —. 그것은 연말에 덤으로 모든 디지털 구독자들의 집에 배달될 것입니다. 연간 인쇄판과 관련한 질문이 있으시면, www.thethinker.com/bonusprint를 방문해주십시오.

어휘　□ **subscriber** n. 구독자　　　　　　　□ **discontinued** adj. 단종된　　　　　□ **have access to** phr. ~을 이용하다, 접속하다
　　　□ **rename** v. 명칭을 바꾸다, 이름을 다시 짓다　□ **release** v. 발행하다, 개봉하다　　　□ **outstanding** adj. 훌륭한, 뛰어난
　　　□ **exclusively** adv. 오로지　　　　　　□ **electronic** adj. 인터넷의, 전자의　　□ **grow in popularity** phr. 인기가 상승하다
　　　□ **put out** phr. ~을 발행하다　　　　　□ **bonus** n. 덤, 경품, 보너스

153
○
●
●
●
상

What is mentioned about Excellent Publications?

(A) It recently celebrated the anniversary of its founding.
(B) It will continue to sell old issues at a discount.
(C) It was sold to a new owner 50 years ago.
(D) It switched over to a new medium last year.

Excellent 출판사에 대해 언급된 것은?

(A) 최근에 그것의 창립 기념일을 축하했다.
(B) 이전 호를 할인하여 계속 판매할 것이다.
(C) 50년 전에 새로운 소유주에게 매각되었다.
(D) 작년에 새로운 매체로 전환했다.

■ **Not/True** True 문제　　　　　　　　　　　　　　　　　　　　　　　　　　　　　　　　　　　　　　정답 (D)

질문의 핵심 어구인 Excellent Publications와 관련된 내용을 지문에서 찾아 각 보기와 대조하는 Not/True 문제이다. (A), (B), (C)는 지문에 언급되지 않은 내용이다. (D)는 'readers subscribed to ~ our monthly print magazine ~. However, it was discontinued and, instead, readers had access to the first online version of the magazine'에서 독자들이 저희, 즉 Excellent 출판사의 월간 인쇄 잡지를 구독했었는데 그것이 단종되었으며, 대신에 그 잡지의 첫 온라인판을 이용했다고 했고, 'It has been one year since that change'에서 그 변화로부터 1년이 지났다고 했으므로 지문의 내용과 일치한다. 따라서 (D)가 정답이다.

바꾸어 표현하기
has been one year 1년이 지났다 → last year 작년에

어휘　celebrate v. 축하하다, 기념하다　founding n. 창립, 설립　switch over to phr. ~으로 전환하다, 바꾸다　medium n. 매체, 수단

154

What is suggested about the print issue of *The Thinker*?

(A) It will feature content contributed by readers.
(B) It will be sold at newsstands across the country.
(C) It will include translations for overseas readers.
(D) It will contain articles that were published online.

*The Thinker*지의 인쇄판에 대해 암시되는 것은?

(A) 독자들이 기고한 내용을 특집으로 다룰 것이다.
(B) 전국의 신문 가판대에서 판매될 것이다.
(C) 해외 독자들을 위한 번역본을 포함할 것이다.
(D) 온라인에서 발행되었던 기사들을 포함할 것이다.

■ **추론** 세부 정보   정답 (D)

질문의 핵심 어구인 the print issue of *The Thinker*에 대해 추론하는 문제이다. 'Excellent Publications has continued to offer subscribers the same outstanding articles as before, only exclusively on the Internet'에서 Excellent 출판사는 오로지 인터넷에서만 이전과 같은 훌륭한 기사들을 구독자에게 계속해서 제공해왔다고 했고, 'The print issue will include our most popular articles from the previous 12 months.'에서 그 인쇄판은 지난 12개월 동안 가장 인기 있었던 기사들을 포함할 것이라고 했으므로 *The Thinker*지의 인쇄판이 온라인으로 발행된 기사들을 포함할 것이라는 사실을 추론할 수 있다. 따라서 (D)가 정답이다.

어휘   **feature** v. 특집으로 다루다   **content** n. 내용, 주제   **contribute** v. 기고하다, 투고하다   **newsstand** n. 신문 가판대   **translation** n. 번역본, 번역문

155

In which of the positions marked [1], [2], [3], and [4] does the following sentence best belong?

"In this short time, *The Thinker*'s readership has more than doubled."

(A) [1]
(B) [2]
(C) [3]
(D) [4]

[1], [2], [3], [4]로 표시된 위치 중, 다음 문장이 들어갈 곳으로 가장 적절한 것은?

"이 짧은 기간에, *The Thinker*지의 구독자 수는 두 배 이상이 되었습니다."

(A) [1]
(B) [2]
(C) [3]
(D) [4]

■ **문장 위치 찾기**   정답 (C)

지문의 흐름상 주어진 문장이 들어가기에 가장 적절한 곳을 고르는 문제이다. 주어진 문장에서 이 짧은 기간에, *The Thinker*지의 구독자 수가 두 배 이상이 되었다고 했으므로, 이 문장이 특정 기간 내의 구독자 수 증가와 관련된 내용이 나오는 부분에 들어가야 함을 알 수 있다. [3]의 앞 문장인 'It has been one year since that change'에서 그 변화, 즉 잡지가 인쇄판에서 온라인판으로 변경된 변화로부터 1년이 지났다고 했고, 뒤 문장인 'Though the new electronic news magazine is continuing to grow in popularity, some readers are still requesting that the traditional printed version be brought back.'에서 그 새로운 인터넷 뉴스 잡지는 계속해서 인기가 상승하고 있지만, 일부 독자들은 여전히 기존의 인쇄판을 다시 돌려달라고 요구하고 있다고 했으므로, [3]에 제시된 문장이 들어가면 잡지가 인쇄판에서 온라인판으로 변경된 지 1년이 지났고, 이 짧은 기간에 구독자 수가 두 배 이상이 되었는데, 이렇게 인기가 상승하고 있음에도 불구하고 일부 독자들은 여전히 기존의 인쇄판을 다시 돌려달라고 요구하고 있다는 자연스러운 문맥이 된다는 것을 알 수 있다. 따라서 (C)가 정답이다.

Questions 156-157 refer to the following e-mail.

156-157은 다음 이메일에 관한 문제입니다.

To: All Staff
From: Carl Eklund
Subject: Conference
Date: July 1

Hello, everyone.

I just wanted to provide you all with an update on the 11th annual Bird Conservation Conference, which will take place this year from August 7 to 9 in Montreal. [157]We usually choose one representative at random to attend the conference. However, this year [156/157]I'm looking for a volunteer [157]because the person who attends will have more responsibilities than usual. I'll be at the research center in Antarctica at the time, so I'm unable to volunteer myself.

The head of the conference, Georgia Proctor, reached out to me asking if someone from our institute could give a presentation this year. She was particularly interested in our findings about penguin migration patterns in Antarctica. So, [156]the volunteer will have to present on this subject.

If you are interested in this opportunity, please let me know as soon as possible.

Sincerely,
Carl Eklund
Lead Researcher
Wildlife Research Institute

수신: 전 직원
발신: Carl Eklund
제목: 회의
날짜: 7월 1일

안녕하세요, 여러분.

저는 여러분 모두에게 올해 8월 7일부터 9일까지 몬트리올에서 열릴 제11회 연례 조류 보존 회의에 대한 최신 정보를 제공하고 싶었습니다. [157]우리는 보통 그 회의에 참석할 대표 한 명을 무작위로 뽑습니다. 하지만, 올해는 참석하는 사람이 여느 때보다 더 많은 책임을 지게 될 것이기 때문에 [156/157]지원자를 구하고 있습니다. 저는 그때 남극 대륙에 있는 연구소에 있을 것이므로, 직접 자원할 수 없습니다.

회의의 책임자인 Georgia Proctor가 제게 연락을 취해서 올해 우리 연구소의 누군가가 발표를 할 수 있는지 물어보았습니다. 그녀는 남극 대륙에서의 펭귄의 이동 패턴에 대한 우리의 연구 결과에 특히 관심이 있었습니다. 따라서, [156]지원자는 이 주제에 대해 발표해야 할 것입니다.

이 기회에 관심이 있으시면, 가능한 한 빨리 제게 알려 주십시오.

Carl Eklund 드림
수석 연구원
야생동물 연구소

어휘 □ conservation n. 보존, 보호
□ volunteer n. 지원자; v. 자원하다
□ reach out to phr. ~에게 연락을 취하다
□ finding n. 연구 결과

□ representative n. 대표, 대리인
□ responsibility n. 책임, (할) 일
□ institute n. 연구소, 협회, 기관
□ migration n. 이동, 이주

□ at random phr. 무작위로, 임의로
□ Antarctica n. 남극 대륙
□ particularly adv. 특히

156

What is the purpose of the e-mail?

(A) To update scientists on some new discoveries
(B) To request a volunteer for a presentation
(C) To assign responsibilities to a new department
(D) To announce an upcoming charity event

이메일의 목적은 무엇인가?

(A) 과학자들에게 새로운 발견에 관한 최신 정보를 알려주기 위해
(B) 발표를 위한 지원자를 요청하기 위해
(C) 새로운 부서에 일을 배정하기 위해
(D) 다가오는 자선행사를 알리기 위해

■ 주제/목적 찾기 글의 목적   정답 (B)

이메일의 목적을 묻는 목적 찾기 문제이다. 특별히 이 문제는 지문의 중후반에 목적 관련 내용이 언급되었음에 주의한다. 'I'm looking for a volunteer'에서 지원자를 구하고 있다고 했고, 'the volunteer will have to present on this subject'에서 지원자는 이 주제, 즉 펭귄의 이동 패턴에 대해 발표해야 할 것이라고 했으므로 (B)가 정답이다.

어휘 discovery n. 발견 assign v. 배정하다, 할당하다 upcoming adj. 다가오는 charity event phr. 자선행사

○○○
∞

What is suggested about the Wildlife Research Institute?

(A) It was originally established to research bird migration.
(B) It will send all its employees to an academic conference.
(C) It is waiting for permission to conduct a project in Antarctica.
(D) It has taken part in the Bird Conservation Conference before.

야생동물 연구소에 대해 암시되는 것은?

(A) 원래 조류 이동을 연구하기 위해 설립되었다.
(B) 전 직원을 학술 회의에 보낼 것이다.
(C) 남극 대륙에서 프로젝트를 수행하기 위한 승인을 기다리고 있다.
(D) 이전에 조류 보존 회의에 참석한 적이 있다.

■ **추론** 세부 정보

정답 (D)

질문의 핵심 어구인 the Wildlife Research Institute에 대해 추론하는 문제이다. 'We usually choose one representative at random to attend the conference. However, this year ~ the person who attends will have more responsibilities than usual.'에서 보통 그 회의, 즉 조류 보존 회의에 참석할 대표 한 명을 무작위로 뽑지만, 올해는 참석하는 사람이 여느 때보다 더 많은 책임을 지게 될 것이라고 했으므로 야생동물 연구소가 올해뿐만 아니라 이전에 조류 보존 회의에 참석한 적이 있다는 사실을 추론할 수 있다. 따라서 (D)가 정답이다.

바꾸어 표현하기

attend 참석하다 → has taken part in ~에 참석한 적이 있다

어휘 establish v. 설립하다 permission n. 승인, 허가 take part in phr. ~에 참석하다

Questions 158-160 refer to the following notice.

158-160은 다음 공고에 관한 문제입니다.

Notice	공고
Thank you for coming today. [158]We organised today's activity to choose 20 dancers for Hannah Levi's upcoming concert tour. Some adjustments have been made due to the overwhelming response to our advertisement. We will no longer hold individual sessions with each dancer. Instead, we will see groups of six at a time. When you step into the audition room, please put your résumé and photograph on the judge's desk. All six dancers will then perform a dance to one of Ms. Levi's songs together. You will be notified if you are chosen to advance to the next round. If selected, please stay in the vicinity. [160]In the second round, dancers will work with our lead choreographer. Afterward, the remaining candidates will undergo one more round in the evening before the final announcement is made. Good luck!	오늘 와주셔서 감사합니다. [158]저희는 Hannah Levi의 곧 있을 콘서트 투어를 위해 20명의 무용수를 선발하는 오늘의 활동을 준비했습니다. 저희 광고에 대한 압도적인 반응으로 인해 [158]일부 조정이 이루어졌습니다. 저희는 더 이상 각 무용수와 개별 시간을 진행하지 않을 것입니다. 대신, 한 번에 여섯 명의 그룹으로 볼 것입니다. 오디션실에 들어오시면, 여러분의 이력서와 사진을 심사위원의 책상에 놓아주세요. 그리고 나서 여섯 명의 모든 무용수들은 Ms. Levi의 노래 중 하나에 맞춰 함께 춤을 출 것입니다. 만약 여러분이 다음 라운드로 나아가도록 선발된다면 여러분에게 통보될 것입니다. 만약 선발되었다면, 근처에 머무르십시오. [160]두 번째 라운드에서, 무용수들은 저희의 수석 안무가와 함께 작업할 것입니다. 이후에, 최종 발표가 나기 전에 남은 후보자들은 저녁에 한 라운드를 더 치를 것입니다. 행운을 빕니다!

어휘 · upcoming adj. 곧 있을, 다가오는 · adjustment n. 조정 · overwhelming adj. 압도적인
· response n. 반응, 대응 · session n. 시간, 회기 · judge n. 심사위원, 심판
· notify v. 통보하다 · vicinity n. 근처, 부근 · choreographer n. 안무가
· undergo v. 치르다, 받다 · announcement n. 발표

158
○○○○
●
하

What is the notice mainly about?

(A) The course of a selection process
(B) The requirements for renting a venue
(C) The details of a touring contract
(D) The reasons for a concert delay

공고는 주로 무엇에 관한 것인가?

(A) 선발 절차의 과정
(B) 장소 대여에 대한 요구 사항
(C) 순회공연 계약의 세부 사항
(D) 콘서트 연기의 이유

■ **주제/목적 찾기** 글의 주제   정답 (A)

공고가 주로 무엇에 대한 것인지를 묻는 주제 찾기 문제이므로 지문의 앞부분을 주의 깊게 확인한다. 'We organised today's activity to choose 20 dancers for Hannah Levi's upcoming concert tour. Some adjustments have been made'에서 Hannah Levi의 곧 있을 콘서트 투어를 위해 20명의 무용수를 선발하는 오늘의 활동을 준비했다며 일부 조정이 이루어졌다고 한 후, 무용수 선발 절차의 과정에 대해 설명하고 있으므로 (A)가 정답이다.

어휘 selection n. 선발 requirement n. 요구 사항 contract n. 계약 delay n. 연기, 지연

159
○○○
●
중

The word "advance" in paragraph 3, line 1, is closest in meaning to

(A) bring
(B) promote
(C) introduce
(D) proceed

3문단의 첫 번째 줄의 단어 "advance"는 의미상 ~와 가장 가깝다.

(A) 가져오다
(B) 촉진하다
(C) 소개하다
(D) 나아가다

■ **동의어**   정답 (D)

advance를 포함하는 구절 'if you are chosen to advance to the next round'에서 advance가 '나아가다'라는 뜻으로 사용되었다. 따라서 '나아가다'라는 뜻을 가진 (D)가 정답이다.

○○○
●●●
8

What is suggested about the final announcement?

(A) It will depend on a group's size.
(B) It will be posted on a Web site.
(C) It will be made by Hannah Levi.
(D) It will take place after a third round.

최종 발표에 대해 암시되는 것은?

(A) 단체의 규모에 따라 결정될 것이다.
(B) 웹사이트에 게시될 것이다.
(C) Hannah Levi에 의해 결정될 것이다.
(D) 세 번째 라운드 이후에 이루어질 것이다.

■ **추론** 세부 정보   정답 (D)

질문의 핵심 어구인 the final announcement에 대해 추론하는 문제이다. 'In the second round, dancers will work with our lead choreographer. Afterward, the remaining candidates will undergo one more round in the evening before the final announcement is made.'에서 두 번째 라운드에서 무용수들은 수석 안무가와 함께 작업할 것이고 이후에 최종 발표가 나기 전에 남은 후보자들은 저녁에 한 라운드를 더 치를 것이라고 했으므로 세 번째 라운드 이후에 최종 발표가 이루어질 것이라는 사실을 추론할 수 있다. 따라서 (D)가 정답이다.

어휘 **depend on** phr. ~에 따라 결정되다, ~에 달려 있다 **post** v. 게시하다, 발송하다; n. 우편 **take place** phr. 이루어지다, 일어나다

Questions 161-164 refer to the following advertisement.

161-164는 다음 광고에 관한 문제입니다.

Reliance 7 to Be Released!

Productivity on the go is essential in today's world. We made the Reliance 7 tablet so thin and light that you can take it anywhere!

Our tablet has a sleek design and all the tools you need at your fingertips. [161-B]You'll love the rich colors and clear images on the high-resolution screen. Also, this new tablet comes with a uniquely designed stylus.

To stand out from the competition, [162-C]Reliance has partnered with the bag designer Top Crafter. [163-C]This brand has created a fashionable pouch for the Reliance 7 that will be sold for just $30. [163-B/D]This is a limited edition item—only 1,000 pieces have been made, each one stamped with a serial number.

The Reliance 7 will be available at retail outlets starting January 12, but [164]eager customers can preorder them on our Web site, www.reliance.com. Reserve yours on our site today!

Reliance 7이 공개됩니다!

오늘날의 세계에서 이동 중의 생산성은 필수적입니다. 저희는 당신이 어디에나 들고 갈 수 있도록 Reliance 7 태블릿을 아주 얇고 가볍게 만들었습니다!

저희의 태블릿은 세련된 디자인과 당신이 즉시 이용할 수 있기 위해 필요한 모든 기능을 가지고 있습니다. [161-B]당신은 고해상도 화면의 풍부한 색상과 선명한 이미지를 매우 좋아하게 될 것입니다. 또한, 이 새로운 태블릿에는 독특하게 디자인된 스타일러스가 딸려 있습니다.

경쟁에서 돋보이기 위해, [162-C]Reliance사는 가방 디자인 업체인 Top Crafter사와 협력했습니다. [163-C]이 브랜드는 Reliance 7을 위해 단 30달러에 판매될 멋진 파우치를 만들었습니다. [163-B/D]이것은 한정판 상품으로, 오직 1,000개만 만들어졌고, 각각 일련번호가 찍혀 있습니다.

Reliance 7은 1월 12일부터 소매점에서 구입할 수 있을 것이나, [164]열성적인 고객들은 저희 웹사이트 www.reliance.com에서 그것들을 선주문할 수 있습니다. 오늘 저희 사이트에서 당신의 것을 예약하세요!

어휘 □ **productivity** n. 생산성, 생산 능력 □ **essential** adj. 필수적인 □ **sleek** adj. 세련된
□ **at one's fingertips** phr. 즉시 이용할 수 있는 □ **rich** adj. 풍부한 □ **high-resolution** adj. 고해상도의
□ **uniquely** adv. 독특하게, 특유의 방법으로 □ **stylus** n. 스타일러스(특수 컴퓨터 화면에 글을 쓰거나 그림을 그릴 때 쓰는 펜)
□ **stand out** phr. 돋보이다 □ **competition** n. 경쟁 □ **partner with** phr. ~와 협력하다
□ **limited edition** phr. 한정판 □ **stamp** v. 찍다 □ **serial number** phr. 일련번호
□ **retail outlet** phr. 소매점 □ **eager** adj. 열성적인, 열망하는 □ **preorder** v. 선주문하다

161
○○○●
중

What is mentioned about the Reliance 7?

(A) It is larger than previous models.
(B) It has a high level of visual quality.
(C) It has a unique shape.
(D) It is ideal for office tasks.

Reliance 7에 대해 언급된 것은?

(A) 이전 모델들보다 더 크다.
(B) 높은 수준의 화질을 가지고 있다.
(C) 독특한 모양이다.
(D) 사무 업무에 가장 알맞다.

■ **Not/True** True 문제   정답 (B)

질문의 핵심 어구인 the Reliance 7과 관련된 내용을 지문에서 찾아 각 보기와 대조하는 Not/True 문제이다. (A), (C), (D)는 지문에 언급되지 않은 내용이다. (B)는 'You'll love the rich colors and clear images on the high-resolution screen.'에서 고해상도 화면의 풍부한 색상과 선명한 이미지를 매우 좋아하게 될 것이라고 했으므로 지문의 내용과 일치한다. 따라서 (B)가 정답이다.

바꾸어 표현하기
high-resolution 고해상도의 → a high level of visual quality 높은 수준의 화질

어휘 **ideal** adj. 가장 알맞은

162

What is indicated about Top Crafter?

(A) It is experiencing increased competition.
(B) It lowered the prices of its products.
(C) It partnered with another business.
(D) It sells bags that are handmade.

Top Crafter시에 대해 언급된 것은?

(A) 늘어난 경쟁을 겪고 있다.
(B) 제품 가격을 인하했다.
(C) 다른 사업체와 협력했다.
(D) 수제 가방을 판매한다.

■ **Not/True** True 문제　　　　　　　　　　　　　　　　　　　　　　　　　　정답 (C)

질문의 핵심 어구인 Top Crafter와 관련된 내용을 지문에서 찾아 각 보기와 대조하는 Not/True 문제이다. (A), (B), (D)는 지문에 언급되지 않은 내용이다. (C)는 'Reliance has partnered with the bag designer Top Crafter'에서 Reliance사는 가방 디자인 업체인 Top Crafter사와 협력했다고 했으므로 지문의 내용과 일치한다. 따라서 (C)가 정답이다.

어휘　**lower** v. 낮추다　**handmade** adj. 수제의

163

What is NOT stated about the pouch?

(A) It will be stocked at various stores.
(B) It cannot be purchased after an initial set runs out.
(C) It was designed specifically to hold a mobile device.
(D) It was uniquely marked during manufacturing.

파우치에 대해 언급되지 않은 것은?

(A) 여러 상점에 갖추어져 있을 것이다.
(B) 첫 세트가 다 떨어진 후에는 구매할 수 없다.
(C) 모바일 장치를 보관하기 위해 특별히 디자인되었다.
(D) 제조 중에 특유의 방법으로 표시되었다.

■ **Not/True** Not 문제　　　　　　　　　　　　　　　　　　　　　　　　　　정답 (A)

질문의 핵심 어구인 the pouch와 관련된 내용을 지문에서 찾아 각 보기와 대조하는 Not/True 문제이다. (A)는 지문에 언급되지 않은 내용이다. 따라서 (A)가 정답이다. (B)와 (D)는 'This is a limited edition item—only 1,000 pieces have been made, each one stamped with a serial number.'에서 이것, 즉 파우치는 한정판 상품으로 오직 1,000개만 만들어졌고 각각 일련번호가 찍혀 있다고 했으므로 지문의 내용과 일치한다. (C)는 'This brand has created a fashionable pouch for the Reliance 7'에서 이 브랜드, 즉 Top Crafter사가 Reliance 7 태블릿을 위해 멋진 파우치를 만들었다고 했으므로 지문의 내용과 일치한다.

바꾸어 표현하기

a limited edition item 한정판 상품 → cannot be purchased after an initial set runs out 첫 세트가 다 떨어진 후에는 구매할 수 없다
stamped with a serial number 일련번호가 찍혀 있는 → uniquely marked 특유의 방법으로 표시된

어휘　**stock** v. (판매 상품을 갖추고) 있다　**initial** adj. 처음의　**run out** phr. 다 떨어지다　**mark** v. 표시하다

164

According to the advertisement, what are customers encouraged to do on the Web site?

(A) Provide some feedback
(B) Order some device accessories
(C) Reserve an item
(D) Download an application

광고에 따르면, 고객들은 웹사이트에서 무엇을 하도록 권장되는가?

(A) 의견을 제공한다
(B) 기기 부대용품을 주문한다
(C) 물품을 예약한다
(D) 애플리케이션을 다운로드한다

■ **육하원칙** What　　　　　　　　　　　　　　　　　　　　　　　　　　　정답 (C)

광고에 따르면 고객들이 웹사이트에서 무엇(what)을 하도록 권장되는지를 묻는 육하원칙 문제이다. 질문의 핵심 어구인 customers encouraged to do on the Web site와 관련하여, 'eager customers can preorder them on our Web site ~ . Reserve yours on our site today!'에서 열성적인 고객들은 웹사이트에서 그것들, 즉 Reliance 7을 선주문할 수 있다고 하며 오늘 사이트에서 예약하라고 했으므로 (C)가 정답이다.

어휘　**accessory** n. 부대용품, 액세서리

January 6

Debonair Publishing
1800 Dundee Street
Toronto, ON
M6J 1X7

To Whom It May Concern:

I have been a big fan of Brian Warburton's work for a long time now, and his books have been a real inspiration to me over the years. I just finished writing a novel of my own, and I would very much like to quote two lines from [165]*The Returning*, the third and final book of his Lost Sanctuary series. These lines have always had deep meaning for me. Because of that, I'd like the quotation to appear at the beginning of my novel, after the title and dedication pages.

[166]I am not entirely sure how to get permission to use the quotation. I checked my copy of Mr. Warburton's book and saw that your company was the copyright owner the year it was printed. If you still own the rights, could you let me know if I may use the quotation? If so, [167]please inform me of how to proceed and how much I can expect to pay. If your company no longer owns the rights, can you please provide me with the e-mail address or phone number of the person or company who does?

Thank you, and I look forward to your response.

Chester M. Gleason

1월 6일

Debonair 출판사
1800번지 Dundee가
토론토, 온타리오주
M6J 1X7

관계자분께:

저는 지금까지 오랫동안 Brian Warburton의 작품의 열렬한 팬이었고, 그의 저서들은 수년간 제게 큰 영감이 되었습니다. 저는 제 소설 집필을 막 끝마쳤으며, [165]그의 Lost Sanctuary 시리즈의 세 번째이자 마지막 권인 *The Returning*의 두 행을 꼭 인용하고 싶습니다. 이 행들은 항상 제게 깊은 의미가 있었습니다. 그 때문에, 저는 그 인용구가 제목 및 헌정사 페이지 뒤에 있는, 제 소설의 첫머리에 나오기를 원합니다.

[166]저는 인용구를 사용하기 위한 허가를 받는 방법에 대해 확실히는 알지 못합니다. 제가 가진 Mr. Warburton의 책을 확인해보았고, 그것이 인쇄된 해에 귀사가 저작권자였다는 것을 알게 되었습니다. 귀사가 여전히 저작권을 가지고 있다면, 제가 인용구를 사용해도 될지 알려주시겠습니까? 만약 그래도 된다면, [167]어떻게 진행하면 되는지와 제가 얼마를 낼 것으로 예상하면 될지 알려주십시오. 만약 귀사가 더 이상 저작권을 가지고 있지 않다면, 저작권을 가지고 있는 사람 또는 회사의 이메일 주소나 전화번호를 주실 수 있으십니까?

감사드리며, 답변을 기다리겠습니다.

Chester M. Gleason 드림

어휘 □ **inspiration** n. 영감, 고무, 격려 　 □ **quote** v. 인용하다, 예로 들다 　 □ **quotation** n. 인용구, 인용
　　 □ **beginning** n. 첫머리, 시작 　 □ **dedication** n. 헌정사, 헌신, 전념 　 □ **copyright owner** phr. 저작권자
　　 □ **proceed** v. 진행하다

165

What is implied about Mr. Warburton?

(A) He transferred his copyright to a family member.
(B) He will be acknowledged on a dedication page.
(C) He began writing three decades ago.
(D) He wrote a set of three books.

Mr. Warburton에 대해 암시되는 것은?

(A) 그의 저작권을 가족 구성원에게 양도했다.
(B) 헌정사 페이지에서 감사를 받을 것이다.
(C) 30년 전에 집필을 시작했다.
(D) 세 권이 한 세트인 책을 썼다.

■ **추론** 세부 정보

정답 (D)

질문의 핵심 어구인 Mr. Warburton에 대해 추론하는 문제이다. 'The Returning, the third and final book of his Lost Sanctuary series'에서 *The Returning*이 그, 즉 Mr. Warburton의 Lost Sanctuary 시리즈의 세 번째이자 마지막 권이라고 했으므로 Mr. Warburton의 Lost Sanctuary가 세 권으로 구성된 시리즈라는 사실을 추론할 수 있다. 따라서 (D)가 정답이다.

어휘 **transfer** v. 양도하다, 넘겨주다, 이동하다 　 **acknowledge** v. 감사하다, 인정하다

166
○○●○
8

What does Mr. Gleason say he is uncertain about?

(A) Where a first edition was published
(B) Whether he will have to pay a penalty
(C) How to obtain approval for a request
(D) Who will be editing a novel

Mr. Gleason은 무엇에 대해 잘 모른다고 말하는가?

(A) 초판이 어디에서 인쇄되었는지
(B) 그가 벌금을 내야 할 것인지
(C) 요청에 대한 승인을 어떻게 받는지
(D) 누가 소설을 편집할 것인지

■ **육하원칙** What   정답 (C)

Mr. Gleason이 무엇(What)에 대해 잘 모른다고 말하는지를 묻는 육하원칙 문제이다. 질문의 핵심 어구인 Mr. Gleason say he is uncertain about과 관련하여, 'I am not entirely sure how to get permission to use the quotation.'에서 인용구를 사용하기 위한 허가를 받는 방법에 대해 확실히는 알지 못한다고 했으므로 (C)가 정답이다.

바꾸어 표현하기
uncertain 잘 모르는 → not entirely sure 확실히 알지 못하는
get permission 허가를 받다 → obtain approval 승인을 받다

어휘   uncertain adj. 잘 모르는 first edition phr. 초판 penalty n. 벌금, 벌칙, 페널티 approval n. 승인 edit v. 편집하다, 수정하다

167
○○●○
8

What information does Mr. Gleason ask Debonair Publishing to provide?

(A) The location of a bookstore
(B) A printing cost estimate
(C) A postal address
(D) The amount of a fee

Mr. Gleason은 Debonair 출판사에 어떤 정보를 제공해 달라고 요청하는가?

(A) 서점의 위치
(B) 인쇄 견적
(C) 우편 주소
(D) 요금의 액수

■ **육하원칙** What   정답 (D)

Mr. Gleason이 Debonair 출판사에 어떤(What) 정보를 제공해 달라고 요청하는지를 묻는 육하원칙 문제이다. 질문의 핵심 어구인 Mr. Gleason ask Debonair Publishing to provide와 관련하여, 'please inform me of ~ how much I can expect to pay'에서 얼마를 낼 것으로 예상하면 될지 알려달라고 했으므로 (D)가 정답이다.

바꾸어 표현하기
how much ~ to pay 얼마를 낼 것인지 → The amount of a fee 요금의 액수

어휘   cost estimate phr. 견적 postal address phr. 우편 주소 amount n. 액수, 총액

Restoration Efforts Begin

By Mary Harding

Roughly 50 years ago, the city of Western Point constructed an elaborate memorial park to remember one of its early residents, Lester Muller. [168]Mr. Muller was a wealthy industrialist who opened the first factories here. — [1] —. The park, with its famous clock tower, has become a popular destination for visitors, bringing in over 20,000 people annually.

Over the years, however, the park has suffered from maintenance issues. — [2] —. The clock in the tower no longer works, and the building's interior paint has faded. Consequently, the committee that oversees the park's operations has decided to close the tower for a two-month restoration. It has hired a team of experts from HC Architects. The team includes [169-B/171]Sam Hunt, who has worked on similar restoration projects such as the Rosenberg Monument in Washington, DC. — [3] —. Over the next two months, he will supervise the necessary repairs.

[170-B/D]During this time, the adjacent sculpture garden and other sections of the park will remain freely accessible to the public. — [4] —. Opening hours are from Tuesday to Sunday, 8 a.m. to 7 p.m. The clock tower's repairs should be completed by October 1.

복구 활동을 시작하다

Mary Harding 작성

대략 50년 전, Wester Point시는 초기 주민들 중 한 명인 Lester Muller를 기억하기 위해 공들인 기념 공원을 건설했다. [168]Mr. Muller는 이곳에서 첫 번째 공장을 열었던 부유한 자본가였다. — [1] —. 유명한 시계탑이 있는 이 공원은 연간 2만 명이 넘는 사람들을 유입시키면서, 방문객들에게 인기 있는 행선지가 되었다.

하지만, 몇 년 동안, 그 공원은 유지 보수 문제로 고통받아 왔다. — [2] —. 탑의 시계는 더 이상 작동하지 않고, 건물 내부 페인트가 바랬다. 결과적으로, 그 공원의 운영을 감독하는 위원회는 두 달간의 복구를 위해 그 탑을 폐쇄하기로 결정했다. 위원회는 HC 건설사의 전문가 팀을 고용했다. 그 팀은 [169-B/171]Sam Hunt를 포함하는데, 그는 워싱턴 DC의 Rosenberg 기념비와 같은 유사한 복원 프로젝트를 작업한 적이 있다. — [3] —. 다음 두 달 동안, 그가 필요한 수리를 감독할 것이다.

[170-B/D]이 기간 동안, 인접한 조각 정원과 공원의 다른 구역들은 대중에게 계속 자유롭게 이용 가능할 것이다. — [4] —. 개장 시간은 화요일부터 일요일, 오전 8시부터 오후 7시까지이다. 시계탑의 수리는 10월 1일까지 완료되어야 한다.

어휘　□ restoration n. 복구, 복원　　□ construct v. 건설하다　　□ elaborate adj. 공들인, 정교한
　　□ memorial adj. 기념의　　□ early adj. 초기의, 이른　　□ resident n. 주민, 거주자
　　□ industrialist n. 자본가, 경영주　　□ suffer v. 고통받다, 시달리다　　□ maintenance n. 유지 보수, 보존
　　□ fade v. 바래다, 희미해지다　　□ oversee v. 감독하다　　□ expert n. 전문가
　　□ monument n. 기념비　　□ supervise v. 감독하다, 관리하다　　□ adjacent adj. 인접한, 가까운
　　□ accessible adj. 이용 가능한

168

According to the article, what did Mr. Muller do?

(A) Founded some plants
(B) Wrote a famous poem
(C) Served as a mayor
(D) Constructed a clock tower

기사에 따르면, Mr. Muller는 무엇을 했는가?

(A) 몇몇 공장을 설립했다
(B) 유명한 시를 썼다
(C) 시장의 역할을 했다
(D) 시계탑을 건설했다

■ 육하원칙 What　　　　　　　　　　　　　　　　　　　　　　　　　　　　　　　정답 (A)

기사에 따르면 Mr. Muller가 무엇(what)을 했는지를 묻는 육하원칙 문제이다. 질문의 핵심 어구인 Mr. Muller do와 관련하여, 'Mr. Muller was a wealthy industrialist who opened the first factories here.'에서 Mr. Muller가 이곳, 즉 Wester Point시에서 첫 번째 공장을 열었던 부유한 자본가였다고 했으므로 (A)가 정답이다.

바꾸어 표현하기
opened the ~ factories 공장을 열었다 → Founded some plants 몇몇 공장을 설립했다

어휘　found v. 설립하다　plant n. 공장　poem n. 시, 운문　serve as phr. ~의 역할을 하다

169

○○○
●●●
∞

What is mentioned about Mr. Hunt?

(A) He is the director of a memorial park.
(B) He helped repair other sites.
(C) He pioneered a new restoration technique.
(D) He is an employee at the Rosenberg Monument.

Mr. Hunt에 대해 언급된 것은?

(A) 기념 공원의 책임자이다.
(B) 다른 장소들을 보수하는 것을 도왔다.
(C) 새로운 복원 기술을 개척했다.
(D) Rosenberg 기념비의 직원이다.

■ **Not/True** True 문제   정답 (B)

질문의 핵심 어구인 Mr. Hunt와 관련된 내용을 지문에서 찾아 각 보기와 대조하는 Not/True 문제이다. (A), (C), (D)는 지문에 언급되지 않은 내용이다. (B)는 'Sam Hunt, who has worked on similar restoration projects such as the Rosenberg Monument in Washington, DC'에서 Sam Hunt가 워싱턴 DC의 Rosenberg 기념비와 같은 유사한 복원 프로젝트를 작업한 적이 있다고 했으므로 지문의 내용과 일치한다. 따라서 (B)가 정답이다.

바꾸어 표현하기
has worked on ~ restoration projects 복원 프로젝트를 작업했다 → helped repair 보수하는 것을 도왔다

어휘   pioneer v. 개척하다, 선도하다

170

○○○
●●●
∞

What is true about the sculpture garden?

(A) It is situated across from the park entrance.
(B) It will be closed for two months.
(C) It is only open for part of the year.
(D) It offers access to all visitors.

조각 정원에 대해 사실인 것은?

(A) 공원 입구 건너편에 위치해 있다.
(B) 두 달 동안 문을 닫을 것이다.
(C) 일 년 중 일부 동안만 연다.
(D) 모든 방문객들에게 입장을 제공한다.

■ **Not/True** True 문제   정답 (D)

질문의 핵심 어구인 the sculpture garden과 관련된 내용을 지문에서 찾아 각 보기와 대조하는 Not/True 문제이다. (A)와 (C)는 지문에 언급되지 않은 내용이다. (B)는 'During this time, the ~ sculpture garden ~ will remain freely accessible ~.'에서 이 기간, 즉 탑이 수리되는 기간인 다음 두 달 동안, 조각 정원은 계속 자유롭게 이용 가능할 것이라고 했으므로 지문의 내용과 일치하지 않는다. (D)는 'During this time, the ~ sculpture garden ~ will remain freely accessible to the public.'에서 조각 정원은 대중들에게 계속 자유롭게 이용 가능할 것이라고 했으므로 지문의 내용과 일치한다. 따라서 (D)가 정답이다.

바꾸어 표현하기
remain freely accessible to the public 대중들에게 계속 자유롭게 이용 가능하다 → offers access to all visitors 모든 방문객들에게 입장을 제공하다

어휘   situate v. 위치시키다, 두다   entrance n. (출)입구   access n. 입장, 접근

171

○○○
●●●
∞

In which of the positions marked [1], [2], [3], and [4] does the following sentence best belong?

"He is among the top professionals in the field."

(A) [1]
(B) [2]
(C) [3]
(D) [4]

[1], [2], [3], [4]로 표시된 위치 중, 다음 문장이 들어갈 곳으로 가장 적절한 것은?

"그는 이 분야에서 최고의 전문가들 중 한 명이다."

(A) [1]
(B) [2]
(C) [3]
(D) [4]

■ **문장 위치 찾기**   정답 (C)

지문의 흐름상 주어진 문장이 들어가기에 가장 적절한 곳을 고르는 문제이다. 주어진 문장에서 그가 이 분야에서 최고의 전문가들 중 한 명이라고 했으므로, 이 문장이 그, 즉 Sam Hunt를 소개하는 부분에 들어가야 함을 알 수 있다. [3]의 앞 문장인 'Sam Hunt, who has worked on similar restoration projects such as the Rosenberg Monument in Washington, DC'에서 Sam Hunt가 워싱턴 DC의 Rosenberg 기념비와 같은 유사한 복원 프로젝트를 작업한 적이 있다고 했으므로 [3]에 제시된 문장이 들어가면 Sam Hunt가 유사한 복원 프로젝트를 작업했으며 그가 이 분야에서 최고의 전문가들 중 한 명이라는 자연스러운 문맥이 된다는 것을 알 수 있다. 따라서 (C)가 정답이다.

Andrew Marks [5:09 P.M.]
So, following up on our meeting, 172I think Ms. Foster from GDE Motors is ready to conclude negotiations. 172/174She wants to meet with Mr. Mueller next week to work out the terms of a contract.

Robert Crane [5:11 P.M.]
Won't Mr. Mueller be on a business trip to New Zealand next week?

Allison West [5:12 P.M.]
Right. 174He won't be here next week. 173Why don't we schedule an appointment for Ms. Foster with Deanna Lane?

Andrew Marks [5:13 P.M.]
She already has a very heavy workload. I don't think she has time for the appointment.

Robert Crane [5:15 P.M.]
174Could we ask Mr. Mueller to do a videoconference from New Zealand?

Allison West [5:16 P.M.]
That could work. And 174I don't think the client would mind doing that.

Andrew Marks [5:18 P.M.]
175I'll go talk with Mr. Mueller right now and find out if he'd be willing to do that. If so, you can arrange a date and time with Ms. Foster, Allison.

Allison West [5:19 P.M.]
No problem. I'll wait until I hear from you.

Andrew Marks [오후 5시 9분]
자, 회의에 대한 후속 조치를 취하자면, 172GDE Motors사의 Ms. Foster가 협상을 맺을 준비가 된 것 같네요. 172/174그녀는 다음 주에 계약 조건을 논의하기 위해 Mr. Mueller와 만나고 싶어 해요.

Robert Crane [오후 5시 11분]
Mr. Mueller는 다음 주에 뉴질랜드로 출장 가지 않나요?

Allison West [오후 5시 12분]
맞아요. 174그는 다음 주에 여기에 없을 거예요. 173Ms. Foster와의 약속을 Deanna Lane과 잡는 것은 어때요?

Andrew Marks [오후 5시 13분]
그녀는 이미 업무가 매우 많아요. 약속을 위한 시간이 없을 거예요.

Robert Crane [오후 5시 15분]
174Mr. Mueller에게 뉴질랜드에서 화상 회의를 해달라고 요청할 수 있을까요?

Allison West [오후 5시 16분]
가능할 수 있겠네요. 그리고 174고객이 그렇게 하는 것을 꺼려할 것 같지 않아요.

Andrew Marks [오후 5시 18분]
175지금 바로 가서 Mr. Mueller와 이야기해보고 그가 그렇게 할 의향이 있는지 알아볼게요. Allison, 만약 그렇다면, 당신이 Ms. Foster와 일시를 정할 수 있을 거예요.

Allison West [오후 5시 19분]
문제없어요. 당신에게서 연락이 올 때까지 기다릴게요.

어휘 □ **terms** n. 조건 □ **contract** n. 계약, 계약서 □ **workload** n. 업무(량)
□ **videoconference** n. 화상 회의 □ **mind** v. 꺼리다, 신경 쓰다 □ **arrange** v. 정하다, 준비하다

172

What does Ms. Foster want to do?

(A) Reschedule an executive meeting
(B) Finalize an agreement
(C) Renew a contract
(D) Book a business trip

Ms. Foster는 무엇을 하고 싶어 하는가?

(A) 임원 회의의 일정을 다시 잡는다
(B) 계약을 마무리 짓는다
(C) 계약을 갱신한다
(D) 출장을 예약한다

■ 육하원칙 What 정답 (B)

Ms. Foster가 무엇(What)을 하고 싶어 하는지를 묻는 육하원칙 문제이다. 질문의 핵심 어구인 Ms. Foster want to do와 관련하여 'I think Ms. Foster from GDE Motors is ready to conclude negotiations. She wants to meet with Mr. Mueller next week to work out the terms of a contract.'에서 Andrew Marks가 GDE Motors사의 Ms. Foster가 협상을 맺을 준비가 된 것 같다고 한 후, 그녀는 다음 주에 계약 조건을 논의하기 위해 Mr. Mueller와 만나고 싶어 한다고 했으므로 (B)가 정답이다.

바꾸어 표현하기
conclude negotiations 협상을 맺다 → Finalize an agreement 계약을 마무리 짓다

어휘 executive n. 임원, 간부 finalize v. 마무리 짓다 renew v. 갱신하다

What does Ms. West recommend?	Ms. West는 무엇을 추천하는가?
(A) Sending Mr. Mueller on a business trip	(A) Mr. Mueller를 출장 보내는 것
(B) Booking a facility for an appointment	(B) 약속을 위한 시설을 예약하는 것
(C) Buying some new equipment	(C) 새로운 장비를 사는 것
(D) Having Ms. Lane meet with a client	(D) Ms. Lane을 고객과 만나게 하는 것

■ 육하원칙 What   정답 (D)

Ms. West가 무엇(What)을 추천하는지를 묻는 육하원칙 문제이다. 질문의 핵심 어구인 Ms. West recommend와 관련하여 'Why don't we schedule an appointment for Ms. Foster with Deanna Lane?'에서 Ms. West가 Ms. Foster와의 약속을 Deanna Lane과 잡는 것이 어떤지 물었으므로, Ms. West는 Ms. Lane이 고객인 Ms. Foster와 만나게 하는 것을 추천하고 있음을 알 수 있다. 따라서 (D)가 정답이다.

어휘   facility n. 시설   equipment n. 장비

At 5:16 P.M., what does Ms. West mean when she writes, "That could work"?	오후 5시 16분에, Ms. West가 "That could work"라고 썼을 때 그녀가 의도한 것은?
(A) She thinks a client will agree to contract terms.	(A) 고객이 계약 조건에 동의할 것으로 생각한다.
(B) She believes a videoconference may solve a problem.	(B) 화상 회의가 문제를 해결할 수 있을 것으로 생각한다.
(C) She agrees that Ms. Lane can take some time off.	(C) Ms. Lane이 휴식을 좀 가져도 된다는 것에 동의한다.
(D) She wants Mr. Mueller to postpone a trip.	(D) Mr. Mueller가 출장을 연기하기를 원한다.

■ 의도 파악   정답 (B)

Ms. West가 의도한 것을 묻는 문제이므로 질문의 인용어구(That could work)가 언급된 주변 문맥을 파악한다. 'She wants to meet with Mr. Mueller next week ~.'에서 Andrew Marks가 그녀, 즉 Ms. Foster가 Mr. Mueller와 만나고 싶어 한다고 하자, Ms. West가 'He won't be here next week.'에서 그는 다음 주에 여기에 없을 것이라고 했고, Robert Crane이 'Could we ask Mr. Mueller to do a videoconference ~?'에서 Mr. Mueller에게 화상 회의를 해달라고 요청할 수 있을지 묻자, Ms. West가 'That could work.'(가능할 수 있겠네요)라며 'I don't think the client would mind doing that'에서 고객이 그렇게 하는 것을 꺼려할 것 같지 않다고 했으므로, Ms. West는 Mr. Mueller가 다음 주에 여기에 없어서 Ms. Foster를 만날 수 없다는 문제를 화상 회의가 해결할 수 있을 것으로 생각한다는 것을 알 수 있다. 따라서 (B)가 정답이다.

어휘   solve v. 해결하다   take some time off phr. 휴식을 갖다   postpone v. 연기하다

What will Mr. Marks do next?	Mr. Marks는 다음에 무엇을 할 것인가?
(A) Prepare a meeting agenda	(A) 회의 안건을 준비한다
(B) Send an e-mail to a client	(B) 고객에게 이메일을 보낸다
(C) Speak with a colleague	(C) 동료와 이야기한다
(D) Change a reservation	(D) 예약을 변경한다

■ 육하원칙 What   정답 (C)

Mr. Marks가 다음에 무엇(What)을 할 것인지를 묻는 육하원칙 문제이다. 질문의 핵심 어구인 Mr. Marks do next와 관련하여, 'I'll go talk with Mr. Mueller right now and find out if he'd be willing to do that.'에서 지금 바로 가서 Mr. Mueller와 이야기해보고 그가 그렇게 할, 즉 Ms. Foster와 화상 회의를 할 의향이 있는지 알아보겠다고 했으므로 (C)가 정답이다.

어휘   agenda n. 안건

지문 1

www.reviews.com/refrigerators00071

ColdPro 2000 by Kitchen-Max
[178]Reviewed by Roger Ling on January 5

[176]The ColdPro 2000 refrigerator is top-notch, like all of Kitchen-Max's appliances. In the second version of the ColdPro, [177]the company has kept the same stainless steel, contemporary design that matches well with most kitchens. [179]It has several extra functions, including a convenient water dispenser.

However, one major weakness of this model is the placement of the water filter. It is hidden behind a shelf, making it difficult to change. According to the user manual, the filter should be replaced every three months, which could become burdensome for owners.

Overall, this is a great refrigerator, though it is relatively expensive. But Kitchen-Max announced at a press conference in December that [178]it will introduce the next model in its refrigerator line this coming February. I'd suggest holding off until then, as the price of the ColdPro 2000 is expected to be lowered at that time.

www.reviews.com/refrigerators00071

Kitchen-Max사의 ColdPro 2000
[178]1월 5일에 Roger Ling에 의해 평가됨

[176]ColdPro 2000 냉장고는 Kitchen-Max사의 모든 가전제품과 마찬가지로, 최고급입니다. ColdPro의 두 번째 버전에서, [177]그 회사는 대부분의 주방과 잘 어울리는 현대적인 디자인인 스테인리스를 그대로 유지했습니다. [179]그것은 편리한 냉수기를 포함하여, 몇 가지 추가 기능을 가지고 있습니다.

하지만, 이 모델의 한 가지 큰 단점은 정수 필터의 배치입니다. 그것은 선반 뒤에 숨겨져 있는데, 이는 교체를 어렵게 만듭니다. 사용자 설명서에 따르면, 필터는 3개월마다 교체되어야 하는데, 이는 소유자들에게 부담이 될 수 있습니다.

전반적으로, 이것은 아주 좋은 냉장고지만, 비교적 비쌉니다. 하지만 Kitchen-Max사는 12월에 있었던 기자 회견에서 [178]다가오는 2월에 냉장고 라인의 다음 모델을 소개할 것이라고 발표했습니다. 그때 ColdPro 2000의 가격이 낮아질 것으로 예상되기 때문에, 저는 그때까지 결정을 보류하는 것을 추천합니다.

지문 2

The Future of Appliances: Kitchen-Max's ColdPro 3000 Refrigerator!

[180]Kitchen-Max is proud to introduce its newest state-of-the-art refrigerator, the ColdPro 3000. [179]The appliance has all the useful functions of our previous model, the ColdPro 2000, and also includes an ice-making feature and temperature-controlled storage drawers for produce.

Find out more about this innovative appliance by visiting www.kitchenmax.com/refrigerators. [180]The ColdPro 3000 will be available starting February 25 at a retailer near you! Find a list of locations where Kitchen-Max products are sold by visiting our Web site.

가전제품의 미래: Kitchen-Max사의 ColdPro 3000 냉장고!

[180]Kitchen-Max사는 최첨단 기술을 사용한 최신 냉장고 ColdPro 3000을 소개하게 되어 자랑스럽습니다. [179]이 가전제품은 저희의 이전 모델인 ColdPro 2000의 모든 유용한 기능을 가지고 있으며, 얼음 제조 기능 및 농산물을 위한 온도 조절 보관함도 포함합니다.

www.kitchenmax.com/refrigerators를 방문하셔서 이 혁신적인 가전제품에 대해 더 많은 것을 알아보세요. [180]ColdPro 3000은 2월 25일부터 여러분 근처의 소매점에서 구매할 수 있습니다! 저희 웹사이트에 방문하셔서 Kitchen-Max사 제품이 판매되는 지점 목록을 확인하세요.

지문 1 □ top-notch adj. 최고급의	□ appliance n. 가전제품, 기기	□ contemporary adj. 현대적인, 동시대의
□ match with phr. ~과 어울리다	□ extra adj. 추가의	□ convenient adj. 편리한
□ weakness n. 단점, 나약함	□ placement n. 배치, 설치	□ burdensome adj. 부담이 되는, 어려운
□ overall adv. 전반적으로	□ press conference phr. 기자 회견	□ hold off phr. (결정·행동 등을) 보류하다
□ lower v. 낮추다, 낮아지다		
지문 2 □ state-of-the-art adj. 최첨단 기술을 사용한	□ previous adj. 이전의	□ produce n. 농산물
□ innovative adj. 혁신적인, 획기적		

176

What is suggested about Kitchen-Max?

(A) It only sells refrigerators.
(B) It is merging with another manufacturer.
(C) It produces high quality appliances.
(D) It held a press conference in February.

Kitchen-Max사에 대해 암시되는 것은?

(A) 냉장고만 판매한다.
(B) 다른 제조업체와 합병하는 중이다.
(C) 고품질의 가전제품을 만든다.
(D) 2월에 기자 회견을 열었다.

■ **추론** 세부 정보　　　　　　　　　　　　　　　　　　　　　　정답 (C)

질문의 핵심 어구인 Kitchen-Max에 대해 추론하는 문제이므로 Kitchen-Max가 언급된 첫 번째 지문인 제품 후기에서 관련 내용을 확인한다. 제품 후기의 'The ColdPro 2000 refrigerator is top-notch, like all of Kitchen-Max's appliances.'에서 ColdPro 2000 냉장고는 Kitchen-Max사의 모든 가전제품과 마찬가지로 최고급이라고 했으므로 Kitchen-Max사가 고품질의 가전제품을 만든다는 사실을 추론할 수 있다. 따라서 (C)가 정답이다.

바꾸어 표현하기
top-notch 최고급의 → high quality 고품질의

어휘　merge with　phr. ~과 합병하다

177

According to the product review, what is a feature of the ColdPro 2000?

(A) It comes in various colors.
(B) It has a modern look.
(C) It is relatively lightweight.
(D) It has customizable settings.

제품 후기에 따르면, ColdPro 2000의 특징은 무엇인가?

(A) 다양한 색상으로 나온다.
(B) 현대적인 외관을 가지고 있다.
(C) 비교적 가볍다.
(D) 사용자화 가능한 설정을 가지고 있다.

■ **육하원칙** What　　　　　　　　　　　　　　　　　　　　　　정답 (B)

제품 후기에 따르면 ColdPro 2000의 특징이 무엇(what)인지를 묻는 육하원칙 문제이므로 첫 번째 지문인 제품 후기에서 관련 내용을 확인한다. 제품 후기의 'the company has kept ~ contemporary design'에서 회사가 현대적인 디자인을 유지했다고 했으므로 (B)가 정답이다.

바꾸어 표현하기
kept ~ contemporary design 현대적인 디자인을 유지했다 → has a modern look 현대적인 외관을 가지고 있다

어휘　modern　adj. 현대적인, 현대의　look　n. 외관, 모양　lightweight　adj. 가벼운, 경량의　setting　n. 설정

178

What does Mr. Ling recommend?

(A) Attending a promotional event
(B) Looking at different brands
(C) Waiting until next month
(D) Contacting a manufacturer

Mr. Ling은 무엇을 추천하는가?

(A) 판촉 행사에 참석하는 것
(B) 다른 브랜드를 살펴보는 것
(C) 다음 달까지 기다리는 것
(D) 제조업체에 연락하는 것

■ **육하원칙** What　　　　　　　　　　　　　　　　　　　　　　정답 (C)

Mr. Ling이 무엇(What)을 추천하는지를 묻는 육하원칙 문제이므로 질문의 핵심 어구인 Mr. Ling이 작성한 첫 번째 지문인 제품 후기에서 관련 내용을 확인한다. 'Reviewed by Roger Ling on January 5'에서 Mr. Ling이 1월 5일에 제품 후기를 작성했음을 알 수 있고, 'it will introduce the next model in its refrigerator line this coming February. I'd suggest holding off until then'에서 그것, 즉 Kitchen-Max 사가 다가오는 2월에 냉장고 라인의 다음 모델을 소개할 것이며, 그때까지 결정을 보류하는 것을 추천한다고 했으므로 (C)가 정답이다.

바꾸어 표현하기
recommend 추천하다 → suggest 추천하다
holding off 결정을 보류하는 것 → waiting 기다리는 것

어휘　look at　phr. ~을 살펴보다, ~에 대해 고려하다

179

What do the ColdPro 2000 and ColdPro 3000 have in common?

(A) They have permanent water filters.
(B) They contain a water dispenser.
(C) They include an ice-making function.
(D) They feature temperature-controlled drawers.

ColdPro 2000과 ColdPro 3000의 공통점은 무엇인가?

(A) 영구적인 정수 필터를 가지고 있다.
(B) 냉수기를 포함한다.
(C) 얼음 제조 기능을 포함한다.
(D) 온도 조절 보관함을 특징으로 한다.

■ **육하원칙** 연계 문제　　　　　　　　　　　　　　　　　　　　　　　　　　　　　　　　　　　　정답 (B)

두 지문의 내용을 종합해서 풀어야 하는 연계 문제이다. 질문의 핵심 어구인 the ColdPro 2000 and ColdPro 3000 have in common에서 ColdPro 2000과 ColdPro 3000의 공통점이 무엇(What)인지를 묻고 있으므로 ColdPro 2000과 ColdPro 3000이 모두 언급된 광고를 먼저 확인한다.

단서 1 두 번째 지문(광고)의 'The appliance has all the useful functions of our previous model, the ColdPro 2000'에서 이 가전제품, 즉 ColdPro 3000이 이전 모델인 ColdPro 2000의 모든 유용한 기능을 가지고 했다. 그런데 ColdPro 2000의 기능이 무엇인지 제시되지 않았으므로 제품 후기에서 관련 내용을 확인한다.

단서 2 첫 번째 지문(제품 후기)의 'It has ~ a convenient water dispenser.'에서 ColdPro 2000이 편리한 냉수기를 가지고 있음을 확인할 수 있다.

두 단서를 종합할 때, ColdPro 2000과 ColdPro 3000이 공통적으로 냉수기를 포함함을 알 수 있다. 따라서 (B)가 정답이다.

어휘　have in common phr. ~이 공통점이다, 공통으로 ~을 가지다　permanent adj. 영구적인, 영속적인

180

What will happen on February 25?

(A) A company will announce a new branch location.
(B) Some vouchers will be distributed by a retailer.
(C) A recall will be issued for a refrigerator model.
(D) Customers will be able to purchase a new appliance model.

2월 25일에는 무슨 일이 일어날 것인가?

(A) 회사가 신규 지점의 위치를 발표할 것이다.
(B) 할인권들이 소매점에 의해 배부될 것이다.
(C) 냉장고 모델에 대한 회수가 공표될 것이다.
(D) 고객들은 새로운 가전제품 모델을 구매할 수 있을 것이다.

■ **육하원칙** What　　　　　　　　　　　　　　　　　　　　　　　　　　　　　　　　　　　　　정답 (D)

2월 25일에 무슨(What) 일이 일어날 것인지를 묻는 육하원칙 문제이므로 질문의 핵심 어구인 February 25가 언급된 두 번째 지문인 광고에서 관련 내용을 확인한다. 광고의 'Kitchen-Max is proud to introduce its newest ~ refrigerator, the ColdPro 3000.'에서 Kitchen-Max 사는 최신 냉장고 ColdPro 3000을 소개하게 되어 자랑스럽다고 했고, 'The ColdPro 3000 will be available starting February 25 at a retailer near you!'에서 ColdPro 3000이 2월 25일부터 여러분, 즉 고객들 근처의 소매점에서 구매할 수 있다고 했으므로 (D)가 정답이다.

바꾸어 표현하기

available 구매할 수 있는 → able to purchase 구매할 수 있는

어휘　voucher n. 할인권, 상품권, 쿠폰　distribute v. 배부하다, 나누어주다　recall n. 회수, 리콜　issue v. 공표하다

Questions 181-185 refer to the following letter and memo.

181-185는 다음 편지와 회람에 관한 문제입니다.

지문 1

Allen Realty
www.allenrealty.com

March 5

Michelle Simon
Simon Digital Consulting
5883 Dunn Road
Mableton, GA 30126

Dear Ms. Simon,

Congratulations! [182]The owner of the North Avenue office space—the only one in Atlanta that fully met your needs—has accepted your offer. [181]Please review the proposed contract enclosed with this letter. It has been modified to include the new terms you requested. Rent has been lowered by $220 a month, conditional on your agreement to occupy the space for three years beginning April 1. Additionally, [185]the owner will check the floor tiles and fix anything necessary before then. However, you will need to arrange the air cooling system on your own.

If you are satisfied, send a signed copy of the contract back to me. Otherwise, we can discuss matters further.

Sincerely,
Damien Horowitz
Property Consultant

Enclosure: Contract

Allen 부동산
www.allenrealty.com

3월 5일

Michelle Simon
Simon Digital 컨설팅사
5883번지 Dunn로
메이블턴, 조지아주 30126

Ms. Simon께,

축하드립니다! [182]애틀랜타에서 귀하의 요구를 완벽히 충족시킨 유일한 곳인 North가에 있는 사무실 소유주가 귀하의 제안을 수락했습니다. [181]이 편지에 동봉되어 있는 제시된 계약서를 검토해주십시오. 그것은 귀하께서 요청하신 신규 조항을 포함하도록 수정되었습니다. 임대료는 4월 1일부터 3년 동안 그 공간을 사용하겠다는 귀하의 합의를 조건으로 하여, 월 220달러로 내려졌습니다. 또한, [185]그 전에 소유주가 바닥 타일을 확인하고 필요한 모든 것을 설치할 것입니다. 하지만, 에어컨은 귀하께서 스스로 준비하셔야 할 것입니다.

만족하신다면, 제게 서명된 계약서의 사본을 다시 보내주십시오. 만약 그렇지 않으시다면, 저희는 사안에 대해 더 논의할 수 있습니다.

Damien Horowitz 드림
부동산 컨설턴트

동봉물: 계약서

지문 2

Simon Digital Consulting
MEMO

To: All staff
From: Michelle Simon
Subject: Move
Date: March 7

I have good news. [182]Mr. Horowitz, our realtor, has helped us rent the office in Atlanta that meets all our requirements. We will be moving into our new office next month. As I said before, [184]this change will allow us to be closer to existing clients, pursue new business opportunities, and accommodate additional staff members. I am positive that all of you will be pleased. [182]There is a train station just five minutes away on foot and several restaurants in the area.

[185]Most things in the new office are being taken care of by the owner, but some essential appliances are not provided. So, before the sales team's equipment and office furniture are moved into the new space on April 2, [185]we will have those appliances set up on April 1. The sales staff will begin working in the new space on April 3. The administration and accounting teams will begin doing so on April 15. The

Simon Digital 컨설팅사
회람

수신: 전 직원
발신: Michelle Simon
제목: 이동
날짜: 3월 7일

좋은 소식이 있습니다. [182]우리의 부동산 중개인인 Mr. Horowitz가 우리의 요건을 모두 충족하는 애틀랜타의 사무실을 임대하도록 도와주었습니다. 우리는 다음 달에 새 사무실로 이동할 것입니다. 앞서 말씀드렸듯이, [184]이 변화는 우리가 기존 고객에게 더 가까워지고, 새로운 사업 기회를 추구하고, 추가 직원들을 수용하게 해줄 것입니다. 저는 여러분 모두가 만족할 것이라고 확신합니다. [182]걸어서 단 5분 기리에 기차역이 있으며 여러 식당이 그 시역에 있습니다.

[185]새 사무실에 있는 대부분의 것들은 소유주에 의해 관리되고 있지만, 몇몇 필수 가전제품은 제공되지 않습니다. 그래서, 4월 2일에 영업팀의 비품과 사무용 가구가 새로운 장소로 옮겨지기 전, [184]4월 1일에 그러한 가전제품들을 설치할 것입니다. 영업 직원들은 4월 3일에 새로운 장소에서 일하기 시작할 것입니다. 경영 및 회계팀들은 4월 15일에 그렇게

TEST 02 PART 7 **117**

production team will be last since their editing equipment cannot be installed until May 1. So, their move will take place on May 2.

하기 시작할 것입니다. 편집 장치는 5월 1일에야 설치될 것이므로 제작팀이 마지막이 될 것입니다. 따라서, 그들의 이동은 5월 2일에 이루어질 것입니다.

지문 1
□ enclosed adj. 동봉된, 둘러싸인
□ occupy v. 사용하다, 점유하다
□ on one's own phr. 스스로
□ enclosure n. 동봉물, 동봉된 것

□ modify v. 수정하다, 변경하다
□ conditional adj. ~을 조건으로 한, 조건부의
□ otherwise adv. (만약) 그렇지 않으면

□ rent n. 임대료, 집세
□ fix v. 설치하다, 수리하다
□ matter n. 사안, 일

지문 2
□ realtor n. 부동산 중개인
□ existing adj. 기존의, 현재 사용되는
□ take care of phr. ~을 관리하다, 책임지고 떠맡다
□ equipment n. 비품, 장치

□ rent v. ~을 임대하다
□ pursue v. 추구하다, 쫓다

□ requirement n. 요건
□ accommodate v. 수용하다, 공간을 제공하다
□ essential adj. 필수의

181
○○○●
8

What is the main purpose of the letter?

(A) To request changes to a contract
(B) To confirm the date of an appointment
(C) To present a revised agreement
(D) To welcome a newly hired executive

편지의 주 목적은 무엇인가?

(A) 계약에 대한 변경을 요청하기 위해
(B) 약속 날짜를 확정하기 위해
(C) 수정된 계약서를 제시하기 위해
(D) 새롭게 고용된 임원을 환영하기 위해

■ 주제/목적 찾기 글의 목적
정답 (C)

편지의 목적을 묻는 목적 찾기 문제이므로 첫 번째 지문인 편지를 확인한다. 편지의 'Please review the proposed contract enclosed with this letter. It has been modified to include the new terms you requested.'에서 편지에 동봉되어 있는 제시된 계약서를 검토해달라고 하며, 그것은 귀하, 즉 Ms. Simon이 요청한 신규 조항을 포함하도록 수정되었다고 했으므로 (C)가 정답이다.

바꾸어 표현하기
contract 계약서 → agreement 계약서
modified 수정된 → revised 수정된

어휘 confirm v. 확정하다 present v. 제시하다

182
○○○●
8

What is suggested about the office on North Avenue?

(A) It is located near a transportation stop.
(B) It has restaurants on the ground floor.
(C) It was constructed in the past month.
(D) It has been fully furnished by the owner.

North가에 있는 사무실에 대해 암시되는 것은?

(A) 정류장 근처에 있다.
(B) 1층에 식당이 있다.
(C) 지난달에 건설되었다.
(D) 소유주에 의해 내부가 완비되었다.

■ 추론 연계 문제
정답 (A)

두 지문의 내용을 종합적으로 확인한 후 추론해서 풀어야 하는 연계 문제이다. 질문의 핵심 어구인 the office on North Avenue와 관련된 내용이 언급된 편지를 먼저 확인한다.

단서 1 첫 번째 지문(편지)의 'The owner of the North Avenue office space—the only one in Atlanta that fully met your needs—has accepted your offer.'에서 애틀랜타에서 귀하, 즉 Ms. Simon의 요구를 완벽히 충족시킨 유일한 곳인 North가에 있는 사무실의 소유주가 제안을 수락했다고 했다. 그런데 North가에 있는 사무실에 대한 세부 사항이 제시되지 않았으므로 회람에서 관련 내용을 확인한다.

단서 2 두 번째 지문(회람)의 'Mr. Horowitz ~ has helped us rent the office in Atlanta that meets all our requirements.', 'There is a train station just five minutes away on foot'에서 요건을 모두 충족하는 애틀랜타의 사무실은 걸어서 5분 거리에 기차역이 있음을 확인할 수 있다.

두 단서를 종합할 때, Ms. Simon의 요구를 충족시킨 애틀랜타의 North가에 있는 사무실은 걸어서 5분 거리에 기차역이 있다는 사실을 추론할 수 있다. 따라서 (A)가 정답이다.

바꾸어 표현하기
a train station 기차역 → a transportation stop 정류장
five minutes away on foot 걸어서 5분 거리에 → located near 근처에 있는

어휘 ground floor phr. 1층 construct v. 건설하다 fully furnished phr. 내부가 완비된

183

In the memo, the word "positive" in paragraph 1, line 4, is closest in meaning to

(A) more than willing
(B) at full strength
(C) without doubt
(D) on good terms

회람에서, 1문단 네 번째 줄의 단어 "positive"는 의미상 ~와 가장 가깝다.

(A) 기꺼이 ~하는
(B) 힘껏
(C) 확실히
(D) 사이가 좋은

■ 동의어 　　　　　　　　　　　　　　　　　　　　　　　　　　　　　정답 (C)

두 번째 지문인 회람의 positive를 포함하는 구절 'I am positive that all of you will be pleased.'에서 positive가 '확신하는'이라는 뜻으로 사용되었다. 따라서 '확실히'라는 뜻을 가진 (C)가 정답이다.

184

According to the memo, how will Ms. Simon's company benefit from a move?

(A) Its employees will have more break rooms.
(B) It will be more accessible to clients.
(C) Its tax obligations will be reduced.
(D) It will be able to participate in more industry events.

회람에 따르면, Ms. Simon의 회사는 이동으로부터 어떻게 이득을 얻을 것인가?

(A) 직원들이 더 많은 휴게실을 가질 것이다.
(B) 고객들에게 더 접근하기 쉬울 것이다.
(C) 납세 의무가 줄어들 것이다.
(D) 더 많은 업계 행사에 참여할 수 있을 것이다.

■ 육하원칙 How 　　　　　　　　　　　　　　　　　　　　　　　　　정답 (B)

회람에 따르면 Ms. Simon의 회사가 이동으로부터 어떻게(how) 이점을 얻을 것인지를 묻는 육하원칙 문제이므로 두 번째 지문인 회람에서 관련 내용을 확인한다. 회람의 'this change will allow us to be closer to ~ clients'에서 이 변화, 즉 새 사무실로의 이동은 우리, 즉 Ms. Simon의 회사가 고객에게 더 가까워지게 해줄 것이라고 했으므로 (B)가 정답이다.

바꾸어 표현하기
closer to ~ clients 고객에게 더 가까운 → more accessible to clients 고객들에게 더 접근하기 쉬운

어휘　accessible adj. 접근하기 쉬운　tax obligation phr. 납세 의무

185

What will probably happen on April 1?

(A) Staff from the accounting team will be transferred.
(B) Air conditioning units will be installed.
(C) Sales staff will begin working in a new office space.
(D) Furniture and equipment will be relocated.

4월 1일에 무엇이 일어날 것 같은가?

(A) 회계팀 직원들이 이동될 것이다.
(B) 냉방 장치가 설치될 것이다.
(C) 영업 직원들이 새로운 사무실에서 일하기 시작할 것이다.
(D) 가구와 비품이 옮겨질 것이다.

■ 추론 연계 문제 　　　　　　　　　　　　　　　　　　　　　　　　　정답 (B)

두 지문의 내용을 종합적으로 확인한 후 추론해서 풀어야 하는 연계 문제이다. 질문의 핵심 어구인 April 1가 언급된 회람을 먼저 확인한다.

[단서 1] 두 번째 지문(회람)의 'Most things in the new office are being taken care of by the owner, but some essential appliances are not provided.', 'we will have those appliances set up on April 1'에서 새 사무실에 있는 대부분의 것들은 소유주에 의해 관리되고 있지만, 몇몇 필수 가전제품은 제공되지 않으며, 4월 1일에 그러한 가전제품들을 설치할 것이라고 했다. 그런데 제공되지 않는 필수 가전제품에 대한 세부 정보가 제시되지 않았으므로 편지에서 관련 내용을 확인한다.

[단서 2] 첫 번째 지문(편지)의 'the owner will ~ fix anything necessary before then. However, you will need to arrange the air cooling system on your own.'에서 소유주가 그 전에, 즉 4월 1일 전에 필요한 모든 것을 설치할 것이지만 에어컨은 스스로 준비해야 할 것이라고 했음을 확인할 수 있다.

두 단서를 종합할 때, 소유주에 의해 제공되지 않는 가전제품인 에어컨이 4월 1일에 설치될 것이라는 사실을 추론할 수 있다. 따라서 (B)가 정답이다.

어휘　transfer v. 이동하다, 전근 가도록 하다　unit n. 장치, 세트　relocate v. 옮기다, 이동하다

지문 1

To	Elsie McDaniel <emd333@weblively.com>
From	Wayne Sward <wsward@bluescreen.au>
Subject	Trip to Adelaide
Date	August 14
Attachment	Buxton classes

Dear Elsie,

186You mentioned last week that it would be great to take a cooking class together during our trip to Adelaide in September. I've followed up on this and found a culinary school that offers half-day sessions. It's called Buxton Cooking School, and it's just around the corner from our hotel.

They have four courses we could take, but given our schedule, 187we'll have to take a weekday class. I know you have Joel Denton's cookbook and are a big fan of his recipes. 187He's teaching one of the courses, so we could actually meet him in person.

I'm attaching a schedule for you from the Buxton Cooking School. Please check it and get back to me. I'll register for a class as soon as I hear back from you.

Best regards,

Wayne

수신	Elsie McDaniel <emd333@weblively.com>
발신	Wayne Sward <wsward@bluescreen.au>
제목	애들레이드로의 여행
날짜	8월 14일
첨부	Buxton 수업

Elsie께,

186지난주에 당신은 9월에 있을 우리의 애들레이드로의 여행 동안 요리 수업을 함께 들으면 좋을 것 같다고 말했죠. 제가 이것에 대해 알아봤는데 반나절의 수업을 제공하는 요리 학원을 찾았어요. Buxton 요리 학원이라는 곳이고, 우리 호텔에서 아주 가까워요.

거기에는 우리가 들을 수 있는 네 개의 수업이 있는데, 일정을 고려해볼 때, 187평일 수업을 들어야 할 것 같아요. 당신이 Joel Denton의 요리책을 가지고 있으며 그의 요리법을 매우 좋아한다는 것을 알고 있어요. 187그가 수업 중 하나를 가르치므로, 우리는 그를 실제로 직접 만날 수 있을 거예요.

당신을 위해 Buxton 요리 학원의 일정표를 첨부할게요. 확인하고 다시 연락해주세요. 당신에게 다시 연락을 받는 대로 수업을 예약할게요.

Wayne 드림

지문 2

Buxton Cooking School ⇨ Class Schedule for September

	8 A.M.-11 A.M.	1 P.M.-4 P.M.	4 P.M.-7 P.M.
Tuesday		Exploring Seafood (Sheila Ryer)	188-DUsing Vegetables (Martin Ames)
187Wednesday	187Baking Bread (Joel Denton)		188-DUsing Vegetables (Martin Ames)
Thursday		Exploring Seafood (Sheila Ryer)	
188-BFriday			188-BMaking Sauces (Marie Pierre)
188-BSaturday	Exploring Seafood (Sheila Ryer)	Baking Bread (Joel Denton)	188-BMaking Sauces (Marie Pierre)
Sunday	188-DUsing Vegetables (Martin Ames)		Baking Bread (Joel Denton)

Remarks:

☐ 188-CNo classes are held on Mondays.
☐ The minimum class size is 5; the maximum class size is 20.
☐ 190Morning classes include a visit to Pinkston Food Market, where a talk will be given.

Buxton 요리 학원 ⇨ 9월 수업 일정표

	오전 8시-오전 11시	오후 1시-오후 4시	오후 4시-오후 7시
화요일		해산물 탐험 (Sheila Ryer)	188-D채소 사용법 (Martin Ames)
187수요일	187제빵 (Joel Denton)		188-D채소 사용법 (Martin Ames)
목요일		해산물 탐험 (Sheila Ryer)	
188-B금요일			188-B소스 만들기 (Marie Pierre)
188-B토요일	해산물 탐험 (Sheila Ryer)	제빵 (Joel Denton)	188-B소스 만들기 (Marie Pierre)
일요일	188-D채소 사용법 (Martin Ames)		제빵 (Joel Denton)

주의:

☐ 188-C월요일에는 수업이 열리지 않습니다.
☐ 최소 수업 인원은 5명이며, 최대 수업 인원은 20명입니다.
☐ 190오전 수업은 Pinkston 식품 시장 방문을 포함하며, 그곳에서 설명이 주어질 것입니다.

지문 3

Attention Group Visitors to Pinkston Food Market

While Pinkston Food Market welcomes everyone—shoppers and browsers alike—some stall owners have recently complained about groups of five or more people blocking the aisles and preventing regular customers from gaining access. Thus, [189]stall owners have asked that tour group leaders and cooking class instructors keep their groups moving from one stall to the next. [190]Guides wishing to give short talks to their groups are kindly asked to do so in our food court. There are lots of seats and it is equipped to deal with high numbers of visitors. Also, attendees can try free samples of local specialties at the food court.

Pinkston 식품 시장의 단체 방문객들은 주목해주십시오

Pinkston 식품 시장은 쇼핑객들과 둘러보는 분들을 모두 환영하지만, 최근 몇몇 노점상들은 통로를 막으면서 일반 손님들의 접근을 방해하는 5명 이상의 단체에 대해 불평을 호소했습니다. 따라서, [189]노점상들은 단체 견학 인솔자들과 요리 수업 강사들에게 그들의 단체를 노점에서 다음 노점으로 계속 이동하게 해달라고 요청했습니다. [190]단체에게 간단한 설명을 해주길 원하는 지도자들은 부디 저희의 푸드 코트에서 해주시길 요청드립니다. 그곳에는 자리가 많으며 다수의 방문객들을 다룰 수 있도록 설비가 갖춰져 있습니다. 또한, 참가자들은 푸드 코트에서 지역 특산물을 무료로 시식해볼 수 있습니다.

지문 1	□ culinary adj. 요리의	□ just around the corner phr. 아주 가까운	□ given prep. ~을 고려해볼 때
	□ weekday n. 평일	□ in person phr. 직접	□ attach v. 첨부하다, 붙이다
지문 3	□ browser n. 둘러보는 사람	□ alike adv. 모두, 똑같이	□ stall n. 노점
	□ block v. 막다	□ aisle n. 통로	□ prevent v. 방해하다, 막다
	□ kindly adv. 부디	□ equip v. 설비를 갖추다, 준비하다	□ specialty n. 특산물

186

Why did Mr. Sward contact Ms. McDaniel?

(A) To provide an update about an activity
(B) To offer some alternative travel routes
(C) To ask about her level of cooking experience
(D) To list the benefits of moving to another city

Mr. Sward는 왜 Ms. McDaniel에게 연락했는가?

(A) 활동에 대한 최신 정보를 알려주기 위해
(B) 대안이 되는 여행 경로를 제공하기 위해
(C) 요리 경력 수준에 대해 문의하기 위해
(D) 다른 도시로 이사하는 것의 이점을 열거하기 위해

■ 주제/목적 찾기 글을 쓴 이유   정답 (A)

Mr. Sward가 Ms. McDaniel에게 연락한 이유를 묻는 목적 찾기 문제이므로 Mr. Sward가 작성한 첫 번째 지문인 이메일을 확인한다. 이메일의 'You mentioned ~ that it would be great to take a cooking class together during our trip to Adelaide ~. I've followed up on this and found a culinary school that offers half-day sessions.'에서 당신, 즉 Ms. McDaniel이 애들레이드로의 여행 동안 요리 수업을 함께 들으면 좋을 것 같다고 말했으며, 자신이 이것에 대해 알아봤는데 반나절의 수업을 제공하는 요리 학원을 찾았다고 한 후, 찾아낸 요리학원에 대한 세부 정보를 설명하고 있으므로 (A)가 정답이다.

어휘 alternative adj. 대안이 되는

187

When will Mr. Sward probably attend a class at Buxton Cooking School?

(A) On Tuesday
(B) On Wednesday
(C) On Thursday
(D) On Friday

Mr. Sward는 언제 Buxton 요리 학원의 수업에 참가할 것 같은가?

(A) 화요일에
(B) 수요일에
(C) 목요일에
(D) 금요일에

■ 추론 연계 문제   정답 (B)

세 지문 중 두 지문의 내용을 종합적으로 확인한 후 추론해서 풀어야 하는 연계 문제이다. 질문의 핵심 어구인 Mr. Sward ~ attend a class at Buxton Cooking School과 관련된 내용이 언급된 이메일을 먼저 확인한다.

단서 1 첫 번째 지문(이메일)의 'we'll have to take a weekday class', 'He's teaching one of the courses, so we could actually meet him in person.'에서 평일 수업을 들어야 할 것 같으며, 그, 즉 Joel Denton이 수업 중 하나를 가르치므로 그를 실제로 직접 만날 수 있을 것이라고 했다. 그런데 Joel Denton이 가르치는 평일 수업이 언제 열리는지 제시되지 않았으므로 일정표에서 관련 내용을 확인한다.

단서 2 두 번째 지문(일정표)의 'Wednesday', 'Baking Bread (Joel Denton)'에서 Joel Denton의 평일 제빵 수업이 수요일에 열린다는 사실을 확인할 수 있다.

두 단서를 종합할 때, Mr. Sward는 수요일에 열리는 Joel Denton의 제빵 수업에 참가할 것임을 추론할 수 있다. 따라서 (B)가 정답이다.

188
○○○○●
상

According to the schedule, what is true about Buxton Cooking School?

(A) It hosts a special session each month.
(B) It only offers sauce making classes on weekends.
(C) It is closed one day each week.
(D) Its class about vegetables is taught by multiple instructors.

일정표에 따르면, Buxton 요리 학원에 대해 사실인 것은?

(A) 매달 특별 수업을 연다.
(B) 소스 만들기 수업은 주말에만 제공한다.
(C) 매주 하루는 문을 닫는다.
(D) 채소 관련 수업은 다수의 강사들이 가르친다.

■ **Not/True** True 문제   정답 (C)

질문의 핵심 어구인 Buxton Cooking School과 관련된 내용을 일정표에서 찾아 각 보기와 대조하는 Not/True 문제이므로 두 번째 지문인 Buxton 요리 학원의 일정표를 확인한다. (A)는 지문에 언급되지 않은 내용이다. (B)는 'Friday', 'Saturday', 'Making Sauces'에서 소스 만들기 수업이 금요일과 토요일에 제공되는 것을 알 수 있으므로 지문의 내용과 일치하지 않는다. (C)는 'No classes are held on Mondays.'에서 월요일에는 수업이 열리지 않는다고 했으므로 지문의 내용과 일치한다. 따라서 (C)가 정답이다. (D)는 'Using Vegetables (Martin Ames)'에서 채소 사용법 수업은 Martin Ames만 가르치는 것을 알 수 있으므로 지문의 내용과 일치하지 않는다.

189
○○○○●
상

According to the notice, what did some stall owners request?

(A) That market aisles be widened
(B) That more seating be installed in a dining area
(C) That groups not stay too long in one spot
(D) That customers avoid touching fresh products

공고에 따르면, 몇몇 노점상들이 무엇을 요청했는가?

(A) 시장 통로를 넓히는 것
(B) 식사 공간에 더 많은 좌석이 설치되는 것
(C) 단체들이 한 장소에 너무 오래 머무르지 않는 것
(D) 손님들이 신선한 제품들을 만지지 않는 것

■ **육하원칙** What   정답 (C)

공고에 따르면 몇몇 노점상들이 무엇(what)을 요청했는지를 묻는 육하원칙 문제이므로 세 번째 지문인 공고에서 관련 내용을 확인한다. 공고의 'stall owners have asked that tour group leaders and cooking class instructors keep their groups moving from one stall to the next'에서 노점상들이 단체 견학 인솔자들과 요리 수업 강사들에게 그들의 단체를 노점에서 다음 노점으로 계속 이동하게 해달라고 요청했다고 했으므로 (C)가 정답이다.

바꾸어 표현하기
keep ~ moving from one stall to the next 노점에서 다음 노점으로 계속 이동하게 하다
→ not stay too long in one spot 한 장소에 너무 오래 머무르지 않다

어휘 widen v. 넓히다

190
○○○○●
상

What is suggested about students in Buxton Cooking School's morning classes?

(A) They will split up into groups of five during tours.
(B) They will be provided with complimentary meals.
(C) They will have to purchase their own ingredients.
(D) They will visit a food court in Pinkston Market.

Buxton 요리 학원의 오전 수업 수강생들에 대해 암시되는 것은?

(A) 견학 중 5명으로 이루어진 그룹으로 나누어질 것이다.
(B) 무료 식사를 제공받을 것이다.
(C) 개인 재료를 구매해야 할 것이다.
(D) Pinkston 시장에 있는 푸드 코트를 방문할 것이다.

■ **추론** 연계 문제   정답 (D)

세 지문 중 두 지문의 내용을 종합적으로 확인한 후 추론해서 풀어야 하는 연계 문제이다. 질문의 핵심 어구인 students in Buxton Cooking School's morning classes와 관련된 내용이 언급된 일정표를 먼저 확인한다.

[단서 1] 두 번째 지문(일정표)의 'Morning classes include a visit to Pinkston Food Market, where a talk will be given.'에서 오전 수업은 Pinkston 식품 시장 방문을 포함하며 그곳에서 설명이 주어질 것이라고 했다. 그런데 Pinkston 식품 시장 방문과 설명에 대한 세부 정보가 제시되지 않았으므로 공고에서 관련 내용을 확인한다.

[단서 2] 세 번째 지문(공고)의 'Guides wishing to give short talks to their groups are kindly asked to do so in our food court.'에서 단체에게 간단한 설명을 해주길 원하는 지도자들은 부디 저희, 즉 Pinkston 식품 시장의 푸드 코트에서 해달라고 요청한 것을 확인할 수 있다.

두 단서를 종합할 때, Buxton 요리 학원의 오전 수업 수강생들은 Pinkston 식품 시장을 방문하고 푸드 코트에서 설명을 들을 것이라는 사실을 추론할 수 있다. 따라서 (D)가 정답이다.

어휘 split up into phr. ~으로 나누다 complimentary adj. 무료의 ingredient n. 재료

지문 1

Westburg Announces Water-Saving Initiative
By Augustus Brandt

[191]The Westburg City Council has announced an initiative to lessen water usage. The plans include subsidizing businesses and residences that install water recycling systems. "One major way to reduce water consumption is by reusing water," said Mayor Arnell Lee. She explained that [194]the city will offer a rebate to homeowners who install a water recycling system, though the system must be functioning by August at the latest.

[192]Unusually low precipitation has led to serious water shortages in the city over the past decade. Due to that, water prices have soared, and the cost of keeping all of Westburg's public spaces green has forced the city to increase local property taxes. The city has budgeted about $8.9 million for addressing the water supply issues.

Westburg가 물 절약 계획을 발표하다
Augustus Brandt 작성

[191]Westburg시 의회는 물 사용을 줄이기 위한 계획을 발표했다. 그 계획은 물 재활용 장치를 설치하는 사업체 및 주택에 보조금을 지급하는 것을 포함한다. "물 소비량을 줄이는 한 가지 주요 방법은 물을 재사용하는 것입니다."라고 시장 Arnell Lee가 말했다. 그녀는 [194]시에서 물 재활용 장치를 설치하는 주택 소유자들에게 지불액 일부의 환급을 제공할 것이지만, 장치가 늦어도 8월까지는 가동되어야 한다고 설명했다.

[192]대단히 낮은 강수량은 지난 10년 동안 도시의 심각한 물 부족으로 이어졌다. 그로 인해, 물 가격은 급등했고, Westburg의 모든 공공 장소를 환경 친화적으로 유지하는 비용은 이 도시로 하여금 지역 재산세를 인상하게 했다. 시는 물 공급 문제를 해결하기 위해 약 890만 달러의 예산을 세웠다.

지문 2

Save Money With a Home-Vert Water Recycling System!

Lower your bills and help conserve water by installing a Home-Vert Water Recycling System!
- We install systems in homes or businesses.
- We can help you cut down on utility bills.
- Depending on the location, we can complete the installation within 1-3 days.

[193]Our staff will also show you how the system works and how to maintain it. Visit www.home-vert.com to complete a request form for installation. [195]Everyone who submits a completed form will receive a voucher worth $50 from one of our many local business partners!

Home-Vert사 물 재활용 장치로 돈을 절약하세요!

Home-Vert사 물 재활용 장치를 설치하여 고지서 요금을 낮추고, 물을 절약하는 것을 도우세요!
- 가정이나 회사에 장치를 설치해드립니다.
- 수도 요금을 줄이도록 도와드릴 수 있습니다.
- 위치에 따라, 1-3일 이내에 설치를 완료할 수 있습니다.

[193]저희 직원들은 장치 작동 방식 및 관리 방법도 가르쳐 드릴 것입니다. 설치를 위한 신청서를 작성하려면 www.home-vert.com을 방문하세요. [195]작성된 양식을 제출하시는 모든 분들은 저희의 많은 지역 협력업체 중 한 곳으로부터 50달러 상당의 상품권을 받으실 겁니다!

지문 3

TO: Edward Bircher <edbirch@sspmail.com>
FROM: Karl Hutcherson <karlh@home-vert.com>
SUBJECT: Re: Installation request
ATTACHMENT: Badevoucher
[194]**DATE:** July 15

Dear Mr. Bircher,

[194]Thank you for filling out our form for having a water recycling system installed. We would be very happy to send a representative to your home at 17 Wilmont Street, Westburg, next Monday at 10:30 A.M. Let me know if that day and time work for you. [195]To thank you for completing the request form, we have attached a voucher from Bade Hardware worth $50. The voucher is valid until December.

Regards,

Karl Hutcherson

수신: Edward Bircher <edbirch@sspmail.com>
발신: Karl Hutcherson <karlh@home-vert.com>
제목: 회신: 설치 요청
첨부: Badevoucher
[194]날짜: 7월 15일

Mr. Bircher께,

[194]물 재활용 장치를 설치하기 위한 저희의 신청서를 작성해 주셔서 감사합니다. 17번지 Wilmont가, Westburg에 있는 귀하의 댁으로 다음 주 월요일 오전 10시 30분에 직원을 보내드리게 되어 매우 기쁩니다. 저 날짜와 시간이 귀하에게 적합한지 알려주십시오. [195]신청서를 작성해주신 것에 감사드리기 위해, Bade Hardware사의 50달러 상당의 상품권을 첨부했습니다. 상품권은 12월까지 유효합니다.

Karl Hutcherson 드림

191

Why was the article written?

(A) To announce a city plan regarding water
(B) To provide details on water system upgrades
(C) To introduce a new recycling center
(D) To offer information on a rise in utility prices

기사는 왜 쓰였는가?

(A) 물 관련 도시 계획을 알리기 위해
(B) 물 장치의 업그레이드에 대한 세부 사항을 제공하기 위해
(C) 새로운 재활용 센터를 소개하기 위해
(D) 공공 요금 인상에 관한 정보를 제공하기 위해

■ 주제/목적 찾기 글을 쓴 이유   정답 (A)

기사가 쓰인 이유를 묻는 목적 찾기 문제이므로 첫 번째 지문인 기사의 내용을 확인한다. 기사의 'The Westburg City Council has announced an initiative to lessen water usage.'에서 Westburg시 의회가 물 사용을 줄이기 위한 계획을 발표했다고 한 후, 관련 계획에 대한 내용을 설명하고 있으므로 (A)가 정답이다.

바꾸어 표현하기
an initiative to lessen water usage 물 사용을 줄이기 위한 계획 → a ~ plan regarding water 물 관련 계획

192

According to the article, what caused the price of water to increase?

(A) Water recycling costs
(B) Population growth
(C) Low rainfall
(D) City subsidy cuts

기사에 따르면, 무엇이 물 가격이 상승하도록 했는가?

(A) 물 재활용 비용
(B) 인구 증가
(C) 낮은 강수량
(D) 시 보조금 삭감

■ 육하원칙 What   정답 (C)

기사에 따르면 무엇(what)이 물 가격이 상승하도록 했는지를 묻는 육하원칙 문제이므로 첫 번째 지문인 기사를 확인한다. 기사의 'Unusually low precipitation has led to serious water shortages in the city ~. Due to that, water prices have soared'에서 대단히 낮은 강수량은 도시의 심각한 물 부족으로 이어졌으며 그로 인해 물 가격이 급등했다고 했으므로 (C)가 정답이다.

바꾸어 표현하기
increase 상승하다 → have soared 급등했다
precipitation 강수량 → rainfall 강수량

어휘 rainfall n. 강수량, 강우량 subsidy n. 보조금 cut n. 삭감; v. 자르다

193

What will Home-Vert staff do for its customers?

(A) Schedule regular water tests
(B) Recommend installation technicians
(C) Print out billing statements
(D) Explain a system maintenance process

Home-Vert사의 직원들은 고객들을 위해 무엇을 할 것인가?

(A) 정기적인 수질 검사 일정을 잡는다
(B) 설치 기술자를 추천한다
(C) 대금 청구서를 인쇄한다
(D) 장치 관리 절차를 설명한다

■ 육하원칙 What   정답 (D)

Home-Vert사의 직원들이 고객들을 위해 무엇(What)을 할 것인지를 묻는 육하원칙 문제이므로 질문의 핵심 어구인 Home-Vert staff do for its customers와 관련된 내용이 언급된 두 번째 지문인 광고를 확인한다. 광고의 'Our staff will also show you ~ how to maintain it.'에서 저희, 즉 Home-Vert사의 직원들은 장치의 관리 방법도 가르쳐줄 것이라고 했으므로 (D)가 정답이다.

What is implied about Mr. Bircher?

(A) He will be partly reimbursed for installing a system.
(B) He serves on a municipal budget committee.
(C) He missed the payment deadline for a water bill.
(D) He learned about Home-Vert from Mr. Brandt.

Mr. Bircher에 대해 암시되는 것은?

(A) 장치 설치 비용을 부분적으로 환급받을 것이다.
(B) 시 예산 위원회에서 일한다.
(C) 수도 요금의 납부 기한을 놓쳤다.
(D) Mr. Brandt로부터 Home-Vert사에 대해 알게 되었다.

■ **추론** 연계 문제   정답 (A)

세 지문 중 두 지문의 내용을 종합적으로 확인한 후 추론해서 풀어야 하는 연계 문제이다. 질문의 핵심 어구인 Mr. Bircher에게 보내진 이메일을 먼저 확인한다.

단서 1 세 번째 지문(이메일)의 'DATE : July 15'에서 이메일이 7월 15일에 보내졌음을 알 수 있고, 'Thank you for filling out our form for having a water recycling system installed. We would be very happy to send a representative to your home at ~ Westburg, next Monday'에서 물 재활용 장치를 설치하기 위한 저희, 즉 Home-Vert사의 신청서를 작성해줘서 감사하며 Westburg에 있는 Mr. Bircher의 집으로 다음 주 월요일에 직원을 보내주게 되어 매우 기쁘다고 했다. 그런데 설치에 대한 세부 정보가 제시되지 않았으므로 기사에서 관련 내용을 확인한다.

단서 2 첫 번째 지문(기사)의 'the city will offer a rebate to homeowners who install a water recycling system, though the system must be functioning by August at the latest'에서 8월까지 물 재활용 장치가 가동되도록 하는 주택 소유자들에게 시에서 지불액 일부의 환급을 제공할 것임을 확인할 수 있다.

두 단서를 종합할 때, Mr. Bircher는 7월 중에 물 재활용 장치를 설치할 것이므로 시로부터 지불액의 일부를 환급 받을 것이라는 사실을 추론할 수 있다. 따라서 (A)가 정답이다.

바꾸어 표현하기
offer a rebate 지불액 일부의 환급을 제공하다 → **partly reimbursed** 부분적으로 환급받는

어휘 reimburse v. 환급하다, 변제하다 municipal adj. 시의, 지방 자치제의 budget committee phr. 예산 위원회

What can be inferred about Bade Hardware?

(A) It supplies water filtration systems.
(B) It is affiliated with Home-Vert.
(C) It will accept vouchers starting from December.
(D) It is discounting some of its products.

Bade Hardware사에 대해 추론될 수 있는 것은?

(A) 물 정수 장치를 제공한다.
(B) Home-Vert사와 제휴하고 있다.
(C) 12월부터 상품권을 받아줄 것이다.
(D) 그것의 일부 제품을 할인하고 있다.

■ **추론** 연계 문제   정답 (B)

세 지문 중 두 지문의 내용을 종합적으로 확인한 후 추론해서 풀어야 하는 연계 문제이다. 질문의 핵심 어구인 Bade Hardware가 언급된 이메일을 먼저 확인한다.

단서 1 세 번째 지문(이메일)의 'To thank you for completing the request form, we have attached a voucher from Bade Hardware worth $50.'에서 신청서를 작성해준 것에 감사하기 위해 저희, 즉 Home-Vert사가 Bade Hardware사의 50달러 상당의 상품권을 첨부했다고 했다. 그런데 Bade Hardware사의 50달러 상당의 상품권에 대한 세부 정보가 제시되지 않았으므로 광고에서 관련 내용을 확인한다.

단서 2 두 번째 지문(광고)의 'Everyone who submits a completed form will receive a voucher worth $50 from one of our many local business partners!'에서 작성된 양식을 제출하는 모든 사람들은 저희, 즉 Home-Vert사의 많은 지역 협력업체 중 한 곳으로부터 50달러 상당의 상품권을 받을 것임을 확인할 수 있다.

두 단서를 종합할 때, 신청서를 작성한 것에 대해 Bade Hardware사의 50달러 상당의 상품권이 제공된 것은 Bade Hardware사가 Home-Vert사의 지역 협력업체 중 한 곳이기 때문이라는 사실을 추론할 수 있다. 따라서 (B)가 정답이다.

어휘 filtration n. 정수, 여과 affiliated with phr. ~과 제휴한

지문 1

www.websitewizards.com/contact_us/

Web Site Wizards
　Home | About Us | **Services** | Portfolio | FAQ | Jobs

First name	Brady	E-mail address	brady@ ponderosaclothing. com
Surname	Grayson	**Phone number**	555-3786
Current Web site	www. ponderosaclothing. com	[198]**Address**	[198]31 North Pima Road, Scottsdale, AZ

Tell us about the work you would like us to do for you.

I run a store called Ponderosa Clothing that specializes in T-shirts. [196]I have a Web site, but it only contains a brief description of my business, some information about our best-selling products, and a map. I would like to have the site upgraded so that customers can use it to order items.

How would you like us to contact you?
■ By e-mail　　　□ By phone

Which of the following services are you seeking?

■ Site design　　■ Internet advertising　　□ Promotional videos

■ E-commerce setup　　□ Logo design　　□ E-mail marketing

■ Web site traffic analytics　　□ Web site security　　□ Mobile application design

Select the services you need, and we will send you a price estimate.

---

www.websitewizards.com/contact_us/

Web Site Wizards사
홈 | 소개 | 서비스 | 포트폴리오 | 자주 묻는 질문 | 일자리

이름	Brady	이메일 주소	brady@ ponderosaclothing. com
성	Grayson	전화번호	555-3786
현재 웹 사이트	www. ponderosaclothing. com	[198]주소	[198]31번지 North Pima로, 스코츠데일, 애리조나주

저희가 귀하를 위해 하길 바라는 일을 말씀해주세요.

저는 티셔츠를 전문으로 하는 Ponderosa Clothing이라는 가게를 운영합니다. [196]웹사이트를 가지고 있긴 하지만, 그것은 업체에 대한 간단한 설명, 가장 많이 팔리는 제품에 대한 몇 가지 정보, 그리고 약도만을 포함하고 있습니다. 저는 고객들이 물건을 주문하는데 그것을 사용할 수 있도록 하기 위해 사이트를 업그레이드 하고 싶습니다.

저희가 어떻게 연락하길 원하시나요?
■ 이메일로　　　□ 전화로

다음 서비스 중 무엇을 찾고 계신가요?

■ 사이트 디자인　　■ 인터넷 광고　　□ 홍보 영상
■ 전자 상거래 구축　　□ 로고 디자인　　□ 이메일 마케팅
■ 웹사이트 트래픽 분석　　□ 웹사이트 보안　　□ 모바일 애플리케이션 설계

필요한 서비스를 선택하시면, 견적서를 보내드리겠습니다.

지문 2

To: Brady Grayson <brady@ponderosaclothing.com>
From: Anita Hernandez
　　　<customerservice@websitewizards.com>
Subject: Request for quote
Date: August 2
Attachment: Project estimate

Dear Mr. Grayson,

Thank you for contacting Web Site Wizards. [197]One of our designers has reviewed your current Web site and compiled a project estimate, which I have attached. The total cost for designing www.ponderosaclothing.com and setting up e-commerce functions is expected to be $1,250.

If you are satisfied with our estimate, send us some links to Web sites you like. We will review these and try to use similar design elements in the new version of your Web site.

수신: Brady Grayson
　　　<brady@ponderosaclothing.com>
발신: Anita Hernandez
　　　<customerservice@websitewizards.com>
제목: 견적 요청
날짜: 8월 2일
첨부: 프로젝트 견적서

Mr. Grayson께,

Web Site Wizards사에 연락해주셔서 감사합니다. [197]저희 디자이너 중 한 명이 귀하의 현재 웹사이트를 검토하여 프로젝트 견적서를 작성했으며, 제가 그것을 첨부해두었습니다. www.ponderosaclothing.com을 디자인하고 전자 상거래 기능을 구축하기 위한 총비용은 1,250달러로 예상됩니다.

견적에 만족하신다면, 귀하가 마음에 드는 웹사이트들의 링크를 저희에게 보내주십시오. 저희는 이것들을 검토하여 유사한 디자인 요소를 귀하의 새로운 버전의 웹사이트에 사

Also, [198]you will need to send a picture of your store as it will appear on the main page of the Web site.

[199]If you change your mind and choose to add other services, such as the development of promotional videos or a mobile application, please e-mail our customer services department so that they can recalculate your quote.

Yours truly,
Anita Hernandez

용하도록 할 것입니다. 또한, [198]귀하의 가게의 사진이 웹사이트의 메인 페이지에 나타날 것이므로 그것을 보내주셔야 할 것입니다.

[199]마음을 바꾸셔서 홍보 영상이나 모바일 애플리케이션 개발과 같은 다른 서비스를 추가하시려는 경우, 저희 고객 서비스 부서가 견적을 다시 계산할 수 있도록 그들에게 이메일을 보내주십시오.

Anita Hernandez 드림

지문 3

Ponderosa Clothing: A Perfect Memory from Scottsdale!

Looking for an authentic, one-of-a-kind souvenir to remember your time in Scottsdale? Then why not check out some of Ponderosa Clothing's offerings? Many items feature artistic patterns found in the American Southwest, and [200-B]only plant-based dyes are used in all our clothing. We do this in order to preserve a regional tradition from centuries ago.

[199]Ponderosa Clothing products are available at our store in Scottsdale, on our newly redesigned Web site, and through our downloadable mobile application! Visit www.ponderosaclothing.com to [199]check out our promotional videos, browse our most popular products, and use our new shopping cart function to make purchases. Domestic shipping is free for all online orders, but there are charges for international purchases.

Ponderosa Clothing: 스코츠데일에서의 완벽한 기억!

스코츠데일에서의 시간을 기억하기 위해 진정하고 특별한 기념품을 찾고 계신가요? 그렇다면 Ponderosa Clothing의 판매 상품들 중 몇 가지를 살펴보는 것은 어떠신가요? 많은 품목들이 미국 남서부에서 발견되는 예술적인 무늬를 특징으로 하며, [200-B]모든 옷에는 식물성 염료만이 사용됩니다. 저희는 수 세기 전부터 내려오는 지역 전통을 보존하기 위해 이렇게 하는 것입니다.

[199]Ponderosa Clothing의 제품은 스코츠데일에 있는 매장, 새로 디자인된 웹사이트, 그리고 다운로드할 수 있는 모바일 애플리케이션을 통해 구입하실 수 있습니다! www.ponderosaclothing.com을 방문하셔서 [199]홍보 영상을 보시고, 가장 인기 있는 제품들을 둘러보시고, 구매하기 위해 새로운 쇼핑 카트 기능을 이용해보세요. 국내 배송은 모든 온라인 주문에 대해 무료이지만, 해외 구매에 대해서는 수수료가 있습니다.

지문 1 □ **surname** n. 성
□ **description** n. 설명, 묘사

□ **run** v. 운영하다
□ **e-commerce** n. 전자 상거래

□ **specialize in** phr. ~을 전문으로 하다

지문 2 □ **compile** v. 작성하다, 수집하다

□ **element** n. 요소, 원소, 구성

□ **recalculate** v. 다시 계산하다

지문 3 □ **authentic** adj. 진정한
□ **dye** n. 염료, 염색
□ **charge** n. 수수료, 요금

□ **one-of-a-kind** adj. 특별한, 유일한
□ **preserve** v. 보존하다

□ **offering** n. 판매 상품, 제공하는 것
□ **domestic** adj. 국내의, 가정의

196
○○○●
8

In the form, what can be inferred about Ponderosa Clothing?

(A) It has several branches in the Southwest.
(B) It hired Web Site Wizards previously to create a logo.
(C) Its original Web site did not allow for the sale of merchandise.
(D) It sends most of its orders to overseas customers.

양식에서, Ponderosa Clothing에 대해 추론될 수 있는 것은?

(A) 남서부에 몇몇 지점을 가지고 있다.
(B) 이전에 로고를 만들기 위해 Web Site Wizards사를 고용했다.
(C) 원래의 웹사이트는 물품 판매가 가능하지 않았다.
(D) 대부분의 주문을 해외 고객들에게 발송한다.

■ **추론** 세부 정보

정답 (C)

양식에서 질문의 핵심 어구인 Ponderosa Clothing에 대해 추론하는 문제이므로 첫 번째 지문인 양식에서 관련 내용을 확인한다. 양식의 'I have a Web site, but it only contains a brief description of my business, some information about our best-selling products, and a map. I would like to have the site upgraded so that customers can use it to order items.'에서 웹사이트, 즉 Ponderosa Clothing의 웹사이트를 가지고 있긴 하지만 그것은 업체에 대한 간단한 설명, 가장 많이 팔리는 제품에 대한 몇 가지 정보, 그리고 약도만을 포함하고 있으며 고객들이 물건을 주문하는 데 그것을 사용할 수 있도록 하기 위해 사이트를 업그레이드 하고 싶다고 했으므로 원래의 웹사이트에서는 고객들이 물건을 주문할 수 없었다는 사실을 추론할 수 있다. 따라서 (C)가 정답이다.

바꾸어 표현하기

customers can ~ order items 고객들이 물건을 주문할 수 있다 → allow for the sale of merchandise 물품 판매를 가능하게 하다

어휘 **allow for** phr. ~을 가능하게 하다 **overseas** adj. 해외의, 외국의

What is one purpose of the e-mail?

(A) To propose a strategy for raising sales
(B) To offer a catalog of available items
(C) To inquire about product prices
(D) To discuss redesigning a Web page

이메일의 하나의 목적은 무엇인가?

(A) 매출 증대를 위한 전략을 제안하기 위해
(B) 구매 가능한 제품의 카탈로그를 제공하기 위해
(C) 제품 가격에 대해 문의하기 위해
(D) 웹페이지를 다시 디자인하는 것을 논의하기 위해

■ **주제/목적 찾기** 글의 목적   정답 (D)

이메일의 목적을 묻는 목적 찾기 문제이므로 두 번째 지문인 이메일을 확인한다. 이메일의 'One of our designers has reviewed your current Web site and compiled a project estimate ~. The total cost for designing www.ponderosaclothing.com ~ is expected to be $1,250.'에서 디자이너 중 한 명이 현재 웹사이트를 검토하여 프로젝트 견적서를 작성했으며 웹사이트를 디자인하기 위한 총 비용은 1,250달러로 예상된다고 언급한 후, 웹사이트 디자인에 대해 이야기하고 있으므로 (D)가 정답이다.

What is most likely shown on Ponderosa Clothing's new Web site?

(A) A diagram of a process for making dye
(B) A picture of a shop on North Pima Road
(C) A counter indicating the total number of shirts sold
(D) A photograph of Mr. Grayson

Ponderosa Clothing의 새로운 웹사이트에 무엇이 나타날 것 같은가?

(A) 염료 제작 과정을 보여주는 도표
(B) North Pima로에 있는 가게의 사진
(C) 팔린 셔츠의 총 개수를 보여주는 계측기
(D) Mr. Grayson의 사진

■ **추론** 연계 문제   정답 (B)

세 지문 중 두 지문의 내용을 종합적으로 확인한 후 추론해서 풀어야 하는 연계 문제이다. 질문의 핵심 어구인 shown on Ponderosa Clothing's new Web site와 관련된 내용이 언급된 이메일을 먼저 확인한다.

단서 1 두 번째 지문(이메일)의 'you will need to send a picture of your store as it will appear on the main page of the Web site'에서 귀하의 가게, 즉 Ponderosa Clothing의 사진이 웹사이트의 메인 페이지에 나타날 것이므로 그것을 보내줘야 할 것이라고 했다. 그런데 가게에 대한 세부 사항이 언급되지 않았으므로 양식에서 관련 내용을 확인한다.

단서 2 첫 번째 지문(양식)의 'Address, 31 North Pima Road, Scottsdale, AZ'에서 Ponderosa Clothing이 North Pima로에 있다는 사실을 확인할 수 있다.

두 단서를 종합할 때, 웹사이트의 메인 페이지에 North Pima로에 있는 Ponderosa Clothing의 사진이 나타날 것이라는 사실을 추론할 수 있다. 따라서 (B)가 정답이다.

어휘   diagram n. 도표, 도형   counter n. (전자) 계측기   indicate v. 보여주다

What did Mr. Grayson probably do?

(A) Rejected a project quote
(B) Added a number of new products to his store
(C) Removed a map from his Web site
(D) Contacted a customer service department

Mr. Grayson은 무엇을 한 것 같은가?

(A) 프로젝트 견적을 거절했다
(B) 그의 가게에 많은 신상품을 추가했다
(C) 그의 웹사이트에서 지도를 삭제했다
(D) 고객 서비스 부서에 연락했다

■ **추론** 연계 문제   정답 (D)

세 지문 중 두 지문의 내용을 종합적으로 확인한 후 추론해서 풀어야 하는 연계 문제이다. 질문의 핵심 어구인 Mr. Grayson에게 보내진 이메일을 먼저 확인한다.

단서 1 두 번째 지문(이메일)의 'If you ~ choose to add other services, such as the development of promotional videos or a mobile application, please e-mail our customer services department'에서 홍보 영상이나 모바일 애플리케이션 개발과 같은 다른 서비스를 추가하려는 경우 고객 서비스 부서에 이메일을 보내달라고 했다. 그런데 Mr. Grayson이 다른 서비스를 추가했는지 언급되지 않았으므로 웹페이지 광고에서 관련 내용을 확인한다.

단서 2 세 번째 지문(웹페이지 광고)의 'Ponderosa Clothing products are available ~ through our ~ mobile application!', 'check out our promotional videos'에서 Ponderosa Clothing의 제품을 모바일 애플리케이션을 통해 구입할 수 있으며 홍보 영상도 있다는 사실을 확인할 수 있다.

두 단서를 종합할 때, Mr. Grayson은 홍보 영상과 모바일 애플리케이션 개발 서비스를 추가하기 위해 고객 서비스 부서에 이메일을 보냈다는 사실을 추론할 수 있다. 따라서 (D)가 정답이다.

What is stated about Ponderosa Clothing's products?

(A) They were featured in a tourist brochure.
(B) They are made with a traditional process.
(C) They can be shipped free if purchased in bulk.
(D) They are designed by a local artist group.

Ponderosa Clothing의 제품에 대해 언급된 것은?

(A) 관광객을 위한 책자에 특집으로 실렸다.
(B) 전통적인 방법으로 만들어진다.
(C) 대량으로 구매되면 무료로 배송될 수 있다.
(D) 지역 예술가 단체에 의해 디자인되었다.

■ Not/True True 문제   정답 (B)

질문의 핵심 어구인 Ponderosa Clothing's products와 관련된 내용을 지문에서 찾아 각 보기와 대조하는 Not/True 문제이므로 Ponderosa Clothing의 제품과 관련된 내용이 언급된 세 번째 지문인 웹페이지 광고에서 관련 내용을 확인한다. (A), (C), (D)는 지문에 언급되지 않은 내용이다. (B)는 'only plant-based dyes are used in all our clothing. We do this in order to preserve a regional tradition from centuries ago.'에서 모든 옷에는 식물성 염료만 사용되며 수 세기 전부터 내려오는 지역 전통을 보전하기 위해 이렇게 한다고 했으므로 지문의 내용과 일치한다. 따라서 (B)가 정답이다.

어휘   **feature** v. 특집으로 싣다; n. 특징   **traditional** adj. 전통적인   **bulk** n. 대량

TEST 03

PART 5

101

Ms. Ortega ------- a financial advisor to seek help with her investment portfolio.

(A) consulting (B) consultation
(C) consulted (D) consulter

Ms. Ortega는 그녀의 투자 포트폴리오에 대한 도움을 구하기 위해 재정 자문가와 상담했다.

■ 동사 자리
정답 (C)

문장에 주어(Ms. Ortega)만 있고 동사가 없으므로 동사 consult(상담하다)의 과거형 (C) consulted가 정답이다. 명사 또는 형용사 (A), 명사 (B)와 (D)는 동사 자리에 올 수 없다.

어휘 financial adj. 재정의 advisor n. 자문가, 고문 seek v. 구하다 investment n. 투자 portfolio n. 포트폴리오(금융 자산의 명세표)
consulting n. 자문, 조언; adj. 자문의, 고문의 consultation n. 상담 consulter n. 협의자

102

Minors are welcome to attend the concert ------- must be accompanied by a parent or guardian.

(A) so (B) for
(C) with (D) but

미성년자는 콘서트에 참석할 수 있지만 부모나 보호자를 동반해야 한다.

■ 등위접속사
정답 (D)

절(Minors ~ concert)과 절(must ~ guardian)을 대등하게 연결해주는 등위접속사 (A), (B), (D)가 정답의 후보이다. '미성년자는 콘서트에 참석할 수 있지만 부모나 보호자를 동반해야 한다'라는 의미가 되어야 하므로 등위접속사 (D) but(하지만)이 정답이다. 참고로, 등위접속사로 연결된 절에서 중복되는 주어는 생략될 수 있으므로 두 번째 절(must ~ guardian)에서 중복되는 주어(Minors)가 생략되었음을 알아둔다. 등위접속사 (A) so는 '그래서', (B) for는 '왜냐하면'이라는 의미로 어색한 문맥을 만든다. 전치사 (C) with(~과 함께)는 절과 절을 연결할 수 없다.

어휘 minor n. 미성년자; adj. 작은, 소수의 be accompanied by phr. ~를 동반하다 guardian n. 보호자, 후견인

103

Ms. Conner did not win the Employee of the Year Award because a colleague's sales record was better than -------.

(A) hers (B) herself
(C) her (D) she

Ms. Conner는 동료의 판매 실적이 그녀의 것보다 더 좋았기 때문에 올해의 직원 상을 받지 못했다.

■ [목적어 자리] 인칭대명사의 격
정답 (A)

전치사 than(~보다)의 목적어 자리에 올 수 있는 소유대명사 (A), 재귀대명사 (B), 목적격 인칭대명사 (C)가 정답의 후보이다. '동료의 판매 실적이 그녀의 것보다 더 좋았다'라는 의미가 되어야 하므로 소유대명사 (A) hers가 정답이다. 재귀대명사 (B)는 목적어가 주어와 같은 사람이나 사물을 지칭할 때 목적어 자리에 쓸 수 있는데, 종속절(because ~ ___)의 주어(a colleague's sales record)와 같은 사물을 지칭하는 것이 아니므로 답이 될 수 없다. 목적격 인칭대명사 (C)를 쓸 경우, '동료의 판매 실적이 그녀(Ms. Conner의 판매 실적이 아닌 Ms. Conner)보다 더 좋았다'라는 어색한 문맥이 된다. 주격 인칭대명사 (D)는 전치사의 목적어 자리에 올 수 없다.

어휘 win v. (상을) 받다, 이기다 colleague n. 동료 sales record phr. 판매 실적

104

Everyone at yesterday's seminar ------- to put their electronic devices in silent mode.

(A) asking (B) was asked
(C) is asked (D) would ask

어제 세미나에 있던 모든 사람들은 그들의 전자기기를 무음 상태로 두도록 요청받았다.

■ [동사 자리] 동사는 수, 태, 시제가 맞아야 한다.
정답 (B)

문장에 주어(Everyone)만 있고 동사가 없으므로 동사 (B), (C), (D)가 정답의 후보이다. '세미나에 있던 모든 사람들은 전자기기를 무음 상태로 두라고 요청받았다'라는 수동의 의미가 되어야 하고, 과거를 나타내는 시간 표현(yesterday)이 있으므로 과거 시제 수동태 (B) was asked가 정답이다. 현재 시제 (C)는 과거를 나타내는 시간 표현과 함께 쓰일 수 없다. 능동태 (D)는 '세미나에 있던 모든 사람들은 전자기기를 무음 상태로 두라고 요청하곤 했다'라는 어색한 문맥을 만든다. 동명사 또는 현재분사 (A)는 동사 자리에 올 수 없다.

어휘 electronic device phr. 전자기기 silent adj. 무음의 mode n. 상태, 형태

105

Ruby Cakes' staff handed out ------- samples of baked goods to celebrate the grand opening.

(A) proportional   (B) complimentary
(C) contradictory   (D) intensive

Ruby Cakes의 직원은 개점을 기념하여 제과 제품의 무료 샘플을 나누어 주었다.

■ 형용사 어휘   정답 (B)

'제과 제품의 무료 샘플을 나누어 주었다'라는 문맥이므로 형용사 (B) complimentary(무료의)가 정답이다. (A) proportional은 '비례하는', (C) contradictory는 '모순되는', (D) intensive는 '극심한, 강렬한'이라는 의미이다.

어휘 hand out phr. 나누어 주다 celebrate v. 기념하다 grand opening phr. 개점, 개장

106

Ms. Koenig agreed to transfer to Norway for a year, believing it would be an excellent learning -------.

(A) compensation   (B) feature
(C) relationship   (D) opportunity

그것이 훌륭한 배움의 기회가 될 것이라고 생각했기 때문에, Ms. Koenig는 1년 동안 노르웨이로 전근 가는 것에 동의했다.

■ 명사 어휘   정답 (D)

'그것이 훌륭한 배움의 기회가 될 것이라고 생각했기 때문에 전근 가는 것에 동의했다'라는 문맥이므로 명사 (D) opportunity(기회)가 정답이다. (A) compensation은 '보상', (B) feature는 '특징, 특색', (C) relationship은 '관계'라는 의미이다.

어휘 transfer v. 전근 가다 excellent adj. 훌륭한

107

The script for the film adaptation of the best-selling novel *Vaunted* was taken ------- from the book.

(A) directly   (B) direction
(C) directing   (D) director

베스트셀러 소설 *Vaunted*를 각색한 영화의 대본은 책에서 직접 가져왔다.

■ 부사 자리   정답 (A)

빈칸 앞의 동사(was taken)를 꾸밀 수 있는 것은 부사이므로 부사 (A) directly(직접, 곧장)가 정답이다. 명사 (B)와 (D), 동명사 또는 현재분사 (C)는 동사를 꾸밀 수 없다.

어휘 script n. 대본 film n. 영화 adaptation n. 각색 direction n. 방향, 목적 direct v. 향하다, 지휘하다; adj. 직접적인 director n. 책임자, 감독

108

A photography exhibition entitled *The Awakening* is currently ------- in the Pulsen Gallery's main hall.

(A) expressed   (B) transformed
(C) displayed   (D) reflected

*The Awakening*이라는 제목의 사진 전시회가 현재 Pulsen 미술관의 중앙 홀에서 선보여지고 있다.

■ 동사 어휘   정답 (C)

'사진 전시회가 선보여지고 있다'라는 문맥이므로 동사 display(선보이다, 전시하다)의 p.p.형 (C) displayed가 정답이다. (A)의 express는 '표현하다, 표명하다', (B)의 transform은 '변형시키다', (D)의 reflect는 '비추다, 반영하다'라는 의미이다.

어휘 entitled adj. ~이라는 제목의 currently adv. 현재

109

○○○●○ 중

The municipal government has promised that it will take ------- to reduce downtown traffic.

(A) acting
(B) action
(C) activation
(D) activists

지방 정부는 시내 교통량을 줄이기 위한 조치를 취할 것을 약속했다.

■ 혼동하기 쉬운 명사

정답 (B)

'교통량을 줄이기 위한 조치를 취할 것을 약속했다'라는 의미가 되어야 하므로 명사 (B) action(조치)이 정답이다. 참고로, take action(조치를 취하다)을 관용구로 알아둔다. (A) acting(연기, 공연), (C) activation(활성화), (D)의 activist(운동가)를 쓸 경우 '교통량을 줄이기 위한 연기/활성화/운동가를 취할 것을 약속했다'라는 어색한 문맥이 된다.

어휘 municipal government phr. 지방 정부 promise v. 약속하다 reduce v. 줄이다 downtown adj. 시내의 traffic n. 교통(량)

110

○○○●○ 중

Soft drink manufacturer Fizz Life ------- a backlash from customers after changing its recipe for Ricochet Cola last year.

(A) was faced
(B) has been faced
(C) faced
(D) to face

탄산음료 제조업체인 Fizz Life사는 작년에 Ricochet 콜라의 제조법을 변경한 후 고객들의 반발에 직면했다.

■ [동사 자리] 능동태와 수동태의 구별

정답 (C)

문장에 주어(Soft drink manufacturer Fizz Life)만 있고 동사가 없으므로 동사 (A), (B), (C)가 정답의 후보이다. 빈칸 뒤에 목적어(a backlash)가 있고, '고객들의 반발에 직면했다'라는 능동의 의미이므로 능동태 (C) faced가 정답이다. 수동태 (A)와 (B)는 뒤에 목적어가 있으므로 답이 될 수 없다. to 부정사 (D)는 동사 자리에 올 수 없다.

어휘 soft drink phr. 탄산음료, 청량음료 manufacturer n. 제조업체 backlash n. 반발 recipe n. 제조법, 방안 face v. 직면하다

111

○○○○● 최상

As a branch manager, Mr. Finley finds resolving staff conflicts ------- of his duties.

(A) difficult
(B) more difficult
(C) the most difficult
(D) difficultly

지점장으로서, Mr. Finley는 그의 직무 중에서 직원들의 갈등을 해결하는 것이 가장 어렵다고 생각한다.

■ [보어 자리] 최상급

정답 (C)

5형식 동사 find는 목적어와 목적격 보어를 가지는 동사인데, 동사(finds) 뒤에 목적어(resolving staff conflicts)가 있으므로 빈칸은 목적격 보어 자리이다. 따라서 보어 자리에 올 수 있는 형용사 (A), 비교급 형용사 (B), 최상급 형용사 (C)가 정답의 후보이다. '직무 중에서 갈등을 해결하는 것이 가장 어렵다고 생각한다'라는 의미가 되어야 하므로 'of/in + 명사'와 함께 쓰여 '~ 중에서 가장 -한'이라는 의미를 나타내는 최상급 형용사 (C) the most difficult가 정답이다. 형용사 (A)는 원급이므로 'of/in + 명사'와 함께 쓰일 수 없다. 비교급 형용사 (B)는 than과 함께 쓰여야 한다. 부사 (D)는 보어 자리에 올 수 없다.

어휘 branch manager phr. 지점장 resolve v. 해결하다 conflict n. 갈등 duty n. 직무, 업무 difficultly adv. 어렵게, 힘들게

112

○○○●○ 중

The dinner plates and utensils manufactured by Tessio are suitable for any -------.

(A) leisure
(B) occasion
(C) performance
(D) effect

Tessio사에 의해 제조된 정찬용 접시와 식기는 어떤 상황에서든 적합하다.

■ 명사 어휘

정답 (B)

'어떤 상황에서든 적합하다'라는 문맥이므로 명사 (B) occasion(상황)이 정답이다. (A) leisure는 '여가', (C) performance는 '성과', (D) effect는 '영향'이라는 의미이다.

어휘 utensil n. 식기, 도구, 기구 suitable adj. 적합한, 적절한

113
○○○●○ 80

The Villier Resort struggles to attract visitors these days, but it was ------- a very popular vacation destination.

(A) about
(B) once
(C) last
(D) as

요즘 Villier 리조트는 방문객을 끌어들이기 위해 애쓰고 있지만, 그곳은 한때 매우 인기 있는 휴양지였다.

■ 부사 선택 시간 부사   정답 (B)

'요즘 Villier 리조트는 방문객을 끌어들이기 위해 애쓰고 있지만 그곳은 한때 인기 있는 휴양지였다'라는 의미가 되어야 하므로 시간을 나타내는 부사 (B) once(한때)가 정답이다. (A) about은 '약, 거의', (C) last는 '마지막에', (D) as는 '마찬가지로'라는 의미이다.

어휘   struggle v. 애쓰다   attract v. 끌어들이다   vacation destination phr. 휴양지

114
○○○●○ 80

The bank's loan officer determined how much money Ms. Demers would be eligible to ------- for her new home.

(A) purchase
(B) borrow
(C) earn
(D) donate

은행의 대출 담당 직원은 Ms. Demers가 그녀의 새 주택을 위해 얼마나 많은 돈을 빌릴 자격이 있을지 산정했다.

■ 동사 어휘   정답 (B)

'대출 담당 직원은 Ms. Demers가 얼마나 많은 돈을 빌릴 자격이 있을지 산정했다'라는 문맥이므로 동사 (B) borrow(빌리다)가 정답이다. (A) purchase는 '구매하다', (C) earn은 '(돈을) 벌다', (D) donate는 '기부하다'라는 의미이다.

어휘   loan n. 대출   determine v. 산정하다   be eligible to phr. ~할 자격이 있다

115
○○○●○ 80

The manager decided to provide the employees with additional training, ------- their weaknesses.

(A) addressing
(B) addressed
(C) address
(D) addresses

직원들의 약점을 해결하기 위해, 관리자는 그들에게 추가 교육을 제공하기로 결정했다.

■ [수식어 거품을 이끄는 것] 현재분사 vs. 과거분사   정답 (A)

이 문장은 주어(The manager), 동사(decided), 목적어(to provide the employees with additional training)를 갖춘 완전한 절이므로, ___ their weaknesses는 수식어 거품으로 보아야 한다. 따라서 수식어 거품이 될 수 있는 현재분사 (A)와 과거분사 (B)가 정답의 후보이다. 빈칸 다음에 목적어(their weaknesses)가 있고, 주절의 주어(The manager)와 분사구문이 '관리자가 해결하다'라는 의미의 능동 관계이므로 동사 address(해결하다)의 현재분사 (A) addressing이 정답이다. 과거분사 (B) addressed는 수동의 의미를 나타내므로 답이 될 수 없다. 동사 또는 명사 (C)와 (D)는 수식어 거품을 이끌 수 없다.

어휘   weakness n. 약점, 결점   address v. 해결하다; n. 주소

116
○○○●○ 80

Contributing to discussions ------- meetings is a good way to show initiative.

(A) from
(B) along
(C) against
(D) during

회의 중 토론에서 의견을 말하는 것은 진취성을 보여주는 좋은 방법이다.

■ 전치사 선택 기간   정답 (D)

'회의 중 토론에서 의견을 말하는 것은 진취성을 보여주는 좋은 방법이다'라는 의미가 되어야 하므로 기간을 나타내는 전치사 (D) during(~ 중에, ~ 동안)이 정답이다. (A) from은 '~부터, ~에서'라는 의미로 시점이나 방향을, (B) along은 '~을 따라서'라는 의미로 방향을 나타낸다. (C) against는 '~에 맞서, ~에 반대하여'라는 의미이다.

어휘   contribute v. (~에서) 의견을 말하다   discussion n. 토론, 토의   initiative n. 진취성

117
최상

Business owners in the town have been ------- to keep their shops open after 7 P.M.

(A) optimal
(B) reluctant
(C) elaborate
(D) preferable

시내 사업주들은 오후 7시 이후로 가게를 열어두고 있는 것을 달가워하지 않아 왔다.

■ 형용사 관련 어구   정답 (B)

'사업주들은 오후 7시 이후로 가게를 열어두고 있는 것을 달가워하지 않아 왔다'라는 문맥이므로 빈칸 앞의 be동사(been)와 뒤의 to 부정사(to)가 함께 쓰여 '~하는 것을 달가워하지 않는'이라는 의미의 어구인 be reluctant to를 만드는 형용사 (B) reluctant(달갑지 않은, 주저하는)가 정답이다. (A) optimal은 '최선의, 최적의', (C) elaborate는 '정교한'이라는 의미이다. (D) preferable은 '나은, 더 좋은'이라는 의미로, '사업주들은 오후 7시 이후로 가게를 열어두고 있는 것이 나아 왔다'라는 어색한 문맥을 만든다. 참고로, preferable은 to 부정사와 함께 쓰이는 경우 '~하는 것이 나은'이라는 의미이고, 전치사 to와 함께 쓰이는 경우 '~보다 더 좋은'이라는 의미임을 알아둔다.

어휘   business owner phr. 사업주, 경영주

118
중

Ms. Diaz will be able to attend the conference ------- her train arrives on time.

(A) as long as
(B) otherwise
(C) as a result of
(D) by means of

Ms. Diaz는 기차가 제때 도착하는 한 회의에 참석할 수 있을 것이다.

■ [수식어 거품을 이끄는 것] 부사절 접속사 조건   정답 (A)

이 문장은 주어(Ms. Diaz), 동사(will be able to attend), 목적어(the conference)를 갖춘 완전한 절이므로, ___ ~ on time은 수식어 거품으로 보아야 한다. 이 수식어 거품은 동사(arrives)가 있는 거품절이므로, 거품절을 이끌 수 있는 부사절 접속사 (A) as long as(~하는 한)가 정답이다. 부사 (B) otherwise(그렇지 않으면)는 거품절을 이끌 수 없다. 전치사 (C) as a result of(~의 결과로)와 (D) by means of(~에 의하여, ~의 도움으로)는 거품절이 아닌 거품구를 이끈다.

어휘   on time phr. 제때에, 정각에

119
최상

Although Mr. Miller had been given clear directions to the conference venue, he drove right ------- it.

(A) toward
(B) over
(C) past
(D) out

Mr. Miller는 학회 장소로 가는 명확한 길 안내를 받았음에도 불구하고, 그것을 그냥 지나쳐 갔다.

■ 전치사 선택 위치   정답 (C)

'학회 장소로 가는 길 안내를 받았음에도 불구하고 그것을 그냥 지나쳐 갔다'라는 의미가 되어야 하므로 위치를 나타내는 전치사 (C) past(~을 지나쳐서, ~의 옆을 지나서)가 정답이다. (A) toward는 '~ 쪽으로'라는 의미로 방향을, (B) over는 '~ 동안, ~ 위에'라는 의미로 기간이나 위치를 나타낸다. (D) out은 주로 out of(~ 밖으로)의 형태로 쓰여 방향을 나타낸다.

어휘   venue n. 장소

120
중

Participants at the swimming competition will be divided into four different age -------.

(A) categorizes
(B) categorical
(C) categorized
(D) categories

수영 대회의 참가자들은 네 개의 서로 다른 연령 부문으로 나눠질 것이다.

■ 복합 명사   정답 (D)

빈칸은 전치사(into)의 목적어이면서 형용사(four, different)의 꾸밈을 받는 명사이므로 빈칸 앞의 명사 age(연령, 나이)와 함께 쓰여 '연령 부문'이라는 의미의 복합 명사 age category를 만드는 category(부문, 범주)의 복수형 (D) categories가 정답이다. 동사 (A), 형용사 (B), 동사 또는 과거분사 (C)는 명사 자리에 올 수 없다. 과거분사 (C)가 빈칸 앞의 명사(age)를 수식한다고 본다 해도, 분사가 목적어나 전치사구를 동반하지 않고 단독으로 쓰일 경우, 명사(age) 앞에 와야 하므로 답이 될 수 없다.

어휘   divide v. 나누다, 분할하다 categorize v. 분류하다 categorical adj. 범주의, 단정적인

121

New recruits are required to join a training course ------- they have relevant work experience.

(A) in spite of
(B) even if
(C) as though
(D) in case

신입 사원들은 관련 경력을 가지고 있더라도 교육 과정에 참여하도록 요구된다.

■ [수식어 거품을 이끌 수 있는 것] 부사절 접속사 양보 　　　　　　정답 (B)

이 문장은 주어(New recruits)와 동사(are required)를 갖춘 완전한 절이므로, ___ ~ experience는 수식어 거품으로 보아야 한다. 이 수식어 거품은 동사(have)가 있는 거품절이므로, 거품절을 이끌 수 있는 부사절 접속사 (B), (C), (D)가 정답의 후보이다. '경력을 가지고 있더라도 교육 과정에 참여하도록 요구된다'라는 의미가 되어야 하므로 양보를 나타내는 부사절 접속사 (B) even if(~하더라도)가 정답이다. (C) as though는 '마치 ~처럼'이라는 의미이다. (D) in case는 '~에 대비해서'라는 의미로 조건을 나타낸다. 전치사 (A) in spite of(~에도 불구하고)는 거품절이 아닌 거품구를 이끈다.

어휘 new recruit phr. 신입 사원 relevant adj. 관련 있는

122

All the team members will be traveling together aside from Ms. Bateman, who will be flying out ------- tomorrow.

(A) physically
(B) partially
(C) separately
(D) commonly

내일 따로 비행기를 탈 Ms. Bateman을 제외한 모든 팀원들은 함께 이동할 것이다.

■ 부사 어휘 　　　　　　정답 (C)

'따로 비행기를 탈 Ms. Bateman을 제외한 팀원들은 함께 이동할 것이다'라는 문맥이므로 부사 (C) separately(따로, 별도로)가 정답이다. (A) physically는 '신체적으로', (B) partially는 '부분적으로, 불완전하게', (D) commonly는 '흔히'라는 의미이다.

어휘 aside from phr. ~을 제외하고

123

The office expansion will be approved if the suggested budget is ------- to investors.

(A) ready
(B) permanent
(C) definite
(D) acceptable

제안된 예산이 투자자들에게 받아들여질 수 있다면 사무실 확장이 승인될 것이다.

■ 형용사 어휘 　　　　　　정답 (D)

'예산이 받아들여질 수 있다면 확장이 승인될 것이다'라는 문맥이므로 형용사 (D) acceptable(받아들여질 수 있는, 용인되는)이 정답이다. (A) ready(준비된)도 해석상 그럴듯해 보이지만, 전치사 to가 아닌 to 부정사와 함께 쓰여 '~할 준비가 된'이라는 의미를 나타내므로 답이 될 수 없다. (B) permanent는 '영구적인', (C) definite은 '확실한, 확고한'이라는 의미이다.

어휘 expansion n. 확장 approve v. 승인하다 investor n. 투자자

124

A company that adopts telecommuting practices allows its staff members to work ------- their location.

(A) regardless of
(B) rather than
(C) on behalf of
(D) in exchange for

재택근무를 채택하는 회사는 직원들이 장소에 상관없이 일하도록 허용한다.

■ 동사, 명사, 형용사와 함께 쓰인 전치사 표현 　　　　　　정답 (A)

'재택근무를 채택하는 회사는 직원들이 장소에 상관없이 일하도록 허용한다'라는 의미가 되어야 하므로 전치사 (A) regardless of(~에 상관없이)가 정답이다. (B) rather than은 '~보다는', (C) on behalf of는 '~을 대표하여, 대신하여', (D) in exchange for는 '~의 대신으로'라는 의미이다.

어휘 adopt v. 채택하다 telecommuting adj. 재택근무의 allow v. (~하도록) 허용하다

125
○○○○●하

The head chef of a restaurant takes care of a ------- of tasks, including menu planning.

(A) condition　　　　　(B) variety
(C) notification　　　　(D) renewal

식당 주방장은 메뉴 기획을 포함하여, 여러 가지 업무에 대한 책임이 있다.

■ 명사 관련 어구　　　　　　　　　　　　　　　　　　　　　　　　　　　　　정답 (B)

'주방장은 여러 가지 업무에 대한 책임이 있다'라는 문맥이므로 빈칸 앞의 부정관사(a)와 뒤의 전치사(of)와 함께 '여러 가지의'라는 의미의 어구인 a variety of를 만드는 명사 (B) variety(여러 가지)가 정답이다. (A) condition은 '상태, 조건', (C) notification은 '알림', (D) renewal은 '갱신'이라는 의미이다.

어휘　take care of phr. ~에 대한 책임이 있다　task n. 업무　planning n. 기획, 계획　manage v. 관리하다

126
○○○○●중

Ms. Turner downloaded a free trial version of the program ------- she could test its features.

(A) as if　　　　　　　(B) so that
(C) in order to　　　　(D) because of

Ms. Turner는 기능을 시험해볼 수 있도록 프로그램의 무료 체험판을 다운로드했다.

■ [수식어 거품을 이끌 수 있는 것] 부사절 접속사 목적　　　　　　　　　　정답 (B)

이 문장은 주어(Ms. Turner), 동사(downloaded), 목적어(a free trial version)를 갖춘 완전한 절이므로, ___ ~ features는 수식어 거품으로 보아야 한다. 이 수식어 거품은 동사(could test)가 있는 거품절이므로, 거품절을 이끌 수 있는 부사절 접속사 (A)와 (B)가 정답의 후보이다. '기능을 시험해볼 수 있도록 프로그램의 무료 체험판을 다운로드했다'라는 의미가 되어야 하므로 목적을 나타내는 부사절 접속사 (B) so that(~할 수 있도록)이 정답이다. (A) as if는 '마치 ~처럼'이라는 의미이다. 전치사 (C) in order to(~을 위하여)와 (D) because of(~ 때문에)는 거품절이 아닌 거품구를 이끈다.

어휘　feature n. 기능, 특징

127
○○○○●중

The job duties of an editor consist of checking for spelling and grammar errors and verifying that information is ------- accurate.

(A) factual　　　　　　(B) fact
(C) factuality　　　　　(D) factually

편집자의 직무는 철자 및 문법 오류를 살피는 것과 정보가 사실에 비춰 정확한지 확인하는 것으로 이루어진다.

■ 부사 자리　　　　　　　　　　　　　　　　　　　　　　　　　　　　　　　정답 (D)

빈칸 뒤의 형용사(accurate)를 꾸밀 수 있는 것은 부사이므로 부사 (D) factually(사실에 비춰, 사실상)가 정답이다. 형용사 (A), 명사 (B)와 (C)는 형용사를 꾸밀 수 없다.

어휘　editor n. 편집자　consist of phr. ~으로 이루어지다　spelling n. 철자　grammar n. 문법　verify v. 확인하다　accurate adj. 정확한
　　　factual adj. 사실에 기반을 둔　factuality n. 사실에 입각함

○○○●● 중

For the next group project, students are free to team up with ------- they want.

(A) whomever　　　　　(B) which
(C) however　　　　　　(D) whatever

다음 그룹 과제에서, 학생들은 자유롭게 그들이 원하는 누구든지 함께 조를 짤 수 있다.

■ **명사절 접속사** 복합관계대명사 whomever　　　　　　　　　　　　　　　　　　　　정답 (A)

전치사(with)의 목적어 자리에 온 절(___ they want)의 맨 앞에는 명사절 접속사가 와야 하므로 명사절 접속사 역할을 하는 복합관계대명사 (A)와 (D), 의문대명사 (B)가 정답의 후보이다. '학생들은 그들이 원하는 누구든지 함께 조를 짤 수 있다'라는 의미가 되어야 하므로 (A) whomever(누구든지, 누구든 간에)가 정답이다. 의문대명사 (B) which(어느 것)와 복합관계대명사 (D) whatever(무엇이든지, 무엇이든 간에)를 쓸 경우, '학생들은 그들이 원하는 어느 것과/무엇이든지 함께 조를 짤 수 있다'라는 어색한 문맥이 된다. 참고로, which와 whatever는 사람이 아닌 사물을 지칭할 때 쓰임을 알아둔다. 복합관계부사 (C) however(어떻게 ~할지라도)는 명사절을 이끌 수 없다.

어휘　free to phr. 자유롭게 ~하다　team up phr. 조를 짜다, 협력하다

●●●●● 최상

If politicians fail to follow through on their promises, they lose credibility and their reputations -------.

(A) injure　　　　　　　(B) reject
(C) endure　　　　　　(D) suffer

정치인들이 그들의 공약을 이행하지 않으면, 신용을 잃고 평판이 나빠진다.

■ **유사의미 동사**　　　　　　　　　　　　　　　　　　　　　　　　　　　　　　정답 (D)

'정치인들이 공약을 이행하지 않으면 평판이 나빠진다'라는 문맥이므로 동사 (D) suffer(나빠지다, 악화되다)가 정답이다. (A) injure(손상시키다)도 해석상 그럴듯해 보이지만, 타동사이므로 뒤에 목적어가 와야 한다. (B) reject는 '거절하다', (C) endure는 '견디다'라는 의미이다.

어휘　politician n. 정치인　fail v. ~하지 않다　follow through on phr. ~을 이행하다, ~을 완수하다　promise n. 공약, 약속　lose v. 잃다　credibility n. 신용, 신뢰성　reputation n. 평판, 명성

○○○●● 중

------- at work frequently is unprofessional, and it also makes coworkers feel uncomfortable.

(A) Complained　　　　(B) Complaint
(C) Complain　　　　　(D) Complaining

직장에서 자주 불평하는 것은 전문가답지 못하며, 동료들도 불편하게 만든다.

■ **[주어 자리] 동명사 vs. 명사**　　　　　　　　　　　　　　　　　　　　　　　정답 (D)

빈칸이 포함된 절(___ ~ unprofessional)에 동사(is)만 있고 주어가 없으므로 주어 자리에 올 수 있는 명사 (B)와 동명사 (D)가 정답의 후보이다. 빈칸 뒤에 부사(frequently)가 있고, '직장에서 자주 불평하는 것은 전문가답지 못하다'라는 의미가 되어야 하므로, 동사 complain(불평하다)의 동명사 (D) Complaining이 정답이다. 참고로, 동명사는 형용사가 아닌 부사의 꾸밈을 받는다는 것을 알아둔다. 명사 (B)는 부사의 꾸밈을 받을 수 없다. 동사 또는 과거분사 (A)와 동사 (C)는 주어 자리에 올 수 없다.

어휘　frequently adv. 자주, 흔히　unprofessional adj. 전문가답지 못한　coworker n. 동료　uncomfortable adj. 불편한　complaint n. 불평, 항의

PART 6

Questions 131-134 refer to the following letter.

131-134는 다음 편지에 관한 문제입니다.

December 8

Dear Ms. Ambrosio,

We are very selective about the products we provide our guests here at Dane County Resort. However, we were surprised with the toothpaste sample you sent us. ------- **131** having a refreshing scent, it was gentler on the gums than many of the other brands we've tried. Therefore, we've ------- **132** to include your toothpaste in our new hotel toiletries package. This decision means that it will be provided to all of our guests on a daily basis. -------, we would like you to ship **133** us 500 units for January. -------. As we intend on repeating **134** this order in the future, we would also like to know whether a discount can be applied.

Yours truly,

Teddy Lawrence
General Manager
Dane County Resort

12월 8일

Ms. Ambrosio께,

여기 Dane County 리조트에서는 손님들께 제공하는 제품들에 대해 아주 선별적입니다. 그런데, 저희는 귀하께서 보내주신 치약 샘플에 놀랐습니다. **131** 그것은 상쾌한 향을 가지고 있는 것에 더하여, 저희가 시험해본 여러 다른 브랜드의 것들보다 잇몸에 더 순했습니다. **132** 따라서, 저희는 귀하의 치약을 저희 호텔의 새로운 세면용품 패키지에 포함하기로 결정했습니다. 이 결정은 그것이 저희의 모든 손님들께 매일 제공될 것임을 의미합니다. **133** 먼저, 1월에 쓸 500개를 보내주시면 좋겠습니다. **134** 이 수량에 대한 견적을 최대한 빨리 보내주십시오. 저희는 앞으로 이 주문을 반복할 생각이므로, 할인이 적용될 수 있는지도 알고 싶습니다.

Teddy Lawrence 드림
총지배인
Dane County 리조트

131 (A) Less than
(B) In addition to
(C) Not only
(D) Notwithstanding

132 (A) chosen
(B) remembered
(C) attempted
(D) declined

133 (A) Meanwhile
(B) Likewise
(C) Initially
(D) Nonetheless

134 (A) Many of our competitors do not provide standard amenities.
(B) Do you happen to still have the receipt for your last shipment?
(C) Before placing an order, we need to inspect the product.
(D) Please send me a quote for this amount as soon as possible.

어휘 **selective** adj. 선별적인, 까다로운 **toothpaste** n. 치약 **refreshing** adj. 상쾌한, 신선한 **gentle** adj. 순한, 가벼운 **gum** n. 잇몸 **toiletry** n. 세면용품, 화장품 **on a daily basis** phr. 매일 **unit** n. (상품의) 한 개 **intend** v. (~하려고) 생각하다, 의도하다 **repeat** v. 반복하다 **apply** v. 적용하다

난이도

131 ■ [수식어 거품을 이끄는 것] 전치사 선택 부가   정답 (B)

이 문장은 주어(it), 동사(was), 보어(gentler)를 갖춘 완전한 절이므로, ___ ~ scent는 수식어 거품으로 보아야 한다. 이 수식어 거품은 동사가 없는 거품구이므로, 거품구를 이끌 수 있는 전치사 (A), (B), (D)가 정답의 후보이다. '상쾌한 향을 가지고 있는 것에 더하여, 시험해본 여러 다른 브랜드의 것들보다 잇몸에 더 순했다'라는 의미가 되어야 하므로 부가를 나타내는 전치사 (B) In addition to(~에 더하여)가 정답이다. (A) Less than은 '~보다 적은'이라는 의미이다. (D) Notwithstanding은 '~에도 불구하고'라는 의미로 양보를 나타낸다. (C) Not only는 not only A but (also) B(A뿐만 아니라 B도)의 상관접속사 형태로 자주 쓰인다.

132 ■ 동사 어휘 주변 문맥 파악   정답 (A)

'귀하의 치약을 호텔의 세면용품 패키지에 포함하기로 ___ 했다'라는 문맥이므로 모든 보기가 정답의 후보이다. 빈칸이 있는 문장만으로는 정답을 고를 수 없으므로 주변 문맥이나 전체 문맥을 파악한다. 뒤 문장에서 이 결정은 그것, 즉 치약이 손님들에게 매일 제공될 것임을 의미한다고 했으므로, 치약을 호텔의 세면용품 패키지에 포함하기로 결정했음을 알 수 있다. 따라서 동사 choose(결정하다, 선택하다)의 p.p.형 (A) chosen이 정답이다. (B)의 remember는 '기억하다', (C)의 attempt는 '시도하다', (D)의 decline은 '거절하다, 사양하다'라는 의미이다.

133 ■ 접속부사 전체 문맥 파악   정답 (C)

빈칸이 콤마와 함께 문장의 맨 앞에 온 접속부사 자리이므로, 앞부분과 빈칸이 있는 문장의 의미 관계를 파악하여 정답을 선택한다. 앞부분에서 상대방의 치약을 호텔의 세면용품 패키지에 포함하기로 결정했다고 했고, 빈칸이 있는 문장에서는 1월에 쓸 500개를 보내주면 좋겠다고 했으므로, 앞의 상황에 따라 첫 번째로 일어나는 것을 제시할 때 사용되는 접속부사 (C) Initially(먼저, 처음에)가 정답이다. (A) Meanwhile은 '그동안', (B) Likewise는 '똑같이, 비슷하게', (D) Nonetheless는 '그럼에도 불구하고'라는 의미로 빈칸에 쓸 경우 어색한 문맥이 된다.

134 ■ 알맞은 문장 고르기   정답 (D)

빈칸에 들어갈 알맞은 문장을 고르는 문제이므로 주변 문맥 또는 전체 문맥을 파악한다. 앞 문장 'we would like you to ship us 500 units for January'에서 1월에 쓸 500개를 보내주면 좋겠다고 한 후, 뒤 문장 'As we intend on repeating this order in the future, we would also like to know whether a discount can be applied.'에서 앞으로 이 주문을 반복할 생각이므로 할인이 적용될 수 있는지도 알고 싶다고 했으므로, 빈칸에는 주문에 대한 비용과 관련된 내용이 들어가야 함을 알 수 있다. 따라서 (D) Please send me a quote for this amount as soon as possible이 정답이다.

보기 해석
(A) 저희의 많은 경쟁업체들은 일반적인 편의용품을 제공하지 않습니다.
(B) 혹시 귀하의 최근 배송에 대한 영수증을 아직 가지고 계신가요?
(C) 주문하기 전에, 저희는 제품을 점검해야 합니다.
(D) 이 수량에 대한 견적을 최대한 빨리 보내주십시오.

어휘   competitor n. 경쟁업체   standard adj. 일반적인   shipment n. 배송, 수송   inspect v. 점검하다   quote n. 견적

Swansea Ferries

Advice for Passengers

When you arrive at Swansea Terminal, follow the signs to the ------- check-in booth. Here, an officer will check your
    135
booking number, and you will be provided with a boarding card indicating the section of the ferry you will be parking in. If you are traveling to an international destination, you will also need to ------- your passport at this time. If you are
    136
traveling domestically, however, you will be asked to show your driver's license instead. Before boarding time, there will be an announcement. -------. You should proceed to the
    137
boarding lane, where staff will help guide your car ------- the
    138
ferry.

Swansea Ferries사

승객분들을 위한 권고

135 Swansea 터미널에 도착하시면, 차량 수속 부스로 향하는 표지판을 따라가십시오. 이곳에서, 관리자가 여러분의 예약 번호를 확인할 것이며, 여러분은 여객선 내에서 주차할 구역이 표시된 탑승 카드를 받으실 것입니다. **136** 국제 목적지로 여행 중이시라면, 이때 여권도 제시하셔야 할 것입니다. 하지만, 국내로 여행 중이시라면, 그 대신 운전 면허증을 보여달라고 요청받으실 것입니다. 탑승 시간 전에, 알림이 있을 것입니다. **137** 이는 출발 30분 전쯤에 일어날 것입니다. **138** 여러분은 탑승 통로로 이동하셔야 하며, 그곳에서 직원들이 여러분의 차량을 여객선 위로 인도하는 것을 도와드릴 것입니다.

135 (A) hotel
(B) luggage
(C) vehicle
(D) conference

136 (A) issue
(B) renew
(C) cancel
(D) present

137 (A) This should occur about half an hour prior to departure.
(B) It is advisable to remain seated while the ferry is docking.
(C) Please check our Web site for changes to travel schedules.
(D) Parking permits are available at Swansea Ferries' main office.

138 (A) aside
(B) between
(C) onto
(D) throughout

어휘   **sign** n. 표지판, 간판   **check-in** n. 수속, 체크인   **boarding** n. 탑승, 승차   **indicate** v. 표시하다   **section** n. 구역, 구분   **international** adj. 국제의   **domestically** adv. 국내로   **announcement** n. 알림, 공고   **proceed to** phr. ~로 이동하다   **lane** n. 통로   **guide** v. 인도하다, 지도하다

135 ■ 명사 어휘 전체 문맥 파악 정답 (C)

'터미널에 도착하면 ____ 수속 부스로 향하는 표지판을 따라가시오'라는 문맥이므로 (A), (B), (C)가 정답의 후보이다. 빈칸이 있는 문장만으로는 정답을 고를 수 없으므로 주변 문맥이나 전체 문맥을 파악한다. 뒤 문장에서 이곳에서 여객선 내에 주차할 구역이 표시된 탑승 카드를 받을 것이라고 했고, 지문 전체에 걸쳐 여객선 내에 차량을 싣는 절차에 대해 설명하고 있으므로, 터미널에 도착하면 차량 수속 부스로 향하는 표지판을 따라가야 함을 알 수 있다. 따라서 명사 (C) vehicle(차량)이 정답이다. (A) hotel은 '호텔', (B) luggage는 '수하물', (D) conference는 '회의'라는 의미이다.

136 ■ 동사 어휘 주변 문맥 파악 정답 (D)

'국제 목적지로 여행 중이라면 이때 여권도 ____해야 할 것이다'라는 문맥이므로 (A), (B), (D)가 정답의 후보이다. 빈칸이 있는 문장만으로는 정답을 고를 수 없으므로 주변 문맥이나 전체 문맥을 파악한다. 앞 문장에서 관리자가 예약 번호를 확인할 것이라고 했고, 뒤 문장에서 국내로 여행 중이라면 그 대신 운전 면허증을 보여달라고 요청받을 것이라고 했으므로, 국제 목적지로 여행 중이라면 관리자가 예약 번호를 확인할 때 여권도 제시해야 함을 알 수 있다. 따라서 동사 (D) present(제시하다)가 정답이다. (A) issue는 '발급하다', (B) renew는 '갱신하다', (C) cancel은 '취소하다'라는 의미이다.

137 ■ 알맞은 문장 고르기 정답 (A)

빈칸에 들어갈 알맞은 문장을 고르는 문제이므로 주변 문맥 또는 전체 문맥을 파악한다. 앞 문장 'Before boarding time, there will be an announcement.'에서 탑승 시간 전에 알림이 있을 것이라고 했고, 뒤 문장 'You should proceed to the boarding lane'에서 탑승 통로로 이동해야 한다고 했으므로, 빈칸에는 탑승 알림과 관련된 내용이 들어가야 함을 알 수 있다. 따라서 (A) This should occur about half an hour prior to departure가 정답이다.

보기 해석
(A) 이는 출발 30분 전쯤에 일어날 것입니다.
(B) 여객선이 부두에 들어가는 동안에는 계속 앉아 계시는 것을 권합니다.
(C) 여행 일정의 변동에 관해서는 웹사이트를 확인해 주십시오.
(D) 주차 허가증은 Swansea Ferries사의 본사에서 받으실 수 있습니다.

어휘 occur v. 일어나다 prior to phr. ~ 전에, ~에 앞서 advisable adj. 권할 만한, 바람직한 remain v. 계속 ~이다 dock v. 부두에 들어가다 permit n. 허가증

138 ■ [수식어 거품을 이끄는 것] 전치사 선택 위치 정답 (C)

where로 시작하는 관계부사절(where ~ ferry)은 주어(staff)와 동사(will help)를 갖춘 완전한 절이므로, ____ the ferry는 수식어 거품으로 보아야 한다. 이 수식어 거품은 동사가 없는 거품구이므로, 거품구를 이끌 수 있는 전치사 (B), (C), (D)가 정답의 후보이다. '차량을 여객선 위로 인도하는 것을 도와줄 것이다'라는 의미가 되어야 하므로 위치를 나타내는 전치사 (C) onto(~ 위로)가 정답이다. (B) between은 '~ 사이에'라는 의미로 위치를 나타내며 between A and B(A와 B 사이에)의 형태로 자주 쓰인다. (D) throughout은 '~ 동안, ~ 전역에'라는 의미로 기간이나 위치를 나타낸다. 부사 (A) aside(한쪽으로)는 수식어 거품을 이끌 수 없다.

Questions 139-142 refer to the following article.

139-142는 다음 기사에 관한 문제입니다.

Young African Designer Wins Acclaim

Futuristic Furniture Magazine

By Rhonda Thiessen

In the weeks leading up to this year's Basel Decor Fair, veteran designers received most of the media attention. But once the event started, the ------- suddenly shifted to a
139
little-known designer, Harry Mashaba. He was showing his creations at a space in the main hall. -------.
140

"Mr. Mashaba's work is very unique. He's managed to update traditional South African furniture so that it's attractive and convenient for people today," said Lara Dahn, a fair organizer. "His pieces fit perfectly in a ------- living room."
141

Owing to his ------- at the fair, Mr. Mashaba has been hired
142
to design a dining set for Swiss furniture maker Rulesten. It will be released in Europe this fall.

젊은 아프리카 디자이너가 찬사를 받다

Futuristic Furniture지

Rhonda Thiessen 작성

올해의 Basel 실내 장식 박람회를 앞둔 몇 주 동안, 경험이 풍부한 디자이너들이 대부분의 언론의 주목을 받았다. **139** 그러나 행사가 시작되자, 거의 알려지지 않은 디자이너인 Harry Mashaba에게로 갑자기 주목이 옮겨졌다. 그는 중앙 홀에 있는 공간에서 그의 작품들을 전시하고 있었다. **140** 참석한 평론가들은 그것들이 전시되어 있는 다른 그 어떤 것들과도 다르다는 데 동의했다.

"Mr. Mashaba의 작품은 매우 독특합니다. 그는 전통적인 남아프리카 가구가 요즘 사람들에게 매력적이고 편리하도록 현대화해냈습니다."라고 박람회 주최자인 Lara Dahn이 말했다. **141** "그의 작품들은 현대적인 거실에 완벽하게 들어맞습니다."

142 박람회에서의 성공 덕분에, Mr. Mashaba는 스위스 가구 제조업체인 Rulesten사에서 식탁 세트를 디자인하도록 고용되었다. 그것은 올가을에 유럽에서 출시될 것이다.

---

139 (A) position
(B) trend
(C) focus
(D) criticism

140 (A) His course, which was intended for professionals, took place on the final day.
(B) So far, sales of the item have failed to live up to his high expectations.
(C) The admission fee has been raised by €5 due to the venue rental cost.
(D) Critics in attendance agreed that they were unlike anything else on display.

141 (A) modern
(B) spacious
(C) historic
(D) spotless

142 (A) succeeded
(B) success
(C) succeeds
(D) successful

어휘 win acclaim phr. 찬사를 받다, 환호를 받다 decor n. 실내 장식 fair n. 박람회 veteran adj. 경험이 풍부한 shift to phr. ~으로 옮기다
little-known adj. 거의 알려지지 않은 creation n. (예술) 작품 unique adj. 독특한 manage v. ~해내다 update v. 현대화하다, 갱신하다
traditional adj. 전통적인 attractive adj. 매력적인 convenient adj. 편리한 organizer n. 주최자 piece n. 작품 fit v. 들어맞다
owing to phr. ~ 덕분에, 때문에

139 ■ 명사 어휘　주변 문맥 파악　　　　　　　　　　　　　　　　　　　　　　　　　　　　　　　　　　　　정답 (C)

○○○○●○
중

'그러나 행사가 시작되자 거의 알려지지 않은 디자이너에게로 갑자기 ＿＿＿이 옮겨졌다'는 문맥이므로 모든 보기가 정답의 후보이다. 빈칸이 있는 문장만으로는 정답을 고를 수 없으므로 주변 문맥이나 전체 문맥을 파악한다. 앞 문장에서 박람회를 앞둔 몇 주 동안 경험이 풍부한 디자이너들이 대부분의 언론의 주목을 받았다고 했으므로, 행사가 시작되자 거의 알려지지 않은 디자이너에게로 갑자기 주목이 옮겨졌다는 것을 알 수 있다. 따라서 명사 (C) focus(주목)가 정답이다. (A) position은 '위치, 지위', (B) trend는 '유행, 추세', (D) criticism은 '비평'이라는 의미이다.

140 ■ 알맞은 문장 고르기　　　　　　　　　　　　　　　　　　　　　　　　　　　　　　　　　　　　　　정답 (D)

○○○○●○
상

빈칸에 들어갈 알맞은 문장을 고르는 문제이므로 주변 문맥 또는 전체 문맥을 파악한다. 앞부분에서 행사가 시작되자 거의 알려지지 않은 디자이너인 Harry Mashaba에게로 갑자기 주목이 옮겨졌다고 했고, 앞 문장 'He was showing his creations at a space in the main hall.'에서 그는 중앙 홀에 있는 공간에서 그의 작품들을 전시하고 있었다고 했으므로, 빈칸에는 행사 시작 후 주목을 받은 Mr. Mashaba의 작품과 관련된 내용이 들어가야 함을 알 수 있다. 따라서 (D) Critics in attendance agreed that they were unlike anything else on display가 정답이다.

보기 해석
(A) 전문가들을 위해 의도된 그의 강의는, 마지막 날에 열렸다.
(B) 지금까지, 물품의 매출은 그의 높은 기대에 부응하지 못했다.
(C) 장소 대여비로 인해 입장료가 5유로 올랐다.
(D) 참석한 평론가들은 그것들이 전시되어 있는 다른 그 어떤 것과도 다르다는 데 동의했다.

어휘　professional n. 전문가　so far phr. 지금까지　live up to phr. ~에 부응하다　expectation n. 기대, 예상　admission fee phr. 입장료
raise v. 올리다　due to phr. ~으로 인해　rental cost phr. 임대료　critic n. 평론가　in attendance phr. 참석한　unlike adj. ~과 다른
on display phr. 전시된

141 ■ 형용사 어휘　주변 문맥 파악　　　　　　　　　　　　　　　　　　　　　　　　　　　　　　　　　　정답 (A)

○○○○●○
중

'그의 작품들은 ＿＿＿한 거실에 완벽하게 들어맞는다'라는 문맥이므로 모든 보기가 정답의 후보이다. 빈칸이 있는 문장만으로는 정답을 고를 수 없으므로 주변 문맥이나 전체 문맥을 파악한다. 앞 문장에서 그, 즉 Mr. Mashaba는 전통적인 남아프리카 가구가 요즘 사람들에게 매력적이고 편리하도록 현대화해냈다고 했으므로, 현대화된 그의 작품들이 현대적인 거실에 완벽하게 들어맞을 것임을 알 수 있다. 따라서 명사 (A) modern(현대적인)이 정답이다. (B) spacious는 '넓은', (C) historic은 '역사적인', (D) spotless는 '티끌 하나 없는, 아주 깨끗한'이라는 의미이다.

142 ■ 명사 자리　　정답 (B)

○○○○●○
중

빈칸 앞의 소유격 인칭대명사(his)의 꾸밈을 받을 수 있는 것은 명사이므로 명사 (B) success(성공)가 정답이다. 동사 또는 과거분사 (A), 동사 (C), 형용사 (D)는 소유격 인칭대명사의 꾸밈을 받을 수 없다.

어휘　succeed v. 성공하다

Introducing Avenuu, the best streaming service out there. See hundreds of popular TV series, movies, kids' shows, and live concerts. Stream ------- in high quality on any device, including smartphones, tablets, and computers. Avenuu also gives you recommendations based on your -------. The more you use it, the more we learn what you like. So, stop scrolling through menus and ------- your time. Sign up today to watch high-quality content.

-------. Try our ad-supported service for $5.99 a month, or go ad-free for $10.99 a month. Visit www.avenuu.com today!

Avenuu를 소개하며, 이는 세상에서 최고의 스트리밍 서비스입니다. 수백 개의 인기 있는 TV 시리즈, 영화, 어린이 쇼, 그리고 라이브 콘서트를 보세요. **143** 스마트폰, 태블릿, 그리고 컴퓨터를 포함한 모든 장치에서 고품질로 그것들을 스트림 해보세요. **144** Avenuu는 또한 당신의 내역을 바탕으로 추천을 제공합니다. 당신이 그것을 더 많이 사용할수록, 저희는 당신이 좋아하는 것을 더 많이 알게 됩니다. **145** 그러므로, 메뉴를 스크롤하는 것과 당신의 시간을 낭비하는 것을 멈추세요. 오늘 가입하시고 고품질의 콘텐츠를 시청해보세요.

146 당신은 당신이 어떻게 구독하기를 원하는지 선택할 수도 있습니다. 한 달에 5.99달러로 광고가 있는 서비스를 써 보거나, 한 달에 10.99달러로 광고가 없는 것을 시도해 보세요. 오늘 www.avenuu.com을 방문하세요!

143 (A) itself
(B) yours
(C) them
(D) theirs

144 (A) budget
(B) history
(C) location
(D) schedule

145 (A) waste
(B) wasted
(C) wasting
(D) to waste

146 (A) Any movies you buy will be charged to your account.
(B) You can even choose how you want to subscribe.
(C) Enjoy discounts by using this promotional code.
(D) Your concerns will be handled by one of our agents.

어휘　stream v. 스트림 하다(인터넷에서 다운로드와 동시에 재생하다)　recommendation n. 추천, 권고　based on phr. ~을 바탕으로
scroll v. 스크롤(화면 이동)하다　ad-supported adj. 광고를 보여주고 서비스를 제공하는　ad-free adj. 광고가 없는

143 ■ 명사-대명사 일치 주변 문맥 파악 　　　　　　　　　　　　　　　　　　　　　　　　　　정답 (C)

'모든 장치에서 고품질로 ＿＿을 스트림 해보세요'라는 문맥이므로 (B), (C), (D)가 정답의 후보이다. 빈칸이 있는 문장만으로는 정답을 고를 수 없으므로 주변 문맥이나 전체 문맥을 파악한다. 앞 문장에서 수백 개의 인기 있는 TV 시리즈, 영화, 어린이 쇼, 그리고 라이브 콘서트를 보라고 했으므로 수백 개의 인기 있는 TV 시리즈, 영화, 어린이 쇼, 라이브 콘서트를 가리키는 3인칭 복수 목적격 인칭대명사 (C) them이 정답이다. 2인칭 소유대명사 (B) yours와 3인칭 복수 소유대명사 (D) theirs는 '모든 장치에서 고품질로 당신의 것/그들의 것을 스트림 해보세요'라는 어색한 문맥이 된다. 단수 재귀대명사 (A) itself는 주어와 같은 사물을 지칭할 때 쓴다.

144 ■ 명사 어휘 주변 문맥 파악 　　　　　　　　　　　　　　　　　　　　　　　　　　　　　정답 (B)

'당신의 ＿＿을 바탕으로 추천을 제공합니다'라는 문맥이므로 모든 보기가 정답의 후보이다. 빈칸이 있는 문장만으로는 정답을 고를 수 없으므로 주변 문맥이나 전체 문맥을 파악한다. 뒤 문장에서 상대방이 그것을 더 많이 사용할수록 상대방이 좋아하는 것을 더 많이 알게 된다고 했으므로 상대방의 내역을 바탕으로 추천을 제공한다는 것을 알 수 있다. 따라서 명사 (B) history(내역)가 정답이다. (A) budget은 '예산', (C) location 은 '장소', (D) schedule은 '일정'이라는 의미이다.

145 ■ 병치 구문 　　　　　　　　　　　　　　　　　　　　　　　　　　　　　　　　　　정답 (C)

'메뉴를 스크롤하는 것과 시간을 낭비하는 것을 멈추세요'라는 의미가 되어야 하고, 등위접속사(and)가 동명사(scrolling)와 또 다른 동명사인 빈칸을 연결하고 있음을 알 수 있다. 앞의 동명사(scrolling)가 동사(stop) 뒤에 오는 동명사이므로 그와 같은 형태인 동명사 (C) wasting이 정답이다. 동사원형 (A), 과거형 동사 또는 과거분사 (B), to 부정사 (D)는 동명사와 병치를 이룰 수 없다.

146 ■ 알맞은 문장 고르기 　　　　　　　　　　　　　　　　　　　　　　　　　　　　　　정답 (B)

빈칸에 들어갈 알맞은 문장을 고르는 문제이므로 주변 문맥 또는 전체 문맥을 파악한다. 뒤 문장 'Try our ad-supported service for $5.99 a month, or go ad-free for $10.99 a month.'에서 한 달에 5.99달러로 광고가 있는 서비스를 써보거나 한 달에 10.99달러로 광고가 없는 것을 시도해 보라고 했으므로 빈칸에는 구독 방식에 대한 내용이 들어가야 함을 알 수 있다. 따라서 (B) You can even choose how you want to subscribe가 정답이다.

보기 해석
(A) 당신이 구매하는 모든 영화는 당신의 계좌로 청구될 것입니다.
(B) 당신은 당신이 어떻게 구독하기를 원하는지 선택할 수도 있습니다.
(C) 이 홍보 코드를 사용하여 할인 혜택을 누리세요.
(D) 당신의 문제는 저희 직원 중 한 명에 의해 처리될 것입니다.

어휘　charge v. 청구하다　account n. 계좌, 계정　subscribe v. 구독하다, 가입하다　promotional adj. 홍보의, 선전용의　concern n. 문제, 우려
　　　handle v. 처리하다, 다루다　agent n. 직원

PART 7

Questions 147-148 refer to the following notice.

147-148은 다음 공고에 관한 문제입니다.

147The staff entrance of Wilson Mall was damaged by last week's storm and will be repaired on August 2. Mall employees may enter using the emergency exit on the south side of the building. Your identification badges will be automatically updated in the security system to give you access to this door. Swipe your badge at this entrance as you normally would. Note, though, that 148you will not be able to enter the mall at this location after August 2.

147Wilson 쇼핑몰의 직원 출입구가 지난주 태풍에 의해 파손되었으며 8월 2일에 수리될 것입니다. 쇼핑몰 직원들은 건물 남쪽에 있는 비상구를 이용하여 들어올 수 있습니다. 여러분의 신분 확인 명찰은 이 출입구에 대한 접근 권한을 부여하기 위해 자동적으로 보안 시스템에서 업데이트될 것입니다. 평소에 하듯이 이 출입구에 명찰을 대십시오. 하지만, 1488월 2일 이후에는 이곳에서 쇼핑몰로 출입할 수 없을 것임을 유의하십시오.

어휘 □ **entrance** n. 출입구　　□ **repair** v. 수리하다, 보수하다　　□ **enter** v. 들어오다, 들어가다
　　□ **emergency exit** phr. 비상구　　□ **identification badge** phr. 신분 확인 명찰　　□ **automatically** adv. 자동적으로
　　□ **access** n. 접근 권한, 접근　　□ **swipe** v. (카드 등을 인식기에) 대다, 읽히다　　□ **normally** adv. 평소, 보통
　　□ **note** v. 유의하다

---

147 상

What is the reason for the notice?

(A) To report on the status of a construction project
(B) To remind employees of extended holiday hours
(C) To provide instructions for emergency situations
(D) To announce a temporary change for workers

공고의 이유는 무엇인가?

(A) 건설 프로젝트의 상황을 알리기 위해
(B) 직원들에게 연장된 휴일 영업 시간에 대해 상기시키기 위해
(C) 비상사태에 대한 지침을 제공하기 위해
(D) 직원들을 대상으로 한 일시적인 변경을 알리기 위해

■ **주제/목적 찾기** 글을 쓴 이유　　　　　　　　　　　　　　　　　　　　　　　　　　　　　　　　　　　　　　정답 (D)

공고의 이유를 묻는 목적 찾기 문제이므로 지문의 앞부분을 주의 깊게 확인한다. 'The staff entrance of Wilson Mall was damaged by last week's storm and will be repaired ~. Mall employees may enter using the emergency exit'에서 Wilson 쇼핑몰의 직원 출입구가 지난주 태풍에 의해 파손되어 수리될 것이며, 쇼핑몰 직원들은 비상구를 이용하여 들어올 수 있다고 한 후, 직원 출입구의 일시적인 변경에 대한 세부 사항을 전달하고 있으므로 (D)가 정답이다.

어휘 **report** v. 알리다, 보고하다　**status** n. 상황, 상태　**construction** n. 건설, 공사　**remind** v. 상기시키다　**extended** adj. 연장된
　　instruction n. 지침, 설명　**emergency situation** phr. 비상사태　**temporary** adj. 일시적인

---

148 상

What is suggested about Wilson Mall?

(A) It has an exit that is usually restricted.
(B) It requires that staff wear a badge at all times.
(C) It is hiring more security guards.
(D) It will be closed for renovations.

Wilson 쇼핑몰에 대해 암시되는 것은?

(A) 보통 통제되는 출구가 있다.
(B) 직원들이 항상 명찰을 착용하도록 요구한다.
(C) 경비원을 더 고용하고 있다.
(D) 보수를 위해 문을 닫을 것이다.

■ **추론** 세부 정보　　　정답 (A)

질문의 핵심 어구인 Wilson Mall에 대해 추론하는 문제이다. 'you will not be able to enter the mall at this location after August 2'에서 8월 2일 이후에는 이곳, 즉 건물 남쪽에 있는 비상구에서 쇼핑몰로 출입할 수 없을 것이라고 했으므로, 건물 남쪽에 있는 비상구가 보통은 통제된다는 사실을 추론할 수 있다. 따라서 (A)가 정답이다.

어휘 **restricted** adj. 통제되는, 제한되는　**wear** v. 착용하다, 입다　**security guard** phr. 경비원　**renovation** n. 보수, 개조

Questions 149-150 refer to the following e-mail.

To: All staff
From: Eun-jung Cho
Date: 3 November
Subject: Cornerstone Solutions Account

Dear colleagues,

We are in the midst of achieving one of our goals for this year. [149-C]Senior officials from Cornerstone Solutions will be coming in next week to discuss details and, hopefully, to sign a contract. If they sign with us, we will have a multimillion-dollar account on our hands. This would mean increased revenue along with more responsibilities. We would either need to hire extra temporary staff or expand the duties of current staff. Further details will be discussed in our scheduled meeting tomorrow. [150]If you are interested in handling this new account, please e-mail me so that I can send you a preliminary overview of what the position will involve. That way, you will be able to look through the information before tomorrow's meeting.

Thanks,
Eun-jung Cho
Director, Cho & Associates

수신: 전 직원
발신: Eun-jung Cho
날짜: 11월 3일
제목: Cornerstone Solutions사 거래

동료들께,

우리는 올해의 목표 중 하나를 달성하는 중입니다. [149-C]다음 주에 Cornerstone Solutions사의 고위 관리들이 세부 사항에 대해 논의하고, 바라건대, 계약을 맺기 위해 방문할 것입니다. 그들이 우리와 계약하면, 우리는 수백만 달러의 거래를 보유하게 될 것입니다. 이는 더 많은 책무와 함께 증가된 수익을 의미할 것입니다. 우리는 추가 임시 직원을 고용하거나 현재 직원들의 업무를 확장해야 할 것입니다. 추가 세부 사항들은 내일 예정된 회의에서 논의될 것입니다. [150]이 새로운 거래를 다루는 데 관심이 있다면, 그 직무가 포함할 것에 대한 예비 개요를 보내드릴 수 있도록 제게 이메일을 보내주십시오. 그렇게 하면, 여러분은 내일 회의 전까지 그 정보를 훑어보실 수 있을 겁니다.

감사합니다,
Eun-jung Cho 드림
관리자, Cho & Associates사

어휘 □ **account** n. 거래, 외상
□ **achieve** v. 달성하다, 성취하다
□ **sign a contract** phr. 계약을 맺다
□ **responsibility** n. 책무
□ **expand** v. 확장하다
□ **preliminary** adj. 예비의, 임시의
□ **look through** phr. ~을 훑어보다

□ **colleague** n. 동료
□ **senior official** phr. 고위 관리
□ **revenue** n. 수익, 수입
□ **extra** adj. 추가의, 여분의
□ **duty** n. 업무, 직무
□ **overview** n. 개요, 개관

□ **in the midst of** phr. ~ 중에, ~의 한가운데에
□ **hopefully** adv. 바라건대, 희망을 갖고
□ **along with** phr. ~과 함께, ~에 따라
□ **temporary** adj. 임시의
□ **handle** v. 다루다, 처리하다
□ **involve** v. 포함하다, 수반하다

What is stated about Cornerstone Solutions?

(A) It is expected to withdraw from some negotiations.
(B) It is trying to decide how to spend extra funds.
(C) It might agree to secure the services of Cho & Associates.
(D) It has made an offer to purchase another firm.

Cornerstone Solutions사에 대해 언급된 것은?

(A) 몇몇 협상에서 손을 뗄 것으로 예상된다.
(B) 여분의 자금을 어떻게 쓸지 정하려고 하는 중이다.
(C) Cho & Associates사의 서비스를 확보하는 데 동의할 지도 모른다.
(D) 다른 회사를 매입하는 것을 제안했다.

■ **Not/True** True 문제   정답 (C)

질문의 핵심 어구인 Cornerstone Solutions와 관련된 내용을 지문에서 찾아 각 보기와 대조하는 Not/True 문제이다. (A), (B), (D)는 지문에 언급되지 않은 내용이다. (C)는 'Senior officials from Cornerstone Solutions will be coming in ~ hopefully, to sign a contract. If they sign with us, we will have a multimillion-dollar account on our hands.'에서 Cornerstone Solutions사의 고위 관리들이 바라건대 계약을 맺기 위해 방문할 것이며, 그들이 우리, 즉 Cho & Associates사와 계약하면 자신들이 수백만 달러의 거래를 보유할 것이라고 했으므로 지문의 내용과 일치한다. 따라서 (C)가 정답이다.

어휘   withdraw from phr. ~에서 손을 떼다   negotiation n. 협상, 교섭   fund n. 자금, 기금   secure v. 확보하다   make an offer phr. 제안하다
        purchase v. 매입하다

바꾸어 표현하기
sign a contract 계약을 맺다 → agree to secure the services 서비스를 확보하는 데 동의하다

What does Ms. Cho ask her employees to do?

(A) Add some terms to a contract
(B) Contact her for job details
(C) Assess some coworkers
(D) Set up a room for a meeting

Ms. Cho는 그녀의 직원들에게 무엇을 해달라고 요청하는가?

(A) 계약서에 몇 가지 조항을 추가한다
(B) 직무의 세부 사항을 얻기 위해 그녀에게 연락한다
(C) 동료를 평가한다
(D) 회의를 위한 공간을 준비한다

■ **육하원칙** What   정답 (B)

Ms. Cho가 그녀의 직원들에게 무엇(What)을 해달라고 요청하는지를 묻는 육하원칙 문제이다. 질문의 핵심 어구인 Ms. Cho ask her employees to do와 관련하여, 'If you are interested in handling ~ new account, please e-mail me so that I can send you a preliminary overview of what the position will involve.'에서 새로운 거래를 다루는 데 관심이 있다면 그 직무가 포함할 것에 대한 예비 개요를 보내줄 수 있도록 자신, 즉 Ms. Cho에게 이메일을 보내달라고 했으므로 (B)가 정답이다.

바꾸어 표현하기
overview of what ~ position will involve 직무가 포함할 것에 대한 개요 → job details 직무의 세부 사항

어휘   term n. 조항, 조건   assess v. 평가하다   set up phr. ~을 준비하다, 마련하다

Questions 151-152 refer to the following text-message chain.

151-152는 다음 메시지 대화문에 관한 문제입니다.

Farrah Keller [10:43 A.M.] I just spoke to Janice Catering regarding tonight's event. They are running late due to another client. They can't deliver the food until 6:30 P.M. **Teddy Park** [10:45 A.M.] Oh, but we are supposed to start serving appetisers at 6 P.M. **Farrah Keller** [10:46 A.M.] ¹⁵¹How about we pick up the food ourselves? **Teddy Park** [10:47 A.M.] Smart! ¹⁵¹Can you ask them if that's possible? **Farrah Keller** [10:49 A.M.] I'll do that right away. ¹⁵²I can also ask for a price reduction based on our contract. **Teddy Park** [10:51 A.M.] OK. Let me know what they say. In the meantime, I'll get the company truck ready.	Farrah Keller [오전 10시 43분] 오늘 밤 행사에 관해 Janice Catering과 방금 통화했어요. 그들은 다른 고객 때문에 늦어지고 있어요. 그들은 오후 6시 30분이 되어서야 음식을 배달할 수 있어요. Teddy Park [오전 10시 45분] 아, 하지만 우리는 오후 6시에 에피타이저를 제공하기 시작하기로 되어 있어요. Farrah Keller [오전 10시 46분] ¹⁵¹우리가 직접 음식을 가지러 가는 건 어떤가요? Teddy Park [오전 10시 47분] 현명하네요! ¹⁵¹그것이 가능한지 그들에게 물어봐 줄 수 있나요? Farrah Keller [오전 10시 49분] 제가 그것을 바로 할게요. ¹⁵²저는 또한 우리의 계약서에 따라 가격 인하를 요청할 수 있어요. Teddy Park [오전 10시 51분] 좋아요. 그들이 뭐라고 하는지 저에게 알려주세요. 그동안에, 저는 회사의 트럭을 준비할게요.

여휘 □ reduction n. 인하, 축소 □ in the meantime phr. 그동안에, 그 사이에

151
○○○●
중

At 10:47 A.M., what does Mr. Park most likely mean when he writes, "Smart"?

(A) He thinks it would be wise to notify a client.
(B) He is impressed by his colleague's idea.
(C) He believes the caterer can solve a problem.
(D) He is pleased that she hired an employee.

오전 10시 47분에, Mr. Park가 "Smart"라고 썼을 때 그가 의도한 것 같은 것은?

(A) 고객에게 알리는 것이 현명할 것이라고 생각한다.
(B) 그의 동료의 아이디어에 감명을 받았다.
(C) 음식 제공업체가 문제를 해결할 수 있다고 믿는다.
(D) 그녀가 직원을 고용한 것이 기쁘다.

■ 의도 파악   정답 (B)

Mr. Park가 의도한 것을 묻는 문제이므로, 질문의 인용어구(Smart)가 언급된 주변 문맥을 파악한다. 'How about we pick up the food ourselves?'에서 Farrah Keller가 자신들이 직접 음식을 가지러 가는 것이 어떤지 묻자, Mr. Park가 'Smart'(현명하네요)라고 한 후, 'Can you ask them if that's possible?'에서 그것이 가능한지 그들, 즉 음식 제공업체에 물어봐 달라고 한 것을 통해 Mr. Park가 그의 동료의 아이디어에 감명을 받았음을 알 수 있다. 따라서 (B)가 정답이다.

여휘 wise adj. 현명한, 지혜로운 notify v. 알리다 impress v. 감명을 주다, 깊은 인상을 주다

152
○○●●
상

What is suggested about Janice Catering?

(A) It specializes in local food varieties.
(B) It has been hired by Mr. Park before.
(C) It mentions discounts in its contract.
(D) It only operates one food delivery truck.

Janice Catering에 대해 암시된 것은?

(A) 다양한 지역 음식을 전문으로 한다.
(B) 이전에 Mr. Park에 의해 고용된 적이 있다.
(C) 계약서에서 할인에 대해 언급한다.
(D) 한 대의 음식 배달 트럭만 운영한다.

■ 추론 세부 정보   정답 (C)

질문의 핵심 어구인 Janice Catering에 대해 추론하는 문제이다. 'I can ~ ask for a price reduction based on our contract.'에서 자신들의 계약서에 따라 가격 인하를 요청할 수 있다고 했으므로 Janice Catering이 계약서에서 할인에 대해 언급한다는 사실을 추론할 수 있다. 따라서 (C)가 정답이다.

여휘 specialize in phr. ~을 전문으로 하다 operate v. 운영하다

Questions 153-154 refer to the following announcement.

153-154는 다음 공고에 관한 문제입니다.

154-AAthens College Event Listing

Artist Spotlight

While 153our last few Artist Spotlight events have featured accomplished painters, this month's guest will be 154-Ba self-taught animator named Grant Marek. He will present 154-Dhis latest film, *Coloratura*, which was screened at the Global Animation Festival. The *Georgia Sentinel* calls Mr. Marek's newest movie "an uplifting and masterful interplay of sight and sound." The film screening will include a live narrator and sound effects, and a quartet of musicians led by professor Wallace Herbert. 154-AAfter the screening, audience members will have a chance to ask Mr. Marek questions about his film. He will also participate in a panel discussion a day after the screening on Friday, February 12, at 7 P.M. in the Watkins Auditorium.

Admission: Free and Open to the Public
Date and time: Thursday, February 11, at 6:30 P.M.
Venue: Charles Theater

154-AAthens 대학 행사 목록

Artist Spotlight

153지난 몇 번의 Artist Spotlight 행사는 뛰어난 화가들을 출연시켰지만, 이번 달의 초대 손님은 154-BGrant Marek이라는 독학한 만화 영화 제작자가 될 것입니다. 그는 154-D그의 최신 영화인 *Coloratura*를 보여줄 것이며, 이것은 세계 만화 영화 축제에서 상영되었습니다. *Georgia Sentinel*지는 Mr. Marek의 최신 영화를 "정신이 고양되며 훌륭한 장면과 음향의 상호 작용"이라고 묘사했습니다. 영화 상영은 실황 내레이터와 음향 효과, 그리고 Wallace Herbert 교수가 이끄는 4인조 음악가들을 포함할 것입니다. 154-A상영 후, 관객들은 Mr. Marek에게 그의 영화에 관해 질문할 기회를 가질 것입니다. 그는 상영 하루 뒤인 2월 12일 금요일 오후 7시에 Watkins 강당에서의 공개 토론회에도 참여할 것입니다.

입장료: 무료이며 일반인에게 개방됨
일시: 2월 11일 목요일, 오후 6시 30분
장소: Charles 극장

어휘 □ **accomplished** adj. 뛰어난, 조예가 깊은   □ **uplifting** adj. 정신이 고양되는, 희망을 주는   □ **masterful** adj. 훌륭한, 능수능란한

153

○●●●●
상

What is suggested about Athens College's Artist Spotlight?

(A) It is a recurring event.
(B) It includes an art exhibit.
(C) It exclusively features musicians.
(D) It will be recorded for television.

Athens 대학의 Artist Spotlight에 대해 암시되는 것은?

(A) 반복되어 발생하는 행사이다.
(B) 미술 전시회를 포함한다.
(C) 오직 음악가들만을 출연시킨다.
(D) 텔레비전 방송을 위해 녹화될 것이다.

■ 추론 세부 정보

정답 (A)

질문의 핵심 어구인 Athens College's Artist Spotlight에 대해 추론하는 문제이다. 'our last few Artist Spotlight events have featured accomplished painters'에서 지난 몇 번의 Artist Spotlight 행사가 뛰어난 화가들을 출연시켰다고 했으므로, Artist Spotlight가 반복되어 발생하는 행사라는 사실을 추론할 수 있다. 따라서 (A)가 정답이다.

154

○●●●●
상

What is NOT indicated about Mr. Marek?

(A) He will participate in more than one activity at Athens College.
(B) He has received no formal training in animation.
(C) He will hold a rehearsal in the Charles Theater.
(D) His work was shown at an international film festival.

Mr. Marek에 대해 언급되지 않은 것은?

(A) Athens 대학에서 하나 이상의 활동에 참여할 것이다.
(B) 만화 영화에 대한 정식 교육을 받지 않았다.
(C) Charles 극장에서 리허설할 것이다.
(D) 그의 작품이 국제 영화 축제에서 상영되었다.

■ Not/True Not 문제

정답 (C)

질문의 핵심 어구인 Mr. Marek과 관련된 내용을 지문에서 찾아 각 보기와 대조하는 Not/True 문제이다. (A)는 'Athens College Event Listing'에서 공고가 Athens 대학 행사 목록임을 알 수 있으며, 'After the screening, audience members will have a chance to ask Mr. Marek questions ~. He will also participate in a panel discussion a day after the screening'에서 상영 후 관객들은 Mr. Marek에게 질문할 기회를 가질 것이며, 그가 상영 하루 뒤에 공개 토론회에도 참여할 것이라고 한 것을 통해 Mr. Marek이 Athens 대학에서 하나 이상의 활동에 참여할 것임을 알 수 있으므로 지문의 내용과 일치한다. (B)는 'a self-taught animator named Grant Marek'에서 Mr. Marek이 독학한 만화 영화 제작자라고 한 것을 통해 그가 만화 영화에 대한 정식 교육을 받지 않았음을 알 수 있으므로 지문의 내용과 일치한다. (C)는 지문에 언급되지 않은 내용이다. 따라서 (C)가 정답이다. (D)는 'his latest film ~ which was screened at the Global Animation Festival'에서 그, 즉 Mr. Marek의 최신 영화가 세계 만화 영화 축제에서 상영되었다고 했으므로 지문의 내용과 일치한다.

Questions 155-157 refer to the following advertisement.

155-157은 다음 광고에 관한 문제입니다.

Palm Creek Tours

No visit to California is complete without a trip to one of its dozen national parks. Each year, millions of visitors from around the world come to enjoy the state's stunning natural vistas and wide range of outdoor activities. — [1] —.

Palm Creek Tours specializes in planning fully customizable tours of California's national parks. We offer everything from single-day packages to multiday trips to one or more locations. — [2] —. You can sleep in a tent, in a five-star resort, or anything in between. ¹⁵⁵Should you require a guide for any activity, we can arrange one for you at an added cost. ¹⁵⁶⁻ᶜOur multilingual guides can help you and your companions feel comfortable and ensure that your trip goes smoothly. — [3] —.

¹⁵⁷Tour packages start at $150 per person for a single-day trip including meals and transportation. All packages require a minimum of four people. — [4] —. Call Palm Creek Tours today at 555-8012, or visit www.palmcreektours.com.

Palm Creek 관광

캘리포니아의 어떤 방문도 12개의 국립공원들 중 하나를 방문하지 않고는 완성되지 않습니다. 매년, 전 세계의 수백만 명의 방문객들이 이 주의 놀라운 자연 풍경과 광범위한 야외 활동을 즐기기 위해 옵니다. — [1] —.

Palm Creek 관광은 캘리포니아 국립공원의 완벽하게 맞춤형인 관광을 계획하는 것을 전문으로 합니다. 저희는 1일 패키지부터 한 곳 이상의 장소로의 며칠 간의 여행까지 모든 것을 제공합니다. — [2] —. 당신은 텐트, 별 다섯 개짜리 리조트, 또는 그 사이에 있는 무엇에서든 잠을 잘 수 있습니다. ¹⁵⁵만약 당신이 어떤 활동에 대한 가이드가 필요하다면, 저희는 추가 비용으로 당신을 위해 그것을 준비할 수 있습니다. ¹⁵⁶⁻ᶜ저희의 다국어를 하는 가이드들은 당신과 당신의 동반자들이 편안함을 느끼도록 도울 수 있고 당신의 여행이 원활하게 진행되도록 보장할 수 있습니다. — [3] —.

¹⁵⁷관광 패키지는 식사와 교통수단을 포함한 1일 여행에 1인당 150달러부터 시작합니다. 모든 패키지는 최소 네 명이 필요합니다. — [4] —. 오늘 555-8012로 Palm Creek 관광에 전화하거나, www.palmcreektours.com을 방문하세요.

어휘 □ **dozen** n. 12개의
□ **vista** n. 풍경, 경치
□ **customizable** adj. 맞춤형의
□ **companion** n. 동반자, 친구
□ **minimum** n. 최소(한도), 최저

□ **national park** phr. 국립공원
□ **outdoor** adj. 야외의
□ **arrange** v. 준비하다
□ **ensure** v. 보장하다

□ **stunning** adj. 놀라운, 아름다운
□ **fully** adv. 완벽하게, 완전히
□ **multilingual** adj. 다국어를 하는
□ **smoothly** adv. 원활하게, 순조롭게

155
○●●●
상

What is suggested about the tour packages?

(A) They are being offered for a limited time.
(B) They are not inclusive of tour guides.
(C) They must be reserved months in advance.
(D) They cannot be booked for fewer than six people.

관광 패키지에 대해 암시되는 것은?

(A) 제한된 시간 동안 제공되고 있다.
(B) 관광 가이드들을 포함하지 않는다.
(C) 몇 달 전에 예약되어야 한다.
(D) 여섯 명보다 적게 예약될 수 없다.

■ **추론** 세부 정보   정답 (B)

질문의 핵심 어구인 the tour packages에 대해 추론하는 문제이다. 'Should you require a guide for any activity, we can arrange one ~ at an added cost.'에서 만약 어떤 활동에 대한 가이드가 필요하다면 추가 비용으로 그것을 준비할 수 있다고 했으므로 관광 패키지가 관광 가이드들을 포함하지 않는다는 사실을 추론할 수 있다. 따라서 (B)가 정답이다.

어휘 **limited** adj. 제한된 **inclusive** adj. 포함된 **in advance** phr. (사)전에, 미리 **book** v. 예약하다

What is true about Palm Creek Tours?

(A) It was recognized for its outstanding service.
(B) It handles foreign visitors exclusively.
(C) It offers a service in multiple languages.
(D) It operates resorts throughout California.

Palm Creek 관광에 대해 사실인 것은?

(A) 뛰어난 서비스로 인정받았다.
(B) 오로지 외국인 방문객들만 응대한다.
(C) 여러 언어로 서비스를 제공한다.
(D) 캘리포니아 전역에 리조트를 운영한다.

■ **Not/True** True 문제 　　　　　　　　　　　　　　　　　　　　　　　　　　정답 (C)

질문의 핵심 어구인 Palm Creek Tours와 관련된 내용을 지문에서 찾아 각 보기와 대조하는 Not/True 문제이다. (A), (B), (D)는 지문에 언급되지 않은 내용이다. (C)는 'Our multilingual guides'에서 저희, 즉 Palm Creek 관광의 다국어를 하는 가이드들이라고 했으므로 지문의 내용과 일치한다. 따라서 (C)가 정답이다.

바꾸어 표현하기
multilingual guides 다국어를 하는 가이드들 → offers a service in multiple languages 여러 언어로 서비스를 제공하다

어휘 recognize v. 인정하다, 알아보다 　outstanding adj. 뛰어난, 중요한 　handle v. 응대하다, 다루다 　exclusively adv. 오로지 ~만, 독점적으로

In which of the positions marked [1], [2], [3], and [4] does the following sentence best belong?

"We cannot make any exceptions to this policy."

(A) [1]
(B) [2]
(C) [3]
(D) [4]

[1], [2], [3], [4]로 표시된 위치 중, 다음 문장이 들어갈 곳으로 가장 적절한 것은?

"저희는 이 규정에 어떠한 예외도 만들 수 없습니다."

(A) [1]
(B) [2]
(C) [3]
(D) [4]

■ **문장 위치 찾기** 　　　　　　　　　　　　　　　　　　　　　　　　　　정답 (D)

지문의 흐름상 주어진 문장이 들어가기에 가장 적절한 곳을 고르는 문제이다. 주어진 문장에서 이 규정에 어떠한 예외도 만들 수 없다고 했으므로, 이 문장이 규정과 관련된 내용이 나오는 부분에 들어가야 함을 알 수 있다. [4]의 앞부분인 'Tour packages start at $150 per person for a single-day trip including meals and transportation.'에서 관광 패키지가 식사와 교통수단을 포함한 1일 여행에 1인당 150달러부터 시작한다고 했으며, 앞 문장인 'All packages require a minimum of four people.'에서 모든 패키지가 최소 네 명이 필요하다고 했으므로 [4]에 제시된 문장이 들어가면 관광 패키지가 1인당 150달러부터 시작하고 최소 네 명이 필요하며 이 규정에 어떠한 예외도 만들 수 없다는 자연스러운 문맥이 된다는 것을 알 수 있다. 따라서 (D)가 정답이다.

어휘 exception n. 예외, 제외 　policy n. 규정, 정책, 방침

158-160은 다음 브로슈어에 관한 문제입니다.

Biz-Equip Repair Services

The cost of replacing broken or malfunctioning office equipment can be high! Before you rush out to buy a new printer, photocopier, projector, computer, or other office device, call Biz-Equip Repair Services!

Equipment Repair

[158-B]We have a team of experienced specialists who can visit to check your machine. If it's possible to fix your item on the spot, we will. [158-D]If it requires major repairs, your equipment will be taken to our service center and returned to you in good working order. Most types of repairs are done within just 48 hours!

Equipment Maintenance

[158-A]Biz-Equip also provides companies and other organizations with regular maintenance services. Our technicians can conduct weekly inspections of your equipment to ensure that everything is functioning properly.

Equipment Cartridge Supply

In addition, [158-C/159]Biz-Equip has a selection of ink and toner cartridges that fit most office printers and photocopiers. [159]Prices vary according to brand and type. For details, visit www.bizequiprepairservices.com/products.

To book an appointment with a technician, call our toll-free number at 1-800-555-9288. [160]Provide the address of your office or business establishment, and we'll send someone as soon as possible.

Biz-Equip 수리 서비스

고장 나거나 제대로 기능하지 못하는 사무 장비를 교체하는 비용은 비쌀 수 있습니다! 새로운 프린터, 복사기, 영사기, 컴퓨터, 또는 다른 사무기기를 사러 뛰어나가기 전에, Biz-Equip 수리 서비스에 연락하세요!

장비 수리

[158-B]저희에게는 귀하의 기계를 점검하기 위해 방문할 수 있는 숙련된 전문가 집단이 있습니다. 만약 귀하의 물품을 현장에서 수리하는 것이 가능하다면, 그렇게 할 것입니다. [158-D]주요한 수리가 필요하다면, 귀하의 장비는 저희 서비스 센터로 가져와져서, 정상적으로 잘 작동하는 상태로 귀하께 돌려보내질 것입니다. 대다수 종류의 수리는 48시간 이내로 완료됩니다!

장비 유지보수

[158-A]Biz-Equip은 회사 및 기타 기관에 정기적인 유지보수 서비스도 제공합니다. 저희 기술자들은 모든 것이 제대로 작동하고 있는지 확실히 하기 위해 귀하의 장비에 대해 주 1회의 점검을 실시할 수 있습니다.

장비 카트리지 제공

게다가, [158-C/159]Biz-Equip은 대부분의 사무용 프린터와 복사기에 맞는 엄선된 잉크 및 토너 카트리지를 보유하고 있습니다. [159]가격은 브랜드와 종류에 따라 다릅니다. 세부 사항을 위해서는, www.bizequiprepairservices.com/products를 방문하십시오.

기술자와 예약을 잡으시려면, 저희의 수신자 부담 번호인 1-800-555-9288로 전화하십시오. [160]귀하의 사무실이나 사업소의 주소를 알려주시면, 최대한 빨리 사람을 보내드리겠습니다.

어휘 □ **broken** adj. 고장 난 □ **malfunctioning** adj. 제대로 기능하지 못하는 □ **rush out** phr. 뛰어나가다
□ **experienced** adj. 숙련된 □ **specialist** n. 전문가 □ **fix** v. 수리하다
□ **on the spot** phr. 현장에서 □ **major** adj. 주요한, 보다 큰 □ **working order** phr. 정상적으로 작동하는 상태
□ **organization** n. 기관, 단체 □ **ensure** v. 확실히 하다 □ **function** v. 작동하다
□ **properly** adv. 제대로, 적절히 □ **a selection of** phr. 엄선된 □ **vary** v. 다르다, 달라지다
□ **toll-free number** phr. 수신자 부담 번호 □ **business establishment** phr. 사업소

158

What is NOT indicated about Biz-Equip?

(A) It provides clients with periodic services.
(B) It offers on-site equipment inspections.
(C) It sells a line of office machines.
(D) It operates a center for making repairs.

Biz-Equip에 대해 언급되지 않은 것은?

(A) 고객들에게 정기적인 서비스를 제공한다.
(B) 현장 장비 점검을 제공한다.
(C) 사무기기 라인을 판매한다.
(D) 수리를 위한 센터를 운영한다.

■ **Not/True** Not 문제
정답 (C)

질문의 핵심 어구인 Biz-Equip과 관련된 내용을 지문에서 찾아 각 보기와 대조하는 Not/True 문제이다. (A)는 'Biz-Equip ~ provides companies and other organizations with regular maintenance services. Our technicians can conduct weekly inspections'에서 Biz-Equip은 회사 및 기타 기관에 정기적인 유지보수 서비스를 제공하며, 그들의 기술자들은 주 1회의 점검을 실시할 수 있다고 했으므로 지문의 내용과 일치한다. (B)는 'We have a team of experienced specialists who can visit to check your machine.'에서 저희, 즉 Biz-Equip에는 기계를 점검하기 위해 방문할 수 있는 숙련된 전문가 집단이 있다고 한 것을 통해 현장 장비 점검을 제공함을 알 수 있으므로 지문의 내용과 일치한다. (C)는 'Biz-Equip has a selection of ink and toner cartridges that fit most office printers and photocopiers.'에서 Biz-Equip이 대부분의 사무용 프린터와 복사기에 맞는 엄선된 잉크 및 토너 카트리지를 보유하고 있다고 했지만, 사무기기 라인을 판매한다고 한 것은 아니므로 지문의 내용과 일치하지 않는다. 따라서 (C)가 정답이다. (D)는 'If it requires major repairs, your equipment will be taken to our service center'에서 주요한 수리가 필요하다면 장비가 저희, 즉 Biz-Equip의 서비스 센터로 가져와질 것이라고 한 것을 통해 수리를 위한 센터를 운영함을 알 수 있으므로 지문의 내용과 일치한다.

어휘 **periodic** adj. 정기적인, 주기적인 **on-site** adj. 현장의 **operate** v. 운영하다 **make a repair** phr. 수리하다

159

According to the brochure, what can customers do on Biz-Equip's Web site?

(A) Print out a billing statement
(B) Make a payment for printer cartridges
(C) Find cost information for some products
(D) Request an equipment upgrade

브로슈어에 따르면, 고객들은 Biz-Equip의 웹사이트에서 무엇을 할 수 있는가?

(A) 대금 청구서를 인쇄한다
(B) 프린터 카트리지 비용을 지불한다
(C) 상품에 대한 가격 정보를 찾는다
(D) 장비 업그레이드를 요청한다

■ **육하원칙** What
정답 (C)

브로슈어에 따르면 고객들이 Biz-Equip의 웹사이트에서 무엇(what)을 할 수 있는지를 묻는 육하원칙 문제이다. 질문의 핵심 어구인 customers do on Biz-Equip's Web site와 관련하여, 'Biz-Equip has a selection of ink and toner cartridges ~. Prices vary according to brand and type. For details, visit www.bizequiprepairservices.com/products.'에서 Biz-Equip은 엄선된 잉크 및 토너 카트리지를 보유하고 있으며 가격은 브랜드와 종류에 따라 다르다고 한 후, 세부 사항을 위해서는 웹사이트를 방문하라고 했으므로 (C)가 정답이다.

어휘 **billing statement** phr. 대금 청구서 **make a payment** phr. 지불하다

160

What information does Biz-Equip require to arrange a visit by a technician?

(A) A customer account number
(B) The location of an office
(C) Proof of purchase
(D) The date on a warranty card

Biz-Equip은 기술자의 방문을 주선하기 위해 어떤 정보를 요구하는가?

(A) 고객 계정번호
(B) 사무실 위치
(C) 구매 증명서
(D) 품질 보증서 카드에 적힌 날짜

■ **육하원칙** What
정답 (B)

Biz-Equip이 기술자의 방문을 주선하기 위해 어떤(What) 정보를 요구하는지를 묻는 육하원칙 문제이다. 질문의 핵심 어구인 Biz-Equip require to arrange a visit by a technician과 관련하여, 'Provide the address of your office or business establishment, and we'll send someone as soon as possible.'에서 사무실이나 사업소의 주소를 알려주면 최대한 빨리 사람, 즉 기술자를 보내주겠다고 했으므로 (B)가 정답이다.

바꾸어 표현하기
the address of ~ office or business establishment 사무실이나 사업소의 주소 → The location of an office 사무실 위치

어휘 **arrange** v. 주선하다, 정하다 **account number** phr. 계좌번호 **proof** n. 증명서, 증거 **warranty** n. 품질 보증서

Murals Bring Life and Color to Downtown Core

Charlotte, October 19—[161]When the city of Charlotte launched a mural program last June in the downtown core, the idea was to revitalize and brighten up the area. The large, artistic images are being painted directly onto building walls and are nearing completion. — [1] —. Plans call for all the murals to be finished within two months. The project has transformed the city center into an outdoor art gallery, and it will be important to maintain all the artwork. [162/164]The Axon Arts Group is in charge of the project and will also be under contract for the next five years to maintain the murals. — [2] —.

Axon Arts Group was chosen to carry out the project as it has been holding art workshops at local schools and community centers for the past 20 years. — [3] —. The group was eager to accept the offer when it was first proposed by Charlotte's planning committee last spring. "Many local artists are excited about this project," said Axon Arts Group cofounder Matthew Stewart. "It's a once-in-a-lifetime opportunity for many of them." [163]The initial funding was a $50,000 grant supplied by the Community Initiative Foundation. — [4] —. [163]The Charlotte Tourism Board matched that contribution shortly thereafter. "Now when people come to visit our city," said Tourism Board director Jill Myers, "they'll see it bursting with positivity and inspiration, and they'll want to come back."

벽화가 시내 중심부에 활기와 색채를 가져오다

Charlotte시, 10월 19일—[161]지난 6월에 Charlotte시가 시내 중심부에서 벽화 프로그램을 시작했을 때, 그 발상은 지역을 재활성화하고 활기를 주기 위한 것이었다. 예술적인 대형 그림들이 건물 벽에 직접 그려지고 있으며 완성에 가까워지고 있다. — [1] —. 계획은 모든 벽화가 두 달 이내에 완성될 것을 요한다. 이 프로젝트는 도심을 야외 미술관으로 탈바꿈시켰으며, 그 모든 예술품을 보존하는 것이 중요해질 것이다. [162/164]Axon 예술단이 이 프로젝트를 맡고 있으며, 또한 벽화를 관리하도록 다음 5년 동안 계약되어 있을 것이다. — [2] —.

Axon 예술단은 지난 20년 동안 지역 학교 및 시민 문화회관에서 미술 워크숍을 진행해왔기 때문에 이 프로젝트를 수행하도록 선정되었다. — [3] —. 지난봄 Charlotte시의 기획 위원회에 의해 처음 제안 받았을 때, 그 단체는 그것을 몹시 받아들이고 싶어 했다. "많은 지역 예술가들이 이 프로젝트에 들떠 있습니다."라고 Axon 예술단의 공동 창립자 Matthew Stewart는 말했다. "이것은 그들 중 다수에게 평생 단 한 번뿐인 기회입니다." [163]초기 자금은 지역 사회 기획 재단에 의해 제공된 5만 달러의 보조금이었다. — [4] —. [163]그 후 얼마 되지 않아서 Charlotte시 관광청이 그 기부금에 필적했다. "이제 사람들이 우리 도시를 방문하러 오면, 그들은 이곳이 긍정과 영감으로 가득 차 있는 것을 볼 것이고, 다시 방문하고 싶어 할 것입니다."라고 관광청장 Jill Myers는 말했다.

어휘
- mural n. 벽화
- launch v. 시작하다, 착수하다
- near v. ~에 가까워지다
- transform v. 탈바꿈하다
- carry out phr. 실행하다, 수행하다
- cofounder n. 공동 창립자
- grant n. 보조금
- burst with phr. ~으로 가득 차 있다, 충만하다
- life n. 활기, 생명
- revitalize v. 재활성화하다, 부흥시키다
- completion n. 완성
- in charge of phr. ~을 맡고 있는
- eager adj. 몹시 ~하고 싶어 하는
- once-in-a-lifetime adj. 평생 단 한 번뿐인
- match v. 필적하다, 대등하게 하다
- inspiration n. 영감
- core n. 중심
- brighten v. 활기를 주다
- call for phr. ~을 요하다
- under contract phr. 계약되어 있는
- committee n. 위원회
- initial adj. 초기의
- contribution n. 기부금, 기여

161
○○○●
하

Why did Charlotte implement the mural program?

(A) To promote local artists
(B) To attract more downtown shoppers
(C) To revitalize part of the city
(D) To teach painting to students

Charlotte시는 왜 벽화 프로그램을 시행했는가?

(A) 지역 예술가들을 장려하기 위해
(B) 시내 쇼핑객들을 더 많이 끌어들이기 위해
(C) 도시의 일부를 재활성화하기 위해
(D) 학생들에게 회화를 가르치기 위해

■ 육하원칙 Why

정답 (C)

Charlotte시가 왜(Why) 벽화 프로그램을 시행했는지를 묻는 육하원칙 문제이다. 질문의 핵심 어구인 Charlotte implement the mural program과 관련하여, 'When the city of Charlotte launched a mural program ~ in the downtown core, the idea was to revitalize and brighten up the area.'에서 Charlotte시가 시내 중심부에서 벽화 프로그램을 시작했을 때 그 발상은 지역을 재활성화하고 활기를 주기 위한 것이었다고 했으므로 (C)가 정답이다.

어휘 implement v. 시행하다, 이행하다 promote v. 장려하다, 홍보하다

162

What is implied about Axon Arts Group?

(A) It will work for the city for five years.
(B) It manages a local gallery.
(C) It asked the public for mural ideas.
(D) It has an office at a community center.

Axon 예술단에 대해 암시되는 것은?

(A) 도시를 위해 5년 동안 일할 것이다.
(B) 지역 미술관을 운영한다.
(C) 대중에게 벽화에 대한 의견을 요청했다.
(D) 시민 문화회관에 사무실이 있다.

■ **추론** 세부 정보 　　　　　　　　　　　　　　　　　　　　　　　　　　　　　　　　　　　　　정답 (A)

질문의 핵심 어구인 Axon Arts Group에 대해 추론하는 문제이다. 'The Axon Arts Group is in charge of the project and will also be under contract for the next five years to maintain the murals.'에서 Axon 예술단이 이 프로젝트, 즉 벽화 프로그램을 맡고 있으며 또한 벽화를 관리하도록 다음 5년 동안 계약되어 있을 것이라고 했으므로 Axon 예술단이 도시를 위해 5년 동안 일할 것이라는 사실을 추론할 수 있다. 따라서 (A)가 정답이다.

어휘 manage v. 운영하다

163

What can be suggested about the Charlotte Tourism Board?

(A) It is hosting a public fund-raising event.
(B) It launched an information campaign about the arts.
(C) It requested funding from the Community Initiative Foundation.
(D) It provided about $50,000 for the project.

Charlotte시 관광청에 대해 추론될 수 있는 것은?

(A) 공공 기금 모금 행사를 개최하고 있다.
(B) 예술에 관한 정보 캠페인을 시작했다.
(C) 지역 사회 기획 재단으로부터 자금을 요청했다.
(D) 프로젝트를 위해 약 5만 달러를 제공했다.

■ **추론** 세부 정보 　　　　　　　　　　　　　　　　　　　　　　　　　　　　　　　　　　　　　정답 (D)

질문의 핵심 어구인 the Charlotte Tourism Board에 대해 추론하는 문제이다. 'The initial funding was a $50,000 grant supplied by the Community Initiative Foundation.'에서 초기 자금은 지역 사회 기획 재단에 의해 제공된 5만 달러의 보조금이었다고 했고, 'The Charlotte Tourism Board matched that contribution shortly thereafter.'에서 그 후 얼마 되지 않아서 Charlotte시 관광청이 그 기부금에 필적했다고 했으므로 Charlotte시 관광청이 프로젝트를 위해 지역 사회 기획 재단의 기부금에 필적하는 약 5만 달러를 제공했다는 사실을 추론할 수 있다. 따라서 (D)가 정답이다.

어휘 host v. 개최하다, 열다　fund-raiser n. 모금 행사

164

In which of the positions marked [1], [2], [3], and [4] does the following sentence best belong?

"This will involve cleaning them and touching them up as required."

(A) [1]
(B) [2]
(C) [3]
(D) [4]

[1], [2], [3], [4]로 표시된 위치 중, 다음 문장이 들어갈 곳으로 가장 적절한 것은?

"이는 필요에 따라 그것들을 청소하는 것과 손보는 것을 포함할 것이다."

(A) [1]
(B) [2]
(C) [3]
(D) [4]

■ **문장 위치 찾기** 　　　　　　　　　　　　　　　　　　　　　　　　　　　　　　　　　　　　정답 (B)

지문의 흐름상 주어진 문장이 들어가기에 가장 적절한 곳을 고르는 문제이다. 주어진 문장에서 이는 필요에 따라 그것들을 청소하는 것과 손보는 것을 포함할 것이라고 했으므로, 이 문장이 해당 업무들을 포함하는 벽화 관리와 관련된 내용이 나오는 부분에 들어가야 함을 알 수 있다. [2]의 앞 문장인 'The Axon Arts Group ~ will also be under contract ~ to maintain the murals.'에서 Axon 예술단이 벽화를 관리하도록 계약되어 있을 것이라고 했으므로, [2]에 제시된 문장이 들어가면 Axon 예술단이 벽화를 관리할 것이며 이 벽화 관리는 필요에 따라 그것들을 청소하는 것과 손보는 것을 포함할 것이라는 자연스러운 문맥이 된다는 것을 알 수 있다. 따라서 (B)가 정답이다.

어휘 touch up phr. (더 좋게 하기 위해 약간) ~을 손보다

Questions 165-167 refer to the following e-mail.

TO	All employees <staff@portlandvalleyjournal.com>
FROM	Isaac Dyer <isdyer@portlandvalleyjournal.com>
SUBJECT	January edition
DATE	December 2

Hello, everyone.

Our January edition is always special because it sets the tone for our magazine for the rest of the year. [166-D]I have already started working on the layout for our articles and features. [166-C]The head reporters and I agreed that it would be good to have more interaction between our staff and readers next year. So, [165]the January cover will be determined through a photography competition that both our readers and employees can take part in. [166-A]I've already sent out a press release to the local paper about it. [166-B]I will also put up the contest rules and guidelines on our Web site by the end of the day.

As I mentioned, the competition will be open to employees. Unfortunately, this does not apply to our photographers as they would have an unfair advantage. However, [167]I talked with Brianna Griffin, our lead photographer, and we decided that they can serve as contest judges. There is no prize other than the winning photo being featured on the cover.

[165]I hope everyone takes part if they can. Please e-mail your submission to me by December 10. The winner will be announced on December 20.

Good luck!
Isaac Dyer, Managing Editor
Portland Valley Journal

수신 전 직원 <staff@portlandvalleyjournal.com>
발신 Isaac Dyer <isdyer@portlandvalleyjournal.com>
제목 1월호
날짜 12월 2일

안녕하세요, 여러분.

우리의 1월호는 그해의 나머지 잡지에 대한 성격을 정해주기 때문에 언제나 특별합니다. [166-D]저는 이미 기사 및 특집의 레이아웃을 작업하기 시작했습니다. [166-C]선임 기자들과 저는 내년에 우리 직원들과 독자들 간에 더 많은 소통이 있으면 좋을 것 같다는 데 동의했습니다. 그래서, [165]1월호 표지는 독자들과 직원들 모두가 참여할 수 있는 사진 대회를 통해 결정될 것입니다. [166-A]저는 그것과 관련하여 이미 지역 신문사에 보도 자료를 보냈습니다. [166-B]오늘까지 우리 웹사이트에 대회 규정 및 지침도 게시할 것입니다.

말했듯이, 대회는 직원들에게 열려 있습니다. 유감스럽게도, 우리 사진작가들은 불공평한 이점을 가지게 될 것이므로 그들에게는 이것이 해당되지 않습니다. 하지만, [167]저는 수석 사진작가인 Brianna Griffin과 이야기했으며, 우리는 그들이 대회의 심사위원으로 기여할 수 있다고 결정했습니다. 우승한 사진이 표지에 게재되는 것 외에 다른 상품은 없습니다.

[165]가능하다면 모두가 참여하기를 바랍니다. 12월 10일까지 여러분의 제출물을 제게 이메일로 보내주십시오. 우승자는 12월 20일에 발표될 것입니다.

행운을 빕니다!
Isaac Dyer, 편집장
*Portland Valley Journal*지

어휘 □ **set** v. 정하다
□ **interaction** n. 소통
□ **press release** phr. 보도 자료
□ **apply** v. 해당하다
□ **serve** v. 기여하다, 일하다

□ **tone** n. 성격, 풍조
□ **cover** n. 표지
□ **put up** phr. 게시하다, 내붙이다
□ **unfair** adj. 불공평한
□ **judge** n. 심사위원; v. 심사하다

□ **feature** n. 특집, 특별 기사; v. 게재하다
□ **take part in** phr. ~에 참가하다, 참여하다
□ **guideline** n. 지침
□ **advantage** n. 이점, 이득
□ **submission** n. 제출물

Why did Mr. Dyer send the e-mail?

(A) To announce some new publication guidelines
(B) To ask for a team member to write a press release
(C) To encourage employees to send in some photos
(D) To request feedback regarding some cover art

Mr. Dyer는 왜 이메일을 보냈는가?

(A) 새로운 출판 지침을 알리기 위해
(B) 팀원에게 보도 자료를 작성해달라고 요청하기 위해
(C) 직원들에게 사진을 보내라고 장려하기 위해
(D) 몇몇 표지 작품에 대한 의견을 요청하기 위해

■ **주제/목적 찾기** 글을 쓴 이유   정답 (C)

이메일이 보내진 이유를 묻는 목적 찾기 문제이다. 특별히 이 문제는 전체 지문을 요약하여 목적을 찾아야 한다. 'the January cover will be determined through a photography competition that both our readers and employees can take part in'에서 1월호 표지는 독자들과 직원들 모두가 참여할 수 있는 사진 대회를 통해 결정될 것이라고 했고, 'I hope everyone takes part if they can. Please e-mail your submission to me ~.'에서 가능하다면 직원들 모두가 참여하기를 바라며 제출물을 이메일로 보내달라고 했으므로 (C)가 정답이다.

어휘 publication n. 출판 regarding prep. ~에 대하여

According to the e-mail, what has Mr. Dyer NOT done yet?

(A) Contacted a newspaper
(B) Posted some rules online
(C) Consulted some journalists
(D) Worked on a layout

이메일에 따르면, Mr. Dyer가 아직 하지 않은 것은?

(A) 신문사에 연락했다
(B) 온라인에 규칙을 게시했다
(C) 기자들과 상의했다
(D) 레이아웃을 작업했다

■ **Not/True** Not 문제   정답 (B)

질문의 핵심 어구인 Mr. Dyer ~ done yet과 관련된 내용을 지문에서 찾아 각 보기와 대조하는 Not/True 문제이다. (A)는 'I've already sent out a press release to the local paper'에서 자신, 즉 Mr. Dyer가 이미 지역 신문사에 보도 자료를 보냈다고 한 것을 통해 신문사에 연락했음을 알 수 있으므로 지문의 내용과 일치한다. (B)는 'I will ~ put up the contest rules ~ on our Web site by the end of the day.'에서 오늘까지 웹사이트에 대회 규정을 게시할 것이라고 했으므로 지문의 내용과 일치하지 않는다. 따라서 (B)가 정답이다. (C)는 'The head reporters and I agreed that it would be good to have more interaction between our staff and readers'에서 선임 기자들과 Mr. Dyer가 직원들과 독자들 간에 더 많은 소통이 있으면 좋을 것 같다는 데 동의했다고 한 것을 통해 Mr. Dyer가 기자들과 상의했음을 알 수 있으므로 지문의 내용과 일치한다. (D)는 'I have already started working on the layout for our articles and features.'에서 이미 기사 및 특집의 레이아웃을 작업하기 시작했다고 했으므로 지문의 내용과 일치한다.

바꾸어 표현하기

sent out a press release to the local paper 지역 신문사에 보도 자료를 보냈다 → Contacted a newspaper 신문사에 연락했다

어휘 newspaper n. 신문사 post v. 게시하다 consult v. 상의하다

What is suggested about Ms. Griffin?

(A) She was recently promoted.
(B) She will be helping to judge a contest.
(C) She sits near Mr. Dyer's office.
(D) She works for several magazines.

Ms. Griffin에 대해 암시되는 것은?

(A) 최근에 승진했다.
(B) 대회를 심사하는 것을 도울 것이다.
(C) Mr. Dyer의 사무실 근처에 앉는다.
(D) 여러 잡지사에서 일한다.

■ **추론** 세부 정보   정답 (B)

질문의 핵심 어구인 Ms. Griffin에 대해 추론하는 문제이다. 'I talked with Brianna Griffin, our lead photographer, and we decided that they can serve as contest judges.'에서 수석 사진작가인 Brianna Griffin과 이야기했으며 그들, 즉 사진작가들이 대회의 심사위원으로 기여할 수 있다고 결정했다고 했으므로, 수석 사진작가인 Ms. Griffin이 대회의 심사위원으로 심사를 도울 것이라는 사실을 추론할 수 있다. 따라서 (B)가 정답이다.

Lenny Vogler   11:57 A.M.

 Hi, everyone. [168/170]I'm worried that our online marketing isn't working. Is there a way for us to improve our online visibility?

Dorothy Hughes   11:57 A.M.

What about expanding our social media page?

Lenny Vogler   11:58 A.M.

[168]Our social media page hasn't been very successful in getting images of our products out there for consumers to see. Pictures really help in promoting our product lines.

Burl Seaver   11:58 A.M.

Perhaps we should start a Momento-Pic account. It's a photo-sharing application people use to share and comment on pictures. It would also allow us to post links to our social media page.

Anya Pearson   11:59 A.M.

[169]I've heard of that. But businesses have to pay a fee.

Lenny Vogler   11:59 A.M.

[170]If the monthly fee is reasonable, it should be within our marketing budget. Should we go ahead and set up an account?

Burl Seaver   12:00 P.M.

[171]We may also want to check out other popular image sharing applications before we do that.

Dorothy Hughes   12:01 P.M.

I agree. [171]There are other image sharing programs that have even more subscribers than Momento-Pic.

Lenny Vogler   12:02 P.M.

I see. Well, could I get one of you to come up with a list of applications that could be beneficial to join? Please also find out about their fees and functions.

Anya Pearson   12:03 P.M.

I can take care of that right now. I'll send you an e-mail with the information this afternoon.

Lenny Vogler   오전 11시 57분
안녕하세요, 여러분. [168/170]우리의 온라인 마케팅이 효과가 없는 것이 걱정스럽네요. 우리가 온라인에서의 지명도를 향상할 방법이 있을까요?

Dorothy Hughes   오전 11시 57분
소셜 미디어 페이지를 확장하는 게 어때요?

Lenny Vogler   오전 11시 58분
[168]우리의 소셜 미디어 페이지는 그곳에 고객들이 볼 수 있는 상품 사진들을 그다지 잘 마련해두지 못했어요. 사진들은 우리 제품 라인을 홍보하는 데 큰 도움이 돼요.

Burl Seaver   오전 11시 58분
어쩌면 Momento-Pic 계정을 개설해야 하겠네요. 그건 사람들이 사진을 공유하고 그것에 대한 의견을 말하기 위해 사용하는 사진 공유 애플리케이션이에요. 그건 우리의 소셜 미디어 페이지로 가는 링크도 게시하게 해줄 거예요.

Anya Pearson   오전 11시 59분
[169]그것을 들어본 적이 있어요. 하지만 사업체들은 요금을 내야 해요.

Lenny Vogler   오전 11시 59분
[170]한 달 요금이 적정하다면, 우리의 마케팅 예산을 넘지 않을 거예요. 진행하고 계정을 만들까요?

Burl Seaver   오후 12시
그러기 전에 [171]다른 유명한 사진 공유 애플리케이션도 조사해보는 게 좋을 것 같아요.

Dorothy Hughes   오후 12시 1분
동의해요. [171]Momento-Pic보다 훨씬 더 많은 이용자를 보유하고 있는 다른 사진 공유 프로그램들도 있어요.

Lenny Vogler   오후 12시 2분
알겠어요. 음, 가입하는 것이 이득이 될 수 있는 애플리케이션 목록을 여러분 중 한 명이 제시해줄 수 있나요? 그것들의 요금과 기능도 알아봐 주세요.

Anya Pearson   오후 12시 3분
제가 지금 바로 그걸 처리할 수 있어요. 오늘 오후에 그 정보를 이메일로 보내드릴게요.

어휘 □ work v. 효과가 있다   □ visibility n. 지명도   □ successful adj. 잘 된
     □ subscriber n. 이용자   □ reasonable adj. 적정한, 너무 비싸지 않은   □ come up with phr. ~을 제시하다, 제안하다
     □ take care of phr. 을 처리하다

What is Mr. Vogler concerned about?

(A) Drawing potential consumers to a showroom
(B) Raising public awareness of products on the Internet
(C) Improving the efficiency of a computer program
(D) Launching an image sharing application

Mr. Vogler는 무엇에 대해 걱정하는가?

(A) 잠재 고객들을 상품 진열실로 끌어들이는 것
(B) 인터넷에서 상품에 대한 대중의 인식을 높이는 것
(C) 컴퓨터 프로그램의 효율성을 개선하는 것
(D) 사진 공유 애플리케이션을 출시하는 것

■ **육하원칙** What

정답 (B)

Mr. Vogler가 무엇(What)에 대해 걱정하는지를 묻는 육하원칙 문제이다. 질문의 핵심 어구인 Mr. Vogler concerned about과 관련하여, 'I'm worried that our online marketing isn't working. Is there a way for us to improve our online visibility?'에서 Mr. Vogler가 자신들의 온라인 마케팅이 효과가 없는 것이 걱정스럽다고 하며, 온라인에서의 지명도를 향상할 방법이 있을지 물은 뒤, 'Our social media page hasn't been very successful in getting images of our products out there'에서 자신들의 소셜 미디어 페이지는 그곳에 상품 사진들을 그다지 잘 마련해두지 못했다고 했으므로, 온라인에서의 상품에 대한 지명도를 향상하는 것에 대해 걱정하고 있다는 것을 알 수 있다. 따라서 (B)가 정답이다.

바꾸어 표현하기
online visibility 온라인에서의 지명도 → public awareness ~ on the Internet 인터넷에서의 대중의 인식

어휘 draw v. 끌어들이다 potential adj. 잠재적인 showroom n. (상품의) 진열실 awareness n. 인식 efficiency n. 효율성 launch v. 출시하다

What is indicated about Momento-Pic?

(A) It can be used for free during a trial period.
(B) It charges businesses to sign up.
(C) It has more subscribers than its competitors do.
(D) It allows users to edit their photos.

Momento-Pic에 대해 암시되는 것은?

(A) 체험 기간 동안 무료로 사용될 수 있다.
(B) 사업체가 가입하는 것에 요금을 청구한다.
(C) 경쟁업체보다 더 많은 이용자를 보유하고 있다.
(D) 사용자들이 그들의 사진을 편집할 수 있게 한다.

■ **추론** 세부 정보

정답 (B)

질문의 핵심 어구인 Momento-Pic에 대해 추론하는 문제이다. 'I've heard of that. ~ businesses have to pay a fee.'에서 Anya Pearson이 그것, 즉 Momento-Pic을 들어본 적이 있다고 하며 사업체들은 요금을 내야 한다고 했으므로, Momento-Pic이 사업체가 가입하는 것에 요금을 청구한다는 사실을 추론할 수 있다. 따라서 (B)가 정답이다.

어휘 trial period phr. 체험 기간, 시험 기간 charge v. (요금·값을) 청구하다 sign up phr. 가입하다 edit v. 편집하다, 수정하다

In which department do the people most likely work?

(A) Marketing
(B) Product development
(C) Customer support
(D) Information technology

사람들은 어느 부서에서 일하는 것 같은가?

(A) 마케팅
(B) 제품 개발
(C) 고객 지원
(D) 정보 기술

■ **추론** 세부 정보

정답 (A)

질문의 핵심 어구인 department ~ the people ~ work에 대해 추론하는 문제이다. 'I'm worried that our online marketing isn't working. Is there a way for us to improve our online visibility?'에서 Mr. Vogler가 자신들의 온라인 마케팅이 효과가 없는 것이 걱정스럽다고 하며 온라인에서의 지명도를 향상할 방법이 있을지 물은 후, 'If the monthly fee is reasonable, it should be within our marketing budget.'에서 한 달 요금이 적정하다면 자신들의 마케팅 예산을 넘지 않을 것이라고 했으므로, 화자들이 마케팅 부서에서 일한다는 사실을 추론할 수 있다. 따라서 (A)가 정답이다.

어휘 department n. 부서 development n. 개발

At 12:01 P.M., what does Ms. Hughes mean when she writes, "I agree"?

(A) She would like to contact current subscribers.
(B) She wants to expand a social network page.
(C) She thinks the team should check other programs.
(D) She wants to start an account with Momento-Pic.

오후 12시 1분에, Ms. Hughes가 "I agree"라고 썼을 때 그녀가 의도한 것은?

(A) 현재의 이용자들에게 연락하고 싶어 한다.
(B) 소셜 네트워크 페이지를 확장하기를 바란다.
(C) 팀이 다른 프로그램들을 알아봐야 한다고 생각한다.
(D) Momento-Pic에서 계정을 개설하기를 바란다.

■ 의도 파악

정답 (C)

Ms. Hughes가 의도한 것을 묻는 문제이므로, 질문의 인용어구(I agree)가 언급된 주변 문맥을 확인한다. 'We may also want to check out other popular image sharing applications'에서 Burl Seaver가 다른 유명한 사진 공유 애플리케이션도 조사해보는 것이 좋을 것 같다고 하자, Ms. Hughes가 'I agree.'(동의해요)라고 한 후, 'There are other image sharing programs that have even more subscribers than Momento-Pic.'에서 Momento-Pic보다 훨씬 더 많은 이용자를 보유하고 있는 다른 사진 공유 프로그램들도 있다고 한 것을 통해, Ms. Hughes는 팀이 다른 사진 공유 프로그램들도 알아봐야 한다고 생각한다는 것을 알 수 있다. 따라서 (C)가 정답이다.

Questions 172-175 refer to the following information.

172–175는 다음 안내문에 관한 문제입니다.

[172]Looking to learn a new skill or start a new hobby? Check out what's coming to the Anderson Community Center starting from the week of May 11!

[173]**Baking Extravaganza**
[175-D]Mondays, 6-8 P.M., $35 per session
Discover how to make simple baked goods from one of the city's pastry chefs. [173]Each week, we learn a new recipe with a different guest teacher. All ingredients are provided.

Piano for Adults
[175-D]Tuesdays, [175-C]5-6 P.M., $15 per session
Learn the basics of playing the piano from classical pianist Susan Dickinson. No experience is necessary. No materials are required.

Short Story Writing
[174-C/175-D]Wednesdays, 7-9 P.M., $25 per session
Develop your writing skills with published author William Davis. [174-B]This engaging weekly seminar is intended for novice writers. [174-D]Please bring a pen and paper or a laptop computer.

Introductory Knitting
[175-D]Thursdays, [175-C]5:30-7 P.M., $30 per session
Make gloves, scarves, socks, and many other items in this crafting class taught by Paula Booker. Yarn and equipment are provided. However, if you prefer to knit with a specific color of yarn, you are welcome to bring your own.

[173]새로운 기술을 배우거나 새로운 취미를 시작하는 것을 생각하고 계신가요? 5월 11일에 시작되는 주부터 Anderson 시민 문화회관에 무슨 일이 일어나는지 확인해보세요!

[173]**화려한 제빵 행사**
[175-D]월요일마다, 오후 6-8시, 수업당 35달러
이 도시의 파티시에 중 한 명으로부터 간단한 제과 제품을 만드는 방법에 대해 알아보세요. [173]매주, 서로 다른 초대 선생님과 함께 새로운 요리법을 배웁니다. 모든 재료가 제공됩니다.

성인들을 위한 피아노
[175-D]화요일마다, [175-C]오후 5-6시, 수업당 15달러
클래식 피아니스트 Susan Dickinson에게서 피아노 연주에 대한 기초를 배우세요. 어떠한 경험도 필수적이지 않습니다. 어떠한 도구도 필요하지 않습니다.

단편 소설 쓰기
[174-C/175-D]수요일마다, 오후 7-9시, 수업당 25달러
책을 출간한 작가 William Davis와 여러분의 작문 실력을 개발하세요. [174-B]이 매력 있는 주간 세미나는 초보 작가들을 위해 의도되었습니다. [174-D]펜과 종이, 또는 노트북 컴퓨터를 가져오세요.

뜨개질 입문
[175-D]목요일마다, [175-C]오후 5시 30분-7시, 수업당 30달러
Paula Booker가 가르치는 이 수공예 수업에서 장갑, 목도리, 양말, 그리고 다른 많은 물건을 만들어보세요. 실과 장비는 제공됩니다. 하지만, 특정 색깔의 실로 뜨개질하고 싶으시다면, 자유롭게 여러분의 것을 가져오세요.

어휘 □ **look to** phr. ~을 생각하다, 고려하다 □ **discover** v. 알다 □ **pastry chef** phr. 파티시에
□ **ingredient** n. 재료, 원료 □ **material** n. 도구, 자료 □ **engaging** adj. 매력 있는, 호감이 가는
□ **intended for** phr. ~을 위해 의도된, 만들어진 □ **novice** n. 초보, 초심자 □ **introductory** adj. 입문의, 입문자들을 위한
□ **knitting** n. 뜨개질 □ **crafting** n. (수)공예 □ **yarn** n. 실, 방적사
□ **specific** adj. 특정한

172
○○○●○ 하

What is the purpose of the information?

(A) To announce a center's new business hours
(B) To describe some handmade products
(C) To offer an early enrollment discount
(D) To give information on some new classes

안내문의 목적은 무엇인가?

(A) 시설의 새로운 영업시간을 알리기 위해
(B) 수제 제품들에 대해 설명하기 위해
(C) 조기 등록 할인을 제공하기 위해
(D) 새로운 수업들에 대한 정보를 제공하기 위해

■ **주제/목적 찾기** 글의 목적
정답 (D)

안내문의 목적을 묻는 목적 찾기 문제이므로 지문의 앞부분을 주의 깊게 확인한다. 'Looking to learn a new skill or start a new hobby? Check out what's coming to the Anderson Community Center starting from the week of May 11!'에서 새로운 기술을 배우거나 새로운 취미를 시작하는 것을 생각하고 있는지 물으며 5월 11일에 시작되는 주부터 Anderson 시민 문화회관에 무슨 일이 일어나는지 확인해보라고 한 후, Anderson 시민 문화회관에서 새롭게 진행될 수업들에 대한 정보를 제공하고 있으므로 (D)가 정답이다.

어휘 **business hours** phr. 영업시간 **describe** v. 설명하다 **handmade** adj. 손으로 만든, 수제의 **enrollment** n. 등록, 입학

173

Which class will have multiple instructors?

(A) Baking Extravaganza
(B) Piano for Adults
(C) Short Story Writing
(D) Introductory Knitting

어느 수업에 여러 명의 강사가 있을 것인가?

(A) 화려한 제빵 행사
(B) 성인들을 위한 피아노
(C) 단편 소설 쓰기
(D) 뜨개질 입문

■ **육하원칙** Which   정답 (A)

어느(Which) 수업에 여러 명의 강사가 있을 것인지를 묻는 육하원칙 문제이다. 질문의 핵심 어구인 class ~ have multiple instructors와 관련하여, 'Baking Extravaganza', 'Each week, we learn a new recipe with a different guest teacher.'에서 화려한 제빵 행사 수업에서는 매주 서로 다른 초대 선생님과 함께 새로운 요리법을 배운다고 했으므로 (A)가 정답이다.

174

What is mentioned about Mr. Davis?

(A) He will provide some tips for getting published.
(B) He will teach inexperienced writers.
(C) He will hold his sessions on Thursdays.
(D) He will supply writing materials.

Mr. Davis에 대해 언급된 것은?

(A) 출판하는 것에 대해 조언을 제공할 것이다.
(B) 경험이 부족한 작가들을 가르칠 것이다.
(C) 목요일마다 수업을 열 것이다.
(D) 필기도구를 제공할 것이다.

■ **Not/True** True 문제   정답 (B)

질문의 핵심 어구인 Mr. Davis와 관련된 내용을 지문에서 찾아 각 보기와 대조하는 Not/True 문제이다. (A)는 지문에 언급되지 않은 내용이다. (B)는 'This ~ seminar is intended for novice writers.'에서 이 세미나, 즉 Mr. Davis가 진행하는 단편 소설 쓰기 수업은 초보 작가들을 위해 의도되었다고 했으므로 지문의 내용과 일치한다. 따라서 (B)가 정답이다. (C)는 'Wednesdays'에서 Mr. Davis가 진행하는 수업이 수요일마다 진행된다는 것을 알 수 있으므로 지문의 내용과 일치하지 않는다. (D)는 'Please bring a pen and paper or a laptop computer.'에서 수업에 펜과 종이, 또는 노트북 컴퓨터를 가지고 오라고 했으므로 지문의 내용과 일치하지 않는다.

바꾸어 표현하기
novice 초보 → inexperienced 경험이 부족한

어휘   inexperienced adj. 경험이 부족한, 미숙한   supply v. 제공하다, 공급하다

175

What is indicated about the Anderson Community Center?

(A) It raises money by selling crafts.
(B) Its instructors serve on a volunteer basis.
(C) Each of its classes lasts for two hours.
(D) All its classes meet once every week.

Anderson 시민 문화회관에 대해 언급된 것은?

(A) 수공예품을 판매해 자금을 마련한다.
(B) 강사들은 자원봉사로 일한다.
(C) 각 수업은 2시간 동안 지속된다.
(D) 모든 수업은 매주 한 번 열린다.

■ **Not/True** True 문제   정답 (D)

질문의 핵심 어구인 the Anderson Community Center와 관련된 내용을 지문에서 찾아 각 보기와 대조하는 Not/True 문제이다. (A)와 (B)는 지문에 언급되지 않은 내용이다. (C)는 '5-6 P.M.', '5:30-7 P.M.'에서 성인들을 위한 피아노 수업은 1시간, 입문자들을 위한 뜨개질 수업은 1시간 30분 동안 진행된다는 것을 알 수 있으므로 지문의 내용과 일치하지 않는다. (D)는 'Mondays', 'Tuesdays', 'Wednesdays', 'Thursdays'에서 네 개의 수업이 각각 월요일, 화요일, 수요일, 목요일마다 진행된다고 했으므로 지문의 내용과 일치한다. 따라서 (D)가 정답이다.

어휘   last v. 계속되다, 지속되다   meet v. 열리다, 회합하다

지문 1

Colfer Inc.'s Fruit Juice Sales Dry Up

[176]Beverage manufacturer Colfer Inc. experienced a 12 percent decline in fruit juice sales between July and September this year. According to company representative Fred Hines, multiple factors contributed to the decline in sales of these products, which typically account for over $500,000 of the company's annual profits. "[177-C]The summer was not as warm as normal, so fewer people bought our juices to cool down," he said. "Furthermore, some of Colfer's juice drinks rose in price due to an increase in the cost of ingredients. The price of grapes, for example, has gone up, so the manufacturing cost of our grape-flavored beverages has as well," Mr. Hines explained.

An increase in competition has also affected Colfer Inc.'s sales. Colfer Inc. and other large companies are losing ground to smaller brands that offer healthier alternatives. In fact, research data has indicated that natural juices with no added sugar have been continually increasing in popularity. In an attempt to address changing consumer preferences, [178-B]Colfer Inc. has begun establishing affiliations with a large number of fast-growing companies that make healthy foods and beverages. [179]It has also replaced the blue bottles its fruit juices have long been packaged in with redesigned red ones. The company believes that this will help to change its brand image.

Colfer사의 과일 주스 매출이 줄어들다

[176]음료 제조업체 Colfer사는 올해 7월과 9월 사이에 과일 주스 매출에서의 12퍼센트 감소를 겪었다. 그 회사의 대변인인 Fred Hines에 따르면, 다양한 요인들이 제품 매출 감소의 원인이 되었는데, 이 제품들은 일반적으로 회사의 연간 수익 중 50만 달러 이상을 차지한다. "[177-C]여름이 평소만큼 덥지 않았기 때문에, 더 적은 사람들이 열을 식히기 위해 저희 주스를 구매했습니다."라고 그는 말했다. "또한, 재료비 상승으로 인해 Colfer사의 주스 음료 중 일부의 가격이 올랐습니다. 예를 들어, 포도의 가격이 올라서, 포도 맛 음료의 제조비도 올랐습니다."라고 Mr. Hines는 설명했다.

경쟁의 심화 또한 Colfer사의 매출에 영향을 미쳤다. Colfer사와 다른 대기업들은 더 건강한 대체물을 제공하는 소규모 브랜드들에게 입지를 뺏기고 있다. 실제로, 조사 자료는 당이 첨가되지 않은 천연 주스의 인기가 계속해서 상승하고 있는 것을 보여주었다. 변화하는 소비자 선호에 대처하기 위해, [178-B]Colfer사는 건강한 식음료를 생산하는 다수의 급성장하는 기업들과 제휴를 맺기 시작했다. 또한 [179]오랫동안 그것의 과일 주스가 포장되어 온 파란색 병을 새롭게 디자인된 빨간색 병으로 교체했다. 회사는 이것이 브랜드 이미지를 바꾸는 데 도움이 될 것이라고 생각한다.

지문 2

To: Colfer Inc. board of directors
From: Carl Bryant, president, Colfer Inc.
Subject: Changes
Date: November 30

I know that the last few months have been difficult, but I'm confident that we're getting back on track. Our affiliation with Friendly Farm Foods and Natgreen Cereals has helped in this regard, but I think that Colfer Inc. will ultimately need to change with the times. Therefore, at our meeting this week, I'd like to discuss developing new flavors and expanding the price range of our products. Also, [179]I think we need to reintroduce our original juice bottles as the new color and design have not been popular with consumers. Let's focus on offering unique, high-quality products. That's how we'll meet our goals for the coming year.

수신: Colfer사 이사회
발신: Carl Bryant, 회장, Colfer사
제목: 변화
날짜: 11월 30일

지난 몇 달이 힘겨웠다는 것을 알고 있습니다만, 저는 우리가 정상으로 돌아올 것이라고 확신합니다. Friendly Farm 식품사 및 Natgreen Cereals사와의 제휴는 이런 점에서 도움을 주었지만, 저는 Colfer사가 근본적으로는 시대에 맞춰 변화해야 할 것이라고 생각합니다. 그러므로, 이번 주 회의에서, 저는 새로운 맛을 개발하는 것과 우리 제품의 가격폭을 확장하는 것에 대해 논의하고 싶습니다. 또한, [179]새로운 색상과 디자인이 소비자들에게 인기가 없었기 때문에 원래의 주스 병을 다시 도입해야 한다고 생각합니다. 독창적인 고급 제품을 제공하는 데 주력합시다. 그것이 우리가 내년의 목표를 달성할 방법입니다.

지문 1　□ **dry up** phr. 줄어들다, 고갈되다　　□ **contribute to** phr. ~의 원인이 되다　　□ **account for** phr. 차지하다, 설명하다
　　　　□ **ground** n. 입지　　□ **affiliation** n. 제휴, 소속, 가입　　□ **alternative** n. 대체물, 대체
　　　　□ **in an attempt to** phr. ~하기 위해　　□ **address** v. ~에 대처하다, ~을 해결하다　　□ **preference** n. 선호(도)

지문 2　□ **get back on track** phr. 정상으로 돌아오다　　□ **in this regard** phr. 이런 점에서　　□ **ultimately** adv. 근본적으로, 결과적으로
　　　　□ **price range** phr. 가격폭, 가격 범위　　□ **reintroduce** v. 다시 도입하다, 다시 소개하다　　□ **coming year** phr. 내년, 다음 해

176

What is the main purpose of the article?

(A) To explain why consumer preferences are changing
(B) To introduce a new manufacturing business
(C) To announce the release of a new product line
(D) To report a decline in product sales

기사의 주 목적은 무엇인가?

(A) 소비자 선호가 변하고 있는 이유를 설명하기 위해
(B) 새로운 제조업체를 소개하기 위해
(C) 새로운 제품 라인의 출시를 알리기 위해
(D) 제품 매출의 감소를 알리기 위해

■ **주제/목적 찾기** 글의 목적 　　　　　　　　　　　　　　　　　　　　　　　　　　　　정답 (D)

기사의 목적을 묻는 목적 찾기 문제이므로 첫 번째 지문인 기사의 내용을 확인한다. 기사의 'Beverage manufacturer Colfer Inc. experienced a ~ decline in fruit juice sales'에서 음료 제조업체 Colfer사가 과일 주스 매출에서의 감소를 겪었다고 한 후, 제품 매출의 감소와 관련된 세부 사항을 설명하고 있으므로 (D)가 정답이다.

177

What problem is mentioned in the article?

(A) A lack of necessary ingredients
(B) A rise in distribution costs
(C) A cooler summer than normal
(D) A drop in competitors' prices

기사에서 무슨 문제가 언급되는가?

(A) 필수 재료의 부족
(B) 유통비의 상승
(C) 평소보다 더 시원한 여름
(D) 경쟁사의 물건 가격 하락

■ **Not/True** True 문제 　　　　　　　　　　　　　　　　　　　　　　　　　　　　정답 (C)

기사에서 언급된 문제와 관련된 내용을 기사에서 찾아 각 보기와 대조하는 Not/True 문제이므로 첫 번째 지문인 기사에서 관련 내용을 확인한다. (A), (B), (D)는 지문에 언급되지 않은 내용이다. (C)는 'The summer was not as warm as normal, so fewer people bought our juices to cool down'에서 여름이 평소만큼 덥지 않았기 때문에 더 적은 사람들이 열을 식히기 위해 주스를 구매했다고 했으므로 지문의 내용과 일치한다. 따라서 (C)가 정답이다.

바꾸어 표현하기

The summer was not as warm as normal 여름이 평소만큼 덥지 않았다 → A cooler summer than normal 평소보다 더 시원한 여름

어휘　distribution cost phr. 유통비, 물류비　competitor n. 경쟁사, 경쟁자

178

What is indicated about Colfer Inc.?

(A) It makes most of its products from grapes.
(B) It has partnered with healthy food businesses.
(C) It operates factories around the world.
(D) It has been steadily losing money for several years.

Colfer사에 대해 언급된 것은?

(A) 대부분의 제품을 포도로 만든다.
(B) 건강식품 업체들과 제휴했다.
(C) 전 세계에 공장을 운영한다.
(D) 몇 년간 계속해서 손해를 봤다.

■ **Not/True** True 문제 　　　　　　　　　　　　　　　　　　　　　　　　　　　　정답 (B)

질문의 핵심 어구인 Colfer Inc.와 관련된 내용을 지문에서 찾아 각 보기와 대조하는 Not/True 문제이므로 Colfer사에 관한 세부 사항이 언급된 첫 번째 지문인 기사에서 관련 내용을 확인한다. (A), (C), (D)는 지문에 언급되지 않은 내용이다. (B)는 'Colfer Inc. has begun establishing affiliations with ~ companies that make healthy foods and beverages.'에서 Colfer사가 건강한 식음료를 생산하는 기업들과 제휴를 맺기 시작했다고 했으므로 지문의 내용과 일치한다. 따라서 (B)가 정답이다.

바꾸어 표현하기

begun establishing affiliations with ~과 제휴를 맺기 시작했다 → has partnered with ~과 제휴했다

어휘　partner v. 제휴하다, 짝이 되다　operate v. 운영하다　lose money phr. 손해를 보다

179

○
●
●
●
●
상

What does Mr. Bryant believe that Colfer Inc. should do?

(A) Use blue containers for some products
(B) Find a less expensive local supplier
(C) Introduce a quality-control process
(D) Collaborate more with other companies

Mr. Bryant는 Colfer사가 무엇을 해야 한다고 생각하는가?

(A) 몇몇 제품에 파란색 용기를 사용한다
(B) 덜 비싼 지역 공급업체를 찾는다
(C) 품질 관리 과정을 도입한다
(D) 다른 회사들과 더 많이 협력한다

■ **육하원칙** 연계 문제   정답 (A)

두 지문의 내용을 종합해서 풀어야 하는 연계 문제이다. 질문의 핵심 어구인 **Mr. Bryant believe ~ Colfer Inc. should do**에서 Mr. Bryant가 Colfer사가 무엇(What)을 해야 한다고 생각하는지를 묻고 있으므로 Mr. Bryant가 작성한 회람을 먼저 확인한다.

단서 1 두 번째 지문(회람)의 'I think we need to reintroduce our original juice bottles as the new color and design have not been popular with consumers'에서 새로운 색상과 디자인이 소비자들에게 인기가 없었기 때문에 원래의 주스 병을 다시 도입해야 한다고 생각한다고 했다. 그런데 원래의 주스 병에 대한 세부 사항이 제시되지 않았으므로 기사에서 관련 내용을 확인한다.

단서 2 첫 번째 지문(기사)의 'It has also replaced the blue bottles its fruit juices have long been packaged in with redesigned red ones.'에서 오랫동안 그것, 즉 Colfer사의 과일 주스가 포장되어 온 파란색 병을 새롭게 디자인된 빨간색 병으로 교체했다는 사실을 확인할 수 있다.

두 단서를 종합할 때, Mr. Bryant는 새롭게 디자인된 빨간색 병으로 교체했을 때 그것이 소비자들에게 인기가 없었기 때문에 원래의 파란색 병을 다시 도입해야 한다고 생각한다는 것을 알 수 있다. 따라서 (A)가 정답이다.

바꾸어 표현하기
bottles 병 → containers 용기

어휘   collaborate v. 협력하다

180

○
●
●
●
●
중

In the memo, the word "meet" in paragraph 1, line 8, is closest in meaning to

(A) introduce
(B) encounter
(C) fulfill
(D) adjust

회람에서, 1문단 여덟 번째 줄의 단어 "meet"은 의미상 ~와 가장 가깝다.

(A) 소개하다
(B) 마주치다
(C) 달성하다
(D) 조정하다

■ **동의어**   정답 (C)

두 번째 지문인 회람의 meet을 포함하는 구절 'That's how we'll meet our goals for the coming year.'에서 meet이 '달성하다, 충족시키다'라는 뜻으로 사용되었다. 따라서 '달성하다'라는 뜻을 가진 (C)가 정답이다.

Questions 181-185 refer to the following e-mail and form.

181-185는 다음 이메일과 양식에 관한 문제입니다.

지문 1

To: George Billings <g.billings@southernbakedgoods.com>
From: Lane Emerson <l.emerson@gourmetdessert.com>
Subject: RE: Gourmet Dessert Fair
Date: October 27

Dear Mr. Billings,

[181]Thank you for your interest in selling cakes at the 16th Gourmet Dessert Fair, which has earned the distinction of being the largest and most successful event of its kind. [181/183-A]To answer your question, a space costs $55 regardless of size unless you are a member of the Canadian Specialty Food Association (CSFA). For members, the price is $45. Also, all sellers can enjoy the free use of a computer and access to our [184]Privileged Vendor program, through which sellers are introduced to potential buyers.

Please note that [185]the prices above are for priority booking and only apply to applications and payments sent to us by November 30. In December, booth charges increase to $65 for members and $75 for nonmembers.

Sincerely,
Lane Emerson
Event Coordinator

수신: George Billings
 <g.billings@southernbakedgoods.com>
발신: Lane Emerson
 <l.emerson@gourmetdessert.com>
제목: 회신: 고급 디저트 박람회
날짜: 10월 27일

Mr. Billings께,

동종 행사 중에서 가장 크고 성공적이라는 명성을 얻은 [181]제16회 고급 디저트 박람회에서 케이크를 판매하는 것에 보여주신 관심에 감사드립니다. [181/183-A]질문에 납변드리자면, 만약 귀하께서 캐나다 특별 식품 협회(CSFA)의 회원이 아니시라면 공간 대여비는 크기에 상관없이 55달러입니다. 회원들에게는 45달러입니다. 또한, 모든 판매자는 무료 컴퓨터 사용 및 [184]판매업체들을 잠재 고객들에게 소개하는 저희의 특별 판매업체 프로그램에 대한 이용을 누리실 수 있습니다.

[185]위 가격은 우선 예약에 대한 것이며 11월 30일까지 접수되는 지원 및 납부에만 적용된다는 것을 유념해주십시오. 12월에, 부스 비용은 회원들에게는 65달러로, 비회원들에게는 75달러로 오릅니다.

Lane Emerson 드림
행사 책임자

지문 2

16th Gourmet Dessert Fair
January 4 to 8 | Vancouver, Canada

Registration Details
Business: Southern Baked Goods
Representative Name: George Billings
Telephone: 555-5497
E-Mail: g.billings@southernbakedgoods.com

☒ Mark here if you are a CSFA member

Booth preference
☐ Standard   ☐ Double   ☒ Corner
- Note that [185]only those with priority bookings are guaranteed their booth preferences. All booths include a table, chairs, and signage.

[184]Optional Inclusions:
☐ Exhibitor lunch (January 8)
[184]☒ Privileged Vendor program

[185]Payment Enclosed: $45.00
Date of Registration: November 16
- All checks must be payable to the Gourmet Dessert Fair.

제16회 고급 디저트 박람회
1월 4일부터 8일 | 밴쿠버, 캐나다

등록 세부 사항
사업체: Southern 제과점
대표자 성명: George Billings
전화번호: 555-5497
이메일: g.billings@southernbakedgoods.com

☒ CSFA 회원이라면 여기에 표시하십시오

부스 선호 사항
☐ 스탠다드   ☐ 더블   ☒ 코너
- [185]우선 예약하신 분들에 한해서만 부스 선호 사항이 보장된다는 것을 유념하십시오. 모든 부스는 테이블, 의자, 그리고 표지판을 포함합니다.

[184]선택 포함 사항:
☐ 출품업체 점심식사 (1월 8일)
[184]☒ 특별 판매업체 프로그램

[185]동봉된 지불금: 45.00달러
등록일: 11월 16일
- 모든 수표는 고급 디저드 빅림회를 수쉬인으로 해야 합니다.

지문 1 □ **fair** n. 박람회 　　　　　□ **earn** v. 얻다 　　　　　□ **association** n. 협회, 조합
　　　□ **priority** adj. 우선하는; n. 우선, 우선권

지문 2 □ **signage** n. 표지판 　　　　□ **optional** adj. 선택적인 　　　　□ **payable** adj. (수표 등이) ~을 수취인으로 하는

Why did Ms. Emerson write the e-mail?	Ms. Emerson은 왜 이메일을 썼는가?
(A) To invite a coworker to an event	(A) 동료를 행사에 초대하기 위해
(B) To respond to a vendor's inquiry	(B) 판매업체의 문의에 답변하기 위해
(C) To describe an ordering process	(C) 주문 절차를 설명하기 위해
(D) To solicit payment for a service	(D) 서비스 비용 납부를 요청하기 위해

■ **주제/목적 찾기** 글을 쓴 이유   정답 (B)

Ms. Emerson이 이메일을 쓴 이유를 묻는 목적 찾기 문제이므로 첫 번째 지문인 이메일을 확인한다. 이메일의 'Thank you for your interest in selling cakes at the ~ Gourmet Dessert Fair'에서 고급 디저트 박람회에서 케이크를 판매하는 것에 보여준 관심에 감사하다고 한 뒤, 'To answer your question, a space costs $55 regardless of size unless you are a member of the Canadian Specialty Food Association ~.'에서 질문에 답변하자면 만약 귀하, 즉 George Billings가 캐나다 특별 식품 협회의 회원이 아니라면 공간 대여비는 크기에 상관없이 55달러라고 하면서 박람회에서 케이크를 판매하고자 하는 판매업체의 문의에 답변하고 있으므로 (B)가 정답이다.

어휘 inquiry n. 문의 describe v. 설명하다 process n. 절차, 과정 solicit v. 요청하다

In the e-mail, the word "distinction" in paragraph 1, line 2, is closest in meaning to	이메일에서, 1문단 두 번째 줄의 단어 "distinction"은 의미상 ~와 가장 가깝다.
(A) contrast	(A) 차이
(B) division	(B) 분할
(C) satisfaction	(C) 만족
(D) honor	(D) 명성

■ **동의어**   정답 (D)

첫 번째 지문인 이메일의 distinction을 포함하는 구절 'the 16th Gourmet Dessert Fair, which has earned the distinction of being the largest and most successful event of its kind'에서 distinction이 '명성'이라는 뜻으로 사용되었다. 따라서 '명성, 명예'라는 뜻을 가진 (D)가 정답이다.

According to the e-mail, what is true about booth prices?	이메일에 따르면, 부스 비용에 대해 사실인 것은?
(A) They are unaffected by the size of a space.	(A) 공간의 크기에 영향을 받지 않는다.
(B) They include the fee for joining an association.	(B) 협회 가입비를 포함한다.
(C) They vary depending on the number of participants.	(C) 참가자 수에 따라 달라진다.
(D) They have been raised since last year.	(D) 작년부터 인상되었다.

■ **Not/True** True 문제   정답 (A)

질문의 핵심 어구인 booth prices와 관련된 내용을 이메일에서 찾아 각 보기와 대조하는 Not/True 문제이므로 첫 번째 지문인 이메일에서 관련 내용을 확인한다. (B), (C), (D)는 지문에 언급되지 않은 내용이다. (A)는 '~ a space costs $55 regardless of size ~.'에서 공간 대여비는 크기에 상관없이 55달러라고 했으므로 지문의 내용과 일치한다. 따라서 (A)가 정답이다.

바꾸어 표현하기
regardless of size 크기에 상관없이 → unaffected by the size 크기에 영향을 받지 않는

어휘 unaffected adj. 영향을 받지 않은 vary v. 달라지다 depending on phr. ~에 따라

184

What can Southern Baked Goods do at the event?

(A) Request extra tables and chairs
(B) Hold product demonstrations
(C) Purchase goods from suppliers
(D) Meet potential customers

Southern 제과점은 행사에서 무엇을 할 수 있는가?

(A) 추가 테이블과 의자를 요청한다
(B) 제품 시연을 연다
(C) 공급업체에서 상품을 구매한다
(D) 잠재 고객들을 만난다

■ **육하원칙** 연계 문제
정답 (D)

두 지문의 내용을 종합해서 풀어야 하는 연계 문제이다. 질문의 핵심 어구인 Southern Baked Goods do at the event에서 Southern 제과점이 행사에서 무엇(What)을 할 수 있는지를 묻고 있으므로 Southern 제과점이 언급된 양식을 먼저 확인한다.
[단서 1] 두 번째 지문(양식)의 'Optional inclusions', '⊠ Privileged Vendor program'에서 Southern 제과점이 선택 포함 사항으로 특별 판매업체 프로그램을 선택했다는 것을 알 수 있다. 그런데 특별 판매업체 프로그램을 통해 무엇을 할 수 있는지 제시되지 않았으므로 이메일에서 관련 내용을 확인한다.
[단서 2] 첫 번째 지문(이메일)의 'Privileged Vendor program, through which sellers are introduced to potential buyers'에서 특별 판매업체 프로그램은 판매업체들을 잠재 고객들에게 소개한다는 것을 확인할 수 있다.
두 단서를 종합할 때, Southern 제과점이 특별 판매업체 프로그램을 통해 잠재 고객들을 만날 것임을 알 수 있다. 따라서 (D)가 정답이다.

어휘 demonstration n. 시연

185

What is suggested about Mr. Billings?

(A) He wants to renew his CSFA membership.
(B) He will be guaranteed his choice of booth.
(C) He paid for a booking with a credit card.
(D) He will be at a venue one day early.

Mr. Billings에 대해 암시되는 것은?

(A) CSFA 회원권을 갱신하고 싶어 한다.
(B) 그가 선택한 부스를 보장받을 것이다.
(C) 신용카드로 예약금을 지불했다.
(D) 하루 일찍 행사 장소에 있을 것이다.

■ **추론** 연계 문제
정답 (B)

두 지문의 내용을 종합적으로 확인한 후 추론해서 풀어야 하는 연계 문제이다. 질문의 핵심 어구인 Mr. Billings가 작성한 양식을 먼저 확인한다.
[단서 1] 두 번째 지문(양식)의 'only those with priority bookings are guaranteed their booth preferences'에서 우선 예약한 사람들에 한해서만 부스 선호 사항이 보장된다고 했고, 'Payment enclosed: $45.00', 'Date of Registration: November 16'에서 Mr. Billings가 11월 16일에 45달러를 지불했음을 확인할 수 있다. 그런데 Mr. Billings가 우선 예약을 한 것인지 제시되지 않았으므로 이메일에서 관련 내용을 확인한다.
[단서 2] 첫 번째 지문(이메일)의 'the prices above are for priority booking and only apply to applications and payments sent to us by November 30'에서 위 가격, 즉 55달러 또는 45달러의 공간 대여비는 우선 예약에 대한 것이며 11월 30일까지 접수되는 지원 및 납부에만 적용된다는 사실을 확인할 수 있다.
두 단서를 종합할 때, 우선 예약 기한인 11월 30일보다 전인 11월 16일에 공간 대여비를 지불한 Mr. Billings는 그가 선택한 부스를 보장받을 것이라는 사실을 추론할 수 있다. 따라서 (B)가 정답이다.

지문 1

To: Fiona Bezark <fiona.bezark@wallacerealty.com>
From: Ronald Hasbun <rhasbun@myemail.com>
Subject: Rental Property
Date: October 12

Dear Ms. Bezark,

Thank you for taking the time to speak with me on the phone yesterday. As I mentioned, [188]I am looking for an apartment in the Lakeview neighborhood with a lease starting December 1. [187-B]My current apartment is approximately 1,200 square feet. I need a larger place with at least two bedrooms and two bathrooms. I would also prefer an apartment that is located on the first or second floor and has an assigned parking space.

[186-B]I will be out of town on business for all of November, so I was hoping to see some apartments this month. My schedule is fairly flexible since I work from home as a freelance journalist. Please let me know what times and dates might work best for you.

Sincerely,
Ronald Hasbun

수신: Fiona Bezark
　　　<fiona.bezark@wallacerealty.com>
발신: Ronald Hasbun <rhasbun@myemail.com>
제목: 임대 부동산
날짜: 10월 12일

Ms. Bezark께,

어제 저와 전화로 이야기하는 시간을 내주셔서 감사드립니다. 말씀드렸듯이, [188]저는 12월 1일부터 임대차 계약이 시작되는 Lakeview 지역의 아파트를 찾고 있습니다. [187-B]현재 제 아파트는 약 1,200제곱피트입니다. 저는 최소한 침실 2개에 화장실 2개가 있는 더 큰 곳이 필요합니다. 또한 1층이나 2층에 위치하며 할당된 주차 공간을 가지고 있는 아파트를 선호합니다.

[186-B]저는 11월 내내 출장으로 인해 도시를 떠나 있을 것이므로, 이번 달에 몇몇 아파트를 보고 싶습니다. 저는 프리랜서 기자로 재택근무를 하기 때문에 일정이 꽤 탄력적입니다. 어떤 시간과 날짜가 당신에게 가장 좋으실 것 같은지 알려주십시오.

Ronald Hasbun 드림

지문 2

To: Ronald Hasbun <rhasbun@myemail.com>
From: Fiona Bezark <fiona.bezark@wallacerealty.com>
Subject: RE: Rental Property
Date: October 15

Mr. Hasbun,

Thank you for your recent inquiry regarding available apartments. I have four properties in mind that I think might work for you. Below is a list of basic information about each one. One meets all of your requirements, while the others have a few of the aspects you requested. [188]All except one are in your desired neighborhood. I included it on the list because it is the only property to have undergone a full renovation recently. It is a beautiful, old building in the Edgewater district.

If you are interested in touring one or more of these apartments, I can show them to you sometime next week.

수신: Ronald Hasbun <rhasbun@myemail.com>
발신: Fiona Bezark
　　　<fiona.bezark@wallacerealty.com>
제목: 회신: 임대 부동산
날짜: 10월 15일

Mr. Hasbun께,

구할 수 있는 아파트와 관련한 귀하의 최근 문의에 감사드립니다. 저는 귀하께 적합할 것 같은 네 개의 부동산을 염두에 두고 있습니다. 각각에 대한 기본 정보 목록이 아래에 있습니다. 하나는 귀하의 모든 요건을 충족하지만, 다른 것들은 귀하께서 요구하신 측면 중 몇 가지만을 가지고 있습니다. [188]하나를 제외하고는 전부 귀하께서 희망했던 지역에 있습니다. 그것이 최근에 전면 개조를 진행한 유일한 부동산이기 때문에 목록에 포함하였습니다. 그것은 Edgewater 지역에 있는 아름답고 오래된 건물입니다.

이 아파트 중 한 군데 이상을 둘러보는 데 관심이 있으시다면, 다음 주 중에 제가 그것들을 보여드릴 수 있습니다.

Location	Bed/Bath	Floor	Size (square feet)	Details
Georgian Apartments	3 bedrooms 2 bathrooms	1st	1,400	- Parking space included
Peterson Residences	3 bedrooms 1 bathroom	15th	1,600	- In-unit washer and dryer - Parking for a fee
[187-B]Lawrence Tower	[187-B]2 bedrooms 2 bathrooms	[187-B]2nd	[187-B]1,300	- [187-B]Street parking only (city sticker required)
Sunnyside Apartments	2 bedrooms 2 bathrooms	2nd	1,700	- New appliances - Parking space included

Sincerely,
Fiona Bezark
Wallace Realty

장소	침실/ 화장실	층	크기 (제곱 피트)	세부 사항
Georgian 아파트	침실 3개 화장실 2개	1층	1,400	- 주차 공간 포함
Peterson 주택	침실 3개 화장실 1개	15층	1,600	- 가구 내 세탁기 및 건조기 - 요금제 주차
[187-B]Lawrence 타워	[187-B]침실 2개 화장실 2개	[187-B]2층	[187-B]1,300	- [187-B]도로 주차 만 가능(시 발급 스티커 필요)
Sunnyside 아파트	침실 2개 화장실 2개	2층	1,700	- 새로운 가전 제품 - 주차 공간 포함

Fiona Bezark 드림
Wallace 부동산

지문 3

Sunnyside Apartments Gets a New Look
By Leslie Reed

CHICAGO (October 10) — [188]The renovation of Sunnyside Apartments, located at 123 Wilson Boulevard, was finally completed last week. The building had been undergoing improvements for over a year. Mr. Robert Kern, who has been running the apartment complex for the past two decades, wanted to completely renovate the building without displacing any of the tenants. As it turns out, [189]some of them actually volunteered their time to help Mr. Kern with the renovation work, including painting, plumbing, and repairs. [190]The building has been fully transformed, and several of the units are now available for rent. Interested parties should contact Ms. Fiona Bezark at Wallace Realty by calling 555-9888.

Sunnyside 아파트가 새롭게 단장하다
Leslie Reed 작성

시카고(10월10일)—[188]123번지 Wilson대로에 위치한 Sunnyside 아파트의 개조가 지난주에 드디어 완료되었다. 그 건물은 1년 넘게 개량 공사를 진행했다. 지난 20년 동안 그 아파트 단지를 운영해온 Mr. Robert Kern은, 세입자 중 아무도 내보내지 않고 건물을 완전히 수리하고 싶어 했다. 밝혀진 바에 의하면, [189]사실 그들 중 일부는 Mr. Kern이 페인트칠, 배관 설비, 그리고 보수를 포함한 개조 작업을 하는 것을 돕기 위해 자진해서 시간을 냈다. [190]그 건물은 완전히 바뀌었으며, 이제 몇몇 가구는 임대가 가능하다. 관심 있는 사람들은 Wallace 부동산의 Ms. Fiona Bezark에게 555-9888로 연락할 수 있다.

지문 1 □ **property** n. 부동산
□ **square feet** phr. 제곱피트
□ **flexible** adj. 탄력적인, 유연한
□ **lease** n. 임대차 계약
□ **assigned** adj. 할당된
□ **approximately** adv. 약, 거의
□ **fairly** adv. 꽤, 상당히

지문 2 □ **meet** v. 충족하다
□ **desired** adj. 희망했던, 바랐던
□ **realty** n. 부동산
□ **requirement** n. 요건
□ **undergo** v. 진행하다
□ **aspect** n. 측면
□ **district** n. 지역

지분 3 □ **boulevard** n. 대로, 도로
□ **tenant** n. 세입자
□ **party** n. 사람, 당사자
□ **improvement** n. 개량 공사
□ **plumbing** n. 배관 설비
□ **complex** n. 단지
□ **transform** v. 완전히 바꾸다

186

What is stated about Mr. Hasbun?

(A) He is currently living with a roommate.
(B) He will be unavailable in November.
(C) He met Ms. Bezark at her office.
(D) He was recently hired as a journalist.

Mr. Hasbun에 대해 언급된 것은?

(A) 현재 룸메이트와 함께 살고 있다.
(B) 11월에 부재 중일 것이다.
(C) Ms. Bezark와 그녀의 사무실에서 만났다.
(D) 최근에 기자로 고용되었다.

■ **Not/True** True 문제 　　　　　　　　　　　　　　　　　　　　　　　　　　　　　　　　　정답 (B)

질문의 핵심 어구인 Mr. Hasbun에 대한 내용을 지문에서 찾아 각 보기와 대조하는 Not/True 문제이므로 Mr. Hasbun이 작성한 첫 번째 이메일을 확인한다. (A), (C), (D)는 지문에 언급되지 않은 내용이다. (B)는 'I will be out of town on business for all of November'에서 11월 내내 출장으로 인해 도시를 떠나 있을 것이라고 했으므로 지문의 내용과 일치한다. 따라서 (B)가 정답이다.

바꾸어 표현하기
out of town on business 출장으로 인해 도시를 떠나 있는 → unavailable 부재 중인

어휘 unavailable adj. 부재의

187

Which feature of the Lawrence Tower unit does NOT meet Mr. Hasbun's requirements?

(A) Floor number
(B) Parking conditions
(C) Number of bedrooms
(D) Square footage

Lawrence 타워의 어느 요소가 Mr. Hasbun의 요건을 충족하지 못하는가?

(A) 층수
(B) 주차 조건
(C) 침실 개수
(D) 제곱피트

■ **Not/True** 연계 문제 　　　　　　　　　　　　　　　　　　　　　　　　　　　　　　　　　정답 (B)

세 지문 중 두 지문의 내용을 종합해서 풀어야 하는 연계 문제이다. 질문의 핵심 어구인 the Lawrence Tower unit ~ meet Mr. Hasbun's requirements와 관련된 내용을 지문에서 찾아 각 보기와 대조하는 Not/True 문제이므로 Mr. Hasbun의 요건이 언급된 첫 번째 이메일을 먼저 확인한다.

[단서 1] 첫 번째 이메일의 'My current apartment is approximately 1,200 square feet. I need a larger place with at least two bedrooms and two bathrooms. I would ~ prefer an apartment that is located on the first or second floor and has an assigned parking space.'에서 현재 자신, 즉 Mr. Hasbun의 아파트는 약 1,200제곱피트이며 최소한 침실 2개에 화장실 2개가 있는 더 큰 곳이 필요하다고 한 뒤, 1층이나 2층에 위치하며 할당된 주차 공간을 가지고 있는 아파트를 선호한다고 했다. 그런데 Lawrence 타워가 충족하지 못하는 요건이 무엇인지 제시되지 않았으므로 두 번째 이메일에서 관련 내용을 확인한다.

[단서 2] 두 번째 이메일의 'Lawrence Tower', '2 bedrooms', '2nd', '1,300', 'Street parking only'에서 Lawrence 타워는 2개의 침실이 있으며 2층에 위치하고, 크기는 1,300제곱피트이며 도로 주차만 가능하다는 사실을 확인할 수 있다.

두 단서를 종합할 때, Lawrence 타워는 2층에 위치하고 2개의 침실이 있으며 크기는 1,300제곱피트이므로 (A), (C), (D)는 지문의 내용과 일치하지만, 도로 주차만 가능하므로 할당된 주차 공간을 가지고 있는 아파트를 선호하는 Mr. Hasbun의 요건을 충족하지 못한다는 것을 알 수 있다. 따라서 (B)가 정답이다.

어휘 condition n. 조건

188

Which property is not in Lakeview?

(A) Georgian Apartments
(B) Peterson Residences
(C) Lawrence Tower
(D) Sunnyside Apartments

어느 건물이 Lakeview에 위치하지 않는가?

(A) Georgian 아파트
(B) Peterson 주택
(C) Lawrence 타워
(D) Sunnyside 아파트

■ **육하원칙** 연계 문제 정답 (D)

세 지문의 내용을 종합해서 풀어야 하는 연계 문제이다. 질문의 핵심 어구인 property is not in Lakeview에서 어느(Which) 건물이 Lakeview에 위치하지 않는지를 묻고 있으므로 Lakeview에 대한 내용이 언급된 첫 번째 이메일을 먼저 확인한다.

단서1 첫 번째 지문(이메일)의 'I am looking for an apartment in the Lakeview neighborhood'에서 자신, 즉 Mr. Hasbun이 Lakeview 지역의 아파트를 찾고 있다고 했다. 그런데 Lakeview 지역에 있는 건물이 무엇인지 제시되지 않았으므로 두 번째 이메일에서 관련 내용을 확인한다.

단서2 두 번째 지문(이메일)의 'All except one are in your desired neighborhood. I included it on the list because it is the only property to have undergone a full renovation recently. It is a beautiful, old building in the Edgewater district.'에서 하나, 즉 네 개의 부동산 중 한 군데를 제외하고는 전부 귀하, 즉 Mr. Hasbun이 희망했던 지역에 있으며 그것이 최근에 전면 개조를 진행한 유일한 부동산 이기 때문에 목록에 포함했다고 한 뒤, 그것이 Edgewater 지역에 있는 아름답고 오래된 건물이라고 했다. 그런데 최근에 전면 개조를 진행한 건물이 무엇인지 제시되지 않았으므로 기사에서 관련 내용을 확인한다.

단서3 세 번째 지문(기사)의 'The renovation of Sunnyside Apartments ~ was finally completed ~. The building had been undergoing improvements for over a year. Mr. Robert Kern, who has been running the apartment complex ~ wanted to completely renovate the building'에서 Sunnyside 아파트의 개조가 드디어 완료되었는데 그 건물은 1년 넘게 개량 공사를 진행했으며, 그 아파트 단지를 운영해온 Mr. Robert Kern은 건물을 완전히 수리하고 싶어 했다는 사실을 확인할 수 있다.

세 단서를 종합할 때, 최근에 전면 개조를 진행한 Sunnyside 아파트는 Mr. Hasbun이 희망하는 지역인 Lakeview가 아닌 Edgewater 지역에 위치한다는 것을 알 수 있다. 따라서 (D)가 정답이다.

189

What did some of Mr. Kern's renters do?

(A) Asked to extend their lease
(B) Helped to refurbish a building
(C) Spoke to a newspaper reporter
(D) Volunteered at a community center

Mr. Kern의 몇몇 세입자들은 무엇을 했는가?

(A) 임대차 계약을 연장해달라고 요청했다
(B) 건물을 개조하는 것을 도왔다
(C) 신문 기자에게 이야기했다
(D) 시민 문화회관에서 자원봉사를 했다

■ **육하원칙** What 정답 (B)

Mr. Kern의 몇몇 세입자들이 무엇(What)을 했는지를 묻는 육하원칙 문제이므로 질문의 핵심 어구인 some of Mr. Kern's renters do와 관련된 내용이 언급된 세 번째 지문인 기사를 확인한다. 기사의 'some of them ~ volunteered their time to help Mr. Kern with the renovation work'에서 그들, 즉 세입자 중 일부는 Mr. Kern이 개조 작업을 하는 것을 돕기 위해 자진하여 시간을 냈다고 했으므로 (B)가 정답이다.

바꾸어 표현하기
the renovation work 개조 작업 → refurbish 개조하다

어휘 extend v. 연장하다 refurbish v. 개조하다

190

What is suggested about Sunnyside Apartments?

(A) Some of the units are currently vacant.
(B) It has not increased rents in decades.
(C) It is managed by a corporation.
(D) Some rentals are fully furnished.

Sunnyside 아파트에 대해 암시되는 것은?

(A) 일부 가구는 현재 비어 있다.
(B) 수십 년 동안 임대료를 인상하지 않았다.
(C) 기업에 의해 관리된다.
(D) 일부 임대 아파트는 가구가 완비되어 있다.

■ **추론** 세부 정보 정답 (A)

질문의 핵심 어구인 Sunnyside Apartments에 대해 추론하는 문제이므로 세 번째 지문인 Sunnyside 아파트에 관한 기사를 확인한다. 기사의 'The building has been fully transformed, and several of the units are now available for rent.'에서 그 건물은 완전히 바뀌었으며 이제 몇몇 가구는 임대가 가능하다고 했으므로 Sunnyside 아파트의 일부 가구가 현재 비어 있다는 사실을 추론할 수 있다. 따라서 (A)가 정답이다.

어휘 vacant adj. 비어 있는 manage v. 관리하다 corporation n. 기업, 법인 furnish v. 가구를 비치하다, 제공하다

지문 1

Come to the Winwright Gallery Reopening!

Don't miss the Winwright Gallery's opening celebration, which is scheduled for 5 P.M. to midnight on Saturday, March 1. Live music will be played in [191-D]the city plaza outside the building, and [191-B]anyone who has donated funds to the gallery will be invited to join a tour.

[191-C]The Winwright Gallery will welcome the public for the first time since closing for renovations last July. In addition to significant upgrades to exhibition spaces and IT infrastructure, [191-A]the Winwright Gallery has added a brand-new wing. While the wing is devoted to displaying the work of emerging artists, it is also home to [193-A/C]the gallery's only dining facility, Column.

For more information about the event and the gallery's upcoming exhibitions, visit www.winwrightgallery.com.

Winwright 미술관 재개관식에 오세요!

3월 1일 토요일 오후 5시부터 자정까지로 예정되어 있는 Winwright 미술관의 개관 기념 행사를 놓치지 마세요. [191-D]건물 밖에 있는 광장에서 라이브 음악이 연주될 것이며, [191-B]미술관에 자금을 기부한 분들은 누구나 견학에 참여하도록 초대될 것입니다.

[191-C]Winwright 미술관은 지난 7월에 개조를 위해 폐쇄한 이후 처음으로 사람들을 맞이할 것입니다. 전시 공간 및 IT 시설에 대한 상당한 개선에 더하여, [191-A]Winwright 미술관은 새로운 부속 건물을 추가했습니다. 그 부속 건물은 신흥 예술가들의 작품을 전시하는 데 쓰이는 동시에, [193-A/C]미술관의 유일한 식당인 Column이 위치하는 곳도 될 것입니다.

행사 및 미술관의 다가오는 전시에 대한 더 많은 정보를 얻기 위해서는, www.winwrightgallery.com을 방문하십시오.

지문 2

www.winwrightgallery.com/membership

Annual Membership Plans
Members of the Winwright Gallery receive exclusive benefits. Choose one of the options below and click "SELECT."

Type	Price	Benefits
☐ Individual	$100	- Free admission to all exhibit spaces - 20 percent discount on lectures
☐ Family	$200	- Free admission to all exhibit spaces for you and one guest - 20 percent discount on lectures and classes for children
☐ [192-B]Enthusiast	$600	- Free admission to all exhibit spaces for you and two guests - 20 percent discount on lectures and museum store merchandise - Priority tickets to events and [192-B]invitations to previews of special displays
☐ [192-C]Connoisseur	[195]$1,000	- Invitation to the Winwright Gallery's Annual Holiday Luncheon - Free admission to all exhibit spaces for you and up to four guests - [195]20 percent discount on lectures, museum store merchandise, and restaurant dishes

www.winwrightgallery.com/membership

연간 회원제
Winwright 미술관의 회원들은 독점적인 혜택을 받습니다. 아래의 옵션 중 하나를 고르고 "선택"을 클릭하십시오.

종류	가격	혜택
☐ 개인	100달러	- 모든 전시 공간으로의 무료 입장 - 강연에 대한 20퍼센트 할인
☐ 가족	200달러	- 본인과 한 명의 손님에 대한 모든 전시 공간으로의 무료 입장 - 어린이들을 위한 수업 및 강연에 대한 20퍼센트 할인
☐ [192-B]애호가	600달러	- 본인과 두 명의 손님에 대한 모든 전시 공간으로의 무료 입장 - 강연 및 미술관 상점 상품에 대한 20퍼센트 할인 - 행사에 대한 티켓 우선권 및 [192-B]특별 전시 시사회 초대
☐ [192-C]전문가	[195]1,000 달러	- Winwright 미술관의 연례 휴일 오찬 초대 - 본인과 최대 네 명의 손님에 대한 모든 전시 공간으로의 무료 입장 - [195]강연, 미술관 상점 상품 및 식당 음식에 대한 20퍼센트 할인

지문 3

www.triptips.com/attractions/reviews/winwrightgallery

Tania Swanson [194]Reviewed on April 9

★★★★☆ **A great evening**
[194]I was excited when a friend invited me to visit the Winwright Gallery with her today. It was fascinating to watch a presentation and be shown techniques for making abstract art. I just wish it hadn't been so crowded. [193-C]We spent about two hours walking around and then dined at the restaurant in the new wing of the gallery. We sat on the patio, which has a view of the sculpture garden below. [195]The food was excellent, and because my friend is a member, we even got a discount on our bill. [193-A]Reservations are available but not necessary.

www.triptips.com/attractions/reviews/winwrightgallery

Tania Swanson [194]4월 9일에 평가됨

★★★★☆ 멋진 저녁
[194]오늘 친구가 Winwright 미술관에 함께 방문하자고 권했을 때 매우 들떴습니다. 발표를 보고 추상 미술품의 제작 기법들을 보는 것은 대단히 흥미로웠습니다. 그렇게 붐비지만 않았으면 좋았겠다고 생각했습니다. [193-C]우리는 2시간쯤 돌아다니고 나서 미술관의 새로운 부속 건물에 있는 식당에서 식사했습니다. 우리는 그 아래에 있는 조각 공원이 보이는 테라스에 앉았습니다. [195]음식은 훌륭했고, 제 친구가 회원이기 때문에, 청구된 금액에서 할인도 받았습니다. [193-A]예약이 가능하지만 필수는 아닙니다.

지문 1 □ **plaza** n. 광장
□ **wing** n. 부속 건물
□ **dining facility** phr. 식당

□ **significant** adj. 상당한
□ **devote** v. 쓰다, 바치다

□ **infrastructure** n. 시설
□ **emerging** adj. 신흥의

지문 2 □ **exclusive** adj. 독점적인
□ **luncheon** n. 오찬

□ **admission** n. 입장

□ **preview** n. 시사회

지문 3 □ **invite** v. 권하다, 안내하다
□ **crowded** adj. 붐비는
□ **sculpture** n. 조각, 조각품

□ **fascinating** adj. 대단히 흥미로운
□ **dine** v. 식사하다

□ **abstract** adj. 추상적인
□ **patio** n. 테라스, 안뜰

191
○●●●
상

What is NOT true about the Winwright Gallery?

(A) It added a section for exhibiting the work of new artists.
(B) It is offering free tours to all visitors.
(C) It underwent some construction work.
(D) It is adjacent to a public square.

Winwright 미술관에 대해 사실이 아닌 것은?

(A) 신흥 예술가들의 작품을 전시하기 위한 구역을 추가했다.
(B) 모든 방문객에게 무료 견학을 제공하고 있다.
(C) 공사를 진행했다.
(D) 광장에 인접해 있다.

■ Not/True Not 문제   정답 (B)

질문의 핵심 어구인 the Winwright Gallery와 관련된 내용을 지문에서 찾아 각 보기와 대조하는 Not/True 문제이므로 Winwright 미술관과 관련된 내용이 언급된 첫 번째 지문인 온라인 광고에서 관련 내용을 확인한다. (A)는 'the Winwright Gallery has added a brand-new wing. ~ the wing is devoted to displaying the work of emerging artists'에서 Winwright 미술관은 새로운 부속 건물을 추가했으며, 그 부속 건물은 신흥 예술가들의 작품을 전시하는 데 쓰인다고 했으므로 지문의 내용과 일치한다. (B)는 'anyone who has donated funds to the gallery will be invited to join a tour'에서 미술관에 자금을 기부한 사람들은 누구나 견학에 참여하도록 초대될 것이라고 했으므로 지문의 내용과 일치하지 않는다. 따라서 (B)가 정답이다. (C)는 'The Winwright Gallery will welcome the public for the first time since closing for renovations last July.'에서 Winwright 미술관은 지난 7월에 개조를 위해 폐쇄한 이후 처음으로 사람들을 맞이할 것이라고 했으므로 지문의 내용과 일치한다. (D)는 'the city plaza outside the building'에서 건물, 즉 Winwright 미술관 밖에 광장이 있음을 알 수 있으므로 지문의 내용과 일치한다.

바꾸어 표현하기
emerging 신흥의 → new 신흥의

어휘   section n. 구역   adjacent adj. 인접한   public square phr. 광장

192

What does the Web page mention about the Enthusiast membership?

(A) It is recommended for emerging artists.
(B) It grants access to advance viewing of exhibits.
(C) It includes discounts at partner museums.
(D) It has to be paid for on a monthly basis.

웹페이지가 애호가 회원권에 대해 언급한 것은?

(A) 신흥 예술가들에게 추천된다.
(B) 전시회의 사전 관람에 대한 입장을 허용한다.
(C) 제휴 미술관에서의 할인을 포함한다.
(D) 월 단위로 요금이 지불되어야 한다.

■ **Not/True** True 문제 　　　　　　　　　　　　　　　　　　　　　　　　　　　　　　　　　　　정답 (B)

질문의 핵심 어구인 the Enthusiast membership과 관련된 내용을 웹페이지에서 찾아 각 보기와 대조하는 Not/True 문제이므로 애호가 회원권과 관련된 내용이 언급된 두 번째 지문인 웹페이지에서 관련 내용을 확인한다. (A)와 (D)는 지문에 언급되지 않은 내용이다. (B)는 'Enthusiast', 'invitations to previews of special displays'에서 애호가 회원권은 특별 전시 시사회 초대 혜택을 포함한다고 했으므로 지문의 내용과 일치한다. 따라서 (B)가 정답이다. (C)는 'Connoisseur', 'Free admission to more than 30 partner museums'에서 30개 이상의 제휴 미술관으로의 무료 입장은 전문가 회원권에 포함되는 혜택임을 알 수 있으므로 지문의 내용과 일치하지 않는다.

바꾸어 표현하기
previews of ~ displays 전시 시사회 → advance viewing of exhibits 전시회의 사전 관람

어휘　grant v. 허용하다　advance adj. 사전의

193

What is indicated about Column?

(A) It requires reservations.
(B) It specializes in Italian food.
(C) It overlooks a garden.
(D) It hosts an annual luncheon.

Column에 대해 언급된 것은?

(A) 예약이 필요하다.
(B) 이탈리아 음식을 전문으로 한다.
(C) 정원이 내려다보인다.
(D) 연례 오찬을 주최한다.

■ **Not/True** 연계 문제 　　　　　　　　　　　　　　　　　　　　　　　　　　　　　　　　　　　정답 (C)

세 지문 중 두 지문의 내용을 종합해서 풀어야 하는 연계 문제이다. 질문의 핵심 어구인 Column과 관련된 내용을 지문에서 찾아 각 보기와 대조하는 Not/True 문제이므로, Column과 관련된 내용이 언급된 첫 번째 지문인 온라인 광고와 세 번째 지문인 온라인 후기를 확인한다. (A)는 온라인 광고의 'the gallery's only dining facility, Column'에서 Column이 미술관의 유일한 식당이라고 했고, 온라인 후기의 'Reservations are available but not necessary.'에서 미술관의 식당은 예약이 가능하지만 필수는 아니라고 했으므로 지문의 내용과 일치하지 않는다. (B)와 (D)는 지문에 언급되지 않은 내용이다. (C)는 온라인 광고의 'the gallery's only dining facility, Column'에서 Column이 미술관의 유일한 식당이라고 했고, 온라인 후기의 'We ~ dined at the restaurant in the new wing of the gallery. We sat on the patio, which has a view of the sculpture garden below.'에서 미술관의 새로운 부속 건물에 있는 식당에서 식사했으며 그 아래에 있는 조각 공원이 보이는 테라스에 앉았다고 한 것을 통해 미술관의 유일한 식당인 Column은 조각 공원이 내려다보인다는 것을 알 수 있으므로 지문의 내용과 일치한다. 따라서 (C)가 정답이다.

바꾸어 표현하기
has a view of the sculpture garden below 아래에 있는 조각 공원이 보이다 → overlooks a garden 정원이 내려다보이다

어휘　specialize in phr. ~을 전문으로 하다　overlook v. ~이 내려다보이다, ~을 내려다보다

What did Ms. Swanson do at the Winwright Gallery on April 9?

(A) Viewed a demonstration
(B) Created some artwork
(C) Redeemed a voucher
(D) Met a famous designer

Ms. Swanson은 4월 9일에 Winwright 미술관에서 무엇을 했는가?

(A) 시연을 봤다
(B) 미술품을 만들었다
(C) 상품권을 상품으로 교환했다
(D) 유명한 디자이너를 만났다

■ 육하원칙 What
정답 (A)

Ms. Swanson이 4월 9일에 Winwright 미술관에서 무엇(What)을 했는지를 묻는 육하원칙 문제이므로 질문의 핵심 어구인 Ms. Swanson이 작성한 세 번째 지문인 온라인 후기에서 관련 내용을 확인한다. 온라인 후기의 'Reviewed on April 9'에서 후기가 4월 9일에 작성됐다고 했고, 'I was excited when a friend invited me to visit the Winwright Gallery with her today. It was fascinating to ~ be shown techniques for making abstract art.'에서 오늘 친구가 Winwright 미술관에 함께 방문하자고 권했을 때 매우 들떴으며 추상 미술품의 제작 기법들을 보는 것은 대단히 흥미로웠다고 했으므로, 후기가 작성된 4월 9일에 Ms. Swanson이 추상 미술품의 제작 기법에 대한 시연을 봤음을 알 수 있다. 따라서 (A)가 정답이다.

바꾸어 표현하기
be shown techniques for making abstract art 추상 미술품의 제작 기법들을 보다 → Viewed a demonstration 시연을 봤다

어휘   redeem v. (상품권을) 상품으로 교환하다

How much did Ms. Swanson's friend pay for her gallery membership?

(A) $100
(B) $200
(C) $600
(D) $1,000

Ms. Swanson의 친구는 미술관 회원권에 얼마를 지불했는가?

(A) 100달러
(B) 200달러
(C) 600달러
(D) 1,000달러

■ 육하원칙 연계 문제
정답 (D)

세 지문 중 두 지문의 내용을 종합해서 풀어야 하는 연계 문제이다. 질문의 핵심 어구인 Ms. Swanson's friend pay for ~ gallery membership에서 Ms. Swanson의 친구가 미술관 회원권에 얼마(How much)를 지불했는지를 묻고 있으므로 Ms. Swanson의 친구에 대한 내용이 언급된 온라인 후기를 먼저 확인한다.

단서 1 세 번째 지문(온라인 후기)의 'The food was excellent, and because my friend is a member, we even got a discount on our bill.'에서 음식이 훌륭했고 자신, 즉 Ms. Swanson의 친구가 회원이기 때문에 청구된 금액에 할인도 받았다고 했다. 그런데 음식에 대한 할인을 받을 수 있는 회원권이 얼마인지 제시되지 않았으므로 웹페이지에서 관련 내용을 확인한다.

단서 2 두 번째 지문(웹페이지)의 '$1,000', '20 percent discount on ~ restaurant dishes'에서 식당 음식에 대한 20퍼센트 할인 혜택을 제공하는 회원권 가격이 1,000달러임을 확인할 수 있다.

두 단서를 종합할 때, Ms. Swanson의 친구는 식당 음식에 대한 할인을 받을 수 있는 회원권에 1,000달러를 지불했음을 알 수 있다. 따라서 (D)가 정답이다.

지문 1

www.nilsoncandy.com

Keep Your Business Sweet

The Nilson Candy Company provides bulk candy for hotels, transportation companies, business conventions, and more. Buy your favorite candies today!

Choose from hundreds of popular treats, including:
Mints
Caramels
Chocolates
Lollipops

[198]Spend over $250 on your entire order, and your purchases can be personalized with your company name and logo on the packaging at no additional charge! Gift baskets and candy bouquets are also available. Give your clients and customers a sweet treat they won't forget!

Call our automated order hotline at 555-9635 or use our online chat to speak to a Nilson Candy representative. Don't forget to [196]request a copy of our holiday catalog for access to special products and to sign up for our newsletter to learn about additional discounts!

Please note that [197]chocolate items will be shipped in our patented GOOD-SEAL packs. These can prevent melting for up to four days. If you anticipate any problems receiving a delivery, please let us know so that we can adjust the delivery date.

---

www.nilsoncandy.com

여러분의 사업체를 계속 달콤하게 하세요

Nilson Candy사는 호텔, 운송 회사, 비즈니스 컨벤션 등을 위해 대량의 사탕을 제공합니다. 여러분이 가장 좋아하는 사탕을 오늘 구매하세요!

수백 가지의 인기 있는 간식 중에 선택해주세요, 다음을 포함합니다:
민트
캐러멜
초콜릿
막대 사탕

[198]전체 주문에 250달러 넘게 쓰시고, 추가 비용 없이 포장에 여러분의 회사 이름과 로고를 붙여 구매품을 맞춤 제작하실 수 있습니다! 선물 바구니와 사탕 꽃다발도 이용하실 수 있습니다. 여러분의 고객들과 소비자들이 잊지 못할 달콤한 별미를 제공하세요!

저희 자동 주문 상담 전화 555-9635로 전화하시거나 저희 온라인 채팅을 이용하여 Nilson Candy사 직원과 이야기하십시오. 특별 상품 이용을 위해 [196]저희 연휴 카탈로그 한 부를 요청하는 것과 추가 할인에 대해 알아보시기 위해 저희의 뉴스레터에 가입하시는 것을 잊지 마시기 바랍니다!

[197]초콜릿 제품은 특허받은 GOOD-SEAL 팩으로 배송될 것이라는 점을 알아두십시오. 이것들은 최대 4일까지 녹는 것을 막을 수 있습니다. 배송을 받는 데 문제가 있을 것으로 예상하시면, 배송 날짜를 조정할 수 있도록 저희에게 알려주시기 바랍니다.

지문 2

To: Lisa Choi <lisachoi@starsoftware.com>
From: Nilson Candy <orders@nilsoncandy.com>
Date: June 16
Subject: Your order was received

Thank you for placing an order with Nilson Candy Company! Please review your order details below.

[198]**Order number:** 34V8K   [200-A]**Ship to:** Star Software
Contact: Lisa Choi   **Phone:** 555-3202

Item	Quantity	Price
Peppermints	10 kg – BULK	$99.00
Chocolates	5 kg – BULK	$79.00
Caramels	5 kg – BULK	$89.00
Small candy bouquets	50 items	$225.00
	Shipping fee	$50.00
	[198]TOTAL COST	[198]$542.00

[200-C]Our standard shipping time for all orders is 2 days. However, if you have requested personalized labels, shipping may take up to 7 days.

수신: Lisa Choi <lisachoi@starsoftware.com>
발신: Nilson Candy <orders@nilsoncandy.com>
날짜: 6월 16일
제목: 귀하의 주문이 접수되었습니다

Nilson Candy사에 주문해주셔서 감사합니다! 아래의 주문 세부 사항을 검토해주십시오.

[198]주문 번호: 34V8K   [200-A]배송지: Star Software사
연락처: Lisa Choi   전화: 555-3202

품목	수량	가격
페퍼민트	10킬로그램 - 대량	99달러
초콜릿	5킬로그램 - 대량	79달러
캐러멜	5킬로그램 - 대량	89달러
작은 사탕 꽃다발	50개	225달러
	배송료	50달러
	[198]총비용	[198]542달러

[200-C]모든 주문에 대한 저희의 일반 배송 기간은 2일입니다. 하지만, 맞춤 제작 라벨을 요청하셨다면, 배송은 7일까지 걸릴 수 있습니다.

www.nilsoncandy.com

Online Feedback Form
My name is Lisa Choi. Overall, I was satisfied with my order. 200-CThe delivery was made on time and the items were complete. However, although most of the candy arrived intact, 199a few of the caramels were crushed during shipping. Still, I think the packaging did a great job of preserving the items even though it was left outside for almost two hours. And our customers very much enjoyed all of the candy! 200-CI was not able to try the personalization option because of a lack of time, but I would definitely like to try it in the future.

www.nilsoncandy.com

온라인 의견 양식
제 이름은 Lisa Choi입니다. 전반적으로, 저는 제 주문에 만족했습니다. 200-C배송은 제때 이루어졌고 물건들은 완전했습니다. 그러나, 대부분의 사탕이 온전하게 도착하긴 했지만, 199몇몇 캐러멜은 배송 중에 부서졌습니다. 그래도, 거의 두 시간 동안 그것을 밖에 놓아두었음에도 불구하고 포장이 물건을 잘 보존해준 것 같습니다. 그리고 저희 고객들은 모든 사탕을 매우 맛있게 먹었습니다! 200-C저는 시간 부족으로 인해 맞춤 제작 옵션을 시도할 수 없었지만, 추후에는 반드시 그것을 시도해 보고 싶습니다.

지문 1	□ bulk adj. 대량의	□ entire adj. 전체의	□ packaging n. 포장, 상자
	□ bouquet n. 꽃다발	□ treat n. 별미; v. 대접하다	□ automated adj. 자동의, 자동화된
	□ hotline n. 상담 전화, 직통 전화	□ patented adj. 특허받은	□ prevent v. 막다
	□ melt v. 녹다	□ anticipate v. 예상하다	□ adjust v. 조정하다
지문 2	□ place an order phr. 주문하다	□ quantity n. 수량	□ standard adj. 일반적인
	□ label n. 라벨; v. 라벨을 붙이다		
지문 3	□ overall adv. 전반적으로	□ satisfy v. 만족시키다	□ intact adj. 온전한, 손상되지 않은
	□ crush v. 부서지다	□ preserve v. 보존하다, 보호하다	□ definitely adv. 반드시, 확실하게

196

According to the Web page, what are Nilson Candy customers encouraged to do?

(A) Ask for a holiday catalog
(B) Visit a store location
(C) Read online reviews
(D) Taste some samples

웹페이지에 따르면, Nilson Candy사의 고객들은 무엇을 하도록 권장되는가?

(A) 연휴 카탈로그를 요청한다
(B) 매장 지점을 방문한다
(C) 온라인 후기들을 읽는다
(D) 몇몇 샘플들을 맛본다

■ 육하원칙 What   정답 (A)

웹페이지에 따르면 Nilson Candy사의 고객들이 무엇(what)을 하도록 권장되는지를 묻는 육하원칙 문제이므로 첫 번째 지문인 웹페이지에서 관련 내용을 확인한다. 웹페이지의 'request a copy of our holiday catalog'에서 연휴 카탈로그 한 부를 요청하라고 했으므로 (A)가 정답이다.

바꾸어 표현하기
request a copy of ~ holiday catalog 연휴 카탈로그 한 부를 요청하다 → Ask for a holiday catalog 연휴 카탈로그를 요청하다

197

What function does GOOD-SEAL serve?

(A) It certifies that a product is authentic.
(B) It maintains the condition of merchandise.
(C) It allows customers to track a delivery.
(D) It proves that a company meets high standards.

GOOD-SEAL이 제공하는 기능은 무엇인가?

(A) 제품이 진품임을 인증한다.
(B) 상품의 상태를 유지한다.
(C) 고객들이 배송을 추적할 수 있게 해준다.
(D) 회사가 높은 기준을 충족시킨다는 것을 증명한다.

■ 육하원칙 What   정답 (B)

GOOD-SEAL이 제공하는 기능이 무엇(What)인지를 묻는 육하원칙 문제이므로 GOOD-SEAL과 관련된 내용이 언급된 첫 번째 지문인 웹페이지에서 관련 내용을 확인한다. 웹페이지의 'chocolate items will be shipped in our patented GOOD-SEAL packs. These can prevent melting for up to four days.'에서 초콜릿 제품은 특허받은 GOOD-SEAL 팩으로 배송될 것이며 이것들은 최대 4일까지 녹는 것을 막을 수 있다고 했으므로 (B)가 정답이다.

바꾸어 표현하기
prevent melting 녹는 것을 막다 → maintains the condition of merchandise 상품의 상태를 유지하다

어휘 certify v. 인증하다, 증명하다 authentic adj. 진품인, 진짜인 track v. 추적하다 standard n. 기준, 수준

What is indicated about order number 34V8K?

(A) It qualifies for free personalization.
(B) It is eligible for a discount.
(C) It will be picked up in person.
(D) It includes items from overseas.

주문 번호 34V8K에 대해 암시되는 것은?

(A) 무료 맞춤 제작 대상으로 적합하다.
(B) 할인을 받을 자격이 있다.
(C) 본인이 직접 가져갈 것이다.
(D) 해외로부터의 상품을 포함한다.

■ **추론** 연계 문제　　　　　　　　　　　　　　　　　　　　　　　　　　　　　　　　　　정답 (A)

세 지문 중 두 지문의 내용을 종합적으로 확인한 후 추론해서 풀어야 하는 연계 문제이다. 질문의 핵심 어구인 order number 34V8K가 언급된 이메일을 먼저 확인한다.

단서 1 두 번째 지문(이메일)의 'Order number: 34V8K', 'TOTAL COST', '$542.00'에서 주문 번호 34V8K의 총비용이 542달러라고 했다. 그런데 무료 맞춤 제작 대상의 주문 액수가 제시되지 않았으므로 웹페이지에서 관련 내용을 확인한다.

단서 2 첫 번째 지문(웹페이지)의 'Spend over $250 on your entire order, and your purchases can be personalized ~ on the packaging at no additional charge!'에서 전체 주문에 250달러 넘게 쓰고 추가 비용 없이 포장에 구매품을 맞춤 제작할 수 있다는 사실을 확인할 수 있다.

두 단서를 종합할 때, 주문 번호 34V8K는 주문 액수가 542달러이므로 250달러 넘게 구매 시 적용되는 무료 맞춤 제작 대상임을 추론할 수 있다. 따라서 (A)가 정답이다.

바꾸어 표현하기
can be personalized ~ at no additional charge 추가 비용 없이 맞춤 제작할 수 있다
→ qualifies for free personalization 무료 맞춤 제작 대상으로 적합하다

어휘　qualify for　phr. ~ 대상으로 적합하다　be eligible for　phr. ~할 자격이 있다　in person　phr. (본인이) 직접　overseas　n. 해외, 외국

What problem did Ms. Choi experience with her order?

(A) A piece of candy tasted bad.
(B) A chocolate melted in the heat.
(C) Products were missing.
(D) Items were damaged.

Ms. Choi가 그녀의 주문에서 경험했던 문제점은 무엇인가?

(A) 사탕 하나가 맛이 없었다.
(B) 초콜릿이 더위에 녹았다.
(C) 제품들이 분실되었다.
(D) 상품들이 손상되었다.

■ **육하원칙** What　　　　　　　　　　　　　　　　　　　　　　　　　　　　　　　　　정답 (D)

Ms. Choi가 그녀의 주문에서 경험했던 문제점이 무엇(What)인지를 묻는 육하원칙 문제이므로 Ms. Choi가 작성한 세 번째 지문인 의견에서 관련 내용을 확인한다. 의견의 'a few of the caramels were crushed during shipping'에서 몇몇 캐러멜이 배송 중에 부서졌다고 했으므로 (D)가 정답이다.

바꾸어 표현하기
a few of the caramels were crushed 몇몇 캐러멜이 부서졌다 → Items were damaged 상품들이 손상되었다

어휘　experience　v. 경험하다, 겪다

What is true about Ms. Choi's order?

(A) It was sent to a residence.
(B) It was also ordered the year before.
(C) It was delivered within two days.
(D) It was labeled incorrectly.

Ms. Choi의 주문에 대해 사실인 것은?

(A) 거주지로 보내졌다.
(B) 전년도에도 주문되었다.
(C) 이틀 안에 배달되었다.
(D) 부정확하게 라벨이 붙었다.

■ Not/True 연계 문제   정답 (C)

세 지문 중 두 지문의 내용을 종합해서 풀어야 하는 연계 문제이다. 질문의 핵심 어구인 Ms. Choi's order와 관련된 내용을 지문에서 찾아 각 보기와 대조하는 Not/True 문제이므로 Ms. Choi의 주문과 관련된 내용이 언급된 두 번째 지문인 이메일과 세 번째 지문인 의견을 확인한다. (A)는 이메일의 'Ship to: Star Software'에서 배송지가 Star Software사라고 했으므로 지문의 내용과 일치하지 않는다. (B)와 (D)는 지문에 언급되지 않은 내용이다. (C)는 이메일의 'Our standard shipping time for all orders is 2 days. However, if you have requested personalized labels, shipping may take up to 7 days.'에서 모든 주문에 대한 일반 배송 기간은 2일이지만 맞춤 제작 라벨을 요청했다면 배송이 7일까지 걸릴 수 있다고 했고, 의견의 'The delivery was made on time', 'I was not able to try the personalization option because of a lack of time'에서 배송이 제때 이루어졌고 시간 부족으로 인해 맞춤 제작 옵션을 시도할 수 없었다고 한 것에서 Ms. Choi의 주문은 맞춤 제작을 포함하지 않아서 일반 배송 기간인 이틀 안에 배달되었음을 알 수 있으므로 지문의 내용과 일치한다. 따라서 (C)가 정답이다.

어휘   residence n. 거주지, 주택   incorrectly adv. 부정확하게

▍TEST 04

PART 5

101
In the interview, Billy Zuckerman mentioned that he had learned to play guitar all by -------.

(A) he
(B) himself
(C) him
(D) his own

인터뷰에서, Billy Zuckerman은 기타 치는 법을 혼자서 배웠다고 말했다.

■ [목적어 자리] 재귀대명사　　　　　　　　　　　　　　　　정답 (B)

전치사(by)의 목적어 자리에 올 수 있는 재귀대명사 (B), 목적격 인칭대명사 (C), 소유대명사 역할을 하는 (D)가 정답의 후보이다. '기타 치는 법을 혼자서 배웠다'라는 의미가 되어야 하므로 전치사 by와 함께 쓰여 '혼자, 혼자 힘으로'라는 의미의 어구 (all) by oneself를 만드는 재귀대명사 (B) himself가 정답이다. 목적격 인칭대명사 (C)를 쓰면 'Billy Zuckerman이 그(Billy Zuckerman이 아닌 다른 남성)에 의해 기타 치는 법을 배웠다'라는 의미로 해석상 그럴듯해 보이지만 'B에게 A를 배우다'라는 의미를 나타내기 위해서는 전치사 by가 아닌 from과 함께 learn A from B의 형태로 쓰여야 하므로 답이 될 수 없다. 소유대명사 역할을 하는 (D) his own은 '단독으로, 혼자서'라는 의미를 나타낼 때 전치사 on과 함께 on one's own의 형태로 쓰여야 하므로 답이 될 수 없다. 주격 인칭대명사 (A)는 전치사의 목적어 자리에 올 수 없다.

어휘　mention v. 말하다, 언급하다

102
The installation instructions ------- describe what users should do.

(A) enormously
(B) precisely
(C) invisibly
(D) privately

설치 설명서는 사용자들이 무엇을 해야 하는지 명확하게 기술한다.

■ 부사 어휘　　　　　　　　　　　　　　　　　　　　　　정답 (B)

'사용자들이 무엇을 해야 하는지 명확하게 기술한다'라는 문맥이므로 부사 (B) precisely(명확하게)가 정답이다. (A) enormously는 '대단히, 막대하게', (C) invisibly는 '눈에 보이지 않게', (D) privately는 '은밀히, 개인으로'라는 의미이다.

어휘　installation n. 설치　instruction n. 설명서, 지시　describe v. 기술하다, 묘사하다　user n. 사용자, 이용자

103
The chief financial officer had a ------- with the department supervisors about the new benefits policy.

(A) converses
(B) conversed
(C) conversational
(D) conversation

최고 재무 책임자는 새로운 복리 후생 정책에 관해 부서장들과 대화를 나눴다.

■ 명사 자리　　　　　　　　　　　　　　　　　　　　　　정답 (D)

타동사(had)의 목적어 역할을 하면서 부정관사(a) 다음에 올 수 있는 것은 명사이므로 명사 (D) conversation(대화)이 정답이다. 참고로, have a conversation(대화를 나누다)을 관용구로 알아둔다. 동사 (A)는 명사 자리에 올 수 없다. 참고로, converse를 '담화'라는 의미의 명사로 본다 해도, 불가산 명사이기 때문에 (A)를 명사의 복수형으로 볼 수 없으며 빈칸 앞의 부정관사(a)와도 함께 쓰일 수 없음을 알아둔다. 동사 또는 과거분사 (B), 형용사 (C)는 명사 자리에 올 수 없다.

어휘　department supervisor phr. 부서장　converse v. 이야기하다; n. 담화　conversational adj. 구어의, 대화의

104
Baron Inc. would prefer to promote an ------- candidate who is already familiar with its overseas operations.

(A) extensive
(B) apparent
(C) internal
(D) irrational

Baron사는 해외 운영에 대해 이미 잘 알고 있는 내부 지원자를 승진시키는 것을 선호한다.

■ 형용사 어휘　　　　　　　　　　　　　　　　　　　　　정답 (C)

'내부 지원자를 승진시키는 것을 선호한다'라는 문맥이므로 형용사 (C) internal(내부의)이 정답이다. (A) extensive는 '광범위한', (B) apparent는 '분명한', (D) irrational은 '비이성적인'이라는 의미이다.

어휘　promote v. 승진시키다, 촉진하다　candidate n. 지원자, 후보　be familiar with phr. ~에 대해 잘 알다

105
○○○○●
중

The building's elevators are all in good condition except for
-------, which may have to be replaced.

그 건물의 엘리베이터들은 하나를 제외하고 모두 상태가 좋은데, 그것은 교체되어야 할 수도 있다.

(A) another   (B) other
(C) one   (D) any other

■ 부정대명사 one   정답 (C)

'엘리베이터들은 하나를 제외하고 모두 상태가 좋다'라는 의미가 되어야 하므로, 정해지지 않은 단수 가산 명사를 대신하는 부정대명사 (C) one (하나)이 정답이다. 참고로, one은 앞에 있는 The building's elevators(그 건물의 엘리베이터들) 중 하나를 지칭하고 있음을 알아둔다. (A) another(또 다른 하나)는 이미 언급한 것 이외의 또 다른 하나를 의미한다. (B) other(다른)는 이미 언급한 것 이외의 몇몇을 가리키는 형용사로 쓰이며, 대명사로 사용될 경우에는 others나 the other(s)의 형태로 쓰여 각각 '(이미 언급한 것 이외의) 다른 것들', '나머지 전부'를 의미한다. (D) any other(뭔가 다른)는 이미 언급한 것 이외의 뭔가 다른 것을 의미하는 형용사로 쓰이며, 대명사로 사용될 경우에는 any others의 형태로 쓰여 '(이미 언급한 것 이외의) 뭔가 다른 것들'을 의미한다.

어휘 in good condition phr. 상태가 좋은 except for phr. ~을 제외하고 replace v. 교체하다, 바꾸다

106
○○○○●
하

The mayor ------- to reduce traffic congestion by constructing
high-occupancy vehicle lanes along Highway 62.

시장은 62번 고속도로를 따라 다인승 차량 차선을 만듦으로써 교통 혼잡을 줄이는 것을 계획하고 있다.

(A) planning   (B) to plan
(C) was planned   (D) is planning

■ [동사 자리] 능동태와 수동태의 구별   정답 (D)

문장에 주어(The mayor)만 있고 동사가 없으므로 동사 (C)와 (D)가 정답의 후보이다. 동사 plan이 '계획하다'라는 의미의 타동사로 쓰였으며 빈칸 뒤의 목적어(to reduce)와 함께 '시장이 교통 혼잡을 줄이는 것을 계획하고 있다'라는 능동의 의미가 되어야 하므로 능동태 (D) is planning이 정답이다. 수동태 (C)를 쓸 경우 '시장이 교통 혼잡을 줄이기 위해 계획되었다'라는 어색한 문맥을 만든다. 동명사 또는 현재분사 (A)와 to 부정사 (B)는 동사 자리에 올 수 없다.

어휘 reduce v. 줄이다 traffic congestion phr. 교통 혼잡 construct v. 만들다, 건설하다
    high-occupancy vehicle phr. (버스·밴 따위의) 다인승 차량 lane n. 차선 along prep. ~을 따라

107
○○○○●
중

The Medland hiring manager ------- that writing samples be
submitted along with résumés.

Medland사 인사부장은 이력서와 함께 작문 샘플을 제출하도록 요구했다.

(A) inquired   (B) requested
(C) persuaded   (D) predicted

■ 동사 어휘   정답 (B)

'작문 샘플을 제출하도록 요구했다'라는 문맥이므로 동사 request(요구하다)의 과거형 (B) requested가 정답이다. (A)의 inquire는 '문의하다, 묻다', (D)의 predict는 '예측하다'라는 의미이다. (C)의 persuade(설득하다)도 해석상 그럴듯해 보이지만 목적어로 사람이 와야 하는데 that절이 왔으므로 답이 될 수 없다. 참고로, 주절(The Medland hiring manager ____)에 요청을 나타내는 동사(requested)가 나와서 that절 (that ~ résumés)에 동사원형(be submitted)이 왔음을 알아둔다.

어휘 hiring manager phr. 인사부장 submit v. 제출하다 along with phr. ~과 함께 résumé n. 이력서

108

A design proposal will be approved by city officials who ------- to redevelop Wilsonville's downtown area into a commercial hub.

(A) agreeing   (B) agreement
(C) has agreed   (D) have agreed

Wilsonville 도심지를 상업 중심지로 재개발하기로 동의한 시 공무원들에 의해 계획 제안서가 승인될 것이다.

■ **[동사 자리] 주격 관계절의 선행사와 동사의 수 일치**   정답 (D)

주격 관계절(who ~ commercial hub)에 동사가 없으므로 동사 (C)와 (D)가 정답의 후보이다. 주격 관계대명사(who)의 선행사(city officials)가 복수 명사이므로 복수 동사 (D) have agreed가 정답이다. 단수 동사 (C)는 복수 주어와 함께 사용될 수 없다. 동명사 또는 현재분사 (A)와 명사 (B)는 동사 자리에 올 수 없다.

어휘   approve v. 승인하다   city official phr. 시 공무원   redevelop v. 재개발하다   commercial hub phr. 상업 중심지

109

New customers of Palace Golf can choose one free set of golf balls from the store's vast -------.

(A) partition   (B) designation
(C) selection   (D) decision

Palace Golf의 신규 고객들은 매장의 방대한 선택 가능한 것들 중에서 무료 골프공 한 세트를 선택할 수 있다.

■ **명사 어휘**   정답 (C)

'매장의 방대한 선택 가능한 것들 중에서 무료 골프공 한 세트를 선택할 수 있다'라는 문맥이므로 (C) selection(선택 가능한 것들, 전시품)이 정답이다. (A) partition은 '칸막이, 분할', (B) designation은 '명칭, 지명', (D) decision은 '결정'이라는 의미이다.

어휘   vast adj. 방대한, 막대한

110

An increase in global wheat prices could make flour production costs rise -------.

(A) mark   (B) marked
(C) markedly   (D) marking

전 세계에 걸친 밀 가격의 상승은 밀가루 생산비를 현저하게 상승시킬 수 있다.

■ **부사 자리**   정답 (C)

빈칸 앞의 동사(rise)를 꾸미기 위해서는 부사가 와야 하므로 부사 (C) markedly(현저하게, 두드러지게)가 정답이다. 동사 또는 명사 (A), 동사 또는 과거분사 (B), 동명사 또는 현재분사 (D)는 동사를 꾸밀 수 없다. 참고로, 사역동사 make는 'make + 목적어 + 원형 부정사'의 형태로 쓰이기 때문에 이 문장에서 목적어(flour production costs) 다음에 원형 부정사 rise가 온 것임을 알아둔다.

어휘   wheat n. 밀   flour n. 밀가루   production cost phr. 생산비   mark v. 표시하다; n. 표시, 흔적

111

Mr. Carver moved to the city ------- advance his career as a real estate agent.

(A) even if   (B) in regard to
(C) given that   (D) in order to

Mr. Carver는 부동산 중개인으로서 출세하기 위해 도시로 이사했다.

■ **to 부정사의 역할**   정답 (D)

빈칸 다음에 동사원형(advance)이 왔고 '출세하기 위해 도시로 이사했다'라는 의미가 되어야 하므로 목적을 나타내는 to 부정사 대신 쓰일 수 있는 (D) in order to(~하기 위해서)가 정답이다. 부사절 접속사 (A) even if(비록 ~이지만)와 (C) given that(~을 고려하면)은 뒤에 주어와 동사를 갖춘 완전한 절이 와야 한다. 전치사 (B) in regard to(~에 관해서)는 뒤에 명사가 와야 한다. 참고로, to 부정사가 목적을 나타낼 때는 to 대신 in order to나 so as to를 쓸 수 있음을 알아둔다.

어휘   advance one's career phr. 출세하다, 성공하다   real estate agent phr. 부동산 중개인

112

○○○●● 중

Before ------- her restaurant, chef Andrea Michaels trained in several award-winning kitchens.

(A) open (B) opens
(C) opening (D) openness

그녀의 식당을 열기 전에, 요리사 Andrea Michaels는 상을 받은 여러 주방에서 연마했다.

■ [목적어 자리] 동명사 vs. 명사

정답 (C)

전치사(Before)의 목적어 자리에 올 수 있는 동명사 (C)와 명사 (D)가 정답의 후보이다. 빈칸 다음에 온 목적어(her restaurant)를 가질 수 있는 것은 동명사이므로 동사 open(열다)의 동명사 (C) opening이 정답이다. 명사 (D)는 목적어를 가질 수 없다. 동사 (A)와 (B)는 전치사의 목적어 자리에 올 수 없다. 참고로, Before를 '~하기 전에'라는 의미의 부사절 접속사로 보고 명사 (D)를 종속절(Before ~ restaurant)의 주어로 본다 해도, 종속절에 동사가 없으므로 답이 될 수 없다.

어휘 chef n. 요리사 train v. 연마하다 award-winning adj. 상을 받은, 수상한 openness n. 솔직함, 개방성

113

○○○○● 상

The company posted a ------- from its retreat on the front page of its Web site.

(A) photograph (B) photographed
(C) photography (D) photographing

그 회사는 웹사이트의 첫 번째 페이지에 야유회 사진을 게시했다.

■ [명사 자리] 가산 명사와 불가산 명사

정답 (A)

동사(posted)의 목적어 자리에 올 수 있는 명사 (A)와 (C)가 정답의 후보이다. 빈칸 앞에 부정관사(a)가 있고 '야유회 사진을 게시했다'라는 의미가 되어야 하므로 가산 명사 (A) photograph(사진)가 정답이다. 불가산 명사 (C)는 부정관사(a)와 함께 쓰일 수 없다. 동사 또는 과거분사 (B)와 현재분사 (D)는 목적어 자리에 올 수 없다. (D)를 '사진 촬영'이라는 명사로 본다 해도, '야유회 사진 촬영을 게시했다'라는 어색한 문맥을 만들고, 동명사일 경우 부정관사(a) 다음에 올 수 없다.

어휘 post v. 게시하다 retreat n. 야유회; v. 후퇴하다 photography n. 사진술

114

○○○●○ 하

The ------- brochures should answer any questions you might have.

(A) encloses (B) enclose
(C) enclosing (D) enclosed

동봉된 책자는 귀하가 가질 수 있는 어떠한 질문에도 답변해줄 것입니다.

■ [형용사 자리] 현재분사 vs. 과거분사

정답 (D)

빈칸 뒤의 명사(brochures)를 꾸밀 수 있는 것은 형용사이므로 형용사 역할을 할 수 있는 현재분사 (C)와 과거분사 (D)가 정답의 후보이다. 꾸밈을 받는 명사(brochures)와 분사가 '동봉된 책자'라는 의미의 수동 관계이므로 동사 enclose(동봉하다)의 과거분사 (D) enclosed가 정답이다. 현재분사 (C) enclosing(동봉하는)을 쓰면 '동봉하는 책자'라는 어색한 문맥을 만든다. 동사 (A)와 (B)는 명사를 꾸밀 수 없다.

어휘 brochure n. 책자, 팸플릿

115

○○○●● 중

The weather conditions were ------- for the 21st Emerald Bay Yacht Race last weekend.

(A) favor (B) favorable
(C) favorably (D) favorite

지난주 기상 상태는 제21회 Emerald만 요트 대회에 적합했다.

■ [보어 자리] 명사 보어 vs. 형용사 보어

정답 (B)

빈칸은 be동사(were)의 보어 자리이므로 보어 자리에 올 수 있는 명사 (A), 형용사 (B), 형용사 또는 명사 (D)가 정답의 후보이다. '기상 상태가 요트 대회에 적합했다'라는 의미가 되어야 하므로 형용사 (B) favorable(적합한, 알맞은)이 정답이다. 명사 (A) favor(호의)는 '기상 상태는 호의이다'라는 어색한 문맥을 만든다. (D)를 '마음에 드는, 매우 좋아하는'이라는 의미의 형용사로 볼 경우 명사 앞에서 명사를 꾸밀 때만 사용되므로 be동사의 보어 자리에 올 수 없으며, 명사로 볼 경우 가산 명사이므로 관사와 함께 쓰이거나 복수형으로 쓰여야 한다. 부사 (C)는 보어 자리에 올 수 없다.

어휘 weather condition phr. 기상 상태 favorably adv. 호의적으로 favorite adj. 마음에 드는; n. 특히 좋아하는 것

If serious building code violations are discovered, the city council has the ------- to halt the tower's construction.

(A) notice (B) objection
(C) authority (D) deliberation

심각한 건축 법규 위반이 발견될 경우, 시 의회는 타워의 건설을 중단시킬 권한이 있다.

■ **명사 어휘** 정답 (C)

'법규 위반이 발견될 경우 시 의회는 건설을 중단시킬 권한이 있다'라는 문맥이므로 (C) authority(권한)가 정답이다. (A) notice는 '공고, 안내', (D) deliberation은 '숙고, 신중함'이라는 의미이다. (B) objection(이의, 반대)은 '~에 이의가 있다'라는 의미의 관용구인 have an objection to로 쓰일 경우, to 부정사가 아닌 전치사 to를 사용하므로 to 뒤에 명사가 나와야 한다.

어휘 council n. 의회 halt v. 중단시키다, 멈추다 code n. 법규, 규정 violation n. 위반 discover v. 발견하다

Having no experience operating a retail store, Ms. Philips relied ------- her business partner's advice.

(A) upon (B) beside
(C) toward (D) with

소매점을 운영해본 경험이 없어서, Ms. Philips는 동업자의 조언에 의존했다.

■ **동사와 함께 쓰인 전치사 표현** 정답 (A)

'동업자의 조언에 의존했다'라는 의미가 되어야 하므로 빈칸 앞의 동사 relied와 함께 '~에 의존하다'라는 의미의 어구인 rely upon을 만드는 전치사 (A) upon이 정답이다. 참고로, rely upon과 같은 의미를 갖는 rely on도 함께 알아둔다. (B) beside는 '~ 옆에', (C) toward는 '~을 향해', (D) with는 '~과 함께'라는 의미이다.

어휘 operate v. 운영하다, 경영하다 retail store phr. 소매점 business partner phr. 동업자

Regardless of seniority, ------- employee is entitled to 15 days of paid vacation per year.

(A) each (B) which
(C) some (D) those

근속 연수에 관계없이, 각 직원들은 연간 15일의 유급 휴가를 받을 수 있다.

■ **수량 표현** 정답 (A)

빈칸 뒤의 단수 가산 명사(employee)를 꾸밀 수 있는 수량 표현 (A) each(각)가 정답이다. 관계대명사 또는 의문사 (B) which는 뒤에 불완전한 절이 와야 하는데, 이 문장은 주어(employee)와 동사(is entitled)를 갖춘 완전한 절이므로 답이 될 수 없다. 수량 표현 (C) some(몇몇의)은 가산 명사를 꾸미는 경우 복수 가산 명사를 꾸며야 한다. 지시대명사 또는 지시형용사 (D) those는 앞에 언급된 복수 명사를 대신할 때 쓰거나 'those + 수식어(관계절, 분사, 전치사구)'의 형태로 '~한 사람들'이라는 의미로 쓰이는데, 앞에 언급된 복수 명사가 없고 those를 꾸며주는 수식어도 없으므로 답이 될 수 없다.

어휘 regardless of phr. ~에 관계없이 seniority n. 근속 연수, 연공서열 paid vacation phr. 유급 휴가

Mr. Alden has asked to be notified ------- the clients visiting from Japan arrive in the building lobby.

(A) whereas (B) so that
(C) as soon as (D) or else

Mr. Alden은 일본에서 방문하는 고객들이 건물 로비에 도착하자마자 통보해달라고 요청했다.

■ **부사절 접속사** 시간 정답 (C)

절(Mr. Alden ~ notified)과 절(the clients ~ lobby)을 연결할 수 있는 부사절 접속사 (A), (B), (C)와 등위접속사 (D)가 모두 정답의 후보이다. '고객들이 도착하자마자 통보해달라고 요청했다'라는 의미가 되어야 하므로 시간을 나타내는 부사절 접속사 (C) as soon as(~하자마자)가 정답이다. 부사절 접속사 (A) whereas(~한 반면에)와 (B) so that(~할 수 있도록)을 쓸 경우 '고객들이 도착한 반면에/도착할 수 있도록 통보해달라고 요청했다'라는 어색한 문맥을 만든다. 등위접속사 (D) or else(그렇지 않으면)를 쓸 경우 '통보해달라고 요청했고 그렇지 않으면 고객들이 도착한다'라는 어색한 문맥을 만든다.

어휘 notify v. 통보하다, 통지하다

120
○●●●● 상

------ staff members dress is a reflection on the company, so please wear professional attire throughout the workweek.

(A) When
(B) What
(C) How
(D) Who

직원들이 어떻게 옷을 입는지는 회사를 반영하므로, 주중 근무 시간에는 전문적인 복장을 갖춰 주십시오.

■ **명사절 접속사** 의문사 how
정답 (C)

빈칸이 포함된 절(___ staff members dress)이 동사(is)의 주어 역할을 하고 있으므로 문장 내에서 주어로 쓰일 수 있는 명사절을 이끄는 명사절 접속사인 모든 보기가 정답의 후보이다. 빈칸이 포함된 절이 주어(staff members)와 동사(dress)를 갖춘 완전한 절이며, '직원들이 어떻게 옷을 입는지는 회사를 반영한다'라는 의미가 되어야 하므로 의문부사 (C) How(어떻게 ~하는지)가 정답이다. 의문부사 (A) When(언제 ~하는지)은 '직원들이 언제 옷을 입는지는 회사를 반영한다'라는 어색한 문맥을 만든다. 의문대명사 또는 의문형용사 (B) What(무엇, 무슨)과 의문대명사 (D) Who(누구)는 뒤에 불완전한 절이 와야 한다. 참고로, 동사 dress를 '(~에게) 옷을 입히다'라는 의미의 타동사로 보고 빈칸이 포함된 절(___ staff members dress)을 동사(dress)의 목적어가 없는 불완전한 절로 본다 해도, 그 자체가 명사절의 목적어 역할을 할 수 있는 의문대명사 (B) What(무엇)과 (D) Who(누구)는 '직원들이 무엇에게 옷을 입히는지/누구에게 옷을 입히는지는 회사를 반영한다'라는 어색한 문맥을 만든다.

어휘 dress v. 옷을 입다, ~에게 옷을 입히다 reflection n. 반영 professional adj. 전문적인; n. 전문가 attire n. 복장, 의복

121
○●●●● 상

The annual Independence Day fireworks show will ------ at 8 P.M. behind Stapleton Park.

(A) enter
(B) commence
(C) withstand
(D) originate

연례 독립 기념일 불꽃놀이 쇼는 Stapleton 공원 뒤에서 오후 8시에 시작할 것이다.

■ **동사 어휘**
정답 (B)

'불꽃놀이 쇼는 오후 8시에 시작할 것이다'라는 문맥이므로 (B) commence(시작하다)가 정답이다. (A) enter는 '들어가다', (C) withstand는 '견디다', (D) originate는 '유래하다, 비롯되다'라는 의미이다.

어휘 annual adj. 연례의, 매년의 Independence Day phr. 독립 기념일 firework n. 불꽃놀이

122
○●●●● 상

Jenkins Hospitality ------ Starlite Hotels if the negotiations had not broken down.

(A) will acquire
(B) could be acquired
(C) has been acquired
(D) would have acquired

만약 협상이 결렬되지 않았다면 Jenkins Hospitality사가 Starlite 호텔을 매입했을 것이다.

■ **가정법 과거완료**
정답 (D)

If절(if ~ down)의 동사가 과거완료 시제(had not broken down)이고 '만약 협상이 결렬되지 않았다면 호텔을 매입했을 것이다'라는 의미로 과거 사실의 반대를 가정하고 있으므로 가정법 과거완료 문장임을 알 수 있다. 따라서 가정법 과거완료의 주절의 동사 자리에 올 수 있는 'would/could/might/should have p.p.'인 (D) would have acquired가 정답이다. 미래 시제 (A), 과거 시제 (B), 현재완료 시제 (C)는 가정법 과거완료의 주절의 동사 자리에 올 수 없다.

어휘 negotiation n. 협상 break down phr. 결렬되다, 고장 나다 acquire v. 매입하다, 인수하다

123
○●●●● 상

Ms. Sutter left some portions of the registration form ------ because she did not know all of the information necessary to complete it.

(A) hollow
(B) flat
(C) blank
(D) pure

Ms. Sutter는 신청서를 작성하는 데 필요한 모든 정보를 알고 있지는 않았기 때문에 일부를 비워두었다.

■ **유사의미 형용사**
정답 (C)

'필요한 모든 정보를 알고 있지는 않았기 때문에 일부를 비워두었다'라는 문맥이므로 (C) blank(빈, 공백의)가 정답이다. (A) hollow(속이 빈, 공허한)도 해석상 그럴듯해 보이지만 물리적인 공간의 속이 텅 비어있음을 나타내므로 답이 될 수 없다. (B) flat은 '평평한', (D) pure는 '순수한, 불순물이 없는'이라는 의미이다.

어휘 portion n. 일부, 부분 registration form phr. 신청서 complete v. 작성하다, 기입하다

124

Dearden Inc. must comply with safety regulations by placing ------- visible emergency exit signs on every floor.

(A) clears
(B) clearance
(C) clearly
(D) cleared

Dearden사는 명확하게 눈에 보이는 비상구 표지판을 모든 층에 설치함으로써 안전 규정을 준수해야 한다.

■ 부사 자리

정답 (C)

빈칸 뒤의 형용사(visible)를 꾸미기 위해서는 부사가 와야 하므로 부사 (C) clearly(명확하게)가 정답이다. 동사 (A), 명사 (B), 동사 또는 과거분사 (D)는 형용사를 꾸밀 수 없다. 만약 명사 (B) clearance(정리, 제거)를 동명사 placing의 목적어로 본다 해도, 특별한 연결어 없이 빈칸 뒤의 명사구(visible emergency exit signs)와 나란히 올 수 없으므로 답이 될 수 없다.

어휘 comply with phr. ~을 준수하다 safety regulation phr. 안전 규정 place v. 설치하다, 배치하다 visible adj. 눈에 보이는
emergency exit phr. 비상구 sign n. 표지판 clear v. 치우다; adj. 분명한

125

Tomorrow's baseball game has been canceled ------- the storm that is expected to hit Houston.

(A) unlike
(B) up to
(C) on account of
(D) on behalf of

휴스턴을 강타할 것으로 예상되는 폭풍 때문에 내일 있을 야구 경기가 취소되었다.

■ 전치사 선택 이유

정답 (C)

'폭풍 때문에 야구 경기가 취소되었다'라는 의미가 되어야 하므로 이유를 나타내는 전치사 (C) on account of(~ 때문에)가 정답이다. (A) unlike는 '~과 달리', (B) up to는 '~까지, ~에게 달려 있는', (D) on behalf of는 '~을 대신하여, 대표하여'라는 의미이다.

126

Most fitness professionals ------- a low-calorie, high-fiber diet to those who wish to lose weight.

(A) express
(B) recommend
(C) compliment
(D) examine

대부분의 운동 전문가들은 체중을 줄이길 원하는 사람들에게 저칼로리의 고섬유질 식단을 추천한다.

■ 동사 어휘

정답 (B)

'체중을 줄이려고 하는 사람들에게 저칼로리의 고섬유질 식단을 추천한다'라는 문맥이므로 (B) recommend(추천하다)가 정답이다. (A) express는 '표현하다', (D) examine은 '조사하다'라는 의미이다. (C) compliment(칭찬하다)도 해석상 그럴듯해 보이지만 사람을 목적어로 취해야 하는데 목적어(a ~ diet)로 사물이 왔으므로 답이 될 수 없다. 참고로, compliment A on B(A를 B에 대해 칭찬하다)를 관용구로 알아둔다.

어휘 fitness n. 운동 low-calorie adj. 저칼로리의 high-fiber adj. 고섬유질의 diet n. 식단, 식생활 attempt v. ~ 하려고 해보다

127

Ms. Simpson is meeting with the board of directors and should not be disturbed ------- there is an emergency.

(A) only if
(B) as long as
(C) unless
(D) thereafter

Ms. Simpson은 이사회와 회의 중이며 긴급 상황이 있는 것이 아니라면 방해받지 않아야 한다.

■ [수식어 거품을 이끄는 것] 부사절 접속사 조건

정답 (C)

이 문장은 주어(Ms. Simpson)와 동사(is meeting, should not be disturbed)를 갖춘 완전한 절이므로, ___ ~ emergency는 수식어 거품으로 보아야 한다. 이 수식어 거품은 동사(is)가 있는 거품절이므로, 거품절을 이끌 수 있는 부사절 접속사 (A), (B), (C)가 정답의 후보이다. '긴급 상황이 있는 것이 아니라면 방해받지 않아야 한다'라는 의미가 되어야 하므로 조건을 나타내는 부사절 접속사 (C) unless(만약 ~이 아니라면, ~하지 않는 한)가 정답이다. (A) only if와 (B) as long as는 '오직 ~하는 경우에만'이라는 의미로 '오직 긴급 상황이 있는 경우에만 방해받지 않아야 한다'라는 어색한 문맥이 된다. 접속부사 (D) thereafter(그 후에)는 거품절을 이끌 수 없다.

어휘 board of directors phr. 이사회 disturb v. 방해하다 emergency n. 긴급 상황, 돌발사태

128

Ray's Sandwiches opened 10 years ago and has ------- become a popular lunch spot for office workers in Weyburn.

(A) yet
(B) since
(C) still
(D) while

Ray's Sandwiches는 10년 전에 문을 열었으며 그 이후로 Weyburn의 회사원들에게 인기 있는 점심 식사 장소가 되었다.

■ [부사 자리] 부사 선택 시간 부사   정답 (B)

동사(has become)를 꾸밀 수 있는 것은 부사이므로 부사 (A), (B), (C)가 정답의 후보이다. '10년 전에 문을 열었으며 그 이후로 회사원들에게 인기 있는 점심 식사 장소가 되었다'라는 의미가 되어야 하므로 시간을 나타내는 부사 (B) since(그 이후로)가 정답이다. (A) yet은 '아직, 이미', (C) still은 '여전히, 아직'이라는 의미이다. 부사절 접속사 (D) while(~하는 동안)은 동사를 꾸밀 수 없다. 참고로, since는 '~ 이래로'라는 의미의 시점을 나타내는 전치사 또는 '~이기 때문에'라는 의미의 이유를 나타내는 부사절 접속사로도 쓰일 수 있음을 알아둔다.

어휘 office worker phr. 회사원

129

------- a few typos that can be easily fixed, the report looks ready to be submitted.

(A) Supposing
(B) In case
(C) As though
(D) Apart from

쉽게 수정될 수 있는 몇몇 오타를 제외하고, 이 보고서는 제출될 준비가 된 것 같다.

■ [수식어 거품을 이끄는 것] 전치사 선택 제외   정답 (D)

이 문장은 주어(the report), 동사(looks), 보어(ready)를 갖춘 완전한 절이므로, ___ ~ fixed는 수식어 거품으로 보아야 한다. 이 수식어 거품은 동사가 없는 거품구이므로, 거품구를 이끌 수 있는 전치사 (D) Apart from(~을 제외하고)이 정답이다. 참고로, 이 수식어 거품의 that절(that ~ fixed)은 선행사(a few typos)를 수식하는 관계절임을 알아둔다. 부사절 접속사 (A) Supposing(만약 ~이라면), (B) In case(~에 대비하여), (C) As though(마치 ~처럼)는 거품구가 아닌 거품절을 이끈다.

어휘 typo n. 오타, 오자 submit v. 제출하다

130

Astrophysicist Dr. Bryan Healy and aerospace engineer Dr. Marie Duns are experts in their ------- fields.

(A) plausible
(B) respective
(C) negligible
(D) intrusive

천체물리학자 Dr. Bryan Healy와 항공우주 공학자 Dr. Marie Duns는 그들 각자의 분야에서 전문가들이다.

■ 형용사 어휘   정답 (B)

'Dr. Bryan Healy와 Dr. Marie Duns는 그들 각자의 분야에서 전문가들이다'라는 문맥이므로 (B) respective(각자의, 각각의)가 정답이다. (A) plausible은 '그럴듯한, 이치에 맞는', (C) negligible은 '무시해도 될 정도의, 사소한', (D) intrusive는 '거슬리는, 강요하는'이라는 의미이다.

어휘 astrophysicist n. 천체물리학자 aerospace n. 항공우주

PART 6

Questions 131-134 refer to the following instructions.

131-134는 다음 설명서에 관한 문제입니다.

To replace a printer cartridge, start by opening the top of the printer. This will cause the ink cartridges to move to the center of the printing area and then stop. -------. It should **131** slide out easily. ------- you have your new cartridge ready, **132** shake it to move the ink around. This will ensure even color -------. Next, look for a piece of protective tape sealing the **133** bottom. This must be peeled off prior to use. Otherwise, the ink will not be -------. Finally, close the top of the printer and **134** print a few test pages to make sure that the colors match those on the monitor.

프린터 카트리지를 교체하려면, 프린터의 뚜껑을 여는 것으로 시작하십시오. 이는 잉크 카트리지가 인쇄 구역의 중앙으로 이동한 다음 멈추게 할 것입니다. **131** 교체하고 싶은 카트리지를 선택하고 본인 쪽으로 당기십시오. 그것은 쉽게 미끄러져 나올 것입니다. **132** 새로운 카트리지가 준비되면, 잉크가 사방으로 움직이도록 그것을 흔드십시오. **133** 이는 색의 고른 분포를 보장해줄 것입니다. 다음으로, 바닥을 밀봉하고 있는 보호용 테이프 한 장을 찾으십시오. 이것은 사용 전에 벗겨져야 합니다. **134** 그렇지 않으면, 잉크가 나오지 않을 것입니다. 마지막으로, 프린터 뚜껑을 닫고 색상이 모니터에 나타나는 것과 일치하는지 확인하기 위해 몇 장의 시험 페이지를 인쇄하십시오.

131 (A) Select the cartridge you wish to change and pull it toward you.
(B) Line up the paper stack to prevent it from getting jammed.
(C) Refilling cartridges is much more economical than replacing them.
(D) Refer to the user manual to identify the broken part.

132 (A) When
(B) Accordingly
(C) Unless
(D) As if

133 (A) customization
(B) reservation
(C) distribution
(D) explanation

134 (A) detected
(B) released
(C) restored
(D) evaporated

어휘 **replace** v. 교체하다, 바꾸다 **cause** v. ~하게 하다 **ensure** v. 보장하다, 확보하다 **even** adj. 고른, 평평한 **protective** adj. 보호용의 **seal** v. 밀봉하다, 봉인하다 **peel off** phr. 벗기다 **prior to** phr. 전에, ~에 앞서 **otherwise** adv. 그렇지 않으면 **match** v. 일치하다

131 ■ 알맞은 문장 고르기 정답 (A)

빈칸에 들어갈 알맞은 문장을 고르는 문제이므로 주변 문맥 또는 전체 문맥을 파악한다. 앞 문장 'This will cause the ink cartridges to move to the center of the printing area and then stop.'에서 이것, 즉 카트리지를 교체하기 위해 프린터의 뚜껑을 여는 것은 잉크 카트리지가 인쇄 구역의 중앙으로 이동한 다음 멈추게 할 것이라고 했고 뒤 문장 'It should slide out easily.'에서 그것은 쉽게 미끄러져 나올 것이라고 했으므로 빈칸에는 잉크 카트리지를 분리하는 것과 관련된 내용이 들어가야 함을 알 수 있다. 따라서 (A) Select the cartridge you wish to change and pull it toward you가 정답이다. (C)도 잉크 카트리지와 관련된 내용이지만 카트리지 리필에 관한 내용이므로 답이 될 수 없다.

보기 해석
(A) 교체하고 싶은 카트리지를 선택하고 본인 쪽으로 당기십시오.
(B) 종이가 걸리지 않도록 하기 위해 종이 더미를 제자리에 넣으십시오.
(C) 카트리지를 리필하는 것은 교체하는 것보다 훨씬 더 경제적입니다.
(D) 고장 난 부분을 확인하기 위해 사용자 설명서를 참고하십시오.

어휘 **pull** v. 당기다 **line up** phr. ~을 제자리에 넣다 **stack** n. 더미, 무더기 **prevent** v. ~하지 않도록 하다, 막다 **jammed** adj. 걸린
economical adj. 경제적인, 실속 있는 **refer to** phr. ~을 참고하다 **identify** v. 확인하다, 식별하다

132 ■ [수식어 거품을 이끄는 것] 부사절 접속사 시간 정답 (A)

이 문장은 주어가 없는 명령문으로 동사(shake)와 목적어(it)을 갖추고 있으므로, ___ ~ ready는 수식어 거품으로 보아야 한다. 이 수식어 거품은 동사(have)가 있는 거품절이므로, 거품절을 이끌 수 있는 부사절 접속사 (A), (C), (D)가 정답의 후보이다. '새로운 카트리지가 준비되면 그것을 흔들어라'라는 의미가 되어야 하므로 시간을 나타내는 부사절 접속사 (A) When(~ 하면, ~할 때)이 정답이다. (C) Unless(만약 ~이 아니라면), (D) As if(마치 ~처럼)는 각각 '새로운 카트리지가 준비된 것이 아니라면/마치 새로운 카트리지가 준비된 것처럼 그것을 흔들어라'라는 어색한 문맥을 만든다. 접속부사 (B) Accordingly(그러므로)는 거품절을 이끌 수 없다.

133 ■ 명사 어휘 정답 (C)

'색의 고른 분포를 보장해줄 것이다'라는 문맥이므로 명사 (C) distribution(분포)이 정답이다. (A) customization은 '주문 제작', (B) reservation은 '예약', (D) explanation은 '설명, 해명'이라는 의미이다.

134 ■ 동사 어휘 주변 문맥 파악 정답 (B)

'잉크가 ___하지 않을 것이다'라는 문맥이므로 모든 보기가 정답의 후보이다. 빈칸이 있는 문장만으로는 정답을 고를 수 없으므로 주변 문맥이나 전체 문맥을 파악한다. 앞 문장에서 잉크 카트리지의 바닥을 밀봉하고 있는 보호용 테이프가 사용 전에 벗겨져야 한다고 했으므로, 보호용 테이프가 제거되지 않으면 잉크가 나오지 않을 것임을 알 수 있다. 따라서 동사 release(내보내다, 방출하다)의 p.p.형 (B) released가 정답이다. (A)의 detect는 '발견하다, 검출하다', (C)의 restore는 '복원하다, 되돌려주다', (D)의 evaporate는 '증발시키다'라는 의미이다.

Questions 135-138 refer to the following Web page.

135-138은 다음 웹페이지에 관한 문제입니다.

http://www.weissert.com

HOME | **ABOUT** | ACCOUNT | HELP | CONTACT US

Weissert Antivirus safeguards computers and networks. Since it was launched five years ago, it has become one of the leading forms of protection against viruses and malware. Download a free ------- version today. You'll get full access
135
to our services on any single device for 90 days. At the end of this period, you can easily ------- the service. Simply
136
choose a subscription plan, and enter your payment information. -------. That's all there is to it. ------- 90 days,
137   **138**
we won't charge you at all. To start your installation, click here.

http://www.weissert.com

| 홈 | 소개 | 계정 | 도움 | 연락 |

Weissert 항바이러스 소프트웨어는 컴퓨터와 네트워크를 보호합니다. 5년 전에 출시된 이래로, 그것은 바이러스와 악성 소프트웨어에 대비하여 선두적인 보호 형태 중 하나가 되었습니다. **135** 오늘 무료 시험 버전을 다운로드하십시오. 당신은 90일 동안 어떠한 하나의 장치에서 저희 서비스에 완전한 접근을 갖게 될 것입니다. **136** 이 기간이 끝날 때, 당신은 쉽게 서비스를 연장할 수 있습니다. 간단하게 구독 요금제를 선택하고, 당신의 결제 정보를 입력하십시오. **137** 저희는 모든 주요 신용카드를 받으며 직접 인출도 가능합니다. 그것이 전부입니다. **138** 90일 미만은, 저희가 당신에게 요금을 전혀 청구하지 않을 것입니다. 설치를 시작하시려면, 여기를 클릭하십시오.

135 (A) future
(B) mobile
(C) trial
(D) alternative

136 (A) extend
(B) cancel
(C) suspend
(D) return

137 (A) Protecting your children from harmful content is our number one concern.
(B) This is the one that most of our customers choose.
(C) We accept all major credit cards and can also do direct withdrawals.
(D) Follow the enclosed instructions to reinstall the software now.

138 (A) Past
(B) Under
(C) Without
(D) Except for

어휘   antivirus n. 항바이러스 소프트웨어 safeguard v. 보호하다 launch v. 출시하다, 시작하다 protection n. 보호 malware n. 악성 소프트웨어
subscription n. 구독 plan n. 요금제 charge v. 청구하다 installation n. 설치

135 ■ 형용사 어휘 주변 문맥 파악

정답 (C)

'오늘 무료 ___한 버전을 다운로드하십시오'라는 문맥이므로 (B), (C), (D)가 정답의 후보이다. 빈칸이 있는 문장만으로는 정답을 고를 수 없으므로 주변 문맥이나 전체 문맥을 파악한다. 뒤 문장에서 90일 동안 어떠한 하나의 장치에서 저희, 즉 Weissert 서비스에 완전한 접근을 갖게 될 것이라고 했으므로 지금 다운로드하는 버전이 정식 버전이 아닌 시험 버전임을 알 수 있다. 따라서 형용사 (C) trial(시험의)이 정답이다. (A) future는 '미래의', (B) mobile은 '기동성 있는', (D) alternative는 '대안적인'이라는 의미이다.

136 ■ 동사 어휘 주변 문맥 파악

정답 (A)

'이 기간이 끝날 때, 당신은 쉽게 서비스를 ___할 수 있습니다'라는 문맥이므로 (A), (B), (C)가 정답의 후보이다. 빈칸이 있는 문장만으로는 정답을 고를 수 없으므로 주변 문맥이나 전체 문맥을 파악한다. 뒤 문장에서 간단하게 구독 요금제를 선택하고 결제 정보를 입력하라고 했으므로 이 기간이 끝나도 서비스를 계속 이용할 수 있음을 알 수 있다. 따라서 동사 (A) extend(연장하다)가 정답이다. (B) cancel은 '취소하다', (C) suspend는 '중단하다', (D) return은 '돌아오다'라는 의미이다.

137 ■ 알맞은 문장 고르기

정답 (C)

빈칸에 들어갈 알맞은 문장을 고르는 문제이므로 주변 문맥 또는 전체 문맥을 파악한다. 앞 문장 'Simply choose a subscription plan, and enter your payment information.'에서 간단하게 구독 요금제를 선택하고 결제 정보를 입력하라고 했으므로 빈칸에는 결제와 관련된 내용이 들어가야 함을 알 수 있다. 따라서 (C) We accept all major credit cards and can also do direct withdrawals가 정답이다.

보기 해석
(A) 유해 콘텐츠로부터 당신의 자녀를 보호하는 것이 저희의 최우선 관심사입니다.
(B) 이것은 저희 고객들 대부분이 선택하는 것입니다.
(C) 저희는 모든 주요 신용카드를 받으며 직접 인출도 가능합니다.
(D) 소프트웨어를 지금 다시 설치하기 위해 동봉된 지침에 따르십시오.

어휘   harmful adj. 유해한, 해로운 concern n. 관심사, 우려 withdrawal n. 인출 enclosed adj. 동봉된 instruction n. 지침
reinstall v. 다시 설치하다

138 ■ 전치사 선택 기타

정답 (B)

'90일 미만은, 저희가 당신에게 요금을 전혀 청구하지 않을 것입니다'라는 의미가 되어야 하므로 전치사 (B) Under(~ 미만)가 정답이다. (A) Past는 '~ 지나서'라는 의미로 시점을 나타낸다. (C) Without은 '~이 없다면', (D) Except for는 '~을 제외하고'라는 의미로 제외를 나타낸다.

To: Cynthia Ryerson <cynry@terratiles.com>
From: Alex Jones <jones@jonesinteriors.com>
Date: November 18
Subject: Purchase order

Dear Ms. Ryerson,

I appreciate your sending the tile ------- as requested. The
　　　　　　　　　　　　　　139
actual products look better than they do on your Web site.
I visited my client and showed them to her. Although she
was impressed with the stone and ceramic tiles, she found
neither of these options -------. On the other hand, the
　　　　　　　　　　　　　　140
terra-cotta tiles are exactly what she is looking for. ------- will
　　　　　　　　　　　　　　　　　　　　　　　　141
complement her Mediterranean-themed restaurant perfectly.

I've provided you with the measurements, so could you tell
me what the total price will be for the materials and
installation? -------. I believe my client is expecting her
　　　　　　142
furniture and appliances to arrive in two weeks, so it would
be best to do the installation before then.

Thanks again, and I hope to hear from you soon.

Alex Jones
Jones Interiors

수신: Cynthia Ryerson <cynry@terratiles.com>
발신: Alex Jones <jones@jonesinteriors.com>
날짜: 11월 18일
제목: 구매 주문

Ms. Ryerson께,

139 요청했던 대로 타일 견본을 보내주셔서 감사합니다. 실
제 제품은 당신의 웹사이트에서 보이는 것보다 더 좋아 보
입니다. 저는 제 고객을 방문하여 그것들을 보여주었습니
다. **140** 그녀는 석조와 도자기 타일에 좋은 인상을 받기는
했지만, 그 선택지들 중 어느 것도 가격이 알맞지 않다고 생
각했습니다. 반면에, 테라코타 타일들은 정확히 그녀가 찾
고 있는 것입니다. **141** 그것들은 그녀의 지중해풍 식당을 완
벽하게 보완해줄 것입니다.

귀하께 치수를 전달드렸으니, 재료 및 설치의 총비용이 얼
마일지 알려 주시겠습니까? **142** 얼마나 빨리 그 작업을 시
행하실 수 있는지도 알고 싶습니다. 제 고객은 2주 후에 그
녀의 가구와 가전제품들이 도착할 것으로 예상하고 있는 것
같으니, 그 전에 설치하는 것이 가장 좋겠습니다.

다시 한번 감사드리며, 곧 연락 주시기 바랍니다.

Alex Jones
Jones 인테리어사

139 (A) images
　　　(B) costs
　　　(C) samples
　　　(D) specifications

140 (A) afford
　　　(B) affording
　　　(C) affordably
　　　(D) affordable

141 (A) It
　　　(B) Nothing
　　　(C) They
　　　(D) She

142 (A) She was very pleased with the results of the
　　　　renovation.
　　　(B) After that, when will you be able to settle your
　　　　balance?
　　　(C) I'd also like to know how soon you can carry out the
　　　　work.
　　　(D) Have you heard whether there were any issues with
　　　　the installation?

여휘　impressed adj. 좋은 인상을 받은　ceramic adj. 도자기의　on the other hand phr. 반면에
terra-cotta adj. 테라코타(유약을 바르지 않고 구운 점토)의　complement v. 보완하다　Mediterranean adj. 지중해의　measurement n. 치수
material n. 재료　installation n. 설치　appliance n. 가전제품

139 ■ 명사 어휘 주변 문맥 파악

정답 (C)

○○○●●
중

'타일 ___을 보내줘서 감사하다'라는 문맥이므로 모든 보기가 정답의 후보이다. 빈칸이 있는 문장만으로는 정답을 고를 수 없으므로 주변 문맥이나 전체 문맥을 파악한다. 뒤 문장에서 실제 제품이 웹사이트에서 보이는 것보다 더 좋아 보인다고 했으므로 타일의 실제 제품을 보았음을 알 수 있다. 따라서 명사 (C) samples(견본)가 정답이다. (A)의 image는 '그림, 사진', (B)의 cost는 '비용', (D)의 specification은 '사양, 규격'이라는 의미이다.

140 ■ 보어 자리에 올 수 있는 것: 명사 또는 형용사

정답 (D)

○○○●●
상

5형식 동사 find는 목적어와 목적격 보어를 가지는 동사인데, 동사(found) 뒤에 목적어(neither of these options)가 있으므로 빈칸은 목적격 보어 자리이다. 따라서 보어 자리에 올 수 있는 형용사 역할을 하는 현재분사 (B)와 형용사 (D)가 정답의 후보이다. '선택지들 중 어느 것도 가격이 알맞지 않다고 생각했다'라는 의미가 되어야 하므로 형용사 (D) affordable(가격이 알맞은)이 정답이다. 동사 afford(~을 할 여유가 있다)의 현재분사 (B)를 쓰면 '선택지들 중 어느 것도 (무엇을 할) 여유가 있지 않다고 생각했다'라는 어색한 문맥을 만든다. 동사 (A)와 부사 (C)는 보어 자리에 올 수 없다.

어휘 affordably adv. 감당할 수 있게

141 ■ 명사-대명사 일치 주변 문맥 파악

정답 (C)

○○○●●
중

'___은 그녀의 식당을 완벽하게 보완해줄 것이다'라는 문맥이므로 모든 보기가 정답의 후보이다. 빈칸이 있는 문장만으로는 정답을 고를 수 없으므로 주변 문맥이나 전체 문맥을 파악한다. 앞 문장에서 테라코타 타일들은 정확히 그녀가 찾고 있는 것이라고 했으므로 테라코타 타일들을 가리키는 3인칭 복수 주격 인칭대명사 (C) They가 정답이다. 3인칭 단수 주격 또는 목적격 인칭대명사 (A) It과 3인칭 단수 주격 인칭대명사 (D) She는 복수 명사(terra-cotta tiles)를 가리킬 수 없다. 부정대명사 (B) Nothing(아무것도 (~아니다))을 쓸 경우 '아무것도 그녀의 식당을 완벽하게 보완해주지 않을 것이다'라는 의미가 되는데, 앞 문장과 연결하면 '테라코타 타일들은 정확히 그녀가 찾고 있는 것이며 아무것도 그녀의 식당을 보완해주지 않을 것이다'라는 어색한 문맥을 만든다.

142 ■ 알맞은 문장 고르기

정답 (C)

○○○●●
중

빈칸에 들어갈 알맞은 문장을 고르는 문제이므로 주변 문맥 또는 전체 문맥을 파악한다. 앞 문장 'could you tell me what the total price will be for the materials and installation?'에서 재료 및 설치의 총비용이 얼마일지 알려달라고 한 후, 뒤 문장 'I believe my client is expecting her furniture and appliances to arrive in two weeks, so it would be best to do the installation before then.'에서 고객이 2주 후에 가구와 가전제품들이 도착할 것으로 예상하고 있는 것 같으니 그 전에 설치하는 것이 가장 좋겠다고 했으므로 빈칸에는 설치 작업에 대한 내용이 들어가야 함을 알 수 있다. 따라서 (C) I'd also like to know how soon you can carry out the work가 정답이다. (D)도 설치 작업과 관련된 내용이지만 아직 설치 작업이 시작되지 않았으므로 답이 될 수 없다.

보기 해석
(A) 그녀는 보수 공사 결과에 매우 만족했습니다.
(B) 그 후에, 언제 잔금을 정산할 수 있으신가요?
(C) 얼마나 빨리 그 작업을 시행하실 수 있는지도 알고 싶습니다.
(D) 혹시 설치 작업에 문제가 있었는지 들으셨나요?

어휘 settle v. 정산하다, 해결하다 balance n. 잔금 carry out phr. 시행하다 issue n. 문제

Questions 143-146 refer to the following article.

143-146은 다음 기사에 관한 문제입니다.

Jackson City is showing strong signs of an economic recovery, attracting a great influx of both residents and businesses. This growth is due to the sale of a 3.7-million-square-foot plot of land along Highway 34 that ------- accommodated Sibbet Manufacturing. The company
143
went bankrupt after three years of operation and closed its doors over a decade ago, leaving the infrastructure on the property unused. The new proprietors plan ------- everything
144
and build new office buildings. If this development is successful, it will provide more than 50,000 jobs over the next few years. -------. The demand for housing is already on
145
the rise. -------, commercial properties that will ultimately
146
cater to the future residents are being rented at an unprecedented rate.

Jackson시가 현저한 경기 회복의 조짐을 보이면서, 주민들과 사업체 모두의 상당한 유입을 불러일으키고 있다. **143** 이러한 성장은 34번 고속도로를 지나며 이전에는 Sibbet 제조사에 공간을 제공했던 370만 제곱피트의 토지를 매각한 것에 기인한다. 그 회사는 운영한지 3년 후에 파산하여 10년도 더 전에 문을 닫았으며, 그 부지에 있는 기본 시설을 사용되지 않은 채로 남겨두었다. **144** 새로운 소유주는 모든 것을 철거하고 새로운 사무실 건물을 건설할 계획이다. 이 개발이 성공적이면, 그것은 향후 몇 년 간 5만 개 이상의 일자리를 제공할 것이다. **145** 결과적으로 인근 지역의 사람들도 Jackson시로 이사해오고 있다. 주택에 대한 수요는 이미 상승 추세에 있다. **146** 마찬가지로, 궁극적으로 장래 주민들의 요구를 채워줄 상업 용지들도 전례 없는 속도로 임대되고 있다.

143 (A) steadily
(B) conveniently
(C) previously
(D) momentarily

144 (A) to demolish
(B) demolishing
(C) will demolish
(D) demolished

145 (A) There are more manufacturing jobs than qualified applicants at the moment.
(B) Some residents are opposed to the idea of living so close to a factory.
(C) Such a major increase in sales is expected to boost the company's profits.
(D) People from neighboring areas have been moving to Jackson City as a result.

146 (A) Rather
(B) Likewise
(C) Instead
(D) However

어휘 economy n. 경기, 경제 recovery n. 회복 influx n. 유입, 쇄도 resident n. 주인 plot n. 토지, 터
accommodate v. 공간을 제공하다, 수용하다 go bankrupt phr. 파산하다 decade n. 10년 infrastructure n. 기본 시설
proprietor n. 소유주 demand n. 수요; v. 요구하다 housing n. 주택 commercial property phr. 상업 용지
ultimately adv. 궁극적으로, 결국 cater to phr. ~의 요구를 채우다 unprecedented adj. 전례 없는, 엄청난 rate n. 속도, 가격

143 ■ 부사 어휘 전체 문맥 파악

정답 (C)

'___ Sibbet 제조사에 공간을 제공했던 토지'라는 문맥이므로 모든 보기가 정답의 후보이다. 빈칸이 있는 문장만으로는 정답을 고를 수 없으므로 주변 문맥이나 전체 문맥을 파악한다. 뒤 문장에서 그 회사는 운영한지 3년 후에 파산하여 10년도 더 전에 문을 닫았다고 했고, 뒷부분에서 새로운 소유주가 모든 것을 철거하고 새로운 사무실 건물을 건설할 계획이라고 했으므로, 그 토지가 이전에 Sibbet 제조사에 공간을 제공했음을 알 수 있다. 따라서 부사 (C) previously(이전에, 과거에)가 정답이다. (A) steadily는 '꾸준하게', (B) conveniently는 '편리하게', (D) momentarily는 '금방, 잠깐'이라는 의미이다.

144 ■ to 부정사를 취하는 동사

정답 (A)

빈칸 앞의 동사 plan(계획하다)은 to 부정사를 목적어로 취하는 동사이므로 to 부정사 (A) to demolish가 정답이다. 동명사 또는 현재분사 (B), 동사 (C), 동사 또는 과거분사 (D)는 plan의 목적어 자리, 즉 to 부정사 자리에 올 수 없다.

어휘 demolish v. 철거하다

145 ■ 알맞은 문장 고르기

정답 (D)

빈칸에 들어갈 알맞은 문장을 고르는 문제이므로 주변 문맥 또는 전체 문맥을 파악한다. 앞부분에서 Jackson시가 현저한 경기 회복의 조짐을 보이면서 주민들의 상당한 유입을 불러일으키고 있다고 한 후, 뒤 문장 'The demand for housing is already on the rise.'에서 주택에 대한 수요가 이미 상승 추세에 있다고 했으므로, 경기 회복의 조짐을 보이며 주민들의 유입을 불러일으키고 있는 것에 대한 결과이면서 동시에 주택에 대한 수요가 상승 추세에 있게 된 원인이 되는 내용이 들어가야 함을 알 수 있다. 따라서 (D) People from neighboring areas have been moving to Jackson City as a result가 정답이다.

보기 해석
(A) 지금은 자격 있는 지원자들보다 제조업 일자리가 더 많다.
(B) 몇몇 주민들은 공장에 그렇게 가까이 거주하는 계획에 반대한다.
(C) 그와 같은 매출의 두드러진 상승은 회사의 이윤을 증가시킬 것으로 예상된다.
(D) 결과적으로 인근 지역의 사람들도 Jackson시로 이사해오고 있다.

어휘 qualified adj. 자격 있는 applicant n. 지원자 at the moment phr. 지금 be oppose to phr. ~에 반대하다 boost v. 증가시키다 profit n. 이윤, 수익 neighboring adj. 인근의, 이웃의

146 ■ 접속부사 주변 문맥 파악

정답 (B)

빈칸이 콤마와 함께 문장의 맨 앞에 온 접속부사 자리이므로, 앞 문장과 빈칸이 있는 문장의 의미 관계를 파악하여 정답을 선택한다. 앞 문장에서 주택에 대한 수요는 이미 상승 추세에 있다고 했고, 빈칸이 있는 문장에서는 상업 용지들도 전례 없는 속도로 임대되고 있다고 했으므로 앞 문장의 상황과 비슷한 내용을 나타낼 때 사용되는 (B) Likewise(마찬가지로, 비슷하게)가 정답이다. (A) Rather는 '오히려', (C) Instead는 '대신에', (D) However는 '그러나'라는 의미로 빈칸에 쓸 경우 어색한 문맥이 된다.

PART 7

Questions 147-148 refer to the following policy statement.

147-148은 다음 정책 성명서에 관한 문제입니다.

Cancellation Policy for Whitmore River Campground

If you need to cancel your reservation, [147-A/C]we will return your full deposit provided that you call the park office at 555-7722 a minimum of 48 hours before your scheduled arrival. Please note that [147-D]the park office is only open until 5 P.M. each day, and cancellation notifications sent by text message and e-mail are not accepted. [148]If you cancel at short notice or fail to arrive, you will lose your deposit, and we will be entitled to accommodate another guest at your campsite.

Whitmore강 야영지 예약 취소 정책

예약을 취소해야 할 경우, [147-A/C]도착 예정 최소 48시간 전에 555-7722로 공원 사무소에 전화하는 경우에만 보증금 전액을 환급해드릴 것입니다. [147-D]공원 사무소는 매일 오후 5시까지만 열려 있다는 점과, 문자 메시지 및 이메일로 발송된 예약 취소 통지는 인정되지 않는다는 점을 유의해 주시기 바랍니다. [148]촉박하게 취소하거나 도착하지 못하는 경우, 보증금을 받지 못하실 것이며, 저희는 그 텐트 자리에 다른 손님을 숙박시킬 권리가 있을 것입니다.

어휘 □ **cancellation** n. (예약) 취소 □ **campground** n. 야영지 □ **deposit** n. 보증금
□ **scheduled** adj. 예정된 □ **arrival** n. 도착 □ **notification** n. 통지, 알림
□ **accept** v. 인정하다, 받다 □ **at short notice** phr. 촉박하게, 갑자기 □ **fail** v. ~하지 못하다
□ **entitled to** phr. ~할 권리가 있다 □ **accommodate** v. 숙박시키다, 수용하다 □ **campsite** n. (개별) 텐트 자리, 야영지

147

○○○●
중

What information is NOT mentioned in the policy statement?

(A) A deadline for making a cancellation
(B) A reason a regulation was changed
(C) The contact number of an office
(D) The closing time of a facility

정책 성명서에 언급되지 않은 정보는?

(A) 예약 취소 기한
(B) 규정이 변경된 이유
(C) 사무실 연락처
(D) 시설 폐장 시간

■ **Not/True** Not 문제

정답 (B)

정책 성명서에 언급된 정보를 지문에서 찾아 각 보기와 대조하는 Not/True 문제이다. 이 문제는 질문에 핵심 어구가 없으므로 각 보기의 핵심 어구와 관련된 내용을 지문에서 찾아 대조한다. (A)와 (C)는 'we will return your full deposit provided that you call the park office at 555-7722 a minimum of 48 hours before your scheduled arrival'에서 도착 예정 최소 48시간 전에 555-7722로 공원 사무소에 전화하는 경우에만 보증금 전액을 환급해줄 것이라고 했으므로 지문의 내용과 일치한다. (B)는 지문에 언급되지 않은 내용이다. 따라서 (B)가 정답이다. (D)는 'the park office is only open until 5 P.M. each day'에서 공원 사무소는 매일 오후 5시까지만 열려 있다고 했으므로 지문의 내용과 일치한다.

어휘 **facility** n. 시설

148

○○○●
중

What can Whitmore River Campground do when a customer does not show up?

(A) Restrict the individual from booking again
(B) Send a bill for a cancellation fee
(C) Charge the full rental fee
(D) Give a reserved space to another person

Whitmore강 야영지는 고객이 나타나지 않는 경우에 무엇을 할 수 있는가?

(A) 그 사람이 다시 예약하는 것을 제한한다
(B) 취소 수수료에 대한 청구서를 보낸다
(C) 대여료 전액을 청구한다
(D) 예약된 공간을 다른 사람에게 준다

■ **육하원칙** What

정답 (D)

Whitmore강 야영지가 고객이 나타나지 않는 경우 무엇(What)을 할 수 있는지를 묻는 육하원칙 문제이다. 질문의 핵심 어구인 Whitmore River Campground do when a customer does not show up과 관련하여, 'If you ~ fail to arrive, ~ we will be entitled to accommodate another guest at your campsite.'에서 도착하지 못하는 경우, 저희, 즉 Whitmore강 야영지는 그 텐트 자리에 다른 손님을 숙박시킬 권리가 있을 것이라고 했으므로 (D)가 정답이다.

바꾸어 표현하기
accommodate another guest at ~ campsite 텐트 자리에 다른 손님을 숙박시키다
→ Give a ~ space to another person 공간을 다른 사람에게 주다

어휘 **restrict** v. 제한하다 **individual** n. 사람, 개인 **bill** n. 청구서 **charge** v. 청구하다, 부과하다 **rental fee** phr. 대여료

Questions 149-150 refer to the following information sheet.

149-150은 다음 안내서에 관한 문제입니다.

Volunteer Applications

Thank you for your interest in volunteering at Coral Rock Aquarium. [149]We are no longer accepting applications for fall volunteer positions as that quarterly period is currently under way. If you wish to apply for another quarterly period, please see the chart below for relevant dates.

Quarterly period	Dates for volunteering commitment	Dates for accepting applications
Spring	March 1 to May 31	December 15 to February 15
Summer	June 1 to August 31	March 15 to May 15
[149]Fall	[149]September 1 to November 30	June 15 to August 15
Winter	December 1 to February 28	September 15 to November 15

[150-B/C]The first part of the application process involves submitting a form and being interviewed by our volunteer director. [150-D]If you meet our requirements, you will need to join a three-hour orientation session, which Coral Rock Aquarium is offering on February 24, May 23, August 22, and November 22.

자원봉사자 지원

Coral Rock 수족관에서 자원봉사를 하는 것에 대한 여러분의 관심에 감사드립니다. [149]해당 분기가 현재 진행 중이기 때문에 가을 자원봉사자 자리에 대한 지원을 더 이상 받지 않고 있습니다. 다른 분기에 지원하고 싶으시면, 아래의 표에서 관련 날짜를 확인해 주십시오.

분기	자원봉사 참가 날짜	신청서 접수 날짜
봄	3월 1일부터 5월 31일	12월 15일부터 2월 15일
여름	6월 1일부터 8월 31일	3월 15일부터 5월 15일
[149]가을	[149]9월 1일부터 11월 30일	6월 15일부터 8월 15일
겨울	12월 1일부터 2월 28일	9월 15일부터 11월 15일

[150-B/C]지원 절차의 첫 부분은 신청서 제출 및 자원봉사자 관리자와의 면접을 포함합니다. [150-D]저희의 요건을 충족하시면, 3시간짜리 오리엔테이션에 참여하셔야 하며, Coral Rock 수족관은 2월 24일, 5월 23일, 8월 22일, 그리고 11월 22일에 이를 진행합니다.

어휘 □ **volunteer** n. 자원봉사자; v. 자원봉사를 하다 □ **application** n. 지원(서), 신청(서) □ **aquarium** n. 수족관
□ **quarterly** adj. 분기의 □ **under way** phr. 진행 중인 □ **relevant** adj. 관련 있는
□ **commitment** n. 참가 □ **involve** v. 포함하다 □ **submit** v. 제출하다
□ **director** n. 관리자, 책임자 □ **requirement** n. 요건

149

○ ○ ○ ●
상

When will Coral Rock Aquarium's current volunteering period end?

(A) On May 31
(B) On August 15
(C) On November 30
(D) On December 1

Coral Rock 수족관의 현재 자원봉사 기간은 언제 종료될 것인가?

(A) 5월 31일에
(B) 8월 15일에
(C) 11월 30일에
(D) 12월 1일에

■ **육하원칙** When

정답 (C)

Coral Rock 수족관의 현재 자원봉사 기간이 언제(When) 종료될 것인지를 묻는 육하원칙 문제이다. 질문의 핵심 어구인 Coral Rock Aquarium's current volunteering period end와 관련하여, 'We are no longer accepting applications for fall volunteer positions as that quarterly period is currently under way.'에서 해당 분기가 현재 진행 중이기 때문에 저희, 즉 Coral Rock 수족관은 가을 자원봉사자 자리에 대한 지원을 더 이상 받지 않고 있다고 했고, 'Fall', 'September 1 to November 30'에서 가을 분기의 자원봉사 참가 날짜가 9월 1일부터 11월 30일까지임을 알 수 있으므로 (C)가 정답이다.

What is NOT a requirement for volunteers?

(A) Submit a list of professional references
(B) Take part in an interview
(C) Hand in a completed document
(D) Attend an informational meeting

자원봉사자의 요건이 아닌 것은?

(A) 전문가의 추천서 목록을 제출한다
(B) 면접에 참가한다
(C) 작성한 서류를 제출한다
(D) 정보를 제공하는 모임에 참석한다

■ **Not/True** Not 문제   정답 (A)

질문의 핵심 어구인 a requirement for volunteers와 관련된 내용을 지문에서 찾아 각 보기와 대조하는 Not/True 문제이다. (A)는 지문에 언급되지 않은 내용이다. 따라서 (A)가 정답이다. (B)와 (C)는 'The first part of the application process involves submitting a form and being interviewed by our volunteer director.'에서 지원 절차의 첫 부분은 신청서 제출 및 자원봉사자 관리자와의 면접을 포함한다고 했으므로 지문의 내용과 일치한다. (D)는 'If you meet our requirements, you will need to join a three-hour orientation session'에서 요건을 충족하면 3시간짜리 오리엔테이션에 참여해야 한다고 했으므로 지문의 내용과 일치한다.

바꾸어 표현하기
submitting a form 신청서 제출하기 → Hand in a completed document 작성한 서류를 제출하다
join a ~ orientation session 오리엔테이션에 참여하다 → Attend an informational meeting 정보를 제공하는 모임에 참석하다

어휘 professional adj. 전문가의 reference n. 추천서, 추천인 take part in phr. ~에 참가하다 hand in phr. 제출하다 completed adj. 작성한 attend v. 참석하다 informational adj. 정보를 제공하는, 정보의

Charlene Timmerson [July 11, 3:00 P.M.]

Hi. I'm sorry, but [151]I won't be able to make it home in time to meet the electrician for my 3:30 P.M. appointment today. Something came up, and I can't leave work early after all. I can make it by 5 P.M., though. Can it be moved back?

McGovern Electrical Repair [July 11, 3:08 P.M.]

Hello. Unfortunately, our technicians are very busy, and there are no remaining time slots today. Our next opening is July 15 at 1 P.M. Or, [152]we could probably fit you in at noon on July 18 or 19.

Charlene Timmerson [July 11, 3:15 P.M.]

I see. I just talked to my boss, and she said [152]I can stay home from work on July 19.

Charlene Timmerson [7월 11일, 오후 3시]

안녕하세요. 죄송하지만, [151]오늘 오후 3시 30분 약속에 전기 기술자를 만나기 위해 시간에 맞춰 집에 갈 수 없을 것 같아요. 일이 생겨서, 결국 일찍 퇴근할 수가 없게 되었어요. 하지만, 오후 5시까지는 갈 수 있어요. 그것을 뒤로 옮길 수 있을까요?

McGovern 전기 수리점 [7월 11일, 오후 3시 8분]

안녕하세요. 안타깝게도, 저희 기술자들이 매우 바빠서, 오늘은 남아있는 시간대가 없습니다. 다음 빈 시간은 7월 15일 오후 1시입니다. 아니면, [152]7월 18일이나 19일 정오에 시간을 내어 귀하를 만날 수 있을 것 같습니다.

Charlene Timmerson [7월 11일, 오후 3시 15분]

알겠습니다. 방금 제 상사와 이야기했는데, 그녀는 [152]제가 7월 19일에 일을 쉬고 집에 있어도 된다고 말했어요.

어휘 □ electrician n. 전기 기술자 □ come up phr. ~이 생기다, 발생하다 □ unfortunately adv. 안타깝게도
□ technician n. 기술자 □ remaining adj. 남아있는 □ time slot phr. 시간대
□ fit ~ in phr. 시간을 내어 ~를 만나다

151

At 3:00 P.M., what does Ms. Timmerson mean when she writes, "Can it be moved back"?

(A) She is upset about a suddenly increased workload.
(B) She would like to reschedule an appointment.
(C) She hopes that some furniture can be repositioned.
(D) She wants to change a moving date.

오후 3시에, Ms. Timmerson이 "Can it be moved back"이라고 썼을 때 그녀가 의도한 것은?

(A) 갑자기 늘어난 작업량에 대해 화가 났다.
(B) 약속 일정을 변경하고 싶어 한다.
(C) 가구가 재배치될 수 있기를 바란다.
(D) 이사 날짜를 바꾸고 싶어 한다.

■ 의도 파악 정답 (B)

Ms. Timmerson이 의도한 것을 묻는 문제이므로, 질문의 인용어구(Can it be moved back)가 언급된 주변 문맥을 확인한다. 'I won't be able to make it home in time to meet the electrician for my 3:30 P.M. appointment today'에서 Ms. Timmerson이 오늘 오후 3시 30분 약속에 전기 기술자를 만나기 위해 시간에 맞춰 집에 갈 수 없을 것 같다고 한 후, 'Can it be moved back?'(그것을 뒤로 옮길 수 있을까요?)이라고 한 것을 통해 Ms. Timmerson이 약속 일정을 변경하고 싶어 함을 알 수 있다. 따라서 (B)가 정답이다.

어휘 workload n. 작업량 reschedule v. 일정을 변경하다 reposition v. 재배치하다, 위치를 바꾸다

152

When will Ms. Timmerson meet the electrician?

(A) At 12:00 P.M.
(B) At 1:00 P.M.
(C) At 3:30 P.M.
(D) At 5:00 P.M.

Ms. Timmerson은 언제 전기 기술자를 만날 것인가?

(A) 오후 12시에
(B) 오후 1시에
(C) 오후 3시 30분에
(D) 오후 5시에

■ 육하원칙 When 정답 (A)

Ms. Timmerson이 언제(When)전기 기술자를 만날 것인지를 묻는 육하원칙 문제이다. 질문의 핵심 어구인 Ms. Timmerson meet the electrician과 관련하여, 'we could probably fit you in at noon on July 18 or 19'에서 저희, 즉 McGovern 전기 수리점이 7월 18일이나 19일 정오에 시간을 내어 귀하, 즉 Ms. Timmerson을 만날 수 있을 것 같다고 했고, 'I can stay home from work on July 19'에서 Ms. Timmerson이 7월 19일에 일을 쉬고 집에 있을 수 있다고 했으므로 Ms. Timmerson이 7월 19일 정오, 즉 오후 12시에 전기 기술자를 만날 것임을 알 수 있다. 따라서 (A)가 정답이다.

It's Never Been So Easy to Buy Our Books!

At Bell Tower Publishing, [153-A]we have long been known for our wide selection of science textbooks, reasonable prices, and top-notch customer service. [153-D]Until recently, our products could only be ordered on our Web site. But now there is a faster, more convenient way to shop with us: Bell Tower Helper, an application for mobile phones and tablets.

All you have to do is download Bell Tower Helper from an application store and create a user profile. Then log in, select some titles, and push the "Order" button. [154]Having a profile allows you to save your payment details and check the status of your orders. [153-C]As always, discounts are provided for bulk orders, though they vary depending on the books. Of course, you can still order at www.belltowerpublishing.com if you prefer.

저희 책을 구매하는 것이 이토록 쉬웠던 적은 없습니다!

Bell Tower 출판사에서, [153-A]저희는 다양하게 구비된 과학 교과서, 합리적인 가격, 그리고 최고의 고객 서비스로 오랫동안 알려져 왔습니다. [153-D]최근까지, 저희의 상품은 웹사이트에서만 주문할 수 있었습니다. 하지만 이제 쇼핑할 수 있는 더 빠르고 간편한 방법이 있는데, 바로 휴대전화 및 태블릿용 애플리케이션인 Bell Tower Helper입니다.

앱스토어에서 Bell Tower Helper를 다운로드하시고 사용자 프로필을 생성하기만 하시면 됩니다. 그리고 로그인하셔서, 서적을 고르시고, "주문" 버튼을 누르세요. [154]프로필을 가지고 있는 것은 여러분의 결제 세부 정보를 저장하고 주문 처리 상태를 확인할 수 있게 해줍니다. 책에 따라 다르긴 하지만, [153-C]항상 그랬듯이, 대량 주문에 대해서는 할인이 제공됩니다. 물론, 원하신다면 여전히 www.belltowerpublishing.com에서 주문하실 수 있습니다.

어휘　□ a wide selection of　phr. 다양하게 구비된　　□ reasonable　adj. 합리적인　　□ top-notch　adj. 최고의, 일류의
　　　□ title　n. 서적, 출판물　　□ bulk order　phr. 대량 주문　　□ depending on　phr. ~에 따라

153

○●●○
중

What is true about Bell Tower Publishing?

(A) It sells both fiction and nonfiction books.
(B) It holds promotional events on school campuses.
(C) It has just begun to offer price reductions on large orders.
(D) It formerly sold its products only on a Web site.

Bell Tower 출판사에 대해 사실인 것은?

(A) 소설 및 소설 이외의 책을 모두 판매한다.
(B) 학교 교내에서 판촉 행사를 연다.
(C) 이제 막 대량 주문에 대한 가격 할인을 제공하기 시작했다.
(D) 이전에는 웹사이트에서만 상품을 판매했다.

■ Not/True True 문제　　　　　　정답 (D)

질문의 핵심 어구인 Bell Tower Publishing과 관련된 내용을 지문에서 찾아 각 보기와 대조하는 Not/True 문제이다. (A)는 'we have long been known for our wide selection of science textbooks'에서 저희, 즉 Bell Tower 출판사는 다양하게 구비된 과학 교과서로 오랫동안 알려져 왔다고 했으므로 지문의 내용과 일치하지 않는다. (B)는 지문에 언급되지 않은 내용이다. (C)는 'As always, discounts are provided for bulk orders'에서 항상 그랬듯이 대량 주문에 대해서는 할인이 제공된다고 했으므로 지문의 내용과 일치하지 않는다. (D)는 'Until recently, our products could only be ordered on our Web site.'에서 최근까지 저희, 즉 Bell Tower 출판사의 상품은 웹사이트에서만 주문할 수 있었다고 했으므로 지문의 내용과 일치한다. 따라서 (D)가 정답이다.

154

○○●○
상

What can customers of Bell Tower Publishing probably do if they have a user profile?

(A) Find out if purchases have been sent
(B) Chat with customer service representatives
(C) Preview the first few pages of a book
(D) Earn points by writing reviews

Bell Tower 출판사의 고객들은 사용자 프로필을 가지고 있는 경우 무엇을 할 수 있을 것 같은가?

(A) 구매한 것이 발송되었는지 알아낸다
(B) 고객 서비스 직원과 이야기한다
(C) 책의 처음 몇 페이지를 미리 본다
(D) 후기를 써서 포인트를 받는다

■ 추론 세부 정보　　　　　　정답 (A)

질문의 핵심 어구인 customers of Bell Tower Publishing ~ do if they have a user profile에 대해 추론하는 문제이다. 'Having a profile allows you to ~ check the status of your orders.'에서 프로필을 가지고 있는 것은 주문 처리 상태를 확인할 수 있게 해준다고 했으므로 사용자 프로필을 가지고 있는 경우 구매한 것이 발송되었는지 알아낼 수 있다는 사실을 추론할 수 있다. 따라서 (A)가 정답이다.

어휘　find out　phr. 알아내다　purchase　n. 구매한 것, 구입품　chat　v. 이야기하다, 대화하다　earn　v. 받다

South Loop Yard Sale

156-DJoin our second annual neighborhood yard sale, organized by the South Loop Community Center. Last year's event topped all expectations and inspired the creation of an annual tradition. The event will take place on Saturday, September 2. Come and shop for bargains, listen to local music, and taste great food.

This year, we have moved to the Dearborn Center. 156-AIt offers more room for participants than last year's location. Booth spaces are still available for sellers. To sign up, simply register for a spot at www.southloop.org/yardsale.

157-BUnlike last year, we will require a participation fee of $50. This will go directly to funding the organization's gift-giving activities this Christmas. If you are interested in making a donation, go to www.southloop.org/donate.

South Loop 야드 세일

156-DSouth Loop 지역 센터에 의해 개최되는 두 번째 연례 이웃 야드 세일에 참여하십시오. 작년의 행사는 모든 기대를 능가했고 연례 전통을 만드는 데 영감을 주었습니다. 그 행사는 9월 2일 토요일에 열릴 것입니다. 오셔서 할인 상품을 구매하시고, 지역 음악을 들으시고, 맛있는 음식을 맛보십시오.

올해, 저희는 Dearborn 센터로 옮겨갔습니다. 156-A그것은 작년의 장소보다 참가자들을 위한 더 많은 공간을 제공합니다. 부스 공간은 아직 판매자들에게 이용 가능합니다. 참여하시려면, www.southloop.org/yardsale에서 자리를 신청하시기만 하면 됩니다.

157-B작년과 달리, 저희는 50달러의 참가비를 요구할 것입니다. 이것은 이번 크리스마스에 단체의 선물 기부 활동에 자금을 제공하는 데 바로 쓰일 것입니다. 만약 기부하는 데 관심이 있으시다면, www.southloop.org/donate를 방문하십시오.

어휘
□ yard sale phr. 야드 세일(개인 주택의 마당에서 사용하던 물건을 파는 것)
□ expectation n. 기대
□ bargain n. 할인 상품, 합의
□ register v. 신청하다, 등록하다
□ participation n. 참가
□ donation n. 기부
□ inspire v. 영감을 주다
□ taste v. 맛보다; n. 맛
□ spot n. 자리
□ directly adv. 바로, 곧장
□ annual adj. 연례의, 매년의
□ take place phr. 열리다, 개최되다
□ seller n. 판매자, 파는 사람
□ require v. 요구하다, 필요로 하다
□ fund v. 자금을 제공하다

155

最上

The word "topped" in paragraph 1, line 2, is closest in meaning to

(A) competed
(B) ranked
(C) defeated
(D) exceeded

1문단 두 번째 줄의 단어 "topped"는 의미상 ~와 가장 가깝다.

(A) 경쟁했다
(B) 순위를 차지했다
(C) 패배시켰다
(D) 능가했다

■ 동의어

정답 (D)

topped를 포함하는 구절 'Last year's event topped all expectations'에서 topped가 '능가하다'라는 뜻으로 사용되었다. 따라서 '능가하다'라는 뜻을 가진 (D)가 정답이다.

156
156

What is indicated about an event?

(A) It will accommodate more visitors than before.
(B) It is being advertised in local newspapers.
(C) It will feature entertainment for children.
(D) It is the first of its kind in the neighborhood.

행사에 대해 언급된 것은?

(A) 이전보다 더 많은 방문객들을 수용할 것이다.
(B) 지역 신문에 광고되고 있다.
(C) 어린이들을 위한 오락거리를 특별히 포함할 것이다.
(D) 동네에서 처음 있는 행사이다.

■ **Not/True** True 문제　　　　　　　　　　　　　　　　　　　　　　　　　정답 (A)

질문의 핵심 어구인 an event와 관련된 내용을 지문에서 찾아 각 보기와 대조하는 Not/True 문제이다. (A)는 'It offers more room for participants than last year's location.'에서 그것, 즉 Dearborn 센터는 작년의 장소보다 참가자들을 위한 더 많은 공간을 제공한다고 했으므로 지문의 내용과 일치한다. 따라서 (A)가 정답이다. (B)와 (C)는 지문에 언급되지 않은 내용이다. (D)는 'Join our second annual neighborhood yard sale, organized by the South Loop Community Center.'에서 South Loop 지역 센터에 의해 개최되는 두 번째 연례 이웃 야드 세일에 참여하라고 했으므로 지문의 내용과 일치하지 않는다.

바꾸어 표현하기
offers more room for participants 참가자들을 위한 더 많은 공간을 제공하다 → accommodate more visitors 더 많은 방문객들을 수용하다

어휘　accommodate v. 수용하다　feature v. 특별히 포함하다, 특징으로 삼다　entertainment n. 오락거리, 오락물

157

What is true about a fee?

(A) It cannot be paid with a credit card.
(B) It was not required the previous year.
(C) It qualifies visitors to receive a free gift.
(D) It varies depending on a person's age.

요금에 대해 사실인 것은?

(A) 신용카드로 결제될 수 없다.
(B) 작년에는 요구되지 않았다.
(C) 방문객들에게 무료 선물을 받을 자격을 준다.
(D) 사람의 나이에 따라 다르다.

■ **Not/True** True 문제　　　　　　　　　　　　　　　　　　　　　　　　　정답 (B)

질문의 핵심 어구인 a fee와 관련된 내용을 지문에서 찾아 각 보기와 대조하는 Not/True 문제이다. (A), (C), (D)는 지문에 언급되지 않은 내용이다. (B)는 'Unlike last year, we will require a participation fee of $50.'에서 작년과 달리 50달러의 참가비를 요구할 것이라고 했으므로 지문의 내용과 일치한다. 따라서 (B)가 정답이다.

바꾸어 표현하기
last year 작년 → the previous year 작년

어휘　fee n. 요금, 수수료　qualify v. ~에게 자격을 주다　vary v. 다르다　depending on phr. ~에 따라

Questions 158-160 refer to the following press release.

158-160은 다음 보도 자료에 관한 문제입니다.

Newberry Continues to Capture Market Share

March 1—Newberry Inc. has quickly gained ground on its competitors in the market for e-readers. Its latest product has attracted a strong following with features such as a full-colour display, multiple dictionaries, and a wide selection of computer voices that can read text aloud. [158]Unlike any other device, Newberry's product can also connect to speaker systems wirelessly. This lets users hear books read aloud with greater audio clarity.

Because of these features and more, the Newberry E-Reader has experienced consistent growth in its market share. Each month since the product was released two years ago, the company has added more and more new users. It currently accounts for nearly 22 percent of e-reader sales, placing it third behind the much older and larger firms Vandaread and Speclight Reader. Analysts believe that Newberry's share is likely to increase further.

Newberry Inc. CEO Ross Franklin announced recently that [160-B]the company has signed a contract with popular fantasy author Larry Hamlin to promote the Newberry E-reader in an upcoming advertising campaign. [160-A]The campaign will include television advertisements and speaking engagements at select branches of the country's biggest bookstores. The company also plans to release a new version of the product next year that features increased memory capacity.

Newberry사가 계속해서 시장 점유율을 차지하다

3월 1일—Newberry사는 전자책 단말기 시장에서 경쟁사들에 빠르게 가까워지고 있다. 그것의 최신 제품은 전면 색상 디스플레이, 여러 개의 사전, 그리고 글을 소리 내어 읽을 수 있는 다양한 종류의 컴퓨터 음성과 같은 특징들로 강력한 추종자들을 끌어모았다. [158]다른 어떤 기기와도 달리, Newberry사의 제품은 스피커 시스템에도 무선으로 연결할 수 있다. 이것은 사용자들이 더 높은 음성 선명도로 책을 소리 내어 읽는 것을 들을 수 있게 한다.

이런 기능과 더 많은 것들 때문에, Newberry 전자책 단말기는 시장 점유율의 꾸준한 증가를 경험해왔다. 그 제품이 2년 전에 출시된 이후 매달, 그 회사는 점점 더 많은 새로운 사용자들이 추가되었다. 이는 훨씬 오래되고 큰 회사인 Vandaread사와 Spectlight Reader사에 이어 3위를 차지하게 하며, 현재 전자책 판매량의 대략 22퍼센트를 차지하고 있다. 분석가들은 Newberry의 점유율이 더 늘어날 가능성이 높다고 보고 있다.

Newberry사의 최고경영자인 Ross Franklin은 [160-B]그 회사가 인기 판타지 작가 Larry Hamlin과 곧 있을 광고 캠페인에서 Newberry 전자책 단말기를 홍보하는 계약을 체결했다고 최근에 발표했다. [160-A]그 캠페인은 텔레비전 광고와 전국의 가장 큰 서점들의 선정된 지점에서의 연설 약속을 포함할 것이다. 그 회사는 또한 늘어난 메모리 용량을 포함하는 새로운 버전의 제품을 내년에 출시할 계획이다.

여휘
□ **capture** v. 차지하다, 점유하다
□ **gain ground on** phr. ~에 가까워지다, ~에 접근하다
□ **e-reader** n. 전자책 단말기
□ **a wide selection of** phr. 다양한 종류의
□ **clarity** n. 선명도, 명확성
□ **analyst** n. 분석가
□ **engagement** n. 약속, 계약

□ **market share** phr. 시장 점유율
□ **following** n. 추종자, 지지자
□ **aloud** adv. 소리 내어, 큰 소리로
□ **account for** phr. 차지하다, 설명하다
□ **contract** n. 계약, 약정
□ **capacity** n. 용량

□ **competitor** n. 경쟁사, 경쟁자
□ **feature** n. 특징, 특색
□ **wirelessly** adv. 무선으로
□ **nearly** adv. 대략, 거의
□ **upcoming** adj. 곧 있을, 다가오는

What is distinct about the Newberry E-reader?

(A) It has a long-lasting battery.
(B) It is cheaper than competing products.
(C) It comes in a variety of colors.
(D) It connects with audio systems wirelessly.

Newberry 전자책 단말기는 무엇이 독특한가?

(A) 오래 지속되는 배터리를 가지고 있다.
(B) 경쟁 제품들보다 더 저렴하다.
(C) 다양한 색상으로 나온다.
(D) 오디오 시스템과 무선으로 연결한다.

■ **육하원칙** What   정답 (D)

Newberry 전자책 단말기가 무엇(What)이 독특한지를 묻는 육하원칙 문제이다. 질문의 핵심 어구인 distinct about the Newberry E-reader와 관련하여, 'Unlike any other device, Newberry's product can also connect to speaker systems wirelessly.'에서 다른 어떤 기기와도 달리 Newberry사의 제품은 스피커 시스템에도 무선으로 연결할 수 있다고 했으므로 (D)가 정답이다.

바꾸어 표현하기
speaker systems 스피커 시스템 → audio systems 오디오 시스템

어휘 distinct adj. 독특한, 별개의 long-lasting adj. 오래 지속되는

The word "consistent" in paragraph 2, line 2, is closest in meaning to

(A) harmonious
(B) expected
(C) steady
(D) durable

2문단 두 번째 줄의 단어 "consistent"는 의미상 –와 가장 가깝다.

(A) 균형이 잡힌
(B) 예상되는
(C) 꾸준한
(D) 내구성이 있는

■ **동의어**   정답 (C)

consistent를 포함하는 구절 'the Newberry E-Reader has experienced consistent growth in its market share'에서 consistent가 '꾸준한, 일관된'이라는 뜻으로 사용되었다. 따라서 '꾸준한'이라는 뜻을 가진 (C)가 정답이다.

What is mentioned about the Newberry E-Reader advertisements?

(A) They will be released in print form.
(B) They will use a well-known writer.
(C) They will appeal to young readers.
(D) They will be created by a famous director.

Newberry 전자책 단말기 광고에 대해 언급된 것은?

(A) 인쇄된 형태로 출시될 것이다.
(B) 유명한 작가를 쓸 것이다.
(C) 젊은 독자들의 관심을 끌 것이다.
(D) 유명한 감독에 의해 제작될 것이다.

■ **Not/True** True 문제   정답 (B)

질문의 핵심 어구인 the Newberry E-Reader advertisements와 관련된 내용을 지문에서 찾아 각 보기와 대조하는 Not/True 문제이다. (A)는 'The campaign will include television advertisements and speaking engagements'에서 그 캠페인은 텔레비전 광고와 연설 약속을 포함할 것이라고 했으므로 지문의 내용과 일치하지 않는다. (B)는 'the company has signed a contract with popular fantasy author Larry Hamlin to promote the Newberry E-reader in an upcoming advertising campaign'에서 그 회사, 즉 Newberry사가 인기 판타지 작가 Larry Hamlin과 곧 있을 광고 캠페인에서 Newberry 전자책 단말기를 홍보하는 계약을 체결했다고 했으므로 지문의 내용과 일치한다. 따라서 (B)가 정답이다. (C)와 (D)는 지문에 언급되지 않은 내용이다.

바꾸어 표현하기
popular ~ author 인기 작가 → a well-known writer 유명한 작가

어휘 appeal v. 관심을 끌다

Questions 161-164 refer to the following letter.

Gloria Schaeffer
1763 Stanton Road
Chandler, Arizona 85226

11 February

Dear Ms. Schaeffer,

My name is Maury Dekalb, and I have worked as a real estate agent in the Chandler area for over two decades. — [1] —. [161]I noticed that you have been trying to sell your house independently by listing it in local property guides. I believe that I can find a buyer for your home. — [2] —.

[162]Many properties are up for sale all over the city, but there are not a lot of buyers at the moment. [162/164]There is no doubt in my mind that these conditions will make it challenging to sell your home. — [3] —. [164]I guarantee that, if you hire me, you will no longer have to worry so much. [163-A/C/D]I will generate interest in your property among potential buyers, set up appointments with them so they can see your home, and act as a mediator during negotiations. — [4] —.

If you would like to meet with me sometime, please let me know. Together, we can come up with a sales strategy that meets your needs. I am available day or night at 555-7411.

Best wishes,
Maury Dekalb
Dekalb Realty

161-164는 다음 편지에 관한 문제입니다.

Gloria Schaeffer
1763번지 Stanton로
챈들러, 애리조나주 85226

2월 11일

Ms. Schaeffer께,

제 이름은 Maury Dekalb이며, 20년 넘게 챈들러 지역에서 부동산 중개인으로 일해왔습니다. — [1] —. [161]저는 귀하께서 지역 부동산 안내서에 귀하의 집을 내놓음으로써 그것을 독자적으로 판매하려고 하고 계신다는 것을 알게 되었습니다. 저는 제가 귀하의 집의 구매자를 찾아 드릴 수 있다고 생각합니다. — [2] —.

[162]많은 부동산들이 도시 곳곳에서 판매를 위해 내놓아져 있지만, 현재는 구매자가 많지 않습니다. [162/164]이러한 상황이 귀하의 집을 판매하는 것을 힘들게 만들 것이라는 데에는 의심의 여지가 없는 것 같습니다. — [3] —. [164]저를 고용하시면, 더 이상 그렇게 걱정하실 필요가 없을 것이라고 보장합니다. [163-A/C/D]저는 잠재적 구매자들 사이에서 귀하의 부동산에 대한 관심을 유발하고, 그들과 약속을 잡아 귀하의 집을 볼 수 있게 하며, 협상 중에 중재인 역할을 할 것입니다. — [4] —.

언제든 저와 만나고 싶으시다면, 알려주십시오. 협동하여, 저희는 귀하의 요구를 충족하는 판매 전략을 생각해 낼 수 있습니다. 저는 낮이든 밤이든 555-7411로 연락 가능합니다.

Maury Dekalb 드림
Dekalb 부동산

어휘 ☐ real estate agent phr. 부동산 중개인 ☐ independently adv. 독자적으로 ☐ list v. (팔 물건으로) 내놓다
☐ property n. 부동산, 건물 ☐ condition n. 상황 ☐ challenging adj. 힘든
☐ guarantee v. 보장하다 ☐ potential adj. 잠재적인 ☐ set up an appointment phr. 약속을 잡다
☐ mediator n. 중재인 ☐ negotiation n. 협상 ☐ come up with phr. 생각해 내다, 떠올리다
☐ sales strategy phr. 판매 전략

161

최상

What is indicated about Ms. Schaeffer?

(A) She subscribes to a Chandler newspaper.
(B) She has met with Mr. Dekalb to discuss a strategy.
(C) She received a real estate license this year.
(D) She is not currently working with a realtor.

Ms. Schaeffer에 대해 암시되는 것은?

(A) 챈들러 신문을 구독한다.
(B) 전략을 논의하기 위해 Mr. Dekalb와 만난 적이 있다.
(C) 올해 부동산 면허를 취득했다.
(D) 현재 부동산업자와 일하고 있지 않다.

■ 추론 세부 정보　　　　　　　　　　　　　　　　　　　　　　　　　　　　　　정답 (D)

질문의 핵심 어구인 Ms. Schaeffer에 대해 추론하는 문제이다. 'I noticed that you have been trying to sell your house independently by listing it in local property guides.'에서 귀하, 즉 Ms. Schaeffer가 지역 부동산 안내서에 그녀의 집을 내놓음으로써 그것을 독자적으로 판매하려고 하고 있다는 것을 알게 되었다고 했으므로 Ms. Schaeffer가 현재 부동산업자와 일하고 있지 않다는 사실을 추론할 수 있다. 따라서 (D)가 정답이다.

어휘 subscribe to phr. ~을 구독하다　receive v. 취득하다, 받다　license n. 면허, 승낙　realtor n. 부동산업자

TEST | 01 | 02 | 03 | 04 | 05 | 06 | 07 | 08 | 09 | 10

해커스 토익 실전 1000제 1 Reading

TEST 04 PART 7 **211**

162

What problem is Ms. Schaeffer most likely facing?

(A) A construction project is behind schedule.
(B) The housing market is in a downturn.
(C) She is unable to secure a bank loan.
(D) Her property is far from a public transport stop.

Ms. Schaeffer는 어떤 문제에 직면하고 있는 것 같은가?

(A) 건설 사업이 예정보다 늦어지고 있다.
(B) 주택 시장이 침체기에 있다.
(C) 은행 대출을 확보할 수 없다.
(D) 그녀의 부동산이 대중교통 정류장에서 멀다.

■ 추론 세부 정보 정답 (B)

질문의 핵심 어구인 problem ~ Ms. Schaeffer ~ facing에 대해 추론하는 문제이다. 'Many properties are up for sale all over the city, but there are not a lot of buyers at the moment. ~ these conditions will make it challenging to sell your home.'에서 많은 부동산들이 도시 곳곳에서 판매를 위해 내놓아져 있지만 현재는 구매자가 많지 않으며, 이러한 상황은 Ms. Schaeffer의 집을 판매하는 것을 힘들게 만들 것이라고 했으므로 Ms. Schaeffer가 부동산 구매자가 많지 않은 주택 시장 침체기의 문제에 직면하고 있다는 사실을 추론할 수 있다. 따라서 (B)가 정답이다.

여휘 behind schedule phr. 예정보다 늦게 housing market phr. 주택 시장 downturn n. 침체 secure v. 확보하다, 획득하다 loan n. 대출

163

What does Mr. Dekalb NOT promise to do for Ms. Schaeffer?

(A) Get the attention of buyers
(B) Raise the value of her home
(C) Arrange viewing times
(D) Help bring about an agreement

Mr. Dekalb가 Ms. Schaeffer를 위해 하겠다고 약속하지 않은 것은?

(A) 구매자들의 관심을 얻는다
(B) 그녀의 주택의 가격을 높인다
(C) 둘러보는 시간을 주선한다
(D) 합의를 이끌어 내도록 돕는다

■ Not/True Not 문제 정답 (B)

질문의 핵심 어구인 Mr. Dekalb ~ promise to do for Ms. Schaeffer와 관련된 내용을 지문에서 찾아 각 보기와 대조하는 Not/True 문제이다. (A), (C), (D)는 'I will generate interest in your property among potential buyers, set up appointments with them so they can see your home, and act as a mediator during negotiations.'에서 자신, 즉 Mr. Dekalb가 잠재적 구매자들 사이에서 Ms. Schaeffer의 부동산에 대한 관심을 유발하고, 그들과 약속을 잡아서 집을 볼 수 있게 하며, 협상 중에 중재인 역할을 할 것이라고 했으므로 지문의 내용과 일치한다. (B)는 지문에 언급되지 않은 내용이다. 따라서 (B)가 정답이다.

바꾸어 표현하기
act as a mediator during negotiations 협상 중에 중재인 역할을 하다 → Help bring about an agreement 합의를 이끌어 내도록 돕다

여휘 bring about an agreement phr. 합의를 이끌어 내다

164

In which of the positions marked [1], [2], [3], and [4] does the following sentence best belong?

"Finding a purchaser is certainly not impossible, though, when you've got the right sort of help."

(A) [1]
(B) [2]
(C) [3]
(D) [4]

[1], [2], [3], [4]로 표시된 위치 중, 다음 문장이 들어갈 곳으로 가장 적절한 것은?

"하지만, 귀하께서 적절한 종류의 도움을 받으신다면, 구매자를 찾는 것이 꼭 불가능한 것은 아닙니다."

(A) [1]
(B) [2]
(C) [3]
(D) [4]

■ 문장 위치 찾기 정답 (C)

지문의 흐름상 주어진 문장이 들어가기에 가장 적절한 곳을 고르는 문제이다. 주어진 문장에서 하지만 귀하, 즉 Ms. Schaeffer가 적절한 종류의 도움을 받는다면 구매자를 찾는 것이 꼭 불가능한 것은 아니라고 했으므로, 이 문장이 구매자를 찾는 것이 힘든 상황에서 Ms. Schaeffer가 받을 수 있는 도움과 관련된 내용이 나오는 부분에 들어가야 함을 알 수 있다. [3]의 앞 문장인 'There is no doubt ~ that these conditions will make it challenging to sell your home.'에서 이러한 상황, 즉 부동산 구매자가 많지 않은 상황이 Ms. Schaeffer의 집을 판매하는 것을 힘들게 만들 것이라는 데에는 의심의 여지가 없는 것 같다고 했고, 뒤 문장 'I guarantee that, if you hire me, you will no longer have to worry so much.'에서 자신, 즉 Mr. Dekalb를 고용하면 더 이상 그렇게 걱정할 필요가 없을 것임을 보장한다고 했으므로, [3]에 제시된 문장이 들어가면 집을 판매하는 것이 힘든 상황이라도 Ms. Schaeffer가 적절한 종류의 도움을 받는다면 구매자를 찾는 것이 불가능한 것은 아니며, Mr. Dekalb를 고용하면 더 이상 걱정할 필요가 없을 것이라는 자연스러운 문맥이 된다는 것을 알 수 있다. 따라서 (C)가 정답이다.

Tulsa College Seeks Research Assistant

The Tulsa College economics department is seeking a knowledgeable research assistant to help gather and analyze income data. The assistant must be willing to dedicate at least 40 hours a week to the job. [166-A]Normal work hours are from Monday to Friday, from 8 A.M. to 5 P.M. [166-C]The job will last six months and pays $18 per hour.

Job responsibilities include:
- Collecting income data from published research studies
- Creating spreadsheets and infographics based on data
- Writing reports on the progress of multiple ongoing projects

All applicants must:
- Have at least a bachelor's degree in economics
- Have earned at least a 3.5 GPA during college
- Demonstrate knowledge of their field during an interview

If you are interested, please submit a résumé and cover letter to the head of Tulsa College's economics department, Dr. William Ling, at w.ling@tulsacollege.edu. Successful applicants will be contacted by e-mail to arrange an interview date. [167]All interviews will take place on-site with members of a hiring committee.

Tulsa 대학에서 연구 조교를 찾습니다

Tulsa 대학 경제학과는 소득 데이터를 수집하고 분석하는 것을 돕는 지식 있는 연구 조교를 찾고 있습니다. 그 조교는 적어도 일주일에 40시간을 업무에 기꺼이 전념해야 합니다. [166-A]정상 근무 시간은 월요일부터 금요일까지, 오전 8시부터 오후 5시까지입니다. [166-C]업무는 6개월 동안 지속될 것이고 시간당 18달러를 지급합니다.

직무에는 포함합니다:
- 발표된 연구 결과에서 소득 데이터를 수집하는 것
- 데이터 기반으로 스프레드시트와 인포그래픽을 만드는 것
- 진행 중인 여러 프로젝트의 진행 상황에 대한 보고서를 작성하는 것

모든 지원자들은 수행해야 합니다:
- 적어도 경제학 학사 학위 소지
- 대학 기간 동안 최소 평점 3.5 획득
- 면접 동안 해당 분야에 대한 지식 입증

관심이 있으시다면, 이력서와 자기소개서를 Tulsa 대학의 경제학과 학과장인 Dr. William Ling에게 w.ling@tulsacollege.edu로 제출해 주십시오. 합격자들은 면접 날짜를 정하기 위해 이메일로 연락될 것입니다. [167]모든 면접은 고용 위원회 구성원들과 함께 현장에서 이루어질 것입니다.

어휘 □ **seek** v. 찾다, 구하다
□ **gather** v. 수집하다, 모으다
□ **spreadsheet** n. 스프레드시트, 표 계산
□ **ongoing** adj. 진행 중인, 계속되는
□ **demonstrate** v. 입증하다
□ **committee** n. 위원회
□ **knowledgeable** adj. 지식 있는, 아는 것이 많은
□ **analyze** v. 분석하다
□ **infographic** n. 인포그래픽, 데이터 시각화
□ **bachelor's degree** phr. 학사 학위
□ **successful appicant** phr. 합격자
□ **income** n. 소득, 수입
□ **progress** n. 진행 상황
□ **earn** v. 획득하다, 얻다
□ **on-site** adv. 현장에서

165

The word "dedicate" in paragraph 1, line 2, is closest in meaning to

(A) address
(B) promise
(C) devote
(D) appoint

1문단 두 번째 줄의 단어 "dedicate"는 의미상 -와 가장 가깝다.

(A) 연설하다
(B) 약속하다
(C) 전념하다
(D) 임명하다

■ 동의어

정답 (C)

dedicate를 포함하는 구절 'The assistant must be willing to dedicate at least 40 hours a week to the job.'에서 dedicate가 '전념하다'라는 뜻으로 사용되었다. 따라서 '전념하다'라는 뜻을 가진 (C)가 정답이다.

What is mentioned about the research assistant job?

(A) It will require working six days a week.
(B) It will give participants college credits.
(C) It will only be a temporary job.
(D) It will pay more for overtime work.

연구 조교직에 대해 언급된 것은?

(A) 일주일에 6일 일하는 것을 요구할 것이다.
(B) 참가자들에게 대학 학점을 줄 것이다.
(C) 단지 임시직일 것이다.
(D) 초과 근무에 더 많은 돈을 지급할 것이다.

■ **Not/True** True 문제   정답 (C)

질문의 핵심 어구인 the research assistant job과 관련된 내용을 지문에서 찾아 각 보기와 대조하는 Not/True 문제이다. (A)는 'Normal work hours are from Monday to Friday, from 8 A.M. to 5 P.M.'에서 정상 근무 시간이 월요일부터 금요일까지, 오전 8시부터 오후 5시까지라고 했으므로 지문의 내용과 일치하지 않는다. (B)와 (D)는 지문에 언급되지 않은 내용이다. (C)는 'The job will last six months'에서 업무가 6개월 동안 지속될 것이라고 했으므로 지문의 내용과 일치한다. 따라서 (C)가 정답이다.

바꾸어 표현하기
The job will last six months 업무가 6개월 동안 지속될 것이다 → It will only be a temporary job 단지 임시직일 것이다

어휘 credit n. 학점

What is a requirement for job candidates?

(A) Being graduates of Tulsa College
(B) Attending a panel interview
(C) Providing samples of previous work
(D) Having experience in a related firm

업무 지원자들에 대한 요구 조건은 무엇인가?

(A) Tulsa 대학의 졸업자인 것
(B) 심사원단 면접에 참석하는 것
(C) 이전 작업의 샘플을 제공하는 것
(D) 관련 회사에서 경력이 있는 것

■ **육하원칙** What   정답 (B)

업무 지원자들에 대한 요구 조건이 무엇(What)인지를 묻는 육하원칙 문제이다. 질문의 핵심 어구인 a requirement for job candidates와 관련하여 'All interviews will take place on-site with members of a hiring committee.'에서 모든 면접이 고용 위원회 구성원들과 함께 현장에서 이루어질 것이라고 했으므로 (B)가 정답이다.

바꾸어 표현하기
members of a hiring committee 고용 위원회 구성원들 → a panel 심사원단

168-171은 다음 공고에 관한 문제입니다.

Notice to North Portal Street Residents

[168]Renwah Productions will be filming several scenes for an upcoming episode of QCC's television series *Farther Gone* on North Portal Street. — [1] —. Filming is set to take place from May 8 to May 12 at the following locations and times:

1. Monday, May 8, & [169]Tuesday, May 9: Charbonneau Café, 1542 North Portal Street, from 8:30 A.M. until 7:00 P.M.

[170-C]2. Wednesday, May 10, & Thursday, May 11: Outside of Azalea Apartments, 1294 North Portal Street, from 5:00 A.M. to 3:00 P.M.

3. Friday, May 12: Get-and-Grab Convenience, 1628 North Portal Street, from 10:00 A.M. to 9:00 P.M.

[169]In order to accommodate the film crew's vehicles and equipment, "NO PARKING" signs will be set up near the filming locations on the relevant dates and times. — [2] —.

[171]Renwah Productions has promised to keep traffic disruptions to a minimum. — [3] —. Please note that the first and third filming sites will be closed to the public while filming is under way. [170-C]Access will be granted to the second location through its rear entrance only. — [4] —.

Thank you for your understanding and cooperation.

North Portal가 주민들에게 알림

[168]Renwah 제작사가 North Portal가에서 QCC의 TV 시리즈 *Farther Gone*의 다가오는 에피소드를 위한 몇 장면을 촬영할 것입니다. — [1] —. 촬영은 5월 8일부터 5월 12일까지 다음 장소 및 시간에 실시될 예정입니다:

1. 5월 8일 월요일 & [169]5월 9일 화요일: Charbonneau 카페, 1542번지 North Portal가, 오전 8시 30분부터 오후 7시까지

[170-C]2. 5월 10일 수요일 & 5월 11일 목요일: Azalea 아파트 바깥쪽, 1294번지 North Portal가, 오전 5시부터 오후 3시까지

3. 5월 12일 금요일: Get-and-Grab 편의점, 1628번지 North Portal가, 오전 10시부터 오후 9시까지

[169]제작진의 차량 및 장비를 수용하기 위해, 관련 일시에 촬영장 근처에 "주차 금지" 표지판이 설치될 것입니다. — [2] —.

[171]Renwah 제작사는 교통 혼잡을 최소화할 것을 약속했습니다. — [3] —. 촬영이 진행 중인 동안 첫 번째와 세 번째 촬영 장소는 대중에게 개방되지 않을 것이라는 점을 유의해 주십시오. [170-C]두 번째 장소에 대한 접근은 뒤쪽 입구를 통해서만 허용될 것입니다. — [4] —.

여러분의 이해와 협조에 감사드립니다.

어휘
□ **production** n. 제작사
□ **upcoming** adj. 곧 있을, 다가오는
□ **disruption** n. 혼란
□ **rear** adj. 뒤쪽의
□ **film** v. 촬영하다
□ **accommodate** v. 수용하다
□ **under way** phr. 진행 중인, 이미 시작된
□ **scene** n. 장면
□ **relevant** adj. 관련있는
□ **grant** v. 허용하다

168

What is the purpose of the notice?

(A) To ask apartment tenants to report unauthorized visitors
(B) To provide details about a filming schedule
(C) To recommend some local businesses
(D) To state the requirements for attending a performance

공고의 목적은 무엇인가?

(A) 아파트 주민들에게 승인되지 않은 방문자를 신고하도록 요청하기 위해
(B) 촬영 일정에 관한 세부 사항을 제공하기 위해
(C) 지역 사업체를 추천하기 위해
(D) 공연 참석의 요건을 명시하기 위해

■ **주제/목적 찾기** 글의 목적
정답 (B)

공고의 목적을 묻는 목적 찾기 문제이므로 지문의 앞부분을 주의 깊게 확인한다. 'Renwah Productions will be filming several scenes for an ~ episode of ~ television series ~ on North Portal Street.'에서 Renwah 제작사가 North Portal가에서 TV 시리즈의 에피소드를 위한 몇 장면을 촬영할 것이라고 한 후, 촬영 장소 및 시간에 대한 세부 사항을 설명하고 있으므로 (B)가 정답이다.

어휘 **tenant** n. 주민, 세입자 **report** v. 신고하다 **unauthorized** adj. 승인되지 않은

What is indicated about Charbonneau Café?

(A) It will only be used as a filming site in the morning.
(B) It will have less nearby parking than normal on May 9.
(C) It was used to film a previous *Farther Gone* episode.
(D) It will only serve take out orders for a certain period.

Charbonneau 카페에 대해 암시되는 것은?

(A) 오전에만 촬영지로 사용될 것이다.
(B) 5월 9일에는 평소보다 인근 주차 공간이 적을 것이다.
(C) 이전의 *Farther Gone* 에피소드를 촬영하는 데 사용되었다.
(D) 특정 기간에는 테이크아웃 주문만 제공할 것이다.

■ **추론** 세부 정보　　　　　　　　　　　　　　　　　　　　　　　　　　　　정답 (B)

질문의 핵심 어구인 Charbonneau Café에 대해 추론하는 문제이다. 'Tuesday, May 9: Charbonneau Café'에서 5월 9일 화요일에 Charbonneau 카페에서 촬영이 진행된다는 것을 알 수 있으며, 'In order to accommodate the film crew's vehicles and equipment, "NO PARKING" signs will be set up near the filming locations on the relevant dates and times.'에서 제작진의 차량 및 장비를 수용하기 위해 관련 일시에 촬영장 근처에 "주차 금지" 표지판이 설치될 것이라고 했으므로, 5월 9일에는 Charbonneau 카페의 인근 주차 공간이 평소보다 적을 것이라는 사실을 추론할 수 있다. 따라서 (B)가 정답이다.

어휘　**nearby** adj. 인근의, 가까운 곳의　**previous** adj. 이전의　**serve** v. 제공하다

What is true about residents of Azalea Apartments?

(A) They will receive a reminder next week.
(B) They will have to pass through a security check.
(C) They can use a rear entrance while filming is in progress.
(D) They are not allowed to drive on Portal Street for a week.

Azalea 아파트의 주민들에 대해 사실인 것은?

(A) 다음 주에 상기시켜 주는 메모를 받을 것이다.
(B) 보안 검사를 통과해야 할 것이다.
(C) 촬영이 진행되는 동안 뒷문을 이용할 수 있다.
(D) 일주일 동안 Portal가에서 운전하는 것이 허용되지 않는다.

■ **Not/True** True 문제　　　　　　　　　　　　　　　　　　　　　　　　　정답 (C)

질문의 핵심 어구인 residents of Azalea Apartments와 관련된 내용을 지문에서 찾아 각 보기와 대조하는 Not/True 문제이다. (A), (B), (D)는 지문에 언급되지 않은 내용이다. (C)는 '2. ~ Thursday, May 11: Outside of Azalea Apartments'에서 5월 11일 목요일에 촬영 장소 목록 중 두 번째 장소인 Azalea 아파트 바깥쪽에서 촬영이 진행된다는 것을 알 수 있으며, 'Access will be granted to the second location through its rear entrance only.'에서 두 번째 장소에 대한 접근은 뒤쪽 입구를 통해서만 허용될 것이라고 했으므로 지문의 내용과 일치한다. 따라서 (C)가 정답이다.

어휘　**reminder** n. 상기시켜 주는 메모　**pass through** phr. 통과하다　**in progress** phr. 진행 중인

In which of the positions marked [1], [2], [3], and [4] does the following sentence best belong?

"However, some school bus routes may be adjusted slightly."

(A) [1]
(B) [2]
(C) [3]
(D) [4]

[1], [2], [3], [4]로 표시된 위치 중 다음 문장이 들어갈 곳으로 가장 적절한 것은?

"하지만, 몇몇 학교 버스의 노선은 약간 조정될 수 있습니다."

(A) [1]
(B) [2]
(C) [3]
(D) [4]

■ **문장 위치 찾기**　　　　　　　　　　　　　　　　　　　　　　　　　　　정답 (C)

지문의 흐름상 주어진 문장이 들어가기에 가장 적절한 곳을 고르는 문제이다. 주어진 문장에서 하지만 몇몇 학교 버스의 노선은 약간 조정될 수 있다고 했으므로, 이 문장이 버스 노선을 포함한 차량 통행과 관련된 내용이 언급된 부분에 들어가야 함을 알 수 있다. [3]의 앞 문장인 'Renwah Productions has promised to keep traffic disruptions to a minimum.'에서 Renwah 제작사는 교통 혼란을 최소화할 것을 약속했다고 했으므로, [3]에 제시된 문장이 들어가면 Renwah 제작사가 교통 혼란을 최소화할 것을 약속했지만 몇몇 학교 버스의 노선은 약간 조정될 수 있다는 자연스러운 문맥이 된다는 것을 알 수 있다. 따라서 (C)가 정답이다.

172-175는 다음 메시지 대화문에 관한 문제입니다.

Jeff Hervey	[10:35 A.M.]

Rosanne, are you in the office now? I have a favor to ask.

Rosanne Rutherford	[10:37 A.M.]

Hey. [172]Aren't you supposed to be at the house on Vermont Street replacing roof tiles?

Jeff Hervey	[10:39 A.M.]

That's the problem. I'm here now, and there's more work to do than expected. I must have made a mistake with my measurements last time. [173/174]I need several people to come and help me.

Rosanne Rutherford	[10:43 A.M.]

I'm not in the office right now, but [173/174]I can help you. [173]Todd might be available too. [172]The fencing job he was scheduled to do on Grant Street was canceled.

Jeff Hervey	[10:45 A.M.]

That's a relief. Thanks!

Jeff Hervey	[10:46 A.M.]

[174]Todd, do you have time to help out on a roofing job at 62 Vermont Street? I may need you to bring extra tools.

Todd Billings	[10:48 A.M.]

Hi, Jeff. [174]Yes, I've got the time.

Jeff Hervey	[10:49 A.M.]

Thanks, Todd! Let me know how soon you can get here.

Rosanne Rutherford	[10:52 A.M.]

Jeff, [175]I notified Ms. Richards, and she gave her approval for us to go over there. I'll be leaving shortly.

Todd Billings	[10:53 A.M.]

OK, Jeff. I can be there in about 45 minutes.

Jeff Hervey [오전 10시 35분]
Rosanne, 지금 사무실에 있나요? 부탁이 있어요.

Rosanne Rutherford [오전 10시 37분]
안녕하세요. [172]당신은 Vermont가에 있는 주택에서 지붕 타일을 교체하기로 되어 있는 것 아닌가요?

Jeff Hervey [오전 10시 39분]
그게 문제예요. 저는 지금 여기에 있는데, 예상했던 것보다 할 일이 많아요. 제가 지난번 측정에 실수했음이 틀림없어요. [173/174]저는 와서 저를 도와줄 몇 사람들이 필요해요.

Rosanne Rutherford [오전 10시 43분]
제가 지금 사무실에 없지만, [173/174]당신을 도와줄 수 있어요. [173]Todd도 가능할 거예요. [172]그가 Grant가에서 하기로 예정되어 있던 울타리를 치는 작업이 취소되었어요.

Jeff Hervey [오전 10시 45분]
다행이네요. 고마워요!

Jeff Hervey [오전 10시 46분]
[174]Todd, 62번지 Vermont가의 지붕을 덮는 작업을 도와줄 시간이 있나요? 당신이 여분의 도구를 가져와야 할 것 같아요.

Todd Billings [오전 10시 48분]
안녕하세요, Jeff. [174]네, 저는 시간이 있어요.

Jeff Hervey [오전 10시 49분]
고마워요, Todd! 당신이 여기에 얼마나 일찍 올 수 있는지 저에게 알려주세요.

Rosanne Rutherford [오전 10시 52분]
Jeff, [175]제가 Ms. Richards에게 알렸고, 그녀는 저희가 거기로 가는 걸 승인했어요. 저는 곧 출발할 거예요.

Todd Billings [오전 10시 53분]
알았어요, Jeff. 저는 약 45분 후에 그곳에 있을 수 있어요.

어휘 □ **favor** n. 부탁
□ **roof** n. 지붕; v. 지붕을 덮다
□ **relief** n. 다행, 안도
□ **give approval to** phr. ~을 승인하다
□ **be supposed to** phr. ~하기로 되어 있다
□ **measurement** n. 측정, 측량
□ **help out** phr. 도와주다
□ **shortly** adv. 곧, 얼마 안 되어
□ **replace** v. 교체하다, 바꾸다
□ **fence** v. 울타리를 치다; n. 울타리
□ **notify** v. 알리다

TEST | 01 | 02 | 03 | 04 | 05 | 06 | 07 | 08 | 09 | 10 | 해커스 토익 실전 1000제 1 Reading

172

172 In which industry do the writers most likely work?

(A) Retail
(B) Manufacturing
(C) Construction
(D) Landscaping

필자들은 어느 업계에서 일할 것 같은가?

(A) 소매
(B) 제조
(C) 건설 공사
(D) 조경

■ **추론** 전체 정보   정답 (C)

지문 곳곳에 퍼져 있는 여러 단서를 종합하여 필자들이 일하는 업계를 추론하는 문제이다. 'Aren't you supposed to be at the house on Vermont Street replacing roof tiles?'에서 Rosanne Rutherford가 Jeff Hervey에게 Vermont가에 있는 주택에서 지붕 타일을 교체하기로 되어 있는 것 아닌지를 물었고, 'The fencing job he was scheduled to do on Grant Street was canceled.'에서 Rosanne Rutherford가 그, 즉 Todd Billings가 Grant가에서 하기로 예정되어 있던 울타리를 치는 작업이 취소되었다고 했으므로 필자들은 지붕 타일을 교체하는 업무와 울타리를 치는 작업과 관련 있는 건설 공사 업계에서 일한다는 사실을 추론할 수 있다. 따라서 (C)가 정답이다.

어휘 retail n. 소매(업), 소매점 manufacturing n. 제조(업) landscaping n. 조경

173 At 10:45 A.M., what does Mr. Hervey mean when he writes, "That's a relief"?

(A) He is grateful that a deadline was extended.
(B) He is happy to learn that he will have help.
(C) He is thankful that his coworker is attending a meeting.
(D) He is glad that one of his jobs was canceled.

오전 10시 45분에, Mr. Hervey가 "That's a relief"라고 썼을 때 그가 의도한 것은?

(A) 최종 기한이 연장된 것에 감사한다.
(B) 그가 도움을 받을 것임을 알게 되어 기쁘다.
(C) 동료가 회의에 참석할 것에 감사한다.
(D) 그의 업무들 중 하나가 취소되어 기쁘다.

■ **의도 파악**   정답 (B)

Mr. Hervey가 의도한 것을 묻는 문제이므로, 질문의 인용어구(That's a relief)가 언급된 주변 문맥을 확인한다. 'I need several people to come and help me.'에서 Mr. Hervey가 와서 자신을 도와줄 몇 사람들이 필요하다고 하자, Rosanne Rutherford가 'I can help you. Todd might be available too.'에서 자신이 도와줄 수 있고 Todd도 가능할 거라고 하자, Mr. Hervey가 'That's a relief.'(다행이네요)라고 것을 통해 Mr. Hervey가 도움을 받을 것임을 알게 되어 기쁜 것을 알 수 있다. 따라서 (B)가 정답이다.

어휘 grateful adj. 감사하는 extend v. 연장하다, 확대하다

174 How many people will be working at Vermont Street?

(A) One
(B) Two
(C) Three
(D) Four

Vermont가에서 얼마나 많은 사람들이 일하게 될 것인가?

(A) 1
(B) 2
(C) 3
(D) 4

■ **육하원칙** How   정답 (C)

Vermont가에서 얼마나 많은(How many) 사람들이 일하게 될 것인지를 묻는 육하원칙 문제이다. 질문의 핵심 어구인 working at Vermont Street과 관련하여, 'I need several people to come and help me.'에서 Jeff Hervey가 와서 자신을 도와줄 몇 사람들이 필요하다고 하자, 'I can help you.'에서 Rosanne Rutherford가 자신이 도와줄 수 있다고 했다. 또한 'Todd, do you have time to help out on a roofing job at 62 Vermont Street?'에서 Jeff Hervey가 Todd Billings에게 62번지 Vermont가의 지붕을 덮는 작업을 도와줄 시간이 있는지 묻자, 'Yes, I've got the time.'에서 Todd Billings가 시간이 있다고 했으므로 Jeff Hervey, Rosanne Rutherford, Todd Billings 총 세 명이 Vermont가에서 작업할 것임을 알 수 있다. 따라서 (C)가 정답이다.

175	Who most likely is Ms. Richards?	Ms. Richards는 누구일 것 같은가?
○●●● 상	(A) A new client (B) A sales representative (C) A company driver (D) A work supervisor	(A) 새로운 고객 (B) 영업 사원 (C) 회사 운전기사 (D) 작업 감독관

■ 추론 세부 정보   정답 (D)

질문의 핵심 어구인 Ms. Richards에 대해 추론하는 문제이다. 'I notified Ms. Richards, and she gave her approval for us to go over there'에서 Rosanne Rutherford가 Ms. Richards에게 알렸고 그녀가 저희, 즉 Rosanne Rutherford와 Todd Billings가 거기, 즉 62번지 Vermont가로 가는 걸 승인했다고 했으므로 (D)가 정답이다.

어휘 supervisor n. 감독관, 관리자

Questions 176-180 refer to the following e-mail and advertisement.

176-180은 다음 이메일과 광고에 관한 문제입니다.

지문 1

To: Jake Boyne <jake_boyne@renswoodinc.com>
From: Betty Herzfeld <betty_herzfeld@renswoodinc.com>
Subject: Broken projector
Date: August 5

Hi, Jake,

As I mentioned to you yesterday, 177-Dthe projector in the second floor conference room isn't working properly. I want to get a new device rather than have it fixed because 177-Athe warranty expired last year. Apparently, the current one has a bulb that lasts 4,000 hours. I'd like to get a device that's better in this respect. If possible, I'd also like to upgrade to a projector with higher resolution.

177-B/CI haven't been very pleased with the current projector, so let's get a GelwayCo device this time around. Anyway, 176/178please do some investigating together with the other interns and let me know when you find a suitable device. 179The maximum amount we can spend on this item is $600.

Thanks,

Betty Herzfeld
Purchasing Department

수신: Jake Boyne <jake_boyne@renswoodinc.com>
발신: Betty Herzfeld <betty_herzfeld@renswoodinc.com>
제목: 고장 난 프로젝터
날짜: 8월 5일

안녕하세요, Jake,

제가 어제 당신에게 말했듯이, 177-D2층 회의실에 있는 프로젝터가 제대로 작동하지 않습니다. 177-A보증 기간은 작년에 만료되었기 때문에 그것을 수리하기보다는 새로운 장비를 마련하고 싶습니다. 보기에는, 지금의 것에 4,000시간 지속되는 전구가 있는 것 같습니다. 저는 이 점에서 더 나은 장비를 마련하고 싶습니다. 가능하다면, 더 높은 해상도의 프로젝터로 바꾸는 것도 좋겠습니다.

177-B/C저는 지금의 프로젝터에 그다지 만족해오지 않았으니, 이번에는 GelwayCo사의 장비를 구입합시다. 어쨌든, 176/178다른 인턴들과 함께 조사를 좀 해 보고 적절한 장비를 찾으면 알려 주세요. 179우리가 이 품목에 사용할 수 있는 최대 금액은 600달러입니다.

감사합니다,

Betty Herzfeld 드림
구매부

지문 2

Want to improve your meetings?
180-DA GelwayCo projector may be just what your office needs!

Model	179Cost	Brightness	Resolution	Lamp hours
DR-7 Our classic projector, tailored for business use	$550	2,000 lumens	1024 x 768	5,000
179DR-8 Our wireless option	179$650	3,000 lumens	1280 x 800	5,000
BR-103X Our slim, lightweight model	$1,200	3,000 lumens	1280 x 800	4,000
F6-UR Our model for displaying images in tight spaces	$850	2,700 lumens	1024 x 768	5,000

We are committed to helping customers get the most out of their devices by providing easy access to software updates, manuals, and FAQ pages. 180-BSupport is available online, in person at any of our stores nationwide, and over the phone at 1-800-555-9222.

회의를 개선하고 싶으십니까?
180-DGelwayCo사의 프로젝터가 귀하의 사무실이 필요로 하는 바로 그것일 수도 있습니다!

모델	179가격	광도	해상도	전등 수명
DR-7 업무용으로 맞춰진 대표적인 프로젝터	550달러	2,000 루멘	1024 x 768	5,000
179DR-8 무선 옵션	179650 달러	3,000 루멘	1280 x 800	5,000
BR-103X 얇고, 가벼운 모델	1,200 달러	3,000 루멘	1280 x 800	4,000
F6-UR 비좁은 공간에서 이미지를 보여주기 위한 모델	850달러	2,700 루멘	1024 x 768	5,000

저희는 고객들이 소프트웨어 업데이트, 설명서, 그리고 FAQ 페이지에 쉽게 접근할 수 있도록 함으로써 그들의 장비를 최대한 활용하도록 돕는 데 전념합니다. 180-B온라인에서, 전국의 어느 매장에서든지 직접, 그리고 1-800-555-9222에서 전화로 도움을 받을 수 있습니다.

지문 1 □ **properly** adv. 제대로
□ **apparently** adv. 보기에는 ~ 같은
□ **in this respect** phr. 이 점에서
□ **investigate** v. 조사하다
□ **purchasing department** phr. 구매부

□ **warranty** n. 보증 (기간), 담보
□ **bulb** n. 전구
□ **upgrade** v. (상급의 것으로) 바꾸다
□ **suitable** adj. 적절한

□ **expire** v. 만료되다
□ **last** v. 지속되다
□ **resolution** n. 해상도
□ **maximum** adj. 최대의

지문 2 □ **classic** adj. 대표적인, 일류의
□ **slim** adj. 얇은, 가는
□ **committed to** phr. ~에 전념하는

□ **tailor** v. 맞추다, (옷을) 짓다
□ **lightweight** adj. 가벼운, 경량의
□ **get the most out of** phr. ~을 최대한으로 활용하다

□ **wireless** adj. 무선의
□ **tight** adj. 비좁은, 단단한

176

What is the purpose of the e-mail?

(A) To provide advice about some equipment
(B) To respond to an inquiry
(C) To assign a research task
(D) To share the results of a conference

이메일의 목적은 무엇인가?

(A) 몇몇 장비에 대한 조언을 제공하기 위해
(B) 문의에 답변하기 위해
(C) 조사 업무를 맡기기 위해
(D) 회의 결과를 공유하기 위해

■ **주제/목적 찾기** 글의 목적
정답 (C)

이메일의 목적을 묻는 목적 찾기 문제이므로 첫 번째 지문인 이메일을 확인한다. 이메일의 'please do some investigating ~ and let me know when you find a suitable device'에서 조사를 좀 해 보고 적절한 장비를 찾으면 알려달라고 했으므로 (C)가 정답이다.

어휘 inquiry n. 문의 assign v. 맡기다, 배정하다

177

What is NOT true about the current projector?

(A) It is no longer covered under warranty.
(B) It failed to satisfy Ms. Herzfeld.
(C) It was made by GelwayCo.
(D) It is used in a meeting room.

지금의 프로젝터에 대해 사실이 아닌 것은?

(A) 더 이상 보증 기간에 포함되지 않는다.
(B) Ms. Herzfeld를 만족시키지 못했다.
(C) GelwayCo사에 의해 만들어졌다.
(D) 회의실에서 사용된다.

■ **Not/True** Not 문제
정답 (C)

질문의 핵심 어구인 the current projector와 관련된 내용을 지문에서 찾아 각 보기와 대조하는 Not/True 문제이므로 지금의 프로젝터가 언급된 첫 번째 지문인 이메일에서 관련 내용을 확인한다. (A)는 'the warranty expired last year'에서 보증 기간은 작년에 만료되었다고 했으므로 지문의 내용과 일치한다. (B)는 'I haven't been very pleased with the current projector ~.'에서 자신, 즉 Ms. Herzfeld는 지금의 프로젝터에 그다지 만족해오지 않았다고 했으므로 지문의 내용과 일치한다. (C)는 'I haven't been very pleased with the current projector, so let's get a GelwayCo device this time around.'에서 지금의 프로젝터에 그다지 만족해오지 않았으니 이번에는 GelwayCo사의 장비를 구입하자고 했으므로, 지금의 프로젝터는 GelwayCo사에 의해 만들어진 장비가 아님을 알 수 있다. 따라서 (C)가 정답이다. (D)는 'the projector in the second floor conference room isn't working properly'에서 2층 회의실에 있는 프로젝터가 제대로 작동하지 않는다고 했으므로 지문의 내용과 일치한다.

바꾸어 표현하기

the warranty expired 보증 기간이 만료되었다 → no longer covered under warranty 더 이상 보증 기간에 포함되지 않는

178

What can be inferred about Ms. Herzfeld?

(A) She will approve a budget for office supplies.
(B) She was unable to give a presentation yesterday.
(C) She met with a technician to solve a problem.
(D) She will be told about an option from an intern.

Ms. Herzfeld에 대해 추론될 수 있는 것은?

(A) 사무용품에 대한 예산안을 승인할 것이다.
(B) 어제 발표를 할 수 없었다.
(C) 문제를 해결하기 위해 기술자와 만났다.
(D) 인턴으로부터 선택할 수 있는 것에 대해 들을 것이다.

■ **추론** 세부 정보
정답 (D)

질문의 핵심 어구인 Ms. Herzfeld에 대해 추론하는 문제이므로 Ms. Herzfeld가 작성한 첫 번째 지문인 이메일에서 관련 내용을 확인한다. 이메일의 'please do ~ investigating together with the other interns and let me know when you find a suitable device'에서 Jake Boyne에게 다른 인턴들과 함께 조사를 좀 해 보고 적절한 장비를 찾으면 알려 달라고 했으므로, 인턴인 Jake Boyne으로부터 선택할 수 있는 장비에 대해 들을 것이라는 사실을 추론할 수 있다. 따라서 (D)가 정답이다.

어휘 approve v. 승인하다 office supply phr. 사무용품

179

Why will the purchasing department not buy the DR-8?

(A) Its maximum brightness is unsatisfactory.
(B) Its price exceeds an available budget.
(C) Its image quality is not good enough.
(D) Its bulbs need to be replaced too often.

구매부는 왜 DR-8을 구매하지 않을 것인가?

(A) 최대 광도가 불충분하다.
(B) 가격이 사용 가능한 예산을 초과한다.
(C) 화질이 충분히 좋지 않다.
(D) 전구가 너무 자주 교체되어야 한다.

■ **육하원칙** 연계 문제　　　　　　　　　　　　　　　　　　　　　　　　　　　　　　　　　　　　　정답 (B)

두 지문의 내용을 종합해서 풀어야 하는 연계 문제이다. 질문의 핵심 어구인 the purchasing department not buy the DR-8에서 구매부가 왜(Why) DR-8을 구매하지 않을 것인지를 묻고 있으므로 DR-8이 언급된 광고를 먼저 확인한다.

단서1 두 번째 지문(광고)의 'DR-8', 'Cost', '$650'에서 DR-8 모델의 가격이 650달러라고 했다. 그런데 DR-8을 구매하지 않을 이유가 무엇인지 제시되지 않았으므로 이메일에서 관련 내용을 확인한다.

단서2 첫 번째 지문(이메일)의 'The maximum amount we can spend on this item is $600.'에서 이 품목, 즉 프로젝터에 사용할 수 있는 최대 금액이 600달러임을 확인할 수 있다.

두 단서를 종합할 때, 가격이 650달러인 DR-8은 구매부가 프로젝터에 사용할 수 있는 예산인 600달러를 초과하기 때문에 구매하지 않을 것임을 알 수 있다. 따라서 (B)가 정답이다.

바꾸어 표현하기
The maximum amount ~ can spend 사용할 수 있는 최대 금액 → an available budget 사용 가능한 예산

어휘　unsatisfactory adj. 불충분한　exceed v. 초과하다, 넘다

180

What is mentioned about GelwayCo?

(A) It sells various types of office equipment.
(B) It has branches across the country.
(C) Its support hotline is open 24 hours a day.
(D) It makes equipment for both homes and offices.

GelwayCo사에 대해 언급된 것은?

(A) 각종 사무용품을 판매한다.
(B) 전국에 지점이 있다.
(C) 지원 상담 전화가 하루 24시간 이용 가능하다.
(D) 가정과 사무실 모두를 위한 장비를 만든다.

■ **Not/True** True 문제　　　　　　　　　　　　　　　　　　　　　　　　　　　　　　　　　　　　정답 (B)

질문의 핵심 어구인 GelwayCo와 관련된 내용을 지문에서 찾아 각 보기와 대조하는 Not/True 문제이므로 GelwayCo사가 언급된 두 번째 지문인 광고에서 관련 내용을 확인한다. (A)와 (C)는 지문에 언급되지 않은 내용이다. (B)는 'Support is available ~ in person at any of our stores nationwide'에서 전국의 어느 매장에서든지 직접 도움을 받을 수 있다고 했으므로 지문의 내용과 일치한다. 따라서 (B)가 정답이다. (D)는 'A GelwayCo projector may be just what your office needs!'에서 GelwayCo사의 프로젝터가 귀하의 사무실이 필요로 하는 바로 그것일 수도 있다고 했으나 가정을 위한 장비를 만드는지는 알 수 없으므로 지문의 내용과 일치하지 않는다.

어휘　office equipment phr. 사무용품　hotline n. 상담 전화

지문 1

Concord Newsletter, [183-D]September 30 edition

Seasonal Drinks Fuel Café Sales in Concord

Local cafés have been attracting more customers and boosting their sales by offering seasonally themed coffee beverages. At the [181]Concord Food & Drink Convention on September 23, [182]a group of café owners announced plans to add more seasonal drinks to their menus and carry out various promotions. They believe that, by doing so, they can turn Concord into a destination for coffee enthusiasts from neighboring areas. Their ultimate aim is to make the town the flavored-coffee capital of the U.S.

Already, unique coffee-based drinks can be found in Concord year-round. Olivia Lang, the owner of Bean Brewers, says that Pumpkin Spice is her café's most popular flavor during the fall. At Creative Cups, the staff members try to increase winter sales by inventing flavors with unique names. Last year, they served the winter-themed coffee drinks Xmas Espresso and Christmas Tree Cappuccino. [184]This year, they plan to introduce the Santa Latte.

Meanwhile, [183-D]the coffee shop Chill will bring back its refreshing Coconut Java, which debuted last March and was served until June, and 4th Street Coffee intends to make its popular Cherry Cappuccino available again in the summer.

콩코드 소식지, [183-D]9월 30일 호

계절 음료가 콩코드 내 카페 매출에 활기를 불어넣다

지역 카페들이 계절을 테마로 한 커피 음료를 제공함으로써 더 많은 손님을 끌어들이고 매출을 증대시키고 있다. [181]9월 23일에 열린 콩코드 식음료 컨벤션에서, [182]카페 소유주 단체는 그들의 메뉴에 더 많은 계절 음료를 추가하고 다양한 판촉 행사를 진행하겠다는 계획을 발표했다. 그렇게 함으로써, 그들은 콩코드를 인근 지역에 있는 커피 애호가들의 목적지로 바꿔 놓을 수 있다고 생각한다. 그들의 최종 목표는 이 도시를 미국의 가향 커피 중심지로 만드는 것이다.

이미, 콩코드에서는 커피를 기반으로 한 독특한 음료들을 1년 내내 볼 수 있다. Bean Brewers의 소유주인 Olivia Lang은 Pumpkin Spice가 가을에 그녀의 카페에서 가장 인기 있는 맛이라고 말한다. Creative Cups에서는, 직원들이 독특한 이름을 가진 맛을 개발함으로써 겨울 매출을 증가시키려고 한다. 작년에, 그들은 겨울을 테마로 한 커피 음료인 Xmas Espresso와 Christmas Tree Cappuccino를 제공했다. [184]올해, 그들은 Santa Latte를 선보일 계획이다.

한편, [183-D]Chill 커피숍은 지난 3월에 처음으로 선보여 6월까지 제공되었던 상쾌한 Coconut Java를 다시 제공할 것이며, 4th Street Coffee는 인기 있는 Cherry Cappuccino를 여름에 다시 이용할 수 있게 할 예정이다.

지문 2

To: Concord Newsletter advertising department
　　　<advertising@connews.com>
From: Kiana Lee <kianalee@entrepreneur.com>
Date: October 5
Subject: Advertisement
Attachment: advertisement_draft

Dear advertising department,

[184]I was excited to see that my coffee shop, Creative Cups, was mentioned in an article in your September 30 edition. This week, a few customers have already asked when we will start selling our new flavor. I appreciate the publicity and wish to follow up by placing an advertisement in your newsletter.

The size I am interested in is one-eighth of a page. I have attached a draft of the advertisement. Your staff can recommend changes if needed. I reviewed the pricing on your Web site and saw that it costs $200 per month to advertise in your publication's Food and Dining section. [185]As soon as you confirm that this is the correct amount, I will submit my payment.

I look forward to hearing back from you.

Thank you,
Kiana Lee

수신: 콩코드 소식지 광고부
　　　<advertising@connews.com>
발신: Kiana Lee <kianalee@entrepreneur.com>
날짜: 10월 5일
제목: 광고
첨부: 광고_초안

광고부 담당자께,

[184]저는 제 커피숍인 Creative Cups가 귀사의 9월 30일 호 기사에 언급된 것을 보고 들떴습니다. 이번 주에, 이미 몇몇 손님들이 새로운 맛을 언제 판매하기 시작할 것인지 물었습니다. 홍보에 감사드리며 잇따라서 귀사의 소식지에 광고를 내고 싶습니다.

제가 관심 있는 크기는 한 페이지의 8분의 1입니다. 광고의 초안을 첨부하였습니다. 필요하다면 귀사의 직원들이 변경 사항을 제안해 주셔도 됩니다. 귀사의 웹사이트에서 가격정책을 살펴봤고 출판물의 식음료란에 광고를 내는 것이 한 달에 200달러라는 것을 확인했습니다. [185]이것이 맞는 금액인지 확인해 주시면, 바로 비용을 지불하겠습니다.

연락을 기다리고 있겠습니다.

감사합니다,
Kiana Lee 드림

지문 1 □ **fuel** v. 활기를 불어넣다
□ **capital** n. 중심지, 수도
□ **introduce** v. 선보이다, 소개하다
□ **debut** v. 처음으로 선보이다, 데뷔하다
□ **boost** v. 증대시키다, 촉진하다
□ **year-round** adv. 1년 내내
□ **meanwhile** adv. 한편
□ **intend** v. 예정이다
□ **ultimate** adj. 최종의, 궁극적인
□ **invent** v. 개발하다
□ **refreshing** adj. 상쾌한

지문 2 □ **draft** n. 초안
□ **follow up by** phr. 잇따라 ~하다
□ **publication** n. 출판물
□ **submit payment** phr. (비용을) 지불하다
□ **appreciate** v. 감사하다, 인정하다
□ **place an advertisement** phr. 광고를 내다
□ **confirm** v. 확인하다
□ **publicity** n. 홍보, 광고
□ **pricing** n. 가격정책
□ **correct** adj. 맞는, 정확한

181
○●●●●
상

What happened on September 23?

(A) An interview for an article was conducted.
(B) An advertisement was printed in a publication.
(C) An industry event was held.
(D) Some investors were welcomed.

9월 23일에 무슨 일이 일어났는가?

(A) 기사를 위한 인터뷰가 진행되었다.
(B) 광고가 출판물에 인쇄되었다.
(C) 업계 행사가 개최되었다.
(D) 몇몇 투자자들이 환영받았다.

■ **육하원칙** What

정답 (C)

9월 23일에 무슨(What) 일이 있었는지를 묻는 육하원칙 문제이므로 질문의 핵심 어구인 September 23과 관련된 내용이 언급된 첫 번째 지문인 기사를 확인한다. 기사의 'Concord Food & Drink Convention on September 23'에서 콩코드 식음료 컨벤션이 9월 23일에 열렸다고 했으므로 (C)가 정답이다.

바꾸어 표현하기
Food & Drink Convention 식음료 컨벤션 → An industry event 업계 행사

어휘 industry n. 업계 investor n. 투자자

182
○●●●●
상

According to the article, why are coffee shops in Concord introducing more seasonal drinks?

(A) To attract patrons from other places
(B) To participate in a festival
(C) To make use of locally produced ingredients
(D) To take advantage of a nationwide trend

기사에 따르면, 콩코드의 커피숍들은 왜 더 많은 계절 음료를 선보이고 있는가?

(A) 다른 지역의 고객들을 끌어들이기 위해
(B) 축제에 참가하기 위해
(C) 지역 내에서 생산되는 재료를 이용하기 위해
(D) 전국적인 유행을 기회로 활용하기 위해

■ **육하원칙** Why

정답 (A)

기사에 따르면 콩코드의 커피숍들이 왜(why) 더 많은 계절 음료를 선보이고 있는지를 묻는 육하원칙 문제이므로 첫 번째 지문인 기사를 확인한다. 기사의 'a group of café owners announced plans to add more seasonal drinks to their menus ~. They believe that, by doing so, they can turn Concord into a destination for coffee enthusiasts from neighboring areas.'에서 카페 소유주 단체가 그들의 메뉴에 더 많은 계절 음료를 추가하겠다는 계획을 발표했으며, 그렇게 함으로써 그들은 콩코드를 인근 지역에 있는 커피 애호가들의 목적지로 바꿔 놓을 수 있다고 생각한다고 했으므로 (A)가 정답이다.

바꾸어 표현하기
coffee enthusiasts from neighboring areas 인근 지역에 있는 커피 애호가들 → patrons from other places 다른 지역의 고객들

어휘 patron n. 고객, 단골손님 make use of phr. ~을 이용하다 ingredient n. 재료 take advantage of phr. ~을 기회로 활용하다 nationwide adj. 전국적인

183

What is mentioned about Chill's Coconut Java?

(A) It will be available at a take-out window only.
(B) It can be purchased in a range of sizes.
(C) It is cheaper if ordered with a food item.
(D) It was offered for a limited time this year.

Chill의 Coconut Java에 대해 언급된 것은?

(A) 테이크아웃 창구에서만 구매할 수 있다.
(B) 다양한 크기로 구매할 수 있다.
(C) 식품과 함께 주문하면 더 저렴하다.
(D) 올해 한정된 기간 동안 제공되었다.

■ **Not/True** True 문제   정답 (D)

질문의 핵심 어구인 Chill's Coconut Java와 관련된 내용을 지문에서 찾아 각 보기와 대조하는 Not/True 문제이므로 Coconut Java가 언급된 첫 번째 지문인 기사를 확인한다. (A), (B), (C)는 지문에 언급되지 않은 내용이다. (D)는 'September 30 edition'에서 소식지가 9월 30일 호라는 것을 알 수 있으며, 'the coffee shop Chill will bring back its ~ Coconut Java, which debuted last March and was served until June'에서 Chill 커피숍은 지난 3월에 처음으로 선보여 6월까지 제공되었던 Coconut Java를 다시 제공할 것이라고 했으므로 지문의 내용과 일치한다. 따라서 (D)가 정답이다.

바꾸어 표현하기
debuted ~ March and was served until June 3월에 처음으로 선보였으며 6월까지 제공되었다
→ was offered for a limited time 한정된 기간 동안 제공되었다

어휘 a range of phr. 다양한   limited adj. (시간이나 수가) 한정된

184

Which drink have some customers most likely asked Ms. Lee about this week?

(A) Pumpkin Spice
(B) Xmas Espresso
(C) Santa Latte
(D) Cherry Cappuccino

이번 주에 몇몇 손님들이 Ms. Lee에게 어느 음료에 대해 물었을 것 같은가?

(A) Pumpkin Spice
(B) Xmas Espresso
(C) Santa Latte
(D) Cherry Cappuccino

■ **추론** 연계 문제   정답 (C)

세 지문 중 두 지문의 내용을 종합적으로 확인한 후 추론해서 풀어야 하는 연계 문제이다. 질문의 핵심 어구인 Ms. Lee가 작성한 이메일을 먼저 확인한다.

단서 1 두 번째 지문(이메일)의 'I was excited to see that my coffee shop, Creative Cups, was mentioned in an article ~. This week, a few customers have already asked when we will start selling our new flavor.'에서 자신의 커피숍인 Creative Cups가 기사에 언급된 것을 보고 들떴다고 하며 이번 주에 이미 몇몇 손님들이 새로운 맛을 언제 판매하기 시작할 것인지 물었다고 했다. 그런데 손님들이 물어본 새로운 맛이 어느 음료인지 제시되지 않았으므로 기사에서 관련 내용을 확인한다.

단서 2 첫 번째 지문(기사)의 'This year, they plan to introduce the Santa Latte.'에서 올해 그들, 즉 Creative Cups가 Santa Latte를 선보일 계획이라는 사실을 확인할 수 있다.

두 단서를 종합할 때, 몇몇 손님들이 Ms. Lee의 커피숍인 Creative Cups의 새로운 음료 Santa Latte를 언제 판매하기 시작할 것인지 물었다는 사실을 추론할 수 있다. 따라서 (C)가 정답이다.

185

What does Ms. Lee ask the advertising department to do?

(A) Send a list of subscribers
(B) Confirm an advertising rate
(C) Suggest a beverage name
(D) Print a picture in color

Ms. Lee는 광고부에 무엇을 해달라고 요청하는가?

(A) 구독자 목록을 보낸다
(B) 광고 요금을 확인한다
(C) 음료 이름을 제안한다
(D) 사진을 컬러로 인쇄한다

■ **육하원칙** What   정답 (B)

Ms. Lee가 광고부에 무엇(What)을 해달라고 요청하는지를 묻는 육하원칙 문제이므로 질문의 핵심 어구인 Ms. Lee가 광고부에 보낸 두 번째 지문인 이메일을 확인한다. 이메일의 'As soon as you confirm that this is the correct amount, I will submit my payment.'에서 이것, 즉 웹사이트에서 확인한 광고비인 200달러가 맞는 금액인지 확인해 주면 바로 비용을 지불하겠다고 했으므로 (B)가 정답이다.

어휘 subscriber n. 구독자   rate n. 요금   print in color phr. 컬러로 인쇄하다

지문 1

Hyde Park Job Fair
When: October 13
Where: Hyde Park Community Center, Main Hall

186Are you a recent graduate with a bachelor's or master's degree? Come to the Hyde Park Job Fair and apply directly for positions in various fields from health care to software development and more. The fair is free for applicants as 188-Bthe City of Tampa has provided funding for the event.

Participating companies include local and international businesses with immediate openings for skilled applicants. These include part-time, full-time, and paid internship positions. We advise participants to do prior research on participating companies and to bring multiple copies of their résumés. The Hyde Park Community Center will also be providing professional résumé advice for students who require it.

Hyde Park 채용 박람회
날짜: 10월 13일
장소: Hyde Park 문화 회관, 본관

186당신은 학사 또는 석사 학위를 받은 최근 졸업생입니까? Hyde Park 채용 박람회에 오셔서 보건부터 소프트웨어 개발 등 다양한 분야의 일자리에 바로 지원하세요. 박람회는 188-B탬파시가 행사를 위한 자금을 제공했기 때문에 신청자들에게 무료입니다.

참여 기업들은 숙련된 지원자들을 위한 시급한 빈자리가 있는 국내와 국제 기업들을 포함합니다. 이것들은 시간제 근무직, 정규직, 그리고 유급 인턴직을 포함합니다. 저희는 참가자들에게 참여 기업들에 대한 사전 조사를 하고 여러 장의 이력서 사본을 가져올 것을 조언합니다. Hyde Park 문화 회관은 또한 그것을 필요로 하는 학생들을 위해 이력서에 대한 전문적인 조언을 제공할 것입니다.

지문 2

Hyde Park Community Center
List of Attending Companies

Name	Industry	Details	Company Representative
188-BBrentura Diagnostics	Science	188-BSeeking laboratory consultants with a master's degree in chemistry or biology *prefer graduates from local universities	Sandra Parker
Gerber Inc.	Engineering	Seeking engineering majors for projects in the construction industries	Carter Lewis
Heston	Telecommunications	189Seeking marketing graduates to fill various open positions	189Eun-jung Bae
Jones Industries	Software Development	Seeking knowledgeable programmers for project-based work	Mario Lopez
Spitexx	Health Care	Seeking interns for positions in medical sales	Angela Mitchell

Hyde Park 문화 회관
참가하는 기업 목록

기업명	산업	세부 사항	회사 대표자
188-BBrentura Diagnostics사	과학	188-B화학 또는 생물학 석사 학위를 가진 실험실 컨설턴트 모집 *지역 대학교 졸업생 선호	Sandra Parker
Gerber사	공학	건설업 프로젝트를 위한 공학 전공자 모집	Carter Lewis
Heston사	통신	189다양한 공석을 채울 마케팅 졸업생 모집	189Eun-jung Bae
Jones사	소프트웨어 개발	프로젝트 기반 업무를 위한 정통한 프로그래머 모집	Mario Lopez
Spitexx사	보건	의료 영업직을 위한 인턴 모집	Angela Mitchell

[187]Verity Care	Services	[187]Seeking individuals qualified to work with children	Belinda Hough

Many more companies will be added to the list once their job postings have been confirmed. Please check back for continuous updates.

[187]Verity Care사	서비스	[187]어린이와 함께 일하는 데 적격인 사람 모집	Belinda Hough

채용 공고가 확정되었다면 더 많은 회사들이 이 목록에 추가될 것입니다. 계속되는 업데이트에 대해 다시 확인하십시오.

지문 3

To: Alex Conner <aconner@hydeparkcenter.org>
From: Eun-jung Bae <e.bae@heston.us>
Subject: Fair Attendance
Date: October 9

Dear Mr. Conner,

Thank you for confirming our booth reservation at the upcoming job fair. We are looking forward to meeting many qualified applicants and have heard that graduates from top schools will be attending.

Our plan is to hire several people as quickly as possible. Therefore, [189]we will be screening applicants at the event. I would also like to conduct interviews on the same day. [190]I'd like my colleagues in Singapore and Japan to participate in the process virtually. [189]Is it possible to rent a small meeting room with Wi-Fi for this purpose? An hour should be sufficient. Please let me know.

Sincerely,

Eun-jung Bae
Human Resource Manager
Heston

수신: Alex Conner
　　　<aconner@hydeparkcenter.org>
발신: Eun-jung Bae <e.bae@heston.us>
제목: 박람회 참석
날짜: 10월 9일

Mr. Conner께,

곧 있을 채용 박람회에서 저희의 부스 예약을 확정해 주셔서 감사합니다. 저희는 많은 자격을 갖춘 지원자들을 만나기를 고대하고 있고 일류 학교 졸업생들이 참석할 것이라고 들었습니다.

저희의 계획은 가능한 한 빨리 여러 사람을 고용하는 것입니다. 그러므로, [189]저희는 그 행사에서 지원자들을 심사할 것입니다. 저는 또한 같은 날 면접을 하고 싶습니다. [190]저는 싱가포르와 일본에 있는 동료들이 가상으로 그 과정에 참여하면 좋겠습니다. [189]이런 목적을 위해 와이파이가 있는 작은 회의실을 빌리는 것이 가능할까요? 한 시간이면 충분할 것입니다. 저에게 알려주세요.

Eun-jung Bae 드림
인사 담당자
Heston사

지문 1　□ fair n. 박람회
　　　　□ master's degree phr. 석사 학위
　　　　□ prior adj. 사전의

　□ graduate n. 졸업생
　□ field n. 분야, 영역
　□ advice n. 조언, 충고

　□ bachelor's degree phr. 학사 학위
　□ immediate adj. 시급한, 즉시의

지문 2　□ laboratory n. 실험실
　　　　□ medical adj. 의료의, 의학의
　　　　□ continuous adj. 계속되는, 계속 이어지는

　□ chemistry n. 화학
　□ qualified adj. 적격의, 자격을 갖춘

　□ biology n. 생물학
　□ confirm v. 확정하다, 확인해 주다

지문 3　□ attendance n. 참석
　　　　□ virtually adv. 가상으로, 컴퓨터 상으로

　□ screen v. 심사하다, 확인하다
　□ sufficient adj. 충분한

　□ conduct v. (특정한 활동을) 하다

186

For whom is the announcement most likely intended?

(A) Community center workers
(B) Faculty members
(C) Recent graduates
(D) Company executives

공고는 누구를 대상으로 하는 것 같은가?	
(A) 문화 회관 직원들	
(B) 교직원들	
(C) 최근 졸업생들	
(D) 회사 임원들	

■ **추론** 전체 정보   정답 (C)

지문 곳곳에 퍼져있는 여러 단서를 종합하여 공고의 대상을 추론하는 문제이므로 첫 번째 지문인 공고를 확인한다. 공고의 'Are you a recent graduate with a bachelor's or master's degree?'에서 당신, 즉 공고를 읽는 사람이 학사 또는 석사 학위를 받은 최근 졸업생인지 물은 후, 채용 박람회에 대해 설명하고 있으므로 최근 졸업생들을 대상으로 하는 공고임을 추론할 수 있다. 따라서 (C)가 정답이다.

어휘 **faculty member** phr. 교직원 **executive** n. 임원, 경영진

187

According to the list, what is a qualification to work at Verity Care?

(A) An understanding of software programs
(B) Some experience in sales
(C) Detailed knowledge of computers
(D) An ability to interact with children

목록에 따르면, Verity Care사에서 일하기 위한 자격은 무엇인가?	
(A) 소프트웨어 프로그램에 대한 이해	
(B) 영업에서의 경력	
(C) 컴퓨터에 대한 세부적인 지식	
(D) 어린이와 상호 작용하는 능력	

■ **육하원칙** What   정답 (D)

목록에 따르면 Verity Care사에서 일하기 위한 자격이 무엇(what)인지를 묻는 육하원칙 문제이므로 두 번째 지문인 목록에서 관련 내용을 확인한다. 목록의 'Verity Care', 'Seeking individuals qualified to work with children'에서 Verity Care사가 어린이와 함께 일하는 데 적격인 사람을 모집한다고 했으므로 (D)가 정답이다.

바꾸어 표현하기
qualified to work with children 어린이와 함께 일하는 데 적격인 → An ability to interact with children 어린이와 상호 작용하는 능력

어휘 **interact with** phr. ~와 상호 작용하다

188

What is indicated about Brentura Diagnostics?

(A) It will be represented by the company's CEO.
(B) It is seeking people with advanced degrees from the Tampa area.
(C) It requires that individuals have prior job experience.
(D) It will consider any applicant with a science degree.

Brentura Diagnostics사에 대해 언급된 것은?	
(A) 회사의 최고경영자에 의해 대표될 것이다.	
(B) 탬파 지역 출신의 고급 학위를 가진 사람을 찾고 있다.	
(C) 사전 업무 경험이 있는 사람들을 필요로 한다.	
(D) 과학 학위를 가진 모든 지원자를 고려할 것이다.	

■ **Not/True** 연계 문제   정답 (B)

세 지문 중 두 지문의 내용을 종합해서 풀어야 하는 연계 문제이다. 질문의 핵심 어구인 Brentura Diagnostics와 관련된 내용을 지문에서 찾아 각 보기와 대조하는 Not/True 문제이므로 Brentura Diagnostics사와 관련된 내용이 언급된 목록을 먼저 확인한다.

단서 1 두 번째 지문(목록)의 'Brentura Diagnostics', 'Seeking laboratory consultants with a master's degree in chemistry or biology, *prefer graduates from local universities'에서 Brentura Diagnostics사가 화학 또는 생물학 석사 학위를 가진 실험실 컨설턴트를 모집하고 지역 대학교 졸업생을 선호한다는 내용을 확인한다. 그런데 해당 지역이 어느 지역인지 제시되지 않았으므로 공고에서 관련 내용을 확인한다.

단서 2 첫 번째 지문(공고)의 'the City of Tampa has provided funding for the event'에서 탬파시가 행사를 위한 자금을 제공했다는 사실을 확인할 수 있다.

두 단서를 종합할 때, Brentura Diagnostics사는 탬파 지역 대학교 졸업생 출신의 화학 또는 생물학 석사 학위를 가진 실험실 컨설턴트를 모집한다는 것을 알 수 있다. 따라서 (B)가 정답이다. (A), (C), (D)는 지문에 언급되지 않은 내용이다.

바꾸어 표현하기
a master's degree 석사 학위 → advanced degrees 고급 학위

어휘 **advanced degree** phr. (석사·박사 등의) 고급 학위

189

최상

What is implied about Ms. Bae?

(A) She is recruiting individuals for her department.
(B) She needs to leave early for a business trip.
(C) She will interview marketing graduates on-site.
(D) She participated in a job fair last year.

Ms. Bae에 대한 암시되는 것은?

(A) 그녀의 부서를 위한 사람들을 모집하고 있다.
(B) 출장을 위해 일찍 떠나야 한다.
(C) 현장에서 마케팅 졸업생들을 면접할 것이다.
(D) 작년에 채용 박람회에 참가했다.

■ 추론 연계 문제   정답 (C)

세 지문 중 두 지문의 내용을 종합적으로 확인한 후 추론해서 풀어야 하는 연계 문제이다. 질문의 핵심 어구인 Ms. Bae가 작성한 이메일을 먼저 확인한다.

[단서 1] 세 번째 지문(이메일)의 'we will be screening applicants at the event. I would also like to conduct interviews on the same day.'에서 그 행사, 즉 채용 박람회에서 지원자들을 심사할 것이며 같은 날 면접도 하고 싶다고 한 후, 'Is it possible to rent a small meeting room ~ for this purpose?'에서 이런 목적을 위해 작은 회의실을 빌리는 것이 가능한지 문의한 것을 알 수 있다. 그런데 어떤 직무에 대한 면접을 하고 싶어 하는지 제시되지 않았으므로 목록에서 관련 내용을 확인한다.

[단서 2] 두 번째 지문(목록)의 'Seeking marketing graduates to fill various open positions', 'Eun-jung Bae'에서 Ms. Bae가 대표하는 회사가 다양한 공석을 채울 마케팅 졸업생을 모집한다는 사실을 확인할 수 있다.

두 단서를 종합할 때, Ms. Bae가 현장에서 마케팅 졸업생들을 면접할 것이라는 사실을 추론할 수 있다. 따라서 (C)가 정답이다.

어휘 recruit v. 모집하다 on-site adv. 현장에서, 현지에서

190

최상

What is suggested about Ms. Bae's company?

(A) It has multiple overseas offices.
(B) It is looking for unpaid trainees.
(C) It wants to rent several meeting rooms.
(D) It requires an Internet connection at its booth.

Ms. Bae의 회사에 대해 암시되는 것은?

(A) 다수의 해외 사무소를 가지고 있다.
(B) 무급 교육생들을 찾고 있다.
(C) 여러 개의 회의실을 빌리고 싶어 한다.
(D) 부스에서의 인터넷 연결을 필요로 한다.

■ 추론 세부 정보   정답 (A)

질문의 핵심 어구인 Ms. Bae's company에 대해 추론하는 문제이므로 Ms. Bae가 작성한 세 번째 지문인 이메일에서 관련 내용을 확인한다. 이메일의 'I'd like my colleagues in Singapore and Japan to participate in the process virtually.'에서 싱가포르와 일본에 있는 동료들이 가상으로 그 과정, 즉 면접에 참여하면 좋겠다고 했으므로 Ms. Bae의 회사가 다수의 해외 사무소를 가지고 있다는 사실을 추론할 수 있다. 따라서 (A)가 정답이다.

어휘 unpaid adj. 무급의, 무보수의 trainee n. 교육생

191-195는 다음 기사, 회람, 이메일에 관한 문제입니다.

Dorwing Air Continues to Adapt
By Aaron Sheffield

For any given flight, it is almost guaranteed that some passengers with reservations will not show up. Unsurprisingly, most airlines attempt to fill the empty seats by overbooking. This method is not without controversy, however, as it occasionally results in more passengers than seats and some ticket holders having to make alternative travel arrangements.

To ease some of the stress faced by passengers who are forced to miss a flight, [191]the international airline Dorwing Air has recently changed its overbooking policy. Some affected passengers in economy class will be offered a business class seat on the next flight. If all else fails, [193]Dorwing Air will also offer some ticket holders up to $1,000 in compensation. "We are confident that these measures will help us improve our customer satisfaction rate," said Dorwing Air CEO Valery Suarez.

Dorwing 항공사가 계속해서 조정하다
Aaron Sheffield 작성

어느 특정 항공편이든, 예약한 일부 승객들이 나타나지 않을 것이라는 점은 거의 확실하다. 놀랄 것도 없이, 대부분의 항공사는 초과 예약을 받음으로써 빈 좌석을 채우려고 한다. 하지만, 이 방법은 간혹 좌석보다 승객이 더 많아지는 것을 초래하여 일부 티켓 구매자들이 대체 이동 계획을 세워야 하도록 만들기 때문에 논란이 없는 것은 아니다.

항공편에 타지 못하도록 강요되는 승객들이 직면하는 스트레스를 덜어 주기 위해, [191]국제 항공사인 Dorwing 항공사는 최근 초과 예약 정책을 변경했다. 피해를 입은 몇몇 이코노미석 승객들은 다음 항공편에서 비즈니스 좌석을 제공받을 것이다. 다른 모든 방법이 안 되면, [193]Dorwing 항공사는 일부 티켓 소지자들에게 보상으로 1,000달러까지도 제공할 것이다. Dorwing 항공사의 최고 경영자 Valery Suarez는 "이러한 조치가 저희의 고객 만족도를 향상하도록 도울 것이라고 확신합니다."라고 말했다.

To: All Dorwing Air passenger service agents
From: Dorwing Air administration
Subject: Overbooking policy reminders
Date: November 5

I'm sure you've all been briefed on the new policy by now, but here are some reminders just in case:

1. [192]If a flight has been overbooked, offer SkySaver coupons to passengers who volunteer to take a later flight. They can use these to get reduced fares when booking future Dorwing Air flights.

2. [194]If the flight remains overbooked within 30 minutes of the departure time, offer passengers a business class seat on the next available flight and access to our VIP lounge while they wait.

3. [193]If the issue has still not been resolved by the time that passengers are about to start boarding, you may offer the maximum compensation amount available for that flight.

수신: Dorwing 항공사 여객 서비스 전 직원
발신: Dorwing 항공사 경영진
제목: 초과 예약 정책 주의서
날짜: 11월 5일

지금쯤 여러분 모두가 새로운 정책에 대해 들었을 것이라고 확신하지만, 만일에 대비해 몇 가지 상기시켜 드리고 싶은 것이 있습니다:

1. [192]항공편이 초과 예약되었다면, 다음 항공편을 타겠다고 자원하는 승객들에게 SkySaver 쿠폰을 제시하십시오. 그들은 추후 Dorwing 항공사 항공편을 예약할 때 요금을 할인받기 위해 이것들을 사용할 수 있습니다.

2. [194]출발 시간 30분 이내까지 항공편이 여전히 초과 예약되어 있다면, 승객들에게 다음으로 이용 가능한 항공편의 비즈니스 좌석 및 기다리는 동안 VIP 라운지를 이용할 수 있는 기회를 제공하십시오.

3. [193]승객들이 곧 탑승을 시작할 때까지도 사안이 해결되지 않으면, 해당 항공편에 대해 가능한 최대 보상 금액을 제시할 수 있습니다.

To: Joan Kreeger <joan_kreeger@wentleco.com>
From: Lewis Hopps <lew_hopps@wentleco.com>
Subject: Mr. Hunt's flight
Date: November 10
Attachment: Cost_estimates

Hi, Joan,

I just received a message from Mr. Hunt. He said the meeting he had yesterday with the Vorin Construction representative went well. He's at the airport in Roystonville now and said

---

수신: Joan Kreeger <joan_kreeger@wentleco.com>
발신: Lewis Hopps <lew_hopps@wentleco.com>
제목: Mr. Hunt의 항공편
날짜: 11월 10일
첨부: 가격_견적

안녕하세요, Joan,

저는 방금 Mr. Hunt로부터 메시지를 받았습니다. 그는 어제 있었던 Vorin 건설사 대표와의 회의가 잘 진행되었다고 말했습니다. 그는 지금 Roystonville에 있는 공항에 있으며 한 시간 정도 늦게 도착할 것이라고 말했습니다.

he'll arrive about an hour late. [194]His 1:10 P.M. flight is overbooked, but Dorwing Air has secured him a business class seat on a plane that'll be leaving at 2:05 P.M. That'll give you more time to get to the airport. You can leave the office to pick him up at about 5:00 P.M. Until then, [195]please check the accuracy of the file I'm sending you.

Best regards,
Lewis

---

[194]그의 오후 1시 10분 항공편이 초과 예약되었지만, Dorwing 항공사가 그에게 오후 2시 5분에 출발하는 항공편의 비즈니스 좌석을 확보해주었습니다. 그것은 당신에게 공항으로 가는 시간을 더 줄 것입니다. 그를 데리러 가기 위해 오후 5시쯤 사무실에서 출발하면 될 겁니다. 그때까지, [195]제가 보내드리는 파일이 정확한지 확인해 주십시오.

Lewis 드림

지문 1
□ adapt v. 조정하다, 맞추다
□ show up phr. 나타나다
□ controversy n. 논란
□ arrangement n. 계획, 준비
□ international adj. 국제의
□ measure n. 조치, 정책

□ given adj. 특정한
□ unsurprisingly adv. 놀랄 것도 없이
□ occasionally adv. 간혹, 가끔
□ ease v. 덜어 주다, 편해지다
□ affected adj. 피해를 입은, 영향을 받은
□ customer satisfaction rate phr. 고객 만족도

□ guaranteed adj. 확실한, 보장된
□ overbook v. 초과 예약을 받다
□ alternative adj. 대체의
□ force v. 강요하다
□ compensation n. 보상

지문 2
□ administration n. 경영진, 이사회
□ fare n. 요금
□ boarding n. 탑승, 승선

□ reminder n. 주의서, 상기시켜 주는 것
□ departure time phr. 출발 시간

□ brief v. 말하다, 알려주다; adj. 잠깐의
□ resolve v. 해결하다

지문 3
□ estimate n. 견적, 견적서
□ accuracy n. 정확, 정밀

□ representative n. 대표

□ secure v. 확보하다, 얻어내다

191

Why was the article written?

(A) To propose a technological solution
(B) To criticize the handling of a situation
(C) To describe some policy changes
(D) To announce the hiring of an executive

기사는 왜 쓰였는가?

(A) 기술적인 해결책을 제시하기 위해
(B) 상황 처리를 비판하기 위해
(C) 정책 변경 사항을 설명하기 위해
(D) 임원 채용을 발표하기 위해

■ 주제/목적 찾기 글을 쓴 이유 　　　　　　　　　　　　　　　　　　　　　　　　　　　　　　정답 (C)

기사가 쓰인 이유를 묻는 목적 찾기 문제이므로 첫 번째 지문인 기사의 내용을 확인한다. 기사의 'the international airline Dorwing Air has recently changed its overbooking policy'에서 국제 항공사 Dorwing 항공사가 최근 초과 예약 정책을 변경했다고 한 후, 변경된 초과 예약 정책의 세부 사항을 설명하고 있으므로 (C)가 정답이다.

어휘 technological adj. 기술적인 criticize v. 비판하다 handling n. 처리, 조작 executive n. 임원

192

What can Dorwing Air passenger service agents do if a flight is overbooked?

(A) Provide hotel accommodations
(B) Offer discount vouchers
(C) Contact partner airlines
(D) Cancel unconfirmed reservations

항공편이 초과 예약되면 Dorwing 항공사 여객 서비스 직원들은 무엇을 할 수 있는가?

(A) 호텔 시설을 제공한다
(B) 할인 상품권을 제시한다
(C) 제휴 항공사에 연락한다
(D) 확인되지 않은 예약을 취소한다

■ 육하원칙 What 　　　　　　　　　　　　　　　　　　　　　　　　　　　　　　　　　　정답 (B)

항공편이 초과 예약되면 Dorwing 항공사 여객 서비스 직원들이 무엇(What)을 할 수 있는지를 묻는 육하원칙 문제이므로 Dorwing 항공사 여객 서비스 전 직원에게 보내진 두 번째 지문인 회람에서 관련 내용을 확인한다. 회람의 'If a flight has been overbooked, offer SkySaver coupons to passengers ~. They can use these to get reduced fares'에서 항공편이 초과 예약되었다면 승객들에게 SkySaver 쿠폰을 제시하라고 하며 요금을 할인받기 위해 이것들을 사용할 수 있다고 했으므로 (B)가 정답이다.

바꾸어 표현하기
coupons ~ to get reduced fares 요금을 할인받기 위한 쿠폰 → discount vouchers 할인 상품권

어휘 accommodation n. (숙박) 시설, 숙소 unconfirmed adj. 확인되지 않은, 미확인의

193
○
●
●
●
●
상

What are ticket holders who give up their seats just before boarding entitled to?

(A) A seat upgrade
(B) A sum of up to $1,000
(C) Entry to premium waiting space
(D) Extra mileage points

탑승 직전에 좌석을 포기한 티켓 소지자들은 무엇을 받을 권리가 있는가?

(A) 좌석 업그레이드
(B) 최고 1,000달러의 금액
(C) 프리미엄 대기 공간에 입장할 수 있는 권리
(D) 추가 마일리지 포인트

■ **육하원칙** 연계 문제   정답 (B)

세 지문 중 두 지문의 내용을 종합해서 풀어야 하는 연계 문제이다. 질문의 핵심 어구인 ticket holders who give up ~ seats just before boarding entitled to에서 탑승 직전에 좌석을 포기한 티켓 소지자들이 무엇(What)을 받을 권리가 있는지를 묻고 있으므로 탑승 직전에 좌석을 포기한 티켓 소지자와 관련된 내용이 언급된 회람을 먼저 확인한다.

단서 1 두 번째 지문(회람)의 'If the issue has still not been resolved by the time that passengers are about to start boarding, you may offer the maximum compensation amount available for that flight.'에서 승객들이 곧 탑승을 시작할 때까지도 사안, 즉 항공편이 초과 예약된 상황이 해결되지 않으면 해당 항공편에 대해 가능한 최대 보상 금액을 제시할 수 있다고 했다. 그런데 최대 보상 금액이 얼마인지 제시되지 않았으므로 기사에서 관련 내용을 확인한다.

단서 2 첫 번째 지문(기사)의 'Dorwing Air will also offer some ticket holders up to $1,000 in compensation'에서 Dorwing 항공사는 일부 티켓 소지자들에게 보상으로 1,000달러까지도 제공할 것이라는 사실을 확인할 수 있다.

두 단서를 종합할 때, 탑승 직전에 좌석을 포기한 티켓 소지자들은 그에 대한 보상으로 최고 1,000달러를 받을 수 있음을 알 수 있다. 따라서 (B) 가 정답이다.

바꾸어 표현하기

just before boarding 탑승 직전에 → by the time that passengers are about to start boarding 승객들이 곧 탑승을 시작할 때

어휘 sum n. 금액, 액수 entry n. 입장(할 수 있는 권리) extra adj. 추가의

194
○
●
●
●
●
상

What is suggested about Mr. Hunt?

(A) He will go directly from an airport to an office.
(B) He was able to reach an agreement with a new client.
(C) He was in Roystonville for several days.
(D) He was given access to an exclusive waiting area.

Mr. Hunt에 대해 암시되는 것은?

(A) 공항에서 바로 사무실로 갈 것이다.
(B) 신규 고객과 합의에 도달할 수 있었다.
(C) 며칠 동안 Roystonville에 있었다.
(D) 전용 대기실을 이용할 수 있는 기회가 주어졌다.

■ **추론** 연계 문제   정답 (D)

세 지문 중 두 지문의 내용을 종합적으로 확인한 후 추론해서 풀어야 하는 연계 문제이다. 질문의 핵심 어구인 Mr. Hunt가 언급된 이메일을 먼저 확인한다.

단서 1 세 번째 지문(이메일)의 'His 1:10 P.M. flight is overbooked, but Dorwing Air has secured him a business class seat on a plane that'll be leaving at 2:05 P.M.'에서 그, 즉 Mr. Hunt의 오후 1시 10분 항공편이 초과 예약되었지만 Dorwing 항공사가 그에게 오후 2시 5분에 출발하는 항공편의 비즈니스 좌석을 확보해주었다고 했으므로, Mr. Hunt가 초과 예약된 항공편의 탑승을 포기했다는 사실을 알 수 있다. 그런데 초과 예약된 항공편의 탑승을 포기한 것에 대해 다른 항공편의 비즈니스 좌석을 제공받은 것 외의 다른 보상이 제시되지 않았으므로 회람에서 관련 내용을 확인한다.

단서 2 두 번째 지문(회람)의 'If the flight remains overbooked within 30 minutes of the departure time, offer passengers a business class seat on the next available flight and access to our VIP lounge while they wait.'에서 출발 시간 30분 이내까지 항공편이 여전히 초과 예약되어 있다면 승객들에게 다음으로 이용 가능한 항공편의 비즈니스 좌석 및 기다리는 동안 VIP 라운지를 이용할 수 있는 기회를 제공하라고 했다는 사실을 확인할 수 있다.

두 단서를 종합할 때, Mr. Hunt가 초과 예약된 항공편의 탑승을 포기한 것에 대한 보상으로 다음으로 이용 가능한 항공편의 비즈니스 좌석을 제공받았으며, 또한 VIP 라운지를 이용할 수 있는 기회도 제공받았다는 사실을 추론할 수 있다. 따라서 (D)가 정답이다.

어휘 directly adv. 바로, 곧장 reach an agreement phr. 합의에 도달하다 exclusive adj. 전용의, 독점적인

What does Mr. Hopps ask Ms. Kreeger to do?

(A) Ensure that a file is correct
(B) Meet with representatives of a partner company
(C) Forward a flight itinerary
(D) Book an international flight

Mr. Hopps는 Ms. Kreeger에게 무엇을 해달라고 요청하는가?

(A) 파일이 정확한지 확인한다
(B) 제휴 업체의 대표자들을 만난다
(C) 비행 일정표를 보낸다
(D) 국제 항공편을 예약한다

■ **육하원칙** What   정답 (A)

Mr. Hopps가 Ms. Kreeger에게 무엇(What)을 해달라고 요청하는지를 묻는 육하원칙 문제이므로 Mr. Hopps가 Ms. Kreeger에게 보낸 세 번째 지문인 이메일에서 관련 내용을 확인한다. 이메일의 'please check the accuracy of the file I'm sending you'에서 보내주는 파일이 정확한지 확인해 달라고 했으므로 (A)가 정답이다.

바꾸어 표현하기
check the accuracy of the file 파일이 정확한지 확인하다 → Ensure that a file is correct 파일이 정확한지 확인하다

어휘   ensure v. 확인하다, 확실하게 하다   forward v. 보내다, 전달하다   itinerary n. 일정표

지문 1

To: Bennet Fraser <b.fraser@invercargill.com>
From: Clara Walker <c.walker@pos.co.nz>
Subject: 5th Annual POS Congress
Date: December 8

Dear Dr. Fraser,

Here at the Pacific Orthodontic Society (POS), [197]we have begun making preparations for next year's congress, which will take place from April 23 to 24. Along with a special lecture and symposiums, we'd like to host a panel discussion. As you've led groundbreaking research at your workplace, [196/197/199]I'd like to invite you to talk about your work on stage with Dr. Ellie Williams and Dr. Hannah Brown on the second day of the gathering.

Each speaker receives $2,000 in compensation. In addition, travel expenses are reimbursed and an all-access guest pass is provided for the activities, which include a private party in the ballroom of the conference venue. [199]Rooms have been reserved for speakers at a local hotel, which is well equipped with various facilities. I'm sure you would appreciate the hotel's gym—all guests can use it for free. There's also a spa, which charges a reasonable entrance fee.

I look forward to hearing back from you.

Sincerely,

Clara Walker, Congress Organizer

수신: Bennet Fraser <b.fraser@invercargill.com>
발신: Clara Walker <c.walker@pos.co.nz>
제목: 제5회 연례 POS 회의
날짜: 12월 8일

Dr. Fraser께,

이곳 태평양 치과 교정 협회(POS)에서는, [197]4월 23일부터 24일까지 열릴 내년 회의를 위한 준비를 시작했습니다. 특별 강연 및 학술 토론회와 함께, 저희는 패널 토론을 열고자 합니다. 귀하는 직장에서 획기적인 연구를 주도하셨으므로, [196/197/199]회의의 둘째 날에 연단에서 Dr. Ellie Williams와 Dr. Hannah Brown과 함께 귀하의 연구에 관해 이야기하시도록 초청하고 싶습니다.

각 연사는 보상으로 2,000달러를 받습니다. 또한, 여행 경비는 변제되고 여러 가지 활동에 대한 손님용 자유 입장권이 제공되며, 이는 회의 장소의 연회장에서 열리는 비공개 파티를 포함합니다. [199]연사들을 위해 지역 호텔의 객실이 예약되었으며, 이곳에는 다양한 시설이 잘 갖추어져 있습니다. 저는 귀하께서 그 호텔의 체육관을 높이 평가하실 것이라고 확신하며, 모든 손님들은 그곳을 무료로 이용할 수 있습니다. 또한 스파도 있으며, 이는 적정한 입장료를 받습니다.

귀하의 답변을 기다리고 있겠습니다.

Clara Walker 드림, 회의 조직위원

지문 2

Announcement of the 5th Annual POS Congress, Scheduled for April 23 & 24

This year's gathering of the Pacific Orthodontic Society (POS) will be held in Auckland. Leading experts from the South Pacific region will present on the latest techniques and technologies for straightening teeth. The following events have already been confirmed:

Special Lecture	The Latest Advances in Braces	Dr. James Reid
Symposium	New Types of Dental Implants	Dr. Serena Singh
Symposium	Low-cost Tooth-Alignment Kits	Dr. Hazel Collins
[197]Panel Discussion	[197]Scanning Technology	[197]Dr. Hannah Brown Dr. Bennet Fraser Dr. Ellie Williams

The fees are $540 for POS members and $600 for nonmembers, and the payment deadline is March 30. [198]Payments can be made by credit card at www.pos.co.nz/congress5.

4월 23일 & 24일로 예정된 제5회 연례 POS 회의에 대한 공고

올해 태평양 치과 교정 협회(POS) 회의는 오클랜드에서 열릴 것입니다. 남태평양 지역 최고의 전문가들이 치아 교정의 최신 기법 및 기술에 대해 발표할 것입니다. 다음 행사들은 이미 확정되었습니다:

특별 강연	치아 교정기의 최신 발전	Dr. James Reid
학술 토론회	새로운 종류의 치아 임플란트	Dr. Serena Singh
학술 토론회	저렴한 치아 정렬 키트	Dr. Hazel Collins
[197]패널 토론	[197]스캐닝 기술	[197]Dr. Hannah Brown Dr. Bennet Fraser Dr. Ellie Williams

입장료는 POS 회원들에게는 540달러이며 비회원에게는 600달러이고, 결제 마감일은 3월 30일입니다. [198]지불금은 www.pos.co.nz/congress5에서 신용카드로 납부될 수 있습니다.

POS Travel Compensation Form

Thank you for contributing to the POS. To ensure that you are properly compensated, please complete this form and send a scanned copy of it and all receipts to Blake Henry at bh.accounting@pos.co.nz. [199]Your stay at Eden Lake Hotel has already been paid for by the POS.

Name of Participant: Hannah Brown

Event Attended: 5th Annual POS Congress
Event Location: Centennial Hotel, Auckland

Expenditures

DATE	DESCRIPTION	COST	TOTAL
April 22	[200-C]Te Anau Air, economy class	$547	$556
	Stationery supplies	$9	
April 24	Connection cord for laptop	$90.75	$90.75
April 25	[200-C]Ether Airlines, business class	$612	$635
	[200-D]Early morning taxi to airport	[200-D]$23	
TOTAL			$1,281.75

POS 여행 보상 양식

POS에 기여해 주셔서 감사합니다. 귀하께서 제대로 보상받을 수 있도록 하기 위해, 이 양식을 작성해서 이것의 스캔본과 모든 영수증을 bh.accounting@pos.co.nz로 Blake Henry에게 보내주십시오. [199]Eden Lake 호텔에서의 귀하의 숙박은 POS에 의해 이미 지불되었습니다.

참가자 성명: Hannah Brown

참석 행사: 제5회 연례 POS 회의
행사 장소: Centennial 호텔, 오클랜드

지출

날짜	설명	비용	총계
4월 22일	[200-C]Te Anau 항공사, 이코노미석	547달러	556달러
	문구용품	9달러	
4월 24일	노트북 연결 코드	90.75달러	90.75달러
4월 25일	[200-C]Ether 항공사, 비즈니스석	612달러	635달러
	[200-D]새벽 공항행 택시	[200-D]23달러	
총계			1,281.75달러

지문 1
- □ congress n. 회의, 의회
- □ society n. 협회, 사회
- □ groundbreaking adj. 획기적인
- □ expense n. 경비, 비용
- □ ballroom n. 연회장
- □ pacific adj. 태평양의
- □ symposium n. 학술 토론회
- □ workplace n. 직장, 업무 현장
- □ reimburse v. 변제하다, 배상하다
- □ well equipped phr. 잘 갖추어진
- □ orthodontic adj. 치과 교정의
- □ host v. 열다, 주최하다; n. 주최
- □ gathering n. 회의, 모임
- □ private adj. 비공개의, 사적인

지문 2
- □ leading adj. 최고의, 선도적인
- □ low-cost adj. 저렴한
- □ expert n. 전문가
- □ alignment n. 정렬
- □ brace n. 치아 교정기

지문 3
- □ contribute v. 기여하다, 이바지하다
- □ stationery n. 문구, 문구류

196

Why did Ms. Walker contact Dr. Fraser?

(A) To invite him to become a member of a society
(B) To schedule a symposium at a university
(C) To request his participation in a conference
(D) To critique a newly developed system

Ms. Walker는 왜 Dr. Fraser에게 연락했는가?

(A) 그가 협회의 회원이 되도록 권하기 위해
(B) 대학에서의 학술 토론회 일정을 잡기 위해
(C) 그의 회의 참가를 요청하기 위해
(D) 새로 개발된 시스템을 분석하기 위해

■ 주제/목적 문제 글을 쓴 이유 　　　　　　　　　　　　　　　정답 (C)

Ms. Walker가 Dr. Fraser에게 연락한 이유를 묻는 목적 찾기 문제이므로 Ms. Walker가 Dr. Fraser에게 보낸 첫 번째 지문인 이메일의 내용을 확인한다. 이메일의 'I'd like to invite you to talk about your work ~ on the second day of the gathering'에서 회의의 둘째 날에 귀하, 즉 Dr. Fraser의 연구에 관해 이야기하도록 초청하고 싶다고 했으므로 (C)가 정답이다.

어휘　critique v. 분석하다, 비평하다

197

○●●●
상

What is suggested about the panel discussion on scanning technology?

(A) It was held on April 24.
(B) It featured a surprise guest.
(C) It was attended by a large audience.
(D) It included a technical demonstration.

스캐닝 기술에 관한 패널 토론에 대해 암시되는 것은?

(A) 4월 24일에 열렸다.
(B) 뜻밖의 손님을 특별히 포함했다.
(C) 많은 청중들이 참석했다.
(D) 기술적인 시연을 포함했다.

■ 추론 연계 문제　　　　　　　　　　　　　　　　　　　　　　　　　　　　　　　　　　　　정답 (A)

세 지문 중 두 지문의 내용을 종합적으로 확인한 후 추론해서 풀어야 하는 연계 문제이다. 질문의 핵심 어구인 the panel discussion on scanning technology와 관련된 내용이 언급된 공고를 먼저 확인한다.

단서 1 두 번째 지문(공고)의 'Panel Discussion', 'Scanning Technology', 'Dr. Hannah Brown', 'Dr. Bennet Fraser', 'Dr. Ellie Williams'에서 스캐닝 기술에 관한 패널 토론은 Dr. Hannah Brown, Dr. Bennet Fraser, Dr. Ellie Williams에 의해 진행된다고 했다. 그런데 이 패널 토론이 언제 열리는지 제시되지 않았으므로 첫 번째 지문인 이메일에서 관련 내용을 확인한다.

단서 2 첫 번째 지문(이메일)의 'we have begun making preparations for next year's congress, which will take place from April 23 to 24', 'I'd like to invite you to talk about your work ~ with Dr. Ellie Williams and Dr. Hannah Brown on the second day of the gathering'에서 4월 23일부터 24일까지 열릴 내년 회의를 위한 준비가 시작되었으며 Dr. Fraser는 Dr. Ellie Williams와 Dr. Hannah Brown과 함께 그 회의의 둘째 날에 그의 연구에 관해 이야기하도록 초청되었다는 사실을 확인할 수 있다.

두 단서를 종합할 때, Dr. Fraser가 참여하는 스캐닝 기술에 관한 패널 토론이 회의의 둘째 날인 4월 24일에 열렸다는 사실을 추론할 수 있다. 따라서 (A)가 정답이다.

어휘　feature v. 특별히 포함하다　audience n. 청중　demonstration n. 시연

198

○○○
●●●
중

According to the announcement, why should some people visit a Web site?

(A) To provide some feedback
(B) To upload some photographs
(C) To view a seating chart
(D) To complete a transaction

공고에 따르면, 몇몇 사람들은 왜 웹사이트에 방문해야 하는가?

(A) 의견을 제공하기 위해
(B) 사진을 업로드하기 위해
(C) 좌석 배치도를 보기 위해
(D) 거래를 완료하기 위해

■ 육하원칙 Why　　　　　　　　　　　　　　　　　　　　　　　　　　　　　　　　　　　　정답 (D)

공고에 따르면 몇몇 사람들이 왜(why) 웹사이트에 방문해야 하는지를 묻는 육하원칙 문제이므로 두 번째 지문인 공고에서 관련 내용을 확인한다. 공고의 'Payments can be made by credit card at www.pos.co.nz/congress5.'에서 지불금은 웹사이트에서 신용카드로 납부될 수 있다고 했으므로 (D)가 정답이다.

바꾸어 표현하기
Payments ~ be made 지불금이 납부되다 → complete a transaction 거래를 완료하다

어휘　seating chart phr. 좌석 배치도　complete v. 완료하다　transaction n. 거래, 매매

199

What did Dr. Brown probably receive for free from Eden Lake Hotel?

(A) A computer accessory
(B) Access to a fitness center
(C) Unlimited Internet usage
(D) A treatment at a spa

Dr. Brown은 Eden Lake 호텔에서 무엇을 무료로 받았을 것 같은가?

(A) 컴퓨터 부대 용품
(B) 헬스장 이용 권한
(C) 무제한 인터넷 사용
(D) 스파에서의 관리

■ **추론** 연계 문제   정답 (B)

세 지문 중 두 지문의 내용을 종합적으로 확인한 후 추론해서 풀어야 하는 연계 문제이다. 질문의 핵심 어구인 Dr. Brown ~ receive for free from Eden Lake Hotel과 관련된 내용이 언급된 양식을 먼저 확인한다.

단서 1 세 번째 지문(양식)의 'Your stay at Eden Lake Hotel has already been paid for by the POS.'에서 귀하, 즉 Dr. Brown의 Eden Lake 호텔에서의 숙박은 POS에 의해 이미 지불되었다고 했다. 그런데 Dr. Brown이 Eden Lake 호텔에서 무엇을 무료로 받았는지 제시되지 않았으므로 이메일에서 관련 내용을 확인한다.

단서 2 첫 번째 지문(이메일)의 'I'd like to invite you ~ with ~ Dr. Hannah Brown ~', 'Rooms have been reserved for speakers at a local hotel ~. ~ the hotel's gym—all guests can use it for free.'에서 Dr. Fraser를 Dr. Brown과 함께 POS 회의에 초청하고 싶다고 한 뒤, 연사들을 위해 지역 호텔의 객실이 예약되었으며 모든 손님들은 그 호텔의 체육관을 무료로 이용할 수 있다는 사실을 확인할 수 있다.

두 단서를 종합할 때, Dr. Brown은 POS에 의해 예약된 지역 호텔인 Eden Lake 호텔에 숙박했으며, 호텔의 손님으로서 체육관을 무료로 이용할 수 있었음을 추론할 수 있다. 따라서 (B)가 정답이다.

어휘   **accessory** n. 부대 용품   **unlimited** adj. 무제한의   **treatment** n. 관리, 치료   **usage** n. 사용

200

What is indicated about Dr. Brown?

(A) She traveled with some coworkers.
(B) She drove a rental car during her stay in Auckland.
(C) She booked flights with two different airlines.
(D) She spent $23 to reach Centennial Hotel.

Dr. Brown에 대해 언급된 것은?

(A) 동료들과 함께 여행했다.
(B) 오클랜드에서의 체류 동안 임대 자동차를 운전했다.
(C) 두 개의 서로 다른 항공사의 항공편을 예약했다.
(D) Centennial 호텔에 도착하기 위해 23달러를 썼다.

■ **Not/True** True 문제   정답 (C)

질문의 핵심 어구인 Dr. Brown과 관련된 내용을 지문에서 찾아 각 보기와 대조하는 Not/True 문제이므로 Dr. Brown이 작성한 세 번째 지문인 양식에서 관련 내용을 확인한다. (A)와 (B)는 지문에 언급되지 않은 내용이다. (C)는 'Te Anau Air', 'Ether Airlines'에서 Dr. Brown이 Te Anau 항공사와 Ether 항공사를 이용했음을 알 수 있으므로 지문의 내용과 일치한다. 따라서 (C)가 정답이다. (D)는 'Early morning taxi to airport', '$23'에서 Centennial 호텔이 아닌 공항으로 가기 위해 23달러를 썼음을 알 수 있으므로 지문의 내용과 일치하지 않는다.

어휘   **rental car** phr. 임대 자동차

TEST 05

PART 5

101
○○○○●하

Consumer surveys show that people would ------- spend up to $1,200 on a new computer.

(A) happy (B) happily
(C) happiness (D) happier

소비자 조사는 사람들이 기꺼이 새로운 컴퓨터에 최대 1,200달러까지 쓸 것임을 보여준다.

■ 부사 자리 정답 (B)

조동사(would)와 동사원형(spend) 사이에 와서 동사를 꾸며줄 수 있는 부사 (B) happily(기꺼이)가 정답이다. 형용사 (A)와 (D), 명사 (C)는 동사를 꾸밀 수 없다.

어휘 consumer n. 소비자 survey n. (설문) 조사 happiness n. 행복, 만족

102
○○○○●하

A well-organized résumé can boost ------- chances of obtaining a job interview.

(A) you (B) your
(C) yours (D) yourself

잘 정리된 이력서는 당신의 면접을 볼 수 있는 가능성을 증가시킨다.

■ 인칭대명사의 격 정답 (B)

명사(chances) 앞에서 형용사처럼 명사를 꾸밀 수 있는 인칭대명사는 소유격이므로 소유격 인칭대명사 (B) your가 정답이다. 주격 또는 목적격 인칭대명사 (A), 소유대명사 (C), 재귀대명사 (D)는 명사를 꾸밀 수 없다.

어휘 well-organized adj. 잘 정리된 résumé n. 이력서 boost v. 증가시키다, 북돋다 chance n. 가능성, 기회

103
○○○●○중

Alicia Doone's illustrations have been ------- in magazines around the city.

(A) publisher (B) publish
(C) published (D) publishing

Alicia Doone의 삽화는 도시 곳곳의 잡지에 게재되었다.

■ [be동사 다음에 올 수 있는 것] 수동형(be + p.p.) 정답 (C)

빈칸이 be동사(been) 다음에 왔으므로 명사 (A), 수동태를 만드는 p.p.형 (C), 진행형을 만드는 -ing형 (D)가 정답의 후보이다. '삽화가 잡지에 게재되었다'라는 수동의 의미가 되어야 하므로 빈칸 앞의 be동사(been)와 함께 수동태를 만드는 동사 publish(게재하다)의 p.p.형 (C) published가 정답이다. 명사 (A)는 be동사 다음에 올 수는 있지만, 보어로서 주어와 동격 관계가 되어 '삽화는 출판인이었다'라는 어색한 문맥을 만든다. -ing형 (D)를 쓸 경우 현재완료진행형을 만들어서 '삽화가 잡지에 게재하는 중이었다'라는 어색한 문맥이 된다. 동사원형 (B)는 be동사 다음에 올 수 없다.

어휘 illustration n. 삽화 publisher n. 출판인, 출판사

104
○○○●○중

The charity shop's 24-hour drop box allows people ------- used clothes whenever it is convenient for them.

(A) to donate (B) donates
(C) donating (D) donation

자선 가게의 24시간 투입함은 사람들이 언제든 그들이 편할 때 중고 의류를 기부할 수 있도록 한다.

■ to 부정사를 취하는 동사 정답 (A)

빈칸 앞에 to 부정사를 목적격 보어로 취하는 동사 allow(~할 수 있도록 하다)가 있으므로 to 부정사 (A) to donate가 정답이다. 3인칭 단수형 동사 (B), 동명사 또는 현재분사 (C), 명사 (D)는 allow의 목적격 보어 자리, 즉 to 부정사 자리에 올 수 없다. 현재분사 (C)가 빈칸 앞의 명사(people)를 수식하는 구조로 본다 해도, 5형식 동사(allow)의 목적어 뒤에 목적격 보어가 없게 되므로 답이 될 수 없다. allow가 '주다, 지급하다'라는 의미의 4형식 동사로 쓰여 명사 (D) donation과 함께 'allow + 간접 목적어(people) + 직접 목적어(donation)' 형태를 만드는 것으로 본다 해도, 특별한 연결어 없이 빈칸 뒤의 명사(used clothes)와 나란히 올 수 없으므로 답이 될 수 없다.

어휘 charity n. 자선, 자선 단체 used adj. 중고품의, 사용된 donate v. 기부하다 donation n. 기부, 기증

난이도 하 중 상 최상

105
○○○●○ 상

Chemie's Ice Cream offers an ------- of products that it changes every season.

(A) interest
(B) assortment
(C) advent
(D) influence

Chemie's 아이스크림은 계절마다 바뀌는 여러 가지의 상품들을 제공한다.

■ 명사 관련 어구   정답 (B)

'여러 가지의 상품들을 제공한다'라는 문맥이므로 빈칸 앞의 부정관사(an)와 뒤의 전치사(of)와 함께 '여러 가지의'라는 의미의 어구인 an assortment of를 만드는 명사 (B) assortment(모음)가 정답이다. (A) interest는 '관심', (C) advent는 '출현', (D) influence는 '영향'이라는 의미이다.

어휘 offer v. 제공하다

106
○○○○● 하

Travelers can earn reward points ------- than ever before with the new Perspectiva Plus credit card.

(A) quick
(B) quickly
(C) more quickly
(D) most quickly

여행자들은 새로운 Perspectiva Plus 신용카드로 그 어느 때보다 더 빠르게 보상 포인트를 받을 수 있다.

■ [부사 자리] 비교급   정답 (C)

빈칸 앞의 동사(can earn)를 꾸밀 수 있는 부사 (B), (C), (D)가 정답의 후보이다. 비교급과 함께 쓰이는 표현 than(~보다)이 사용되었고, '새로운 신용카드로 그 어느 때보다 더 빠르게 보상 포인트를 받을 수 있다'라는 의미가 되어야 하므로 부사 quickly(빠르게)의 비교급 (C) more quickly가 정답이다. 원급 (B)와 최상급 (D)는 비교급 표현과 함께 쓰일 수 없다. (A) quick은 '빠른'이라는 의미의 형용사로 볼 경우 동사를 꾸밀 수 없고, '속히, 빨리'라는 의미의 부사로 본다 해도 원급이므로 비교급 표현과 함께 쓰일 수 없다.

어휘 earn v. 받다, 얻다 reward n. 보상

107
○○○●○ 상

According to ------- collected from diners, most customers are satisfied with the restaurant's new menu.

(A) content
(B) procedure
(C) feedback
(D) investigation

손님들로부터 수집된 의견에 따르면, 대부분의 고객들은 식당의 새로운 메뉴에 만족한다.

■ 명사 어휘   정답 (C)

'손님들로부터 수집된 의견에 따르면'이라는 문맥이므로 명사 (C) feedback(의견)이 정답이다. (A) content는 '(책·연설·프로그램 등의) 내용', (B) procedure는 '과정', (D) investigation은 '조사'라는 의미이다. 참고로 be satisfied with(~에 만족하다)를 관용구로 알아둔다.

어휘 collect v. 수집하다, 모으다 diner n. 손님, 식사를 하는 사람

108
○○○●○ 상

Sally's Candy Shop is the third building ------- the main square on Grant Street.

(A) from
(B) among
(C) under
(D) above

Sally's 과자점은 Grant가에 있는 중앙 광장으로부터 세 번째 건물이다.

■ 선치사 선백 방향   정답 (A)

'과자점은 중앙 광장으로부터 세 번째 건물이다'라는 의미가 되어야 하므로 방향을 나타내는 전치사 (A) from(~으로부터, ~에서)이 정답이다. 참고로, from은 '~부터'라는 의미로 시점을 나타낼 수도 있음을 알아둔다. (B) among은 '~ 사이에, ~ 중에'라는 의미로 보통 셋 이상의 사람이나 사물 사이를 나타낼 때 쓰인다. (C) under는 '~ 아래에', (D) above는 '~ 위에'라는 의미로 위치를 나타낸다.

어휘 square n. 광장, 구역

109 The winner of the photography competition will be ------- by a panel of five distinguished judges.

(A) contained (B) determined
(C) implemented (D) interpreted

사진 대회의 우승자는 다섯 명의 유명한 심사위원단에 의해 결정될 것이다.

■ 동사 어휘 　　　　　　　　　　　　　　　　　　　　정답 (B)

'대회의 우승자는 심사위원단에 의해 결정될 것이다'라는 문맥이므로 동사 determine(결정하다)의 p.p.형 (B) determined가 정답이다. (A)의 contain은 '포함하다, 함유하다', (C)의 implement는 '시행하다', (D)의 interpret는 '해석하다'라는 의미이다.

여휘　competition n. 대회, 경쟁　panel of judges phr. 심사위원단　distinguished adj. 유명한, 성공한

---

110 Emblem Motor's new car lineup will be unveiled at the annual Chicago Auto Show ------- next year.

(A) previously (B) typically
(C) early (D) highly

Emblem Motor사의 신차 라인업은 내년 초에 연례 시카고 자동차 전시회에서 발표될 것이다.

■ 부사 어휘 　　　　　　　　　　　　　　　　　　　　정답 (C)

'신차 라인업은 내년 초에 자동차 전시회에서 발표될 것이다'라는 문맥이므로 부사 (C) early(초기에)가 정답이다. (A) previously는 '이전에', (B) typically는 '전형적으로, 일반적으로', (D) highly는 '매우'라는 의미이다.

여휘　unveil v. (새로운 계획·상품 등을) 발표하다　annual adj. 연례의, 연간

---

111 The department head will assign a new project to Ms. Springs when she ------- to the office from her vacation.

(A) returns (B) returning
(C) to return (D) is returned

부장은 Ms. Springs가 휴가에서 돌아오면 그녀에게 새로운 프로젝트를 배정할 것이다.

■ [동사 자리] 능동태와 수동태의 구별 　　　　　　　　　정답 (A)

when으로 시작하는 종속절(when she ~ vacation)에 주어(she)만 있고 동사가 없으므로 동사 (A)와 (D)가 정답의 후보이다. 'Ms. Springs가 휴가에서 돌아오다'라는 능동의 의미가 되어야 하므로 능동태 (A) returns가 정답이다. 참고로, 시간을 나타내는 부사절 접속사(when) 다음에는 미래를 나타내기 위해서 현재 시제가 쓰인다는 것을 알아둔다. 수동태 (D)를 쓸 경우 'Ms. Springs가 휴가에서 반납되다'라는 어색한 문맥이 된다. 동명사 또는 현재분사 (B)와 to 부정사 (C)는 동사 자리에 올 수 없다.

여휘　assign v. 배정하다

---

112 When companies prioritize their customers' needs ------- all else, they tend to generate repeat business.

(A) above (B) where
(C) within (D) toward

회사가 다른 무엇보다도 고객의 요구를 우선시할 때, 재구매가 발생하는 경향이 있다.

■ 전치사 선택 위치 　　　　　　　　　　　　　　　　　정답 (A)

When으로 시작하는 부사절(When companies ~ else)이 주어(companies), 동사(prioritize), 목적어(their customers' needs)를 갖춘 완전한 절이므로, ___ all else는 수식어 거품으로 보아야 한다. 이 수식어 거품은 동사가 없는 거품구이므로, 거품구를 이끌 수 있는 전치사 (A), (C), (D)가 정답의 후보이다. '회사가 다른 무엇보다도 고객의 요구를 우선시하다'라는 의미가 되어야 하므로 위치를 나타내는 전치사 (A) above(~보다 위에, 우위인)가 정답이다. (C) within은 '~ 이내에'라는 의미로 위치나 범위를, (D) toward는 '~ 쪽으로'라는 의미로 방향을 나타낸다. 관계부사 또는 의문사 (B) where는 거품구를 이끌 수 없다.

여휘　prioritize v. 우선시하다, 우선순위를 정하다　needs n. 요구　generate v. 발생시키다, 만들어 내다　repeat business phr. 재구매

113
○○○●●
하

The engineers claimed that making a slight ------- to the existing solar panels would make them more effective.

(A) modify
(B) modified
(C) modifiable
(D) modification

기술자들은 기존의 태양 전지판에 약간의 수정을 가하는 것이 그것들을 더 효과적이게 만들 것이라고 주장했다.

■ 명사 자리 정답 (D)

부정관사(a) 다음에 올 수 있으면서 빈칸 앞의 형용사(slight)의 꾸밈을 받을 수 있는 것은 명사이므로 명사 (D) modification(수정)이 정답이다. 동사 (A), 과거형 동사 또는 과거분사 (B), 형용사 (C)는 명사 자리에 올 수 없다.

어휘 claim v. 주장하다 slight adj. 약간의 existing adj. 기존의, 현재 사용되는 solar adj. 태양의 modify v. 수정하다 modifiable adj. 수정할 수 있는

114
○○○●●
상

Tenants who ------- in Waterford Apartments must pay their rent on the first of the month.

(A) occupy
(B) engage
(C) reside
(D) visit

Waterford 아파트에 거주하는 세입자들은 매달 1일에 집세를 내야 한다.

■ 동사 관련 어구 정답 (C)

'Waterford 아파트에 거주하는 세입자들'이라는 문맥이므로 빈칸 뒤의 전치사(in)와 함께 '~에 거주하다'라는 의미의 어구 reside in을 만드는 동사 (C) reside(거주하다)가 정답이다. (A) occupy(차지하다, 사용하다)도 해석상 그럴듯해 보이지만, 타동사이므로 전치사 in과 함께 쓰일 수 없다. (B) engage는 빈칸 뒤의 전치사(in)와 함께 '~에 참여하다'라는 의미의 어구인 engage in을 만들어 'Waterford 아파트에 참여하는 세입자들'이라는 어색한 문맥을 만든다. (D) visit은 '방문하다'라는 의미이다.

어휘 tenant n. 세입자 rent n. 집세

115
○○○●●
상

Without ------- public funding, the Scott Foundation will need to raise more money from private sources.

(A) adequate
(B) incompetent
(C) receptive
(D) delightful

충분한 공적 자금이 없다면, Scott 재단은 민간 공급자로부터 더 많은 자금을 조달해야 할 것이다.

■ 형용사 어휘 정답 (A)

'충분한 공적 자금이 없다면 민간 공급자로부터 더 많은 자금을 조달해야 할 것이다'라는 문맥이므로 형용사 (A) adequate(충분한, 적당한)가 정답이다. (B) incompetent는 '무능한', (C) receptive는 '수용적인, 잘 받아들이는', (D) delightful은 '즐거운'이라는 의미이다.

어휘 raise v. 조달하다, 마련하다 private adj. 민간의

116
○○○●●
하

------- he had only two years of experience, Mr. Black was named the regional sales director of TVD Incorporated.

(A) Even though
(B) As a result of
(C) In spite of
(D) So as to

Mr. Black은 2년의 경력밖에 없었는데도 불구하고, TVD사의 지역 영업부장으로 임명되었다.

■ [수식어 거품을 이끄는 것] 부사절 접속사 양보 정답 (A)

이 문장은 주어(Mr. Black), 동사(was named), 보어(the regional sales director)를 갖춘 완전한 절이므로, ___ ~ experience는 수식어 거품으로 보아야 한다. 이 수식어 거품은 동사(had)가 있는 거품절이므로, 거품절을 이끌 수 있는 부사절 접속사 (A) Even though(~에도 불구하고)가 정답이다. 전치사 (B) As a result of(~ 의 결과로, ~로 인해), (C) In spite of(~에도 불구하고), (D) So as to(~하기 위해서)는 거품절이 아닌 거품구를 이끈다.

어휘 experience n. 경력, 경험; v. 경험하다 name v. 임명하다, 지명하다 regional adj. 지역의

117
○○○○
하

A customer was ------- charged twice, so a refund was issued to her credit card.

(A) accidental
(B) accidentally
(C) accident
(D) accidents

손님에게 실수로 요금이 두 번 청구되어서, 그녀의 신용카드로 환불금이 지급되었다.

■ 부사 자리   정답 (B)

동사(was charged)를 꾸밀 수 있는 것은 부사이므로 부사 (B) accidentally(실수로, 우연히)가 정답이다. 형용사 (A), 명사 (C)와 (D)는 동사를 꾸밀 수 없다. 명사 (C)와 (D)를 be동사(was)의 보어로 본다 해도, 각각 '손님은 사고였다/사고들이었다'라는 어색한 문맥이 된다.

어휘 charge v. (요금·값을) 청구하다 issue v. 지급하다 accidental adj. 우연한 accident n. 사고, 우연

118
○○○○
중

Manuel Corporation workers will now receive life insurance coverage as one of their employment -------.

(A) skills
(B) benefits
(C) concerns
(D) deductions

Manuel사의 근로자들은 이제부터 고용 혜택 중 하나로 생명 보험 보장을 받을 것이다.

■ 명사 어휘   정답 (B)

'근로자들은 고용 혜택 중 하나로 생명 보험 보장을 받을 것이다'라는 문맥이므로 명사 (B) benefits(혜택)가 정답이다. (A)의 skill은 '기량, 기술', (C)의 concern은 '걱정, 염려', (D)의 deduction은 '공제'라는 의미이다.

어휘 life insurance phr. 생명 보험 coverage n. 보장, 범위 employment n. 고용, 직장, 직업

119
○○○○
중

Ms. Jung was displeased to learn that she was being transferred to the Houston office as she had ------- asked to move.

(A) before
(B) already
(C) often
(D) never

Ms. Jung은 한 번도 이동을 요청한 적이 없었으므로, 휴스턴 지사로 전근 가게 되었다는 것을 알게 되어 기분이 상했다.

■ 부사 선택 빈도 부사   정답 (D)

'한 번도 이동을 요청한 적이 없었으므로 전근 가게 되었다는 것을 알게 되어 기분이 상했다'라는 의미가 되어야 하므로 빈도 부사 (D) never(한 번도 ~ 않다)가 정답이다. 부사 (A) before(전에), (B) already(이미, 벌써), (C) often(자주, 흔히)을 쓸 경우 각각 '전에/이미/자주 이동을 요청했으므로 전근 가게 되었다는 것을 알게 되어 기분이 상했다'라는 어색한 문맥이 된다.

어휘 displease v. 기분 상하게 하다, 화나게 하다 transfer v. 전근하다, 옮기다; n. 전근

120
○○○○
상

This weekend's Phoenix Marathon is going to take place as planned ------- the forecast of rainy weather.

(A) aside from
(B) notwithstanding
(C) regarding
(D) according to

이번 주말의 Phoenix 마라톤 경주는 우천 예보에도 불구하고 예정대로 열릴 것이다.

■ 전치사 선택 양보   정답 (B)

'마라톤 경주는 우천 예보에도 불구하고 예정대로 열릴 것이다'라는 의미가 되어야 하므로 양보를 나타내는 전치사 (B) notwithstanding(~에도 불구하고)이 정답이다. (A) aside from은 '~을 제외하고는, ~ 외에는'이라는 의미로 제외를 나타낸다. (C) regarding은 '~에 대한', (D) according to는 '~에 따르면'이라는 의미이다.

어휘 take place phr. 열리다, 일어나다 forecast n. 예보, 예측; v. 예측하다

121
○○○●● 중

Visitors to the Shiller Children's Museum are more than ------- to interact with the items on display.

(A) pleasant (B) welcome
(C) obvious (D) brilliant

Shiller 어린이 박물관의 방문객들은 전시된 물품들과 매우 자유롭게 상호 작용할 수 있다.

■ 형용사 어휘   정답 (B)

'매우 자유롭게 상호 작용할 수 있다'라는 문맥이므로 형용사 (B) welcome(자유롭게 할 수 있는, 환영받는)이 정답이다. (A) pleasant(쾌적한, 즐거운)도 해석상 그럴듯해 보이지만, 사람의 감정을 나타내기 위해서는 pleased(기쁜)가 되어야 하므로 답이 될 수 없다. (C) obvious는 '명백한', (D) brilliant는 '훌륭한'이라는 의미이다.

어휘 interact v. 상호 작용하다, 교류하다 on display phr. 전시된

122
○●●●● 상

Paulson Electronics can ship the products by regular mail ------- express delivery, which involves an extra charge.

(A) so (B) up
(C) at (D) or

Paulson 전자회사는 일반 우편 또는 추가 요금을 수반하는 속달 배송을 통해 제품을 배달할 수 있다.

■ 등위접속사   정답 (D)

전치사(by)의 목적어인 명사구(regular mail)와 명사구(express delivery)를 동등하게 연결하는 등위접속사가 필요하고, '일반 우편 또는 속달 배송을 통해 제품을 배달할 수 있다'라는 의미가 되어야 하므로 등위접속사 (D) or(또는)가 정답이다. 등위접속사 (A) so는 '그래서'라는 의미로 오직 절과 절을 연결할 수 있으며, 단어나 구는 연결하지 못하므로 답이 될 수 없다. 전치사 (B) up은 '~위에', (C) at은 '~에'라는 의미이다.

어휘 ship v. 배달하다 express adj. 속달의 involve v. 수반하다, 포함하다 charge n. 요금

123
○●●●● 최상

After its television commercial aired, Seaborn Cruises received a large ------- of inquiries from potential passengers.

(A) size (B) result
(C) majority (D) volume

텔레비전 광고가 방송된 후, Seaborn Cruises사는 잠재적인 승객들로부터 대량의 문의를 받았다.

■ 유사의미 명사   정답 (D)

'잠재적인 승객들로부터 대량의 문의를 받았다'라는 문맥이므로 명사 (D) volume(양, 크기)이 정답이다. (A) size는 '규모, 크기'라는 의미로 해석상 그럴듯해 보이지만, 사물이나 현상의 크기를 나타낸다. (B) result는 '결과'라는 의미이다. (C) majority는 '다수'라는 의미로 해석상 그럴듯해 보이지만, 특정 집단의 구성 중에서 다수를 나타내므로 답이 될 수 없다.

어휘 commercial n. 광고; adj. 상업의 air v. 방송되다 inquiry n. 문의, 질문 potential adj. 잠재적인, 가능성이 있는 passenger n. 승객

124
○○○●● 중

The musicians practiced in the back room ------- the stage was being set up.

(A) in order to (B) as
(C) during (D) unless

무대가 설치되고 있었을 때 음악가들은 무대 뒤에서 연습했다.

■ [수식어 거품을 이끄는 것] 부사절 접속사 _시간_   정답 (B)

이 문장은 주어(The musicians)와 동사(practiced)를 갖춘 완전한 절이므로, ___ ~ set up은 수식어 거품으로 보아야 한다. 이 수식어 거품은 동사(was being set up)가 있는 거품절이므로, 거품절을 이끌 수 있는 부사절 접속사 (B)와 (D)가 정답의 후보이다. '무대가 설치되고 있었을 때 음악가들은 무대 뒤에서 연습했다'라는 의미가 되어야 하므로 시간을 나타내는 부사절 접속사 (B) as(~할 때)가 정답이다. (D) unless(~하지 않는 한)를 쓸 경우 '무대가 설치되고 있지 않았던 한 음악가들은 무대 뒤에서 연습했다'라는 어색한 문맥이 된다. 전치사 (A) in order to(~하기 위해서)와 (C) during(~ 동안)은 거품절이 아닌 거품구를 이끈다.

어휘 practice v. 연습하다 back room phr. 무대 뒤, 안쪽 방 set up phr. 설치하다

125

By recycling batteries rather than discarding them, it is possible to ------- the amount of toxic materials entering landfills.

(A) seize (B) reduce
(C) satisfy (D) reserve

배터리를 폐기하기보다는 재활용함으로써, 쓰레기 매립지에 들어가는 유독성 물질의 양을 줄이는 것이 가능하다.

■ 동사 어휘 정답 (B)

'배터리를 재활용함으로써 유독성 물질의 양을 줄이는 것이 가능하다'라는 문맥이므로 동사 (B) reduce(줄이다)가 정답이다. (A) seize는 '붙잡다', (C) satisfy는 '만족시키다', (D) reserve는 '예약하다, 따로 남겨두다'라는 의미이다.

어휘 rather than phr. ~ 보다는 discard v. 폐기하다, 버리다 toxic adj. 유독성의 landfill n. 쓰레기 매립지

126

Waiters at Folza Bar and Grill are paid ------- two weeks at a rate of $9 per hour.

(A) most (B) all
(C) every (D) either

Folza Bar and Grill의 종업원들은 2주마다 시간당 9달러의 급료를 받는다.

■ 수량 표현 정답 (C)

빈칸 뒤의 복수 가산 명사(two weeks)를 꾸밀 수 있는 수량 표현 (A), (B), (C)가 정답의 후보이다. '종업원들은 2주마다 시간당 9달러의 급료를 받는다'라는 의미가 되어야 하므로 수량 표현 (C) every(~마다)가 정답이다. 참고로, every가 '모든'이라는 의미로 쓰일 경우에는 단수 가산 명사를 꾸민다는 것을 알아둔다. (A) most(대부분의), (B) all(모든)을 쓸 경우 '종업원들은 대부분의 2주/모든 2주에 시간당 9달러의 급료를 받는다'는 어색한 문맥이 된다. 한정사 (D) either(둘 중 하나의)는 두 가지 대상 중 하나를 가리킬 때 사용되어 단수 명사와 쓰여야 하며, or(또는)와 함께 상관접속사 either A or B(A 또는 B 중 하나)의 형태로 쓰이기도 한다.

127

Novels ------- on actual events are often very popular with readers of all age groups.

(A) based (B) are based
(C) base (D) basing

실제 사건에 기초한 소설들은 보통 모든 연령대의 독자들에게 매우 인기가 있다.

■ [수식어 거품을 이끄는 것] 현재분사 vs. 과거분사 정답 (A)

이 문장은 주어(Novels), 동사(are), 보어(popular)를 갖춘 완전한 절이므로, ___ ~ events는 수식어 거품으로 보아야 한다. 이 수식어 거품은 빈칸 앞의 명사(Novels)를 꾸미고 있으므로 수식어 거품을 이끌면서 명사를 뒤에서 수식할 수 있는 과거분사 (A)와 현재분사 (D)가 정답의 후보이다. 꾸밈을 받는 명사(Novels)와 분사가 '실제 사건에 기초한 소설'이라는 의미의 수동 관계이므로 동사 base(기초를 쌓다)의 과거분사 (A) based가 정답이다. 현재분사 (D)를 쓰면 '실제 사건에 기초를 쌓고 있는 소설'이라는 어색한 문맥이 된다. 동사 (B)와 동사 또는 명사 (C)는 명사를 뒤에서 수식할 수 없다.

어휘 popular adj. 인기 있는 age group phr. 연령대

128

All aspects of the job will be covered during the training course, which was designed to be as ------- as possible.

(A) decorative (B) protective
(C) comprehensive (D) tentative

가능한 한 포괄적으로 설계된 교육 과정 동안, 직무의 모든 측면이 다뤄질 것이다.

■ 형용사 어휘 정답 (C)

'가능한 한 포괄적으로 설계된 교육 과정 동안 직무의 모든 측면이 다뤄질 것이다'라는 문맥이므로 형용사 (C) comprehensive(포괄적인)가 정답이다. (A) decorative는 '장식용의, 화사한', (B) protective는 '보호하는', (D) tentative는 '잠정적인'이라는 의미이다.

어휘 aspect n. 측면, 양상 cover v. 다루다, 포함하다 training course phr. 교육 과정

129
○○○○ 중

The president met with several of the country's top ------- to discuss possible solutions to the supply shortage.

(A) manufacturer
(B) manufactured
(C) manufacture
(D) manufacturers

대통령은 공급 부족에 대해 가능한 해결책을 논의하기 위해 국내 최고의 몇몇 제조업체들을 만났다.

■ [명사 자리] 가산 명사와 불가산 명사 정답 (D)

빈칸 앞의 형용사(top)의 꾸밈을 받을 수 있는 것은 명사이므로 명사 (A), (C), (D)가 정답의 후보이다. 빈칸 앞에 복수 가산 명사 앞에 오는 수량 표현 'several of the'가 왔으므로 복수 가산 명사 (D) manufacturers(제조업체들)가 정답이다. (A) manufacturer(제조업체)는 단수 가산 명사이고 (C) manufacture(제조)는 불가산 명사이므로 답이 될 수 없다. 참고로, (C)가 '제품'이라는 의미의 가산 명사일 때는 복수형으로 쓰인다. 동사 또는 과거분사 (B)는 형용사의 꾸밈을 받을 수 없다.

어휘 president n. 대통령, 회장 shortage n. 부족

130
○○○○ 중

Failing to file your tax form ------- may lead to an amendment request from the National Tax Office.

(A) nearly
(B) moderately
(C) narrowly
(D) properly

납세 신고서를 제대로 제출하지 않는 것은 국세청으로부터의 시정 요청으로 이어질 수 있다.

■ 부사 어휘 정답 (D)

'납세 신고서를 제대로 제출하지 않는 것'이라는 문맥이므로 부사 (D) properly(제대로, 적절히)가 정답이다. (B) moderately(알맞게, 적당히)도 해석상 그럴듯해 보이지만, 수량이나 정도가 알맞거나 적당한 것을 의미한다. (A) nearly는 '거의' (C) narrowly는 '가까스로'라는 의미이다.

어휘 file v. 제출하다 tax form phr. 납세 신고서 amendment n. 시정, 수정

PART 6

Questions 131-134 refer to the following memo.

131-134는 다음 회람에 관한 문제입니다.

To: Department heads
From: Ronaldo Reyes
Subject: Next year's budgets
Date: May 15

Our monthly department head meeting will be held on Wednesday, May 30, at 7 P.M. As always, it will be in the conference room on the 16th floor.

The main topic of discussion will be our departmental budgets for next year. This is a subject of vital importance. -------. In preparation for the meeting, I'd like each of you to
131
put together a report that summarizes your department's annual costs and highlights changes that may need to -------
132
to your budget. Specifically, look for unnecessary ------- to
133
eliminate as this will save the company money overall.

Please ------- that you have received this memo. You may do
134
this simply by confirming your attendance with my assistant Ms. Hertz. Thank you.

수신: 부서장들
발신: Ronaldo Reyes
제목: 내년 예산
날짜: 5월 15일

월례 부서장 회의가 5월 30일 수요일 오후 7시에 열릴 것입니다. 언제나처럼, 그것은 16층에 있는 회의실에서일 것입니다.

회의의 주요 논제는 내년의 부서별 예산이 될 것입니다. 이것은 대단히 중요한 주제입니다. 131 따라서, 회사의 최고 경영자가 저희와 함께할 것입니다. 132 회의에 대비하여, 여러분이 각자 본인 부서의 연간 경비를 요약하고 예산에서 만들어져야 할 수도 있는 변화를 강조하는 보고서를 준비해 주시기 바랍니다. 133 특히, 없앨 수 있는 불필요한 지출을 찾아봐 주시는데, 이것이 회사 공금을 전반적으로 절약할 것이기 때문입니다.

134 이 회람을 수신했다는 사실을 알려 주십시오. 이를 위해서는 그저 제 비서인 Ms. Hertz에게 여러분의 참석을 확정해 주시면 됩니다. 감사합니다.

---

131 (A) The budget has already been decided.
(B) Our invited speakers are recognized experts.
(C) However, this is only a temporary setback.
(D) Therefore, the company's CEO will join us.

132 (A) make
(B) made
(C) be made
(D) be making

133 (A) expended
(B) expends
(C) expensive
(D) expenses

134 (A) explain
(B) confide
(C) remember
(D) acknowledge

여휘 **budget** n. 예산 **conference** n. 회의 **departmental** adj. 부서의 **of vital importance** phr. 대단히 중요한 **put together** phr. 준비하다 **summarize** v. 요약하다 **annual** adj. 연간의, 한 해의 **highlight** v. 강조하다 **specifically** adv. 특히 **eliminate** v. 없애다 **overall** adv. 전반적으로, 전부; adj. 전반적인 **confirm** v. 확정하다 **attendance** n. 참석

131 ■ 알맞은 문장 고르기

정답 (D)

빈칸에 들어갈 알맞은 문장을 고르는 문제이므로 주변 문맥 또는 전체 문맥을 파악한다. 앞부분에서 회의의 주요 논제는 내년의 부서별 예산이 될 것이라고 했고, 앞 문장 'This is a subject of vital importance.'에서 이것은 대단히 중요한 주제라고 했으므로 빈칸에는 중요한 주제를 다루는 이 회의와 관련된 내용이 들어가야 함을 알 수 있다. 따라서 (D) Therefore, the company's CEO will join us가 정답이다. (A)도 회의에서 다룰 주제인 예산과 관련된 내용이지만 회의의 주요 논제가 내년 예산이 될 것이라고 했으므로 예산이 이미 결정되었다는 것은 문맥상 어울리지 않는다.

보기 해석
(A) 예산은 이미 결정되었습니다.
(B) 우리의 초대 연사들은 인정받은 전문가들입니다.
(C) 그러나, 이것은 그저 일시적인 차질일 뿐입니다.
(D) 따라서, 회사의 최고 경영자가 저희와 함께할 것입니다.

어휘 recognized adj. 인정받은, 알려진 expert n. 전문가 temporary adj. 일시적인 setback n. 차질

132 ■ 능동태와 수동태의 구별

정답 (C)

동사 need는 to 부정사를 목적어로 취하는 동사이므로, 빈칸 앞의 to와 함께 to 부정사를 만드는 동사원형 (A), 동사원형을 포함하는 (C)와 (D)가 정답의 후보이다. 참고로, 이 문장에서 동사 need가 포함된 that절(that ~ budget)은 주격 관계대명사 that이 이끄는 관계절로 선행사 (changes)를 수식하고 있음을 알아둔다. 빈칸 뒤에 목적어가 없고, '만들어져야 하는 변화'라는 수동의 의미가 되어야 하므로 수동태 (C) be made가 정답이다. 능동태 (A)와 (D)는 목적어와 함께 쓰여야 하며, 각각 '변화가 만들어야 하는/만들고 있어야 하는'이라는 어색한 문맥을 만든다. 과거형 동사 또는 과거분사 (B)는 to 부정사를 만들 수 없다.

133 ■ 명사 자리

정답 (D)

빈칸 앞의 형용사(unnecessary)의 꾸밈을 받을 수 있는 것은 명사이므로 명사 (D) expenses(지출)가 정답이다. 과거형 동사 또는 과거분사 (A), 동사 (B), 형용사 (C)는 명사 자리에 올 수 없다.

어휘 expend v. 지출하다, 소비하다 expensive adj. 비싼

134 ■ 동사 어휘 주변 문맥 파악

정답 (D)

'회람을 수신했다는 사실을 ____ 주십시오'라는 문맥이므로 모든 보기가 정답의 후보이다. 빈칸이 있는 문장만으로는 정답을 고를 수 없으므로 주변 문맥이나 전체 문맥을 파악한다. 뒤 문장에서 이를 위해서는 비서인 Ms. Hertz에게 참석을 확정해 주면 된다고 했으므로 Ms. Hertz에게 참석 확정을 통보하여 회람을 수신했다는 사실을 알려야 함을 알 수 있다. 따라서 동사 (D) acknowledge(받았음을 알리다)가 정답이다. (A) explain은 '설명하다', (B) confide는 '(비밀을) 털어놓다, 신뢰하다', (C) remember는 '기억하다'라는 의미이다.

135-138은 다음 후기에 관한 문제입니다.

The first time I went to True Colors Paint Supply, I received ------- customer service. Unfortunately, my second
135
experience with them was not nearly as good. Yesterday when I went in, there were no employees at the front of the store. After ten minutes of looking at color samples, an employee finally approached me. However, she excused herself almost immediately in order to go answer the phone. -------. If that weren't bad enough, someone else made a
136
mistake on my order when I finally got some help. I ------- for
137
Candy Apple Red but was given Scarlet Red instead. Next time, I will shop at another store that ------- more
138
attention to its customers.

135 제가 True Colors 페인트용품점에 첫 번째로 방문했을 때에는, 훌륭한 고객 서비스를 받았었습니다. 안타깝게도, 그곳에 대한 제 두 번째 경험은 이전보다 결코 좋지 않았습니다. 어제 제가 들어갔을 때, 가게의 프런트에 직원이 아무도 없었습니다. 10분 동안 색상 견본을 본 후에, 마침내 한 직원이 제게 다가왔습니다. 하지만, 그녀는 전화를 받으러 가기 위해 거의 바로 자리를 비웠습니다. 136 솔직히, 저는 그렇게 전문가답지 못한 행동을 목격하여 충격을 받았습니다. 그뿐만 아니라, 제가 마침내 도움을 받았을 때 또 다른 사람이 제 주문에서 실수를 저질렀습니다. 137 저는 Candy Apple Red를 요청했는데 그 대신 Scarlet Red를 받았습니다. 138 다음에는, 손님들에게 더 주의를 기울이는 다른 가게에서 쇼핑할 것입니다.

135 (A) questionable
(B) excellent
(C) deficient
(D) gradual

136 (A) Most importantly, I have been a loyal customer for many years.
(B) The managers who answer the phones are usually very friendly.
(C) Honestly, I was shocked to witness such unprofessional behavior.
(D) I've used their products for various home improvement projects.

137 (A) could ask
(B) am asking
(C) had asked
(D) will ask

138 (A) pays
(B) considers
(C) understands
(D) draws

어휘 customer service phr. 고객 서비스 not nearly phr. ~결코 ~이 아니게 approach v. 다가오다 excuse oneself phr. 자리를 비우다
immediately adv. 바로, 즉시 mistake n. 실수 attention n. 주의

135 ■ 형용사 어휘 주변 문맥 파악
정답 (B)

'첫 번째로 방문했을 때에는 ____한 고객 서비스를 받았다'라는 문맥이므로 (A), (B), (C)가 정답의 후보이다. 빈칸이 있는 문장만으로는 정답을 고를 수 없으므로 주변 문맥이나 전체 문맥을 파악한다. 뒤 문장에서 안타깝게도 그곳에 대한 두 번째 경험은 이전보다 결코 좋지 않았다고 했으므로 처음 방문했을 때에는 두 번째 방문보다 좋은 고객 서비스를 받았었음을 알 수 있다. 따라서 형용사 (B) excellent(훌륭한)가 정답이다. (A) questionable은 '의심스러운, 미심쩍은', (C) deficient는 '부족한', (D) gradual은 '점진적인'이라는 의미이다.

136 ■ 알맞은 문장 고르기
정답 (C)

빈칸에 들어갈 알맞은 문장을 고르는 문제이므로 주변 문맥 또는 전체 문맥을 파악한다. 앞부분에서 들어갔을 때 가게의 프런트에 직원이 아무도 없었으며 10분 후에 마침내 한 직원이 다가왔다고 한 후, 앞 문장 'However, she excused herself almost immediately in order to go answer the phone.'에서 하지만 그녀는 전화를 받으러 가기 위해 거의 바로 자리를 비웠다고 했으므로, 빈칸에는 직원의 이러한 행동에 대한 고객의 반응과 관련된 내용이 들어가야 함을 알 수 있다. 따라서 (C) Honestly, I was shocked to witness such unprofessional behavior가 정답이다.

보기 해석
(A) 가장 중요하게는, 저는 몇 년간 충실한 고객이었습니다.
(B) 전화를 받는 관리자들은 보통 매우 친절합니다.
(C) 솔직히, 저는 그렇게 전문가답지 못한 행동을 목격하여 충격을 받았습니다.
(D) 저는 다양한 주택 개조 프로젝트에서 그들의 제품을 사용해 왔습니다.

어휘 importantly adv. 중요하게 loyal adj. 충실한 witness v. 목격하다; n. 목격자, 증인 various adj. 다양한, 여러 가지의

137 ■ 과거완료 시제
정답 (C)

주절(I ~ Candy Apple Red)에서 나타내는 사건, 즉 고객이 Candy Apple Red를 요청한 사건은 but이 이끄는 절(but ~ instead)에서 나타내는 사건, 즉 Scarlet Red를 받은 시점보다 먼저 일어난 일이다. 참고로, but이 이끄는 절(but ~ instead)에서 중복되는 주어(I)가 생략되었음을 알아둔다. but이 이끄는 절에 과거 시제(was given)가 쓰였으므로 과거의 특정 시점 이전에 발생한 일을 표현할 수 있는 과거완료 시제 (C) had asked가 정답이다. 과거 시제 (A), 현재 진행 시제 (B), 미래 시제 (D)는 과거의 특정 시점 이전에 발생한 일을 나타낼 수 없다.

138 ■ 짝을 이루는 표현
정답 (A)

'손님들에게 더 주의를 기울이는 가게에서 쇼핑할 것이다'라는 문맥이므로 빈칸 뒤의 attention to와 함께 '~에 주의를 기울이다'라는 의미의 어구 pay attention to를 만드는 동사 pay(기울이다, 표시하다)의 3인칭 단수형 (A) pays가 정답이다. (D)의 draw((관심을) 끌다)를 쓸 경우 '손님에게로 관심을 끌어들이는 가게에서 쇼핑할 것이다'라는 어색한 문맥이 된다. 참고로, draw는 주로 draw attention from의 형태로 쓰여 '~로부터 관심을 끌다'라는 의미를 나타낸다. (B)의 consider는 '고려하다', (C)의 understand는 '이해하다'라는 의미이다.

Questions 139-142 refer to the following e-mail.

139-142는 다음 이메일에 관한 문제입니다.

To: Julie Evans <julie@juliepaints.com>
From: David Whetzel <director@artunlimited.com>
Subject: Art class
Date: February 12

Dear Ms. Evans,

I recently saw your work at Wave Gallery and wanted to tell you that I was very impressed by your unique style. -------.
139
I'm writing today as I run a small art studio ------- painting
140
classes several times a week. We occasionally invite artists who can teach our students something other than basic oil or acrylic painting techniques, and I was wondering whether you would be interested in being our next guest instructor. You would have a lot of ------- in planning the class. As the
141
teacher, you alone would decide on the materials to use and the concepts to teach.

I look forward to hearing from you. This e-mail address is the best way to contact me ------- you are interested.
142

Sincerely,

David Whetzel
Director of Art Unlimited

수신: Julie Evans <julie@juliepaints.com>
발신: David Whetzel <director@artunlimited.com>
제목: 미술 수업
날짜: 2월 12일

Ms. Evans께,

저는 최근 Wave 미술관에서 당신의 작품을 보았으며 당신의 독특한 기법에 매우 감명받았다고 말씀드리고 싶습니다. **139** 저는 당신의 것과 비슷한 그림을 본 적이 없습니다. **140** 저는 일주일에 여러 번 회화 수업을 여는 작은 미술 스튜디오를 운영하고 있어 오늘 이메일을 쓰게 되었습니다. 저희는 가끔 학생들에게 기본적인 유화나 아크릴화 기법 외에 다른 무언가를 가르쳐 줄 수 있는 미술가들을 초대하는데, 저는 당신이 다음 초청 강사가 되는 것에 관심이 있을지 궁금해하고 있었습니다. **141** 당신은 강의를 계획하는 것에 있어 많은 융통성을 가질 것입니다. 선생님으로서, 당신은 사용할 재료와 가르칠 개념을 단독으로 결정하게 될 것입니다.

당신의 연락을 기다리고 있겠습니다. **142** 만약 관심이 있을 경우 이 이메일 주소가 제게 연락할 가장 좋은 방법입니다.

David Whetzel 드림
Art Unlimited 책임자

---

139 (A) Thank you for inviting me to the museum opening.
(B) The gallery will now be closing at 6 P.M. on weekdays.
(C) I am excited to begin working together at the studio.
(D) I've never seen paintings that look quite like yours.

140 (A) will hold
(B) that holds
(C) is holding
(D) being held

141 (A) flexibility
(B) assistance
(C) restrictions
(D) demonstrations

142 (A) before
(B) so that
(C) because
(D) in case

어휘 unique adj. 독특한, 특별한 occasionally adv. 가끔 other than phr. ~외에 oil painting phr. 유화 acrylic adj. 아크릴의, 아크릴로 만든 technique n. 기법 instructor n. 강사 material n. 재료, 소재, 자료 concept n. 개념

139 ■ 알맞은 문장 고르기

정답 (D)

빈칸에 들어갈 알맞은 문장을 고르는 문제이므로 주변 문맥 또는 전체 문맥을 파악한다. 앞 문장 'I recently saw your work at Wave Gallery and wanted to tell you that I was very impressed by your unique style.'에서 저, 즉 Mr. Whetzel은 최근 Ms. Evans의 작품을 보았으며 그녀의 독특한 기법에 매우 감명받았다고 말하고 싶다고 했으므로, 빈칸에는 그가 감명받은 작품과 관련된 내용이 들어가야 함을 알 수 있다. 따라서 (D) I've never seen paintings that look quite like yours가 정답이다.

보기 해석
(A) 박물관 개관식에 저를 초대해 주셔서 감사합니다.
(B) 미술관은 이제 평일에는 오후 6시에 닫을 것입니다.
(C) 스튜디오에서 함께 일하기 시작하게 되어 기쁩니다.
(D) 저는 당신의 것과 비슷한 그림을 본 적이 없습니다.

어휘 weekday n. 평일

140 ■ [수식어 거품을 이끄는 것] 관계절의 자리와 쓰임

정답 (B)

as로 시작하는 종속절(as ~ week)은 주어(I), 동사(run), 목적어(a small art studio)를 갖춘 완전한 절이므로, ___ ~ week은 수식어 거품으로 보아야 한다. 이 수식어 거품은 빈칸 앞의 명사(art studio)를 수식하고 있으므로 명사를 수식할 수 있는 주격 관계대명사와 관계절의 동사를 포함하는 (B)와 현재분사를 포함하는 (D)가 정답의 후보이다. '일주일에 여러 번 회화 수업을 여는 미술 스튜디오'라는 의미가 되어야 하므로 art studio를 선행사로 갖는 관계절을 이끌면서 관계절 내에서 주어 역할을 할 수 있는 주격 관계대명사와 관계절의 동사를 포함하는 (B) that holds가 정답이다. 현재분사를 포함하는 (D)는 수동태이므로 뒤에 목적어(painting classes)를 취할 수 없다. 동사 (A)와 (C)는 명사를 뒤에서 수식할 수 없다.

141 ■ 명사 어휘 주변 문맥 파악

정답 (A)

'강의를 계획하는 것에 있어 많은 ___을 가질 것이다'라는 문맥이므로 모든 보기가 정답의 후보이다. 빈칸이 있는 문장만으로는 정답을 고를 수 없으므로 주변 문맥이나 전체 문맥을 파악한다. 뒤 문장에서 선생님으로서 당신, 즉 Ms. Evans는 사용할 재료와 가르칠 개념을 단독으로 결정하게 될 것이라고 했으므로, 강의를 계획하는 것에 있어 융통성을 가질 것임을 알 수 있다. 따라서 명사 (A) flexibility(융통성, 유연성)가 정답이다. (B) assistance는 '도움', (C)의 restriction은 '제한', (D)의 demonstration은 '설명'이라는 의미이다.

142 ■ [수식어 거품을 이끄는 것] 부사절 접속사 조건

정답 (D)

이 문장은 주어(This e-mail address), 동사(is), 보어(the best way)를 갖춘 완전한 절이므로, ___ ~ interested는 수식어 거품으로 보아야 한다. 이 수식어 거품은 동사(are interested)가 있는 거품절이므로, 거품절을 이끌 수 있는 부사절 접속사인 모든 보기가 정답의 후보이다. '만약 관심이 있을 경우 이 이메일 주소가 연락할 가장 좋은 방법이다'라는 의미가 되어야 하므로 조건을 나타내는 부사절 접속사 (D) in case (~의 경우에)가 정답이다. (A) before는 '~하기 전에'라는 의미로 시간을, (B) so that은 '~할 수 있도록'이라는 의미로 목적을, (C) because는 '~이기 때문에'라는 의미로 이유를 나타낸다.

143-146은 다음 공고에 관한 문제입니다.

ATTENTION EMPLOYEES:

The Sebastian Hill Hotel is going to be closed ------- the
                                                143
month of June. The building is in need of some renovations
that cannot be completed while guests are here.

Since June is the start of our busiest period, there are
enough temporary job openings for everyone at our partner
locations. Therefore, all Sebastian Hill staff members -------
                                                        144
their work at either the Daytona Hotel or the New Orleans
resort after their final day here, on May 31.

Should you have a preference for which hotel you would like
to work at, please tell Jim Stevens, the branch manager,
before the end of this week. He cannot promise to fulfill any
------- but will consider them carefully. -------.
145   146

직원들은 주목해주십시오:

143 Sebastian Hill 호텔이 6월 내내 문을 닫을 예정입니다. 그 건물은 손님들이 이곳에 있는 동안에는 완료될 수 없는 몇 가지 보수를 필요로 합니다.

6월은 가장 바쁜 시기가 시작될 때이므로, 협력 지점들에 모두에게 충분한 임시 일자리가 있습니다. **144** 따라서, 모든 Sebastian Hill 직원들이 이곳에서의 마지막 날인, 5월 31일 이후에 Daytona 호텔 또는 New Orleans 리조트에서 일을 시작할 것입니다.

일하고 싶은 호텔에 대한 선호가 있다면, 이번 주말 전까지 지점장인 Jim Stevens에게 이야기하십시오. **145** 그는 어떤 요청도 충족시켜줄 것을 약속할 수는 없지만 그것들을 신중히 고려할 것입니다. **146** 5월 20일까지 임시 근무지에 관한 모든 결정이 내려질 것입니다.

---

143 (A) except for
(B) as long as
(C) throughout
(D) following

144 (A) will begin
(B) have begun
(C) began
(D) were beginning

145 (A) contracts
(B) commitments
(C) requests
(D) offers

146 (A) Some of the guests might complain about the construction work.
(B) We hope this will be followed by many more overseas locations.
(C) We interviewed candidates for seasonal positions that start in June.
(D) All decisions about temporary work locations will be made by May 20.

여휘 renovation n. 보수, 개조 seasonal adj. 계절성의, 계절적인 job opening phr. 일자리 preference n. 선호 branch n. 지점, 지사 fulfill v. 충족시키다, 이행하다 consider v. 고려하다

143 ■ [수식어 거품을 이끄는 것] 전치사 선택 전체 문맥 파악

정답 (C)

이 문장은 주어(The Sebastian Hill Hotel)와 동사(is going to be closed)를 갖춘 완전한 절이므로, ___ ~ June은 수식어 거품으로 보아야 한다. 이 수식어 거품은 동사가 없는 거품구이므로, 거품구를 이끌 수 있는 전치사 (A), (C), (D)가 정답의 후보이다. 빈칸이 있는 문장만으로는 정답을 고를 수 없으므로 주변 문맥이나 전체 문맥을 파악한다. 뒷부분에서 6월은 가장 바쁜 시기가 시작될 때이므로 협력 지점들에 모두에게 충분한 임시 일자리가 있다고 했으므로, 호텔이 6월 동안 문을 닫을 예정임을 알 수 있다. 따라서 기간을 나타내는 전치사 (C) throughout (~ 내내)이 정답이다. (A) except for는 '~을 제외하고'라는 의미로 제외를 나타낸다. (D) following은 '~ 이후에, ~에 이어'라는 의미로 해석상 그럴듯해 보이지만, 6월 동안 협력 지점들에 임시 일자리가 있을 것이라고 했으므로 호텔이 6월 동안 문을 닫는 것이지 6월 이후에 문을 닫는 것이 아니기 때문에 문맥상 어울리지 않는다. 부사절 접속사 (B) as long as(~하는 한)는 거품구가 아닌 거품절을 이끈다.

144 ■ 미래 시제 주변 문맥 파악

정답 (A)

'Sebastian Hill 직원들이 5월 31일 이후에 일을 시작하다'라는 문맥인데, 이 경우 빈칸이 있는 문장만으로는 올바른 시제의 동사를 고를 수 없으므로 주변 문맥이나 전체 문맥을 파악한다. 앞 문장에서 6월은 가장 바쁜 시기가 시작될 때이므로 협력 지점들에 모두에게 충분한 임시 일자리가 있다고 했고, 뒤 문장에서 일하고 싶은 호텔에 대한 선호가 있다면 이번 주말 전까지 지점장에게 이야기하라고 했으므로, 직원들이 협력 지점들에서 일하기 시작하는 것은 미래에 일어날 일임을 알 수 있다. 따라서 미래 시제 (A) will begin이 정답이다. 현재완료 시제 (B)는 과거에 발생한 일이 현재까지 계속되거나 방금 완료된 경우, 또는 과거의 경험을 나타내는 경우에 사용되므로 답이 될 수 없다. 과거 시제 (C)와 과거 진행 시제 (D)는 미래에 일어날 일을 나타낼 수 없다.

145 ■ 명사 어휘 주변 문맥 파악

정답 (C)

'그는 어떤 ___도 충족시켜줄 것을 약속할 수는 없지만 그것들을 고려할 것이다'라는 문맥이므로 모든 보기가 정답의 후보이다. 빈칸이 있는 문장만으로는 정답을 고를 수 없으므로 주변 문맥이나 전체 문맥을 파악한다. 앞 문장에서 일하고 싶은 호텔에 대한 선호가 있다면 지점장에게 이야기하라고 했으므로, 지점장이 직원들의 선호 지점에 대한 요청을 고려할 것임을 알 수 있다. 따라서 명사 (C) requests(요청)가 정답이다. (A)의 contract는 '계약', (B)의 commitment는 '의무, 헌신', (D)의 offer는 '제의, 제안'이라는 의미이다.

146 ■ 알맞은 문장 고르기

정답 (D)

빈칸에 들어갈 알맞은 문장을 고르는 문제이므로 주변 문맥 또는 전체 문맥을 파악한다. 앞부분에서 일하고 싶은 호텔에 대한 선호가 있다면 이번 주말 전까지 이야기하라고 했고, 앞 문장 'He cannot promise to fulfill any (requests) but will consider them carefully.'에서 그는 어떤 요청도 충족시켜줄 것을 약속할 수는 없지만 그것들을 신중히 고려할 것이라고 했으므로, 빈칸에는 직원들의 선호 지점에 대해 고려한 결과와 관련된 내용이 들어가야 함을 알 수 있다. 따라서 (D) All decisions about temporary work locations will be made by May 20가 정답이다.

보기 해석
(A) 일부 손님들이 공사 작업에 대해 불평할 수도 있습니다.
(B) 저희는 더 많은 해외 지점들이 이를 뒤따르기를 바랍니다.
(C) 저희는 6월에 시작하는 계절성 일자리 지원자의 면접을 봤습니다.
(D) 5월 20일까지 임시 근무지에 관한 모든 결정이 내려질 것입니다.

어휘 complain v. 불평하다 candidate n. 지원자, 후보 temporary adj. 임시의, 일시적인

PART 7

Questions 147-148 refer to the following online form.

147-148은 다음 온라인 양식에 관한 문제입니다.

Global Engineering Monthly (GEM)

For over 30 years, [147-C]we've been the publication of choice for professionals in the engineering field. Each issue of *Global Engineering Monthly* includes equipment reviews, articles on current trends, and profiles of successful engineers.

Subscription Packages

Six-month subscription	☐	$36.00 (amounts to $6/issue)
[148]One-year subscription	■	$66.00 (amounts to $5.50/issue)
Two-year subscription	☐	$96.00 (amounts to $4/issue)

Would you like to subscribe to GEM's weekly newsletter, delivered conveniently by e-mail?
Yes ☐   No ■

Your Details

Name	Lorenza Cassar
Address	17 Triq Annetto Caruana
City	Qawra
Country	Malta
Postal Code	SPB 1215
E-mail Address	lorenza@rcengineering.com

*[148]Customers who order a one-year subscription receive a free compact tool kit!
*Customers who order a two-year subscription receive a free pass to the Transnational Engineering Conference in New York City on May 9!

Go to Billing

---

*Global Engineering Monthly*지 (GEM)

30년이 넘도록, [147-C]저희는 공학 분야의 전문가들을 위해 선택된 간행물이었습니다. *Global Engineering Monthly*지의 각 호는 장비 평가, 최신 동향에 대한 기사, 그리고 성공적인 공학자들의 인물 소개를 포함합니다.

구독 패키지

6개월 구독	☐	36달러 (6달러/1부)
[148]1년 구독	■	66달러 (5.50달러/1부)
2년 구독	☐	96달러 (4달러/1부)

편리하게 이메일로 발송되는 GEM의 주간 소식지를 구독하고 싶으신가요?
예 ☐   아니오 ■

귀하의 정보

성명	Lorenza Cassar
주소	17번지 Triq Annetto Caruana
도시	콰아라
국가	몰타
우편번호	SPB 1215
이메일 주소	lorenza@rcengineering.com

*[148]1년 구독을 신청하는 고객들은 무료 소형 공구 키트를 받습니다!
*2년 구독을 신청하는 고객들은 5월 9일에 뉴욕시에서 열리는 초국적 공학 학회의 무료 입장권을 받습니다!

계산서 작성란으로 가기

어휘
☐ **publication** n. 간행물, 출판물
☐ **current** adj. 최신의, 현재의
☐ **conveniently** adv. 편리하게
☐ **transnational** adj. 초국적의, 다국적의

☐ **issue** n. (잡지·신문 같은 정기 간행물의) 호, 발행
☐ **profile** n. 인물 소개, 개요
☐ **compact** adj. 소형의
☐ **billing** n. 계산서 작성, 거래 총액

☐ **equipment** n. 장비
☐ **subscription** n. 구독
☐ **pass** n. 입장권

147

○○○●○ 중

What is indicated about *Global Engineering Monthly*?

(A) It sells individual issues at a discount.
(B) It sponsors engineering conferences.
(C) Its readership includes experts in their field.
(D) Its publisher prints other magazine titles as well.

*Global Engineering Monthly*지에 대해 언급된 것은?

(A) 개별 호를 할인가에 판매한다.
(B) 공학 학회를 후원한다.
(C) 독자층은 그들 분야의 전문가들을 포함한다.
(D) 출판사에서 다른 잡지 서적들도 발행한다.

■ **Not/True** True 문제　　　　　　　　　　　　　　　　　　　　　　　　　　　정답 (C)

질문의 핵심 어구인 *Global Engineering Monthly*와 관련된 내용을 지문에서 찾아 각 보기와 대조하는 Not/True 문제이다. (A), (B), (D)는 지문에 언급되지 않은 내용이다. (C)는 'we've been the publication of choice for professionals in the engineering field'에서 저희, 즉 *Global Engineering Monthly*지는 공학 분야의 전문가들을 위해 선택된 간행물이었다고 했으므로 지문의 내용과 일치한다. 따라서 (C)가 정답이다.

바꾸어 표현하기
professionals in the engineering field 공학 분야의 전문가들 → experts in their field 그들 분야의 전문가들

어휘　individual adj. 개별의, 개인의　sponsor v. 후원하다　readership n. 독자층, 독자　publisher n. 출판사, 출판업자　title n. 서적, 출판물

148

○○○●○ 하

What will Ms. Cassar receive with her subscription?

(A) A weekly newsletter
(B) A ticket to a conference
(C) A small tool kit
(D) A special edition

Ms. Cassar는 그녀의 구독으로 무엇을 받을 것인가?

(A) 주간 소식지
(B) 학회 입장권
(C) 소형 공구 키트
(D) 특별판

■ **육하원칙** What　　　　　　　　　　　　　　　　　　　　　　　　　　　　정답 (C)

Ms. Cassar가 그녀의 구독으로 무엇(What)을 받을 것인지를 묻는 육하원칙 문제이다. 질문의 핵심 어구인 Ms. Cassar receive with her subscription과 관련하여, 'One-year subscription ■'에서 그녀가 1년 구독을 신청했음을 알 수 있고, 'Customers who order a one-year subscription receive a free compact tool kit!'에서 1년 구독을 신청하는 고객들은 무료 소형 공구 키트를 받는다고 했으므로 (C)가 정답이다.

어휘　edition n. (간행물의) 판, 호

Attention: If you frequently suffer from insomnia or suspect that you have a sleeping disorder, you may be qualified to participate in a new study taking place at the Carson Medical Institute. [149]We are currently developing a drug that may help rid people of insomnia. During the study, all you have to do is take it at a regular time every night for two weeks. Then, you will be asked to complete a report about its effects on your sleep as well as any side effects. If you are between the ages of 18 and 50, you are eligible to take part in this study. To sign up, please contact us at sleepstudy@cmi.org. [151]In the e-mail, please specify any medical problems you have that may interfere with the drug. Please also list your work schedule and other obligations. The deadline to sign up is December 1. All participants will be paid $200 for their time.	**주목:** 만약 여러분이 자주 불면증으로 고통받거나 수면 장애를 가지고 있다고 의심한다면, 여러분은 Carson 의료 기관에서 진행되고 있는 새로운 연구에 참가할 자격이 있을 것입니다. [149]저희는 현재 사람들이 불면증을 없애는 데 도움을 줄 수 있는 약을 개발하고 있습니다. 연구 동안에, 여러분이 해야 하는 모든 것은 2주 동안 매일 밤의 일정한 시간에 그것을 복용하기만 하면 됩니다. 그런 다음, 여러분은 모든 부작용뿐만 아니라 수면에 미치는 영향에 대한 보고서를 작성하도록 요청받을 것입니다. 만약 당신이 18세에서 50세 사이의 연령이라면, 당신은 이 연구에 참가할 자격이 있습니다. 등록하려면, sleepstudy @cmi.org로 연락주세요. [151]이메일에는, 약물에 방해가 될 수 있는 당신이 가지고 있는 의학적 문제를 명시해주세요. 업무 일정과 기타 의무 사항도 기재해주세요. 등록 마감일은 12월 1일입니다. 모든 참가자들은 그들의 시간에 대해 200달러를 지급받을 것입니다.

어휘 □ **suffer from** phr. ~으로 고통받다, ~을 받다　□ **insomnia** n. 불면증　□ **suspect** v. 의심하다
　　□ **disorder** n. 장애, 이상　□ **rid of** phr. ~을 없애다　□ **side effect** phr. 부작용
　　□ **be eligible to** phr. ~할 자격이 있다　□ **take part in** phr. ~에 참가하다, 참여하다　□ **sign up** phr. 등록하다, 계약하다
　　□ **specify** v. 명시하다　□ **interfere with** phr. ~을 방해하다, 지장을 주다　□ **obligation** n. 의무 사항

149

○○○○ 하

What is the Carson Medical Institute planning to do? (A) Open a research center (B) Test a drug (C) Hire new staff members (D) Launch an advertisement	Carson 의료 기관은 무엇을 할 계획인가? (A) 연구소를 개설한다 (B) 약을 시험한다 (C) 신규 직원들을 채용한다 (D) 광고를 시작한다

■ 육하원칙 What　　　　　　　　　　　　　　　　　　　　　　　　　　　　　　정답 (B)

Carson 의료 기관이 무엇(What)을 할 계획인지를 묻는 육하원칙 문제이다. 질문의 핵심 어구인 the Carson Medical Institute planning to do와 관련하여, 'We are currently developing a drug that may help rid people of insomnia. During the study, all you have to do is take it at a regular time every night for two weeks.'에서 저희, 즉 Carson 의료 기관은 현재 사람들이 불면증을 없애는 데 도움을 줄 수 있는 약을 개발하고 있고 연구 동안에 여러분, 즉 연구 참가자들이 해야 하는 모든 것은 2주 동안 매일 밤의 일정한 시간에 약을 복용하기만 하면 된다고 했으므로 (B)가 정답이다.

150

○○●○ 중

The word "regular" in paragraph 1, line 4, is closest in meaning to (A) fixed (B) orderly (C) straight (D) ordinary	1문단 네 번째 줄의 단어 "regular"는 의미상 –와 가장 가깝다. (A) 일정한 (B) 질서 있는 (C) 곧은 (D) 보통의

■ 동의어　　　　　　　　　　　　　　　　　　　　　　　　　　　　　　　　　　정답 (A)

regular를 포함하는 구절 'all you have to do is take it at a regular time every night for two weeks'에서 regular가 '일정한'이라는 의미로 사용되었다. 따라서 '일정한'이라는 뜻을 가진 (A)가 정답이다.

What should people specify in the e-mail?	사람들은 이메일에 무엇을 명시해야 하는가?
(A) Their familiarity with a drug	(A) 약에 대한 익숙함
(B) Their preferred treatment method	(B) 선호되는 치료 방법
(C) Their time commitments	(C) 시간상의 의무
(D) Their participation in previous studies	(D) 이전 연구에 대한 참여

■ **육하원칙** What   정답 (C)

사람들이 이메일에 무엇(What)을 명시해야 하는지를 묻는 육하원칙 문제이다. 질문의 핵심 어구인 specify in the e-mail과 관련하여, 'In the e-mail, please specify any medical problems you have that may interfere with the drug. Please also list your work schedule and other obligations.'에서 이메일에는 약물에 방해가 될 수 있는 자신이 가지고 있는 의학적 문제를 명시하고 업무 일정과 기타 의무 사항도 기재해 달라고 했으므로 (C)가 정답이다.

바꾸어 표현하기

work schedule and other obligations 업무 일정과 기타 의무 사항 → time commitments 시간상의 의무

어휘 **familiarity** n. 익숙함, 숙지 **treatment** n. 치료, 처치 **method** n. 방법 **commitment** n. 의무, 위임되어 있는 상태

Questions 152-153 refer to the following text-message chain.

152-153은 다음 메시지 대화문에 관한 문제입니다.

Kathleen Massee   [6:18 P.M.]
Hi, Evan. I just noticed that the schedule for next week has already been posted, and [152]it seems that I'm supposed to work Monday morning, which is strange. I don't usually get morning shifts.

Evan Rosenblatt   [6:19 P.M.]
[152]I guess Ms. Ross needs someone to replace Ms. Kovac while she's away on vacation.

Kathleen Massee   [6:20 P.M.]
I see. Well, in any case, [153]I was wondering if you'd be able to take that shift for me because I made a dentist appointment for that day.

Evan Rosenblatt   [6:22 P.M.]
Not a problem at all. [153]I don't have anything else to do at that time anyway. I'm sure Ms. Ross will be fine with the change, but you should let her know about it before the end of the day so that she can modify the schedule.

Kathleen Massee   [6:23 P.M.]
Thanks so much. I owe you one.

Kathleen Massee   [오후 6시 18분]
안녕하세요, Evan. 다음 주 일정이 이미 게시된 것을 방금 알았는데, [152]제가 월요일 오전에 일하기로 되어 있는 것 같아서, 이것이 이상하네요. 저는 보통 오전 교대 근무를 받지 않아요.

Evan Rosenblatt   [오후 6시 19분]
[152]제 생각에 Ms. Ross는 Ms. Kovac이 휴가 간 동안 그녀를 대체할 누군가가 필요한 것 같아요.

Kathleen Massee   [오후 6시 20분]
그렇군요. 음, 어쨌든, [153]제가 그날 치과 예약을 해 둬서 당신이 저 대신 그 근무를 맡아줄 수 있는지 궁금해하고 있었어요.

Evan Rosenblatt   [오후 6시 22분]
전혀 문제 없어요. [153]어차피 그때 다른 할 일도 없어요. 이 변경 사항이 분명 Ms. Ross에게도 괜찮겠지만, 그녀가 일정을 수정할 수 있도록 오늘 중으로 알려주셔야 해요.

Kathleen Massee   [오후 6시 23분]
정말 고마워요. 신세를 졌네요.

어휘   □ be supposed to phr. ~하기로 되어 있다   □ shift n. 교대 근무 (시간), 변화   □ replace v. 대체하다, 교체하다
      □ in any case phr. 어쨌든   □ modify v. 수정하다, 변경하다   □ owe v. 신세 지다, 빚지다

152

What is suggested about Ms. Kovac?

(A) She will be requesting some vacation time.
(B) She does not want to contact her manager.
(C) She normally takes morning shifts.
(D) She will be transferred to another branch.

Ms. Kovac에 대해 암시되는 것은?

(A) 휴가 시간을 요청할 것이다.
(B) 그녀의 관리자에게 연락하기를 원치 않는다.
(C) 보통 오전 근무를 맡는다.
(D) 다른 지사로 전근가게 될 것이다.

■ **추론** 세부 정보   정답 (C)

질문의 핵심 어구인 Ms. Kovac에 대해 추론하는 문제이다. 'it seems that I'm supposed to work Monday morning, which is strange. I don't usually get morning shifts.'에서 Kathleen Massee가 자신이 월요일 오전에 일하기로 되어 있는 것 같아서 이것이 이상하다며 자신은 보통 오전 교대 근무를 받지 않는다고 했고, 'I guess Ms. Ross needs someone to replace Ms. Kovac while she's away on vacation.'에서 Evan Rosenblatt가 Ms. Ross는 Ms. Kovac이 휴가 간 동안 그녀를 대체할 누군가가 필요한 것 같다고 했으므로 Ms. Kovac이 보통 오전 근무를 맡는다는 사실을 추론할 수 있다. 따라서 (C)가 정답이다.

153

○○○●중

At 6:22 P.M., what does Mr. Rosenblatt mean when he writes, "Not a problem at all"?

(A) He is willing to take a colleague's work shift.
(B) An expense has already been covered by Ms. Ross.
(C) A dental procedure will not take long.
(D) He has not heard about any recent schedule conflicts.

오후 6시 22분에, Mr. Rosenblatt가 "Not a problem at all"이라고 썼을 때 그가 의도한 것은?

(A) 동료의 근무를 맡을 의향이 있다.
(B) 비용이 이미 Ms. Ross에 의해 충당되었다.
(C) 치과 치료 과정은 오래 걸리지 않을 것이다.
(D) 최근의 일정 충돌에 대해 듣지 못했다.

■ 의도 파악

정답 (A)

Mr. Rosenblatt가 의도한 것을 묻는 문제이므로 질문의 인용어구(Not a problem at all)가 언급된 주변 문맥을 파악한다. 'I was wondering if you'd be able to take that shift for me because I made a dentist appointment for that day'에서 Kathleen Massee가 자신이 월요일에 치과 예약을 해 둬서 당신, 즉 Mr. Rosenblatt가 대신 월요일 근무를 맡아줄 수 있는지 궁금해하고 있었다고 하자, Mr. Rosenblatt가 'Not a problem at all.'(전혀 문제 없어요)이라고 한 후 'I don't have anything else to do at that time anyway.'에서 어차피 그때 다른 할 일도 없다고 한 것을 통해, Mr. Rosenblatt가 Kathleen Massee의 근무를 맡을 의향이 있음을 알 수 있다. 따라서 (A)가 정답이다.

어휘 colleague n. 동료 expense n. 비용, 경비 procedure n. 과정, 절차 conflict n. 충돌, 갈등

Questions 154-155 refer to the following advertisement.

154~155는 다음 광고에 관한 문제입니다.

Arts and Crafts Are Not Just for Kids!

This summer, local supply store [154-D]Arts and Scraps will be holding a small after-hours class for adult learners every Tuesday and Thursday from 6:30 P.M. to 8:30 P.M. The class will provide instruction in a variety of techniques, including glass painting, linoleum block printing, and mixed media collage making. It will be taught by illustrator Maude Cumby, who worked in New York as an artist for 10 years and is a graduate of the Pulford Academy of Design.

[155-C/D]The cost of the 12-session course is $100 if you book your spot before May 2, which is a month before classes start. [155-D]After that date, our regular fee of $130 applies. [155-B]All materials are provided. Visit www.artsandscraps.com/classes to sign up, or drop by our store and register during [154-C]our normal hours of 10 A.M. through 6 P.M.

공예는 아이들만을 위한 것이 아닙니다!

이번 여름에, 지역 용품점 [154-D]Arts and Scraps가 성인 학습자들을 위해 매주 화요일과 목요일 오후 6시 30분부터 오후 8시 30분까지 소규모의 영업 후 수업을 열 것입니다. 수업은 유리화, 리놀륨 판화, 그리고 혼합 매체 콜라주 제작을 포함하여, 다양한 기법에 대한 교육을 제공할 것입니다. 이는 삽화가 Maude Cumby가 가르칠 것인데, 그녀는 뉴욕에서 10년 동안 화가로 일했고 Pulford 디자인 학교의 졸업생입니다.

[155-C/D]수업 시작 한 달 전인 5월 2일 이전에 자리를 예약한다면 12번의 수업 과정에 대한 비용은 100달러입니다. [155-D]그 날 이후로는, 130달러의 정규 요금이 적용됩니다. [155-B]모든 재료는 제공됩니다. 등록하시기 위해서는 www.artsandscraps.com/classes를 방문하시거나, [154-C]정상 영업시간인 오전 10시부터 오후 6시 중에 저희 가게에 들르셔서 등록하세요.

어휘 □ **arts and crafts** phr. 공예 □ **after-hours** adj. 영업시간 후의 □ **glass painting** phr. 유리화
□ **linoleum** n. 리놀륨(건물 바닥재로 쓰이는 물질) □ **collage** n. 콜라주, 모음 □ **illustrator** n. 삽화가
□ **graduate** n. 졸업생; v. 졸업하다

154

What is indicated about Arts and Scraps?

(A) It is located in New York.
(B) It is owned by Ms. Cumby.
(C) It closes at 6:30 P.M.
(D) It will hold two class sessions per week.

Arts and Scraps에 대해 언급된 것은?

(A) 뉴욕에 위치해 있다.
(B) Ms. Cumby가 소유하고 있다.
(C) 오후 6시 30분에 문을 닫는다.
(D) 매주 두 번의 수업 과정이 있을 것이다.

■ **Not/True** True 문제　　　　　　　　　　　　　　　　　　　　　　　　　　　　　　　정답 (D)

질문의 핵심 어구인 Arts and Scraps와 관련된 내용을 지문에서 찾아 각 보기와 대조하는 Not/True 문제이다. (A)와 (B)는 지문에 언급되지 않은 내용이다. (C)는 'our normal hours of 10 A.M. through 6 P.M.'에서 정상 영업시간이 오전 10시부터 오후 6시라고 했으므로 지문의 내용과 일치하지 않는다. (D)는 'Arts and Scraps will be holding a ~ after-hours class ~ every Tuesday and Thursday'에서 Arts and Scraps가 매주 화요일과 목요일에 영업 후 수업을 열 것이라고 했으므로 지문의 내용과 일치한다. 따라서 (D)가 정답이다.

바꾸어 표현하기

every Tuesday and Thursday 매주 화요일과 목요일 → two class sessions per week 매주 두 번의 수업 과정

○○○●
8

What is mentioned about the upcoming course?	다가오는 수업에 대해 언급된 것은?
(A) It will be taught by a recent design graduate.	(A) 최근 디자인 학교 졸업생이 가르칠 것이다.
(B) Its fees do not include class materials.	(B) 수업료는 수업 재료를 포함하지 않는다.
(C) It will take place in May.	(C) 5월에 열릴 것이다.
(D) Its rates vary depending on the registration date.	(D) 등록 날짜에 따라 요금이 다르다.

■ **Not/True** True 문제   정답 (D)

질문의 핵심 어구인 the upcoming course와 관련된 내용을 지문에서 찾아 각 보기와 대조하는 Not/True 문제이다. (A)는 지문에 언급되지 않은 내용이다. (B)는 'All materials are provided.'에서 모든 재료는 제공된다고 했으므로 지문의 내용과 일치하지 않는다. (C)는 ' ~ May 2, which is a month before classes start.'에서 5월 2일이 수업 시작 한 달 전이라고 했으므로 지문의 내용과 일치하지 않는다. (D)는 'The cost of the 12-session course is $100 if you book your spot before May 2 ~.'에서 5월 2일 이전에 자리를 예약한다면 12번의 수업 과정에 대한 비용은 100달러라고 했고, 'After that date, our regular fee of $130 applies.'에서 그 날 이후로는 130달러의 정규 요금이 적용된다고 했으므로 지문의 내용과 일치한다. 따라서 (D)가 정답이다.

어휘 **rate** n. 요금 **vary** v. 다르다, 달라지다 **depending on** phr. ~에 따라

Corogo Inc. Employee Transfer Policy

Corogo Inc. supports the professional development of its staff and recognizes that some employees may wish to pursue advancement opportunities within the company. [156-C/158]Corogo Inc. employees may apply internally for open positions posted on the company Web site if they:

- [158]have worked in their current position for at least 12 months*
- possess the minimum qualifications or requirements listed in one of our job postings
- have received a performance review level of at least "satisfactory" within the last six months
- have received no written warnings or notices within the last 12 months

Employees who are interested in applying for a different position are advised to notify their current managers as soon as possible. Regular full-time staff members are required to give their supervisors a minimum of two weeks' notice before submitting an application.

[157]Should an employee be accepted for a position in a different department, previously approved plans for holidays will be subject to change.

[158]*Only in rare circumstances will employees who do not meet the requirements above be considered for a transfer. In this situation, a Corogo Inc. human resources employee will meet with the staff member's current supervisor to determine whether a transfer is appropriate.

Corogo사 직원 이동 정책

Corogo사는 직원들의 전문성 개발을 지원하며 몇몇 직원들이 사내에서 승진 기회를 추구하고 싶어 할 수도 있다는 점을 인지하고 있습니다. [156-C/158]Corogo사의 직원들은 다음의 경우 회사 웹사이트에 게시된 공석에 내부적으로 지원할 수 있습니다:

- [158]현재 직책에서 최소 12개월 동안 일해 왔다면*
- 구인 공고 중 하나에 열거된 최소한의 자격 또는 요건을 갖추고 있다면
- 지난 6개월 이내에 최소 "만족스러움" 수준의 인사 고과를 받았다면
- 지난 12개월 이내에 서면 경고 또는 주의를 받은 적이 없다면

다른 직책에 지원하는 데 관심이 있는 직원들은 가능한 한 빨리 현재 관리자에게 통지하도록 권고됩니다. 풀타임 정직원들은 지원서를 제출하기 최소 2주 전에는 관리자에게 통보하도록 요구됩니다.

[157]만약 직원이 다른 부서의 직책에 합격한다면, 이전에 승인된 휴일 계획은 변경의 대상이 될 것입니다.

[158]*위 요건을 충족하지 않는 직원들은 드문 경우에만 이동이 고려될 것입니다. 이러한 경우에는, Corogo사 인사 직원이 이동이 적절한지 결정하기 위해 해당 직원의 현재 관리자와 만날 것입니다.

어휘	□ transfer n. 이동, 전근; v. 전근 보내다	□ pursue v. 추구하다	□ advancement n. 승진
	□ internally adv. 내부적으로	□ qualification n. 자격	□ job posting phr. 구인 공고
	□ performance review phr. 인사 고과	□ satisfactory adj. 만족스러운	□ notify v. 통지하다, 알리다
	□ be subject to phr. ~의 대상이 되는	□ rare adj. 드문, 희귀한	

156

○○○○

What is indicated about Corogo Inc.?

(A) It offers staff professional development classes.
(B) It is looking to hire a manager from within.
(C) It lists available positions on its Web site.
(D) It reviews staff members once a year.

Corogo사에 대해 언급된 것은?

(A) 직원들에게 전문성 개발 수업을 제공한다.
(B) 내부에서 관리자를 고용하는 것을 고려해 보고 있다.
(C) 지원 가능한 직책을 웹사이트에 올린다.
(D) 1년에 한 번 직원들을 평가한다.

■ **Not/True** True 문제

정답 (C)

질문의 핵심 어구인 Corogo Inc.와 관련된 내용을 지문에서 찾아 각 보기와 대조하는 Not/True 문제이다. (A), (B), (D)는 지문에 언급되지 않은 내용이다. (C)는 '~ open positions posted on the company Web site ~'에서 공석이 회사 웹사이트에 게시된다고 했으므로 지문의 내용과 일치한다. 따라서 (C)가 정답이다.

바꾸어 표현하기

open positions posted 게시된 공석 → lists available positions 지원 가능한 직책을 올리다

어휘 look to phr. ~을 고려해 보다 from within phr. 내부에서

157

○○○●○ 중

What might change for transferred staff members?

(A) Their parking spots
(B) Their monthly salary
(C) Their vacation days
(D) Their working hours

이동된 직원들에 대해 무엇이 바뀔 것 같은가?

(A) 주차 공간
(B) 월급
(C) 휴일
(D) 근무 시간

■ 추론 세부 정보 　　　　　　　　　　　　　　　　　　　　　　　　　　　　　　　　정답 (C)

질문의 핵심 어구인 change for transferred staff members에 대해 추론하는 문제이다. 'Should an employee be accepted for a position in a different department, previously approved plans for holidays will be subject to change.'에서 만약 직원이 다른 부서의 직책에 합격한다면 이전에 승인된 휴일 계획은 변경의 대상이 될 것이라고 했으므로 이동된 직원들의 휴일이 바뀔 수 있다는 사실을 추론할 수 있다. 따라서 (C)가 정답이다.

바꾸어 표현하기
plans for holidays 휴일 계획 → vacation days 휴일

158

○○○●○ 상

According to the information, on what occasion might a supervisor and a human resources employee meet?

(A) When a disciplinary notice has been canceled
(B) When a candidate has held a current position for under a year
(C) When a performance review is inaccurate
(D) When a training period is coming to an end

안내문에 따르면, 어떤 경우에 관리자와 인사 직원이 만날 것 같은가?

(A) 징계통보서가 무효화되었을 때
(B) 지원자가 현재 직책을 1년 이하로 유지했을 때
(C) 인사 고과가 부정확할 때
(D) 교육 기간이 끝나갈 때

■ 추론 세부 정보 　　　　　　　　　　　　　　　　　　　　　　　　　　　　　　　　정답 (B)

질문의 핵심 어구인 occasion ~ a supervisor and a human resources employee meet에 대해 추론하는 문제이다. 'Corogo Inc. employees may apply internally for open positions posted on the company Web site if they:', 'have worked in their current positions for at least 12 months*'에서 Corogo사의 직원들은 다음의 경우 회사 웹사이트에 게시된 공석에 내부적으로 지원할 수 있다고 하며 이 조건 중 하나로 현재 직책에서 최소 12개월 동안 일해 왔어야 한다는 것을 알 수 있고, '*Only in rare circumstances will employees who do not meet the requirements above be considered for a transfer. In this situation, a Corogo Inc. human resources employee will meet with the staff member's current supervisor'에서 위 요건을 충족하지 않는 직원들은 드문 경우에만 이동이 고려될 것이며 이러한 경우에는 Corogo사 인사 직원이 해당 직원의 현재 관리자와 만날 것이라고 했으므로 지원자가 현재 직책을 1년 이하로 유지했을 때 내부적으로 지원할 수 있는 요건을 충족하지 않으므로 관리자와 인사 직원이 만날 것이라는 사실을 추론할 수 있다. 따라서 (B)가 정답이다.

어휘　disciplinary notice phr. 징계통보서　cancel v. 무효화하다, 취소하다　candidate n. 지원자, 후보자　inaccurate adj. 부정확한, 오류가 있는
　　　come to an end phr. 끝나다

Questions 159-160 refer to the following information.

159-160은 다음 안내문에 관한 문제입니다.

http://www.contestcraze.com/advertise

HOME	DAILY FEATURED CONTESTS	**ADVERTISE**	CONTACT	FORM

Advertising on Contest Craze:

159Are you promoting a contest, draw, or giveaway for your business or organization? If you need help getting the word out, you've come to the right place. If you have a contest you think people should know about, send us a description, and we'll post it on our homepage for free for one day. If you'd like even more exposure, select one of our advertising options below to make your post a featured contest. 160-BThis means that it will stay at the top of our homepage and be included in the daily e-mail newsletter sent to our members.

160-APrices for featuring a contest:

160-A**One day**	$35
160-A**Two days**	$65
160-A**Three days**	$90
One week	$200

160-DPlease note that we do not post information about contests that require an entry fee.

http://www.contestcraze.com/advertise

홈	일일 특집 대회	홍보	연락	양식

Contest Craze에서 홍보하기:

159당신의 기업 또는 단체를 위한 대회, 추첨, 또는 증정을 홍보하고 계신가요? 입소문을 내는 데 도움이 필요하시다면, 알맞은 곳에 오셨습니다. 사람들이 알아야 한다고 생각하시는 대회가 있다면, 저희에게 설명을 보내주시고, 저희가 하루 동안 무료로 저희 홈페이지에 그것을 게시할 것입니다. 더욱 많은 노출을 원하신다면, 당신의 게시물을 특집 대회로 만들기 위해 아래의 저희 홍보 옵션 중 하나를 선택하십시오. 160-B이는 그것이 저희 홈페이지 상단에 유지될 것이며 저희 회원들에게 발송되는 일일 이메일 소식지에 포함될 것을 의미합니다.

160-A특집 대회의 가격:

160-A1일	35달러
160-A2일	65달러
160-A3일	90달러
1주일	200달러

160-D참가비를 요구하는 대회에 대한 정보는 게시하지 않는다는 점을 유의해 주십시오.

어휘 □ draw n. 추첨 □ giveaway n. 증정 □ get the word out phr. 입소문을 내다
□ description n. 설명 □ exposure n. 노출 □ entry fee phr. 참가비

159

○○●○
∞

What is the purpose of the information?

(A) To advertise products for businesses
(B) To share tips about winning prizes online
(C) To provide advice about managing a homepage
(D) To offer details on advertising services

안내문의 목적은 무엇인가?

(A) 기업을 위해 제품을 홍보하기 위해
(B) 온라인 당첨 팁을 공유하기 위해
(C) 홈페이지 관리에 대한 조언을 제공하기 위해
(D) 홍보 서비스에 대한 세부 정보를 제공하기 위해

■ **주제/목적 찾기** 글의 목적 정답 (D)

안내문의 목적을 묻는 목적 찾기 문제이므로 지문의 앞부분을 주의 깊게 확인한다. 'Are you promoting a contest, draw, or giveaway for your business or organization? If you need help getting the word out, you've come to the right place.'에서 기업 또는 단체를 위한 대회, 추첨, 또는 증정을 홍보하고 있는지를 묻고 입소문을 내는 데 도움이 필요하다면 알맞은 곳에 왔다고 한 후, 세부적인 홍보 방식을 설명하고 있으므로 (D)가 정답이다.

바꾸어 표현하기
getting the word out 입소문을 내는 것 → advertising 홍보

266 무료 토익 학습자료 및 취업정보 Hackers.co.kr

○○● ○
8

What is true about the featured contests?

(A) They must be advertised for a week.
(B) They are described in mass e-mails.
(C) They are publicized on various Web sites.
(D) They require entrance fees from participants.

특집 대회에 대해 사실인 것은?

(A) 일주일 동안 광고되어야 한다.
(B) 단체 이메일에 서술된다.
(C) 다양한 웹사이트에 홍보된다.
(D) 참가자로부터 참가비를 요구한다.

■ **Not/True** True 문제   정답 (B)

질문의 핵심 어구인 the featured contests와 관련된 내용을 지문에서 찾아 각 보기와 대조하는 Not/True 문제이다. (A)는 'Prices for featuring a contest:', 'One day', 'Two days', 'Three days'에서 특집 대회의 가격 선택지 중 1일, 2일, 3일의 선택지가 있음을 알 수 있으므로 지문의 내용과 일치하지 않는다. (B)는 'This means that it will ~ be included in the daily e-mail newsletter sent to our members.'에서 이는 그것, 즉 특집 대회 게시물이 회원들에게 발송되는 일일 이메일 소식지에 포함될 것을 의미한다고 했으므로 지문의 내용과 일치한다. 따라서 (B)가 정답이다. (C)는 지문에 언급되지 않은 내용이다. (D)는 'Please note that we do not post information about contests that require an entry fee.'에서 참가비를 요구하는 대회에 대한 정보는 게시하지 않는다는 점을 유의해 달라고 했으므로 지문의 내용과 일치하지 않는다.

어휘   mass adj. 단체의, 대중적인   publicize v. 홍보하다, 알리다

TEST | 01 | 02 | 03 | 04 | 05 | 06 | 07 | 08 | 09 | 10 | 해커스 토익 실전 1000제 1 Reading

Environmental Awareness Day Giveaway
By Brenda Galway, staff reporter

To celebrate Environmental Awareness Day on May 1, [161/162-D]Winstonville will be giving away 2,000 free young trees to members of the community on a first-come, first-served basis. [161]This initiative is part of the municipal government's pledge to plant 10,000 trees in order to improve the sustainability of the city. According to urban planning manager Jane Stein, trees can be picked up at Mulligan's Nursery on Fennel Road and Central City Community Center from 8:00 A.M. to 11:30 A.M. [162-A]A number of trees will also be available at the Home and Garden Shop on Clifton Avenue from 4:30 P.M. to 8:00 P.M. for those who can't make it in the morning.

"[163]Just remember to follow the directions posted on the city's Web site for planting and caring for each tree you take," said Ms. Stein. "We're tracking the growth progress of the trees. I'm pleased to say that, according to the official list, we have already planted 800 new trees in the city so far." Residents who don't have their own property but still want to participate in the initiative can join special gardening events held by local nonprofit organization Planet Plant. Visit www.winstonvillegov.org/parksandrecdept for more details.

환경 인식의 날 증정품
기자 Brenda Galway 작성

5월 1일 환경 인식의 날을 기념하기 위해 [161/162-D]Winstonville은 지역 사회 구성원들에게 선착순으로 2,000그루의 무료 나무 모종을 나누어 줄 것이다. [161]이 계획은 도시의 지속 가능성을 향상하기 위해 10,000그루의 나무를 심기로 한 시 행정부 공약의 일부이다. 도시 계획 관리자 Jane Stein에 따르면, 오전 8시부터 오전 11시 30분까지 Fennel가의 Mulligan's 유치원과 중앙 시민 문화 회관에서 나무들을 얻을 수 있다. [162-A]오전에 올 수 없는 사람들을 위해 Clifton 가의 Home and Garden 가게에서 오후 4시 30분부터 오후 8시까지도 많은 나무들을 구할 수 있다.

"[163]그저 가져가신 각각의 나무를 심고 돌보기 위해 시 웹사이트에 게시된 안내를 따르는 것을 기억해 주세요."라고 Ms. Stein은 말했다. "저희는 나무의 발육 경과를 추적하고 있습니다. 공식 목록에 따르면, 저희가 지금까지 이미 800그루의 새로운 나무를 도시에 심었다는 것을 말씀드리게 되어 기쁩니다." 본인 소유의 토지는 없지만 그래도 계획에 참여하고 싶은 주민들은 지역 비영리 기구 Planet Plant가 여는 특별 원예 행사에 참여할 수 있다. 더 많은 세부 사항을 위해서는 www.winstonvillegov.org/parksandrecdept를 방문하면 된다.

어휘
- □ **awareness** n. 인식, 의식
- □ **initiative** n. 계획, 진취성
- □ **sustainability** n. 지속 가능성
- □ **a number of** phr. 많은
- □ **official** adj. 공식적인
- □ **property** n. 토지, 건물, 부동산
- □ **giveaway** n. 증정품, 경품
- □ **municipal** adj. 시의
- □ **urban** adj. 도시의, 도회지의
- □ **progress** n. 경과, 과정, 절차
- □ **so far** phr. 지금까지
- □ **gardening** n. 원예
- □ **first-come, first-served** phr. 선착순
- □ **pledge** n. 공약, 약속, 맹세
- □ **nursery** n. 유치원, 탁아소
- □ **pleased** adj. 기쁜, 만족해하는
- □ **resident** n. 주민, 거주자
- □ **nonprofit** adj. 비영리적인

161

What is the purpose of the article?

(A) To explain the benefits of urban trees
(B) To describe a city project
(C) To announce a campaign promise
(D) To review a recently held event

기사의 목적은 무엇인가?

(A) 도시에 있는 나무들의 이로움을 설명하기 위해
(B) 시의 프로젝트를 설명하기 위해
(C) 캠페인 공약을 발표하기 위해
(D) 최근에 열린 행사를 평가하기 위해

■ **주제/목적 찾기** 글의 목적　　　　　　　　　　　　　　　　　　　　　　　　　　　정답 (B)

기사의 목적을 묻는 목적 찾기 문제이므로 지문의 앞부분을 주의 깊게 확인한다. 'Winstonville will be giving away 2,000 free young trees to members of the community ~. This initiative is part of the municipal government's pledge to plant ~ trees in order to improve the sustainability of the city.'에서 Winstonville은 지역 사회 구성원들에게 2,000그루의 무료 나무 모종을 나누어 줄 것이며 이 계획은 도시의 지속 가능성을 향상하기 위한 시 행정부 공약의 일부라고 한 후, 나무를 심기 위한 시의 계획을 설명하고 있으므로 (B)가 정답이다.

162

What is mentioned about the free trees?

(A) They will be distributed only in the morning.
(B) They have been provided by a nonprofit organization.
(C) They will come with instructional brochures.
(D) They are available to residents in a limited quantity.

무료 나무에 대해 언급된 것은?

(A) 오전에만 배포될 것이다.
(B) 비영리 기구에 의해 제공되었다.
(C) 교육 책자가 딸려 있을 것이다.
(D) 주민들이 한정된 수량으로 구할 수 있다.

■ **Not/True** True 문제   정답 (D)

질문의 핵심 어구인 the free trees와 관련된 내용을 지문에서 찾아 각 보기와 대조하는 Not/True 문제이다. (A)는 'A number of trees will ~ be available ~ from 4:30 P.M. to 8:00 P.M. for those who can't make it in the morning.'에서 오전에 올 수 없는 사람들을 위해 오후 4시 30분부터 오후 8시까지도 많은 나무들을 구할 수 있다고 했으므로 지문의 내용과 일치하지 않는다. (B)와 (C)는 지문에 언급되지 않은 내용이다. (D)는 'Winstonville will be giving away 2,000 free young trees to members of the community on a first-come, first-served basis.'에서 Winstonville은 지역 사회 구성원들에게 선착순으로 2,000그루의 무료 나무 모종을 나누어 줄 것이라고 했으므로 지문의 내용과 일치한다. 따라서 (D)가 정답이다.

어휘   distribute v. 배포하다, 나누어 주다   come with phr. ~가 딸려 있다   limited adj. 한정된   quantity n. 수량, 양

163

What does Ms. Stein remind people to do?

(A) Prepare an area in their gardens for trees
(B) Sign up to do volunteer work in the area
(C) Visit a Web site to find some instructions
(D) Get permission from the city for planting

Ms. Stein은 사람들에게 무엇을 하라고 상기시키는가?

(A) 정원에 나무를 위한 공간을 마련한다
(B) 지역에서 자원봉사 활동을 하는 것을 신청한다
(C) 설명을 찾기 위해 웹사이트를 방문한다
(D) 나무를 심기 위해 시의 허가를 받는다

■ **육하원칙** What   정답 (C)

Ms. Stein이 사람들에게 무엇(What)을 하라고 상기시키는지를 묻는 육하원칙 문제이다. 질문의 핵심 어구인 Ms. Stein remind people to do와 관련하여, 'Just remember to follow the directions posted on the city's Web site for planting and caring for each tree you take'에서 그저 가져간 각각의 나무를 심고 돌보기 위해 시 웹사이트에 게시된 안내를 따르는 것을 기억해 달라고 했으므로 (C)가 정답이다.

바꾸어 표현하기

follow the directions posted on the ~ Web site 웹사이트에 게시된 안내를 따르다
→ Visit a Web site to find some instructions 설명을 찾기 위해 웹사이트를 방문하다

어휘   prepare v. 마련하다, 준비하다   permission n. 허가, 허락

164

The word "tracking" in paragraph 2, line 2, is closest in meaning to

(A) searching
(B) following
(C) maintaining
(D) pursuing

2문단 두 번째 줄의 단어 "tracking"은 의미상 ~와 가장 가깝다.

(A) 찾다
(B) 지켜보다
(C) 유지하다
(D) 뒤쫓다

■ **동의어**   정답 (B)

tracking을 포함하는 구절 'We're tracking the growth progress of the trees.'에서 tracking이 '추적하다'라는 의미로 사용되었다. 따라서 '(진행 상황을) 지켜보다'라는 의미를 가진 (B)가 정답이다. (D)의 pursue도 '뒤쫓다, 추적하다'라는 의미로 해석상 그럴듯해 보이지만, 무엇을 붙잡기 위해 물리적으로 뒤를 쫓는 것을 나타낸다.

www.dpqtransport.com/aboutus

About Us:
165-A/165-DDPQ Transport is a charter bus rental company that provides service nationwide seven days a week, 24 hours a day. 165-BWhether you need to transport a group for a tour or a business retreat, we guarantee that traveling with us is the right choice.

Safety is our number one priority. Accordingly, 168our drivers are highly trained individuals with many years of experience behind the wheel. — [1] —. Furthermore, our vehicles are maintained regularly to ensure they are always functioning properly at the time of departure.

We also pride ourselves on comfort and convenience. — [2] —. Along with 166-Ahaving plenty of legroom, 166-B/Deach of the reclining seats in our vehicles is fitted with electrical sockets for your devices as well as adjustable air conditioning vents. Free wireless Internet is also available. You can also bring small meals or snacks with you or schedule a stop at a popular restaurant. — [3] —.

Finally, our buses can seat up to 56 people, meaning that using our service is a cost-effective way to travel as a group. — [4] —.

If DPQ Transport is the right choice for you, 167send the details of your trip to queries@dpqtransport.com. We'll respond with a competitive quote and a proposed itinerary within 24 hours.

---

www.dpqtransport.com/aboutus

소개:
165-A/165-DDPQ 운송사는 일주일 내내, 하루 24시간 전국적으로 서비스를 제공하는 전세버스 대여 회사입니다. 165-B관광을 가든 기업 휴양지를 가든 단체를 태워야 한다면, 저희와 함께 이동하는 것이 올바른 선택이라는 것을 보장합니다.

안전은 저희의 첫 번째 우선순위입니다. 따라서, 168저희 기사들은 수년의 운전 경력을 가진 고도로 훈련된 사람들입니다. — [1] —. 게다가, 저희 차량은 출발 시 항상 제대로 기능하는 것을 보장하도록 정기적으로 정비됩니다.

저희는 안락함과 편리함에서도 자부심을 가지고 있습니다. — [2] —. 166-A다리를 뻗을 수 있는 충분한 공간이 있는 것과 더불어, 166-B/D차량 내 각각의 등받이가 넘어가는 좌석은 조절 가능한 에어컨 통풍구뿐만 아니라 기기들을 위한 전기 콘센트도 갖추고 있습니다. 무료 무선 인터넷 또한 이용 가능합니다. 또한 당신은 가벼운 식사나 간식을 가지고 오거나 유명한 식당에서의 정차 계획을 세울 수도 있습니다. — [3] —.

마지막으로, 저희 버스들은 56명까지 수용할 수 있으며, 이는 저희 서비스를 이용하는 것이 단체로 이동하는 데 있어 비용 효율이 높은 방법이라는 의미입니다. — [4] —.

DPQ 운송사가 당신을 위한 올바른 선택이라면, 167여행의 세부 정보를 queries@dpqtransport.com으로 보내 주십시오. 저희가 경쟁력 있는 견적과 여행 일정 제안을 포함하여 24시간 이내로 답변할 것입니다.

어휘
□ charter bus phr. 전세버스
□ guarantee v. 보장하다
□ behind the wheel phr. 운전하는
□ recline v. (편히 앉을 수 있도록 의자 등받이가) 뒤로 넘어가다
□ socket n. 콘센트
□ cost-effective adj. 비용 효율이 높은
□ itinerary n. 여행 일정

□ nationwide adv. 전국적으로; adj. 전국적인
□ priority n. 우선순위
□ pride oneself on phr. ~에 자부심을 가지다

□ adjustable adj. 조절 가능한
□ competitive adj. (가격이) 경쟁력 있는

□ retreat n. 휴양지, 후퇴
□ accordingly adv. 따라서
□ legroom n. 다리를 뻗을 수 있는 공간
□ fit with phr. ~으로 (장비를) 갖추다
□ vent n. 통풍구
□ quote n. 견적(가)

○○○●
∞

What is true about DPQ Transport?

(A) It provides international transportation.
(B) It exclusively caters to tour groups.
(C) It has launched an express service.
(D) It operates at all hours of the day.

DPQ 운송사에 대해 사실인 것은?

(A) 국제적인 교통수단을 제공한다.
(B) 관광 단체만 독점적으로 상대한다.
(C) 급행 서비스를 개시했다.
(D) 하루 종일 운영한다.

■ **Not/True** True 문제

정답 (D)

질문의 핵심 어구인 DPQ Transport와 관련된 내용을 지문에서 찾아 각 보기와 대조하는 Not/True 문제이다. (A)는 'DPQ Transport is a charter bus rental company that provides service nationwide ~.'에서 DPQ 운송사는 전국적으로 서비스를 제공하는 전세버스 대여 회사라고 했으므로 지문의 내용과 일치하지 않는다. (B)는 'Whether you need to transport a group for a tour or a business retreat, we guarantee that traveling with us is the right choice.'에서 관광을 가든 기업 휴양지를 가든 단체를 태워야 한다면 저희, 즉 DPQ 운송 사와 함께 이동하는 것이 올바른 선택이라는 것을 보장한다고 했으므로 지문의 내용과 일치하지 않는다. (C)는 지문에 언급되지 않은 내용이다. (D)는 'DPQ Transport ~ provides service ~ 24 hours a day.'에서 DPQ 운송사는 하루 24시간 서비스를 제공한다고 했으므로 지문의 내용과 일치한다. 따라서 (D)가 정답이다.

바꾸어 표현하기
provides service ~ 24 hours a day 하루 24시간 서비스를 제공하다 → operates at all hours of the day 하루 종일 운영하다

어휘 exclusively adv. 독점적으로 cater to phr. ~을 상대하다, ~의 필요에 응하다 launch v. 개시하다, 착수하다 express adj. 급행의

○○○●
∞

What is NOT mentioned about DPQ Transport vehicle seats?

(A) They are spacious.
(B) They have outlets for devices.
(C) They have built-in screens.
(D) They have a temperature control feature.

DPQ 운송사 차량 좌석에 대해 언급되지 않은 것은?

(A) 공간이 넓다.
(B) 기기를 위한 콘센트가 있다.
(C) 붙박이 화면이 있다.
(D) 온도 조절 기능이 있다.

■ **Not/True** Not 문제

정답 (C)

질문의 핵심 어구인 DPQ Transport vehicle seats와 관련된 내용을 지문에서 찾아 각 보기와 대조하는 Not/True 문제이다. (A)는 'having plenty of legroom'에서 다리를 뻗을 수 있는 충분한 공간이 있다고 했으므로 지문의 내용과 일치한다. (B)와 (D)는 'each of the ~ seats in our vehicles is fitted with electrical sockets for your devices as well as adjustable air conditioning vents'에서 차량 내 각각의 좌석은 조절 가능한 에어컨 통풍구뿐만 아니라 기기들을 위한 전기 콘센트도 갖추고 있다고 했으므로 지문의 내용과 일치한다. (C)는 지문에 언 급되지 않은 내용이다. 따라서 (C)가 정답이다.

바꾸어 표현하기
plenty of legroom 다리를 뻗을 수 있는 충분한 공간 → spacious 넓은
electrical sockets 전기 콘센트 → outlets 콘센트
adjustable air conditioning vents 조절 가능한 에어컨 통풍구 → a temperature control feature 온도 조절 기능

어휘 spacious adj. 넓은 outlet n. 콘센트 built-in adj. 붙박이의

According to the Web page, what can people do through e-mail?

(A) Select a specific driver
(B) Receive a cost estimate
(C) Adjust the number of travelers
(D) Customize on-board meals

웹페이지에 따르면, 사람들은 이메일을 통해 무엇을 할 수 있는가?

(A) 특정 기사를 선택한다
(B) 가격 견적을 받는다
(C) 여행자 수를 조정한다
(D) 차내 식사를 특별 주문한다

■ 육하원칙 What

정답 (B)

웹페이지에 따르면 사람들이 이메일을 통해 무엇(what)을 할 수 있는지를 묻는 육하원칙 문제이다. 질문의 핵심 어구인 people do through e-mail과 관련하여, 'send the details of your trip to queries@dpqtransport.com. We'll respond with a competitive quote'에서 여행의 세부 정보를 이메일로 보내달라며, DPQ 운송사에서 경쟁력 있는 견적을 포함하여 답변할 것이라고 했으므로 (B)가 정답이다.

바꾸어 표현하기

quote 견적 → cost estimate 가격 견적

어휘 specific adj. 특정한 cost estimate phr. 가격 견적 customize v. 특별 주문하다, 주문 제작하다

In which of the positions marked [1], [2], [3], and [4] does the following sentence best belong?

"They are thoroughly screened upon being hired and must pass annual evaluations."

(A) [1]
(B) [2]
(C) [3]
(D) [4]

[1], [2], [3], [4]로 표시된 위치 중, 다음 문장이 들어갈 곳으로 가장 적절한 것은?

"그들은 고용된 직후 철저히 심사되며 연간 평가를 통과해야 합니다."

(A) [1]
(B) [2]
(C) [3]
(D) [4]

■ 문장 위치 찾기

정답 (A)

지문의 흐름상 주어진 문장이 들어가기에 가장 적절한 곳을 고르는 문제이다. 주어진 문장에서 그들은 고용된 직후 철저히 심사되며 연간 평가를 통과해야 한다고 했으므로, 이 문장이 이곳에서 일하는 직원의 역량과 관련된 내용이 나오는 부분에 들어가야 함을 알 수 있다. [1]의 앞 문장인 'our drivers are highly trained individuals with many years of experience behind the wheel'에서 저희, 즉 DPQ 운송사의 기사들은 수년의 운전 경력을 가진 고도로 훈련된 사람들이라고 했으므로, [1]에 제시된 문장이 들어가면 수년의 운전 경력을 가진 고도로 훈련된 기사들은 고용된 직후 철저히 심사되며 연간 평가를 통과해야 한다는 자연스러운 문맥이 된다는 것을 알 수 있다. 따라서 (A)가 정답이다.

어휘 thoroughly adv. 철저히 screen v. 심사하다

169-171은 다음 기사에 관한 문제입니다.

Cell Phone Tower Construction to Begin Soon

The construction of a new cell phone tower in the seaside town of Farview is set to begin shortly, much to the dismay of some local residents. — [1] —. First proposed three years ago, the project was stalled when people began to raise concerns about its proposed location at a beachfront parking lot. [169-D]Many said the tower would spoil the area's natural beauty. [169-B/C]Others voiced fears that its presence might cause various health and safety issues for those who live near the site, not to mention lower property values. — [2] —.

In this regard, [170]city officials reassured the public that the tower will not only be safe but will also generate substantial rental revenue in the amount of approximately $20,000 per year from each wireless carrier that rents space on it. — [3] —. Furthermore, the influx of tourists to Farview each summer means that the tower is becoming increasingly necessary for practical reasons. "[171]The more visitors we have, the more phones there are," said city council member Fred White. — [4] —. As for concerns about the structure's appearance, local artist Katherine Tatum helped with its design so that the tower will blend in well with the natural surroundings.

이동전화 기지국 건설이 곧 시작된다

일부 지역 주민들에게는 매우 실망스럽게도, 해변 마을 Farview에서 새로운 이동전화 기지국 건설이 곧 시작할 예정이다. — [1] —. 3년 전 처음 제안되었지만, 그 프로젝트는 사람들이 해변 주차장의 제안된 장소에 대한 우려를 제기하기 시작하며 지연되었다. [169-D]많은 사람들이 기지국이 그 지역의 자연미를 망칠 것이라고 말했다. [169-B/C]다른 사람들은 그것의 존재가 부동산 가치를 하락시키는 것은 말할 것도 없으며, 그 장소 가까이에 사는 사람들에게 여러 가지 건강 및 안전 문제를 야기할 수 있다는 두려움을 표했다. — [2] —.

이러한 점에서, [170]시 공무원들은 기지국이 안전할 뿐만 아니라 그것의 공간을 임대하는 각 무선 통신사로부터 매년 약 2만 달러 금액의 상당한 임대 수익을 발생시킬 것이라고 대중을 안심시켰다. — [3] —. 게다가, 여름마다 Farview로 오는 관광객들의 유입은 기지국이 실용적인 이유로 점점 더 필요해지고 있다는 것을 의미한다. "[171]방문객들이 더 많을수록, 더 많은 전화기들이 있습니다."라고 시 위원 Fred White가 말했다. — [4] —. 건물의 외관에 대한 우려에 관해서는, 기지국이 자연환경과 충분히 조화를 이룰 수 있도록 지역 화가인 Katherine Tatum이 그것의 설계를 도왔다.

어휘		
□ **seaside** n. 해변	□ **shortly** adv. 곧, 얼마 안 되어	□ **dismay** n. 실망
□ **stall** v. 지연시키다	□ **raise** v. 제기하다, 들어 올리다	□ **beachfront** n. 해변
□ **voice** v. 표하다, 말하다; n. 목소리	□ **various** adj. 여러 가지의, 다양한	□ **not to mention** phr. ~은 말할 것도 없이
□ **property values** phr. 부동산 가치	□ **in this regard** phr. 이러한 점에서	□ **reassure** v. 안심시키다
□ **substantial** adj. 상당한	□ **revenue** n. 수익, 이익	□ **approximately** adv. 약, 대략
□ **wireless carrier** phr. 무선 통신사	□ **influx** n. 유입	□ **increasingly** adv. 점점 더
□ **practical** adj. 실용적인	□ **blend in** phr. 조화를 이루다	□ **surroundings** n. 환경

169

○○○●● 중

What is NOT mentioned as a concern about the tower?

(A) It could damage local wildlife.
(B) It could pose various health problems.
(C) It could negatively affect the value of real estate.
(D) It could make the area appear unattractive.

기지국에 대한 우려로 언급되지 않은 것은?

(A) 지역의 야생 생물에 피해를 줄 수 있다.
(B) 여러 가지 건강 문제를 야기할 수 있다.
(C) 부동산 가치에 부정적으로 영향을 미칠 수 있다.
(D) 지역을 보기 안 좋게 만들 수 있다.

■ **Not/True** Not 문제

정답 (A)

질문의 핵심 어구인 a concern about the tower와 관련된 내용을 지문에서 찾아 각 보기와 대조하는 Not/True 문제이다. (A)는 지문에 언급되지 않은 내용이다. 따라서 (A)가 정답이다. (B)와 (C)는 'Others voiced fears that its presence might cause various health ~ issues for those who live near the site, not to mention lower property values.'에서 다른 사람들은 그것, 즉 기지국의 존재가 부동산 가치를 하락시키는 것은 말할 것도 없으며 그 장소 가까이에 사는 사람들에게 여러 가지 건강 문제를 야기할 수 있다는 두려움을 표했다고 했으므로 지문의 내용과 일치한다. (D)는 'Many said the tower would spoil the area's natural beauty.'에서 많은 사람들이 기지국이 그 지역의 자연미를 망칠 것이라고 말했다고 했으므로 지문의 내용과 일치한다.

어휘 **wildlife** n. 야생 생물 **pose** v. 야기하다, 제기하다 **real estate** phr. 부동산 **unattractive** adj. 보기 안 좋은, 매력적이지 않은

○●●●●
상

What is indicated about Farview?

(A) It does not have any cell phone towers yet.
(B) It plans to develop a coastal area for tourism.
(C) It pays rental fees for land usage.
(D) It will earn money through a new structure.

Farview에 대해 암시되는 것은?

(A) 아직 이동전화 기지국이 없다.
(B) 관광업을 위해 해변 지역을 개발할 계획이다.
(C) 토지 사용에 대해 임대료를 낸다.
(D) 새로운 구조물을 통해 돈을 벌 것이다.

■ **추론** 세부 정보 정답 (D)

질문의 핵심 어구인 Farview에 대해 추론하는 문제이다. 'city officials reassured the public that the tower will ~ generate substantial rental revenue in the amount of approximately $20,000 per year'에서 시 공무원들은 기지국이 매년 약 2만 달러 금액의 상당한 임대 수익을 발생시킬 것이라고 대중을 안심시켰다고 했으므로 Farview가 새로운 구조물인 기지국을 통해 돈을 벌 것임을 추론할 수 있다. 따라서 (D)가 정답이다.

바꾸어 표현하기

generate ~ revenue 수익을 발생시키다 → earn money 돈을 벌다

어휘 tourism n. 관광업 rental fee phr. 임대료 usage n. 사용

○○○●●
중

In which of the positions marked [1], [2], [3], and [4] does the following sentence best belong?

"And that means there is a greater need for cellular service."

(A) [1]
(B) [2]
(C) [3]
(D) [4]

[1], [2], [3], [4]로 표시된 위치 중, 다음 문장이 들어갈 곳으로 가장 적절한 것은?

"그리고 그것은 이동전화 서비스에 대한 더 큰 수요가 있다는 것을 의미한다."

(A) [1]
(B) [2]
(C) [3]
(D) [4]

■ **문장 위치 찾기** 정답 (D)

지문의 흐름상 주어진 문장이 들어가기에 가장 적절한 곳을 고르는 문제이다. 주어진 문장에서 그리고 그것은 이동전화 서비스에 대한 더 큰 수요가 있다는 것을 의미한다고 했으므로, 이 문장이 이동전화 서비스가 필요한 경우와 관련된 내용이 나오는 부분에 들어가야 함을 알 수 있다. [4]의 앞 문장인 'The more visitors we have, the more phones there are'에서 방문객들이 더 많을수록 더 많은 전화기들이 있다고 했으므로, [4]에 제시된 문장이 들어가면 방문객들이 더 많을수록 더 많은 전화기들이 있고, 그것은 이동전화 서비스에 대한 더 큰 수요가 있다는 것을 의미한다는 자연스러운 문맥이 된다는 것을 알 수 있다. 따라서 (D)가 정답이다.

172-175는 다음 온라인 채팅 대화문에 관한 문제입니다.

Bryce Turner [2:30 P.M.]
Did you hear that our company's shareholders want us to cut down on waste? I think it's important for us to respect their wishes, so [172]I'd like to find some ways to reduce the amount of non-recyclable packaging materials we use here at Meerson.

Sophie Moore [2:31 P.M.]
We recently lessened the amount of plastic foam we put inside boxes by 40 percent. Is there anything else we can do?

Bryce Turner [2:34 P.M.]
Could we eliminate the foam completely and start using shredded newspaper instead?

Randy Poehler [2:35 P.M.]
And [173]only our fragile items need the extra padding. [173/175]Our detergents, for instance, come in plastic bottles, so they don't need any special protection.

Randy Poehler [2:36 P.M.]
Instead of focusing only on the shipping materials, what if we also changed some of our product containers?

Bryce Turner [2:38 P.M.]
Are you proposing we use some other type of material for our containers? I don't see how that would be any better.

Randy Poehler [2:39 P.M.]
No. I'm just saying that we could use plastic more efficiently. [174/175]Some of our competitors sell detergents in pouches that can be used to refill empty bottles. [174]They're using plastic but far less of it. We could do the same.

Bryce Turner [2:41 P.M.]
That would actually save us money, too.

Sophie Moore [2:42 P.M.]
I'll look into whether we can make that change.

Bryce Turner [오후 2시 30분]
우리 회사의 주주들이 우리가 폐기물을 줄이길 바란다는 것을 들었나요? 그들의 바람을 존중해주는 것이 중요한 것 같아서, 여기 Meerson사에서 [172]우리가 사용하는 재활용이 불가능한 포장재의 양을 줄일 방법들을 좀 찾아보고 싶어요.

Sophie Moore [오후 2시 31분]
우리는 최근에 상자 안에 넣는 플라스틱 폼의 양을 40퍼센트 줄였어요. 그밖에 우리가 할 수 있는 다른 방법이 있을까요?

Bryce Turner [오후 2시 34분]
폼을 완전히 없애고 그 대신 잘게 조각난 신문을 사용하기 시작할 수 있을까요?

Randy Poehler [오후 2시 35분]
그리고 [173]깨지기 쉬운 물품들에만 추가 충전재가 필요해요. [173/175]예를 들어, 우리의 세제는 플라스틱 병에 담겨 들어와서, 어떤 특별한 보호물도 필요하지 않죠.

Randy Poehler [오후 2시 36분]
배송 재료에만 초점을 맞추는 것 대신에, 일부 제품의 용기도 변경하면 어떨까요?

Bryce Turner [오후 2시 38분]
용기에 어떤 다른 종류의 재료를 사용하자고 제안하는 건가요? 저는 그것이 어떻게 조금이라도 더 나을지 잘 모르겠어요.

Randy Poehler [오후 2시 39분]
아뇨. 단지 플라스틱을 더 효율적으로 사용할 수 있다고 말하는 거예요. [174/175]우리의 일부 경쟁업체들은 빈 용기를 리필하기 위해 사용될 수 있는 파우치에 세제를 넣어서 판매해요. [174]그들은 플라스틱을 사용하고 있지만, 훨씬 더 적게 사용해요. 우리도 똑같이 할 수 있을 거예요.

Bryce Turner [오후 2시 41분]
그건 사실 우리의 비용도 절약시켜 주겠네요.

Sophie Moore [오후 2시 42분]
그렇게 변경할 수 있을지 알아볼게요.

어휘 □ **shareholder** n. 주주, 출자자
□ **lessen** v. 줄이다, 감소시키다
□ **shred** v. 조각내다, 찢다
□ **detergent** n. 세제
□ **competitor** n. 경쟁업체, 경쟁자
□ **cut down on** phr. ~을 줄이다, 감축하다
□ **plastic foam** phr. 플라스틱 폼
□ **fragile** adj. 깨지기 쉬운, 약한
□ **container** n. 용기, 통
□ **packaging** n. 포장
□ **eliminate** v. 없애다, 제거하다
□ **padding** n. 충전재, 충전물
□ **efficiently** adv. 효율적으로

○○○●
하

What does Mr. Turner want to reduce?

(A) The size of a distribution network
(B) The use of non-recyclable materials
(C) The amount of cleaning product in a bottle
(D) The number of fragile items for sale

Mr. Turner는 무엇을 줄이고 싶어 하는가?

(A) 유통망의 규모
(B) 재활용이 불가능한 재료의 사용
(C) 병에 담긴 세정제의 양
(D) 판매하는 깨지기 쉬운 물품의 개수

■ **육하원칙** What   정답 (B)

Mr. Turner가 무엇(What)을 줄이고 싶어 하는지를 묻는 육하원칙 문제이다. 질문의 핵심 어구인 Mr. Turner want to reduce와 관련하여, 'I'd like to find some ways to reduce the amount of non-recyclable packaging materials we use'에서 Bryce Turner가 자신들이 사용하는 재활용이 불가능한 포장재의 양을 줄일 방법들을 좀 찾아보고 싶다고 했으므로 **(B)**가 정답이다.

어휘   distribution network   phr. 유통망

○○○●
중

What is indicated about Meerson?

(A) It plans to seek feedback from shareholders.
(B) Some of its bottles are made of recycled plastic.
(C) It is cutting staff in the warehouse department.
(D) Some of its products do not require padding.

Meerson사에 대해 암시되는 것은?

(A) 주주들로부터 의견을 구할 계획이다.
(B) 일부 병은 재활용된 플라스틱으로 만들어진다.
(C) 상품 보관 부서 직원들을 감축하고 있다.
(D) 일부 제품은 충전재가 필요하지 않다.

■ **추론** 세부 정보   정답 (D)

질문의 핵심 어구인 Meerson에 대해 추론하는 문제이다. 'only our fragile items need the extra padding. Our detergents ~ don't need any special protection.'에서 Randy Poehler가 깨지기 쉬운 물품들에만 추가 충전재가 필요하다며 그들의 세제는 어떤 특별한 보호물도 필요하지 않다고 했으므로 Meerson사의 일부 제품은 충전재가 필요하지 않다는 사실을 추론할 수 있다. 따라서 **(D)**가 정답이다.

어휘   seek   v. 구하다, 찾다   cut   v. 감축하다, 줄이다   warehouse   n. 상품 보관소, 창고

○○○●
상

What is suggested about the pouches?

(A) They are made of plastic.
(B) They take longer to produce than bottles.
(C) They come in a variety of sizes.
(D) They were patented by Meerson.

파우치에 대해 암시되는 것은?

(A) 플라스틱으로 만들어졌다.
(B) 병에 비해 생산이 더 오래 걸린다.
(C) 다양한 크기로 들어온다.
(D) Meerson사에 의해 특허가 났다.

■ **추론** 세부 정보   정답 (A)

질문의 핵심 어구인 the pouches에 대해 추론하는 문제이다. 'Some of our competitors sell detergents in pouches that can be used to refill empty bottles.'에서 Randy Poehler가 그들의 일부 경쟁업체들은 빈 용기를 리필하기 위해 사용될 수 있는 파우치에 세제를 넣어서 판매한다고 한 후, 'They're using plastic'에서 그들, 즉 경쟁업체들은 플라스틱을 사용하고 있다고 했으므로 파우치가 플라스틱을 사용하여 만들어졌다는 사실을 추론할 수 있다. 따라서 **(A)**가 정답이다.

At 2:39 P.M., what does Mr. Poehler mean when he writes, "We could do the same"?

(A) He has an idea for eliminating all plastic packaging.
(B) He hopes to use a different type of container.
(C) He proposes that some detergents be improved.
(D) He wants to start cooperating with a competitor.

오후 2시 39분에, Mr. Poehler가 "We could do the same"이라고 썼을 때 그가 의도한 것은?

(A) 모든 플라스틱 포장을 없앨 방안이 있다.
(B) 다른 종류의 용기를 사용하기를 바란다.
(C) 일부 세제가 개선되어야 한다고 제안한다.
(D) 경쟁업체들과 협력을 시작하기를 원한다.

■ 의도 파악
정답 (B)

Mr. Poehler가 의도한 것을 묻는 문제이므로, 질문의 인용어구(We could do the same)가 언급된 주변 문맥을 확인한다. 'Our detergents ~ come in plastic bottles ~.'에서 Mr. Poehler가 그들의 세제는 플라스틱 병에 담겨 들어온다고 한 후, 'Some of our competitors sell detergents in pouches that can be used to refill empty bottles.'에서 그들의 일부 경쟁업체들은 빈 용기를 리필하기 위해 사용될 수 있는 파우치에 세제를 넣어서 판매한다며 'We could do the same.'(우리도 똑같이 할 수 있을 거예요)이라고 한 것을 통해 Mr. Poehler가 경쟁업체들처럼 빈 용기를 리필하기 위해 사용될 수 있는 파우치, 즉 현재 사용하고 있는 플라스틱과는 다른 종류의 용기를 사용하기를 바란다는 것을 알 수 있다. 따라서 (B)가 정답이다.

어휘 cooperate with phr. ~와 협력하다

지문 1

Bentota Beach Hotel Gains Strong Leadership

[176]Gold Frond Resorts, one of India's most trusted accommodation chains, has chosen Gareth Sunderland as visitor services director at its newest property, **Bentota Beach Hotel**. Mr. Sunderland will assume his new role on June 14—three weeks before the resort begins operating. He has over 20 years of hospitality experience, with the last decade of his career having been spent with Gold Frond Resorts. Most recently, [178]he has served as the front office manager at our island location. Due to his accomplishments there, he is expected to excel in the higher position of visitor services director.

At Bentota Beach Hotel, Mr. Sunderland will be supervising all staff members who deal directly with customers. [177-A]He will be in charge of our reservation and check-in systems. Also, [177-C]he will be responsible for staff training in order to help us maintain quality service. And last but not least, [177-B]he will help coordinate a range of fun pursuits for guests, from water sports to cultural excursions.

Bentota Beach 호텔이 능력 있는 지도자를 얻었습니다

[176]인도의 가장 신뢰받는 숙박 시설 체인 중 하나인 Gold Frond 리조트는 가장 최근에 지어진 건물인 Bentota Beach 호텔의 방문객 서비스 관리자로 Gareth Sunderland를 선출했습니다. Mr. Sunderland는 리조트가 영업을 개시하기 3주 전인, 6월 14일에 새로운 직무를 맡을 것입니다. 그는 20년 이상의 접대 경력을 가지고 있으며, 그의 경력 중 지난 10년은 Gold Frond 리조트에서 보냈습니다. 가장 최근에, [178]그는 저희의 섬 지점에서 프런트 지배인으로 근무했습니다. 그곳에서의 성과에 기인하여, 그는 방문객 서비스 관리자라는 더 높은 직책을 탁월하게 해낼 것으로 기대됩니다.

Bentota Beach 호텔에서, Mr. Sunderland는 고객들을 직접 상대하는 모든 직원들을 관리할 것입니다. [177-A]그는 저희의 예약 및 체크인 시스템을 담당할 것입니다. 또한, [177-C]그는 저희가 양질의 서비스를 유지하도록 돕기 위해 직원 교육을 책임질 것입니다. 마지막으로 그러나 역시 주요한 것으로, [177-B]그는 수상 스포츠에서부터 문화 여행에 이르기까지, 투숙객들을 위한 다양한 오락 활동을 편성하는 것을 도울 것입니다.

지문 2

Gold Frond Resorts has something for everyone!

With the opening of our luxurious Bentota Beach location, we now have a total of five resorts to choose from throughout India. Whatever your budget, whether you're looking for excitement or relaxation, we can provide your ideal experience.

Our resorts:

Komari Cove	[179-A]Our original property; recently expanded to 315 rooms—more than any of our other locations
Matara Oceanside	Our most affordable option; a short walk from a popular public beach on the mainland
Tangalle Retreat	Named Best Resort by *Leisurist Magazine*; consists of 40 private villas on the mainland shore
[178]Vergual Paradise	A 20-minute boat ride from Pondicherry Airport; [178]occupies an entire island
Bentota Beach	Best suited for those who like to have an active vacation; located on a popular mainland surfing beach

[180]You can find information on activities available at each resort at www.goldfrondresorts.com, and you can conveniently make an online reservation as well.

Gold Frond 리조트에는 모두를 위한 무언가가 있습니다!

호화로운 Bentota Beach 지점의 개업과 함께, 저희는 이제 인도 전역에서 선택할 수 있는 총 5개의 리조트를 갖고 있습니다. 당신의 예산이 얼마이든, 즐거움이나 휴식 중 무엇을 찾고 있으시든, 저희는 당신에게 가장 알맞은 경험을 제공해 드릴 수 있습니다.

리조트:

Komari Cove	[179-A]최초의 건물이며, 최근 다른 어떤 지점보다도 많은 315개의 객실로 확장했음
Matara Oceanside	가장 저렴한 선택지이며, 본토의 유명한 공공 해수욕장에서 걸어서 금방 갈 수 있음
Tangalle Retreat	*Leisurist*지로부터 최고의 리조트로 지명되었으며, 본토 해변에 있는 40개의 전용 별장으로 구성되어 있음
[178]Vergual Paradise	Pondicherry 공항에서 배를 타고 20분 걸리며, [178]섬 전체를 차지하고 있음
Bentota Beach	활동적인 휴가를 보내고자 하시는 분들께 가장 적합하며, 본토의 유명한 서핑 해변에 위치함

[180]각 리조트에서 할 수 있는 활동에 대한 정보는 www.goldfrondresorts.com에서 찾으실 수 있으며, 편리하게 온라인으로 예약하실 수도 있습니다.

지문 1
- □ trusted adj. 신뢰받는
- □ assume v. 맡다
- □ excel v. 탁월하다, 뛰어나다
- □ quality adj. 양질의; n. 품질
- □ coordinate v. 편성하다

- □ accommodation n. 숙박 시설
- □ hospitality n. 접대, 환대
- □ supervise v. 관리하다, 감독하다
- □ last but not least phr. 마지막으로 그러나 역시 주요한 것으로
- □ pursuit n. 오락, 취미, 추구

- □ property n. 건물, 소유지
- □ serve v. 근무하다, 일하다
- □ in charge of phr. ~을 담당하는, 관리하는
- □ excursion n. 여행, 나들이

지문 2
- □ luxurious adj. 호화로운
- □ ideal adj. 가장 알맞은, 이상적인
- □ name v. 지명하다, 임명하다
- □ occupy v. 차지하다, 사용하다

- □ budget n. 예산; adj. 저렴한
- □ affordable adj. 저렴한
- □ private adj. 전용의, 개인의
- □ suit v. (~에게) 적합하다, 어울리다

- □ relaxation n. 휴식
- □ mainland n. 본토
- □ villa n. 별장, 휴가용 주택

176

What is the main topic of the announcement?

(A) A delay with a building's opening
(B) A company event taking place
(C) An employee receiving a promotion
(D) A new staff training program

공고의 주요 주제는 무엇인가?

(A) 건물의 개장 지연
(B) 회사 행사 개최
(C) 승진하는 직원
(D) 새로운 직원 교육 프로그램

■ **주제/목적 문제** 글의 주제

정답 (C)

공고의 주제를 묻는 주제 찾기 문제이므로 첫 번째 지문인 공고의 내용을 확인한다. 공고의 'Gold Frond Resorts ~ has chosen Gareth Sunderland as visitor services director at its newest property'에서 Gold Frond 리조트가 가장 최근에 지어진 건물의 방문객 서비스 관리자로 Gareth Sunderland를 선출했다고 한 후, 방문객 서비스 관리자로 승진한 Gareth Sunderland에 관해 설명하고 있으므로 (C)가 정답이다.

177

According to the announcement, what is NOT a responsibility of the visitor services director?

(A) Managing a booking system
(B) Organizing leisure activities
(C) Providing service training to staff
(D) Handling complaints about facilities

공고에 따르면, 방문객 서비스 관리자의 책임이 아닌 것은?

(A) 예약 시스템 관리
(B) 여가 활동 편성
(C) 직원들에게 서비스 교육 제공
(D) 시설에 대한 불만 처리

■ **Not/True** Not 문제

정답 (D)

질문의 핵심 어구인 a responsibility of the visitor services director와 관련된 내용을 공고에서 찾아 각 보기와 대조하는 Not/True 문제이므로 첫 번째 지문인 공고에서 관련 내용을 확인한다. (A)는 'He will be in charge of our reservation ~ systems.'에서 그, 즉 방문객 서비스 관리자로 승진한 Mr. Sunderland는 예약 시스템을 담당할 것이라고 했으므로 지문의 내용과 일치한다. (B)는 'he will help coordinate a range of fun pursuits for guests'에서 Mr. Sunderland는 투숙객들을 위한 다양한 오락 활동을 편성하는 것을 도울 것이라고 했으므로 지문의 내용과 일치한다. (C)는 'he will be responsible for staff training in order to ~ maintain quality service'에서 Mr. Sunderland는 양질의 서비스를 유지하기 위해 직원 교육을 책임질 것이라고 했으므로 지문의 내용과 일치한다. (D)는 지문에 언급되지 않은 내용이다. 따라서 (D)가 정답이다.

바꾸어 표현하기

be in charge of our reservation ~ systems 예약 시스템을 담당하다 → Managing a booking system 예약 시스템 관리

coordinate ~ fun pursuits 오락 활동을 편성하다 → Organizing leisure activities 여가 활동 편성

어휘 handle v. 처리하다, 다루다 facility n. 시설, 기관

What is suggested about Mr. Sunderland?

(A) He began his career with Gold Frond Resorts.
(B) He developed a business expansion plan.
(C) He was employed at Vergual Paradise.
(D) He graduated with a degree in tourism.

Mr. Sunderland에 대해 암시되는 것은?

(A) Gold Frond 리조트에서 직장 생활을 시작했다.
(B) 사업 확장 계획을 개발했다.
(C) Vergual Paradise에 고용되었다.
(D) 관광업 학위를 받았다.

■ **추론** 연계 문제
정답 (C)

두 지문의 내용을 종합적으로 확인한 후 추론해서 풀어야 하는 연계 문제이다. 질문의 핵심 어구인 Mr. Sunderland와 관련된 내용이 언급된 공고를 먼저 확인한다.

단서1 첫 번째 지문(공고)의 'he has served as the front office manager at our island location'에서 Mr. Sunderland가 저희, 즉 Gold Frond 리조트의 섬 지점에서 프런트 지배인으로 근무했다고 했다. 그런데 Gold Frond 리조트의 섬 지점이 어디인지 제시되지 않았으므로 광고에서 관련 내용을 확인한다.

단서2 두 번째 지문(광고)의 'Vergual Paradise', 'occupies an entire island'에서 Vergual Paradise가 섬 전체를 차지하고 있다는 사실을 확인할 수 있다.

두 단서를 종합할 때, Mr. Sunderland가 섬에 있는 지점인 Vergual Paradise에 고용되었다는 사실을 추론할 수 있다. 따라서 (C)가 정답이다.

어휘 **career** n. 직장 생활, 직업, 진로 **employ** v. 고용하다, 쓰다 **graduate** v. 학위를 받다, 졸업하다

What is true about Gold Frond Resorts?

(A) Its first location recently increased its capacity.
(B) It is preferred by visitors who intend to go shopping.
(C) It plans to establish a budget resort.
(D) Its resorts all have private beaches.

Gold Frond 리조트에 대해 사실인 것은?

(A) 첫 번째 지점이 최근에 수용 인원을 늘렸다.
(B) 쇼핑을 하고자 하는 방문객들이 선호한다.
(C) 저렴한 리조트를 세울 계획이다.
(D) 모든 리조트들이 전용 해변을 가지고 있다.

■ **Not/True** True 문제
정답 (A)

질문의 핵심 어구인 Gold Frond Resorts와 관련된 내용을 지문에서 찾아 각 보기와 대조하는 Not/True 문제이므로 Gold Frond 리조트와 관련된 내용이 언급된 두 번째 지문인 광고를 확인한다. (A)는 'Our original property; recently expanded to 315 rooms'에서 Gold Frond 리조트의 최초의 건물이 최근 315개의 객실로 확장했다고 했으므로 지문의 내용과 일치한다. 따라서 (A)가 정답이다. (B), (C), (D)는 지문에 언급되지 않은 내용이다.

바꾸어 표현하기
expanded to 315 rooms 315개의 객실로 확장했다 → increased its capacity 수용 인원을 늘렸다

어휘 **capacity** n. 수용 인원, 수용 능력 **establish** v. 세우다, 설립하다

How can people get information on resort activities?

(A) By checking a Web site
(B) By calling a contact number
(C) By contacting a travel agent
(D) By sending a text message

사람들은 리조트 활동에 대한 정보를 어떻게 얻을 수 있는가?

(A) 웹사이트를 확인함으로써
(B) 연락처로 전화함으로써
(C) 여행사에 연락함으로써
(D) 문자 메시지를 보냄으로써

■ **육하원칙** How
정답 (A)

사람들이 리조트 활동에 대한 정보를 어떻게(How) 얻을 수 있는지를 묻는 육하원칙 문제이므로 질문의 핵심 어구인 people get information on resort activities와 관련된 내용이 언급된 두 번째 지문인 광고를 확인한다. 광고의 'You can find information on activities available at each resort at www.goldfrondresorts.com'에서 각 리조트에서 할 수 있는 활동에 대한 정보는 웹사이트에서 찾을 수 있다고 했으므로 (A)가 정답이다.

어휘 **travel agent** phr. 여행사

지문 1

TO	Customer Service <cservice@framecaster.com>
FROM	Erik Mercado <erikmerc@coolmail.com>
SUBJECT	My purchase
DATE	April 28

To Whom It May Concern,

181/182-AI recently bought your company's Spin Genie 400 directly from your Web site 181and took it to a local bike shop for assembly. However, while putting the bike together, the mechanic noticed that both sets of brakes are defective.

182-C/184I contacted your customer service department about the issue, and your representative Nora Santos informed me that I have two options. She said I can go to a local retailer of FrameCaster products to have the brakes replaced for free or I can have the replacement parts sent to my address, though this would mean paying for shipping.

I am busy packing for a move to San Francisco right now and don't have the time to look for parts. I would like the brakes shipped to me after I've moved, but I don't understand why I have to pay for shipping as the product was defective. Please let me know if there are any other options and how you wish to proceed.

Erik Mercado

수신 고객 서비스 부서 <cservice@framecaster.com>
발신 Erik Mercado <erikmerc@coolmail.com>
제목 구매
날짜 4월 28일

관계자분께,

181/182-A저는 최근 귀하의 웹사이트에서 직접 귀사의 Spin Genie 400을 샀으며 181조립을 위해 그것을 지역 자전거 가게로 가져갔습니다. 하지만, 자전거를 조립하던 도중, 정비공이 두 세트의 브레이크 모두에 결함이 있다는 것을 알아차렸습니다.

182-C/184저는 이 사안과 관련하여 귀하의 고객 서비스 부서에 연락했으며, 직원인 Nora Santos가 제게 두 가지 선택권이 있다고 알려주었습니다. 그녀는 무료로 브레이크를 교체하기 위해 제가 FrameCaster 제품의 지역 소매점에 가거나, 또는 배송 비용을 내야 한다는 의미이기는 하지만, 그 교환 부품을 제 주소로 보낼 수 있다고 말했습니다.

저는 지금 샌프란시스코로 이사하기 위해 짐을 싸느라 바빠서 부품을 찾아 볼 시간이 없습니다. 이사한 후에 브레이크를 배송받고 싶지만, 제품에 결함이 있었는데 제가 왜 배송 비용을 내야 하는지 이해할 수 없습니다. 다른 어떤 선택권이 있는지 그리고 이를 어떻게 진행하고 싶으신지 알려주십시오.

Erik Mercado 드림

지문 2

TO	Erik Mercado <erikmerc@coolmail.com>
FROM	Jade Estrada <jadee@framecaster.com>
SUBJECT	Re: My purchase
DATE	April 29
ATTACHMENT	FrameCaster.v45-b

Dear Mr. Mercado,

183I am sorry to hear about the problem with your recent purchase of a Spin Genie 400. 183/184I have looked into the issue and discovered that our representative gave you incorrect information. We do not charge customers for shipping replacement parts on account of a product defect. We had such a fee last year, but our policies have changed since then, so the parts can be sent to you free of charge. 184I have informed our representative of the miscommunication, and she will undergo additional training so that this type of situation doesn't happen again.

Please provide your new address, and I'll have the items sent right away. In addition, to make up for any inconvenience, 185I am attaching a voucher for $20 that you may use on a future purchase of any FrameCaster accessory.

Thank you for your patience.

수신 Erik Mercado <erikmerc@coolmail.com>
발신 Jade Estrada <jadee@framecaster.com>
제목 회신: 구매
날짜 4월 29일
첨부 FrameCaster.v45-b

Mr. Mercado께,

183귀하께서 최근 구매하신 Spin Genie 400의 문제를 듣게 되어 유감스럽습니다. 183/184저는 그 사안을 살펴보았고 저희 직원이 귀하께 잘못된 정보를 드렸다는 것을 발견했습니다. 저희는 제품 결함으로 인해 교환 부품을 배송하는 것에 대해 고객들께 요금을 청구하지 않습니다. 작년에는 그러한 요금이 있었으나, 그 이후로 저희 정책이 변경되었으므로, 부품은 귀하께 무료로 보내드릴 수 있습니다. 184저희 직원에게 오해에 대해 알렸으며, 그녀는 이러한 종류의 상황이 다시 발생하지 않도록 추가 교육을 받을 것입니다.

귀하의 새로운 주소를 제공해 주시면, 그 물품을 바로 보내드리겠습니다. 추가적으로, 어떤 불편이라도 보상해드리기 위해, 185추후 FrameCaster의 어떤 부대용품 구매에서든 사용하실 수 있는 20달러짜리 상품권을 첨부하였습니다.

귀하의 인내심에 감사드립니다.

Sincerely yours,

Jade Estrada
Customer Service Chief
FrameCaster Cycles

Jade Estrada 드림
고객 서비스 부장
FrameCaster Cycles

지문 1 □ assembly n. 조립　　　　　　□ put together phr. 조립하다　　　　　□ mechanic n. 정비공
　　　　□ defective adj. 결함이 있는　　　□ inform v. 알리다, 통지하다　　　□ retailer n. 소매점
　　　　□ ship v. 배송하다, 운송하다; n. 선박　　□ proceed v. 진행하다

지문 2 □ discover v. 발견하다, 찾다　　　　□ on account of phr. ~로 인해, ~ 때문에　　□ free of charge phr. 무료로
　　　　□ miscommunication n. 오해, 잘못된 전달　　□ undergo v. 받다, 겪다　　　□ right away phr. 바로, 즉시
　　　　□ inconvenience n. 불편　　　　□ voucher n. 상품권　　　　　　□ accessory n. 부대 용품
　　　　□ patience n. 인내심, 참을성

181
○●●●●
상

What is suggested about the Spin Genie 400?

(A) It can be purchased unassembled.
(B) It is manufactured at a facility in San Francisco.
(C) It is made of lightweight materials.
(D) It was included in a special offer.

Spin Genie 400에 대해 암시되는 것은?

(A) 조립되지 않은 상태로 구매할 수 있다.
(B) 샌프란시스코에 있는 시설에서 제조된다.
(C) 가벼운 재료로 구성된다.
(D) 특가품에 포함되어 있었다.

■ 추론 세부 정보　　　　　　　　　　　　　　　　　　　　　　　　　　　　　　　정답 (A)

질문의 핵심 어구인 the Spin Genie 400에 대해 추론하는 문제이므로 Spin Genie 400이 언급된 첫 번째 이메일에서 관련 내용을 확인한다. 첫 번째 이메일의 'I recently bought your company's Spin Genie 400 ~ and took it to a local bike shop for assembly.'에서 최근 FrameCaster Cycles의 Spin Genie 400을 샀으며 조립을 위해 그것을 지역 자전거 가게로 가져갔다고 했으므로 Spin Genie 400을 조립되지 않은 상태로 구매하여 따로 조립할 수 있다는 사실을 추론할 수 있다. 따라서 (A)가 정답이다.

어휘　be made of phr. ~로 구성되다　lightweight adj. 가벼운　special offer phr. 특가품

182
○○○○●
중

What is mentioned about Mr. Mercado?

(A) He purchased a bicycle from a local store.
(B) He paid an extra fee for express delivery.
(C) He has a couple of replacement options.
(D) He had an item assembled for free.

Mr. Mercado에 대해 언급된 것은?

(A) 지역 상점에서 자전거를 구매했다.
(B) 신속 배송을 위해 추가 요금을 지불했다.
(C) 두 가지의 교환 선택권이 있다.
(D) 제품을 무료로 조립했다.

■ Not/True True 문제　　　　　　　　　　　　　　　　　　　　　　　　　　　　　정답 (C)

질문의 핵심 어구인 Mr. Mercado와 관련된 내용을 지문에서 찾아 각 보기와 대조하는 Not/True 문제이므로 Mr. Mercado가 작성한 첫 번째 이메일에서 관련 내용을 확인한다. (A)는 'I recently bought your company's Spin Genie 400 directly from your Web site'에서 최근 귀하, 즉 FrameCaster Cycles의 웹사이트에서 직접 Spin Genie 400을 샀다고 했으므로 지문의 내용과 일치하지 않는다. (B)와 (D)는 지문에 언급되지 않은 내용이다. (C)는 'I contacted your customer service department about the issue, and your representative ~ informed me that I have two options.'에서 이 사안, 즉 결함이 있는 브레이크를 교환하는 것과 관련하여 FrameCaster Cycles의 고객 서비스 부서에 연락했으며 직원이 저, 즉 Mr. Mercado에게 두 가지 선택권이 있다고 알려주었다고 했으므로 지문의 내용과 일치한다. 따라서 (C)가 정답이다.

어휘　express adj. 신속한, 속달의　a couple of phr. 두 개의, 몇 개의

183
●●●●
상

Why was the second e-mail written?

(A) To investigate the cause of an error
(B) To attempt to resolve a situation
(C) To question the validity of a rule
(D) To suggest imposing a penalty

두 번째 이메일은 왜 쓰였는가?

(A) 오류의 원인을 조사하기 위해
(B) 상황을 해결하려고 시도하기 위해
(C) 규칙의 타당성에 대해 이의를 제기하기 위해
(D) 불이익을 적용하는 것을 제안하기 위해

■ 주제/목적 찾기 글을 쓴 이유 　　　　　　　　　　　　　　　　　　　　　　　　　　　　　　정답 (B)

두 번째 이메일이 쓰인 이유를 묻는 목적 찾기 문제이므로 두 번째 이메일의 내용을 확인한다. 'I am sorry to hear about the problem with your recent purchase of a Spin Genie 400. I have looked into the issue and discovered that our representative gave you incorrect information.'에서 귀하, 즉 Mr. Mercado가 최근 구매한 Spin Genie 400의 문제를 듣게 되어 유감스럽다며 그 사안을 살펴보았고 직원이 잘못된 정보를 주었다는 것을 발견했다고 한 후, 이 상황을 해결하기 위한 방안을 제시하고 있으므로 (B)가 정답이다.

어휘　investigate v. 조사하다　attempt to phr. ~하려고 시도하다　validity n. 타당성　impose v. 적용하다, 부과하다　penalty n. 불이익, 벌금

184
○○○●
중

What will Nora Santos do?

(A) Write an apology to a customer
(B) Get further training
(C) Send an item to an updated address
(D) Speak with a salesperson

Nora Santos는 무엇을 할 것인가?

(A) 고객에게 사과문을 쓴다
(B) 추가 교육을 받는다
(C) 갱신된 주소로 물품을 보낸다
(D) 판매원과 이야기한다

■ 육하원칙 연계 문제 　　　　　　　　　　　　　　　　　　　　　　　　　　　　　　　　　정답 (B)

두 지문의 내용을 종합해서 풀어야 하는 연계 문제이다. 질문의 핵심 어구인 Nora Santos do에서 Nora Santos가 무엇(What)을 할 것인지를 묻고 있으므로 Nora Santos가 언급된 첫 번째 이메일을 먼저 확인한다.

단서 1 첫 번째 이메일의 'I contacted your customer service department ~ and your representative Nora Santos informed me that I have two options.'에서 Mr. Mercado는 FrameCaster Cycles의 고객 서비스 부서에 연락했으며 직원인 Nora Santos가 두 가지 선택권이 있다고 알려주었다고 했다. 그런데 Nora Santos가 앞으로 무엇을 할 것인지 제시되지 않았으므로 두 번째 이메일에서 관련 내용을 확인한다.

단서 2 두 번째 이메일의 'I have looked into the issue and discovered that our representative gave you incorrect information.'에서 Ms. Estrada는 그 사안을 살펴보았고 저희 직원, 즉 Nora Santos가 Mr. Mercado에게 잘못된 정보를 주었다는 것을 발견했다고 한 후, 'I have informed our representative of the miscommunication, and she will undergo additional training'에서 Nora Santos 에게 오해에 대해 알렸으며 그녀는 추가 교육을 받을 것이라고 한 것을 확인할 수 있다.

두 단서를 종합할 때, Mr. Mercado에게 잘못된 정보를 준 직원인 Nora Santos가 추가 교육을 받을 것임을 알 수 있다. 따라서 (B)가 정답이다.

바꾸어 표현하기
undergo additional training 추가 교육을 받다 → Get further training 추가 교육을 받다

어휘　further adj. 추가의, 더 이상의; adv. 더 나아가　salesperson n. 판매원

185
○○○●
중

According to the second e-mail, what has been provided to Mr. Mercado?

(A) A partial refund
(B) A store directory
(C) A bicycle accessory
(D) A product voucher

두 번째 이메일에 따르면, Mr. Mercado에게 무엇이 제공 되었는가?

(A) 부분적인 환불
(B) 가게 안내 책자
(C) 자전거 부대 용품
(D) 제품 상품권

■ 육하원칙 What 　　　　　　　　　　　　　　　　　　　　　　　　　　　　　　　　　　정답 (D)

두 번째 이메일에 따르면 Mr. Mercado에게 무엇(what)이 제공되었는지를 묻는 육하원칙 문제이므로 Mr. Mercado에게 보내진 두 번째 이메 일에서 관련 내용을 확인한다. 두 번째 이메일의 'I am attaching a voucher ~ that you may use on a future purchase of any FrameCaster accessory'에서 추후 FrameCaster의 어떤 부대용품 구매에서든 사용할 수 있는 상품권을 첨부하였다고 했으므로 (D)가 정 답이다.

어휘　partial adj. 부분적인　directory n. 안내 책자

Questions 186-190 refer to the following memo, e-mail, and article.

186-190은 다음 회람, 이메일, 기사에 관한 문제입니다.

지문 1

From: Dillon Zhou
To: All Staff
Subject: Office visit
Date: February 20

A writer from *The Sydney Sun* is scheduled to visit our new office on March 1. [186-D]She is writing a short article about our office design and employee benefits. [186-C]No photographs will be taken as we have already sent some images for the piece. [186-A]As the reporter is directed through our halls, feel free to interact with her at your discretion. [188]One of our senior executives will briefly introduce our latest software development plan to her. The reporter is welcome to use all the leisure and entertainment facilities.

발신: Dillon Zhou
수신: 전 직원
제목: 사무실 방문
날짜: 2월 20일

*The Sydney Sun*지의 기자가 3월 1일에 우리의 새로운 사무실을 방문할 예정입니다. [186-D]그녀는 우리의 사무실 디자인과 직원 혜택에 대한 짧은 기사를 쓰고 있습니다. 기사를 위한 사진 몇 장을 이미 보냈기 때문에 [186-C]사진 촬영은 없을 것입니다. [186-A]기자가 복도를 가로질러 안내되는 동안, 여러분의 재량에 따라 자유롭게 그녀와 교류하십시오. [188]고위 간부 중 한 명이 그녀에게 최신 소프트웨어 개발 계획을 간단히 소개할 것입니다. 그 기자는 모든 레저 및 오락 시설을 자유로이 이용할 수 있습니다.

지문 2

From: Sela Singh <s.singh@thesydneysun.au>
To: Dillon Zhou <d.zhou@zazoosoftware.com>
Subject: Article
Date: February 27

Dear Mr. Zhou,

I apologize for the short notice, but [187]I will not be able to return to Sydney on March 1 due to a travel emergency. If I can visit on another date, please contact my assistant, Dennis Worley, at d.worley@thesydneysun.au, and he will handle all the details. If not, please send a basic description of your new facilities in your reply to this e-mail.

Also, some of the photos you have sent are not very clear. Could you send me larger copies of each? That would be very helpful.

Thank you.

Sincerely,

Sela Singh
The Sydney Sun

발신: Sela Singh <s.singh@thesydneysun.au>
수신: Dillon Zhou <d.zhou@zazoosoftware.com>
제목: 기사
날짜: 2월 27일

Mr. Zhou께,

촉박한 통보에 대해 사과드립니다만, [187]여행 중 긴급 상황으로 인해 제가 3월 1일에 시드니로 돌아오지 못할 것입니다. 만약 제가 다른 날짜에 방문할 수 있다면, 제 비서인 Dennis Worley에게 d.worley@thesydneysun.au로 연락해주시면, 그가 모든 세부 사항을 처리할 것입니다. 그럴 수 없다면, 이 이메일의 답신으로 새로운 시설의 기본적인 설명을 보내 주십시오.

또한, 당신이 보내 주셨던 사진 중 일부가 그다지 선명하지 않습니다. 각각의 더 큰 사본을 보내 주시겠습니까? 그것이 매우 도움이 될 것입니다.

감사합니다.

Sela Singh 드림
*The Sydney Sun*지

지문 3

Easing Office Stress at Zazoo
March 8
by Sela Singh

The computer giant Zazoo Software recently opened its newest office in Sydney and has attracted much speculation about the benefits it provides employees. Known for providing a nurturing work environment, Zazoo Software has plenty of places to relax in its new office building. [187]I was able to see these for myself on March 4, when I was given a tour of the facilities. [190-B]Free food is available for employees in every cafeteria, and there are plenty of healthy options.

[190-C/D]In terms of exercise facilities, there is a basketball court, pool, and gym. In addition, [190-A]plans call for the addition

Zazoo사에서의 사무실 스트레스 완화
3월 8일
Sela Singh 작성

거대 컴퓨터 기업인 Zazoo 소프트웨어사가 최근 시드니에 최신 사무실을 열었으며 그것이 직원들에게 제공하는 혜택에 대한 많은 추측을 불러일으켰다. 보살핌이 있는 근무 환경을 제공하는 것으로 알려진 Zazoo 소프트웨어사는 새로운 사무실 건물에 휴식을 취할 수 있는 많은 공간을 가지고 있다. [187]필자는 그 시설들을 견학하게 되었던 3월 4일에 이것들을 직접 볼 수 있었다. [190-B]모든 구내식당에서 직원들을 위한 무료 음식이 이용 가능하며, 건강한 선택권들이 많다.

[190-C/D]운동 시설에 관해서는, 농구 코트, 수영장, 그리고 체육관이 있다. 게다가, [190-A]연말까지 요가 및 명상 스튜디오

of a yoga and meditation studio by the end of the year. [189]All these facilities help employees perform at high levels of efficiency, and I could see that this was true during my time at the office.

[188]"We are currently in the final phase of designing our new software program," Cathy Sanchez said while showing me the plan for the project. "Everyone is working under immense pressure, but our environment should help ease that stress and make things more fun."

가 추가될 계획이다. [189]이 모든 시설은 직원들이 높은 수준의 효율로 업무를 수행하도록 돕고, 사무실에 있던 시간 동안 이것이 사실이었다는 것을 확인할 수 있었다.

[188]"저희는 현재 새로운 소프트웨어 프로그램을 설계하는 마지막 단계에 있습니다."라고 Cathy Sanchez가 프로젝트에 대한 계획을 보여주며 말했다. "모두가 엄청난 압박 하에 일하고 있지만, 저희의 환경이 그런 스트레스를 완화하고 일을 더 재미있게 만드는 데 도움을 줄 것입니다."

지문 1	□ be scheduled to phr. ~할 예정이다	□ piece n. 기사, 글
	□ at one's discretion phr. 재량에 따라	□ senior executive phr. 고위 간부
지문 2	□ notice n. 통보, 알림; v. 알아채다, 인지하다	□ emergency n. 긴급 상황, 비상 사태
	□ handle v. 처리하다, 다루다	□ description n. 설명, 묘사
지문 3	□ ease v. 완화하다, 해소하다	□ giant n. 거대 기업, 거인; adj. 거대한
	□ speculation n. 추측, 짐작	□ nurture v. 보살피다, 양육하다
	□ in terms of phr. ~에 관해서는	□ meditation n. 명상, 묵상
	□ immense adj. 엄청난, 어마어마한	

- □ interact v. 교류하다, 상호 작용하다
- □ welcome to phr. ~을 자유로이 할 수 있는
- □ assistant n. 비서, 조수
- □ attract v. 불러일으키다, 끌다
- □ give a tour phr. 견학을 시켜 주다
- □ phase n. 단계, 시기

186

What does the memo indicate about the visitor?

(A) She will not speak with employees.
(B) She will start her visit at a leisure facility.
(C) She will not take any pictures.
(D) She will write about some sales strategies.

회람이 방문객에 대해 언급하는 것은?

(A) 직원들과 이야기하지 않을 것이다.
(B) 레저 시설에서 그녀의 방문을 시작할 것이다.
(C) 어떠한 사진도 찍지 않을 것이다.
(D) 몇 가지 영업 전략에 대해 글을 쓸 것이다.

■ Not/True True 문제　　　　　　　　　　　　　　　　　　정답 (C)

질문의 핵심 어구인 the visitor에 대해 언급된 내용을 회람에서 찾아 각 보기와 대조하는 Not/True 문제이므로 첫 번째 지문인 회람에서 관련 내용을 확인한다. (A)는 'As the reporter is directed through our halls, feel free to interact with her at your discretion.'에서 기자, 즉 방문객이 복도를 가로질러 안내되는 동안 재량에 따라 자유롭게 그녀와 교류하라고 했으므로 지문의 내용과 일치하지 않는다. (B)는 지문에 언급되지 않은 내용이다. (C)는 'No photographs will be taken'에서 사진 촬영은 없을 것이라고 했으므로 지문의 내용과 일치한다. 따라서 (C)가 정답이다. (D)는 'She is writing a short article about our office design and employee benefits.'에서 그녀가 사무실 디자인과 직원 혜택에 대한 짧은 기사를 쓰고 있다고 했으므로 지문의 내용과 일치하지 않는다.

187

What is suggested about Mr. Zhou?

(A) He had his picture taken by a journalist.
(B) He met with Ms. Singh to make arrangements.
(C) He e-mailed Mr. Worley regarding a schedule.
(D) He is not based at Zazoo Software's headquarters.

Mr. Zhou에 대해 암시되는 것은?

(A) 기자에게 사진을 찍혔다.
(B) 협의를 하기 위해 Ms. Singh과 만났다.
(C) 일정에 관해 Mr. Worley에게 이메일을 보냈다.
(D) Zazoo 소프트웨어 본사에 기반을 두고 있지 않다.

■ 추론 연계 문제　　　　　　　　　　　　　　　　　　　정답 (C)

세 지문 중 두 지문의 내용을 종합적으로 확인한 후 추론해서 풀어야 하는 연계 문제이다. 질문의 핵심 어구인 Mr. Zhou에게 보내진 이메일을 먼저 확인한다.

단서 1 두 번째 지문(이메일)의 'I will not be able to return to Sydney on March 1 due to a travel emergency. If I can visit on another date, please contact my assistant, Dennis Worley, at d.worley@thesydneysun.au'에서 여행 중 긴급 상황으로 인해 자신, 즉 Ms. Singh이 3월 1일에 시드니로 돌아오지 못할 것이며 만약 다른 날짜에 방문할 수 있다면 그녀의 비서인 Dennis Worley에게 이메일로 연락해 달라고 했다. 그런데 Mr. Zhou가 Dennis Worley의 이메일 주소로 연락을 했는지 언급되지 않았으므로 기사에서 관련 내용을 확인한다.

단서 2 세 번째 지문(기사)의 'I was able to see these for myself on March 4, when I was given a tour of the facilities.'에서 필자, 즉 Ms. Singh이 그 시설들을 견학하게 되었던 3월 4일에 Zazoo 소프트웨어사의 휴식 공간들을 직접 볼 수 있었다는 사실을 확인할 수 있다.

두 단서를 종합할 때, Ms. Singh이 3월 4일에 Zazoo 소프트웨어사의 시설들을 직접 견학했으므로 Mr. Zhou가 Ms. Singh의 방문 날짜를 변경하기 위해 Mr. Worley에게 이메일을 보냈다는 사실을 추론할 수 있다. 따라서 (C)가 정답이다.

어휘　arrangement n. 협의, 주선, 방식　base v. 기반을 두다, 본사를 두다　headquarters n. 본사, 근거지

Who most likely is Ms. Sanchez?

(A) A local newspaper reporter
(B) An architect of a new office building
(C) A building administrator
(D) An executive at a software company

	Ms. Sanchez는 누구일 것 같은가?
	(A) 지역 신문 기자
	(B) 새 사무실 건물의 건축가
	(C) 건물 관리자
	(D) 소프트웨어 회사의 간부

■ **추론** 연계 문제 　　　정답 (D)

세 지문 중 두 지문의 내용을 종합적으로 확인한 후 추론해서 풀어야 하는 연계 문제이다. 질문의 핵심 어구인 Ms. Sanchez가 언급된 기사를 먼저 확인한다.

단서 1 세 번째 지문(기사)의 ‘“We are currently in the final phase of designing our new software program,” Cathy Sanchez said while showing me the plan for the project.’에서 Cathy Sanchez가 기자에게 프로젝트에 대한 계획을 보여주면서 현재 새로운 소프트웨어 프로그램을 설계하는 마지막 단계에 있다고 말했다고 했다. 그런데 Ms. Sanchez가 누구인지 제시되지 않았으므로 회람에서 관련 내용을 확인한다.

단서 2 첫 번째 지문(회람)의 ‘One of our senior executives will ~ introduce our latest software development plan to her.’에서 고위 간부 중 한 명이 기자에게 최신 소프트웨어 개발 계획을 소개할 것이라는 사실을 확인할 수 있다.

두 단서를 종합할 때, Ms. Sanchez는 기자에게 소프트웨어 개발 계획을 소개한 고위 간부라는 사실을 추론할 수 있다. 따라서 (D)가 정답이다.

According to the article, what is a benefit of Zazoo Software's work environment?

(A) It promotes cooperation among team members.
(B) It is designed to reduce workplace injuries.
(C) It improves the performance of staff.
(D) It offers large spaces for meeting with clients.

	기사에 따르면, Zazoo 소프트웨어사의 작업 환경의 이점은 무엇인가?
	(A) 팀 구성원들 간의 협력을 장려한다.
	(B) 작업장 부상을 줄이기 위해 고안되었다.
	(C) 직원들의 업무 수행 능력을 향상시킨다.
	(D) 고객들과의 만남을 위한 넓은 공간을 제공한다.

■ **육하원칙** What 　　　정답 (C)

기사에 따르면 Zazoo 소프트웨어사의 작업 환경의 이점이 무엇(what)인지를 묻는 육하원칙 문제이므로 세 번째 지문인 기사에서 관련 내용을 확인한다. 기사의 ‘All these facilities help employees perform at high levels of efficiency, and I could see that this was true during my time at the office.’에서 이 모든 시설은 직원들이 높은 수준의 효율로 업무를 수행하도록 돕고 사무실에 있던 동안 이것이 사실이었다는 것을 확인할 수 있었다고 했으므로 (C)가 정답이다.

바꾸어 표현하기

help employees perform at high levels of efficiency 직원들이 높은 수준의 효율로 업무를 수행하도록 돕다
→ improves the performance of staff 직원들의 업무 수행 능력을 향상시키다

어휘 cooperation n. 협력 injury n. 부상

Which facility has NOT yet been opened at the Zazoo Software's newest office?

(A) A yoga studio
(B) A staff cafeteria
(C) An office gym
(D) A swimming pool

	Zazoo 소프트웨어사의 최신 사무실에서 아직 문을 열지 않은 시설은?
	(A) 요가 스튜디오
	(B) 직원 식당
	(C) 사무실 체육관
	(D) 수영장

■ **Not/True** Not 문제 　　　　　　　　　　　　　　　　　　　　　　　　　　　　　　　　　　　　　　　정답 (A)

질문의 핵심 어구인 facility ~ opened at the Zazoo Software's newest office와 관련된 내용을 지문에서 찾아 각 보기와 대조하는 Not/True 문제이므로 Zazoo 소프트웨어사의 최신 사무실 시설이 언급된 세 번째 지문인 기사에서 관련 내용을 확인한다. (A)는 ‘plans call for the addition of a yoga ~ studio by the end of the year’에서 연말까지 요가 스튜디오가 추가될 계획이라고 했으므로 지문의 내용과 일치하지 않는다. 따라서 (A)가 정답이다. (B)는 ‘Free food is available for employees in every cafeteria’에서 모든 구내식당에서 직원들을 위한 무료 음식이 이용 가능하다고 했으므로 지문의 내용과 일치한다. (C)와 (D)는 ‘In terms of exercise facilities, there is ~ pool, and gym.’에서 운동 시설에 관해서는 수영장, 그리고 체육관이 있다고 했으므로 지문의 내용과 일치한다.

Questions 191-195 refer to the following note, form, and bill.

191-195는 다음 메모, 양식, 청구서에 관한 문제입니다.

From the desk of Rosa Mengistu

Hello, Mr. Fekade. I'm sorry you were unable to attend today's planning meeting. One thing we decided was that [191]we require a photo of Dire Dawa Central Park. The photo needs to show people relaxing near the fountain during the daytime. [191]It is up to you to find such an image, and keep in mind that it needs to be in high resolution. [193]Please check our photo archive, as we may already have one that meets this description. Otherwise, you can search the collection of a photo agency such as Flash Photos or Baumgard Pics. If all else fails, you have the option of hiring a freelance photographer.

Rosa Mengistu로부터

안녕하세요, Mr. Fekade. 당신이 오늘 기획 회의에 참석하지 못해 유감입니다. 우리가 결정한 한 가지는 [191]Dire Dawa 중앙 공원의 사진이 필요하다는 것이었습니다. 그 사진은 낮 동안에 분수 주변에서 휴식을 취하고 있는 사람들을 보여줘야 합니다. [191]그러한 사진을 찾는 일은 당신에게 달렸으며, 그것이 고해상도여야 한다는 것을 명심하십시오. [193]우리가 이 설명을 충족시키는 것을 이미 가지고 있을 수도 있으므로, 우리의 사진 저장소를 확인해 주십시오. 만약 그렇지 않으면, 당신은 Flash Photos나 Baumgard Pics와 같은 사진 업체의 모음집을 찾아볼 수 있습니다. 다른 방법이 전부 안 된다면, 당신은 프리랜서 사진사를 고용하는 선택지가 있습니다.

[193]**Baumgard Pics** ★ Your source for photos from around the world

[193]**Customer**: Dawit Fekade	**Image Details:** [192-A]**Image Name**: Crowd Watching Musical Performance **Category**: Outdoor activities [192-B]**Location**: Fountain at Dire Dawa Central Park **Image Code**: HEWZYXP **File Size**: 20 megabytes [192-D]**Taken By**: Delores Ashburn	**Our pricing is according to image size:** ☐ Small $3.99 (500x449) ☐ Medium $4.99 (1000x899) ☐ [194]Large [194]$5.99 (2000x1798) ☐ Extra Large $6.99 (3172x2851)

Buy Image Now!

[193]Baumgard Pics ★ 전 세계로부터의 사진 자료

[193]고객: Dawit Fekade	사진 세부 사항: [192-A]사진명: 음악 공연을 보고 있는 사람들 범주: 야외 활동 [192-B]장소: Dire Dawa 중앙 공원 분수 사진 코드: HEWZYXP 파일 크기: 20메가바이트 [192-D]출처: Delores Ashburn	가격은 사진 크기에 따라 책정됩니다: ☐ 스몰 3.99달러 (500x449) ☐ 미디엄 4.99달러 (1000x899) ☐ [194]라지 [194]5.99달러 (2000x1798) ☐ 엑스트라 라지 6.99달러 (3172x2851)

지금 사진을 구입하세요!

Thank you for choosing Baumgard Pics!

770 Hickory Street
Omaha, Nebraska
US 68124

(402) 555-2882
http://baumgardpics.org

Image Code	Billing address	Amount paid	
HEWZYXP	Dawit Fekade Aksum Services 4 Adwa Street Addis Ababa Ethiopia	[194]Cost of photo	[194]$5.99
		Taxes	$0.59
		Total	$6.58

Baumgard Pics를 선택해 주셔서 감사합니다!

770번지 Hickory가
오마하, 네브래스카주
미국 68124

(402) 555-2882
http://baumgardpics.org

사진 코드	청구서 발송 주소	지불 금액	
HEWZYXP	Dawit Fekade Aksum Services사 4번지 Adwa가 아디스 아바바 에티오피아	[194]사진 가격	[194]5.99달러
		세금	0.59달러
		총	6.58달러

To download your bill, log in at Baumgard Pics' Web site and click on the 'Purchase History' tab. Select the bills you would like to save, then click on the Download button.

You may use your current order starting on June 25. [195]Please be aware that your right to use the photo expires after five years. Should you wish to extend your period of usage, you may do so at our Web site.

귀하의 청구서를 다운로드하려면, Baumgard Pics의 웹 사이트에 로그인해 '구매 내역' 탭을 클릭하십시오. 저장하고자 하는 청구서를 선택한 다음, 다운로드 버튼을 클릭하십시오.

귀하의 현재 주문은 6월 25일부터 사용할 수 있습니다. [195]사진을 사용할 수 있는 권한은 5년 후 만료된다는 것을 알아두십시오. 사용 기간을 연장하고 싶다면, 저희 웹사이트에서 그것을 할 수 있습니다.

지문 1	□ relax v. 휴식을 취하다	□ fountain n. 분수	□ daytime n. 낮, 주간
	□ be up to phr. ~에 달려 있다	□ keep in mind phr. ~을 명심하다	□ high resolution phr. 고해상도
	□ archive n. 저장소, 보관소	□ description n. 설명	□ otherwise adv. (만약) 그렇지 않으면
	□ freelance adj. 프리랜서로 일하는		
지문 2	□ outdoor adj. 야외의	□ pricing n. 가격 책정	□ according to phr. ~에 따라
지문 3	□ billing n. 청구서 발송	□ expire v. 만료되다, 만기가 되다	□ extend v. 연장하다, 확장하다

191

Why was the note written?

(A) To assign a task
(B) To express disappointment
(C) To recommend a device
(D) To seek advice

메모는 왜 쓰였는가?

(A) 업무를 맡기기 위해
(B) 실망을 표하기 위해
(C) 기기를 추천하기 위해
(D) 조언을 구하기 위해

■ **주제/목적 찾기** 글을 쓴 이유

정답 (A)

메모가 쓰인 이유를 묻는 목적 찾기 문제이므로 첫 번째 지문인 메모의 내용을 확인한다. 메모의 'we require a photo of Dire Dawa Central Park'에서 Dire Dawa 중앙 공원의 사진이 필요하다고 한 후, 'It is up to you to find such an image'에서 그러한 사진을 찾는 일은 당신, 즉 Mr. Fekade에게 달렸다고 하며 사진을 찾는 업무를 맡기고 있으므로 (A)가 정답이다.

어휘 assign v. 맡기다, 배정하다 seek v. 구하다

192

What information is NOT included on the form?

(A) The subject of a photo
(B) The location where an image was taken
(C) A client's contact information
(D) The name of a photographer

양식에 포함되지 않은 정보는?

(A) 사진 제목
(B) 사진이 찍힌 장소
(C) 고객 연락처
(D) 사진사 이름

■ **Not/True** Not 문제

정답 (C)

양식에 포함된 정보를 지문에서 찾아 각 보기와 대조하는 Not/True 문제이다. 이 문제는 질문에 핵심 어구가 없으므로 각 보기의 핵심 어구와 관련된 내용을 두 번째 지문인 양식에서 찾아 대조한다. (A)는 'Image Name: Crowd Watching Musical Performance'에서 사진명이 음악 공연을 보고 있는 사람들임을 확인할 수 있으므로 지문에 포함된 내용이다. (B)는 'Location: Fountain at Dire Dawa Central Park'에서 사진의 장소가 Dire Dawa 중앙 공원 분수임을 확인할 수 있으므로 지문에 포함된 내용이다. (C)는 지문에 언급되지 않은 내용이다. 따라서 (C)가 정답이다. (D)는 'Taken By: Delores Ashburn'에서 사진의 출처인 사진사 이름이 Delores Ashburn임을 확인할 수 있으므로 지문에 포함된 내용이다.

193

What can be inferred about Mr. Fekade?

(A) He has permission to negotiate contracts with agencies.
(B) He was unable to find a suitable image at his workplace.
(C) He is still undergoing training for recently hired personnel.
(D) He submitted some images taken at an incorrect location.

Mr. Fekade에 대해 추론될 수 있는 것은?

(A) 업체와 계약을 협상할 수 있도록 허가를 받았다.
(B) 직장에서 알맞은 사진을 찾지 못했다.
(C) 아직 최근 고용된 직원들을 위한 교육을 받고 있다.
(D) 잘못된 장소에서 찍힌 사진 몇 장을 제출했다.

■ **추론** 연계 문제   정답 (B)

세 지문 중 두 지문의 내용을 종합적으로 확인한 후 추론해서 풀어야 하는 연계 문제이다. 질문의 핵심 어구인 Mr. Fekade에게 보내진 메모를 먼저 확인한다.

단서 1 첫 번째 지문(메모)의 'Please check our photo archive, as we may already have one that meets this description. Otherwise, you can search the collection of a photo agency such as ~ Baumgard Pics.'에서 우리, 즉 Mr. Fekade의 회사가 설명을 충족시키는 사진을 이미 가지고 있을 수도 있으므로 사진 저장소를 확인해 달라고 한 후 만약 그렇지 않으면 Baumgard Pics와 같은 사진 업체의 모음집을 찾아볼 수 있다고 했다. 그런데 Mr. Fekade가 어디에서 사진을 찾았는지 제시되지 않았으므로 양식에서 관련 내용을 확인한다.

단서 2 두 번째 지문(양식)의 'Baumgard Pics', 'Customer: Dawit Fekade'에서 Mr. Fekade가 Baumgard Pics에서 사진을 찾았음을 확인할 수 있다.

두 단서를 종합할 때, Mr. Fekade가 회사의 사진 저장소에서 설명을 충족시키는 사진을 찾지 못해서 사진 업체를 이용했다는 사실을 추론할 수 있다. 따라서 (B)가 정답이다.

어휘   permission n. 허가, 승인   negotiate v. 협상하다, 협의하다   workplace n. 직장   undergo v. 받다   personnel n. 직원들

194

What size of image did Mr. Fekade purchase?

(A) Small
(B) Medium
(C) Large
(D) Extra large

Mr. Fekade는 어떤 크기의 사진을 구매했는가?

(A) 스몰
(B) 미디엄
(C) 라지
(D) 엑스트라 라지

■ **육하원칙** 연계 문제   정답 (C)

세 지문 중 두 지문의 내용을 종합해서 풀어야 하는 연계 문제이다. 질문의 핵심 어구인 size of image ~ Mr. Fekade purchase에서 Mr. Fekade가 어떤(What) 크기의 사진을 구매했는지를 묻고 있으므로 Mr. Fekade에게 보내진 청구서를 먼저 확인한다.

단서 1 세 번째 지문(청구서)의 'Cost of photo', '$5.99'에서 Mr. Fekade가 구매한 사진의 가격이 5.99달러임을 알 수 있다. 그런데 5.99달러에 해당하는 사진의 크기가 제시되지 않았으므로 양식에서 관련 내용을 확인한다.

단서 2 두 번째 지문(양식)의 'Large', '$5.99'에서 라지 크기 사진의 가격이 5.99달러임을 확인할 수 있다.

두 단서를 종합할 때, Mr. Fekade는 5.99달러인 라지 크기의 사진을 구매했다는 것을 알 수 있다. 따라서 (C)가 정답이다.

195

According to the bill, what will happen after five years have passed?

(A) A photography supplier will update a user agreement.
(B) A company will replace its source of photos.
(C) A Web site membership will expire.
(D) A customer will no longer be entitled to use a picture.

청구서에 따르면, 5년이 지난 후에 무슨 일이 일어날 것인가?

(A) 사진 공급업체가 사용자 계약을 갱신할 것이다.
(B) 회사가 사진 공급처를 교체할 것이다.
(C) 웹사이트 회원권이 만료될 것이다.
(D) 고객이 더 이상 사진을 사용할 권리가 없을 것이다.

■ **육하원칙** What   정답 (D)

청구서에 따르면 5년이 지난 후에 무슨(what) 일이 일어날 것인지를 묻는 육하원칙 문제이므로 질문의 핵심 어구인 happen after five years have passed와 관련된 내용이 언급된 세 번째 지문인 청구서를 확인한다. 청구서의 'Please be aware that your right to use the photo expires after five years.'에서 사진을 사용할 수 있는 권한은 5년 후 만료된다는 것을 알아두라고 했으므로 (D)가 정답이다.

바꾸어 표현하기

right to use the photo expires 사진을 사용할 수 있는 권한이 만료되다 → no longer be entitled to use a picture 더 이상 사진을 사용할 권리가 없다

어휘   supplier n. 공급업체   entitled to phr. ~할 권리가 있는

Questions 196-200 refer to the following announcement and e-mails. 196-200은 다음 공고와 두 이메일에 관한 문제입니다.

지문 1

Blue Ravine Medical School (BRMS)
ANNOUNCEMENT: *All students and faculty*

Please note that Dr. Janice Shen, from Kowloon University of Eastern Medicine (KUEM), will be presenting a lecture on September 4. Dr. Shen will describe successful treatments for spinal conditions. She is an expert in needle therapy and herbal medication, and she primarily treats back pain and spinal disease. For the past 12 years, [196]she has been employed by KUEM, where she leads many different research projects.

Her lecture will take place on the BRMS campus in the Fasthead Auditorium at 3 P.M. Seats are limited, so [197-A/B/D]please make a booking by visiting the school events office, dialing extension #364, or sending an e-mail to Jayne Marche in the events office at jaynemarche@brms.edu. [198]The lecture is free for all instructional staff and students at BRMS, but guests must pay $16.

Blue Ravine 의과 대학(BRMS)
공지: *전 학생 및 교수진*

Kowloon 동양 의과 대학(KUEM)의 Dr. Janice Shen이 9월 4일에 강연을 할 것이라는 점에 주목해 주시기 바랍니다. Dr. Shen은 척추 질환의 성공적인 치료법을 설명할 것입니다. 그녀는 침술과 한약의 전문가이며, 주로 요통과 척추 질환을 치료합니다. 지난 12년 동안, [196]그녀는 KUEM에서 일해 왔고, 그곳에서 여러 가지의 많은 연구 프로젝트를 이끌고 있습니다.

그녀의 강연은 오후 3시에 BRMS 교정의 Fasthead 강당에서 열릴 것입니다. 좌석이 한정되어 있으므로, [197-A/B/D]교내 행사 사무실을 방문하거나, 내선 번호 #364로 전화하거나, 또는 jaynemarche@brms.edu로 행사 사무실의 Jayne Marche에게 이메일을 보내서 예약하시기 바랍니다. [198]강연은 BRMS의 모든 교수진과 학생들에게 무료이지만, 손님들은 16달러를 내야 합니다.

지문 2

TO: Jayne Marche <jaynemarche@brms.edu>
FROM: Grayden Higgins <graydenhiggins@brms.edu>
SUBJECT: Request
DATE: August 19

Hello, Jayne.

[198]I'm teaching an advanced course in alternative medicine here at BRMS, and nine students are currently enrolled. I'd like to make a reservation for all ten of us to attend Dr. Shen's upcoming lecture. Let me know if you require all the students' names or if the seats can be booked under my name.

Also, [200]I was wondering if anyone will be making a video of the lecture. I would like to possibly share her talk with future students. Unfortunately, no one thought to record her previous visit, and I hope that will not be the case this time.

Thanks, and I hope to hear from you soon.

Dr. Grayden Higgins
BRMS, Department of Skeletal and Muscular Disorders

수신: Jayne Marche <jaynemarche@brms.edu>
발신: Grayden Higgins <graydenhiggins@brms.edu>
제목: 요청
날짜: 8월 19일

안녕하세요, Jayne.

[198]저는 여기 BRMS에서 대체 의학의 고급 과정을 가르치고 있고, 현재 9명의 학생이 등록되어 있습니다. 곧 있을 Dr. Shen의 강연에 저희 10명이 모두 참석할 수 있도록 예약하고 싶습니다. 모든 학생들의 이름이 필요하신지 아니면 제 이름으로 자리를 예약할 수 있을지 알려주십시오.

또한, [200]저는 누군가가 그 강연을 녹화할 것인지 궁금해하고 있었습니다. 저는 될 수 있는 한 그녀의 강연을 향후의 학생들과 공유하고 싶습니다. 유감스럽게도, 아무도 그녀의 이전 방문을 녹화할 생각을 하지 않았었는데, 이번에는 그렇지 않기를 바랍니다.

감사드리며, 곧 답변을 듣기를 바랍니다.

Dr. Grayden Higgins 드림
BRMS, 골격 및 근육 질환 학부

지문 3

TO: Angelo Conti <angeloconti@brms.edu>
FROM: Jayne Marche <jaynemarche@brms.edu>
SUBJECT: Lecture event assignment
DATE: August 20

Hi, Angelo.

수신: Angelo Conti <angeloconti@brms.edu>
발신: Jayne Marche <jaynemarche@brms.edu>
제목: 강연 행사 업무
날짜: 8월 20일

안녕하세요, Angelo.

²⁰⁰A BRMS instructor has requested that a video be recorded of the lecture taking place on September 4. Please add this filming assignment to your schedule. Based on Dr. Shen's previous presentation, I'm guessing ¹⁹⁹the lecture will last for about an hour and a half, and it will be followed by a question-and-answer session that should take 30 minutes. I think we should film the latter as well, so the video's total time should be about two hours.

²⁰⁰Try to finish editing the footage within three days and send me the video file. I will post it on the BRMS Web site, have it added to our multimedia library's collection, and forward it to the instructor who requested it. I'll make sure the auditorium is open an hour in advance so that you have time to set up.

Thanks!
Jayne

²⁰⁰BRMS의 강사가 9월 4일에 열리는 강연을 녹화해 달라고 요청했습니다. 이 촬영 업무를 당신의 일정에 추가해 주세요. Dr. Shen의 이전 발표에 근거하여, 제 생각에는 ¹⁹⁹강연이 약 1시간 반 정도 계속되고, 30분 정도의 질의응답 시간이 이어질 것 같습니다. 후자 역시 촬영해야 할 것 같으므로, 영상의 전체 시간은 약 두 시간 정도가 될 것입니다.

²⁰⁰사흘 안에 자료 영상의 편집을 완료하도록 노력해 주시고 영상 파일을 제게 보내주세요. 제가 그것을 BRMS 웹사이트에 게시하고, 우리 멀티미디어 도서관의 모음집에 추가하고, 그것을 요청했던 강사에게 전달할 것입니다. 당신이 준비할 시간이 있도록 한 시간 전에 강당이 열려 있는 것을 확인하겠습니다.

감사합니다!
Jayne 드림

지문 1
- □ faculty n. 교수진, 능력, 재능
- □ spinal adj. 척추의
- □ herbal medication phr. 한약
- □ employ v. 일을 주다, 고용하다
- □ instructional adj. 교육상의, 교육적인
- □ lecture n. 강의, 강연
- □ condition n. 질환, 문제, 상태
- □ primarily adv. 주로
- □ auditorium n. 강당
- □ treatment n. 치료(법), 처치
- □ needle therapy phr. 침술
- □ back pain phr. 요통
- □ extension n. 내선 번호

지문 2
- □ advanced adj. 고급의, 상급의
- □ possibly adv. 될 수 있는 한
- □ alternative medicine phr. 대체 의학
- □ previous adj. 이전의
- □ enroll v. 등록하다, 입학 절차를 밟다

지문 3
- □ assignment n. 업무, 과제, 임무
- □ the latter phr. (둘 중에서) 후자(의)
- □ forward v. 전달하다, 보내다
- □ instructor n. 강사, 교사
- □ edit v. 편집하다, 수정하다
- □ in advance phr. (사)전에, 미리
- □ filming n. 촬영
- □ footage n. 자료 영상, 장면, 영화

196

What type of work does Dr. Shen currently do?

(A) She develops medications for a company.
(B) She supervises projects at a university.
(C) She operates a physical therapy clinic.
(D) She writes health-care textbooks.

Dr. Shen은 현재 어떤 종류의 일을 하는가?

(A) 기업을 위해 약제를 개발한다.
(B) 대학에서 프로젝트를 지휘한다.
(C) 물리치료 병원을 운영한다.
(D) 보건 교과서를 집필한다.

■ 육하원칙 What   정답 (B)

Dr. Shen이 현재 어떤(What) 종류의 일을 하는지를 묻는 육하원칙 문제이므로 질문의 핵심 어구인 type of work ~ Dr. Shen currently do와 관련된 내용이 언급된 첫 번째 지문인 공고에서 관련 내용을 확인한다. 공고의 'she has been employed by KUEM, where she leads ~ research projects'에서 그녀, 즉 Dr. Shen은 KUEM에서 일해 왔고 그곳에서 연구 프로젝트를 이끌고 있다고 했으므로 (B)가 정답이다.

바꾸어 표현하기
leads 이끌다 → supervises 지휘하다

어휘 medication n. 약제, 약 physical therapy phr. 물리치료

According to the announcement, what is NOT a booking method for the upcoming lecture?

(A) Visiting an office
(B) Calling a number
(C) Completing an online form
(D) Sending an e-mail

공고에 따르면, 곧 있을 강연을 위한 예약 방법이 아닌 것은?

(A) 사무실 방문하기
(B) 전화 걸기
(C) 온라인 양식 작성하기
(D) 이메일 발송하기

■ **Not/True** Not 문제   정답 (C)

질문의 핵심 어구인 a booking method for the upcoming lecture와 관련된 내용을 지문에서 찾아 각 보기와 대조하는 Not/True 문제이므로 강의 예약 방법이 언급된 첫 번째 지문인 공고에서 관련 내용을 확인한다. (A), (B), (D)는 'please make a booking by visiting the school events office, dialing extension #364, or sending an e-mail to Jayne Marche'에서 교내 행사 사무실을 방문하거나 내선 번호 #364로 전화하거나 또는 Jayne Marche에게 이메일을 보내서 예약하라고 했으므로 지문의 내용과 일치한다. (C)는 지문에 언급되지 않은 내용이다. 따라서 (C)가 정답이다.

What is indicated about Dr. Higgins's students?

(A) They are in their final year of a medical program.
(B) They are exchange students from another university.
(C) They will be submitting reports following a talk.
(D) They will attend a lecture free of charge.

Dr. Higgins의 학생들에 대해 암시되는 것은?

(A) 의학 과정의 마지막 학년에 있다.
(B) 타 대학에서 온 교환 학생이다.
(C) 강연 후에 보고서를 제출할 것이다.
(D) 무료로 강연에 참석할 것이다.

■ **추론** 연계 문제   정답 (D)

세 지문 중 두 지문의 내용을 종합적으로 확인한 후 추론해서 풀어야 하는 연계 문제이다. 질문의 핵심 어구인 Dr. Higgins's students와 관련된 내용이 언급된 첫 번째 이메일을 먼저 확인한다.

단서 1 두 번째 지문(이메일)의 'I'm teaching an advanced course in alternative medicine here at BRMS, and nine students are currently enrolled. I'd like to make a reservation for all ten of us to attend Dr. Shen's upcoming lecture.'에서 저, 즉 Dr. Higgins는 여기 BRMS에서 대체 의학의 고급 과정을 가르치고 있고 현재 9명의 학생이 등록되어 있으며, 곧 있을 Dr. Shen의 강연에 10명이 모두 참석할 수 있도록 예약하고 싶다고 했다. 그런데 이 학생들과 Dr. Shen의 강연에 대한 세부 정보가 제시되지 않았으므로 공고에서 관련 내용을 확인한다.

단서 2 첫 번째 지문(공고)의 'The lecture is free for all instructional staff and students at BRMS'에서 강연은 BRMS의 모든 교수진과 학생들에게 무료라는 사실을 확인할 수 있다.

두 단서를 종합할 때, Dr. Higgins의 학생들은 BRMS에 등록되어 있는 학생들이므로 무료로 강연에 참석할 것이라는 사실을 추론할 수 있다. 따라서 (D)가 정답이다.

어휘 program n. (학업) 과정 following prep. ~ 후에, ~의 다음에 free of charge phr. 무료로

What will happen at the end of Dr. Shen's lecture?

(A) A video will be shown.
(B) Questions will be responded to.
(C) Assignments will be given.
(D) Certificates will be presented.

Dr. Shen의 강연 마지막에 무슨 일이 일어날 것인가?

(A) 영상이 상영될 것이다.
(B) 질문이 답변될 것이다.
(C) 과제가 주어질 것이다.
(D) 수료증이 수여될 것이다.

■ **육하원칙** What   정답 (B)

Dr. Shen의 강연 마지막에 무슨(What) 일이 일어날 것인지를 묻는 육하원칙 문제이므로 질문의 핵심 어구인 happen at the end of Dr. Shen's lecture와 관련된 내용이 언급된 두 번째 이메일을 확인한다. 두 번째 이메일의 'the lecture will last for about an hour and a half, and it will be followed by a question-and-answer session that should take 30 minutes'에서 강연이 약 1시간 반 정도 계속되고 30분 정도의 질의응답 시간이 이어질 것이라고 했으므로 (B)가 정답이다.

바꾸어 표현하기
a question-and-answer session 질의응답 시간 → Questions will be responded to 질문이 답변될 것이다

어휘 certificate n. 수료증, 증명서 present v. 수여하다, 주다, 제시하다

What will Ms. Marche most likely do after September 4?

(A) Share a video recording with Dr. Higgins
(B) Attend a special medical seminar at KUEM
(C) Extend another invitation to Dr. Shen
(D) Meet with a department head at BRMS

Ms. Marche는 9월 4일 이후에 무엇을 할 것 같은가?

(A) Dr. Higgins에게 녹화 영상을 공유한다
(B) KUEM에서의 특별 의학 세미나에 참석한다
(C) Dr. Shen에게 또 다른 초대장을 보낸다
(D) BRMS의 학과장을 만난다

■ 추론 연계 문제   정답 (A)

세 지문 중 두 지문의 내용을 종합적으로 확인한 후 추론해서 풀어야 하는 연계 문제이다. 질문의 핵심 어구인 Ms. Marche가 작성한 두 번째 이메일을 먼저 확인한다.

단서 1 두 번째 이메일의 'A BRMS instructor has requested that a video be recorded of the lecture taking place on September 4.'에서 BRMS의 강사가 9월 4일에 열리는 강연을 녹화해 달라고 요청했다고 한 후, 'Try to finish editing the footage within three days ~. I will ~ forward it to the instructor who requested it.'에서 사흘 안에 자료 영상의 편집을 완료하도록 노력해 달라며 저, 즉 Ms. Marche가 그것을 요청했던 강사에게 전달할 것이라고 했다. 그런데 강연 녹화를 요청한 강사가 누구인지 제시되지 않았으므로 첫 번째 이메일에서 관련 내용을 확인한다.

단서 2 첫 번째 이메일의 'I was wondering if anyone will be making a video of the lecture. I would like to possibly share her talk with future students.'에서 저, 즉 Dr. Higgins는 누군가가 그 강연을 녹화할 것인지 궁금해하고 있었다며 될 수 있는 한 강연을 향후의 학생들과 공유하고 싶다고 한 사실을 확인할 수 있다.

두 단서를 종합할 때, Ms. Marche는 9월 4일에 진행되는 강연 영상의 편집이 완료된 후에 녹화를 요청했던 Dr. Higgins에게 녹화 영상을 공유할 것이라는 사실을 추론할 수 있다. 따라서 (A)가 정답이다.

바꾸어 표현하기
forward 전달하다 → Share 공유하다

어휘 extend an invitation phr. 초대장을 보내다, 초대하다

TEST 06

PART 5

101

It is wise to prepare ------- for retirement by investing in a pension plan.

(A) whose
(B) whichever
(C) theirs
(D) oneself

연금 제도에 투자함으로써 은퇴를 대비해 스스로를 준비하는 것은 현명하다.

■ 재귀대명사 · 정답 (D)

'은퇴를 대비해 스스로를 준비하다'라는 문맥이 되어야 하므로 재귀대명사 (D) oneself가 정답이다. 소유격 관계대명사 (A) whose(~의)는 명사를 꾸며주는 소유격 역할을 하므로, 뒤에 꾸밈을 받는 명사가 와야 한다. 복합관계대명사 (B) whichever는 '(하나의 집단 내의, 또는 이미 언급된 것들 중) 어느 것이든'이라는 의미인데, 이 문장에서는 언급된 집단이나 항목들이 없으므로 답이 될 수 없다. 소유대명사 (C) theirs(그들의 것)는 어색한 문맥을 만든다.

어휘 **prepare** v. 준비하다 **retirement** n. 은퇴 **invest** v. 투자하다 **pension plan** phr. 연금 제도

102

No applicant for a position at Carver Financial will ------- without three years of related experience.

(A) have considered
(B) be considered
(C) being considered
(D) consider

Carver Financial사의 일자리 지원자는 3년의 관련 경력이 없으면 고려되지 않을 것이다.

■ [동사 자리] 능동태와 수동태의 구별 · 정답 (B)

조동사(will) 다음에 동사원형이 와야 하므로 동사 have의 원형을 포함하는 (A), be동사의 원형을 포함하는 (B), 동사원형 (D)가 정답의 후보이다. 동사 consider가 '고려하다'라는 의미의 타동사로 쓰였는데 빈칸 뒤에 목적어가 없고 '일자리 지원자가 3년의 관련 경력이 없으면 고려되지 않을 것이다'라는 수동의 의미이므로 수동태 (B) be considered가 정답이다. 능동태 (A)와 (D)는 답이 될 수 없다. 현재분사를 포함하는 (C)는 조동사 will 뒤에 올 수 없으므로 답이 될 수 없다.

어휘 **applicant** n. 지원자 **experience** n. 경력, 경험

103

Passengers of the LT Airlines flight to Barcelona were asked to ------- in a designated area.

(A) wait
(B) carry
(C) reserve
(D) accept

바르셀로나로 가는 LT 항공사 항공편의 승객들은 지정된 장소에서 기다리라는 요청을 받았다.

■ 동사 어휘 · 정답 (A)

'항공편의 승객들이 지정된 장소에서 기다리라는 요청을 받았다'라는 문맥이므로 동사 (A) wait(기다리다)가 정답이다. (B) carry는 '휴대하다', (C) reserve는 '예약하다', (D) accept는 '받아들이다'라는 의미이다.

어휘 **passenger** n. 승객 **designated** adj. 지정된

104

Organizing a new product launch requires ------- among departments.

(A) cooperate
(B) cooperation
(C) to cooperate
(D) cooperative

신제품 출시를 준비하는 것은 부서들 간 협조가 필요하다.

■ 명사 자리 · 정답 (B)

타동사(requires)의 목적어 자리에 올 수 있는 것은 명사이므로 명사 (B) cooperation(협조)이 정답이다. 동사 (A)와 형용사 (D)는 명사 자리에 올 수 없다. to 부정사 (C)는 동사 requires의 목적어로 본다 해도, require가 to 부정사를 취하려면 'require + 목적어 + to'가 되거나 be required to의 형태가 되어야 하므로 답이 될 수 없다. (D)를 '협동조합'이라는 의미의 명사로 본다 해도, 가산명사이므로 관사와 함께 쓰이거나 복수형으로 쓰여야 한다.

어휘 **organize** v. 준비하다, 정리하다 **launch** n. 출시 **department** n. 부서

105

The foundation's usual charitable activities were ------- suspended while it focused on assisting victims of the hurricane.

(A) evenly
(B) temporarily
(C) relatively
(D) morally

허리케인의 피해자들을 돕는 것에 초점을 맞추는 동안 그 재단의 평소 자선 활동들은 일시적으로 중단되었다.

■ 부사 어휘
정답 (B)

'자선 활동들은 일시적으로 중단되었다'라는 문맥이므로 (B) temporarily(일시적으로)가 정답이다. (A) evenly는 '고르게', (C) relatively는 '비교적', (D) morally는 '도덕적으로'라는 의미이다.

어휘 usual adj. 평소의, 평상시의 charitable adj. 자선(단체)의, 자선을 베푸는 suspend v. 중단하다, 매달다 focus on phr. ~에 초점을 맞추다, 주력하다
assist v. 돕다, 거들다 victim n. 피해자, 희생자 hurricane n. 허리케인, 대폭풍

106

Median Bank follows strict guidelines for the ------- of its customers' private information.

(A) profit
(B) advice
(C) connection
(D) protection

Median 은행은 고객들의 개인 정보 보호를 위해 엄격한 지침을 따른다.

■ 명사 어휘
정답 (D)

'Median 은행은 고객들의 개인 정보 보호를 위해 엄격한 지침을 따른다'라는 문맥이므로 명사 (D) protection(보호)이 정답이다. (A) profit은 '수익', (B) advice는 '조언', (C) connection은 '연결'이라는 의미이다.

어휘 strict adj. 엄격한 guideline n. 지침 private adj. 개인의

107

------- 16 companies, the City of Orlando chose Flaremont Construction to build the new sports stadium.

(A) Out of
(B) In front of
(C) Nearby
(D) Through

16개 회사 중에서, 올랜도시는 새로운 스포츠 경기장을 짓도록 Flaremont 건설사를 선정했다.

■ 전치사 선택 기타
정답 (A)

'16개 회사 중에서, 올랜도시는 새로운 스포츠 경기장을 짓도록 Flaremont 건설사를 선정했다'라는 의미가 되어야 하므로 전치사 (A) Out of(~ 중에서)가 정답이다. (B) In front of는 '~ 앞에', (C) Nearby는 '~의 가까이에'라는 의미로 위치를, (D) Through는 '~을 통과하여'라는 의미로 방향을 나타낸다.

어휘 choose v. 선정하다, 선택하다 sports stadium phr. 경기장

108

The weather forecast for December 14 calls for a cold wave, so people should dress -------.

(A) accordingly
(B) eagerly
(C) invitingly
(D) ultimately

12월 14일의 일기예보가 한파를 예보하므로, 사람들은 그에 맞춰 옷을 입어야 한다.

■ 부사 어휘
정답 (A)

'일기예보가 한파를 예보하므로 사람들은 그에 맞춰 옷을 입어야 한다'라는 문맥이므로 부사 (A) accordingly(그에 맞춰)가 정답이다. (B) eagerly는 '열성적으로', (C) invitingly는 '매력적으로', (D) ultimately는 '궁극적으로'라는 의미이다.

어휘 weather forecast phr. 일기예보 call for phr. (날씨를) 예보하다 cold wave phr. 한파

○○○●○
중

A trade show representative called each participant a month before the event ------- their attendance.

(A) confirm　　　　　　　(B) to confirm
(C) will confirm　　　　　(D) is confirming

무역 박람회 직원은 참석을 확인하기 위해 행사 한 달 전에 각 참가자에게 전화했다.

■ [수식어 거품을 이끌 수 있는 것] to 부정사의 역할　　　　　　　　　　　　　　　　　　　정답 (B)

이 문장은 주어(A trade show representative), 동사(called), 목적어(each participant)를 갖춘 완전한 절이므로, ___ their attendance는 수식어 거품으로 보아야 한다. '참석을 확인하기 위해'라는 의미의 목적을 나타내는 to 부정사 (B) to confirm이 정답이다. 동사 (A), (C), (D)는 수식어 거품을 이끌 수 없고, before(~ 하기 전에)를 부사절 접속사로 보고 빈칸이 주어(the event)에 따른 동사 자리라고 하더라도 '행사가 참석을 확인하다/확인할 것이다/확인하고 있다'라는 어색한 문맥을 만든다.

어휘　trade show phr. 무역 박람회　representative n. 직원, 대표　participant n. 참가자　attendance n. 참석, 출석

○○○○○
하

According to a recent report, Keller Auto is one of the ------- manufacturers of car tires in Australia.

(A) led　　　　　　　　　(B) leaders
(C) leading　　　　　　　(D) leads

최근의 보고서에 따르면, Keller Auto사는 호주의 선두적인 자동차 타이어 제조사들 중 한 곳이다.

■ 형용사 자리　　　　　　　　　　　　　　　　　　　　　　　　　　　　　　　　　　　정답 (C)

빈칸 뒤의 명사(manufacturers)를 꾸밀 수 있는 것은 형용사이므로 형용사 역할을 하는 과거분사 (A)와 형용사 (C)가 정답의 후보이다. '호주의 선두적인 자동차 타이어 제조사들 중 한 곳이다'라는 의미가 되어야 하므로 형용사 (C) leading(선두적인)이 정답이다. 동사 lead(이끌다)의 과거분사 (A)는 '호주의 이끌어진 자동차 타이어 제조사들 중 한 곳이다'라는 어색한 문맥을 만든다. 명사 (B)를 써서 leaders manufacturers를 복합 명사로 본다 해도, 복합 명사를 복수형으로 만들 때는 뒤의 명사에 -(e)s를 붙여야 하므로 답이 될 수 없다. 동사 (D)는 형용사 자리에 올 수 없다.

어휘　manufacturer n. 제조사

○○○●○
상

The art historian did copious research while trying to ------- the painting as an original.

(A) adapt　　　　　　　　(B) generate
(C) authenticate　　　　　(D) commission

미술사학자는 그 그림이 원본인 것을 증명하려고 하는 동안 많은 연구를 했다.

■ 동사 어휘　　　　　　　　　　　　　　　　　　　　　　　　　　　　　　　　　　　　정답 (C)

'미술사학자는 그 그림이 원본인 것을 증명하려고 하는 동안 많은 연구를 했다'라는 문맥이므로 동사 (C) authenticate((미술품 등이) 진짜임을 증명하다)가 정답이다. (A) adapt는 '조정하다', (B) generate는 '발생시키다', (D) commission은 '의뢰하다, 주문하다'라는 의미이다.

어휘　historian n. 사학자　copious adj. 많은, 풍부한　research n. 연구　original n. 원본, 원작; adj. 원본의

○○○●○
중

By lowering the price of its streaming service, Jolio Inc. aims to reach customers ------- its existing market.

(A) beyond　　　　　　　(B) aboard
(C) after　　　　　　　　(D) between

스트리밍 서비스의 가격을 낮춤으로써, Jolio사는 기존 시장의 범위를 넘어서 고객들에게 닿는 것을 목표로 한다.

■ 전치사 선택 기타　　　　　　　　　　　　　　　　　　　　　　　　　　　　　　　　정답 (A)

'Jolio사는 기존 시장의 범위를 넘어서 고객들에게 닿는 것을 목표로 한다'라는 의미가 되어야 하므로 전치사 (A) beyond(~의 범위를 넘어서)가 정답이다. (B) aboard는 '~을 타고'라는 의미로 위치를, (C) after는 '~ 후에'라는 의미로 시점을 나타낸다. (D) between은 '~ 사이에'라는 의미로 두 개의 대상 사이의 관계나 위치, 또는 시간을 나타내며 보통 between A and B(A와 B 사이에)의 형태로 쓰인다.

어휘　lower v. 낮추다　aim v. 목표로 하다　reach v. ~에 닿다　existing adj. 기존의

113
○○○●○ 중

Gymnast Anna Stamos will replace the ------- brand ambassador of Knobel breakfast cereal.

(A) gradual (B) extreme
(C) current (D) entire

체조 선수 Anna Stamos는 Knobel 아침 식사 시리얼의 현재의 브랜드 홍보대사를 대신할 것이다.

■ 형용사 어휘 정답 (C)

'체조 선수 Anna Stamos는 Knobel 아침 식사 시리얼의 현재의 브랜드 홍보대사를 대신할 것이다'라는 문맥이므로 형용사 (C) current(현재의)가 정답이다. (A) gradual은 '점진적인', (B) extreme은 '극도의', (D) entire는 '전체의'라는 의미이다.

어휘 gymnast n. 체조 선수 replace v. 대신하다, 대체하다 ambassador n. 홍보대사

114
○○○●○ 상

Thanks to hours of practice, the sales team was able to ------- present its proposal to the client.

(A) confide (B) confident
(C) confiding (D) confidently

몇 시간의 연습 덕분에, 영업팀은 고객에게 자신 있게 제안서를 제시할 수 있었다.

■ 부사 자리 정답 (D)

빈칸 뒤에서 to 부정사를 완성하는 동사원형(present)을 꾸밀 수 있는 것은 부사이므로 부사 (D) confidently(자신 있게)가 정답이다. 동사 (A), 형용사 (B), 동명사 또는 현재분사 (C)는 동사를 꾸밀 수 없다. present를 '선물'이라는 의미의 명사로 생각해 (A)를 to 부정사를 완성하는 동사원형으로 본다 해도, present는 가산 명사이므로 관사와 함께 쓰이거나 복수형으로 쓰여야 한다.

어휘 practice n. 연습, 실습; v. 연습하다 present v. 제시하다, 보여주다; n. 선물 proposal n. 제안(서) confide v. 맡기다, 비밀을 털어놓다 confident adj. 자신 있는, 확신하는

115
○○○●○ 중

Shipping within the United States is free for Buyer's Club members, but international shipping will require paying an ------- fee.

(A) opportune (B) intentional
(C) additional (D) exchangeable

Buyer's 클럽 회원들에게 미국 내 배송은 무료이지만, 국제 배송은 추가 요금을 지불하는 것을 필요로 할 것이다.

■ 형용사 어휘 정답 (C)

'Buyer's 클럽 회원들에게 미국 내 배송은 무료이지만, 국제 배송은 추가 요금을 지불하는 것을 필요로 할 것이다'라는 문맥이므로 형용사 (C) additional(추가의)이 정답이다. (A) opportune은 '시의적절한', (B) intentional은 '의도적인', (D) exchangeable은 '교환할 수 있는'이라는 의미이다.

어휘 international adj. 국제의 require v. 필요로 하다, 요구하다

116
○○○●○ 중

Charging machines for electric cars will be installed in gas stations ------- the country.

(A) across (B) opposite
(C) toward (D) onto

전기차 충전기가 전국의 주유소에 설치될 것이다.

■ 전치사 선택 방향 정답 (A)

'전기차 충전기가 전국의 주유소에 설치될 것이다'라는 의미가 되어야 하므로 방향을 나타내는 전치사 (A) across(~의 전역에 걸쳐)가 정답이다. (B) opposite는 '~ 건너편에'라는 의미로 위치를 나타낸다. (C) toward는 '~ 쪽으로', (D) onto는 '~ 위로'라는 의미로 방향을 나타낸다.

어휘 charging n. 충전

117

The escalators at Davidson Station are subject to ------- inspection to ensure they are working properly.

(A) routinely　　　　　(B) routine
(C) routines　　　　　(D) routinize

Davidson역의 에스컬레이터는 제대로 작동하는지 확실하게 하기 위해 정기적인 점검의 대상이다.

■ **형용사 자리**　　　　　　　　　　　　　　　　　　　　　　　정답 (B)

빈칸 뒤의 명사(inspection)를 꾸밀 수 있는 것은 형용사이므로 형용사 (B) routine(정기적인)이 정답이다. 부사 (A), 명사 (C), 동사 (D)는 명사를 꾸밀 수 없다. 명사 (C)를 써서 routines inspection을 복합 명사로 본다 해도, 복합 명사를 복수형으로 만들 때는 뒤의 명사에 -(e)s를 붙여야 하므로 답이 될 수 없다.

어휘　be subject to phr. ~의 대상이다　inspection n. 점검, 검사　ensure v. 확실하게 하다　properly adv. 제대로
　　　routinely adv. 정기적으로, 일상적으로　routinize v. 일상화하다

118

------- resident of West Bay who earns less than $25,000 a year is eligible to apply for housing assistance.

(A) Most　　　　　　　(B) Those
(C) Any　　　　　　　(D) All

일 년에 25,000달러 미만을 버는 어느 West Bay 주민이라도 주거 지원을 신청할 자격이 있다.

■ **부정형용사**　　　　　　　　　　　　　　　　　　　　　　　정답 (C)

빈칸 뒤의 단수 가산 명사(resident)를 꾸밀 수 있는 부정형용사 (C) Any(어느 ~라도, 어떠한)가 정답이다. 수량 표현 (A)와 (D)는 복수 가산 명사나 불가산 명사 앞에 오며, 지시대명사 (B)는 복수 가산 명사 앞에 온다.

어휘　resident n. 주민　earn v. 벌다, 얻다　be eligible to phr. ~할 자격이 있다　housing assistance phr. 주거 지원

119

The advertisements for the new stove place an ------- on its appearance and ease of use.

(A) order　　　　　　　(B) emphasis
(C) investment　　　　(D) observation

새로운 난로를 위한 광고는 외관과 사용 편의성에 중점을 둔다.

■ **명사 관련 어구**　　　　　　　　　　　　　　　　　　　　　정답 (B)

'새로운 난로를 위한 광고는 외관과 사용 편의성에 중점을 둔다'라는 문맥이므로 빈칸 앞의 동사(place)와 뒤의 전치사(on)와 함께 '~에 중점을 두다'라는 의미의 어구 place an emphasis on을 만드는 명사 (B) emphasis(중점)가 정답이다. (A) order는 '순서, 명령', (C) investment는 '투자', (D) observation은 '관찰'이라는 의미이다.

어휘　stove n. 난로　appearance n. 외관, 겉모습　ease n. 편의성, 용이함

120

The partnership between Farrco and Slansea, Inc. will ------- benefit the firms by making them more competitive.

(A) strategy　　　　　(B) strategize
(C) strategic　　　　　(D) strategically

Farrco사와 Slansea사의 제휴는 그들을 더 경쟁력 있게 만듦으로써 회사들에 전략적으로 이익을 줄 것이다.

■ **부사 자리**　　　　　　　　　　　　　　　　　　　　　　　정답 (D)

조동사(will)와 동사원형(benefit) 사이에 와서 동사를 꾸며줄 수 있는 부사 (D) strategically(전략적으로)가 정답이다. 명사 (A), 동사 (B), 형용사 (C)는 동사를 꾸밀 수 없다.

어휘　partnership n. 제휴, 협력　benefit v. 이익을 주다; n. 이익, 이득　competitive adj. 경쟁력 있는　strategy n. 전략, 계획　strategize v. 전략을 짜다
　　　strategic adj. 전략적인, 전략상 중요한

121

○●●●●
상

The Mill Creek Community Center started a cleanup ------- to get rid of litter around town.

(A) status   (B) initiative
(C) declaration   (D) compliance

Mill Creek 지역 문화 센터는 도시 주변의 쓰레기를 치우기 위한 대청소 계획을 시작했다.

■ **명사 어휘**   정답 (B)

'지역 문화 센터는 도시 주변의 쓰레기를 치우기 위한 대청소 계획을 시작했다'라는 문맥이므로 명사 (B) initiative(계획)가 정답이다. (A) status는 '지위, 신분', (C) declaration은 '선언', (D) compliance는 '준수'라는 의미이다.

어휘   community center phr. 지역 문화 센터   get rid of phr. ~을 치우다, 없애다   litter n. 쓰레기

122

○●●●●
상

Due to ------- economic conditions, the company may decide to stop hiring employees.

(A) worst   (B) worsen
(C) worsens   (D) worsening

악화되고 있는 경제 상황 때문에, 그 회사는 직원들을 고용하는 것을 중단하기로 결정할 수도 있다.

■ **형용사 자리**   정답 (D)

빈칸 뒤의 명사(economic conditions)를 꾸밀 수 있는 것은 형용사이므로 형용사의 최상급 (A)와 형용사 역할을 하는 현재분사 (D)가 정답의 후보이다. '악화되고 있는 경제 상황 때문에 그 회사는 직원들을 고용하는 것을 중단하기로 결정할 수도 있다'라는 의미가 되어야 하므로 동사 worsen(악화되다)의 현재분사 (D) worsening이 정답이다. 형용사의 최상급 (A) worst(최악의)도 해석상 그럴듯해 보이지만, '최상급 + 명사' 앞에는 주로 the가 와야 하고 문장에 여러 비교 대상이 없으므로 답이 될 수 없다. 동사 (B)와 (C)는 명사를 꾸밀 수 없다.

어휘   due to phr. ~ 때문에   condition n. 상황, 조건

123

○○●●●
중

The valet attendant at the Six Stars Hotel was unsure ------- car belonged to Mr. Carlton.

(A) whom   (B) as
(C) both   (D) which

Six Stars 호텔의 주차 담당 안내원은 어느 차가 Mr. Carlton의 것인지 확신하지 못했다.

■ **명사절 접속사** 의문사 which   정답 (D)

동사(was unsure)의 목적어 역할을 하는 명사절(___ car ~ Mr. Carlton)을 이끌 수 있는 명사절 접속사 (A)와 (D)가 정답의 후보이다. 빈칸 뒤에 명사(car)가 있고, '어느 차가 Mr. Carlton의 것인지 확신하지 못했다'라는 의미가 되어야 하므로 car와 함께 명사절의 주어 역할을 하는 의문형용사 (D) which가 정답이다. 의문대명사 (A) whom은 명사절을 이끌며, 그 자체가 명사절의 주어, 목적어, 보어 역할을 하므로 뒤에 주어, 목적어 또는 보어가 없는 불완전한 절이 와야 한다. 부사절 접속사 (B) as가 수식어 거품절을 이끄는 구조로 본다 하더라도 car는 가산 명사이므로 관사와 함께 쓰이거나 복수형으로 쓰여야 한다. 수량 표현 (C) both(둘 다)는 명사절을 이끌 수 없다.

어휘   valet n. 주차 담당자   attendant n. 안내원   unsure adj. 확신하지 못하는   belong to phr. ~의 것이다, ~에 속하다

124

○●●●●
상

Mr. Grady is training the new staff members on how to handle ------- clients in a calm manner.

(A) demanding   (B) measured
(C) suitable   (D) sparse

Mr. Grady는 신입 사원들에게 요구가 많은 고객들을 침착한 태도로 다루는 방법을 교육하고 있다.

■ **형용사 어휘**   정답 (A)

'Mr. Grady는 신입 사원들에게 요구가 많은 고객들을 침착한 태도로 다루는 방법을 교육하고 있다'라는 문맥이므로 형용사 (A) demanding (요구가 많은)이 정답이다. (B) measured는 '신중한, 침착한', (C) suitable은 '적절한, 적합한', (D) sparse는 '드문, 희박한'이라는 의미이다.

어휘   train v. 교육하다, 훈련하다   handle v. 다루다   calm adj. 침착한   manner n. 태도

125

Joseph Baker will accept the promotion ------- he gets the 20 percent raise he asked for.

(A) only if
(B) furthermore
(C) other than
(D) apart from

Joseph Baker는 오직 그가 요구한 20퍼센트의 임금 인상을 받는 경우에만 승진을 수락할 것이다.

■ **[수식어 거품을 이끄는 것] 부사절 접속사** 조건　　　　　　　　　　정답 (A)

이 문장은 주어(Joseph Baker), 동사(will accept), 목적어(the promotion)를 갖춘 완전한 절이므로, ___ ~ asked for는 수식어 거품으로 보아야 한다. 이 수식어 거품은 동사(gets)가 있는 거품절이므로, 거품절을 이끌 수 있는 부사절 접속사 (A) only if(오직 ~하는 경우에만)가 정답이다. 접속부사 (B) furthermore(~뿐만 아니라)는 거품절을 이끌 수 없다. 전치사 (C) other than(~ 이외에)과 (D) apart from(~을 제외하고)은 거품절이 아닌 거품구를 이끈다.

어휘　promotion n. 승진　raise n. (임금) 인상; v. 인상하다

126

Each year, every employee at Corehouse Technics undergoes a performance -------.

(A) evaluator
(B) evaluating
(C) to evaluate
(D) evaluation

매년, Corehouse Technics사의 모든 직원은 성과 평가를 받는다.

■ **복합 명사**　　　　　　　　　　정답 (D)

빈칸이 명사(performance) 뒤에 있으므로 복합 명사(명사 + 명사)를 만드는 명사 (A)와 (D), 명사를 뒤에서 수식할 수 있는 현재분사 (B)와 to 부정사 (C) 모두가 정답의 후보이다. '모든 직원은 성과 평가를 받는다'라는 문맥이므로 빈칸 앞의 명사 performance(성과)와 함께 쓰여 '성과 평가'라는 의미의 복합 명사 performance evaluation을 만드는 명사 (D) evaluation(평가)이 정답이다. 명사 (A) evaluator, 현재분사 (B), to 부정사 (C)를 쓸 경우 각각 '모든 직원은 성과 평가자를/평가하는 성과를/평가하기 위해 성과를 받는다'라는 어색한 문맥을 만든다.

어휘　undergo v. 받다, 겪다　performance n. 성과, 업적

127

To minimize transportation costs, the company moved to an office ------- the port.

(A) per
(B) regarding
(C) near
(D) plus

운송비를 최소화하기 위해, 그 회사는 항구 가까이 사무실을 옮겼다.

■ **전치사 선택** 위치　　　　　　　　　　정답 (C)

'운송비를 최소화하기 위해 그 회사는 항구 가까이 사무실을 옮겼다'라는 의미가 되어야 하므로 전치사 (C) near(~ 가까이)가 정답이다. (A) per는 '~당', (B) regarding은 '~에 관하여', (D) plus는 '~에 더하여'라는 의미이다.

어휘　minimize v. 최소화하다　transportation costs phr. 운송비　port n. 항구

128

Rob Marshall's *Smart Investor's Guide* offers a lot of ------- insights for understanding the stock market.

(A) helped
(B) helpful
(C) helpfully
(D) help

Rob Marshall의 *Smart Investor's Guide*는 주식 시장을 이해하는 데 많은 도움이 되는 통찰력을 제공한다.

■ **형용사 자리**　　　　　　　　　　정답 (B)

빈칸 뒤의 명사(insights)를 꾸밀 수 있는 것은 형용사이므로 형용사 역할을 하는 과거분사 (A)와 형용사 (B)가 정답의 후보이다. '많은 도움이 되는 통찰력을 제공한다'라는 의미가 되어야 하므로 형용사 (B) helpful(도움이 되는)이 정답이다. 과거분사 (A) helped(도움을 받은)를 쓸 경우 '많은 도움을 받은 통찰력을 제공한다'라는 어색한 문맥이 된다. 부사 (C)와 동사 (D)는 명사를 꾸밀 수 없다.

어휘　insight n. 통찰력, 이해　stock market phr. 주식 시장

129
○○○●● 상

Attendees of the conference in October will receive more detailed information about the speakers -------.

(A) alongside (B) either
(C) further (D) beforehand

10월에 있을 회의의 참석자들은 연사들에 대한 좀 더 구체적인 정보를 사전에 받을 것이다.

■ 부사 선택 시간 부사 　　　　　　　　　　　　　　　　　　　　　　　정답 (D)

'연사들에 대한 좀 더 구체적인 정보를 사전에 받을 것이다'라는 의미가 되어야 하므로 시간을 나타내는 부사 (D) beforehand(사전에, 미리)가 정답이다. (A) alongside는 '옆에'라는 의미이다. (B) either는 '~도, 게다가'라는 의미로 정보를 덧붙일 때 쓰인다. (C) further는 '게다가, 또'라는 의미이다.

130
○○○●● 최상

The storage facility uses a system that is capable of ------- small changes in indoor air temperature.

(A) acting (B) sensing
(C) cooling (D) experimenting

저장 시설은 실내 공기 온도의 작은 변화를 감지할 수 있는 시스템을 사용한다.

■ 동사 어휘 　　　　　　　　　　　　　　　　　　　　　　　　　　　정답 (B)

'저장 시설은 실내 공기 온도의 작은 변화를 감지할 수 있는 시스템을 사용한다'라는 문맥이므로 동사 sense(감지하다)의 -ing형 (B) sensing이 정답이다. (A)의 act는 '행동하다', (C)의 cool은 '식히다', (D)의 experiment는 '실험하다'라는 의미이다.

어휘　storage n. 저장　facility n. 시설　be capable of phr. ~할 수 있다　indoor adj. 실내의　temperature n. 온도

PART 6

Questions 131-134 refer to the following advertisement.

131-134는 다음 광고에 관한 문제입니다.

Ride in Style	유행에 맞춰 타십시오
If you're a cycling enthusiast, then it's time to get on board with Bango. Not only are our helmets stylish, ------- they keep **131** you safe. The helmets are made with three layers of tough and sturdy materials for excellent impact absorption. They meet National Safety Board requirements. They also offer ------- for regular riders. -------, they fold neatly into a compact **132** **133** size for easy storage. There is simply no excuse not to try a Bango helmet today. -------. If you buy one at full price, you **134** will receive a second helmet at 50 percent off. Check out www.bangohelmets.com, and start your next cycling journey with Bango.	만약 당신이 자전거 타기의 열광적인 팬이라면, Bango와 함께 탑승할 때입니다. **131** 저희 헬멧은 유행을 따를 뿐만 아니라, 당신을 안전하게도 해드립니다. 헬멧은 충격 흡수 작용이 뛰어난 튼튼하고 견고한 소재 세 겹으로 만들어집니다. 그것들은 국가안전위원회 자격 요건을 충족합니다. **132** 그것들은 일반 라이더들을 위한 편리함도 제공합니다. **133** 예를 들어, 그것들은 손쉬운 보관을 위해 작은 크기로 깔끔하게 접게 되어 있습니다. 오늘 Bango 헬멧을 써보지 않을 변명의 여지가 전혀 없습니다. **134** 지금 바로 그것을 구입하시고 특별 판촉 행사를 이용하십시오. 만약 정가로 사신다면, 50퍼센트 할인된 가격으로 두 번째 헬멧을 받으실 것입니다. www.bangohelmets.com을 확인하시고, Bango와 함께 다음 자전거 여행을 시작하십시오.

131 (A) why
(B) but
(C) than
(D) or

132 (A) speed
(B) assistance
(C) durability
(D) convenience

133 (A) For example
(B) Conversely
(C) If so
(D) Otherwise

134 (A) Don't forget to sign up for the safety workshop.
(B) Get one now and take advantage of a special promotion.
(C) Find the widest variety of brands by shopping online.
(D) Our repair shop is located right across from the mall.

어휘 **enthusiast** n. 열광적인 팬 **stylish** adj. 유행을 따르는, 멋진 **layer** n. 겹, 층 **tough** adj. 튼튼한 **sturdy** adj. 견고한 **material** n. 소재, 재료 **excellent** adj. 뛰어난, 훌륭한 **impact** n. 충격, 영향 **absorption** n. 흡수 (작용) **meet** v. 충족하다 **requirement** n. 자격 요건, 조건 **neatly** adv. 깔끔하게, 단정하게 **compact** adj. 작은, 소형의 **storage** n. 보관, 저장 **simply** adv. 전혀, 절대로 **excuse** n. 변명, 이유 **journey** n. 여행

131 ■ 상관접속사

'헬멧은 유행을 따를 뿐만 아니라 안전하게도 해준다'라는 문맥이므로 빈칸 앞의 Not only와 함께 상관접속사 not only A but (also) B(A뿐만 아니라 B도)를 만드는 (B) but이 정답이다. 의문부사 (A), 접속사 (C)와 (D)는 Not only와 함께 쓰일 수 없다.

132 ■ 명사 어휘 주변 문맥 파악

'그것들은 일반 라이더들을 위한 ___도 제공한다'라는 문맥이므로 모든 보기가 정답의 후보이다. 빈칸이 있는 문장만으로는 정답을 고를 수 없으므로 주변 문맥이나 전체 문맥을 파악한다. 뒤 문장에서 그것들은 손쉬운 보관을 위해 작은 크기로 깔끔하게 접게 되어 있다고 했으므로 일반 라이더들을 위한 편리함을 제공하는 것을 알 수 있다. 따라서 명사 (D) convenience(편리함)가 정답이다. (A) speed는 '속도', (B) assistance는 '도움, 지원', (C) durability는 '내구성'이라는 의미이다.

133 ■ 접속부사 주변 문맥 파악

빈칸이 콤마와 함께 문장의 맨 앞에 온 접속부사 자리이므로, 앞 문장과 빈칸이 있는 문장의 의미 관계를 파악하여 정답을 선택한다. 앞 문장에서 그것들은 일반 라이더들을 위한 편리함도 제공한다고 했고, 빈칸이 있는 문장에서 그것들은 손쉬운 보관을 위해 작은 크기로 깔끔하게 접게 되어 있다고 했으므로 앞 문장에 대한 예시를 나타낼 때 사용되는 접속부사 (A) For example(예를 들어)이 정답이다. (B) Conversely는 '정반대로', (C) If so는 '만일 그렇다면', (D) Otherwise는 '그렇지 않으면'이라는 의미로 빈칸에 쓸 경우 어색한 문맥이 된다.

134 ■ 알맞은 문장 고르기

빈칸에 들어갈 알맞은 문장을 고르는 문제이므로 주변 문맥 또는 전체 문맥을 파악한다. 앞 문장 'There is simply no excuse not to try a Bango helmet today.'에서 오늘 Bango 헬멧을 써보지 않을 변명의 여지가 전혀 없다고 했고, 뒤 문장 'If you buy one at full price, you will receive a second helmet at 50 percent off.'에서 만약 정가로 산다면 50퍼센트 할인된 가격으로 두 번째 헬멧을 받을 거라고 했으므로 빈칸에는 Bango 헬멧을 구매할 때의 혜택과 관련된 내용이 들어가야 함을 알 수 있다. 따라서 (B) Get one now and take advantage of a special promotion이 정답이다.

보기 해석
(A) 안전 워크숍에 등록하는 것을 잊지 마십시오.
(B) 지금 바로 그것을 구입하시고 특별 판촉 행사를 이용하십시오.
(C) 온라인에서 쇼핑함으로써 가장 다양한 종류의 브랜드를 찾아보세요.
(D) 저희 수리점은 쇼핑몰 바로 건너편에 있습니다.

어휘 safety n. 안전 take advantage of phr. ~을 이용하다 promotion n. 판촉 행사, 판촉물 repair shop phr. 수리점, 정비소

Questions 135-138 refer to the following e-mail.

135-138은 다음 이메일에 관한 문제입니다.

From: Hampton Institute
      <accountmanage@hamptoninstitute.org>
To: Kate Whitman <k.whitman@braxton.ca>
Subject: Payment Plan
Date: May 25

Dear Ms. Whitman,

This message is to confirm your ------- for Hampton Institute's
                135
coding seminar from June 30 through August 31. Since you
have signed up to pay in installments, you will be charged
on a monthly basis. -------. At any time, you are free to -------
           136   **137**
the payment plan. To do this, simply log in to your account
and select "Change plan." You can also do this <u>here</u>. Please
note that the longest plan we offer is for 18 months. E-mail
me right away if you have any -------. I am always happy to
                         138
help.

Best,
Hampton Institute Account Management Team

발신: Hampton 교육원
      <accountmanage@hamptoninstitute.org>
수신: Kate Whitman <k.whitman@braxton.ca>
제목: 결제 방식
날짜: 5월 25일

Ms. Whitman께,

135 이 메시지는 6월 30일부터 8월 31일까지 Hampton 교육원의 코딩 세미나에 귀하의 등록을 확인하기 위한 것입니다. 할부로 등록하셨기 때문에, 귀하께서는 월 단위로 청구 받으실 것입니다. **136** 첫 번째 청구서는 7월 1일에 이메일로 발송될 것입니다. **137** 언제든지, 귀하께서는 결제 방식을 변경하시면 됩니다. 그렇게 하시려면, 귀하의 계정에 간단히 로그인하시고 "방식 변경"을 선택하세요. 여기에서도 하실 수 있습니다. 저희가 제공하는 가장 긴 할부가 18개월 동안임을 알아두시기 바랍니다. **138** 어려움이 있으시면 바로 제게 이메일을 보내주십시오. 항상 기쁘게 도와드리겠습니다.

Hampton 교육원 계정 관리팀 드림

---

135 (A) enrolls
    (B) enrollment
    (C) enroll
    (D) enrolled

136 (A) The system needs to be checked for errors
        immediately.
    (B) The discount will be available for a limited time only.
    (C) The first invoice will be sent by e-mail on July 1.
    (D) Please check in at the reception desk for your
        student ID.

137 (A) modify
    (B) begin
    (C) approve
    (D) request

138 (A) options
    (B) difficulties
    (C) symptoms
    (D) referrals

어휘　**payment plan** phr. 결제 방식　**confirm** v. 확인하다, 확정하다　**sign up** phr. 등록하다　**pay in installments** phr. 할부하다
　　　charge v. (요금·값을) 청구하다　**basis** n. 단위, 기준　**account** n. 계정, 계좌

135 ■ 명사 자리 정답 (B)

빈칸 앞의 소유격 인칭대명사(your)의 꾸밈을 받을 수 있는 것은 명사이므로 명사 (B) enrollment(등록)가 정답이다. 동사 (A), (C), (D)는 명사 자리에 올 수 없다.

136 ■ 알맞은 문장 고르기 정답 (C)

빈칸에 들어갈 알맞은 문장을 고르는 문제이므로 주변 문맥 또는 전체 문맥을 파악한다. 앞 문장 'Since you have signed up to pay in installments, you will be charged on a monthly basis.'에서 할부로 등록했기 때문에 월 단위로 청구 받을 것이라고 했으므로 빈칸에는 할부와 관련된 세부적인 내용이 들어가야 함을 알 수 있다. 따라서 (C) The first invoice will be sent by e-mail on July 1가 정답이다.

보기 해석
(A) 시스템은 오류를 위해 즉시 확인되어야 합니다.
(B) 할인은 제한된 시간 동안만 이용 가능할 것입니다.
(C) 첫 번째 청구서는 7월 1일에 이메일로 발송될 것입니다.
(D) 학생증은 접수처에서 확인하시기 바랍니다.

어휘 immediately adv. 즉시 discount n. 할인 available adj. 이용 가능한 invoice n. 청구서, 송장 reception desk phr. 접수처

137 ■ 동사 어휘 전체 문맥 파악 정답 (A)

'언제든지, 결제 방식을 ___하면 된다'라는 문맥이므로 모든 보기가 정답의 후보이다. 빈칸이 있는 문장만으로는 정답을 고를 수 없으므로 주변 문맥이나 전체 문맥을 파악한다. 뒤 문장에서 그렇게 하려면 계정에 간단히 로그인하고 "방식 변경"을 선택하라고 했고, 뒷부분에서 제공하는 가장 긴 할부가 18개월 동안임을 알아두라고 했으므로 언제든지 결제 방식을 변경하면 된다는 것을 알 수 있다. 따라서 동사 (A) modify(변경하다)가 정답이다. (B) begin은 '시작하다', (C) approve는 '승인하다', (D) request는 '요청하다'라는 의미이다.

138 ■ 명사 어휘 주변 문맥 파악 정답 (B)

'___이 있으면 바로 자신에게 이메일을 보내라'라는 문맥이므로 모든 보기가 정답의 후보이다. 빈칸이 있는 문장만으로는 정답을 고를 수 없으므로 주변 문맥이나 전체 문맥을 파악한다. 뒤 문장에서 항상 기쁘게 도와주겠다고 했으므로 어려움이 있으면 바로 자신, 즉 Hampton 교육원에 이메일을 보내달라는 내용임을 알 수 있다. 따라서 명사 (B) difficulties(어려움)가 정답이다. (A)의 option은 '선택권', (C)의 symptom은 '증상', (D)의 referral은 '추천, 소개'라는 의미이다.

139-142는 다음 공고에 관한 문제입니다.

Lake County Animal Society to Hold Fundraising Gala

The Lake County Animal Society appreciates the contributions that have been made over the years. They have ------- the organization to provide food and shelter for **139** hundreds of animals.

Please join us for a fundraising gala on December 11 at the Morrissey Civic Center. It will be a night of fun for a good cause. -------. Admission tickets will be available for only **140** $100 each. Proceeds will ------- be used to repair the group's **141** Willoughby facility as the building's roof needs to be replaced. However, a portion will also go to expanding programs ------- people to volunteer at our shelters. These **142** campaigns are essential to maintaining community awareness of our work.

Lake 자치주 동물 협회가 모금 행사를 개최하다

Lake 자치주 동물 협회는 지난 몇 년 동안 이뤄진 공헌에 감사드립니다. **139** 그것들은 단체가 수백 마리의 동물들에게 먹이와 보호소를 제공하는 것을 할 수 있게 해주었습니다.

12월 11일에 Morrissey Civic 센터에서 열리는 모금 행사에 함께해 주십시오. 좋은 목적을 위한 즐거운 밤이 될 것입니다. **140** 참석자들은 저녁 식사와 라이브 공연을 대접받으실 것입니다. 입장권은 장당 100달러만 내면 이용 가능하실 것입니다. **141** 건물의 지붕이 교체되어야 해서 수익금은 단체의 Willoughby 시설을 수리하는 데 주로 사용될 것입니다. **142** 그러나, 일부는 또한 사람들이 저희 보호소에서 자원봉사를 하도록 장려하는 프로그램을 확장하는 데 쓰일 것입니다. 이러한 캠페인은 저희 사업에 대한 지역 사회의 관심을 유지하는 데 필수적입니다.

139 (A) known
(B) asked
(C) enabled
(D) instructed

140 (A) Our largest donation of the evening was $1,500.
(B) Members receive a newsletter every month.
(C) They will be moved to a larger facility to better accommodate them.
(D) The attendees will be treated to dinner and live entertainment.

141 (A) chiefly
(B) sometimes
(C) exclusively
(D) seldom

142 (A) encourage
(B) encouraged
(C) that encourage
(D) it can encourage

어휘 **county** n. 자치주, 군 **fundraising** n. 모금 **gala** n. 행사, 축제 **appreciate** v. 감사하다 **contribution** n. 공헌 **organization** n. 단체, 조직 **shelter** n. 보호소, 대피소 **cause** n. 목적, 대의명분; v. 야기하다 **admission** n. 입장 **proceeds** n. 수익금 **facility** n. 시설 **replace** v. 교체하다, 대체하다 **portion** n. 일부, 부분 **expand** v. 확장하다, 확대하다 **essential** adj. 필수적인, 주요한 **community** n. 지역 사회 **awareness** n. 관심, 의식

139 ■ 동사 관련 어구 주변 문맥 파악   정답 (C)

'그것들은 단체가 수백 마리의 동물들에게 먹이와 보호소를 제공하는 것을 ＿＿했다'라는 문맥이므로 모든 보기가 정답의 후보이다. 빈칸이 있는
문장만으로 정답을 고를 수 없으므로 주변 문맥이나 전체 문맥을 파악한다. 앞 문장에서 Lake 자치주 동물 협회는 지난 몇 년 동안 이뤄진 공헌
에 감사하다고 했으므로 빈칸 뒤의 전치사 to와 함께 'A가 B할 수 있게 하다'라는 의미의 어구 enable A to B를 만드는 동사 enable(~할 수 있
게 하다)의 p.p.형 (C) enabled가 정답이다. (A)의 know는 '알다', (B)의 ask는 '요청하다', (D)의 instruct는 '지시하다'라는 의미이다.

140 ■ 알맞은 문장 고르기   정답 (D)

빈칸에 들어갈 알맞은 문장을 고르는 문제이므로 주변 문맥 또는 전체 문맥을 파악한다. 앞부분에서 12월 11일에 Morrissey Civic 센터에서
열리는 모금 행사에 함께해 달라고 한 후, 앞 문장 'It will be a night of fun for a good cause.'에서 좋은 목적을 위한 즐거운 밤이 될 것이라
고 했고, 뒤 문장 'Admission tickets will be available for only $100 each.'에서 입장권은 장당 100달러만 내면 이용 가능할 것이라고 했
으므로 빈칸에는 곧 있을 모금 행사 참석과 관련된 내용이 들어가야 함을 알 수 있다. 따라서 (D) The attendees will be treated to dinner
and live entertainment가 정답이다.

보기 해석
(A) 그날 저녁 저희의 가장 큰 기부는 1,500달러였습니다.
(B) 회원들은 매달 소식지를 받습니다.
(C) 그들은 그들을 더 잘 수용하기 위한 더 큰 시설로 옮겨질 것입니다.
(D) 참석자들은 저녁 식사와 라이브 공연을 대접받으실 것입니다.

어휘   donation n. 기부 newsletter n. 소식지, 회보 accommodate v. 수용하다, 공간을 제공하다 attendee n. 참석자 treat v. 대접하다, 대우하다
      live entertainment phr. 라이브 공연

141 ■ 부사 어휘 주변 문맥 파악   정답 (A)

'건물의 지붕이 교체되어야 해서 수익금은 단체의 Willoughby 시설을 수리하는 데 ＿＿ 사용될 것이다'라는 문맥이므로 (A)와 (C)가 정답의
후보이다. 빈칸이 있는 문장만으로는 정답을 고를 수 없으므로 주변 문맥이나 전체 문맥을 파악한다. 뒤 문장에서 일부는 또한 프로그램을 확장
하는 데 쓰일 것이라고 했으므로 수익금이 단체의 시설을 수리하는 데 주로 사용되고 일부는 프로그램 확장에 사용될 것임을 알 수 있다. 따라서
부사 (A) chiefly(주로)가 정답이다. (B) sometimes는 '가끔', (C) exclusively는 '독점적으로', (D) seldom은 '거의 ~ 않는'이라는 의미
이다.

142 ■ [수식어 거품을 이끄는 것] 관계절의 자리와 쓰임   정답 (C)

이 문장은 주어(a portion), 동사(will ~ go to), 목적어(expanding programs)를 갖춘 완전한 절이므로, ＿＿ ~ shelters는 수식어 거품으
로 보아야 한다. 이 수식어 거품은 빈칸 앞의 명사(programs)를 수식하고 있으므로 명사를 수식할 수 있는 주격 관계대명사와 관계절의 동사를
포함하는 (C) that encourage가 정답이다. 동사 (A)와 (B)는 수식어 거품을 이끌 수 없다. 'it + 동사'인 (D)는 접속사 없이 절(a portion ~
programs)과 절(it can ~ shelters)을 연결할 수 없으므로 답이 될 수 없다.

Jefferson Sports Center Notice

------- April 8, the indoor pool will be closed for one week.
143
The pool needs to be completely drained before being
cleaned, repaired, and sanitized. This is an annual
procedure that is necessary to provide a safe and healthy
environment for everyone. -------, other indoor facilities will
144
remain available for use. ------- include the sauna, gym, and
145
wellness area. The outdoor pool may be used as well. We
apologize for any inconvenience the work might cause.
-------. For more news and updates, follow us on social
146
media.

Jefferson 스포츠 센터 공고

143 4월 8일부터 시행되어, 실내 수영장이 일주일간 폐쇄될
것입니다. 수영장은 청소되고, 수리되고, 살균되기 전에 완
전히 배수되어야 합니다. 이것은 모든 사람들에게 안전하고
위생적인 환경을 제공하기 위해 필요한 연간 절차입니다.
144 그동안에, 다른 실내 시설들은 계속 이용할 수 있을 것
입니다. **145** 이것들은 사우나, 체육관, 그리고 건강 관리 구
역을 포함합니다. 야외 수영장 또한 사용될 수 있을 것입니
다. 이 일이 야기할 수 있는 모든 불편에 대해 사과드립니
다. **146** 그것이 완료되면 정상 운영이 재개될 것입니다. 더
많은 소식과 업데이트를 원하시면, 소셜 미디어에서 저희를
팔로우 해 주십시오.

143 (A) Effect
(B) Effects
(C) Effectively
(D) Effective

144 (A) After all
(B) Likewise
(C) In the meantime
(D) For this reason

145 (A) Mine
(B) Our
(C) Theirs
(D) These

146 (A) Normal operations will resume once it is done.
(B) Our latest post received thousands of likes and
views.
(C) We are in the process of investigating the problem.
(D) Please report missing items to our lost-and-found
counter.

어휘 indoor adj. 실내의 completely adv. 완전히 drain v. 배수하다 repair v. 수리하다 sanitize v. 살균하다, 위생 처리하다 annual adj. 연간의
procedure n. 절차, 방법 healthy adj. 위생적인 environment n. 환경 wellness n. 건강 관리 outdoor adj. 야외의
apologize v. 사과하다, 죄송하다 inconvenience n. 불편

143 ■ 형용사 자리   정답 (D)

○○○○●
상

'4월 8일부터 시행되어, 실내 수영장이 일주일간 폐쇄될 것이다'라는 문맥이므로, 날짜와 함께 쓰여 'effective + 날짜'(~부터 시행되는)라는 관용구를 만드는 형용사 (D) Effective(시행되는)가 정답이다. 명사 (A)와 (B), 부사 (C)는 날짜(April 8)와 함께 관용구로 쓰이지 않는다.

144 ■ 접속부사 주변 문맥 파악   정답 (C)

○○○○●
상

빈칸이 콤마와 함께 문장의 맨 앞에 온 접속부사 자리이므로, 앞 문장과 빈칸이 있는 문장의 의미 관계를 파악하여 정답을 선택한다. 앞 문장에서 이것, 즉 실내 수영장 폐쇄가 모든 사람들에게 안전하고 위생적인 환경을 제공하기 위해 필요한 연간 절차라고 했고, 빈칸이 있는 문장에서 다른 실내 시설들은 계속 이용할 수 있을 것이라고 했으므로 앞 문장에서 일어난 일과 뒤 문장에서 일어난 일 사이에 일어나는 일을 제시할 때 사용되는 접속부사 (C) In the meantime(그동안에)이 정답이다. (A) After all은 '결국', (B) Likewise는 '이와 같이', (D) For this reason은 '이런 이유로'라는 의미로 빈칸에 쓸 경우 어색한 문맥이 된다.

145 ■ 명사-대명사 일치 주변 문맥 파악   정답 (D)

○○○○●
하

'___은 사우나, 체육관, 그리고 건강 관리 구역을 포함한다'라는 문맥이고, 빈칸 뒤에 동사(include)가 있으므로 소유대명사 (A)와 (C), 지시대명사 (D)가 정답의 후보이다. 빈칸이 있는 문장만으로는 정답을 고를 수 없으므로 주변 문맥이나 전체 문맥을 파악한다. 앞 문장에서 다른 실내 시설들은 계속 이용할 수 있을 것이라고 했으므로 다른 실내 시설들(other indoor facilities)을 가리키는 복수 지시대명사 (D) These가 정답이다. 소유대명사 (A) Mine은 1인칭 단수형이므로 3인칭 복수인 other indoor facilities를 가리킬 수 없고, 소유대명사 (C) Theirs는 3인칭 복수형이지만 '그들의 것은 사우나, 체육관, 그리고 건강 관리 구역을 포함한다'라는 어색한 문맥을 만든다. (B) Our는 1인칭 소유격 인칭대명사로 주어 자리에 올 수 없다.

146 ■ 알맞은 문장 고르기   정답 (A)

○○○○●
중

빈칸에 들어갈 알맞은 문장을 고르는 문제이므로 주변 문맥 또는 전체 문맥을 파악한다. 앞 문장 'We apologize for any inconvenience the work might cause.'에서 이 일, 즉 실내 수영장 폐쇄가 야기할 수 있는 모든 불편에 대해 사과한다고 했으므로 빈칸에는 실내 수영장 폐쇄와 관련된 내용이 들어가야 함을 알 수 있다. 따라서 (A) Normal operations will resume once it is done이 정답이다.

보기 해석
(A) 그것이 완료되면 정상 운영이 재개될 것입니다.
(B) 저희의 최근 게시물은 수천 개의 좋아요와 조회수를 받았습니다.
(C) 저희는 그 문제를 조사하는 과정에 있습니다.
(D) 분실물 신고는 분실물 접수창구로 해주십시오.

어휘 operation n. 운영, 영업 resume v. 재개하다 investigate v. 조사하다, 수사하다

PART 7

Questions 147-148 refer to the following advertisement.

147-148은 다음 광고에 관한 문제입니다.

Do most cosmetics products give you a rash or make your skin itch? Betteskin Cosmetics is seeking individuals to test a new line of products designed specifically for people with sensitive skin.

[147]To sign up, go to www.betteskin.com. Answer a brief online survey before June 30 to help us identify your skin problems. We will mail product samples to your home along with detailed instructions. Each product must be tested for a week. In exchange, [148]participants will receive a $25 coupon for our Web site.

대부분의 화장품이 당신에게 발진을 생기게 하거나 당신의 피부를 가렵게 하나요? Betteskin Cosmetics사는 민감한 피부를 가진 사람들을 위해 특별히 고안된 새로운 제품군을 테스트해볼 사람들을 찾고 있습니다.

[147]참여하려면, www.betteskin.com을 방문하십시오. 저희가 당신의 피부 문제를 확인하는 것을 돕도록 [147]6월 30일 전에 간단한 온라인 설문조사에 응답하십시오. 저희가 상세한 설명서와 함께 제품 샘플을 집으로 보내드릴 것입니다. 각 제품은 일주일 동안 테스트 되어야 합니다. 그 대신, [148]참여자들은 저희 웹사이트의 25달러 쿠폰을 받게 될 것입니다.

어휘
□ **rash** n. 발진
□ **specifically** adv. 특별히
□ **survey** n. 설문조사
□ **instruction** n. 설명서

□ **itch** v. 가렵게 하다
□ **sensitive** adj. 민감한, 예민한
□ **along with** phr. ~과 함께
□ **in exchange** phr. 그 대신

□ **design** v. 고안하다, 설계하다
□ **brief** adj. 간단한, 간결한
□ **detailed** adj. 상세한

147
○○○●
하

How can people participate in a test?

(A) By promoting a product line on the Internet
(B) By completing a survey before a deadline
(C) By submitting a letter of request
(D) By attending an interview in person

사람들은 어떻게 테스트에 참여할 수 있는가?

(A) 인터넷에서 제품군을 홍보함으로써
(B) 마감 일자 전에 설문조사를 완료함으로써
(C) 요청서를 제출함으로써
(D) 인터뷰에 직접 참여함으로써

■ **육하원칙** How   정답 (B)

사람들이 어떻게(How) 테스트에 참여할 수 있는지를 묻는 육하원칙 문제이다. 질문의 핵심 어구인 participate in a test와 관련하여 'To sign up, go to www.betteskin.com. Answer a brief online survey before June 30'에서 참여하려면 www.betteskin.com을 방문해서 6월 30일 전에 간단한 온라인 설문조사에 응답하라고 했으므로 (B)가 정답이다.

바꾸어 표현하기
Answer a ~ survey 설문조사에 응답하다 → completing a survey 설문조사를 완료함

어휘 promote v. 홍보하다 submit v. 제출하다 attend v. 참여하다, 참석하다 in person phr. 직접, 몸소

148
○○○●
중

What will participants receive?

(A) A free meal
(B) A membership card
(C) An online voucher
(D) An event invitation

참여자들은 무엇을 받을 것인가?

(A) 무료 식사
(B) 회원 카드
(C) 온라인 상품권
(D) 행사 초대장

■ **육하원칙** What   정답 (C)

참여자들이 무엇(What)을 받을 것인지를 묻는 육하원칙 문제이다. 질문의 핵심 어구인 participants receive와 관련하여, 'participants will receive a $25 coupon for our Web site'에서 참여자들이 웹사이트의 25달러 쿠폰을 받게 될 것이라고 했으므로 (C)가 정답이다.

바꾸어 표현하기
coupon 쿠폰 → voucher 상품권

Questions 149-151 refer to the following information.

Notification to All Charlotte Grocer Shoppers

Charlotte Grocer has stopped the sale of Hero Coco Water in its stores. [149]The item is currently unavailable due to a worldwide product recall, but it will be restocked as soon as the recall order is lifted.

For now, we recommend trying the Cocolait and Biba brands of coconut water. We carry both brands in our stores nationwide. [150]As with all products sold in our stores, they are certified by organic certification agencies and meet all regulatory requirements for food safety.

We apologize for the inconvenience. For any concerns regarding this matter, please visit the customer service desk at the store nearest you. And remember to [151]register your e-mail address at www.charlottegrocer.com to receive our weekly newsletter containing promotional offers.

모든 Charlotte 식료품 잡화점 쇼핑객들에게 알림

Charlotte 식료품 잡화점이 매장에서 Hero Coco Water의 판매를 중단했습니다. 전 세계의 제품 회수로 인해 [149]현재 이 제품은 구할 수 없지만, 회수 명령이 해제되자마자 재고가 다시 채워질 것입니다.

현재로는, 저희는 Cocolait와 Biba 코코넛 워터 브랜드를 시도해보는 것을 추천합니다. 저희는 전국 매장에서 두 브랜드를 취급합니다. [150]저희 매장에서 판매되는 모든 제품들과 마찬가지로, 유기농 인증 기관에서 인증을 받고 식품 안전에 대한 모든 규제 요건을 충족합니다.

불편을 드려 죄송합니다. 이 문제에 관한 우려 사항에 대해서는, 가장 가까운 매장의 고객 서비스 데스크를 방문하십시오. 그리고 판촉 할인을 포함한 [151]주간 소식지를 받기 위해 www.charlottegrocer.com에 여러분의 이메일 주소를 등록하실 것을 기억해 주십시오.

어휘	□ notification n. 알림	□ grocer n. 식료품 잡화점, 식료품 잡화상	□ recall n. 회수, 소환; v. 회수하다
	□ restock v. 재고를 다시 채우다	□ lift v. 해제하다, 들어올리다	□ carry v. (가게에서 품목을) 취급하다
	□ nationwide adv. 전국적으로	□ certify v. 인증하다, 증명하다	□ certification n. 인증, 보증
	□ regulatory adj. 규제하는, 조절하는	□ requirement n. 요건, 필요	□ promotional adj. 판촉의

149
○○○●○
하

What problem is Charlotte Grocer having?

(A) A food supplier went out of business.
(B) A cash register system does not work.
(C) A product cannot be acquired.
(D) A store will have to close early.

Charlotte 식료품 잡화점이 겪고 있는 문제는 무엇인가?

(A) 식품 공급업자가 폐업했다.
(B) 금전 등록기 시스템이 작동하지 않는다.
(C) 제품이 획득될 수 없다.
(D) 매장이 일찍 문을 닫아야 할 것이다.

■ **육하원칙** What   정답 (C)

Charlotte 식료품 잡화점이 겪고 있는 문제가 무엇(What)인지를 묻는 육하원칙 문제이다. 질문의 핵심 어구인 problem ~ Charlotte Grocer having과 관련하여, 'The item is currently unavailable'에서 현재 이 제품, 즉 Hero Coco Water는 구할 수 없다고 했으므로 (C)가 정답이다.

바꾸어 표현하기

The item is ~ unavailable 제품은 구할 수 없다 → A product cannot be acquired 제품이 획득될 수 없다

어휘 go out of business phr. 폐업하다 cash register phr. 금전 등록기 acquire v. 획득하다, 취득하다

What can be inferred about Charlotte Grocer?

(A) It merged with a competitor.
(B) It released its own brand of water.
(C) It maintains locations worldwide.
(D) It follows specific product standards.

Charlotte 식료품 잡화점에 대해 추론될 수 있는 것은?

(A) 경쟁업체와 합병했다.
(B) 자체 브랜드의 물을 출시했다.
(C) 전 세계적으로 지점을 관리한다.
(D) 특정 제품 기준을 따른다.

■ **추론** 세부 정보   정답 (D)

질문의 핵심 어구인 Charlotte Grocer에 대해 추론하는 문제이다. 'As with all products sold in our stores, they are certified by organic certification agencies and meet all regulatory requirements for food safety.'에서 매장에서 판매되는 모든 제품들과 마찬가지로 유기농 인증 기관에서 인증을 받고 식품 안전에 대한 모든 규제 요건을 충족한다고 했으므로 Charlotte 식료품 잡화점이 특정 제품 기준을 따른다는 사실을 추론할 수 있다. 따라서 (D)가 정답이다.

바꾸어 표현하기

are certified by ~ certification agencies and meet ~ regulatory requirements 인증 기관에서 인증을 받고 규제 요건을 충족하다 →
follows specific product standards 특정 제품 기준을 따르다

어휘   merge with phr. ~과 합병하다   competitor n. 경쟁업체, 경쟁사   maintain v. 관리하다, 유지하다   location n. 지점, 장소
       worldwide adv. 전 세계적으로   standard n. 기준, 표준

Why should customers register on a Web site?

(A) To provide product feedback
(B) To take part in a special event
(C) To arrange home deliveries
(D) To receive a newsletter by e-mail

고객들은 왜 웹사이트에 등록해야 하는가?

(A) 제품 의견을 제공하기 위해
(B) 특별 행사에 참여하기 위해
(C) 가정배달 계획을 짜기 위해
(D) 이메일로 소식지를 받기 위해

■ **육하원칙** Why   정답 (D)

고객들이 왜(Why) 웹사이트에 등록해야 하는지를 묻는 육하원칙 문제이다. 질문의 핵심 어구인 customers register on a Web site와 관련하여 'register your e-mail address at www.charlottegrocer.com to receive our weekly newsletter'에서 주간 소식지를 받기 위해 웹사이트에 이메일 주소를 등록하라고 했으므로 (D)가 정답이다.

어휘   take part in phr. ~에 참여하다   arrange v. 계획을 짜다, 마련하다

Christina Sanchez [12:23 P.M.]	Christina Sanchez [오후 12시 23분]
Kenichi, ¹⁵²could you please postpone my afternoon meeting? I am at lunch with Ms. Kim, and she seems ready to make an offer on the Lakewood house. Therefore, I will be driving her to the property shortly, and we will hopefully sign a contract.	Kenichi, ¹⁵²제 오후 회의를 연기해 주시겠어요? 저는 Ms. Kim과 점심 식사를 하고 있는데, 그녀는 Lakewood 주택에 값을 제의할 준비가 된 것 같아요. 따라서, 저는 곧 그녀를 그 주택으로 태워다 줄 것이고, 바라건대 저희가 계약서에 서명할 거예요.
Kenichi Yamamoto [12:24 P.M.]	Kenichi Yamamoto [오후 12시 24분]
That's great news. Yes, I can move Mr. Zhou to tomorrow morning. You have an opening at 9 A.M.	좋은 소식이네요. 네, Mr. Zhou를 내일 아침으로 옮길 수 있어요. 오전 9시에 빈자리가 있습니다.
Christina Sanchez [12:26 P.M.]	Christina Sanchez [오후 12시 26분]
That works for me. ¹⁵³Please call Mr. Zhou directly rather than e-mail him since this is a last-minute change.	저는 좋아요. 이건 마지막 순간의 변경이니 ¹⁵³그에게 이메일을 보내기보다 Mr. Zhou에게 즉시 전화해주세요.
Kenichi Yamamoto [12:27 P.M.]	Kenichi Yamamoto [오후 12시 27분]
Will do. ¹⁵³I have his phone number in front of me.	그렇게 할게요. ¹⁵³저는 제 앞에 그의 전화번호가 있어요.
Christina Sanchez [12:29 P.M.]	Christina Sanchez [오후 12시 29분]
Thank you so much. Unless there is an urgent matter, please let any other callers know that I will be back in the office tomorrow.	정말 감사해요. 급한 일이 없는 한, 전화를 건 다른 분들에게 제가 내일 사무실에 돌아올 거라고 알려주세요.

어휘 □ postpone v. 연기하다 □ make an offer phr. 값을 제의하다, 제안하다 □ urgent adj. 급한, 다급한

152

Why did Ms. Sanchez contact Mr. Yamamoto?

(A) To invite him to a lunch meeting
(B) To request a copy of a contract
(C) To move an appointment
(D) To schedule a visit to a house

Ms. Sanchez는 왜 Mr. Yamamoto에게 연락했는가?

(A) 그를 점심 회의에 초대하기 위해
(B) 계약서 사본을 요청하기 위해
(C) 약속을 옮기기 위해
(D) 주택 방문 일정을 잡기 위해

■ **주제/목적 찾기** 글을 쓴 이유 정답 (C)

Ms. Sanchez가 Mr. Yamamoto에게 연락한 이유를 묻는 목적 찾기 문제이므로 지문의 앞부분을 주의 깊게 확인한다. 'could you please postpone my afternoon meeting?'에서 Ms. Sanchez가 Mr. Yamamoto에게 자신의 오후 회의를 연기해줄 수 있는지를 묻고 있으므로 (C)가 정답이다.

바꾸어 표현하기
postpone ~ meeting 회의를 연기하다 → move an appointment 약속을 옮기다

153

At 12:27 P.M., what does Mr. Yamamoto most likely mean when he writes, "Will do"?

(A) He will contact a client by phone.
(B) He will follow up on a contract.
(C) He accepts a proposed appointment.
(D) He can take Ms. Sanchez's place at a meeting.

오후 12시 27분에, Mr. Yamamoto가 "Will do"라고 썼을 때 그가 의도한 것 같은 것은?

(A) 고객에게 전화로 연락할 것이다.
(B) 계약을 더 알아볼 것이다.
(C) 제안된 약속을 수락한다.
(D) 회의에서 Ms. Sanchez의 역할을 대신할 수 있다.

■ **의도 파악** 정답 (A)

Mr. Yamamoto가 의도한 것을 묻는 문제이므로, 질문의 인용어구(Will do)가 언급된 주변 문맥을 확인한다. 'Please call Mr. Zhou directly rather than e-mail him'에서 Christina Sanchez가 Mr. Zhou, 즉 고객에게 이메일을 보내기보다 즉시 전화하라고 하자, Mr. Yamamoto가 'Will do.'(그렇게 할게요)라며 'I have his phone number in front of me.'에서 자신의 앞에 그의 전화번호가 있다고 했으므로, Mr. Yamamoto가 고객에게 전화로 연락할 것임을 알 수 있다. 따라서 (A)가 정답이다.

어휘 follow up on phr. ~을 더 알아보다 proposed adj. 제안된 place n. 역할, 직무

Questions 154-155 refer to the following e-mail.

154-155는 다음 이메일에 관한 문제입니다.

To: Dennis Gunther <d.gunther@bauerhofffarms.com>
From: Karina Schneider <k.schneider@bauerhofffarms.com>
Subject: Latest crop
Date: August 19

Dear Dennis,

It appears that we've had an unusually large crop of tomatoes this season. [154-B/D]The quantities far exceed what our regular clients agreed to buy before the season began. So, [154-B]we need to figure out a way to sell the excess. Currently, I am drawing up a list of restaurants, hotels, and small grocers that might be able to take our surplus produce on short notice. At the same time, [155]I'd like you to sell more quantities than usual at our local farmer's market. Feel free to mark down prices if you think it will help us sell more tomatoes. If we still have too many by the end of the week, we can donate the remaining ones to a community centre or charity. Let me know if you have other ideas. I am hoping we can maximise our profits.

Thanks,

Karina

수신: Dennis Gunther
    <d.gunther@bauerhofffarms.com>
발신: Karina Schneider
    <k.schneider@bauerhofffarms.com>
제목: 최근 농작물
날짜: 8월 19일

Dennis께,

이번 철에 우리는 평소와 달리 많은 수확량의 토마토가 있는 것으로 보입니다. [154-B/D]그 수량은 철이 시작되기 전에 우리의 고정 거래처들이 구매하기로 약속한 것을 훨씬 초과합니다. 그래서, [154-B]우리는 초과분을 팔 방법을 생각해내야 합니다. 현재, 저는 촉박한 통보에도 우리의 잉여 생산물을 가져갈 수 있을 수 있는 식당들, 호텔들, 그리고 소규모 식료품점들의 목록을 작성하고 있습니다. 동시에, [155]저는 당신이 우리 지역 농산물 직판장에서 평소보다 더 많은 수량을 판매해주었으면 합니다. 만약 더 많은 토마토를 파는 데 도움이 될 것이라고 생각한다면 자유롭게 가격을 낮추세요. 만약 우리가 주말까지 여전히 너무 많이 가지고 있다면, 우리는 남은 것들을 시민회관 또는 자선단체에 기부할 수 있습니다. 다른 아이디어가 있으면 알려주세요. 저는 우리가 이익을 극대화할 수 있기를 바랍니다.

Karina 드림

어휘

□ **crop** n. 농작물, 수확량
□ **exceed** v. 초과하다
□ **excess** n. 초과분, 과잉
□ **produce** n. 생산물, 농산물
□ **donate** v. 기부하다

□ **unusually** adv. 평소와 달리
□ **regular client** phr. 고정 거래처, 단골 고객
□ **draw up** phr. 작성하다, 만들다
□ **short notice** phr. 촉박한 통보
□ **remaining** adj. 남은, 남아 있는

□ **quantity** n. 수량
□ **figure out** phr. 생각해내다
□ **surplus** adj. 잉여의, 과잉의
□ **mark down** phr. 가격을 낮추다, 할인을 하다
□ **charity** n. 자선단체

154
○○○●
중

What is stated about Bauerhoff Farms' tomatoes?

(A) They are not ready to be harvested.
(B) Some of them need to be sold to new customers.
(C) They are of a lower quality than last season's.
(D) Some of them were rejected by regular clients.

Bauerhoff 농장의 토마토에 대해 언급된 것은?

(A) 수확될 준비가 되어 있지 않다.
(B) 그들 중 일부는 새로운 고객들에게 판매되어야 한다.
(C) 지난 철의 것보다 더 낮은 품질이다.
(D) 그들 중 일부는 고정 거래처들에 의해 거절당했다.

■ **Not/True** True 문제

정답 (B)

질문의 핵심 어구인 Bauerhoff Farms' tomatoes와 관련된 내용을 지문에서 찾아 각 보기와 대조하는 Not/True 문제이다. (A)와 (C)는 지문에 언급되지 않은 내용이다. (B)는 'The quantities far exceed what our regular clients agreed to buy'에서 그 수량, 즉 수확된 토마토의 수량은 고정 거래처들이 구매하기로 약속한 것을 훨씬 초과한다고 한 후, 'we need to figure out a way to sell the excess. Currently, I am drawing up a list of restaurants, hotels, and small grocers that might be able to take our surplus produce on short notice.'에서 초과분을 팔 방법을 생각해내야 하고 현재, 촉박한 통보에도 잉여 생산물을 가져갈 수 있을 수 있는 식당들, 호텔들, 그리고 소규모 식료품점들의 목록을 작성하고 있다고 했으므로 지문의 내용과 일치한다. 따라서 (B)가 정답이다. (D)는 'The quantities far exceed what our regular clients agreed to buy'에서 수확된 토마토의 수량은 고정 거래처들이 구매하기로 약속한 것을 훨씬 초과한다고 했으므로 지문의 내용과 일치하지 않는다.

어휘 harvest v. 수확하다 reject v. 거절하다

What is Mr. Gunther asked to do?	Mr. Gunther는 무엇을 해달라고 요청받는가?
(A) Pass on instructions to employees (B) Contact some restaurant owners (C) Make arrangements with a charity (D) Increase sales at a local marketplace	(A) 직원들에게 지시사항 전달한다 (B) 일부 식당 주인들에게 연락한다 (C) 자선단체와 합의를 한다 (D) 지역 시장에서 매출을 증가시킨다

■ 육하원칙 What　　　　　　　　　　　　　　　　　　　　　　　　　정답 (D)

Mr. Gunther가 무엇(What)을 해달라고 요청받는지를 묻는 육하원칙 문제이다. 질문의 핵심 어구인 Mr. Gunther asked to do와 관련하여 'I'd like you to sell more quantities than usual at our local farmer's market'에서 당신, 즉 Mr. Gunther가 지역 농산물 직판장에서 평소보다 더 많은 수량을 판매해주었으면 한다고 했으므로 (D)가 정답이다.

바꾸어 표현하기

sell more quantities 더 많은 수량을 판매하다 → Increase sales 매출을 증가시키다
local farmer's market 지역 농산물 직판장 → a local marketplace 지역 시장

어휘　instruction n. 지시사항　owner n. 주인, 소유주　make arrangement with phr. ~와 합의를 하다　increase v. 증가시키다, 인상하다
　　　marketplace n. 시장, 장터

Is the Sharing Economy Coming to an End?

April 23—[156]Mumbai is taking steps to address issues with companies in the so-called sharing economy. Yesterday, it issued new regulations that target companies like the apartment-sharing application Househunt and the transportation service CallAuto. Both companies, and others like them, now have to meet more stringent requirements to operate in the city. For instance, Househunt will have to meet the same standards for hygiene and safety as the city's hotels and may be limited to certain neighborhoods. [157]As for CallAuto, it will have to treat its drivers as regular employees and provide them with paid vacations and health insurance. The affected companies have argued that these measures will hurt profitability. However, officials counter that they are necessary to improve the public's safety and welfare.

공유경제가 끝나가고 있는가?

4월 23일—[156]뭄바이는 소위 공유 경제라고 불리는 회사들과의 문제를 다루기 위한 조치를 취하고 있다. 어제, 뭄바이는 아파트 공유 애플리케이션 Househunt와 교통 서비스 CallAuto와 같은 기업을 대상으로 한 새로운 규제를 발표했다. 두 회사 모두, 그리고 그들과 같은 다른 곳들은 이제 시에서 운영하기 위해 더 엄격한 요구 조건을 충족해야 한다. 예를 들어, Househunt는 시의 호텔과 동일한 위생 및 안전 기준을 충족해야 할 것이며 특정 지역으로 제한될 수 있다. [157]CallAuto에 대해서는, 운전기사들을 정규직으로 대우해야 할 것이고 그들에게 유급휴가와 건강보험을 제공해야 할 것이다. 영향을 받은 기업들은 이러한 조치들이 수익성을 해칠 것이라고 주장해 왔다. 하지만, 공무원들은 그것들이 대중의 안전과 복지를 향상시키기 위해 필요하다고 반박한다.

어휘 □ **sharing economy** phr. 공유경제 □ **take steps** phr. 조치를 취하다 □ **address** v. 다루다, 부르다
　　　□ **so-called** adj. 소위, 이른바 □ **regulation** n. 규제 □ **stringent** adj. 엄격한, 가혹한
　　　□ **hygiene** n. 위생 □ **neighborhood** n. 지역, 이웃 □ **as for** phr. ~에 대해서는
　　　□ **regular employee** phr. 정규직 □ **paid vacation** phr. 유급휴가 □ **health insurance** phr. 건강보험
　　　□ **affected** adj. 영향을 받은, 피해를 입은 □ **argue** v. 주장하다 □ **measure** n. 조치, 정책
　　　□ **profitability** n. 수익성 □ **official** n. 공무원, 직원 □ **counter** v. 반박하다
　　　□ **necessary** adj. 필요한, 불가피한 □ **welfare** n. 복지

156
○
●●●●
상

What is the article mainly about?

(A) A demand for better treatment of employees
(B) A campaign to reduce the number of accidents
(C) A city's effort to regulate certain types of companies
(D) A plan to increase taxes on selected businesses

기사는 주로 무엇에 대한 것인가?

(A) 직원들의 더 나은 처우에 대한 요구
(B) 사고의 수를 줄이기 위한 캠페인
(C) 특정 유형의 회사들을 규제하려는 시의 노력
(D) 선정된 사업체들에 대한 세금 인상 계획

■ **주제/목적 찾기** 글의 주제　　　정답 (C)

기사가 주로 무엇에 대한 것인지를 묻는 주제 찾기 문제이므로 지문의 앞부분을 주의 깊게 확인한다. 'Mumbai is taking steps to address issues with companies in the so-called sharing economy.'에서 뭄바이가 소위 공유 경제라고 불리는 회사들과의 문제를 다루기 위한 조치를 취하고 있다고 했으므로 (C)가 정답이다.

어휘　**treatment** n. 처우, 대우　**accident** n. 사고, 재해　**regulate** v. 규제하다

157
●
●●●●
최상

What is suggested about CallAuto?

(A) It has no competitors in an industry.
(B) It has plans to leave the city of Mumbai.
(C) It will have to give its drivers employment benefits.
(D) It took steps to improve its service quality.

CallAuto에 대해 암시되는 것은?

(A) 업계에서 경쟁업체가 없다.
(B) 뭄바이시를 떠날 계획을 가지고 있다.
(C) 운전자들에게 고용 혜택을 주어야 할 것이다.
(D) 서비스 품질을 개선하기 위한 조치를 취했다.

■ **추론** 세부 정보　　　정답 (C)

질문의 핵심 어구인 CallAuto에 대해 추론하는 문제이다. 'As for CallAuto, it will have to treat its drivers as regular employees and provide them with paid vacations and health insurance.'에서 CallAuto에 대해서는 운전기사들을 정규직으로 대우해야 할 것이고 그들에게 유급휴가와 건강보험을 제공해야 할 것이라고 했으므로 운전자들에게 고용 혜택을 주어야 할 것이라는 사실을 추론할 수 있다. 따라서 (C)가 정답이다.

바꾸어 표현하기
paid vacations and health insurance 유급휴가와 건강보험 → employment benefits 고용 혜택

158-161은 다음 광고에 관한 문제입니다.

Introducing Peacelid

158-APeacelid is an eco-friendly company selling reusable cups, straws, and utensils. 158-COur products are made from 100 percent bamboo. Peacelid's products are also biodegradable, so 159they decompose safely and naturally after being discarded.

Furthermore, Peacelid advocates for environmentally friendly consumption practices and 158-Bdonates 3 percent of every purchase to organizations involved in preventing deforestation.

Check out www.peacelid.com to see our catalog. 160-BNew customers can enjoy a 20 percent discount on their first order by entering the code "PEACE20" on the checkout page. Moreover, 161every order of $200 or more will include a free reusable straw.

Peacelid를 소개합니다

158-APeacelid는 재사용할 수 있는 컵, 빨대, 그리고 식기를 판매하는 친환경 회사입니다. 158-C저희 제품들은 100퍼센트 대나무로 만들어집니다. Peacelid의 제품들은 또한 생분해성이어서, 159그것들은 폐기된 후에 안전하고 자연적으로 분해됩니다.

게다가, Peacelid는 환경친화적인 소비 관행을 옹호하며 158-B삼림 파괴를 방지하는 것과 관련된 단체들에 모든 구매의 3퍼센트를 기부합니다.

저희의 카탈로그를 보시려면 www.peacelid.com을 확인하십시오. 160-B신규 고객들은 체크아웃 페이지에서 "PEACE20" 코드를 입력하시면 첫 주문에 20퍼센트 할인을 받으실 수 있습니다. 게다가, 161200달러 이상의 모든 주문은 재사용할 수 있는 무료 빨대를 포함할 것입니다.

어휘
☐ **eco-friendly** adj. 친환경적인 ☐ **reusable** adj. 재사용할 수 있는 ☐ **straw** n. 빨대
☐ **utensil** n. 식기, 가정용품 ☐ **bamboo** n. 대나무 ☐ **biodegradable** adj. 생분해성의, 자연분해의
☐ **decompose** v. 분해되다 ☐ **naturally** adv. 자연적으로 ☐ **discard** v. 폐기하다, 버리다
☐ **advocate** v. 옹호하다 ☐ **environmentally friendly** phr. 환경친화적인
☐ **consumption** n. 소비 ☐ **practice** n. 관행, 실천 ☐ **donate** v. 기부하다, 기증하다

158
○○●○
∞

What is NOT true about Peacelid?

(A) It makes products for eating and drinking.
(B) It supports other organizations.
(C) It uses a natural material.
(D) It operates a chain of stores.

Peacelid에 대해 사실이 아닌 것은?

(A) 먹고 마시는 것을 위한 제품들을 만든다.
(B) 다른 단체들을 후원한다.
(C) 천연 재료를 사용한다.
(D) 체인점을 운영한다.

■ **Not/True** Not 문제   정답 (D)

질문의 핵심 어구인 Peacelid와 관련된 내용을 지문에서 찾아 각 보기와 대조하는 Not/True 문제이다. (A)는 'Peacelid is ~ selling reusable cups, straws, and utensils.'에서 Peacelid가 재사용할 수 있는 컵, 빨대, 그리고 식기를 판매한다고 했으므로 지문의 내용과 일치한다. (B)는 'donates 3 percent of every purchase to organizations involved in preventing deforestation'에서 삼림 파괴를 방지하는 것과 관련된 단체들에 모든 구매의 3퍼센트를 기부한다고 했으므로 지문의 내용과 일치한다. (C)는 'Our products are made from 100 percent bamboo.'에서 제품들이 100퍼센트 대나무로 만들어진다고 했으므로 지문의 내용과 일치한다. (D)는 지문에 언급되지 않은 내용이다. 따라서 (D)가 정답이다.

바꾸어 표현하기
cups, straws, and utensils 컵, 빨대, 그리고 식기 → products for eating and drinking 먹고 마시는 것을 위한 제품들
donates ~ to organizations 단체들에 기부하다 → supports ~ organizations 단체들을 후원하다

어휘 **support** v. 후원하다, 지원하다 **natural** adj. 천연의, 자연의 **material** n. 재료, 물질

해커스 토익 실전 1000제 1 Reading

159

What is an advantage of Peacelid's products?

(A) Durability
(B) Safe disposal
(C) Affordable price
(D) Wide availability

Peacelid 제품들의 장점은 무엇인가?

(A) 내구성
(B) 안전한 처분
(C) 적당한 가격
(D) 광범한 이용 가능성

■ 육하원칙 What　　　　　　　　　　　　　　　　　　　　　　　　정답 (B)

Peacelid 제품들의 장점이 무엇(What)인지 묻는 육하원칙 문제이다. 질문의 핵심 어구인 an advantage of Peacelid's products와 관련하여, 'they decompose safely and naturally after being discarded'에서 그것들, 즉 Peacelid 제품들은 폐기된 후에 안전하고 자연적으로 분해된다고 했으므로 (B)가 정답이다.

바꾸어 표현하기
decompose safely ~ after being discarded 폐기된 후에 안전하게 분해되다 → Safe disposal 안전한 처분

여휘　durability n. 내구성　disposal n. 처분, 처리　affordable adj. 적당한, 알맞은　availability n. 이용 가능성, 유용성

160

What is mentioned about the coupon code?

(A) It can be used multiple times.
(B) It only applies to some customers.
(C) It must be requested by e-mail.
(D) It expires after one month.

쿠폰 코드에 대해 언급된 것은?

(A) 여러 번 사용될 수 있다.
(B) 일부 고객들에게만 적용된다.
(C) 이메일로 요청되어야 한다.
(D) 한 달 후에 만료된다.

■ Not/True True 문제　　　　　　　　　　　　　　　　　　　　　정답 (B)

질문의 핵심 어구인 the coupon code와 관련된 내용을 지문에서 찾아 각 보기와 대조하는 Not/True 문제이다. (A), (C), (D)는 지문에 언급되지 않은 내용이다. (B)는 'New customers can enjoy a 20 percent discount on their first order by entering the code "PEACE20" on the checkout page.'에서 신규 고객들은 체크아웃 페이지에서 "PEACE20" 코드를 입력하면 첫 주문에 20퍼센트 할인을 받을 수 있다고 했으므로 지문의 내용과 일치한다. 따라서 (B)가 정답이다.

여휘　apply v. 적용되다, 신청하다　request v. 요청하다; n. 요청, 요구　expire v. 만료되다

161

How can customers obtain a reusable straw?

(A) By buying over $200 worth of goods
(B) By donating to an environmental fund
(C) By exchanging some plastic items
(D) By volunteering for a cleanup effort

고객들은 어떻게 재사용할 수 있는 빨대를 받을 수 있는가?

(A) 200달러가 넘는 상당의 상품들을 구매함으로써
(B) 환경 기금에 기부함으로써
(C) 몇몇 플라스틱 제품들을 교환함으로써
(D) 청소 활동에 지원함으로써

■ 육하원칙 How　　　　　　　　　　　　　　　　　　　　　　　　정답 (A)

고객들이 어떻게(How) 재사용할 수 있는 빨대를 받을 수 있는지를 묻는 육하원칙 문제이다. 질문의 핵심 어구인 customers obtain a reusable straw와 관련하여, 'every order of $200 or more will include a free reusable straw'에서 200달러 이상의 모든 주문은 재사용할 수 있는 무료 빨대를 포함할 것이라고 했으므로 (A)가 정답이다.

여휘　exchange v. 교환하다　volunteer v. 지원하다, 봉사하다

Attention Gymspan Customers

Beginning in August, [162-A]users who have a subscription to the Gymspan app will no longer be able to take advantage of unlimited workouts at its network of affiliated fitness centers. We apologize for this change, but it is a necessary cost-cutting measure.

Customers who are presently enrolled in our unlimited membership plan may continue to use their benefits until the end of their current billing cycle. Afterward, they will be automatically moved to another plan. — [1] —. [162-C]To make up for the change, Gymspan will award 500 loyalty points, which can be used to purchase other products and services. — [2] —.

In addition, Gymspan has introduced some improvements to the app. [163]Each month, customers have the option to easily switch from one plan to another. [164]You can also temporarily stop payments when you are out of the country. — [3] —. Lastly, you can enjoy more ways to earn points quickly. These improvements are intended to make your Gymspan membership truly flexible and responsive to your needs. — [4] —. For additional information, visit www.gymspan.com or download the app today.

Gymspan 고객들은 주목해주십시오

8월부터, [162-A]Gymspan 앱에 구독권을 가진 사용자들은 더 이상 제휴된 헬스클럽 체인에서 무제한 운동을 이용할 수 없을 것입니다. 이 변화에 대해 사과드리지만, 이것은 필요한 비용 절감 조치입니다.

현재 무제한 회원 요금제에 가입되어 있는 고객들은 그들의 현재 대금 청구 주기가 끝날 때까지 혜택을 계속 사용할 수 있습니다. 그 후에, 그들은 자동으로 다른 요금제로 바뀔 것입니다. — [1] —. [162-C]이 변화를 보상하기 위해, Gymspan은 고객 포인트 500점을 드릴 것인데, 이것은 다른 제품과 서비스 구매에 사용될 수 있습니다. — [2] —.

게다가, Gymspan은 그 앱에 몇 가지 개선점을 도입했습니다. [163]매달, 고객들은 한 요금제에서 다른 요금제로 쉽게 전환할 수 있는 선택권을 갖습니다. [164]여러분은 해외에 나가 있을 때도 일시적으로 결제를 정지할 수 있습니다. — [3] —. 마지막으로, 여러분은 포인트를 빨리 적립하는 더 많은 방법을 즐길 수 있습니다. 이러한 개선 사항은 Gymspan 회원 자격을 진정으로 융통성 있고 여러분의 요구에 즉각 대응할 수 있도록 만들기 위한 것입니다. — [4] —. 추가 정보를 원하시면, www.gymspan.com을 방문하시거나 오늘 앱을 다운로드하십시오.

어휘
□ subscription n. 구독(권), 사용
□ cost-cutting n. 비용(경비) 절감
□ billing cycle phr. 대금 청구 주기
□ improvement n. 개선점, 진보
□ unlimited adj. 무제한의
□ measure n. 조치, 정책
□ make up phr. 보상하다, 만회하다
□ flexible adj. 융통성 있는, 유연한
□ affiliated adj. 제휴된, 연계된
□ enroll in phr. ~에 가입하다, ~에 등록하다
□ award v. 주다, 수여하다
□ responsive adj. 즉각 대응하는, 호응하는

162

What is mentioned about Gymspan?

(A) It is removing a subscription plan.
(B) It has cut ties with some affiliates.
(C) It is offering points for new members.
(D) It has merged with another firm.

Gymspan에 대해 언급된 것은?

(A) 사용 요금제를 없앨 것이다.
(B) 일부 계열사들과 관계를 끊었다.
(C) 신규 회원들을 위한 포인트를 제공하고 있다.
(D) 다른 회사와 합병했다.

■ Not/True True 문제

정답 (A)

질문의 핵심 어구인 Gymspan과 관련된 내용을 지문에서 찾아 각 보기와 대조하는 Not/True 문제이다. (A)는 'users who have a subscription to the Gymspan app will no longer be able to take advantage of unlimited workouts at its network of affiliated fitness centers'에서 Gymspan 앱에 구독권을 가진 사용자들은 더 이상 제휴된 헬스클럽 체인에서 무제한 운동을 이용할 수 없을 것이라고 했으므로 지문의 내용과 일치한다. 따라서 (A)가 정답이다. (B)와 (D)는 지문에 언급되지 않은 내용이다. (C)는 'To make up for the change, Gymspan will award 500 loyalty points'에서 이 변화, 즉 무제한 운동을 제공하는 것을 중단하는 것을 보상하기 위해 Gymspan이 고객 포인트 500점을 줄 것이라고 했으므로 지문의 내용과 일치하지 않는다.

바꾸어 표현하기
users ~ will no longer be able to take advantage of 사용자들이 더 이상 이용할 수 없을 것이다 → is removing 없앨 것이다

어휘 tie n. 관계, 유대 affiliate n. 계열사 merge v. 합병하다

163

○ ● ● ●
중

According to the announcement, what are customers able to do?

(A) Sign up for a free trial membership
(B) Rate fitness studios on an application
(C) Adjust their plans on a monthly basis
(D) Inquire about franchise opportunities

공고에 따르면, 고객들은 무엇을 할 수 있는가?

(A) 무료 체험 회원권을 신청한다
(B) 애플리케이션에서 헬스 스튜디오를 평가한다
(C) 월 단위로 요금제를 조정한다
(D) 프랜차이즈 기회에 대해 문의한다

■ **육하원칙** What
정답 (C)

고객들이 무엇(what)을 할 수 있는지를 묻는 육하원칙 문제이다. 질문의 핵심 어구인 customers able to do와 관련하여, 'Each month, customers have the option to easily switch from one plan to another.'에서 매달 고객들은 한 요금제에서 다른 요금제로 쉽게 전환할 수 있는 선택권을 갖는다고 했으므로 (C)가 정답이다.

바꾸어 표현하기

switch from one plan to another 한 요금제에서 다른 요금제로 전환하다 → Adjust ~ plans 요금제를 조정하다
Each month 매달 → a monthly basis 월 단위

여휘 sign up for phr. ~을 신청하다, 가입하다 rate v. 평가하다, 등급을 매기다 adjust v. 조정하다, 조절하다 inquire v. 문의하다
franchise n. 프랜차이즈, 체인점 opportunity n. 기회

164

○ ● ● ●
중

In which of the positions marked [1], [2], [3], and [4] does the following sentence best belong?

"Accounts can now be paused for up to two months in a year."

(A) [1]
(B) [2]
(C) [3]
(D) [4]

[1], [2], [3], [4]로 표시된 위치 중, 다음 문장이 들어갈 곳으로 가장 적절한 것은?

"이제 계정은 1년에 최대 두 달 동안 정지될 수 있습니다."

(A) [1]
(B) [2]
(C) [3]
(D) [4]

■ **문장 위치 찾기**
정답 (C)

지문의 흐름상 주어진 문장이 들어가기에 가장 적절한 곳을 고르는 문제이다. 주어진 문장에서 이제 계정이 1년에 최대 두 달 동안 정지될 수 있다고 했으므로, 이 문장이 계정의 정지와 관련된 내용이 나오는 부분에 들어가야 함을 알 수 있다. [3]의 앞 문장인 'You can also temporarily stop payments when you are out of the country.'에서 해외에 나가 있을 때도 일시적으로 결제를 정지할 수 있다고 했으므로, [3]에 제시된 문장이 들어가면 해외에 나가 있을 때 일시적으로 결제를 정지할 수 있고 이제 계정이 1년에 최대 두 달 동안 정지될 수 있다는 자연스러운 문맥이 된다는 것을 알 수 있다. 따라서 (C)가 정답이다.

여휘 pause v. 정지시키다

November 20

Bernard Davidson
180 Whitfield Drive
Edmonton, AL T5A 0A2

Dear Mr. Davidson,

Congratulations! [165]After reviewing your application materials, we have decided to award you a Clark Newman Scholarship for engineering students. This will allow you to pursue a degree in mechanical engineering at Alberta Technical College with your tuition entirely paid for.

As you know, [166]this scholarship is only awarded to five applicants per year. The applicants are chosen based on their stellar academic record and their passion for engineering. [166]All recipients were selected from a group of over 1,000 applicants.

During your first year at Alberta Technical College, you will be living in a small dormitory, Kensing House, with other engineering students. It is located just steps from the main engineering building, Mitchell Hall. [167]Next week, we will send you your student card as well as more information about your housing situation. Once again, congratulations!

Sincerely,

Donald Neilson
Dean, College of Engineering
Alberta Technical College

11월 20일

Bernard Davidson
180번지 Whitfield로
에드먼턴, 앨버타주 T5A 0A2

Mr. Davidson께,

축하합니다! [165]귀하의 지원 자료를 검토한 후, 저희는 당신에게 공대생들을 위한 Clark Newman 장학금을 수여하기로 결정했습니다. 이것은 당신의 등록금을 전액 지급하여 당신이 앨버타 공과 대학에서 기계 공학 학위를 계속하게 할 것입니다.

아시다시피, [166]이 장학금은 1년에 5명의 지원자들에게만 수여됩니다. 지원자들은 뛰어난 학업 성적과 공학에 대한 열정을 바탕으로 선발되었습니다. [166]모든 수상자들은 1,000명이 넘는 지원자 그룹에서 선발되었습니다.

앨버타 공과 대학에서의 첫해 동안, 당신은 다른 공대 학생들과 함께 Kensing House라는 작은 기숙사에서 살게 될 것입니다. 이곳은 공학 건물 본관인 Mitchell 홀에서 단지 몇 걸음 떨어진 곳에 위치해 있습니다. [167]다음 주에, 저희가 당신의 주거 환경에 대한 더 많은 정보뿐만 아니라 학생증을 보내드릴 것입니다. 다시 한번, 축하드립니다!

Donald Neilson 드림
학장, 공학 대학
앨버타 공과 대학

여휘 □ **pursue** v. 계속하다, 추적하다 □ **degree** n. 학위 □ **mechanical engineering** phr. 기계 공학
□ **tuition** n. 등록금 □ **entirely** adv. 전부, 전적으로 □ **based on** phr. ~을 바탕으로
□ **stellar** adj. 뛰어난 □ **academic** adj. 학업의, 학교의 □ **record** n. 성적, 기록
□ **passion** n. 열정, 흥미 □ **recipient** n. 수상자, 수령인 □ **dormitory** n. 기숙사
□ **housing** n. 주거, 주택 □ **dean** n. 학장, 학과장

165

What is the primary purpose of the letter?

(A) To inform Mr. Davidson about a scholarship
(B) To give details about a new program
(C) To recruit Mr. Davidson to a college
(D) To request follow-up application materials

편지의 주된 목적은 무엇인가?

(A) Mr. Davidson에게 장학금에 대해 알리기 위해
(B) 새 프로그램에 대한 세부 정보를 제공하기 위해
(C) Mr. Davidson을 대학에 채용하기 위해
(D) 추가 지원 자료를 요청하기 위해

■ **주제/목적 찾기** 글의 목적 정답 (A)

편지의 목적을 묻는 목적 찾기 문제이므로 지문의 앞부분을 주의 깊게 확인한다. 'After reviewing your application materials, we have decided to award you a Clark Newman Scholarship'에서 지원 자료를 검토한 후 당신, 즉 Mr. Davidson에게 Clark Newman 장학금을 수여하기로 결정했다고 했으므로 (A)가 정답이다.

여휘 follow-up adj. 추가의; n. 후속 (조치), 후속편

166

○
●
●
●
●
상

What is indicated about Mr. Davidson?

(A) He wants to change his college major.
(B) He took part in a highly competitive process.
(C) He already made his first tuition payment.
(D) He lives near Alberta Technical College.

Mr. Davidson에 대해 암시되는 것은?

(A) 대학 전공을 바꾸고 싶어 한다.
(B) 매우 경쟁적인 과정에 참가했다.
(C) 이미 첫 등록금을 냈다.
(D) 앨버타 공과 대학 근처에 산다.

■ **추론** 세부 정보   정답 (B)

질문의 핵심 어구인 Mr. Davidson에 대해 추론하는 문제이다. 'this scholarship is only awarded to five applicants per year'에서 이 장학금은 1년에 5명의 지원자들에게만 수여된다고 했고, 'All recipients were selected from a group of over 1,000 applicants.'에서 모든 수상자들은 1,000명이 넘는 지원자 그룹에서 선발되었다고 했으므로 Mr. Davidson이 매우 경쟁적인 과정에 참가했다는 사실을 추론할 수 있다. 따라서 (B)가 정답이다.

어휘   **major** n. 전공(하는 학생); v. 전공하다

167

○
○
○
●
●
중

What will be sent to Mr. Davidson in the next week?

(A) An event brochure
(B) A housing application
(C) An identification card
(D) A financial aid form

다음 주에 Mr. Davidson에게 무엇이 보내질 것인가?

(A) 행사 책자
(B) 주택 신청서
(C) 신분증
(D) 재정 지원서

■ **육하원칙** What   정답 (C)

Mr. Davidson에게 무엇(What)이 보내질 것인지 묻는 육하원칙 문제이다. 질문의 핵심 어구인 sent to Mr. Davidson in the next week와 관련하여, 'Next week, we will send you your student card ~.'에서 다음 주에 학생증을 보내줄 것이라고 했으므로 (C)가 정답이다.

바꾸어 표현하기
student card 학생증 → An identification card 신분증

어휘   **brochure** n. 책자 **financial** adj. 재정의, 금융의 **aid** n. 지원, 도움

Santa Monica (March 30)—[168]Over the past few months, a new concept store offering custom fragrances has been drawing lots of attention. It occupies a busy spot for tourists along 3rd Street. Customers can create their own fragrances or buy one of dozens of premade ones with unique combinations of scents. All fragrances use natural oils.

Over the past four years, owner Sarah McKellen has developed a following on social media with her videos about fragrances. — [1] —. Last year, she began selling her creations online. The success of that venture convinced her to open the first Freesha store in January. [171]To her surprise, she sold out her entire inventory within a week. — [2] —.

According to Ms. McKellen, most customers enjoy the idea of creating fragrances. — [3] —. That's why [170]she has added a small room where up to four visitors at a time can watch how fragrances are made. In the future, Ms. McKellen plans to expand the room to accommodate hands-on workshops for larger groups. — [4] —.

산타 모니카(3월 30일)—[168]지난 몇 달 동안, 맞춤형 향수를 제공하는 새로운 콘셉트의 상점이 많은 관심을 끌고 있다. 그곳은 3번가를 따라 관광객들로 붐비는 장소를 차지하고 있다. 고객들은 자신만의 향수를 만들거나, 독특한 향기의 조합으로 미리 만들어진 수십 개의 향수 중 하나를 살 수 있다. 모든 향수는 천연 오일을 사용한다.

지난 4년 동안, 주인인 Sarah McKellen은 향수에 관한 그녀의 영상으로 소셜 미디어에서 팬을 형성했다. — [1] —. 작년에, 그녀는 그녀의 창작품을 온라인에서 팔기 시작했다. 그 모험적 사업의 성공은 그녀가 1월에 첫 번째 Freesha 상점을 열도록 설득했다. [171]놀랍게도, 그녀는 일주일 안에 모든 재고를 다 팔았다. — [2] —.

Ms. McKellen에 따르면, 대부분의 고객들은 향수를 만든다는 아이디어를 즐긴다. — [3] —. 그것이 [170]그녀가 한 번에 최대 네 명의 방문객들이 향수가 어떻게 만들어지는지 볼 수 있는 작은 방을 추가한 이유이다. 머지않아, Ms. McKellen은 더 큰 단체를 위한 직접 해보는 워크숍 공간을 제공하기 위해 방을 확장할 계획이다. — [4] —.

어휘		
□ **fragrance** n. 향수	□ **draw** v. 끌다, 그리다	□ **attention** n. 관심, 주의
□ **occupy** v. 차지하다, 사용하다	□ **unique** adj. 독특한, 특별한	□ **combination** n. 조합
□ **scent** n. 향기, 냄새	□ **venture** n. 모험적 사업, 모험	□ **convince** v. 설득하다, 확신시키다
□ **inventory** n. 재고, 물품 목록	□ **expand** v. 확장하다, 확대하다	□ **accommodate** v. 공간을 제공하다, 수용하다
□ **hands-on** adj. 직접 해보는, 실제의		

168

What is the article mainly about?

(A) A recently established business
(B) A company's switch to natural ingredients
(C) A busy street in a growing neighborhood
(D) A newly reopened tourist attraction

기사는 주로 무엇에 관한 것인가?

(A) 최근에 인정받는 사업체
(B) 회사의 천연 재료로의 전환
(C) 성장하는 지역의 번화한 거리
(D) 새롭게 다시 문을 연 관광 명소

■ **주제/목적** 글의 주제

정답 (A)

기사가 주로 무엇에 대한 것인지를 묻는 주제 찾기 문제이므로 지문의 앞부분을 주의 깊게 확인한다. 'Over the past few months, a new concept store ~ has been drawing lots of attention.'에서 지난 몇 달 동안 새로운 콘셉트의 상점이 많은 관심을 끌고 있다고 한 후, 상점에 대한 세부 설명으로 이어지고 있으므로 (A)가 정답이다.

바꾸어 표현하기

store ~ has been drawing lots of attention 상점이 많은 관심을 끌고 있다 → A recently established business 최근에 인정받는 사업체

어휘 **established** adj. 인정받는, 저명한 **ingredient** n. 재료, 성분 **reopen** v. 다시 문을 열다, 재개하다

<table>
<tr>
<td>

169
○
●
●
●
●
상

</td>
<td>

The word "spot" in paragraph 1, line 2, is closest in meaning to

(A) post
(B) place
(C) stain
(D) situation

</td>
<td>

1문단 두 번째 줄의 단어 "spot"은 의미상 -와 가장 가깝다.

(A) 일자리
(B) 장소
(C) 얼룩
(D) 상황

</td>
</tr>
</table>

■ 동의어 정답 (B)

spot을 포함하는 구절 'It occupies a busy spot for tourists along 3rd Street.'에서 spot이 '장소'라는 의미로 사용되었다. 따라서 '장소'라는 의미를 가진 (B)가 정답이다.

<table>
<tr>
<td>

170
○
●
●
●
●
상

</td>
<td>

What is suggested about Freesha?

(A) It opened a week later than planned.
(B) It will soon have a second location.
(C) It is seeking a new supplier of ingredients.
(D) It will hold workshops for five or more people.

</td>
<td>

Freesha에 대해 암시되는 것은?

(A) 계획했던 것보다 일주일 늦게 문을 열었다.
(B) 곧 두 번째 장소를 갖게 될 것이다.
(C) 새로운 재료 공급 회사를 찾고 있다.
(D) 다섯 명 이상의 사람들을 위한 워크숍을 열 것이다.

</td>
</tr>
</table>

■ 추론 세부 정보 정답 (D)

질문의 핵심 어구인 Freesha에 대해 추론하는 문제이다. 'she has added a small room where up to four visitors at a time can watch how fragrances are made. In the future, Ms. McKellen plans to expand the room to accommodate hands-on workshops for larger groups.'에서 한 번에 최대 네 명의 방문객들이 향수가 어떻게 만들어지는지 볼 수 있는 작은 방을 추가했고, 머지않아 더 큰 단체를 위한 직접 해보는 워크숍 공간을 제공하기 위해 방을 확장할 계획이라고 했으므로, 네 명이 넘는, 즉 다섯 명 이상의 사람들을 위한 워크숍을 열 것이라는 사실을 추론할 수 있다. 따라서 (D)가 정답이다.

어휘 supplier n. 공급 회사, 공급자

<table>
<tr>
<td>

171
○
●
●
●
●
중

</td>
<td>

In which of the positions marked [1], [2], [3], and [4] does the following sentence best belong?

"Ms. McKellen had to hire more staff to help her meet the unexpected demand."

(A) [1]
(B) [2]
(C) [3]
(D) [4]

</td>
<td>

[1], [2], [3], [4]로 표시된 위치 중, 다음 문장이 들어갈 곳으로 가장 적절한 것은?

"Ms. McKellen은 예상 밖의 수요를 충족시키도록 그녀를 도울 더 많은 직원을 고용해야 했다."

(A) [1]
(B) [2]
(C) [3]
(D) [4]

</td>
</tr>
</table>

■ 문장 위치 찾기 정답 (B)

지문의 흐름상 주어진 문장이 들어가기에 가장 적절한 곳을 고르는 문제이다. 주어진 문장에서 Ms. McKellen이 예상 밖의 수요를 충족시키도록 그녀를 도울 더 많은 직원을 고용해야 했다고 했으므로, 이 문장이 예상 밖의 수요에 대해 언급하는 부분에 들어가야 함을 알 수 있다. [2]의 앞 문장인 'To her surprise, she sold out her entire inventory within a week.'에서 놀랍게도 그녀, 즉 Ms. McKellen이 일주일 안에 모든 재고를 다 팔았다고 했으므로 [2]에 제시된 문장이 들어가면 Ms. McKellen이 놀랍게도 일주일 안에 모든 재고를 다 팔아서 예상 밖의 수요를 충족시키도록 그녀를 도울 더 많은 직원을 고용해야 했다는 자연스러운 문맥이 된다는 것을 알 수 있다. 따라서 (B)가 정답이다.

어휘 unexpected adj. 예상 밖의, 예기치 않은

Questions 172-175 refer to the following text-message chain.

172-175는 다음 메시지 대화문에 관한 문제입니다.

Dwayne Jackson	9:22 A.M.

As you know, we have a major fundraiser tomorrow for our botanical gardens. If possible, I'd like you two to arrive by 6 P.M.

Sarah Chen	9:24 A.M.

Sure thing. I was actually going to be there early.

Frank Daniels	9:27 A.M.

172I won't be able to show up until close to the starting time as I have to work at the Fry Factory until 6:30 P.M.

Dwayne Jackson	9:28 A.M.

OK, thanks for letting me know, Frank. Sarah, since you're coming early, 173I was wondering if you could help me set up the tables and chairs.

Sarah Chen	9:30 A.M.

I'd be happy to. Have we decided on a layout?

Dwayne Jackson	9:31 A.M.

Yes. I'll e-mail you pictures of how the room should look. Frank, since you're getting here around the start time, could you pass out programs at the entrance?

Frank Daniels	9:32 A.M.

Yeah, sure.

Dwayne Jackson	9:34 A.M.

174Be ready to greet participants and help them with any questions they have about the event or about how to make a donation.

Frank Daniels	9:35 A.M.

Got it. 175I'll be there by 6:45 P.M., which is 15 minutes before the event starts.

Dwayne Jackson	오전 9시 22분

아시다시피, 내일 저희의 식물원을 위한 대규모 모금 행사가 있습니다. 가능하다면, 저는 두 분이 오후 6시까지 오면 좋겠어요.

Sarah Chen	오전 9시 24분

물론이죠. 저는 사실 그곳에 일찍 가려고 했어요.

Frank Daniels	오전 9시 27분

172제가 오후 6시 30분까지 Fry Factory에서 일해야 해서 저는 시작 시간 가까이 되어서야 나타날 수 있을 거예요.

Dwayne Jackson	오전 9시 28분

네, 알려줘서 고마워요, Frank. Sarah, 당신이 일찍 올 거니까, 173제가 탁자와 의자를 설치하는 것을 도와줄 수 있을지 궁금해요.

Sarah Chen	오전 9시 30분

기꺼이 하죠. 배치는 정해졌나요?

Dwayne Jackson	오전 9시 31분

네. 방이 어떻게 보여야 하는지에 대한 사진을 당신에게 이메일로 보내줄게요. Frank, 당신은 시작 시간쯤에 여기 올 거니까, 입구에서 차례표 좀 나눠주겠어요?

Frank Daniels	오전 9시 32분

네, 물론이죠.

Dwayne Jackson	오전 9시 34분

174참가자들에게 인사하고 그들이 행사나 기부하는 방법에 관해 가지고 있는 질문들에 대해 돕도록 준비해주세요.

Frank Daniels	오전 9시 35분

알겠습니다. 175저는 행사 시작 15분 전인 오후 6시 45분까지 그곳에 가겠습니다.

어휘 □ fundraiser n. 모금 행사 □ botanical garden phr. 식물원 □ show up phr. 나타나다
□ set up phr. 설치하다, 준비하다 □ layout n. 배치 □ entrance n. 입구
□ greet v. 인사하다, 맞이하다 □ donation n. 기부

172

Why is Mr. Daniels unavailable to come early?

(A) He has to work at another job.
(B) He must go to a medical appointment.
(C) He will be attending a class.
(D) He has to participate in a meeting.

Mr. Daniels는 왜 일찍 올 수 없는가?

(A) 다른 직장에서 근무를 해야 한다.
(B) 진료 예약에 가야 한다.
(C) 수업에 참석할 것이다.
(D) 회의에 참석해야 한다.

■ 육하원칙 Why

정답 (A)

Mr. Daniels가 왜(Why) 일찍 올 수 없는지를 묻는 육하원칙 문제이다. 질문의 핵심 어구인 Mr. Daniels unavailable to come early와 관련하여 'I won't be able to show up until close to the starting time as I have to work at the Fry Factory until 6:30 P.M.'에서 Mr. Daniels가 오후 6시 30분까지 Fry Factory에서 일해야 해서 시작 시간 가까이 되어서야 나타날 수 있을 것이라고 했으므로 (A)가 정답이다.

어휘 medical appointment phr. 진료 예약

173

What does Mr. Jackson ask Ms. Chen to do?

(A) Send him a layout
(B) Greet some attendees
(C) Arrange some furniture
(D) Clean up after the event

Mr. Jackson은 Ms. Chen에게 무엇을 요청하는가?

(A) 그에게 배치를 보낸다
(B) 몇몇 참석자들을 맞이한다
(C) 가구를 배치한다
(D) 행사 후에 정리를 한다

■ **육하원칙** What
정답 (C)

Mr. Jackson이 Ms. Chen에게 무엇(What)을 요청하는지를 묻는 육하원칙 문제이다. 질문의 핵심 어구인 Mr. Jackson ask Ms. Chen to do와 관련하여 'I was wondering if you could help me set up the tables and chairs'에서 Mr. Jackson이 Ms. Chen에게 자신이 탁자와 의자를 설치하는 것을 도와줄 수 있을지 궁금하다고 했으므로 (C)가 정답이다.

바꾸어 표현하기
set up the tables and chairs 탁자와 의자를 설치하다 → Arrange some furniture 가구를 배치하다

어휘 attendee n. 참석자 arrange v. 배치하다

174

At 9:35 A.M., what does Mr. Daniels mean when he writes, "Got it"?

(A) He will provide assistance.
(B) He has received an item.
(C) He understands a layout.
(D) He will note down a meeting time.

오전 9시 35분에, Mr. Daniels가 "Got it"이라고 썼을 때 그가 의도한 것은?

(A) 도움을 줄 것이다.
(B) 물건을 받았다.
(C) 배치를 이해한다.
(D) 회의 시간을 적어 둘 것이다.

■ **의도 파악**
정답 (A)

Mr. Daniels가 의도한 것을 묻는 문제이므로, 질문의 인용어구(Got it)가 언급된 주변 문맥을 파악한다. 'Be ready to greet participants and help them with any questions they have about the event or about how to make a donation.'에서 Dwayne Jackson이 참가자들에게 인사하고 그들이 행사나 기부하는 방법에 관해 가지고 있는 질문들에 대해 돕도록 준비하라고 하자, Mr. Daniels가 'Got it.'(알겠습니다)이라고 한 것을 통해, Mr. Daniels가 참가자들에게 도움을 줄 것임을 알 수 있다. 따라서 (A)가 정답이다.

바꾸어 표현하기
help 돕다 → provide assistance 도움을 주다

어휘 note down phr. 적어 두다

175

When will the fundraiser officially start?

(A) At 6:00 P.M.
(B) At 6:30 P.M.
(C) At 6:45 P.M.
(D) At 7:00 P.M.

모금 행사는 공식적으로 언제 시작될 것인가?

(A) 오후 6시에
(B) 오후 6시 30분에
(C) 오후 6시 45분에
(D) 오후 7시에

■ **육하원칙** When
정답 (D)

모금 행사가 공식적으로 언제(When) 시작될 것인지를 묻는 육하원칙 문제이므로 질문의 핵심 어구인 the fundraiser officially start와 관련하여, 'I'll be there by 6:45 P.M., which is 15 minutes before the event starts.'에서 행사, 즉 모금 행사 시작 15분 전인 오후 6시 45분까지 그곳에 가겠다고 했으므로 (D)가 정답이다.

어휘 officially adv. 공식적으로

지문 1

To: Olivia Brunelli <olivia@nathalieresort.fr>
From: Roger Keller <roger.keller@lowefinances.com>
Date: March 21
Subject: Inquiry

Dear Ms. Brunelli,

During a vacation last year, I stumbled upon your beautiful retreat in Rochemaure. I was able to book a massage and thoroughly enjoyed my experience. [176]I am in charge of organizing a trip for my company this May, and I would like to make a reservation with you. We are welcoming a few investors from overseas and want to spend some relaxing time there as a group.

We will be staying at the resort from May 3 to 7. We would arrive late in the evening on May 3 and leave early on May 7. [179-C/180]Can you reserve spa treatments for our investors for the afternoon of May 4? [180]There are eight of them in total. [179-C]This will be followed by dinner. If the weather permits, we would like to be seated outdoors and in a quiet area.

[177]We will need 12 single rooms for the duration of the trip. We are also interested in wine tasting and visiting lavender farms.

Please let me know if all of this is possible by replying to this e-mail. I look forward to going over the reservation further with you.

Best regards,

Roger Keller
Lowe Finances

수신: Olivia Brunelli <olivia@nathalieresort.fr>
발신: Roger Keller
       <roger.keller@lowefinances.com>
날짜: 3월 21일
제목: 문의

Ms. Brunelli께,

작년 휴가 동안, 저는 로슈모어에 있는 귀하의 아름다운 휴양지를 우연히 발견했습니다. 저는 마사지를 예약할 수 있었고 저의 경험을 충분히 즐길 수 있었습니다. [176]저는 이번 5월에 저희 회사의 여행 준비를 담당하고 있고, 귀하와 예약하고 싶습니다. 저희는 해외에서 온 몇몇 투자자들을 맞이하고 단체로 그곳에서 편안한 시간을 보내고 싶습니다.

저희는 5월 3일부터 7일까지 리조트에 머무를 것입니다. 저희는 5월 3일 저녁 늦게 도착해서 5월 7일에 일찍 떠날 것입니다. [179-C/180]5월 4일 오후에 저희 투자자들을 위해 스파 관리를 예약해 주실 수 있나요? [180]모두 여덟 명입니다. [179-C]저녁 식사가 뒤이어 있을 것입니다. 날씨가 허락한다면, 저희는 야외이고 조용한 곳에 앉고 싶습니다.

[177]저희는 여행 기간 동안 12개의 1인용 객실이 필요할 것입니다. 저희는 또한 와인 시음과 라벤더 농장 방문에 관심이 있습니다.

이 모든 것이 가능한지 이 이메일에 답장을 보내 저에게 알려 주십시오. 저는 귀하와 함께 예약을 좀 더 검토하기를 기대합니다.

Roger Keller 드림
Lowe Finances사

지문 2

To: Roger Keller <roger.keller@lowefinances.com>
From: Olivia Brunelli <olivia@nathalieresort.fr>
Date: March 25
Subject: Your Inquiry

Dear Mr. Keller,

Thank you for your wonderful message. I am pleased you had a great time during your previous visit. We are happy to report that we can accommodate your party. [179-C]We can reserve the whole outdoor area for your dinner. However, it would have to be moved to the next night if you are flexible. The proposed date is already booked. Of course, we also have a dining room indoors.

Furthermore, [180]we can only accommodate six spa appointments at once. About the other activities, they can be booked once you are here.

Please let us know how you would like to proceed.

수신: Roger Keller
       <roger.keller@lowefinances.com>
발신: Olivia Brunelli <olivia@nathalieresort.fr>
날짜: 3월 25일
제목: 귀하의 문의

Mr. Keller께,

귀하의 멋진 메시지에 감사드립니다. 이전 방문 동안 즐거운 시간을 보내셨다니 기쁩니다. 저희는 귀하의 단체를 수용할 수 있음을 알려드리게 되어 기쁩니다. [179-C]저희는 저녁 식사를 위한 야외 공간 전체를 예약할 수 있습니다. 하지만, 만약 마음대로 바꾸실 수 있으시다면, 그것은 다음 날 밤으로 옮겨져야 할 것입니다. 제안해주신 날짜는 이미 예약되어 있습니다. 물론, 저희는 실내에도 식당이 있습니다.

게다가, [180]저희는 동시에 여섯 개의 스파 예약에 대해서만 공간을 제공할 수 있습니다. 다른 활동들에 대해서는, 일단 귀하께서 이곳에 오시면 예약될 수 있습니다.

어떻게 진행하고 싶으신지 저희에게 알려 주십시오.

Best regards,

Olivia Brunelli
Resort Manager
Nathalie Resort & Spa

Olivia Brunelli 드림
리조트 관리자
Nathalie 리조트 & 스파

지문 1	□ stumble upon phr. ~을 우연히 발견하다	□ retreat n. 휴양지	□ thoroughly adv. 충분히, 완전히
	□ in charge of phr. ~을 담당하는, 관리하는	□ overseas n. 해외, 외국	□ follow v. 뒤이어 ~을 하다, ~에 잇따르다
	□ permit v. 허락하다, 허용하다; n. 허가증	□ duration n. 기간, 지속	□ tasting n. 시음
지문 2	□ pleased adj. 기쁜, 만족해하는	□ party n. 단체	□ flexible adj. 마음대로 바꿀 수 있는, 융통성 있는
	□ book v. 예약하다	□ dining room phr. 식당	□ proceed v. 진행하다

---

176 Why did Mr. Keller write the e-mail?

(A) To explain the reason for some changes
(B) To inquire about a business partnership
(C) To thank a colleague for her hospitality
(D) To make arrangements for a trip

Mr. Keller는 왜 이메일을 썼는가?

(A) 일부 변경의 이유를 설명하기 위해
(B) 사업 협력에 대해 문의하기 위해
(C) 동료의 환대에 감사하기 위해
(D) 여행 준비를 하기 위해

■ **주제/목적 찾기** 글을 쓴 이유   정답 (D)

Mr. Keller가 이메일을 쓴 이유를 묻는 목적 찾기 문제이므로 첫 번째 이메일의 내용을 확인한다. 첫 번째 이메일의 'I am in charge of organizing a trip for my company this May, and I would like to make a reservation with you.'에서 Mr. Keller가 이번 5월에 회사의 여행 준비를 담당하고 있고 귀하, 즉 Ms. Brunelli의 휴양지와 예약하고 싶다고 했으므로 (D)가 정답이다.

바꾸어 표현하기
make a reservation 예약하다 → make arrangements 준비를 하다

어휘 partnership n. 협력, 동업 hospitality n. 환대 arrangement n. 준비

---

177 What does Mr. Keller mention as a requirement?

(A) Renting a large meeting room
(B) Preparing special meals
(C) Booking single-occupancy rooms
(D) Staying in rooms with a view

Mr. Keller는 무엇을 필요한 것으로 언급하는가?

(A) 대규모 회의실을 임대하는 것
(B) 특별 식사를 준비하는 것
(C) 1인실을 예약하는 것
(D) 전망 좋은 방에 묵는 것

■ **육하원칙** What   정답 (C)

Mr. Keller가 무엇(What)을 필요한 것으로 언급하는지를 묻는 육하원칙 문제이므로 질문의 핵심 어구인 Mr. Keller mention as a requirement와 관련된 내용이 언급된 첫 번째 이메일을 확인한다. 첫 번째 이메일의 'We will need 12 single rooms'에서 12개의 1인용 객실이 필요하다고 했으므로 (C)가 정답이다.

바꾸어 표현하기
single rooms 1인용 객실 → single-occupancy rooms 1인실

어휘 requirement n. 필요한 것, 필요 조건 view n. 전망, 관점

In the first e-mail, the phrase "going over" in paragraph 4, line 1, is closest in meaning to

(A) discussing
(B) crossing
(C) acquiring
(D) responding

첫 번째 이메일에서, 4문단 첫 번째 줄의 표현 "going over"는 의미상 ~와 가장 가깝다.

(A) 검토하다
(B) 건너다
(C) 획득하다
(D) 응답하다

■ 동의어　　　　　　　　　　　　　　　　　　　　　　　　　　　　　　　　　정답 (A)

첫 번째 이메일의 going over를 포함하는 구절 'I look forward to going over the reservation further with you.'에서 going over가 '검토하다'라는 뜻으로 사용되었다. 따라서 '검토하다'라는 뜻을 가진 (A)가 정답이다.

What does Ms. Brunelli mention about an outdoor area?

(A) It is decorated with exotic plants.
(B) It is located near a spa.
(C) It is already booked on May 4.
(D) It is closed for part of the year.

Ms. Brunelli가 야외 공간에 대해 언급하는 것은?

(A) 이국적인 식물들로 장식되어 있다.
(B) 스파 가까이에 있다.
(C) 5월 4일에 이미 예약되어 있다.
(D) 1년 중 일부 동안 문을 닫는다.

■ Not/True 연계 문제　　　　　　　　　　　　　　　　　　　　　　　　　　　정답 (C)

두 지문의 내용을 종합해서 풀어야 하는 연계 문제이다. 질문의 핵심 어구인 an outdoor area에 대해 Ms. Brunelli가 언급한 내용을 지문에서 찾아 각 보기와 대조하는 Not/True 문제이므로 Ms. Brunelli가 작성한 두 번째 이메일을 먼저 확인한다.

단서 1 두 번째 이메일의 'We can reserve the whole outdoor area for your dinner. However, it would have to be moved to the next night ~. The proposed date is already booked.'에서 저녁 식사를 위한 야외 공간 전체를 예약할 수 있지만 제안해준 날짜는 이미 예약되어 있기 때문에 다음 날 밤으로 옮겨져야 할 것이라고 했다. 그런데 Mr. Keller가 제안한 날짜가 언급되지 않았으므로 첫 번째 이메일에서 관련 내용을 확인한다.

단서 2 첫 번째 이메일의 'Can you reserve spa treatments ~ for the afternoon of May 4?', 'This will be followed by dinner. If the weather permits, we would like to be seated outdoors'에서 5월 4일 오후에 스파 관리를 예약해줄 수 있는지를 물은 후, 저녁 식사가 뒤이어 있을 것이며 날씨가 허락한다면 야외에 앉고 싶다고 한 것을 확인할 수 있다.

두 단서를 종합할 때, 저녁 식사를 위한 야외 공간이 5월 4일에는 이미 예약되어 있음을 알 수 있다. 따라서 (C)가 정답이다. (A), (B), (D)는 지문에 언급되지 않은 내용이다.

어휘　exotic adj. 이국적인

What can be inferred about the investors?

(A) They will not be staying overnight at a resort.
(B) They supported Lowe Finances from the start.
(C) They want to open several businesses in France.
(D) They will not receive spa treatments at the same time.

투자자들에 대해 추론될 수 있는 것은?

(A) 리조트에서 하룻밤 동안 묵지 않을 것이다.
(B) 처음부터 Lowe Finances사를 후원했다.
(C) 프랑스에서 여러 개의 사업체를 열고 싶어 한다.
(D) 스파 관리를 같은 시간대에 받지 않을 것이다.

■ 추론 연계 문제　　　　　　　　　　　　　　　　　　　　　　　　　　　　　정답 (D)

두 지문의 내용을 종합적으로 확인한 후 추론해서 풀어야 하는 연계 문제이다. 질문의 핵심 어구인 the investors와 관련된 내용이 언급된 첫 번째 이메일을 먼저 확인한다.

단서 1 첫 번째 이메일의 'Can you reserve spa treatments for our investors ~? There are eight of them in total.'에서 투자자들을 위해 스파 관리를 예약해 줄 수 있는지를 물으며 모두 여덟 명이라고 했다. 그런데 예약이 완료되었는지 제시되지 않았으므로 두 번째 이메일에서 관련 내용을 확인한다.

단서 2 두 번째 이메일의 'we can only accommodate six spa appointments at once'에서 동시에 여섯 개의 스파 예약에 대해서만 공간을 제공할 수 있다는 사실을 확인할 수 있다.

두 단서를 종합할 때, 투자자들은 여덟 명이지만 동시에 여섯 개의 스파 예약에 대해서만 공간을 제공하므로 투자자들 모두가 스파 관리를 같은 시간대에 받지 않을 것이라는 사실을 추론할 수 있다. 따라서 (D)가 정답이다.

어휘　overnight adv. 하룻밤 동안

Questions 181-185 refer to the following form and e-mail.

181-185는 다음 양식과 이메일에 관한 문제입니다.

지문 1

FORM

[181]All arriving passengers must fill out the following form. If you are traveling with family members, fill out one form for the group. When you land, please present this form along with your passports to a customs official.

Family Name	Larson
First name	Harry
Middle name	Hughes
[182-A]**Number of Family Members With You**	[182-A]3
[184]**Address**	[184]88 Pingree Drive, Stamford, CT 06831
[182-D]**Passport Issued by**	[182-D]United States
[182-B]**Countries visited on this trip**	[182-B]Spain, Portugal

[183]**The primary purpose of this trip is**
☐ Business   ☐ Vacation   ☑ Other

If other, please specify: My family and [183]I flew to Spain to help my father move into his new home. Then we took a brief sightseeing trip to Portugal.

Are you bringing any fruits, meats, or animals with you?
☐ Yes   ☑ No

If so, please list them here: N/A

Signature: *Harry Larson*

양식

[181]도착하는 모든 승객들은 다음 양식을 작성해야 합니다. 가족 구성원들과 함께 여행하는 경우, 단체를 위해 하나의 양식을 작성하세요. 도착하실 때, 이 양식을 여권과 함께 세관 공무원에게 제시해 주십시오.

성	Larson
이름	Harry
가운데 이름	Hughes
[182-A]동반하는 가족 구성원들의 수	[182-A]3
[184]주소	[184]88번지 Pingree로, 스탬퍼드, 코네티컷 06831
[182-D]여권 발행 국가	[182-D]미국
[182-B]이번 여행에서 방문한 국가들	[182-B]스페인, 포르투갈

[183]이번 여행의 주된 목적은 ☐ 사업 ☐ 휴가 ☑ 기타 이다

만약 기타라면, 명시해 주세요: 제 가족과 [183]저는 아버지가 새집으로 이사하는 것을 돕기 위해 스페인에 비행기를 타고 갔습니다. 그러고 나서 저희는 포르투갈에서 짧은 관광 여행을 했습니다.

과일, 고기, 동물을 반입하시나요? ☐ 네 ☑ 아니오

만약 그렇다면, 해당 항목을 여기에 나열하십시오: 해당 없음

서명: *Harry Larson*

지문 2

TO: Harry Larson <harrylarson@worldmail.com>
FROM: Customer Service
        <service@internationalairlines.com>
SUBJECT: Re: Request
DATE: July 28

Dear Mr. Larson,

Thank you for writing to us about your missing duffel bag. After an extensive search, we have finally located it, and [184]we will ship it to your home address. We apologize for the inconvenience.

To compensate you for the missing bag, we will add 8,000 flyer points to your account. According to our records, that means [185]you are now entitled to one round-trip domestic flight. You can take advantage of this offer at any time. To use it, visit our Web site and click "Redeem my flyer points" during the checkout process.

Best regards,

International Airlines Customer Service

수신: Harry Larson <harrylarson@worldmail.com>
발신: 고객 서비스
        <service@internationalairlines.com>
제목: 회신: 요청 사항
날짜: 7월 28일

Mr. Larson께,

당신의 잃어버린 더플 백에 대해 저희에게 이메일을 써주셔서 감사합니다. 광범위한 수색 끝에, 저희는 마침내 그것을 찾았고, [184]저희는 그것을 당신의 집 주소로 배송해드릴 것입니다. 불편에 대해 사과드립니다.

분실된 가방에 대해 보상하기 위해, 고객님의 계정에 8,000점의 비행기 승객 포인트를 추가해드릴 것입니다. 저희 기록에 따르면, [185]귀하는 이제 한 번의 국내 왕복 항공 여행을 받을 자격이 있으시다는 것을 의미합니다. [185]귀하께서는 언제든지 이 기회를 이용하실 수 있습니다. 이것을 사용하시려면, 당사 웹사이트를 방문하셔서 결제 과정 중에 "비행기 승객 포인트 상환"을 클릭하십시오.

국제 항공사 고객 서비스 드림

□ **land** v. 도착하다, 착륙하다　　□ **present** v. 제시하다, 보여주다　　□ **along with** phr. ~과 함께, ~에 따라
　　　□ **issue** v. 발행하다, 발급하다　　□ **primary** adj. 주된, 주요한　　□ **specify** v. 명시하다
　　　□ **sightseeing** adj. 관광의, 구경하는

지문 2　□ **extensive** adj. 광범위한　　□ **inconvenience** n. 불편　　□ **compensate** v. 보상하다
　　　□ **flyer** n. 비행기 승객　　□ **be entitled to** phr. ~을 받을 자격이 있다　　□ **domestic** adj. 국내의, 집안의
　　　□ **take advantage of** phr. ~을 이용하다　　□ **redeem** v. 상환하다, 보완하다

181

Why did Mr. Larson fill up the form?

(A) To obtain permission to carry an item
(B) To comply with an arrival requirement
(C) To report a problem at an airport
(D) To get help with a travel document

Mr. Larson은 왜 양식을 작성했는가?

(A) 물품을 운반할 승인을 얻기 위해
(B) 도착 요건을 준수하기 위해
(C) 공항에서 문제를 보고하기 위해
(D) 여행 문서에 대한 도움을 받기 위해

■ **주제/목적 찾기** 글을 쓴 이유　　　　　　　　　　　　　　　　　　　　　　　　　　　정답 (B)

Mr. Larson이 양식을 작성한 이유를 묻는 목적 찾기 문제이므로 첫 번째 지문인 양식의 내용을 확인한다. 양식의 'All arriving passengers must fill out the ~ form.'에서 도착하는 모든 승객들은 양식을 작성해야 한다고 했으므로 (B)가 정답이다.

어휘 **obtain** v. 얻다, 받다　**permission** n. 승인, 허락　**comply with** phr. ~을 준수하다, 지키다

182

What information is NOT provided on the form?

(A) The number of people in Mr. Larson's group
(B) The countries that Mr. Larson visited
(C) The airline Mr. Larson traveled with
(D) The country Mr. Larson obtained his passport from

양식에서 제공되는 정보가 아닌 것은?

(A) Mr. Larson의 단체에 있는 사람들의 수
(B) Mr. Larson이 방문했던 국가들
(C) Mr. Larson이 타고 간 항공사
(D) Mr. Larson이 그의 여권을 받은 나라

■ **Not/True** Not 문제　　　　　　　　　　　　　　　　　　　　　　　　　　　　　　정답 (C)

질문의 핵심 어구인 information ~ provided on the form과 관련된 내용을 지문에서 찾아 각 보기와 대조하는 Not/True 문제이므로 첫 번째 지문인 양식에서 관련 내용을 확인한다. (A)는 'Number of Family Members With You, 3'에서 동반하는 가족 구성원들의 수가 세 명임을 알 수 있으므로 지문에 포함된 내용이다. (B)는 'Countries visited on this trip, Spain, Portugal'에서 이번 여행에서 스페인, 포르투갈을 방문했음을 알 수 있으므로 지문에 포함된 내용이다. (C)는 지문에 언급되지 않은 내용이다. 따라서 (C)가 정답이다. (D)는 'Passport Issued by, United States'에서 여권 발행 국가가 미국임을 알 수 있으므로 지문에 포함된 내용이다.

183

Why did Mr. Larson go on a trip?

(A) To do some business
(B) To assist a family member
(C) To attend a ceremony
(D) To teach some classes

Mr. Larson은 왜 여행을 갔는가?

(A) 사업을 하기 위해
(B) 가족 구성원을 돕기 위해
(C) 식에 참석하기 위해
(D) 몇몇 수업을 가르치기 위해

■ **육하원칙** Why　　　　　　　　　　　　　　　　　　　　　　　　　　　　　　　　정답 (B)

Mr. Larson이 왜(Why) 여행을 갔는지를 묻는 육하원칙 문제이므로 질문의 핵심 어구인 Mr. Larson go on a trip과 관련된 내용이 언급된 첫 번째 지문인 양식을 확인한다. 양식의 'The primary purpose of this trip is', 'I flew to Spain to help my father move into his new home'에서 이번 여행의 주된 목적에 대해 아버지가 새집으로 이사하는 것을 돕기 위해 스페인에 비행기를 타고 갔다고 했으므로 (B)가 정답이다.

바꾸어 표현하기
to help ~ father 아버지를 돕기 위해 → To assist a family member 가족 구성원을 돕기 위해

어휘 **assist** v. 돕다, 보조하다

184

What does International Airlines promise to do?

(A) Look into some flight details
(B) Search for a missing package
(C) Ship an item to Stamford
(D) Correct some account information

국제 항공사는 무엇을 하기로 약속하는가?

(A) 항공편 세부 정보를 살펴본다
(B) 누락된 패키지를 검색한다
(C) 스탬퍼드로 물품을 발송한다
(D) 몇몇 계정 정보를 수정한다

■ **육하원칙** 연계 문제   정답 (C)

두 지문의 내용을 종합해서 풀어야 하는 연계 문제이다. 질문의 핵심 어구인 International Airlines promise to do에서 국제 항공사가 무엇을 (What)을 하기로 약속하는지 묻고 있으므로 국제 항공사 고객 서비스에서 작성한 이메일을 먼저 확인한다.

단서 1 두 번째 지문(이메일)의 'we will ship it to your home address'에서 그것, 즉 잃어버린 더플 백을 당신, 즉 Mr. Larson의 집 주소로 배송해줄 것이라고 했다. 그런데 Mr. Larson의 집 주소가 제시되지 않았으므로 첫 번째 지문인 양식에서 관련 내용을 확인한다.

단서 2 첫 번째 지문(양식)의 'Address, 88 Pingree Drive, Stamford, CT 06831'에서 Mr. Larson의 집 주소가 88번지 Pingree로, 스탬퍼드, 코네티컷 06831이라는 것을 확인할 수 있다.

두 단서를 종합할 때, 국제 항공사는 Mr. Larson의 집이 있는 스탬퍼드로 물품을 발송하기로 약속한 것을 알 수 있다. 따라서 (C)가 정답이다.

어휘 look into phr. (주의 깊게) 살펴보다 missing adj. 누락된, 사라진 correct v. 수정하다, 고치다

185

How can Mr. Larson take advantage of a free domestic flight?

(A) By e-mailing an airline representative
(B) By calling a specific travel agency
(C) By downloading a mobile app
(D) By booking on a Web site

Mr. Larson은 어떻게 무료 국내 항공편을 이용할 수 있는가?

(A) 항공사 직원에게 이메일을 보냄으로써
(B) 특정 여행사에 전화함으로써
(C) 모바일 앱을 다운로드함으로써
(D) 웹사이트에서 예약함으로써

■ **육하원칙** How   정답 (D)

Mr. Larson이 어떻게(How) 무료 국내 항공편을 이용할 수 있는지를 묻는 육하원칙 문제이므로 질문의 핵심 어구인 Mr. Larson take advantage of a free domestic flight와 관련된 내용이 언급된 두 번째 지문인 이메일을 확인한다. 이메일의 'you are now entitled to one round-trip domestic flight. You can take advantage of this offer at any time. To use it, visit our Web site and click "Redeem my flyer points" during the checkout process.'에서 귀하, 즉 Mr. Larson이 이제 한 번의 국내 왕복 항공 여행을 받을 자격이 있으므로 언제든지 이 기회를 이용할 수 있다고 한 후, 이것을 사용하려면 웹사이트를 방문해서 결제 과정 중에 "비행기 승객 포인트 상환"을 클릭하라고 했으므로 (D)가 정답이다.

바꾸어 표현하기

a free domestic flight 무료 국내 항공편 → entitled to one round-trip domestic flight 한 번의 국내 왕복 항공 여행을 받을 자격이 있다

Questions 186-190 refer to the following brochure, request form, and memo. 186-190은 다음 브로슈어, 신청서, 회람에 관한 문제입니다.

Mario's
Mediterranean cuisine catering service

Mario's has been in business for over 30 years. ^{186-D}It is still owned by founder Mario Robledo but is currently managed by his younger brother, Sandro. The catering company serves a wide variety of dishes. Moreover, it owns an event space at 7738 Market Street with both indoor and outdoor seating. The outdoor patio is open from May 1 until September 30.

Mario's can also accommodate all dietary requirements and food sensitivities.

The following menu options are available:

Menu	Types of Dishes	Price per person
Menu A	2 appetizers, 2 main dishes, 1 dessert	$30
Menu B	Menu A + 1 appetizer	$35
Menu C	Menu B + 1 main dish	$40
¹⁸⁸Menu D	Menu C + 1 dessert * ¹⁸⁸A 20 percent discount is applicable for groups of 40 or more.	$45

Unless otherwise indicated, all menus include a vegetarian option. For special requests or to complete a booking, please go to www.marios.com.

Mario's
지중해 요리 출장 연회 서비스

Mario's는 30년 넘게 영업을 해오고 있습니다. ^{186-D}이곳은 여전히 설립자 Mario Robledo에 의해 소유되어 있지만 현재 그의 남동생 Sandro에 의해 운영됩니다. 출장 연회 회사는 매우 다양한 요리를 제공합니다. 게다가, 7738번지 Market가에 실내와 야외 좌석을 모두 갖춘 행사 공간을 소유하고 있습니다. 야외 테라스는 5월 1일부터 9월 30일까지 개방됩니다.

Mario's는 또한 모든 식이 요법 필요 조건과 식품 민감성을 수용할 수 있습니다.

다음 메뉴 옵션들을 이용할 수 있습니다:

메뉴	요리 종류	1인당 가격
메뉴 A	애피타이저 2개, 메인 요리 2개, 디저트 1개	30달러
메뉴 B	메뉴 A + 애피타이저 1개	35달러
메뉴 C	메뉴 B + 메인 요리 1개	40달러
¹⁸⁸메뉴 D	메뉴 C + 디저트 1개 * ¹⁸⁸40인 이상 단체에는 20퍼센트 할인이 적용됩니다.	45달러

달리 명시되지 않는 한, 모든 메뉴는 채식주의자 옵션을 포함합니다. 특별한 요청이 있으시거나 예약을 완료하시려면, www.marios.com을 방문하십시오.

^{187-B}**Mario's Catering Request Form**

Name of contact: Marissa Thomas
¹⁸⁸Organization: Madison Private Bank
E-mail: m.thomas@madisonprivatebank.com
¹⁸⁹Date of event: August 28
Time of event: 7 p.m.
¹⁸⁸Number of guests: 45

Facility: ___ Mario's   X Other
If other, please specify here: ___ Madison Private Bank office ___

¹⁸⁸Preferred Menu:
___ Menu A
___ Menu B
___ Menu C
¹⁸⁸ X Menu D

Comments:
^{187-B}I don't remember which dishes we had at last year's event, but they were absolutely delicious. It would be good to have something slightly different for ¹⁸⁹this year's client appreciation dinner, but anything is fine. Please make sure to include at least one vegan appetizer and main dish.

^{187-B}Mario's 출장 연회 신청서

연락처 이름: Marissa Thomas
¹⁸⁸단체: Madison 개인 은행
이메일: m.thomas@madisonprivatebank.com
¹⁸⁹행사 날짜: 8월 28일
행사 시간: 오후 7시
¹⁸⁸손님 수: 45

시설: ___ Mario's   X 다른 곳
다른 곳을 선택하셨다면, 여기에 명시해 주십시오:
 Madison 개인 은행

¹⁸⁸선호 메뉴:
___ 메뉴 A
___ 메뉴 B
___ 메뉴 C
¹⁸⁸ X 메뉴 D

의견:
^{187-B}작년의 행사에서 어떤 요리를 먹었는지 기억나지는 않지만, 굉장히 맛있었습니다. ¹⁸⁹올해의 고객 감사 만찬에서는 조금 다른 게 있어도 좋겠지만, 어느 것이든 괜찮습니다. 적어도 한 개의 완전 채식주의자 애피타이저와 메인 요리를 꼭 포함해주십시오.

지문 3

To: Team
From: Marissa Thomas
Date: August 25
Subject: Upcoming Dinner

I would like to remind you that [189]our annual client appreciation dinner takes place on Wednesday, September 3. Please note that the date has been changed. We look forward to having mostly new clients this time, and I am sure they will like what will be served. One client, Ms. Kim, is vegan, so I made sure that there is one main and one appetizer dish she can eat. Furthermore, apart from the regular desserts, I have added a fruit platter which I assume all of you will enjoy as well. [190]Please make sure you wear formal attire as this is considered a business affair. Looking forward to seeing you there.

수신: 팀
발신: Marissa Thomas
날짜: 8월 25일
제목: 곧 있을 저녁 식사

[189]저희의 연례 고객 감사 만찬이 9월 3일 수요일에 열린다는 것을 상기시켜 드리고 싶습니다. [189]날짜가 변경되었음을 참고해주십시오. 저희는 이번에 대부분 새로운 고객분들이 오시기를 기대하고 있고, 저는 그들이 제공되는 것을 좋아할 것이라고 확신합니다. 한 고객인 Ms. Kim이 완전 채식주의자이므로, 저는 그녀가 먹을 수 있는 메인 요리와 애피타이저 요리가 하나씩 있는지 확인했습니다. 게다가, 일반적인 디저트 외에, 저는 여러분 모두가 즐길 거라고 생각하는 과일 모듬 요리도 추가했습니다. 이것은 비즈니스 업무로 여겨지므로 [190]꼭 정장을 착용하십시오. 그곳에서 여러분을 뵙기를 기대합니다.

지문 1	□ Mediterranean adj. 지중해의	□ cuisine n. 요리	□ catering n. 출장 연회(업)
	□ manage v. 운영하다	□ a variety of phr. 다양한	□ patio n. 테라스, 베란다
	□ dietary adj. 식이 요법의	□ sensitivity n. 민감성	□ applicable adj. 적용되는
	□ vegetarian adj. 채식주의자의		
지문 2	□ absolutely adv. 굉장히, 틀림없이	□ slightly adv. 조금, 약간	□ appreciation n. 감사
	□ vegan adj. 완전 채식주의의		
지문 3	□ remind v. 상기시키다	□ annual adj. 연례의	□ apart from phr. ~ 외에도
	□ platter n. 모듬 요리, 큰 접시	□ assume v. ~할 것으로 생각하다	□ formal attire phr. 정장
	□ affair n. 업무, 일		

186

What is mentioned about Mario's?

(A) It earned an award for its food.
(B) It is testing out a new menu.
(C) It plans to add an event space.
(D) It is operated by the owner's brother.

Mario's에 대해 언급된 것은?

(A) 요리로 상을 받았다.
(B) 새로운 메뉴를 시험해 보고 있다.
(C) 행사 공간을 추가할 계획이다.
(D) 소유주의 남동생에 의해 운영된다.

■ **Not/True** True 문제   정답 (D)

질문의 핵심 어구인 Mario's와 관련된 내용을 지문에서 찾아 각 보기와 대조하는 Not/True 문제이므로 Mario's에 대해 소개하는 첫 번째 지문인 브로슈어에서 관련 내용을 확인한다. (A), (B), (C)는 지문에 언급되지 않은 내용이다. (D)는 'It is still owned by founder Mario Robledo but is currently managed by his younger brother, Sandro.'에서 이곳, 즉 Mario's는 여전히 설립자 Mario Robledo에 의해 소유되어 있지만 현재 그의 남동생 Sandro에 의해 운영된다고 했으므로 지문의 내용과 일치한다. 따라서 (D)가 정답이다.

바꾸어 표현하기
is ~ managed by ~에 의해 운영되다 → is operated by ~에 의해 운영되다

여휘   earn v. 받다, 벌다   award n. 상   operate v. 운영하다

187

○○○●● 중

What is true about Ms. Thomas?

(A) She heard about Mario's from a client.
(B) She has used Mario's services before.
(C) She has strict dietary requirements.
(D) She requested Mario's outdoor area.

Ms. Thomas에 대해 사실인 것은?

(A) 고객으로부터 Mario's에 대해 들었다.
(B) 전에 Mario's의 서비스를 이용한 적이 있다.
(C) 엄격한 식이 요법 필요 조건이 있다.
(D) Mario's의 야외 공간을 요청했다.

■ **Not/True** True 문제 정답 (B)

질문의 핵심 어구인 Ms. Thomas와 관련된 내용을 지문에서 찾아 각 보기와 대조하는 Not/True 문제이므로 Ms. Thomas가 작성한 두 번째 지문인 신청서에서 관련 내용을 확인한다. (A), (C), (D)는 지문에 언급되지 않은 내용이다. (B)는 'Mario's Catering Request Form'에서 Mario's 출장 연회 신청서임을 알 수 있고, 'I don't remember which dishes we had at last year's event'에서 작년의 행사에서 어떤 요리를 먹었는지 기억나지는 않는다고 했으므로 지문의 내용과 일치한다. 따라서 (B)가 정답이다.

어휘 strict adj. 엄격한

188

○○○●● 중

What is indicated about Madison Private Bank?

(A) It is located on the same street as Mario's.
(B) It recently increased the size of its staff.
(C) It has a budget of $40 per person.
(D) It is entitled to a 20 percent discount.

Madison 개인 은행에 대해 암시되는 것은?

(A) Mario's와 같은 거리에 위치해 있다.
(B) 최근에 직원 규모를 늘렸다.
(C) 1인당 40달러의 예산이 있다.
(D) 20퍼센트 할인을 받을 자격이 있다.

■ **추론** 연계 문제 정답 (D)

세 지문 중 두 지문의 내용을 종합적으로 확인한 후 추론해서 풀어야 하는 연계 문제이다. 질문의 핵심 어구인 Madison Private Bank와 관련된 내용이 언급된 두 번째 지문인 신청서를 먼저 확인한다.

단서 1 두 번째 지문(신청서)의 'Organization: Madison Private Bank', 'Number of guests: 45', 'Preferred Menu:', ' X Menu D'에서 Madison 개인 은행은 손님 수가 45명이고 선호 메뉴가 메뉴 D임을 알 수 있다. 그런데 이것이 할인을 받을 자격이 있는지 제시되지 않았으므로 브로슈어에서 관련 내용을 확인한다.

단서 2 첫 번째 지문(브로슈어)의 'Menu D', 'A 20 percent discount is applicable for groups of 40 or more.'에서 메뉴 D의 경우 40인 이상 단체에는 20퍼센트 할인이 적용된다는 사실을 확인할 수 있다.

두 단서를 종합할 때, Madison 개인 은행은 손님 수가 45명이고, 40인 이상 단체에게 20퍼센트 할인을 제공하는 메뉴 D를 골랐으므로 20퍼센트 할인을 받을 자격이 있다는 사실을 추론할 수 있다. 따라서 (D)가 정답이다.

바꾸어 표현하기

A 20 percent discount is applicable 20퍼센트 할인이 적용되다 → is entitled to a 20 percent discount 20퍼센트 할인을 받을 자격이 있다

어휘 budget n. 예산 be entitled to phr. ~을 받을 자격이 있다

189

●●●●● 최상

What can be inferred about the client appreciation dinner?

(A) It was not registered on an online system.
(B) It includes mostly vegan dishes.
(C) It was postponed to the following month.
(D) It must be paid for before September.

고객 감사 만찬에 대해 추론될 수 있는 것은?

(A) 온라인 시스템에 등록되지 않았다.
(B) 주로 완전 채식주의자 요리를 포함한다.
(C) 다음 달로 연기되었다.
(D) 9월 이전에 지불되어야 한다.

■ **추론** 연계 문제 정답 (C)

세 지문 중 두 지문의 내용을 종합적으로 확인한 후 추론해서 풀어야 하는 연계 문제이다. 질문의 핵심 어구인 the client appreciation dinner와 관련된 내용이 언급된 두 번째 지문인 신청서를 먼저 확인한다.

단서 1 두 번째 지문(신청서)의 'Date of event: August 28', 'this year's client appreciation dinner'에서 행사 날짜가 8월 28일이고 올해의 고객 감사 만찬이 열리는 것을 확인할 수 있다. 그런데 행사가 예정대로 열렸는지 제시되지 않았으므로 회람에서 관련 내용을 확인한다.

단서 2 세 번째 지문(회람)의 'our annual client appreciation dinner takes place on Wednesday, September 3. Please note that the date has been changed.'에서 연례 고객 감사 만찬이 9월 3일 수요일에 열린다고 한 후, 날짜가 변경되었음을 참고해달라고 한 사실을 확인할 수 있다.

두 단서를 종합할 때, 고객 감사 만찬이 8월에 열릴 예정이었으나 9월로 연기된 사실을 추론할 수 있다. 따라서 (C)가 정답이다.

어휘 register v. 등록하다 postpone v. 연기하다

What does Ms. Thomas instruct her coworkers to do?

(A) Show up at a restaurant early
(B) Follow a dress code
(C) Carpool to an event
(D) Pick up some clients

Ms. Thomas는 그녀의 동료들에게 무엇을 하라고 지시하는가?

(A) 식당에 일찍 온다
(B) 복장 규정을 따른다
(C) 행사에 합승해서 간다
(D) 고객 몇 명을 태우러 간다

■ **육하원칙** What

정답 (B)

Ms. Thomas가 그녀의 동료들에게 무엇(What)을 하라고 지시하는지를 묻는 육하원칙 문제이므로 Ms. Thomas가 팀에게 작성한 세 번째 지문인 회람을 확인한다. 회람의 'Please make sure you wear formal attire'에서 꼭 정장을 착용하라고 했으므로 (B)가 정답이다.

바꾸어 표현하기
wear formal attire 정장을 착용하다 → Follow a dress code 복장 규정을 따르다

어휘 dress code phr. 복장 규정 carpool v. 합승하다, 자동차를 공동 이용하다 pick up phr. ~를 (차에) 태우러 가다

지문 1

TO: All Staff <staff@craftmagazine.com>
FROM: Alicia Mendez <a.mendez@craftmagazine.com>
SUBJECT: Moving
DATE: April 23

Dear Staff,

After a lengthy search, we've finally decided on the new office space for our magazine. It's a fifth-floor office at 82 Grant Street in Allston. It's much more spacious than our current location, so it can accommodate [191]the new writers and advertising staff we took on in the past few weeks. In addition, it is near a bus stop, has a pizza place downstairs, and has [192]windows overlooking the beautiful Charles River.

We're going to start moving to the new office on May 1, when the lease begins. If you're free that Saturday and are able to assist, please let me know. [193]I was going to rent two trucks, but if someone has a large van or pickup truck we can use, I'll only need to rent one. Please let me know immediately if you have one available.

Best regards,

Alicia Mendez
Editor-in-Chief, Craft Magazine

수신: 전 직원 <staff@craftmagazine.com>
발신: Alicia Mendez
        <a.mendez@craftmagazine.com>
제목: 이사
날짜: 4월 23일

직원분들께,

오랜 조사 후에, 저희는 마침내 저희 잡지사의 새 사무실 공간을 결정했습니다. 올스턴에 있는 82번지 Grant가 5층 사무실입니다. 저희의 현재 장소보다 훨씬 넓어서, [191]저희가 지난 몇 주 동안 고용한 새로운 작가들과 광고 직원들을 수용할 수 있습니다. 게다가, 그것은 버스 정류장 근처에 있고, 아래층에 피자집이 있고, [192]아름다운 찰스강을 내려다보는 창문이 있습니다.

임대차 계약이 시작되는 5월 1일에 새로운 사무실로 이사하기 시작할 것입니다. 그 토요일에 한가하고 도와줄 수 있으시면, 저에게 알려주십시오. [193]저는 트럭 두 대를 빌리려고 했는데, 저희가 사용할 수 있는 대형 밴 또는 소형 오픈 트럭을 누군가가 갖고 계신다면, 한 대만 빌릴 필요가 있을 것입니다. 이용할 수 있는 것이 있으시다면 저에게 바로 알려주십시오.

Alicia Mendez 드림
편집장, Craft 잡지사

지문 2

www.bostontruckhire.com

[193]**BOSTON TRUCK HIRE**

Name	Alicia Mendez
Phone number	555-9182
Driver's license number	013403412
[195]Rental date(s)	[195]May 1, 2
[193]Number of vehicles	[193]1
Estimated distance to travel	10 miles
Pickup location	32 Cooper Street, Boston
Drop-off location	918 West Harding Street, Boston
Comments	Right now, I need the vehicle for 48 hours. I will notify the staff if I decide to use it for longer.

www.bostontruckhire.com

[193]보스턴 트럭 임대

이름	Alicia Mendez
전화번호	555-9182
운전면허 번호	013403412
[195]대여 날짜(들)	[195]5월 1일, 2일
[193]차량 수	[193]1
예상 주행 거리	10마일
픽업 장소	32번지 Cooper가, 보스턴
반환 장소	918번지 West Harding가, 보스턴
의견	지금으로서는, 48시간 동안 차량이 필요합니다. 만약 제가 그것을 더 오래 사용하기로 결정하게 되면 직원분께 알려드리겠습니다.

지문 3

www.salepages.com

BOSTON > CLASSIFIEDS > FOR SALE

[194]Craft Magazine is moving to a new location with new equipment, so we'll have some items for sale. These include a DX color printer, a XRM6 fax machine, a five-year-old

www.salepages.com

보스턴 > 광고란 > 판매

[194]Craft 잡지사가 새로운 장비와 함께 새로운 장소로 이사를 할 것이라서, 저희가 판매할 몇몇 물품들이 있을 것입니다. 이것들은 DX 컬러 프린터, XRM6 팩스기, 5년 된

Vista Plus laptop, a 20-inch computer monitor, and five keyboards. If you are interested in any of these items, please contact Alicia Mendez at a.mendez@craftmagazine.com. Prices are negotiable. We're even willing to give away some items for free. Please note that these items will not be available for pickup until [195]the third and last day of our move on May 3. That is when we are putting the last items in a moving truck and shutting down our old office for good.

Vista Plus 노트북, 20인치 컴퓨터 모니터, 5개의 키보드를 포함합니다. 만약 당신이 이 물건들 중 어떤 것에 관심이 있으시다면, Alicia Mendez에게 a.mendez@craftmagazine.com으로 연락주세요. 가격은 협의할 수 있습니다. 저희는 몇몇 물품들은 심지어 기꺼이 무료로 나누어 드리려고 합니다. 이 물품들은 [195]이사 사흘째이자 마지막 날인 5월 3일이 되어서야 수거하실 수 있을 것임을 알아두시기 바랍니다. 그날이 저희가 이삿짐 트럭에 마지막 물건들을 싣고 이전 사무실을 완전히 닫을 때입니다.

지문 1	□ lengthy adj. 오랜, 긴	□ spacious adj. 넓은	□ take on phr. ~를 고용(채용)하다
	□ overlook v. 내려다보다	□ lease n. 임대차 계약	□ pickup truck phr. 소형 오픈 트럭
	□ editor-in-chief n. 편집장		
지문 2	□ hire n. 임대, 임차; v. (단기간) 빌리다	□ driver's license phr. 운전면허	□ distance n. 거리
	□ drop-off n. 반환	□ notify v. 알리다	
지문 3	□ classifieds n. 광고란	□ negotiable adj. 협의할 수 있는	□ give away phr. 나누어 주다
	□ shut down phr. 닫다, 폐쇄하다	□ for good phr. 완전히, 영원히	

191

What did Craft Magazine do recently?

(A) Published its first issue
(B) Hired new employees
(C) Created a Web site
(D) Launched a campaign

Craft 잡지사는 최근에 무엇을 했는가?

(A) 창간호를 발행했다
(B) 새로운 직원들을 고용했다
(C) 웹사이트를 만들었다
(D) 캠페인을 시작했다

■ 육하원칙 What
정답 (B)

Craft 잡지사가 최근에 무엇(What)을 했는지를 묻는 육하원칙 문제이므로 Craft 잡지사 직원들에게 발송된 첫 번째 지문인 이메일에서 관련 내용을 확인한다. 이메일의 'the new writers and advertising staff we took on in the past few weeks'에서 지난 몇 주 동안 고용한 새로운 작가들과 광고 직원들이라고 했으므로 (B)가 정답이다.

바꾸어 표현하기
recently 최근에 → in the past few weeks 지난 몇 주 동안
the new writers and advertising staff we took on 고용한 새로운 작가들과 광고 직원들 → Hired new employees 새로운 직원들을 고용했다

어휘 publish v. 발행하다, 출판하다 first issue phr. 창간호 launch v. 시작하다

192

What is a feature of the new office?

(A) A scenic view
(B) A conference room
(C) Access to a subway
(D) An on-site gym

새로운 사무실의 특징은 무엇인가?

(A) 경치가 좋은 전망
(B) 회의실
(C) 지하철에 대한 접근성
(D) 건물 내의 체육관

■ 육하원칙 What
정답 (A)

새로운 사무실의 특징이 무엇(What)인지를 묻는 육하원칙 문제이므로 질문의 핵심 어구인 a feature of the new office와 관련된 내용이 언급된 첫 번째 지문인 이메일을 확인한다. 이메일의 'windows overlooking the beautiful Charles River'에서 아름다운 찰스강을 내려다보는 창문이라고 했으므로 (A)가 정답이다.

어휘 scenic adj. 경치가 좋은, 아름다운 on-site adj. 건물 내의, 현장의

193

What did one of Ms. Mendez's staff most likely do?

(A) Arrived early in the morning to pack items
(B) Asked to change a move-in date
(C) Sent in some complaints
(D) Lent a vehicle to use

Ms. Mendez의 직원들 중 한 명은 무엇을 했을 것 같은가?

(A) 물품을 포장하기 위해 아침에 일찍 도착했다
(B) 이사 날짜를 바꿔 달라고 요청했다
(C) 몇 가지 불만 사항을 접수했다
(D) 사용할 차량을 빌려줬다

■ 추론 연계 문제   정답 (D)

세 지문 중 두 지문의 내용을 종합적으로 확인한 후 추론해서 풀어야 하는 연계 문제이다. 질문의 핵심 어구인 one of Ms. Mendez's staff most likely do와 관련된 내용이 언급된 이메일을 먼저 확인한다.

[단서 1] 첫 번째 지문(이메일)의 'I was going to rent two trucks, but if someone has a large van or pickup truck we can use, I'll only need to rent one.'에서 저, 즉 Ms. Mendez가 트럭 두 대를 빌리려고 했는데 사용할 수 있는 대형 밴 또는 소형 오픈 트럭을 누군가가 갖고 있다면 한 대만 빌릴 필요가 있을 것이라고 했다. 그런데 사용할 수 있는 대형 밴 또는 소형 오픈 트럭을 갖고 있는 사람이 있는지 제시되지 않았으므로 온라인 양식에서 관련 내용을 확인한다.

[단서 2] 두 번째 지문(온라인 양식)의 'BOSTON TRUCK HIRE', 'Number of vehicles, 1'에서 보스턴 트럭 임대 업체에서 차량을 한 대 빌린 사실을 확인할 수 있다.

두 단서를 종합할 때, Ms. Mendez의 직원들 중 한 명이 대형 밴 또는 소형 오픈 트럭을 빌려줘서 트럭 임대 업체에 차량을 한 대만 빌렸다는 사실을 추론할 수 있다. 따라서 (D)가 정답이다.

바꾸어 표현하기
a ~ van or pickup truck 밴 또는 소형 오픈 트럭 → a vehicle 차량

어휘   pack v. (짐을) 포장하다, 싸다   complaint n. 불만 사항, 불평

194

What can be inferred about Craft Magazine?

(A) It is replacing some of its equipment.
(B) It is interested in buying secondhand furniture.
(C) It is trying to raise money to pay for a service.
(D) It is moving to be closer to clients.

Craft 잡지사에 대해 추론될 수 있는 것은?

(A) 장비 일부를 교체하고 있다.
(B) 중고 가구를 사는 것에 관심이 있다.
(C) 서비스 비용을 지불하기 위해 돈을 모으려고 하고 있다.
(D) 고객들과 더 가까이 있기 위해 이사하고 있다.

■ 추론 세부 정보   정답 (A)

질문의 핵심 어구인 Craft Magazine에 대해 추론하는 문제이므로 Craft 잡지사가 언급된 세 번째 지문인 웹페이지에서 관련 내용을 확인한다. 웹페이지의 'Craft Magazine is moving to a new location with new equipment, so we'll have some items for sale.'에서 Craft 잡지사가 새로운 장비와 함께 새로운 장소로 이사를 할 것이라서 판매할 몇몇 물품들이 있을 것이라고 했으므로 장비 일부를 교체하고 있다는 사실을 추론할 수 있다. 따라서 (A)가 정답이다.

어휘   replace v. 교체하다   equipment n. 장비, 설비   secondhand adj. 중고의   raise v. 모으다

195

What is indicated about Craft Magazine's move?

(A) It will cost less after a discount.
(B) It will take longer than initially planned.
(C) It will require traveling a longer distance than expected.
(D) It will be delayed on account of bad weather.

Craft 잡지사의 이사에 대해 암시되는 것은?

(A) 할인 후에 금액이 더 저렴해질 것이다.
(B) 처음에 계획했던 것보다 더 오래 걸릴 것이다.
(C) 예상했던 것보다 더 먼 거리를 이동해야 할 것이다.
(D) 궂은 날씨 때문에 연기될 것이다.

■ 추론 연계 문제   정답 (D)

세 지문 중 두 지문의 내용을 종합적으로 확인한 후 추론해서 풀어야 하는 연계 문제이다. 질문의 핵심 어구인 Craft Magazine's move와 관련된 내용이 언급된 웹페이지를 먼저 확인한다.

[단서 1] 세 번째 지문(웹페이지)의 'the third and last day of our move on May 3'에서 5월 3일이 이사 사흘째이자 마지막 날이라고 했다. 그런데 처음에 이사 기간을 어느 정도로 계획했는지 제시되지 않았으므로 온라인 양식에서 관련 내용을 확인한다.

[단서 2] 두 번째 지문(온라인 양식)의 'Rental date(s), May 1, 2'에서 트럭을 5월 1일, 2일에 대여한다는 것을 알 수 있다.

두 단서를 종합할 때, 처음에 5월 1일, 2일, 즉 이틀 동안 이사하려고 계획했으나 실제로 이사하는 데 5월 1일부터 3일까지, 총 사흘이 걸려 처음에 계획했던 것보다 더 오래 걸릴 것이라는 사실을 추론할 수 있다. 따라서 (B)가 정답이다.

어휘   initially adv. 처음에   on account of phr. ~ 때문에

지문 1

http://www.rolandoesteban.com

About Rolando Esteban

Rolando Esteban is a visual artist who [197-D]has earned praise for his clean brush lines, dynamic composition, and vivid colors.

[197-A]Growing up in Manila, [196]Mr. Esteban was exposed to various forms of American popular culture and became inspired by the noted comic-book illustrator Chad Grohl. [197-C]Mr. Esteban taught himself to draw and, despite the lack of formal training, [197-B]produced many iconic movie and travel posters. [197-C]He left Manila in his 30s to pursue a painting scholarship in Madrid, where he eventually developed his signature painting style.

Now, Madrid's Vivi Gallery will hold an exhibit that covers Mr. Esteban's later work. [198]The exhibit, titled *Brush and Line*, opens publicly on August 22, with a reception scheduled for August 21.

http://www.rolandoesteban.com

Rolando Esteban 소개

Rolando Esteban은 [197-D]깔끔한 붓선, 역동적인 구성, 그리고 선명한 색상으로 찬사를 받아온 시각 예술가입니다.

[197-A]마닐라에서 자라, [196]Mr. Esteban은 다양한 형태의 미국 대중문화에 노출되었고 유명한 만화책 삽화가 Chad Grohl로부터 영감을 받게 되었습니다. [197-C]Mr. Esteban은 그림 그리는 법을 독학했고, 정규 교육의 부족에도 불구하고, [197-B]많은 상징적인 영화와 여행 포스터를 제작했습니다. [197-C]그는 마드리드에서 그림 장학금을 추구하기 위해 30대에 마닐라를 떠났고, 그곳에서 그는 마침내 그의 독특한 그림 스타일을 발전시켰습니다.

이제, 마드리드의 Vivi 미술관은 Mr. Esteban의 후기 작품을 다루는 전시회를 열 것입니다. [198]*Brush and Line*이라는 제목의 전시회는 8월 21일에 예정되어 있는 환영 연회와 더불어, 8월 22일에 공개적으로 열립니다.

지문 2

Vivi Gallery of Visual Arts
MEMO

To: Leon Aguilar
From: Esther Hernandez
Subject: *Brush and Line*
Date: July 20

[198/200]We need to move *Brush and Line* because the exhibit hall needs to undergo some quick renovations. [198]The only time we can schedule this work to begin is on the day of the reception. I've spoken to the artist and he has agreed to a new opening date of August 30. This means we'll have to reschedule the reception for August 28. [200]The next scheduled exhibit will also need to be moved, so I would like you to communicate with the artist to find out which new dates are acceptable.

Vivi 시각 예술 미술관
회람

수신: Leon Aguilar
발신: Esther Hernandez
제목: *Brush and Line*
날짜: 7월 20일

[198/200]전시장이 빠른 보수를 진행해야 하기 때문에 *Brush and Line*을 옮겨야 합니다. [198]이 작업을 시작하기 위해 우리가 일정을 잡을 수 있는 유일한 시간은 환영 연회 당일입니다. 제가 그 예술가와 이야기를 나눴는데 그는 새로운 공개 날짜인 8월 30일에 동의했습니다. 이것은 우리가 환영 연회 일정을 8월 28일로 다시 잡아야 할 것임을 의미합니다. [200]그다음에 예정된 전시회도 옮겨야 할 것이라서, 저는 어떤 새로운 날짜가 괜찮은지 알아보기 위해 당신이 그 예술가와 소통해 보시면 좋겠습니다.

지문 3

Vivi Gallery of Visual Arts
EXHIBITION SCHEDULE

Gallery hours are from Tuesday to Saturday, 10 A.M. to 6 P.M. Receptions are held on Mondays from 6 P.M. to 8 P.M.

[199]**July 12 to July 29**
• Delia Romano: *Of One Mind*
• [199]Reception on July 10

[199]**August 2 to August 19**
• Tom Moskowitz: *Ba Bi Bo Bu*
• [199]Reception on July 31

Vivi 시각 예술 미술관
전시회 일정

미술관 시간은 화요일부터 토요일, 오전 10시부터 오후 6시까지입니다.
환영 연회는 월요일마다 오후 6시에서 오후 8시까지 열립니다.

[199]7월 12일에서 7월 29일
• Delia Romano: *Of One Mind*
• [199]환영 연회는 7월 10일

[198]8월 2일에서 8월 19일
• Tom Moskowitz: *Ba Bi Bo Bu*
• [199]환영 연회는 7월 31일

^{199/200}**August 30 to September 20**
- ²⁰⁰Rolando Esteban: *Brush and Line*
- ¹⁹⁹Reception on August 28

^{199/200}**September 27 to October 14**
- ²⁰⁰Remy Artaud: *Up is Down*
- ¹⁹⁹Reception on September 25

^{199/200}8월 30일에서 9월 20일
- ²⁰⁰Rolando Esteban: *Brush and Line*
- ¹⁹⁹환영 연회는 8월 28일

^{199/200}9월 27일에서 10월 14일
- ²⁰⁰Remy Artaud: *Up is Down*
- ¹⁹⁹환영 연회는 9월 25일

지문 1 □ praise n. 찬사, 칭찬   □ dynamic adj. 역동적인   □ composition n. 구성
□ vivid adj. 선명한, 생생한   □ be exposed to phr. ~에 노출되다   □ inspire v. 영감을 주다
□ noted adj. 유명한   □ iconic adj. 상징적인   □ pursue v. 추구하다, 쫓다
□ eventually adv. 마침내   □ develop v. 발전시키다   □ signature adj. 독특한, 대표의
□ exhibit n. 전시회, 전시; v. 전시하다   □ publicly adv. 공개적으로   □ reception n. 환영 연회, 리셉션

지문 2 □ undergo v. 진행하다, 겪다   □ renovation n. 보수, 수리   □ find out phr. ~을 알아보다
□ acceptable adj. 괜찮은, 허용되는

지문 3 □ hold v. 열다, 개최하다

196

Who was an early influence on Mr. Esteban?

(A) An arts professor
(B) A work colleague
(C) A famous illustrator
(D) A movie director

Mr. Esteban에게 초기에 영향을 끼친 사람은 누구였는가?

(A) 예술 교수
(B) 직장 동료
(C) 유명한 삽화가
(D) 영화감독

■ 육하원칙 Who   정답 (C)

Mr. Esteban에게 초기에 영향을 끼친 사람이 누구(Who)였는지를 묻는 육하원칙 문제이므로 질문의 핵심 어구인 an early influence on Mr. Esteban과 관련된 내용이 언급된 첫 번째 지문인 웹페이지에서 관련 내용을 확인한다. 웹페이지의 'Mr. Esteban ~ became inspired by the noted comic-book illustrator Chad Grohl'에서 Mr. Esteban이 유명한 만화책 삽화가 Chad Grohl로부터 영감을 받게 되었다고 했으므로 (C)가 정답이다.

바꾸어 표현하기
noted 유명한 → famous 유명한

어휘 professor n. 교수 director n. 감독

197

What is NOT true about Mr. Esteban?

(A) He grew up in the city of Manila.
(B) He used to produce movie posters.
(C) He attended art school in Manila.
(D) He is known for using sharp colors.

Mr. Esteban에 대해 사실이 아닌 것은?

(A) 마닐라의 도시에서 자랐다.
(B) 영화 포스터를 제작했다.
(C) 마닐라에서 예술 학교를 다녔다.
(D) 선명한 색상을 사용하는 것으로 알려져 있다.

■ Not/True Not 문제   정답 (C)

질문의 핵심 어구인 Mr. Esteban과 관련된 내용을 지문에서 찾아 각 보기와 대조하는 Not/True 문제이므로 Mr. Esteban과 관련된 내용이 언급된 첫 번째 지문인 웹페이지에서 관련 내용을 확인한다. (A)는 'Growing up in Manila'에서 마닐라에서 자랐다고 했으므로 지문의 내용과 일치한다. (B)는 'produced many iconic movie and travel posters'에서 많은 상징적인 영화와 여행 포스터를 제작했다고 했으므로 지문의 내용과 일치한다. (C)는 'Mr. Esteban taught himself to draw and ~ the lack of formal training'에서 그림 그리는 법을 독학했고 정규 교육이 부족했다고 한 후, 'He left Manila in his 30s to pursue a painting scholarship in Madrid'에서 그가 마드리드에서 그림 장학금을 추구하기 위해 30대에 마닐라를 떠났다고 했으므로 지문의 내용과 일치하지 않는다. 따라서 (C)가 정답이다. (D)는 'has earned praise for his ~ vivid colors'에서 선명한 색상으로 찬사를 받아왔다고 했으므로 지문의 내용과 일치한다.

바꾸어 표현하기
vivid colors 선명한 색상 → sharp colors 선명한 색상

어휘 be known for phr. ~으로 알려져 있다 sharp adj. 선명한, 뚜렷한

198

When will the gallery close for renovations?

(A) August 21
(B) August 22
(C) August 28
(D) August 30

미술관은 언제 보수 공사를 위해 문을 닫을 것인가?

(A) 8월 21일
(B) 8월 22일
(C) 8월 28일
(D) 8월 30일

■ **육하원칙** 연계 문제　　　　　　　　　　　　　　　　　　　　　　　　　　　　　　　　　　　정답 (A)

세 지문 중 두 지문의 내용을 종합해서 풀어야 하는 연계 문제이다. 질문의 핵심 어구인 the gallery close for renovations에서 미술관이 언제 (When) 보수 공사를 위해 문을 닫을 것인지를 묻고 있으므로 보수 공사가 언급된 회람을 먼저 확인한다.

단서 1 두 번째 지문(회람)의 'We need to move *Brush and Line* because the exhibit hall needs to undergo some quick renovations. The only time we can schedule this work to begin is on the day of the reception.'에서 전시장이 빠른 보수를 진행 해야 하기 때문에 *Brush and Line*을 옮겨야 한다며 이 작업을 시작하기 위해 일정을 잡을 수 있는 유일한 시간은 환영 연회 당일이라고 했다. 그런데 *Brush and Line*의 환영 연회가 언제 열릴 것으로 예정되어 있는지 제시되지 않았으므로 웹페이지에서 관련 내용을 확인한다.

단서 2 첫 번째 지문(웹페이지)의 'The exhibit, titled *Brush and Line*, opens ~ with a reception scheduled for August 21.'에서 *Brush and Line*이라는 제목의 전시회는 8월 21일에 예정되어 있는 환영 연회와 더불어 열린다는 사실을 알 수 있다.

두 단서를 종합할 때, 미술관은 보수 공사를 위해 *Brush and Line*이라는 제목의 전시회의 환영 연회가 예정되어 있는 8월 21일에 문을 닫는다 는 것을 알 수 있다. 따라서 (A)가 정답이다.

199

According to the schedule, what is indicated about Vivi Gallery?

(A) It is closed on weekends.
(B) It holds a reception before an opening.
(C) It features only the work of local artists.
(D) It does not sell any exhibited work.

일정표에 따르면, Vivi 미술관에 대해 암시되는 것은?

(A) 주말마다 문을 닫는다.
(B) 개회 전에 환영 연회를 연다.
(C) 지역 예술가들의 작품만을 특별히 포함한다.
(D) 어떠한 전시된 작품도 팔지 않는다.

■ **추론** 세부 정보　　　　　　　　　　　　　　　　　　　　　　　　　　　　　　　　　　　　정답 (B)

질문의 핵심 어구인 Vivi Gallery에 대한 내용을 일정표에서 찾아 추론하는 문제이므로 세 번째 지문인 일정표에서 관련 내용을 확인한다. 일정 표의 'July 12 to July 29', 'Reception on July 10'에서 7월 12일에서 7월 29일까지인 전시의 환영 연회가 7월 10일에, 'August 2 to August 19', 'Reception on July 31'에서 8월 2일에서 8월 19일까지인 전시의 환영 연회가 7월 31일에, 'August 30 to September 20', 'Reception on August 28'에서 8월 30일에서 9월 20일까지인 전시의 환영 연회가 8월 28일에, 'September 27 to October 14', 'Reception on September 25'에서 9월 27일에서 10월 14일까지인 전시의 환영 연회가 9월 25일임을 확인할 수 있으므로 개회 전에 환영 연회를 연다는 사실을 추론할 수 있다. 따라서 (B)가 정답이다.

어휘 **opening** n. 개회, 개시 **feature** v. 특별히 포함하다, 특징으로 하다

Who most likely did Mr. Aguilar contact?	Mr. Aguilar는 누구에게 연락했을 것 같은가?
(A) Delia Romano	(A) Delia Romano
(B) Tom Moskowitz	(B) Tom Moskowitz
(C) Rolando Esteban	(C) Rolando Esteban
(D) Remy Artaud	(D) Remy Artaud

■ **추론** 연계 문제 정답 (D)

세 지문 중 두 지문의 내용을 종합해서 풀어야 하는 연계 문제이다. 질문의 핵심 어구인 Mr. Aguilar contact와 관련된 내용이 언급된 Mr. Aguilar에게 보내진 회람을 먼저 확인한다.

단서 1 두 번째 지문(회람)의 'We need to move *Brush and Line* because the exhibit hall needs to undergo some quick renovations.'에서 전시장이 빠른 보수를 진행해야 하기 때문에 *Brush and Line*을 옮겨야 한다고 한 후, 'The next scheduled exhibit will also need to be moved, so I would like you to communicate with the artist'에서 그다음에 예정된 전시회도 옮겨져야 할 것이라서 당신, 즉 Mr. Aguilar가 그 예술가와 소통해 보면 좋겠다고 했다. 그런데 *Brush and Line* 다음에 예정된 전시의 예술가가 누구인지 제시되지 않았으므로 일정표에서 관련 내용을 확인한다.

단서 2 세 번째 지문(일정표)의 'August 30 to September 20', 'Rolando Esteban: *Brush and Line*'에서 8월 30일부터 9월 20일에 Rolando Esteban의 *Brush and Line*이 전시된다고 했고, 'September 27 to October 14', 'Remy Artaud: *Up is Down*'에서 9월 27일부터 10월 14일에 Remy Artaud의 *Up is Down*이 전시된다는 사실을 확인할 수 있다.

두 단서를 종합할 때, Mr. Aguilar가 Mr. Esteban의 *Brush and Line* 다음에 전시를 여는 예술가인 Remy Artaud에게 연락했음을 추론할 수 있다. 따라서 (D)가 정답이다.

바꾸어 표현하기

contact 연락하다 → communicate 소통하다

▌TEST 07

PART 5

101
○○○○○●하

Ms. Ament called to notify ------- that she would be late for the meeting.

(A) we (B) ourselves
(C) our (D) us

Ms. Ament는 회의에 늦을 것이라고 우리에게 알리기 위해 전화했다.

■ **[목적어 자리] 인칭대명사의 격** 정답 (D)

타동사(notify)의 목적어 자리에 올 수 있는 재귀대명사 (B)와 목적격 인칭대명사 (D)가 정답의 후보이다. 'Ms. Ament는 회의에 늦을 것이라고 우리에게 알리기 위해 전화했다'라는 의미가 되어야 하므로 목적격 인칭대명사 (D) us가 정답이다. 재귀대명사 (B) ourselves를 쓸 경우 'Ms. Ament는 우리들 자신에게 전화했다'라는 어색한 문맥이 된다. 참고로, 재귀대명사는 목적어가 주어와 같은 사람이나 사물을 지칭할 때나, 주어나 목적어를 강조할 때 쓰인다. 주격 인칭대명사 (A)와 소유격 인칭대명사 (C)는 목적어 자리에 올 수 없다.

여휘 notify v. 알리다, 통지하다

102
○○○○●○중

Everyone is cordially invited to the grand opening of Camellia Café, which is located ------- the City Hall subway station.

(A) throughout (B) about
(C) into (D) beside

모든 분들은 Camellia 카페의 개업식에 정중히 초대되며, 이곳은 지하철 시청역 옆에 위치해 있습니다.

■ **전치사 선택 위치** 정답 (D)

'이곳은 시청역 옆에 위치해 있다'라는 의미가 되어야 하므로 위치를 나타내는 전치사 (D) beside(~ 옆에)가 정답이다. (A) throughout은 '도처에, ~ 동안'이라는 의미로 위치나 기간을 나타낸다. (B) about은 '~에 대하여, ~에 관하여'라는 의미이다. (C) into는 '~ 안으로'라는 의미로 방향을 나타낸다.

여휘 cordially adv. 정중하게, 진심으로 invite v. 초대하다 grand opening phr. 개업식, 개장

103
○○○○○●하

A personal assistant ------- Ms. Petrovsky's daily schedule every morning after reviewing a list of her appointments.

(A) update (B) updates
(C) is updated (D) updating

개인 비서는 Ms. Petrovsky의 약속 목록을 검토한 후 그녀의 하루 일정표를 매일 아침 업데이트한다.

■ **[동사 자리] 동사는 수, 태, 시제가 맞아야 한다.** 정답 (B)

문장에 동사가 없으므로 동사 (A), (B), (C)가 정답의 후보이다. 주어(A personal assistant)가 단수이고, 빈칸 뒤에 목적어(Ms. Petrovsky's daily schedule)가 있으므로 단수 동사이면서 능동태인 (B) updates(업데이트하다, 최신 정보를 알려주다)가 정답이다. 복수 동사 (A)는 복수 주어와 함께 쓰여야 한다. 수동태 (C)는 '개인 비서는 업데이트된다'라는 어색한 문맥을 만들고, 빈칸 뒤의 목적어를 취할 수 없으므로 답이 될 수 없다. 동명사 또는 현재분사 (D)는 동사 자리에 올 수 없다.

104
○○○○●○하

The resort's watersports equipment may only be rented for ------- two hours at a time.

(A) up to (B) versus
(C) despite (D) as of

그 리조트의 수상 스포츠 장비는 한 번에 최대 두 시간까지만 대여될 수 있다.

■ **전치사 선택 시점** 정답 (A)

'최대 두 시간까지만 대여될 수 있다'라는 의미가 되어야 하므로 전치사 (A) up to(~까지)가 정답이다. (B) versus는 '~에 비해'라는 의미로 서로 반대되는 두 가지 대상을 나타낼 때 쓰인다. (C) despite는 '~에도 불구하고'라는 의미로 양보를 나타낸다. (D) as of는 '~현재로'라는 의미이다.

여휘 equipment n. 장비, 용품

105
○○○●○ 하

Ms. McCabe is a ------- employee who can work without direct supervision.

(A) capable
(B) capability
(C) capableness
(D) capably

Ms. McCabe는 직접적인 감독 없이도 일할 수 있는 유능한 직원이다.

■ 형용사 자리   정답 (A)

빈칸 뒤의 명사(employee)를 꾸밀 수 있는 것은 형용사이므로 형용사 (A) capable(유능한, ~을 할 수 있는)이 정답이다. 명사 (B)와 (C), 부사 (D)는 명사를 꾸밀 수 없다. 명사 (B)와 (C)를 be동사(is) 다음에 오는 보어로 본다 해도, 특별한 연결어 없이 빈칸 뒤에 있는 명사(employee)와 나란히 올 수 없으므로 답이 될 수 없다.

어휘 supervision n. 감독, 감시 capability n. 능력 capableness n. 유능함 capably adv. 유능하게, 훌륭하게

106
○●○○○ 중

Mr. Coulter is used to waking up early, so he wants to take the morning shift ------- the night shift.

(A) instead of
(B) aside
(C) due to
(D) regardless of

Mr. Coulter는 일찍 일어나는 것이 익숙해서, 밤 교대 근무 대신에 아침 교대 근무를 맡고 싶어 한다.

■ [수식어 거품을 이끄는 것] 전치사 선택 제외   정답 (A)

빈칸이 포함된 절(he ~ night shift)은 주어(he), 동사(wants), 목적어(to take the morning shift)를 갖춘 완전한 절이므로, ___ the night shift는 수식어 거품으로 보아야 한다. 이 수식어 거품은 동사가 없는 거품구이므로, 거품구를 이끌 수 있는 전치사 (A), (C), (D)가 정답의 후보이다. '밤 교대 근무 대신에 아침 교대 근무를 맡고 싶어 한다'라는 의미가 되어야 하므로 제외를 나타내는 전치사 (A) instead of(~ 대신에)가 정답이다. (C) due to는 '~ 때문에'라는 의미로 이유를 나타낸다. (D) regardless of는 '~에 상관없이'라는 의미이다. 부사 (B) aside(옆으로, 한쪽으로)는 수식어 거품을 이끌 수 없다. 참고로, aside가 전치사 from과 함께 쓰여 aside from의 형태를 만드는 경우 '~을 제외하고'라는 의미의 제외를 나타내는 전치사구로 쓰임을 알아둔다.

어휘 shift n. 교대 근무

107
○●●○○ 중

Investing in safe financial products can protect ------- from experiencing significant losses.

(A) retire
(B) retiree
(C) retirees
(D) retired

안전한 금융 상품에 투자하는 것은 퇴직자들이 상당한 손실을 경험하는 것으로부터 보호할 수 있다.

■ [명사 자리] 가산 명사와 불가산 명사   정답 (C)

동사(protect)의 목적어 자리에 올 수 있는 명사 (B)와 (C)가 정답의 후보이다. '퇴직자들이 상당한 손실을 경험하는 것으로부터 보호할 수 있다'라는 문맥이고 빈칸 앞에 관사가 없으므로 복수 명사 (C) retirees가 정답이다. 단수 명사 (B)는 관사와 함께 쓰여야 한다. 동사 (A)와 동사 또는 과거 분사 (D)는 목적어 자리에 올 수 없다.

어휘 invest v. 투자하다 financial adj. 금융의 significant adj. 상당한

108
○●●○○ 중

Bell Lake Inc. ------- became the largest company in the area when it hired 150 additional employees.

(A) continuously
(B) commonly
(C) recently
(D) occasionally

Bell Lake사는 최근에 150명의 추가 직원을 고용했을 때 지역에서 가장 큰 회사가 되었다.

■ 부사 어휘   정답 (C)

'Bell Lake사는 최근에 지역에서 가장 큰 회사가 되었다'라는 문맥이므로 부사 (C) recently(최근에)가 정답이다. (A) continuously는 '계속해서', (B) commonly는 '흔히, 보통', (D) occasionally는 '종종, 때때로'라는 의미이다.

어휘 additional adj. 추가의

109

The flight attendant asked that all headphones ------- returned before landing.

(A) are
(B) be
(C) were
(D) to be

승무원은 착륙 전에 모든 헤드폰이 반납될 것을 요청했다.

■ 제안·요청·의무의 주절을 뒤따르는 that절에 '동사원형' 채우기 　　　　　정답 (B)

주절(The flight attendant asked)에 요청을 나타내는 동사(asked)가 왔으므로 that절(that all headphones ~ landing)의 동사 자리에는 동사원형이 와야 한다. 따라서 동사원형 (B) be가 정답이다. be동사의 복수형 (A)와 과거형 (C), to 부정사 (D)는 동사원형 자리에 올 수 없다.

어휘　landing n. 착륙, 상륙

110

Solomo Industries will implement a new quality-control ------- at its main factory.

(A) process
(B) processing
(C) processed
(D) procession

Solomo 제조사는 주 공장에서 새로운 품질관리 공정을 시행할 것이다.

■ [명사 자리] 동명사 vs. 명사 　　　　　정답 (A)

타동사(implement)의 목적어 자리에 올 수 있는 것은 명사이므로 명사 (A)와 (D), 명사 역할을 하는 동명사 (B)가 정답의 후보이다. '새로운 품질관리 공정을 시행할 것이다'라는 의미가 되어야 하므로 명사 (A) process(공정, 과정)가 정답이다. (D) procession(행진, 행렬)을 쓸 경우 '공장에서 새로운 품질관리 행진을 시행할 것이다'라는 어색한 문맥이 된다. 동명사 (B)는 부정관사(a) 뒤에 올 수 없다. 과거형 동사 또는 과거분사 (C)는 명사 자리에 올 수 없다.

어휘　implement v. 시행하다　quality-control n. 품질관리　processing n. 가공, 처리

111

Maintenance workers cannot ------- fix a machine while the power is still on.

(A) save
(B) safely
(C) safety
(D) safe

정비 직원들은 전원이 여전히 켜져 있는 동안에는 기계를 안전하게 고칠 수 없다.

■ 부사 자리 　　　　　정답 (B)

조동사(cannot)와 동사원형(fix) 사이에 와서 동사를 꾸며줄 수 있는 부사 (B) safely(안전하게)가 정답이다. 동사 (A), 명사 (C), 형용사 (D)는 동사를 꾸밀 수 없다. (A) save(구하다, 모으다)를 조동사(cannot) 다음에 오는 동사원형으로 본다 해도, 빈칸 뒤의 fix(고치다)가 명사가 아니라 목적어(a machine)를 취하는 타동사이므로 답이 될 수 없다.

어휘　maintenance n. 정비, 유지　power n. 전원, 전력　safety n. 안전

112

Residents are deeply divided on ------- to support during the next mayoral election.

(A) that
(B) whom
(C) which
(D) whose

주민들은 다음 시장 선거 동안에 누구를 지지할 것인지에 있어 첨예하게 분열되어 있다.

■ [목적어 자리] 명사절 접속사 의문사 whom 　　　　　정답 (B)

빈칸 이하(___ ~ election)는 전치사 on의 목적어이므로, 전치사의 목적어 자리에 올 수 있는 명사절을 이끌면서 뒤에 to 부정사가 올 수 있는 의문사 (B), (C), (D)가 정답의 후보이다. '선거 동안에 누구를 지지할 것인지에 대해 주민들은 분열되어 있다'라는 의미가 되어야 하므로 목적격 의문대명사 (B) whom(누구를)이 정답이다. 참고로, 이 문장은 '의문사 + to 부정사'가 명사절 자리에 온 형태이며, '의문사 + 주어 + should + 동사' 형태로 whom they should support로도 쓰일 수 있음을 알아둔다. (C) which(어떤 것), (D) whose(누구의 것)를 쓸 경우 각각 '선거 동안에 어떤 것을/누구의 것을 지지할 것인지에 대해 주민들은 분열되어 있다'라는 어색한 문맥이 된다. 접속사 (A) that은 전치사의 목적어 자리에 온 명사절을 이끌 수 없고, 관계대명사로 본다 해도 전치사나 콤마 바로 뒤에 올 수 없다.

어휘　deeply divided phr. 첨예하게 분열된　mayoral adj. 시장(직)의　election n. 선거

113

Studies show that managers ------- in conflict resolution build stronger and more effective teams.

(A) signed
(B) submitted
(C) trained
(D) thanked

연구는 갈등 해결에 대해 훈련받은 관리자들이 더 강하고 효과적인 팀을 만든다는 것을 보여준다.

■ 동사 어휘   정답 (C)

'갈등 해결에 대해 훈련받은 관리자들이 더 강하고 효과적인 팀을 만든다'라는 문맥이므로 동사 train(훈련시키다, 교육하다)의 p.p.형 (C) trained가 정답이다. (A)의 sign은 '서명하다, 계약하다', (B)의 submit은 '제출하다', (D)의 thank는 '감사하다, 고마워하다'라는 의미이다.

어휘 conflict n. 갈등, 충돌 resolution n. 해결, 결심

114

New employees of Hislop Industries must complete ------- training courses within their first month of employment.

(A) attentive
(B) intelligent
(C) permanent
(D) mandatory

Hislop사의 신입 사원들은 그들의 취업 후 한 달 이내에 의무 교육 과정을 완료해야 한다.

■ 형용사 어휘   정답 (D)

'의무 교육 과정을 완료해야 한다'라는 문맥이므로 형용사 (D) mandatory(의무의)가 정답이다. (A) attentive는 '배려하는', (B) intelligent는 '총명한', (C) permanent는 '영구적인'이라는 의미이다.

어휘 course n. 과정, 강의 employment n. 취업, 고용

115

Gamberetti is very busy ------- the only other Italian restaurant in Veraville has closed down.

(A) unless
(B) in order that
(C) owing to
(D) now that

Veraville에서 유일한 다른 이탈리안 식당이 폐점했으므로 Gamberetti는 매우 바쁘다.

■ [수식어 거품을 이끄는 것] 부사절 접속사 이유   정답 (D)

이 문장은 주어(Gamberetti), 동사(is), 보어(busy)를 갖춘 완전한 절이므로, ____ ~ closed down은 수식어 거품으로 보아야 한다. 이 수식어 거품은 동사(has closed down)가 있는 거품절이므로, 거품절을 이끌 수 있는 부사절 접속사 (A), (B), (D)가 정답의 후보이다. '다른 이탈리안 식당이 폐점했으므로 Gamberetti는 매우 바쁘다'라는 의미가 되어야 하므로 이유를 나타내는 부사절 접속사 (D) now that(~이므로, ~이니까)이 정답이다. (A) unless는 '~하지 않는 한'이라는 의미로 조건을, (B) in order that은 '~할 수 있도록'이라는 의미로 목적을 나타낸다. 전치사 (C) owing to(~ 때문에는)는 거품절이 아닌 거품구를 이끈다.

어휘 close down phr. 폐점하다

116

Hundreds of vehicles had to be recalled, as they did not meet the government's emission -------.

(A) broadcasts
(B) standards
(C) reminders
(D) licenses

수백 대의 차량이 정부의 배기가스 기준을 충족시키지 못해 회수되어야 했다.

■ 명사 어휘   정답 (B)

'차량이 정부의 배기가스 기준을 충족시키지 못했다'라는 문맥이므로 명사 (B) standards(기준)가 정답이다. (A)의 broadcast는 '방송', (C)의 reminder는 '상기시키는 것, 독촉장', (D)의 license는 '면허'라는 의미이다.

어휘 recall v. 회수하다 meet v. 충족시키다, (기한 등을) 지키다, 만나다 emission n. 배기가스, 배출

117

Ventera Inc. is ------- for a Chinese translator who can accompany executives on a business trip to Beijing.

(A) ordering
(B) dispatching
(C) referring
(D) searching

Ventera사는 베이징 출장에 임원들과 동행할 수 있는 중국어 통역사를 찾고 있다.

■ 동사 관련 어구   정답 (D)

'Ventera사는 중국어 통역사를 찾고 있다'라는 문맥이므로 빈칸 뒤의 전치사 for와 함께 '~을 찾다'라는 의미의 동사 어구 search for를 만드는 동사 search의 -ing형 (D) searching이 정답이다. (B)의 dispatch(파견하다, 보내다)도 해석상 그럴듯해 보이지만, 타동사이므로 전치사 for와 함께 쓰일 수 없다. (A)의 order는 '주문하다', (C)의 refer는 '참조하다'라는 의미이다.

어휘 translator n. 통역사 accompany v. 동행하다, 함께 가다 executive n. 임원, 경영 간부 business trip phr. 출장

118

The CEO of Victory Holdings spoke ------- about his vision for the firm's future after its expansion into Europe.

(A) assure
(B) assured
(C) assuredly
(D) assurance

Victory Holdings사의 최고 경영자는 유럽으로의 확장 이후 회사의 미래를 위한 그의 비전에 대해 자신 있게 말했다.

■ 부사 자리   정답 (C)

빈칸 앞의 동사(spoke)를 꾸밀 수 있는 것은 부사이므로 부사 (C) assuredly(자신 있게)가 정답이다. 동사 (A), 동사 또는 과거분사 (B), 명사 (D)는 동사를 꾸밀 수 없다. 명사 (D)를 동사 speak의 목적어로 본다 해도, '최고 경영자는 장담을 말했다'라는 어색한 문맥이 된다.

어휘 expansion n. 확장 assure v. 장담하다 assurance n. 장담

119

The customer made an inquiry ------- the order she had placed on October 13.

(A) along
(B) between
(C) regarding
(D) through

고객은 그녀가 10월 13일에 주문한 것에 관해 문의했다.

■ 전치사 선택 ~에 관하여   정답 (C)

'그녀가 주문한 것에 관해 문의했다'라는 의미가 되어야 하므로 전치사 (C) regarding(~에 관하여)이 정답이다. (A) along은 '(장소·방향)을 따라'라는 의미이다. (B) between은 '~ 사이에'라는 의미로 두 개의 대상 사이의 관계나 위치, 또는 시간을 나타내며 보통 between A and B(A와 B 사이에)의 형태로 쓰인다. (D) through는 '~을 통해, ~을 지나'라는 의미로 방향을 나타낸다.

어휘 inquiry n. 문의

120

Meals at the downtown restaurant Chez Jacques are -------, so they are worth the wait.

(A) effective
(B) ready
(C) exceptional
(D) defective

시내의 식당 Chez Jacques의 식사는 아주 뛰어나서, 기다릴 만한 가치가 있다.

■ 형용사 어휘   정답 (C)

'식사는 아주 뛰어나서 기다릴 만한 가치가 있다'라는 문맥이므로 형용사 (C) exceptional(아주 뛰어난, 우수한)이 정답이다. (A) effective는 '효과적인', (B) ready는 '준비가 된', (D) defective는 '결함이 있는, 불완전한'이라는 의미이다.

어휘 downtown n. 시내, 도심지 worth adj. ~할 만한 가치가 있는, ~의 값어치가 있는; n. 가치

121
○○○●●
상

Customers who place bulk orders of Blossom Kitchen's items can ------- for a discount.

(A) diminish   (B) target
(C) consider   (D) negotiate

Blossom Kitchen의 물품을 대량 주문하는 고객은 할인을 위해 협상할 수 있다.

■ 동사 어휘   정답 (D)

'물품을 대량 주문하는 고객은 할인을 위해 협상할 수 있다'라는 문맥이므로 동사 (D) negotiate(협상하다)이 정답이다. (A) diminish는 '줄어들다, 감소하다', (B) target은 '겨냥하다'라는 의미이다. (C) consider도 '고려하다'라는 의미로 해석상 그럴듯해 보이지만, 타동사이므로 뒤에 목적어가 와야 한다.

어휘   bulk order   phr. 대량 주문   discount   n. 할인

122
○○○●●
상

Although Mr. McIntyre felt nervous during his presentation, his discomfort was not ------- to anyone present.

(A) evidently   (B) evident
(C) evidence   (D) evidences

Mr. McIntyre는 발표 중에 긴장했지만, 그의 불안은 참석한 그 누구에게도 눈에 띄지 않았다.

■ [보어 자리] 명사 보어 vs. 형용사 보어   정답 (B)

빈칸은 be동사(was)의 보어 자리이므로 보어가 될 수 있는 형용사 (B), 명사 (C)와 (D)가 정답의 후보이다. '그의 불안은 눈에 띄지 않았다'라는 의미로, 보어가 주어(his discomfort)의 상태를 설명하고 있으므로 형용사 (B) evident(눈에 띄는, 분명한)가 정답이다. 명사 (C) evidence(증거, 흔적)와 (D) evidences를 쓸 경우 주어(his discomfort)와 동격이 되어 '그의 불안은 증거가 아니었다'라는 어색한 문맥이 된다. 부사 (A)는 보어 자리에 올 수 없다.

어휘   discomfort   n. 불안, 불편   present   adj. 참석한, 출석한   evidently   adv. 분명히, 눈에 띄게   evidence   n. 증거, 흔적; v. 증언하다

123
○○○●●
상

The product sample was analyzed ------- to identify every possible area in need of improvement.

(A) instinctively   (B) partially
(C) abstractly   (D) thoroughly

개선이 필요한 가능한 모든 부분을 확인하기 위해 제품 견본이 철저히 분석되었다.

■ 부사 어휘   정답 (D)

'개선이 필요한 모든 부분을 확인하기 위해 제품 견본이 철저히 분석되었다'라는 문맥이므로 부사 (D) thoroughly(철저히)가 정답이다. (A) instinctively는 '본능적으로, 무의식적으로', (B) partially는 '부분적으로', (C) abstractly는 '추상적으로'라는 의미이다.

어휘   analyze   v. 분석하다   identify   v. 확인하다, 밝히다   in need of   phr. ~이 필요한, ~을 필요로 하는   improvement   n. 개선, 향상

124
○○○●●
상

The performance last night featured graceful dancers showing ------- movements.

(A) effortless   (B) effort
(C) effortlessly   (D) efforts

어젯밤 공연은 힘들이지 않는 동작을 보여주는 우아한 무용수들을 출연시켰다.

■ 형용사 자리   정답 (A)

빈칸 뒤의 명사(movements)를 꾸밀 수 있는 것은 형용사이므로 형용사 (A) effortless(힘들이지 않는)가 정답이다. 명사 (B)와 (D), 부사 (C)는 명사를 꾸밀 수 없다.

어휘   feature   v. 출연시키다, 특별히 포함하다   movement   n. 동작, 움직임   effort   n. 노력   effortlessly   adv. 소극적으로, 쉽게

125

The meeting room on the 10th floor is ------- used, so it might be converted to serve a more practical purpose.

(A) seldom   (B) almost
(C) always   (D) maybe

10층에 있는 회의실은 거의 사용되지 않아서, 더 실용적인 용도로 쓰이도록 개조될 수도 있다.

■ 부사 선택 빈도 부사   정답 (A)

'회의실은 거의 사용되지 않아서 더 실용적인 용도로 쓰이도록 개조될 수도 있다'라는 의미가 되어야 하므로 빈도 부사 (A) seldom (거의 ~않다)이 정답이다. 부사 (B) almost(거의), (C) always(항상), (D) maybe(아마, 어쩌면)를 쓸 경우 각각 '회의실은 거의/항상/아마 사용되어서 더 실용적인 용도로 쓰이도록 개조될 수도 있다'라는 어색한 문맥이 된다.

어휘 convert v. 개조하다, 전환시키다 serve v. (특정한 용도로) 쓰이다, 기여하다 practical adj. 실용적인, 유용한

126

The director of operations aims to ------- the aquarium with a state-of-the-art filtration system.

(A) oblige   (B) equip
(C) certify   (D) revolve

운영 관리자는 수족관에 최첨단 여과 장치를 갖추는 것을 목표로 한다.

■ 동사 어휘   정답 (B)

'수족관에 최첨단 여과 장치를 갖추는 것을 목표로 한다'라는 문맥이므로 동사 (B) equip(갖추다, 장비하다)이 정답이다. (A) oblige는 '의무적으로 ~하게 하다', (C) certify는 '보증하다', (D) revolve는 '회전하다'라는 의미이다. 참고로, equip은 equip A with B(A에 B를 갖추다)의 형태로 자주 쓰임을 알아둔다.

어휘 operation n. 운영, 경영 aim v. 목표로 하다 state-of-the-art adj. 최첨단의, 최신의 filtration n. 여과

127

Accepting merchandise returns more than 30 days after purchase is ------- to store policy.

(A) reverse   (B) dependent
(C) contrary   (D) negative

구매 후 30일 이상이 지난 제품의 반품을 받는 것은 상점 정책에 반대된다.

■ 형용사 관련 어구   정답 (C)

'구매 후 30일 이상이 지난 제품의 반품을 받는 것은 상점 정책에 반대된다'라는 문맥이므로, 빈칸 앞의 be동사(is), 뒤의 to와 함께 쓰여 '~에 반대되다'라는 의미의 어구인 be contrary to를 만드는 형용사 (C) contrary(~와 반대되는)가 정답이다. (A) reverse는 '정반대의, 거꾸로의'라는 의미로 해석상 그럴듯해 보이지만, 형용사로 쓰일 경우 명사 앞에서만 사용된다. (B) dependent는 '의존적인'이라는 의미로 주로 dependent on의 형태로 자주 쓰인다. (D) negative는 '부정적인, 나쁜'이라는 의미이다.

어휘 merchandise n. 제품, 상품 purchase n. 구매 policy n. 정책, 방침

128

The inspector listed some ------- that still needed to be met before the bakery could open.

(A) require   (B) requirements
(C) requiring   (D) requires

검사관은 제과점이 개장할 수 있기 전에 여전히 충족되어야 하는 몇 가지 요건들을 기재했다.

■ 명사 자리   정답 (B)

빈칸 앞의 수량 형용사(some)의 꾸밈을 받을 수 있는 것은 명사이므로 명사 (B) requirements(요건)가 정답이다. 동사 (A)와 (D)는 명사 자리에 올 수 없다. 동명사 (C)는 형용사가 아닌 부사의 꾸밈을 받는다.

어휘 inspector n. 검사관 list v. 기재하다, 열거하다; n. 목록

129

○○○●● 상

------- Mr. Jackson wants to eat an affordable lunch, he goes to the food court at Central Market.

(A) As though
(B) Rather than
(C) Until
(D) Whenever

Mr. Jackson은 적당한 가격의 점심을 먹고 싶을 때마다, Central Market에 있는 푸드코트로 간다.

■ **부사절 접속사** 복합관계부사 whenever 　　　　　　　　　　　　　　　　　　　　　　　　　　정답 (D)

이 문장은 주어(he)와 동사(goes)를 갖춘 완전한 절이므로, ____ ~ lunch는 수식어 거품으로 보아야 한다. 따라서 빈칸 뒤의 절(Mr. Jackson wants to eat an affordable lunch)을 이끌어 수식어 거품 자리에 올 수 있는 부사절을 만들고, 'Mr. Jackson은 적당한 가격의 점심을 먹고 싶을 때마다 푸드코트로 간다'라는 자연스러운 문맥을 만드는 복합관계부사 (D) Whenever(~할 때마다)가 정답이다. 부사절 접속사 (A) As though(마치 ~처럼), (B) Rather than(~보다는), (C) Until(~까지)을 쓸 경우 각각 'Mr. Jackson은 적당한 가격의 점심을 먹고 싶은 것처럼/먹고 싶기보다는/먹고 싶을 때까지 푸드코트로 간다'라는 어색한 문맥이 된다.

어휘　affordable adj. (가격이) 적당한, 알맞은

130

○○○●● 최상

Restaurants have been opening near the new apartment complex with increasing ------- to serve the residents.

(A) disagreement
(B) frequency
(C) knowledge
(D) limitation

주민들의 요구를 충족시키기 위해 새로운 아파트 단지 근처에 식당들이 점점 더 비일비재하게 개업하고 있다.

■ **짝을 이루는 표현** 　　　　　　　　　　　　　　　　　　　　　　　　　　　　　　　정답 (B)

'주민들의 요구를 충족시키기 위해 식당들이 점점 더 비일비재하게 개업하고 있다'라는 문맥이므로 빈칸 앞의 with와 함께 '비일비재하게'라는 의미의 어구 with frequency를 만드는 명사 (B) frequency(빈도)가 정답이다. (A) disagreement는 '불일치, 불화', (C) knowledge는 '지식', (D) limitation은 '제한, 한정'이라는 의미이다.

어휘　apartment complex phr. 아파트 단지　resident n. 주민

PART 6

Questions 131-134 refer to the following notice.

131-134는 다음 공고에 관한 문제입니다.

ATTENTION TRAVELERS

Beginning October 5, Barings Airport will begin constructing a new terminal to ------- international flights. -------, the
addition of the terminal will increase our capacity by 40 percent. The new terminal, called Terminal 5, will be located in a separate building from the four that currently operate. Consequently, it will only be accessible by light rail train or shuttle bus. -------. Some sections of the airport may also experience temporary closures, ------- portions of Terminal 4. However, all terminals will fully open by next year.

131

132

133

134

여행자들에게 알림

131 10월 5일부터, Barings 공항은 국제선을 수용하기 위한 새로운 터미널 건설을 시작할 것입니다. **132** 도합해서, 터미널의 추가는 저희의 수용 능력을 40퍼센트만큼 증가시킬 것입니다. 5터미널이라고 불리는 새로운 터미널은 현재 운영하는 네 개의 건물과는 별도의 건물에 위치할 것입니다. 결과적으로, 그것은 경전철이나 셔틀버스를 통해서만 접근할 수 있을 것입니다. **133** 두 선택지 모두 다른 네 개의 터미널에서 이용할 수 있을 것입니다. **134** 4터미널의 일부를 포함하여, 공항의 일부 구역도 일시적인 폐쇄를 겪을 수 있습니다. 하지만, 모든 터미널은 내년쯤에는 완전히 개방될 것입니다.

131 (A) propose
(B) transmit
(C) reassure
(D) accommodate

132 (A) In all
(B) Then again
(C) Even so
(D) To repeat

133 (A) Reported delays will be reflected on flight message boards.
(B) Both options will be available from the other four terminals.
(C) Passengers are advised to stay seated throughout the flight.
(D) A valid ticket is required to enter the airline's lounge.

134 (A) later
(B) meanwhile
(C) according to
(D) including

어휘 international flight phr. 국제선 (여객기) capacity n. 수용 능력, 용량 separate adj. 별도의, 별개의 operate v. 운영하다, 작동하다
accessible adj. 접근할 수 있는 light rail train phr. 경전철 section n. 구역, 구획 temporary adj. 일시적인, 임시의 closure n. 폐쇄

131 ■ 동사 어휘 　　　　　　　　　　　　　　　　　　　　　　　　　　　　　　　　　　　정답 (D)
○○○○
●
중

'국제선을 수용하기 위한 새로운 터미널 건설을 시작할 것이다'라는 문맥이므로 동사 (D) accommodate(수용하다)가 정답이다. (A) propose 는 '제안하다', (B) transmit은 '전송하다', (C) reassure는 '안심시키다'라는 의미이다.

132 ■ 접속부사　주변 문맥 파악 　　　　　　　　　　　　　　　　　　　　　　　　　　　　　　정답 (A)
○○○○
●
중

빈칸이 콤마와 함께 문장의 맨 앞에 온 접속부사 자리이므로, 앞 문장과 빈칸이 있는 문장의 의미 관계를 파악하여 정답을 선택한다. 앞 문장에서 Barings 공항이 새로운 터미널 건설을 시작할 것이라고 했고, 빈칸이 있는 문장에서 터미널의 추가가 수용 능력을 40퍼센트만큼 증가시킬 것이라고 했으므로 앞 문장에서 설명한 것에 대해 구체적인 수치를 언급하여 추가 설명을 할 때 사용되는 접속부사 (A) In all(도합해서)이 정답이다. (B) Then again은 '또 한편으로는', (C) Even so는 '그렇기는 하지만', (D) To repeat는 '반복해서 말하면'이라는 의미로 빈칸에 쓸 경우 어색한 문맥이 된다.

133 ■ 알맞은 문장 고르기 　　　　　　　　　　　　　　　　　　　　　　　　　　　　　　　　　정답 (B)
○○○○
●
중

빈칸에 들어갈 알맞은 문장을 고르는 문제이므로 주변 문맥 또는 전체 문맥을 파악한다. 앞 문장 'Consequently, it will only be accessible by light rail train or shuttle bus.'에서 결과적으로 그것, 즉 5터미널은 경전철이나 셔틀버스를 통해서만 접근할 수 있을 것이라고 했으므로 빈칸에는 5터미널로의 접근에 대한 구체적인 내용이 들어가야 함을 알 수 있다. 따라서 (B) Both options will be available from the other four terminals가 정답이다.

보기 해석
(A) 보고된 지연은 항공 게시판에 반영될 것입니다.
(B) 두 선택지 모두 다른 네 개의 터미널에서 이용할 수 있을 것입니다.
(C) 승객들은 비행 내내 계속 착석해 있도록 권고됩니다.
(D) 항공사의 라운지에 들어가기 위해서는 유효한 표가 필요합니다.

어휘　reflect v. 반영하다　message board phr. 게시판　advise v. 권고하다, 조언하다　valid adj. 유효한

134 ■ [수식어 거품을 이끄는 것] 전치사 선택　기타 　　　　　　　　　　　　　　　　　　　　정답 (D)
○○○○
●
하

이 문장은 주어(Some sections of the airport), 동사(may ~ experience), 목적어(temporary closures)를 갖춘 완전한 절이므로, ___ portions of Terminal 4는 수식어 거품으로 보아야 한다. 이 수식어 거품은 동사가 없는 거품구이므로, 거품구를 이끌 수 있는 전치사 (C)와 (D)가 정답의 후보이다. '4터미널의 일부를 포함하여, 공항의 일부 구역도 일시적인 폐쇄를 겪을 수 있다'라는 의미가 되어야 하므로 전치사 (D) including(~을 포함하여)이 정답이다. (C) according to는 '~에 따르면'이라는 의미이다. 부사 (A) later(나중에)는 수식어 거품을 이끌 수 없다. 접속부사 (B) meanwhile(그 동안에)은 구와 구를 연결할 수 없다.

Duluth Grand Cinema is proud to announce that it ------- **135**
Elwood Barker's documentary, *Gideon's Revenge*, on
Thursday, October 22, at 7:00 P.M. The event will last three
hours in total, with the movie running for 115 minutes.
Mr. Barker will then answer audience questions for the
remaining time. -------. **136**

Gideon's Revenge is based on Mr. Barker's ------- **137**
travels through Syria, Lebanon, and Iraq over the course of
four years. If you are interested in viewing this first-hand
account of life in the Middle East, act -------. Only a **138**
limited number of tickets are available.

135 Duluth Grand 영화관은 10월 22일 목요일 오후 7시에 Elwood Barker의 다큐멘터리 *Gideon's Revenge*를 개봉한다는 것을 발표하게 되어 자랑스럽습니다. 영화는 115분 동안 상영되며, 행사는 총 3시간 동안 계속될 것입니다. 그러고 나서 Mr. Barker가 남은 시간 동안 관객들의 질문에 답변할 것입니다. **136** 이는 팬들에게 그의 창작 과정에 대한 이해를 제공할 것입니다.

137 *Gideon's Revenge*는 4년 동안 시리아, 레바논, 그리고 이라크를 지나온 Mr. Barker의 폭넓은 여행을 바탕으로 합니다. **138** 이 중동에서의 삶을 직접 경험한 이야기를 보는 것에 관심이 있으시다면, 빨리 행동하십시오. 표는 한정된 수량만 있습니다.

135 (A) premiering
(B) was premiering
(C) premiered
(D) is premiering

136 (A) Mr. Barker attended the event with members of his family.
(B) Distributing copies of the film is strictly prohibited by law.
(C) This should give fans some insight into his creative process.
(D) We open at 4:00 P.M. on weekdays and 2:00 P.M. on weekends.

137 (A) temporary
(B) upcoming
(C) extensive
(D) concise

138 (A) professionally
(B) naturally
(C) responsibly
(D) quickly

어휘   announce v. 발표하다, 알리다 last v. 계속되다, 지속되다 run v. 상영되다 remaining adj. 남은, 남아 있는 over the course of phr. ~동안
first-hand adj. 직접 경험한, 직접 얻은 account n. 이야기, 설명 limited adj. 한정된, 제한된

135 ■ **[동사 자리] 미래 시제** 주변 문맥 파악 　　　　　　　　　　　　　　　　　　　　　　　　　정답 (D)

that절(that ~ at 7:00 P.M.)에 주어(it)만 있고 동사가 없으므로 동사 (B), (C), (D)가 정답의 후보이다. 'Elwood Barker의 다큐멘터리를 개봉하다'라는 문맥인데, 이 경우 빈칸이 있는 문장만으로는 올바른 시제의 동사를 고를 수 없으므로 주변 문맥이나 전체 문맥을 파악한다. 뒤 문장에서 영화는 115분 동안 상영되며 행사는 총 3시간 동안 계속될 것이라고 했으므로, 다큐멘터리를 개봉하는 것이 미래에 일어날 일임을 알 수 있다. 따라서 미래를 나타낼 수 있는 현재 진행 시제 (D) is premiering이 정답이다. 참고로, 현재 진행 시제(be + -ing)는 예정된 일이나 곧 일어나려고 하는 일을 표현하여 미래를 나타낼 수 있음을 알아둔다. 과거 진행 시제 (B)와 과거 시제 (C)는 미래의 일을 나타낼 수 없다. 동명사 또는 현재분사 (A)는 동사 자리에 올 수 없다.

136 ■ **알맞은 문장 고르기** 　　　　　　　　　　　　　　　　　　　　　　　　　　　　　　　정답 (C)

빈칸에 들어갈 알맞은 문장을 고르는 문제이므로 주변 문맥 또는 전체 문맥을 파악한다. 앞 문장 'Mr. Barker will then answer audience questions for the remaining time.'에서 Mr. Barker가 남은 시간 동안 관객들의 질문에 답변할 것이라고 했으므로 빈칸에는 Mr. Barker와 관객들의 질의응답 시간에 일어날 일과 관련된 내용이 들어가야 함을 알 수 있다. 따라서 (C) This should give fans some insight into his creative process가 정답이다.

보기 해석
(A) Mr. Barker는 그의 가족 구성원들과 함께 행사에 참석했습니다.
(B) 영화의 복제본을 배포하는 것은 법에 의해 엄격히 금지됩니다.
(C) 이는 팬들에게 그의 창작 과정에 대한 이해를 제공할 것입니다.
(D) 저희는 평일에는 오후 4시, 주말에는 오후 2시에 문을 엽니다.

어휘　attend v. 참석하다, 가다　distribute v. 배포하다, 배부하다　strictly adv. 엄격히, 철저히　prohibit v. 금지하다, 막다　insight n. 이해, 통찰

137 ■ **형용사 어휘** 　　　　　　　　　　　　　　　　　　　　　　　　　　　　　　　　　　　정답 (C)

'4년 동안 시리아, 레바논, 그리고 이라크를 지나온 폭넓은 여행을 바탕으로 한다'라는 문맥이므로 형용사 (C) extensive(폭넓은, 광범위한)가 정답이다. (A) temporary는 '일시적인, 임시의', (B) upcoming은 '다가오는, 곧 있을', (D) concise는 '간결한, 축약된'이라는 의미이다.

138 ■ **부사 어휘** 주변 문맥 파악 　　　　　　　　　　　　　　　　　　　　　　　　　　　　　정답 (D)

'이 중동에서의 삶을 직접 경험한 이야기를 보는 것에 관심이 있다면 ＿＿ 행동하라'라는 문맥이므로 모든 보기가 정답의 후보이다. 빈칸이 있는 문장만으로는 정답을 고를 수 없으므로 주변 문맥이나 전체 문맥을 파악한다. 뒤 문장에서 표는 한정된 수량만 있다고 했으므로 행사의 표를 구하기 위해 빨리 행동하라는 것임을 알 수 있다. 따라서 부사 (D) quickly(빨리)가 정답이다. (A) professionally는 '전문적으로', (B) naturally는 '자연스럽게, 자연히', (C) responsibly는 '책임감 있게'라는 의미이다.

March 17

Clara Rodriguez
644 Lockley Street
Galt City, Ontario N1R 3Y8

Dear Ms. Rodriguez,

We are writing about your ------- to make your last Internet
                          139
service payment. We attempted to reach you several times
by telephone but were unsuccessful. Please note that your
balance with Loft Net, in the amount of $63.97, was -------
                                                    140
on March 15. It is our policy to accept payments without
applying additional fees for a week following the deadline.
-------. As we value your business, we would appreciate
141
your prompt attention to this matter. ------- the bill,
                                       142
contact 555-7843, and have your credit card handy.

Sincerely,

Albert Sanders
Loft Net Customer Service

3월 17일

Clara Rodriguez
644번지 Lockley가
골트 시티, 온타리오주 N1R 3Y8

Ms. Rodriguez께,

139 귀하의 지난 인터넷 서비스 납입금 지불 불이행에 관하여 편지를 씁니다. 저희는 전화로 귀하와 연락하기 위해 여러 번 시도했지만 성공하지 못했습니다. **140** 귀하의 Loft Net에서의 잔금, 총액 63.97달러가 3월 15일에 지불 기일이었다는 점을 유의해 주십시오. 최종 기한 이후 일주일 동안은 추가 요금의 적용 없이 납입금을 받는 것이 저희의 방침입니다. **141** 그 후에, 저희는 이자를 청구해야만 합니다. 저희는 귀하의 거래를 존중하므로, 이 일에 대한 즉각적인 조치를 해 주시면 감사하겠습니다. **142** 청구서를 정산하시기 위해서는, 555-7843으로 연락하시고, 신용 카드를 가까이에 두십시오.

Albert Sanders 드림
Loft Net 고객 서비스부

139 (A) decision
(B) failure
(C) demand
(D) record

140 (A) changed
(B) received
(C) lost
(D) due

141 (A) After that, we are forced to charge interest.
(B) The credit card we have on file has expired.
(C) Alternatively, you could send a wire transfer.
(D) Please update your contact details immediately.

142 (A) Settles
(B) Having settled
(C) To settle
(D) Has settled

어휘 **attempt** v. 시도하다 **unsuccessful** adj. 성공하지 못한 **balance** n. 잔금, 지불 잔액, 균형 **apply** v. 적용하다, 신청하다
value v. 존중하다, 중시하다 **appreciate** v. 감사하다, 인정하다 **prompt attention** phr. 즉각적인 조치 **contact** v. 연락하다
handy adj. 가까이에 있는, 편리한

139 ■ 명사 어휘   전체 문맥 파악

정답 (B)

'지난 인터넷 서비스 납입금 지불 ___에 관하여 편지를 쓴다'라는 문맥이므로 모든 보기가 정답의 후보이다. 빈칸이 있는 문장만으로는 정답을 고를 수 없으므로 주변 문맥이나 전체 문맥을 파악한다. 뒤 문장에서 연락하기 위해 여러 번 시도했지만 성공하지 못했다고 했고, 뒷부분에서 Loft Net에서의 잔금이 3월 15일에 지불 기일이었다고 했으므로 인터넷 서비스 납입금이 지불되지 않았음을 알 수 있다. 따라서 명사 (B) failure(불이행, 실패)가 정답이다. (A) decision은 '결정, 판단', (C) demand는 '요구', (D) record는 '기록'이라는 의미이다.

140 ■ 형용사 어휘   주변 문맥 파악

정답 (D)

'Loft Net에서의 잔금이 3월 15일에 ___는 점을 유의하다'라는 문맥이므로 모든 보기가 정답의 후보이다. 빈칸이 있는 문장만으로는 정답을 고르를 수 없으므로 주변 문맥이나 전체 문맥을 파악한다. 뒤 문장에서 최종 기한 이후 일주일 동안은 추가 요금의 적용 없이 납입금을 받는 것이 방침이라고 했으므로, 3월 15일이 인터넷 서비스 납입금의 지불 기한이었음을 알 수 있다. 따라서 형용사 (D) due(지불 기일이 된, 지불되어야 할)가 정답이다. (A) changed는 '달라진, 다른', (B) received는 '받은', (C) lost는 '잃어버린, 분실된'이라는 의미이다.

141 ■ 알맞은 문장 고르기

정답 (A)

빈칸에 들어갈 알맞은 문장을 고르는 문제이므로 주변 문맥 또는 전체 문맥을 파악한다. 앞 문장 'It is our policy to accept payments without applying additional fees for a week following the deadline.'에서 최종 기한 이후 일주일 동안은 추가 요금의 적용 없이 납입금을 받는 것이 방침이라고 했고, 뒤 문장 'we would appreciate your prompt attention to this matter'에서 이 일에 대한 즉각적인 조치를 해 달라고 했으므로 빈칸에는 일주일이 지난 후에 일어날 일과 관련된 내용이 들어가야 함을 알 수 있다. 따라서 (A) After that, we are forced to charge interest가 정답이다.

보기 해석
(A) 그 후에, 저희는 이자를 청구해야만 합니다.
(B) 저희에게 기록되어 있는 신용 카드가 만료되었습니다.
(C) 그 대신에, 귀하는 전신 송금을 하실 수 있습니다.
(D) 즉시 귀하의 연락처를 업데이트하여 주십시오.

어휘   interest n. 이자   on file phr. 기록되어, 보관되어   expire v. 만료되다, 끝나다   wire transfer phr. 전신 송금   contact details phr. 연락처

142 ■ [수식어 거품을 이끄는 것] to 부정사의 역할

정답 (C)

이 문장은 주어가 없는 명령문이고 동사(contact, have)와 목적어(555-7843, your credit card)를 갖춘 완전한 절이므로, ___ the bill은 수식어 거품으로 보아야 한다. 이 수식어 거품은 동사가 없는 거품구이므로, 거품구를 이끌 수 있는 현재분사를 포함하는 (B)와 to 부정사 (C)가 정답의 후보이다. '청구서를 정산하기 위해서 연락하라'라는 목적의 의미를 전달하고 있으므로 목적을 나타내는 to 부정사 (C) To settle이 정답이다. 현재분사를 포함하는 (B)는 분사구문일 때 시간, 이유, 조건, 연속동작을 나타내므로 답이 될 수 없다. 동사 (A)와 (D)는 수식어 거품을 이끌 수 없다.

143-146은 다음 회람에 관한 문제입니다.

From: Mila Larson, Head of Marketing Communications
To: All employees
Subject: Liang Inc. campaign
Date: July 25

Dear Staff,

I'd like to thank everyone for contributing to the Liang Inc. promotional campaign proposal. The executives at Liang Inc. are ------- impressed with our designs and have
143
decided to hire us. For the television commercial, we -------
144
everyone to participate. There is going to be a lot of work over the next few weeks, so your cooperation is vital. I have arranged for us all to meet with Liang Inc.'s CEO on July 27 so that we can figure out a detailed timeline. -------.
145

If you have any input or additional ideas, ------- to present
146
them during the meeting.

Thank you,
Mila Larson

발신: Mila Larson, 마케팅 커뮤니케이션 부장
수신: 전 직원
제목: Liang사 캠페인
날짜: 7월 25일

직원분들께,

Liang사 홍보 캠페인 제안서에 기여해 주신 것에 대해 모든 분들께 감사드리고 싶습니다. **143** Liang사의 임원들은 우리의 디자인에 대해 매우 감명을 받았으며 우리를 고용하기로 결정했습니다. **144** 텔레비전 광고를 위해, 우리 모두가 참여해야 할 것입니다. 다음 몇 주 동안 할 일이 많을 것이므로, 여러분의 협력이 필수적입니다. 상세한 일정을 파악할 수 있도록 우리 모두가 7월 27일에 Liang사의 최고 경영자를 만나는 자리를 마련해 두었습니다. **145** 우리는 또한 잡지 배포에 대한 계획도 논의할 것입니다.

146 어떤 의견이나 추가적인 아이디어가 있다면, 회의 중에 발표할 수 있도록 준비해 주십시오.

감사합니다.
Mila Larson 드림

143 (A) high
(B) higher
(C) highly
(D) highest

144 (A) will need
(B) needed
(C) have needed
(D) needing

145 (A) I agree that their suggestions were better than ours.
(B) The advertisement will be airing then for the first time.
(C) This discussion resolved several important issues.
(D) We will also discuss plans for the magazine spread.

146 (A) be prepared
(B) preparing
(C) in preparation of
(D) having prepared

어휘 **contribute** v. 기여하다, 기부하다 **proposal** n. 제안서, 제안 **executive** n. 임원, 경영 간부 **commercial** n. 광고; adj. 상업적인 **cooperation** n. 협력 **vital** adj. 필수적인, 중요한 **arrange** v. 마련하다, 준비하다 **figure out** phr. 파악하다, 알아내다 **detailed** adj. 상세한 **timeline** n. 일정, 스케줄 **input** n. 의견, 투입

143 ■ 부사 자리

정답 (C)

동사(are impressed)를 꾸미기 위해서는 부사가 와야 하므로 부사 (C) highly(매우, 대단히)가 정답이다. 형용사 (A), 형용사의 비교급 (B), 형용사의 최상급 (D)는 동사를 꾸밀 수 없다. (A)를 '높게, 몹시'라는 의미의 부사로 보고 (B)와 (D)를 각각 부사의 비교급과 최상급으로 본다 해도, high가 부사로 쓰이는 경우에는 동사를 뒤에서만 꾸밀 수 있으므로 답이 될 수 없다.

144 ■ [동사 자리] 미래 시제 주변 문맥 파악

정답 (A)

문장에 동사가 없으므로 동사 (A), (B), (C)가 정답의 후보이다. '모두가 참여해야 하다'라는 문맥인데, 이 경우 빈칸이 있는 문장만으로는 올바른 시제의 동사를 고를 수 없으므로 주변 문맥이나 전체 문맥을 파악한다. 뒤 문장에서 다음 몇 주 동안 할 일이 많을 것이므로 여러분, 즉 직원들의 협력이 필수적이라고 했으므로, 모두가 참여하는 것이 미래에 필요한 일임을 알 수 있다. 따라서 미래 시제 (A) will need가 정답이다. 과거 시제 (B)와 현재완료 시제 (C)는 미래의 일을 나타낼 수 없다. 동명사 또는 현재분사 (D)는 동사 자리에 올 수 없다.

145 ■ 알맞은 문장 고르기

정답 (D)

빈칸에 들어갈 알맞은 문장을 고르는 문제이므로 주변 문맥 또는 전체 문맥을 파악한다. 앞 문장 'I have arranged for us all to meet with Liang Inc.'s CEO on July 27 so that we can figure out a detailed timeline.'에서 상세한 일정을 파악할 수 있도록 Liang사의 최고 경영자를 만나는 자리를 마련해 두었다고 했으므로 빈칸에는 최고 경영자를 만나서 무엇을 논의할 것인지와 관련된 내용이 들어가야 함을 알 수 있다. 따라서 (D) We will also discuss plans for the magazine spread가 정답이다.

보기 해석
(A) 그들의 제안이 우리의 것보다 더 좋다는 데 동의합니다.
(B) 그 광고는 그때 처음으로 방송될 것입니다.
(C) 이 논의는 여러 중요한 사안들을 해결했습니다.
(D) 우리는 또한 잡지 배포에 대한 계획도 논의할 것입니다.

어휘 discussion n. 논의 spread n. 배포, 보급

146 ■ 명령문은 주어 없이 동사원형으로 시작된다.

정답 (A)

문장이 주어 없이 시작되는 명령문이므로 명령문의 동사로 사용되는 동사원형을 포함하는 (A) be prepared(준비가 되다)가 정답이다. 동명사 또는 현재분사 (B), 전치사구 (C), 현재분사를 포함하는 (D)는 명령문의 동사 자리에 올 수 없다.

Questions 147-148 refer to the following text message. 147–148은 다음 문자 메시지에 관한 문제입니다.

Delete	Sender: 555-8164 Time: 10:59 A.M.	**Reply**

Hi, Jackson. 147I got your latest draft of the newsletter. Here are my thoughts. First, thanks for trying my suggestions. The new design looks very modern and should appeal to our target audience. However, now it looks too different from our Web site. I think brand consistency is important. I would suggest using the same colors as the Web site. 148-DCould you also replace the last photo? We can't use it because it's too outdated. I will send you another one by e-mail this afternoon. Send me the next draft when you're done. Thanks again!

삭제	발신자: 555-8164 시간: 오전 10시 59분	답장

안녕하세요, Jackson. 147소식지에 대한 당신의 최신 초안을 받았습니다. 제 생각은 다음과 같습니다. 먼저, 제 제안을 시도해 주셔서 감사합니다. 그 새로운 디자인은 매우 현대적으로 보이고 저희 목표 독자의 관심을 끌 것입니다. 하지만, 이제 그것이 저희의 웹사이트와 너무 다르게 보입니다. 저는 브랜드의 일관성이 중요하다고 생각합니다. 저는 웹사이트와 같은 색상을 사용하는 것을 제안하고자 합니다. 148-D마지막 사진도 바꿔주실 수 있나요? 그것이 너무 구식이어서 저희는 그것을 사용할 수 없습니다. 오늘 오후에 이메일로 다른 것을 보내드리겠습니다. 다음 초안이 완료되면 제게 보내주세요. 다시 한번 감사합니다!

어휘 □ **draft** n. 초안, 원고 □ **newsletter** n. 소식지 □ **suggestion** n. 제안
□ **modern** adj. 현대적인, 근대의 □ **appeal** v. 관심을 끌다 □ **target** adj. 목표의; n. 목표, 표적
□ **audience** n. 독자, 관객 □ **consistency** n. 일관성 □ **outdated** adj. 구식인, 시대에 뒤진

147

Why was the message sent?

(A) To comment on some changes
(B) To request a copy of a file
(C) To ask for a cost estimate
(D) To explain a company procedure

메시지는 왜 보내졌는가?

(A) 일부 변경 사항에 대한 의견을 말하기 위해
(B) 파일 사본을 요청하기 위해
(C) 견적서를 요청하기 위해
(D) 회사 절차를 설명하기 위해

■ **주제/목적 찾기** 글을 쓴 이유 정답 (A)

메시지가 보내진 이유를 묻는 목적 찾기 문제이므로 지문의 앞부분을 주의 깊게 확인한다. 'I got your latest draft of the newsletter. Here are my thoughts. First, thanks for trying my suggestions.'에서 소식지에 대한 최신 초안을 받았으며 먼저 자신의 제안을 시도해줘서 감사하다고 한 후, 소식지의 최신 초안에 대한 자신의 의견을 전달하고 있으므로 (A)가 정답이다.

어휘 **comment** v. 의견을 말하다 **cost estimate** phr. 견적서 **procedure** n. 절차, 과정

148

What is indicated about a newsletter?

(A) It is supported by advertisements.
(B) It includes inaccurate information.
(C) It has too many pages.
(D) It requires a new photo.

소식지에 대해 언급된 것은?

(A) 광고로부터 지원을 받는다.
(B) 부정확한 정보를 포함한다.
(C) 페이지가 너무 많다.
(D) 새로운 사진이 필요하다.

■ **Not/True** True 문제 정답 (D)

질문의 핵심 어구인 a newsletter와 관련된 내용을 지문에서 찾아 각 보기와 대조하는 Not/True 문제이다. (A), (B), (C)는 지문에 언급되지 않은 내용이다. (D)는 'Could you also replace the last photo? We can't use it because it's too outdated.'에서 마지막 사진도 바꿔줄 수 있는지 물으며 그것이 너무 구식이어서 사용할 수 없다고 했으므로 지문의 내용과 일치한다. 따라서 (D)가 정답이다.

어휘 **inaccurate** adj. 부정확한, 오류가 있는

Questions 149-150 refer to the following article.

149-150은 다음 기사에 관한 문제입니다.

Sandi Vincent to Throw First Pitch

March 21 — [149]Country music star Sandi Vincent will visit Warwick next month to help our baseball team, the Harpoons, start the new season. Mayor Belinda Cutter invited Ms. Vincent to throw the first pitch at the opening game on April 7.

[150]Ms. Vincent gained nationwide fame through the success of her third album, *Prairies and Plains.* More recently, she made her acting debut in the film *Uncle Trevor's Farm.*

Due to her busy touring schedule, Ms. Vincent was unavailable for comment, but her manager stated, "Sandi is looking forward to visiting Warwick for the first time. She's a huge baseball fan, and I'm sure she'll enjoy herself. Let's hope she throws a lucky pitch so that the Harpoons have a successful season."

시구하는 Sandi Vincent

3월 21일—[149]컨트리 음악의 인기 가수인 Sandi Vincent 가 야구팀 Harpoons가 새로운 시즌을 시작하는 데 도움을 주기 위해 다음 달 Warwick를 방문한다. Belinda Cutter 시장은 4월 7일의 개막전에서 Ms. Vincent가 시구하도록 초청했다.

[150]Ms. Vincent는 그녀의 세 번째 앨범, *Prairies and Plains*의 성공을 통해 전국적인 명성을 얻었다. 보다 최근 에는, 영화 *Uncle Trevor's Farm*에서 연기 데뷔를 했다.

바쁜 투어 일정으로 인해, Ms. Vincent는 이야기를 해 줄 수 없었지만, 그녀의 매니저는 "Sandi는 처음으로 Warwick를 방문하는 것을 기대하고 있습니다. 그녀는 굉 장한 야구팬이고, 저는 그녀가 즐거운 시간을 보낼 것이라 고 확신합니다. Harpoons가 성공적인 시즌을 보낼 수 있 도록 그녀가 행운의 시구를 하기를 바랍시다."라고 말했다.

어휘　□ first pitch phr. 시구, 초구　□ nationwide adj. 전국적인　□ fame n. 명성
　　　□ make debut phr. 데뷔하다　□ acting n. 연기　□ state v. 말하다, 진술하다
　　　□ look forward to phr. ~을 기대하다　□ enjoy oneself phr. 즐거운 시간을 보내다

---

149 ○○○● 중

What is the article mainly about?

(A) The admission of a team into a league
(B) A musician's recent performance
(C) The successful premiere of a movie
(D) A celebrity's participation in an event

기사는 주로 무엇에 대한 것인가?

(A) 팀의 리그 진입
(B) 음악가의 최근 공연
(C) 영화의 성공적인 개봉
(D) 유명 인사의 행사 참여

■ **주제/목적 찾기** 글의 주제　　　　　　　　　　　　　　　　　　　　　　　　　　　　정답 (D)

기사가 주로 무엇에 대한 것인지를 묻는 주제 찾기 문제이므로 지문의 앞부분을 주의 깊게 확인한다. 'Country music star Sandi Vincent will visit Warwick next month to help our baseball team ~ start the new season.'에서 컨트리 음악의 인기 가수인 Sandi Vincent 가 야구팀이 새로운 시즌을 시작하는 데 도움을 주기 위해 다음 달 Warwick를 방문한다고 한 후, Sandi Vincent와 그녀가 참여하는 시구 행사 에 대해 설명하고 있으므로 (D)가 정답이다.

어휘　admission n. 진입, 입장　performance n. 공연, 연주　premiere n. 개봉, 특별 상영　celebrity n. 유명 인사　participation n. 참여, 참가

---

150 ○○○● 상

What is suggested about Ms. Vincent?

(A) She hoped to become an athlete.
(B) She has recorded several albums.
(C) She visits Warwick on a regular basis.
(D) She appeared in a television advertisement.

Ms. Vincent에 대해 암시되는 것은?

(A) 운동선수가 되고 싶어 했었다.
(B) 여러 앨범을 녹음했다.
(C) 정기적으로 Warwick를 방문한다.
(D) 텔레비전 광고에 출연했다.

■ **추론** 세부 정보　　　　　　　　　　　　　　　　　　　　　　　　　　　　정답 (B)

질문의 핵심 어구인 Ms. Vincent에 대해 추론하는 문제이다. 'Ms. Vincent gained nationwide fame through ~ her third album'에서 Ms. Vincent는 그녀의 세 번째 앨범을 통해 전국적인 명성을 얻었다고 했으므로, Ms. Vincent가 최소 세 개의 앨범을 녹음했다는 사실을 추론 할 수 있다. 따라서 (B)가 정답이다.

어휘　athlete n. 운동선수　on a regular basis phr. 정기적으로

Rumfax Shared Garden Opening Soon The growing season for Rumfax Shared Garden (RSG) is from March 31 to September 15 this year, so now is the time to register for your own garden plot. Returning gardeners from last year will pay $40 for membership, while new gardeners will be charged $55.* [151]Anyone who lives in Rumfax is welcome to apply at www.rumfaxgarden.com. However, be sure to note the following regulations. • Each gardener is responsible for maintaining his or her plot. This includes doing all the necessary watering, weeding, and harvesting. • [152]Plots may not be expanded unless RSG coordinators grant special consent. Our personnel must also approve any structures added to plots before they are put in. • RSG members may only plant in their own plots and must ensure that what they grow does not shade a neighbor's plants. • Tools are available in the storage shed for all to use, but they must be returned afterward. *[153]*The membership fee is used to pay for water, soil, and fertilizer.*	곧 개장하는 Rumfax 공유 정원 올해 Rumfax 공유 정원(RSG)의 재배 시기는 3월 31일부터 9월 15일까지이므로, 지금이 여러분 소유의 정원 부지를 등록할 시기입니다. 돌아오는 작년의 정원사들은 회원권을 위해 40달러를 낼 것이나, 새로운 정원사들에게는 55달러가 청구될 것입니다.* [151]Rumfax에 거주하는 사람은 누구든지 자유롭게 www.rumfaxgarden.com에서 신청할 수 있습니다. 하지만, 다음 규정들을 반드시 주의해 주십시오. • 각 정원사는 그들의 부지를 관리할 책임이 있습니다. 이는 모든 필수적인 급수, 제초, 그리고 수확 작업을 포함합니다. • [152]부지는 RSG 책임자들이 특별 허가를 승인하지 않는 한 확장될 수 없습니다. 저희 직원들은 또한 부지에 추가되는 어떤 구조물이든 그것이 설치되기 전에 승인해야 합니다. • RSG 회원들은 그들 소유의 부지에만 작물을 심을 수 있으며 반드시 그들이 재배하는 것이 이웃의 식물을 가리지 않도록 해야 합니다. • 연장은 창고 작업장에서 모두가 이용할 수 있지만, 그 후에는 반환되어야 합니다. *[153]*회비는 물, 흙, 그리고 비료의 비용을 지불하는 데 사용됩니다.*

어휘　□ **growing** n. 재배, 성장　□ **plot** n. 부지, 터　□ **charge** v. (요금·값을) 청구하다
　　　□ **regulation** n. 규정　□ **be responsible for** phr. ~에 책임이 있다　□ **watering** n. 급수
　　　□ **weeding** n. 제초　□ **harvesting** n. 수확　□ **expand** v. 확장하다
　　　□ **grant** v. 승인하다　□ **consent** n. 허가, 인가　□ **approve** v. 승인하다
　　　□ **plant** v. (나무·씨앗 등을) 심다　□ **shade** v. 가리다, 그늘지게 하다　□ **storage** n. 창고
　　　□ **shed** n. 작업장, 창고　□ **soil** n. 흙, 토양　□ **fertilizer** n. 비료

151
○○○●
하

What is indicated about Rumfax Shared Garden?

(A) It can be used by residents of a certain area.
(B) Its produce is sold at a local market.
(C) It receives part of its funding from a corporation.
(D) It helps other communities introduce similar programs.

Rumfax 공유 정원에 대해 암시되는 것은?

(A) 특정 지역 주민들이 이용할 수 있다.
(B) 농작물은 지역 시장에서 판매된다.
(C) 기업으로부터 일부 자금을 받는다.
(D) 다른 지역 사회에서 비슷한 프로그램을 도입하도록 돕는다.

■ **추론** 세부 정보　　　　　　　　　　　　　　　　　　　　　　　　　　　　　　　　　정답 (A)

질문의 핵심 어구인 Rumfax Shared Garden에 대해 추론하는 문제이다. 'Anyone who lives in Rumfax is welcome to apply'에서 Rumfax에 거주하는 사람은 누구든지 자유롭게 정원 부지를 신청할 수 있다고 했으므로, Rumfax의 주민들이 Rumfax 공유 정원을 이용할 수 있다는 사실을 추론할 수 있다. 따라서 (A)가 정답이다.

어휘　**resident** n. 주민　**produce** n. 농작물, 농산물; v. 생산하다　**corporation** n. 기업　**introduce** v. 도입하다, 소개하다

152

According to the notice, when can plots be expanded?

(A) When neighboring gardens create shade
(B) When gardeners pay an extra fee
(C) When staff members give permission
(D) When additional structures are completed

공고에 따르면, 부지는 언제 확장될 수 있는가?

(A) 인근 정원들이 그늘을 만들 때
(B) 정원사들이 추가 요금을 낼 때
(C) 직원들이 허가할 때
(D) 추가 구조물들이 완성될 때

■ **육하원칙** When   정답 (C)

공고에 따르면 부지가 언제(when) 확장될 수 있는지를 묻는 육하원칙 문제이다. 질문의 핵심 어구인 plots be expanded와 관련하여, 'Plots may not be expanded unless RSG coordinators grant special consent.'에서 부지는 RSG 책임자들이 특별 허가를 승인하지 않는 한 확장될 수 없다고 했으므로 (C)가 정답이다.

바꾸어 표현하기
grant special consent 특별 허가를 승인하다 → give permission 허가하다

153

Why does Rumfax Shared Garden have to charge for membership?

(A) To purchase advertising space
(B) To buy construction materials
(C) To provide wages to employees
(D) To pay for necessary supplies

Rumfax 공유 정원은 왜 회비를 청구해야 하는가?

(A) 광고 지면을 구매하기 위해
(B) 건축 자재를 사기 위해
(C) 직원들에게 임금을 주기 위해
(D) 필요한 용품의 비용을 지불하기 위해

■ **육하원칙** Why   정답 (D)

Rumfax 공유 정원이 왜(Why) 회비를 청구해야 하는지를 묻는 육하원칙 문제이다. 질문의 핵심 어구인 Rumfax Shared Garden ~ charge for membership과 관련하여, 'The membership fee is used to pay for water, soil, and fertilizer.'에서 회비는 물, 흙, 그리고 비료의 비용을 지불하는 데 사용된다고 했으므로 (D)가 정답이다.

바꾸어 표현하기
water, soil, and fertilizer 물, 흙, 그리고 비료 → necessary supplies 필요한 용품

어휘   purchase v. 구매하다   material n. 자재, 재료   wage n. 임금   supply n. 용품, 보급품; v. 공급하다

Questions 154-155 refer to the following text-message chain.

154-155는 다음 메시지 대화문에 관한 문제입니다.

Juliet Pau [3:45 P.M.] [154]Have you had a chance to inspect the proposal for our company mascot?	**Juliet Pau** [오후 3시 45분] [154]우리 회사 마스코트의 시안을 살펴볼 기회가 있었나요?
Chris Cormier [3:48 P.M.] I took a look right after lunch. [154]Ms. Barrow interpreted our idea fairly well, I believe.	**Chris Cormier** [오후 3시 48분] 점심 식사 후에 바로 봤어요. 제 생각에는, [154]Ms. Barrow 가 우리의 의도를 상당히 잘 해석한 것 같아요.
Juliet Pau [3:49 P.M.] I think so too. Among the three sketches, [154]I really like how she drew the character's outfit and body in Option A. [155]I'm not sure about the face, though. What do you think?	**Juliet Pau** [오후 3시 49분] 저도 그렇게 생각해요. 세 가지 초안 중에서, [154]그녀가 A안에서 캐릭터의 복장과 몸을 그린 방식이 정말 마음에 들어요. [155]하지만, 얼굴에 대해서는 확신이 가지 않네요. 어떻게 생각하나요?
Chris Cormier [3:50 P.M.] I'm inclined to agree. [155]The eyes should be significantly larger. The face in Option C is closer to what we want.	**Chris Cormier** [오후 3시 50분] 저도 동의하고 싶어요. [155]눈이 훨씬 더 커야 해요. C안에 있는 얼굴이 우리가 원하는 것에 더 가깝네요.
Juliet Pau [3:51 P.M.] Noted. Let's meet at 5 P.M. to go over the drawings with the rest of the team. Ms. Barrow is coming in tomorrow to get our feedback on her work. We need to decide what we're going to ask her to change.	**Juliet Pau** [오후 3시 51분] 알겠어요. 나머지 팀원들과 그림에 대해 검토하기 위해 오후 5시에 만나기로 해요. Ms. Barrow는 내일 그녀의 작업에 대한 피드백을 받으러 올 거예요. 우리는 그녀에게 무엇을 바꿔 달라고 요청할지 결정해야 해요.

어휘 □ **inspect** v. (면밀하게) 살피다, 조사하다 □ **proposal** n. (시)안, 제안 □ **mascot** n. 마스코트
□ **interpret** v. 해석하다, 이해하다 □ **outfit** n. 복장, 옷 □ **significantly** adv. 훨씬, 상당히

154
상

Who most likely is Ms. Barrow?

(A) A fashion designer
(B) A marketing specialist
(C) A contract negotiator
(D) A graphic artist

Ms. Barrow는 누구일 것 같은가?

(A) 패션 디자이너
(B) 마케팅 전문가
(C) 계약 협상가
(D) 그래픽 아티스트

■ **추론** 세부 정보 정답 (D)

질문의 핵심 어구인 Ms. Barrow에 대해 추론하는 문제이다. 'Have you had a chance to inspect the proposal for our company mascot?'에서 Juliet Pau가 회사 마스코트의 시안을 살펴볼 기회가 있었는지 묻자 'Ms. Barrow interpreted our idea fairly well'에서 Chris Cormier가 Ms. Barrow가 그들의 의도를 상당히 잘 해석한 것 같다고 한 후, 'I really like how she drew the character's outfit and body in Option A'에서 Juliet Pau가 그녀, 즉 Ms. Barrow가 A안에 캐릭터의 복장과 몸을 그린 방식이 정말 마음에 든다고 했으므로, Ms. Barrow가 마스코트 시안을 제작한 그래픽 아티스트라는 사실을 추론할 수 있다. 따라서 (D)가 정답이다.

155
상

At 3:50 P.M., what does Mr. Cormier most likely mean when he writes, "I'm inclined to agree"?

(A) He has no choice but to follow his supervisor's orders.
(B) He does not like an aspect of a sketch.
(C) He thinks a task needs to be simplified.
(D) He believes it is important to reach a group decision.

오후 3시 50분에, Mr. Cormier가 "I'm inclined to agree"라고 썼을 때 그가 의도한 것 같은 것은?

(A) 관리자의 지시에 따를 수밖에 없다.
(B) 초안에서 한 가지 측면이 마음에 들지 않는다.
(C) 업무가 간단해져야 한다고 생각한다.
(D) 집단적 결정에 도달하는 것이 중요하다고 생각한다.

■ **의도 파악** 정답 (B)

Mr. Cormier가 의도한 것을 묻는 문제이므로, 질문의 인용어구(I'm inclined to agree)가 언급된 주변 문맥을 확인한다. 'I'm not sure about the face ~. What do you think?'에서 Juliet Pau가 얼굴에 대해서는 확신이 가지 않는다며 어떻게 생각하는지 묻자, Mr. Cormier가 'I'm inclined to agree.'(저도 동의하고 싶어요)라고 한 후 'The eyes should be significantly larger.'에서 눈이 훨씬 더 커야 한다고 한 것을 통해, Mr. Cormier도 그 초안에서 얼굴과 관련된 측면이 마음에 들지 않는다는 것을 알 수 있다. 따라서 (B)가 정답이다.

156-158은 다음 기사에 관한 문제입니다.

DAR ES SALAAM (April 19)—Touchstone Ventures announced yesterday that it had acquired Tanzania Train Lines (TTL). This deal follows [156-A]Touchstone's takeover of Umoja Transport in mid-February.

"Our acquisition of TTL will help us move into other East African nations," said company chief Mieke de Graaf. "At this point, Touchstone has to venture out into rapidly developing regions. — [1] —."

TTL is a formerly state-owned railway company that has struggled to remain profitable, and some of its rail lines are in urgent need of repair. "Touchstone will need to invest heavily in upgrading TTL's infrastructure," said Dr. Patrick Maguli, a professor at Arusha Business University.

"[157]According to my research, a growing number of Tanzanians are choosing to drive or take a bus rather than a ride in a train. — [2] —. [157]Touchstone's challenge will be to reverse this tendency," Dr. Maguli added.

[156-B]Touchstone's plan has four parts. Its first priority will be to repair and upgrade established rail lines. After that, it plans to switch from diesel-powered trains to electric ones. [156-D]The third phase will be to build new routes in order to take advantage of the growing cargo traffic to and from neighboring countries. — [3] —. Finally, Touchstone Ventures aims to develop TTL's rail network for tourism purposes. For instance, [158]it may begin offering scenic journeys on steam-powered heritage trains. — [4] —.

다르에스살람 (4월 19일)—Touchstone Ventures사는 어제 탄자니아 철도(TTL)를 인수했음을 공표했다. 이 계약은 [156-A]2월 중순에 있었던 Touchstone사의 Umoja Transport사 인수에 뒤따른 것이다.

"TTL 인수는 저희가 다른 동아프리카 국가들에 진입할 수 있도록 도울 것입니다."라고 Mieke de Graaf 사장은 말했다. "이 시점에서, Touchstone사는 급속하게 발전하고 있는 지역들로 대담하게 나아가야 합니다. — [1] —."

TTL은 과거 국영 철도 회사로 계속 이윤을 내기 위해 분투했으며, 이곳의 몇몇 철로는 시급한 수리가 필요하다. "Touchstone사는 TTL의 기반 시설을 개선하는 데 상당히 투자해야 할 것입니다."라고 Arusha 경영 대학교의 교수, Dr. Patrick Maguli가 말했다.

"[157]제 연구에 따르면, 점점 더 많은 탄자니아 사람들이 기차를 타는 것보다 운전하거나 버스를 타는 것을 선택하고 있습니다. — [2] —. [157]Touchstone사의 과제는 이러한 추세를 역전시키는 것이 될 것입니다."라고 Dr. Maguli는 덧붙였다.

[156-B]Touchstone사의 계획은 네 단계이다. 그것의 최우선 사항은 설치된 철로들을 수리하고 개선하는 일이 될 것이다. 그 후, 디젤 엔진을 사용하는 기차들을 전기 기차로 전환할 계획이다. [156-D]세 번째 단계는 점점 늘어나고 있는 인근 국가들로의 왕복 화물 교통량을 활용하기 위해 새로운 경로를 건설하는 일이 될 것이다. — [3] —. 마지막으로, Touchstone Ventures사는 TTL의 철도망을 관광 목적으로 개발하는 것을 목표로 한다. 예를 들어, [158]그것은 증기 엔진을 사용하는 전통 열차에서의 풍경 여행을 제공하기 시작할 수도 있다. — [4] —.

어휘
□ **acquire** v. 인수하다, 획득하다
□ **formerly** adv. 과거에, 이전에
□ **heavily** adv. 상당히, 심하게
□ **tendency** n. 추세, 경향
□ **take advantage of** phr. 활용하다, 이용하다
□ **scenic** adj. 풍경의, 경치가 좋은
□ **takeover** n. (기업) 인수
□ **profitable** adj. 이윤을 내는, 수익성이 있는
□ **infrastructure** n. 기반 시설
□ **first priority** phr. 최우선 사항
□ **cargo** n. 화물
□ **heritage** n. 전통, 문화유산
□ **venture** v. 대담하게 ~하다
□ **urgent** adj. 시급한
□ **reverse** v. 역전시키다; adj. (정)반대의
□ **phase** n. 단계
□ **aim to** phr. ~하는 것을 목표로 하다

156
○●●●
상

What is NOT true about Touchstone Ventures?

(A) It owns Umoja Transport.
(B) It has organized a project into stages.
(C) It was previously owned by the government.
(D) It aims to deal in cargo transport.

Touchstone Ventures사에 대해 사실이 아닌 것은?

(A) Umoja Transport사를 소유한다.
(B) 사업을 단계별로 구성했다.
(C) 이전에 정부 소유였다.
(D) 화물 수송을 취급하는 것을 목표로 한다.

■ **Not/True** Not 문제

정답 (C)

질문의 핵심 어구인 Touchstone Ventures와 관련된 내용을 지문에서 찾아 각 보기와 대조하는 Not/True 문제이다. (A)는 'Touchstone's takeover of Umoja Transport in mid-February'에서 2월 중순에 Touchstone사의 Umoja Transport사 인수가 있었음을 알 수 있으므로 토 시문의 내용과 일치한다. (B)는 'Touchstone's plan has four parts.'에서 Touchstone사의 계획은 네 단계라고 했으므로 지문의 내용과 일치한다. (C)는 지문에 언급되지 않은 내용이다. 따라서 (C)가 정답이다. (D)는 'The third phase will be ~ to take advantage of the growing cargo traffic to and from neighboring countries.'에서 Touchstone사의 세 번째 단계는 점점 늘어나고 있는 인근 국가들로의 왕복 화물 교통량을 활용하는 일이 될 것이라고 했으므로 지문의 내용과 일치한다.

어휘 **previously** adv. 이전에   **deal in** phr. 취급하다, 거래하다

157

What is suggested about Dr. Maguli?

(A) He has traveled to a construction site.
(B) He has studied Tanzanian transportation trends.
(C) He does consulting work for corporations.
(D) He is working to develop a new technology.

Dr. Maguli에 대해 암시되는 것은?

(A) 건설 현장으로 출장을 갔다.
(B) 탄자니아의 운송 동향을 연구했다.
(C) 기업들을 위한 자문 업무를 한다.
(D) 새로운 기술을 개발하기 위해 작업하고 있다.

■ **추론** 세부 정보
정답 (B)

질문의 핵심 어구인 Dr. Maguli에 대해 추론하는 문제이다. 'According to my research, a growing number of Tanzanians are choosing to drive or take a bus rather than a ride in a train.'에서 저, 즉 Dr. Maguli의 연구에 따르면 점점 더 많은 탄자니아 사람들이 기차를 타는 것보다 운전하거나 버스를 타는 것을 선택하고 있다고 했고, 'Touchstone's challenge will be to reverse this tendency'에서 Touchstone사의 과제는 이러한 추세를 역전시키는 것이 될 것이라고 했으므로, Dr. Maguli가 탄자니아 사람들의 운송 동향을 연구했다는 사실을 추론할 수 있다. 따라서 (B)가 정답이다.

어휘 construction n. 건설 transportation n. 운송, 수송 trend n. 동향, 추세 consulting n. 자문

158

In which of the positions marked [1], [2], [3], and [4] does the following sentence best belong?

"These are expected to appeal to travelers who want to see the country's landscapes at a leisurely pace."

(A) [1]
(B) [2]
(C) [3]
(D) [4]

[1], [2], [3], [4]로 표시된 위치 중, 다음 문장이 들어갈 곳으로 가장 적절한 것은?

"이것들은 여유로운 속도로 이 나라의 풍경을 보고 싶어 하는 여행자들의 관심을 끌 것으로 예상된다."

(A) [1]
(B) [2]
(C) [3]
(D) [4]

■ **문장 위치 찾기**
정답 (D)

지문의 흐름상 주어진 문장이 들어가기에 가장 적절한 곳을 고르는 문제이다. 주어진 문장에서 이것들은 여유로운 속도로 이 나라의 풍경을 보고 싶어 하는 여행자들의 관심을 끌 것으로 예상된다고 했으므로, 이 문장이 풍경을 볼 수 있는 여행과 관련된 내용이 나오는 부분에 들어가야 함을 알 수 있다. [4]의 앞 문장인 'it may begin offering scenic journeys on steam-powered heritage trains'에서 그것, 즉 Touchstone Ventures사는 증기 엔진을 사용하는 전통 열차에서의 풍경 여행을 제공하기 시작할 수도 있다고 했으므로, [4]에 제시된 문장이 들어가면 Touchstone Ventures사가 전통 열차에서의 풍경 여행을 제공할 수도 있으며 이 여행이 여유로운 속도로 풍경을 보고 싶어 하는 여행자들의 관심을 끌 것으로 예상된다는 자연스러운 문맥이 된다는 것을 알 수 있다. 따라서 (D)가 정답이다.

어휘 appeal v. 관심을 끌다 landscape n. 풍경 leisurely adj. 여유로운, 느긋한 pace n. 속도

Questions 159-160 refer to the following advertisement.

159-160은 다음 광고에 관한 문제입니다.

Goliath Storage: Secure and Convenient Spaces for Your Extra Belongings!

[159]Has your home or business become uncomfortably full? Well, rather than relocating, check out Goliath Storage, located at 452 East Island Way, just outside of Toronto. We have more than 800 units and offer great prices on monthly or yearly leases. Long-term leases are negotiable. You can rest assured that your belongings will be safe—we have a state-of-the-art camera system and security guards on duty 24 hours a day. For local businesses, we also have ten cold-storage units for lease, perfect for keeping goods requiring refrigeration. [160]For the month of December only, those purchasing insurance for their stored items through our office will receive a 20 percent discount on their policy! To inquire about our unit availability, prices, and regulations, go to www.goliathstorage.on.ca.

Goliath 보관소: 여분의 소지품을 위한 안전하고 편리한 공간!

[159]귀하의 집이나 회사가 불편할 정도로 가득 찼습니까? 그렇다면, 이전하는 대신, 토론토 바로 외곽의 452번지 East Island로에 위치해 있는 Goliath 보관소를 확인해 보십시오. 저희는 800개 이상의 유닛을 가지고 있으며 월간 또는 연간 임대 계약에서 훌륭한 가격을 제공합니다. 장기 임대 계약은 협상 가능합니다. 귀하의 소지품은 안전할 것이라고 확신하실 수 있는데, 이는 저희에게 최신식 카메라 시스템과 하루 24시간 내내 근무하는 보안 요원들이 있기 때문입니다. 지역 사업체들을 위해, 임대할 수 있는 10개의 냉장실 또한 있으며, 이는 냉장이 필요한 상품들을 보관하는 데 최적입니다. [160]12월 한 달 동안만, 저희 회사를 통해 보관품을 위한 보험을 구매하시는 분들은 보험 증서에서 20퍼센트 할인을 받으실 것입니다! 유닛의 이용 가능성, 가격, 그리고 규정에 관해 문의하시기 위해서는, www.goliathstorage.on.ca를 방문하십시오.

어휘
- □ secure adj. 안전한; v. 보장하다
- □ lease n. 임대 계약
- □ state-of-the-art adj. 최신식의
- □ refrigeration n. 냉장, 냉각
- □ belonging n. 소지품
- □ negotiable adj. 협상 가능한
- □ security guard phr. 보안 요원
- □ inquire v. 문의하다, 묻다
- □ relocate v. 이전하다, 이동하다
- □ assure v. 확신시키다, 보장하다
- □ cold-storage n. 냉장실
- □ regulation n. 규정

159

For whom is the advertisement most likely intended?

(A) Someone who needs to find an apartment
(B) Someone who prefers to use a private workplace
(C) Someone who wants to begin exporting products
(D) Someone who is running out of storage space

광고는 누구를 대상으로 하는 것 같은가?

(A) 아파트를 찾아야 하는 사람
(B) 개인 작업장 이용을 선호하는 사람
(C) 상품 수출을 시작하고 싶은 사람
(D) 보관 공간이 부족해지고 있는 사람

■ 추론 전체 정보   정답 (D)

지문 곳곳에 퍼져 있는 여러 단서를 종합하여 광고의 대상을 추론하는 문제이다. 'Has your home or business become uncomfortably full? Well, rather than relocating, check out Goliath Storage'에서 집이나 회사가 불편할 정도로 가득 찼는지 묻고 그렇다면 이전하는 대신 Goliath 보관소를 확인해 보라고 한 후, 보관소에서 제공하는 보관 공간에 대해 설명하고 있으므로 보관 공간이 부족해지고 있는 사람들을 대상으로 하는 광고임을 추론할 수 있다. 따라서 (D)가 정답이다.

160

What is being offered as part of a promotion?

(A) Discounts on monthly fees
(B) Upgrades to larger sizes
(C) Complimentary pickup of belongings
(D) Lower prices for insurance

판촉 행사의 일부로 무엇이 제공되고 있는가?

(A) 월별 요금에 대한 할인
(B) 더 큰 크기로의 업그레이드
(C) 무료 소지품 집배
(D) 더 저렴한 보험 가격

■ 육하원칙 What   정답 (D)

판촉 행사의 일부로 무엇(What)이 제공되고 있는지를 묻는 육하원칙 문제이다 질문의 핵심 어구인 offered as part of a promotion과 관련하여, 'For the month of December only, those purchasing insurance for their stored items through our office will receive a 20 percent discount on their policy!'에서 12월 한 달 동안만 저희 회사, 즉 Goliath 보관소를 통해 보관품을 위한 보험을 구매하는 사람들은 보험 증서에서 20퍼센트 할인을 받을 것이라고 했으므로 (D)가 정답이다.

어휘 complimentary adj. 무료의 pickup n. 집배, 수집

TEST 07 PART 7 **371**

TEST 01 02 03 04 05 06 07 08 09 10

해커스 토익 실전 1000제 1 Reading

To: <Member List>
From: <info@windsorbiz.org>
Subject: Notification
Date: December 2

Dear Members,

We appreciate your continued membership as local businesses in the Windsor Business Association. Please join us for our upcoming free seminar. — [1] —. [161]Following last month's topic on conserving electricity, this month's topic is about reducing water waste. The seminar will take place on December 13 from 10 a.m. to 12 p.m. in Room B of the Windsor Business Centre. — [2] —.

Ecologist and water conservation expert Calvin Randall will explain how local businesses can take steps to reduce costs and help preserve the environment. He will provide simple tips and techniques to follow. He will also offer free one-on-one consultations after the seminar.

[164]Mr. Randall is a highly respected scientist and has appeared on numerous television and radio programs over the years. — [3] —. [163]It will be a good opportunity to learn how you can cut your water expenses and protect our planet at the same time. Local business owners are also encouraged to bring along recent utility statements to learn about the different areas where savings are possible.

To sign up for this month's seminar, please reply to this e-mail. — [4] —. Thank you.

Windsor Business Association

수신: <회원 목록>
발신: <info@windsorbiz.org>
제목: 알림
날짜: 12월 2일

회원 여러분께,

저희는 Windsor 사업 협회에서 지역 사업체로의 지속적인 회원 신분에 감사드립니다. 곧 있을 무료 세미나에 저희와 함께해주시기를 바랍니다. — [1] —. [161]전기 절약에 관한 지난달의 주제에 이어, 이번 달의 주제는 물 낭비를 줄이는 것에 관한 것입니다. 세미나는 12월 13일 오전 10시부터 오후 12시까지 Windsor 비즈니스 센터 B실에서 열립니다. — [2] —.

생태학자이자 물 보존 전문가인 Calvin Randall은 지역 사업체들이 비용을 절감하고 환경을 보존하는 데 도움이 되는 조치를 취할 수 있는 방법을 설명할 것입니다. 그는 따를 수 있는 간단한 팁과 기술을 제공할 것입니다. 그는 또한 세미나가 끝난 후 무료 일대일 상담도 제공할 것입니다.

[164]Mr. Randall은 매우 존경받는 과학자이고 수년 동안 수많은 텔레비전과 라디오 프로그램에 출연했습니다. — [3] —. [163]여러분의 수도 비용을 줄일 수 있고 동시에 지구를 보호할 수 있는 방법을 배울 좋은 기회가 될 것입니다. 지역 사업주들은 또한 절약이 가능한 다양한 분야에 대해 배우기 위해 최근의 공공요금 명세서를 가지고 오도록 권장됩니다.

이번 달의 세미나에 참가하시려면, 이 이메일에 회신해 주세요. — [4] —. 감사합니다.

Windsor 사업 협회

어휘　□ **upcoming** adj. 곧 있을, 다가오는　　□ **conserve** v. 절약하다, 아끼다　　□ **electricity** n. 전기, 전력
　　　□ **waste** n. 낭비, 허비　　　　　　　□ **ecologist** n. 생태학자　　　　　□ **conservation** n. 보존, 절약
　　　□ **preserve** v. 보존하다, 지키다　　　　□ **technique** n. 기술, 기법　　　　　□ **consultation** n. 상담
　　　□ **respected** adj. 존경받는, 훌륭한　　　□ **numerous** adj. 수많은　　　　　□ **opportunity** n. 기회
　　　□ **cut** v. 줄이다, 감축하다　　　　　　　□ **expense** n. 비용　　　　　　　　□ **planet** n. 지구
　　　□ **business owner** phr. 사업주　　　　　□ **encourage** v. 권장하다, 고무하다　　□ **utility** n. 공공요금, 전기·가스·수도 등의 공익사업
　　　□ **statement** n. 명세서, 계산서　　　　　□ **saving** n. 절약, 저금

161

○ ○ ○ ●
●
상

What is indicated about the Windsor Business Association?

(A) It recently accepted new members.
(B) It relocated its head office.
(C) It regularly offers seminars.
(D) It partnered with an environmental group.

Windsor 사업 협회에 대해 암시되는 것은?

(A) 최근에 신규 회원들을 받았다.
(B) 본사를 이전했다.
(C) 정기적으로 세미나를 제공한다.
(D) 환경 보호 단체와 협력했다.

■ **추론** 세부 정보 　　　　　　　　　　　　　　　　　　　　　　　　　　　　　　　　　　　　　　정답 (C)

질문의 핵심 어구인 the Windsor Business Association에 대해 추론하는 문제이다. 'Following last month's topic on conserving electricity, this month's topic is about reducing water waste.'에서 전기 절약에 관한 지난달의 주제에 이어 이번 달의 주제는 물 낭비를 줄이는 것에 관한 것이라고 했으므로 Windsor 사업 협회가 정기적으로 세미나를 제공한다는 사실을 추론할 수 있다. 따라서 (C)가 정답이다.

어휘　relocate v. 이전하다, 이동하다　head office phr. 본사　partner with phr. ~와 협력하다

162

○ ○ ○ ●
●
상

The word "steps" in paragraph 2, line 2, is closest in meaning to

(A) cases
(B) movements
(C) instructions
(D) actions

2문단 두 번째 줄의 단어 "steps"는 의미상 -와 가장 가깝다.

(A) 사례
(B) 운동
(C) 지시
(D) 조치

■ **동의어** 　　정답 (D)

steps를 포함하는 구절 'Calvin Randall will explain how local businesses can take steps to reduce costs'에서 steps가 '조치'라는 뜻으로 사용되었다. 따라서 '조치'라는 뜻을 가진 (D)가 정답이다.

163

○ ○ ○ ●
●
중

What are interested participants asked to bring?

(A) Photo identification
(B) Proof of registration
(C) Recent water bills
(D) Business cards

관심 있는 참가자들은 무엇을 가지고 오도록 요구되는가?

(A) 사진이 부착된 신분증
(B) 등록 증명서
(C) 최근 수도 고지서
(D) 명함

■ **육하원칙** What 　　　　　　　　　　　　　　　　　　　　　　　　　　　　　　　　　　　　　정답 (C)

관심 있는 참가자들이 무엇(What)을 가지고 오도록 요구되는지를 묻는 육하원칙 문제이다. 질문의 핵심 어구 interested participants asked to bring과 관련하여 'It will be a good opportunity to learn how you can cut your water expenses and protect our planet at the same time. Local business owners are also encouraged to bring along recent utility statements to learn about the different areas where savings are possible.'에서 수도 비용을 줄일 수 있고 동시에 지구를 보호할 수 있는 방법을 배울 좋은 기회가 될 것이며 지역 사업주들은 또한 절약이 가능한 다양한 분야에 대해 배우기 위해 최근의 공공요금 명세서를 가지고 오도록 권장된다고 했으므로 (C)가 정답이다.

바꾸어 표현하기

are ~ asked 요구되다 → are ~ encouraged 권장되다
utility statements 공공요금 명세서 → water bills 수도 고지서

In which of the positions marked [1], [2], [3], and [4] does the following sentence best belong?	[1], [2], [3], [4]로 표시된 위치 중, 다음 문장이 들어갈 곳으로 가장 적절한 것은?
"That's why you shouldn't miss this seminar."	"그것이 이 세미나를 놓치면 안 되는 이유입니다."
(A) [1] (B) [2] (C) [3] (D) [4]	(A) [1] (B) [2] (C) [3] (D) [4]

■ 문장 위치 찾기   정답 (C)

지문의 흐름상 주어진 문장이 들어가기에 가장 적절한 곳을 고르는 문제이다. 주어진 문장에서 그것이 이 세미나를 놓치면 안 되는 이유라고 했으므로, 이 문장이 세미나에 참석해야 하는 이유와 관련된 내용이 나오는 부분에 들어가야 함을 알 수 있다. [3]의 앞 문장인 'Mr. Randall is a highly respected scientist and has appeared on numerous television and radio programs over the years.'에서 Mr. Randall 이 매우 존경받는 과학자이고 수년 동안 수많은 텔레비전과 라디오 프로그램에 출연했다고 했으므로, [3]에 제시된 문장이 들어가면 Mr. Randall이 수년 동안 수많은 여러 매체에 출연한 매우 존경받는 과학자이므로 그것이 이 세미나를 놓치면 안 되는 이유라는 자연스러운 문맥이 된다는 것을 알 수 있다. 따라서 (C)가 정답이다.

Arturo Realty - Customer Satisfaction Survey

Thank you for using Arturo Realty. We want to know how effectively our services met your needs, so please take a few moments to fill out this survey.

I was buying a property ___ I was selling a property X

165Why did you choose to work with us?
165I got in touch with several real estate agencies, but yours responded the most promptly. Also, Mr. Hamlin was able to answer my initial questions thoroughly.

What aspect of our services were you most pleased with?
After I accepted the buyer's offer, 166Mr. Hamlin kept me informed during every step of the transaction. He called me regularly to let me know what was going on.

What aspect of our services were you most disappointed with?
167I would have preferred receiving more advance notice when potential buyers came to look at my house. It would have been convenient to receive at least one hour's notice.

Would you recommend our services to your family or friends?
Yes X   No ___

Your name: *Rosemary Woodard*

Arturo 부동산 - 고객 만족 설문조사

Arturo 부동산을 이용해 주셔서 감사합니다. 저희의 서비스가 귀하의 요구를 얼마나 효과적으로 충족시켰는지 알고자 하니, 잠시 시간을 내어 이 설문조사를 작성해 주십시오.

부동산을 구매하는 중이었다 ___
부동산을 판매하는 중이었다 X

165왜 저희와 함께 일하기로 결정하셨습니까?
165저는 여러 부동산 중개소에 연락했는데, 당신의 중개소가 가장 신속하게 응답했습니다. 또한, Mr. Hamlin이 저의 초반 질문들에 완벽하게 내답해 줄 수 있었습니다.

저희 서비스의 어떤 측면이 가장 마음에 드셨습니까?
제가 구매자의 제안을 받아들인 후, 166Mr. Hamlin이 거래 도중의 모든 단계마다 정보를 제공해 주었습니다. 그는 정기적으로 제게 전화해서 무엇이 진행되고 있는지 알려주었습니다.

저희 서비스의 어떤 측면이 가장 실망스러우셨습니까?
167잠재적인 구매자가 저희 집을 보러 방문했을 때 좀 더 사전에 공지를 받았다면 좋았을 것입니다. 최소 한 시간 전에 공지를 받았다면 편리했을 것입니다.

귀하의 가족이나 친구에게 저희 서비스를 추천하시겠습니까?
네 X   아니오 ___

성명: *Rosemary Woodard*

어휘 □ realty n. 부동산
□ fill out phr. 작성하다, 기재하다
□ promptly adv. 신속하게, 즉시
□ aspect n. 측면, 양상
□ regularly adv. 정기적으로

□ satisfaction n. 만족
□ property n. 부동산, 자산
□ initial adj. 초반의, 초기의, 처음의
□ be pleased with phr. 마음에 들다
□ advance adj. 사전의; n. 진전, 발전

□ meet one's need phr. 요구를 충족시키다
□ real estate phr. 부동산
□ thoroughly adv. 완벽하게, 철저히
□ transaction n. 거래

165

What did Ms. Woodard do before choosing Arturo Realty?

(A) Compared the prices of various houses
(B) Talked to a previous customer
(C) Visited a company Web site
(D) Contacted several realtors

Ms. Woodard는 Arturo 부동산을 선택하기 전에 무엇을 했는가?

(A) 다양한 집의 가격을 비교했다
(B) 이전 고객과 이야기했다
(C) 회사 웹사이트를 방문했다
(D) 여러 부동산 중개인들과 연락했다

■ **육하원칙** What
정답 (D)

Ms. Woodard가 Arturo 부동산을 선택하기 전에 무엇(What)을 했는지를 묻는 육하원칙 문제이다. 질문의 핵심 어구인 Ms. Woodard do before choosing Arturo Realty와 관련하여, 'Why did you choose to work with us?'에서 왜 Arturo 부동산과 함께 일하기로 결정했는지 묻는 설문조사 항목에 'I got in touch with several real estate agencies, but yours responded the most promptly.'에서 저, 즉 Ms. Woodard는 여러 부동산 중개소에 연락했는데 Arturo 중개소가 가장 신속하게 응답했다고 했으므로 (D)가 정답이다.

바꾸어 표현하기
got in touch with ~ real estate agencies 부동산 중개소에 연락했다 → Contacted ~ realtors 부동산 중개인들과 연락했다

어휘 realtor n. 부동산 중개인

○
●
●
●
중

With what statement would Ms. Woodard probably agree?

(A) Mr. Hamlin has an extensive network of contacts.
(B) Arturo Realty complies with local regulations.
(C) Mr. Hamlin provides frequent updates.
(D) Arturo Realty's office is conveniently located.

Ms. Woodard는 어떤 진술에 동의할 것 같은가?

(A) Mr. Hamlin은 광범위한 연락망을 가지고 있다.
(B) Arturo 부동산은 지역 규정을 준수한다.
(C) Mr. Hamlin은 최신 정보를 자주 제공한다.
(D) Arturo 부동산의 사무실은 편리하게 위치해 있다.

■ **추론** 세부 정보　　　　　　　　　　　　　　　　　　　　　　　　　　　　　　　　　　　　　　정답 (C)

질문의 핵심 어구인 statement would Ms. Woodard ~ agree에 대해 추론하는 문제이다. 'Mr. Hamlin kept me informed during every step of the transaction. He called me regularly to let me know what was going on.'에서 Mr. Hamlin이 거래 도중의 모든 단계마다 정보를 제공해 주었으며 정기적으로 저, 즉 Ms. Woodard에게 전화해서 무엇이 진행되고 있는지 알려주었다고 했으므로, Ms. Woodard는 Mr. Hamlin이 최신 정보를 자주 제공한다고 생각한다는 사실을 추론할 수 있다. 따라서 (C)가 정답이다.

바꾸어 표현하기
regularly ~ let me know what was going on 정기적으로 무엇이 진행되고 있는지 알려주다
→ provides frequent updates 최신 정보를 자주 제공하다

어휘　extensive adj. 광범위한　comply with phr. 준수하다, 따르다　frequent adj. 자주, 빈번한　conveniently adv. 편리하게

○
○
○
●
하

What aspect of Arturo Realty's service was Ms. Woodard unsatisfied with?

(A) An agent was sometimes unavailable to meet in person.
(B) Notifications about visits were not given early enough.
(C) Some negotiations were not conducted efficiently.
(D) Some personal information was not kept confidential.

Ms. Woodard는 Arturo 부동산의 서비스 중 어떤 측면이 불만족스러웠는가?

(A) 때때로 중개인을 직접 만날 수 없었다.
(B) 방문 알림이 충분히 일찍 주어지지 않았다.
(C) 몇몇 협상이 효율적으로 수행되지 않았다.
(D) 몇몇 개인 정보가 기밀로 유지되지 않았다.

■ **육하원칙** What　　　　　　　　　　　　　　　　　　　　　　　　　　　　　　　　　　　　　　정답 (B)

Ms. Woodard가 Arturo 부동산의 서비스 중 어떤(What) 측면이 불만족스러웠는지를 묻는 육하원칙 문제이다. 질문의 핵심 어구인 aspect of Arturo Realty's service ~ Ms. Woodard unsatisfied with와 관련하여, 'I would have preferred receiving more advance notice when potential buyers came to look at my house.'에서 잠재적인 구매자가 저희 집, 즉 Ms. Woodard의 집을 보러 방문했을 때 좀 더 사전에 공지를 받았다면 좋았을 것이라고 했으므로 (B)가 정답이다.

어휘　in person phr. 직접　notification n. 알림, 통지　negotiation n. 협상　conduct v. 수행하다, 처리하다　confidential adj. 기밀의

168-171은 다음 온라인 채팅 대화문에 관한 문제입니다.

Maria Sanchez [12:06 P.M.]
168Sales have been disappointing these last few quarters, both online and at our stores. Any ideas how we might turn things around?

William Behar [12:09 P.M.]
169How about working with a celebrity on a collection of furniture and home accessories? We'd need someone that is well-known and has a great sense of style.

Robert Gillibrand [12:12 P.M.]
169Fiona Connolly might work. She's a famous interior decorator.

William Behar [12:13 P.M.]
That would be a great fit. 169Her reality television show is popular right now, and I don't think she's worked with another retail store before.

Maria Sanchez [12:14 P.M.]
Also, she has a large following on social media. Any thoughts, Gabrielle?

Gabrielle Shepard [12:15 P.M.]
I like the idea. 170I can collaborate with her on designing new furniture pieces but give her the freedom to choose fabrics.

William Behar [12:17 P.M.]
Right. Or you could work together on designing a new bed, for example, and she could design related items like bed linens.

Robert Gillibrand [12:18 P.M.]
OK. I'll reach out to her representative. If this works out, it could develop into a long-lasting partnership.

Maria Sanchez [12:19 P.M.]
171We should also think of other candidates in case she turns us down.

Maria Sanchez [오후 12시 06분]
168온라인과 저희 매장 모두에서 지난 몇 분기 동안 매출이 실망스러웠습니다. 상황을 호전시킬 방법이 있을까요?

William Behar [오후 12시 09분]
169유명인과 함께 가구와 실내 장식용 소품 컬렉션을 작업해 보는 것은 어떨까요? 우리는 유명하고 스타일 감각이 뛰어난 사람이 필요할 거예요.

Robert Gillibrand [오후 12시 12분]
169Fiona Connolly가 적합할지도 몰라요. 그녀는 유명한 실내 장식가예요.

William Behar [오후 12시 13분]
정말 잘 맞을 것 같아요. 169그녀의 리얼리티 텔레비전 쇼는 지금 인기가 있고, 저는 그녀가 이전에 다른 소매점과 일한 적이 없다고 생각해요.

Maria Sanchez [오후 12시 14분]
또한, 그녀는 소셜 미디어에서 많은 팬을 보유하고 있어요. 다른 의견이 있나요, Gabrielle?

Gabrielle Shepard [오후 12시 15분]
저는 그 아이디어가 좋아요. 170저는 그녀와 새로운 가구들을 디자인하는 것에 협업할 수 있으나 그녀에게 직물을 선택할 자유를 줄 수 있어요.

William Behar [오후 12시 17분]
맞아요. 아니면, 예를 들어, 당신은 새로운 침대를 디자인하는 것을 함께 작업할 수 있고, 그녀가 침대 시트나 베갯잇과 같은 관련 물품들을 디자인할 수 있어요.

Robert Gillibrand [오후 12시 18분]
네. 제가 그녀의 대리인에게 연락할게요. 만약 이것이 잘 진행된다면, 오래 지속되는 동업자로 발전할 수 있을 거예요.

Maria Sanchez [오후 12시 19분]
171우리는 그녀가 우리를 거절할 경우에 대비해서 다른 후보자들도 생각해야 해요.

어휘 □ turn around phr. (시장·경제를) 호전시키다 □ retail store phr. 소매점 □ collaborate with phr. ~와 협업하다
□ bed linen phr. 침대 시트나 베갯잇 □ reach out phr. ~에게 연락을 하다 □ representative n. 대리인, 대표
□ long-lasting adj. 오래 지속되는 □ partnership n. 동업자, 동반자 관계 □ turn down phr. ~을 거절하다

168

Why did Ms. Sanchez send the message?

(A) To solicit some recommendations
(B) To request feedback on a campaign
(C) To propose a change of strategy
(D) To schedule a store inspection

Ms. Sanchez는 왜 메시지를 보냈는가?

(A) 몇몇 권장 사항을 요청하기 위해
(B) 캠페인에 대한 피드백을 요청하기 위해
(C) 전략 변경을 제안하기 위해
(D) 가게 점검 일정을 잡기 위해

■ **주제/목적 찾기** 글을 쓴 이유 정답 (A)

Ms. Sanchez가 메시지를 보낸 이유를 묻는 목적 찾기 문제이므로, 지문의 앞부분을 주의 깊게 확인한다. 'Sales have been disappointing these last few quarters, both online and at our stores. Any ideas how we might turn things around?'에서 Ms. Sanchez가 온라인과 매장 모두에서 지난 몇 분기 동안 매출이 실망스러웠다며 상황을 호전시킬 방법이 있을지 묻고 있으므로 (A)가 정답이다.

어휘 solicit v. 요청하다, 간청하다 strategy n. 전략 inspection n. 점검, 검사

169 ○○○○● 하

At 12:13 P.M., what does Mr. Behar mean when he writes, "That would be a great fit"?

(A) He wants to transfer to another location.
(B) He prefers a specific set of fabrics.
(C) He is interested in custom-made pieces.
(D) He agrees with a choice of design partner.

오후 12시 13분에, Mr. Behar가 "That would be a great fit"이라고 썼을 때 그가 의도한 것은?

(A) 다른 곳으로 옮기고 싶어 한다.
(B) 특정한 직물들을 선호한다.
(C) 주문 제작 작품에 관심이 있다.
(D) 디자인 파트너의 선정에 동의한다.

■ **의도 파악** 　　　　　　　　　　　　　　　　　　　　　　　　　　　　　　　　　　　정답 (D)

Mr. Behar가 의도한 것을 묻는 문제이므로, 질문의 인용어구(That would be a great fit)가 언급된 주변 문맥을 확인한다. 'How about working with a celebrity on a collection of furniture and home accessories?'에서 Mr. Behar가 유명인과 함께 가구와 실내 장식용 소품 컬렉션을 작업해 보는 것이 어떨지 제안하자, 'Fiona Connolly might work. She's a famous interior decorator.'에서 Robert Gillibrand가 Fiona Connolly가 적합할지도 모른다고 하면서 그녀가 유명한 실내 장식가라고 했고, Mr. Behar가 'That would be a great fit.'(정말 잘 맞을 것 같아요)이라고 한 후, 'Her reality television show is popular right now, and I don't think she's worked with another retail store before.'에서 그녀의 리얼리티 텔레비전 쇼가 지금 인기가 있고 그녀가 이전에 다른 소매점과 일한 적이 없다고 생각한다고 한 것을 통해, Mr. Behar가 디자인 파트너의 선정에 동의한다는 것을 알 수 있다. 따라서 (D)가 정답이다.

어휘　transfer　v. 옮기다, 이동하다

---

170 ○○○○● 상

What can be inferred about Ms. Shepard?

(A) She has many followers on social media.
(B) She has worked on a reality television show.
(C) She is responsible for creating designs.
(D) She is not sure about a collaboration.

Ms. Shepard에 대해 추론될 수 있는 것은?

(A) 소셜 미디어에서 많은 팬들을 보유하고 있다.
(B) 리얼리티 텔레비전 쇼를 작업했다.
(C) 디자인 만드는 것을 담당하고 있다.
(D) 협업에 대해 확신하지 못한다.

■ **추론** 세부 정보 　　　　　　　　　　　　　　　　　　　　　　　　　　　　　　　정답 (C)

질문의 핵심 어구인 Ms. Shepard에 대해 추론하는 문제이다. 'I can collaborate with her on designing new furniture pieces'에서 Ms. Shepard가 그녀, 즉 Fiona Connolly와 새로운 가구들을 디자인하는 것에 협업할 수 있다고 했으므로 Ms. Shepard가 디자인 만드는 것을 담당하고 있다는 사실을 추론할 수 있다. 따라서 (C)가 정답이다.

바꾸어 표현하기
designing 디자인하는 것 → creating designs 디자인 만드는 것

어휘　collaboration　n. 협업, 협력

---

171 ○○○○● 하

What does Ms. Sanchez want to do?

(A) Release more than one collection
(B) Come up with some alternatives
(C) Establish a long-term partnership
(D) Speak with a manager directly

Ms. Sanchez는 무엇을 하고 싶어 하는가?

(A) 한 개보다 많은 컬렉션을 출시한다
(B) 몇 가지 대안을 생각한다
(C) 장기적인 동업자 관계를 확립한다
(D) 관리자와 직접 대화한다

■ **육하원칙** What 　　　　　　　　　　　　　　　　　　　　　　　　　　　　　　　정답 (B)

Ms. Sanchez가 무엇(What)을 하고 싶어 하는지를 묻는 육하원칙 문제이다. 질문의 핵심 어구 Ms. Sanchez want to do와 관련하여 'We should also think of other candidates in case she turns us down.'에서 Ms. Sanchez가 그녀, 즉 Fiona Connolly가 거절할 경우에 대비해서 다른 후보자들도 생각해야 한다고 했으므로 (B)가 정답이다.

바꾸어 표현하기
think of ~을 생각하다 → Come up with ~을 생각하다

어휘　come up with　phr. ~을 생각하다　alternative　n. 대안, 대체　directly　adv. 직접, 바로

TICKET NUMBER: 251077

174-BCorrigan Technology Headquarters
703 Shirlington Boulevard
Arlington, VA 22206

October 20

Dear Sir or Madam,

172/174-CTo thank you for placing regular orders of our goods, we would like to invite you to a private preview of our upcoming product line. 173These items will be released early next year and have not yet been revealed to the public.

174-A/BThe event will fall on November 9, 174-Bfrom 5 to 9 P.M., at the address given at the top of this letter. Corrigan Technology CEO Bill Schriver will deliver an introductory talk, after which design team chief Pete Wellington will present our new line of home appliances. Customers are not permitted to take pictures or record the event. 174-DA dinner will be served at 6:30 P.M., and then guests will be given a hands-on demonstration of the new products.

If you plan to attend, please call Louise Geisler at 555-4498 by October 27. If she does not hear from you by that date, we will assume that you will not be attending and remove your ticket number from our guest list.

175Ticket numbers will be included in a special draw. The winning numbers will be announced at the end of the evening, so make sure to have this letter with you. 175Winners will receive vouchers that entitle them to a discount when our new product line is released. The vouchers may be used at stores around the country.

We hope you can join us.

Best wishes,

Matthew Schenk
Public Relations Head

티켓 번호: 251077

174-BCorrigan Technology사 본사
703번지 Shirlington대로
알링턴, 버지니아주 22206

10월 20일

관계자분께,

172/174-C저희 상품을 정기적으로 주문해 주시는 데 감사를 표하기 위해, 귀하를 곧 공개될 제품 라인의 비공개 시사회에 초대하고자 합니다. 173이 품목들은 내년 초에 발표될 것이며 아직 대중에게 공개되지 않았습니다.

174-A/B이 행사는 11월 9일 174-B오후 5시부터 9시까지, 이 편지의 맨 위에 있는 주소에서 있을 것입니다. Corrigan Technology사 최고경영자인 Bill Schriver가 소개 연설을 할 것이고, 그 후 디자인 팀장인 Pete Wellington이 저희의 새로운 가전제품 라인을 발표할 것입니다. 고객들은 사진을 찍거나 행사를 녹화하는 것이 허용되지 않습니다. 174-D저녁 식사는 오후 6시 30분에 제공될 것이며, 그러고 나서 손님들이 신제품을 직접 사용해 보는 시연이 있을 것입니다.

만약 참석할 계획이시라면, 10월 27일까지 555-4498로 Louise Geisler에게 전화해 주십시오. 만약 그 날짜까지 그녀가 귀하로부터 연락을 받지 못하면, 저희는 귀하께서 참석하지 않을 것이라고 가정하고 손님 명단에서 귀하의 티켓 번호를 삭제할 것입니다.

175티켓 번호는 특별 추첨에 포함될 것입니다. 당첨 숫자들은 그날 저녁이 끝날 무렵에 발표될 것이므로, 반드시 이 편지를 지참하십시오. 175당첨자들은 저희의 새로운 제품 라인이 공개되면 할인을 받을 자격을 주는 상품권을 받을 것입니다. 상품권은 전국의 상점에서 사용될 수 있습니다.

귀하께서 함께하실 수 있기를 바랍니다.

Matthew Schenk 드림
홍보부장

어휘 □ **place an order** phr. 주문하다
□ **introductory** adj. 소개의
□ **record** v. 녹화하다
□ **assume** v. 가정하다
□ **entitle** v. 자격을 주다

□ **private** adj. 비공개의, 사적인
□ **home appliance** phr. 가전제품
□ **hands-on** adj. 직접 해 보는
□ **draw** n. 추첨

□ **preview** n. 시사회
□ **permit** v. 허용하다, 가능하게 하다
□ **demonstration** n. 시연
□ **voucher** n. 상품권, 할인권

○○●○ 중

What is the purpose of the letter?

(A) To thank an organization for hosting a function
(B) To request feedback on a newly released product
(C) To ask certain clients to attend an event
(D) To provide a quarterly update to stockholders

편지의 목적은 무엇인가?

(A) 행사를 주최한 것에 대해 단체에 감사를 표하기 위해
(B) 새롭게 공개된 제품에 대한 의견을 요청하기 위해
(C) 특정 고객들에게 행사에 참석하도록 요청하기 위해
(D) 주주들에게 분기별 최신 정보를 제공하기 위해

■ **주제/목적 찾기** 글의 목적
정답 (C)

편지의 목적을 묻는 목적 찾기 문제이므로 지문의 앞부분을 주의 깊게 확인한다. 'To thank you for placing regular orders of our goods, we would like to invite you to a private preview of our upcoming product line'에서 상품을 정기적으로 주문해 주는 데 감사를 표하기 위해 곧 공개될 제품 라인의 비공개 시사회에 초대하고자 한다고 했으므로 (C)가 정답이다.

바꾸어 표현하기
a ~ preview 시사회 → an event 행사

어휘 host v. 주최하다 function n. 행사, 기능 quarterly adj. 분기별의 stockholder n. 주주

173

○●●●● 상

What is suggested about the new line of products?

(A) It has not been advertised.
(B) It is still being designed.
(C) It is completely sold out.
(D) Its launch will be delayed.

새로운 제품 라인에 대해 암시되는 것은?

(A) 광고된 적이 없다.
(B) 아직 디자인되고 있다.
(C) 완전히 품절되었다.
(D) 출시가 지연될 것이다.

■ **추론** 세부 정보
정답 (A)

질문의 핵심 어구인 the new line of products에 대해 추론하는 문제이다. 'These items will be released early next year and have not yet been revealed to the public.'에서 이 품목들, 즉 곧 공개될 제품 라인은 내년 초에 발표될 것이며 아직 대중에게 공개되지 않았다고 했으므로 새로운 제품 라인이 광고된 적이 없다는 사실을 추론할 수 있다. 따라서 (A)가 정답이다.

●●●●● 최상

What is NOT indicated about the preview?

(A) It will take place in November.
(B) It will be held at a branch office.
(C) It will be attended by past customers.
(D) It will include a meal.

시사회에 대해 언급되지 않은 것은?

(A) 11월에 열릴 것이다.
(B) 지사에서 열릴 것이다.
(C) 이전 고객들이 참석할 것이다.
(D) 식사를 포함할 것이다.

■ **Not/True** Not 문제
정답 (B)

질문의 핵심 어구인 the preview와 관련된 내용을 지문에서 찾아 각 보기와 대조하는 Not/True 문제이다. (A)는 'The event will fall on November 9'에서 이 행사, 즉 비공개 시사회는 11월 9일에 있을 것이라고 했으므로 지문의 내용과 일치한다. (B)는 'Corrigan Technology Headquarters'에서 편지의 맨 위에 있는 주소가 Corrigan Technology사 본사임을 알 수 있고, 'The event will fall on November 9 ~ at the address given at the top of this letter.'에서 이 행사는 11월 9일에 이 편지의 맨 위에 있는 주소에서 있을 것이라고 했으므로 지문의 내용과 일치하지 않는다. 따라서 (B)가 정답이다. (C)는 'To thank you for placing regular orders of our goods, we would like to invite you to a private preview of our upcoming product line.'에서 상품을 정기적으로 주문해 주는 데 감사를 표하기 위해 곧 공개될 제품 라인의 비공개 시사회에 초대하고자 한다고 한 것에서 이전에 상품을 주문한 고객이 참석할 것임을 알 수 있으므로 지문의 내용과 일치한다. (D)는 'A dinner will be served'에서 저녁 식사는 제공될 것이라고 했으므로 지문의 내용과 일치한다.

어휘 branch office phr. 지사, 분점

How can attendees receive a voucher?

(A) By presenting a letter
(B) By buying multiple items
(C) By answering a questionnaire
(D) By being selected in a draw

참석자들은 어떻게 상품권을 받을 수 있는가?

(A) 편지를 제시함으로써
(B) 여러 물품을 구매함으로써
(C) 설문지에 답변함으로써
(D) 추첨에서 뽑힘으로써

■ **육하원칙** How   정답 (D)

참석자들이 어떻게(How) 상품권을 받을 수 있는지를 묻는 육하원칙 문제이다. 질문의 핵심 어구인 attendees receive a voucher와 관련하여, 'Ticket numbers will be included in a special draw.'에서 티켓 번호는 특별 추첨에 포함될 것이라고 했고, 'Winners will receive vouchers'에서 당첨자들은 상품권을 받을 것이라고 했으므로 (D)가 정답이다.

어휘 present v. 제시하다, 보여주다 questionnaire n. 설문지

Questions 176-180 refer to the following notice and e-mail.

176-180은 다음 공고와 이메일에 관한 문제입니다.

지문 1

SPECIAL NOTICE FROM THE LUDLOW NAUTICAL MUSEUM
May 14

We are sorry to announce that the Ludlow Nautical Museum is temporarily closed to the public. This is because the insulation material in our walls needs to be replaced. [176]To protect the objects in our collection during the renovation, we have moved many of them to a third-floor storage room.

Next week, [177]museum director Ken Lin will meet with the board of trustees and decide on the date of our reopening, which will hopefully be at the end of the summer. If you would like to receive updates on the progress of our work, please subscribe to our electronic newsletter at www.ludlownautical.org/emailsubscription.

To apologize for the inconvenience, our members will be sent a discount coupon for [179]Crescent Bay Aquarium, which is also operated by the Ludlow Tourism Organization. Meanwhile, [180]a free key chain from our souvenir store will be mailed to each guest whose advance reservation has been canceled.

Thank you for your understanding.

Ludlow 해상 박물관 특별 공고
5월 14일

Ludlow 해상 박물관이 일시적으로 대중들에게 문을 닫는다는 것을 알려드리게 되어 유감입니다. 이는 벽의 단열재가 교체되어야 하기 때문입니다. [176]보수 공사를 하는 동안 소장 물품들을 보호하기 위해, 저희는 그것들 대부분을 3층 보관실로 옮겼습니다.

다음 주에, [177]박물관장 Ken Lin이 이사회를 만나 재개장 날짜를 결정할 것이며, 바라건대 이는 올여름의 끝 무렵이 될 것입니다. 만약 저희 작업의 진전 사항에 대한 최신 정보를 받고 싶으시다면, www.ludlownautical.org/emailsubscription에서 저희의 온라인 소식지를 구독해 주십시오.

불편에 대해 사과드리기 위해, 저희 회원들은 [179]Crescent Bay 수족관의 할인 쿠폰을 받으실 것이고, 이곳 또한 Ludlow 관광 협회에서 운영합니다. 한편, [180]사전 예약이 취소된 각 손님께는 저희 기념품 가게의 열쇠고리가 무료로 배송될 것입니다.

이해해 주셔서 감사합니다.

지문 2

TO: Andrea Smith <andreasmith@sunshineheights.com>
FROM: Ken Lin <kenlin@ludlownautical.org>
DATE: May 15
SUBJECT: Museum closure
ATTACHMENT: Ludlow notice

Dear Ms. Smith,

My records indicate that [178-D/180]you scheduled a visit to Ludlow Nautical Museum next Tuesday for a group of senior citizens from Sunshine Heights. Regrettably, [180]the museum had to close for renovations. I am attaching a notice about the current situation.

[179]We hope that you are able to arrange an outing to a different site on Tuesday. My personal recommendation is Crescent Bay Aquarium.

If you would like to reschedule your visit after we reopen, please contact us at that time.

Yours truly,

Ken Lin
Director, Ludlow Nautical Museum

수신: Andrea Smith
         <andreasmith@sunshineheights.com>
발신: Ken Lin <kenlin@ludlownautical.org>
날짜: 5월 15일
제목: 박물관 폐장
첨부: Ludlow 공고

Ms. Smith께,

제 기록으로는 [178-D/180]귀하께서 다음 주 화요일에 Sunshine Heights의 노인분들 그룹을 위해 Ludlow 해상 박물관을 방문하는 일정을 잡으신 것으로 보입니다. 유감스럽게도, [180]박물관은 보수 공사를 위해 문을 닫아야 했습니다. 현재 상황에 대한 공고를 첨부합니다.

[179]귀하께서 화요일에 다른 장소로 견학을 계획하실 수 있길 바랍니다. 개인적으로는 Crescent Bay 수족관을 추천합니다.

만약 저희가 재개장한 이후 방문 일정을 다시 잡고 싶으시다면, 그때 연락해 주시기 바랍니다.

Ken Lin 드림
관장, Ludlow 해상 박물관

176

According to the notice, why have some objects been moved to the third floor? (A) To prepare the building for a special exhibit (B) To protect them from potential damage (C) To restore their original colors (D) To respond to a seasonal drop in tourism	공고에 따르면, 일부 물품들은 왜 3층으로 옮겨졌는가? (A) 건물에 특별 전시를 준비하기 위해 (B) 잠재적인 손상으로부터 보호하기 위해 (C) 본래 색을 복원하기 위해 (D) 계절에 따른 관광 감소에 대응하기 위해

■ 육하원칙 Why 　　　　　　　　　　　　　　　　　　　　　　　　　　　　　　　　　　　정답 (B)

공고에 따르면 일부 물품들이 왜(why) 3층으로 옮겨졌는지를 묻는 육하원칙 문제이므로 첫 번째 지문인 공고에서 관련 내용을 확인한다. 공고의 'To protect the objects in our collection during the renovation, we have moved many of them to a third-floor storage room.'에서 보수 공사를 하는 동안 소장 물품들을 보호하기 위해 그것들 대부분을 3층 보관실로 옮겼다고 했으므로 (B)가 정답이다.

어휘 exhibit n. 전시 restore v. 복원하다, 회복하다 respond v. 대응하다, 응답하다 seasonal adj. 계절의 drop n. 감소, 하락; v. 떨어뜨리다

177

What will Mr. Lin discuss with the board of trustees? (A) What activities will take place at an event (B) How to improve a newsletter (C) When operations will resume (D) Where artifacts should be displayed	Mr. Lin은 이사회와 무엇을 논의할 것인가? (A) 행사에 어떤 활동들이 있을지 (B) 소식지를 어떻게 개선할지 (C) 운영이 언제 재개될지 (D) 유물이 어디에 전시되어야 할지

■ 육하원칙 What 　　　　　　　　　　　　　　　　　　　　　　　　　　　　　　　　　　　정답 (C)

Mr. Lin이 이사회와 무엇(What)을 논의할 것인지를 묻는 육하원칙 문제이므로 질문의 핵심 어구인 Mr. Lin discuss with the board of trustees와 관련된 내용이 언급된 첫 번째 지문인 공고를 확인한다. 공고의 'museum director Ken Lin will meet with the board of trustees and decide on the date of our reopening'에서 박물관장 Ken Lin이 이사회를 만나 재개장 날짜를 결정할 것이라고 했으므로 (C)가 정답이다.

바꾸어 표현하기

the date of ~ reopening 재개장 날짜 → When operations will resume 운영이 언제 재개될지

어휘 resume v. 재개하다, 다시 시작하다 artifact n. 유물, 공예품

What is mentioned about Ms. Smith?

(A) She volunteers at a local museum.
(B) She is supervising a renovation project.
(C) She serves on a government committee.
(D) She planned an outing for senior citizens.

Ms. Smith에 대해 언급된 것은?

(A) 지역 박물관에서 자원봉사 활동을 한다.
(B) 보수 공사 사업을 감독하고 있다.
(C) 정부 위원회에서 근무한다.
(D) 노인을 위한 견학을 계획했다.

■ **Not/True** True 문제
정답 (D)

질문의 핵심 어구인 Ms. Smith와 관련된 내용을 지문에서 찾아 각 보기와 대조하는 Not/True 문제이므로, Ms. Smith와 관련된 내용이 언급된 두 번째 지문인 이메일에서 관련 내용을 확인한다. (A), (B), (C)는 지문에 언급되지 않은 내용이다. (D)는 'you scheduled a visit to Ludlow Nautical Museum ~ for a group of senior citizens'에서 귀하, 즉 Ms. Smith가 노인 그룹을 위해 Ludlow 해상 박물관을 방문하는 일정을 잡았다고 했으므로 지문의 내용과 일치한다. 따라서 (D)가 정답이다.

바꾸어 표현하기
scheduled a visit 방문하는 일정을 잡았다 → planned an outing 견학을 계획했다

어휘 volunteer v. 자원봉사하다; n. 자원봉사자 supervise v. 감독하다, 지휘하다 outing n. 견학, 여행

What does Mr. Lin recommend?

(A) Visiting a site run by the Ludlow Tourism Organization
(B) Canceling a workshop at Sunshine Heights
(C) Changing the date of a personal appointment
(D) Checking the performance schedule of a theater

Mr. Lin은 무엇을 추천하는가?

(A) Ludlow 관광 협회가 운영하는 장소를 방문하는 것
(B) Sunshine Heights에서의 워크숍을 취소하는 것
(C) 개인적인 약속 날짜를 변경하는 것
(D) 극장의 공연 일정을 확인하는 것

■ **육하원칙** 연계 문제
정답 (A)

두 지문의 내용을 종합해서 풀어야 하는 연계 문제이다. 질문의 핵심 어구인 Mr. Lin recommend에서 Mr. Lin이 무엇(What)을 추천하는지를 묻고 있으므로 Mr. Lin이 작성한 이메일을 먼저 확인한다.

단서 1 두 번째 지문(이메일)의 'We hope that you are able to arrange an outing to a different site ~. My personal recommendation is Crescent Bay Aquarium.'에서 다른 장소로 견학을 계획할 수 있길 바란다며 개인적으로는 Crescent Bay 수족관을 추천한다고 했다. 그런데 Crescent Bay 수족관을 어디에서 운영하는지 제시되지 않았으므로 공고에서 관련 내용을 확인한다.

단서 2 첫 번째 지문(공고)의 'Crescent Bay Aquarium, which is ~ operated by the Ludlow Tourism Organization'에서 Crescent Bay 수족관은 Ludlow 관광 협회에서 운영한다는 사실을 확인할 수 있다.

두 단서를 종합할 때, Mr. Lin이 Ludlow 관광 협회에서 운영하는 Crescent Bay 수족관을 방문하는 것을 추천하고 있음을 알 수 있다. 따라서 (A)가 정답이다.

What will Ms. Smith most likely receive?

(A) A refunded deposit
(B) An item from a gift shop
(C) A season's pass
(D) An invoice for repairs

Ms. Smith는 무엇을 받을 것 같은가?

(A) 보증금 환불
(B) 기념품점의 물품
(C) 시즌 패스
(D) 수리 청구서

■ **추론** 연계 문제
정답 (B)

두 지문의 내용을 종합적으로 확인한 후 추론해서 풀어야 하는 연계 문제이다. 질문의 핵심 어구인 Ms. Smith ~ receive와 관련된 내용이 언급된 이메일을 먼저 확인한다.

단서 1 두 번째 지문(이메일)의 'you scheduled a visit to Ludlow Nautical Museum next Tuesday ~'에서 귀하, 즉 Ms. Smith가 다음 주 화요일에 Ludlow 해상 박물관을 방문하는 일정을 잡았다고 한 후, 'the museum had to close for renovations'에서 박물관은 보수 공사를 위해 문을 닫아야 했다고 한 것에서 Ms. Smith가 박물관을 방문할 수 없게 되었음을 알 수 있다. 그런데 박물관을 방문할 수 없을 때 무엇을 받을 수 있는지 제시되지 않았으므로 공고에서 관련 내용을 확인한다.

단서 2 첫 번째 지문(공고)의 'a free key chain from our souvenir store will be mailed to each guest whose advance reservation has been canceled'에서 사전 예약이 취소된 각 손님에게는 기념품 가게의 열쇠고리가 무료로 배송될 것이라는 사실을 확인할 수 있다.

두 단서를 종합할 때, Ms. Smith는 보수 공사로 인해 방문 일정이 취소되었으므로 기념품 가게의 열쇠고리를 받을 것이라는 사실을 추론할 수 있다. 따라서 (B)가 정답이다.

어휘 refund v. 환불하다 deposit n. 보증금 invoice n. 청구서, 송장

Questions 181-185 refer to the following memo and e-mail.

181-185는 다음 회람과 이메일에 관한 문제입니다.

지문 1

COMPANY MEMO

[183]TO: All team leaders
FROM: Helen Malone, CEO, Daisy Corp.
DATE: April 21
SUBJECT: Upcoming Employee Evaluations

Although many of you are already familiar with this process, [181]I'd like to remind you of a few details concerning our annual evaluations for staff members, which will begin on June 1. Next Monday, [182-A]human resources staff will be e-mailing you information about each member of your team including their start dates at the company and their past evaluation results. Take some time to review this information before the end of May.

[185]If an employee receives a positive performance evaluation and has not gotten a raise or bonus within the past three months, that staff member is eligible for a 5.5 percent salary increase. [183]For questions or concerns, get in touch with Gail Cullen in the human resources department.

사내 회람

[183]수신: 팀장 전체
발신: Helen Malone, 최고경영자, Daisy사
날짜: 4월 21일
제목: 다가오는 직원 평가

여러분 중 많은 분께서 이미 이 과정에 익숙하시겠지만, 6월 1일에 시작할 [181]연례 직원 평가와 관련된 몇 가지 세부 사항을 상기시켜 드리고 싶습니다. 다음 주 월요일에, [182-A]인사부 직원들이 입사 일자와 지난 평가 결과를 포함해 여러분의 각 팀원에 대한 정보를 이메일로 보낼 것입니다. 5월 말 전까지 이 정보를 검토하는 시간을 좀 가지시기 바랍니다.

[185]만약 어떤 직원이 긍정적인 실적 평가를 받았으며 지난 3개월 이내에 임금 인상이나 상여금을 받지 않았다면, 그 직원은 5.5퍼센트의 임금 인상을 받을 자격이 있습니다. [183]질문이나 문제가 있으시다면, 인사부의 Gail Cullen에게 연락해 주십시오.

지문 2

TO: Gail Cullen <gail.cullen@daisycorp.com>
FROM: Cody Long <cody.long@daisycorp.com>
DATE: April 24
SUBJECT: Need Assistance

Dear Ms. Cullen,

I have a question regarding Shayla Barrie, one of the employees I'll be evaluating this coming June. Ms. Barrie does an excellent job as a software engineer on my team and has held that position for two years. [185]Last month, she was awarded a bonus for successfully completing her part of a demanding 10-week project.

I figure she deserves a raise for being such a valuable member of my team. I'm wondering if I could request an exception for Ms. Barrie in this case. Just let me know what steps I should take. Also, if possible, I'd like to give her a larger pay increase than the standard rate. Please tell me if that's acceptable as well.

I appreciate your assistance.

Kind regards,

Cody Long
Software Engineering Team Leader

수신: Gail Cullen <gail.cullen@daisycorp.com>
발신: Cody Long <cody.long@daisycorp.com>
날짜: 4월 24일
제목: 도움 요청

Ms. Cullen께,

다가오는 이번 6월에 제가 평가하게 될 직원 중 한 명인 Shayla Barrie에 대한 질문이 있습니다. Ms. Barrie는 저희 팀에서 소프트웨어 기술자로 훌륭하게 일하고 있으며 2년간 그 직책에 있었습니다. [185]지난달에, 그녀는 10주간의 힘든 프로젝트에서 그녀의 몫을 성공적으로 완수한 것에 대해 상여금을 받았습니다.

저는 그녀가 저희 팀에 매우 귀중한 팀원으로서 임금 인상을 받을 자격이 있다고 생각합니다. 이 경우에 제가 Ms. Barrie를 위한 예외를 요청할 수 있는지 궁금합니다. 그저 제가 어떤 조치를 취해야 하는지만 알려주십시오. 또한, 가능하다면, 저는 그녀에게 표준 비율보다 높은 임금 인상분을 제공하고 싶습니다. 그것이 허용되는지도 알려 주십시오.

도움에 감사드립니다.

Cody Long 드림
소프트웨어 기술팀장

지문 1   □ **evaluation** n. 평가
     □ **human resources** phr. 인사, 인적 자원
     □ **eligible** adj. ~할 자격이 있는

□ **concerning** prep. 관련된, ~에 관한
□ **performance** n. 실적, 성과, 공연
□ **salary** n. 임금, 급여

□ **annual** adj. 연례의, 매년의
□ **raise** n. 임금 인상, 상승; v. 들어올리다
□ **concern** n. 문제, 우려

지문 2   □ **assistance** n. 도움, 지원
     □ **demanding** adj. 힘든, 부담이 큰
     □ **exception** n. 예외, 이례
     □ **appreciate** v. 감사하다

□ **regarding** prep. ~에 대한, ~에 관한
□ **deserve** v. ~을 받을 자격이 있다
□ **standard** n. 표준, 기준

□ **award** v. 주다, 수여하다; n. 상

□ **acceptable** adj. 허용할 수 있는, 괜찮은

TEST   01 | 02 | 03 | 04 | 05 | 06 | 07 | 08 | 09 | 10

해커스 토익 실전 1000제 1 Reading

181

What is the purpose of the memo?

(A) To clarify a policy change
(B) To announce a job opening
(C) To answer some questions
(D) To describe a procedure

회람의 목적은 무엇인가?

(A) 정책 변경 사항을 명확하게 하기 위해
(B) 채용 공고를 알리기 위해
(C) 몇 가지 질문에 답변하기 위해
(D) 절차를 설명하기 위해

■ **주제/목적 찾기** 글의 목적   정답 (D)

회람의 목적을 묻는 목적 찾기 문제이므로 첫 번째 지문인 회람의 내용을 확인한다. 회람의 'I'd like to remind you of a few details concerning our annual evaluations for staff members'에서 연례 직원 평가와 관련된 몇 가지 세부 사항을 상기시켜 주고 싶다고 한 후, 연례 직원 평가의 진행 절차를 설명하고 있으므로 (D)가 정답이다.

어휘   **clarify** v. 명확하게 하다   **job opening** phr. 채용 공고, 일자리   **procedure** n. 절차, 방법

182

What is mentioned about human resources staff?

(A) They will send evaluation information.
(B) They will be screening applicants in May.
(C) They began using new payroll software.
(D) They updated a salary database.

인사부 직원에 대해 언급된 것은?

(A) 평가 정보를 보낼 것이다.
(B) 5월에 지원자들을 심사할 것이다.
(C) 새로운 임금 대장 소프트웨어를 사용하기 시작했다.
(D) 임금 데이터베이스를 갱신했다.

■ **Not/True** True 문제   정답 (A)

질문의 핵심 어구인 human resources staff와 관련된 내용을 지문에서 찾아 각 보기와 대조하는 Not/True 문제이므로 인사부 직원과 관련된 내용이 언급된 첫 번째 지문인 회람을 확인한다. (A)는 'human resources staff will be e-mailing you information about each member of your team including their start dates at the company and their past evaluation results'에서 인사부 직원들이 입사 일자와 지난 평가 결과를 포함해 각 팀원에 대한 정보를 이메일로 보낼 것이라고 했으므로 지문의 내용과 일치한다. 따라서 (A)가 정답이다. (B), (C), (D)는 지문에 언급되지 않은 내용이다.

어휘   **screen** v. 심사하다, 가려내다; n. 화면   **payroll** n. 임금 대장, 급여 대상자 명단

183

According to Ms. Malone, what can Ms. Cullen do?

(A) Interview potential candidates
(B) Fix a technical issue
(C) Respond to inquiries from managers
(D) Approve promotions of employees

Ms. Malone에 따르면, Ms. Cullen은 무엇을 할 수 있는가?

(A) 가능성 있는 후보들의 면접을 본다
(B) 기술적인 문제를 고친다
(C) 관리자들의 문의에 응답한다
(D) 직원들의 진급을 승인한다

■ **육하원칙** What   정답 (C)

Ms. Malone에 따르면 Ms. Cullen이 무엇(what)을 할 수 있는지를 묻는 육하원칙 문제이므로 Ms. Malone이 작성한 첫 번째 지문인 회람에서 관련 내용을 확인한다. 회람의 'TO: All team leaders'에서 회람의 수신자가 팀장 전체임을 알 수 있고, 'For questions or concerns, get in touch with Gail Cullen in the human resources department.'에서 질문이나 문제가 있다면 인사부의 Gail Cullen에게 연락해 달라고 했으므로 Gail Cullen이 팀장들의 문의에 응답할 것임을 알 수 있다. 따라서 (C)가 정답이다.

어휘   **candidate** n. 후보   **technical** adj. 기술적인   **inquiry** n. 문의   **approve** v. 승인하다   **promotion** n. 진급, 승진

184

In the e-mail, the word "figure" in paragraph 2, line 1, is closest in meaning to

(A) compute
(B) depict
(C) suppose
(D) represent

이메일에서, 2문단 첫 번째 줄의 단어 "figure"는 의미상 –와 가장 가깝다.

(A) 계산하다
(B) 묘사하다
(C) 생각하다
(D) 대표하다

■ **동의어**   정답 (C)

두 번째 지문인 이메일의 figure를 포함하는 구절 'I figure she deserves a raise for being such a valuable member of my team.'에서 figure가 '생각하다'라는 뜻으로 사용되었다. 따라서 '생각하다'라는 뜻을 가진 (C)가 정답이다.

185

What factor makes Ms. Barrie ineligible for a raise?

(A) What sort of work arrangements she requires
(B) Who she is in charge of supervising
(C) How long she has held her current position
(D) When she was last given a bonus

어떤 요소가 Ms. Barrie가 임금 인상에 자격이 되지 않도록 하는가?

(A) 그녀가 어떤 종류의 업무 방식을 요구하는지
(B) 그녀가 누구의 관리 담당인지
(C) 그녀가 얼마나 오래 현재 직책을 유지했는지
(D) 그녀가 언제 마지막으로 상여금을 받았는지

■ **육하원칙** 연계 문제   정답 (D)

두 지문의 내용을 종합해서 풀어야 하는 연계 문제이다. 질문의 핵심 어구인 factor makes Ms. Barrie ineligible for a raise에서 어떤(What) 요소가 Ms. Barrie가 임금 인상에 자격이 되지 않도록 하는지를 묻고 있으므로 임금 인상 자격에 대한 내용이 언급된 회람을 먼저 확인한다.

단서 1 첫 번째 지문(회람)의 'If an employee receives a positive performance evaluation and has not gotten a raise or bonus within the past three months, that staff member is eligible for a 5.5 percent salary increase.'에서 만약 어떤 직원이 긍정적인 실적 평가를 받았으며 지난 3개월 이내에 임금 인상이나 상여금을 받지 않았다면 그 직원은 5.5퍼센트의 임금 인상을 받을 자격이 있다고 했다. 그런데 Ms. Barrie가 이 중 어떤 요소에서 임금 인상에 자격이 되지 않는지 제시되지 않았으므로 이메일에서 관련 내용을 확인한다.

단서 2 두 번째 지문(이메일)의 'Last month, she was awarded a bonus for successfully completing her part of a demanding 10-week project.'에서 지난달에 그녀, 즉 Ms. Barrie는 10주간의 힘든 프로젝트에서 그녀의 몫을 성공적으로 완수한 것에 대해 상여금을 받았다는 사실을 확인할 수 있다.

두 단서를 종합할 때, Ms. Barrie는 지난 3개월 이내에 상여금을 받았으므로 임금 인상을 받을 자격이 되지 않는다는 것을 알 수 있다. 따라서 (D)가 정답이다.

어휘 arrangement n. 방식, 준비 require v. 요구하다, 필요로 하다 in charge of phr. ~을 담당해서 supervise v. 관리하다, 감독하다

지문 1

August 28

Mount Llanberis Park Office
122 High Street
Llanberis, Gwynedd LL55 4HB

To Whom It May Concern,

Ever since I was a teenager, I've visited Mount Llanberis Park to participate in some of my favorite activities. [186]While at the park in recent months, I've witnessed some changes that concern me. There used to be a moderate number of people, but the park has begun attracting large crowds during the summer months. [186]With the growing popularity of the area, a number of rules should be introduced.

For instance, [187]I've seen a lot of people leaving the marked trails lately. I recommend that you create a regulation that prohibits people from doing so. Also, at the rock climbing area, I've noticed inexperienced climbers attempting the challenging routes. In order to prevent accidents, learners should be carefully monitored. I also believe that visitors should be required to fill out permission forms in order to engage in adventurous activities.

Thank you for your time.

Regards,
Glenda Ree

8월 28일

란베리스산 자연 공원 사무실
122번지 High가
란베리스, 귀네드 LL55 4HB

관계자분께,

10대였을 때부터, 저는 제가 좋아하는 몇몇 활동에 참여하기 위해 란베리스산 자연 공원을 방문해왔습니다. [186]최근 몇 달간 공원에 있으면서, 저는 걱정스러운 몇 가지 변화를 목격했습니다. 예전에는 적당한 숫자의 사람들이 있었는데, 여름 몇 달 동안 공원이 많은 사람들을 끌어들이기 시작했습니다. [186]이곳의 더해가는 인기와 더불어, 여러 규칙이 도입되어야 합니다.

예를 들어, [187]저는 최근 많은 사람들이 표시된 길을 벗어나는 것을 보았습니다. 사람들이 그렇게 하는 것을 금지하는 규정을 만드시길 권합니다. 또한, 암벽 등반 구역에서, 저는 미숙한 등반가들이 어려운 경로를 시도하는 것을 인지했습니다. 사고를 예방하기 위해, 초심자들은 주의 깊게 관리되어야 합니다. 저는 또한 방문자들이 위험한 활동에 참여하기 위해서는 허가 양식을 작성하도록 요구되어야 한다고 생각합니다.

귀하의 시간에 감사드립니다.

Glenda Ree 드림

지문 2

Mount Llanberis Park – Adventure Sports Registration Form

Please submit this form to Mount Llanberis Park Ranger Station. You will be allowed to proceed only if your application has been approved by the ranger on duty. [188]First-time visitors will not be allowed to proceed unless accompanied by a certified guide. Please inquire with us if you need to rent any gear.

Name: Branwen Pearse
Group size: 4
Date and time of visit: October 19 / 9:30 A.M.
Expected duration of visit: 6 hours
[188]**Is this your first visit?** X Yes __ No

Planned activity and location:

Rock climbing	Hiking	Mountain biking
Giant's Wall __	Lloyd Peak X Harlech Slope __	Zipper Descent __

Rules to keep in mind: (1) Do not litter. (2) [190]The park is open from 6 A.M. to 6 P.M. Visitors must return to the park office by closing time. [187](3) Always stay on marked trails. (4) Do not feed the wildlife.

란베리스산 자연 공원 - 어드벤처 스포츠 등록 양식

이 양식을 란베리스산 자연 공원 관리소에 제출해 주십시오. 귀하의 신청서가 근무 중인 공원 관리원에 의해 승인된 경우에만 진행이 허용될 것입니다. [188]최초 방문객들은 공인된 가이드와 동반하는 경우가 아닌 이상 진행이 허용되지 않을 것입니다. 어떤 장비를 대여하셔야 한다면 저희에게 문의해 주십시오.

성명: Branwen Pearse
단체 인원: 4
방문 일시: 10월 19일 / 오전 9시 30분
예상 방문 시간: 6시간
[188]이번이 최초 방문입니까? X 예 __ 아니오

예정 활동 및 장소:

암벽 등반	하이킹	산악자전거
Giant's Wall __	Lloyd Peak X Harlech Slope __	Zipper Descent __

유의하셔야 하는 규칙: (1) 쓰레기를 버리지 마십시오. (2) [190]공원은 오전 6시부터 오후 6시까지 개장합니다. 방문객들은 폐장 시간까지 공원 사무소로 돌아오셔야 합니다. [187](3) 항상 표시된 길에 머무르십시오. (4) 야생동물에게 먹이를 주지 마십시오.

* *[190]Violators will be subject to a $30 fine. * *

For assistance or to report violations of park regulations, call 555-2129.

* *[190]위반자는 30달러 벌금의 대상이 될 것입니다. * *

도움을 원하시거나 공원 규정 위반을 신고하시려면, 555-2129로 전화해 주십시오.

지문 3

Mount Llanberis Park Ranger Station

[189]Visitors Taking Part in Adventure Sports on October 19

Reservation time	Location visited	Name	Notes	[190]Time of return
7:45 A.M.– 3:45 P.M.	[189]Giant's Wall	[189]Bryn Hughes	- Group of three people	3:40 P.M.
8:00 A.M.– 10:15 A.M.	Zipper Descent	Gweneth Edwards	- Mountain bike rented	11:00 A.M.
9:30 A.M.– 3:30 P.M.	Lloyd Peak	Branwen Pearse	- Accompanied by guide - Group of four people	2:45 P.M.
11:15 A.M.– 4:00 P.M.	[189]Giant's Wall	[189]Dennis Roberts	- Group of three people	3:55 P.M.
12:30 P.M.– 5:00 P.M.	Harlech Slope	[190]Owen Price	- Hiking poles rented	[190]6:10 P.M.

*Note for staff: Do not forget to record the times when visitors return.

란베리스산 자연 공원 관리소

[189] 10월 19일 에 어드벤처 스포츠에 참여하는 방문객들

예약 시간	방문 장소	성명	비고	[190]복귀 시각
오전 7시 45분– 오후 3시 45분	[189]Giant's Wall	[189]Bryn Hughes	– 3인 단체	오후 3시 40분
오전 8시– 오전 10시 15분	Zipper Descent	Gweneth Edwards	– 산악자전 거 대여	오전 11시
오전 9시 30분– 오후 3시 30분	Lloyd Peak	Branwen Pearse	– 가이드 동행 – 4인 단체	오후 2시 45분
오전 11시 15분– 오후 4시	[189]Giant's Wall	[189]Dennis Roberts	– 3인 단체	오후 3시 55분
오후 12시 30분– 오후 5시	Harlech Slope	[190]Owen Price	– 등산용 지팡이 대여	[190]오후 6시 10분

*직원 주의사항: 방문객들이 복귀한 시각을 기록하는 것을 잊지 마십시오.

지문 1
- □ participate v. 참여하다
- □ moderate adj. 적당한, 중간의
- □ trail n. 길, 코스
- □ challenging adj. 어려운, 도전적인
- □ permission n. 허가, 허락

- □ witness v. 목격하다; n. 목격자
- □ popularity n. 인기
- □ prohibit v. 금지하다
- □ prevent v. 예방하다, 막다
- □ engage in phr. ~에 참여하다, 관여하다

- □ concern v. 걱정스럽게 만들다
- □ mark v. 표시하다
- □ inexperienced adj. 미숙한, 경험이 부족한
- □ monitor v. 관리하다, 감시하다
- □ adventurous adj. 위험한, 모험적인

지문 2
- □ submit v. 제출하다
- □ on duty phr. 근무 중인
- □ inquire v. 문의하다
- □ litter v. (쓰레기 등을) 버리다
- □ violation n. 위반

- □ approve v. 승인하다
- □ accompany v. 동행하다, 동반하다
- □ gear n. 장비
- □ be subject to phr. ~의 대상이다
- □ regulation n. 규정, 규칙

- □ ranger n. 공원 관리원
- □ certified adj. 공인의, 보증된
- □ duration n. (지속) 시간, 기간
- □ fine n. 벌금; v. 벌금을 물리다

지문 3
- □ take part in phr. 참여하다, 협력하다

- □ hiking pole phr. 등산용 지팡이

- □ record v. 기록하다; n. 기록

186

○●●●
중

Why was the letter written?

(A) To raise concerns about park usage
(B) To request an extension of a hiking trail
(C) To propose a new route to a campsite
(D) To recommend that wildlife be protected

편지는 왜 쓰였는가?

(A) 공원 이용에 대한 우려를 제기하기 위해
(B) 등산로 연장을 요청하기 위해
(C) 캠프장으로의 새로운 경로를 제안하기 위해
(D) 야생 동물이 보호되도록 권고하기 위해

■ **주제/목적 찾기** 글을 쓴 이유
정답 (A)

편지가 쓰인 이유를 묻는 목적 찾기 문제이므로 첫 번째 지문인 편지의 내용을 확인한다. 편지의 'While at the park in recent months, I've witnessed some changes that concern me.'에서 최근 몇 달간 공원에 있으면서 걱정스러운 몇 가지 변화를 목격했다며 'With the growing popularity of the area, a number of rules should be introduced.'에서 이곳, 즉 란베리스산 자연 공원의 더해가는 인기와 더불어 여러 규칙이 도입되어야 한다고 한 후, 공원 이용에서 우려되는 사항에 대한 의견을 제기하고 있으므로 (A)가 정답이다.

어휘 raise v. 제기하다, 들어올리다 usage n. 이용, 사용, 용법 extension n. 연장, 확대 wildlife n. 야생 동물

187

○●●●
중

Which rule was probably newly adopted by Mount Llanberis Park?

(A) Rule (1)
(B) Rule (2)
(C) Rule (3)
(D) Rule (4)

어느 규칙이 란베리스산 자연 공원에 의해 새롭게 채택되었을 것 같은가?

(A) 규칙 (1)
(B) 규칙 (2)
(C) 규칙 (3)
(D) 규칙 (4)

■ **추론** 연계 문제
정답 (C)

세 지문 중 두 지문의 내용을 종합적으로 확인한 후 추론해서 풀어야 하는 연계 문제이다. 질문의 핵심 어구인 rule was ~ newly adopted by Mount Llanberis Park와 관련된 내용이 언급된 편지를 먼저 확인한다.

단서 1 첫 번째 지문(편지)의 'I've seen a lot of people leaving the marked trails lately. I recommend that you create a regulation that prohibits people from doing so.'에서 최근 많은 사람들이 표시된 길을 벗어나는 것을 보았으며, 사람들이 그렇게 하는 것을 금지하는 규정을 만들길 권한다고 했다. 그런데 란베리스산 자연 공원이 권고를 받아들여 이 규칙을 채택했는지 제시되지 않았으므로 등록 양식에서 관련 내용을 확인한다.

단서 2 두 번째 지문(등록 양식)의 '(3) Always stay on marked trails.'에서 항상 표시된 길에 머무르라는 3번 규칙을 확인할 수 있다.

두 단서를 종합할 때, 편지의 권고에 의해 항상 표시된 길에 머무르라는 3번 규칙이 새롭게 채택되었다는 사실을 추론할 수 있다. 따라서 (C)가 정답이다.

188

○●●●
상

According to the registration form, what is Ms. Pearse required to do?

(A) Hike with a certified guide
(B) Pay a deposit in order to borrow an item
(C) Enroll in some rock climbing classes
(D) Present identification documents at a ranger station

등록 양식에 따르면, Ms. Pearse는 무엇을 하도록 요구되는가?

(A) 공인된 가이드와 함께 하이킹한다
(B) 물품을 빌리기 위해 보증금을 지불한다
(C) 몇몇 암벽 등반 수업에 등록한다
(D) 관리소에 신분 증명 서류를 제시한다

■ **육하원칙** What
정답 (A)

등록 양식에 따르면 Ms. Pearse가 무엇(what)을 하도록 요구되는지를 묻는 육하원칙 문제이므로 Ms. Pearse가 작성한 두 번째 지문인 등록 양식에서 관련 내용을 확인한다. 등록 양식의 'First-time visitors will not be allowed to proceed unless accompanied by a certified guide.'에서 최초 방문객들은 공인된 가이드와 동행하는 경우가 아닌 이상 진행이 허용되지 않을 것이라고 했고, 'Is this your first visit? X Yes'에서 이번이 작성자인 Ms. Pearse의 최초 방문임을 알 수 있으므로 (A)가 정답이다.

어휘 deposit n. 보증금 enroll v. 등록하다 present v. 제시하다, 보여주다 identification document phr. 신분 증명 서류

189
○○○○●
하

According to the schedule, which location was visited by two groups on October 19?

(A) Giant's Wall
(B) Lloyd Peak
(C) Harlech Slope
(D) Zipper Descent

일정표에 따르면, 10월 19일에 어느 장소가 두 단체의 방문을 받았는가?

(A) Giant's Wall
(B) Lloyd Peak
(C) Harlech Slope
(D) Zipper Descent

■ **육하원칙** Which   정답 (A)

일정표에 따르면 10월 19일에 어느(which) 장소가 두 단체의 방문을 받았는지를 묻는 육하원칙 문제이므로 세 번째 지문인 일정표에서 관련 내용을 확인한다. 일정표의 'Visitors Taking Part in Adventure Sports on October 19', 'Giant's Wall', 'Bryn Hughes', 'Dennis Roberts'에서 10월 19일에 어드벤처 스포츠에 참여한 방문객 중 Bryn Hughes와 Dennis Roberts라는 두 사람의 단체가 Giant's Wall을 방문했음을 알 수 있으므로 (A)가 정답이다.

190
●●●●
최상

What can be inferred about Mr. Price?

(A) He bought hiking poles at a ranger station.
(B) He didn't inform a ranger of a rule violation.
(C) He may have paid a financial penalty.
(D) He encountered some inclement weather.

Mr. Price에 대해 추론될 수 있는 것은?

(A) 관리소에서 등산용 지팡이를 샀다.
(B) 공원 관리원에게 규칙 위반에 대해 알리지 않았다.
(C) 벌금을 냈을 수도 있다.
(D) 궂은 날씨에 맞닥뜨렸다.

■ **추론** 연계 문제   정답 (C)

세 지문 중 두 지문의 내용을 종합적으로 확인한 후 추론해서 풀어야 하는 연계 문제이다. 질문의 핵심 어구인 Mr. Price가 언급된 일정표를 먼저 확인한다.

[단서 1] 세 번째 지문(일정표)의 'Owen Price', 'Time of return', '6:10 P.M.'에서 Mr. Price의 복귀 시각이 오후 6시 10분임을 알 수 있다. 그런데 6시 10분에 복귀했을 경우 어떤 일이 일어나는지 제시되지 않았으므로 등록 양식에서 관련 내용을 확인한다.

[단서 2] 두 번째 지문(등록 양식)의 'The park is open from 6 A.M. to 6 P.M. Visitors must return to the park office by closing time.', 'Violators will be subject to a $30 fine.'에서 공원은 오전 6시부터 오후 6시까지 개장하고 방문객들은 폐장 시간까지 공원 사무소로 돌아와야 하며, 위반자는 30달러 벌금의 대상이 될 것이라는 규칙을 확인할 수 있다.

두 단서를 종합할 때, Mr. Price가 공원의 폐장 시간인 오후 6시가 지난 6시 10분에 복귀했으므로 벌금을 냈을 수도 있다는 사실을 추론할 수 있다. 따라서 (C)가 정답이다.

어휘 inform v. 알리다, 통지하다   encounter v. 맞닥뜨리다   inclement adj. 궂은, 좋지 못한

지문 1

Viu Athleisure Shop

Athleisure wear is popular for its versatility. 192-CWe carry 10 brands and are currently offering special promotions until July 31. All discounts apply both online and in our store.

Bemba Team
Bemba Team sells synthetic clothes made with advanced fibers. The material is extremely moisture-absorbent and dries quickly. Enjoy a 20 percent discount on selected products.

Ventra
Ventra specializes in athletic shoes for a variety of sports. 191Ventra is new in our store and is offering an introductory discount of 30 percent.

Upstar Athletics
194-BUpstar Athletics manufactures its clothing using polyester made from recycled plastic water bottles. It is offering a general discount of 10 percent.

Yogana
Yogana manufactures yoga apparel in many patterns and colors. Yoga shorts are currently on sale for 40 percent.

Enjoy free shipping on all orders over $80. 192-DCustom printing on apparel items is available for an added charge. 192-AVisit our store at 449 South State Street in Minneapolis or go to our Web site at www.viuathleisure.com.

Viu 애슬레저 상점

애슬레저 운동복은 다목적성으로 인기가 있습니다. 192-C저희는 10개의 브랜드를 취급하고 있고 현재 7월 31일까지 특별 판촉행사를 진행하고 있습니다. 모든 할인은 온라인과 저희 매장에서 모두 적용됩니다.

Bemba Team
Bemba Team은 고급 섬유로 만든 합성 물질의 옷을 판매합니다. 이 직물은 흡습성이 매우 뛰어나며 빨리 마릅니다. 엄선된 제품들에 대해 20퍼센트 할인을 누리세요.

Ventra
Ventra는 다양한 스포츠를 위한 운동화를 전문으로 합니다. 191Ventra는 저희 매장에 새로 입점하여 30퍼센트의 소개용 할인을 해드리고 있습니다.

Upstar Athletics
194-BUpstar Athletics는 재활용된 플라스틱 물병으로부터 만들어진 폴리에스테르를 사용하여 옷을 생산합니다. 10퍼센트의 일반 할인을 해드리고 있습니다.

Yogana
Yogana는 여러 패턴과 색깔의 요가 의류를 생산합니다. 요가 반바지는 현재 40퍼센트 할인으로 판매되고 있습니다.

80달러가 넘는 모든 주문에 무료 배송을 누리세요. 192-D의류 품목에 대한 맞춤 인쇄는 추가 요금으로 가능합니다. 192-A449번지 South State가 미니애폴리스에 있는 저희 매장을 방문하거나 저희 웹사이트 www.viuathleisure.com을 방문하세요.

지문 2

www.viuathleisure.com/contactus

Contact Form
Please reach out to us if you have any questions regarding our products and services. 195We promise to respond to your inquiry within 48 hours.

195**Name:** Maria Cortez
E-mail: maria@evanstonbball.com
Date submitted: July 13

Comment:
I am interested in buying 35 sets of matching shirts and shorts for an amateur basketball team that I coach. As 193-Cthe team is composed of individuals from middle school and high school, I will need a range of sizes. Also, 195I was wondering if we could get a bulk discount in addition to the sales your store is running.

---

www.viuathleisure.com/contactus

연락 양식
저희 제품과 서비스에 대해 궁금한 점이 있으시면 연락 주십시오. 195저희는 48시간 이내에 당신의 문의에 답변드릴 것을 약속합니다.

195이름: Maria Cortez
이메일: maria@evanstonbball.com
제출된 날짜: 7월 13일

의견:
저는 제가 지도하는 아마추어 농구팀을 위한 조화를 이루는 셔츠와 반바지 35세트를 구매하는 것에 관심이 있습니다. 193-C그 팀은 중학교와 고등학교의 학생들로 구성되어 있기 때문에, 저는 다양한 사이즈가 필요할 것입니다. 또한, 195저는 당신의 상점이 진행하고 있는 할인에 추가로 대량 할인을 받을 수 있는지 궁금합니다.

http://www.upstar.com

Review posted on August 4
[194-B]/[195]Author: Maria Cortez

[194-B]Upstar Athletics is a great company, and their clothes are fantastic. The fabric stretches well and is perfect for sports. Unfortunately, [195]I reached out to a store that carries Upstar Athletics among other brands, and they did not respond to my inquiry. So, I decided to contact Upstar Athletics directly. They sent 35 shirts and shorts in individual sizes with a generous quantity discount and printed our team's name on the clothes for free.

http://www.upstar.com

8월 4일에 게시된 후기
[194-B]/[195]작성자: Maria Cortez

[194-B]Upstar Athletics는 훌륭한 회사이고, 그들의 옷은 환상적입니다. 원단이 잘 늘어나고 운동하기에 적합입니다. 안타깝게도, [195]다른 브랜드들 중의 하나로 Upstar Athletics를 취급하는 매장에 연락했는데, 그들이 제 문의에 답변하지 않았습니다. 그래서, 저는 Upstar Athletics에 직접 연락하기로 결정했습니다. 그들은 후한 수량 할인을 한 셔츠와 반바지 35벌을 개별 사이즈로 보냈고 옷에 저희 팀 이름을 무료로 인쇄해주었습니다.

지문 1	□ athleisure n. 애슬레저(운동경기와 여가를 합친 스포츠웨어 업계의 용어)	□ versatility n. 다목적성, 다양성
	□ synthetic adj. 합성 물질의, 합성의 □ material n. 직물, 소재	□ moisture-absorbent n. 흡습성, 흡습제
	□ specialize in phr. ~을 전문으로 하다 □ introductory adj. 소개용의, 도입의	□ manufacture v. 생산하다, 제조하다
	□ apparel n. 의류	
지문 2	□ inquiry n. 문의 □ compose of phr. ~으로 구성하다	□ bulk adj. 대량의
지문 3	□ stretch v. 늘어나다 □ reach out phr. ~에게 연락하다	□ generous adj. 후한, 넉넉한

191
Which brand is newly offered at Viu Athleisure?

(A) Bemba Team
(B) Ventra
(C) Upstar Athletics
(D) Yogana

Viu 애슬레저에서 어느 브랜드가 새롭게 제공되는가?

(A) Bemba Team
(B) Ventra
(C) Upstar Athletics
(D) Yogana

■ 육하원칙 Which   정답 (B)

Viu 애슬레저에서 어느(Which) 브랜드가 새롭게 제공되는지를 묻는 육하원칙 문제이므로 질문의 핵심 어구인 brand ~ newly offered at Viu Athleisure와 관련된 내용이 언급된 첫 번째 지문인 광고에서 관련 내용을 확인한다. 광고의 'Ventra is new in our store'에서 Ventra가 매장에 새로 입점하였다고 했으므로 (B)가 정답이다.

192
What is true about Viu Athleisure's products?

(A) They are only sold online.
(B) They can be shipped overseas.
(C) They sell four brands of clothing.
(D) They can be personalized for a fee.

Viu 애슬레저의 제품들에 대해 사실인 것은?

(A) 온라인에서만 판매된다.
(B) 해외로 배송될 수 있다.
(C) 네 가지 브랜드의 옷을 판매한다.
(D) 요금을 내면 맞춤 제작될 수 있다.

■ Not/True True 문제   정답 (D)

질문의 핵심 어구인 Viu Athleisure's products와 관련된 내용을 지문에서 찾아 각 보기와 대조하는 Not/True 문제이므로 Viu 애슬레저의 제품들이 언급된 첫 번째 지문인 광고에서 관련 내용을 확인한다. (A)는 'Visit our store at 449 South State Street in Minneapolis'에서 449번지 South State가 미니애폴리스에 있는 매장을 방문하라고 했으므로 지문의 내용과 일치하지 않는다. (B)는 지문에 언급되지 않은 내용이다. (C)는 'We carry 10 brands'에서 10개 브랜드를 취급하고 있다고 했으므로 지문의 내용과 일치하지 않는다. (D)는 'Custom printing on apparel items is available for an added charge.'에서 외류 품목에 대한 맞춤 인쇄는 추가 요금으로 가능하다고 했으므로 지문의 내용과 일치한다. 따라서 (D)가 정답이다.

바꾸어 표현하기
Custom 맞춤의 → be personalized 맞춤 제작되다
charge 요금 → fee 요금

어휘   overseas adv. 해외로, 국외로

193
○○○○상

What does Ms. Cortez mention about the basketball team?

(A) It has produced famous athletes.
(B) It won a championship game.
(C) It has players of different ages.
(D) It has been active for many years.

Ms. Cortez가 농구팀에 대해 언급한 것은?

(A) 유명한 운동선수들을 배출했다.
(B) 챔피언 결정전에서 우승했다.
(C) 다양한 연령대의 선수들이 있다.
(D) 수년간 활동해 왔다.

■ **Not/True** True 문제 정답 (C)

질문의 핵심 어구인 the basketball team과 관련된 내용을 지문에서 찾아 각 보기와 대조하는 Not/True 문제이므로 농구팀과 관련된 내용이 언급된 두 번째 지문인 온라인 양식에서 관련 내용을 확인한다. (A), (B), (D)는 지문에서 언급되지 않은 내용이다. (C)는 'the team is composed of individuals from middle school and high school'에서 팀이 중학교와 고등학교의 학생들로 구성되어 있다고 했으므로 지문의 내용과 일치한다. 따라서 (C)가 정답이다.

어휘 produce v. 배출하다, 생산하다

194
●●●●최상

What is indicated about Ms. Cortez's purchase?

(A) It was paid with store credit.
(B) It included clothes made of eco-friendly materials.
(C) It qualified for a membership discount.
(D) It can be returned within 30 days.

Ms. Cortez의 구매에 대해 언급된 것은?

(A) 상점 포인트로 지불되었다.
(B) 친환경 소재로 만들어진 옷을 포함했다.
(C) 회원 할인에 대한 자격이 있었다.
(D) 30일 이내에 반품될 수 있다.

■ **Not/True** 연계 문제 정답 (B)

세 지문 중 두 지문의 내용을 종합해서 풀어야 하는 연계 문제이다. 질문의 핵심 어구인 Ms. Cortez's purchase와 관련된 관련된 내용을 지문에서 찾아 각 보기와 대조하는 Not/True 문제이므로 Ms. Cortez가 작성한 세 번째 지문인 후기를 먼저 확인한다.

단서 1 세 번째 지문(후기)의 'Author: Maria Cortez'에서 작성자가 Maria Cortez임을 알 수 있고, 'Upstar Athletics is a great company, and their clothes are fantastic. The fabric stretches well and is perfect for sports.'에서 Upstar Athletics가 훌륭한 회사이고 그들의 옷이 환상적이며 원단이 잘 늘어나고 운동하기에 적합하다고 했다. 그런데 Upstar Athletics의 옷이 구체적으로 어떤 특징을 가지는지 제시되지 않았으므로 광고에서 관련 내용을 확인한다.

단서 2 첫 번째 지문(광고)의 'Upstar Athletics manufactures its clothing using polyester made from recycled plastic water bottles.'에서 Upstar Athletics가 재활용된 플라스틱 물병으로부터 만들어진 폴리에스테르를 사용하여 옷을 생산한다는 사실을 확인할 수 있다.

두 단서를 종합할 때, Ms. Cortez가 친환경 소재인 재활용된 플라스틱 물병으로부터 만들어진 폴리에스테르를 사용한 Upstar Athletics의 옷을 구매했다는 것을 알 수 있다. 따라서 (B)가 정답이다. (A), (C), (D)는 지문에 언급되지 않은 내용이다.

바꾸어 표현하기
polyester made from recycled plastic water bottles 재활용된 플라스틱 물병으로부터 만들어진 폴리에스테르 → eco-friendly materials 친환경 소재

어휘 eco-friendly adj. 친환경의 qualify v. 자격이 있다

195

What can be inferred about Viu Athleisure Shop?

(A) It did not follow its own policy.
(B) It is trying to open another location.
(C) It ships all items within 48 hours.
(D) It will modify clothes to fit.

Viu 애슬레저 상점에 대해 추론될 수 있는 것은?

(A) 자체 정책을 따르지 않았다.
(B) 다른 지점을 열려고 하는 중이다.
(C) 모든 상품을 48시간 이내에 배송한다.
(D) 옷이 잘 맞도록 변형할 것이다.

■ **추론** 연계 문제　　　　　　　　　　　　　　　　　　　　　　　　　　　　　　　　　　　　　　정답 (A)

세 지문 중 두 지문의 내용을 종합적으로 확인한 후 추론해서 풀어야 하는 연계 문제이다. 질문의 핵심 어구인 Viu Athleisure Shop과 관련된 내용이 언급된 온라인 양식을 먼저 확인한다.

단서 1 두 번째 지문(온라인 양식)의 'We promise to respond to your inquiry within 48 hours.'에서 저희, 즉 Viu 애슬레저 상점이 48시간 이내에 문의에 답변할 것을 약속한다고 했고, 'Name: Maria Cortez', 'I was wondering if we could get a bulk discount'에서 Ms. Cortez가 대량 할인을 받을 수 있는지 궁금하다고 한 것을 알 수 있다. 그런데 Ms. Cortez의 문의에 대해 48시간 이내에 답변이 되었는지 제시되지 않았으므로 후기에서 관련 내용을 확인한다.

단서 2 세 번째 지문(후기)의 'Author: Maria Cortez', 'I reached out to a store that carries Upstar Athletics among other brands, and they did not respond to my inquiry'에서 Ms. Cortez가 다른 브랜드들 중의 하나로 Upstar Athletics를 취급하는 매장에 연락했는데 그들이 문의에 답변하지 않았다고 한 사실을 확인할 수 있다.

두 단서를 종합할 때, Ms. Cortez가 Viu 애슬레저 상점에 문의를 했는데 답변을 받지 못했으므로, Viu 애슬레저 상점이 48시간 이내에 고객의 문의에 답변해야 하는 자체 정책을 따르지 않았다는 사실을 추론할 수 있다. 따라서 (A)가 정답이다.

어휘　policy n. 정책　modify v. 변형하다

Questions 196-200 refer to the following Web page, questionnaire, and online review. 196-200은 다음 웹페이지, 설문지, 온라인 후기에 관한 문제입니다.

지문 1

https://www.visionbath.com/serviceinquiry

Vision Bath

Vision Bath is an independent bathroom contractor that aims to provide customers with the best overall home renovation experience. [196]Whether you wish to add a new bathroom to your home or remodel an existing one, we guarantee that our work is high quality. If you want to have the bathroom of your dreams, you'll first need to complete a brief questionnaire to let us know what you're looking for. Within 24 hours, one of our skilled designers will contact you by phone to discuss your preferences further. [199]You'll receive a product catalog and will be able to schedule a face-to-face meeting when you're ready. During this consultation, your designer will present you with a contract, and work will commence shortly thereafter. Click here to begin the process.

www.visionbath.com/serviceinquiry

Vision Bath

Vision Bath는 고객들에게 최고의 주택 전반 개조 경험을 제공하는 것을 목표로 하는 독자적인 욕실 도급업체입니다. [196]당신이 집에 새로운 욕실을 추가하기를 원하시든 혹은 기존의 것을 개조하기를 원하시든, 저희의 작업은 고품질임을 보장합니다. 꿈의 욕실을 갖고 싶으시다면, 당신이 찾고 있는 것이 무엇인지 저희가 알 수 있도록 먼저 간단한 설문지를 작성해 주셔야 할 것입니다. 24시간 이내에, 저희의 숙련된 디자이너 중 한 명이 당신의 선호도에 대해 더 상의하기 위해 전화로 연락할 것입니다. [199]당신은 제품 안내 책자를 받으실 것이며, 준비가 되시면 대면 회의 일정을 잡으실 수 있을 것입니다. 이 상담 동안, 당신의 디자이너가 계약서를 제시할 것이고, 그 후에 곧 작업이 시작될 것입니다. 이 과정을 시작하시려면 여기를 클릭하세요.

지문 2

https://www.visionbath.com/questionnaire

Vision Bath Questionnaire

Name: Margaret Collins
Phone: 555-9911
E-mail Address: margcollins@wyohi.com

1. Why do you want a new or remodeled bathroom?
[197]My family is too large to continue sharing a single bathroom, so we need another one built.

2. [198-D]**Which term best describes the style of bathroom you want?**
[198-D]☑ Contemporary ☐ Traditional ☐ Luxurious

3. What colors do you want to be used? Blue and White

4. [198-B]**What type of floor material are you interested in?**
☐ Tile [198-B]☑ Hardwood ☐ Vinyl ☐ Other

5. [200]**What type of countertop would you like?**
☐ Granite [200]☑ Porcelain ☐ Glass ☐ Other

6. When would you like this project to begin? Early May

7. [198-A]**What is your budget?** Between $10,000 and $15,000

SEND

www.visionbath.com/questionnaire

Vision Bath 설문지

이름: Margaret Collins
전화: 555-9911
이메일 주소: margcollins@wyohi.com

1. 왜 새로운, 또는 개조된 욕실을 원하십니까?
[197]욕실 하나를 계속 함께 쓰기에는 저희 가족의 인원이 너무 많아서, 하나를 더 지어야 합니다.

2. [198-D]당신이 원하는 욕실의 스타일을 가장 잘 표현하는 용어는 무엇입니까?
[198-D]☑ 현대적인 ☐ 전통적인 ☐ 호화로운

3. 어떤 색이 사용되길 원하십니까? 파란색과 흰색

4. [198-B]어떤 종류의 바닥재에 관심이 있으십니까?
☐ 타일 [198-B]☑ 견목 ☐ 비닐 ☐ 기타

5. [200]어떤 종류의 세면대를 원하십니까?
☐ 화강암 [200]☑ 자기 ☐ 유리 ☐ 기타

6. 이 프로젝트를 언제 시작하고 싶으십니까? 5월 초

7. [198-A]예산은 얼마입니까? 10,000달러에서 15,000달러 사이

보내기

지문 3

https://www.businessreviews.com/visionbath

★★★★★ Margaret Collins   May 25

I'm extremely impressed with Vision Bath. After submitting my questionnaire, [199]I was contacted by a helpful designer named Sandra Reynolds. She had excellent ideas for

www.businessreviews.com/visionbath

★★★★★ Margaret Collins   5월 25일

저는 Vision Bath에 굉장히 깊은 감명을 받았습니다. 설문지를 제출한 후, [199]저는 Sandra Reynolds라는 이름의 도움이 되는 디자이너로부터 연락을 받았습니다. 그녀는 개

everything from sink faucets to cabinet handles and was very patient with me. I spent quite a while studying Vision Bath's catalog and when [199]she visited my home, we went over my selections together. I'm especially glad that [200]she helped me choose the granite countertop. Although it cost more than my original choice, it looks better than I could've imagined.

수대 수도꼭지부터 수납장 손잡이에 이르기까지 모든 것에 대해 탁월한 방안을 가지고 있었으며 매우 인내심을 가지고 저를 대했습니다. 저는 Vision Bath의 안내 책자를 살펴보는 데 꽤 오랜 시간을 보냈으며 [199]그녀가 저희 집을 방문했을 때, 우리는 선택한 사항들에 대해 함께 검토했습니다. [200]제가 화강암 세면대를 선택하도록 그녀가 도와준 것이 특히 고맙습니다. 원래 선택한 것보다 비용이 더 많이 들었지만, 제가 상상할 수 있었던 것보다도 더 좋아 보입니다.

지문 1	□ **independent** adj. 독자적인, 독립적인	□ **contractor** n. 도급업체, 계약자	□ **remodel** v. 개조하다, 리모델링하다
	□ **guarantee** v. 보장하다, 약속하다	□ **brief** adj. 간단한, 짧은	□ **skilled** adj. 숙련된, 노련한
	□ **preference** n. 선호도, 애호	□ **consultation** n. 상담, 회의	□ **commence** v. 시작되다
	□ **thereafter** adv. 그 후에		
지문 2	□ **term** n. 용어, 기간	□ **describe** v. 표현하다, 설명하다	□ **contemporary** adj. 현대적인, 당대의
	□ **luxurious** adj. 호화로운, 고급의	□ **hardwood** n. 견목	□ **countertop** n. 세면대, 조리대
	□ **granite** n. 화강암	□ **porcelain** n. 자기, 자기류	
지문 3	□ **extremely** adv. 굉장히, 매우	□ **helpful** adj. 도움이 되는, 유용한	□ **faucet** n. 수도꼭지
	□ **cabinet** n. 수납장, 보관함	□ **go over** phr. 검토하다, 되풀이해서 말하다	

TEST 01 | 02 | 03 | 04 | 05 | 06 | 07 | 08 | 09 | 10 해커스 토익 실전 1000제 1 Reading

196

For whom is the Web page most likely intended?

(A) Homeowners
(B) Interior decorators
(C) Hotel managers
(D) Marketing professionals

웹페이지는 누구를 대상으로 하는 것 같은가?

(A) 주택 소유주
(B) 실내 장식가
(C) 호텔 지배인
(D) 마케팅 전문가

■ **추론** 전체 정보　　　　　　　　　　　　　　　　　　　　　정답 (A)

지문 곳곳에 퍼져 있는 여러 단서를 종합하여 웹페이지의 대상을 추론하는 문제이므로 첫 번째 지문인 웹페이지를 확인한다. 웹페이지의 'Whether you wish to add a new bathroom to your home or remodel an existing one, we guarantee that our work is high quality.'에서 집에 새로운 욕실을 추가하기를 원하는 혹은 기존의 것을 개조하기를 원하는 저희, 즉 Vision Bath의 작업은 고품질임을 보장한다고 한 후, 욕실 추가나 개조를 진행하는 방법을 설명하고 있으므로 집에 욕실을 추가하거나 개조하기를 원하는 주택 소유주들을 대상으로 하는 웹페이지임을 추론할 수 있다. 따라서 (A)가 정답이다.

어휘 decorator n. 장식가, 도장 및 도배 업자

197

According to the questionnaire, why was Ms. Collins dissatisfied with her home?

(A) It had a faulty plumbing system.
(B) It was not built in a modern style.
(C) It contained only one bathroom.
(D) It was furnished with dark panels.

설문지에 따르면, Ms. Collins는 왜 그녀의 집에 만족하지 않았는가?

(A) 배관 설비에 결함이 있었다.
(B) 현대적인 스타일로 지어지지 않았다.
(C) 욕실이 하나밖에 없다.
(D) 어두운색의 패널이 설치되었다.

■ **육하원칙** Why　　　　　　　　　　　　　　　　　　　　　정답 (C)

설문지에 따르면 Ms. Collins가 왜(why) 그녀의 집에 만족하지 않았는지를 묻는 육하원칙 문제이므로 두 번째 지문인 설문지에서 관련 내용을 확인한다. 설문지의 'My family is too large to continue sharing a single bathroom, so we need another one built.'에서 욕실 하나를 계속 함께 쓰기에는 저희, 즉 Ms. Collins의 가족의 인원이 너무 많아서 하나를 더 지어야 한다고 했으므로 (C)가 정답이다.

어휘 faulty adj. 결함이 있는, 불완전한 plumbing n. 배관, 수도 시설 furnish v. 설치하다, 설비하다

TEST 07 PART 7 **397**

What information is NOT included on the questionnaire?

(A) A maximum cost
(B) A preferred floor material
(C) A completion deadline
(D) A design style

설문지에 포함되지 않은 정보는?

(A) 최대 비용
(B) 선호하는 바닥재
(C) 완공 기한
(D) 디자인 스타일

■ **Not/True** Not 문제   정답 (C)

설문지에 포함되지 않은 정보를 지문에서 찾아 각 보기와 대조하는 Not/True 문제이므로 두 번째 지문인 설문지를 확인한다. (A)는 'What is your budget? Between $10,000 and $15,000'에서 예산이 얼마인지 묻는 항목에 10,000달러에서 15,000달러 사이라고 했으므로 지문에 포함된 내용이다. (B)는 'What type of floor material are you interested in?', '☑ Hardwood'에서 어떤 유형의 바닥재에 관심이 있는지 묻는 항목에 견목이라고 했으므로 지문에 포함된 내용이다. (C)는 지문에 언급되지 않은 내용이다. 따라서 (C)가 정답이다. (D)는 'Which term best describes the style of bathroom you want?', '☑ Contemporary'에서 원하는 욕실의 스타일을 가장 잘 표현하는 용어가 무엇인지 묻는 항목에 현대적인 것이라고 했으므로 지문에 포함된 내용이다.

바꾸어 표현하기
interested in 관심이 있는 → preferred 선호하는

어휘   completion n. 완공, 완료   deadline n. 기한, 마감 일자

What did Ms. Reynolds most likely do when she visited Ms. Collins?

(A) Delivered a catalog
(B) Offered a contract
(C) Took some photographs
(D) Collected a payment

Ms. Reynolds는 Ms. Collins를 방문했을 때 무엇을 했을 것 같은가?

(A) 안내 책자를 전달했다
(B) 계약서를 제시했다
(C) 사진을 몇 장 찍었다
(D) 대금을 회수했다

■ **추론** 연계 문제   정답 (B)

세 지문 중 두 지문의 내용을 종합적으로 확인한 후 추론해서 풀어야 하는 연계 문제이다. 질문의 핵심 어구인 Ms. Reynolds ~ do when she visited Ms. Collins와 관련된 내용이 언급된 온라인 후기를 먼저 확인한다.

[단서 1] 세 번째 지문(온라인 후기)의 'I was contacted by a helpful designer named Sandra Reynolds'에서 Sandra Reynolds라는 이름의 도움이 되는 디자이너로부터 연락을 받았다고 한 후, 'she visited my home'에서 그녀, 즉 Ms. Reynolds가 Ms. Collins의 집을 방문했다고 했다. 그런데 디자이너인 Ms. Reynolds가 Ms. Collins의 집을 방문했을 때 무엇을 했는지 제시되지 않았으므로 웹페이지에서 관련 내용을 확인한다.

[단서 2] 첫 번째 지문(웹페이지)의 'You'll ~ be able to schedule a face-to-face meeting ~. During this consultation, your designer will present you with a contract'에서 고객이 대면 회의 일정을 잡을 수 있을 것이며 이 상담 동안 고객의 디자이너가 계약서를 제시할 것이라는 사실을 확인할 수 있다.

두 단서를 종합할 때, 디자이너인 Ms. Reynolds가 Ms. Collins의 집에 상담을 위해 방문했을 때 계약서를 제시했을 것이라는 사실을 추론할 수 있다. 따라서 (B)가 정답이다.

바꾸어 표현하기
present ~ with a contract 계약서를 제시하다 → Offered a contract 계약서를 제시했다

어휘   collect v. 회수하다, 수금하다

What is indicated about the porcelain countertop?	자기 세면대에 대해 언급된 것은?
(A) It was featured in a brochure.	(A) 브로슈어에 특별히 포함되었다.
(B) It is sold with accompanying items.	(B) 동반 품목과 함께 판매된다.
(C) It is cheaper than the granite model.	(C) 화강암 모델보다 저렴하다.
(D) It contains storage compartments.	(D) 보관용 칸을 포함한다.

■ Not/True 연계 문제 정답 (C)

세 지문 중 두 지문의 내용을 종합해서 풀어야 하는 연계 문제이다. 질문의 핵심 어구인 porcelain countertop과 관련된 내용을 지문에서 찾아 각 보기와 대조하는 Not/True 문제이므로 세면대와 관련된 내용이 언급된 두 번째 지문인 설문지와 세 번째 지문인 온라인 후기를 확인한다. (A), (B), (D)는 지문에 언급되지 않은 내용이다. (C)는 설문지의 'What type of countertop would you like?', '☑ Porcelain'에서 Ms. Collins가 자기 세면대를 원한다고 했고, 온라인 후기의 'she helped me choose the granite countertop. ~ it cost more than my original choice'에서 저, 즉 Ms. Collins가 화강암 세면대를 선택하도록 Ms. Reynolds가 도왔으며 이것이 원래 선택한 것보다 비용이 더 많이 들었다고 한 것에서 Ms. Collins가 원래 선택했던 자기 세면대가 화강암 세면대보다 저렴하다는 것을 알 수 있으므로 지문의 내용과 일치한다. 따라서 (C)가 정답이다.

어휘 accompany v. 동반하다, 동행하다 compartment n. 칸(막이), 구획

▌TEST 08

PART 5

101

According to the news report, Philby Corporation ------- a new office in Utah at present.

(A) is building
(B) to build
(C) will build
(D) building

신문 기사에 따르면, Philby사는 현재 유타주에 새로운 사무실을 짓고 있다.

■ [동사 자리] 현재 진행 시제 　　　　　　　　　　　　　　　　　　　　　　　　　　　　　　　　정답 (A)

문장(Philby Corporation ~ present)에 동사가 없으므로 동사 (A)와 (C)가 정답의 후보이다. 현재를 나타내는 시간 표현(at present)이 있으므로 현재 시점에 진행되고 있는 일을 나타낼 때 사용되는 현재 진행 시제 (A) is building이 정답이다. 미래 시제 (C)는 미래에 일어날 일, 미래의 상황에 대한 추측이나 의지를 나타낸다. to 부정사 (B)와 동명사 또는 현재분사 (D)는 동사 자리에 올 수 없다.

102

Ms. Wendt wanted to meet Mr. Andrews in person but had to call ------- instead.

(A) his
(B) himself
(C) him
(D) he

Ms. Wendt는 Mr. Andrews를 직접 만나고 싶어 했지만 그 대신 그에게 전화를 해야 했다.

■ [목적어 자리] 인칭대명사의 격 　　　　　　　　　　　　　　　　　　　　　　　　　　　　　　정답 (C)

동사(call)의 목적어 자리에 올 수 있는 재귀대명사 (B)와 목적격 인칭대명사 (C)가 정답의 후보이다. 'Ms. Wendt는 Mr. Andrews를 직접 만나고 싶어 했지만 그 대신 그에게 전화를 해야 했다'라는 의미가 되어야 하므로 목적격 인칭대명사 (C) him이 정답이다. 재귀대명사 (B)는 목적어가 주어와 같은 사람이나 사물을 지칭할 때 목적어 자리에 쓸 수 있는데, 주어(Ms. Wendt)와 같은 사람을 지칭하는 것이 아니므로 답이 될 수 없다. 소유격 인칭대명사 (A)와 주격 인칭대명사 (D)는 목적어 자리에 올 수 없다. (A)를 '그의 것'이라는 의미의 소유대명사로 본다 해도, 'Ms. Wendt는 그 대신 그의 것에 전화를 해야 했다'라는 어색한 문맥을 만든다.

어휘　in person phr. 직접　instead adv. 그 대신, 대신에

103

Ms. Myers trained all the new staff and ------- offered to mentor anyone needing extra help.

(A) well
(B) both
(C) even
(D) too

Ms. Myers는 모든 신입 사원을 교육했으며 심지어 추가 도움이 필요한 누구에게든 조언해 주겠다고 제안했다.

■ 부사 선택 강조 부사 　　　　　　　　　　　　　　　　　　　　　　　　　　　　　　　　　　정답 (C)

'모든 신입 사원을 교육했으며 심지어 추가 도움이 필요한 누구에게든 조언해 주겠다고 제안했다'라는 의미가 되어야 하므로 단어나 구를 앞에서 강조하는 강조 부사 (C) even(심지어)이 정답이다. 부사 (A) well(훌륭하게, 잘)은 동사를 주로 뒤에서 수식하며, '조언해 주겠다고 훌륭하게 제안했다'라는 어색한 문맥을 만든다. 부사 (D) too는 '너무 ~하다'라는 의미로 형용사 또는 부사를 앞에서 강조하거나, '~ 또한'이라는 의미로 주로 문장 맨 뒤에 쓰인다. 대명사 (B) both(둘 다)는 부사 자리에 올 수 없다.

어휘　train v. 교육하다, 훈련하다　offer v. 제안하다, (기꺼이) 해 주겠다고 하다　mentor v. 조언하다, 지도하다; n. 스승, 조언자

104

The contractor asked that payment for his services be ------- by Friday afternoon.

(A) making
(B) made
(C) make
(D) have made

도급업자는 금요일 오후까지 서비스에 대한 대금이 지불될 것을 요청했다.

■ [be동사 다음에 올 수 있는 것] 수동형(be + p.p.) 　　　　　　　　　　　　　　　　　　　정답 (B)

빈칸이 be동사(be) 다음에 왔으므로 진행형을 만드는 -ing형 (A)와 수동태를 만드는 p.p.형 (B)가 정답의 후보이다. '대금이 지불되다'라는 수동의 의미가 되어야 하므로 빈칸 앞의 be동사와 함께 수동태를 만드는 동사 make(~하게 하다, 만들다)의 p.p.형 (B) made가 정답이다. -ing형 (A)는 현재 진행형을 만들어서 '지불이 하는 중이다'라는 어색한 문맥을 만든다. 동사원형 (C)와 동사 have의 원형을 포함하는 (D)는 be동사 뒤에 올 수 없다. 참고로, suggest(제안하다), ask(요청하다), demand(요구하다)처럼 제안·요청·의무를 나타내는 동사의 목적어 자리에 온 that절에는 동사원형이 온다는 것을 알아둔다.

어휘　contractor n. 도급업자, 계약자　make a payment phr. 지불하다

105

The Portland Bearcats have ------- qualified to play in the regional hockey championship.

(A) narrowed
(B) narrowness
(C) narrowly
(D) narrow

Portland Bearcats는 가까스로 지역 하키 선수권 대회에 출전할 자격을 얻었다.

■ 부사 자리

정답 (C)

동사(have qualified)를 꾸밀 수 있는 것은 부사이므로 부사 (C) narrowly(가까스로)가 정답이다. 동사 또는 과거분사 (A), 명사 (B), 동사 또는 형용사 (D)는 동사를 꾸밀 수 없다. 참고로, 완료형(have + p.p.)을 꾸미는 부사는 동사 have와 p.p.형 사이 또는 그 뒤에 옴을 알아둔다.

어휘 qualify v. 자격을 얻다, 자격을 갖추다 regional adj. 지역의, 지방의 championship n. 선수권 대회 narrow v. 좁아지다; adj. 좁은 narrowness n. 협소, 좁음

106

The city's ------- population growth has resulted in a scarcity of available housing.

(A) rapid
(B) tight
(C) tedious
(D) affluent

그 도시의 급속한 인구 증가는 구할 수 있는 주택의 부족을 야기했다.

■ 형용사 어휘

정답 (A)

'그 도시의 급속한 인구 증가는 구할 수 있는 주택의 부족을 야기했다'라는 문맥이므로 형용사 (A) rapid(급속한)가 정답이다. (B) tight는 '단단한', (C) tedious는 '지루한, 장황한', (D) affluent는 '부유한'이라는 의미이다. 참고로, result in(~을 야기하다)을 관용구로 알아둔다.

어휘 scarcity n. 부족 housing n. 주택, 주거

107

------- her many achievements as an opera singer, Gloria Donahue has not yet won any major awards.

(A) Next to
(B) Far from
(C) Because of
(D) In spite of

오페라 가수로서의 많은 업적에도 불구하고, Gloria Donahue는 아직 어떤 주요한 상도 받지 못했다.

■ 전치사 선택 양보

정답 (D)

'오페라 가수로서의 많은 업적에도 불구하고 아직 어떤 주요한 상도 받지 못했다'라는 의미가 되어야 하므로 양보를 나타내는 전치사 (D) In spite of(~에도 불구하고)가 정답이다. (A) Next to는 '~ 옆에'라는 의미로 위치를 나타낸다. (B) Far from은 '~에서 멀리, 전혀 ~이 아닌'이라는 의미이다. (C) Because of는 '~ 때문에'라는 의미로 이유를 나타낸다.

어휘 achievement n. 업적 major adj. 주요한, 중대한

108

The travel agency's ------- for increasing sales is to post customer testimonials on its Web site.

(A) landmark
(B) portfolio
(C) strategy
(D) approval

매출을 늘리기 위한 여행사의 전략은 고객의 추천 글을 웹 사이트에 게시하는 것이다.

■ 명사 어휘

정답 (C)

'매출을 늘리기 위한 여행사의 전략은 고객의 추천 글을 게시하는 것이다'라는 문맥이므로 명사 (C) strategy(전략)가 정답이다. (A) landmark는 '명소, 획기적 사건', (B) portfolio는 '작품집, 포트폴리오', (D) approval은 '찬성, 승인'이라는 의미이다.

어휘 travel agency phr. 여행사 post v. 게시하다 testimonial n. 추천 글, 추천서

109
○○●●● 중

The ------- of the Rolstein Literary Prize will be selected by a number of literature enthusiasts.

(A) received
(B) receipt
(C) recipient
(D) receiving

Rolstein 문학상의 수상자는 다수의 문학 애호가들에 의해 선정될 것이다.

■ **[명사 자리] 사람명사 vs. 사물명사**　　　　　　정답 (C)

정관사(The)와 전치사(of) 사이에 올 수 있는 것은 명사이므로 명사 (B)와 (C), 명사 역할을 하는 동명사 (D)가 정답의 후보이다. '수상자는 문학 애호가들에 의해 선정될 것이다'라는 의미가 되어야 하므로 사람명사 (C) recipient(수상자, 수령인)가 정답이다. 사물명사 (B) receipt(영수증)나 동명사 (D) receiving(받음)을 쓸 경우 각각 '영수증은/받음은 문학 애호가들에 의해 선정될 것이다'라는 어색한 문맥이 된다. 동사 또는 과거분사 (A)는 명사 자리에 올 수 없다.

어휘　select v. 선정하다, 선발하다　a number of phr. 다수의, 많은　literature n. 문학　enthusiast n. 애호가, 열광적인 팬

110
○○○○● 하

Mr. McGuire needs only one more issue of a rare comic book series to have a ------- set.

(A) completion
(B) complete
(C) completer
(D) completeness

Mr. McGuire가 완전한 세트를 갖기 위해서는 희귀한 만화책 시리즈에서 단 한 권이 더 필요하다.

■ **형용사 자리**　　　　　　정답 (B)

빈칸 뒤의 명사(set)를 꾸밀 수 있는 것은 형용사이므로 형용사 (B) complete(완전한)가 정답이다. 명사 (A), (C), (D)는 명사를 꾸밀 수 없다.

어휘　rare adj. 희귀한　completion n. 완성, 완료　completer n. 완전한 사람, 완벽한 것　completeness n. 완성도

111
○○○○● 상

Unable to keep up with rising costs, many airlines have opted to ------- the in-flight meal service on domestic flights.

(A) recover
(B) eliminate
(C) calculate
(D) recognize

증가하는 비용을 따라갈 수가 없어서, 많은 항공사들은 국내선에서 기내식 서비스를 없애는 것을 택했다.

■ **동사 어휘**　　　　　　정답 (B)

'비용을 따라갈 수가 없어서 기내식 서비스를 없애는 것을 택했다'라는 문맥이므로 동사 (B) eliminate(없애다, 제거하다)가 정답이다. (A) recover는 '회복되다, 되찾다', (C) calculate는 '산출하다, 추정하다', (D) recognize는 '알아보다, 인식하다'라는 의미이다.

어휘　keep up with phr. ~을 따라가다　opt v. 택하다　in-flight adj. 기내의　domestic adj. 국내의

112
○○○○● 하

Conference participants can receive a complimentary lunch by ------- the voucher in their welcome package.

(A) redeem
(B) redeeming
(C) redeemed
(D) redeems

회의 참가자들은 환영 패키지 안에 있는 쿠폰과 교환하여 무료 점심을 받을 수 있다.

■ **[목적어 자리] 동명사의 역할, 형태, 의미상 주어**　　　　　　정답 (B)

빈칸 앞에 전치사(by)가 있으므로 전치사의 목적어 자리에 올 수 있는 동사 redeem(교환하다)의 동명사 (B) redeeming이 정답이다. 동사 (A)와 (D), 동사 또는 과거분사 (C)는 전치사의 목적어 자리에 올 수 없다.

어휘　participant n. 참가자　complimentary adj. 무료의　voucher n. 쿠폰, 상품권

113

Factory robots have made it possible to carry out manufacturing tasks more quickly and -------.

(A) assertively
(B) statistically
(C) accurately
(D) intentionally

공장의 로봇들은 제조 작업을 더 빠르고 정확하게 수행하는 것을 가능하게 했다.

■ 부사 어휘

정답 (C)

'로봇들은 제조 작업을 더 빠르고 정확하게 수행하는 것을 가능하게 했다'라는 문맥이므로 부사 (C) accurately(정확하게)가 정답이다. (A) assertively는 '단정적으로, 단호히', (B) statistically는 '통계상으로', (D) intentionally는 '고의로'라는 의미이다.

어휘 carry out phr. 수행하다, 실행하다 manufacture v. 제조하다 task n. 작업, 업무

114

In the event that the competition results in a tie, the prize money will be divided ------- both contestants.

(A) within
(B) off
(C) along
(D) between

만약 시합이 무승부로 끝나는 경우에, 상금은 두 명의 참가자들 사이에서 분배될 것이다.

■ 전치사 선택 위치

정답 (D)

'상금은 두 명의 참가자들 사이에서 분배될 것이다'라는 의미가 되어야 하므로 두 대상 간의 위치나 관계를 나타내는 전치사 (D) between(~ 사이에)이 정답이다. (A) within(~ 이내에)도 해석상 그럴듯해 보이지만, 특정한 기간이나 장소의 범위를 나타내므로 답이 될 수 없다. (B) off는 '~에서 떨어져서, ~에서 멀리로'라는 의미로 위치를 나타낸다. off가 빈칸 앞의 동사 divide와 함께 divide off(분할하다, 나누다)라는 의미의 동사 어구를 만드는 것으로 본다 해도, 문장의 동사(will be divided)가 수동태이므로 빈칸 뒤의 명사(both contestants)를 목적어로 취할 수 없다. (C) along은 '~을 따라서'라는 의미로 방향을 나타낸다.

어휘 in the event that phr. 만약 ~할 경우에 competition n. 시합, 대회 tie n. 무승부, 동점; v. 동점을 이루다 contestant n. 참가자

115

Passengers ------- luggage in the airport's arrivals area should note that many bags look alike.

(A) claiming
(B) claim
(C) claims
(D) claimed

공항의 도착 구역에서 수하물을 찾는 승객들은 많은 가방들이 비슷하게 보인다는 점에 주의해야 한다.

■ [수식어 거품을 이끄는 것] 현재분사 vs. 과거분사

정답 (A)

이 문장은 주어(Passengers), 동사(should note), 목적어(that many bags look alike)를 갖춘 완전한 절이므로, ___ luggage ~ arrival area는 수식어 거품으로 보아야 한다. 이 수식어 거품은 빈칸 앞의 명사(Passengers)를 꾸미고 있으므로 수식어 거품을 이끌면서 명사를 뒤에서 수식할 수 있는 현재분사 (A)와 과거분사 (D)가 정답의 후보이다. 빈칸 뒤에 목적어(luggage)가 있고, 꾸밈을 받는 명사(Passengers)와 분사가 '승객들이 수하물을 찾다'라는 의미의 능동 관계이므로 동사 claim(찾다)의 현재분사 (A) claiming이 정답이다. 과거분사 (D) claimed는 수동의 의미를 나타내고, 뒤에 목적어(luggage)를 취할 수 없으므로 답이 될 수 없다. 동사 (B)와 (C)는 수식어 거품을 이끌 수 없다.

어휘 passenger n. 승객 luggage n. 수하물, 짐

116

Mr. Chen has nearly 30 years of advertising experience, making him a ------- professional in his field.

(A) seasons
(B) seasonal
(C) seasoned
(D) seasonally

Mr. Chen은 거의 30년의 광고 경력이 있는데, 이는 그를 그의 분야에서 노련한 전문가로 만들었다.

■ [형용사 자리] 혼동하기 쉬운 형용사

정답 (C)

빈칸 뒤의 명사(professional)를 꾸밀 수 있는 것은 형용사이므로 형용사 (B)와 (C)가 정답의 후보이다. '30년의 광고 경력이 그를 그의 분야에서 노련한 전문가로 만들었다'라는 의미가 되어야 하므로 형용사 (C) seasoned(노련한, 경험 많은)가 정답이다. (B) seasonal(계절적인)을 쓸 경우 '30년의 광고 경력이 그를 그의 분야에서 계절적인 전문가로 만들었다'라는 어색한 문맥이 된다. 명사 또는 동사 (A)와 부사 (D)는 명사를 꾸밀 수 없다.

어휘 advertising n. 광고 professional n. 전문가 field n. 분야, 영역 season n. 계절; v. 양념하다 seasonally adv. 계절마다, 정기적으로

117
○○○●○ 중

Emperor Fabrics has signed a number of profitable ------- since Ms. Shane took over as a company director.

(A) quotes
(B) deals
(C) petitions
(D) applications

Emperor Fabrics사는 Ms. Shane이 대표이사직을 인계받고 난 이래로 다수의 수익성 있는 계약을 맺어왔다.

■ 명사 어휘
정답 (B)

'Emperor Fabrics사는 다수의 수익성 있는 계약을 맺어왔다'라는 문맥이므로 명사 (B) deals(계약, 거래)가 정답이다. 참고로, sign a deal (계약을 맺다)을 관용구로 알아둔다. (A)의 quote은 '견적, 인용', (C)의 petition은 '청원(서), 탄원', (D)의 application은 '지원(서), 신청'이라는 의미이다.

어휘　a number of phr. 다수의, 많은　profitable adj. 수익성 있는, 유익한　take over phr. 인계받다, ~을 떠맡다

118
○○○●○ 중

The new bridge must be ------- enough to withstand the frequent storms that pass through the area.

(A) severe
(B) separate
(C) genuine
(D) sturdy

새로운 다리는 그 지역을 관통하는 잦은 폭풍을 견뎌내도록 충분히 견고해야 한다.

■ 형용사 어휘
정답 (D)

'새로운 다리는 충분히 견고해야 한다'라는 문맥이므로 형용사 (D) sturdy(견고한, 튼튼한)가 정답이다. (A) severe는 '극심한, 가혹한', (B) separate는 '분리된', (C) genuine은 '진짜의'라는 의미이다.

어휘　withstand v. 견뎌내다　pass through phr. ~을 관통하다

119
○○○●○ 중

In ------- with the mall's policies, security guards will be given an access badge once training is complete.

(A) compliance
(B) comply
(C) complied
(D) complies

백화점의 정책에 따라, 경비원들은 교육이 완료되면 출입 배지를 받을 것이다.

■ 명사 자리
정답 (A)

전치사(In)와 전치사(with) 사이에 올 수 있는 것은 명사이므로 명사 (A) compliance(따름, 준수)가 정답이다. 참고로, compliance는 in compliance with(~에 따라, ~을 준수하여)의 형태로 자주 쓰임을 알아둔다. 동사 (B)와 (D), 동사 또는 과거분사 (C)는 명사 자리에 올 수 없다.

어휘　policy n. 정책　security guard phr. 경비원　comply v. 따르다, 준수하다

120
○○○●○ 상

The town of Hamilton has seven parks, all of ------- have hosted outdoor concerts at one time or another.

(A) them
(B) those
(C) which
(D) theirs

Hamilton 마을에는 7개의 공원이 있는데, 이것들은 모두 한 번쯤은 야외 콘서트를 개최했다.

■ 수량 표현 + 관계대명사
정답 (C)

이 문장은 주어(The town of Hamilton), 동사(has), 목적어(seven parks)를 갖춘 완전한 절이므로, all of ____ ~ at one time or another는 수식어 거품으로 보아야 한다. 이 수식어 거품은 수량 표현(all of)으로 시작하고 있으므로 수식어 거품을 이끌면서 수량 표현 뒤에 오는 목적격 관계대명사 (C) which가 정답이다. 목적격 인칭대명사 (A), 지시대명사 (B), 소유대명사 (D)는 수식어 거품을 이끌 수 없다.

어휘　host v. 개최하다, 주최하다; n. 주최측, 주인　at one time or another phr. 한 번쯤은

121
○○○●●
상

------- the annual Media Conference in Athens, most downtown hotels are fully booked.

(A) Due to
(B) As soon as
(C) Besides
(D) Such as

아테네에서 열리는 연례 미디어 회의 때문에, 대부분의 시내 호텔들은 예약이 꽉 찼다.

■ [수식어 거품을 이끄는 것] 전치사 선택 _이유_   정답 (A)

이 문장은 주어(most downtown hotels)와 동사(are ~ booked)를 갖춘 완전한 절이므로, ___ ~ Athens는 수식어 거품으로 보아야 한다. 이 수식어 거품은 동사가 없는 거품구이므로, 거품구를 이끌 수 있는 전치사 (A), (C), (D)가 정답의 후보이다. '아테네에서 열리는 연례 미디어 회의 때문에, 대부분의 시내 호텔들은 예약이 꽉 찼다'라는 의미가 되어야 하므로 전치사 (A) Due to(~ 때문에)가 정답이다. (C) Besides는 '~에 더해서', (D) Such as는 '~과 같은'이라는 의미이다. 부사절 접속사 (B) As soon as(~하자마자)는 거품구가 아닌 거품절을 이끈다.

어휘 conference n. 회의, 회담 downtown adj. 시내의, 중심가의

122
○○○●●
상

Mr. Morgan ------- for an electrical installation job at Cuthright Tower by a former employer who was pleased with his work.

(A) recommends
(B) has recommended
(C) was recommended
(D) is recommending

Mr. Morgan은 그의 작업에 만족한 이전 고용주에 의해서 Cuthright 타워의 전기설비 일자리에 추천되었다.

■ 능동태와 수동태의 구별   정답 (C)

빈칸 뒤에 수동태와 함께 쓰이는 by가 있고 'Mr. Morgan은 전기설비 일자리에 추천되었다'라는 수동의 의미이므로 수동태 (C) was recommended가 정답이다. 참고로, 동사 recommend(추천하다)는 recommend A for B(A를 B에 추천하다)의 형태로 자주 쓰이는데, 이 문장은 동사 recommend가 수동태로 쓰이면서 목적어(Mr. Morgan)가 주어 자리에 온 형태임을 알아둔다. 능동태 (A), (B), (D)는 수동태에서의 행동의 주체를 나타내는 by와 함께 쓰일 수 없다.

어휘 electrical installation phr. 전기설비 former adj. 이전의 employer n. 고용주

123
○○○●●
상

Level Field Landscaping has recently been ------- by the city for disposing of yard waste improperly.

(A) commenced
(B) accelerated
(C) measured
(D) fined

Level Field Landscaping사는 최근에 정원 쓰레기를 부적절하게 처리한 것에 대해 시로부터 벌금을 부과받았다.

■ 동사 어휘   정답 (D)

'쓰레기를 부적절하게 처리한 것에 대해 벌금을 부과받았다'라는 문맥이므로 동사 fine(벌금을 부과하다)의 p.p.형 (D) fined가 정답이다. (A)의 commence는 '시작하다', (B)의 accelerate는 '가속하다, 속도를 높이다', (C)의 measure는 '측정하다'라는 의미이다.

어휘 recently adv. 최근에 dispose of phr. ~을 처리하다, 치우다 improperly adv. 부적절하게

124
○○○●●
상

The assembly plant is on schedule to exceed its quota of tractors, ------- it did last month.

(A) just as
(B) in fact
(C) thus
(D) until

조립 공장은 지난달에 그랬던 것처럼, 예정대로 트랙터의 할당량을 초과한다.

■ [수식어 거품을 이끄는 것] 부사절 접속사   정답 (A)

이 문장은 주어(The assembly plant), 동사(is), 전치사구(on schedule)를 갖춘 완전한 절이므로, ___ it ~ last month는 수식어 거품으로 보아야 한다. 이 수식어 거품은 동사(did)가 있는 거품절이므로, 거품절을 이끌 수 있는 부사절 접속사 (A)와 (D)가 정답의 후보이다. '지난달에 그랬던 것처럼 예정대로 트랙터의 할당량을 초과한다'라는 의미가 되어야 하므로 부사절 접속사 (A) just as(~처럼)가 정답이다. (D) until은 '~까지'라는 의미로 시점을 나타낸다. 접속부사 (B) in fact(사실은)와 (C) thus(그러므로)는 거품절을 이끌 수 없다. 참고로, be동사가 1형식으로 쓰일 때는 전치사구, 부사와 같은 수식어구가 있어야 완전한 문장이 된다는 것을 알아둔다.

어휘 assembly plant phr. 조립 공장 exceed v. 초과하다, 넘다 quota n. 할당량

125
○○○○●
하

In her inspirational talk, Denise Camic argues that the ------- a company is, the greater its success.

(A) more creative　　　　(B) creativity
(C) creative　　　　　　(D) most creative

■ 기타 비교급 표현　　　　　　　　　　　　　　　　　　　　　　정답 (A)

영감을 주는 연설에서, Denise Camic은 회사가 더 창의적일수록, 성공은 더 클 것이라고 주장한다.

'회사가 더 창의적일수록 성공은 더 크다'라는 의미가 되어야 하므로 두 개의 절(the ~ company is, the greater ~ success)을 대등하게 연결하면서 '~할수록 더 -하다'를 나타내는 비교급 표현 'the 비교급 ~, the 비교급 -'을 만드는 형용사 creative(창의적인)의 비교급 (A) more creative가 정답이다. 명사 (B), 원급 형용사 (C), 최상급 형용사 (D)는 비교급 자리에 올 수 없다.

어휘 inspirational adj. 영감을 주는 argue v. 주장하다 creativity n. 창의성, 창조성

126
○○○○●
상

In order to ensure that information is stored -------, files in the database cannot be accessed without a password.

(A) productively　　　　(B) confidentially
(C) unanimously　　　　(D) voluntarily

■ 부사 어휘　　　　　　　　　　　　　　　　　　　　　　　　정답 (B)

정보가 반드시 기밀로 보관되게 하기 위해, 데이터베이스의 파일은 암호 없이 접근될 수 없다.

'정보가 반드시 기밀로 보관되게 하기 위해 파일은 암호 없이 접근될 수 없다'라는 문맥이므로 부사 (B) confidentially(기밀로)가 정답이다. (A) productively는 '생산적으로', (C) unanimously는 '만장일치로', (D) voluntarily는 '자발적으로, 임의로'라는 의미이다.

어휘 ensure v. 반드시 ~하게 하다, 보장하다 store v. 보관하다, 저장하다 access v. 접근하다; n. 접근

127
○○○○●
최상

During his acceptance speech for the Businessperson of the Year Award, Mr. Gordon expressed ------- for his dedicated team members.

(A) commitment　　　　(B) interest
(C) tribute　　　　　　(D) appreciation

■ 명사 관련 어구　　　　　　　　　　　　　　　　　　　　　　정답 (D)

올해의 사업가 상의 수상 소감 중에, Mr. Gordon은 그의 헌신적인 팀원들에 대한 감사를 표했다.

'헌신적인 팀원들에 대한 감사를 표했다'라는 문맥이므로 빈칸 뒤의 전치사(for)와 함께 '~에 대한 감사'라는 의미의 어구인 appreciation for를 만드는 명사 (D) appreciation(감사)이 정답이다. (A) commitment는 '헌신, 전념'이라는 의미로 보통 전치사 to와 함께 쓰인다. (B) interest는 '관심'이라는 의미로 해석상 그럴듯해 보이지만, '~에 대한 관심'이라는 의미로 쓰일 때에는 보통 전치사 in과 함께 쓰인다. (C) tribute는 '경의, 찬사'라는 의미로 해석상 그럴듯해 보이지만, '~에게 경의를 표하다'라는 의미로 쓰일 때에는 pay tribute to의 형태로 쓰인다.

어휘 acceptance speech phr. 수상 소감 dedicated adj. 헌신적인, 전념하는

128
○○○○●
상

Visitors are not allowed in certain sections of the building, ------- are they permitted to wander around without a guide.

(A) so　　　　　　　　(B) during
(C) nor　　　　　　　(D) though

■ 도치 구문　　　　　　　　　　　　　　　　　　　　　　　　정답 (C)

방문객들은 건물의 특정 구역에 들어갈 수 없고, 안내자 없이 돌아다니는 것도 허용되지 않는다.

빈칸 뒤의 절(are they ~ guide)의 주어(they)와 동사(are)가 도치되어 있으므로 도치 구문을 이끌 수 있는 (A)와 (C)가 정답의 후보이다. 빈칸 앞절(Visitors ~ building)이 부정어(not)가 있는 부정문이므로, 부정어가 있는 절 뒤에서 도치된 절을 이끌 수 있는 (C) nor(~도 아니다)가 정답이다. (A) so도 도치 구문을 이끌 수는 있지만, '~도 역시 그러하다'라는 의미로 긍정문에서만 쓰이므로 답이 될 수 없다. 전치사 (B) during(~ 동안)과 접속사 또는 부사 (D) though(비록 ~이지만, 그렇지만)는 도치 구문을 이끌지 못한다.

어휘 allow v. 들어오게 하다, 허용하다 certain adj. 특정한, 확실한 section n. 구역, 부분 wander around phr. 돌아다니다, 방황하다

Rand's Organic Farm was able to increase its customer base ------- a radio advertisement.

Rand's 유기농 농장은 라디오 광고의 도움으로 고객층을 늘릴 수 있었다.

(A) in common with　　　　(B) in addition to
(C) on behalf of　　　　　(D) by means of

■ 동사, 명사, 형용사와 함께 쓰인 전치사 표현　　　　　　　　　　　　　　　정답 (D)

'라디오 광고의 도움으로 고객층을 늘릴 수 있었다'라는 의미가 되어야 하므로 전치사 (D) by means of(~의 도움으로, ~을 써서)가 정답이다. (A) in common with는 '~와 마찬가지로', (B) in addition to는 '~에 더하여', (C) on behalf of는 '~을 대표하여, 대신하여'라는 의미이다.

어휘　organic adj. 유기농의　customer base phr. 고객층　advertisement n. 광고

Several of the call center employees received outstanding annual evaluations and got a ------- as a result.

콜 센터 직원 중 여러 명이 뛰어난 연례 평가를 받았으며 그 결과로 급여 인상을 받았다.

(A) proximity　　　　　　(B) raise
(C) setback　　　　　　　(D) premiere

■ 짝을 이루는 표현　　　　　　　　　　　　　　　　　　　　　　　　　　　정답 (B)

'직원 중 여러 명이 뛰어난 연례 평가를 받았으며 그 결과로 급여 인상을 받았다'라는 문맥이므로 빈칸 앞의 동사 get(얻다)과 함께 '급여 인상을 받다'라는 의미의 어구인 get a raise를 만드는 명사 (B) raise(급여 인상, 증가)가 정답이다. (A) proximity는 '근접', (C) setback은 '실패, 차질', (D) premiere는 '개봉, 초연'이라는 의미이다.

어휘　employee n. 직원　outstanding adj. 뛰어난　annual adj. 연례의　evaluation n. 평가　as a result phr. 그 결과로

PART 6

Questions 131-134 refer to the following memo.

131-134는 다음 회람에 관한 문제입니다.

MEMO

To: All staff
From: Warren Harris, Office Manager
Date: August 15
Subject: Electricity use

I would like to bring your attention to the fact that the office utilities bill was ------- 15 percent higher this month than it
131
was at the same time last year. I feel this is unacceptable, especially as the company ------- a number of cost-saving
132
measures. These include the installation of energy-efficient lights and windows during our renovation last fall. I would, therefore, like to remind you all to be -------. With just a bit of
133
rationality and good judgment, I am confident we can take steps to reduce our expenses. -------. Thank you for your
134
understanding, and if you have any other ideas for saving energy, please let me know.

회람

수신: 전 직원
발신: Warren Harris, 사무실 관리자
날짜: 8월 15일
제목: 전력 사용

131 저는 이번 달에 사무실 공공요금이 작년 이맘때보다 거의 15퍼센트 더 높았다는 사실에 여러분의 주의를 모으고 싶습니다. **132** 저는 이를 받아들이기 어렵다고 생각하는데, 특히 회사에서 많은 경비 절감책을 시행해 왔기 때문입니다. 이것들은 지난가을의 보수 공사 동안 에너지 효율이 좋은 조명과 창문을 설치한 것을 포함합니다. **133** 그러므로, 여러분 모두 합리적이어야 함을 상기시켜 드리고 싶습니다. 그저 약간의 합리성과 적절한 판단만으로도, 저는 우리가 비용을 줄이기 위한 조치를 취할 수 있다고 확신합니다. **134** 우선, 우리 모두는 무엇이든 사용 중이 아닌 것을 반드시 끄도록 할 수 있습니다. 여러분의 이해에 감사드리며, 에너지 절약을 위한 다른 방안을 가지고 계신다면, 제게 알려 주시기 바랍니다.

---

131 (A) nearest
(B) nearer
(C) nearly
(D) nearby

132 (A) implementing
(B) will implement
(C) will have implemented
(D) has implemented

133 (A) sensible
(B) honest
(C) impartial
(D) tolerant

134 (A) Given the opportunity, I am sure many of you would volunteer.
(B) If in doubt, simply refer to the meeting agenda that's posted online.
(C) To start, we can all make sure to turn off anything that's not in use.
(D) As a result, we will no longer qualify for our current service discount.

어휘 electricity n. 전력, 전기 utility bill phr. 공공요금(가스, 전기, 수도 등의 사용 요금) unacceptable adj. 받아들이기 어려운 a number of phr. 많은, 다수의 cost-saving measure phr. 경비 절감책 energy-efficient adj. 에너지 효율이 좋은 rationality n. 합리성 judgment n. 판단 confident adj. 확신하는, 자신감 있는 take steps phr. 조치를 취하다 expense n. 비용, 돈

131 ■ [부사 자리] 부사 선택 　　　　　　　　　　　　　　　　　　　　　　　　　　　　　　　정답 (C)

○○○○●
하

수량 형용사(15)를 수식할 수 있는 것은 부사이므로 부사 (C)와 (D)가 정답의 후보이다. '이번 달에 사무실 공공요금이 작년 이맘때보다 거의 15퍼센트 더 높았다'라는 의미가 되어야 하므로 부사 (C) nearly(거의)가 정답이다. (D) nearby는 '인근에, 가까이에'라는 의미로 위치를 나타낸다. 형용사의 최상급 (A)와 형용사의 비교급 (B)는 형용사를 꾸밀 수 없다. near를 부사로 본다 해도, 최상급 (A)와 비교급 (B)를 쓸 경우 각각 '가장 가까이/더 가까이 15퍼센트 더 높았다'라는 어색한 문맥이 된다.

132 ■ [동사 자리] 현재완료 시제 　주변 문맥 파악　　　　　　　　　　　　　　　　　　　　　　정답 (D)

○○○●●
상

빈칸이 있는 문장에 동사가 없으므로 동사 (B), (C), (D)가 정답의 후보이다. '회사에서 많은 경비 절감책을 시행하다'라는 문맥인데, 이 경우 빈칸이 있는 문장만으로는 올바른 시제의 동사를 고를 수 없으므로 주변 문맥이나 전체 문맥을 파악한다. 앞 문장에서 이번 달에 사무실 공공요금이 작년 이맘때보다 거의 15퍼센트 더 높았다는 사실에 직원들의 주의를 모으고 싶다고 했고, 뒤 문장에서 이것들은 지난가을의 보수 공사 동안 에너지 효율이 좋은 조명과 창문을 설치한 것을 포함한다고 했으므로, 회사에서 많은 경비 절감책을 시행한 것이 과거에 시작되어 현재까지 계속되고 있는 일이라는 것을 알 수 있다. 따라서 과거에 발생한 일이 현재까지 영향을 미치거나 방금 완료된 것을 표현할 때 사용되는 현재완료 시제 (D) has implemented가 정답이다. 미래 시제 (B)는 미래에 일어날 일, 미래 상황에 대한 추측이나 의지를 나타낸다. 미래 완료 시제 (C)는 미래의 특정 시점 이전에 발생한 동작이 미래의 그 시점에 완료될 것임을 나타낸다. 동명사 또는 현재분사 (A)는 동사 자리에 올 수 없다.

어휘　implement v. 시행하다, 실시하다

133 ■ 형용사 어휘 　주변 문맥 파악　　　　　　　　　　　　　　　　　　　　　　　　　　　정답 (A)

○○○○●
최상

'여러분 모두 ____해야 함을 상기시켜 주고 싶다'라는 문맥이므로 모든 보기가 정답의 후보이다. 빈칸이 있는 문장만으로는 정답을 고를 수 없으므로 주변 문맥이나 전체 문맥을 파악한다. 뒤 문장에서 그저 약간의 합리성과 적절한 판단만으로도 비용을 줄이기 위한 조치를 취할 수 있다고 확신한다고 했으므로, 모두가 합리적이어야 함을 상기시키고 싶은 것을 알 수 있다. 따라서 형용사 (A) sensible(합리적인, 분별 있는)이 정답이다. (B) honest는 '정직한, 솔직한', (C) impartial은 '공정한', (D) tolerant는 '관대한'이라는 의미이다.

134 ■ 알맞은 문장 고르기 　　　　　　　　　　　　　　　　　　　　　　　　　　　　　　　　정답 (C)

○○○○●
상

빈칸에 들어갈 알맞은 문장을 고르는 문제이므로 주변 문맥 또는 전체 문맥을 파악한다. 앞 문장 'With just a bit of rationality and good judgment, I am confident we can take steps to reduce our expenses.'에서 그저 약간의 합리성과 적절한 판단만으로도 비용을 줄이기 위한 조치를 취할 수 있다고 확신한다고 했고, 뒤 문장 'if you have any other ideas for saving energy, please let me know'에서 에너지 절약을 위한 다른 방안을 가지고 있다면 알려달라고 했으므로 빈칸에는 비용을 줄이기 위한 세부적인 방안과 관련된 내용이 들어가야 함을 알 수 있다. 따라서 (C) To start, we can all make sure to turn off anything that's not in use가 정답이다.

보기 해석
(A) 그 기회를 고려해볼 때, 저는 여러분 중 다수가 자원할 것으로 확신합니다.
(B) 의심이 든다면, 간단히 온라인에 게시된 회의 안건을 참고하십시오.
(C) 우선, 우리 모두는 무엇이든 사용 중이 아닌 것을 반드시 끄도록 할 수 있습니다.
(D) 결과적으로, 우리는 더 이상 현재의 서비스 할인을 받을 자격이 되지 않을 것입니다.

어휘　given prep. ~을 고려해볼 때　volunteer v. 자원하다, 자발적으로 나서다　in doubt phr. 의심하는, 불확실한　meeting agenda phr. 회의 안건　qualify v. 자격이 있다

135-138은 다음 보도 자료에 관한 문제입니다.

PRESS RELEASE—Basinet Books

Basinet Books to Launch Its Own Podcast

The publishing company Basinet Books will soon begin producing a weekly podcast for fans of historical fiction. The ------- installment of the series will air on July 15. This first
135
show will discuss the recent popularity of the genre and explore the fascinating relationship between history and fiction. Each subsequent ------- will focus on a single novel.
136
-------. As for who will host it, Basinet Books has hinted that
137
they have hired a prominent actor. Reportedly, this -------
138
has starred in several movie adaptations of novels. Each podcast file will be available through the StarLadder mobile application.

보도 자료—Basinet Books

독자적인 팟캐스트를 출시할 예정인 Basinet Books

Basinet Books 출판사는 곧 역사 소설 팬들을 위한 주간 팟캐스트의 제작을 시작할 것이다. **135** 그 시리즈의 소개 회차는 7월 15일에 방송될 것이다. 이 첫 번째 쇼는 그 장르의 최근 인기에 대해 이야기하고 역사와 소설 간의 흥미진진한 관계를 탐구할 것이다. **136** 각각의 차후 에피소드는 개개의 소설에 초점을 맞출 것이다. **137** 선정되는 책들은 모두 신간일 것이다. 누가 진행할 것인지에 대해 말하자면, Basinet Books는 그들이 유명 배우를 고용했다는 암시를 주었다. **138** 소문에 의하면, 이 사람은 소설을 각색한 여러 영화들에서 주연을 맡았다고 한다. 각 팟캐스트 파일은 StarLadder 모바일 애플리케이션을 통해 이용할 수 있을 것이다.

135 (A) ultimate
(B) consecutive
(C) controversial
(D) introductory

136 (A) review
(B) workshop
(C) episode
(D) poster

137 (A) Subscribers will have access to already archived shows.
(B) The books that are chosen will all be new releases.
(C) Thus, electronic versions have gained popularity.
(D) Listeners were invited to call in and ask questions.

138 (A) individualistic
(B) individuality
(C) individual
(D) individually

어휘 **installment** n. 1회차, 1회분 **popularity** n. 인기 **explore** v. 탐구하다, 탐험하다 **fascinating** adj. 흥미진진한, 매력적인 **subsequent** adj. 차후의, 그다음의 **single** adj. 개개의, 한 개의 **as for** phr. ~에 대해 말하자면 **host** v. 진행하다, 주최하다; n. 진행자, 주인 **prominent** adj. 유명한 **reportedly** adv. 소문에 의하면 **star** v. 주연을 맡다 **adaptation** n. 각색, 적응

135 ■ 형용사 어휘 | 주변 문맥 파악

'그 시리즈의 ___ 회차는 7월 15일에 방송될 것이다'라는 문맥이므로 모든 보기가 정답의 후보이다. 빈칸이 있는 문장만으로는 정답을 고를 수 없으므로 주변 문맥이나 전체 문맥을 파악한다. 앞 문장에서 Basinet Books 출판사는 곧 역사 소설 팬들을 위한 주간 팟캐스트의 제작을 시작할 것이라고 했고, 뒤 문장에서 이 첫 번째 쇼는 그 장르의 최근 인기에 대해 이야기하고 역사와 소설 간의 관계를 탐구할 것이라고 했으므로, 그 시리즈의 소개 회차가 7월 15일에 방송될 것임을 알 수 있다. 따라서 형용사 (D) introductory(소개의)가 정답이다. (A) ultimate는 '최후의, 궁극적인', (B) consecutive는 '연이은, 연속적인', (C) controversial은 '논란이 많은'이라는 의미이다.

136 ■ 명사 어휘 | 전체 문맥 파악

'각각의 차후 ___는 개개의 소설에 초점을 맞출 것이다'라는 문맥이므로 모든 보기가 정답의 후보이다. 빈칸이 있는 문장만으로는 정답을 고를 수 없으므로 주변 문맥이나 전체 문맥을 파악한다. 앞부분에서 시리즈의 소개 회차는 7월 15일에 방송될 것이라고 했고, 앞 문장에서 이 첫 번째 쇼는 그 장르의 최근 인기에 대해 이야기하고 역사와 소설 간의 관계를 탐구할 것이라고 했으므로, 첫 번째 소개 회차 이후로 각각의 에피소드가 개개의 소설에 초점을 맞출 것임을 알 수 있다. 따라서 명사 (C) episode(에피소드, 사건)가 정답이다. (A) review은 '논평, 비평', (B) workshop은 '워크숍, 연수회', (D) poster는 '벽보'라는 의미이다.

137 ■ 알맞은 문장 고르기

빈칸에 들어갈 알맞은 문장을 고르는 문제이므로 주변 문맥 또는 전체 문맥을 파악한다. 앞 문장 'Each subsequent (episode) will focus on a single novel.'에서 각각의 차후 에피소드는 개개의 소설에 초점을 맞출 것이라고 했으므로 빈칸에는 각 에피소드에서 다뤄질 소설과 관련된 내용이 들어가야 함을 알 수 있다. 따라서 (B) The books that are chosen will all be new releases가 정답이다.

보기 해석
(A) 구독자들은 이미 저장된 쇼에 대한 접근권이 있을 것이다.
(B) 선정되는 책들은 모두 신간일 것이다.
(C) 따라서, 전자 버전이 인기를 얻었다.
(D) 청취자들은 전화를 걸어 질문하도록 초청되었다.

어휘 subscriber n. 구독자 archive v. 저장하다, 보관하다; n. 기록 new release phr. 신간 electronic adj. 전자의

138 ■ [명사 자리] 사람명사 vs. 추상명사

빈칸 앞의 지시형용사(this)의 꾸밈을 받을 수 있는 것은 명사이므로 명사 (B)와 (C)가 정답의 후보이다. '이 사람은 여러 영화들에서 주연을 맡았었다'라는 의미가 되어야 하므로 사람명사 (C) individual(사람, 개인)이 정답이다. 추상명사 (B) individuality(개성, 특성)를 쓸 경우 '이 개성은 여러 영화들에서 주연을 맡았었다'라는 어색한 문맥이 된다. 형용사 (A)와 부사 (D)는 명사 자리에 올 수 없다.

어휘 individualistic adj. 개인주의적인, 개성적인 individually adv. 개별적으로, 각각 따로

Questions 139-142 refer to the following e-mail.

139-142는 다음 이메일에 관한 문제입니다.

To: Belinda Wright <bw4637@advertx.com>
From: Jamie Garnett <jg4548@advertx.com>
Subject: Urgent request
Date: February 11

Hello, Belinda.

How is your vacation going? I know that your time off ------- until Friday, February 14. However, I'm wondering if you can return to work that day. It turns out that Nektar Beverages suddenly wants us to make some changes to the advertisement it commissioned. -------. Since you were the lead designer, I feel like you'd be the best person to handle the final revisions. The task will probably take five or six hours.

To ------- you, we would pay you the standard overtime rate on February 14. We would also ------- an extra vacation day.

Thank you in advance.
Jamie

수신: Belinda Wright <bw4637@advertx.com>
발신: Jamie Garnett <jg4548@advertx.com>
제목: 긴급 요청
날짜: 2월 11일

안녕하세요, Belinda.

휴가는 어떠신가요? **139** 당신의 휴가가 2월 14일 금요일까지 지속된다고 알고 있습니다. 하지만, 저는 당신이 그날 회사에 복귀할 수 있을지 알고 싶습니다. Nektar Beverages 사가 그곳이 의뢰했던 광고에서 갑작스럽게 몇 가지를 변경해 주길 원한다는 것이 드러났습니다. **140** 지난주에는 그들이 그것에 대해 만족해하는 것처럼 보였기 때문에 이것은 의외입니다. 당신이 책임 디자이너였기 때문에, 저는 당신이 이 최종 수정을 처리할 적임자일 것이라고 생각합니다. 해당 업무에는 아마 대여섯 시간이 소요될 것입니다.

141 당신에게 보상해 드리기 위해, 저희는 2월 14일에 대한 기본 초과근무 수당을 지급할 것입니다. **142** 저희는 또한 하루의 추가 휴일을 제공하겠습니다.

미리 감사드립니다.
Jamie 드림

---

139 (A) lasted
(B) lasts
(C) has lasted
(D) to last

140 (A) They will do all of the revisions again from the beginning.
(B) Apparently, doing that would be against our corporate regulations.
(C) That is the day when our contractor agreement expires.
(D) This is surprising as they seemed happy with it last week.

141 (A) compensator
(B) compensate
(C) compensating
(D) compensation

142 (A) require
(B) record
(C) provide
(D) prohibit

어휘 urgent adj. 긴급한, 시급한 time off phr. 휴가 turn out phr. ~인 것으로 드러나다 commission v. 의뢰하다, 주문하다
handle v. 처리하다, 다루다 revision n. 수정, 변경 사항 overtime rate phr. 초과근무 수당

139 ■ [동사 자리] 현재 시제 주변 문맥 파악 정답 (B)

빈칸이 있는 문장에 동사가 없으므로 동사 (A), (B), (C)가 정답의 후보이다. '휴가가 금요일까지 지속되다'라는 문맥인데, 이 경우 빈칸이 있는 문장만으로는 올바른 시제의 동사를 고를 수 없으므로 주변 문맥이나 전체 문맥을 파악한다. 앞 문장에서 휴가는 어떤지 묻고, 뒤 문장에서 그날, 즉 금요일에 회사에 복귀할 수 있을지 알고 싶다고 했으므로, 휴가가 현재 시점에서 금요일까지 지속될 일임을 알 수 있다. 따라서 미래를 나타낼 수 있는 현재 시제 (B) lasts가 정답이다. 과거 시제 (A)는 이미 끝난 과거의 동작이나 상태를 나타내고, 현재완료 시제 (C)는 과거에 시작되어 방금 완료되었거나 과거에 발생한 일이 현재까지 영향을 미칠 때 사용된다. to 부정사 (D)는 동사 자리에 올 수 없다.

어휘   last v. 지속되다, 계속되다

140 ■ 알맞은 문장 고르기 정답 (D)

빈칸에 들어갈 알맞은 문장을 고르는 문제이므로 주변 문맥 또는 전체 문맥을 파악한다. 앞 문장 'Nektar Beverages suddenly wants us to make some changes to the advertisement it commissioned'에서 Nektar Beverages사가 그곳이 의뢰했던 광고에서 갑작스럽게 몇 가지를 변경해 주길 원한다고 했으므로, 빈칸에는 Nektar Beverages사가 의뢰했던 광고의 변경 작업과 관련된 내용이 들어가야 함을 알 수 있다. 따라서 (D) This is surprising as they seemed happy with it last week이 정답이다. (A)도 변경 작업과 관련된 내용이지만, 수정을 진행하는 것은 그들, 즉 Nektar Beverages사가 아니라 Advert X사이므로 답이 될 수 없다.

보기 해석
(A) 그들은 모든 수정을 처음부터 다시 할 것입니다.
(B) 분명히, 그렇게 하는 것은 우리의 회사 규정에 반하게 될 것입니다.
(C) 그날은 우리의 도급 계약이 만료되는 날입니다.
(D) 지난주에는 그들이 그것에 대해 만족하는 것처럼 보였기 때문에 이것은 의외입니다.

어휘   apparently adv. 분명히, 보아하니   corporate adj. 회사의, 기업의   regulation n. 규정, 규제   contractor agreement phr. 도급 계약
        expire v. 만료되다

141 ■ to 부정사의 형태 정답 (B)

빈칸 앞에 To가 있고, '보상해 주기 위해 기본 초과근무 수당을 지급할 것이다'라는 목적의 의미를 나타내고 있으므로 빈칸 앞의 To와 함께 to 부정사를 만드는 동사원형 (B) compensate(보상하다)가 정답이다. 명사 (A)와 (D), 동명사 또는 현재분사 (C)는 동사원형 자리에 올 수 없다.

어휘   compensator n. 보상자, 보정기   compensation n. 보상

142 ■ 동사 어휘 주변 문맥 파악 정답 (C)

'또한 하루의 추가 휴일을 ____ 하겠다'라는 문맥이므로 모든 보기가 정답의 후보이다. 빈칸이 있는 문장만으로는 정답을 고를 수 없으므로 주변 문맥이나 전체 문맥을 파악한다. 앞 문장에서 보상해 주기 위해 기본 초과근무 수당을 지급할 것이라고 했으므로 이것에 더해 하루의 추가 휴일 또한 제공할 것임을 알 수 있다. 따라서 동사 (C) provide(제공하다)가 정답이다. (A) require는 '요구하다, 필요로 하다', (B) record는 '기록하다', (D) prohibit은 '금지하다'라는 의미이다.

New Horizons for GEOnet Solutions

BOSTON (October 9)—GEOnet Solutions has announced that it will be extending its reach overseas. -------. For over
                                                                            143
20 years, this Boston-based ------- in technology
                             144
development has created innovative ways to use geotechnology and has made countless advances in the field. -------, the data collection systems and tracking tools
         145
used by millions of people every day would not exist without its efforts. In a statement released yesterday, GEOnet Solutions representative Tomas Fuller said that the primary goal of the ------- is to facilitate cooperation with the London
               146
Technology Center. The two believe that their collaboration will be mutually beneficial.

GEOnet Solutions사의 새 지평

보스턴(10월 9일)—GEOnet Solutions사는 회사의 범위를 해외로 확장할 것이라고 발표했다. **143** 그 회사는 런던에 부속 지점을 열 것이다. **144** 20년이 넘도록, 보스턴에 근거지를 둔 이 기술 개발의 선구자는 지질 공학을 이용하는 획기적인 방안을 만들어왔고 그 분야에서 셀 수 없이 많은 발전을 이룩해왔다. **145** 사실, 그것의 노력이 없었다면 수백만의 사람들에 의해 매일 사용되는 자료 수집 시스템과 추적 도구들은 존재하지 않았을 것이다. **146** 어제 발표된 성명에서, GEOnet Solutions사의 대표 Tomas Fuller는 이 확장의 주된 목적은 런던 기술 센터와의 협력을 촉진하기 위한 것이라고 말했다. 그 둘은 그들의 공동 연구가 서로에게 유익할 것이라고 생각한다.

---

143 (A) Customers will now be able to place orders online.
(B) This increase is a result of growing demand worldwide.
(C) The market is already too crowded to open another branch.
(D) The company will be opening a satellite branch in London.

144 (A) pioneering
(B) pioneer
(C) pioneered
(D) pioneers

145 (A) Notwithstanding
(B) In fact
(C) Meanwhile
(D) Instead

146 (A) experiment
(B) relocation
(C) policy
(D) expansion

어휘 horizon n. 지평, 수평선 extend v. 확장하다, 연장하다 reach n. 범위, 구역; v. 닿다, 도착하다 innovative adj. 획기적인
geotechnology n. 지질 공학 countless adj. 셀 수 없이 많은 statement n. 성명, 진술 representative n. 대표, 대리인
primary adj. 주된, 주요한 facilitate v. 촉진하다, 조장하다 cooperation n. 협력, 합동 collaboration n. 공동 연구, 공동 작업
mutually adv. 서로, 상호 간에

143 ■ 알맞은 문장 고르기

빈칸에 들어갈 알맞은 문장을 고르는 문제이므로 주변 문맥 또는 전체 문맥을 파악한다. 앞 문장 'GEOnet Solutions has announced that it will be extending its reach overseas.'에서 GEOnet Solutions사는 회사의 범위를 해외로 확장할 것이라고 발표했다고 했으므로 빈칸에는 GEOnet Solutions사의 해외 확장에 대한 세부적인 내용이 들어가야 함을 알 수 있다. 따라서 (D) The company will be opening a satellite branch in London이 정답이다.

보기 해석
(A) 고객들은 이제 온라인으로 주문할 수 있을 것이다.
(B) 이러한 증가는 전 세계적으로 커지는 수요의 결과이다.
(C) 또 다른 지점을 열기에는 이미 시장이 너무 포화 상태이다.
(D) 그 회사는 런던에 부속 지점을 열 것이다.

어휘 place an order phr. 주문하다   demand n. 수요   solution n. 해결책, 해결   make a decision phr. 결정을 내리다
satellite adj. 부속된, 종속된; n. (인공) 위성

144 ■ 단수 주어 뒤에는 단수 동사, 복수 주어 뒤에는 복수 동사를 쓴다.

정답 (B)

빈칸 앞의 지시형용사(this)와 함께 쓰여 단수 동사(has created)의 주어가 될 수 있는 단수 명사 (B) pioneer(선구자, 개척자)가 정답이다. 동명사 또는 현재분사 (A)는 동명사일 경우 '이 기술 개발의 개척하는 것은 획기적인 방안을 만들어왔다'라는 어색한 문맥을 만들고, 분사일 경우 주어 자리에 올 수 없다. 동사 또는 과거분사 (C)는 주어 자리에 올 수 없다. 복수 명사 (D)는 단수 동사나 지시형용사 this와 함께 쓰일 수 없다.

145 ■ 접속부사 주변 문맥 파악

정답 (B)

빈칸이 콤마와 함께 문장의 맨 앞에 온 접속부사 자리이므로, 앞 문장과 빈칸이 있는 문장의 의미 관계를 파악하여 정답을 선택한다. 앞 문장에서 이 기술 개발의 선구자는 지질 공학을 이용하는 획기적인 방안을 만들어왔고 그 분야에서 셀 수 없이 많은 발전을 이룩해왔다고 했고, 빈칸이 있는 문장에서는 그것의 노력이 없었다면 자료 수집 시스템과 추적 도구들은 존재하지 않았을 것이라고 했으므로 앞 문장에 대해 부가적인 설명을 덧붙일 때 사용되는 (B) In fact(사실)가 정답이다. (A) Notwithstanding은 '그럼에도 불구하고', (C) Meanwhile은 '한편, 그동안에', (D) Instead는 '대신에'라는 의미로 빈칸에 쓸 경우 어색한 문맥이 된다.

146 ■ 명사 어휘 전체 문맥 파악

정답 (D)

'이 ____의 주된 목적은 런던 기술 센터와의 협력을 촉진하기 위한 것이다'라는 문맥이므로 모든 보기가 정답의 후보이다. 빈칸이 있는 문장만으로는 정답을 고를 수 없으므로 주변 문맥이나 전체 문맥을 파악한다. 앞부분에서 GEOnet Solutions사는 해외로 확장할 것이며 런던에 부속 지점을 열 것이라고 했고, 뒤 문장에서 그 둘은 그들의 공동 연구가 서로에게 유익할 것이라고 생각한다고 했으므로, GEOnet Solutions사의 확장의 주된 목적은 런던 기술 센터와의 협력을 촉진하기 위한 것임을 알 수 있다. 따라서 명사 (D) expansion(확장, 확대)이 정답이다. (A) experiment는 '실험, 시도', (B) relocation은 '재배치', (C) policy는 '정책, 방침'이라는 의미이다.

PART 7

Questions 147-148 refer to the following memo.

147-148은 다음 회람에 관한 문제입니다.

To: All staff
From: Nadori Seiko, CEO
Subject: Monthly sales challenge
Date: December 2

¹⁴⁷⁻ᴬThank you all for contributing to the monthly sales challenge. ¹⁴⁷⁻ᴮWe acquired several new clients due to your hard work. The sales challenge started as an individual effort and evolved into a positive team experience. Aaron and Marisol had the highest sales. Thus, they will both get a gift certificate for Spanto Restaurant.

Because I was surprised by the amount of enthusiasm and team spirit this challenge has created, I will offer each of you an additional day off. Furthermore, ¹⁴⁷⁻ᴬthe executive team has decided to hold this initiative again in the future. ¹⁴⁸Please e-mail me some new prize ideas, which can be for individual staff members or entire teams.

수신: 전 직원
발신: Nadori Seiko, 최고 경영자
제목: 월간 판매 과제
날짜: 12월 2일

¹⁴⁷⁻ᴬ월간 판매 과제에 기여해 주셔서 여러분 모두에게 감사드립니다. ¹⁴⁷⁻ᴮ여러분의 노고 덕분에 우리는 여러 신규 고객들을 얻었습니다. 판매 과제는 개인 활동으로 시작하여 긍정적인 단체 경험으로 발전했습니다. Aaron과 Marisol이 가장 높은 매출을 올렸습니다. 따라서, 그 둘 모두 Spanto 레스토랑의 상품권을 받게 될 것입니다.

이 과제가 만들어낸 열정과 연대 의식의 수준에 놀랐기 때문에, 저는 여러분 각자에게 하루의 추가 휴가를 제공할 것입니다. 그뿐만 아니라, ¹⁴⁷⁻ᴬ임원진은 향후 이 기획을 다시 주최하기로 결정했습니다. 직원 개개인 혹은 팀 전체를 위한 ¹⁴⁸몇 가지 새로운 상품 아이디어들을 제게 이메일로 보내주십시오.

어휘 □ acquire v. 얻다, 습득하다 □ due to phr. ~ 덕분에, ~ 때문에 □ evolve v. 발전하다, 진화하다
□ gift certificate phr. 상품권 □ enthusiasm n. 열정 □ team spirit phr. 연대 의식
□ day off phr. 휴가 □ initiative n. 기획, 진취성 □ entire adj. 전체의

147
○○○○ 중

What is indicated about the challenge?

(A) It will be repeated.
(B) It was unsuccessful.
(C) Its deadline was extended.
(D) Its participants were anonymous.

과제에 대해 언급된 것은?

(A) 반복될 것이다.
(B) 성공적이지 못했다.
(C) 마감일이 연장되었다.
(D) 참가자들이 익명이었다.

■ Not/True True 문제   정답 (A)

질문의 핵심 어구인 the challenge와 관련된 내용을 지문에서 찾아 각 보기와 대조하는 Not/True 문제이다. (A)는 'Thank you all for contributing to the monthly sales challenge.'에서 월간 판매 과제에 기여해 줘서 모두에게 감사하다고 했고, 'the executive team has decided to hold this initiative again in the future'에서 임원진은 향후 이 기획을 다시 주최하기로 결정했다고 했으므로 지문의 내용과 일치한다. 따라서 (A)가 정답이다. (B)는 'We acquired several new clients due to your hard work.'에서 직원들의 노고 덕분에 여러 신규 고객들을 얻었다고 했으므로 지문의 내용과 일치하지 않는다. (C)와 (D)는 지문에 언급되지 않은 내용이다.

어휘 anonymous adj. 익명의

148
○○○○ 중

What does Ms. Seiko want her staff members to do?

(A) Evaluate team members' performances
(B) Recommend some potential rewards
(C) Submit a preferred date for some time off
(D) Send some personal documents by e-mail

Ms. Seiko는 직원들이 무엇을 하기를 원하는가?

(A) 팀원들의 성과를 평가한다
(B) 가능한 몇 가지 보상을 추천한다
(C) 휴가에 대해 선호하는 날짜를 제출한다
(D) 이메일로 개인 서류를 보낸다

■ 육하원칙 What   정답 (B)

Ms. Seiko가 직원들이 무엇(What)을 하기를 원하는지를 묻는 육하원칙 문제이다. 질문의 핵심 어구인 Ms. Seiko want her staff members to do와 관련하여, 'Please e-mail me some new prize ideas'에서 몇 가지 새로운 상품 아이디어들을 이메일로 보내달라고 했으므로 (B)가 정답이다.

바꾸어 표현하기
new prize ideas 새로운 상품 아이디어들 → potential rewards 가능한 보상

어휘 evaluate v. 평가하다 potential adj. 가능한, 잠재적인 reward n. 보상, 상

Questions 149-150 refer to the following information.

149-150은 다음 안내문에 관한 문제입니다.

Cole Theater Membership Information:

To become a Cole Theater member, apply at www.coletheater.com/join or visit one of our box office booths. ^{149-B}Membership cards must be renewed after 12 months.

Membership Benefits:

- ^{150-D}Tickets to our exclusive movie premieres, which are attended by famous actors
- $6 entry for morning showings
- ^{149-A}10 percent discount for afternoon, evening, and weekend showings
- ^{149-C}Free concession stand items or movie tickets in exchange for reward points

For more information, e-mail extras@coletheater.com.

Cole 극장 회원권 안내:

Cole 극장의 회원이 되기 위해서는, www.coletheater.com/join에서 신청하시거나 저희 매표소 부스 중 한 곳을 방문하십시오. ^{149-B}회원권 카드는 12개월 이후 갱신되어야 합니다.

회원권 혜택:

– ^{150-D}유명 배우들이 참석하는 독점적인 영화 시사회 표
– 오전 상영은 6달러에 입장
– ^{149-A}오후, 저녁, 그리고 주말 상영에서 10퍼센트 할인
– ^{149-C}보상 포인트와 교환되는 무료 매점 품목 또는 영화표

더 많은 정보를 위해서는, extras@coletheater.com으로 이메일을 보내주십시오.

어휘 □ apply v. 신청하다, 지원하다 □ renew v. 갱신하다, 재개하다 □ exclusive adj. 독점적인, 전용의
□ entry n. 입장, 입장권 □ concession stand phr. 매점 □ in exchange for phr. 교환으로

149

What is NOT mentioned about members of Cole Theater?

(A) They receive a reduced rate at night.
(B) They have to renew a card once a year.
(C) They may redeem points for snacks.
(D) They are required to pay a monthly fee.

Cole 극장의 회원에 대해 언급되지 않은 것은?

(A) 밤에는 할인된 요금을 받는다.
(B) 1년에 한 번 카드를 갱신해야 한다.
(C) 포인트를 간식으로 교환할 수 있다.
(D) 월별 요금을 내야 한다.

■ Not/True Not 문제 정답 (D)

질문의 핵심 어구인 members of Cole Theater와 관련된 내용을 지문에서 찾아 각 보기와 대조하는 Not/True 문제이다. (A)는 '10 percent discount for ~ evening ~ showings'에서 저녁 상영에서 10퍼센트 할인된다고 했으므로 지문의 내용과 일치한다. (B)는 'Membership cards must be renewed after 12 months.'에서 회원권 카드는 12개월 이후 갱신되어야 한다고 했으므로 지문의 내용과 일치한다. (C)는 'Free concession stand items ~ in exchange for reward points'에서 보상 포인트와 무료 매점 품목이 교환된다고 했으므로 지문의 내용과 일치한다. (D)는 지문에 언급되지 않은 내용이다. 따라서 (D)가 정답이다.

바꾸어 표현하기
Free concession stand items ~ in exchange for reward points 보상 포인트와 교환되는 무료 매점 품목
→ redeem points for snacks 포인트를 간식으로 교환하다

어휘 rate n. 요금, 비율; v. 평가하다 redeem v. 교환하다, 보완하다

150

What is stated about Cole Theater?

(A) It holds a local film festival.
(B) It has installed new ticket machines.
(C) It appeared in a television documentary.
(D) It hosts visits by celebrities.

Cole 극장에 대해 언급된 것은?

(A) 지역 영화 축제를 개최한다.
(B) 새로운 매표기를 설치했다.
(C) 텔레비전 다큐멘터리에 나왔다.
(D) 유명 연예인들의 방문을 주최한다.

■ Not/True True 문제 정답 (D)

질문의 핵심 어구인 Cole Theater와 관련된 내용을 지문에서 찾아 각 보기와 대조하는 Not/True 문제이다. (A), (B), (C)는 지문에 언급되지 않은 내용이다. (D)는 'Tickets to our exclusive movie premieres, which are attended by famous actors'에서 유명 배우들이 참석하는 독점적인 영화 시사회 표가 회원권 혜택으로 제공된다는 것을 알 수 있으므로 지문의 내용과 일치한다. 따라서 (D)가 정답이다.

어휘 hold v. 개최하다, 열다 host v. 주최하다 celebrity n. 유명 연예인, 유명 인사

Neil Pollard 11:33 A.M.	Neil Pollard 오전 11시 33분
Are you doing an open house for the two-bedroom home on Kent Street today?	오늘 Kent가에 있는 방 2개짜리 집의 공개 행사를 진행하나요?
Connie Mills 11:35 A.M.	Connie Mills 오전 11시 35분
It starts in less than half an hour. I'm here setting up now. Why?	30분 이내에 시작해요. 저는 지금 여기서 준비 중이에요. 왜요?
Neil Pollard 11:36 A.M.	Neil Pollard 오전 11시 36분
¹⁵¹I forgot the key to the apartment at 182 North Avenue. I'm in the car at the moment, and I know you usually have a spare. I'm driving past the Sydney Mountain Mall.	¹⁵¹182번지 North가의 아파트 열쇠를 깜빡했어요. 저는 지금 차에 있는데, 당신이 보통 여분을 가지고 있는 걸로 알고 있어요. 저는 Sydney Mountain 쇼핑몰을 지나서 운전하고 있어요.
Connie Mills 11:38 A.M.	Connie Mills 오전 11시 38분
¹⁵¹I do. Come get it anytime before noon. I want the driveway to be available for potential buyers who might get here early, so ¹⁵²please park around the corner. I saw a few empty parking spaces along the sidewalk there.	¹⁵¹맞아요. 정오 전에 언제든지 와서 가져가세요. 이곳에 일찍 도착할 수도 있는 잠재적 구매자들이 진입로를 이용할 수 있게 하고 싶으니, ¹⁵²길모퉁이 주위에 주차해 주세요. 그곳의 길가를 따라 몇몇 비어 있는 주차 공간을 봤어요.
Neil Pollard 11:41 A.M.	Neil Pollard 오전 11시 41분
Perfect! Thanks so much.	완벽해요! 정말 고마워요.

어휘   □ open house phr. 공개 행사   □ driveway n. 진입로, 차도   □ sidewalk n. 길가, 보도, 인도

151
○○●○ 중

At 11:36 A.M., what does Mr. Pollard mean when he writes, "I know you usually have a spare"?

(A) He needs a key to a property.
(B) He was told about a coworker's routine.
(C) He wants to borrow a car.
(D) He is unable to visit a storage room.

오전 11시 36분에, Mr. Pollard가 "I know you usually have a spare"라고 썼을 때 그가 의도한 것은?

(A) 건물의 열쇠가 필요하다.
(B) 직장 동료의 일과에 대해 들었다.
(C) 차를 빌리고 싶어 한다.
(D) 창고에 방문할 수 없다.

■ 의도 파악   정답 (A)

Mr. Pollard가 의도한 것을 묻는 문제이므로 질문의 인용어구(I know you usually have a spare)가 언급된 주변 문맥을 확인한다. 'I forgot the key to the apartment at 182 North Avenue.'에서 Mr. Pollard가 182번지 North가의 아파트 열쇠를 깜빡했다고 한 후, 'I know you usually have a spare'(당신이 보통 여분을 가지고 있는 걸로 알고 있어요)라고 하자, 'I do. Come get it anytime before noon.'에서 Connie Mills가 맞다며 정오 전에 언제든지 와서 가져가라고 한 것을 통해, Mr. Pollard가 아파트의 열쇠가 필요하다는 것을 알 수 있다. 따라서 (A)가 정답이다.

152
○○○○ 하

What does Ms. Mills ask Mr. Pollard to do?

(A) Sweep a driveway outside a home
(B) Meet with some potential clients
(C) Turn off a security system
(D) Park his vehicle on a street

Ms. Mills는 Mr. Pollard에게 무엇을 해 달라고 요청하는가?

(A) 집 바깥의 차도를 청소한다
(B) 잠재적 고객들과 만난다
(C) 보안 장치를 끈다
(D) 그의 차량을 거리에 주차한다

■ 육하원칙 What   정답 (D)

Ms. Mills가 Mr. Pollard에게 무엇(What)을 해 달라고 요청하는지를 묻는 육하원칙 문제이다. 질문의 핵심 어구인 Ms. Mills ask Mr. Pollard to do와 관련하여, 'please park around the corner. I saw a few empty parking spaces along the sidewalk there.'에서 Ms. Mills가 길모퉁이 주위에 주차해 달라며 그곳의 길가를 따라 몇몇 비어 있는 주차 공간을 봤다고 했으므로 (D)가 정답이다.

Brugeri Museum of Fine Art
856 Empire Street
Grants Pass, OR 97527

September 9

Robert Jansen
3111 Helmsview Drive
Arcata, CA 95521

Dear Mr. Jansen,

I am sorry to report that [153-D]*Descending Cherub*, the statue you so generously lent us from your personal collection this year, was damaged yesterday. [153-B]Our staff were in the process of moving all the works in the outdoor sculpture garden into the main exhibition hall when the weather changed suddenly. [153-B]Unfortunately, they did not get to your statue in time. A strong wind caused it to fall from its pedestal, breaking the left hand off. [154]I have enclosed some pictures of the broken area.

Our insurance company will, of course, financially compensate you for the damage. In addition, we will cover the cost of having it expertly repaired. With your consent, we can ask a professional to do this. If you prefer to use someone of your own choosing, simply let us know, and we will ship the item to you right away.

Once again, I apologize for this regrettable accident. I will await your reply.

Mia Hyman
Curator, Brugeri Museum of Fine Art

Enclosure

Brugeri 미술관
856번지 Empire가
그랜츠패스, 오리건주 97527

9월 9일

Robert Jansen
3111번지 Helmsview로
아르카타, 캘리포니아주 95521

Mr. Jansen께,

[153-D]귀하께서 올해 귀하의 개인 소장품으로부터 매우 관대하게도 저희에게 대여해 주신 조각상 *Descending Cherub*이 어제 파손되었다는 것을 알려 드리게 되어 유감입니다. 날씨가 갑작스럽게 바뀌었을 때 [153-B]저희 직원들은 야외 조각공원에 있는 모든 작품을 주 전시회장 안으로 옮기는 중이었습니다. [153-B]안타깝게도, 그들은 제때 귀하의 조각상에 도착하지 못했습니다. 강한 바람이 그것을 받침대에서 떨어지게 했고, 왼쪽 손을 부러뜨렸습니다. [154]부서진 부분의 사진 몇 장을 동봉하였습니다.

물론, 저희의 보험 회사가 파손에 대해 귀하께 금전적으로 보상해 드릴 것입니다. 또한, 저희는 그것을 전문적으로 수리하는 비용을 부담할 것입니다. 귀하의 동의가 있으면, 저희가 전문가에게 이를 하도록 요청할 수 있습니다. 만약 귀하께서 스스로 선정하신 분을 쓰고 싶으시다면, 그저 저희에게 알려주시고, 그러면 저희가 바로 물품을 보내 드리겠습니다.

다시 한번, 이 유감스러운 사고에 대해 사과드립니다. 귀하의 답변을 기다리겠습니다.

Mia Hyman 드림
큐레이터, Brugeri 미술관

동봉물

어휘 □ **generously** adv. 관대하게, 후하게
□ **unfortunately** adv. 안타깝게도, 유감스럽게도
□ **pedestal** n. 받침대, 토대
□ **compensate** v. 보상하다, 보상금을 주다
□ **choosing** n. 선정
□ **regrettable** adj. 유감스러운, 애석한, 슬픈

□ **lend** v. 대여해 주다, 빌려주다
□ **get to** phr. ~에 도착하다, 닿다
□ **enclose** v. 동봉하다, 봉하다
□ **expertly** adv. 전문적으로, 훌륭하게
□ **ship** v. 보내다, 수송하다; n. 배, 선박
□ **await** v. 기다리다

□ **be in the process of** phr. ~하는 중이다
□ **in time** phr. 제때에
□ **insurance** n. 보험, 보험금
□ **consent** n. 동의, 허락, 합의
□ **apologize** v. 사과하다

153

○○○●● 중

What is mentioned about *Descending Cherub*?

(A) It was exhibited for about a year.
(B) It was dropped while being moved.
(C) It was sculpted by Ms. Hyman.
(D) It was loaned to a museum.

*Descending Cherub*에 대해 언급된 것은?

(A) 약 1년 동안 전시되었다.
(B) 이동 중에 떨어졌다.
(C) Ms. Hyman에 의해 조각되었다.
(D) 박물관에 대여되었다.

■ **Not/True** True 문제   정답 (D)

질문의 핵심 어구인 *Descending Cherub*과 관련된 내용을 지문에서 찾아 각 보기와 대조하는 Not/True 문제이다. (A)와 (C)는 지문에 언급되지 않은 내용이다. (B)는 'Our staff were in the process of moving all the works in the outdoor sculpture garden', 'Unfortunately, they did not get to your statue in time. A strong wind caused it to fall from its pedestal'에서 직원들은 야외 조각 공원에 있는 모든 작품을 옮기는 중이었으며 안타깝게도 그들은 제때 조각상에 도착하지 못했고 강한 바람이 그것, 즉 *Descending Cherub*을 받침대에서 떨어지게 했다고 했으므로 지문의 내용과 일치하지 않는다. (D)는 '*Descending Cherub*, the statue you so generously lent us'에서 Mr. Jansen이 매우 관대하게도 저희, 즉 Brugeri 미술관에게 조각상 *Descending Cherub*을 대여해 주었다고 했으므로 지문의 내용과 일치한다. 따라서 (D)가 정답이다.

바꾸어 표현하기
lent 대여해 주다 → was loaned 대여되었다

어휘 exhibit v. 전시하다 loan v. (미술·박물관 등에 귀중한 작품 등을) 대여하다

154

○○○●● 하

What has been included with the letter?

(A) An entrance ticket to a gallery
(B) Photographs of some damage
(C) Insurance claim documents
(D) A reimbursement check

편지와 함께 무엇이 포함되었는가?

(A) 미술관의 입장권
(B) 파손에 대한 사진
(C) 보험금 청구 서류
(D) 상환 수표

■ **육하원칙** What   정답 (B)

편지와 함께 무엇(What)이 포함되었는지를 묻는 육하원칙 문제이다. 질문의 핵심 어구인 included with the letter와 관련하여, 'I have enclosed some pictures of the broken area.'에서 부서진 부분의 사진 몇 장을 동봉했다고 했으므로 (B)가 정답이다.

바꾸어 표현하기
included 포함된 → enclosed 동봉했다
pictures of the broken area 부서진 부분의 사진 → Photographs of some damage 파손에 대한 사진

어휘 insurance claim phr. 보험금 청구 reimbursement n. 상환, 갚음, 변제

[155]Steel Works Inc. has begun operations at its new plant. The mill, built at a cost of $60 million, will contribute to the growth of Malaysia's construction industry. It will be able to produce about 1 million tons of reinforced steel per year.

Established in Kampung Tebing, Steel Works' factory will ship steel bars to various parts of the country, according to company CEO Aiman Musa. "[157-B]The plant will help Malaysian cities develop their infrastructure," he added.

[157-A]The plant is Steel Works' second. [156/157-A]Its first mill in Rembau now exclusively exports its products to other Asian countries, though it once met almost half of Malaysia's steel demand. The Rembau plant was upgraded last year and is considered one of Asia's most modern steel plants. [157-D]Steel Works' plants utilize the latest technology to ensure not only that production is efficient but that it has a low environmental impact.

With the establishment of its Kampung Tebing plant, [157-C]Steel Works' market share in Malaysia is expected to rise to 72 percent. The value of its shares on the local stock exchange increased by 24 percent with the opening of the new plant.

[155]Steel Works사가 새로운 공장의 운영을 시작했다. 6천만 달러의 비용을 들여 지어진 이 공장은, 말레이시아의 건설업 성장에 기여할 것이다. 그것은 1년에 백만 톤의 보강철을 생산할 수 있을 것이다.

회사의 최고경영자 Aiman Musa에 따르면, Kampung Tebing에 설립된 Steel Works사의 공장은 철근을 나라의 다양한 지역으로 수송할 것이다. "[157-B]공장은 말레이시아 도시들이 사회 기반 시설을 개발하는 데 도움을 줄 것입니다."라고 그는 덧붙였다.

[157-A]이 공장은 Steel Works사의 두 번째 공장이다. [156/157-A]Rembau에 있는 첫 번째 공장은 이제 생산품을 오로지 다른 아시아 국가들로만 수출하지만, 한때 그것은 말레이시아 철강 수요의 거의 절반을 충족시켰다. Rembau 공장은 작년에 개선되었고 아시아의 가장 현대적인 철강 공장들 중 하나로 여겨진다. [157-D]Steel Works사의 공장들은 생산이 효율적일 뿐만 아니라 환경에 적은 영향을 미치는 것을 보장하기 위해 최신 기술을 사용한다.

Kampung Tebing 공장의 설립에 따라, [157-C]Steel Works사의 말레이시아에서의 시장 점유율은 72퍼센트까지 증가할 것으로 예상된다. 현지 증권 거래소에서의 주식 가치는 새로운 공장의 개시와 함께 24퍼센트 증가했다.

어휘
□ operation n. 운영, 활동, 수술
□ contribute v. 기여하다
□ steel bar phr. 철근
□ export v. 수출하다
□ ensure v. 보장하다
□ stock exchange phr. 증권 거래소
□ mill n. 공장, 방앗간
□ reinforced steel phr. 보강철
□ infrastructure n. 사회 기반 시설
□ utilize v. 사용하다
□ efficient adj. 효율적인
□ at a cost of phr. ~의 비용을 들여
□ establish v. 설립하다
□ exclusively adv. 오로지, 독점적으로
□ latest adj. 최신의
□ market share phr. 시장 점유율

155

What is one purpose of the article?

(A) To report on the state of a region's infrastructure
(B) To provide details about the global steel industry
(C) To give information about a country's exports
(D) To announce the opening of a new factory

기사의 하나의 목적은 무엇인가?

(A) 지역의 사회 기반 시설의 상태를 알리기 위해
(B) 세계 철강 산업에 대한 세부 사항을 제공하기 위해
(C) 국가의 수출에 대한 정보를 주기 위해
(D) 새로운 공장의 개시를 발표하기 위해

■ **주제/목적 찾기** 글의 목적   정답 (D)

기사의 목적을 묻는 목적 찾기 문제이므로 지문의 앞부분을 주의 깊게 확인한다. 'Steel Works Inc. has begun operations at its new plant.'에서 Steel Works사가 새로운 공장의 운영을 시작했다고 했으므로 (D)가 정답이다.

바꾸어 표현하기
has begun operations at its new plant 새로운 공장의 운영을 시작했다 → opening of a new factory 새로운 공장의 개시

156

What does the article suggest about the plant in Rembau?

(A) It no longer produces steel for local use.
(B) It was taken over by a foreign company.
(C) It formerly caused some harm to the environment.
(D) It has begun manufacturing plastic products.

기사가 Rembau에 있는 공장에 대해 암시하는 것은?

(A) 더 이상 현지 사용을 위한 철강을 생산하지 않는다.
(B) 외국 기업에 의해 인수되었다.
(C) 이전에 환경에 다소 해를 끼쳤다.
(D) 플라스틱 제품을 제조하기 시작했다.

■ **추론** 세부 정보 정답 (A)

질문의 핵심 어구인 the plant in Rembau에 대해 추론하는 문제이다. 'Its first mill in Rembau now exclusively exports its products to other Asian countries, though it once met almost half of Malaysia's steel demand.'에서 Rembau에 있는 첫 번째 공장은 이제 생산품을 오로지 다른 아시아 국가들로만 수출하지만 한때 그것은 말레이시아 철강 수요의 거의 절반을 충족시켰다고 했으므로 Rembau에 있는 공장이 현재는 수출만 하고 있으며 더 이상 현지 사용을 위한 철강은 생산하지 않는다는 사실을 추론할 수 있다. 따라서 (A)가 정답이다.

어휘 **no longer** phr. 더 이상 ~하지 않는 **local** adj. 현지의 **take over** phr. 인수하다 **manufacture** v. 제조하다

157

What is NOT stated about Steel Works?

(A) It now has multiple steel mills in operation.
(B) Its new facility will aid Malaysia's urban development.
(C) Its market share will double.
(D) It makes use of up-to-date technology.

Steel Works사에 대해 언급되지 않은 것은?

(A) 현재 운영 중인 여러 강철 공장이 있다.
(B) 새로운 시설은 말레이시아의 도시 개발을 도울 것이다.
(C) 시장 점유율이 두 배가 될 것이다.
(D) 최신 기술을 활용한다.

■ **Not/True** Not 문제 정답 (C)

질문의 핵심 어구인 Steel Works와 관련된 내용을 지문에서 찾아 각 보기와 대조하는 Not/True 문제이다. (A)는 'The plant is Steel Works' second. Its first mill in Rembau now exclusively exports its products to other Asian countries ~.'에서 이 공장, 즉 Kampung Tebing의 공장은 Steel Works사의 두 번째 공장이며 Rembau에 있는 첫 번째 공장은 이제 생산품을 오로지 다른 아시아 국가들로만 수출한다고 한 것에서 Steel Works사의 현재 운영 중인 강철 공장이 여러 곳임을 알 수 있으므로 지문의 내용과 일치한다. (B)는 'The plant will help Malaysian cities develop their infrastructure'에서 Kampung Tebing의 공장은 말레이시아 도시들이 사회 기반 시설을 개발하는 데 도움을 줄 것이라고 했으므로 지문의 내용과 일치한다. (C)는 'Steel Works' market share in Malaysia is expected to rise to 72 percent'에서 Steel Works사의 말레이시아에서의 시장 점유율은 72퍼센트까지 증가할 것으로 예상된다고 했지만 그것이 현재의 두 배인지는 알 수 없으므로 지문의 내용과 일치하지 않는다. 따라서 (C)가 정답이다. (D)는 'Steel Works' plants utilize the latest technology'에서 Steel Works사의 공장들은 최신 기술을 사용한다고 했으므로 지문의 내용과 일치한다.

바꾸어 표현하기
help ~ cities develop their infrastructure 도시들이 사회 기반 시설을 개발하는 데 도움을 주다 → aid ~ urban development 도시 개발을 돕다
utilize the latest technology 최신 기술을 사용하다 → makes use of up-to-date technology 최신 기술을 활용하다

어휘 **multiple** adj. 여러, 다수의 **facility** n. 시설 **urban** adj. 도시의 **make use of** phr. ~을 활용하다 **up-to-date** adj. 최신의

Questions 158-160 refer to the following e-mail.

158-160은 다음 이메일에 관한 문제입니다.

To: All marketing officers
From: Linda Marks
Subject: Conference transportation
Date: October 14

Dear Colleagues,

Many of you will be attending the social media conference in Wilmington on Friday. — [1] —. If you are planning on taking the company-chartered bus, we will meet in Parking Lot A and leave promptly at 8:30 A.M. The alternatives are to drive or take public transportation. [158]Directions to the Wilmington Conference Center were provided in a previous e-mail. — [2] —.

For those of you who will not be attending, [159/160]the representatives from Whitaker's Sports Apparel, the client we acquired last week, will be visiting the office around 10 A.M. — [3] —. [160]I have already advised them that the office will be almost empty due to the conference. — [4] —. Robert Buck in the accounting department will be meeting with them and giving them a quick tour. Be sure to introduce yourself if you get the chance.

Thank you.

Linda Marks

수신: 모든 마케팅 담당자
발신: Linda Marks
제목: 회의 교통수단
날짜: 10월 14일

동료분들께,

여러분 중 많은 분들이 금요일에 Wilmington에서의 소셜 미디어 회의에 참석할 것입니다. — [1] —. 만약 회사에서 대절한 버스를 타고 갈 예정이라면, 우리는 A 주차장에서 만나서 오전 8시 30분에 시간을 엄수하여 출발할 것입니다. 다른 방법으로는 운전하거나 대중교통을 타는 것이 있습니다. [158]Wilmington 회의 센터로 찾아가는 길 안내는 이전 이메일에서 제공되었습니다. — [2] —.

참석하지 않는 분들에게는, [159/160]지난주에 저희가 얻은 고객인 Whitaker's 스포츠 의류회사의 대표들이 오전 10시쯤 사무실을 방문할 것입니다. — [3] —. [160]회의로 인해서 사무실이 거의 비어 있을 것이라고 이미 그들에게 알렸습니다. — [4] —. 회계부서의 Robert Buck이 그들과 만나서 짧게 견학을 시켜줄 것입니다. 기회가 된다면 꼭 자기소개를 하세요.

감사합니다.

Linda Marks 드림

어휘 □ attend v. 참석하다
□ promptly adv. 시간을 엄수하여, 즉시
□ previous adj. 이전의, 전의
□ advise v. 알리다, 조언하다

□ plan on phr. ~할 예정이다
□ public transportation phr. 대중교통
□ representative n. 대표, 대리인
□ accounting n. 회계

□ chartered adj. 대절한, 전세 낸
□ directions n. 길 안내
□ acquire v. 얻다, 획득하다

158

According to the e-mail, how can employees get directions to a facility?

(A) By calling an event organizer
(B) By listening to an announcement
(C) By checking an e-mail
(D) By looking at a bulletin board

이메일에 따르면, 직원들은 시설로 찾아가는 길을 어떻게 알 수 있는가?

(A) 행사 주최자에게 전화함으로써
(B) 공고를 들음으로써
(C) 이메일을 확인함으로써
(D) 게시판을 봄으로써

■ 육하원칙 How
정답 (C)

이메일에 따르면 직원들이 시설로 찾아가는 길을 어떻게(how) 알 수 있는지를 묻는 육하원칙 문제이다. 질문의 핵심 어구인 employees get directions to a facility와 관련하여, 'Directions to the Wilmington Conference Center were provided in a previous e-mail.'에서 Wilmington 회의 센터로 찾아가는 길 안내는 이전 이메일에서 제공되었다고 했으므로 (C)가 정답이다.

What is suggested about Whitaker's Sports Apparel?

(A) It has sent representatives to revise a contract.
(B) It recently made a deal with Ms. Marks's company.
(C) It reimburses its staff for transportation costs.
(D) It is looking for a new accounting manager.

Whitaker's 스포츠 의류회사에 대해 암시되는 것은?

(A) 계약서를 수정하기 위해 대표들을 보냈다.
(B) 최근에 Ms. Marks의 회사와 거래했다.
(C) 직원들에게 교통비를 상환해 준다.
(D) 새로운 경리부장을 구하고 있다.

■ **추론** 세부 정보 정답 (B)

질문의 핵심 어구인 Whitaker's Sports Apparel에 대해 추론하는 문제이다. '~ Whitaker's Sports Apparel, the client we acquired last week ~.'에서 지난주에 저희, 즉 Ms. Marks의 회사가 Whitaker's 스포츠 의류회사를 고객으로 얻었다고 했으므로, Whitaker's 스포츠 의류회사가 최근에 Ms. Marks의 회사와 거래했다는 사실을 추론할 수 있다. 따라서 (B)가 정답이다.

바꾸어 표현하기
last week 지난주 → recently 최근에

어휘 revise v. 수정하다 make a deal with phr. ~와 거래하다

In which of the positions marked [1], [2], [3], and [4] does the following sentence best belong?

"However, they would like to stop by since they will be in town for the day."

(A) [1]
(B) [2]
(C) [3]
(D) [4]

[1], [2], [3], [4]로 표시된 위치 중, 다음 문장이 들어갈 곳으로 가장 적절한 것은?

"하지만, 그들이 그날 이 지역에 있을 예정이어서 잠시 들르고 싶어 합니다."

(A) [1]
(B) [2]
(C) [3]
(D) [4]

■ **문장 위치 찾기** 정답 (D)

지문의 흐름상 주어진 문장이 들어가기에 가장 적절한 곳을 고르는 문제이다. 주어진 문장에서 하지만 그들이 그날 이 지역에 있을 예정이어서 잠시 들르고 싶어 한다고 했으므로, 이 문장이 그들, 즉 Whitaker's 스포츠 의류회사의 대표들이 회사를 방문한다는 내용이 나오는 부분에 들어가야 함을 알 수 있다. [4]의 앞부분인 'the representatives from Whitaker's Sports Apparel ~ will be visiting the office around 10 A.M.'에서 Whitaker's 스포츠 의류회사의 대표들이 오전 10시쯤 사무실을 방문할 것이라고 했고, 앞 문장인 'I have already advised them that the office will be almost empty due to the conference.'에서 회의로 인해서 사무실이 거의 비어 있을 것이라고 이미 그들, 즉 대표들에게 알렸다고 했으므로, [4]에 제시된 문장이 들어가면 Whitaker's 스포츠 의류회사의 대표들이 방문할 것이고, 사무실이 비어 있을 것이라고 이미 알렸지만 그들이 그날 이 지역에 있을 예정이어서 잠시 들르고 싶어 한다는 자연스러운 문맥이 된다는 것을 알 수 있다. 따라서 (D)가 정답이다.

어휘 stop by phr. 잠시 들르다

Ned O'Toole [11:08 A.M.]

I was late yesterday for our beginning-of-November meeting, so ¹⁶¹/¹⁶³I'd like to ask about the changes to our overtime work policy.

Karen Bingham [11:09 A.M.]

Of course. But didn't you get the memo Mr. Ward sent a little while ago? It summarizes the new rules.

Ned O'Toole [11:10 A.M.]

I only glanced at it briefly, but I saw something about a streamlined process. Does that mean we don't have to turn in the request form anymore?

Karen Bingham [11:12 A.M.]

Yes. In the past, a lot of employees worked extra hours to finish projects but only received their regular salary. This happened because ¹⁶²⁻ᴮthey didn't submit the official overtime document. Many found the form to be too complicated.

Gene Shipley [11:13 A.M.]

Now, Ned, ¹⁶⁴anyone who works over 40 hours a week automatically receives extra pay. All we have to do is enter the information into the payroll system.

Karen Bingham [11:13 A.M.]

Right. And ¹⁶³it's effective as of 9 A.M., December 1. At the end of every month, your supervisor will review what you inputted. Unless there's a problem that needs to be discussed, it'll be approved at that point.

Ned O'Toole [11:15 A.M.]

¹⁶⁴That's good to know, especially considering the big project that I'll be working on in the coming weeks. Thanks!

Ned O'Toole [오전 11시 8분]

제가 어제 11월 초 회의에 늦어서, ¹⁶¹/¹⁶³초과 근무 정책의 변경 사항에 대해서 물어보고 싶어요.

Karen Bingham [오전 11시 9분]

물론이죠. 그런데 Mr. Ward가 조금 전에 보낸 회람을 못 받았나요? 그게 새로운 규정들을 요약하고 있어요.

Ned O'Toole [오전 11시 10분]

간단히 훑어보기만 했는데, 간소화된 절차에 관한 무언가를 봤어요. 이는 우리가 더 이상 신청서를 제출하지 않아도 된다는 의미인가요?

Karen Bingham [오전 11시 12분]

네. 이전에는, 많은 직원들이 프로젝트를 끝내기 위해서 초과 근무를 했지만 정규 급여만을 받았어요. 이는 ¹⁶²⁻ᴮ그들이 공식적인 초과 근무 서류를 제출하지 않았기 때문에 발생했죠. 많은 사람들이 그 양식을 너무 복잡하다고 여겼어요.

Gene Shipley [오전 11시 13분]

이제, Ned, ¹⁶⁴한 주에 40시간 이상 일하는 사람은 누구나 자동적으로 추가 수당을 받아요. 우리는 그저 급여 대장 시스템에 정보를 입력하기만 하면 돼요.

Karen Bingham [오전 11시 13분]

맞아요. 그리고 ¹⁶³이건 12월 1일 오전 9시부터 시행돼요. 매달 말에, 당신의 관리자가 당신이 입력한 것을 검토할 거예요. 논의가 필요한 문제가 있지 않은 한, 그 시점에 승인될 거예요.

Ned O'Toole [오전 11시 15분]

¹⁶⁴특히 제가 다음 몇 주 동안 작업하게 될 큰 프로젝트를 생각해봤을 때, 그건 정말 좋은 일이네요. 고마워요!

어휘 □ **summarize** v. 요약하다   □ **glance** v. 훑어보다   □ **streamline** v. 간소화하다
　　　□ **turn in** phr. 제출하다   □ **complicated** adj. 복잡한   □ **enter** v. 입력하다
　　　□ **effective** adj. 시행되는, 발효되는   □ **input** v. 입력하다; n. 투입, 입력   □ **at that point** phr. 그 시점에

161

At 11:09 A.M., what does Ms. Bingham mean when she writes, "Of course"?

(A) She will send a memo to employees.
(B) She thinks a new policy is fair.
(C) She is willing to update Mr. O'Toole.
(D) She intends to complete some paperwork.

오전 11시 9분에, Ms. Bingham이 "Of course"라고 썼을 때 그녀가 의도한 것은?

(A) 직원들에게 회람을 보낼 것이다.
(B) 새로운 정책이 타당하다고 생각한다.
(C) Mr. O'Toole에게 최신 정보를 알려줄 의향이 있다.
(D) 서류 작업을 완료하려고 한다.

■ 의도 파악

정답 (C)

Ms. Bingham이 의도한 것을 묻는 문제이므로, 질문의 인용어구(Of course)가 언급된 주변 문맥을 확인한다. 'I'd like to ask about the changes to our overtime work policy'에서 Ned O'Toole이 초과 근무 정책의 변경 사항에 대해서 물어보고 싶다고 하자, Ms. Bingham이 'Of course.'(물론이죠)라고 한 것을 통해, Ms. Bingham이 Ned O'Toole에게 새로운 초과 근무 정책에 대한 최신 정보를 알려줄 의향이 있음을 알 수 있다. 따라서 (C)가 정답이다.

어휘 **be willing to** phr. ~할 의향이 있다, 기꺼이 ~할 것이다 **update** v. 최신 정보를 알려주다 **paperwork** n. 서류 작업, 문서 업무

: # 162

What is mentioned about the overtime document?

(A) It can be downloaded from a Web site.
(B) It was difficult for some staff to complete.
(C) It will be modified by department supervisors.
(D) It is in the process of being rewritten.

초과 근무 서류에 대해 언급된 것은?

(A) 웹사이트에서 다운로드 받을 수 있다.
(B) 일부 직원들에게는 작성하기 어려웠다.
(C) 부서 관리자들이 수정할 것이다.
(D) 다시 쓰이고 있는 중이다.

■ **Not/True** True 문제   정답 (B)

질문의 핵심 어구인 the overtime document와 관련된 내용을 지문에서 찾아 각 보기와 대조하는 Not/True 문제이다. (A), (C), (D)는 지문에 언급되지 않은 내용이다. (B)는 'they didn't submit the official overtime document. Many found the form to be too complicated.'에서 Karen Bingham이 직원들이 공식적인 초과 근무 서류를 제출하지 않았으며 많은 사람들이 그 양식을 너무 복잡하다고 여겼다고 했으므로 지문의 내용과 일치한다. 따라서 (B)가 정답이다.

바꾸어 표현하기
found ~ to be too complicated 너무 복잡하다고 여겼다 → difficult ~ to complete 작성하기 어려운

어휘 complete v. 작성하다, 완료하다   distribute v. 배부하다, 분배하다   in the process of phr. ~하는 중인   rewrite v. 다시 쓰다, 수정하다

163

What will happen on December 1?

(A) Some personnel will have to work late.
(B) A company manual will be distributed.
(C) Some conflicts will be discussed.
(D) A policy change will take effect.

12월 1일에 무슨 일이 일어날 것인가?

(A) 몇몇 직원들이 늦게까지 일해야 할 것이다.
(B) 회사 지침이 배부될 것이다.
(C) 몇몇 갈등이 논의될 것이다.
(D) 정책 변경이 시행될 것이다.

■ **육하원칙** What   정답 (D)

12월 1일에 무슨(What) 일이 일어날 것인지를 묻는 육하원칙 문제이다. 질문의 핵심 어구인 December 1와 관련하여, 'I'd like to ask about the changes to our overtime work policy'에서 Ned O'Toole이 초과 근무 정책의 변경 사항에 대해서 물어보고 싶다고 했고, 'it's effective as of 9 A.M., December 1'에서 Karen Bingham이 이것, 즉 변경된 초과 근무 정책은 12월 1일 오전 9시부터 시행된다고 했으므로 (D)가 정답이다.

바꾸어 표현하기
effective 시행되는 → take effect 시행되다

어휘 manual n. 지침, 설명서; adj. 수동의   take effect phr. 시행되다, 효력을 발휘하기 시작하다

164

What is suggested about Mr. O'Toole?

(A) He misunderstood what he heard at a meeting.
(B) He has made some complaints about a procedure.
(C) He expects to work overtime in the near future.
(D) He has not yet been paid for a recently completed project.

Mr. O'Toole에 대해 암시되는 것은?

(A) 회의에서 들은 것을 오해했다.
(B) 절차에 대해 조금 불평했다.
(C) 가까운 미래에 초과 근무를 할 것으로 예상한다.
(D) 최근에 완료된 프로젝트에 대한 보수를 아직 받지 못했다.

■ **추론** 세부 정보   정답 (C)

질문의 핵심 어구인 Mr. O'Toole에 대해 추론하는 문제이다. 'anyone who works over 40 hours a week automatically receives extra pay'에서 Gene Shipley가 한 주에 40시간 이상 일하는 사람은 누구나 자동적으로 추가 수당을 받는다고 했고, 'That's good to know, especially considering the big project that I'll be working on in the coming weeks.'에서 Mr. O'Toole이 특히 자신이 다음 몇 주 동안 작업하게 될 큰 프로젝트를 생각해봤을 때 그것이 정말 좋은 일이라고 했으므로 Mr. O'Toole이 가까운 미래에 큰 프로젝트를 작업할 것이며 이로 인해 초과 근무를 하여 한 주에 40시간 이상 일하면 자동적으로 추가 수당을 받는 정책의 혜택을 받을 것으로 예상한다는 사실을 추론할 수 있다. 따라서 (C)가 정답이다.

어휘 misunderstand v. 오해하다, 잘못 파악하다   make a complaint phr. 불평하다   procedure n. 절차

165-167은 다음 기사에 관한 문제입니다.

DTA Readies for Airport Overhaul

[165]The Denver Transportation Authority (DTA) has announced a $50 million renovation plan for Franklin Airport, on the outskirts of Denver. The announcement comes as a result of the National Airlines Group (NAG) having labeled its runway as dangerous for large aircraft. The NAG sets safety regulations for all US airports.

"[166-A]When we took over Franklin Airport 11 years ago, we intended to begin rebuilding it right away. Unfortunately, we encountered numerous budget-related delays. However, in light of the NAG's recent judgment, [166-A/B]we have managed to secure federal funding [166-A]and will finally be able to repair our runway and expand our terminals," said DTA chief Elaine Webster.

The DTA has hired several construction companies to carry out the project, which is expected to be completed within 18 months. Work will start on Terminal B only after the expansion of Terminal A is finished, which will leave the airport fully functional the whole time. [167]After the project has concluded, Franklin Airport will begin serving as a point of arrival and departure for international flights.

DTA가 공항 정비를 준비하다

[165]덴버 교통 공단(DTA)은 덴버 교외에 있는 Franklin 공항에 대한 5천만 달러 규모의 보수 계획을 발표했다. 이 발표는 국제 항공사 단체(NAG)에서 그곳의 활주로가 대형 항공기에 위험하다고 명시한 결과이다. NAG는 모든 미국 공항에 대한 안전 규정을 세운다.

"[166-A]저희가 11년 전에 Franklin 공항을 인수했을 때, 저희는 그것을 바로 재건하기 시작하려고 했습니다. 유감스럽게도, 저희는 예산과 관련된 수많은 유예에 맞닥뜨렸습니다. 하지만, NAG의 최근 판단을 고려하여, [166-A/B]저희는 연방 자금 지원을 확보해냈으며 [166-A]마침내 활주로를 수리하고 터미널을 확장할 수 있게 될 것입니다."라고 DTA 이사장 Elaine Webster가 말했다.

DTA는 18개월 이내에 완료될 것으로 예상되는 이 프로젝트를 수행하기 위해 여러 건설회사를 고용했다. B 터미널의 작업은 A 터미널의 확장이 끝나고 나서야 시작될 것이며, 이는 공항이 전체 기간 내내 완전히 정상 가동될 수 있게 할 것이다. [167]프로젝트가 끝나고 난 후에, Franklin 공항은 국제 항공편들의 입출국 지점으로 쓰이기 시작할 것이다.

어휘 ☐ ready v. 준비하다; adj. 준비된 ☐ overhaul n. 정비, 점검; v. 정비하다 ☐ renovation n. 보수, 개조
☐ outskirt n. 교외, 변두리 ☐ label v. 명시하다, 분류하다 ☐ runway n. 활주로
☐ aircraft n. 항공기 ☐ safety regulation phr. 안전 규정 ☐ take over phr. 인수하다
☐ encounter v. 맞닥뜨리다, 마주하다 ☐ numerous adj. 수많은 ☐ in light of phr. ~을 고려하여, ~에 비추어
☐ secure v. 확보하다, 얻어내다 ☐ carry out phr. 수행하다 ☐ functional adj. 가동되는, 기능을 하는
☐ arrival and departure phr. 입출국

165

Why will Franklin Airport be renovated?

(A) To address safety concerns
(B) To spend a budget surplus
(C) To create space for retail businesses
(D) To compete with a larger airport

Franklin 공항은 왜 보수될 것인가?

(A) 안전 문제를 해결하기 위해
(B) 예산 흑자를 지출하기 위해
(C) 소매업자들을 위한 공간을 만들기 위해
(D) 더 큰 공항과 경쟁하기 위해

■ 육하원칙 Why 　　　　　　　　　　　　　　　　　　　　　　　　　　　　　　　　　　　　정답 (A)

Franklin 공항이 왜(Why) 보수될 것인지를 묻는 육하원칙 문제이다. 질문의 핵심 어구인 Franklin Airport be renovated와 관련하여, 'The Denver Transportation Authority (DTA) has announced a $50 million renovation plan for Franklin Airport ~. The announcement comes as a result of the National Airlines Group (NAG) having labeled its runway as dangerous for large aircraft.'에서 덴버 교통 공단은 Franklin 공항에 대한 5천만 달러 규모의 보수 계획을 발표했으며 이 발표는 국제 항공사 단체에서 그곳, 즉 Franklin 공항의 활주로가 대형 항공기에 위험하다고 명시한 결과라고 했으므로 (A)가 정답이다.

바꾸어 표현하기
labeled ~ as dangerous 위험하다고 명시했다 → safety concerns 안전 문제

어휘 address v. 해결하다, 다루다 concern n. 문제, 우려, 걱정 budget surplus phr. 예산 흑자 retail business phr. 소매업

What is true about the renovation project?

(A) It has been a goal of the DTA for over a decade.
(B) It is being funded through private donations.
(C) It will be managed by the NAG.
(D) It will take longer than expected.

보수 프로젝트에 대해 사실인 것은?

(A) 10년 넘게 DTA의 목표였다.
(B) 민간 기부금을 통해 자금을 제공받고 있다.
(C) NAG에 의해 관리될 것이다.
(D) 예상보다 더 오래 걸릴 것이다.

■ **Not/True** True 문제   정답 (A)

질문의 핵심 어구인 the renovation project와 관련된 내용을 지문에서 찾아 각 보기와 대조하는 Not/True 문제이다. (A)는 'When we took over Franklin Airport 11 years ago, we intended to begin rebuilding it right away. Unfortunately, we encountered numerous budget-related delays.', 'we ~ will finally be able to repair our runway and expand our terminals'에서 저희, 즉 DTA는 11년 전에 Franklin 공항을 인수했을 때 그것을 바로 재건하기 시작하려고 했고 유감스럽게도 예산과 관련된 수많은 유예에 맞닥뜨렸다고 하며, 마침내 활주로를 수리하고 터미널을 확장할 수 있게 될 것이라고 했으므로 지문의 내용과 일치한다. 따라서 (A)가 정답이다. (B)는 'we have managed to secure federal funding'에서 DTA가 연방 자금 지원을 확보해냈다고 했으므로 지문의 내용과 일치하지 않는다. (C)와 (D)는 지문에 언급되지 않은 내용이다.

어휘   **decade** n. 10년   **fund** v. 자금을 제공하다, 자금을 대다   **private** adj. 민간의   **donation** n. 기부금, 기부

What is implied about Franklin Airport?

(A) It won a customer satisfaction award.
(B) It is connected to a city by a subway line.
(C) It is currently used only by domestic airlines.
(D) It will be completely shut down during renovations.

Franklin 공항에 대해 암시되는 것은?

(A) 고객 만족 상을 받았다.
(B) 지하철 노선으로 도시와 연결되어 있다.
(C) 현재 국내 항공편에 의해서만 이용되고 있다.
(D) 보수 동안 완전히 폐쇄될 것이다.

■ **추론** 세부 정보   정답 (C)

질문의 핵심 어구인 Franklin Airport에 대해 추론하는 문제이다. 'After the project has concluded, Franklin Airport will begin serving as a point of arrival and departure for international flights.'에서 프로젝트가 끝나고 난 후에 Franklin 공항은 국제 항공편들의 입출국 지점으로 쓰이기 시작할 것이라고 했으므로 현재는 국내 항공편에 의해서만 이용되고 있다는 사실을 추론할 수 있다. 따라서 (C)가 정답이다.

어휘   **domestic** adj. 국내의   **shut down** phr. 폐쇄하다, 문을 닫다

168-171은 다음 이메일에 관한 문제입니다.

To: Joan Stendhal <joan.stendhal@mynextmail.com>
From: Robert Hamilton <r.hamilton@pichaipartners.com>
Date: September 18
Subject: Your application

Dear Ms. Stendhal,

Congratulations! Out of hundreds of applicants, we have selected you to move on to the next stage of the process and participate in an interview at our office. — [1] —.

The interview is scheduled for Friday, September 23, from 1 P.M. to 5 P.M. All applicants will be allowed to take 30-minute breaks between activities. The interview will consist of two parts. During the first part of the interview, you will answer questions from a panel of executives. When you are done, you must stay in the immediate area until you are called for the second part of the interview. For the second part, you will be asked to analyse actual legal cases that our firm has worked on in the past. You will be given an hour to work on one case by yourself. — [2] —. Then, you and the other applicants will form groups of two to work on the second case. [169]This activity will be used to evaluate your communication skills and ability to work with coworkers. Further details will be provided on the day of the interview. — [3] —.

[171]We will supply everything you need to complete the process, including paper, pens, and access to selected law books from our library. — [4] —. We will also provide refreshments.

[170]Please confirm your participation by replying to this e-mail. You can also call me at 555-4883 if you have any questions.

Sincerely,
Robert Hamilton

수신: Joan Stendhal
       <joan.stendhal@mynextmail.com>
발신: Robert Hamilton
       <r.hamilton@pichaipartners.com>
날짜: 9월 18일
제목: 귀하의 지원서

Ms. Stendhal께,

축하합니다! 수백 명의 지원자 중에서, 저희는 과정의 다음 단계로 넘어가서 저희 사무실에서 있을 인터뷰에 참여하도록 귀하를 선발했습니다. — [1] —.

인터뷰는 9월 23일 금요일 오후 1시부터 5시까지로 예정되어 있습니다. 모든 지원자들은 활동 사이에 30분간의 휴식을 취하도록 허용될 것입니다. 인터뷰는 두 부분으로 구성될 것입니다. 인터뷰의 첫 번째 부분 동안, 귀하는 임원 심사원단의 질문에 답할 것입니다. 귀하가 마치면, 귀하는 인터뷰의 두 번째 부분을 위해 불릴 때까지 인접한 구역에 남아 있어야 합니다. 두 번째 부분에서, 귀하는 저희 회사가 과거에 작업했던 실제 법률 사건을 분석하도록 요청될 것입니다. 귀하는 한 개의 사건을 혼자서 처리하도록 한 시간이 주어질 것입니다. — [2] —. 그런 다음, 귀하와 다른 지원자들은 두 번째 사건을 작업하기 위해 두 명의 그룹을 구성할 것입니다. [169]이 활동은 귀하의 의사소통 능력과 동료들과 함께 일하는 능력을 평가하는 데 사용될 것입니다. 자세한 내용은 인터뷰 당일에 제공될 것입니다. — [3] —.

[171]저희는 종이, 펜, 그리고 저희 도서관의 엄선된 법률 서적에 대한 접근을 포함하여, 과정을 완료하는 데 필요한 모든 것을 제공할 것입니다. — [4] —. 저희는 다과도 제공할 것입니다.

[170]이 이메일에 회신하셔서 참석 여부를 확인해주세요. 문의 사항이 있으시면 555-4883으로 전화하실 수도 있습니다.

Robert Hamilton 드림

어휘
□ **applicant** n. 지원자
□ **activity** n. 활동, 움직임
□ **executive** n. 임원, 대표
□ **case** n. 사건, 사례
□ **evaluate** v. 평가하다
□ **refreshment** n. 다과

□ **stage** n. 단계; v. 개최하다
□ **consist of** phr. ~로 구성되다
□ **actual** adj. 실제의
□ **firm** n. 회사, 기업
□ **supply** v. 제공하다
□ **confirm** v. 확인해주다, 확정하다

□ **process** n. 과정, 절차
□ **panel** n. 심사원단
□ **legal** adj. 법률(상)의, 합법적인
□ **form** v. 구성하다; n. 형태, 양식
□ **access** n. 접근, 이용

168

○●●●●
상

The word "immediate" in paragraph 2, line 4, is closest in meaning to

(A) sudden
(B) nearby
(C) critical
(D) prompt

2문단 네 번째 줄의 단어 "immediate"는 의미상 –와 가장 가깝다.

(A) 갑작스러운
(B) 인접한
(C) 중요한
(D) 즉각적인

■ 동의어   정답 (B)

immediate를 포함하는 구절 'When you are done, you must stay in the immediate area until you are called for the second part of the interview.'에서 immediate가 '인접한'이라는 뜻으로 사용되었다. 따라서 '인접한'이라는 뜻을 가진 (B)가 정답이다.

169

○○●●
중

What is an important qualification for the job?

(A) The ability to cooperate with others
(B) Extensive knowledge of international law
(C) A willingness to work long hours
(D) Experience with specific software

일자리에 중요한 자질은 무엇인가?

(A) 타인과 협력하는 능력
(B) 국제법에 대한 광범위한 지식
(C) 장시간 노동을 기꺼이 하는 마음
(D) 특정 소프트웨어에 대한 경험

■ 육하원칙 What   정답 (A)

일자리에 중요한 자질이 무엇(What)인지를 묻는 육하원칙 문제이다. 질문의 핵심 어구 an important qualification for the job과 관련하여 'This activity will be used to evaluate your communication skills and ability to work with coworkers.'에서 이 활동은 의사소통 능력과 동료들과 함께 일하는 능력을 평가하는 데 사용될 것이라고 했으므로 (A)가 정답이다.

바꾸어 표현하기
work with coworkers 동료들과 함께 일하다 → cooperate with others 타인과 협력하다

어휘   qualification n. 자질, 능력   extensive adj. 광범위한, 대규모의   willingness n. 기꺼이 하는 마음, 의지

170

○○○●
하

What are applicants required to do?

(A) Submit additional work references
(B) Send a reply by e-mail
(C) Present a recommendation letter
(D) Create a profile on a firm's Web site

지원자들은 무엇을 하도록 요구되는가?

(A) 추가적인 업무 참고 자료를 제출한다
(B) 이메일로 답장을 보낸다
(C) 추천서를 제출한다
(D) 회사 웹사이트에 프로필을 만든다

■ 육하원칙 What   정답 (B)

지원자들이 무엇(What)을 하도록 요구되는지를 묻는 육하원칙 문제이다. 질문의 핵심 어구 applicants required to do와 관련하여 'Please confirm your participation by replying to this e-mail.'에서 이 이메일에 회신하여 참석 여부를 확인해달라고 했으므로 (B)가 정답이다.

어휘   submit v. 제출하다   reference n. 참고 자료, 추천서   present v. 제출하다, 제시하다

In which of the positions marked [1], [2], [3], and [4] does the following sentence best belong?

"You will therefore not need to bring any materials of your own."

(A) [1]
(B) [2]
(C) [3]
(D) [4]

[1], [2], [3], [4]로 표시된 위치 중, 다음 문장이 들어갈 곳으로 가장 적절한 것은?

"그러므로 귀하는 자신의 어떠한 자료도 가져올 필요가 없을 것입니다."

(A) [1]
(B) [2]
(C) [3]
(D) [4]

■ 문장 위치 찾기
정답 (D)

지문의 흐름상 주어진 문장이 들어가기에 가장 적절한 곳을 고르는 문제이다. 주어진 문장에서 그러므로 자신의 어떠한 자료도 가져올 필요가 없을 것이라고 했으므로, 이 문장이 자료가 제공된다는 내용이 나오는 부분에 들어가야 함을 알 수 있다. [4]의 앞 문장인 'We will supply everything you need to complete the process, including paper, pens, and access to selected law books from our library.'에서 종이, 펜, 그리고 도서관의 엄선된 법률 서적에 대한 접근을 포함하여, 과정을 완료하는 데 필요한 모든 것을 제공할 것이라고 했으므로, [4]에 제시된 문장이 들어가면 도서관의 법률 서적에 대한 접근 등 과정을 완료하는 데 필요한 모든 것을 제공하므로 어떠한 자료도 가져올 필요가 없을 것이라는 자연스러운 문맥이 된다는 것을 알 수 있다. 따라서 (D)가 정답이다.

Questions 172-175 refer to the following notice.

-175는 다음 공고에 관한 문제입니다.

Run for a Good Cause!

[172]Here at the Highland Employment Center, we need your support for our Tech Training initiative. Many individuals struggle to find work because they lack basic computer skills. Thus, [172]we hope to raise enough funds to hire a computer instructor to run weekly workshops at our center for a full year. Job seekers will be able to attend these sessions for free. By gaining computer proficiency, they will stand a better chance of finding a position and will be able to earn more than they did in the past.

You can help us achieve our goal by participating in a 10-kilometer race in Arthur Park on August 15. [174-B]The entry fee is $40 throughout July, $45 from August 1-14, and $50 on the day of the race. [173]Those who run in a creative costume will be eligible to win a $100 voucher for Harlan Foods. The costume contest winner will be announced after the race.

Runners will be given packets that include a race bib and storage bag for personal possessions. [175]Those who finish within the two-hour time limit will receive a photograph of themselves crossing the finish line. Go to www.highlandec.com/10k to sign up today!

좋은 목적을 위해 달리세요!

[172]이곳 Highland 고용 센터에서, 저희는 Tech Training 계획을 위한 여러분의 지원이 필요합니다. 많은 사람들이 기본적인 컴퓨터 기술이 부족하기 때문에 일자리를 찾는 데 어려움을 겪습니다. 따라서, [172]저희는 센터에서 1년 내내 주간 워크숍을 진행해 줄 컴퓨터 강사를 고용할 수 있을 만큼 충분한 기금을 모으기를 희망합니다. 구직자들은 이 수업에 무료로 참석할 수 있을 것입니다. 컴퓨터 능력을 얻음으로써, 그들에게는 일자리를 얻을 수 있는 더 나은 기회가 있을 것이고 이전보다 더 많은 돈을 벌 수 있을 것입니다.

여러분은 8월 15일에 Arthur 공원에서 10킬로미터 경주에 참여함으로써 저희가 목표를 달성하는 것을 도울 수 있습니다. [174-B]참가비는 7월 내내 40달러, 8월 1일부터 14일까지는 45달러, 그리고 경주 당일에는 50달러입니다. [173]창의적인 의상을 입고 달리는 사람들은 Harlan Foods의 100달러 상품권을 탈 수 있는 자격이 주어집니다. 의상 대회의 승자는 경주 후에 발표될 것입니다.

경주자들은 경주 번호판과 개인물품을 위한 수납 가방을 포함한 패킷을 받을 것입니다. [175]2시간의 시간 제한 이내로 마치는 사람들은 자신들이 결승선을 통과하는 모습을 담은 사진을 받을 것입니다. www.highlandec.com/10k로 가셔서 오늘 신청하세요!

어휘
- initiative n. 계획
- lack v. 부족하다
- gain v. 얻다, 늘리다, 쌓다
- achieve v. 달성하다
- bib n. 번호판, 턱받이
- individual n. 사람, 개인; adj. 개인적인
- instructor n. 강사
- proficiency n. 능력, 능숙
- be eligible to phr. 자격이 주어지다
- storage n. 수납, 저장, 보관
- struggle v. 어려움을 겪다, 분투하다
- attend v. 참석하다
- chance n. 기회, 가능성
- voucher n. 상품권
- personal possession phr. 개인물품

172

What is one purpose of the notice?

(A) To share some budget calculations
(B) To request participation in a fund-raiser
(C) To announce the fulfillment of a goal
(D) To recruit some volunteers

공고의 하나의 목적은 무엇인가?

(A) 예산 산정을 공유하기 위해
(B) 모금 행사의 참여를 요청하기 위해
(C) 목표 달성을 알리기 위해
(D) 자원봉사자들을 모집하기 위해

■ 주제/목적 찾기 글의 목적   정답 (B)

공고의 목적을 묻는 목적 찾기 문제이므로 지문의 앞부분을 주의 깊게 확인한다. 'Here at the Highland Employment Center, we need your support for our Tech Training initiative.', 'we hope to raise enough funds'에서 이곳 Highland 고용 센터에서 Tech Training 계획을 위한 지원이 필요하다며 그들은 충분한 기금을 모으기를 희망한다고 한 후, 모금 행사의 세부 사항에 대해 설명하고 있으므로 (B)가 정답이다.

어휘 fund-raiser n. 모금 행사, 기금 조성자 fulfillment n. 달성, 완수 recruit v. 모집하다

무료 토익 학습자료 및 취업정보 Hackers.co.kr

173

According to the notice, what can race participants do?

(A) Sample some dishes
(B) Wear unusual clothing
(C) Submit route suggestions
(D) Select a preferred running distance

공고에 따르면, 경주 참가자들은 무엇을 할 수 있는가?

(A) 몇 가지 요리를 시식한다
(B) 독특한 옷을 입는다
(C) 경로 제안을 제출한다
(D) 선호하는 달리기 거리를 선택한다

■ 육하원칙 What 정답 (B)

공고에 따르면 경주 참가자들이 무엇(what)을 할 수 있는지를 묻는 육하원칙 문제이다. 질문의 핵심 어구인 race participants do와 관련하여, 'Those who run in a creative costume will be eligible to win a $100 voucher for Harlan Foods.'에서 창의적인 의상을 입고 달리는 사람들은 Harlan Foods의 100달러 상품권을 탈 수 있는 자격이 주어진다고 했으므로 (B)가 정답이다.

바꾸어 표현하기
race participants 경주 참가자들 → Those who run 달리는 사람들
creative costume 창의적인 의상 → unusual clothing 독특한 옷

어휘 submit v. 제출하다 route n. 경로 distance n. 거리

174

What is indicated about the event?

(A) It must be signed up for a month in advance.
(B) Its entry fee varies depending on the registration date.
(C) Its organizer will deliver a speech.
(D) It will be filmed by a television camera crew.

행사에 대해 언급된 것은?

(A) 한 달 앞서 신청되어야 한다.
(B) 참가비가 접수 일자에 따라 다르다.
(C) 주최자가 연설할 것이다.
(D) 텔레비전 촬영진에 의해 촬영될 것이다.

■ Not/True True 문제 정답 (B)

질문의 핵심 어구인 the event와 관련된 내용을 지문에서 찾아 각 보기와 대조하는 Not/True 문제이다. (A), (C), (D)는 지문에 언급되지 않은 내용이다. (B)는 'The entry fee is $40 throughout July, $45 from August 1-14, and $50 on the day of the race.'에서 참가비는 7월 내내 40달러, 8월 1일부터 14일까지는 45달러, 그리고 경주 당일에는 50달러라고 했으므로 지문의 내용과 일치한다. 따라서 (B)가 정답이다.

어휘 in advance phr. ~에 앞서, 사전에 depending on phr. ~에 따라 deliver a speech phr. 연설하다 camera crew phr. 촬영진

175

What will those who complete the run within two hours receive?

(A) A personalized T-shirt
(B) A certificate of achievement
(C) A gift voucher for groceries
(D) A souvenir photograph

2시간 이내로 경주를 마치는 사람들은 무엇을 받을 것인가?

(A) 맞춤 티셔츠
(B) 성취 증명서
(C) 식료품 상품권
(D) 기념 사진

■ 육하원칙 What 정답 (D)

2시간 이내로 경주를 마치는 사람들이 무엇(What)을 받을 것인지를 묻는 육하원칙 문제이다. 질문의 핵심 어구인 those who complete the run within two hours receive와 관련하여, 'Those who finish within the two-hour time limit will receive a photograph of themselves crossing the finish line.'에서 2시간의 시간 제한 이내로 마치는 사람들은 자신들이 결승선을 통과하는 모습을 담은 사진을 받을 것이라고 했으므로 (D)가 정답이다.

어휘 souvenir n. 기념품

Questions 176-180 refer to the following e-mail and magazine contents. 　176–180은 다음 이메일과 잡지 목차에 관한 문제입니다.

From: Rachel Duval <r.duval@pfmagazine.com>
To: John Hassan <j.hassan@pfmagazine.com>
Date: July 29
Subject: September issue

Hello, John.

[176]Though we have made a lot of progress with the September issue, we still have some decisions to make. First, we have to choose a model for the cover. Since this is typically the most popular issue of the year, we need to get a big celebrity. [179]How about working with Su-min Yoo again? She has a new blockbuster movie coming out in October, and having her on the cover would likely drive up magazine sales. Please contact her agent and try to make an arrangement.

Second, Russo Shampoo abruptly decided not to advertise in the September issue after all. Thus, we urgently need to fill pages 58 and 59. You mentioned that [178]SameSide Cosmetics was interested in running an advertisement in our magazine. This would be for their new line of organic, environmentally friendly skin creams, which will be debuting in October. Could you confirm whether the company wants to take advantage of this opportunity? We could offer them a 20 percent discount.

Lastly, [180]I'd like you to thoroughly check the facts mentioned in our article on the Canadian designer David Burns for the September issue.

Thanks,

Rachel Duval
Editor in Chief
PopFashion Magazine

발신: Rachel Duval <r.duval@pfmagazine.com>
수신: John Hassan <j.hassan@pfmagazine.com>
날짜: 7월 29일
제목: 9월호

안녕하세요, John.

[176]비록 우리가 9월호와 관련해 많은 진전을 이루었지만, 여전히 몇 가지 결정을 내려야 합니다. 첫째로, 표지 모델을 선정해야 합니다. 이것은 보통 1년 중 가장 인기 있는 호이므로, 인기 있는 유명인을 구해야 합니다. [179]다시 Su-min Yoo와 함께 작업하는 것은 어떤가요? 그녀는 10월에 새로운 블록버스터 영화 개봉을 앞두고 있어서, 그녀가 표지에 나오는 것은 잡지 판매를 끌어올릴 가능성이 높습니다. 그녀의 에이전트에 연락해서 계획을 잡도록 해 주세요.

둘째로, 결국 Russo Shampoo가 갑작스럽게 9월호에 광고를 하지 않기로 결정했습니다. 따라서, 급히 58쪽과 59쪽을 채워야 합니다. 당신은 [178]SameSide Cosmetics사가 우리 잡지에 광고를 내는 것에 관심이 있다고 언급했습니다. 이건 그들이 10월에 선보일 유기농이면서 환경 친화적인 새로운 피부용 크림 라인에 대한 것이 될 겁니다. 그 회사가 이 기회를 활용하길 원하는지 확인해 줄 수 있나요? 우리는 그들에게 20퍼센트를 할인해 줄 수 있습니다.

마지막으로, [180]캐나다 디자이너 David Burns에 대해 9월호의 기사에 언급된 사실들을 철저히 확인해 주면 좋겠어요.

고맙습니다.

Rachel Duval 드림
편집장
PopFashion 잡지사

PopFashion Magazine September Issue

Previews

11	Seasonal Beauty Trends: Read our reviews of new cosmetics products
16	[179]Cover Story Interview: Michelle Ford talks about her upcoming Broadway stage debut

Fashion Industry

25	Editorial: Meet seven of the most innovative US designers
35	Editorial: Explore the work of New York's most prestigious tailor
48	Article: Learn why Berlin is becoming the fashion capital of Europe
[180]52	[180]Profile: Canada's number one designer reflects on his career ahead of retirement

---

PopFashion지 9월호

미리 보기

11	시즌별 뷰티 트렌드: 신상 화장품들에 대한 후기를 읽어보세요
16	[179]표지 기사 인터뷰: Michelle Ford가 다가오는 브로드웨이 무대 데뷔에 대해 이야기합니다

패션 산업

25	사설: 가장 혁신적인 7명의 미국 디자이너를 만나보세요
35	사설: 뉴욕의 가장 명성 높은 재단사의 작업을 탐구해보세요
48	기사: 베를린이 왜 유럽의 패션 중심지가 되고 있는지 알아보세요
[180]52	[180]인물 소개: 캐나다 최고의 디자이너가 은퇴를 앞두고 그의 경력을 되돌아봅니다

지문 1
- □ make progress phr. 진전을 이루다
- □ after all phr. 결국
- □ mention v. 언급하다
- □ confirm v. 확인하다
- □ typically adv. 보통, 일반적으로
- □ abruptly adv. 갑작스럽게, 불쑥
- □ run an advertisement phr. 광고를 내다
- □ take advantage of phr. 활용하다, 이용하다
- □ arrangement n. 계획, 준비, 합의
- □ urgently adv. 급히, 긴급하게
- □ debut v. 선보이다; n. 데뷔
- □ thoroughly adv. 철저히

지문 2
- □ upcoming adj. 다가오는
- □ prestigious adj. 명성 높은
- □ ahead of phr. ~을 앞두고
- □ contemporary adj. 현대의, 동시대의
- □ editorial n. 사설
- □ tailor n. 재단사
- □ retirement n. 은퇴
- □ innovative adj. 혁신적인
- □ reflect on phr. 되돌아보다
- □ dye n. 염색제

176

Why did Ms. Duval send the e-mail?

(A) To describe some garments
(B) To discuss publication details
(C) To finalize the topic of an article
(D) To assess a set of photographs

Ms. Duval은 왜 이메일을 보냈는가?

(A) 몇몇 의류를 묘사하기 위해
(B) 출판 세부 사항을 논의하기 위해
(C) 기사의 주제를 마무리 짓기 위해
(D) 일련의 사진을 평가하기 위해

■ 주제/목적 찾기 글을 쓴 이유   정답 (B)

Ms. Duval이 이메일을 보낸 이유를 묻는 목적 찾기 문제이므로 첫 번째 지문인 이메일의 내용을 확인한다. 이메일의 'Though we have made a lot of progress with the September issue, we still have some decisions to make.'에서 비록 9월호와 관련해 많은 진전을 이루었지만 여전히 몇 가지 결정을 내려야 한다고 한 후, 이에 대한 논의 사항을 전달하고 있으므로 (B)가 정답이다.

어휘 garment n. 의류 publication n. 출판 finalize v. 마무리 짓다, 완결하다 assess v. 평가하다

177

In the e-mail, the phrase "drive up" in paragraph 1, line 4, is closest in meaning to

(A) operate
(B) motivate
(C) stimulate
(D) travel

이메일에서, 1문단 네 번째 줄의 표현 "drive up"은 의미상 ~와 가장 가깝다.

(A) 작동하다
(B) 자극하다
(C) 촉진시키다
(D) 여행하다

■ 동의어   정답 (C)

첫 번째 지문인 이메일의 drive up을 포함하는 구절 'having her on the cover would likely drive up magazine sales'에서 drive up이 '끌어올리다'라는 뜻으로 사용되었다. 따라서 '촉진시키다'라는 의미를 가진 (C)가 정답이다. (B) motivate도 '자극하다'라는 의미로 해석상 그럴듯해 보이지만, 사람이 특정 행동을 하는 데 동기를 부여하는 것을 나타낸다.

According to the e-mail, what is SameSide Cosmetics interested in doing?

(A) Developing a new product line
(B) Holding a product demonstration in October
(C) Launching a campaign against chemical ingredients
(D) Buying some advertising space

이메일에 따르면, SameSide Cosmetics사는 무엇을 하는 데 관심이 있는가?

(A) 새로운 제품 라인을 개발하는 것
(B) 10월에 제품 시연을 여는 것
(C) 화학 성분에 반대하는 캠페인을 시작하는 것
(D) 광고 지면을 사는 것

■ **육하원칙** What 　　　　　　　　　　　　　　　　　　　　　　　　　　　　정답 (D)

이메일에 따르면 SameSide Cosmetics사가 무엇(what)을 하는 데 관심이 있는지를 묻는 육하원칙 문제이므로 첫 번째 지문인 이메일에서 관련 내용을 확인한다. 이메일의 'SameSide Cosmetics was interested in running an advertisement in our magazine'에서 SameSide Cosmetics사가 우리, 즉 PopFashion사의 잡지에 광고를 내는 것에 관심이 있다고 했으므로 (D)가 정답이다.

바꾸어 표현하기
running an advertisement in ~ magazine 잡지에 광고를 내는 것 → Buying some advertising space 광고 지면을 사는 것

What can be inferred about Ms. Duval?

(A) Her choice for a cover model was unavailable.
(B) She wrote an editorial about a craftsperson.
(C) She is scheduled to attend a clothing fair.
(D) She wants to increase a subscription fee.

Ms. Duval에 대해 추론될 수 있는 것은?

(A) 그녀가 선택한 표지 모델을 쓸 수 없었다.
(B) 장인에 대한 사설을 썼다.
(C) 의류 박람회에 참석할 예정이다.
(D) 구독료를 올리고 싶어 한다.

■ **추론** 연계 문제 　　　　　　　　　　　　　　　　　　　　　　　　　　　　정답 (A)

두 지문의 내용을 종합적으로 확인한 후 추론해서 풀어야 하는 연계 문제이다. 질문의 핵심 어구인 Ms. Duval이 작성한 이메일을 먼저 확인한다.

단서 1 첫 번째 지문(이메일)의 'How about working with Su-min Yoo again? She has a new blockbuster movie coming out in October, and having her on the cover would likely drive up magazine sales.'에서 다시 Su-min Yoo와 함께 작업하는 것은 어떤지 묻고, 그녀는 10월에 새로운 블록버스터 영화 개봉을 앞두고 있어서 그녀가 표지에 나오는 것은 잡지 판매를 끌어올릴 가능성이 높다고 했다. 그런데 Su-min Yoo가 표지 모델이 되었는지 제시되지 않았으므로 잡지 목차에서 관련 내용을 확인한다.

단서 2 두 번째 지문(잡지 목차)의 'Cover Story Interview: Michelle Ford talks about her upcoming Broadway stage debut'에서 표지 기사 인터뷰로 Michelle Ford가 다가오는 브로드웨이 무대 데뷔에 대해 이야기한 사실을 확인할 수 있다.

두 단서를 종합할 때, Ms. Duval이 그녀가 선택한 Su-min Yoo를 표지 모델로 쓸 수 없었다는 사실을 추론할 수 있다. 따라서 (A)가 정답이다.

어휘 **craftsperson** n. 장인, 숙련공　**fair** n. 박람회; adj. 타당한, 공정한　**subscription** n. 구독

On which page does the article about Mr. Burns appear?

(A) Page 16
(B) Page 35
(C) Page 52
(D) Page 78

Mr. Burns에 대한 기사는 어느 페이지에 나오는가?

(A) 16쪽
(B) 35쪽
(C) 52쪽
(D) 78쪽

■ **육하원칙** 연계 문제 　　　　　　　　　　　　　　　　　　　　　　　　　　정답 (C)

두 지문의 내용을 종합해서 풀어야 하는 연계 문제이다. 질문의 핵심 어구인 the article about Mr. Burns appear에서 Mr. Burns에 대한 기사가 어느(which) 페이지에 나오는지를 묻고 있으므로 Mr. Burns가 언급된 이메일을 먼저 확인한다.

단서 1 첫 번째 지문(이메일)의 'I'd like you to ~ check the facts mentioned in our article on the Canadian designer David Burns for the September issue'에서 캐나다 디자이너 David Burns에 대한 9월호의 기사에 언급된 사실들을 확인해 주면 좋겠다고 했다. 그런데 이 기사가 9월호 잡지의 어느 페이지에 나오는지 제시되지 않았으므로 잡지 목차에서 관련 내용을 확인한다.

단서 2 두 번째 지문(잡지 목차)의 '52', 'Profile: Canada's number one designer reflects on his career ahead of retirement'에서 52쪽에 캐나다 최고의 디자이너가 은퇴를 앞두고 그의 경력을 되돌아보는 인물 소개 기사가 있음을 확인할 수 있다.

두 단서를 종합할 때, Mr. Burns에 대한 기사는 52쪽에 나오는 것임을 알 수 있다. 따라서 (C)가 정답이다.

지문 1

Go Shopping and Make a Difference!

This year, Bristol's Support Your Local Business Day falls on Saturday, April 28. [181]Instead of visiting nationwide chain stores on this day, shop at some of the smaller stores in your neighborhood. By doing so, you'll help the local economy since the revenue earned by such businesses remains in our town. In addition, a group of [185]participating businesses, including the restaurant Birdy Beets, the crafts shop Tinker Time, and the clothing boutique Kara Lee's, have agreed to give 10 percent of their profits from this day to the Bristol Business Association (BBA). [182]The BBA will use these proceeds to continue carrying out charitable projects in the area.

Along with the shopping opportunities, Support Your Local Business Day will feature special programs. Check www. bristolsylbd.com for a list of participating businesses and a schedule of events.

쇼핑을 해서 변화를 만드세요!

올해, 브리스톨의 지역 사업체 지원의 날이 4월 28일 토요일에 있습니다. [181]이날에는 전국적인 체인점을 방문하는 대신, 여러분의 동네에 있는 더 작은 규모의 가게들에서 쇼핑해 보세요. 그렇게 함으로써, 그러한 가게들이 버는 수익이 우리 도시에 남기 때문에 여러분은 지역 경제를 돕게 될 것입니다. 게다가, [185]Birdy Beets 레스토랑, Tinker Time 공예품 가게, 그리고 Kara Lee's 의류 부티크를 포함해 일단의 참가 사업체들이 이날 수익의 10퍼센트를 브리스톨 사업체 협회(BBA)에 기부하는 데 동의했습니다. [182]BBA는 지역의 자선 프로젝트를 계속해서 수행하는 데 이 수익금을 사용할 것입니다.

쇼핑 기회와 더불어, 지역 사업체 지원의 날은 특별 프로그램들을 포함할 것입니다. www.bristolsylbd.com에서 참가 사업체들의 목록과 행사 일정표를 확인하세요.

지문 2

Support Your Local Business Day
April 28 in Bristol

Message for Community Members *9:00 A.M. to 9:30 A.M.*
Location: Anchor Square
Emmanuel Perez, president of the Bristol Business Association (BBA), will give a speech about why local businesses are so important. [183]He will also talk about some of the BBA's upcoming efforts.

Walking Tour *9:40 A.M. to 10:15 A.M.*
Meeting place: Craft Street Antiques
[184-B]Take a stroll down Dalton Street and learn about the history of its buildings. The last stop is Wayfair House, one of the oldest buildings in Bristol, which will be open to the public for the first time. Admission to Wayfair House is free.

Shop for Your Lunch *10:30 A.M. to 1:00 P.M.*
Location: Downtown Shopping District
If you make a purchase in three different locally owned businesses, [185]you will receive a coupon for a free lunch at a participating restaurant. Present your receipts at the visitors' bureau by 1:30 P.M.

Music on the Green *12:00 P.M. to 4:00 P.M.*
Location: Downtown Green Park
[184-C]Local bands will play 30-minute concerts on the stage at Green Park. [184-D]At a tent nearby, plenty of fun arts and crafts workshops for kids will be offered.

지역 사업체 지원의 날
4월 28일 브리스톨에서

지역 주민들을 위한 메시지 *오전 9시부터 오전 9시 30분*
장소: Anchor 광장
브리스톨 사업체 협회(BBA)의 회장, Emmanuel Perez가 왜 지역 사업체들이 그토록 중요한지에 대한 연설을 할 것입니다. [183]그는 또한 곧 있을 BBA의 몇 가지 활동들에 대해서도 이야기할 것입니다.

도보 투어 *오전 9시 40분부터 오전 10시 15분*
만나는 장소: Craft Street Antiques
[184-B]Dalton가를 따라 산책하면서 그곳의 건물들의 역사에 대해 배워 보세요. 마지막 장소는 브리스톨에서 가장 오래된 건물 중 하나인 Wayfair House인데, 이곳은 처음으로 대중에게 개방될 것입니다. Wayfair House의 입장은 무료입니다.

점심 식사를 위해 쇼핑하세요 *오전 10시 30분부터 오후 1시*
장소: 시내 쇼핑 지구
서로 다른 세 개의 지역 소유 사업체에서 구매하면, [185]여러분은 참가 레스토랑에서의 무료 점심 쿠폰을 받을 것입니다. 오후 1시 30분까지 방문객 접수처에 영수증을 제시하세요.

잔디 위의 음악 *오후 12시부터 오후 4시*
장소: 시내 Green 공원
[184-C]지역 밴드가 Green 공원의 무대에서 30분 동안 공연을 할 것입니다. [184-D]근처의 천막에서는, 아이들을 위한 여러 재미있는 공예 워크숍이 제공될 것입니다.

지문 1 □ **fall on** phr. (어떤 날이) ~에 있다, ~에 해당되다 □ **instead of** phr. ~ 대신에 □ **nationwide** adj. 전국적인
  □ **participate** v. 참가하다 □ **craft shop** phr. 공예품 가게 □ **profit** n. 수익
  □ **proceeds** n. 수익금 □ **carry out** phr. 수행하다 □ **charitable** adj. 자선의
  □ **along with** phr. ~와 더불어, ~와 함께 □ **feature** v. (특별히) 포함하다

지문 2 □ **upcoming** adj. 곧 있을, 다가오는 □ **take a stroll** phr. 산책하다 □ **admission** n. 입장(료)
  □ **make a purchase** phr. 구매하다 □ **present** v. 제시하다 □ **bureau** n. 접수처, 부서, 사무실

181

What is the information mainly about?

(A) A newly opened showroom
(B) A volunteer recruitment session
(C) An event in support of small businesses
(D) A tax incentive for companies

안내문은 주로 무엇에 대한 것인가?

(A) 새로 연 전시실
(B) 자원봉사자 모집 기간
(C) 소기업을 지지하는 행사
(D) 회사를 위한 세금 혜택

■ **주제/목적 찾기** 글의 주제 정답 (C)

안내문이 주로 무엇에 대한 것인지를 묻는 주제 찾기 문제이므로 첫 번째 지문인 안내문의 내용을 확인한다. 안내문의 'Instead of visiting nationwide chain stores on this day, shop at some of the smaller stores in your neighborhood. By doing so, you'll help the local economy'에서 이날에는 전국적인 체인점을 방문하는 대신 동네에 있는 더 작은 규모의 가게들에서 쇼핑해 보라고 하고, 그렇게 함으로써 지역 경제를 돕게 될 것이라고 했으므로 (C)가 정답이다.

어휘 **showroom** n. 전시실 **recruitment** n. 모집, 채용 **in support of** phr. ~을 지지하여 **tax incentive** phr. 세금 혜택

182

What is indicated about the BBA?

(A) It operates a major retail chain.
(B) It has raised its membership fee by 10 percent.
(C) It is opposed to a tax on imported goods.
(D) It contributes to the local community.

BBA에 대해 암시되는 것은?

(A) 대규모의 소매점 체인을 운영한다.
(B) 회비를 10퍼센트 올렸다.
(C) 수입품에 대한 세금에 반대한다.
(D) 지역 사회에 기여한다.

■ **추론** 세부 정보 정답 (D)

질문의 핵심 어구인 the BBA에 대해 추론하는 문제이므로 BBA가 언급된 첫 번째 지문인 안내문에서 관련 내용을 확인한다. 안내문의 'The BBA will use these proceeds to continue carrying out charitable projects in the area.'에서 BBA는 지역의 자선 프로젝트를 계속해서 수행하는 데 이 수익금을 사용할 것이라고 했으므로 BBA가 지역 사회에 기여한다는 사실을 추론할 수 있다. 따라서 (D)가 정답이다.

어휘 **retail** n. 소매(점) **raise** v. 올리다, 들어올리다 **import** v. 수입하다 **contribute to** phr. ~에 기여하다

183

What information will Mr. Perez include in his speech?

(A) The reasons for a construction
(B) The plans of an organization
(C) The cost of a campaign
(D) The date of a reopening

Mr. Perez는 어떤 정보를 연설에 포함할 것인가?

(A) 공사의 이유
(B) 단체의 계획
(C) 캠페인의 비용
(D) 재개장 날짜

■ **육하원칙** What 정답 (B)

Mr. Perez가 어떤(What) 정보를 연설에 포함할 것인지를 묻는 육하원칙 문제이므로 질문의 핵심 어구인 Mr. Perez include in his speech와 관련된 내용이 언급된 두 번째 지문인 행사 일정표를 확인한다. 행사 일정표의 'He will ~ talk about some of the BBA's upcoming efforts.'에서 그, 즉 Mr. Perez는 곧 있을 BBA의 몇 가지 활동들에 대해서 이야기할 것이라고 했으므로 (B)가 정답이다.

바꾸어 표현하기
some of the BBA's upcoming efforts 곧 있을 BBA의 몇 가지 활동들 → The plans of an organization 단체의 계획

184

What is NOT one of the activities planned for April 28?

(A) A cooking demonstration by a famous chef
(B) A walk through a historic neighborhood
(C) Some outdoor performances by musicians
(D) Some instructional sessions for children

4월 28일에 계획되어 있는 활동 중 하나가 아닌 것은?

(A) 유명 요리사의 요리 시연
(B) 역사적인 지역에서의 산책
(C) 음악가들의 야외 공연
(D) 아이들을 위한 교육 시간

■ Not/True Not 문제

정답 (A)

질문의 핵심 어구인 the activities planned for April 28과 관련된 내용을 지문에서 찾아 각 보기와 대조하는 Not/True 문제이므로 4월 28일에 계획된 행사들이 언급된 두 번째 지문인 행사 일정표에서 관련 내용을 확인한다. (A)는 지문에 언급되지 않은 내용이다. 따라서 (A)가 정답이다. (B)는 'Take a stroll down Dalton Street and learn about the history of its buildings.'에서 Dalton가를 따라 산책하면서 그곳의 건물들의 역사에 대해 배워 보라고 했으므로 지문의 내용과 일치한다. (C)는 'Local bands will play 30-minute concerts on the stage at Green Park.'에서 지역 밴드가 Green 공원의 무대에서 30분 동안 공연을 할 것이라고 했으므로 지문의 내용과 일치한다. (D)는 'At a tent nearby, plenty of fun arts and crafts workshops for kids will be offered.'에서 근처의 천막에서는 아이들을 위한 여러 재미있는 공예 워크숍이 제공될 것이라고 했으므로 지문의 내용과 일치한다.

바꾸어 표현하기
Take a stroll 산책하다 → A walk 산책
on the stage at ~ Park 공원의 무대에서 → outdoor 야외의
workshops for kids 아이들을 위한 워크숍들 → instructional sessions for children 아이들을 위한 교육 시간

어휘 demonstration n. 시연, 설명 instructional adj. 교육의

185

Where most likely can visitors make use of a coupon?

(A) Birdy Beets
(B) Tinker Time
(C) Kara Lee's
(D) Wayfair House

방문객들은 어디에서 쿠폰을 사용할 수 있을 것 같은가?

(A) Birdy Beets
(B) Tinker Time
(C) Kara Lee's
(D) Wayfair House

■ 추론 연계 문제

정답 (A)

두 지문의 내용을 종합적으로 확인한 후 추론해서 풀어야 하는 연계 문제이다. 질문의 핵심 어구인 visitors make use of a coupon과 관련된 내용이 언급된 행사 일정표를 먼저 확인한다.

단서 1 두 번째 지문(행사 일정표)의 'you will receive a coupon for a free lunch at a participating restaurant'에서 참가 레스토랑에서의 무료 점심 쿠폰을 받을 것이라고 했다. 그런데 어떤 참가 사업체가 레스토랑인지 제시되지 않았으므로 안내문에서 관련 내용을 확인한다.

단서 2 첫 번째 지문(안내문)의 'participating businesses, including the restaurant Birdy Beets'에서 Birdy Beets 레스토랑이 참가 사업체들에 포함된다는 사실을 확인할 수 있다.

두 단서를 종합할 때, 방문객들은 행사 참가 사업체인 Birdy Beets 레스토랑에서 무료 점심 쿠폰을 사용할 수 있을 것이라는 사실을 추론할 수 있다. 따라서 (A)가 정답이다.

Questions 186-190 refer to the following article, memo, and e-mail.

186-190은 다음 기사, 회람, 이메일에 관한 문제입니다.

지문 1

February 12—[186]At a press conference on February 10, Mayor David Wilkins announced the planned construction of a new four-lane bridge. The work is scheduled to begin on May 14 and end on December 23. It is expected to relieve traffic congestion in the city, particularly for commuters trying to reach the north side of the city from the downtown area. However, the traffic situation will likely worsen while the new bridge is under construction due to a number of temporary road closures.

Harris Road and Oak Boulevard will be closed from May 14 to August 1. In addition, [188]Center Avenue will be inaccessible to motorists from August 5 to October 10, and Harbor Way will be shut down from October 12 to December 20. [187]Commuters who regularly use these streets should visit the Department of Transportation's Web site for information about alternatives.

2월 12일—[186]2월 10일의 기자회견에서, David Wilkins 시장은 새로운 4차선 다리의 건설 계획을 발표했다. 이 작업은 5월 14일에 시작해서 12월 23일에 끝날 예정이다. 이것은 특히 도심지에서 도시의 북쪽으로 가려고 하는 통근자들을 위해, 도시의 교통체증을 완화해 줄 것으로 기대된다. 하지만, 새로운 다리가 건설되는 동안에는 다수의 임시적인 도로 폐쇄로 인해 교통 상황이 아마 악화될 것이다.

Harris로와 Oak대로는 5월 14일부터 8월 1일까지 폐쇄될 것이다. 덧붙여, [188]Center가에는 8월 5일부터 10월 10일까지 운전자들이 접근할 수 없을 것이고, Harbor로는 10월 12일부터 12월 20일까지 폐쇄될 것이다. [187]이 도로들을 정기적으로 이용하는 통근자들은 다른 방도에 대한 정보를 위해 교통국의 웹사이트를 방문해야 한다.

지문 2

To: All Bellwood Sporting Goods Employees
From: Beth Ferrell, Manager
Subject: Response plan
Date: July 10

As I informed everyone in the staff meeting yesterday, [188]the closure of the street in front of our store starting from August 5 will likely have a serious impact on in-store sales. As a result, [189]I have decided to hold two online promotions during that period. Hopefully, we can generate enough sales through our Web site to compensate for having fewer customers coming into the store. [189]All footwear in the shop and online will be marked down by 15 percent. In addition, anyone who places an order online will receive free shipping. Please make sure to tell our customers about these promotions.

수신: Bellwood 스포츠용품점 전 직원
발신: Beth Ferrell, 관리자
제목: 대응 계획
날짜: 7월 10일

어제 직원회의에서 모두에게 알려드렸듯이, [188]8월 5일부터 시작되는 우리 가게 앞 도로의 폐쇄가 매장 내의 매출에 심각한 영향을 미칠 수 있습니다. 결론적으로, [189]저는 그 기간 동안 두 가지의 온라인 판촉 행사를 열기로 결정했습니다. 바라건대, 매장에 더 적은 손님들이 오는 것을 상쇄하도록 우리의 웹사이트를 통해 충분한 매출을 만들어낼 수 있기를 바랍니다. [189]매장과 온라인에서 모든 신발의 가격은 15퍼센트 인하될 것입니다. 또한, 누구든 온라인으로 주문하는 사람들은 무료 배송을 받을 것입니다. 우리 고객들에게 이러한 판촉 행사에 대해 반드시 전해주세요.

지문 3

To: customerservice@bellwood.com
From: j.adams@ezmail.com
Date: August 12
Subject: Order Number 029384

On August 9, [189]I bought a jacket on your Web site. Unfortunately, I just realized that the size I selected was a large rather than an extra large. I'd like to change this before the order is shipped so that I don't have to return the jacket. [190]Would it be possible for you to just replace the item I mistakenly chose with the correct one? If not, I guess I will have to cancel my original order and place a new one. Please let me know.

Sincerely,

Jeff Adams

수신: customerservice@bellwood.com
발신: j.adams@ezmail.com
날짜: 8월 12일
제목: 주문 번호 029384

8월 9일에, [189]저는 귀하의 웹사이트에서 재킷을 구입했습니다. 안타깝게도, 제가 선택한 사이즈가 특대가 아니라 대라는 것을 방금 알아차렸습니다. 제가 재킷을 환불할 필요가 없도록 주문 상품이 배송되기 전에 이것을 변경하고 싶습니다. [190]제가 잘못 선택한 상품을 올바른 것으로 그저 교체해 주시는 것이 가능할까요? 만약 안 된다면, 원래 주문을 취소하고 새로 주문해야 할 것 같습니다. 제게 알려주세요.

Jeff Adams 드림

지문 1 □ press conference phr. 기자회견
□ particularly adv. 특히
□ a number of phr. 다수의, 많은
□ motorist n. 운전자

□ relieve v. 완화하다
□ commuter n. 통근자
□ temporary adj. 일시적인
□ shut down phr. 폐쇄하다

□ traffic congestion phr. 교통체증
□ worsen v. 악화되다
□ inaccessible adj. 접근할 수 없는
□ alternative n. 다른 방도, 대안

지문 2 □ have impact on phr. ~에 영향을 미치다
□ footwear n. 신발

□ promotion n. 판촉 행사, 판촉물, 홍보
□ mark down phr. 가격을 인하하다

□ compensate v. 상쇄하다, 보상하다

지문 3 □ unfortunately adv. 안타깝게도, 불행히

□ replace v. 교체하다

□ mistakenly adv. 잘못하여, 실수로

186

What did Mayor Wilkins do on February 10?

(A) Presented at a tourism conference
(B) Showed visitors around an office
(C) Spoke about an infrastructure project
(D) Apologized for a traffic accident

Wilkins 시장은 2월 10일에 무엇을 했는가?

(A) 관광업 학회에서 발표했다
(B) 방문객들에게 사무실을 둘러보도록 안내했다
(C) 사회 기반 시설 사업에 대해 말했다
(D) 교통사고에 대해 사과했다

■ 육하원칙 What 정답 (C)

Wilkins 시장이 2월 10일에 무엇(What)을 했는지를 묻는 육하원칙 문제이므로 질문의 핵심 어구인 Mayor Wilkins do on February 10과 관련된 내용이 언급된 첫 번째 지문인 기사를 확인한다. 기사의 'At a press conference on February 10, Mayor David Wilkins announced the planned construction of a new four-lane bridge.'에서 2월 10일의 기자회견에서 David Wilkins 시장은 새로운 4차선 다리의 건설 계획을 발표했다고 했으므로 (C)가 정답이다.

바꾸어 표현하기
planned construction of a new four-lane bridge 새로운 4차선 다리의 건설 계획 → an infrastructure project 사회 기반 시설 사업

어휘 show around phr. ~을 둘러보도록 안내하다, 구경시켜 주다 infrastructure n. 사회 기반 시설

187

According to the article, why should some commuters visit a Web site?

(A) To find people to carpool with
(B) To check some route information
(C) To give feedback about a policy
(D) To evaluate public transit

기사에 따르면, 일부 통근자들은 왜 웹사이트를 방문해야 하는가?

(A) 합승할 사람을 찾기 위해
(B) 경로 정보를 확인하기 위해
(C) 정책에 대한 피드백을 주기 위해
(D) 대중교통을 평가하기 위해

■ 육하원칙 Why 정답 (B)

기사에 따르면 일부 통근자들이 왜(why) 웹사이트를 방문해야 하는지를 묻는 육하원칙 문제이므로 질문의 핵심 어구인 some commuters visit a Web site와 관련된 내용이 언급된 첫 번째 지문인 기사를 확인한다. 기사의 'Commuters who regularly use these streets should visit the ~ Web site for information about alternatives.'에서 이 도로들을 정기적으로 이용하는 통근자들은 다른 방도에 대한 정보를 위해 웹사이트를 방문해야 한다고 했으므로 (B)가 정답이다.

어휘 carpool v. 합승하다, 자동차를 공동 이용하다 route n. 경로 public transit phr. 대중교통

188

Where is Bellwood Sporting Goods probably located?

(A) On Harris Road
(B) On Oak Boulevard
(C) On Center Avenue
(D) On Harbor Way

Bellwood 스포츠용품점은 어디에 있을 것 같은가?

(A) Harris로에
(B) Oak대로에
(C) Center가에
(D) Harbor로에

■ **추론** 연계 문제

정답 (C)

세 지문 중 두 지문의 내용을 종합적으로 확인한 후 추론해서 풀어야 하는 연계 문제이다. 질문의 핵심 어구인 Bellwood Sporting Goods ~ located와 관련된 내용이 언급된 회람을 먼저 확인한다.

단서 1 두 번째 지문(회람)의 'the closure of the street in front of our store starting from August 5'에서 8월 5일부터 우리 가게, 즉 Bellwood 스포츠용품점 앞 도로의 폐쇄가 시작된다고 했다. 그런데 가게 앞의 도로가 어떤 도로인지 제시되지 않았으므로 기사에서 관련 내용을 확인한다.

단서 2 첫 번째 지문(기사)의 'Center Avenue will be inaccessible to motorists from August 5'에서 Center가에는 8월 5일부터 운전자들이 접근할 수 없을 것이라는 사실을 확인할 수 있다.

두 단서를 종합할 때, Bellwood 스포츠용품점이 8월 5일부터 폐쇄되는 Center가에 있다는 사실을 추론할 수 있다. 따라서 (C)가 정답이다.

189

What is suggested about Mr. Adams's order?

(A) It was ineligible for a promotional discount.
(B) Its color was different from the one requested.
(C) It is no longer being manufactured.
(D) It will be shipped to a work address.

Mr. Adams의 주문에 대해 암시되는 것은?

(A) 판촉 할인을 받을 자격이 되지 않았다.
(B) 색깔이 요청한 것과 달랐다.
(C) 더 이상 생산되지 않는다.
(D) 회사 주소로 배송될 것이다.

■ **추론** 연계 문제

정답 (A)

세 지문 중 두 지문의 내용을 종합적으로 확인한 후 추론해서 풀어야 하는 연계 문제이다. 질문의 핵심 어구인 Mr. Adams's order와 관련된 내용이 언급된 이메일을 먼저 확인한다.

단서 1 세 번째 지문(이메일)의 'I bought a jacket on your Web site'에서 저, 즉 Mr. Adams가 웹사이트에서 재킷을 구입했다고 했다. 그런데 재킷이 할인 품목이었는지 제시되지 않았으므로 회람에서 관련 내용을 확인한다.

단서 2 두 번째 지문(회람)의 'I have decided to hold ~ online promotions during that period', 'All footwear in the shop and online will be marked down by 15 percent.'에서 Ms. Ferrell은 도로 폐쇄 기간 동안 온라인 판촉 행사를 열기로 결정했고 매장과 온라인에서 모든 신발의 가격은 15퍼센트 인하될 것이라는 사실을 확인할 수 있다.

두 단서를 종합할 때, Mr. Adams가 주문한 재킷은 온라인 판촉 행사인 15퍼센트 가격 인하의 자격이 되지 않는다는 사실을 추론할 수 있다. 따라서 (A)가 정답이다.

바꾸어 표현하기

be marked down 가격이 인하되다 → a promotional discount 판촉 할인

어휘 ineligible adj. 자격이 되지 않는 manufacture v. 생산하다, 제조하다

190

What will Mr. Adams do if an item cannot be replaced?

(A) Delete a customer account
(B) Visit a manufacturer's Web site
(C) Fill out a complaint form
(D) Start a process over again

Mr. Adams는 상품이 교체될 수 없다면 무엇을 할 것인가?

(A) 고객 계정을 삭제한다
(B) 제조사의 웹사이트를 방문한다
(C) 불만 신고 양식을 작성한다
(D) 절차를 다시 시작한다

■ **육하원칙** What

정답 (D)

Mr. Adams가 상품이 교체될 수 없다면 무엇(What)을 할 것인지를 묻는 육하원칙 문제이므로 질문의 핵심 어구인 Mr. Adams do if an item cannot be replaced와 관련된 내용이 언급된 세 번째 지문인 이메일을 확인한다. 이메일의 'Would it be possible for you to just replace the item I mistakenly chose with the correct one? If not, I guess I will have to cancel my original order and place a new one.'에서 저, 즉 Mr. Adams가 잘못 선택한 상품을 올바른 것으로 그저 교체해 주는 것이 가능한지 묻고, 만약 안 된다면 원래 주문을 취소하고 새로 주문해야 할 것 같다고 했으므로 (D)가 정답이다.

바꾸어 표현하기

cancel ~ original order and place a new one 원래 주문을 취소하고 새로 주문하다 → Start a process over again 절차를 다시 시작하다

지문 1

To: Jade Liu <j.liu@zhongacademy.org>
From: Jason Richards <jasonrich382@goodmail.net>
Date: November 20
Subject: Sunday classes

Dear Ms. Liu,

I'm interested in taking your business Chinese class on Sunday mornings. I've studied Chinese using language training software, so I'm somewhat proficient. However, [191]I'd like to take a test to determine my fluency level before I register. Please let me know the procedure for this as I was unable to find information about it on your Web site.

Also, when checking class times online, I noticed that you have free screenings of popular Chinese movies at your academy. [193]My friend went to the one you held on November 12 and said it was educational. I'd like to go to next month's showing, and I'm wondering if I need to sign up.

Kindest regards,

Jason Richards

수신: Jade Liu <j.liu@zhongacademy.org>
발신: Jason Richards
　　　<jasonrich382@goodmail.net>
날짜: 11월 20일
제목: 일요일 수업

Ms. Liu께,

저는 일요일 아침에 당신의 비즈니스 중국어 수업을 듣는 데 관심이 있습니다. 저는 언어 교육 소프트웨어를 사용해 중국어를 공부해 왔으므로, 어느 정도 능숙합니다. 하지만, [191]등록하기 전에 저의 유창성 수준을 알 수 있는 시험을 보고 싶습니다. 이에 관한 정보를 웹사이트에서 찾을 수 없으니 이를 위한 절차를 알려주십시오.

또한, 온라인으로 수업 시간을 확인했을 때, 저는 당신의 학원에서 인기 있는 중국 영화의 무료 상영을 한다는 것을 알았습니다. [193]제 친구가 11월 12일에 당신이 주최했던 것에 갔었고 그것이 교육적이었다고 이야기했습니다. 저는 다음 달의 상영에 가고 싶은데, 제가 신청을 해야 하는지 궁금합니다.

Jason Richards 드림

지문 2

ZHONG ACADEMY
Class Registration for December

Name	Jason Richards	[195]Level According to Test	[192-B/195]Beginner
Address	51 Rye Street Concord, NH 03302	[192-C]Preferred Class Time	[192-C]Sundays 10 A.M. – 11:30 A.M.
Phone	555-7244	Tuition Fee	$200
E-mail	jasonrich382@ goodmail.net	Tuition Due Date	November 30
Was our academy recommended to you by someone?		Yes	
If so, please provide the name of this individual.		Robin Ghose	

○ [192-A]To change your class time, make a request at our main desk.
○ [192-D]If you recommend us to someone and that person enrolls, you will receive a 15 percent discount on your next class.

ZHONG 학원
12월 수업 등록

이름	Jason Richards	[195]시험에 따른 수준	[192-B/195]초보자
주소	51번지 Rye가 콩코드, 뉴햄프셔 주 03302	[192-C]선호 수업 시간	[192-C]일요일 오전 10시 – 오전 11시 30분
전화 번호	555-7244	수업료	200달러
이메일	jasonrich382@ goodmail.net	수업료 납부 기한	11월 30일
누군가 저희 학원을 귀하께 추천했나요?		네	
만약 그렇다면, 이 사람의 이름을 제공해 주십시오.		Robin Ghose	

○ [192-A]수업 시간을 변경하기 위해서는, 메인 데스크에서 요청해 주십시오.
○ [192-D]만약 저희를 다른 누군가에게 추천하시고 그 사람이 등록하면, 귀하께서는 다음 수업에서 15퍼센트 할인을 받으실 것입니다.

Zhong Academy Monthly Newsletter

[193]December 1

Watching a Chinese movie is one way to improve your language skills. Two Chinese film events are taking place locally this month.

The Bright Lights Film Festival will be held at the Cloudbank Hotel on December 20. [194-A]It will feature a new release from [194-A/D]Xu Yue, the director of the critically acclaimed film *Summer Shore*. Xu's latest work, *Washing Away*, is about a young dancer from Shanghai. Tickets for the festival are $20 and can be purchased by logging on to www.blffest.org.

Additionally, you can attend a free viewing of *Grave Mistakes* by Chinese director Wei Chung. It will be shown on December 28 here at Zhong Academy. [195]Viewings at the academy are held monthly and are strictly for students enrolled in intermediate or advanced classes. As [193]we did last month after our showing of *River Goddess*, we will have a discussion in Chinese after this month's screening.

Zhong 학원 월별 소식지

[193]12월 1일

중국 영화를 보는 것은 당신의 언어 실력을 향상시킬 수 있는 하나의 방법입니다. 이번 달에 두 차례의 중국 영화 행사가 근처에서 열릴 예정입니다.

Bright Lights 영화 축제는 Cloudbank 호텔에서 12월 20일에 개최될 것입니다. [194-A/D]비평가들의 극찬을 받은 영화 *Summer Shore*의 감독인 Xu Yue의 [194-A]신작을 특별히 포함할 것입니다. Xu의 최신 작품, *Washing Away*는 상해에서 온 젊은 무용수에 대한 내용입니다. 축제 티켓은 20달러이고 www.blffest.org에 로그인해서 구입할 수 있습니다.

추가적으로, 중국 감독 Wei Chung의 *Grave Mistakes*의 무료 상영에 참석할 수 있습니다. 이는 12월 28일에 여기 Zhong 학원에서 상영될 것입니다. [195]학원에서의 상영은 월별로 개최되며 오로지 중급 또는 고급 수업에 등록된 학생들을 위한 것입니다. [193]지난달 *River Goddess* 상영 후에 그랬던 것처럼, 이번 달의 상영 후에도 중국어 토론이 있을 것입니다.

지문 1	□ somewhat adv. 어느 정도, 다소	□ proficient adj. 능숙한	□ fluency n. 유창성
	□ procedure n. 절차, 과정	□ screening n. 상영	□ educational adj. 교육적인
지문 2	□ registration n. 등록	□ according to phr. ~에 따른	□ preferred adj. 선호되는
	□ tuition fee phr. 수업료	□ individual n. 사람, 개인; adj. 개인의, 각각의	□ enroll v. 등록하다
지문 3	□ improve v. 향상시키다, 개선하다	□ take place phr. 열리다, 개최되다	□ locally adv. 근처에서, 지역적으로
	□ feature v. (특별히) 포함하다	□ new release phr. 신작	
	□ critically acclaimed phr. 비평가들의 극찬을 받은	□ strictly adv. 오로지, 철저히, 엄격히	
	□ intermediate adj. 중급의, 중간의	□ advanced adj. 고급의, 상급의	

191

○○○●○
하

According to the e-mail, what information was Mr. Richards unable to find on a Web site?

(A) A class schedule
(B) A service fee
(C) A facility location
(D) A testing process

이메일에 따르면, Mr. Richards가 웹사이트에서 찾을 수 없었던 정보는 무엇인가?

(A) 수업 일정
(B) 서비스 요금
(C) 시설의 위치
(D) 시험 절차

■ **육하원칙** What

정답 (D)

이메일에 따르면 Mr. Richards가 웹사이트에서 찾을 수 없었던 정보가 무엇(what)인지를 묻는 육하원칙 문제이므로 Mr. Richards가 작성한 첫 번째 지문인 이메일에서 관련 내용을 확인한다. 이메일의 'I'd like to take a test to determine my fluency level before I register. Please let me know the procedure for this as I was unable to find information about it on your Web site.'에서 등록하기 전에 저, 즉 Mr. Richards의 유창성 수준을 알 수 있는 시험을 보고 싶다고 했고, 이에 관한 정보를 웹사이트에서 찾을 수 없었으니 이를 위한 절차를 알려달라고 했으므로 (D)가 정답이다.

바꾸어 표현하기

procedure 절차 → process 절차

192

What is NOT stated about Zhong Academy?

(A) It allows scheduling changes.
(B) It has lessons for beginners.
(C) It only holds weekday classes.
(D) It offers discounts for referrals.

Zhong 학원에 대해 언급되지 않은 것은?

(A) 일정 변경을 허용한다.
(B) 초보자를 위한 수업이 있다.
(C) 평일 수업만 연다.
(D) 소개에 대한 할인을 제공한다.

■ **Not/True** Not 문제　　　　　　　　　　　　　　　　　　　　　　　　　　　　　　　　　정답 (C)

질문의 핵심 어구인 Zhong Academy와 관련된 내용을 지문에서 찾아 각 보기와 대조하는 Not/True 문제이므로 Zhong 학원과 관련된 내용이 언급된 두 번째 지문인 양식에서 관련 내용을 확인한다. (A)는 'To change your class time, make a request at our main desk.'에서 수업 시간을 변경하기 위해서는 메인 데스크에서 요청해 달라고 했으므로 지문의 내용과 일치한다. (B)는 'Beginner'에서 초보자를 위한 수업이 있다는 것을 알 수 있으므로 지문의 내용과 일치한다. (C)는 'Preferred Class Time', 'Sundays'에서 일요일 수업이 있다는 것을 알 수 있으므로 지문의 내용과 일치하지 않는다. 따라서 (C)가 정답이다. (D)는 'If you recommend us to someone and that person enrolls, you will receive a 15 percent discount'에서 만약 학원을 다른 누군가에게 추천하고 그 사람이 등록하면 15퍼센트 할인을 받을 것이라고 했으므로 지문의 내용과 일치한다.

바꾸어 표현하기
change ~ class time 수업 시간을 변경하다 → scheduling changes 일정 변경
recommend ~ to someone 누군가에게 추천하다 → referrals 소개

어휘　allow v. 허용하다, 허락하다　referral n. 소개, 추천

Which film did Mr. Richards's friend most likely watch?

(A) *Summer Shore*
(B) *Washing Away*
(C) *Grave Mistakes*
(D) *River Goddess*

Mr. Richards의 친구는 어떤 영화를 봤을 것 같은가?

(A) *Summer Shore*
(B) *Washing Away*
(C) *Grave Mistakes*
(D) *River Goddess*

■ **추론** 연계 문제　　　　　　　　　　　　　　　　　　　　　　　　　　　　　　　　　　정답 (D)

세 지문 중 두 지문의 내용을 종합적으로 확인한 후 추론해서 풀어야 하는 연계 문제이다. 질문의 핵심 어구인 Mr. Richards's friend ~ watch와 관련된 내용이 언급된 이메일을 먼저 확인한다.

단서 1 첫 번째 지문(이메일)의 'My friend went to the one you held on November 12 and said it was educational.'에서 제 친구, 즉 Mr. Richards의 친구가 11월 12일에 학원이 주최했던 무료 영화 상영에 갔었고 그것이 교육적이었다고 이야기했다고 했다. 그런데 11월의 무료 영화 상영에서 어떤 영화를 봤는지 제시되지 않았으므로 소식지에서 관련 내용을 확인한다.

단서 2 세 번째 지문(소식지)의 'December 1'에서 소식지가 발행된 것이 12월 1일임을 알 수 있고, 'we did last month after our showing of *River Goddess*'에서 지난달, 즉 11월에 *River Goddess*를 상영했다는 것을 확인할 수 있다.

두 단서를 종합할 때, Mr. Richards의 친구는 11월의 무료 영화 상영에서 영화 *River Goddess*를 봤다는 사실을 추론할 수 있다. 따라서 (D)가 정답이다.

○○●○
∞

What is true about Ms. Xu?

(A) Her first movie will be screened at a festival.
(B) She will spend a night at the Cloudbank Hotel.
(C) Her projects are funded by a firm based in Shanghai.
(D) She has received positive reviews from critics.

Ms. Xu에 대해 사실인 것은?

(A) 그녀의 첫 영화가 축제에서 상영될 것이다.
(B) Cloudbank 호텔에서 하룻밤을 지낼 것이다.
(C) 그녀의 프로젝트는 상해에 근거지를 둔 기업에서 자금을 받는다.
(D) 비평가들로부터 긍정적인 평가를 받았다.

■ Not/True True 문제   정답 (D)

질문의 핵심 어구인 Ms. Xu와 관련된 내용을 지문에서 찾아 각 보기와 대조하는 Not/True 문제이므로 Ms. Xu가 언급된 세 번째 지문인 소식지에서 관련 내용을 확인한다. (A)는 'It will feature a new release from Xu Yue, the director of the ~ film *Summer Shore*.'에서 축제는 영화 *Summer Shore*의 감독인 Xu Yue의 신작을 특별히 포함할 것이라고 했으므로 지문의 내용과 일치하지 않는다. (B)와 (C)는 지문에 언급되지 않은 내용이다. (D)는 'Xu Yue, the director of the critically acclaimed film *Summer Shore*'에서 비평가들의 극찬을 받은 영화 *Summer Shore*의 감독이 Xu Yue라고 했으므로 지문의 내용과 일치한다. 따라서 (D)가 정답이다.

바꾸어 표현하기
critically acclaimed 비평가들의 극찬을 받은 → received positive reviews from critics 비평가들로부터 긍정적인 평가를 받았다

어휘 fund v. 자금을 대다 critic n. 비평가, 평론가

○○○●
∞

195

What can be inferred about Mr. Richards?

(A) He used to work at a language school.
(B) He bought tickets for an upcoming festival.
(C) He cannot attend a free screening in December.
(D) He went on a business trip to China.

Mr. Richards에 대해 추론될 수 있는 것은?

(A) 어학원에서 일했었다.
(B) 다가오는 축제의 티켓을 샀다.
(C) 12월의 무료 상영에 참석할 수 없다.
(D) 중국으로 출장을 갔다.

■ 추론 연계 문제   정답 (C)

세 지문 중 두 지문의 내용을 종합적으로 확인한 후 추론해서 풀어야 하는 연계 문제이다. 질문의 핵심 어구인 Mr. Richards와 관련된 내용이 언급된 양식을 먼저 확인한다.

[단서 1] 두 번째 지문(양식)의 'Level According to Test', 'Beginner'에서 Mr. Richards의 시험에 따른 수준이 초보자임을 알 수 있다. 그런데 초보자 수준의 학생이 무료 상영에 참석할 수 있는지 제시되지 않았으므로 소식지에서 관련 내용을 확인한다.

[단서 2] 세 번째 지문(소식지)의 'Viewings at the academy ~ are strictly for students enrolled in intermediate or advanced classes.'에서 학원에서의 상영은 오로지 중급 또는 고급 수업에 등록된 학생들을 위한 것임을 확인할 수 있다.

두 단서를 종합할 때, Mr. Richards는 초보자 수준이므로 중급 또는 고급 수업에 등록된 학생들만을 위한 무료 상영에 참석할 수 없다는 사실을 추론할 수 있다. 따라서 (C)가 정답이다.

바꾸어 표현하기
Viewings 상영 → screening 상영

어휘 language school phr. 어학원 business trip phr. 출장

지문 1

Seeking Sources for TV Episode on Emerald Falls

Director Hector Almonte is currently seeking interviewees for a television episode on the town of Emerald Falls. The episode is being produced for [196-C]*The Good Old Days*, an award-winning documentary series that is hosted by Janet Leslie. [197]For its second season, the series will be expanded from 10 to 12 episodes. [196-A/B]It will continue to profile historic towns across Belize through video interviews and on-location footage. Interviewees do not need to reside in Emerald Falls but must have a strong connection with the town. For more information, please call (501) 555-7925.

In addition, Mr. Almonte hopes to gain access to letters, photos, and other items that can provide insights into the town's beginnings. If you have such artifacts and are prepared to loan them out, you are kindly asked to contact his assistant Chloe Benbow at c.benbow@sunrise.bz.

Emerald Falls에 대한 TV 에피소드를 위한 정보원 구함

Hector Almonte 감독이 현재 Emerald Falls 마을에 대한 텔레비전 에피소드를 위해 인터뷰 대상자를 찾고 있습니다. 이 에피소드는 [196-C]Janet Leslie에 의해 진행되는, 상을 받은 다큐멘터리 시리즈 *The Good Old Days*를 위해 제작되고 있습니다. [197]두 번째 시즌에서, 이 시리즈는 10화에서 12화로 확장될 것입니다. [196-A/B]그것은 비디오 인터뷰와 현지 촬영 화면을 통해 벨리즈 전역에 있는 유서 깊은 마을들을 계속해서 소개할 것입니다. 인터뷰 대상자들은 Emerald Falls에 거주할 필요는 없지만 그 마을과 강한 연관성을 가지고 있어야 합니다. 더 많은 정보를 위해서는, (501) 555-7925로 전화해 주십시오.

덧붙여, Mr. Almonte는 편지, 사진, 그리고 마을의 초기에 대한 통찰을 제공할 수 있는 다른 물건들에 접근할 기회를 얻기를 바랍니다. 만약 그러한 문화 유물들을 가지고 있으며 그것들을 빌려주실 준비가 되어 있으시다면, 그의 조수 Chloe Benbow에게 c.benbow@sunrise.bz로 연락해 주시길 진심으로 요청합니다.

지문 2

To: Chloe Benbow <c.benbow@sunrise.bz>
From: Elaine Kershaw <elaine.k@eurekamail.bz>
Subject: Old pictures of Emerald Falls
Date: July 25

Dear Ms. Benbow,

I was excited to read that Emerald Falls will appear on *The Good Old Days*. [197]I enjoyed last season's finale on Pepita de Oro.

Though I have never lived in Emerald Falls, my father was born there, and I have a collection of photographs and paintings of the town from the time when my grandfather was the mayor. [198]My grandfather purchased the paintings from a local artist. [198/199]Their titles are *Picnic by the Falls*, *Plaza Esperanza*, and *The Grand Carnival*.

I would be happy to loan you the photographs, but the paintings must remain in my home because of their value. [199]If Mr. Almonte would like to film them, he may visit me here in Maracuyá.

Sincerely,

Elaine Kershaw

수신: Chloe Benbow <c.benbow@sunrise.bz>
발신: Elaine Kershaw <elaine.k@eurekamail.bz>
제목: Emerald Falls의 옛 사진들
날짜: 7월 25일

Ms. Benbow께,

저는 Emerald Falls가 *The Good Old Days*에 나오게 될 것을 읽고 매우 들떴습니다. [197]저는 Pepita de Oro에 대한 지난 시즌의 마지막 회를 재미있게 보았습니다.

비록 한 번도 Emerald Falls에 살아본 적은 없지만, 저희 아버지께서 그곳에서 태어나셨으며, 저는 할아버지께서 시장이셨던 시기부터의 마을 사진과 그림 모음집을 가지고 있습니다. [198]저희 할아버지께서 그 지역 화가로부터 그림들을 구매하셨습니다. [198/199]그것들의 제목은 *Picnic by the Falls*, *Plaza Esperanza*, 그리고 *The Grand Carnival*입니다.

저는 기꺼이 사진들을 빌려드리고자 하지만, 그림들은 가치 때문에 저희 집에 있어야 합니다. [199]만약 Mr. Almonte가 그것들을 촬영하고 싶어 한다면, 이곳 Maracuyá를 방문하셔도 됩니다.

Elaine Kershaw 드림

지문 3

BELIZE CITY (December 15)—Viewer ratings have been rising for *The Good Old Days*, a documentary series on the country's heritage towns. The most recent episode focused on [200]Emerald Falls, a once thriving mining community that has since been depleted of its celebrated mineral deposits. Although the population has dwindled significantly, the town still looks much as it did before. [199]In one scene of the episode, [198/199]we are shown the Jana Haynes's painting

벨리즈 시티 (12월 15일)—전국의 전통 마을에 관한 다큐멘터리 시리즈인 *The Good Old Days*의 시청률이 증가해 오고 있다. 가장 최신 에피소드는 [200]한때 번성한 광산촌이었지만 이후 그곳의 유명한 광물 매장층이 고갈된 Emerald Falls에 초점을 맞췄다. 비록 인구는 상당히 감소했지만, 마을은 여전히 이전의 모습과 흡사하다. [199]이 에피소드의 한 장면에서는, Emerald Falls가 얼마나 변한 것이

TEST | 01 | 02 | 03 | 04 | 05 | 06 | 07 | 08 | 09 | 10 | 해커스 토익 실전 1000제 1 Reading

Plaza Esperanza that reveals how little Emerald Falls has changed.

Director Hector Almonte commented, "For the second season, we looked for sources with personal links to the towns. The Emerald Falls episode turned out nicely thanks to everyone who shared stories and memorable objects."

Next week, episode 5 will be released. The director says that he wants the location to be a surprise.

거의 없는지를 밝혀주는 [198]/[199]Jana Haynes의 그림 *Plaza Esperanza*가 보여진다.

Hector Almonte 감독은 "두 번째 시즌을 위해, 저희는 마을과 개인적인 관련이 있는 정보원들을 찾았습니다. Emerald Falls 에피소드는 이야기와 기억할 만한 물건들을 공유해 주신 모든 분들 덕분에 결과가 잘 나왔습니다."라고 언급했다.

다음 주에, 5번째 에피소드가 공개될 것이다. 감독은 그 장소가 놀랍기를 바란다고 말한다.

지문 1	□ source n. 정보원, 소식통, 자료	□ interviewee n. 인터뷰(면접) 대상자	□ profile v. 소개하다, 알려주다
	□ on-location adj. 현지의, 야외 촬영의	□ footage n. 화면, 장면	□ reside in phr. ~에 거주하다
	□ insight n. 통찰, 식견	□ artifact n. 문화 유물, 공예품	□ loan out phr. ~을 빌려주다
지문 2	□ appear v. 나오다, 나타나다	□ finale n. 마지막 회, 대단원	□ mayor n. 시장
	□ loan v. 빌려주다; n. 대출(금)		
지문 3	□ viewer rating phr. 시청률, 청취율	□ heritage n. 전통, 문화유산	□ thriving adj. 번성하는, 번영하는
	□ mining n. 광산, 채굴	□ deplete of phr. ~을 고갈시키다	□ celebrated adj. 유명한
	□ deposit n. 매장층, 매장량	□ dwindle v. 감소하다	□ significantly adv. 상당히

196

What is NOT mentioned about *The Good Old Days*?

(A) It includes recorded interviews.
(B) It focuses on old towns.
(C) It features a regular host.
(D) It is sponsored by a travel agency.

*The Good Old Days*에 대해 언급되지 않은 것은?

(A) 녹화된 인터뷰를 포함한다.
(B) 오래된 마을에 초점을 맞춘다.
(C) 고정 진행자가 출연한다.
(D) 여행사에 의해 후원된다.

■ **Not/True** Not 문제　　　　　　　　　　　　　　　　　　　　　정답 (D)

질문의 핵심 어구인 *The Good Old Days*와 관련된 내용을 지문에서 찾아 각 보기와 대조하는 Not/True 문제이므로 *The Good Old Days* 가 언급된 첫 번째 지문인 공고에서 관련 내용을 확인한다. (A)와 (B)는 'It will continue to profile historic towns ~ through video interviews'에서 그것, 즉 *The Good Old Days*는 비디오 인터뷰를 통해 유서 깊은 마을들을 계속해서 소개할 것이라고 했으므로 지문의 내용과 일치한다. (C)는 '*The Good Old Days* ~ is hosted by Janet Leslie'에서 *The Good Old Days*가 Janet Leslie에 의해 진행된다고 했으므로 지문의 내용과 일치한다. (D)는 지문에 언급되지 않은 내용이다. 따라서 (D)가 정답이다.

197

What is most likely true about Pepita de Oro?

(A) It used to have a large public plaza.
(B) It is celebrating an anniversary this year.
(C) It is a popular destination for foreign tourists.
(D) It was covered in the 10th episode of a show.

Pepita de Oro에 대해 사실일 것 같은 것은?

(A) 한때 큰 공공 광장이 있었다.
(B) 올해 기념일을 축하하고 있다.
(C) 외국인 관광객들에게 인기 있는 목적지이다.
(D) 쇼의 10번째 에피소드에서 다뤄졌다.

■ **추론** 연계 문제　　　　　　　　　　　　　　　　　　　　　정답 (D)

세 지문 중 두 지문의 내용을 종합적으로 확인한 후 추론해서 풀어야 하는 연계 문제이다. 질문의 핵심 어구인 Pepita de Oro와 관련된 내용이 언급된 이메일을 먼저 확인한다.

[단서 1] 두 번째 지문(이메일)의 'I enjoyed last season's finale on Pepita de Oro.'에서 Pepita de Oro에 대한 지난 시즌의 마지막 회를 재미있게 보았다고 했다. 그런데 지난 시즌의 마지막 회가 몇 번째 회차인지 제시되지 않았으므로 공고에서 관련 내용을 확인한다.

[단서 2] 첫 번째 지문(공고)의 'For its second season, the series will be expanded from 10 to 12 episodes.'에서 두 번째 시즌에서 이 시리즈는 10화에서 12화로 확장될 것임을 확인할 수 있다.

두 단서를 종합할 때, 지난 시즌의 마지막 회인 10번째 에피소드에서 Pepita de Oro가 다뤄졌다는 사실을 추론할 수 있다. 따라서 (D)가 정답이다.

198

○○○
●●
상

Who did Ms. Kershaw's grandfather buy some paintings from?

(A) Hector Almonte
(B) Janet Leslie
(C) Chloe Benbow
(D) Jana Haynes

Ms. Kershaw의 할아버지는 누구로부터 그림을 샀는가?

(A) Hector Almonte
(B) Janet Leslie
(C) Chloe Benbow
(D) Jana Haynes

■ **육하원칙** 연계 문제   정답 (D)

세 지문 중 두 지문의 내용을 종합해서 풀어야 하는 연계 문제이다. 질문의 핵심 어구인 Ms. Kershaw's grandfather buy ~ paintings from 에서 Ms. Kershaw의 할아버지가 누구(Who)로부터 그림을 샀는지를 묻고 있으므로 그림과 관련된 내용이 언급된 이메일을 먼저 확인한다.

단서 1 두 번째 지문(이메일)의 'My grandfather purchased the paintings from a local artist. Their titles are ~ *Plaza Esperanza*, ~.'에서 저, 즉 Ms. Kershaw의 할아버지가 그 지역 화가로부터 그림들을 구매했으며 제목은 *Plaza Esperanza*라고 했다. 그런데 이 지역 화가가 누구인지 제시되지 않았으므로 기사에서 관련 내용을 확인한다.

단서 2 세 번째 지문(기사)의 'we are shown the Jana Haynes's painting *Plaza Esperanza*'에서 Jana Haynes의 그림 *Plaza Esperanza*가 보여진다는 것을 확인할 수 있다.

두 단서를 종합할 때, Ms. Kershaw의 할아버지는 *Plaza Esperanza*를 그린 지역 화가 Jana Haynes로부터 그림을 샀다는 것을 알 수 있다. 따라서 (D)가 정답이다.

199

○○○
●
상

What is suggested about Mr. Almonte?

(A) He wrote a book about a journey.
(B) He examined some artwork in Maracuyá.
(C) He held a press conference in October.
(D) He has lent out a collection of artifacts.

Mr. Almonte에 대해 암시되는 것은?

(A) 여행에 관한 책을 썼다.
(B) Maracuyá에서 미술품을 살펴보았다.
(C) 10월에 기자 회견을 열었다.
(D) 문화 유물 모음을 빌려줬다.

■ **추론** 연계 문제   정답 (B)

세 지문 중 두 지문의 내용을 종합적으로 확인한 후 추론해서 풀어야 하는 연계 문제이다. 질문의 핵심 어구인 Mr. Almonte와 관련된 내용이 언급된 이메일을 먼저 확인한다.

단서 1 두 번째 지문(이메일)의 'Their titles are ~ *Plaza Esperanza* ~.', 'If Mr. Almonte would like to film them, he may visit me here in Maracuyá.'에서 그것들, 즉 그림의 제목은 *Plaza Esperanza*라며 만약 Mr. Almonte가 그것들을 촬영하고 싶어 한다면 이곳 Maracuyá를 방문해도 된다고 했다. 그런데 그가 Maracuyá를 방문했는지 제시되지 않았으므로 기사에서 관련 내용을 확인한다.

단서 2 세 번째 지문(기사)의 'In one scene of the episode, we are shown the Jana Haynes's painting *Plaza Esperanza*'에서 이 에피소드의 한 장면에서는 Jana Haynes의 그림 *Plaza Esperanza*가 보여진다는 것을 확인할 수 있다.

두 단서를 종합할 때, Mr. Almonte가 Maracuyá를 방문해 *Plaza Esperanza*를 포함한 그림들을 살펴보았다는 사실을 추론할 수 있다. 따라서 (B)가 정답이다.

바꾸어 표현하기
painting 그림 → artwork 미술품

200

○○○
●●
상

What was Emerald Falls mainly famous for?

(A) Its educational standards
(B) Its natural scenery
(C) Its mineral resources
(D) Its charity auctions

Emerald Falls는 주로 무엇으로 유명했는가?

(A) 교육 수준
(B) 자연 풍경
(C) 광물 자원
(D) 자선 경매

■ **육하원칙** What   정답 (C)

Emerald Falls가 주로 무엇(What)으로 유명했는지를 묻는 육하원칙 문제이므로 질문의 핵심 어구인 Emerald Falls ~ famous for와 관련된 내용이 언급된 세 번째 지문인 기사를 확인한다. 기사의 'Emerald Falls, a once thriving mining community that has since been depleted of its celebrated mineral deposits'에서 Emerald Falls가 한때 번성한 광산촌이었지만 이후 그곳의 유명한 광물 매장층이 고갈 되었다고 했으므로 (C)가 정답이다.

바꾸어 표현하기
famous for ~으로 유명한 → celebrated 유명한

▌TEST 09

101
○○○●○
하

The former tenants will be ------- the property later this afternoon.

(A) vacated
(B) vacancy
(C) vacating
(D) vacate

이전 세입자들은 오늘 오후 늦게 건물을 비울 것이다.

■ **[be동사 다음에 올 수 있는 것] 진행형 (be + -ing)**　　　　　　　　　　　　　　　　　　　　정답 (C)

빈칸이 be동사(be) 다음에 왔으므로 수동형을 만드는 p.p.형 (A), 명사 (B), 진행형을 만드는 -ing형 (C)가 정답의 후보이다. 빈칸 뒤에 목적어 (the property)가 있고 '이전 세입자들이 건물을 비울 것이다'라는 의미가 되어야 하므로 be동사와 함께 진행형을 만드는 -ing형 (C) vacating 이 정답이다. p.p.형 (A)는 빈칸 앞의 be동사(be)와 함께 쓰이면 수동태가 되어 목적어를 취할 수 없다. 명사 (B)는 be동사 다음에 올 수는 있지만, 보어로서 주어(The former tenants)와 동격 관계가 되어 '이전 세입자들은 빈방일 것이다'라는 어색한 문맥을 만든다. 동사원형 (D)는 be동사 다음에 올 수 없다.

어휘　vacate　v. 비우다　vacancy　n. 빈방, 공석

102
○●○○○
하

Team members introduced ------- to one another at the start of the first project meeting.

(A) they
(B) them
(C) their
(D) themselves

팀원들은 첫 프로젝트 회의를 시작할 때 서로에게 자기소개를 했다.

■ **[목적어 자리] 재귀대명사**　　　　　　　　　　　　　　　　　　　　　　　　　　　　　정답 (D)

동사(introduced)의 목적어 자리에 올 수 있는 목적격 인칭대명사 (B)와 재귀대명사 (D)가 정답의 후보이다. '팀원들이 서로에게 자기소개를 했다'라는 의미가 되어야 하므로 주어(Team members)와 목적어가 동일할 때 목적어 자리에 올 수 있는 재귀대명사 (D) themselves가 정답이다. 목적격 인칭대명사 (B) them을 쓰면 '팀원들이 서로에게 그들(팀원들이 아닌 다른 사람들)을 소개했다'라는 어색한 문맥이 된다. 주격 인칭 대명사 (A) they와 소유격 인칭대명사 (C) their는 목적어 자리에 올 수 없다. 참고로, introduce oneself(자기소개를 하다)를 관용구로 알아둔 다.

어휘　one another　phr. 서로

103
○○○●○
하

Thanks to a city council budget surplus, it is ------- possible that Davondale Bridge will be replaced this year.

(A) certain
(B) certainty
(C) certainly
(D) certitude

시 의회의 예산 흑자 덕분에, 올해 Davondale 다리가 교 체되는 것은 확실히 가능하다.

■ **부사 자리**　　　　　　　　　　　　　　　　　　　　　　　　　　　　　　　　　　　　정답 (C)

빈칸 뒤의 형용사(possible)를 꾸밀 수 있는 것은 부사이므로 부사 (C) certainly(확실히, 틀림없이)가 정답이다. 형용사 (A), 명사 (B)와 (D)는 형용사를 꾸밀 수 없다.

어휘　surplus　n. 흑자, 잉여분　certain　adj. 확실한　certainty　n. 확실한 것　certitude　n. 확신

104

Ticket holders were provided with refunds but were not told ------- the concert had been canceled.

(A) why
(B) where
(C) who
(D) which

티켓 소지자들은 환불을 받았지만 콘서트가 왜 취소되었는지는 듣지 못했다.

■ 명사절 접속사 의문사 why　　　　　정답 (A)

빈칸 앞에 목적어를 두 개 가지는 4형식 동사 tell(~에게 –을 말하다)이 수동태로 쓰여 간접 목적어(Ticket holders)가 주어 자리에 왔으므로, ___ ~ canceled는 직접 목적어 자리이다. 직접 목적어 자리에 온 빈칸을 포함하는 절(___ ~ canceled)이 주어(the concert)와 동사(had been canceled)를 갖춘 완전한 명사절이므로, 뒤에 완벽한 명사절이 오는 의문부사 (A)와 (B)가 정답의 후보이다. '콘서트가 왜 취소되었는지 듣지 못했다'라는 의미가 되어야 하므로, 의문부사 (A) why(왜)가 정답이다. 의문부사 (B) where(어디에서)를 쓸 경우 '콘서트가 어디에서 취소되었는지 듣지 못했다'라는 어색한 문맥이 된다. 의문대명사 (C) who와 (D) which는 뒤에 주어, 목적어, 또는 보어가 없는 불완전한 절이 와야 한다. (D) which를 뒤에 나온 명사(the concert)를 꾸미면서 명사절을 이끄는 의문형용사로 본다 해도, 의문형용사 뒤에는 관사 없이 명사가 바로 나와야 하는데 명사 concert 앞에 정관사(the)가 있으므로 답이 될 수 없다.

어휘　refund n. 환불; v. 환불하다

105

To promote Gaspard Carlock's puppet show, advertisements will be ------- around the city.

(A) packed
(B) posted
(C) priced
(D) practiced

Gaspard Carlock의 인형극을 홍보하기 위해, 도시 곳곳에 광고가 게시될 것이다.

■ 동사 어휘　　　　　정답 (B)

'도시 곳곳에 광고가 게시될 것이다'라는 문맥이므로 동사 post(게시하다)의 p.p.형인 (B) posted가 정답이다. (A)의 pack은 '포장하다', (C)의 price는 '가격을 매기다', (D)의 practice는 '연습하다'라는 의미이다.

어휘　puppet show phr. 인형극

106

Since the two programs have a number of similar elements, viewers have drawn ------- between them.

(A) comparisons
(B) comparing
(C) comparative
(D) comparable

두 개의 프로그램에 비슷한 요소가 많아서, 시청자들은 그것들을 비교했다.

■ [목적어 자리] 동명사 vs. 명사　　　　　정답 (A)

타동사(have drawn)의 목적어 자리에 올 수 있는 것은 명사이므로 명사 (A)와 명사 역할을 하는 동명사 (B)가 정답의 후보이다. '시청자들은 그것들을 비교했다'라는 의미가 되어야 하므로, 빈칸 앞의 동사 draw와 함께 '비교하다'라는 의미의 어구 draw comparisons를 만드는 명사 (A) comparisons(비교)가 정답이다. 동사 compare(비교하다)의 동명사 (B) comparing을 쓸 경우 '비교하는 것을 하다'라는 어색한 문맥이 된다. 형용사 (C)와 (D)는 목적어 자리에 올 수 없다.

어휘　element n. 요소, 성분　comparative adj. 비교의　comparable adj. 비슷한, 비교할 만한

107

Attendees found the computer tutorial offered by Offenburg Community Center to be ------- helpful.

(A) fast
(B) enough
(C) quite
(D) soon

참가자들은 Offenburg 시민 문화회관에 의해 제공되는 컴퓨터 개별 지도 시간이 상당히 도움이 된다고 생각했다.

■ 부사 선택　　　　　정답 (C)

'컴퓨터 개별 지도 시간이 상당히 도움이 된다고 생각했다'라는 의미가 되어야 하므로 부사 (C) quite(상당히, 꽤)가 정답이다. (A) fast는 '빠르게, 지체 없이', (D) soon은 '곧'이라는 의미이다. (B) enough(충분히, 필요한 만큼)는 빈칸 뒤의 형용사(helpful)를 앞이 아닌 뒤에서 꾸며주어야 한다. 참고로, 이 문장은 목적어와 목적격 보어를 가지는 5형식 동사 find(~을 –이라고 생각하다) 뒤에 목적어(the computer ~ Center)와 목적격 보어(to be ~ helpful)가 온 형태임을 알아둔다.

어휘　tutorial n. 개별 지도 시간, 지도서

108

○○○●○ 중

To find his printer's model number, Mr. Jansen turned it ------- and checked the bottom.

(A) past
(B) against
(C) in
(D) over

프린터의 모델 번호를 찾기 위해, Mr. Jansen은 그것을 뒤집어서 바닥을 확인했다.

■ 동사와 함께 쓰인 전치사 표현　　　　　　　　　　　　　　　　　　　　　　　　　　정답 (D)

'프린터를 뒤집어서 바닥을 확인했다'라는 의미가 되어야 하므로 빈칸 앞의 동사 turn과 함께 '~을 뒤집다'라는 의미의 어구인 turn over를 만드는 전치사 (D) over가 정답이다. (A) past는 '~을 지나서'라는 의미이다. (B) against를 쓰면 '~에게 등을 돌리다'라는 의미의 turn against가 되고, (C) in을 쓰면 '~을 반납하다'라는 의미의 turn in이 되어 어색한 문맥을 만든다.

어휘　bottom n. 바닥, 뒷면

109

○○○○● 하

Earth Preserve hopes that everyone ------- to a fund-raiser held in the coming week.

(A) contributing
(B) will contribute
(C) contributed
(D) had contributed

Earth Preserve사는 다음 주에 개최되는 모금 행사에 모두가 기부하기를 바란다.

■ [동사 자리] 시제 일치　　　　　　　　　　　　　　　　　　　　　　　　　　　　　정답 (B)

that절(that ~ week)에 주어(everyone)만 있고 동사가 없으므로 동사 (B), (C), (D)가 정답의 후보이다. 미래 시간 표현(in the coming week)이 있으므로 미래 시제 (B) will contribute가 정답이다. 과거 시제 (C), 과거완료 시제 (D)는 미래 시간 표현과 함께 쓰일 수 없다. 동명사 또는 현재분사 (A)는 동사 자리에 올 수 없다. 참고로, held in the coming week은 선행사(a fund-raiser)를 꾸며주고 있음을 알아둔다.

어휘　fund-raiser n. 모금 행사　contribute v. 기부하다, 기여하다

110

○○○○● 하

Several local ski lodges have delayed opening ------- mid-November due to the warm weather.

(A) about
(B) despite
(C) until
(D) across

따뜻한 날씨로 인해 지역 내 여러 스키 별장들이 11월 중순까지 개장을 연기했다.

■ 전치사 선택 시점　　　　　　　　　　　　　　　　　　　　　　　　　　　　　　정답 (C)

'여러 스키 별장들이 11월 중순까지 개장을 연기했다'라는 의미가 되어야 하므로 시점을 나타내는 전치사 (C) until(~까지)이 정답이다. (A) about은 '~에 관하여'라는 의미이다. (B) despite는 '~에도 불구하고'라는 의미로 양보를, (D) across는 '~을 가로질러'라는 의미로 방향을 나타낸다.

어휘　lodge n. 별장, 산장　delay v. 연기하다, 미루다　opening n. 개장, 개시

111

○○○●○ 중

Some employees may have to work overtime during the final ------- of the project.

(A) figure
(B) judgment
(C) phase
(D) piece

몇몇 직원들은 프로젝트의 마지막 단계 동안 초과 근무를 해야 할 수도 있다.

■ 명사 어휘　　　　　　　　　　　　　　　　　　　　　　　　　　　　　　　　　정답 (C)

'프로젝트의 마지막 단계 동안 초과 근무를 해야 할 수도 있다'라는 문맥이므로 명사 (C) phase(단계)가 정답이다. (A) figure는 '수치', (B) judgment는 '판단', (D) piece는 '부분, 일부'라는 의미이다.

어휘　overtime n. 초과 근무

112

The vocabulary in *Words in Russian* becomes ------- harder after the first section of the book.

(A) progressive
(B) progressively
(C) progress
(D) progressed

*Words in Russian*에 있는 어휘는 그 책의 첫 번째 섹션 이후로 점차 어려워진다.

■ 부사 자리   정답 (B)

빈칸 뒤의 형용사의 비교급(harder)을 꾸밀 수 있는 것은 부사이므로 부사 (B) progressively(점차, 계속해서)가 정답이다. 형용사 (A), 명사 또는 동사 (C), 동사 또는 과거분사 (D)는 형용사를 꾸밀 수 없다.

어휘   vocabulary n. 어휘   section n. 섹션, 부분   progressive adj. 점진적인   progress n. 진행; v. 진행하다

113

The ------- trail Ms. Vigneux had ever hiked was located in Flint Valley National Park.

(A) roughly
(B) rougher
(C) roughest
(D) rough

Ms. Vigneux가 지금까지 하이킹해본 곳 중 가장 거친 길은 Flint Valley 국립 공원에 있다.

■ [형용사 자리] 최상급   정답 (C)

빈칸 뒤의 명사(trail)를 꾸밀 수 있는 것은 형용사이므로 형용사 (B), (C), (D)가 정답의 후보이다. 'Ms. Vigneux가 지금까지 하이킹해본 곳 중 가장 거친 길은 국립 공원에 있다'라는 의미가 되어야 하고 빈칸 앞에 정관사(The)가 있으므로 형용사 rough(거친)의 최상급 (C) roughest가 정답이다. 참고로, 최상급 표현은 최상급을 강조해주는 부사 ever(지금까지)와 함께 자주 쓰임을 알아둔다. 비교급 (B)는 than과 함께 쓰여 두 대상 중 한쪽이 우월함을 나타낸다. 원급 (D)는 'Ms. Vigneux가 지금까지 하이킹해본 곳 중 그 거친 길은 국립 공원에 있다'라는 어색한 문맥을 만든다. 부사 (A)는 명사를 꾸밀 수 없다.

어휘   trail n. 길, 오솔길   national park phr. 국립 공원   roughly adv. 대략, 거의

114

As a result of an exclusivity agreement, the drink Nitro-Sip is available ------- at Duggarti Foods.

(A) densely
(B) fully
(C) solely
(D) fairly

독점 계약의 결과로, 음료 Nitro-Sip은 오직 Duggarti Foods에서만 살 수 있다.

■ 부사 어휘   정답 (C)

'독점 계약의 결과로 음료는 오직 Duggarti Foods에서만 살 수 있다'라는 문맥이므로 부사 (C) solely(오직, 단독으로)가 정답이다. (A) densely는 '빽빽이, 밀집하여', (B) fully는 '충분히, 아주, (D) fairly는 '상당히, 꽤'라는 의미이다.

어휘   exclusivity agreement phr. 독점 계약   available adj. 살 수 있는, 구할 수 있는

115

Accounting department employees had to work longer hours during the -------, which took nearly a month.

(A) auditor
(B) auditorial
(C) audited
(D) audit

회계부 직원들은 회계 감사 동안 더 오래 일해야 했는데, 이는 거의 한 달이 걸렸다.

■ [명사 자리] 사람명사 vs. 추상명사   정답 (D)

빈칸 앞의 관사(the)와 함께 전치사(during)의 목적어 자리에 올 수 있는 것은 명사이므로 명사 (A)와 (D)가 정답의 후보이다. '회계부 지원들은 회계 감사 동안 더 오래 일해야 했다'라는 의미가 되어야 하므로 추상명사 (D) audit(회계 감사)이 정답이다. 사람명사 (A) auditor(회계 감사관)는 '회계부 직원들은 회계 감사관 동안 더 오래 일해야 했다'라는 어색한 문맥을 만든다. 형용사 (B), 동사 또는 과거분사 (C)는 명사 자리에 올 수 없다.

어휘   accounting n. 회계   nearly adv. 거의   auditorial adj. 회계 감사의   audit n. 회계 감사; v. 회계를 감사하다

116

Though the ------- findings suggested that the medication was effective, further research proved otherwise.

(A) congested (B) upcoming
(C) hazardous (D) original

초기의 연구 결과는 그 약이 효과적이라고 시사했지만, 추가 연구는 다르게 입증했다.

■ 형용사 어휘 정답 (D)

'초기의 연구 결과는 그 약이 효과적이라고 시사했지만 추가 연구는 다르게 입증했다'라는 문맥이므로 (D) original(초기의, 본래의)이 정답이다. (A) congested는 '붐비는, 혼잡한', (B) upcoming은 '다가오는', (C) hazardous는 '위험한'이라는 의미이다.

어휘 finding n. (조사·연구 등의) 결과 suggest v. 시사하다, 암시하다 medication n. 약, 약물 effective adj. 효과적인 further adj. 추가의, 더 이상의 prove v. 입증하다, 증명하다 otherwise adv. 다르게, 달리

117

If Mr. Alton ------- for the conference in advance, he will receive a 15 percent discount on the price of admission.

(A) registers (B) had registered
(C) will register (D) registered

회의에 미리 등록하면, Mr. Alton은 입장료에 대해 15퍼센트 할인을 받을 것이다.

■ 현재 시제 정답 (A)

If절(If ~ advance)에 동사가 없으므로 동사인 모든 보기가 모두 정답의 후보이다. 주절(he ~ admission)의 동사(will receive)가 미래 시제이고, '회의에 미리 등록하면 입장료에 대해 할인을 받을 것이다'라는 의미가 되어야 하므로 if로 시작되는 종속절(If ~ advance)도 미래를 나타내야 한다. 조건의 부사절에서는 미래를 나타내기 위해 미래 시제 대신 현재 시제를 사용해야 하므로 현재 시제 (A) registers가 정답이다. 과거완료 시제 (B), 미래 시제 (C), 과거 시제 (D)는 미래를 나타내는 조건의 부사절에서 사용될 수 없다.

어휘 in advance phr. 미리, 사전에 admission n. 입장, 입장료 register v. 등록하다

118

Mr. Isaac manages the store and his ------- include handling staff concerns.

(A) responsive (B) responsible
(C) responsibility (D) responsibilities

Mr. Issac은 가게를 운영하고 그의 책무는 직원들의 문제를 다루는 것을 포함한다.

■ [명사 자리] 가산 명사와 불가산 명사 정답 (D)

빈칸 앞의 소유격 인칭대명사(his)의 꾸밈을 받을 수 있는 명사 (C)와 (D)가 정답의 후보이다. 빈칸 뒤의 동사(include)가 복수형이고 '그의 책무는 직원들의 문제를 다루는 것을 포함한다'라는 의미가 되어야 하는데, 이때 responsibility는 '책무'라는 의미의 가산 명사이므로 복수형 (D) responsibilities가 정답이다. 단수형 (C)는 단수 동사와 함께 쓰여야 한다. 형용사 (A)와 (B)는 명사 자리에 올 수 없다. 참고로, responsibility는 '책무, 직책'이라는 의미일 때는 가산 명사이고, '책임'이라는 의미일 때는 불가산 명사임을 알아둔다.

어휘 manage v. 운영하다 handle v. 다루다 concern n. 문제, 우려 responsive adj. 즉각 반응하는 responsible adj. (~에 대하여) 책임이 있는

119

Ahead of his retirement, Director John Bailey ------- his colleague Vanessa Gail as his successor.

(A) consented (B) estimated
(C) amended (D) nominated

은퇴 전에, 이사 John Bailey는 그의 동료인 Vanessa Gail을 후임자로 지명했다.

■ 동사 어휘 정답 (D)

'이사는 동료를 후임자로 지명했다'라는 문맥이므로 동사 nominate(지명하다, 추천하다)의 과거형 (D) nominated가 정답이다. (A)의 consent(동의하다)도 해석상 그럴듯해 보이지만, 보통 to와 함께 쓰여 '~에 동의하다'라는 의미를 나타내므로 답이 될 수 없다. (B)의 estimate(평가하다, 추정하다)도 해석상 그럴듯해 보이지만, 사람 자체가 아닌 사람의 성격이나 능력을 목적어로 취하므로 답이 될 수 없다. (C)의 amend는 '개정하다, 고치다'라는 의미이다.

어휘 ahead of phr. ~ 전에, ~보다 앞서 retirement n. 은퇴 colleague n. 동료 successor n. 후임자, 계승자

120

The company's new workplace safety policy is high ------- the agenda for tomorrow's meeting.

(A) of (B) to
(C) at (D) on

최상

회사의 새로운 산업 안전 규정은 내일 회의의 중요한 안건이다.

■ **동사, 형용사, 명사와 함께 쓰인 전치사 표현** 정답 (D)

'새로운 규정은 회의의 중요한 안건이다'라는 의미가 되어야 하므로, 빈칸 앞의 형용사 high와 빈칸 뒤의 명사구 the agenda와 함께 '중요한 안건'이라는 의미의 어구 high on the agenda를 만드는 전치사 (D) on이 정답이다. (A) of는 '~의'라는 의미이다. (B) to는 '~로, ~ 쪽으로'라는 의미로 방향을 나타낸다. (C) at은 '~에, ~에서'라는 의미이다.

어휘 workplace safety phr. 산업 안전

121

The head of the National Medical Association also ------- as the director of a private hospital.

(A) accepts (B) serves
(C) answers (D) regards

중

전국 의료 조합장은 개인 병원 원장의 역할도 한다.

■ **동사 어휘** 정답 (B)

'전국 의료 조합장은 개인 병원 원장의 역할도 한다'라는 문맥이므로 동사 serve(역할을 하다)의 단수형 (B) serves가 정답이다. 참고로, serve as(~의 역할을 하다)를 관용구로 알아둔다. (A)의 accept는 '인정하다', (C)의 answer는 '대답하다', (D)의 regard는 '~으로 여기다'라는 의미이다.

어휘 director n. 원장

122

Students are ------- arguing for the renovation of Central Library, which is now over 50 years old.

(A) immeasurably (B) strongly
(C) mutually (D) inadvertently

중

학생들은 현재 50년이 넘는 중앙 도서관의 수리에 강력하게 찬성 의견을 말하고 있다.

■ **부사 어휘** 정답 (B)

'학생들은 도서관의 수리에 강력하게 찬성 의견을 말하고 있다'라는 문맥이므로 (B) strongly(강력하게)가 정답이다. (A) immeasurably(헤아릴 수 없을 정도로, 매우)도 해석상 그럴듯해 보이지만, 비율이나 크기가 측정할 수 없을 만큼 큰 것을 의미할 때 사용되므로 답이 될 수 없다. (C) mutually는 '상호 간에', (D) inadvertently는 '무심코, 우연히'라는 의미이다.

어휘 argue for phr. ~에 찬성 의견을 말하다

123

------- they are entered into the payroll system, new employees must provide the finance department with some banking information.

(A) As if (B) During
(C) Before (D) Instead of

중

신입사원들은 급여 대상자 명단 시스템에 등록되기 전에, 재무부에 몇 가지 금융 정보를 제공해야 한다.

■ **[수식어 거품을 이끌 수 있는 것] 부사절 접속사** 시간 정답 (C)

이 문장은 주어(new employees), 동사(must provide), 목적어(the finance department)가 있는 완전한 절이므로 ___ ~ system은 수식이 거품으로 보아야 한다. 이 수식어 거품은 동사(are entered)가 있는 거품절이므로, 거품절을 이끌 수 있는 부사절 접속사 (A)와 (C)가 정답의 후보이다. '신입사원들은 시스템에 등록되기 전에 금융 정보를 제공해야 한다'라는 의미가 되어야 하므로 시간을 나타내는 부사절 접속사 (C) Before(~하기 전에)가 정답이다. (A) As if(마치 ~처럼)를 쓰면 '마치 신입사원들이 시스템에 등록되는 것처럼 금융 정보를 제공해야 한다'라는 어색한 문맥이 된다. 전치사 (B) During(~ 동안)과 (D) Instead of(~ 대신에)는 거품절이 아닌 거품구를 이끈다.

어휘 enter v. 등록하다, 기록하다 payroll n. 급여 대상자 명단 finance n. 재무, 재정 banking n. 금융, 은행 업무

124
○○○●◎
상

------- you complete this form, bring it to the front desk and leave it with the secretary.

(A) Once
(B) Or
(C) Since
(D) Either

양식을 작성하는 대로, 안내 데스크로 가져오셔서 비서에게 맡기십시오.

■ **[수식어 거품을 이끄는 것] 부사절 접속사** 시간   정답 (A)

이 문장은 주어가 없는 명령문으로 동사(bring, leave)와 목적어(it)를 갖춘 완전한 절이므로, ___ ~ form은 수식어 거품으로 보아야 한다. 이 수식어 거품은 동사(complete)가 있는 거품절이므로, 거품절을 이끌 수 있는 부사절 접속사 (A)와 (C)가 정답의 후보이다. '양식을 작성하는 대로 비서에게 맡기시오'라는 의미가 되어야 하므로 시간을 나타내는 부사절 접속사 (A) Once(~하는 대로, 일단 ~하면)가 정답이다. (C) Since (~한 이래로)를 쓰면 '양식을 작성하는 이래로 비서에게 맡기시오'라는 어색한 문맥이 된다. 등위접속사 (B) Or(또는), 형용사 또는 대명사 (D) Either(어느 한쪽의; 어느 쪽)는 수식어 거품을 이끌 수 없다.

어휘   complete v. 작성하다   leave with phr. ~에게 맡기다   secretary n. 비서

125
○○○●◎
상

Due to the success of his prototypes, the inventor currently has a ------- reputation for innovation.

(A) grown
(B) growing
(C) grower
(D) growth

시제품의 성공으로 인해, 현재 그 발명가는 기술 혁신에 대해 증가하는 명성을 가지고 있다.

■ **[형용사 자리] 현재분사 vs. 과거분사**   정답 (B)

빈칸 뒤의 명사(reputation)를 꾸밀 수 있는 것은 형용사이므로 형용사 역할을 하는 과거분사 (A)와 현재분사 (B)가 정답의 후보이다. 꾸밈을 받는 명사(reputation)와 분사가 '증가하는 명성'이라는 능동의 의미이므로 현재분사 (B) growing이 정답이다. 과거분사 (A) grown을 쓸 경우 해석상 그럴듯해 보이지만, 동사 grow는 '증가하다'라는 의미일 때 자동사이므로 수동형인 과거분사로 쓸 수 없다. grown을 '장성한, 성인이 된'이라는 의미의 형용사로 본다 해도, '장성한 명성'이라는 어색한 문맥을 만든다. 명사 (C)와 (D)는 명사를 꾸밀 수 없다.

어휘   prototype n. 시제품, 견본   inventor n. 발명가   reputation n. 명성   innovation n. 기술혁신, 쇄신   grower n. 재배자, 배양가
       growth n. 성장, 증가

126
○○○●◎
상

Roscast Communications employees may work from home, but it is ------- for them to have a reliable Internet connection.

(A) definite
(B) necessary
(C) optimistic
(D) absolute

Roscast Communications사의 직원들은 재택근무를 할 수도 있지만, 확실한 인터넷 연결을 보유하는 것이 필수적이다.

■ **형용사 어휘**   정답 (B)

'직원들은 재택근무를 할 수도 있지만 인터넷 연결을 보유하는 것이 필수적이다'라는 문맥이므로 (B) necessary(필수적인)가 정답이다. (A) definite은 '확실한, 분명한', (C) optimistic은 '낙관적인', (D) absolute는 '완전한, 절대적인'이라는 의미이다.

어휘   work from home phr. 재택근무하다   reliable adj. 확실한, 신뢰할 만한   connection n. 연결

127
○○○●◎
상

The ------- of LRB Pharmaceuticals and Hough Laboratories may result in the elimination of some positions.

(A) merger
(B) potential
(C) dedication
(D) obligation

LRB 제약회사와 Hough 연구소의 합병은 몇몇 일자리가 배제되도록 할 수도 있다.

■ **명사 어휘**   정답 (A)

'합병은 몇몇 일자리가 배제되도록 할 수도 있다'라는 문맥이므로 (A) merger(합병)가 정답이다. (B) potential은 '가능성, 잠재력', (C) dedication은 '전념, 헌신', (D) obligation은 '의무'라는 의미이다.

어휘   pharmaceuticals n. 제약회사   laboratory n. 연구소, 실험실   result in phr. (결과적으로) ~이 되다   elimination n. 배제, 제거
       position n. 일자리, 직위

128 ○●●●● 상

Amberview Beach Resort is a popular summer destination, but it is open for business all ------- the year.

(A) among
(B) without
(C) through
(D) beyond

Amberview Beach 리조트는 유명한 여름철 여행 목적지이지만, 그곳은 1년 내내 영업한다.

■ 전치사 선택 기간 　　　　　　　　　　　　　　　　　　　　　　　　　　　　　　　　정답 (C)

'Amberview Beach 리조트는 유명한 여름철 여행 목적지이지만 그곳은 1년 내내 영업한다'라는 의미가 되어야 하므로 기간을 나타내는 전치사 (C) through(~ 내내, ~ 동안)가 정답이다. (A) among은 '(셋 이상의 그룹 내의 사람/사물) ~ 사이에, ~ 중에'라는 의미로 위치를, (B) without은 '~이 없다면'이라는 의미로 제외를 나타낸다. (D) beyond는 '~보다 뛰어난, ~ 이상으로'라는 의미이다.

어휘　destination n. (여행) 목적지　open for business phr. 영업하는, 영업 중인

129 ○●●●● 상

Ms. Ross acquired the ------- number of new customers in May, falling behind all the other sales representatives.

(A) steadiest
(B) brightest
(C) longest
(D) smallest

Ms. Ross는 5월에 가장 적은 수의 신규 고객을 얻어서, 다른 모든 판매원들보다 뒤쳐졌다.

■ 형용사 어휘 　　　　　　　　　　　　　　　　　　　　　　　　　　　　　　　　　　정답 (D)

'Ms. Ross는 가장 적은 수의 신규 고객을 얻어서 다른 모든 판매원들보다 뒤쳐졌다'라는 문맥이므로 형용사 small(적은)의 최상급 (D) smallest가 정답이다. (A)의 steady는 '꾸준한', (B)의 bright는 '희망적인, 밝은', (C)의 long은 '(길이가) 긴'이라는 의미이다.

어휘　acquire v. 얻다, 획득하다　fall behind phr. ~보다 뒤처지다　sales representative phr. 판매원

130 ○●●●● 상

Completing an important project under a time ------- calls for careful scheduling.

(A) constraint
(B) relief
(C) quality
(D) proposal

중요한 프로젝트를 시간 제한 내에 완료하는 것은 철저한 일정 관리를 필요로 한다.

■ 명사 어휘 　　　　　　　　　　　　　　　　　　　　　　　　　　　　　　　　　　　정답 (A)

'프로젝트를 시간 제한 내에 완료하는 것은 철저한 일정 관리를 필요로 한다'라는 문맥이므로 명사 (A) constraint(제한, 제약)가 정답이다. (B) relief는 '완화', (C) quality는 '품질', (D) proposal은 '제안'이라는 의미이다.

어휘　call for phr. ~을 필요로 하다　careful adj. 철저한, 조심스러운　scheduling n. 일정 관리

PART 6

Questions 131-134 refer to the following e-mail.

131-134는 다음 이메일에 관한 문제입니다.

To: Paige Lagarde <paigelagarde@peoplemail.com>
From: Brad Jeong <jeongbrad@cucinaaid.com>
Date: March 2
Subject: Re: CucinaAid mixer problem

Dear Ms. Lagarde,

You wrote to let us know that the whisk attachment for your
CucinaAid mixer isn't tight enough when you screw it on.
You have every reason to be concerned. -------, loose
                                            131
attachments pose a safety risk, and we are glad that you
brought the matter to our attention.

We believe that the defect ------- during a recent production
                              132
run, when we may have used the wrong parts by mistake.
We are very sorry and would like to offer to ------- your
                                                133
machine. Just stop by any of our service centers, and one of
our technicians will be glad to fix it for you at no charge. To
make up for the inconvenience, please also accept the
following coupon code for $25 off your next CucinaAid
purchase: UW3-G6BQ1. -------.
                         134

Sincerely,

Brad Jeong
CucinaAid, Customer Service Agent

수신: Paige Lagarde
        <paigelagarde@peoplemail.com>
발신: Brad Jeong <jeongbrad@cucinaaid.com>
날짜: 3월 2일
제목: 회신: CucinaAid사 믹서기 문제

Ms. Lagarde께,

귀하께서는 CucinaAid 믹서기의 거품기 부속품을 고정시
킬 때 그것이 단단히 고정되지 않는다고 알려주시기 위해
저희에게 이메일을 보내주셨습니다. 충분히 걱정하실 만합
니다. **131** 실제로, 헐거운 부속품은 안전상의 위험을 제기하
며, 귀하께서 저희가 이 문제에 주목하게 해주셔서 다행입
니다.

132 저희는 최근 생산이 진행되는 중에 결함이 야기된 것으
로 생각하는데, 이때 실수로 잘못된 부품을 쓴 것 같습니다.
133 굉장히 죄송하게 생각하며 귀하의 기계를 수리해드리
는 것을 제안하고자 합니다. 저희 서비스 센터 중 아무 데나
들르시면, 기술자 중 한 명이 흔쾌히 그것을 무상으로 고쳐
드릴 것입니다. 이 불편을 보상해드리기 위해, 다음 번의
CucinaAid사 구입품에 25달러 할인을 받을 수 있는 다음
쿠폰 번호도 받아주시기 바랍니다: UW3-G6BQ1. **134** 온
라인 쇼핑 시 계산 단계에서 이것을 저희 웹사이트에 입력
하시기만 하면 됩니다.

Brad Jeong 드림
CucinaAid사, 고객 서비스 직원

---

131 (A) However
     (B) Thus
     (C) In fact
     (D) Otherwise

132 (A) causes
     (B) caused
     (C) was causing
     (D) was caused

133 (A) repair
     (B) replace
     (C) refund
     (D) return

134 (A) Our receptionist can direct you to the billing
         department.
     (B) Your recommendations will be taken into
         consideration.
     (C) Damage that results from user error is not covered
         by the warranty.
     (D) Simply type it into our Web site at checkout when
         shopping online.

어휘 **whisk** n. 거품기 **attachment** n. 부속품 **tight** adj. 단단히 고정된, 단단한 **screw** v. (나사로) 고정시키다 **concern** v. 걱정스럽게 만들다
     loose adj. 헐거운 **pose** v. 제기하다 **risk** n. 위험 **defect** n. 결함 **stop by** phr. ~에 들르다 **at no charge** phr. 무상으로
     make up for phr. ~을 보상하다

131 ■ 접속부사 주변 문맥 파악 정답 (C)

빈칸이 콤마와 함께 문장의 맨 앞에 온 접속부사 자리이므로, 앞부분과 빈칸이 있는 문장의 의미 관계를 파악하여 정답을 선택한다. 앞부분에서 고객이 믹서기의 거품기 부속품을 고정시킬 때 그것이 단단히 고정되지 않는다고 알려주었으며 이는 충분히 걱정할 만하다고 했고, 빈칸이 있는 문장에서는 헐거운 부속품이 안전상의 위험을 제기하며 이 문제에 주목하게 해줘서 다행이라고 했으므로, 앞부분에 대해 부가적인 설명을 덧붙일 때 사용되는 (C) In fact(실제로, 사실)가 정답이다. (A) However는 '그러나', (B) Thus는 '그러므로', (D) Otherwise는 '그렇지 않으면'이라는 의미로 빈칸에 쓸 경우 어색한 문맥이 된다.

132 ■ 능동태와 수동태의 구별 정답 (D)

동사 cause가 '야기하다, 초래하다'라는 의미의 타동사인데 빈칸 뒤에 목적어가 없고, '최근 생산이 진행되는 중에 결함이 야기되었다'라는 수동의 의미이므로 수동태 (D) was caused가 정답이다. 능동태 (A), (B), (C)는 답이 될 수 없다.

133 ■ 동사 어휘 주변 문맥 파악 정답 (A)

'기계를 ___ 해드리는 것을 제안하고자 한다'라는 문맥이므로 모든 보기가 정답의 후보이다. 빈칸이 있는 문장만으로는 정답을 고를 수 없으므로 주변 문맥이나 전체 문맥을 파악하여 정답을 고른다. 뒤 문장에서 서비스 센터 중 아무 데나 들르면 기술자 중 한 명이 흔쾌히 무상으로 고쳐줄 것이라고 했으므로 기계를 수리해줄 것임을 알 수 있다. 따라서 동사 (A) repair(수리하다)가 정답이다. (B) replace는 '교체하다', (C) refund는 '환불하다', (D) return은 '반환하다, 반송하다'라는 의미이다.

134 ■ 알맞은 문장 고르기 정답 (D)

빈칸에 들어갈 알맞은 문장을 고르는 문제이므로 주변 문맥 또는 전체 문맥을 파악한다. 앞 문장 'please also accept the following coupon code for $25 off your next CucinaAid purchase'에서 다음 번의 구입품에 할인을 받을 수 있는 쿠폰 번호를 받아달라고 했으므로, 빈칸에는 쿠폰 번호 사용과 관련된 내용이 들어가야 함을 알 수 있다. 따라서 (D) Simply type it into our Web site at checkout when shopping online이 정답이다.

보기 해석
(A) 저희 접수 담당자가 청구서 발송과로 안내해드릴 수 있습니다.
(B) 귀하의 의견이 고려될 것입니다.
(C) 사용자의 실수로 인한 손상은 품질 보증서에 의해 보장되지 않습니다.
(D) 온라인 쇼핑 시 계산 단계에서 이것을 저희 웹사이트에 입력하시기만 하면 됩니다.

어휘 receptionist n. 접수 담당자 direct v. 안내하다 billing n. 청구서 발송 recommendation n. 의견, 권고
take ~ into consideration phr. ~을 고려하다 cover v. 보장하다 warranty n. 품질 보증서 checkout n. 계산, 계산대

Questions 135-138 refer to the following article.

As local shoppers are aware, Diamond Plaza Mall is currently undergoing a major -------. Now that it has been
135
closed for a month, its management has revealed that the renovation is going smoothly and that House Lab has agreed to lease 7,000 square feet. House Lab, a top appliance retailer, will no doubt attract plenty of people to the mall. -------. There has already been speculation that it
136
will occupy the space to the left of the main entrance. While this is certainly significant news, ------- other information
137
about the renovation has been released yet. ------- the food
138
court will finally undergo a much-needed expansion, for instance, is still unknown. More details are expected to be disclosed at a press conference next month.

135 지역 내 쇼핑객들이 알고 있다시피, Diamond Plaza 쇼핑몰은 현재 큰 변화를 겪고 있다. 그곳은 이제 한 달째 문을 닫았는데, 운영진은 개조 작업이 원만하게 진행되고 있으며 House Lab이 7천 제곱피트를 임차하기로 결정했다고 밝혔다. 최고의 가전제품 소매업체인 House Lab은 틀림없이 많은 사람들을 쇼핑몰로 끌어들일 것이다. 136 이익 창출 가능성을 고려했을 때, 그것은 가장 좋은 위치를 차지할 것으로 예상된다. 이미 그것이 정문 왼쪽의 공간을 차지할 것이라는 추측이 있어 왔다. 137 이것은 분명 중요한 소식이지만, 아직 개조와 관련하여 발표된 다른 정보는 거의 없다. 138 예를 들면, 푸드 코트가 꼭 필요로 했던 확장을 마침내 진행할 것인지는 아직 알려지지 않았다. 더 많은 세부 사항들은 다음 달 기자회견에서 밝혀질 것으로 예상된다.

135 (A) crisis
(B) reduction
(C) transformation
(D) inspection

136 (A) The mall's final floor plan was released to the press early last week.
(B) Given its profit-making potential, it will likely have a prime location.
(C) Hundreds of customers attended its grand opening ceremony.
(D) Based in Texas, its main store is more than 15,000 square feet.

137 (A) few
(B) much
(C) many
(D) little

138 (A) What
(B) Whether
(C) This
(D) Who

어휘 **aware** adj. 알고 있는 **undergo** v. 겪다, 진행하다 **major** adj. 큰, 주요한 **management** n. 운영진, 경영 **reveal** v. 밝히다, 드러내다 **smoothly** adv. 원만하게 **lease** v. 임차하다 **appliance** n. 가전제품, 기기 **retailer** n. 소매업체 **speculation** n. 추측, 짐작 **occupy** v. 차지하다 **certainly** adv. 분명히 **release** v. 발표하다, 공개하다 **significant** adj. 중요한 **expansion** n. 확장 **unknown** adj. 알려지지 않은 **disclose** v. 밝히다

135 ■ 명사 어휘 주변 문맥 파악

'쇼핑몰이 현재 큰 ____를 겪고 있다'라는 문맥이므로 모든 보기가 정답의 후보이다. 빈칸이 있는 문장만으로는 정답을 고를 수 없으므로 주변 문맥이나 전체 문맥을 파악한다. 뒤 문장에서 그곳, 즉 쇼핑몰이 이제 한 달째 문을 닫았는데 운영진은 개조 작업이 원만하게 진행되고 있으며 House Lab이 7천 제곱피트를 임차하기로 결정했다고 밝혔다고 했으므로, 쇼핑몰이 개조 작업 등의 큰 변화를 겪고 있음을 알 수 있다. 따라서 (C) transformation(변화, 변신)이 정답이다. (A) crisis는 '위기, 위급한 경우', (B) reduction은 '축소, 삭감', (D) inspection은 '점검, 검사'라는 의미이다.

136 ■ 알맞은 문장 고르기

빈칸에 들어갈 알맞은 문장을 고르는 문제이므로 주변 문맥 또는 전체 문맥을 파악한다. 앞 문장 'House Lab, a top appliance retailer, will no doubt attract plenty of people to the mall.'에서 최고의 가전제품 소매업체인 House Lab이 틀림없이 많은 사람들을 쇼핑몰로 끌어들일 것이라고 했으며, 뒤 문장 'There has already been speculation that it will occupy the space to the left of the main entrance.'에서 이미 그것, 즉 House Lab이 정문 왼쪽의 공간을 차지할 것이라는 추측이 있어 왔다고 했으므로, 빈칸에는 많은 사람들을 쇼핑몰로 끌어들일 House Lab의 쇼핑몰 내 위치와 관련된 내용이 들어가야 함을 알 수 있다. 따라서 (B) Given its profit-making potential, it will likely have a prime location이 정답이다.

보기 해석
(A) 쇼핑몰의 최종 평면도는 지난주 초에 언론에 공개되었다.
(B) 이익 창출 가능성을 고려했을 때, 그것은 가장 좋은 위치를 차지할 것으로 예상된다.
(C) 수백 명의 고객들이 그곳의 개업식에 참석했다.
(D) 그곳의 본점은 텍사스에 기반을 두고 있으며, 만오천 제곱피트 이상이다.

어휘 **floor plan** n. 평면도 **given** prep. ~을 고려했을 때 **profit** n. 이익, 수익 **potential** n. 가능성 **prime** adj. 가장 좋은, 가장 적합한

137 ■ 수량 표현 전체 문맥 파악

빈칸 뒤의 불가산 명사(information)를 꾸밀 수 있는 수량 표현 (B)와 (D)가 정답의 후보이다. 빈칸이 있는 문장만으로는 정답을 고를 수 없으므로 주변 문맥이나 전체 문맥을 파악한다. 뒤 문장에서 푸드 코트가 꼭 필요로 했던 확장을 진행할 것인지는 아직 알려지지 않았다고 했고, 뒷부분에서 더 많은 세부 사항들이 다음 달 기자회견에서 밝혀질 것으로 예상된다고 했으므로, 개조와 관련하여 발표된 다른 정보는 거의 없음을 알 수 있다. 따라서 (D) little(거의 없는)이 정답이다. (B) much는 '많은'이라는 의미이다. (A) few(많지 않은, 거의 없는)와 (C) many(많은)는 복수 가산 명사를 수식한다.

138 ■ 명사절 접속사 whether

빈칸이 포함된 절(____ ~ expansion)이 동사(is)의 주어 역할을 하고 있으므로 문장 내에서 주어로 쓰일 수 있는 명사절을 이끄는 명사절 접속사 (A), (B), (D)가 정답의 후보이다. 빈칸이 포함된 절이 주어(the food court), 동사(will ~ undergo), 목적어(a ~ expansion)를 갖춘 완전한 절이므로 뒤에 완전한 절이 오는 (B) Whether(~인지)가 정답이다. 의문사 (A) What(무엇)과 (D) Who(누구)는 뒤에 불완전한 절이 와야 한다. (A) What을 뒤에 나온 명사를 꾸미면서 명사절을 이끄는 의문형용사로 본다 해도, 의문형용사 뒤에는 관사 없이 명사가 바로 나와야 하는데 명사 food 앞에 정관사(the)가 있으므로 답이 될 수 없다. 대명사 (C) This(이것)는 명사절을 이끌 수 없다.

To: All staff
From: Robert Valdez, Management Department
Subject: End of the Year
Date: December 1

As the year comes to an end, the managers at Voyager Communications would like to thank everyone for their hard work and perseverance. Because of your efforts, sales were higher than anticipated, allowing us to reward you with larger bonuses. We will be increasing the standard annual bonus to 2 percent of your salary. -------, it was 1 percent. -------.
     139   **140**

Also, in case you are wondering if the well-deserved pay raise many of you received last week will be factored into the bonus amount, the answer is yes. The bonus will be calculated using your new, higher -------.
                                   141

Please come and see me in my office ------- me know if you
                                  142
have any questions.

수신: 전 직원
발신: Robert Valdez, 경영부
주제: 연말
날짜: 12월 1일

올해가 끝나감에 따라, Voyager Communications사의 경영진은 모두의 노고와 인내에 감사드리고 싶습니다. 여러분의 노력 덕분에, 매출이 예상보다 높았고, 이는 저희가 여러분께 더 많은 상여금으로 보상할 수 있게 해주었습니다. 저희는 표준 연간 상여금을 여러분의 연봉의 2퍼센트로 늘릴 것입니다. **139** 이전에, 이것은 1퍼센트였습니다. **140** 이것은 여러분의 올해 마지막 급여에 포함될 것입니다.

또한, 지난주에 여러분 다수가 받은 충분한 자격이 있는 임금 인상분이 상여금 액수에 고려될 것인지 궁금해하고 계시다면, 대답은 그렇습니다. **141** 상여금은 여러분의 새롭고, 더 높은 급여를 사용하여 계산될 것입니다.

142 질문이 있다면 제게 알리기 위해 사무실로 찾아오셔서 저를 만나십시오.

139 (A) Formerly
(B) Conversely
(C) Meanwhile
(D) Appropriately

140 (A) This is our highest profit increase in the past decade.
(B) The company will be donating to a charitable organization.
(C) The chosen candidate will sometimes have to work extra hours.
(D) It will be included in your last paycheck of the year.

141 (A) price
(B) position
(C) salary
(D) quality

142 (A) let
(B) will let
(C) to let
(D) lets

어휘　come to an end　phr. 끝나다　hard work　phr. 노고　perseverance　n. 인내　effort　n. 노력　anticipate　v. 예상하다　reward　v. 보상하다
standard　adj. 표준의　well-deserved　adj. 충분한 자격이 있는　raise　n. 임금 인상; v. 인상하다　factor　v. 고려하다　calculate　v. 계산하다

139 ■ 접속부사 _주변 문맥 파악_   정답 (A)

빈칸이 콤마와 함께 문장의 맨 앞에 온 접속부사 자리이므로, 앞 문장과 빈칸이 있는 문장의 의미 관계를 파악하여 정답을 선택한다. 앞 문장에서 표준 연간 상여금을 연봉의 2퍼센트로 늘릴 것이라고 했고, 빈칸이 있는 문장에서는 이것이 1퍼센트였다고 했으므로, 앞 문장의 내용보다 앞서 있었던 상황을 나타낼 때 사용되는 접속부사 (A) Formerly(이전에)가 정답이다. (B) Conversely는 '정반대로, 역으로', (C) Meanwhile은 '그동안', (D) Appropriately는 '적당하게, 알맞게'라는 의미이다. 참고로, Meanwhile은 어떤 일이 일어나고 있는 동시에 다른 일이 발생하는 상황을 나타낼 때 쓰임을 알아둔다.

140 ■ 알맞은 문장 고르기   정답 (D)

빈칸에 들어갈 알맞은 문장을 고르는 문제이므로 주변 문맥 또는 전체 문맥을 파악한다. 앞부분에서 매출이 예상보다 높아서 직원들에게 더 많은 상여금으로 보상할 수 있게 되었으며 표준 연간 상여금을 직원들의 연봉의 2퍼센트로 늘릴 것이라고 했으므로 빈칸에는 인상된 상여금과 관련된 내용이 들어가야 함을 알 수 있다. 따라서 (D) It will be included in your last paycheck of the year가 정답이다.

보기 해석
(A) 이것은 지난 10년 중 저희의 가장 높은 수익 증대입니다.
(B) 회사는 자선 단체에 기부할 것입니다.
(C) 선택된 지원자들은 가끔 초과 근무를 해야 할 것입니다.
(D) 이것은 여러분의 올해 마지막 급여에 포함될 것입니다.

어휘   **donate** v. 기부하다   **charitable organization** phr. 자선 단체   **paycheck** n. 급여, 급료

141 ■ 명사 어휘   정답 (C)

'상여금은 직원들의 새롭고 더 높은 급여를 사용하여 계산될 것이다'라는 문맥이므로 명사 (C) salary(급여)가 정답이다. (A) price는 '가격', (B) position은 '위치, 지위', (D) quality는 '자질, 품질'이라는 의미이다.

142 ■ [수식어 거품을 이끌 수 있는 것] to 부정사의 역할   정답 (C)

Please로 시작하는 절(Please ~ know)은 주어 없이 시작되는 명령문으로 동사(come, see)와 목적어(me)를 갖춘 완전한 절이므로, ___ me know는 수식어 거품으로 보아야 한다. 이 수식어 거품은 동사가 없는 거품구이므로, 거품구를 이끌며 '제게 알리기 위해'라는 의미의 목적을 나타내는 to 부정사 (C) to let이 정답이다. 동사 (A), (B), (D)는 수식어 거품을 이끌 수 없다. 참고로, 원형 부정사 know는 사역동사 let의 목적격 보어임을 알아둔다.

143-146은 다음 광고에 관한 문제입니다.

The Harlington Improvisation Players (HIP) ------- to the
143
Ferris Greene Performing Arts Center on July 9. If you like to
laugh, don't miss Liza Smythe, Dennis Armstrong, Jackson
Parcell, and Charlie Cousins as they take the stage on this
Saturday. As always, HIP ------- performances by using
144
on-the-spot suggestions from the audience as inspiration.
-------. And they will make you smile for a good cause. -------
145   **146**
from ticket sales will go to benefit extracurricular art-related
activities at Harlington City High School. Visit www.
ferrisgreenepac.com/shows to reserve your seats and get
more information.

143 Harlington 즉흥극단(HIP)이 7월 9일에 Ferris Greene 공연 예술 센터에 올 것입니다. 웃고 싶으시다면, Liza Smythe, Dennis Armstrong, Jackson Parcell, 그리고 Charlie Cousins가 이번주 토요일에 무대에 오를 때 그들을 놓치지 마세요. **144** 언제나처럼, HIP는 관객의 현장 의견을 영감으로 삼아 공연합니다. **145** 이는 그들의 공연 하나하나가 유일무이하다는 것을 의미합니다. 그리고 그들은 훌륭한 목적으로 인해 당신을 미소 짓게 할 것입니다. **146** 티켓 판매로부터 얻은 수익금은 Harlington 시립 고등학교의 방과 후 예술 관련 활동에 도움을 주는 데 쓰일 것입니다. 자리를 예약하고 더 많은 정보를 얻기 위해 www.ferrisgreenepac.com/shows를 방문하세요.

143 (A) would have come
(B) is coming
(C) came
(D) has come

144 (A) delivers
(B) reaches
(C) meets
(D) fulfills

145 (A) They are seeking talented comedians to join their group.
(B) All of the performances have been sold out for months.
(C) This means that every single one of their shows is unique.
(D) A list of their upcoming appearances is available online.

146 (A) Proceeded
(B) Proceeding
(C) Proceed
(D) Proceeds

어휘 improvisation n. 즉흥 take the stage phr. 무대에 오르다, 무대를 차지하다 on-the-spot adj. 현장의, 즉석의 suggestion n. 의견, 제안 audience n. 관객, 청중 inspiration n. 영감 benefit v. 도움을 주다, 혜택을 주다 extracurricular adj. 방과 후의

143 ■ 미래 시제 주변 문맥 파악

'Harlington 즉흥극단이 Ferris Greene 공연 예술 센터에 오다'라는 문맥인데, 이 경우 빈칸이 있는 문장만으로는 올바른 시제의 동사를 고를 수 없으므로 주변 문맥이나 전체 문맥을 파악한다. 뒤 문장에서 배우들이 이번 주 토요일에 무대에 오를 때 그들을 놓치지 말라고 했으므로 즉흥 극단이 오는 것이 미래에 일어날 일임을 알 수 있다. 따라서 미래를 나타낼 수 있는 현재 진행 시제 (B) is coming이 정답이다. 참고로, 현재 진 행 시제(be + -ing)는 예정된 일이나 곧 일어나려고 하는 일을 표현하여 미래를 나타낼 수 있음을 알아둔다. (A)는 과거 사실의 반대를 가정하는 가정법 과거완료 구문에서 주로 사용된다. 과거 시제 (C)와 현재완료 시제 (D)는 미래의 일을 나타낼 수 없다.

144 ■ 짝을 이루는 표현

'HIP는 관객의 현장 의견을 영감으로 삼아 공연한다'라는 문맥이므로 명사 performance(공연)와 함께 '공연하다'라는 의미의 어구 deliver a performance를 만드는 동사 deliver(연설·강연 등을 하다)의 3인칭 단수형 (A) delivers가 정답이다. (B)의 reach는 '도착하다, 도달하다', (C)의 meet은 '만나다'라는 의미이다. (D)의 fulfill(수행하다, 지키다)도 해석상 그럴듯해 보이지만, 약속이나 의무 등을 수행하는 것을 나타내므 로 답이 될 수 없다.

145 ■ 알맞은 문장 고르기

빈칸에 들어갈 알맞은 문장을 고르는 문제이므로 주변 문맥 또는 전체 문맥을 파악한다. 앞 문장 'HIP (delivers) performances by using on-the-spot suggestions from the audience as inspiration'에서 언제나처럼 HIP는 관객의 현장 의견을 영감으로 삼아 공연한다고 했으 므로, 빈칸에는 HIP의 공연과 관련된 내용이 들어가야 함을 알 수 있다. 따라서 (C) This means that every single one of their shows is unique가 정답이다. (B)도 공연과 관련된 내용이지만, 공연이 몇 달 동안 매진되었는지는 알 수 없으므로 답이 될 수 없다.

보기 해석
(A) 그들은 그들의 그룹과 함께할 재능 있는 코미디언들을 찾고 있습니다.
(B) 모든 공연은 몇 달 동안 매진되었습니다.
(C) 이는 그들의 공연 하나하나가 유일무이하다는 것을 의미합니다.
(D) 곧 있을 그들의 출연 목록은 온라인에서 얻을 수 있습니다.

어휘   seek v. 찾다, 구하다   talented adj. 재능 있는   sold out phr. 매진된   unique adj. 유일무이한, 독특한   appearance n. 출연

146 ■ [주어 자리] 혼동하기 쉬운 명사

문장에 동사(will go)만 있고 주어가 없으므로 주어 자리에 올 수 있는 명사 (B)와 (D)가 정답의 후보이다. '티켓 판매로부터 얻은 수익금은 방과 후 활동에 도움을 주는 데 쓰일 것이다'라는 의미가 되어야 하므로 명사 (D) Proceeds(수익금)가 정답이다. 참고로, proceed가 명사로 '수익 금'이라는 의미를 나타내기 위해서는 항상 복수형으로 쓰여야 함을 알아둔다. (B) Proceeding(소송 절차, 진행)을 쓸 경우 '티켓 판매로부터 얻 은 소송 절차는 방과 후 활동에 도움을 주는 데 쓰일 것이다'라는 어색한 문맥이 된다. 동사 또는 과거분사 (A)와 동사 (C)는 주어 자리에 올 수 없다.

어휘   proceed v. 진행되다, 진행하다; n. 수익금

PART 7

Questions 147-148 refer to the following document.   147-148은 다음 문서에 관한 문제입니다.

<table>
<tr><td>

Central Valley Financial Partners
¹⁴⁸REIMBURSEMENT REQUEST FORM

Number: 382625

Purchases:

Description of Items	Amount
8 pizzas ($15 each)	$120
Balloons and decorations	$22
1 decorated cake	$38
¹⁴⁷1 retirement card	$5
Total amount	**$185**

Notes: ¹⁴⁷Celebration for Richard Dugas on December 9

Submitted by: Elisa Cooper   ¹⁴⁸Authorized by: Patrick Rhodes
Signature: *Elisa Cooper*   Signature: *Patrick Rhodes*
Date: December 10   ¹⁴⁸Date: December 10

Please submit receipts with this request form.

</td><td>

Central Valley Financial Partners사
¹⁴⁸환급 신청서

번호: 382625

구입품:

상품 설명	금액
피자 8판 (각 15달러)	120달러
풍선 및 장식품	22달러
장식 케이크 1판	38달러
¹⁴⁷은퇴 축하 카드 1장	5달러
총액	185달러

참고: 12월 9일에 있었던 ¹⁴⁷Richard Dugas를 위한 축하 행사

제출: Elisa Cooper   ¹⁴⁸승인: Patrick Rhodes
서명: *Elisa Cooper*   서명: *Patrick Rhodes*
날짜: 12월 10일   ¹⁴⁸날짜: 12월 10일

이 신청서와 함께 영수증을 제출해 주십시오.

</td></tr>
</table>

어휘   □ **reimbursement** n. 환급, 변제   □ **description** n. 설명   □ **decoration** n. 장식품, 장식
     □ **celebration** n. 축하 행사, 기념 행사   □ **authorize** v. 승인하다, 허가하다   □ **signature** n. 서명, 사인

147
○○○●○
하

What type of event most likely took place at Central Valley Financial Partners?

(A) A retirement celebration
(B) A product release party
(C) An opening ceremony
(D) A welcome reception

Central Valley Financial Partners사에서 어떤 종류의 행사가 열렸을 것 같은가?

(A) 은퇴 축하 행사
(B) 제품 출시 파티
(C) 개회식
(D) 환영회

■ **추론** 세부 정보   정답 (A)

질문의 핵심 어구인 event ~ took place at Central Valley Financial Partners에 대해 추론하는 문제이다. '1 retirement card'와 'Celebration for Richard Dugas'에서 은퇴 축하 카드 1장을 구입했고 Richard Dugas를 위한 축하 행사가 있었다고 했으므로 Richard Dugas를 위한 은퇴 축하 행사가 열렸다는 사실을 추론할 수 있다. 따라서 (A)가 정답이다.

어휘   **opening ceremony** phr. 개회식, 개업식   **welcome reception** phr. 환영회

148
○○○●○
중

What did Mr. Rhodes most likely do on December 10?

(A) Told a team member to purchase some party supplies
(B) Authorized the repayment of some money to an employee
(C) Sent a reservation deposit to a catering company
(D) Attended a special event at a banquet hall

Mr. Rhodes는 12월 10일에 무엇을 했을 것 같은가?

(A) 팀원들에게 파티용품을 구매하라고 지시했다
(B) 직원에게 비용의 상환을 승인했다
(C) 출장 음식 공급 업체에 예약 보증금을 보냈다
(D) 연회장에서의 특별 행사에 참석했다

■ **추론** 세부 정보   정답 (B)

질문의 핵심 어구인 Mr. Rhodes ~ do on December 10에 대해 추론하는 문제이다. 'REIMBURSEMENT REQUEST FORM', 'Authorized by: Patrick Rhodes', 'Date: December 10'에서 Mr. Rhodes가 12월 10일에 환급 신청서를 승인했다고 했으므로 직원에게 비용의 상환을 승인했음을 추론할 수 있다. 따라서 (B)가 정답이다.

바꾸어 표현하기
REIMBURSEMENT 환급 → repayment of ~ money 비용의 상환

어휘   **supply** n. 용품, 물품   **repayment** n. 상환, 변제   **deposit** n. 보증금   **catering** n. 출장 음식 공급

Questions 149-150 refer to the following job announcement.

149~150은 다음 취업 공고에 관한 문제입니다.

Pearson & Lennox

Dorney—Full-time and Part-time Sales Consultants

As a premium brand, we take pride in our reputation for providing exemplary customer service to all of our clients. Currently, we are seeking two full-time and two part-time sales consultants with a passion for customer service to work at our store on Village Road in Dorney.

[149]You must have proven sales experience in the high-end clothing sector as well as enthusiasm, an outgoing personality, and a unique sense of style. [149/150-B]Experience in the menswear industry is an advantage.

If you are interested in joining our team, please send your résumé to recruitment@pearsonlennox.com, [150-C]specifying whether you would like to work half or full days.

Pearson & Lennox사

Dorney—전임제 및 시간제 판매 컨설턴트

고급 브랜드로서, 저희는 모든 고객에게 훌륭한 고객 서비스를 제공한다는 평판에 자부심을 가지고 있습니다. 현재, 저희는 Dorney의 Village로에 있는 저희 매장에서 고객 서비스에 대한 열정을 가지고 근무할 2명의 전임제 및 2명의 시간제 판매 컨설턴트를 구하고 있습니다.

[149]당신은 열정, 외향적인 성격, 그리고 독특한 스타일 감각뿐만 아니라 고급 의류 분야에서의 입증된 판매 경험을 가지고 있어야 합니다. [149/150-B]남성복 업계에서의 경험은 이점이 됩니다.

저희 팀에 합류하는 데 관심이 있으시다면, [150-C]반일 근무를 하고 싶은지 아니면 전일 근무를 하고 싶은지를 명시하여, 당신의 이력서를 recruitment@pearsonlennox.com으로 보내주십시오.

어휘 □ **take pride in** phr. ~에 자부심을 갖다 □ **passion** n. 열정, 흥미 □ **sector** n. 분야, 부문 □ **personality** n. 성격, 인격 □ **specify** n. 명시하다

□ **reputation** n. 평판, 명성 □ **proven** adj. 입증된, 증명된 □ **enthusiasm** n. 열정 □ **menswear** n. 남성복

□ **exemplary** adj. 훌륭한, 모범이 되는 □ **high-end** adj. 고급의 □ **outgoing** adj. 외향적인, 사교적인 □ **advantage** n. 이점, 유리한 점, 장점

---

149 ○○○○ 중

What kind of business does Pearson & Lennox most likely engage in?

(A) Travel accommodations
(B) Business consulting
(C) Consumer research
(D) Fashion retail

Pearson & Lennox사는 어떤 종류의 산업에 종사하는 것 같은가?

(A) 여행 숙박 시설
(B) 경영 컨설팅
(C) 소비자 조사
(D) 패션 소매

■ **추론** 세부 정보 정답 (D)

질문의 핵심 어구인 Pearson & Lennox ~ engage in에 대해 추론하는 문제이다. 'You must have proven sales experience in the high-end clothing sector'에서 당신, 즉 Pearson & Lennox사의 판매 컨설턴트 지원자는 고급 의류 분야에서의 입증된 판매 경험을 가지고 있어야 한다고 했고, 'Experience in the menswear industry is an advantage.'에서 남성복 업계에서의 경험은 이점이 된다고 했으므로 Pearson & Lennox사가 패션 소매 산업에 종사한다는 사실을 추론할 수 있다. 따라서 (D)가 정답이다.

어휘 **engage in** phr. ~에 종사하다, 참여하다 **accommodation** n. 숙박 시설 **retail** n. 소매, 소매상

---

150 ○○○○ 중

What is indicated about applicants for the positions?

(A) They will need to attend an interview in person.
(B) They must have expertise in men's clothing.
(C) They must state their preferred workhours amount.
(D) They will all be eligible for the same salaries.

일자리 지원자들에 대해 언급된 것은?

(A) 인터뷰에 직접 참석해야 할 것이다.
(B) 남성 의류에 대한 전문 지식을 가지고 있어야 한다.
(C) 그들이 선호하는 근무시간의 양을 명시해야 한다.
(D) 모두 같은 급여를 받을 자격이 있을 것이다.

■ **Not/True** True 문제 정답 (C)

질문의 핵심 어구인 applicants for the positions와 관련된 내용을 지문에서 찾아 각 보기와 대조하는 Not/True 문제이다. (A)와 (D)는 지문에 언급되지 않은 내용이다. (B)는 'Experience in the menswear industry is an advantage.'에서 남성복 업계에서의 경험이 이점이 된다고는 했으나 남성 의류에 대한 전문 지식을 가지고 있어야 하는 것은 아니므로 지문의 내용과 일치하지 않는다. (C)는 'specifying whether you would like to work half or full days'에서 반일 근무를 하고 싶은지 아니면 전일 근무를 하고 싶은지 명시해달라고 했으므로 지문의 내용과 일치한다. 따라서 (C)가 정답이다.

어휘 **in person** phr. 직접, 몸소 **expertise** n. 전문 지식 **state** v. 명시하다 **preference** n. 선호도, 애호

Melvin Stuckey 　　　　　　　　　　　　　　4:47 P.M.
Did you get my message about the meeting with the
Chinese investors? [151]Mr. Zhang asked that it be
rescheduled to Wednesday.

Rhonda Perry 　　　　　　　　　　　　　　4:48 P.M.
I just read it. That works out better for me. [151]I can meet
the engineering team on Tuesday.

Melvin Stuckey 　　　　　　　　　　　　　　4:48 P.M.
All right. I'll confirm with Mr. Zhang.

Rhonda Perry 　　　　　　　　　　　　　　4:50 P.M.
One more thing. Has Mr. Lucas been in touch? I asked
him to turn in the handouts for the investors meeting by
Monday morning.

Melvin Stuckey 　　　　　　　　　　　　　　4:51 P.M.
[152]He called to say they'll be delayed. He noticed errors in
the figures and has to reprint some pages. They'll be here
Tuesday afternoon.

Rhonda Perry 　　　　　　　　　　　　　　4:51 P.M.
That shouldn't be a problem. Thank you, Melvin. I'll see
you on Monday.

Melvin Stuckey 　　　　　　　　　　　　오후 4시 47분
중국 투자자들과의 회의와 관련한 제 메시지를 받았나요?
[151]Mr. Zhang이 그것의 일정을 수요일로 변경해달라고
요청했어요.

Rhonda Perry 　　　　　　　　　　　　　오후 4시 48분
방금 읽었어요. 제게는 그 편이 더 좋아요. [151]저는 화요일
에 기술팀을 만날 수 있을 거예요.

Melvin Stuckey 　　　　　　　　　　　　오후 4시 48분
알겠어요. Mr. Zhang과 확정할게요.

Rhonda Perry 　　　　　　　　　　　　　오후 4시 50분
한 가지 더요. Mr. Lucas가 연락했나요? 그에게 월요일
오전까지 투자자 회의를 위한 유인물을 제출해달라고 요청
했거든요.

Melvin Stuckey 　　　　　　　　　　　　오후 4시 51분
[152]그는 그것들이 늦춰질 거라고 말하기 위해 연락했었어
요. 그는 수치에서 오류를 발견했고 몇 페이지를 다시 인쇄
해야 해요. 그것들은 화요일 오후에 올 거예요.

Rhonda Perry 　　　　　　　　　　　　　오후 4시 51분
그게 문제가 되진 않을 거예요. 고마워요, Melvin. 월요일에
봐요.

어휘　□ investor n. 투자자　　　　　　□ engineering n. 기술, 공학　　　　　□ confirm v. 확정하다
　　　□ be in touch phr. 연락하다　　　□ turn in phr. ~을 제출하다, 돌려주다　　□ handout n. 유인물, 인쇄물
　　　□ figure n. 수치, 숫자

---

151 At 4:48 P.M., what does Ms. Perry most likely mean when
she writes, "That works out better for me"?

(A) She is pleased with the outcome of a meeting.
(B) She intends to see clients at the start of the week.
(C) She has time to take care of another task.
(D) She prefers to be contacted by e-mail.

오후 4시 48분에, Ms. Perry가 "That works out better
for me"라고 썼을 때 그녀가 의도한 것 같은 것은?

(A) 회의 결과에 만족한다.
(B) 주 초에 고객들을 만날 생각이다.
(C) 다른 일을 처리할 시간이 있다.
(D) 이메일로 연락받는 것을 선호한다.

■ 의도 파악 　　정답 (C)

Ms. Perry가 의도한 것을 묻는 문제이므로, 질문의 인용어구(That works out better for me)가 언급된 주변 문맥을 확인한다. 'Mr. Zhang
asked that it be rescheduled to Wednesday.'에서 Melvin Stuckey가 Mr. Zhang이 그것, 즉 회의의 일정을 수요일로 변경해달라고 요
청했다고 하자, Ms. Perry가 'That works out better for me.'(제게는 그 편이 더 좋아요)라고 한 후, 'I can meet the engineering team
on Tuesday.'에서 화요일에 기술팀을 만날 수 있을 것이라고 했으므로, 화요일로 예정되었던 회의가 수요일로 미뤄지면서 Ms. Perry가 화요
일에 다른 일을 처리할 시간이 생겼다는 것을 알 수 있다. 따라서 (C)가 정답이다.

어휘　outcome n. 결과, 성과　intend v. (~하려고) 생각하다, 의도하다　take care of phr. ~을 처리하다, 돌보다

○○○●
∞

Why does Mr. Lucas need more time to prepare the handouts?

(A) A printer is not working.
(B) An employee is on leave.
(C) Some pages have been misplaced.
(D) Some data needs to be corrected.

Mr. Lucas는 유인물을 준비하는 데 왜 더 많은 시간이 필요한가?

(A) 프린터가 작동하지 않는다.
(B) 직원이 휴가 중이다.
(C) 몇 페이지가 잘못 배치되었다.
(D) 몇몇 정보가 수정되어야 한다.

■ **육하원칙** Why
정답 (D)

Mr. Lucas가 유인물을 준비하는 데 왜(Why) 더 많은 시간이 필요한지를 묻는 육하원칙 문제이다. 질문의 핵심 어구인 Mr. Lucas need more time to prepare the handouts와 관련하여, 'He called to say they'll be delayed. He noticed errors in the figures and has to reprint some pages.'에서 Melvin Stuckey가 그, 즉 Mr. Lucas가 그것들, 즉 유인물들이 늦춰질 것이라고 말하기 위해 연락했으며, 그가 수치에서 오류를 발견했고 몇 페이지를 다시 인쇄해야 한다고 했으므로 (D)가 정답이다.

바꾸어 표현하기
figures 수치 → data 정보

어휘   on leave phr. 휴가 중인   misplace v. 잘못 배치하다, 잘못 두다   correct v. 수정하다, 고치다

¹⁵³Green City Farmers' Market
Admission Guidelines

Green City Farmers' Market prides itself on being a traditional West Hollywood institution with the highest standards. ¹⁵³Any new farms wishing to rent a booth must do the following:

- ¹⁵⁴Receive an organic label from the state-run Organic Certification Services (OCS)
- Undergo a water inspection by the Green City Farmers' Market management
- Pay the vendor fee for the whole season

To inquire about specific rental options, please e-mail the market coordinator, Cathy Keller, at c.keller@greencityfm.org.

---

¹⁵³Green City 농산물 직판장
가입 지침

Green City 농산물 직판장은 최고 수준의 전통적인 West Hollywood 단체라는 것에 자부심을 느낍니다. ¹⁵³점포를 임차하고자 하는 모든 신규 농장들은 다음을 이행해야 합니다:

- ¹⁵⁴국영 유기농 인증 서비스(OCS)로부터 유기농 라벨을 받아야 합니다
- Green City 농산물 직판장 경영진으로부터 수질 검사를 받아야 합니다
- 전 시즌에 대한 판매자 가입비를 납부해야 합니다

구체적인 대여 옵션에 대해 문의하시려면, 직판장 책임자인 Cathy Keller에게 c.keller@greencityfarmersmarket.org로 이메일을 보내주십시오.

어휘　□ admission n. 가입　　　　□ pride oneself on phr. ~에 자부심을 느끼다　　□ traditional adj. 전통적인
　　　□ institution n. 단체, 기관　　　□ standard n. 수준, 기준　　　　　　　　　　　□ state-run adj. 국영의
　　　□ organic adj. 유기농의　　　　□ certification n. 인증, 인증서　　　　　　　　□ undergo v. 받다, 겪다
　　　□ vendor n. 판매자　　　　　　□ specific adj. 구체적인, 분명한　　　　　　　　□ coordinator n. 책임자

---

153 Why was the notice written?

(A) To announce an additional market location
(B) To inform clients about a price increase
(C) To specify participant requirements
(D) To provide details about booth changes

공고는 왜 쓰였는가?

(A) 추가 직판장 지점을 발표하기 위해
(B) 고객들에게 가격 인상에 대해 알리기 위해
(C) 참가자 요건을 명시하기 위해
(D) 점포 변경에 대한 세부 사항을 제공하기 위해

■ **주제/목적 찾기** 글을 쓴 이유　　　　　　　　　　　　　　　　　　　　　　　　　　　　　　　　정답 (C)

공고가 쓰인 이유를 묻는 목적 찾기 문제이므로 지문의 앞부분을 주의 깊게 확인한다. 'Green City Farmer's Market', 'Admission Guidelines'에서 공고가 Green City 농산물 직판장의 가입 지침에 관한 것이라는 것을 알 수 있고, 'Any new farms wishing to rent a booth must do the following'에서 점포를 임차하고자 하는 모든 신규 농장들은 다음을 이행해야 한다고 한 후, 가입 지침을 구체적으로 명시하고 있으므로 (C)가 정답이다.

---

154 What must a farm do to sell produce at the market?

(A) Obtain a certificate issued by the government
(B) Pay a fee through online banking
(C) Submit a price list for items
(D) Send some samples to the market management

농장은 직판장에서 농산물을 팔기 위해 무엇을 해야 하는가?

(A) 정부가 발급한 인증서를 보유한다
(B) 온라인 뱅킹으로 가입비를 지불한다
(C) 품목에 대한 가격표를 제출한다
(D) 직판장 경영진에게 샘플을 보낸다

■ **육하원칙** What　　　　　　　　　　　　　　　　　　　　　　　　　　　　　　　　　　　　　정답 (A)

농장이 직판장에서 농산물을 팔기 위해 무엇(What)을 해야 하는지 묻는 육하원칙 문제이다. 질문의 핵심 어구인 a farm do to sell produce at the market과 관련하여, 'Receive an organic label from the state-run Organic Certification Services'에서 국영 유기농 인증 서비스로부터 유기농 라벨을 받아야 한다고 했으므로 (A)가 정답이다.

바꾸어 표현하기
an organic label from the state-run Organic Certification Services 국영 유기농 인증 서비스로부터의 유기농 라벨
→ a certificate issued by the government 정부가 발급한 인증서

어휘　produce n. 농산물, 농작물　obtain v. 보유하다, 소유하다　issue v. 발급하다, 발행하다　government n. 정부

To: Jacob Lee <jc.lee@penmail.com>
From: Amy Narvasa <a.narvasa@naturewatch.org>
Subject: We value your membership
Date: November 18

Dear Mr. Lee,

[155]Your support has been crucial to our work. Thanks to you and others like you, we have been able to protect and restore over 500 square kilometers of vital natural resources in eight different countries. As we approach the end of another year, [155]we hope we can count on you to renew your commitment once again.

Please visit our Web site to complete our secure online renewal form. [156]With your renewal, you will receive a monthly copy of our award-winning magazine *Inside Nature*, which is filled with photos and stories about the work you have helped make possible. As a member, you'll also be able to track our projects and get involved in various ways by using our mobile application.

You can feel confident that your contributions are being put to good use. [157-D]Nature Watch receives high ratings in charity assessments performed by groups such as Conscious Business, the Smart Giving Alliance, and the American Philanthropic Society.

Sincerely,

Amy Narvasa
Member Relations

수신: Jacob Lee <jc.lee@penmail.com>
발신: Amy Narvasa <a.narvasa@naturewatch.org>
제목: 저희는 귀하의 회원권을 소중하게 생각합니다
날짜: 11월 18일

Mr. Lee께,

[155]귀하의 지원은 저희의 일에 매우 중요합니다. 귀하 및 귀하와 같은 다른 분들 덕분에, 저희는 8개의 서로 다른 나라에서 500제곱킬로미터가 넘게 분포한 중요 천연 자원들을 보호하고 복구할 수 있었습니다. 또 다른 한 해의 끝에 다가감에 따라, [155]저희는 귀하께서 한 번 더 다시 참여하시리라고 기대할 수 있기를 바랍니다.

안전한 온라인 갱신 양식을 작성하기 위해 저희 웹사이트를 방문해주십시오. [156]갱신과 함께, 귀하께서는 수상 경력이 있는 저희의 월간 잡지 *Inside Nature* 한 부를 수령하실 것인데, 이것은 귀하께서 가능할 수 있게 도와주셨던 일과 관련된 사진 및 이야기들로 채워져 있습니다. 회원으로서, 귀하께서는 또한 저희 프로젝트의 진행 상황을 추적하실 수 있으며 저희의 모바일 애플리케이션을 이용하여 다양한 방법으로 관여하실 수 있습니다.

귀하께서는 귀하의 기부금이 잘 활용되고 있다고 확신하셔도 됩니다. [157-D]Natural Watch는 Conscious Business, Smart Giving Alliance, 그리고 American Philanthropic Society와 같은 단체들에 의해 시행되는 자선단체 평가에서 높은 평가를 받습니다.

Amy Narvasa 드림
회원 관리부

어휘　□ value v. 소중하게 생각하다　□ crucial adj. 매우 중요한, 중대한　□ protect v. 보호하다
□ restore v. 복구하다, 복원하다　□ vital adj. 중요한, 필수적인　□ natural resource phr. 천연 자원
□ approach v. 다가가다　□ count on phr. ~을 기대하다, 믿다　□ renew v. 다시 ~을 하다, 갱신하다
□ commitment n. 참여, 헌신　□ renewal n. 갱신　□ award-winning adj. 수상 경력이 있는
□ fill with phr. ~으로 채워지다　□ track v. 진행을 추적하다, 뒤쫓다　□ get involved phr. 관여하다
□ confident adj. 확신하는　□ contribution n. 기부금, 기여　□ put ~ to good use phr. ~을 잘 활용하다
□ rating n. 평가　□ assessment n. 평가

155

What is the main purpose of the e-mail?

(A) To offer information about a restoration
(B) To promote an exclusive event
(C) To review the terms of a contract
(D) To ask for continued support

이메일의 주 목적은 무엇인가?

(A) 복구에 대한 정보를 제공하기 위해
(R) 독점 행사를 홍보하기 위해
(C) 계약 조건을 검토하기 위해
(D) 지속적인 지원을 요청하기 위해

■ **주제/목적 찾기** 글의 목적　　　　　　　　　　　　　　　　　　　　　　　　　정답 (D)

이메일의 목적을 묻는 목적 찾기 문제이므로 지문의 앞부분을 주의 깊게 확인한다. 'Your support has been crucial to our work.'에서 귀하, 즉 Mr. Lee의 지원이 자신들, 즉 Nature Watch의 일에 매우 중요하다고 했고, 'we hope we can count on you to renew your commitment once again'에서 Mr. Lee가 한 번 더 다시 참여하리라고 기대할 수 있기를 바란다고 했으므로 (D)가 정답이다.

어휘　exclusive adj. 독점의, 전용의　term n. 조건, 약정　continued adj. 지속적인

156

What can Mr. Lee receive with a renewed membership?

(A) A photography book
(B) A monthly publication
(C) A ticket for a nature area
(D) A digital device

Mr. Lee는 갱신된 회원권으로 무엇을 받을 수 있는가?

(A) 사진 촬영 기법 서적
(B) 월간 간행물
(C) 야생 구역 입장권
(D) 디지털 기기

■ **육하원칙** What   정답 (B)

Mr. Lee가 갱신된 회원권으로 무엇(What)을 받을 수 있는지를 묻는 육하원칙 문제이다. 질문의 핵심 어구인 Mr. Lee receive with a renewed membership과 관련하여, 'With your renewal, you will receive a monthly ~ magazine'에서 갱신과 함께 귀하, 즉 Mr. Lee가 월간 잡지를 수령할 것이라고 했으므로 (B)가 정답이다.

바꾸어 표현하기
magazine 잡지 → publication 간행물

어휘   photography n. 사진 촬영 기법   publication n. 간행물

157

What is stated about Nature Watch?

(A) It is celebrating its first anniversary.
(B) It is opening several new offices.
(C) It has corporate partners in several countries.
(D) It is evaluated by other organizations.

Nature Watch에 대해 언급된 것은?

(A) 1주년을 기념하고 있다.
(B) 몇몇 새로운 사무실을 열고 있다.
(C) 여러 나라에 제휴업체를 가지고 있다.
(D) 다른 단체들에 의해 평가된다.

■ **Not/True** True 문제   정답 (D)

질문의 핵심 어구인 Nature Watch와 관련된 내용을 지문에서 찾아 각 보기와 대조하는 Not/True 문제이다. (A), (B), (C)는 지문에 언급되지 않은 내용이다. (D)는 'Nature Watch receives high ratings in charity assessments performed by groups'에서 Nature Watch는 단체들에 의해 시행되는 자선단체 평가에서 높은 평가를 받는다고 했으므로 지문의 내용과 일치한다. 따라서 (D)가 정답이다.

바꾸어 표현하기
assessments performed by groups 단체들에 의해 시행되는 평가 → is evaluated by other organizations 다른 단체들에 의해 평가되다

어휘   celebrate v. 기념하다   evaluate v. 평가하다   organization n. 단체, 기구

Sachs Export Furnishings
MEMO

To: All department managers
From: Hilda Marley, IT director
Subject: CRM software
Date: March 20

As you know, I am shopping for customer relationship management (CRM) software to replace our current system, which is not computerized. The need for CRM software has become increasingly apparent as 158-Dour client list has expanded. It should allow us to better manage customer data, leading to enhanced customer service, streamlined order processing, and improved product development, among other things. — [1] —.

In connection with the above, 159I would like each of you to select two members from your department to take part in product trials. I have narrowed down our options to three vendors. — [2] —. Each vendor's product will be tested over a 30-day period. At the end of this time, trial participants will provide feedback in a report.

160Once we have selected appropriate software, I will also need your help with implementing its use. — [3] —. 160We want to make sure that all staff are aware of the benefits of the CRM software and how easy it is to use.

Please e-mail me your recommendations by tomorrow. — [4] —. We will meet on Friday and hopefully begin testing by early April.

Sachs Export 가구사
회람

수신: 전 부서장
발신: Hilda Marley, IT부장
제목: CRM 소프트웨어
날짜: 3월 20일

아시다시피, 저는 전산화되지 않은 우리의 현재 시스템을 대체할 고객관계관리(CRM) 소프트웨어를 물색하고 있습니다. CRM 소프트웨어에 대한 필요성은 158-D우리의 고객 명단이 확대됨에 따라 점점 더 명백해지고 있습니다. 그것은 우리가 고객 정보를 더 잘 관리하도록 해 줄 것이며, 무엇보다도, 이는 향상된 고객 서비스, 간소화된 주문 처리, 그리고 개선된 제품 개발로 이어질 것입니다. — [1] —.

위 사항과 관련하여, 159여러분 모두 자신의 부서에서 제품 시험에 참여할 두 명의 부서원을 뽑아주시기 바랍니다. 저는 선택권을 3개의 공급업체로 좁혔습니다. — [2] —. 각 공급업체의 제품은 30일의 기간 동안 테스트될 것입니다. 이 기간이 끝날 때, 시험 참가자들은 보고서로 의견을 제공할 것입니다.

160적합한 소프트웨어를 선정하면, 그것의 사용을 시행하는 데에도 여러분의 도움이 필요할 것입니다. — [3] —. 160우리는 모든 직원이 CRM 소프트웨어의 장점 및 그것이 얼마나 사용하기 쉬운지를 확실히 인지하기를 바랍니다.

여러분의 추천을 내일까지 이메일로 보내주세요. — [4] —. 저희는 금요일에 만날 것이며 바라건대 4월 초에는 테스트를 시작할 것입니다.

어휘
□ shop for phr. ~을 물색하다, 찾아 다니다
□ apparent adj. 명백한, 확실한
□ streamlined adj. 간소화된
□ trial n. 시험, 실험
□ hopefully adv. 바라건대
□ computerize v. 전산화하다, 컴퓨터화하다
□ expand v. 확대되다, 확대하다
□ processing n. 처리
□ narrow down phr. ~을 좁히다
□ increasingly adv. 점점 갈수록 더
□ enhanced adj. 향상된
□ in connection with phr. ~과 관련하여
□ implement v. 시행하다, 실행하다

158
○●●●
상

What is indicated about Sachs Export Furnishings?

(A) It currently uses outdated accounting software.
(B) It receives many customer complaints.
(C) It is expanding into new product fields.
(D) Its customer base has grown.

Sachs Export 가구사에 대해 언급된 것은?

(A) 현재 구식 회계 소프트웨어를 사용한다.
(B) 많은 고객 불만 사항을 받는다.
(C) 새로운 제품 분야로 확대하고 있다.
(D) 고객층이 증가했다.

■ **Not/True** True 문제

정답 (D)

질문의 핵심 어구인 Sachs Export Furnishings와 관련된 내용을 지문에서 찾아 각 보기와 대조하는 Not/True 문제이다. (A), (B), (C)는 지문에 언급되지 않은 내용이다. (D)는 'our client list has expanded'에서 우리, 즉 Sachs Export 가구사의 고객 명단이 확대되었다고 했으므로 지문의 내용과 일치한다. 따라서 (D)가 정답이다.

바꾸어 표현하기
client list has expanded 고객 명단이 확대되었다 → customer base has grown 고객층이 증가했다

어휘 outdated adj. 구식의, 낡은 accounting n. 회계 complaint n. 불만 사항, 불평 field n. 분야 customer base phr. 고객층

What is each department manager asked to do?

(A) Update a list of vendors
(B) Provide training to staff
(C) Choose test participants
(D) Try out some products

각 부서장은 무엇을 해달라고 요청받는가?
(A) 공급업체 명단을 업데이트한다
(B) 직원들에게 교육을 제공한다
(C) 테스트 참가자들을 선정한다
(D) 제품을 시험해 본다

■ **육하원칙** What 정답 (C)

각 부서장이 무엇을(What)을 해달라고 요청받는지를 묻는 육하원칙 문제이다. 질문의 핵심 어구인 each department manager asked to do 와 관련하여, 'I would like ~ you to select ~ members from your department to take part in product trials'에서 여러분, 즉 부서장 모두 자신의 부서에서 제품 시험에 참여할 부서원을 뽑아달라고 했으므로 (C)가 정답이다.

바꾸어 표현하기

select ~ members ~ to take part in ~ trials 시험에 참여할 부서원을 뽑다 → Choose test participants 테스트 참가자들을 선정하다

어휘 try out phr. 시험해 보다, 시험적으로 사용해 보다

In which of the positions marked [1], [2], [3], and [4] does the following sentence best belong?

"Some employees are hesitant about learning new technology."

(A) [1]
(B) [2]
(C) [3]
(D) [4]

[1], [2], [3], [4]로 표시된 위치 중, 다음 문장이 들어갈 곳으로 가장 적절한 것은?
"일부 직원들은 새로운 기술을 배우기를 주저합니다."
(A) [1]
(B) [2]
(C) [3]
(D) [4]

■ **문장 위치 찾기** 정답 (C)

지문의 흐름상 주어진 문장이 들어가기에 가장 적절한 곳을 고르는 문제이다. 주어진 문장에서 일부 직원들은 새로운 기술을 배우기를 주저한다고 했으므로, 이 문장이 직원들이 새로운 기술을 사용하는 것과 관련된 내용이 나오는 부분에 들어가야 함을 알 수 있다. [3]의 앞 문장인 'Once we have selected appropriate software, I will also need your help with implementing its use.'에서 적합한 소프트웨어를 선정하면 그것의 사용을 시행하는 데에도 여러분, 즉 Sachs Export 가구사 전 부서장들의 도움이 필요할 것이라고 했고, 뒤 문장인 'We want to make sure that all staff are aware of the benefits of the CRM software and how easy it is to use.'에서 우리, 즉 Sachs Export 가구사는 모든 직원이 CRM 소프트웨어의 장점 및 그것이 얼마나 사용하기 쉬운지를 확실히 인지하기를 바란다고 했으므로 [3]에 제시된 문장이 들어가면 새롭게 선정된 소프트웨어의 사용을 시행하는 데에는 부서장들의 도움이 필요할 것이며, 일부 직원들은 새로운 기술을 배우기를 주저하지만, Sachs Export 가구사는 모든 직원이 CRM 소프트웨어의 장점 및 그것이 얼마나 사용하기 쉬운지를 확실히 인지하기를 바란다는 자연스러운 문맥이 된다는 것을 알 수 있다. 따라서 (C)가 정답이다.

어휘 hesitant adj. 주저하는, 망설이는

Oskar Jensen [9:18 A.M.]
Good morning, team. [161/162]Just checking in to see if you have any last-minute concerns about the career fair.

Emma Blom [9:21 A.M.]
[162]None on my part, Oskar. [161]The layout has been finalized and approved by all corporate participants. I'm holding a final meeting with the volunteers in two days to go over various procedures.

Lilly Mattson [9:24 A.M.]
Same here. People are continuing to register through our Web site and download our mobile application. We're also seeing a lot of activity on social media.

Emma Blom [9:25 A.M.]
Oh, I actually do have one concern. [163]Any news on my request for Chinese language interpreters?

Oskar Jensen [9:27 A.M.]
Yes, Emma. I put your request in. [164]I'm still waiting to hear back from Axel. He needs to approve the additional cost.

Lilly Mattson [9:29 A.M.]
I just saw him walk in. Let me get him to join the discussion.

Axel Lofgren [9:35 A.M.]
Hi, everyone. [163/164]I'm happy to report that the request was approved.

Oskar Jensen [9:36 A.M.]
Thank you, Axel. Emma, please go ahead and make arrangements with Exalan Interpretation Agency.

Emma Blom [9:39 A.M.]
Already on it. Thanks.

Oskar Jensen [오전 9시 18분]
안녕하세요, 팀원들. [161/162]취업 박람회와 관련해서 막바지 우려 사항이 있는지 확인하려고 해요.

Emma Blom [오전 9시 21분]
[162]제 담당에서는 없어요, Oskar. [161]배치는 마무리되었고 모든 기업 참가자들에게 승인을 받았어요. 다양한 방법을 검토하기 위해 이틀 후에 지원자들과 마지막 회의를 열 거예요.

Lilly Mattson [오전 9시 24분]
저도 마찬가지예요. 사람들이 우리 웹사이트를 통해 계속해서 등록하고 있고, 우리의 모바일 애플리케이션을 다운로드하고 있어요. 우리는 소셜 미디어에서의 다양한 활동도 살피고 있어요.

Emma Blom [오전 9시 25분]
음, 사실 저는 한 가지 우려 사항이 있어요. [163]중국어 통역사에 대한 제 요청과 관련해서 소식이 좀 있나요?

Oskar Jensen [오전 9시 27분]
네, Emma. 제가 당신의 요청서를 제출했어요. [164]아직 Axel에게서 연락을 기다리는 중이에요. 그가 추가 비용을 승인해줘야 해요.

Lilly Mattson [오전 9시 29분]
저는 방금 그가 걸어 들어오는 것을 봤어요. 그가 이 논의에 참여하게 할게요.

Axel Lofgren [오전 9시 35분]
안녕하세요, 여러분. [163/164]요청이 승인된 것을 알려드리게 되어 기쁘네요.

Oskar Jensen [오전 9시 36분]
고마워요, Axel. Emma, 어서 Exalan 통역 대행사와 협의해주세요.

Emma Blom [오전 9시 39분]
벌써 하고 있는 중이에요. 고마워요.

어휘 □ last-minute adj. 막바지의, 막판의 □ concern n. 우려, 걱정 □ layout n. 배치
□ finalize v. 마무리하다 □ corporate adj. 기업의 □ go over phr. ~을 검토하다, 점검하다
□ procedure n. 방법, 절차 □ interpreter n. 통역사, 해설자 □ put ~ in phr. ~을 제출하다, 제기하다
□ discussion n. 논의 □ make arrangements with phr. ~와 협의하다

161
○○○●○○○○

What did corporate participants most likely do?

(A) Checked a layout for an event
(B) Sent volunteers to a fair
(C) Had meetings with Mr. Jensen
(D) Made arrangements for translators

기업 참가자들은 무엇을 했을 것 같은가?

(A) 행사에 대한 배치를 점검했다
(B) 지원자들을 박람회에 보냈다
(C) Mr. Jensen과 회의했다
(D) 통역사들을 준비했다

■ 추론 세부 정보 정답 (A)

질문의 핵심 어구인 corporate participants ~ do에 대해 추론하는 문제이다. 'Just checking in to see if you have any last-minute concerns about the career fair.'에서 Oskar Jensen이 취업 박람회와 관련해서 막바지 우려 사항이 있는지 확인하려고 한다고 했고, 'The layout has been ~ approved by all corporate participants.'에서 Emma Blom이 배치가 모든 기업 참가자들에게 승인을 받았다고 했으므로, 기업 참가자들이 취업 박람회를 위한 배치를 점검하고 승인했다는 사실을 추론할 수 있다. 따라서 (A)가 정답이다.

어휘 make arrangements for phr. ~을 준비하다 translator n. 통역사

162

At 9:24 A.M., what does Ms. Mattson most likely mean when she writes, "Same here"?

(A) She has decided to organize a meeting.
(B) Some preparations are going smoothly.
(C) An important message was not sent.
(D) She is struggling to recruit volunteers.

오전 9시 24분에, Ms. Mattson이 "Same here"라고 썼을 때 그녀가 의도한 것 같은 것은?

(A) 회의를 준비하기로 결정했다.
(B) 준비가 순조롭게 진행되고 있다.
(C) 중요한 메시지가 전송되지 않았다.
(D) 자원봉사자를 모집하느라 애쓰고 있다.

■ 의도 파악
정답 (B)

Ms. Mattson이 의도한 것을 묻는 문제이므로, 질문의 인용어구(Same here)가 언급된 주변 문맥을 확인한다. 'Just checking in to see if you have ~ concerns about the career fair.'에서 Oskar Jensen이 취업 박람회와 관련해서 우려 사항이 있는지 확인하려고 한다고 하자, Emma Blom이 'None on my part'에서 자신의 담당에서는 없다고 한 후, Ms. Mattson이 'Same here.'(저도 마찬가지예요)라고 한 것을 통해 Ms. Mattson 역시 취업 박람회와 관련한 우려 사항이 없으며 준비가 순조롭게 진행되고 있음을 알 수 있다. 따라서 (B)가 정답이다.

어휘 **organize** v. 준비하다, 정리하다 **preparation** n. 준비 **smoothly** adv. 순조롭게, 부드럽게 **struggle** v. 애쓰다 **recruit** v. 모집하다

163

What is suggested about the career fair?

(A) It will require language services.
(B) It is usually held on a university campus.
(C) It is being partially funded by Exalan Interpretation Agency.
(D) It will last for an entire weekend.

취업 박람회에 대해 암시되는 것은?

(A) 언어 서비스가 필요할 것이다.
(B) 보통 대학 캠퍼스에서 개최된다.
(C) Exalan 통역 대행사에 의해서 일부 자금을 제공 받고 있다.
(D) 주말 내내 계속될 것이다.

■ 추론 세부 정보
정답 (A)

질문의 핵심 어구인 the career fair에 대해 추론하는 문제이다. 'Any news on my request for Chinese language interpreters?'에서 Emma Blom이 중국어 통역사에 대한 자신의 요청과 관련해서 소식이 좀 있는지 묻고 난 후, Axel Lofgren이 'I'm happy to report that the request was approved.'에서 요청이 승인된 것을 알려주게 되어 기쁘다고 했으므로 취업 박람회에 중국어 통역 서비스가 필요할 것이라는 사실을 추론할 수 있다. 따라서 (A)가 정답이다.

바꾸어 표현하기
Chinese language interpreters 중국어 통역사 → language services 언어 서비스

어휘 **partially** adj. 일부, 부분적으로 **fund** v. 자금을 제공하다 **last** v. 계속되다

164

What is Mr. Lofgren most likely responsible for?

(A) Updating mobile applications
(B) Reviewing expenses
(C) Contacting suppliers
(D) Promoting an event

Mr. Lofgren은 무엇을 담당하는 것 같은가?

(A) 모바일 애플리케이션을 업데이트하는 것
(B) 비용을 검토하는 것
(C) 공급업체에 연락하는 것
(D) 행사를 홍보하는 것

■ 추론 세부 정보
정답 (B)

질문의 핵심 어구인 Mr. Lofgren ~ responsible for에 대해 추론하는 문제이다. 'I'm still waiting to hear back from Axel. He needs to approve the additional cost.'에서 Oskar Jensen이 아직 Axel, 즉 Mr. Lofgren에게서 연락을 기다리는 중이며 그가 추가 비용을 승인해 줘야 한다고 한 후, Mr. Lofgren이 'I'm happy to report that the request was approved.'에서 요청이 승인된 것을 알려주게 되어 기쁘다고 했으므로 Mr. Lofgren이 비용을 검토하고 승인하는 것을 담당한다는 사실을 추론할 수 있다. 따라서 (B)가 정답이다.

바꾸어 표현하기
cost 비용 → expenses 비용

어휘 **expense** n. 비용 **promote** v. 홍보하다

Questions 165-167 refer to the following letter.

165-167은 다음 편지에 관한 문제입니다.

City of Columbus

January 23

CEO Julia Peron
Mindmatter
1135 Enos Lane
Bakersfield, CA 93314

Dear Ms. Peron,

[165]I am writing in support of Columbus's bid to become the site of Mindmatter's second corporate headquarters. I strongly believe that our city would be an ideal location.

To begin with, Columbus is business friendly and has a history of fostering companies in industries as diverse as telecommunications, health care, and software development. As [166-C]a leading online retailer, Mindmatter would no doubt appreciate the various forms of infrastructure that we have in place. For instance, [167-A]our air, road, and rail links provide convenient access to cities around the world as well as to neighboring regions. In addition, [167-C]Columbus offers an abundance of cultural attractions, entertainment facilities, and outdoor spaces to help your employees enjoy a healthy work-life balance. And speaking of employees, [167-B]the population here is well educated, with our world-class universities promising a deep pool of future talent to tap into. Best of all, Columbus provides all of the above without the high property costs typical of other cities.

I am confident that you will recognize the advantages of establishing a headquarters in Columbus, and I would be glad to arrange a meeting to discuss specific sites. Thank you for your consideration.

Sincerely,

Tom Vickers
Tom Vickers
Mayor of Columbus

콜럼버스시

1월 23일

최고경영자 Julia Peron
Mindmatter사
1135번지 Enos로
베이커스필드, 캘리포니아주 93314

Ms. Peron께,

[165]저는 Mindmatter사의 두 번째 회사 본사의 부지가 되기 위한 콜럼버스시의 입찰을 지지하여 편지를 씁니다. 저는 저희 도시가 이상적인 장소가 될 것이라고 굳게 믿습니다.

우선, 콜럼버스시는 기업 친화적이며 통신, 의료 서비스, 그리고 소프트웨어 개발과 같은 다양한 산업의 기업들을 육성한 전력이 있습니다. [166-C]선두적인 온라인 소매업체로서, Mindmatter사는 틀림없이 이곳에 있는 다양한 형태의 사회 기반 시설들의 장점을 인식하고 있을 것입니다. 예를 들어, [167-A]항공, 도로, 그리고 철도 연결은 인근 지역뿐만 아니라 전 세계의 도시에도 편리한 접근을 제공합니다. 게다가, [167-C]콜럼버스시는 귀사의 직원들이 일과 삶의 건강한 균형을 누릴 수 있도록 도와줄 풍부한 문화적 명소, 오락 시설, 그리고 야외 공간을 제공합니다. 그리고 직원들에 관해 말하자면, [167-B]이곳의 사람들은 고등 교육을 받았으며, 세계적인 수준의 대학들은 활용할 수 있는 미래의 인재에 대한 깊은 인력 풀을 약속합니다. 무엇보다도, 콜럼버스시는 다른 도시들에서는 일반적인 높은 부동산 가격 없이, 위 모든 것을 제공합니다.

저는 귀사가 콜럼버스시에 본사를 설립하는 것의 이점을 인지할 것이라고 확신하며, 구체적인 부지를 논의하기 위해 회의를 마련하게 된다면 기쁠 것입니다. 귀사의 고려에 감사드립니다.

Tom Vickers
Tom Vickers 드림
콜럼버스 시장

어휘 □ **in support of** phr. ~을 지지하여
□ **headquarters** n. 본사, 본부
□ **history** n. 전력
□ **telecommunications** n. 통신
□ **appreciate** v. 장점을 인식하다
□ **an abundance of** phr. 풍부한, 많은
□ **work-life balance** phr. 일과 삶의 균형
□ **talent** n. 인재
□ **recognize** v. 인지하다

□ **bid** n. 입찰, 유치
□ **ideal** adj. 이상적인
□ **foster** v. 육성하다
□ **health care** phr. 의료서비스
□ **infrastructure** n. 사회 기반 시설, 인프라
□ **attraction** n. 명소
□ **population** n. 사람들, 인구
□ **tap into** phr. ~을 활용하다, 이용하다
□ **establish** v. 설립하다

□ **site** n. 부지, 현장
□ **to begin with** phr. 우선
□ **diverse** adj. 다양한
□ **leading** adj. 선두적인
□ **neighboring** adj. 인근의, 이웃의
□ **entertainment** n. 오락
□ **well educated** phr. 고등 교육을 받은
□ **typical** adj. 일반적인
□ **arrange** v. 마련하다

165

Why did Mr. Vickers write to Ms. Peron?

(A) To state some preferences
(B) To encourage a choice
(C) To share a new development
(D) To evaluate a bid

Mr. Vickers는 왜 Ms. Peron에게 편지를 썼는가?

(A) 선호하는 것을 명시하기 위해
(B) 선택을 장려하기 위해
(C) 새로운 개발에 대해 공유하기 위해
(D) 입찰을 평가하기 위해

■ **주제/목적 찾기** 글을 쓴 이유

정답 (B)

Mr. Vickers가 Ms. Peron에게 편지를 쓴 이유를 묻는 목적 찾기 문제이므로 지문의 앞부분을 주의 깊게 확인한다. 'I am writing in support of Columbus's bid to become the site of Mindmatter's second corporate headquarters. I strongly believe that our city would be an ideal location.'에서 Mindmatter사의 두 번째 회사 본사의 부지가 되기 위한 콜럼버스시의 입찰을 지지하여 편지를 쓰며 콜럼 버스시가 이상적인 장소가 될 것이라고 굳게 믿는다고 한 후, 콜럼버스시를 Mindmatter사의 본사 부지로 선정해야 하는 이유를 설명하고 있으 므로 (B)가 정답이다.

어휘 state v. 명시하다 preference n. 선호하는 것, 선호

166

What is stated about Mindmatter?

(A) It has regional offices around the globe.
(B) It is acquiring a firm based in Columbus.
(C) It sells merchandise over the Internet.
(D) It is attempting to register some patents.

Mindmatter사에 대해 언급된 것은?

(A) 전 세계에 지사를 가지고 있다.
(B) 콜럼버스시에 기반을 둔 회사를 매입하고 있다.
(C) 인터넷으로 물품을 판매한다.
(D) 특허권을 등록하려고 시도하고 있다.

■ **Not/True** True 문제

정답 (C)

질문의 핵심 어구인 Mindmatter와 관련된 내용을 지문에서 찾아 각 보기와 대조하는 Not/True 문제이다. (A), (B), (D)는 지문에 언급되지 않 은 내용이다. (C)는 'a leading online retailer, Mindmatter'에서 Mindmatter사가 선두적인 온라인 소매업체라고 했으므로 지문의 내용과 일치한다. 따라서 (C)가 정답이다.

바꾸어 표현하기

online retailer 온라인 소매업체 → sells merchandise over the Internet 인터넷으로 물품을 판매하다

어휘 regional office phr. 지사 acquire v. 매입하다, 취득하다 firm n. 회사 merchandise n. 물품, 상품 attempt v. 시도하다 register v. 등록하다
patent n. 특허권, 특허

167

What is NOT a benefit that Mindmatter could enjoy in Columbus?

(A) Transport connections
(B) An educated workforce
(C) Recreational opportunities
(D) Corporate tax exemptions

Mindmatter사가 콜럼버스시에서 누릴 수 있는 혜택이 아 닌 것은?

(A) 교통수단 연결
(B) 교육받은 인력
(C) 휴양 기회
(D) 법인세 면제

■ **Not/True** Not 문제

정답 (D)

질문의 핵심 어구인 a benefit that Mindmatter ~ enjoy in Columbus와 관련된 내용을 지문에서 찾아 각 보기와 대조하는 Not/True 문제 이다. (A)는 'our air, road, and rail links provide convenient access'에서 항공, 도로, 그리고 철도 연결이 편리한 접근을 제공한다고 했 으므로 지문의 내용과 일치한다. (B)는 'the population here is well educated, with ~ universities promising a deep pool of future talent to tap into'에서 이곳, 즉 콜럼버스시의 사람들이 고등 교육을 받았으며 대학들은 활용할 수 있는 미래의 인재에 대한 깊은 인력 풀을 약 속한다고 했으므로 지문의 내용과 일치한다. (C)는 'Columbus offers an abundance of cultural attractions, entertainment facilities, and outdoor spaces'에서 콜럼버스시는 풍부한 문화적 명소, 오락 시설, 그리고 야외 공간을 제공한다고 했으므로 지문의 내용과 일치한다. (D)는 지문에 언급되지 않은 내용이다. 따라서 (D)가 정답이다.

바꾸어 표현하기

air, road, and rail links 항공, 도로, 그리고 철도 연결 → Transport connections 교통수단 연결
cultural attractions, entertainment facilities, and outdoor spaces 문화적 명소, 오락 시설, 그리고 야외 공간
→ Recreational opportunities 휴양 기회

어휘 workforce n. 인력, 노동자 recreational adj. 휴양의, 오락의 corporate tax phr. 법인세 exemption n. 면제

NOTICE

Following the approval of Springdale City Council, [171]construction of a 10,000-square-meter community center will soon be under way. — [1] —. [168-A/D/171]The center's main facilities will be a children's playground, a library, and a senior center. [168-C]It will also contain an event space with a catering kitchen. Future plans involve adding a full-size gymnasium for indoor sports.

A groundbreaking ceremony is set for March 20 at the corner of Thompson Street and Huntsville Avenue. — [2] —. [168-A/B/C/D/169-C]The center will open in the fall of next year and the gymnasium the year after that. After the center opens next year, free public access will be granted to all the facilities except for the event space, which will have an hourly rental fee. However, [169-D]a discount on this will be given to anyone who presents proof of local residency. — [3] —.

More information about this project can be found at www.springdale.gov/communitycenter. — [4] —. [170]Residents are encouraged to visit this site to submit their ideas for the name of the center. The winning name will be announced prior to the center's opening.

공고

Springdale시 의회의 승인에 따라, [171]만 제곱미터의 시민 문화회관의 건설이 곧 진행될 것입니다. — [1] —. [168-A/D/171]회관의 주요 시설은 아이들의 놀이터, 도서관, 그리고 노인정이 될 것입니다. [168-C]그것은 음식을 제공하는 주방이 딸려 있는 행사 공간도 포함할 것입니다. 추후 계획에는 실내 운동을 위한 대형 체육관을 추가하는 것이 포함됩니다.

기공식은 3월 20일에 Thompson가와 Huntsville가의 모퉁이에서 열릴 예정입니다. — [2] —. [168-A/B/C/D/169-C]회관은 내년 가을에, 그리고 체육관은 그로부터 1년 후에 문을 열 것입니다. 회관이 내년에 문을 열고 나면, 시간제 이용료가 있을 행사 공간을 제외한 모든 시설에 대해, 일반인 무료 이용 권한이 주어질 것입니다. 하지만, [169-D]지역 거주 증명서를 제시하는 누구에게든 이에 대한 할인이 제공될 것입니다. — [3] —.

이 사업에 대한 더 많은 정보는 www.springdale.gov/communitycenter에서 찾을 수 있습니다. — [4] —. [170]주민들은 회관의 명칭에 대한 의견을 제출하기 위해 이 사이트를 방문하도록 권장됩니다. 당선된 명칭은 회관의 개막식 이전에 발표될 것입니다.

어휘 ☐ following prep. ~에 따라 ☐ under way phr. 진행 중인 ☐ playground n. 놀이터, 운동장
☐ catering adj. 음식을 제공하는 ☐ involve v. 포함하다 ☐ gymnasium n. 체육관
☐ groundbreaking ceremony phr. 기공식 ☐ grant v. 주다 ☐ residency n. 거주
☐ winning adj. 당선된

168

What is NOT expected to be completed by next year?

(A) The playground
(B) The gymnasium
(C) The event space
(D) The senior center

내년까지 완료될 것으로 예상되는 것이 아닌 것은?

(A) 놀이터
(B) 체육관
(C) 행사 공간
(D) 노인정

■ Not/True Not 문제

정답 (B)

질문의 핵심 어구인 expected to be completed by next year와 관련된 내용을 지문에서 찾아 각 보기와 대조하는 Not/True 문제이다. (A)와 (D)는 'The center's main facilities will be a children's playground ~ and a senior center.'에서 회관의 주요 시설은 아이들의 놀이터와 노인정이 될 것이라고 했고, 'The center will open in the fall of next year ~.'에서 회관은 내년 가을에 문을 열 것이라고 했으므로 지문의 내용과 일치한다. (B)는 'The center will open in the fall of next year and the gymnasium the year after that.'에서 회관은 내년 가을에, 그리고 체육관은 그로부터 1년 후에 문을 열 것이라고 했으므로 지문의 내용과 일치하지 않는다. 따라서 (B)가 정답이다. (C)는 'It will also contain an event space ~.'에서 그것, 즉 회관은 행사 공간도 포함할 것이라고 했고, 'The center will open in the fall of next year ~.'에서 회관은 내년 가을에 문을 열 것이라고 했으므로 지문의 내용과 일치한다.

169
○○○
●●●
상

What is mentioned about the event space in the new community center?

(A) It will contain some advanced equipment.
(B) It will be the largest area in the facility.
(C) It will open to the public on March 20.
(D) It will be rented out to residents at a discount.

새로운 시민 문화회관 내의 행사 공간에 대해 언급된 것은?

(A) 첨단 장비를 포함할 것이다.
(B) 시설 내에서 가장 넓은 장소일 것이다.
(C) 3월 20일에 대중에게 공개될 것이다.
(D) 주민들에게 할인하여 대여될 것이다.

■ **Not/True** True 문제
정답 (D)

질문의 핵심 어구인 the event space in the new community center와 관련된 내용을 지문에서 찾아 각 보기와 대조하는 Not/True 문제이다. (A)와 (B)는 지문에 언급되지 않은 내용이다. (C)는 'The center will open in the fall of next year ~.'에서 회관은 내년 가을에 문을열 것이라고 했으므로 지문의 내용과 일치하지 않는다. (D)는 'a discount on this will be given to anyone who presents proof of local residency'에서 지역 거주 증명서를 제시하는 누구에게든 이것, 즉 행사 공간에 대한 할인이 제공될 것이라고 했으므로 지문의 내용과 일치한다. 따라서 (D)가 정답이다.

어휘 advanced adj. 첨단의, 진보된

170
○○○
●●●
중

According to the notice, what are Springdale residents advised to do?

(A) Sign up for membership cards
(B) Make a personal donation
(C) Propose a name for a structure
(D) Book seats for a grand opening event

공고에 따르면, Springdale시의 주민들은 무엇을 하라고 권고되는가?

(A) 회원 카드를 신청한다
(B) 개인 기부를 한다
(C) 건축물의 명칭을 제안한다
(D) 개장 행사의 자리를 예약한다

■ **육하원칙** What
정답 (C)

공고에 따르면 Springdale시의 주민들이 무엇(what)을 하라고 권고되는지를 묻는 육하원칙 문제이다. 질문의 핵심 어구인 Springdale residents advised to do와 관련하여, 'Residents are encouraged ~ to submit their ideas for the name of the center.'에서 주민들은 회관의 명칭에 대한 의견을 제출하도록 권장된다고 했으므로 (C)가 정답이다.

바꾸어 표현하기
submit ~ ideas for the name of the center 회관의 명칭에 대한 의견을 제출하다 → Propose a name for a structure 건축물의 명칭을 제안하다

어휘 sign up for phr. ~을 신청하다, 등록하다

171
○○○
●●●
중

In which of the positions marked [1], [2], [3], and [4] does the following sentence best belong?

"It will contain facilities that meet the needs of local citizens."

(A) [1]
(B) [2]
(C) [3]
(D) [4]

[1], [2], [3], [4]로 표시된 위치 중, 다음 문장이 들어갈 곳으로 가장 적절한 것은?

"그것은 지역 시민들의 요구를 충족하는 시설을 포함할 것입니다."

(A) [1]
(B) [2]
(C) [3]
(D) [4]

■ **문장 위치 찾기**
정답 (A)

지문의 흐름상 주어진 문장이 들어가기에 가장 적절한 곳을 고르는 문제이다. 주어진 문장에서 그것은 지역 시민들의 요구를 충족하는 시설을 포함할 것이라고 했으므로, 이 문장이 지역 시민들을 위한 시설과 관련된 내용이 나오는 부분에 들어가야 함을 알 수 있다. [1]의 앞 문장인 'construction of a ~ community center will soon be under way'에서 시민 문화회관의 건설이 곧 진행될 것이라고 했고, 뒤 문장인 'The center's main facilities will be a children's playground, a library, and a senior center.'에서 회관의 주요 시설은 아이들의 놀이터, 도서관, 그리고 노인정이 될 것이라고 했으므로, [1]에 제시된 문장이 들어가면 시민 문화회관의 건설이 곧 진행될 것이고, 그것은 지역 시민들의 요구를 충족하는 시설을 포함할 것이며, 주요 시설은 놀이터, 도서관, 그리고 노인정이 될 것이라는 자연스러운 문맥에 된다는 것을 알 수 있다. 따라서 (A)가 정답이다.

[172]Mazzi Milk Makes a Comeback

NAIROBI, October 4—[172/174]Mazzi is back in the spotlight several decades after it first appeared on store shelves. Sales of the sweetened milk rose 32 percent in September, according to results announced yesterday by [174]Kamba Foods, the company that makes the product.

"Traditionally, we have not invested heavily in Mazzi," said Kamba Foods CEO Roger Biwott. "The product was successful at the start, but sales slowly stopped rising over time."

According to Sophie Oduya, a market analyst with Food Web Africa, Kamba Foods has responded to a regional trend. [173]"More and more people want something quick and easy that they can pick up at a supermarket or convenience store. It's no surprise then that Mazzi has enjoyed strong sales." In its original form, which is still available, consumers must add water to Mazzi powder. The newly fashionable Mazzi comes in bottles, ready-to-drink.

Mr. Biwott credits the new Mazzi with helping to push Kamba Foods' total sales up by 4.1 percent for the year. Although this is slightly lower than last year's figure, stock analysts believe year-end results will be much higher. So far, shares have risen 3.6 percent since the results were announced.

[172]Mazzi 우유가 다시 인기를 얻다

나이로비, 10월 4일—[172/174]Mazzi가 가게 진열대에 처음 등장한지 수십 년 만에 다시 각광을 받고 있다. [174]이 제품을 만드는 기업인 Kamba 식품사가 어제 발표한 결과에 따르면, 이 달콤한 우유의 매출은 9월에 32퍼센트 증가했다.

"기존에, 저희는 Mazzi에 크게 투자하지 않았습니다."라고 Kamba 식품사의 최고경영자인 Roger Biwott가 말했다. "이 제품은 처음에는 성공적이었지만, 시간이 지나면서 매출이 서서히 증가하지 않았습니다."

Food Web Africa사의 시장 분석가인 Sophie Oduya에 따르면, Kamba 식품사는 지역적인 추세에 대응했다. [173]"점점 더 많은 사람들이 슈퍼마켓이나 편의점에서 살 수 있는 빠르고 간편한 것을 원합니다. 따라서 Mazzi가 현저한 매출을 경험한 것은 놀라운 일이 아닙니다." 아직도 구입할 수 있는 그것의 원래 형태에서는, 소비자가 Mazzi 가루에 물을 첨가해야 한다. 최근에 유행하는 Mazzi는 병에 담아져 나와서, 바로 마실 수 있다.

Mr. Biwott는 Kamba 식품사의 올해 총 매출을 4.1퍼센트 올리는 데 도움을 준 것이 새로 나온 Mazzi의 공이라고 말한다. 이것은 작년의 수치보다는 약간 낮지만, 주식 분석가들은 연말 실적은 훨씬 더 높을 것으로 보고 있다. 지금까지, 그 결과가 발표된 이후 주가는 3.6퍼센트 상승했다.

어휘 □ **make a comeback** phr. 다시 인기를 얻다   □ **in the spotlight** phr. 각광을 받는   □ **sweeten** v. 달콤하게 하다, 단맛을 내다
　　 □ **analyst** n. 분석가   □ **fashionable** adj. 유행하는, 유행을 따른   □ **credit A with B** phr. B를 A의 공이라고 말하다
　　 □ **figure** n. 수치   □ **stock** n. 주식

172

上

What is the article mainly about?

(A) A distribution of free samples
(B) A company's return to profitability
(C) An event for regional manufacturers
(D) A product's renewed popularity

기사는 주로 무엇에 대한 것인가?

(A) 무료 샘플의 배포
(B) 기업의 수익성 회복
(C) 지역 제조업체들을 위한 행사
(D) 제품의 회복된 인기

■ **주제/목적 찾기** 글의 주제   정답 (D)

기사가 주로 무엇에 대한 것인지를 묻는 주제 찾기 문제이므로 지문의 앞부분을 주의 깊게 확인한다. 'Mazzi Milk Makes a Comeback'에서 Mazzi 우유가 다시 인기를 얻고 있다고 했고, 'Mazzi is back in the spotlight several decades after it first appeared on store shelves.'에서 Mazzi가 가게 진열대에 처음 등장한지 수십 년 만에 다시 각광을 받고 있다고 했으므로 (D)가 정답이다. (B)도 기사에서 Kamba 식품사의 총 매출이 올랐다는 내용이 언급되어 정답이 될 것 같지만, 기업의 수익성이 떨어졌다가 회복되었다는 내용은 언급되지 않았으므로 답이 될 수 없다.

바꾸어 표현하기
Makes a Comeback 다시 인기를 얻다 → renewed popularity 회복된 인기

어휘 distribution n. 배포, 분배   return n. 회복   profitability n. 수익성   renewed adj. 회복된, 새로워진   popularity n. 인기

173

What does Ms. Oduya attribute Mazzi's strong sales to?

(A) An expansion of a product line
(B) A successful product launch
(C) A demand for convenient items
(D) A growing number of supermarkets

Ms. Oduya는 Mazzi의 현저한 매출을 무엇의 결과로 보는가?

(A) 제품 라인의 확대
(B) 성공적인 제품 출시
(C) 편리한 물품에 대한 수요
(D) 증가하는 슈퍼마켓의 수

■ **육하원칙** What
정답 (C)

Ms. Oduya가 Mazzi의 현저한 매출을 무엇(What)의 결과로 보는지를 묻는 육하원칙 문제이다. 질문의 핵심 어구인 Ms. Oduya attribute Mazzi's strong sales to와 관련하여, '"More and more people want something quick and easy ~. It's no surprise then that Mazzi has enjoyed strong sales."'에서 Ms. Oduya가 점점 더 많은 사람들이 빠르고 간편한 것을 원하며, 따라서 Mazzi가 현저한 매출을 경험한 것은 놀라운 일이 아니라고 했으므로 (C)가 정답이다.

바꾸어 표현하기
people want something quick and easy 사람들이 빠르고 간편한 것을 원하다 → A demand for convenient items 편리한 물품에 대한 수요

어휘   attribute A to B phr. A를 B의 결과로 보다   launch n. 출시; v. 출시하다, 시작하다

174

What can be inferred about Kamba Foods?

(A) It pioneered the use of a new packaging material.
(B) It has sold products for decades.
(C) It has merged with another manufacturer.
(D) It set a sales record this year.

Kamba 식품사에 대해 추론될 수 있는 것은?

(A) 새로운 포장 재료의 사용을 선도했다.
(B) 수십 년 동안 제품을 판매했다.
(C) 다른 제조업체와 합병했다.
(D) 올해 매출 기록을 세웠다.

■ **추론** 세부 정보
정답 (B)

질문의 핵심 어구인 Kamba Foods에 대해 추론하는 문제이다. 'Mazzi is back in the spotlight several decades after it first appeared on store shelves.'에서 Mazzi가 가게 진열대에 처음 등장한지 수십 년 만에 다시 각광을 받고 있다고 했고, 'Kamba Foods, the company that makes the product'에서 Kamba 식품사가 이 제품을 만드는 기업이라고 했으므로, Kamba 식품사가 수십 년 동안 Mazzi 우유를 판매했다는 사실을 추론할 수 있다. 따라서 (B)가 정답이다.

어휘   pioneer v. 선도하다, 개척하다; n. 선구자   merge with phr. ~과 합병하다   set a record phr. 기록을 세우다

175

The word "enjoyed" in paragraph 3, line 3, is closest in meaning to

(A) saved
(B) experienced
(C) liked
(D) appreciated

3문단 세 번째 줄의 단어 "enjoyed"는 의미상 ~와 가장 가깝다.

(A) 구했다
(B) 경험했다
(C) 좋아했다
(D) 가치를 인정했다

■ **동의어**
정답 (B)

enjoyed를 포함하는 구절 'It's no surprise then that Mazzi has enjoyed strong sales.'에서 enjoyed가 '경험하다'라는 뜻으로 사용되었다. 따라서 '경험하다'라는 뜻을 가진 (B)가 정답이다.

176-180은 다음 웹페이지와 양식에 관한 문제입니다.

지문 1

www.chersterville.gov/commercialbicycling
City of Chesterville
Commercial Bicycling

176Cyclists can deliver food, mail, and other items to locations around the city. To help reduce congestion and to avoid traffic problems, the following legislation for cyclists and the businesses that employ them has been implemented.

Requirements for Businesses
- Businesses must ensure that cyclists have received a commercial biking permit from the Transportation Office at City Hall. This card will feature a three-digit ID number.
- 177-ACyclists must be provided with protective headgear and reflective vests that display the name of the business and the employee's ID number.
- Businesses must keep a list of all their current and former cyclists and update it regularly. Templates for this list can be downloaded here.

Requirements for Cyclists
- While working, commercial cyclists must carry the card featuring their ID number.
- 180Commercial cyclists are personally responsible for completing Chesterville's Bicycle Safety Course. It can be taken for free here.

Penalties
180Failure to comply with any of these requirements will result in a $100 fine. 178The fine will be doubled to $200 if the same violation is repeated.

---

www.chersterville.gov/commercialbicycling
Chesterville시
상업용 자전거 이용

176자전거 사용자들은 음식, 우편, 그리고 다른 물품들을 도시 전역의 장소로 배달할 수 있습니다. 교통 체증을 줄이는 것을 돕고 통행 문제를 막기 위해, 자전거 사용자들 및 그들을 고용하는 업체들에 대해 다음의 법률이 시행되었습니다.

업체에 대한 요구 사항
- 업체들은 자전거 사용자들이 시청의 교통국에서 상업용 자전거 이용 허가증을 받았는지 확인해야 합니다. 이 카드는 3자리의 ID 번호를 포함할 것입니다.
- 177-A자전거 사용자들에게는 업체명 및 직원의 ID 번호를 표시하는 보호용 헬멧과 빛 반사 조끼가 제공되어야 합니다.
- 업체들은 현재와 이전의 모든 자전거 사용자들의 목록을 보관하고 그것을 정기적으로 업데이트해야 합니다. 이 목록의 서식은 여기에서 다운로드할 수 있습니다.

자전거 사용자에 대한 요구 사항
- 근무 중에, 상업용 자전거 사용자들은 그들의 ID 번호가 포함된 카드를 소지해야 합니다.
- 180상업용 자전거 사용자들은 Chesterville시의 자전거 안전 수업을 개인적으로 수료할 책임이 있습니다. 그것은 여기에서 무료로 수강할 수 있습니다.

벌금
180이러한 요구 사항을 준수하지 않을 경우 100달러의 벌금이 부과될 것입니다. 178같은 위반 사항이 반복되면 벌금은 200달러로 두 배가 될 것입니다.

지문 2

Commercial Bicyclist List
Business/Address: East Street Diner, 367 East Street, Chesterville

179-CName: Tony Esposito	ID Number: 983
179-CAddress: 26 Laudner Street, Chesterville	Bicycle Safety Course Completion: Yes
Shift Hours: 8 A.M.-3 P.M. Monday-Friday	Notes: Weekend hours may be available upon request
179-C/DName: Gina Doncaster	ID Number: 979
179-CAddress: 745 Cranston Lane, Chesterville	Bicycle Safety Course Completion: Yes
179-DShift Hours: 3 P.M.-9 P.M. Monday-Friday 8 A.M.-3 P.M. Saturday	Notes: Final paycheck issued August 30

상업용 자전거 사용자 목록
업체/주소: East Street 식당, 367번지 East가, Chesterville시

179-C이름: Tony Esposito	ID 번호: 983
179-C주소: 26번지 Laudner가, Chesterville시	자전거 안전 수업 수료: 완료
근무 시간: 월요일-금요일 오전 8시-오후 3시	참고: 요청 시 주말 근무 가능할 수 있음
179-C/D이름: Gina Doncaster	ID 번호: 979
179-C주소: 745번지 Cranston로, Chesterville시	자전거 안전 수업 수료: 완료
179-D근무 시간: 월요일-금요일 오후 3시-오후 9시 토요일 오전 8시 - 오후 3시	참고: 마지막 급여가 8월 30일에 지급되었음

Name: Freddy Velasquez	ID Number: 993
179-CAddress: 347 Prescott Boulevard, Chesterville	180Bicycle Safety Course Completion: No
179-DShift Hours: 3 P.M.-9 P.M. Monday-Friday 8 A.M.-3 P.M. Saturday	Notes: May be available to work extra shifts

179-C/D/180이름: Freddy Velasquez	ID 번호: 993
179-C주소: 347 번지 Prescott 대로, Chesterville시	180자전거 안전 수업 수료: 미완료
179-D근무 시간: 월요일~금요일 오후 3시-오후 9시 토요일 오전 8시-오후 3시	참고: 초과 근무 가능할 수 있음

지문 1
- □ commercial adj. 상업용의, 상업의
- □ legislation n. 법률, 법률 제정
- □ protective headgear phr. 보호용 헬멧
- □ display v. 표시하다
- □ fine n. 벌금
- □ repeat v. 반복하다
- □ congestion n. 교통 체증, 교통 혼잡
- □ employ v. 고용하다, 사용하다
- □ reflective adj. 빛을 반사하는, 반사의
- □ penalty n. 벌금, 벌칙
- □ double v. 두 배로 하다
- □ traffic n. 통행
- □ permit n. 허가증, 허가; v. 허가하다
- □ vest n. 조끼
- □ comply with phr. ~을 준수하다, 지키다
- □ violation n. 위반, 침해

지문 2
- □ completion n. 수료, 완료
- □ paycheck n. 급여, 급료
- □ issue v. 지급하다, 발부하다

176

What is the purpose of the Web page?

(A) To promote cycling as a means of transportation
(B) To provide tips for maintaining a bicycle
(C) To recommend usage of local bike lanes
(D) To disclose rules for business deliveries

웹페이지의 목적은 무엇인가?

(A) 교통수단으로서 자전거 타는 것을 장려하기 위해
(B) 자전거 관리에 대한 조언을 주기 위해
(C) 지역 자전거 전용 도로의 이용을 권장하기 위해
(D) 영업상의 배달에 대한 규정을 발표하기 위해

■ **주제/목적 찾기** 글의 목적 　　　　　　　　　　　　　　　　　　　　정답 (D)

웹페이지의 목적을 묻는 목적 찾기 문제이므로 첫 번째 지문인 웹페이지의 내용을 확인한다. 웹페이지의 'Cyclists can deliver ~ items to locations around the city. ~ the following legislation for cyclists and the businesses that employ them has been implemented.'에서 자전거 사용자들은 물품들을 도시 전역의 장소로 배달할 수 있으며, 자전거 사용자들 및 그들을 고용하는 업체들에 대해 다음의 법률이 시행되었다고 한 후, 영업상의 배달을 위해 자전거를 사용하는 사람들 및 그들을 고용하는 업체에 대한 법률과 관련된 세부 사항을 설명하고 있으므로 (D)가 정답이다.

바꾸어 표현하기
legislation 법률 → rules 규정

어휘 promote v. 장려하다 usage n. 이용, 사용 bike lane phr. 자전거 전용 도로 disclose v. 발표하다, 폭로하다

177

What is mentioned about the ID numbers of cyclists?

(A) They should be visible on reflective apparel.
(B) They can be requested by completing an online form.
(C) They have to be changed on an annual basis.
(D) They must be stated in a job application.

자전거 사용자들의 ID 번호에 대해 언급된 것은?

(A) 빛 반사 옷 위로 보여야 한다.
(B) 온라인 양식을 작성하여 신청될 수 있다.
(C) 1년 단위로 변경되어야 한다.
(D) 입사 지원서에 명시되어야 한다.

■ **Not/True** True 문제 　　　　　　　　　　　　　　　　　　　　정답 (A)

질문의 핵심 어구인 the ID numbers of cyclists와 관련된 내용을 지문에서 찾아 각 보기와 대조하는 Not/True 문제이므로, 자전거 사용자들의 ID 번호와 관련된 내용이 언급된 첫 번째 지문인 웹페이지에서 관련 내용을 확인한다. (A)는 'Cyclists must be provided with ~ reflective vests that display ~ the employee's ID number.'에서 자전거 사용자들에게는 직원의 ID 번호를 표시하는 빛 반사 조끼가 제공되어야 한다고 했으므로 지문의 내용과 일치한다. 따라서 (A)가 정답이다. (B), (C), (D)는 지문에 언급되지 않은 내용이다.

바꾸어 표현하기
vests 조끼 → apparel 옷

어휘 visible adj. (육안으로) 보이는, 시각적인 apparel n. 옷, 의복

178
○○○○ 중

What will happen if any of the regulations are violated more than once?

(A) Cyclists will have to repeat a training course.
(B) Employees will be temporarily suspended from work.
(C) The amount of a fine will be increased.
(D) Delivery service licenses will be revoked.

어떤 규정이든 한 번 이상 위반되면 무슨 일이 일어날 것인가?

(A) 자전거 사용자들은 교육 과정을 반복해야 할 것이다.
(B) 직원들은 직장에서 일시적으로 정직될 것이다.
(C) 벌금의 액수가 증가될 것이다.
(D) 배달 서비스 면허가 취소될 것이다.

■ 육하원칙 What   정답 (C)

어떤 규정이든 한 번 이상 위반되면 무슨(What) 일이 일어날 것인지를 묻는 육하원칙 문제이므로 규정이 언급된 첫 번째 지문인 웹페이지에서 관련 내용을 확인한다. 웹페이지의 'The fine will be doubled to $200 if the same violation is repeated.'에서 같은 위반 사항이 반복되면 벌금이 200달러로 두 배가 될 것이라고 했으므로 (C)가 정답이다.

바꾸어 표현하기
the regulations are violated more than once 규정이 한 번 이상 위반되다 → the same violation is repeated 같은 위반 사항이 반복되다
will be doubled 두 배가 될 것이다 → will be increased 증가될 것이다

어휘 temporarily adv. 일시적으로 suspend v. 정직시키다, 중단하다 license n. 면허, 면허증 revoke v. 취소하다, 폐지하다

179
○○○○ 중

What is indicated about East Street Diner's cyclists?

(A) They usually deliver groceries.
(B) They were hired at the same time.
(C) They are all residents of Chesterville.
(D) They are not available to work on weekends.

East Street 식당의 자전거 사용자들에 대해 암시되는 것은?

(A) 일반적으로 식료품을 배달한다.
(B) 같은 시기에 고용되었다.
(C) 모두 Chesterville시의 주민이다.
(D) 주말에 일할 수 없다.

■ Not/True True 문제   정답 (C)

질문의 핵심 어구인 East Street Diner's cyclists와 관련된 내용을 지문에서 찾아 각 보기와 대조하는 Not/True 문제이므로 East Street 식당이 언급된 두 번째 지문인 양식을 확인한다. (A)와 (B)는 지문에 언급되지 않은 내용이다. (C)는 'Name: Tony Esposito', 'Address: ~ Chesterville', 'Name: Gina Doncaster', 'Address: ~ Chesterville', 'Name: Freddy Velasquez', 'Address: ~ Chesterville'에서 East Street 식당에 고용된 자전거 사용자들의 주소가 모두 Chesterville시라고 했으므로 지문의 내용과 일치한다. 따라서 (C)가 정답이다. (D)는 'Name: Gina Doncaster', 'Shift Hours: ~ Saturday', 'Name: Freddy Velasquez', 'Shift Hours: ~ Saturday'에서 Gina Doncaster와 Freddy Velasquez의 근무 시간에 토요일이 포함되어 있으므로 지문의 내용과 일치하지 않는다.

어휘 grocery n. 식료품

180
○○○○ 중

What can be inferred about Mr. Velasquez?

(A) He will work more hours than usual next week.
(B) He may have to pay a penalty charge.
(C) He will be taking time off next month.
(D) He must update his ID number.

Mr. Velasquez에 대해 추론될 수 있는 것은?

(A) 다음 주에 평소보다 더 많은 시간을 일할 것이다.
(B) 벌금을 내야 할 수도 있다.
(C) 다음 달에 휴가를 낼 것이다.
(D) ID 번호를 갱신해야 한다.

■ 추론 연계 문제   정답 (B)

두 지문의 내용을 종합적으로 확인한 후 추론해서 풀어야 하는 연계 문제이다. 질문의 핵심 어구인 Mr. Velasquez가 언급된 양식을 먼저 확인한다.

단서 1 두 번째 지문(양식)의 'Name: Freddy Velasquez', 'Bicycle Safety Course Completion: No'에서 Mr. Velasquez가 자전거 안전 수업을 수료하지 않았다고 했다. 그런데 자전거 안전 수업을 수료하지 않을 경우 어떻게 되는지 제시되지 않았으므로 웹페이지에서 관련 내용을 확인한다.

단서 2 첫 번째 지문(웹페이지)의 'Commercial cyclists are ~ responsible for completing ~ Bicycle Safety Course.'에서 상업용 자전거 사용자들은 자전거 안전 수업을 수료할 책임이 있다고 했고, 'Failure to comply with any of these requirements will result in a ~ fine.'에서 이러한 요구 사항을 준수하지 않을 경우 벌금이 부과될 것이라고 했음을 확인할 수 있다.

두 단서를 종합할 때, Mr. Velasquez는 자전거 안전 수업을 수료하지 않았으므로 벌금이 부과될 것이라는 사실을 추론할 수 있다. 따라서 (B)가 정답이다.

바꾸어 표현하기
a ~ fine 벌금 → a penalty charge 벌금

지문 1

ADBG's 10th Annual Baseball Game
June 23
Portez Stadium, Atlanta, Georgia

Over the past 10 years, [181]the Atlanta Downtown Business Group (ADBG) baseball game has been an engaging way to provide small business owners with the opportunity to promote and market themselves in the community. The ADBG is pleased to offer the following levels of sponsorship for the fund-raising game:

Sponsorship Level	Price	Benefits
[182-A]1st Base	$250	- [182-A]A 24x36 inch company poster put up at the stadium entrance
[182-B]2nd Base	$500	- The benefit of 1st Base level - [182-B]A 5x2 foot company display stand set up at the ticket office
[182-C]3rd Base	$750	- [182-C]All the benefits of 2nd Base level - A 4x5 foot company banner hung at the baseball field
[182-D/180]Home Plate	[185]$1,000	- [182-D]All the benefits of 3rd Base level - A 10x12 foot billboard next to viewer seats - [185]Company logo printed on one of the team's uniforms

Please contact our office manager, Tessa Reynolds, at treynolds@adbg.org if you are interested in becoming a sponsor.

ADBG의 제10회 연례 야구 경기
6월 23일
Portez 경기장, 애틀랜타, 조지아주

지난 10년 동안, [181]애틀랜타 상업 지구 사업체 집단(ADBG) 야구 경기는 소규모 자영업자들이 지역 사회에서 그들을 홍보하고 마케팅할 수 있는 기회를 제공하는 매력적인 방법이었습니다. ADBG는 기금 모금 경기에 대해 다음 단계의 협찬을 제공하게 되어 기쁩니다:

협찬 단계	가격	혜택
[182-A]1루	250달러	- [182-A]경기장 입구에 걸리는 24x36인치 회사 포스터
[182-B]2루	500달러	- 1루 단계의 혜택 - [182-B]매표소에 설치되는 5x2 피트 회사 광고판
[182-C]3루	750달러	- [182-C]2루 단계의 모든 혜택 - 야구장에 걸리는 4x5 피트 회사 현수막
[182-D/185]홈베이스	[185]1,000달러	- [182-D]3루 단계의 모든 혜택 - 관람석 옆 10x12 피트 광고판 - [185]한 팀의 유니폼에 인쇄되는 회사 로고

후원자가 되는 데 관심이 있으시다면 사무장인 Tessa Reynolds에게 treynolds@adbg.org로 연락해주십시오.

지문 2

To: Rajiv Patel <rajiv.patel@nstflorists.com>
From: Tessa Reynolds <treynolds@adbg.org>
Date: April 30
Subject: Thank you

Dear Mr. Patel,

[183-D]Thank you for registering North Street Florists as a sponsor for our upcoming baseball game. I was pleased to hear that your sponsorship of this event in previous years was beneficial to your business.

[184]I received the design you e-mailed me, and I have already forwarded it to the company that makes the banners. After they're printed, they'll be delivered to the address provided. However, I forgot to ask you one question when we spoke yesterday. The Atlanta Bears and Charleston Raptors are the two teams that have volunteered to play the game.

수신: Rajiv Patel <rajiv.patel@nstflorists.com>
발신: Tessa Reynolds <treynolds@adbg.org>
날짜: 4월 30일
제목: 감사합니다

Mr. Patel께,

[183-D]North Street 꽃집을 다가오는 야구 경기의 후원자로 등록해주셔서 감사합니다. 지난 몇 년간의 이 행사에 대한 후원이 귀하의 사업체에 유익했다는 것을 듣게 되어 기뻤습니다.

[184]귀하께서 이메일로 보내주신 디자인을 받았으며, 현수막을 제작하는 업체에 이미 그것을 전달했습니다. 인쇄되고 나면, 그것들은 제공해 주신 주소로 배달될 것입니다. 그런데, 어제 우리가 이야기를 나누었을 때 저는 귀하께 한 가지를 질문하는 것을 깜빡했습니다. Atlanta Bears와 Charleston Raptors가 경기를 하겠다고 자원한 두 팀입니다.

[185]Do you have a preference regarding which team wears your logo? Please let me know as soon as possible. Thank you!

Sincerely,
Tessa Reynolds

[185]어느 팀이 귀하의 로고를 착용하는지에 대해 선호가 있으십니까? 가능한 한 빨리 알려주십시오. 감사합니다!

Tessa Reynolds 드림

지문 1	□ engaging adj. 매력적인	□ small business owner phr. 소규모 자영업자	
	□ community n. 지역 사회, 공동체	□ following adj. 다음의	□ sponsorship n. 협찬, 후원
	□ fund-raising adj. 기금 모금의	□ put up phr. ~을 걸다, 세우다	□ hang v. 걸다
	□ billboard n. 광고판, 게시판		
지문 2	□ forward v. 전달하다	□ volunteer v. 지원하다, 자진하다	□ preference n. 선호

181
○○○○
상

What is the purpose of the flyer?

(A) To encourage businesses to raise funds
(B) To sell some tickets to a sports event
(C) To promote a baseball workshop
(D) To offer a marketing opportunity

광고지의 목적은 무엇인가?

(A) 기업들에게 기금을 모금하도록 장려하기 위해
(B) 스포츠 행사의 티켓을 판매하기 위해
(C) 야구 워크숍을 홍보하기 위해
(D) 마케팅 기회를 제공하기 위해

■ **주제/목적 찾기** 글의 목적　　　　　　　　　　　　　　　　　　　　　　　　　　　　　　　　　정답 (D)

광고지의 목적을 묻는 목적 찾기 문제이므로 첫 번째 지문인 광고지의 내용을 확인한다. 광고지의 'the Atlanta Downtown Business Group ~ baseball game has been an engaging way to provide small business owners with the opportunity to promote and market themselves ~. The ADBG is pleased to offer the following levels of sponsorship'에서 애틀랜타 상업 지구 사업체 집단 야구 경기는 소규모 자영업자들이 그들을 홍보하고 마케팅할 수 있는 기회를 제공하는 매력적인 방법이었으며 다음 단계의 협찬을 제공하게 되어 기쁘다고 한 후, 홍보하고 마케팅할 수 있는 기회인 협찬의 종류에 대해 세부적으로 설명하고 있으므로 (D)가 정답이다.

바꾸어 표현하기
the opportunity to promote and market 홍보하고 마케팅할 수 있는 기회 → a marketing opportunity 마케팅 기회

어휘　raise v. 모금하다

182
○○○○
중

Which level of sponsorship does NOT include the display of a company logo at the ticket office?

(A) 1st-Base-level sponsorship
(B) 2nd-Base-level sponsorship
(C) 3rd-Base-level sponsorship
(D) Home-Plate-level sponsorship

어느 단계의 협찬이 매표소에서의 회사 로고 전시를 포함하지 않는가?

(A) 1루 단계 협찬
(B) 2루 단계 협찬
(C) 3루 단계 협찬
(D) 홈베이스 단계 협찬

■ **Not/True** Not 문제　　　　　　　　　　　　　　　　　　　　　　　　　　　　　　　　　　　정답 (A)

질문의 핵심 어구인 level of sponsorship ~ include the display of a company logo at the ticket office와 관련된 내용을 지문에서 찾아 각 보기와 대조하는 Not/True 문제이므로 협찬 단계와 관련된 내용이 언급된 첫 번째 지문인 광고지를 확인한다. (A)는 '1st Base', 'A ~ company poster put up at the stadium entrance'에서 1루 협찬 단계에 경기장 입구에 걸리는 회사 포스터 혜택만이 제공된다는 것을 알 수 있으므로 지문의 내용과 일치하지 않는다. 따라서 (A)가 정답이다. (B)는 '2nd Base', 'A ~ company display stand set up at the ticket office'에서 2루 협찬 단계에는 매표소에 설치되는 회사 광고판 혜택이 제공된다고 했으므로 지문의 내용과 일치한다. (C)는 '3rd Base', 'All the benefits of 2nd Base level'에서 3루 협찬 단계에는 2루 단계의 모든 혜택이 포함된다고 했으며 2루 단계의 혜택에는 매표소에 설치되는 회사 광고판 혜택이 포함되므로 지문의 내용과 일치한다. (D)는 'Home Plate', 'All the benefits of 3rd Base level'에서 홈베이스 협찬 단계에는 3루 단계의 모든 혜택이 포함된다고 했으며 3루 단계의 혜택에는 매표소에 설치되는 회사 광고판 혜택이 포함되므로 지문의 내용과 일치한다.

183

What is mentioned about North Street Florists?

(A) It plans to form its own baseball team.
(B) It operates stores throughout Georgia.
(C) It will donate some of its profits to a charity.
(D) It has sponsored the ADBG game before.

North Street 꽃집에 대해 언급된 것은?

(A) 독자적인 야구팀을 만들 계획이다.
(B) 조지아주 전역에서 매장을 운영한다.
(C) 수익의 일부를 자선 단체에 기부할 것이다.
(D) 이전에 ADBG 경기를 후원한 적이 있다.

■ **Not/True** True 문제   정답 (D)

질문의 핵심 어구인 North Street Florists에 대해 지문에서 언급된 내용을 보기와 대조하는 Not/True 문제이므로 North Street 꽃집이 언급된 두 번째 지문인 이메일을 확인한다. (A), (B), (C)는 지문에 언급되지 않은 내용이다. (D)는 'Thank you for registering North Street Florists as a sponsor for our upcoming baseball game. I was pleased to hear that your sponsorship of this event in previous years was beneficial to your business.'에서 North Street 꽃집을 다가오는 야구 경기, 즉 ADBG 야구 경기의 후원자로 등록해줘서 감사하며 지난 몇 년간 이 행사에 대한 후원이 귀하의 사업체에 유익했다는 것을 듣게 되어 기뻤다고 했으므로 (D)가 정답이다.

바꾸어 표현하기

sponsorship ~ in previous years 지난 몇 년간의 후원 → has sponsored ~ before 이전에 후원한 적이 있다

어휘   form v. 만들다   own adj. 독자적인   throughout prep. 전역에, 도처에   profit n. 수익   charity n. 자선 단체

184

According to the e-mail, what has Mr. Patel already done?

(A) Distributed promotional materials
(B) Sent a design to Ms. Reynolds
(C) Printed a banner
(D) Provided a billboard advertisement

이메일에 따르면, Mr. Patel은 이미 무엇을 했는가?

(A) 홍보 자료를 배포했다
(B) Ms. Reynolds에게 디자인을 보냈다
(C) 현수막을 인쇄했다
(D) 게시판 광고를 제공했다

■ **육하원칙** What   정답 (B)

이메일에 따르면 Mr. Patel이 이미 무엇(what)을 했는지를 묻는 육하원칙 문제이므로 Mr. Patel에게 보내진 두 번째 지문인 이메일에서 관련 내용을 확인한다. 이메일의 'I received the design you e-mailed me'에서 자신, 즉 Tessa Reynolds가 귀하, 즉 Mr. Patel이 이메일로 보낸 디자인을 받았다고 했으므로 (B)가 정답이다.

어휘   distribute v. 배포하다   promotional adj. 홍보의, 판촉의

185

How much did Mr. Patel probably pay the ADBG?

(A) $250
(B) $500
(C) $750
(D) $1,000

Mr. Patel은 ADBG에 얼마를 지불했을 것 같은가?

(A) 250달러
(B) 500달러
(C) 750달러
(D) 1,000달러

■ **추론** 연계 문제   정답 (D)

두 지문의 내용을 종합적으로 확인한 후 추론해서 풀어야 하는 연계 문제이다. 질문의 핵심 어구인 Mr. Patel ~ pay the ADBG와 관련된 내용이 언급된 이메일을 먼저 확인한다.

[단서 1] 두 번째 지문(이메일)의 'Do you have a preference regarding which team wears your logo?'에서 어느 팀이 귀하, 즉 Mr. Patel의 회사의 로고를 착용하는지에 대해 선호가 있는지를 물었다. 그런데 팀이 Mr. Patel의 회사 로고를 착용하도록 하기 위해 Mr. Patel이 지불한 금액이 얼마인지 제시되지 않았으므로 광고지에서 관련 내용을 확인한다.

[단서 2] 첫 번째 지문(광고지)의 'Home Plate', '$1000', 'Company logo printed on one of the team's uniforms'에서 홈베이스 협찬 단계의 혜택을 제공받기 위해서는 1000달러를 지불해야 하며, 혜택들 중에는 회사 로고를 팀의 유니폼에 인쇄되도록 하는 혜택이 포함된다는 것을 확인할 수 있다.

두 단서를 종합할 때, Mr. Patel이 팀의 유니폼에 Mr. patel의 회사 로고가 인쇄되는 혜택을 제공받으므로 1,000달러를 지불했다는 사실을 추론할 수 있다. 따라서 (D)가 정답이다.

지문 1

To: Catherine Millstone <catherinemillstone@drexco.com>
From: Ron Pruitt <ronpruitt@drexco.com>
Subject: Your internship
Date: August 13

Dear Catherine,

As I'm sure you're aware, your internship with Drexco's advertising department will be ending on September 3. During your time with us, you've worked hard and taken your job seriously. That's why [186/188]I'd like to offer you the permanent full-time position of junior creative coordinator here. Please take some time to consider this offer carefully. I'll be leaving today to attend a media conference that begins tomorrow, but I'll be back on Friday. I'd appreciate it if you could drop by my office then to let me know your decision.

Best,

Ron Pruitt
Director of Advertising

수신: Catherine Millstone
　　　 <catherinemillstone@drexco.com>
발신: Ron Pruitt <ronpruitt@drexco.com>
제목: 당신의 인턴십
날짜: 8월 13일

Catherine께,

당신이 알고 있다고 제가 확신하는 대로, Drexco사 광고부에서의 당신의 인턴십은 9월 3일에 끝날 예정입니다. 저희와 함께하는 동안, 당신은 열심히 근무했고 당신의 업무에 진지하게 임했습니다. 그것이 [186/188]제가 당신에게 이곳의 정규직인 전임 보조 광고 제작자를 제안하고 싶은 이유입니다. 이 제안을 신중하게 고려해볼 시간을 좀 가지시기 바랍니다. 저는 내일 시작하는 미디어 회의에 참석하기 위해 오늘 떠날 것이지만, 금요일에 돌아올 예정입니다. 그때 제 사무실에 잠깐 들러서 당신의 결정을 알려주면 고맙겠습니다.

Ron Pruitt 드림
광고부장

지문 2

To: Ginger Rollins <gingerrollins@drexco.com>
From: Harry Shute <harryshute@drexco.com>
Subject: Open advertising department position
[187]Date: August 16

Dear Ms. Rollins,

[187]Ron Pruitt just got back from the Los Angeles conference today, and I spoke to him about the open junior creative coordinator position. It seems that [188]he offered it to one of his interns, but she turned it down because she is returning to school for graduate studies next month.

Mr. Pruitt has indicated that he may offer the job to another of his interns but only after conducting some evaluations on September 3. If Mr. Pruitt decides not to make this offer, you may post some advertisements on employment Web sites. [189]If we go ahead and hire an outside candidate, this person will have to take our aptitude test. Note, though, that this would not apply to an intern who was promoted.

Thanks,

Harry Shute
Director of Human Resources

수신: Ginger Rollins <gingerrollins@drexco.com>
발신: Harry Shute <harryshute@drexco.com>
제목: 공석인 광고부 자리
[187]날짜: 8월 16일

Ms. Rollins께,

[187]Ron Pruitt가 오늘 로스앤젤레스 회의에서 돌아왔고, 저는 그에게 공석인 보조 광고 제작자 자리에 관해 이야기했습니다. [188]그가 그것을 인턴 중 한 명에게 제안했지만, 그녀는 다음 달에 대학원 과정을 위해 학교로 돌아갈 것이기 때문에 거절한 것 같습니다.

Mr. Pruitt는 9월 3일에 몇 가지 평가를 실시한 후에만 그 직무를 다른 인턴들에게 제안할 수 있다고 말했습니다. Mr. Pruitt가 이 제안을 하지 않기로 결정하면, 당신은 채용 웹사이트에 공고를 게시할 수 있습니다. [189]우리가 추진해서 외부 지원자를 고용한다면, 그 사람은 적성 검사를 받아야 할 것입니다. 하지만, 이것은 승진한 인턴에게는 적용되지 않을 것임을 유의해주시기 바랍니다.

감사합니다,

Harry Shute 드림
인사부장

지문 3

To: All Drexco advertising department staff
From: Ron Pruitt
Subject: Tomorrow
Date: September 11

I am pleased to announce that [189]Wendy Sommers will be our new junior creative coordinator. Based on her aptitude

수신: Drexco사 광고부 전 직원
발신: Ron Pruitt
제목: 내일
날짜: 9월 11일

[189]Wendy Sommers가 우리의 새로운 보조 광고 제작자가 될 것임을 발표하게 되어 기쁩니다. 그녀의 적성 검사 점

test score, I believe that she will be a valuable addition to our department. **She will start working in our office tomorrow, and I would like to do something to make her feel welcome.** [190]I was thinking we could go to a restaurant in the area right after work, so please let me know before 5 P.M. today if you have any preferences.

수를 바탕으로, 저는 그녀가 우리 부서에 귀중한 증원 인력이 될 것이라고 믿습니다. 그녀가 내일부터 사무실에서 일하기 시작할 텐데, 그녀가 환영받는다고 느끼게 해줄 무언가를 하고 싶습니다. [190]퇴근 직후에 지역 내 식당에 갈 수 있을 것 같다고 생각 중이니, 선호하는 것이 있으면 오늘 오후 5시 전까지 알려주세요.

지문 1	□ **permanent** adj. 정규직인, 영구적인	□ **full-time** adj. 전임의	□ **drop by** phr. ~에 잠깐 들르다
지문 2	□ **turn ~ down** phr. ~을 거절하다, 거부하다	□ **conduct** v. 실시하다, 하다	□ **employment** n. 채용
	□ **candidate** n. 지원자, 후보자	□ **aptitude** n. 적성, 소질	□ **apply to** phr. ~에 적용되다

---

186 ○○○● 중

Why was the first e-mail written?

(A) To arrange an interview with a candidate
(B) To make an offer of employment
(C) To advise staff of future plans
(D) To ask for feedback about an internship program

첫 번째 이메일은 왜 쓰였는가?

(A) 지원자와의 면접을 마련하기 위해
(B) 채용 제의를 하기 위해
(C) 직원들에게 향후 계획을 알리기 위해
(D) 인턴십 프로그램에 대한 의견을 요청하기 위해

■ **주제/목적 찾기** 글을 쓴 이유 　　　　　　　　　　　　　　　　　　　　　　　　　　　　　　　　　　　　　정답 **(B)**

첫 번째 이메일이 쓰인 이유를 묻는 목적 찾기 문제이므로 첫 번째 이메일의 내용을 확인한다. 첫 번째 이메일의 'I'd like to offer you the permanent full-time position of junior creative coordinator here'에서 이곳, 즉 Drexco사의 정규직인 전임 보조 광고 제작자를 당신에게 제안하고 싶다고 하며 채용 제의를 하고 있으므로 **(B)**가 정답이다.

---

187 ○○○○ 하

What did Mr. Pruitt do on August 16?

(A) Returned from a conference
(B) Conducted some evaluations
(C) Sent an e-mail to office coordinators
(D) Applied for a vacant position

Mr. Pruitt는 8월 16일에 무엇을 했는가?

(A) 회의에서 돌아왔다
(B) 평가를 실시했다
(C) 사무실 책임자에게 이메일을 보냈다
(D) 공석인 자리에 지원했다

■ **육하원칙** What 　　정답 **(A)**

Mr. Pruitt가 8월 16일에 무엇(What)을 했는지를 묻는 육하원칙 문제이므로 질문의 핵심 어구인 Mr. Pruitt do on August 16과 관련된 내용이 언급된 두 번째 이메일에서 관련 내용을 확인한다. 두 번째 이메일의 'Date: August 16', 'Ron Pruitt just got back from the ~ conference today'에서 Ron Pruitt가 8월 16일인 오늘 회의에서 돌아왔다고 했으므로 **(A)**가 정답이다.

---

188 ○○●● 상

What is indicated about Ms. Millstone?

(A) She received job offers from multiple companies.
(B) She served as an intern for three months.
(C) She inspected Drexco's office.
(D) She will be going back to university soon.

Ms. Millstone에 대해 암시되는 것은?

(A) 여러 회사로부터 일자리 제의를 받았다.
(B) 3개월 동안 인턴으로 일했다.
(C) Drexco사의 사무실을 점검했다.
(D) 곧 대학교로 돌아갈 것이다.

■ **추론** 연계 문제 　　정답 **(D)**

세 지문 중 두 지문의 내용을 종합적으로 확인한 후 추론해서 풀어야 하는 연계 문제이다. 질문의 핵심 어구인 Ms. Millstone에게 보내진 첫 번째 이메일을 먼저 확인한다.

단서 1 첫 번째 이메일의 'I'd like to offer you the permanent full-time position of junior creative coordinator ~'에서 Mr. Pruitt가 Ms. Millstone에게 정규직인 전임 보조 광고 제작자를 제안하고 싶다고 했다. 그런데 Ms. Millstone이 그 제안을 받아들였는지 제시되지 않았으므로 두 번째 이메일에서 관련 내용을 확인한다.

단서 2 두 번째 이메일의 'he offered it to one of his interns, but she turned it down because she is returning to school for graduate studies next month'에서 그, 즉 Mr. Pruitt가 그것, 즉 보조 광고 제작자 자리를 인턴 중 한 명에게 제안했지만, 그녀는 다음 달에 대학원 과정을 위해 학교로 돌아갈 것이기 때문에 제안을 거절했음을 확인할 수 있다.

두 단서를 종합할 때, Mr. Pruitt로부터 일자리를 제안받은 Ms. Millstone은 대학원 과정을 위해 곧 학교로 돌아갈 것이라는 사실을 추론할 수 있다. 따라서 **(D)**가 정답이다.

189

What is suggested about the junior creative coordinator position?

(A) It has remained vacant for over a month.
(B) It was not filled by an intern.
(C) It will involve monthly business trips.
(D) It does not require commuting to an office.

보조 광고 제작자 자리에 대해 암시되는 것은?

(A) 한 달 넘게 공석이었다.
(B) 인턴에 의해 채워지지 않았다.
(C) 매월 출장을 포함할 것이다.
(D) 사무실로의 통근이 필요하지 않다.

■ **추론** 연계 문제　　　　　　　　　　　　　　　　　　　　　　　　　　　정답 (B)

세 지문 중 두 지문의 내용을 종합적으로 확인한 후 추론해서 풀어야 하는 연계 문제이다. 질문의 핵심 어구인 the junior creative coordinator position과 관련된 내용이 언급된 회람을 먼저 확인한다.

단서 1 세 번째 지문(회람)의 'Wendy Sommers will be our new junior creative coordinator. Based on her aptitude test score, I believe that she will be a valuable addition to our department.'에서 Wendy Sommers가 우리, 즉 Drexco사의 새로운 보조 광고 제작자가 될 것이며, 그녀의 적성 검사 점수를 바탕으로 그녀가 우리 부서, 즉 광고부에 귀중한 증원 인력이 될 것이라고 믿는다고 했다. 그런데 Wendy Sommers가 적성 검사를 받은 이유가 제시되지 않았으므로 두 번째 이메일에서 관련 내용을 확인한다.

단서 2 두 번째 지문(이메일)의 'If we ~ hire an outside candidate, this person will have to take our aptitude test. Note, though, that this would not apply to an intern who was promoted.'에서 우리, 즉 인사부가 외부 지원자를 고용한다면 그 사람은 적성 검사를 받아야 할 것이지만, 이것은 승진한 인턴에게는 적용되지 않을 것임을 유의해달라고 한 것을 확인할 수 있다.

두 단서를 종합할 때, 새로운 보조 광고 제작자가 될 Wendy Sommers는 적성 검사를 받았으므로 승진한 인턴이 아닌 외부 지원자였으며, 따라서 보조 광고 제작자 자리가 인턴에 의해 채워지지 않았다는 사실을 추론할 수 있다. 따라서 (B)가 정답이다.

어휘　commute v. 통근하다

190

Why does Mr. Pruitt want the advertising staff to contact him?

(A) To confirm their attendance at a party
(B) To suggest local eating establishments
(C) To provide training tips for a new employee
(D) To volunteer to set up an office space

Mr. Pruitt는 왜 광고부 직원들이 그에게 연락하기를 바라는가?

(A) 그들의 파티 참석을 확정하기 위해
(B) 지역 내 식당을 제안하기 위해
(C) 신입사원에 대한 교육 관련 조언을 제공하기 위해
(D) 사무실 공간을 설치하는 데 지원하기 위해

■ **육하원칙** What　　　　　　　　　　　　　　　　　　　　　　　　　　　정답 (B)

Mr. Pruitt가 왜(Why) 광고부 직원들이 그에게 연락하기를 바라는지를 묻는 육하원칙 문제이므로 질문의 핵심 어구인 the advertising staff에게 보내진 세 번째 지문인 회람에서 관련 내용을 확인한다. 회람의 'I was thinking we could go to a restaurant in the area ~, so please let me know ~ if you have any preferences.'에서 지역 내 식당에 갈 수 있을 것 같다고 생각 중이니, 선호하는 것이 있으면 알려달라고 했으므로 (B)가 정답이다.

바꾸어 표현하기

a restaurant in the area 지역 내 식당 → local eating establishments 지역 내 식당

어휘　attendance n. 참석　eating establishment phr. 식당　set up phr. ~을 설치하다

Questions 191-195 refer to the following memo, testing schedule, and form.　191-195는 다음 회람, 테스트 일정표, 양식에 관한 문제입니다.

지문 1

Fitness Friends
Memo

To: Testing division
From: Ed Burtoft
Date: August 2
Subject: Research for Z-Model

[191]Work has been coming along well on our newest fitness tracker, which we are currently referring to by its temporary name, Z-Model. Chief marketing officer Signe Jepsen has shared a short list of possible final names for the product, including Trail Blazer and Split Second. [194]If the marketing department is unable to make a final decision on the name by August 11, we will ask survey respondents for their opinions.

On Thursday, you will be given a prototype of the Z-Model from the research department for testing. First, though, we need to finalize our list of test subjects. [192]When I went through our testing schedule, I noticed that all of them are in their 20s or 30s. I would like to have at least one or two subjects who are in their 40s or 50s in order to get responses from users who are a bit older.

Fitness Friends사
회람

수신: 테스트부
발신: Ed Burtoft
날짜: 8월 2일
제목: Z-Model에 대한 조사

우리가 현재 임시 명칭인 Z-Model이라고 지칭하고 있는 [191]최신 건강 추적기에 대한 업무는 순조롭게 잘 진행되고 있습니다. 마케팅 책임자인 Signe Jepsen은 Trail Blazer 및 Split Second를 포함하여, 가능한 제품명의 최종 후보 명단을 공유했습니다. [194]마케팅부가 8월 11일까지 명칭에 대한 최종 결정을 내리지 못하면, 설문조사 응답자들에게 그들의 의견을 물어볼 것입니다.

목요일에, 여러분은 테스트를 위해 연구부로부터 Z-Model의 시제품을 받을 것입니다. 하지만, 먼저, 우리는 피실험자 명단을 완성해야 합니다. [192]테스트 일정표를 살펴봤을 때, 저는 그들 모두가 20대 혹은 30대라는 것을 발견했습니다. 조금 더 나이 든 사용자들로부터 응답을 받기 위해 40대나 50대인 피실험자를 최소한 한두 명 포함하고 싶습니다.

지문 2

Testing Schedule for Z-Model

9:30 A.M.	11:30 A.M.
[192]Subject: Dorothy Glen	Subject: Farid Saman
Age and gender: 57/female	Age and gender: 23/female
Location: Grand Park	Location: Caribou Lake
Activity: Walking	Activity: Running
Focus: Testing the heart-rate function	Focus: Testing the pacing feature

2:30 P.M.	4:30 P.M.
Subject: Michael Flint	Subject: Pat Durban
Age and gender: 37/male	Age and gender: 32/female
Location: Parklane Community Swimming Pool	[193]Location: Oak Mountain
Activity: Swimming	Activity: Cycling
Focus: Testing the waterproofing	[193]Focus: Testing the ability to withstand shocks

Z-Model 테스트 일정

오전 9시 30분	오전 11시 30분
[192]피실험자: Dorothy Glen	피실험자: Farid Saman
연령 및 성별: 57세/여성	연령 및 성별: 23세/여성
위치: Grand 공원	위치: Caribou 호수
활동: 걷기	활동: 달리기
주안점: 심장 박동 기능 테스트	주안점: 거리 측정 기능 테스트

오후 2시 30분	오후 4시 30분
피실험자: Michael Flint	피실험자: Pat Durban
연령 및 성별: 37세/남성	연령 및 성별: 32세/여성
위치: Parklane 지역 수영장	[193]위치: Oak산
활동: 수영	활동: 자전거 타기
주안점: 방수 테스트	[193]주안점: 충격 저항 능력 테스트

지문 3

Survey of Test Subject

Name: Michael Flint

Now that you've tested the prototype for our next fitness tracker, we'd like to learn more about your impressions.

To what extent do you agree or disagree with the following statements?

피실험자 대상 설문조사

이름: Michael Flint

귀하께서 저희의 차기 건강 추적기 시제품을 테스트해보셨으므로, 귀하의 생각에 대해 더 알고 싶습니다.

다음의 진술에 대해 얼마나 동의하거나 동의하지 않으십니까?

○

1. The product was comfortable to wear.

Strongly agree / Agree /

Neither agree nor disagree /

(Disagree) / Strongly disagree

2. The product was easy to use.

(Strongly agree) / Agree /

Neither agree nor disagree /

Disagree / Strongly disagree

3. What did you like about the product?

It was easy to change the information that was displayed using the buttons on the side. The battery seemed to last a long time—it was at 98 percent at the start of my 60-minute workout and when I finished, it was down to 90 percent.

4. What did you dislike about the product?

[195]Though I tightened the band to the maximum level, it still felt loose around my wrist. Whenever I raised my left arm, the fitness tracker moved around, which was uncomfortable.

5. [194]What do you think the product should be called?

Trail Blazer / Split Second / Mad Dash / (Fast Track)

---

1. 제품은 착용하기 편했다.

전적으로 동의한다 / 동의한다 /

동의하지도 반대하지도 않는다 /

(동의하지 않는다) / 전적으로 동의하지 않는다

2. 제품은 사용하기 쉬웠다.

(전적으로 동의한다) / 동의한다 /

동의하지도 반대하지도 않는다 /

동의하지 않는다 / 전적으로 동의하지 않는다

3. 제품에 대해 무엇이 마음에 드셨습니까?

측면에 있는 버튼을 사용하여, 표시되는 정보를 변경하기 쉬웠습니다. 배터리는 오래 지속되는 것 같았고, 60분짜리 운동을 시작할 때 98퍼센트였다가 운동을 마치자, 90퍼센트로 떨어졌습니다.

4. 제품에 대해 무엇이 마음에 들지 않으셨습니까?

[195]밴드를 최대치로 조였는데도 불구하고, 여전히 손목 주변이 헐거운 것을 느꼈습니다. 왼팔을 들 때마다, 건강 추적기가 움직였고, 이것이 불편했습니다.

5. [194]제품이 무엇으로 불려야 한다고 생각하십니까?

Trail Blazer / Split Second / Mad Dash / (Fast Track)

지문 1　□ come along phr. (순조롭게) 진행되다　□ refer to phr. ~을 지칭하다, 언급하다　□ short list phr. 최종 후보 명단
　　　　□ respondent n. 응답자　　　　　　 □ prototype n. 시제품, 견본　　　　　 □ subject n. 피실험자, 실험 대상
　　　　□ go through phr. ~을 살펴보다

지문 2　□ gender n. 성별　　　　　　　　　 □ function n. 기능　　　　　　　　　 □ withstand v. 저항하다, 견디다

지문 3　□ now that conj. ~이므로　　　　　　 □ impression n. 생각, 느낌　　　　　 □ statement n. 진술
　　　　□ workout n. 운동　　　　　　　　 □ tighten v. 조이다　　　　　　　　　 □ loose adj. 헐거운, 풀린
　　　　□ wrist n. 손목

TEST | 01 | 02 | 03 | 04 | 05 | 06 | 07 | 08 | 09 | 10 | 해커스 토익 실전 1000제 1 Reading

---

191
○○○○
상

What is the main purpose of the memo?

(A) To offer an incentive
(B) To schedule a test
(C) To provide an update
(D) To request feedback

회람의 주 목적은 무엇인가?

(A) 장려금을 제공하기 위해
(B) 테스트 일정을 잡기 위해
(C) 최신 정보를 알려주기 위해
(D) 의견을 요청하기 위해

■ **주제/목적 찾기** 글의 목적　　　　　　　　　　　　　　　　　　　　　　　　　　　　　　정답 (C)

회람의 목적을 묻는 목적 찾기 문제이므로 첫 번째 지문인 회람의 내용을 확인한다. 회람의 'Work has been coming along well on our newest fitness tracker'에서 최신 건강 추적기에 대한 업무가 순조롭게 잘 진행되고 있다고 한 후, 제품명의 최종 후보 및 피실험자 명단과 관련한 최신 정보를 알려주고 있으므로 (C)가 정답이다.

어휘　incentive n. 장려금, 인센티브

192

Which subject was probably added to the testing schedule?

(A) Dorothy Glen
(B) Farid Saman
(C) Michael Flint
(D) Pat Durban

테스트 일정표에 어느 피실험자가 추가된 것 같은가?

(A) Dorothy Glen
(B) Farid Saman
(C) Michael Flint
(D) Pat Durban

■ **추론** 연계 문제
정답 (A)

세 지문 중 두 지문의 내용을 종합적으로 확인한 후 추론해서 풀어야 하는 연계 문제이다. 질문의 핵심 어구인 subject was ~ added to the testing schedule과 관련된 내용이 언급된 회람을 먼저 확인한다.

단서 1 첫 번째 지문(회람)의 'When I went through our testing schedule, I noticed that all of them are in their 20s or 30s. I would like to have ~ subjects who are in their 40s or 50s'에서 테스트 일정표를 살펴봤을 때 그들, 즉 피실험자 모두가 20대 혹은 30대라는 것을 발견했으며, 40대나 50대인 피실험자를 포함하고 싶다고 했다. 그런데 추가된 피실험자가 누구인지 제시되지 않았으므로 일정표에서 관련 내용을 확인한다.

단서 2 두 번째 지문(테스트 일정표)의 'Subject: Dorothy Glen', 'Age and gender: 57/female'에서 57세 여성인 Dorothy Glen이 피실험자로 포함되어 있다는 사실을 확인할 수 있다.

두 단서를 종합할 때, 테스트 일정표에 50대인 피실험자 Dorothy Glen이 추가되었다는 사실을 추론할 수 있다. 따라서 (A)가 정답이다.

193

What aspect of the product was tested at Oak Mountain?

(A) The heart-rate monitor
(B) Product durability
(C) Water resistance
(D) The pacing function

Oak산에서 제품의 어떤 측면이 테스트되었는가?

(A) 심장 박동 감시 장치
(B) 제품 내구성
(C) 내수성
(D) 거리 측정 기능

■ **육하원칙** What
정답 (B)

Oak산에서 제품의 어떤(What) 측면이 테스트되었는지를 묻는 육하원칙 문제이므로 질문의 핵심 어구인 aspect of the product was tested at Oak Mountain과 관련된 내용이 언급된 두 번째 지문인 테스트 일정표를 확인한다. 테스트 일정표의 'Location: Oak Mountain', 'Focus: Testing the ability to withstand shocks'에서 Oak산에서 충격 저항 능력 테스트가 실시되었음을 알 수 있으므로 (B)가 정답이다.

바꾸어 표현하기
the ability to withstand shocks 충격 저항 능력 → durability 내구성

어휘 monitor n. 감시 장치 durability n. 내구성, 튼튼함 water resistance phr. 내수성

194

What is suggested about the Z-Model device?

(A) It was popular among most of the test subjects.
(B) The marketing team was unable to select a name for it.
(C) It was given to test participants for free.
(D) The researchers suggested changing its launch schedule.

Z-Model 장치에 대해 암시되는 것은?

(A) 대부분의 피실험자들로부터 평판이 좋았다.
(B) 마케팅팀이 그것의 명칭을 선정하지 못했다.
(C) 테스트 참여자들에게 무료로 제공되었다.
(D) 연구원들이 그것의 출시 일정을 바꾸자고 제안했다.

■ **추론** 연계 문제
정답 (B)

세 지문 중 두 지문의 내용을 종합적으로 확인한 후 추론해서 풀어야 하는 연계 문제이다. 질문의 핵심 어구인 the Z-Model device와 관련된 내용이 언급된 회람을 먼저 확인한다.

단서 1 첫 번째 지문(회람)의 'If the marketing department is unable to make a final decision on the name ~, we will ask survey respondents for their opinions.'에서 마케팅부가 명칭, 즉 Z-Model의 명칭에 대한 최종 결정을 내리지 못하면 설문조사 응답자들에게 그들의 의견을 물어볼 것이라고 했다. 그런데 마케팅부가 명칭에 대한 최종 결정을 내렸는지 제시되지 않았으므로 양식에서 관련 내용을 확인한다.

단서 2 세 번째 지문(양식)의 'What do you think the product should be called?'에서 피실험자에게 제품이 무엇으로 불려야 한다고 생각하는지 묻고 있음을 확인할 수 있다.

두 단서를 종합할 때, 마케팅부가 Z-Model의 명칭에 대한 최종 결정을 내리지 못했고, 따라서 설문조사를 통해 피실험자들에게 그와 관련한 의견을 물었다는 사실을 추론할 수 있다. 따라서 (B)가 정답이다.

○○○
하

What does Mr. Flint indicate about the prototype?	Mr. Flint가 시제품에 대해 암시하는 것은?
(A) Its strap needs to be improved.	(A) 끈이 개선되어야 한다.
(B) Its battery does not last long.	(B) 배터리가 오래 지속되지 않는다.
(C) Its signals are not loud enough.	(C) 신호가 충분히 크지 않다.
(D) Its screen is difficult to adjust.	(D) 화면이 조정하기 어렵다.

■ **추론** 세부 정보

정답 (A)

질문의 핵심 어구인 Mr. Flint indicate about the prototype에 대해 추론하는 문제이므로 Mr. Flint가 작성한 세 번째 지문인 양식에서 관련 내용을 확인한다. 양식의 'Though I tightened the band to the maximum level, it still felt loose around my wrist.'에서 밴드를 최대치로 조였는데도 불구하고 여전히 손목 주변이 헐거운 것을 느꼈다고 했으므로 Mr. Flint는 시제품의 끈이 개선되어야 한다고 생각한다는 사실을 추론할 수 있다. 따라서 (A)가 정답이다.

어휘 **strap** n. 끈, 띠 **improve** v. 개선하다 **signal** n. 신호, 표시 **adjust** v. 조정하다, 소절하다

TEST | 01 | 02 | 03 | 04 | 05 | 06 | 07 | 08 | 09 | 10 | 해커스 토익 실전 1000제 1 Reading

지문 1

Verta Recalls Vacuums

Appliance manufacturer Verta has requested that 5,000 vacuum cleaners be brought to service centers for inspection. According to Verta, the model in question—the Zurupat A7—contains a faulty part. "This problem could potentially cause the device to overheat," said Verta product designer Bryce Gooding. "Thankfully, none of our customers have reported any incidents yet."

Verta has revealed that [196]this problem occurred because tests of newly manufactured vacuum cleaners were not being carried out comprehensively enough. [198]The company has decided to stop production at all plants on November 3 to address the situation.

Verta사가 진공청소기를 회수하다

가전제품 제조업체인 Verta사는 검사를 위해 5,000대의 진공청소기를 서비스 센터로 가져와달라고 요청했다. Verta사에 따르면, 문제의 모델인 Zurupat A7에는 결함이 있는 부품이 포함되어 있다. "이 문제는 어쩌면 기기가 과열되도록 할 수도 있습니다."라고 Verta사의 제품 설계자인 Bryce Gooding이 말했다. "다행스럽게도, 아직 저희 고객들 중 아무도 어떠한 사고도 신고하지 않았습니다."

Verta사는 [196]이 문제가 새롭게 생산된 진공청소기들에 대한 검사가 충분히 철저하게 수행되지 않았기 때문에 발생했다고 밝혔다. [198]회사는 이 사태를 해결하기 위해 11월 3일에 모든 공장의 생산을 중단하기로 결정했다.

지문 2

To: Kenneth Sheeran <k_sheeran@bgwgroup.com>
From: Deanna Clark <d_clark@bgwgroup.com>
Subject: Vacuum cleaners
Date: October 30
Attachment: Verta_Inspection_Notice

Hi, Kenneth.

I received a notice today stating that all the Zurupat A7 vacuum cleaners we bought for our headquarters need to be brought to a Verta service center. There's a problem with one of the parts, it seems, though [199-B]no problems have been reported in the six months we've had them.

The attached notice contains the manufacturer's contact information. [200]Please call the service number for the Westland region and find out exactly where the vacuum cleaners need to be taken. I'm not sure there's a Verta service center here in Blythville, so BGW Group staff might have to take them to a different city. In any case, [200]let me know as soon as possible, so I can provide the relevant staff with the necessary information.

Thanks,
Deanna Clark, Office Administrator
BGW Group

수신: Kenneth Sheeran <k_sheeran@bgwgroup.com>
발신: Deanna Clark <d_clark@bgwgroup.com>
제목: 진공청소기
날짜: 10월 30일
첨부: Verta사_검사_공고

안녕하세요, Kenneth.

우리가 본사를 위해 구매한 모든 Zurupat A7 진공 청소기들을 Verta사 서비스 센터로 가져가야 한다고 명시하는 공고를 오늘 받았습니다. 부품 중 하나에 문제가 있는 것 같습니다만, [199-B]우리가 그것들을 소유했던 6개월 동안에는 아무런 문제도 보고되지 않았습니다.

첨부된 공고에는 제조업체의 연락처가 포함되어 있습니다. [200]Westland 지역의 서비스 번호로 전화해서 진공청소기를 정확히 어디로 가져가야 하는지 알아봐주십시오. 여기 Blythville에 Verta사 서비스 센터가 있는지 확신할 수 없으므로, BGW Group사 직원들은 그것들을 다른 도시로 가져가야 할지도 모릅니다. 어떤 경우든, [200]제가 관련 직원들에게 필요한 정보를 제공할 수 있도록, 가능한 한 빨리 알려주십시오.

감사합니다,
Deanna Clark, 사무 관리자 드림
BGW Group사

지문 3

To: All staff
From: Ben Aduba, Westland Regional Manager, Verta
Date: October 28
Subject: Update

As you all know, [198]we will be shutting down production for one day. During this time, I will be teaching factory workers new testing processes. Also, I have received a list of locations where people can take their Zurupat A7 vacuum cleaners to be inspected. When answering any inquiries,

수신: 전 직원
발신: Ben Aduba, Westland 지역 담당자, Verta사
날짜: 10월 28일
제목: 업데이트

여러분 모두 아시다시피, [198]우리는 하루 동안 생산을 중단할 예정입니다. 이 기간 동안, 저는 공장 직원들에게 새로운 검사 절차를 알려줄 것입니다. 또한, 저는 사람들이 그들의 Zurupat A7 진공청소기를 검사받게 하도록 가져갈 수 있는 지점 목록을 받았습니다. 문의에 답변할 때, 고객들에게

please be sure to refer to it in order to provide customers with information.

City	²⁰⁰Verta Service Center Locations
East Granyard	367 Van Dam Avenue
Bellmeadow	184 Southhaven Circle
²⁰⁰Blythville	²⁰⁰2956 Marina Boulevard
Woodebourne	5631 Campus Passage

정보를 제공하기 위해 반드시 그것을 참고하시기 바랍니다.

도시	²⁰⁰Verta사 서비스 센터 지점
East Granyard	367번지 Van Dam가
Bellmeadow	184번지 Southhaven 로터리
²⁰⁰Blythville	²⁰⁰2956번지 Marina대로
Woodebourne	5631번지 Campus로

지문 1
□ **vacuum** n. 진공청소기
□ **contain** v. 포함하다
□ **overheat** v. 과열되다
□ **comprehensively** adv. 철저하게

□ **appliance** n. 가전제품
□ **faulty** adj. 결함이 있는, 불완전한
□ **incident** n. 사고, 사건
□ **address** v. 해결하다

□ **in question** phr. 문제의
□ **potentially** adv. 어쩌면
□ **reveal** v. 밝히다, 폭로하다

지문 2
□ **attach** v. 포함하다
□ **exactly** adv. 정확히
□ **relevant** adj. 관련 있는, 적절한

지문 3
□ **shut down** phr. 중단하다, 폐쇄하다
□ **inquiry** n. 문의, 질의
□ **refer to** phr. ~을 참고하다, 언급하다

196

What problem is mentioned in the article?

(A) A technical manual contained an error.
(B) A production deadline was difficult to meet.
(C) Assembly line equipment was out of operation.
(D) New products were not sufficiently tested.

기사에 어떤 문제점이 언급되어 있는가?

(A) 기술 설명서에 오류가 포함되어 있었다.
(B) 생산 마감기한을 맞추기 어려웠다.
(C) 조립 라인 장비가 작동되지 않았다.
(D) 신제품들이 충분히 검사되지 않았다.

■ **육하원칙** What   정답 (D)

기사에 어떤(What) 문제점이 언급되어 있는지를 묻는 육하원칙 문제이므로 첫 번째 지문인 기사에서 관련 내용을 확인한다. 기사의 'this problem occurred because tests of newly manufactured vacuum cleaners were not being carried out comprehensively enough'에서 이 문제, 즉 결함이 있는 부품이 포함된 것은 새롭게 생산된 진공청소기들에 대한 검사가 충분히 철저하게 수행되지 않았기 때문에 발생했다고 했으므로 (D)가 정답이다.

어휘 **assembly** n. 조립, 조립 부품 **sufficiently** adv. 충분히

197

In the article, the phrase "carried out" in paragraph 2, line 2, is closest in meaning to

(A) transported
(B) influenced
(C) performed
(D) negotiated

기사에서, 2문단 두 번째 줄의 표현 "carried out"은 의미상 −와 가장 가깝다.

(A) 운반되다
(B) 영향을 받다
(C) 수행되다
(D) 협상되다

■ **동의어**   정답 (C)

첫 번째 지문인 기사의 carried out을 포함하는 구절 'tests of newly assembled vacuum cleaners were not being carried out comprehensively enough'에서 carried out이 '수행되다'라는 뜻으로 사용되었다. 따라서 '수행되다'라는 뜻을 가진 (C)가 정답이다.

해커스 토익 실전 1000제 1 Reading

198

○●●●●
상

What will happen on November 3?

(A) Mr. Gooding will plan an inspection of the Westland plant.
(B) Mr. Sheeran will assess the quality of some components.
(C) Ms. Clark will attend a meeting at Verta's headquarters.
(D) Mr. Aduba will conduct some training.

11월 3일에 무엇이 일어날 것인가?

(A) Mr. Gooding이 Westland 공장의 검사를 계획할 것이다.
(B) Mr. Sheeran이 부품의 품질을 평가할 것이다.
(C) Ms. Clark가 Verta사 본사에서의 회의에 참석할 것이다.
(D) Mr. Aduba가 교육을 진행할 것이다.

■ 육하원칙 연계 문제 · 정답 (D)

세 지문 중 두 지문의 내용을 종합해서 풀어야 하는 연계 문제이다. 질문의 핵심 어구인 happen on November 3에서 11월 3일에 무엇 (What)이 일어날 것인지를 묻고 있으므로 11월 3일이 언급된 기사를 먼저 확인한다.

단서 1 첫 번째 지문(기사)의 'The company has decided to stop production at all plants on November 3'에서 회사, 즉 Verta사가 11월 3일에 모든 공장의 생산을 중단하기로 결정했다고 했다. 그런데 11월 3일에 공장의 생산을 중단하면서 추가로 무엇이 일어날 것인지 제시 되지 않았으므로 회람에서 관련 내용을 확인한다.

단서 2 세 번째 지문(회람)의 'we will be shutting down production for one day. During this time, I will be teaching factory workers new testing processes'에서 우리, 즉 Verta사가 하루 동안 생산을 중단할 예정이며 이 기간 동안 자신, 즉 Mr. Aduba가 공장 직 원들에게 새로운 검사 절차를 알려줄 것이라고 했다.

두 단서를 종합할 때, Verta사가 11월 3일 하루 동안 모든 공장의 생산을 중단할 것이며 이날 Mr. Aduba가 공장 직원들에게 새로운 검사 절차 를 알려줄 것임을 알 수 있다. 따라서 (D)가 정답이다.

어휘 component n. 부품, 요소

199

○○●●●
중

What is mentioned about BGW Group?

(A) It is receiving advice from a consultant.
(B) It has owned Verta products for less than a year.
(C) It has had to replace some of its cleaning staff.
(D) It is located in the largest city in the region.

BGW Group사에 대해 언급된 것은?

(A) 컨설턴트로부터 지문을 받고 있다.
(B) Verta사의 제품을 1년이 안 되게 소유했다.
(C) 몇몇 청소부원들을 교체해야 했다.
(D) 지역 내에서 가장 큰 도시에 있다.

■ Not/True True 문제 · 정답 (B)

질문의 핵심 어구인 BGW Group과 관련된 내용을 지문에서 찾아 각 보기와 대조하는 Not/True 문제이므로, BGW Group사가 언급된 두 번 째 지문인 이메일에서 관련 내용을 확인한다. (A), (C), (D)는 지문에 언급되지 않은 내용이다. (B)는 'no problems have been reported in the six months we've had them'에서 우리, 즉 BGW Group사가 그것들, 즉 Verta사의 Zurupat A7 진공청소기들을 소유했던 6개월 동 안에는 아무런 문제도 보고되지 않았다고 했으므로 지문의 내용과 일치한다. 따라서 (B)가 정답이다.

바꾸어 표현하기

six months we've had them 우리가 그것들을 소유했던 6개월 → owned ~ for less than a year 1년이 안 되게 소유했다

200	Where will Ms. Clark tell employees to take some devices?	Ms. Clark는 직원들에게 장비를 어디로 가져가라고 말할 것인가?
○○○●8	(A) To 367 Van Dam Avenue (B) To 184 Southhaven Circle (C) To 2956 Marina Boulevard (D) To 5631 Campus Passage	(A) 367번지 Van Dam가에 (B) 184번지 Southhaven 로터리에 (C) 2956번지 Marina대로에 (D) 5631번지 Campus로에

■ **육하원칙** 연계 문제   정답 (C)

세 지문 중 두 지문의 내용을 종합해서 풀어야 하는 연계 문제이다. 질문의 핵심 어구인 Ms. Clark tell employees to take some devices에서 Ms. Clark가 직원들에게 장비를 어디(Where)로 가져가라고 말할 것인지를 묻고 있으므로 Ms. Clark가 작성한 이메일을 먼저 확인한다.

단서 1 두 번째 지문(이메일)의 'Please ~ find out exactly where the vacuum cleaners need to be taken. I'm not sure there's a Verta service center here in Blythville'에서 진공청소기를 정확히 어디로 가져가야 하는지 알아봐달라고 하며, 여기 Blythville에 Verta사 서비스 센터가 있는지 확신할 수 없다고 했고, 'let me know as soon as possible, so I can provide the relevant staff with the necessary information'에서 관련 직원들에게 필요한 정보를 제공할 수 있도록 가능한 한 빨리 알려 달라고 했다. 그런데 Blythville에 서비스 센터가 있는지 제시되지 않았으므로 회람에서 관련 내용을 확인한다.

단서 2 세 번째 지문(회람)의 'Verta Service Center Locations', 'Blythville', '2956 Marina Boulevard'에서 Verta사 서비스 센터 지점이 Blythville에 있으며 2956번지 Marina대로에 있음을 확인할 수 있다.

두 단서를 종합할 때, Ms. Clark가 직원들에게 진공청소기를 Blythville에 있는 Verta사 서비스 센터가 위치한 2956번지 Marina대로에 가져가라고 말할 것임을 알 수 있다. 따라서 (C)가 정답이다.

▌TEST 10

PART 5

101

Users of social media sites should reset ------- login passwords every 60 days.

(A) they
(B) them
(C) theirs
(D) their

소셜 미디어 사이트의 이용자들은 그들의 로그인 비밀번호를 60일마다 재설정해야 한다.

■ **인칭대명사의 격** 정답 (D)

명사(login passwords) 앞에서 형용사처럼 명사를 꾸밀 수 있는 인칭대명사는 소유격이므로 소유격 인칭대명사 (D) their가 정답이다. 주격 인칭대명사 (A), 목적격 인칭대명사 (B), 소유대명사 (C)는 명사를 꾸밀 수 없다.

어휘 reset v. 재설정하다, 다시 맞추다 password n. 비밀번호, 암호

102

When taking customers' menu orders, please ------- to ask about food allergies.

(A) remembering
(B) remember
(C) will remember
(D) remembered

손님들의 메뉴 주문을 받을 때, 음식 알레르기에 대해 물어보는 것을 기억해 주십시오.

■ **명령문은 주어 없이 동사원형으로 시작된다.** 정답 (B)

please로 시작하는 절(please ~ allergies)은 주어 없이 시작되는 명령문이므로 명령문의 동사로 사용되는 동사원형 (B) remember(기억하다)가 정답이다. 동명사 또는 현재분사 (A), 미래 시제 동사 (C), 과거형 동사 또는 과거분사 (D)는 명령문의 동사로 사용될 수 없다. 참고로, 'remember + to 부정사'(~할 것을 기억하다)과 'remember + 동명사'(~한 것을 기억하다)도 구분하여 함께 알아둔다.

어휘 take an order phr. 주문을 받다 allergy n. 알레르기

103

Holdwell Department Store is known for its ------- window displays, particularly around the holidays.

(A) attraction
(B) attractively
(C) attractiveness
(D) attractive

Holdwell 백화점은 특히 공휴일 무렵의 멋진 쇼윈도 상품 진열로 알려져 있다.

■ **형용사 자리** 정답 (D)

빈칸 뒤의 명사(window displays)를 꾸밀 수 있는 것은 형용사이므로 형용사 (D) attractive(멋진, 매력적인)가 정답이다. 명사 (A)와 (C), 부사 (B)는 명사를 꾸밀 수 없다.

어휘 be known for phr. ~로 알려져 있다 window display phr. 쇼윈도 상품 진열 particularly adv. 특히, 특별히 attraction n. 명소, 명물 attractively adv. 보기 좋게 attractiveness n. 매력

104

The CEO made the ------- prediction that the company would double its profits by the end of the year.

(A) vertical
(B) spacious
(C) applicable
(D) optimistic

최고경영자는 회사가 연말까지 이윤을 두 배로 늘릴 것이라는 낙관적인 예측을 했다.

■ **형용사 어휘** 정답 (D)

'최고경영자는 회사가 연말까지 이윤을 두 배로 늘릴 것이라는 낙관적인 예측을 했다'라는 문맥이므로 형용사 (D) optimistic(낙관적인)이 정답이다. (A) vertical은 '수직의', (B) spacious는 '넓은', (C) applicable은 '해당되는'이라는 의미이다.

어휘 prediction n. 예측

105
○○○○●
상

Wanting to pursue a more ------- fulfilling career, Ms. Conway left her job as an accountant.

(A) creatively
(B) create
(C) creating
(D) creation

더욱 창의적으로 만족스러운 직업을 추구하기를 원했으므로, Ms. Conway는 회계사로서의 일을 그만두었다.

■ 부사 자리 　　　　　　　　　　　　　　　　　　　　정답 (A)

빈칸 뒤의 형용사(fulfilling)를 꾸밀 수 있는 것은 부사이므로 부사 (A) creatively(창의적으로)가 정답이다. 동사 (B), 동명사 또는 현재분사 (C), 명사 (D)는 형용사를 꾸밀 수 없다.

어휘　pursue v. 추구하다, 종사하다　fulfilling adj. 만족스러운, 성취감을 주는　career n. 직업, 경력　leave v. 그만두다, 떠나다　accountant n. 회계사
create v. 창조하다　creation n. 창조, 창작

106
○○○○●
상

There is one ------- at Stonebridge Apartments, and the unit is available for viewing.

(A) branch
(B) condition
(C) degree
(D) vacancy

Stonebridge 아파트에 공실이 하나 있으며, 그 방은 둘러보는 것이 가능하다.

■ 명사 어휘 　　　　　　　　　　　　　　　　　　　　정답 (D)

'아파트에 공실이 하나 있으며 그 방은 둘러보는 것이 가능하다'라는 문맥이므로 명사 (D) vacancy(공실, 빈 방)가 정답이다. (A) branch는 '지사, 분점', (B) condition은 '상태, 조건', (C) degree는 '정도, 단계'라는 의미이다.

어휘　available adj. 가능한, 이용할 수 있는　unit n. (아파트 같은 공동 주택 내의) 방, 한 가구

107
○○○○●
하

The 8:00 A.M. train is usually ------- with people commuting to work.

(A) disliked
(B) crowded
(C) clear
(D) calm

오전 8시 기차는 보통 직장으로 통근하는 사람들로 붐빈다.

■ 형용사 관련 어구 　　　　　　　　　　　　　　　　　정답 (B)

'오전 기차는 통근하는 사람들로 붐빈다'라는 문맥이므로 빈칸 앞의 be동사(is), 뒤의 전치사 with와 함께 '~으로 붐비다'라는 의미의 어구 be crowded with를 만드는 형용사 (B) crowded가 정답이다. (A)의 disliked도 '환영받지 못하는'이라는 의미로 해석상 그럴듯해 보이지만, '~로부터 환영받지 못하는'이라는 의미를 가지기 위해서는 전치사 by와 함께 쓰여야 한다. (C) clear는 '분명한, 확실한', (D) calm은 '침착한, 차분한'이라는 의미이다.

어휘　commute v. 통근하다

108
○○○○●
상

Customer inquiries related to the product's quality must be answered as ------- as possible.

(A) long
(B) highly
(C) soon
(D) always

제품의 품질과 관련된 고객 문의는 가능한 한 빨리 답변되어야 한다.

■ 부사 선택 시간 부사 　　　　　　　　　　　　　　　　정답 (C)

'제품의 품질과 관련된 고객 문의는 가능한 한 빨리 답변되어야 한다'라는 의미가 되어야 하므로 시간 부사 (C) soon(빨리, 곧)이 정답이다. 참고로, as soon as possible(가능한 한 빨리)을 관용구로 알아둔다. (A) long(오래)을 쓸 경우, '제품의 품질과 관련된 고객 문의는 가능한 한 오래 답변되어야 한다'라는 어색한 문맥이 된다. (A)가 빈칸 앞의 as와 함께 쓰여 as long as(~하는 한, ~하는 경우에만)라는 의미의 부사절 접속사를 만드는 것으로 본다 해도, 부사절 접속사 as long as는 뒤에 절이 와야 하므로 답이 될 수 없다. (B) highly는 '매우', (D) always는 '항상'이라는 의미이다.

어휘　inquiry n. 문의, 질문, 연구

109

The venue for CRG Communications' annual conference ------- later this week.

(A) deciding
(B) will be decided
(C) have decided
(D) can decide

CRG Communications사의 연례 회의를 위한 장소는 이번 주 후반에 결정될 것이다.

■ [동사 자리] 동사는 수, 태, 시제가 맞아야 한다. 정답 (B)

문장에 동사가 없으므로 동사 (B), (C), (D)가 정답의 후보이다. '장소가 결정되다'라는 수동의 의미가 되어야 하고, 미래 시간 표현(later this week)이 있으므로 미래 시제 수동태 (B) will be decided가 정답이다. 현재완료 시제 (C)는 미래 시간 표현과 함께 쓰일 수 없다. 조동사 can 을 포함하는 능동태 (D)를 쓸 경우 '장소가 결정할 수 있다'라는 어색한 문맥이 된다. 동명사 또는 현재분사 (A)는 동사 자리에 올 수 없다.

어휘 venue n. 장소 annual adj. 연례의, 매년의 decide v. 결정하다

110

Mr. Richards ------- met the deadline for his report since his schedule was very busy with meetings.

(A) carefully
(B) barely
(C) frequently
(D) fairly

회의로 일정이 매우 바빴기 때문에 Mr. Richards는 보고서의 마감 기한을 가까스로 맞췄다.

■ 부사 어휘 정답 (B)

'일정이 매우 바빴기 때문에 보고서의 마감 기한을 가까스로 맞췄다'라는 문맥이므로 부사 (B) barely(가까스로, 간신히)가 정답이다. 참고로, barely는 '거의 ~않다'라는 의미의 빈도 부사로도 쓰일 수 있음을 알아둔다. (A) carefully는 '조심스럽게', (C) frequently는 '자주', (D) fairly 는 '상당히, 꽤'라는 의미이다.

어휘 deadline n. 마감 기한

111

A large ------- of valuable contemporary art has recently been donated to the Beldonni Museum.

(A) collects
(B) collected
(C) collection
(D) collector

귀중한 현대 미술품 중 많은 수집품이 최근 Beldonni 박물관에 기증되었다.

■ [명사 자리] 사람명사 vs. 사물명사 정답 (C)

부정관사(A)와 전치사(of) 사이에 올 수 있고 형용사(large)의 꾸밈을 받을 수 있는 것은 명사이므로 명사 (C)와 (D)가 정답의 후보이다. '현대 미술품 중 많은 수집품이 박물관에 기증되었다'라는 의미가 되어야 하므로 사물명사 (C) collection(수집품, 소장품)이 정답이다. 사람명사 (D) collector(수집가)를 쓸 경우 '현대 미술품 중 큰 수집가가 박물관에 기증되었다'라는 어색한 문맥이 된다. 동사 (A)와 동사 또는 과거분사 (B)는 명사 자리에 올 수 없다.

어휘 valuable adj. 귀중한, 값비싼 contemporary adj. 현대의, 동시대의 donate v. 기증하다, 기부하다 collect v. 수집하다, 모으다

112

Mr. Godwin's flight reservations are -------, but he has yet to choose a hotel.

(A) attended
(B) maintained
(C) founded
(D) confirmed

Mr. Godwin의 항공편 예약은 확정되었지만, 그는 아직 호텔을 정하지 않았다.

■ 동사 어휘 정답 (D)

'항공편 예약은 확정되었지만 호텔을 정하지 않았다'라는 문맥이므로 동사 confirm(확정하다)의 p.p.형 (D) confirmed가 정답이다. (A)의 attend는 '참석하다', (B)의 maintain은 '유지하다, 지키다', (C)의 found는 '(조직·기관을) 설립하다, 세우다'라는 의미이다.

어휘 have yet to phr. 아직 ~하지 않았다

113
○○○●◉ 중

Most companies advertise online as the Internet has a significant ------- on consumer behavior.

(A) direction
(B) influence
(C) atmosphere
(D) obligation

인터넷이 소비자 행동에 상당한 영향을 미치기 때문에 대부분의 회사들은 온라인으로 광고한다.

■ 짝을 이루는 표현　　　　　　　　　　　　　　　　　　　　　　　　정답 (B)

'인터넷이 소비자 행동에 상당한 영향을 미친다'라는 문맥이므로 빈칸 앞의 동사(has), 뒤의 전치사 on과 함께 '~에 영향을 미치다'라는 의미의 어구 have an influence on을 만드는 명사 (B) influence(영향)가 정답이다. (A) direction은 '방향, 목적', (C) atmosphere는 '대기, 분위기', (D) obligation은 '의무'라는 의미이다.

어휘　significant adj. 상당한, 중요한　consumer n. 소비자　behavior n. 행동

114
○○○●◉ 중

------- becoming an actor and musician, Mr. Austin worked in the construction industry as an electrician.

(A) Prior to
(B) In case of
(C) Provided that
(D) In accordance with

배우이자 음악가가 되기 이전에, Mr. Austin은 건설 업계에서 전기 기사로 일했다.

■ [수식어 거품을 이끄는 것] 전치사 선택　시점　　　　　　　　　정답 (A)

이 문장은 주어(Mr. Austin)와 동사(worked)를 갖춘 완전한 절이므로, ___ ~ musician은 수식어 거품으로 보아야 한다. 이 수식어 거품은 동사가 없는 거품구이므로, 거품구를 이끌 수 있는 전치사 (A), (B), (D)가 정답의 후보이다. '배우이자 음악가가 되기 이전에'라는 의미가 되어야 하므로 전치사 (A) Prior to(~ 이전에)가 정답이다. (B) In case of는 '~의 경우에', (D) In accordance with는 '~에 부합하여'라는 의미이다. 부사절 접속사 (C) Provided that(오직 ~하는 경우에만)은 거품구가 아닌 거품절을 이끈다.

어휘　construction n. 건설　electrician n. 전기 기사

115
○○○●◉ 중

In order to register for the class, prospective students have to ------- some paperwork.

(A) check in
(B) fill out
(C) make over
(D) give up

수업에 등록하기 위해, 예비 학생들은 몇 가지 서류를 작성해야 한다.

■ 동사 관련 어구　　　　　　　　　　　　　　　　　　　　　　　　　정답 (B)

'수업에 등록하기 위해 학생들은 서류를 작성해야 한다'라는 문맥이므로 동사 어구 (B) fill out(작성하다, 기입하다)이 정답이다. (A) check in은 '체크인하다, 탑승 수속을 밟다', (C) make over는 '양도하다, (다른 용도를 위해) ~을 바꾸다', (D) give up은 '포기하다, 그만두다'라는 의미이다.

어휘　register for phr. ~에 등록하다　prospective adj. 예비의, 장래의　paperwork n. 서류

116
○○○○◉ 하

The company gives a percentage of its sales revenue to charity, and many consumers have expressed ------- for this policy.

(A) admires
(B) admired
(C) admire
(D) admiration

그 회사는 판매 수익의 일부를 자선 단체에 기부하며, 많은 소비자가 이 정책에 대해 감탄해왔다.

■ 명사 자리　　　　　　　　　　　　　　　　　　　　　　　　　　　정답 (D)

타동사(have expressed)의 목적어 자리에 올 수 있는 것은 명사이므로 명사 (D) admiration(감탄, 존경)이 정답이다. 동사 (A)와 (C), 동사 또는 과거분사 (B)는 명사 자리에 올 수 없다. 참고로, express admiration for(~에 대해 감탄하다)를 관용구로 알아둔다.

어휘　give v. 기부하다, 주다　percentage n. 수익의 일부　revenue n. 수익, 매출　charity n. 자선 단체　consumer n. 소비자
　　　admire v. 존경하다, 칭찬하다

117

Mr. Harrelson is the ideal candidate for the position as he possesses ------- work experience and the required academic credentials.

(A) either
(B) neither
(C) not only
(D) both

Mr. Harrelson은 근무 경력과 필수 학위 둘 다를 보유하고 있으므로 그 직책에 가장 알맞은 지원자이다.

■ 상관접속사
정답 (D)

빈칸 뒤의 and와 함께 상관접속사 both A and B(A와 B 둘 다)를 만드는 (D) both(둘 다)가 정답이다. 참고로, 이 문장에서 both가 동사 (possesses)의 목적어인 work experience와 the required academic credentials를 연결하고 있음을 알아둔다. (A) either는 or와 함께 either A or B(A 또는 B 중 하나)의 형태로 쓰이며, (B) neither는 nor와 함께 neither A nor B(A도 B도 아닌)의 형태로 쓰인다. (C) not only는 but과 함께 not only A but (also) B(A뿐 아니라 B도)의 형태로 쓰인다.

어휘 ideal adj. 가장 알맞은, 이상적인 candidate n. 지원자, 후보자 possess v. 보유하다, 소지하다 work experience phr. 근무 경력
required adj. 필수의 academic credentials phr. 학위

118

Due to low consumer prices and a supply surplus, producing natural gas is no longer ------- for many companies.

(A) profitability
(B) profits
(C) profitable
(D) profit

낮은 소비자 가격과 공급 과잉으로 인해, 천연가스 생산은 많은 회사들에게 더 이상 이익이 되지 않는다.

■ [보어 자리] 명사 보어 vs. 형용사 보어
정답 (C)

빈칸은 be동사(is)의 보어 자리이므로 보어 자리에 올 수 있는 명사 (A), (B), (D)와 형용사 (C)가 모두 정답의 후보이다. '천연가스 생산은 더 이상 이익이 되지 않는다'라는 의미로, 보어가 주어(producing natural gas)의 상태를 설명하고 있으므로 형용사 (C) profitable(이익이 되는, 수익성이 있는)이 정답이다. 명사 (A) profitability(수익성)를 쓸 경우 주어(producing natural gas)와 동격이 되어 '천연가스 생산은 더 이상 수익성이 아니다'라는 어색한 문맥이 된다. 복수 가산 명사 (B) profits(수익, 이익)는 단수 동사(is)와 함께 쓸 수 없으며, 단수 가산 명사 (D) profit은 관사와 함께 쓰이거나 복수형으로 쓰여야 한다.

어휘 consumer price phr. 소비자 가격 supply n. 공급, 공급량 surplus n. 과잉, 흑자 no longer phr. 더 이상 ~하지 않는

119

Sewell Packaging originally wanted to open a factory in Ohio, but it chose to open one in Illinois -------.

(A) yet
(B) almost
(C) instead
(D) indeed

Sewell Packaging은 원래 오하이오에 공장을 열고 싶어 했지만, 대신에 일리노이에 공장을 열기로 결정했다.

■ 부사 선택
정답 (C)

'원래 오하이오에 공장을 열고 싶어 했지만 대신에 일리노이에 공장을 열기로 결정했다'라는 의미가 되어야 하므로 부사 (C) instead(대신에)가 정답이다. (A) yet은 '아직', (B) almost는 '거의'라는 의미이다. (D) indeed(사실은, 다시 말하면)도 해석상 그럴듯해 보이지만, 주로 앞 문장의 진술 내용에 대해 덧붙일 때 사용되므로 답이 될 수 없다.

어휘 originally adv. 원래

120

These documents ------- that a restaurant has passed its inspection and meets all the health and safety standards.

(A) certify
(B) protect
(C) devise
(D) qualify

이 문서들은 그 식당이 검사를 통과했으며 모든 보건 및 안전 기준을 충족한다는 것을 증명한다.

■ 동사 어휘
정답 (A)

'식당이 검사를 통과했으며 보건 및 안전 기준을 충족한다는 것을 증명한다'라는 문맥이므로 동사 (A) certify(증명하다)가 정답이다. (B) protect는 '보호하다, 지키다', (C) devise는 '고안하다'라는 의미이다. (D) qualify(자격을 주다, 자격을 얻다)도 해석상 그럴듯해 보이지만, 어떤 일을 하는 데 필요한 능력이나 기술에 대한 자격을 주는 것을 나타낸다.

어휘 inspection n. 검사 meet v. 충족하다, 지키다 standard n. 기준, 수준

121

○○○●○ 상

There is ------- more important for Soundwave Inc. than regaining the trust of its clients.

(A) other
(B) whatever
(C) anyone
(D) nothing

Soundwave사에게 있어 고객의 신뢰를 되찾는 것보다 더 중요한 것은 없다.

■ 부정대명사 정답 (D)

'고객의 신뢰를 되찾는 것보다 더 중요한 것은 없다'라는 의미가 되어야 하므로 부정대명사 (D) nothing((아무것도) ~없다)이 정답이다. 참고로, 이 문장에서 nothing이 비교급 표현(more important than ~)과 함께 쓰여 '~보다 더 중요한 것은 없다'라는 최상급의 의미를 만든다는 것을 알아둔다. 부정형용사 (A) other(다른)는 이미 언급한 것 이외의 것을 나타내며 복수 가산 명사 또는 불가산 명사와 함께 쓰인다. 복합관계대명사 또는 복합관계형용사 (B) whatever(무엇이든 간에)는 문장에서 주어나 목적어로 쓰이는 명사절을 이끌어야 한다. 부정대명사 (C) anyone은 긍정문에서 '누구든지'라는 의미를 가지므로 '고객의 신뢰를 되찾는 것보다 더 중요한 누구든지 있다'라는 어색한 문맥을 만든다.

어휘 regain v. 되찾다

122

○○○●○ 상

The public's positive attitude ------- environmental protection has resulted in many businesses adopting ecologically friendly practices.

(A) behind
(B) by
(C) toward
(D) like

환경 보호를 향한 대중의 긍정적인 견해는 많은 기업들이 생태 친화적인 관행을 채택하는 결과를 낳았다.

■ 전치사 선택 방향 정답 (C)

'환경 보호를 향한 대중의 긍정적인 견해'라는 의미가 되어야 하므로 방향을 나타내는 전치사 (C) toward(~을 향하여)가 정답이다. (A) behind는 '~ 뒤에'라는 의미로 위치를, (B) by는 '~까지'라는 의미로 시점을 나타낸다. (D) like는 '~와 비슷한, ~처럼'이라는 의미이다.

어휘 attitude n. 견해, 태도 adopt v. 채택하다, 차용하다 ecologically friendly phr. 생태 친화적인 practice n. 관행, 관례

123

○○○●○ 상

------- new staff members for the company is a duty of the human resources department.

(A) Recruited
(B) Recruitment
(C) Recruit
(D) Recruiting

회사의 신입 사원들을 뽑는 것은 인사부의 직무이다.

■ [주어 자리] 동명사 vs. 명사 정답 (D)

문장에 동사(is)만 있고 주어가 없으므로 주어 자리에 올 수 있는 명사 (B)와 (C), 동명사 (D)가 정답의 후보이다. 빈칸 뒤의 명사(new staff members)를 목적어로 취할 수 있는 것은 동명사이므로 동사 recruit(뽑다, 모집하다)의 동명사 (D) Recruiting이 정답이다. 명사 (B)와 (C)는 목적어를 취할 수 없다. 동사 또는 과거분사 (A)는 주어 자리에 올 수 없다. new staff members를 주어로 보고 과거분사 (A)를 주어를 꾸미는 것으로 본다 해도, '뽑힌 새로운 신입 사원들은 인사부의 직무이다'라는 어색한 문맥이 되며 빈칸 뒤의 단수 동사(is)와 함께 쓰일 수 없다.

어휘 duty n. 직무, 의무 recruit n. 신입 사원; v. 뽑다, 모집하다 recruitment n. 신규 모집

124

○○○●○ 상

New businesses should consider participating in industry trade fairs to gain -------.

(A) fluency
(B) closure
(C) exposure
(D) proximity

신생 기업은 노출될 수 있도록 업계 무역 박람회에 참가하는 것을 고려해봐야 한다.

■ 명사 어휘 정답 (C)

'신생 기업은 노출될 수 있도록 업계 무역 박람회에 참가하는 것을 고려해봐야 한다'라는 문맥이므로 명사 (C) exposure(노출, 알려짐)가 정답이다. 참고로, gain exposure(노출되다)를 관용구로 알아둔다. (A) fluency는 '유창함', (B) closure는 '폐쇄', (D) proximity는 '근접, 가까움'이라는 의미이다.

어휘 industry n. 업계, 산업 trade fair phr. 무역 박람회

TEST | 01 | 02 | 03 | 04 | 05 | 06 | 07 | 08 | 09 | **10** 해커스 토익 실전 1000제 1 Reading

125

Coming up with ways ------- a business from its competitors can be challenging, especially in a global market.

(A) differentiate
(B) differentiation
(C) to differentiate
(D) differentiates

세계 시장에서는 특히, 사업을 경쟁 업체와 차별화시키는 방법을 생각해내는 것은 힘들 수 있다.

■ [수식어 거품을 이끄는 것] to 부정사의 역할　　　　　　　　　　　　　　　　　　　　　정답 (C)

이 문장은 주어(Coming up with ways), 동사(can be), 보어(challenging)를 갖춘 완전한 절이므로, ___ a business ~ competitors는 수식어 거품으로 보아야 한다. 이 수식어 거품은 동사가 없는 거품구이므로, 거품구를 이끌 수 있고 명사(ways)를 뒤에서 꾸며 '차별화시키는 방법'이라는 의미를 만드는 to 부정사 (C) to differentiate가 정답이다. 동사 (A)와 (D), 명사 (B)는 수식어 거품을 이끌 수 없다. 참고로, way to(~하는 방법)를 관용구로 알아둔다.

어휘　come up with phr. ~을 생각해내다, 떠올리다　challenging adj. 힘든, 도전적인　differentiate v. 차별화시키다　differentiation n. 차이, 구별

126

Figure skater Erica Mikahailov earned an ------- high tournament score and is likely to become the new champion.

(A) adversely
(B) impressively
(C) identically
(D) importantly

피겨 스케이팅 선수 Erica Mikahailov는 놀라울 정도로 높은 토너먼트 성적을 받아서 새로운 우승자가 될 것 같다.

■ 부사 어휘　　　　　　　　　　　　　　　　　　　　　　　　　　　　　　　　　　　정답 (B)

'놀라울 정도로 높은 토너먼트 성적을 받아서 우승자가 될 것 같다'라는 문맥이므로 부사 (B) impressively(놀라울 정도로, 매우 인상적으로)가 정답이다. (A) adversely는 '불리하게, 반대로', (C) identically는 '동등하게', (D) importantly는 '중요하게'라는 의미이다.

어휘　earn v. 받다, 얻다　be likely to phr. ~할 것 같다

127

According to various management experts, planning ahead and prioritizing tasks can help raise one's -------.

(A) product
(B) productivity
(C) produced
(D) producer

여러 경영 전문가에 따르면, 사전에 계획하고 업무 우선순위를 매기는 것은 사람들의 생산성을 높일 수 있다.

■ [명사 자리] 혼동하기 쉬운 명사　　　　　　　　　　　　　　　　　　　　　　　　　정답 (B)

소유격(one's) 뒤에 올 수 있는 것은 명사이므로 명사 (A), (B), (D)가 정답의 후보이다. '업무 우선 순위를 매기는 것은 생산성을 높일 수 있다'라는 의미가 되어야 하므로 (B) productivity(생산성)가 정답이다. (A) product(상품)와 (D) producer(생산자)를 쓸 경우 '업무 우선 순위를 매기는 것은 상품/생산자를 높일 수 있다'라는 어색한 문맥이 된다. 동사 또는 과거분사 (C)는 명사 자리에 올 수 없다.

어휘　according to phr. ~에 따르면　ahead adv. 사전에, 미리　prioritize v. 우선순위를 매기다　raise v. 높이다, 올리다; n. 인상, 상승

128

The actress who played singer Sabrina Newton in the movie *Monochrome* won an award ------- her excellent performance.

(A) aside from
(B) contrary to
(C) together with
(D) because of

영화 *Monochrome*에서 가수 Sabrina Newton을 연기한 여배우는 그녀의 훌륭한 연기로 인해 상을 받았다.

■ 전치사 선택 이유　　　　　　　　　　　　　　　　　　　　　　　　　　　　　　　정답 (D)

'여배우는 그녀의 훌륭한 연기로 인해 상을 받았다'라는 의미가 되어야 하므로 이유를 나타내는 전치사 (D) because of(~로 인해, ~ 때문에)가 정답이다. (A) aside from은 '~을 제외하고', (B) contrary to는 '~과 반대로', (C) together with는 '~을 포함하여'라는 의미이다.

어휘　win an award phr. 상을 받다　performance n. 연기, 연주, 수행

------ sell her home for less than its market value, Ms. Danvers decided to rent it out temporarily.	Ms. Danvers는 그녀의 집을 시세보다 낮게 팔기보다는, 그것을 일시적으로 임대하기로 결정했다.
(A) Unless (B) Only if (C) Rather than (D) Whether	

■ 기타 비교급 표현

정답 (C)

'집을 시세보다 낮게 팔기보다는 그것을 임대하기로 결정했다'라는 의미가 되어야 하므로 비교급 표현 (C) Rather than(~보다는)이 정답이다. 참고로, Rather than이 '~보다는'이라는 의미의 비교급 표현으로 쓰일 때는 뒤에 동사원형이 올 수 있음을 알아둔다. Rather than이 A rather than B(B보다는 A)의 형태로 쓰이는 경우, 등위접속사처럼 같은 품사나 구조를 연결하는 역할을 한다는 것도 함께 알아둔다. 부사절 접속사 (A) Unless(만약 ~이 아니라면), (B) Only if(오직 ~하는 경우에만), (D) Whether(~에 상관없이)는 뒤에 절을 이끈다.

어휘 market value phr. 시세, 시장 가치 rent out phr. ~을 임대하다 temporarily adv. 일시적으로, 임시로

The mobile app allows users to ------ objects up to 20 times their actual size.	그 모바일 앱은 사용자들이 물체들을 실제 크기의 20배까지 확대할 수 있게 한다.
(A) assume (B) magnify (C) provoke (D) multiply	

■ 동사 어휘

정답 (B)

'물체들을 실제 크기의 20배까지 확대할 수 있게 한다'라는 문맥이므로 동사 (B) magnify(확대하다)가 정답이다. (A) assume은 '추정하다', (C) provoke는 '유발하다', (D) multiply는 '곱하다'라는 의미이다.

어휘 up to phr. (특정한 수·정도 등)까지, 최대 actual adj. 실제의

PART 6

Questions 131-134 refer to the following notice.

131-134는 다음 공고에 관한 문제입니다.

Reminder about Guest Parking

Recently, it has been reported that the basement parking area here at Deschamps Apartments is being used inappropriately by guests visiting our renters. Please note that 10 spaces ------- for visitors. They are clearly marked
131
and located to the left of the elevator. In the event that they are all occupied, guests should be able to find spots on Trenton Street. -------.
132

Effective immediately, unauthorized vehicles occupying the spaces of ------- will be towed at the discretion of management.
133
-------, their owners will be issued a $25 ticket. For more
134
information, talk to Building Services Manager Vince Romboni.

손님 주차에 관한 알림

최근에, 이곳 Deschamps 아파트의 지하 주차 공간이 저희 세입자들을 방문하는 손님들에 의해 부적절하게 이용되고 있다는 보고가 있었습니다. **131** 10개의 공간이 방문객을 위해 지정되어 있다는 점을 유의해 주십시오. 그것들은 명확히 표시되어 있고 엘리베이터 왼쪽에 위치하고 있습니다. 만약 그것들이 모두 사용되고 있는 경우에, 손님들은 Trenton가에서 자리를 찾을 수 있을 것입니다. **132** 주차권 판매기는 인도 위에서 찾을 수 있습니다.

133 즉시 발효되어, 세입자의 공간을 사용하는 미승인 자동차는 운영진의 재량으로 견인될 것입니다. **134** 그뿐만 아니라, 이 차주들에게는 25달러의 딱지가 발부될 것입니다. 더 많은 정보를 위해서는, 건물 서비스 관리자 Vince Romboni에게 이야기하십시오.

---

131 (A) reserved
(B) are reserved
(C) will be reserved
(D) were being reserved

132 (A) Outstanding tickets can be settled at our main office.
(B) One of these is guaranteed in your rental agreement.
(C) City parking meters can be found on the sidewalk.
(D) Another option is to have security cameras put in.

133 (A) employees
(B) vendors
(C) customers
(D) tenants

134 (A) For instance
(B) However
(C) Nonetheless
(D) Furthermore

어휘 recently adv. 최근에 basement n. 지하 inappropriately adv. 부적절하게 renter n. 세입자, 임차인 clearly adv. 명확히
in the event phr. 만약 ~의 경우에 occupy v. 사용하다, 차지하다 immediately adv. 즉시 unauthorized adj. 미승인된, 승인되지 않은
tow v. 견인하다 at the discretion of phr. ~의 재량으로 issue v. 발부하다, 발행하다; n. 사안, 문제 ticket n. (교통 위반자에 대한) 딱지

131 ■ **[능동태와 수동태의 구별] 현재 시제** 주변 문맥 파악　　　　　　　　　　　　　　　　　　　　　　　　　　정답 (B)

동사 reserve(지정하다)가 타동사인데 빈칸 뒤에 목적어가 없으므로 수동태 (B), (C), (D)가 정답의 후보이다. '10개의 공간이 방문객을 위해 지정되다'라는 문맥인데, 이 경우 빈칸이 있는 문장만으로는 올바른 시제의 동사를 고를 수 없으므로 주변 문맥이나 전체 문맥을 파악한다. 뒤 문장에서 그것들, 즉 방문객을 위한 주차 공간은 명확히 표시되어 있고 엘리베이터 왼쪽에 위치하고 있다고 했으므로 현재 10개의 공간이 방문객을 위해 지정되어 있음을 알 수 있다. 따라서 현재 시제 (B) are reserved가 정답이다. 미래 시제 (C)는 미래 상황에 대한 추측이나 의지를 나타내고, 과거 진행 시제 (D)는 특정한 과거 시점에 진행되고 있던 일을 나타낸다. 능동태 (A)는 목적어와 함께 쓰여야 한다.

132 ■ **알맞은 문장 고르기**　　　　　　　　　　　　　　　　　　　　　　　　　　　　　　　　　　　　　　정답 (C)

빈칸에 들어갈 알맞은 문장을 고르는 문제이므로 주변 문맥 또는 전체 문맥을 파악한다. 앞 문장 'In the event that they are all occupied, guests should be able to find spots on Trenton Street.'에서 그것들, 즉 방문객을 위한 주차 공간이 모두 사용되고 있는 경우에 손님들은 Trenton가에서 자리를 찾을 수 있을 것이라고 했으므로, 빈칸에는 손님들이 주차할 수 있는 장소와 관련된 내용이 들어가야 함을 알 수 있다. 따라서 (C) City parking meters can be found on the sidewalk가 정답이다.

보기 해석
(A) 미지급 딱지는 저희 본사에서 정산될 수 있습니다.
(B) 이들 중 하나는 귀하의 임대 계약서에 보장되어 있습니다.
(C) 주차권 판매기는 인도 위에서 찾을 수 있습니다.
(D) 또 다른 선택지는 방범 카메라를 설치하는 것입니다.

어휘　outstanding adj. 미지급된, 아직 처리되지 않은, 뛰어난　settle v. 정산하다　guarantee v. 보장하다　rental agreement phr. 임대 계약서
　　　sidewalk n. 인도, 보도　put in phr. 설치하다, 들여놓다

133 ■ **명사 어휘** 전체 문맥 파악　　　　　　　　　　　　　　　　　　　　　　　　　　　　　　　　　　　정답 (D)

'___의 공간을 사용하는 미승인 자동차는 견인될 것이다'라는 문맥이므로 모든 보기가 정답의 후보이다. 빈칸이 있는 문장만으로는 정답을 고를 수 없으므로 주변 문맥이나 전체 문맥을 파악한다. 앞부분에서 아파트의 지하 주차 공간이 세입자를 방문하는 손님들에 의해 부적절하게 이용되고 있다고 했으므로 아파트 세입자의 공간을 사용하는 미승인 자동차가 견인될 것임을 알 수 있다. 따라서 명사 (D) tenants(세입자)가 정답이다. (A)의 employee는 '직원', (B)의 vendor는 '노점상', (C)의 customer는 '고객'이라는 의미이다.

134 ■ **접속부사** 주변 문맥 파악　　　　　　　　　　　　　　　　　　　　　　　　　　　　　　　　　　　정답 (D)

빈칸이 콤마와 함께 문장의 맨 앞에 온 접속부사 자리이므로, 앞 문장과 빈칸이 있는 문장의 의미 관계를 파악하여 정답을 선택한다. 앞 문장에서 세입자의 공간을 사용하는 미승인 자동차는 운영진의 재량으로 견인될 것이라고 했고, 빈칸이 있는 문장에서 이 차주들에게는 25달러의 딱지가 발부될 것이라고 했으므로 앞 문장에 덧붙이는 내용을 제시할 때 사용되는 접속부사 (D) Furthermore(뿐만 아니라)가 정답이다. (A) For instance는 '예를 들어', (B) However는 '그러나', (C) Nonetheless는 '그럼에도 불구하고'라는 의미로 빈칸에 쓸 경우 어색한 문맥이 된다.

Vision Pay

The credit card company Echo ------- a new mobile
application. Named Vision Pay, it simplifies Internet
shopping for Echo credit card users. It was ------- on
February 1. Following this release, it was quickly
downloaded by nearly 50,000 users.

Because Vision Pay stores card details and shipping
information, completing online ------- is much faster than it
used to be. In fact, the payment process on most Web sites
now takes under five seconds. -------. "We've incorporated
cutting-edge security features that should give our clients
peace of mind when shopping online," says Echo Vice
President Wallace Tan.

If you own an Echo credit card and would like to begin using
Vision Pay, visit your phone's application store.

Vision Pay

135 신용카드 회사 Echo사는 새로운 모바일 애플리케이션을 개발해 왔다. Vision Pay로 이름 지어진 이것은 Echo사의 신용카드 사용자들을 위해 인터넷 쇼핑을 간단하게 해 준다. **136** 그것은 2월 1일에 출시되었다. 공개 이후에, 그것은 거의 5만 명의 사용자에 의해 빠르게 다운로드 되었다.

137 Vision Pay는 카드 세부 사항과 배송 정보를 저장하기 때문에, 온라인 구매를 완료하는 것은 예전보다 훨씬 더 빠르다. 실제로, 이제 대부분의 웹사이트에서 지불 과정에 5초 이하가 걸린다. **138** Echo사의 애플리케이션을 사용하는 것은 또한 전자 거래를 더 안전하게 하기도 한다. "저희는 온라인 쇼핑을 할 때 고객들에게 마음의 평안을 줄 최첨단의 보안 기능을 포함시켰습니다."라고 Echo사 부사장 Wallace Tan은 말한다.

만약 당신이 Echo사의 신용카드를 소유하고 있으며 Vision Pay를 이용하기 시작하고 싶다면, 핸드폰의 애플리케이션 스토어를 방문하면 된다.

135 (A) has developed
(B) is developing
(C) will develop
(D) developing

136 (A) proposed
(B) launched
(C) designed
(D) financed

137 (A) returns
(B) cancellations
(C) purchases
(D) searches

138 (A) To dispute an unauthorized charge, contact the
merchant directly.
(B) Applying for a credit card over the Internet is fast
and simple.
(C) The back of the card must be signed by the user to
be valid.
(D) Using Echo's application also makes electronic
transactions safer.

어휘   name v. 이름을 지어주다, 명명하다 simplify v. 간단하게 하다, 간소화하다 following prep. ~후에 release n. 공개, 출시 nearly adv. 거의
store v. 저장하다 process n. 과정, 절차 incorporate v. 포함시키다 cutting-edge adj. 최첨단의 security n. 보안 feature n. 기능, 특징
peace of mind phr. 마음의 평안

135 ■ [동사 자리] 현재완료 시제 전체 문맥 파악

정답 (A)

빈칸이 있는 문장에 동사가 없으므로 동사 (A), (B), (C)가 정답의 후보이다. '새로운 모바일 애플리케이션을 개발하다'라는 문맥인데, 이 경우 빈칸이 있는 문장만으로는 올바른 시제의 동사를 고를 수 없으므로 주변 문맥이나 전체 문맥을 파악한다. 뒷부분에서 이 애플리케이션은 공개 이후에 빠르게 다운로드 되었다고 했으므로, 새로운 애플리케이션을 개발한 것이 과거에 발생한 일임을 알 수 있다. 따라서 과거에 발생한 일이 현재까지 영향을 미치거나 방금 완료된 것을 표현할 때 사용되는 현재완료 시제 (A) has developed가 정답이다. 현재 진행 시제 (B)는 현재 진행되고 있는 일을 나타내고, 미래 시제 (C)는 미래에 일어날 일, 미래 상황에 대한 추측이나 의지를 나타낸다. 동명사 또는 현재분사 (D)는 동사 자리에 올 수 없다.

136 ■ 동사 어휘 전체 문맥 파악

정답 (B)

'그것은 2월 1일에 ____되었다'라는 문맥이므로 모든 보기가 정답의 후보이다. 빈칸이 있는 문장만으로는 정답을 고를 수 없으므로 주변 문맥이나 전체 문맥을 파악한다. 앞부분에서 신용카드 회사 Echo사는 새로운 모바일 애플리케이션을 개발해 왔다고 한 후, 뒤 문장에서 공개 이후에 그것, 즉 애플리케이션은 거의 5만 명의 사용자에 의해 다운로드 되었다고 했으므로 2월 1일에 애플리케이션이 출시되었음을 알 수 있다. 따라서 동사 launch(출시하다)의 p.p.형 (B) launched가 정답이다. (A)의 propose는 '제안하다', (C)의 design은 '설계하다', (D)의 finance는 '자금을 대다'라는 의미이다.

137 ■ 명사 어휘 주변 문맥 파악

정답 (C)

'카드 세부 사항과 배송 정보를 저장하기 때문에 온라인 ____를 완료하는 것이 빠르다'라는 문맥이므로 모든 보기가 정답의 후보이다. 빈칸이 있는 문장만으로는 정답을 고를 수 없으므로 주변 문맥이나 전체 문맥을 파악한다. 뒤 문장에서 대부분의 웹사이트에서 지불 과정에 5초 이하가 걸린다고 했으므로 온라인으로 구매를 완료하는 것이 빨라졌다는 것을 알 수 있다. 따라서 명사 (C) purchases(구매)가 정답이다. (A)의 return은 '환불', (B)의 cancellation은 '취소', (D)의 search는 '검색'이라는 의미이다.

138 ■ 알맞은 문장 고르기

정답 (D)

빈칸에 들어갈 알맞은 문장을 고르는 문제이므로 주변 문맥 또는 전체 문맥을 파악한다. 뒤 문장 'We've incorporated cutting-edge security features that should give our clients peace of mind when shopping online'에서 온라인 쇼핑을 할 때 고객들에게 마음의 평안을 줄 최첨단의 보안 기능을 포함시켰다고 했으므로, 빈칸에는 온라인 거래의 안전성과 관련된 내용이 들어가야 함을 알 수 있다. 따라서 (D) Using Echo's application also makes electronic transactions safer가 정답이다.

보기 해석
(A) 승인되지 않은 요금에 이의를 제기하기 위해서는, 상인에게 직접 연락하면 된다.
(B) 인터넷을 통해 신용카드를 신청하는 것은 빠르고 간단하다.
(C) 카드가 유효하기 위해서는 뒷면이 사용자에 의해 서명되어야 한다.
(D) Echo사의 애플리케이션을 사용하는 것은 또한 전자 거래를 더 안전하게 하기도 한다.

어휘 dispute v. 이의를 제기하다 unauthorized adj. 승인되지 않은, 미승인의 charge n. 요금 merchant n. 상인 apply for phr. ~을 신청하다 valid adj. 유효한 electronic transaction phr. 전자 거래

Help Us Celebrate Our Grand Opening!

We are pleased to announce the grand opening of River Reed Mall, Portland's newest shopping -------. Standing at
139
three stories and comprising 1.7 million square feet, River Reed Mall is home to more than 130 shops and restaurants as well as an aquarium and skating rink.

The ribbon-cutting ceremony will be held at 10:30 A.M. on March 15. -------. To attend, simply go to Harper Square on
140
Boswell Street and then ------- the main entrance. Here, a
141
presentation will be given on the development of the mall, questions will be answered, and gift certificates will be distributed. Finally, the doors will officially open, giving attendees a chance to ------- explore the shopping center on
142
their own.

저희의 개장을 기념하는 것을 도와주세요!

139 포틀랜드의 최신 쇼핑 시설인 River Reed 백화점의 개장을 발표하게 되어 기쁩니다. 3층짜리 건물로 170만 제곱 피트를 차지하고 있는 River Reed 백화점은 아쿠아리움과 스케이트장뿐만 아니라 130개가 넘는 상점과 레스토랑의 근거지입니다.

개관식은 3월 15일 오전 10시 30분에 열릴 것입니다. **140** 이는 대중에게 개방되어 있으며 예약이 필요하지 않습니다. **141** 참석하시려면, 간단히 Boswell가의 Harper 광장으로 가신 다음 정문으로 이동하세요. 이곳에서, 백화점의 개발에 대한 발표를 하고, 질의응답을 하고, 상품권이 나누어질 것입니다. **142** 마지막으로, 참석자들이 쇼핑 센터를 자유롭게 스스로 살펴볼 수 있는 기회를 주기 위해, 공식적으로 문이 열릴 것입니다.

139 (A) facilitator
(B) facilitate
(C) facilitation
(D) facility

140 (A) Don't forget to prepare for your speech.
(B) Choose a time that conveniently suits your schedule.
(C) It is open to the public and requires no reservations.
(D) The event was deemed a great success.

141 (A) proceed to
(B) take over
(C) drive by
(D) point out

142 (A) free
(B) freedom
(C) freely
(D) freeness

어휘 celebrate v. 기념하다, 축하하다 grand opening phr. 개장 pleased adj. 기쁜, 만족해하는 comprise v. 차지하다, ~으로 이뤄져 있다
ribbon-cutting ceremony phr. 개관식 attend v. 참석하다 gift certificate phr. 상품권 distribute v. 나누어 주다, 분배하다
officially adv. 공식적으로 attendee n. 참석자 explore v. 살펴보다, 탐험하다 on one's own phr. 스스로, 혼자 힘으로

139 ■ [명사 자리] 혼동하기 쉬운 명사 　　　　　　　　　　　　　　　　　　　　정답 (D)

형용사의 최상급(newest)의 꾸밈을 받을 수 있는 것은 명사이므로 명사 (A), (C), (D)가 정답의 후보이다. '최신 쇼핑 시설인 River Reed 백화점의 개장을 발표하다'라는 의미가 되어야 하므로 명사 (D) facility(시설)가 정답이다. (A) facilitator(조력자)와 (C) facilitation(편리화, 용이하게 함)을 쓸 경우 각각 '최신 쇼핑 조력자/편리화인 River Reed 백화점의 개장을 발표하다'라는 어색한 문맥이 된다. 동사 (B)는 명사 자리에 올 수 없다.

어휘　facilitate　v. 촉진하다, 용이하게 하다

140 ■ 알맞은 문장 고르기 　　　　　　　　　　　　　　　　　　　　　　　　　정답 (C)

빈칸에 들어갈 알맞은 문장을 고르는 문제이므로 주변 문맥 또는 전체 문맥을 파악한다. 앞 문장 'The ribbon-cutting ceremony will be held at 10:30 A.M. on March 15.'에서 개관식은 3월 15일 오전 10시 30분에 열릴 것이라고 했고, 뒤 문장 'To attend, simply go to Harper Square on Boswell Street'에서 참석하려면 간단히 Boswell가의 Harper 광장으로 가라고 했으므로, 빈칸에는 개관식 참석의 세부 사항과 관련된 내용이 들어가야 함을 알 수 있다. 따라서 (C) It is open to the public and requires no reservations가 정답이다. (A)와 (B)도 개관식 참석과 관련된 내용이지만, 초대장의 대상인 대중 참석자가 발표를 하는 것은 아니며 개관식 시간은 오전 10시 30분으로 정해져 있으므로 답이 될 수 없다.

보기 해석
(A) 연설을 준비하는 것을 잊지 마세요.
(B) 당신의 스케줄에 편리하게 맞는 시간을 고르세요.
(C) 이는 대중에게 개방되어 있으며 예약이 필요하지 않습니다.
(D) 그 행사는 굉장한 성공으로 여겨졌습니다.

어휘　conveniently　adv. 편리하게, 알맞게　suit　v. 맞다, 어울리다　require　v. 필요로 하다, 요구하다　reservation　n. 예약　deem　v. 여기다

141 ■ 동사 관련 어구 　　　　　　　　　　　　　　　　　　　　　　　　　　　정답 (A)

'참석하려면 Boswell가의 Harper 광장으로 가서 정문으로 이동하라'라는 문맥이므로 동사 어구 (A) proceed to(~로 이동하다, 향하다)가 정답이다. (B) take over는 '인수하다', (C) drive by는 '차를 몰아 지나가다', (D) point out은 '가리키다, 지적하다'라는 의미이다.

142 ■ 부사 자리 　　　　　　　　　　　　　　　　　　　　　　　　　　　　　정답 (C)

빈칸 뒤의 동사(explore)를 꾸밀 수 있는 것은 부사이므로 부사 (C) freely(자유롭게)가 정답이다. 형용사 (A), 명사 (B)와 (D)는 동사를 꾸밀 수 없다. (A)를 부사로 본다 해도, free가 부사로 쓰이는 경우 동사를 뒤에서만 꾸밀 수 있으므로 답이 될 수 없다.

August 29

Marcel Vastine
77 Rue du Perche
Paris, France 75003

Dear Mr. Vastine,

I am writing to inform you that your request ------- pictures
143
inside the London Modern Art Gallery has been approved.
Be sure to bring the document enclosed with this letter and
present it at the ticket desk when you arrive. -------. Also,
144
make sure you are prepared to pay the fee of £300.

On your application form, you stated that the ------- will
145
appear in *Globe Traveler* magazine. Be aware that the
gallery name must be mentioned in the article. Moreover, by
signing the request form, you have agreed to ------- send us
146
a copy. We expect to receive it within three business days of
publication.

Sincerely,

Jane Rahman
Public Relations Officer
London Modern Art Gallery

8월 29일

Marcel Vastine
77번지 Rue du Perche
파리, 프랑스 75003

Mr. Vastine께,

143 런던 현대 미술관 내부에서 사진을 찍기 위한 귀하의 요청이 승인되었음을 알려드리고자 글을 씁니다. 이 편지에 동봉된 문서를 반드시 가져오도록 하시고 도착하시면 발권 데스크에 그것을 제시하십시오. 144 그렇지 않으면, 귀하의 카메라를 전시장에 가지고 들어가실 수 없을 것입니다. 또한, 반드시 300파운드의 요금을 지불하실 준비가 되어 있도록 하십시오.

145 신청서에서, 귀하는 이 사진들이 *Globe Traveler*지에 나올 것이라고 명시하였습니다. 미술관의 이름이 기사에 언급되어야 한다는 것을 알고 계셔 주십시오. 146 더욱이, 요청 양식에 서명함으로써, 귀하는 저희에게 한 부를 즉시 보내주시는 것에 동의하였습니다. 발행 이후 3영업일 이내에 그것을 받을 것으로 예상합니다.

Jane Rahman 드림
홍보 담당자
런던 현대 미술관

143 (A) to take
(B) taken
(C) took
(D) will take

144 (A) This would normally be possible, but we will be
closed for renovations.
(B) I have indicated which of the questions you
neglected to answer.
(C) In this case, you are allowed to take pictures
without any charge.
(D) Otherwise, you will not be able to bring your camera
into the exhibits.

145 (A) maps
(B) links
(C) images
(D) reviews

146 (A) promptly
(B) regularly
(C) originally
(D) never

어휘 **inform** v. 알리다 **approve** v. 승인하다 **be sure to** phr. 반드시 ~하도록 하다 **enclose** v. 동봉하다 **present** v. 제시하다 **fee** n. 요금, 수수료
application form phr. 신청서 **state** v. 명시하다 **aware** adj. 알고 있는 **mention** v. 언급하다 **moreover** adv. 더욱이, 게다가
business day phr. 영업일 **publication** n. 발행, 출간 **public relations** phr. 홍보

143 ■ [수식어 거품을 이끄는 것] to 부정사의 역할   정답 (A)

that절(that your request ~ approved)이 주어(your request)와 동사(has been approved)를 갖춘 완전한 절이므로, ___ ~ London Modern Art Gallery는 수식어 거품으로 보아야 한다. 이 수식어 거품은 동사가 없는 거품구로서 빈칸 앞의 명사(request)를 꾸미고 있으므로, 거품구를 이끌면서 명사를 뒤에서 수식할 수 있는 to 부정사 (A)와 과거분사 (B)가 정답의 후보이다. 빈칸 뒤에 목적어(pictures)가 있고 '사진을 찍기 위한 요청'이라는 의미가 되어야 하므로 to 부정사 (A) to take가 정답이다. 과거분사 (B)는 빈칸 뒤에 목적어(pictures)를 취할 수 없다. 동사 (C)와 (D)는 수식어 거품을 이끌 수 없다.

144 ■ 알맞은 문장 고르기   정답 (D)

빈칸에 들어갈 알맞은 문장을 고르는 문제이므로 주변 문맥 또는 전체 문맥을 파악한다. 앞부분에서 사진을 찍기 위한 요청이 승인되었음을 알려준다고 한 후, 앞 문장 'Be sure to bring the document enclosed with this letter and present it at the ticket desk when you arrive.'에서 동봉된 문서를 반드시 가져오도록 하고 도착하면 발권 데스크에 그것을 제시하라고 했으므로 빈칸에는 사진을 찍기 위해 필요한 조건과 관련된 내용이 들어가야 함을 알 수 있다. 따라서 (D) Otherwise, you will not be able to bring your camera into the exhibits가 정답이다. (C)도 사진을 찍기 위해 필요한 조건과 관련된 내용이지만, 뒤 문장에서 또한 요금을 지불할 준비를 하라고 했으므로 답이 될 수 없다.

보기 해석
(A) 이는 보통 가능하지만, 저희는 보수를 위해 문을 닫을 것입니다.
(B) 귀하께서 답하지 않은 질문들이 무엇인지 표시하였습니다.
(C) 이 경우, 귀하께서는 어떠한 요금도 없이 사진을 찍도록 허용됩니다.
(D) 그렇지 않으면, 귀하의 카메라를 전시장에 가지고 들어가실 수 없을 것입니다.

어휘   renovation n. 보수   indicate v. 표시하다, 가리키다   neglect v. (해야 할 일을) 하지 않다, 방치하다   otherwise adv. 그렇지 않으면
          exhibit n. 전시장, 전시회

145 ■ 명사 어휘 전체 문맥 파악   정답 (C)

'신청서에서 이 ___ 이 Globe Traveler지에 나올 것이라고 명시하였다'라는 문맥이므로 모든 보기가 정답의 후보이다. 빈칸이 있는 문장만으로는 정답을 고를 수 없으므로 주변 문맥이나 전체 문맥을 파악한다. 앞부분에서 미술관 내부에서 사진을 찍기 위한 요청이 승인되었다고 했으므로 잡지에 사진이 나올 것이라고 명시하였다는 것을 알 수 있다. 따라서 명사 (C) images(사진)가 정답이다. (A)의 map은 '지도', (B)의 link는 '연결, 관계', (D)의 review는 '논평, 검토'라는 의미이다.

146 ■ 부사 어휘 주변 문맥 파악   정답 (A)

'한 부를 ___ 보내주는 것에 동의했다'라는 문맥이므로 모든 보기가 정답의 후보이다. 빈칸이 있는 문장만으로는 정답을 고를 수 없으므로 주변 문맥이나 전체 문맥을 파악한다. 뒤 문장에서 발행 이후 3영업일 이내에 그것, 즉 잡지를 받을 것으로 예상한다고 했으므로 잡지 한 부를 즉시 보내주는 것에 동의한다는 것을 알 수 있다. 따라서 부사 (A) promptly(즉시, 지체 없이)가 정답이다. (B) regularly는 '정기적으로', (C) originally는 '원래, 처음에', (D) never는 '결코 ~않다'라는 의미이다.

PART 7

Questions 147-148 refer to the following request form.

147-148은 다음 요청 양식에 관한 문제입니다.

Shiner Electronics Service Request Form **Date of request:** *August 24* **Time of request:** *1:20 P.M.* ¹⁴⁷**Requested by:** *Anita Ellis* **Location:** *Office 702* **Description of problem:** ¹⁴⁷The air conditioner in our marketing research office is leaking again. Normally, this would not be an urgent matter, but it is happening for the second time this month. We would appreciate a response in the next 24 hours, particularly since the weather has been especially warm these past few weeks. ¹⁴⁸**Priority:** X High: Immediate attention required ____ Medium: Complete within two to three days ____ ¹⁴⁸Low: Complete within one week	Shiner 전자제품사 서비스 요청 양식 요청 날짜: *8월 24일* 요청 시간: *오후 1시 20분* ¹⁴⁷요청자: *Anita Ellis* 장소: *702 사무실* 문제 설명: ¹⁴⁷저희 마케팅 조사 부서의 에어컨에서 또 물이 새고 있습니다. 보통, 이것은 긴급한 사안이 아니겠지만, 이번 달에 두 번째로 일어나고 있습니다. 특히 지난 몇 주간 날씨가 유난히 더웠으므로, 24시간 안으로 응답을 주시면 감사하겠습니다. ¹⁴⁸우선 순위: X 높음: 즉각적인 수리 필요 ____ 중간: 2일에서 3일 이내로 완료 ____ ¹⁴⁸낮음: 일주일 이내로 완료

어휘 □ **leak** v. (물이) 새다 □ **urgent** adj. 긴급의 □ **appreciate** v. 감사하다, 인정하다
  □ **particularly** adv. 특히 □ **past** adj. 지난, 최근의 □ **priority** n. 우선 순위
  □ **attention** n. 수리, 주목 □ **immediate** adj. 즉각적인 □ **within** prep. ~ 이내로

147

Who most likely is Ms. Ellis?

(A) An electrician
(B) A building manager
(C) A marketing employee
(D) A product designer

Ms. Ellis는 누구일 것 같은가?

(A) 전기 기술자
(B) 건물 관리인
(C) 마케팅 직원
(D) 제품 디자이너

■ **추론** 세부 정보 정답 (C)

질문의 핵심 어구인 Ms. Ellis에 대해 추론하는 문제이다. 'Requested by: Anita Ellis'에서 Anita Ellis가 요청자임을 알 수 있고, 'The air conditioner in our marketing research office'에서 저희, 즉 Ms. Ellis의 마케팅 조사 부서의 에어컨이라고 했으므로 Ms. Ellis가 마케팅 조사 부서의 직원이라는 사실을 추론할 수 있다. 따라서 (C)가 정답이다.

어휘 electrician n. 전기 기술자

148

What is suggested about Shiner Electronics?

(A) Its staff moved to a new office last month.
(B) Its air conditioner underwent maintenance last summer.
(C) It recently replaced some office equipment.
(D) Its most service requests will be handled within a week.

Shiner 전자제품사에 대해 암시되는 것은?

(A) 직원들이 지난달에 새로운 사무실로 이사했다.
(B) 지난여름에 에어컨이 정비를 받았다.
(C) 최근에 일부 사무실 비품을 교체했다.
(D) 대부분의 서비스 요청은 일주일 이내로 처리될 것이다.

■ **추론** 세부 정보 정답 (D)

질문의 핵심 어구인 Shiner Electronics에 대해 추론하는 문제이다. 'Priority:', 'Low: Complete within one week'에서 우선 순위가 낮은 요청이 일주일 이내에 완료된다는 것을 알 수 있으므로 Shiner 전자제품사의 대부분의 서비스 요청이 일주일 이내로 처리될 것이라는 사실을 추론할 수 있다. 따라서 (D)가 정답이다.

어휘 undergo v. 받다 maintenance n. 정비, 유지 equipment n. 비품, 장비 handle v. 처리하다, 다루다

Questions 149-150 refer to the following advertisement.

149~150은 다음 광고에 관한 문제입니다.

Magnificent One-Bedroom Apartment

[149]The last remaining one-bedroom apartment at Cerulean Tower is available for rent. Located on the 28th floor, it has a wide view of downtown Saint Paul below and the Mississippi River beyond. An elegant entrance area leads to spacious living and dining spaces. [150-B]The kitchen is equipped with sleek appliances, the bedroom has large windows, and the bathroom has a contemporary-style bathtub. [150-C]The property comes with a sofa, coffee table, bed, nightstands, and plenty of storage space. [150-D]Cerulean Tower is a modern, full-service luxury building with a theater and fitness center. [150-A]Rental parking is available in a private garage nearby. Call 555-5784 to arrange a viewing.

훌륭한 침실 한 개짜리 아파트

[149]Cerulean 타워에 마지막으로 남아 있는 침실 한 개짜리 아파트가 임대 가능합니다. 이는 28층에 위치하여, 아래로 세인트폴 시내와 그 너머 미시시피강의 넓은 전경을 가지고 있습니다. 우아한 현관은 넓은 거실과 식당 공간으로 이어집니다. [150-B]부엌에는 세련된 전자제품들이 갖추어져 있고, 침실에는 큰 창문이 있으며, 화장실에는 현대적 스타일의 욕조가 있습니다. [150-C]아파트에는 소파, 탁자, 침대, 침실용 탁자, 그리고 충분한 수납 공간이 딸려 있습니다. [150-D]Cerulean 타워는 극장과 운동 센터가 있는 현대적이며 부대 서비스가 완비된 호화로운 건물입니다. [150-A]근처 전용 차고에서 임대 주차를 이용할 수 있습니다. 둘러보는 일정을 잡으시려면 555-5784로 전화하세요.

어휘
- □ **magnificent** adj. 훌륭한
- □ **lead to** phr. ~로 이어지다
- □ **sleek** adj. 세련된, 매끈한
- □ **plenty of** phr. 충분한, 많은
- □ **remain** v. 남다
- □ **spacious** adj. 넓은
- □ **contemporary** adj. 현대적인, 동시대의
- □ **garage** n. 차고
- □ **elegant** adj. 우아한, 품격 있는
- □ **equip with** phr. (장비를) 갖추다
- □ **nightstand** n. 침실용 탁자
- □ **nearby** adv. 근처에; adj. 인근의

149

What is indicated about Cerulean Tower?

(A) It is a famous landmark.
(B) It is newly refurbished.
(C) It is almost fully occupied.
(D) It is near a transit stop.

Cerulean 타워에 대해 암시되는 것은?

(A) 유명한 랜드마크이다.
(B) 새로 재단장되었다.
(C) 건물이 거의 다 찼다.
(D) 환승 정류장 가까이에 있다.

■ **추론 세부 정보**　　　정답 (C)

질문의 핵심 어구인 Cerulean Tower에 대해 추론하는 문제이다. 'The last remaining ~ apartment at Cerulean Tower is available for rent.'에서 Cerulean 타워에 마지막으로 남아 있는 아파트가 임대 가능하다고 했으므로 Cerulean 타워가 거의 다 찼다는 사실을 추론할 수 있다. 따라서 (C)가 정답이다.

어휘　landmark n. 랜드마크, (주요) 건축물　refurbish v. 재단장하다, 개조하다　occupy v. (건물을) 채우다, 점유하다　transit n. 환승

150

What is NOT included with the advertised apartment?

(A) Free parking area
(B) Kitchen appliances
(C) Pieces of furniture
(D) Recreational facilities

광고된 아파트에 포함되지 않은 것은?

(A) 무료 주차 구역
(B) 주방용품
(C) 가구 몇 점
(D) 여가 시설

■ **Not/True** Not 문제　　　정답 (A)

질문의 핵심 어구인 included with the advertised apartment와 관련된 내용을 지문에서 찾아 각 보기와 대조하는 Not/True 문제이다. (A)는 'Rental parking is available in a private garage nearby.'에서 근처 전용 차고에서 임대 주차를 이용할 수 있다고 했으므로 지문의 내용과 일치하지 않는다. 따라서 (A)가 정답이다. (B)는 'The kitchen is equipped with sleek appliances'에서 부엌에는 세련된 전자제품들이 갖추어져 있다고 했으므로 지문의 내용과 일치한다. (C)는 'The property comes with a sofa, coffee table, bed, nightstands'에서 아파트에는 소파, 탁자, 침대, 침실용 탁자가 딸려 있다고 했으므로 지문의 내용과 일치한다. (D)는 'Cerulean Tower is a ~ building with a theater and fitness center.'에서 Cerulean 타워는 극장과 운동 센터가 있는 건물이라고 했으므로 지문의 내용과 일치한다.

바꾸어 표현하기
a sofa, coffee table, bed, nightstands 소파, 탁자, 침대, 침실용 탁자 → Pieces of furniture 가구 몇 점
theater and fitness center 극장과 운동 센터 → Recreational facilities 여가 시설

Questions 151-152 refer to the following text-message chain.

151-152는 다음 메시지 대화문에 관한 문제입니다.

Eric Daniels 10:12 A.M.	**Eric Daniels** 오전 10시 12분
Hey, [151]are you in the apartment? I need to get in. I left my keys inside.	안녕하세요, [151]아파트에 있나요? 저는 들어가야 해요. 제 열쇠를 안에 두고 왔어요.
Sarah Woolf 10:13 A.M.	**Sarah Woolf** 오전 10시 13분
Sorry, I just started working my shift. Can you wait until my lunch break?	죄송해요, 저는 방금 근무를 시작했어요. 제 점심시간까지 기다려줄 수 있나요?
Eric Daniels 10:16 A.M.	**Eric Daniels** 오전 10시 16분
No. I need supplies for my class. It starts in an hour. [152]I don't want to call a locksmith to unlock the door.	아니요. 저는 수업을 위한 용품이 필요해요. 그것은 한 시간 후에 시작해요. [152]저는 문을 열기 위해 자물쇠 수리공을 부르고 싶지 않아요.
Sarah Woolf 10:17 A.M.	**Sarah Woolf** 오전 10시 17분
Don't worry about it. [152]Just call the office downstairs. The building manager keeps a set of keys.	그것에 대해 걱정하지 말아요. [152]아래층에 있는 사무실에 전화만 하면 돼요. 건물 관리자가 열쇠 꾸러미를 가지고 있어요.
Eric Daniels 10:20 A.M.	**Eric Daniels** 오전 10시 20분
Right. I didn't think of that. I'll call now.	맞네요. 그건 미처 생각 못했어요. 지금 전화할게요.

어휘 □ shift n. (교대) 근무 □ supply n. 용품, 공급; v. 제공하다 □ locksmith n. 자물쇠 수리공(장수)
□ unlock v. (열쇠로) 열다

151
○○○● 하

What problem does Mr. Daniels mention?

(A) He accidentally broke a lock.
(B) He is late for a work shift.
(C) He cannot access his apartment.
(D) He cannot contact his supervisor.

Mr. Daniels가 어떤 문제를 언급하는가?

(A) 잘못하여 자물쇠를 부러뜨렸다.
(B) 근무 교대에 늦었다.
(C) 그의 아파트에 들어갈 수 없다.
(D) 그의 관리자에게 연락할 수 없다.

■ **육하원칙** What 　　　　　　　　　　　　　　　　　　　　　　　　　　　　　　정답 (C)

Mr. Daniels가 어떤(What) 문제를 언급하는지를 묻는 육하원칙 문제이다. 질문의 핵심 어구인 problem ~ Mr. Daniels mention과 관련하여 'are you in the apartment? I need to get in. I left my keys inside.'에서 Mr. Daniels가 Sarah Woolf에게 아파트에 있는지를 물으며 자신이 들어가야 하는데 자신의 열쇠를 안에 두고 왔다고 했으므로 (C)가 정답이다.

바꾸어 표현하기
get in 들어가다 → access 들어가다

어휘 accidentally adv. 잘못하여, 우연히 access v. 들어가다, 접근하다; n. 입장, 접근 supervisor n. 관리자, 감독관

152
○●●● 상

At 10:17 A.M., what does Ms. Woolf mean when she writes, "Don't worry about it"?

(A) She will be at the apartment soon.
(B) Mr. Daniels doesn't have to call a locksmith.
(C) Some school materials are not important.
(D) She will cover Mr. Daniels's shift.

오전 10시 17분에, Ms. Woolf가 "Don't worry about it"이라고 썼을 때 그녀가 의도한 것은?

(A) 곧 아파트에 있을 것이다.
(B) Mr. Daniels는 자물쇠 수리공을 부르지 않아도 된다.
(C) 일부 수업 자료는 중요하지 않다.
(D) Mr. Daniels의 근무를 대신할 것이다.

■ **의도 파악** 　　　　　　　　　　　　　　　　　　　　　　　　　　　　　　　　정답 (B)

Ms. Woolf가 의도한 것을 묻는 문제이므로, 질문의 인용어구(Don't worry about it)가 언급된 주변 문맥을 확인한다. 'I don't want to call a locksmith to unlock the door.'에서 Eric Daniels가 문을 열기 위해 자물쇠 수리공을 부르고 싶지 않다고 하자, Ms. Woolf가 'Don't worry about it.'(걱정하지 말아요)이라고 한 후, 'Just call the office downstairs. The building manager keeps a set of keys.'에서 아래층에 있는 사무실에 전화만 하면 된다며 건물 관리자가 열쇠 꾸러미를 가지고 있다고 한 것을 통해 Mr. Daniels가 자물쇠 수리공을 부르지 않아도 된다는 것을 알 수 있다. 따라서 (B)가 정답이다.

어휘 material n. 자료, 소재, 재료 cover v. (자리를 비운 사람의 일을) 대신하다

Notice: for all members

[153]We are sorry to report to Waltrop Leisure Center members that our pool closure will be extended. We have discovered a lot of damaged tiles and have decided to retile the entire pool.

We understand that this closure is disruptive and are working hard to resolve the problem. Currently, the estimated date of completion for the repairs is July 16. In the meantime, the community of Eving has generously offered the free use of its swimming pool to our members. [154]Members who have paid for swimming lessons in advance can obtain reimbursement or credit their payments toward future lessons.

While our pool is being retiled, our gym, basketball court, and dance studio will remain open. As always, these facilities can be accessed from 7 A.M. to 9 P.M. every day of the week. We will post updates about the pool repairs on our Web site. Thank you.

공고: 모든 회원들께

[153]Waltrop 레저 센터 회원들께 저희의 수영장 폐쇄가 연장될 것이라는 점을 알려드리게 되어 유감입니다. 저희는 손상된 타일을 여럿 발견했고 수영장 전체의 타일을 다시 깔기로 결정했습니다.

이러한 폐쇄가 방해된다는 점을 이해하며 저희는 이 문제를 해결하기 위해 열심히 작업하고 있습니다. 현재, 예상되는 수리 완료 날짜는 7월 16일입니다. 그동안에, Eving 지역 사회에서 관대하게도 저희 회원들에게 수영장 무료 이용을 제안했습니다. [154]사전에 수영 강습에 요금을 지불했던 회원들은 환급을 받거나 장래의 강습을 위해 납부금을 달아 둘 수 있습니다.

수영장에 타일이 다시 깔리는 동안, 저희의 체육관, 농구장, 그리고 댄스 교습소는 계속 열려 있을 것입니다. 언제나처럼, 이 시설들은 일주일 내내 오전 7시부터 오후 9시까지 이용할 수 있습니다. 저희는 웹사이트에 수영장 수리에 대한 최신 정보를 게시할 것입니다. 감사합니다.

어휘　□ closure n. 폐쇄, 종료　　□ extend v. 연장하다　　□ retile v. 타일을 다시 깔다
　　　□ disruptive adj. 방해되는, 지장을 주는　□ resolve v. 해결하다　□ estimated adj. 예상되는, 추정되는
　　　□ in the meantime phr. 그동안에, 그 사이에　□ generously adv. 관대하게　□ in advance phr. 사전에
　　　□ obtain v. 받다, 얻다　　□ reimbursement n. 환급, 상환　□ credit v. 달아두다, 입금하다; n. 신용

153

What is one purpose of the notice?

(A) To announce a fee increase
(B) To report a project extension
(C) To describe a new storage area
(D) To warn against breaking a rule

공고의 하나의 목적은 무엇인가?

(A) 요금 인상을 발표하기 위해
(B) 프로젝트 연장을 알리기 위해
(C) 새로운 창고 구역을 설명하기 위해
(D) 규칙을 어기지 말라고 경고하기 위해

■ **주제/목적 찾기** 글의 목적　　　　　　　　　　　　　　　　　　　　　　　　　　　　　　정답 (B)

공고의 목적을 묻는 목적 찾기 문제이므로 지문의 앞부분을 주의 깊게 확인한다. 'We are sorry to report to Waltrop Leisure Center members that our pool closure will be extended. We have ~ decided to retile the entire pool.'에서 Waltrop 레저 센터 회원들에게 수영장 폐쇄가 연장될 것이라는 점을 알리게 되어 유감이라며 수영장 전체의 타일을 다시 깔기로 결정했다고 한 후, 작업에 관한 세부 정보를 설명하고 있으므로 (B)가 정답이다.

어휘　storage n. 창고, 보관소　warn against phr. ~을 하지 말라고 경고하다

154

What is suggested about Waltrop Leisure Center?

(A) It will remain fully closed until July 16.
(B) It is used by the citizens of several towns.
(C) It has added content to its enrollment form.
(D) It normally offers classes at its facility.

Waltrop 레저 센터에 대해 암시되는 것은?

(A) 7월 16일까지 완전히 폐쇄되어 있을 것이다.
(B) 여러 마을의 주민들이 이용한다.
(C) 등록 양식에 내용을 추가했다.
(D) 보통 그곳의 시설에서 수업을 제공한다.

■ **추론** 세부 정보　　　　　　　　　　　　　　　　　　　　　　　　　　　　　　　　　　정답 (D)

질문의 핵심 어구인 Waltrop Leisure Center에 대해 추론하는 문제이다. 'Members who have paid for swimming lessons in advance can ~ credit their payments toward future lessons.'에서 사전에 수영 강습에 요금을 지불했던 회원들은 장래의 강습을 위해 납부금을 달아 둘 수 있다고 했으므로 Waltrop 레저 센터의 시설에서 수업을 제공한다는 사실을 추론할 수 있다. 따라서 (D)가 정답이다.

어휘　content n. 내용, 내용물　enrollment n. 등록, 입학

Questions 155-158 refer to the following online chat session.

155-158은 다음 온라인 채팅 대화문에 관한 문제입니다.

Tanya Huang 10:05 A.M. Good afternoon, Mr. Benedict. I'm a member of the Analyte support team. [155/156]I understand you sent a request for assistance yesterday regarding our accounting software.	**Tanya Huang** 오전 10시 5분 좋은 오후입니다, Mr. Benedict. 저는 Analyte 지원팀의 일원입니다. [155/156]귀하께서 어제 저희 회계 소프트웨어와 관련하여 지원 요청을 보내셨다고 알고 있어요.
Rick Benedict 10:06 A.M. [156]That's correct. I can't figure out how to transfer some data in an Analyte file to Upcell.	**Rick Benedict** 오전 10시 6분 [156]맞아요. Analyte 파일에 있는 일부 데이터를 Upcell로 전환하는 방법을 알아낼 수가 없어요.
Tanya Huang 10:07 A.M. I see. That's one of our competitors' programs, but it's compatible with Analyte software. [157]You need to click on "File," choose "Export," and select "Upcell" from the list.	**Tanya Huang** 오전 10시 7분 그렇군요. 그것은 저희 경쟁업체의 프로그램 중 하나이지만, Analyte 소프트웨어와 호환돼요. [157]"파일"을 클릭하셔서, "내보내기"를 선택하시고, 목록에서 "Upcell"을 고르시면 됩니다.
Rick Benedict 10:07 A.M. That's the thing. [157]I tried that but it didn't work.	**Rick Benedict** 오전 10시 7분 그게 문제예요. [157]그걸 시도해 보았는데 효과가 없었어요.
Tanya Huang 10:08 A.M. Oh, I'm sorry. Please give me a moment.	**Tanya Huang** 오전 10시 8분 오, 죄송해요. 잠시만요.
Tanya Huang 10:10 A.M. Mr. Benedict, do you use our $15 a month plan by any chance? Because exporting to other programs, including Upcell, is only possible with plans of $35 and above.	**Tanya Huang** 오전 10시 10분 Mr. Benedict, 혹시 한 달에 15달러 요금제를 쓰고 계신가요? 왜냐하면 Upcell을 포함해서, 다른 프로그램으로 내보내기는 오직 35달러와 그 이상의 요금제에서만 가능해서요.
Rick Benedict 10:12 A.M. I see. Since I really need the access, is there any way you could upgrade me right now?	**Rick Benedict** 오전 10시 12분 그렇군요. 접근권이 정말 필요해서, 지금 즉시 업그레이드해 줄 수 있는 어떤 방법이 있나요?
Tanya Huang 10:13 A.M. Absolutely. [158]I can connect you to our billing department, but you'll need to have your credit card ready.	**Tanya Huang** 오전 10시 13분 물론이죠. [158]저희 경리부로 연결해 드릴 수 있는데, 신용카드를 준비하셔야 할 거예요.
Rick Benedict 10:14 A.M. That's fine. Let's go ahead and do that.	**Rick Benedict** 오전 10시 14분 괜찮아요. 그렇게 하기로 해요.

어휘   □ assistance n. 지원, 도움   □ figure out phr. 알아내다   □ transfer v. 전환하다, 전달하다, 옮기다
       □ be compatible with phr. ~와 호환되다   □ by any chance phr. 혹시   □ billing department phr. 경리부, 청구서 발송과

155
○●●○

What did Mr. Benedict do yesterday?	Mr. Benedict는 어제 무엇을 했는가?
(A) Went shopping at a computer store (B) Transferred some funds to a consultant (C) Printed out some tax documents (D) Contacted a customer support service	(A) 컴퓨터 상점에 쇼핑을 하러 갔다 (B) 일부 자금을 자문 위원에게 전달했다 (C) 몇몇 세금 문서들을 인쇄했다 (D) 고객 지원 서비스에 연락했다

■ **육하원칙 What**   정답 (D)

Mr. Benedict가 어제 무엇(What)을 했는지를 묻는 육하원칙 문제이다. 질문의 핵심 어구인 Mr. Benedict do yesterday와 관련하여, 'I understand you sent a request for assistance yesterday regarding our accounting software.'에서 Tanya Huang이 귀하, 즉 Mr. Benedict가 어제 회계 소프트웨어와 관련하여 지원 요청을 보냈다고 알고 있다고 했으므로 (D)가 정답이다.

바꾸어 표현하기
sent a request for assistance 지원 요청을 보냈다 → Contacted a customer support service 고객 지원 서비스에 연락했다

156

What is Mr. Benedict having trouble doing?

(A) Locating a misplaced file
(B) Accessing an online account
(C) Downloading an essential update
(D) Sharing information between programs

Mr. Benedict는 무엇을 하는 데 어려움을 겪고 있는가?

(A) 잃어버린 파일을 찾아내는 것
(B) 온라인 계정에 접근하는 것
(C) 필수 업데이트를 다운로드하는 것
(D) 프로그램 간의 데이터를 공유하는 것

■ 육하원칙 What　　정답 (D)

Mr. Benedict가 무엇(What)을 하는 데 어려움을 겪고 있는지를 묻는 육하원칙 문제이다. 질문의 핵심 어구인 Mr. Benedict having trouble doing과 관련하여, 'I understand you sent a request for assistance ~ regarding our accounting software.'에서 Tanya Huang이 Mr. Benedict가 회계 소프트웨어와 관련하여 지원 요청을 보냈다고 알고 있다고 하자, 'That's correct. I can't figure out how to transfer some data in an Analyte file to Upcell.'에서 Mr. Benedict가 맞다고 하며 Analyte 파일에 있는 일부 데이터를 Upcell로 전환하는 법을 알아낼 수가 없다고 했으므로 (D)가 정답이다.

바꾸어 표현하기
transfer some data 일부 데이터를 전환하다 → Sharing information between programs 프로그램 간의 데이터를 공유하는 것

어휘　locate v. 위치를 찾아내다, ~에 위치하다　misplaced adj. 잃어버린, 잘못된　account n. 계정　essential adj. 필수적인　information n. 데이터, 정보

157

At 10:07 A.M., what does Mr. Benedict most likely mean when he writes, "That's the thing"?

(A) He is surprised that a new item was released.
(B) He has already attempted a solution.
(C) He would like to redeem some points.
(D) He is willing to make a compromise.

오전 10시 7분에, Mr. Benedict가 "That's the thing"이라고 썼을 때 그가 의도한 것 같은 것은?

(A) 새로운 제품이 출시되어 놀랐다.
(B) 해결책을 이미 시도해 보았다.
(C) 포인트를 상품으로 바꾸고 싶어 한다.
(D) 타협할 의향이 있다.

■ 의도 파악　　정답 (B)

Mr. Benedict가 의도한 것을 묻는 문제이므로, 질문의 인용어구(That's the thing)가 언급된 주변 문맥을 확인한다. 'You need to click on "File," choose "Export," and select "Upcell" from the list.'에서 Tanya Huang이 "파일"을 클릭해서 "내보내기"를 선택하고 목록에서 "Upcell"을 고르면 된다고 하자, Mr. Benedict가 'That's the thing.'(그게 문제예요)이라고 한 후 'I tried that but it didn't work.'에서 그걸 시도해 보았는데 효과가 없었다고 한 것을 통해, Mr. Benedict가 Tanya Huang이 제시한 해결책을 이미 시도해 보았음을 알 수 있다. 따라서 (B)가 정답이다.

어휘　release v. 출시하다, 공개하다　attempt v. 시도하다　redeem v. (상품·현금으로) 바꾸다　make a compromise phr. 타협하다

158

What does Ms. Huang ask Mr. Benedict to do?

(A) Select a mailing option from a list
(B) Renew an expired subscription
(C) Prepare to make a payment
(D) Submit a form to another department

Ms. Huang은 Mr. Benedict에게 무엇을 하도록 요청하는가?

(A) 목록에서 우편 발송 옵션을 선택한다
(B) 만료된 구독을 갱신한다
(C) 지불할 준비를 한다
(D) 다른 부서에 양식을 제출한다

■ 육하원칙 What　　정답 (C)

Ms. Huang이 Mr. Benedict에게 무엇(What)을 하도록 요청하는지를 묻는 육하원칙 문제이다. 질문의 핵심 어구인 Ms. Huang ask Mr. Benedict to do와 관련하여, 'I can connect you to our billing department, but you'll need to have your credit card ready.'에서 경리부로 연결해 줄 수 있는데 신용카드를 준비해야 할 것이라고 했으므로 (C)가 정답이다.

바꾸어 표현하기
have your credit card ready 신용카드를 준비하다 → Prepare to make a payment 지불할 준비를 하다

어휘　mailing n. (우편물) 발송　renew v. 갱신하다　expired adj. 만료된　subscription n. 구독　make a payment phr. 지불하다

159-161은 다음 이메일에 관한 문제입니다.

To: Alicia Carpenter <alicia@epost.net>
From: Bobby McCord <b.mccord@brancafitness.com>
Subject: Branca Fitness
Date: January 4

Dear Ms. Carpenter,

159Thank you for agreeing to participate in Branca Fitness's focus group on exercise equipment. Your session is scheduled for January 15, from 5 P.M. to 8 P.M. — [1] —. The focus group will take place at our head office at 189 Bellflower Road in Seattle.

Upon your arrival in the office, you will be asked to sign a confidentiality agreement. Since the products being tested have yet been released to the public, please don't share any information about them with anyone.

For the first activity, you will be asked to test some exercise equipment. 160Please make sure to wear comfortable clothing or bring an extra set of clothes. — [2] —. This activity will be followed by a group discussion. During the discussion, you will be presented with different marketing ideas. When asked for your opinion on these ideas, please give honest and detailed answers. — [3] —.

As mentioned in the notice, 161a payment of $150 will be provided to each participant via bank transfer. — [4] —. If you have any questions, feel free to contact me at any time.

Sincerely,

Bobby McCord

수신: Alicia Carpenter <alicia@epost.net>
발신: Bobby McCord
         <b.mccord@brancafitness.com>
제목: Branca Fitness
날짜: 1월 4일

Ms. Carpenter께,

159Branca Fitness의 운동 기구 포커스 그룹에 참가하는 것에 동의해 주셔서 감사합니다. 귀하의 세션은 1월 15일 오후 5시부터 오후 8시까지로 예정되어 있습니다. — [1] —. 포커스 그룹은 189번지 Bellflower로 시애틀에 있는 저희 본사에서 열릴 것입니다.

사무실에 도착하시면, 귀하께서는 기밀유지 계약에 서명하라는 요청을 받으실 것입니다. 테스트 되는 제품들은 아직 대중에게 공개되지 않았으므로, 아무에게도 그것들에 대한 정보를 공유하지 마십시오.

첫 번째 활동에서, 귀하께서는 몇몇 운동 기구를 시험해 보라는 요청을 받으실 것입니다. 160반드시 편안한 옷을 착용하시거나 여벌 옷을 가져오세요. — [2] —. 그룹 토론이 이 활동 뒤에 이어질 것입니다. 토론하는 동안, 귀하는 여러 마케팅 아이디어를 제시받을 것입니다. 이러한 아이디어에 대한 귀하의 의견을 질문받는다면, 솔직하고 상세한 답변을 주시기 바랍니다. — [3] —.

공지사항에서 언급했듯이, 161각 참가자에게 150달러의 대금이 은행 송금을 통해 지급될 것입니다. — [4] —. 궁금한 점이 있으시면, 언제든지 주저 말고 제게 연락 주세요.

Bobby McCord 드림

어휘 ☐ **focus group** phr. 포커스 그룹(상품 시장이나 선거 동향의 조사를 위해 뽑힌 소수의 샘플 그룹)   ☐ **equipment** n. 기구
☐ **head office** phr. 본사   ☐ **confidentiality agreement** phr. 기밀유지 계약
☐ **release** v. 공개하다, 발표하다   ☐ **honest** adj. 솔직한, 정직한   ☐ **detailed** adj. 상세한
☐ **via** prep. ~을 통해, 경유하여   ☐ **transfer** n. 송금, 이동

159

What is the e-mail mainly about?

(A) Invitations to an exercise class
(B) Information about a focus group
(C) Preparations for a trade fair
(D) Details regarding a fitness plan

이메일은 주로 무엇에 대한 것인가?

(A) 운동 수업 초대
(B) 포커스 그룹에 대한 정보
(C) 무역 박람회 준비
(D) 신체 단련 계획에 대한 세부 정보

■ **주제/목적 찾기** 글의 주제 　　　　　　　　　　　　　　　　　　　　　　　　　정답 (B)

이메일이 주로 무엇에 대한 것인지를 묻는 주제 찾기 문제이므로 지문의 앞부분을 주의 깊게 확인한다. 'Thank you for agreeing to participate in Branca Fitness's focus group on exercise equipment.'에서 Branca Fitness의 운동 기구 포커스 그룹에 참가하는 것에 동의해줘서 감사하다고 한 후, 포커스 그룹 참여에 대한 세부 사항을 설명하고 있으므로 (B)가 정답이다.

어휘　preparation n. 준비　trade fair phr. 무역 박람회　detail n. 세부 정보; v. 상세히 설명하다

160

What is Ms. Carpenter encouraged to do?

(A) Bring along a guest
(B) Post a product review
(C) Wear an appropriate outfit
(D) Park in front of a building

Ms. Carpenter는 무엇을 하도록 권장되는가?

(A) 손님을 데리고 온다
(B) 제품 후기를 게시한다
(C) 적절한 옷을 입는다
(D) 건물 앞에 주차한다

■ **육하원칙** What 　　　　　　　　　　　　　　　　　　　　　　　　　　　　　정답 (C)

Ms. Carpenter가 무엇(What)을 하도록 권장되는지를 묻는 육하원칙 문제이다. 질문의 핵심 어구 Ms. Carpenter encouraged to do와 관련하여 'Please make sure to wear comfortable clothing'에서 반드시 편안한 옷을 착용하라고 했으므로 (C)가 정답이다.

바꾸어 표현하기
clothing 옷 → outfit 옷

어휘　appropriate adj. 적절한　outfit n. 옷, 복장

161

In which of the positions marked [1], [2], [3], and [4] does the following sentence best belong?

"This will take two to three days."

(A) [1]
(B) [2]
(C) [3]
(D) [4]

[1], [2], [3], [4]로 표시된 위치 중, 다음 문장이 들어갈 곳으로 가장 적절한 것은?

"이것은 2일에서 3일 정도 걸릴 것입니다."

(A) [1]
(B) [2]
(C) [3]
(D) [4]

■ **문장 위치 찾기** 　　　　　　　　　　　　　　　　　　　　　　　　　　　　　정답 (D)

지문의 흐름상 주어진 문장이 들어가기에 가장 적절한 곳을 고르는 문제이다. 주어진 문장에서 이것이 2일에서 3일 정도 걸릴 것이라고 했으므로, 이 문장이 소요 기간과 관련된 내용이 나오는 부분에 들어가야 함을 알 수 있다. [4]의 앞 문장인 'a payment of $150 will be provided to each participant via bank transfer'에서 각 참가자에게 150달러의 대금이 은행 송금을 통해 지급될 것이라고 했으므로, [4]에 제시된 문장이 들어가면 각 참가자에게 150달러의 대금이 은행 송금을 통해 지급될 것인데 이것이 2일에서 3일 정도 걸릴 것이라는 자연스러운 문맥이 된다는 것을 알 수 있다. 따라서 (D)가 정답이다.

| Home | **About** | Services | Careers | Contact Us |

[162]Maksma was founded 15 years ago in Estonia, with the goal of making it easier for people to shop online. When its original office opened, it had just 46 staff members. Since then, Maksma has become one of Europe's largest payment gateways, facilitating online purchases for over 60 million consumers and 70,000 merchants in 22 countries. [163]Maksma differentiates itself by giving customers the option to pay now, later, or in partial amounts over a specified period of time. Whichever option customers choose, they are guaranteed a secure, convenient experience. Merchants also benefit by being able to offer a wider range of payment options.

Maksma is headquartered in Tallinn, with satellite offices in London and New York City. [164-A]Its more than 1,500 employees are led by an international team of executives. It is valued at over $2.5 billion and handles roughly $10 billion in online sales per year.

| 홈 | 소개 | 서비스 | 활동 | 연락 |

[162]Maksma사는 사람들이 온라인 쇼핑을 더 쉽게 할 수 있도록 한다는 목표를 가지고, 15년 전 에스토니아에 설립되었습니다. 최초의 사무실을 열었을 때, 그곳에는 단 46명의 직원들만이 있었습니다. 그 이후로, Maksma사는 유럽의 가장 큰 결제 대행 사업자 중 하나가 되었고, 22개국에서 6천만 명이 넘는 소비자와 7만 명의 소매 상인들에게 온라인 구매를 용이하게 했습니다. [163]Maksma사는 지불을 당장, 나중에, 또는 지정된 기간 동안 일부 금액씩 할 수 있는 선택권을 고객에게 줌으로써 스스로를 차별화합니다. 고객이 어떤 선택권을 고르든 간에, 안전하고 편리한 경험이 보장됩니다. 소매 상인들 또한 더 넓은 범위의 지불 선택권을 제공할 수 있음으로써 이익을 얻습니다.

Maksma사는 탈린에 본사를 두고 있으며, 런던과 뉴욕시에 지사가 있습니다. [164-A]1,500명이 넘는 직원들은 국제 경영진에 의해 지휘됩니다. 그것은 25억 달러 이상의 가치가 있다고 평가되며 대략 연간 100억 달러의 온라인 판매를 다룹니다.

어휘 □ **found** v. 설립하다
□ **facilitate** v. 용이하게 하다
□ **partial** adj. 일부의, 부분적인
□ **executive** n. 경영 간부, 임원

□ **original** adj. 최초의, 본래의
□ **merchant** n. 소매 상인
□ **specified** adj. 지정된, 명시된
□ **value** v. 평가하다; n. 평가

□ **payment gateway** phr. 결제 대행 사업자
□ **differentiate** v. 차별화하다
□ **headquarter** v. 본사를 두다; n. 본사
□ **roughly** adv. 대략

162

What information is included in the Web page?

(A) Reasons to buy some investment shares
(B) The names of some business partners
(C) Details about a company's beginnings
(D) A link to an online shopping site

웹페이지에 어떤 정보가 포함되어 있는가?

(A) 투자 주식을 사야 하는 이유
(B) 몇몇 동업자의 이름
(C) 회사의 초기에 대한 세부 사항
(D) 온라인 쇼핑 사이트 링크

■ **육하원칙** What

정답 (C)

웹페이지에 어떤(What) 정보가 포함되어 있는지를 묻는 육하원칙 문제이다. 질문의 핵심 어구인 information과 관련하여, 'Maksma was founded 15 years ago in Estonia, with the goal of making it easier for people to shop online. When its original office opened, it had just 46 staff members.'에서 Maksma사는 사람들이 온라인 쇼핑을 더 쉽게 할 수 있도록 한다는 목표를 가지고 15년 전 에스토니아에 설립되었으며 최초의 사무실을 열었을 때 단 46명의 직원들만이 있었다고 한 것에서 회사의 초기에 대한 세부 사항을 알 수 있으므로 (C)가 정답이다.

어휘 investment n. 투자 share n. 주식, 지분 business partner phr. 동업자

163

According to the Web page, what benefit does Maksma offer customers?

(A) A wide product selection
(B) Specially negotiated discounts
(C) The ability to defer payments
(D) Chances to view used goods

웹페이지에 따르면, Maksma사는 고객들에게 어떤 혜택을 제공하는가?

(A) 다양한 상품 선택권
(B) 특별히 협의된 할인
(C) 지불 연기 권한
(D) 중고 상품을 볼 기회

■ 육하원칙 What 　　　　　　　　　　　　　　　　　　　　　　　　　　　　　　정답 (C)

웹페이지에 따르면 Maksma사가 고객들에게 어떤(what) 혜택을 제공하는지를 묻는 육하원칙 문제이다. 질문의 핵심 어구인 benefit ~ Maksma offer customers와 관련하여, 'Maksma differentiates itself by giving customers the option to pay ~ later, or in partial amounts over a specified period of time.'에서 Maksma사는 지불을 나중에, 또는 지정된 기간 동안 일부 금액씩 할 수 있는 선택권을 고객에게 줌으로써 스스로를 차별화한다고 했으므로 (C)가 정답이다.

바꾸어 표현하기

pay ~ later, or in partial amounts over a specified period of time 나중에, 또는 지정된 기간 동안 일부 금액씩 지불하다
→ ability to defer payments 지불 연기 권한

어휘 negotiated adj. 협의된 defer v. 연기하다, 미루다 used good phr. 중고 상품

164

What is stated about Maksma?

(A) It employs senior managers from various countries.
(B) It receives monthly payments from vendors.
(C) It made a profit of over $2.5 billion last year.
(D) It will be introducing a mobile application.

Maksma사에 대해 언급된 것은?

(A) 다양한 국적의 고위 간부들을 고용한다.
(B) 판매자로부터 월별 납부금을 받는다.
(C) 작년에 25억 달러가 넘는 수익을 냈다.
(D) 모바일 애플리케이션을 도입할 것이다.

■ Not/True True 문제 　　　　　　　　　　　　　　　　　　　　　　　　　　　　정답 (A)

질문의 핵심 어구인 Maksma와 관련된 내용을 지문에서 찾아 각 보기와 대조하는 Not/True 문제이다. (A)는 'Its more than 1,500 employees are led by an international team of executives.'에서 1,500명이 넘는 직원들은 국제 경영진에 의해 지휘된다고 했으므로 지문의 내용과 일치한다. 따라서 (A)가 정답이다. (B), (C), (D)는 지문에 언급되지 않은 내용이다.

바꾸어 표현하기

international team of executives 국제 경영진 → senior managers from various countries 다양한 국적의 고위 간부들

어휘 employ v. 고용하다 senior manager phr. 고위 간부 vendor n. 판매자, 판매 회사 introduce v. 도입하다, 소개하다

165-168은 다음 브로슈어에 관한 문제입니다.

FILLYAN MASTER
CORPORATE SOLUTIONS INC.'S NEWEST PRODUCT

In today's hypercompetitive world, companies must utilize every advantage available to them. Fillyan Master is a program that allows you to control the electronic equipment in your business environment using a mobile device. — [1] —.

165-DIt enables you to use a phone or tablet to monitor and manage audiovisual equipment, lighting, room temperature, and more. — [2] —. 166-DProgram your electronic window shades in order to maximize their cooling potential at various times of the day.

Moreover, 166-Ayou can collaborate with others by accessing voice and video channels from anywhere that has wireless Internet. 168Several participants can simultaneously view and collaborate on a presentation using a laptop or smart device. — [3] —.

166-BFillyan Master also enables you to collect data about room and energy usage. Use this information to guide budget decisions, save your company time and money, and maximize your resources. — [4] —.

Visit www.fillyan.com for more information about this and other products, or 167call our hotline at 555-5205 to schedule a demonstration.

FILLYAN MASTER
CORPORATE SOLUTIONS사의 신제품

오늘날의 극도로 경쟁적인 세상에서, 기업들은 그들이 이용할 수 있는 모든 이점을 활용해야 합니다. Fillyan Master는 당신의 기업 환경에서 모바일 기기를 이용하여 전자 장비를 조절하게 해주는 프로그램입니다. — [1] —.

165-D그것은 전화 또는 태블릿을 이용해 시청각 장비, 조명, 실내 온도, 그리고 더 많은 것들을 감독하고 관리할 수 있게 해 드립니다. — [2] —. 166-D하루 중 다양한 시간대에 냉방 전력을 최대화하도록 전자 블라인드를 설정하세요.

게다가, 166-A무선 인터넷이 있는 어느 곳에서든 음성 및 비디오 채널에 접근함으로써 다른 사람들과 협업할 수 있습니다. 168여러 참여자들이 노트북 또는 스마트 기기를 이용해 동시에 발표를 보고 협업할 수 있습니다. — [3] —.

166-BFillyan Master는 또한 공간 및 에너지 사용에 대한 데이터를 수집할 수 있게 해 드립니다. 예산 책정을 관리하고, 회사의 시간과 돈을 절약하고, 자원을 최대화하도록 이 정보를 이용하세요. — [4] —.

이것과 다른 제품들에 대한 더 많은 정보를 위해서 www.fillyan.com을 방문하시거나, 167시범 설명 일정을 잡기 위해 555-5205로 상담 전화를 주세요.

어휘 □ **hypercompetitive** adj. 극도로 경쟁적인   □ **utilize** v. 활용하다   □ **enable** v. ~할 수 있게 하다
□ **monitor** v. 감독하다, 감시하다   □ **window shade** phr. 블라인드   □ **maximize** v. 최대화하다, 극대화하다
□ **collaborate** v. 협업하다   □ **simultaneously** adv. 동시에   □ **hotline** n. 상담 전화, 직통 전화
□ **demonstration** n. 시범 설명, 시연

165
○○○○상

What is mentioned about Fillyan Master?

(A) It requires expert training to learn how to operate.
(B) It will be demonstrated at an industry event.
(C) It must be connected to computer hardware.
(D) It can be used with mobile devices.

Fillyan Master에 대해 언급된 것은?

(A) 작동 방법을 배우기 위해 전문가 교육이 필요하다.
(B) 업계 행사에서 시연될 것이다.
(C) 컴퓨터 하드웨어에 연결되어야 한다.
(D) 휴대용 기기와 함께 사용될 수 있다.

■ **Not/True** True 문제   정답 (D)

질문의 핵심 어구인 Fillyan Master와 관련된 내용을 지문에서 찾아 각 보기와 대조하는 Not/True 문제이다. (A), (B), (C)는 지문에 언급되지 않은 내용이다. (D)는 'It enables you to use a phone or tablet to monitor and manage audiovisual equipment, lighting, room temperature'에서 그것, 즉 Fillyan Master는 전화 또는 태블릿을 이용해 시청각 장비, 조명, 실내 온도를 감독하고 관리할 수 있게 해 준다고 했으므로 지문의 내용과 일치한다. 따라서 (D)가 정답이다.

바꾸어 표현하기
phone or tablet 전화 또는 태블릿 → mobile devices 휴대용 기기

어휘 **operate** v. 작동하다

166

What function of Fillyan Master is NOT indicated in the brochure?

(A) It enables remote teams to work together.
(B) It gathers information about energy use.
(C) It determines optimal room layouts.
(D) It adjusts the temperature in workspaces.

브로슈어에서 언급되지 않은 Fillyan Master의 기능은?

(A) 멀리 떨어진 팀들이 함께 일할 수 있게 한다.
(B) 에너지 사용에 대한 정보를 수집한다.
(C) 최적의 실내 배치를 결정한다.
(D) 업무 공간의 온도를 조절한다.

■ Not/True Not 문제   정답 (C)

질문의 핵심 어구인 function of Fillyan Master와 관련된 내용을 브로슈어에서 찾아 각 보기와 대조하는 Not/True 문제이다. (A)는 'Collaborate with others by accessing voice and video channels from anywhere that has wireless Internet.'에서 무선 인터넷이 있는 어느 곳에서든 음성 및 비디오 채널에 접근함으로써 다른 사람들과 협업할 수 있다고 했으므로 지문의 내용과 일치한다. (B)는 'Fillyan Master ~ enables you to collect data about ~ energy usage.'에서 Fillyan Master는 에너지 사용에 대한 데이터를 수집할 수 있게 해준다고 했으므로 지문의 내용과 일치한다. (C)는 지문에 언급되지 않은 내용이다. 따라서 (C)가 정답이다. (D)는 'Program your window shades in order to maximize their cooling potential at various times of the day.'에서 하루 중 다양한 시간대에 냉방 전력을 최대화하도록 전자 블라인드를 설정하라고 했으므로 지문의 내용과 일치한다.

바꾸어 표현하기
collect data 데이터를 수집하다 → gathers information 정보를 수집하다

어휘 remote adj. 멀리 떨어진, 외딴 gather v. 수집하다, 모으다 optimal adj. 최적의, 최선의 layout n. 배치 adjust v. 조절하다, 조정하다

167

Why will some customers call a hotline number?

(A) To order large quantities of an item
(B) To arrange a product presentation
(C) To schedule an office inspection
(D) To obtain technical assistance

몇몇 고객들은 왜 상담 전화번호로 전화할 것인가?

(A) 상품을 대량 주문하기 위해
(B) 제품 설명을 계획하기 위해
(C) 사무실 점검 일정을 잡기 위해
(D) 기술적 도움을 받기 위해

■ 육하원칙 Why   정답 (B)

몇몇 고객들이 왜(Why) 상담 전화번호로 전화할 것인지를 묻는 육하원칙 문제이다. 질문의 핵심 어구인 some customers call a hotline number와 관련하여, 'call our hotline ~ to schedule a demonstration'에서 시범 설명 일정을 잡기 위해 상담 전화를 달라고 했으므로 (B)가 정답이다.

바꾸어 표현하기
schedule a demonstration 시연 일정을 잡다 → arrange a product presentation 제품 설명을 계획하다

어휘 quantity n. 양 arrange v. 계획하다, 예정을 세우다 inspection n. 점검 obtain v. 받다, 획득하다

168

In which of the positions marked [1], [2], [3], and [4] does the following sentence best belong?

"This creates new possibilities when it comes to audience involvement."

(A) [1]
(B) [2]
(C) [3]
(D) [4]

[1], [2], [3], [4]로 표시된 위치 중, 다음 문장이 들어갈 곳으로 가장 적절한 것은?

"이는 청중 참여에 관한 새로운 가능성을 창출합니다."

(A) [1]
(B) [2]
(C) [3]
(D) [4]

■ 문장 위치 찾기   정답 (C)

지문의 흐름상 주어진 문장이 들어가기에 가장 적절한 곳을 고르는 문제이다. 주어진 문장에서 이는 청중 참여에 관한 새로운 가능성을 창출한다고 했으므로, 이 문장이 청중 참여의 방법과 관련된 내용이 나오는 부분에 들어가야 함을 알 수 있다. [3]의 앞 문장인 'Several participants can simultaneously view and collaborate on a presentation using a laptop or smart device.'에서 여러 참여자들이 노트북 또는 스마트 기기를 이용해 동시에 발표를 보고 협업할 수 있다고 했으므로, [3]에 제시된 문장이 들어가면 참가자들이 동시에 발표를 보면서 협업하는 방식으로 청중 참여에 관한 새로운 가능성을 창출한다는 자연스러운 문맥이 된다는 것을 알 수 있다. 따라서 (C)가 정답이다.

어휘 when it comes to phr. ~에 관한 involvement n. 참여, 관여

Lynn Foster's Writing Career

Lynn Foster is a fantasy novelist living and working in Portland, Oregon. Best known for *The Last Rancher*, she has been actively writing since she was 18 years old. [170]Originally from Louisiana, she moved at the age of 11 to Butte, Montana. From its vast, open landscapes she would later draw inspiration for her writing.

[171-A]Ms. Foster began her career by contributing short stories to magazines across the country. [171-D]Her short story *Bear in the Creek* won an award from the Montana Arts Council. Two years later, she published her first novel, *Meadowlark*. It was succeeded by [171-C]a four-volume tale, *The Darkening Brow*, which was made into an animated movie. [170]Her current work in progress, tentatively titled *There and Back*, is set in the town of her birth.

[171-B]Ms. Foster's books have been translated into over 20 languages.

Lynn Foster의 집필 경력

Lynn Foster는 오리건주 포틀랜드에 거주하면서 일하는 판타지 소설가입니다. *The Last Rancher*로 가장 잘 알려진 그녀는 18세였을 때부터 활발하게 글을 써 왔습니다. [170]본래 루이지애나주 출신으로, 그녀는 11세의 나이에 몬태나주 뷰트로 이사했습니다. 그녀는 훗날 그곳의 광활하고, 탁 트인 풍경으로부터 집필에 대한 영감을 얻곤 했습니다.

[171-A]Ms. Foster는 전국의 잡지들에 단편 소설을 기고함으로써 경력을 시작했습니다. [171-D]그녀의 단편 소설 *Bear in the Creek*은 몬태나 예술원으로부터 상을 받았습니다. 2년 후, 그녀는 첫 장편 소설, *Meadowlark*를 출간했습니다. [171-C]애니메이션 영화로 만들어진 4권짜리 소설, *The Darkening Brow*가 그 뒤를 이었습니다. [170]현재 진행 중인, 잠정적으로 *There and Back*이라고 제목이 붙여진 작품은 그녀가 태어난 마을을 배경으로 합니다.

[171-B]Ms. Foster의 저서들은 20개가 넘는 언어들로 번역되었습니다.

여휘 □ novelist n. 소설가   □ vast adj. 광활한, 방대한   □ landscape n. 풍경
　　 □ contribute v. 기고하다, 기여하다   □ novel n. (장편) 소설   □ succeed v. 뒤를 잇다, 성공하다
　　 □ tale n. 소설, 이야기   □ in progress phr. 진행 중인   □ tentatively adv. 잠정적으로
　　 □ set v. 배경을 설정하다, 맞추다   □ translate v. 번역하다

169

The word "draw" in paragraph 1, line 5, is closest in meaning to

(A) gather
(B) deduce
(C) illustrate
(D) extend

1문단 다섯 번째 줄의 단어 "draw"는 의미상 –와 가장 가깝다.

(A) 얻다
(B) 추론하다
(C) 설명하다
(D) 연장하다

■ 동의어　　　　　　　　　　　　　　　　　　　　　　　　　　　　　　　　　　　　　　정답 (A)

draw를 포함하는 구절 'she would later draw inspiration for her writing'에서 draw가 '얻다'라는 뜻으로 사용되었다. 따라서 '얻다'라는 뜻을 가진 (A)가 정답이다.

170

What is implied about *There and Back*?

(A) Its story takes place in Louisiana.
(B) It is one of four in a series.
(C) It was written during a journey.
(D) It is Ms. Foster's longest book.

*There and Back*에 대해 암시되는 것은?

(A) 이야기가 루이지애나주에서 진행된다.
(B) 시리즈의 4권 중 하나이다.
(C) 여행 도중에 쓰였다.
(D) Ms. Foster의 가장 긴 책이다.

■ 추론 세부 정보　　　　　　　　　　　　　　　　　　　　　　　　　　　　　　　　　정답 (A)

질문의 핵심 어구인 *There and Back*에 대해 추론하는 문제이다. 'Originally from Louisiana'에서 Ms. Foster가 본래 루이지애나주 출신이라는 것을 알 수 있고, 'Her current work in progress, tentatively titled *There and Back*, is set in the town of her birth.'에서 현재 진행 중인, 잠정적으로 *There and Back*이라고 제목이 붙여진 작품은 그녀가 태어난 마을을 배경으로 한다고 했으므로 *There and Back*의 이야기가 Ms. Foster의 출신지인 루이지애나주에서 진행된다는 사실을 추론할 수 있다. 따라서 (A)가 정답이다.

What is NOT true about Ms. Foster?	Ms. Foster에 대해 사실이 아닌 것은?
(A) Her stories have appeared in various publications.	(A) 그녀의 단편 소설은 다양한 출판물에서 등장했다.
(B) Her work is available in foreign languages.	(B) 그녀의 작품은 외국어로 구할 수 있다.
(C) She had some books that were developed into a film.	(C) 영화로 각색된 몇몇 책이 있다.
(D) She won a contest while in university.	(D) 대학에 다니는 동안 대회에서 우승했다.

■ **Not/True** Not 문제   정답 (D)

질문의 핵심 어구인 Ms. Foster와 관련된 내용을 지문에서 찾아 각 보기와 대조하는 Not/True 문제이다. (A)는 'Ms. Foster began her career by contributing short stories to magazines across the country.'에서 Ms. Foster는 전국의 잡지들에 단편 소설을 기고함으로써 경력을 시작했다고 했으므로 지문의 내용과 일치한다. (B)는 'Ms. Foster's books have been translated into over 20 languages.'에서 Ms. Foster의 저서들은 20개가 넘는 언어들로 번역되었다고 했으므로 지문의 내용과 일치한다. (C)는 'a four-volume tale, *The Darkening Brow*, which was made into an animated movie'에서 *The Darkening Brow*가 애니메이션 영화로 만들어진 4권짜리 소설이라고 했으므로 지문의 내용과 일치한다. (D)는 'Her short story *Bear in the Creek* won an award from the Montana Arts Council.'에서 그녀의 단편 소설 *Bear in the Creek*은 몬태나 예술원으로부터 상을 받았다고 했지만 대학에 다니는 동안 상을 받은 것인지는 알 수 없으므로 지문의 내용과 일치하지 않는다. 따라서 (D)가 정답이다.

어휘 **story** n. 단편 소설 **publication** n. 출판물 **foreign** adj. 외국의

Questions 172-175 refer to the following e-mail.

172-175는 다음 이메일에 관한 문제입니다.

To: Customer Service <customerservice@swissluxair.ch>
From: Thomas Holmes <thomas@holmessolutions.ch>
Date: August 5
Subject: Booking Number 49994FGX

To Whom It May Concern,

[172]I am writing to you about the experience I had while travelling with SwissLux Airlines. [173]I am referring specifically to Flight 293 from Zurich to Singapore, which departed August 3 at 11 A.M.

From the start, I noticed that the boarding process seemed unorganized. I had bought a seat upgrade online prior to checking in. However, I was told that the flight was overbooked, and I would have to move to a seat in economy. Then, for most of the flight, the entertainment system was not working at all, which made the long flight more difficult to bear. Lastly, it appears that the airline did not prepare enough vegan meals for the flight. There weren't any left by the time it was my turn to receive one.

[172]Anyway, the whole experience left me feeling very disappointed. [175]I have been a longtime member of your airline's loyalty program and have always been satisfied by the level of service I've received. However, this trip did not come close to my precious experiences. The airline staff tried their best to be courteous and apologetic. But I did not receive any form of compensation. I look forward to hearing how the airline plans to address this issue. Please reply as soon as possible. Thank you.

Sincerely,

Thomas Holmes

수신: 고객 서비스 <customerservice@swissluxair.ch>
발신: Thomas Holmes
　　　<thomas@holmessolutions.ch>
날짜: 8월 5일
제목: 예약번호 49994FGX

관계자분께,

[172]저는 SwissLux 항공사와 함께 여행하면서 겪었던 경험에 대해 이메일을 씁니다. [173]저는 구체적으로 취리히에서 싱가포르로 가는 293 항공편에 대해 언급하고 있으며, 그것은 8월 3일 오전 11시에 출발했습니다.

처음부터, 저는 탑승 절차가 체계적이지 않은 것 같다는 것을 알아차렸습니다. 저는 체크인 이전에 온라인으로 좌석 업그레이드를 구매했습니다. 하지만, 비행기 예약이 초과되었고, 제가 이코노미 좌석으로 이동해야 할 거라고 들었습니다. 그 후, 대부분의 여행 동안, 오락 시스템이 전혀 작동하지 않았고, 그것은 긴 비행을 더 견디기 어렵게 만들었습니다. 마지막으로, 항공사가 비행을 위해 완전 채식주의자 식사를 충분히 준비하지 않았던 것으로 보입니다. 제가 그것을 받을 차례가 되었을 때쯤에는 하나도 남아 있지 않았습니다.

[172]어쨌든, 그 모든 경험은 저에게 매우 실망한 감정을 느끼게 했습니다. [175]저는 귀하 항공사의 로열티 프로그램의 오랜 회원이며 항상 제가 받은 서비스 수준에 만족해 왔습니다. 하지만, 이 여행은 저의 소중한 경험들에 버금가지 않았습니다. 항공사 직원들은 그들의 최선을 다해 정중했고 미안해했습니다. 그러나 저는 어떠한 형태의 보상도 받지 못했습니다. 저는 항공사가 이 문제를 어떻게 처리할 계획인지 듣기를 기대합니다. 가능한 한 빨리 회신해 주세요. 감사합니다.

Thomas Holmes 드림

어휘
□ **refer to** phr. ~에 대해 언급하다
□ **boarding** n. 탑승, 승선
□ **overbook** v. 예약이 초과되다
□ **disappointed** adj. 실망한, 낙담한
□ **loyalty program** phr. 로열티 프로그램(고정 고객 확보를 위한 판매촉진 프로그램)
□ **precious** adj. 소중한, 귀한
□ **compensation** n. 보상

□ **specifically** adv. 구체적으로, 명확하게
□ **unorganized** adj. 체계적이지 않은, 조직이 없는
□ **vegan** adj. 완전 채식주의자의
□ **longtime** adj. 오랜, 오랫동안
□ **courteous** adj. 정중한, 공손한
□ **address** v. 처리하다, 다루다

□ **depart** v. 출발하다

□ **turn** n. 차례, 순번

□ **come close to** phr. ~에 버금가다, 대등하다
□ **apologetic** adj. 미안해하는, 사과하는

172

Why did Mr. Holmes write the e-mail?

(A) To request changes to a flight
(B) To inquire about loyalty points
(C) To report some lost baggage
(D) To complain about a level of service

Mr. Holmes는 왜 이메일을 썼는가?

(A) 항공편의 변경을 요청하기 위해
(B) 로열티 포인트에 대해 문의하기 위해
(C) 분실된 수하물을 신고하기 위해
(D) 서비스 수준에 대해 불평하기 위해

■ 주제/목적 찾기 글을 쓴 이유
정답 (D)

Mr. Holmes가 이메일을 쓴 이유를 묻는 목적 찾기 문제이므로 지문의 앞부분을 주의 깊게 확인한다. 'I am writing to you about the experience I had while travelling with SwissLux Airlines.'에서 SwissLux 항공사와 함께 여행하면서 겪었던 경험에 대해 이메일을 쓴다고 했고, 'Anyway, the whole experience left me feeling very disappointed.'에서 어쨌든 그 모든 경험은 자신에게 매우 실망한 감정을 느끼게 했다고 했으므로 (D)가 정답이다.

어휘 inquire v. 문의하다 report v. 신고하다 baggage n. 수하물, 짐

173

What can be inferred about SwissLux Airlines?

(A) It recently replaced its entertainment system.
(B) It offers a direct route between Zurich and Singapore.
(C) It does not serve vegan meals to passengers.
(D) It experienced a long delay in Zurich.

SwissLux 항공사에 대해 추론될 수 있는 것은?

(A) 최근에 오락 시스템을 교체했다.
(B) 취리히와 싱가포르 간의 직항을 제공한다.
(C) 승객들에게 완전 채식주의자 식사를 제공하지 않는다.
(D) 취리히에서 긴 지연을 겪었다.

■ 추론 세부 정보
정답 (B)

질문의 핵심 어구인 SwissLux Airlines에 대해 추론하는 문제이다. 'I am referring specifically to Flight 293 from Zurich to Singapore'에서 구체적으로 취리히에서 싱가포르로 가는 293 항공편에 대해 언급하고 있다고 했으므로 SwissLux 항공사가 취리히와 싱가포르 간의 직항을 제공한다는 사실을 추론할 수 있다. 따라서 (B)가 정답이다.

어휘 direct route phr. 직항, 직선로 serve v. 제공하다

174

The word "bear" in paragraph 2, line 4, is closest in meaning to

(A) carry
(B) present
(C) deliver
(D) endure

2문단 네 번째 줄의 단어 "bear"는 의미상 -와 가장 가깝다.

(A) 운반하다
(B) 주다
(C) 배달하다
(D) 견디다

■ 동의어
정답 (D)

bear를 포함하는 구절 'the entertainment system was not working at all, which made the long flight more difficult to bear'에서 bear가 '견디다'라는 뜻으로 사용되었다. 따라서 '견디다'라는 뜻을 가진 (D)가 정답이다.

175

What is suggested about Mr. Holmes?

(A) He booked his airline ticket late.
(B) He received a reimbursement.
(C) He has flown with SwissLux Airlines before.
(D) He often travels to Singapore for business.

Mr. Holmes에 대해 암시되는 것은?

(A) 비행기 표를 늦게 예약했다.
(B) 배상을 받았다.
(C) 이전에 SwissLux 항공사를 이용한 적이 있었다.
(D) 사업차 자주 싱가포르에 간다.

■ 추론 세부 정보
정답 (C)

질문의 핵심 어구인 Mr. Holmes에 대해 추론하는 문제이다. 'I have been a longtime member of your airline's loyalty program and have always been satisfied by the level of service I've received.'에서 상대 항공사, 즉 SwissLux 항공사의 로열티 프로그램의 오랜 회원이며 항상 자신이 받은 서비스 수준에 만족해 왔다고 했으므로 Mr. Holmes가 이전에 SwissLux 항공사를 이용한 적이 있다는 사실을 추론할 수 있다. 따라서 (C)가 정답이다.

어휘 reimbursement n. 배상, 변제

Questions 176-180 refer to the following job advertisement and letter. 176-180은 다음 구인 광고와 편지에 관한 문제입니다.

지문 1

Work for Soleil Cruises

If you're looking for the chance of a lifetime, a job with Soleil Cruises may be for you! Among the many benefits of working for Soleil Cruises is the opportunity to save money. Not only do [176-A/D]we provide staff with accommodation and breakfast, lunch, and dinner each day, but [176-B]we also cover medical insurance and travel expenses. Even the family of crew members benefit; [179]employees at the managerial level may bring their spouse and children on board free of charge, while family members of all other staff are entitled to discounts on package trips.

Positions Available

▶ [177]**Spa specialist**
Provides facials and skincare treatments to passengers. Sells bath and beauty products. Must possess an aesthetician license. Also [177]required to have served on a cruise ship in the past.

▶ [177]**Restaurant manager**
Coordinates restaurant and bar staff. Responsibilities include maintaining service standards and handling passenger concerns. Must have strong organizational skills and [177]have held a similar position on a cruise ship for at least two years.

Call 555-8800 to find out more.

Soleil 크루즈에서 일하세요

만약 당신이 일생에 다시없는 기회를 찾고 있다면, Soleil 크루즈의 일자리가 당신을 위한 것일 수도 있습니다! Soleil 크루즈에서 일하는 것의 많은 혜택 중에는 돈을 절약할 기회가 있습니다. [176-A/D]저희는 직원들에게 숙소와 매일 아침, 점심, 저녁을 제공할 뿐만 아니라, [176-B]의료 보험과 출장 경비 또한 보장해 드립니다. 심지어 승무원의 가족들도 혜택을 받는데, [179]관리직급의 직원들은 그들의 배우자와 아이들을 무료로 탑승시킬 수 있는 한편, 다른 모든 직원의 가족 구성원들은 패키지 여행에서 할인을 받을 자격이 있습니다.

가능한 일자리

▶ [177]스파 전문가
승객들에게 얼굴 마사지와 피부 관리를 제공합니다. 목욕 및 미용 제품을 판매합니다. 미용사 자격증을 보유하고 있어야 합니다. 또한 [177]이전에 크루즈 선박에서 일해 보았어야 합니다.

▶ [177]식당 관리인
식당과 바 직원들을 관리합니다. 서비스 수준을 유지하고 승객 관련 용무를 다루는 책무를 포함합니다. 강한 조직 기술을 가져야 하며 [177]최소 2년 동안 크루즈 선박에서 비슷한 직책을 맡았어야 합니다.

더 많은 사항을 알기 위해서는 555-8800으로 전화해 주세요.

지문 2

Richard Bates
36 Bayview Road
Pygery, South Australia 5655
Australia

November 1

Dear Mr. Bates,

[179]I enjoyed meeting with you at our office in Sydney last week and would like to offer you the position. As I mentioned, managerial staff schedules are demanding. [178]You'll be working six days a week for a period of nine months, from January to September. Then you will have the next three months off before beginning a new assignment.

You'll have to regularly train new recruits as [180-A]most of our kitchen and wait staff are students who work for two or three months at a time. Fortunately, your experience working at Luzollo Cruise restaurant has prepared you for [180-A]such a high turnover rate.

I should also mention that you will have to return to Sydney for two weeks of training starting on December 6. If all goes well, you will likely be assigned to one of our ships by late December, which should give you enough time to get

Richard Bates
36번지 Bayview가
파이거리, 사우스오스트레일리아주 5655
호주

11월 1일

Mr. Bates께,

[179]지난주 저희 시드니 사무실에서의 만남은 즐거웠으며 저는 당신에게 그 직책을 제안하고 싶습니다. 제가 언급했듯이, 관리직 직원들의 일정은 부담이 큽니다. [178]당신은 1월부터 9월까지, 9개월의 기간 동안 주 6일 근무를 할 것입니다. 그러고 나서 새로운 업무를 시작하기 전인 그다음 3개월을 쉴 것입니다.

[180-A]대부분의 저희 주방 직원들과 종업원들은 한 번에 2개월 또는 3개월 동안 일하는 학생들이기 때문에 당신은 신입 사원들을 정기적으로 교육해야 할 것입니다. 다행히, Luzollo 크루즈 식당에서 일했던 경력은 당신을 [180-A]그렇게 높은 교체율에 대비하게 했을 것입니다.

또한 12월 6일에 시작하는 2주간의 교육을 위해 시드니로 돌아오셔야 할 것임을 말씀드려야겠습니다. 모든 것이 잘 된다면, 당신은 아마 12월 말에 저희 선박 중 하나에 배정될 것이고, 이는 당신이 일을 정리할 수 있는 충분한 시간을 줄 것입니다.

your affairs in order.

I look forward to hearing back from you.

Regards,

Corey Lauzone

답변을 기다리고 있겠습니다.

Corey Lauzone 드림

지문 1	□ chance of a lifetime phr. 일생에 다시 없는 기회		
	□ medical insurance phr. 의료 보험	□ expense n. 경비, 지출	□ accommodation n. 숙소, 숙박
	□ spouse n. 배우자	□ free of charge phr. 무료로	□ managerial adj. 관리의
	□ specialist n. 전문가	□ aesthetician n. 미용사	□ entitle to phr. ~할 자격을 주다
	□ responsibility n. 책무, 책임	□ organizational adj. 조직의, 조직적인	□ coordinate v. 관리하다, 조정하다
			□ at least phr. 최소
지문 2	□ demanding adj. 부담이 큰, 빠듯한	□ assignment n. 업무, 과제	□ new recruit phr. 신입 사원
	□ fortunately adv. 다행히도	□ turnover rate phr. 교체율, 이직률	□ likely adv. 아마; adj. ~할 것 같은
	□ affair n. 일, 사건	□ in order phr. 정리된	□ look forward to phr. 기다리다, 고대하다

176

What is NOT a benefit that Soleil Cruises offers its workers?

(A) Daily meals
(B) Health coverage
(C) Tuition assistance
(D) Free lodging

Soleil 크루즈가 직원들에게 제공하는 혜택이 아닌 것은?

(A) 일일 식사
(B) 건강 보험
(C) 등록금 지원
(D) 무료 숙소

■ **Not/True** Not 문제 　　　　　　　　　　　　　　　　　　　　정답 (C)

질문의 핵심 어구인 a benefit that Soleil Cruises offers its workers와 관련된 내용을 지문에서 찾아 각 보기와 대조하는 Not/True 문제이므로 첫 번째 지문인 Soleil 크루즈의 구인 광고에서 관련 내용을 확인한다. (A)와 (D)는 'we provide staff with accommodation and breakfast, lunch, and dinner each day'에서 저희, 즉 Soleil 크루즈는 직원들에게 숙소와 매일 아침, 점심, 저녁을 제공한다고 했으므로 지문의 내용과 일치한다. (B)는 'we also cover medical insurance'에서 의료 보험 또한 보장해 준다고 했으므로 지문의 내용과 일치한다. (C)는 지문에 언급되지 않은 내용이다. 따라서 (C)가 정답이다.

바꾸어 표현하기
breakfast, lunch, and dinner 아침, 점심, 저녁 → Daily meals 일일 식사
medical insurance 의료 보험 → Health coverage 건강 보험
provide ~ accommodation 숙소를 제공하다 → Free lodging 숙소

어휘　tuition n. 등록금　lodging n. 숙소, 숙박

177

What is a requirement of both job openings?

(A) Willingness to fulfill passengers' special requests
(B) Familiarity with a product line
(C) The acquisition of a license
(D) Experience working on a ship

두 일자리 모두의 요구 조건은 무엇인가?

(A) 승객들의 특별 요청을 충족시킬 의향
(B) 제품 라인에 대한 숙지
(C) 자격증 취득
(D) 선상 근무 경력

■ **육하원칙** What 　　　　　　　　　　　　　　　　　　　　정답 (D)

두 일자리 모두의 요구 조건이 무엇(What)인지를 묻는 육하원칙 문제이므로 질문의 핵심 어구인 a requirement of both job openings와 관련된 내용이 언급된 첫 번째 지문인 구인 광고를 확인한다. 구인 광고의 'Spa specialist', 'required to have served on a cruise ship in the past'에서 스파 전문가 직책은 이전에 크루즈 선박에서 일해 보았어야 한다고 했고, 'Restaurant manager', 'have held a similar position on a cruise ship for at least two years'에서 식당 관리인 직책은 최소 2년 동안 크루즈 선박에서 비슷한 직책을 맡았어야 한다고 했으므로 (D)가 정답이다.

어휘　willingness n. 의향　fulfill v. 충족시키다　familiarity n. 숙지, 익숙함　acquisition n. 취득, 획득

TEST | 01 | 02 | 03 | 04 | 05 | 06 | 07 | 08 | 09 | 10 | 해커스 토익 실전 1000제 1 Reading

TEST 10 PART 7 **539**

What is one purpose of the letter?

(A) To praise an educational background
(B) To state a period of duty
(C) To propose alternate arrangements
(D) To ask about preferred destinations

편지의 하나의 목적은 무엇인가?

(A) 학력을 칭찬하기 위해
(B) 직무 기간을 명시하기 위해
(C) 대안적인 해결책을 제안하기 위해
(D) 선호하는 목적지에 대해 묻기 위해

■ **주제/목적 찾기** 글의 목적　　　　　　　　　　　　　　　　　　　　　　　　　　　　정답 (B)

편지의 목적을 묻는 목적 찾기 문제이므로 두 번째 지문인 편지를 확인한다. 편지의 'You'll be working six days a week for a period of nine months, from January to September. Then you will have the next three months off before beginning a new assignment.'에서 당신, 즉 Mr. Bates는 1월부터 9월까지 9개월의 기간 동안 주 6일 근무를 할 것이며, 그러고 나서 새로운 업무를 시작하기 전인 그다음 3개월을 쉴 것이라고 했으므로 (B)가 정답이다.

어휘　praise　v. 칭찬하다　educational background　phr. 학력　propose　v. 제안하다　alternate　adj. 대안적인, 대체의; v. 번갈아 일어나다

What is suggested about Mr. Bates?

(A) He is currently unemployed.
(B) His résumé was sent by mail.
(C) He will have to purchase a uniform.
(D) His family will be able to travel for free.

Mr. Bates에 대해 암시되는 것은?

(A) 현재 무직 상태이다.
(B) 이력서가 우편으로 발송되었다.
(C) 유니폼을 구입해야 할 것이다.
(D) 가족이 무료로 여행할 수 있을 것이다.

■ **추론** 연계 문제　　　　　　　　　　　　　　　　　　　　　　　　　　　　　　　정답 (D)

두 지문의 내용을 종합적으로 확인한 후 추론해서 풀어야 하는 연계 문제이다. 질문의 핵심 어구인 Mr. Bates에게 보내진 편지를 먼저 확인한다.
[단서 1] 두 번째 지문(편지)의 'I ~ would like to offer you the position. As I mentioned, managerial staff schedules are demanding.'에서 당신, 즉 Mr. Bates에게 그 직책을 제안하고 싶다며 언급했듯이 관리직 직원들의 일정은 부담이 크다고 했으므로 Mr. Bates가 관리직을 제안 받았다는 것을 알 수 있다. 그런데 Mr. Bates가 제안 받은 관리직에 대한 세부 정보가 제시되지 않았으므로 구인 광고에서 관련 내용을 확인한다.
[단서 2] 첫 번째 지문(구인 광고)의 'employees at the managerial level may bring their spouse and children on board free of charge'에서 관리직급의 직원들은 그들의 배우자와 아이들을 무료로 탑승시킬 수 있다는 사실을 확인할 수 있다.
두 단서를 종합할 때, Mr. Bates가 관리직을 제안 받았으므로 그의 가족이 무료로 크루즈에 탑승하여 여행을 할 수 있을 것이라는 사실을 추론할 수 있다. 따라서 (D)가 정답이다.

어휘　résumé　n. 이력서

What does Mr. Lauzone indicate about kitchen staff?

(A) They do not tend to work for a long period of time.
(B) They come from various countries.
(C) They live in shared accommodation.
(D) They are hired by the restaurant manager.

Mr. Lauzone이 주방 직원들에 대해 언급한 것은?

(A) 장기적으로 일하지 않는 경향이 있다.
(B) 다양한 국가 출신이다.
(C) 공동 숙소에 거주한다.
(D) 식당 관리자에 의해 고용된다.

■ **Not/True** True 문제　　　　　　　　　　　　　　　　　　　　　　　　　　　　정답 (A)

질문의 핵심 어구인 Mr. Lauzone indicate about kitchen staff와 관련된 내용을 지문에서 찾아 각 보기와 대조하는 Not/True 문제이므로 Mr. Lauzone이 작성한 두 번째 지문인 편지에서 관련 내용을 확인한다. (A)는 'most of our kitchen and wait staff are students who work for two or three months at a time'에서 대부분의 주방 직원들과 종업원들은 한 번에 2개월 또는 3개월 동안 일하는 학생들이라고 했고, 'such a high turnover rate'에서 교체율이 높다고 했으므로 지문의 내용과 일치한다. 따라서 (A)가 정답이다. (B), (C), (D)는 지문에 언급되지 않은 내용이다.

어휘　tend to　phr. ~하는 경향이 있다　various　adj. 다양한

지문 1

At Polson Electronics, we take great pride in the quality of our merchandise. [181]If you are unhappy with one of our products, you may return it for a refund or exchange it for another item. [181/182-A/C]The following terms and conditions apply to purchases made through our Web site and at any of our 28 stores nationwide:

- Products may be returned within 21 days of purchase as long as the packaging remains sealed.
- Returns of online purchases by mail take 7 to 14 days to process.
- The original receipt must be included with all returns.
- [182-D]Discounted products cannot be returned.
- [183]Items that have been removed from their packaging can only be returned in exchange for store credit.

Thank you for shopping at Polson Electronics.

Polson 전자제품사는 저희 상품의 품질에 있어 굉장한 자부심을 가지고 있습니다. [181]만약 저희 제품 중 하나가 마음에 들지 않으시다면, 환불을 위해 반품하시거나 다른 물품으로 교환하실 수 있습니다. [181/182-A/C]다음 약관들은 저희 웹사이트를 통해서나 전국 28개의 매장 중 어디서든 구매된 상품들에 적용됩니다:

- 포장이 밀봉되어 있는 한 제품은 구매한 지 21일 이내에 반품될 수 있습니다.
- 온라인 구매품을 우편을 통해 반품하는 것은 처리하는 데 7일에서 14일이 걸립니다.
- 모든 반품에는 영수증 원본이 포함되어 있어야 합니다.
- [182-D]할인받은 제품은 반품될 수 없습니다.
- [183]포장이 제거되었던 물품들은 상점 포인트로만 교환될 수 있습니다.

Polson 전자제품사에서 쇼핑해주셔서 감사합니다.

지문 2

Polson Electronics – Product Return Form

Customer: Beth Yang　　**Phone Number:** 555-0393

Address: 35 Elm Street,　　**E-mail:** b.yang@dmail.com
　　　　　　Chicago, IL 60176

Product Name: Digital 350X　**Model Number:** 7849484XE
Printer

Date of Purchase: May 7　　**Place of Purchase:** Harrisburg
　　　　　　　　　　　　　　　　　　　　　　　　　Branch

Reason for Return:
Despite my best efforts, I cannot get this printer to work with my laptop. After checking a few online forums, [184]I realized that it has compatibility issues with my computer. I even took both devices to a service center on May 11, but the technician was unable to solve the problem. So, [183]I decided to put it back in its box and return it. Rather than immediately purchasing another model, I would like to wait and get the Sonical MDM-0. I have read that it will be released next month. [185]Please let me know by e-mail when exactly you will begin selling it.

Action Requested: ☐ Exchange　■ Refund

Polson 전자제품사 – 제품 반품 양식

고객: Beth Yang　　　전화번호: 555-0393

주소: 35번지 Elm가, 시카고,　이메일: b.yang@dmail.
일리노이주 60176　　　　　com

제품명: Digital 350X　　모델 번호: 7849484XE
프린터

구매 날짜: 5월 7일　　구매 장소: Harrisburg 지점

반품 사유:
최선을 다했음에도 불구하고, 저는 이 프린터를 제 노트북과 함께 작동시킬 수가 없습니다. 몇몇 온라인 포럼을 확인해 보고 나서, [184]저는 이것이 제 컴퓨터와 호환성 문제가 있다는 것을 알게 되었습니다. 심지어 5월 11일에 두 기기를 모두 서비스 센터에 가져갔지만, 기술자가 그 문제를 해결할 수 없었습니다. 그래서, [183]저는 이것을 다시 상자에 담아 반품하기로 결정했습니다. 즉시 다른 모델을 구매하기보다는, 기다려서 Sonical MDM-0을 사고 싶습니다. 그것이 다음 달에 출시될 것이라는 것을 읽었습니다. [185]정확히 언제 그것을 판매하기 시작하실 것인지 이메일을 통해 제게 알려주십시오.

요청 조치: ☐ 교환　■ 반품

지문 1　□ **pride** n. 사무심　　　　□ **merchandise** n. 상품　　　　□ **refund** n. 환불
　　　　□ **exchange** n. 교환; v. 교환하다, 바꾸다　□ **terms and conditions** phr. 약관　□ **apply to** phr. ~에 적용되다
　　　　□ **nationwide** adj. 전국의, 전국적인　□ **as long as** phr. ~하는 한　　□ **seal** v. 밀봉하다

지문 2　□ **despite** prep. ~에도 불구하고　　□ **compatibility** n. 호환(성)　　□ **device** n. 기기, 장치
　　　　□ **immediately** adv. 즉시　　　　□ **release** v. 출시하다, 공개하다

TEST | 01 | 02 | 03 | 04 | 05 | 06 | 07 | 08 | 09 | 10 해커스 토익 실전 1000제 1 Reading

181

What is the purpose of the information?

(A) To list some incentives
(B) To state some concerns
(C) To describe some policies
(D) To announce a merger

안내문의 목적은 무엇인가?

(A) 몇몇 우대 조치를 열거하기 위해
(B) 몇몇 우려 사항을 명시하기 위해
(C) 몇몇 정책을 설명하기 위해
(D) 합병을 발표하기 위해

■ **주제/목적 찾기** 글의 목적 · 정답 (C)

안내문의 목적을 묻는 목적 찾기 문제이므로 첫 번째 지문인 안내문의 내용을 확인한다. 안내문의 'If you are unhappy with one of our products, you may return it for a refund or exchange it for another item. The following terms and conditions apply to purchases made through our Web site and at any of our 28 stores nationwide'에서 제품 중 하나가 마음에 들지 않다면 환불을 위해 반품하거나 다른 물품으로 교환할 수 있으며, 다음 약관들은 웹사이트를 통해서나 전국 28개의 매장 중 어디서든 구매된 상품들에 적용된다고 한 후, 환불 및 교환 약관의 세부 사항을 설명하고 있으므로 (C)가 정답이다.

바꾸어 표현하기
terms and conditions 약관 → policies 정책

어휘 incentive n. 우대 조치, 우대책 concern n. 우려 merger n. 합병

182

What is NOT indicated about Polson Electronics in the information?

(A) It has branches throughout the country.
(B) It has implemented a recycling program.
(C) It sells products through a Web site.
(D) It prohibits returns of sale items.

안내문에서 Polson 전자제품사에 대해 언급되지 않은 것은?

(A) 전국 곳곳에 지점이 있다.
(B) 재활용 프로그램을 시행해왔다.
(C) 웹사이트를 통해 제품을 판매한다.
(D) 할인 품목의 반품을 금지한다.

■ **Not/True** Not 문제 · 정답 (B)

질문의 핵심 어구인 Polson Electronics와 관련된 내용을 안내문에서 찾아 각 보기와 대조하는 Not/True 문제이므로 첫 번째 지문인 안내문에서 관련 내용을 확인한다. (A)와 (C)는 'The following terms and conditions apply to purchases made through our Web site and at any of our 28 stores nationwide'에서 다음 조건들은 저희, 즉 Polson 전자제품사의 웹사이트를 통해서나 전국 28개의 매장 중 어디서든 구매된 상품들에 적용된다고 했으므로 지문의 내용과 일치한다. (B)는 지문에 언급되지 않은 내용이다. 따라서 (B)가 정답이다. (D)는 'Discounted products cannot be returned.'에서 할인받은 제품은 반품될 수 없다고 했으므로 지문의 내용과 일치한다.

어휘 branch n. 지점 throughout prep. 곳곳에, 도처에 implement v. 시행하다 prohibit v. 금지하다 sale item phr. 할인 품목

183

What is most likely true about Ms. Yang?

(A) She will be visited by a repairperson.
(B) She sent a product by mail.
(C) She will receive store credit.
(D) She bought a gift for a friend.

Ms. Yang에 대해 사실일 것 같은 것은?

(A) 수리공이 방문할 것이다.
(B) 우편을 통해 제품을 보냈다.
(C) 상점 포인트를 받을 것이다.
(D) 친구를 위해 선물을 샀다.

■ **추론** 연계 문제 · 정답 (C)

두 지문의 내용을 종합적으로 확인한 후 추론해서 풀어야 하는 연계 문제이다. 질문의 핵심 어구인 Ms. Yang이 작성한 양식을 먼저 확인한다.

[단서 1] 두 번째 지문(양식)의 'I decided to put it back in its box and return it'에서 저, 즉 Ms. Yang은 이것, 즉 구매한 프린터를 다시 상자에 담아 반품하기로 결정했다고 했다. 그런데 Ms. Yang이 프린터를 반품할 때 어떤 일이 일어날지 제시되지 않았으므로 안내문에서 관련 내용을 확인한다.

[단서 2] 첫 번째 지문(안내문)의 'Items that have been removed from their packaging can only be returned in exchange for store credit.'에서 포장이 제거되었던 물품들은 상점 포인트로만 교환될 수 있다는 것을 확인할 수 있다.

두 단서를 종합할 때, Ms. Yang은 프린터의 상자 포장을 제거하였다가 다시 상자에 담아 반품하기로 결정했으므로 프린터를 반품할 때 상점 포인트를 받을 것이라는 사실을 추론할 수 있다. 따라서 (C)가 정답이다.

184

Why is Ms. Yang returning a printer?

(A) It does not fit in her workspace.
(B) It is incompatible with another device.
(C) It has been recalled by the manufacturer.
(D) It was damaged during shipping.

Ms. Yang은 왜 프린터를 반품하고 있는가?

(A) 사무실에 어울리지 않는다.
(B) 다른 기기와 호환성이 없다.
(C) 제조사에 의해 회수되었다.
(D) 배송 도중에 파손되었다.

■ 육하원칙 Why　　　　　　　　　　　　　　　　　　　　　　　　　　　　　　　　　　　정답 (B)

Ms. Yang이 왜(Why) 프린터를 반품하고 있는지를 묻는 육하원칙 문제이므로 Ms. Yang이 작성한 두 번째 지문인 양식을 확인한다. 양식의 'I realized that it has compatibility issues with my computer'에서 저, 즉 Ms. Yang은 그것, 즉 그녀가 구매한 프린터가 그녀의 컴퓨터와 호환성 문제가 있다는 것을 알게 되었다고 했으므로 (B)가 정답이다.

바꾸어 표현하기

has compatibility issues with ~ computer 컴퓨터와 호환성 문제가 있다 → is incompatible with another device 다른 기기와 호환성이 없다

어휘　fit in phr. 어울리다　incompatible adj. 호환성이 없는　recall v. 회수하다　manufacturer n. 제조사

185

What information does Ms. Yang ask for?

(A) The name of a sales assistant
(B) The place where a catalog can be received
(C) The date when a product will be on sale
(D) The reason a specific store was closed

Ms. Yang은 어떤 정보를 요청하는가?

(A) 판매원의 이름
(B) 카탈로그를 받을 수 있는 장소
(C) 제품이 판매될 날짜
(D) 특정 가게가 문을 닫은 이유

■ 육하원칙 What　　　　　　　　　　　　　　　　　　　　　　　　　　　　　　　　　　　정답 (C)

Ms. Yang이 어떤(What) 정보를 요청하는지를 묻는 육하원칙 문제이므로 Ms. Yang이 작성한 두 번째 지문인 양식을 확인한다. 양식의 'Please let me know by e-mail when exactly you will begin selling it.'에서 정확히 언제 그것, 즉 곧 출시될 Sonical MDM-0을 판매하기 시작할 것인지 이메일을 통해 알려달라고 했으므로 (C)가 정답이다.

바꾸어 표현하기

begin selling 판매하기 시작하다 → be on sale 판매되다

어휘　sales assistant phr. 판매원　specific adj. 특정한, 구체적인

지문 1

May 6

The Latin American Journal of Medicine is pleased to announce that Dr. Juan Lima is the winner of this year's Health Service Award. For decades, Dr. Lima has been working as a general surgeon in Domingo Hospital in Bolivia, his home country. [186]We are honoring him because he launched a national health campaign to alert the population about a new strain of flu virus last year. While treating many infants and elderly people—the two groups that were most affected by the outbreak—Dr. Lima advocated for help from the government. [187-C]Due to his insistence, the Bolivian Health Organization, headed by Mr. Rodrigo Guerrero, ran educational advertisements about preventing and treating the flu.

[190]Join us to honor Dr. Lima on May 27 at 8 P.M. in the Buena Vista Banquet Hall. [189]One of Dr. Lima's colleagues will present him with the award. Last year's winner, Dr. Santiago Castillo will be in attendance. [190]To purchase tickets for this event, visit www.lajm.com/tickets.

5월 6일

*라틴 아메리카 의학 학술지*는 Dr. Juan Lima가 올해의 의료 서비스상 수상자임을 발표하게 되어 기쁩니다. 수십 년 동안, Dr. Lima는 그의 고국인 볼리비아에 있는 Domingo 병원에서 일반 외과의로 일해 왔습니다. [186]저희는 그가 작년에 사람들에게 새로운 종류의 독감 바이러스에 대해 알리는 전국적인 건강 캠페인을 시작했기 때문에 그에게 영예를 수여합니다. 발병에 가장 영향을 받았던 두 집단인, 많은 유아와 노인을 치료하는 동안, Dr. Lima는 정부로부터의 도움을 주장했습니다. [187-C]그의 주장 덕분에, Mr. Rodrigo Guerrero에 의해 이끌어지는 볼리비아 보건 기구에서 독감 예방 및 치료에 대한 교육 광고를 냈습니다.

[190]5월 27일 오후 8시에 Buena Vista 연회장에서 Dr. Lima에게 영예를 수여하는 데 함께해 주십시오. [189]Dr. Lima의 동료 중 한 명이 그에게 시상할 것입니다. 작년 수상자 Dr. Santiago Castillo가 참석할 것입니다. [190]이 행사의 티켓을 구매하기 위해서는, www.lajm.com/tickets를 방문하십시오.

지문 2

www.lajm.com/tickets

The Latin American Journal of Medicine
Awards Ceremony
May 27 at 8 P.M.
Buena Vista Banquet Hall

Thank you for your interest in attending our awards ceremony. Please read through the following information before purchasing your tickets. [188-A]All sales are final.

☆ All event attendees must have a paper or electronic ticket. This will need to be scanned at the door by one of our event staff.

☆ A ticket includes free parking in either the Buena Vista Parking Lot on the corner of Sunset Street and Orange Avenue or the Belmonte Parking Garage on La Paz Street.

☆ [188-B]A ticket also includes a buffet dinner, unlimited drinks, and participation in a networking session with [189]the renowned author Dr. Maria Quintero, who will be presenting Dr. Lima's award.

We look forward to seeing you at the ceremony!

[188-C]Purchase Tickets
Now

www.lajm.com/tickets

라틴 아메리카 의학 학술지
시상식
5월 27일 오후 8시
Buena Vista 연회장

저희 시상식에 참석하는 데 관심을 가져 주셔서 감사합니다. 티켓을 구매하시기 전에 다음 안내문을 꼼꼼히 읽어보시길 바랍니다. [188-A]모든 구매는 변경될 수 없습니다.

☆ 모든 행사 참석자들은 종이 또는 전자 티켓을 가지고 있어야 합니다. 이는 저희 행사 직원 중 한 명에 의해 입구에서 스캔되어야 할 것입니다.

☆ 티켓은 Sunset가와 Orange가 모퉁이의 Buena Vista 주차장 또는 La Paz가의 Belmonte 실내 주차장의 무료 주차를 포함합니다.

☆ [188-B]티켓은 또한 뷔페 저녁 식사, 무제한 음료, 그리고 [189]Dr. Lima의 상을 시상할 유명한 저술가 Dr. Maria Quintero와의 네트워킹 세션 참여[188-B]를 포함합니다.

행사에서 뵙기를 고대하겠습니다!

[188-C]지금
티켓 구매하기

지문 3

Belmonte Parking Garage Receipt

Receipt Date: [190]May 27   **Time In:** 7:45 P.M.

Driver: [190]Stephanie Vera   **Car Model:** Volper 900

Price: Not applicable—[190]event guest at Buena Vista Banquet Hall   **Car Color:** Blue
License Plate Number: SXC 894

*Please place this receipt on the dashboard of your car while it is parked in the garage. A security guard will ask you for it on your way out.

Belmonte 실내 주차장 영수증

영수증 날짜: [190]5월 27일   입장 시간: 오후 7시 45분

운전자: [190]Stephanie Vera   차종: Volper 900

가격: 적용 불가—[190]Buena Vista 연회장 행사 손님   차량 색상: 파란색
차량 등록 번호: SXC 894

*차고에 주차되어 있는 동안 귀하의 차량 계기판에 이 영수증을 놓아 주십시오. 나가시는 길에 경비원이 이것을 요청할 것입니다.

지문 1
- □ **decade** n. 10년
- □ **launch** v. 시작하다, 착수하다
- □ **infant** n. 유아
- □ **advocate** v. 주장하다, 옹호하다
- □ **colleague** n. (직장) 동료

- □ **general surgeon** phr. 일반 외과의
- □ **strain** n. (동식물·질병 등의) 종류
- □ **elderly people** phr. 노인
- □ **insistence** n. 주장
- □ **in attendance** phr. 참석하는

- □ **honor** v. 영예[명예]를 주다
- □ **treat** v. 치료하다
- □ **outbreak** n. 발병, 발발
- □ **prevent** v. 예방하다, 막다

지문 2
- □ **final** adj. 변경할 수 없는, 최종의
- □ **unlimited** adj. 무제한의

- □ **attendee** n. 참석자
- □ **renowned** adj. 유명한

- □ **parking garage** phr. (실내) 주차장
- □ **look forward to** phr. ~하기를 고대하다

지문 3
- □ **receipt** n. 영수증
- □ **dashboard** n. (자동차의) 계기판

- □ **applicable** adj. 적용 가능한

- □ **place** v. 놓다, 두다; n. 장소

186
○○●●
상

Why will Dr. Lima be receiving an award?

(A) He trained young doctors overseas.
(B) He raised awareness about a medical issue.
(C) He has been praised by his patients.
(D) He helped to operate a hospital.

Dr. Lima는 왜 상을 받을 것인가?

(A) 해외에서 젊은 의사들을 교육했다.
(B) 의학적 문제에 대한 인식을 높였다.
(C) 그의 환자들에 의해 칭찬받았다.
(D) 병원 운영을 도왔다.

■ **육하원칙** Why   정답 (B)

Dr. Lima가 왜(Why) 상을 받을 것인지를 묻는 육하원칙 문제이므로 질문의 핵심 어구인 Dr. Lima be receiving an award와 관련된 내용이 언급된 첫 번째 지문인 공고를 확인한다. 공고의 'We are honoring him because he launched a national health campaign to alert the population about a new strain of flu virus last year.'에서 그, 즉 Dr. Lima가 작년에 사람들에게 새로운 종류의 독감 바이러스에 대해 알리는 전국적인 건강 캠페인을 시작했기 때문에 그에게 영예를 수여한다고 했으므로 (B)가 정답이다.

바꾸어 표현하기

launched a national health campaign 전국적인 건강 캠페인을 시작했다
→ raised awareness about a medical issue 의학적 문제에 대한 인식을 높였다

어휘 overseas adv. 해외에서; adj. 해외의, 국외의   **raise awareness about** phr. ~에 대한 인식을 높이다   **praise** v. 칭찬하다   **operate** v. 운영하다

What is stated about the Bolivian Health Organization?

(A) It developed a new treatment.
(B) It received complaints from the public.
(C) It was influenced by Dr. Lima.
(D) It started a program for elderly people.

볼리비아 보건 기구에 대해 언급된 것은?

(A) 새로운 치료법을 개발했다.
(B) 대중으로부터 항의를 받았다.
(C) Dr. Lima에 의해 영향을 받았다.
(D) 노인들을 위한 프로그램을 시작했다.

■ **Not/True** True 문제   정답 (C)

질문의 핵심 어구인 the Bolivian Health Organization과 관련된 내용을 지문에서 찾아 각 보기와 대조하는 Not/True 문제이므로 볼리비아 보건 기구가 언급된 첫 번째 지문인 공고에서 관련 내용을 확인한다. (A), (B), (D)는 지문에서 언급되지 않은 내용이다. (C)는 'Due to his insistence, the Bolivian Health Organization ~ ran educational advertisements about preventing and treating the flu.'에서 그, 즉 Dr. Lima의 주장 덕분에 볼리비아 보건 기구에서 독감 예방 및 치료에 대한 교육 광고를 냈다고 했으므로 지문의 내용과 일치한다. 따라서 (C)가 정답이다.

어휘 treatment n. 치료법 influence v. 영향을 주다 elderly people phr. 노인

What is indicated about event tickets?

(A) They are nonrefundable.
(B) They come with only one drink.
(C) They must be purchased in person.
(D) They are for a standing section.

행사 티켓에 대해 언급된 것은?

(A) 환불이 되지 않는다.
(B) 음료 한 잔만 딸려 있다.
(C) 직접 구매해야만 한다.
(D) 스탠딩 구역을 위한 것이다.

■ **Not/True** True 문제   정답 (A)

질문의 핵심 어구인 event tickets와 관련된 내용을 지문에서 찾아 각 보기와 대조하는 Not/True 문제이므로 행사 티켓이 언급된 두 번째 지문인 웹페이지에서 관련 내용을 확인한다. (A)는 'All sales are final.'에서 모든 구매는 변경될 수 없다고 했으므로 지문의 내용과 일치한다. 따라서 (A)가 정답이다. (B)는 'A ticket ~ includes ~ unlimited drinks'에서 티켓은 무제한 음료를 포함한다고 했으므로 지문의 내용과 일치하지 않는다. (C)는 'Purchase Tickets Now'에서 웹페이지에서 지금 티켓을 구매할 수 있다는 것을 알 수 있으므로 지문의 내용과 일치하지 않는다. (D)는 지문에 언급되지 않은 내용이다.

바꾸어 표현하기
All sales are final 모든 구매는 변경될 수 없다 → nonrefundable 환불이 되지 않는

어휘 come with phr. ~이 딸려 있다 in person phr. 직접

Who does Dr. Lima most likely work with?

(A) Rodrigo Guerrero
(B) Santiago Castillo
(C) Maria Quintero
(D) Stephanie Vera

Dr. Lima는 누구와 일할 것 같은가?

(A) Rodrigo Guerrero
(B) Santiago Castillo
(C) Maria Quintero
(D) Stephanie Vera

■ **추론** 연계 문제   정답 (C)

세 지문 중 두 지문의 내용을 종합적으로 확인한 후 추론해서 풀어야 하는 연계 문제이다. 질문의 핵심 어구인 Dr. Lima most likely work with와 관련된 내용이 언급된 공고를 먼저 확인한다.

단서 1 첫 번째 지문(공고)의 'One of Dr. Lima's colleagues will present him with the award.'에서 Dr. Lima의 동료 중 한 명이 시상할 것이라고 했다. 그런데 시상을 할 Dr. Lima의 동료가 누구인지 제시되지 않았으므로 웹페이지에서 관련 내용을 확인한다.

단서 2 두 번째 지문(웹페이지)의 'the renowned author Dr. Maria Quintero, who will be presenting Dr. Lima's award'에서 Dr. Lima의 상을 시상할 사람이 유명한 저술가 Dr. Maria Quintero라는 사실을 확인할 수 있다.

두 단서를 종합할 때, Dr. Lima의 상을 시상할 유명한 저술가인 Dr. Maria Quintero가 Dr. Lima의 동료라는 사실을 추론할 수 있다. 따라서 (C)가 정답이다.

What is suggested about Ms. Vera?

(A) She bought a ticket on a Web site.
(B) She is driving a rented vehicle.
(C) She will be reimbursed for an admission fee.
(D) She is late for an award ceremony.

Ms. Vera에 대해 암시되는 것은?

(A) 웹사이트에서 티켓을 샀다.
(B) 임대 차량을 운전하고 있다.
(C) 입장료를 환급받을 것이다.
(D) 시상식에 늦었다.

■ **추론** 연계 문제   정답 (A)

세 지문 중 두 지문의 내용을 종합적으로 확인한 후 추론해서 풀어야 하는 연계 문제이다. 질문의 핵심 어구인 **Ms. Vera**가 언급된 영수증을 먼저 확인한다.

단서 1 세 번째 지문(영수증)의 'May 27', 'Stephanie Vera', 'event guest at Buena Vista Banquet Hall'에서 Stephanie Vera가 5월 27일의 Buena Vista 연회장 행사 손님이라고 했다. 그런데 Ms. Vera가 Buena Vista 연회장 행사 참석을 위해 무엇을 했는지 제시되지 않았으므로 공고에서 관련 내용을 확인한다.

단서 2 첫 번째 지문(공고)의 'Join us to honor Dr. Lima on May 27 ~ in the Buena Vista Banquet Hall.', 'To purchase tickets for this event, visit www.lajm.com/tickets.'에서 5월 27일에 Buena Vista 연회장에서 Dr. Lima에게 영예를 수여하는 데 함께 달라며, 이 행사의 티켓을 구매하기 위해서는 웹사이트를 방문하라고 했음을 확인할 수 있다.

두 단서를 종합할 때, Ms. Vera가 5월 27일에 Buena Vista 연회장 행사에 참석하기 위해 웹사이트에서 이 행사의 티켓을 샀다는 사실을 추론할 수 있다. 따라서 (A)가 정답이다.

어휘   vehicle n. 차량 reimburse v. 환급하다, 변제하다 admission fee phr. 입장료

지문 1

November 9

Elisabeth Baker
Grandville Science Museum
4747 Prairie Street SW
Grandville, MI 49418

Dear Ms. Baker,

[191]I am writing to let you know that I will not be able to lead tours at the museum for all of January. This is because I will be going on a research trip to South America with several of my colleagues at Lakeshore University. During our expedition, we will be digging for the remains of extinct life-forms in the Atacama Desert.

I look forward to guiding museum guests again from February 2 onward. While [192]I have been leading tours on Sundays up to this point, I would like to switch to Saturdays after I return. Also, if you are in need of any speakers for the museum's Real Science lecture series, I would be glad to give a presentation on my findings during the trip.

Sincerely,

James Uttley

지문 2

TO: All staff
FROM: Michelle Lawrence, museum director
SUBJECT: Changes regarding tours
DATE: November 13

I have several announcements for you about our tour program here at Grandville Science Museum. Firstly, [193]our tours will be taking place on weekdays only, effective December 1. This is because our average number of weekend visitors has risen, and tour groups have become inconvenienced by the congestion. As before, all tours will begin at 10 A.M. and end at noon. The new schedule will be posted on our Web site and on the wall behind our ticket counter. The changes are as follows:

Tour	[192]Day Currently Held		Day to Be Held Starting Dec. 1
[192]Dinosaurs and Fossils	[192]Sunday	→	Monday
The Technology around Us	Monday	→	Tuesday
Life in the Ocean	Thursday	→	Wednesday
Our Place in the Universe	Saturday	→	Friday

11월 9일

Elisabeth Baker
그랜드빌 과학박물관
4747번지 Prairie가 SW
그랜드빌, 미시건주 49418

Ms. Baker께,

[191]제가 1월 내내 박물관에서 투어를 인솔할 수 없을 것임을 알려드리기 위해 편지를 씁니다. 이는 제가 Lakeshore 대학의 여러 동료들과 함께 남아메리카로 연구 출장을 갈 것이기 때문입니다. 원정 동안, 저희는 아타카마 사막에서 멸종된 생명체의 유해를 찾기 위해 발굴을 할 것입니다.

저는 2월 2일부터 다시 박물관 손님들을 안내할 것을 기대하고 있습니다. [192]저는 이때까지 일요일에 투어를 인솔해 왔지만, 돌아오고 나서는 토요일로 바꾸고 싶습니다. 또한, 박물관의 현실 과학 강연 시리즈에서 누구든 발표자가 필요하시다면, 기꺼이 출장 동안의 연구 결과를 발표하겠습니다.

James Uttley 드림

수신: 전 직원
발신: Michelle Lawrence, 박물관장
제목: 투어에 관한 변경 사항
날짜: 11월 13일

이곳 그랜드빌 과학박물관의 투어 프로그램에 대해 여러분께 몇 가지 발표할 사항이 있습니다. 첫째로, [193]저희 투어는 평일에만 진행될 것이고, 이는 12월 1일부터 시행될 것입니다. 이는 주말 방문객들의 평균 숫자가 증가하여, 투어 단체들이 혼잡으로 인한 불편을 겪게 되었기 때문입니다. 이전과 마찬가지로, 모든 투어는 오전 10시에 시작해 정오에 끝날 것입니다. 새로운 일정표는 우리 웹사이트와 매표소 뒤편 벽에 게시될 것입니다. 변경 사항은 다음과 같습니다:

투어	[192]현재 진행 요일		12월 1일부터 진행될 요일
[192]공룡과 화석	[192]일요일	→	월요일
우리 주변의 기술	월요일	→	화요일
대양의 생명	목요일	→	수요일
우주에서의 우리의 자리	토요일	→	금요일

Secondly, one of our volunteers, Dr. James Uttley, will not be able to lead his tour in January. [194]Please let me know by e-mail if you would be willing to take over for Dr. Uttley temporarily. All I require is that you have a degree in archaeology.

둘째로, 우리의 자원봉사자 중 한 명인 Dr. James Uttley가 1월에 그의 투어를 인솔할 수 없을 것입니다. [194]임시로 Dr. Uttley를 대신하고 싶다면 이메일로 제게 알려주십시오. 제가 요구하는 것은 고고학 학위를 소지해야 한다는 것뿐입니다.

지문 3

FROM: Dale Vinson <dalevins@grandvillesm.com>
TO: Michelle Lawrence <michlawr@grandvillesm.com>
DATE: November 19
SUBJECT: Tour Opportunity

Dear Ms. Lawrence,

While I'm enjoying my work coordinating our museum's Energy Sources experience center, I'm keen to lead Dr. Uttley's tour during his absence. I don't think this would interfere with my regular duties because [195-D]no new interactive exhibits will be added to the experience center that month. As you know, [194]I studied physics in university, which is not directly related to the tour. However, I'm highly familiar with each of our facility's exhibit halls. I also assisted Dr. Uttley when [195-B]the number of participants in his tour exceeded our 25-person limit due to a registration error. If you'd like, [195-A]I'd be happy to discuss this further with you at the staff cafeteria during lunch. Let me know if you want to meet.

Best,

Dale Vinson
Junior Curator, Grandville Science Museum

발신: Dale Vinson <dalevins@grandvillesm.com>
수신: Michelle Lawrence
        <michlawr@grandvillesm.com>
날짜: 11월 19일
제목: 투어 기회

Ms. Lawrence께,

저는 저희 박물관이 에너지원 체험 센터를 관리하는 제 업무를 즐겁게 하고 있지만, Dr. Uttley의 부재 동안 그의 투어를 인솔하고 싶습니다. [195-D]그 달에는 체험 센터에 추가되는 새로운 체험형 전시가 없으므로 이것이 제 정규 업무에 지장을 주지 않을 것입니다. 아시다시피, [194]저는 대학에서 물리학을 공부했고, 그것이 투어와 직접적으로 연관되어 있지는 않습니다. 하지만, 저는 저희 시설의 각 전시실에 매우 익숙합니다. 저는 또한 등록 오류로 인해 Dr. Uttley의 [195-B]투어에 참가자 수가 25명의 제한을 초과했을 때 그를 보조했습니다. 괜찮으시다면, [195-A]점심 시간 동안 직원 식당에서 이에 대해 더 상의하고 싶습니다. 만나기를 원하신다면 제게 알려주십시오.

Dale Vinson 드림
주니어 큐레이터, 그랜드빌 과학박물관

TEST | 01 | 02 | 03 | 04 | 05 | 06 | 07 | 08 | 09 | 10

해커스 토익 실전 1000제 1 Reading

지문 1	□ colleague n. (직장) 동료	□ expedition n. 원정	□ remains n. 유해, 유적
	□ extinct adj. 멸종된	□ life-form n. 생명체	□ onward adv. ~에서부터, 나아가서
	□ switch v. 바꾸다, 전환하다	□ in need of phr. ~을 필요로 하는	□ findings n. 연구 결과
지문 2	□ inconvenience v. 불편하게 하다; n. 불편	□ congestion n. 혼잡	□ dinosaur n. 공룡
	□ fossil n. 화석	□ temporarily adv. 임시로, 일시적으로	□ degree n. 학위
	□ archaeology n. 고고학		
지문 3	□ coordinate v. 관리하다, 조정하다	□ keen to phr. ~을 하고 싶은	□ absence n. 부재
	□ interfere v. 지장을 주다, 방해하다	□ interactive exhibit phr. 체험형 전시	□ physics n. 물리학
	□ highly adv. 매우	□ facility n. 시설	□ assist v. 보조하다, 돕다
	□ exceed v. 초과하다		

191
○○○●

Why was the letter written?

(A) To ask for a financial contribution
(B) To confirm attendance at a talk
(C) To clarify some research goals
(D) To temporarily suspend a commitment

편지는 왜 쓰였는가?

(A) 재정적 기부를 요청하기 위해
(B) 강연의 참석을 확정하기 위해
(C) 연구 목표를 명확하게 하기 위해
(D) 일시적으로 책임을 중단하기 위해

■ 주제/목적 찾기 글을 쓴 이유   정답 (D)

편지가 쓰인 이유를 묻는 목적 찾기 문제이므로 첫 번째 지문인 편지의 내용을 확인한다. 편지의 'I am writing to let you know that I will not be able to lead tours at the museum for all of January.'에서 1월 내내 박물관에서 투어를 인솔할 수 없을 것임을 알리기 위해 편지를 쓴다고 했으므로 (D)가 정답이다.

어휘   financial adj. 재정적인   contribution n. 기부, 공헌   clarify v. 명확하게 하다   suspend v. 중단하다   commitment n. 책임, 약속, 전념

Which tour has Mr. Uttley been leading?

(A) Dinosaurs and Fossils
(B) The Technology around Us
(C) Life in the Ocean
(D) Our Place in the Universe

Mr. Uttley는 어떤 투어를 인솔해 왔는가?

(A) 공룡과 화석
(B) 우리 주변의 기술
(C) 대양의 생명
(D) 우주에서의 우리의 자리

■ 육하원칙 연계 문제   정답 (A)

세 지문 중 두 지문의 내용을 종합해서 풀어야 하는 연계 문제이다. 질문의 핵심 어구인 tour ~ Mr. Uttley been leading에서 Mr. Uttley가 어떤(Which) 투어를 인솔해 왔는지를 묻고 있으므로 Mr. Uttley가 작성한 편지를 먼저 확인한다.

단서 1 첫 번째 지문(편지)의 'I have been leading tours on Sundays up to this point'에서 저, 즉 Mr. Uttley는 이때까지 일요일에 투어를 인솔해 왔다고 했다. 그런데 일요일에 진행되어 온 투어가 무엇인지 제시되지 않았으므로 회람에서 관련 내용을 확인한다.

단서 2 두 번째 지문(회람)의 'Dinosaurs and Fossils', 'Day Currently Held', 'Sunday'에서 공룡과 화석 투어의 현재 진행 요일이 일요일이라는 것을 확인할 수 있다.

두 단서를 종합할 때, Mr. Uttley는 현재까지 일요일에 진행되어 온 공룡과 화석 투어를 인솔해 왔다는 것을 알 수 있다. 따라서 (A)가 정답이다.

According to the memo, why will a schedule be changed?

(A) Some volunteers requested greater flexibility.
(B) Season passes have been discontinued.
(C) Some exhibit spaces are being renovated.
(D) Large crowds visit on certain days.

회람에 따르면, 일정표는 왜 변경될 것인가?

(A) 일부 자원봉사자들이 더 많은 융통성을 요구했다.
(B) 시즌권이 중단되었다.
(C) 일부 전시 공간이 개조되고 있다.
(D) 특정 요일들에 많은 사람이 방문한다.

■ 육하원칙 Why   정답 (D)

회람에 따르면 일정표가 왜(why) 변경될 것인지를 묻는 육하원칙 문제이므로 두 번째 지문인 회람에서 관련 내용을 확인한다. 회람의 'our tours will be taking place on weekdays only ~. This is because our average number of weekend visitors has risen, and tour groups have become inconvenienced by the congestion.'에서 투어는 평일에만 진행될 것이며 이는 주말 방문객들의 평균 숫자가 증가하여 투어 단체들이 혼잡으로 인해 불편을 겪게 되었기 때문이라고 했으므로 (D)가 정답이다.

바꾸어 표현하기
average number of weekend visitors has risen 주말 방문객들의 평균 숫자가 증가했다
→ Large crowds visit on certain days 특정 요일들에 많은 사람이 방문하다

어휘 flexibility n. 융통성, 유연성 discontinue v. 중단하다 renovate v. 개조하다, 보수하다 crowd n. 사람들, 군중

○○○●
하

What is indicated about Mr. Vinson?

(A) He was unable to attend a team meeting.
(B) He is not qualified to replace Dr. Uttley.
(C) He has been granted access to a laboratory.
(D) He has not yet signed a contract with the Grandville Science Museum.

Mr. Vinson에 대해 암시되는 것은?

(A) 팀 회의에 참석할 수 없었다.
(B) Dr. Uttley를 대체할 자격이 되지 않는다.
(C) 실험실 출입을 허가받았다.
(D) 아직 그랜드빌 과학박물관과 계약하지 않았다.

■ **추론** 연계 문제 　　　　　　　　　　　　　　　　　　　　　　　　　　　　　　　　　　　　　정답 (B)

세 지문 중 두 지문의 내용을 종합적으로 확인한 후 추론해서 풀어야 하는 문제이다. 질문의 핵심 어구인 Mr. Vinson이 작성한 이메일을 먼저 확인한다.

단서 1 세 번째 지문(이메일)의 'I studied physics in university'에서 자신, 즉 Mr. Vinson은 대학에서 물리학을 공부했다고 했다. 그런데 이것이 Mr. Vinson에게 어떤 영향을 주는지 제시되지 않았으므로 회람에서 관련 내용을 확인한다.

단서 2 두 번째 지문(회람)의 'Please let me know ~ if you would be willing to take over for Dr. Uttley temporarily. All I require is that you have a degree in archaeology.'에서 임시로 Dr. Uttley를 대신하고 싶다면 알려달라고 하며, 요구하는 것은 고고학 학위를 소지해야 한다는 것뿐이라고 한 것을 확인할 수 있다.

두 단서를 종합할 때, Mr. Vinson은 대학에서 고고학이 아닌 물리학을 공부했으므로, 요구 사항에 맞지 않아 Dr. Uttley를 대체할 자격이 되지 않는다는 사실을 추론할 수 있다. 따라서 (B)가 정답이다.

어휘 **qualified** adj. 자격이 있는 **grant** v. 허가하다, 부여하다 **laboratory** n. 실험실

○●●●
상

According to the e-mail, what is NOT true about the Grandville Science Museum?

(A) It runs a dining facility for workers.
(B) It limits the size of its tours.
(C) It screens a movie once an hour.
(D) It has an interactive section.

이메일에 따르면, 그랜드빌 과학박물관에 대해 사실이 아닌 것은?

(A) 직원들을 위한 식당 시설을 운영한다.
(B) 투어의 규모를 제한한다.
(C) 한 시간에 한 번 영화를 상영한다.
(D) 체험 구역이 있다.

■ **Not/True** Not 문제 　　　　　　　　　　　　　　　　　　　　　　　　　　　　　　　　　　　정답 (C)

질문의 핵심 어구인 the Grandville Science Museum과 관련된 내용을 이메일에서 찾아 각 보기와 대조하는 Not/True 문제이므로 세 번째 지문인 이메일에서 관련 내용을 확인한다. (A)는 'I'd be happy to discuss this further with you at the staff cafeteria during lunch'에서 점심 시간 동안 직원 식당에서 이에 대해 더 상의하고 싶다고 한 것에서 직원들을 위한 식당 시설이 있음을 알 수 있으므로 지문의 내용과 일치한다. (B)는 'the number of participants in his tour exceeded our 25-person limit'에서 투어 참가자 수가 25명의 제한을 초과했다고 한 것에서 투어의 규모를 제한한다는 것을 알 수 있으므로 지문의 내용과 일치한다. (C)는 지문에 언급되지 않은 내용이다. 따라서 (C)가 정답이다. (D)는 'no new interactive exhibits will be added to the experience center that month'에서 그 달에는 체험 센터에 추가되는 새로운 체험형 전시가 없을 것이라고 한 것에서 현재 체험형 전시가 있음을 알 수 있으므로 지문의 내용과 일치한다.

어휘 **dining facility** phr. 식당 시설 **screen** v. 상영하다

지문 1

Satisfy Your Thirst for Knowledge at Devon Music Institute

At Devon Music Institute, we know that the desire to learn doesn't stop after graduation from university. That's why, in addition to [196]providing training for aspiring performers and composers, we offer a range of continuing education courses taught by highly qualified instructors. If you'd like to enhance your life through a better understanding of music, consider taking one of our upcoming music history workshops.

Workshop	Instructor	Date	Cost
Early Italian Opera	Denise Murray	May 6	$35
The Madrigal Tradition	Clayton Higgins	[198]May 13	[198]$55
North American Folk Music	Lara Wiseman	May 20	$40
Improvisational Music in the Middle East	Zoe Gomez	May 27	$60

Additional information about these workshops is available at www.devonmusicinstitute.com.

To register, drop by our facility on the corner of Bedford Avenue and Davis Street.

Devon 음악 교육원에서 지식에 대한 갈증을 충족시키세요

Devon 음악 교육원은 대학 졸업 이후에도 배움에 대한 갈망이 멈추지 않는다는 것을 압니다. 그것이, 저희가 [196]연주자와 작곡가가 되려는 사람들을 위한 교육을 제공하는 것에 더해, 매우 능력 있는 강사들이 가르치는 다양한 평생 교육 강좌를 제공하는 이유입니다. 음악에 대한 더 나은 이해를 통해 당신의 삶을 향상시키고 싶다면, 다가오는 저희의 음악사 워크숍을 듣는 것을 고려해 보세요.

워크숍	강사	날짜	가격
초기 이탈리아 오페라	Denise Murray	5월 6일	35달러
마드리갈 전통	Clayton Higgins	[198]5월 13일	[198]55달러
북아메리카 민요	Lara Wiseman	5월 20일	40달러
중동의 즉흥 음악	Zoe Gomez	5월 27일	60달러

이 워크숍에 대한 추가 정보는 www.devonmusicinstitute.com에서 이용 가능합니다.

등록하기 위해서는, Bedford가와 Davis가의 모퉁이에 있는 저희 시설에 들르세요.

지문 2

To: Promotion Department Staff, Periform Records
From: [200]Greg Hong, promotions manager, Periform Records
Date: April 15
Subject: Workshops

At our April 10 meeting, I asked you to tell me how you think our workplace can be improved. Several of you indicated that you would like to be given more opportunities to learn about music. I called Devon Music Institute yesterday morning and confirmed that each of its regularly offered one-day workshops will take place next month. Staff members interested in attending any of these workshops should register and pay themselves. Then they should request reimbursement from the accounting department. I would like to add that [197]I took one of the sessions—Early Italian Opera—last month with supervisors from the marketing and distribution departments. [197]We were highly impressed by how much information was covered.

수신: 홍보 부서 직원, Periform Records사
발신: [200]Greg Hong, 홍보 관리자, Periform Records사
날짜: 4월 15일
제목: 워크숍

4월 10일 회의에서, 저는 여러분에게 우리의 직장이 어떻게 개선될 수 있을지 이야기해 달라고 요청했습니다. 여러분들 중 많은 분들이 음악을 배울 수 있는 더 많은 기회가 주어졌으면 좋겠다고 언급했습니다. 저는 어제 아침에 Devon 음악 교육원에 전화해 각각의 정기적으로 제공되는 일일 워크숍이 다음 달에 열릴 것임을 확인했습니다. 이 워크숍 중 어느 것이라도 참석하는 데 관심이 있는 직원들은 등록한 다음 요금을 직접 지불해야 합니다. 그러고 나서 그들은 회계 부서로부터 환급을 요청해야 합니다. [197]제가 지난달에 마케팅 및 유통 부서의 관리자들과 함께 그 세션들 중 하나인 초기 이탈리아 오페라 세션을 들었다는 점을 덧붙이고 싶습니다. [197]우리는 다뤄진 정보의 양에 매우 감명을 받았습니다.

To: Darrel Wilson <d.wilson@periform.com>
From: Mandy Parker <m.parker@periform.com>
Date: July 1
Subject: Reimbursement Request

Dear Mr. Wilson,

[198/199]I just wanted to follow up on my reimbursement request. [198]It was for a workshop I joined at Devon Music Institute on May 13. Do you have any idea why my request has not been processed yet? [199]In the past, it has never taken more than three weeks. One of my coworkers who participated in a training session at the same institute on May 20 has already received the funds he requested. The workshop I attended was authorized by [200]my manager, Mr. Hong. You may want to call him at extension 457 to confirm this. Thank you.

Sincerely,

Mandy Parker

수신: Darrel Wilson <d.wilson@periform.com>
발신: Mandy Parker <m.parker@periform.com>
날짜: 7월 1일
제목: 환급 요청

Mr. Wilson께,

[198/199]저는 그저 제 환급 요청에 대해 후속 조치를 취하고자 했습니다. [198]그것은 제가 5월 13일에 Devon 음악 교육원에서 참가했던 워크숍에 대한 것이었습니다. 제 요청이 왜 아직까지 처리되지 않았는지 혹시 알고 계신가요? [199]예전에는, 이것이 3주 이상 걸렸던 적이 없었습니다. 5월 20일에 같은 기관에서 교육 세션에 참가한 제 동료 중 한 명은 이미 그가 요청했던 금액을 받았습니다. 제가 참석했던 워크숍은 [200]제 관리자인 Mr. Hong에 의해 승인되었습니다. 이를 확인하시려면 내선 번호 457로 그에게 전화하실 수 있습니다. 감사합니다.

Mandy Parker 드림

지문 1
□ thirst n. 갈증
□ aspiring adj. (장차) ~이 되려는
□ continuing education phr. 평생 교육
□ improvisational adj. 즉흥의

□ desire n. 갈망, 욕구
□ composer n. 작곡가
□ instructor n. 강사, 교사
□ drop by phr. (잠시) 들르다

□ graduation n. 졸업
□ a range of phr. 다양한
□ enhance v. 개선하다

지문 2
□ workplace n. 직장
□ reimbursement n. 환급, 상환

□ confirm v. 확인하다
□ distribution n. 유통, 배급, 분배

□ attend v. 참석하다
□ cover v. 다루다, 덮다

지문 3
□ follow up on phr. 후속 조치를 취하다
□ authorize v. 승인하다, 권한을 부여하다

□ process v. 처리하다
□ extension n. 내선 번호, 확장

□ fund n. 금액, 자금

196
○ ● ● ●
상

What is suggested about Devon Music Institute?

(A) It has classes on musical composition.
(B) It bought advertising space on Davis Street.
(C) It has received funding from Periform Records.
(D) It specializes in online learning.

Devon 음악 교육원에 대해 암시되는 것은?

(A) 작곡에 대한 수업이 있다.
(B) Davis가에 광고 자리를 구입했다.
(C) Periform Records사에서 자금을 받았다.
(D) 온라인 교육을 전문으로 한다.

■ 추론 세부 정보   정답 (A)

질문의 핵심 어구인 Devon Music Institute에 대해 추론하는 문제이므로 첫 번째 지문인 Devon 음악 교육원의 광고를 확인한다. 광고의 'providing training for aspiring ~ composers'에서 작곡가가 되려는 사람들을 위한 교육을 제공한다고 했으므로 Devon 음악 교육원에 작곡에 대한 수업이 있다는 사실을 추론할 수 있다. 따라서 (A)가 정답이다.

어휘 composition n. 작곡 specialize in phr. ~을 전문으로 하다

197

What aspect of the workshop at Devon Music Institute did Mr. Hong find impressive?

(A) Its affordable fees
(B) Its flexible format
(C) Its supplementary readings
(D) Its amount of educational content

Mr. Hong은 Devon 음악 교육원의 워크숍에서 어떤 점이 인상 깊다고 생각했는가?

(A) 적당한 수업료
(B) 유연한 구성 방식
(C) 추가적인 읽을거리
(D) 교육 내용의 분량

■ 육하원칙 What   정답 (D)

Mr. Hong이 Devon 음악 교육원의 워크숍에서 어떤(What) 점이 인상 깊다고 생각했는지를 묻는 육하원칙 문제이므로 질문의 핵심 어구인 aspect of the workshop ~ Mr. Hong find impressive와 관련된 내용이 언급된 두 번째 지문인 회람을 확인한다. 회람의 'I took one of the sessions—Early Italian Opera—last month', 'We were highly impressed by how much information was covered.'에서 저, 즉 Mr. Hong이 지난달에 세션들 중 하나인 초기 이탈리아 오페라 세션을 들었다고 한 후 다뤄진 정보의 양에 매우 감명을 받았다고 했으므로 (D)가 정답이다.

바꾸어 표현하기
how much information was covered 다뤄진 정보의 양 → amount of educational content 교육 내용의 분량

어휘 affordable adj. (가격이) 적당한 flexible adj. 유연한 supplementary adj. 추가적인, 보충의

198

How much does Ms. Parker expect to be reimbursed?

(A) $35
(B) $55
(C) $40
(D) $60

Ms. Parker는 얼마를 환급 받을 것으로 예상하는가?

(A) 35달러
(B) 55달러
(C) 40달러
(D) 60달러

■ 육하원칙 연계 문제   정답 (B)

세 지문 중 두 지문의 내용을 종합해서 풀어야 하는 연계 문제이다. 질문의 핵심 어구인 Ms. Parker expect to be reimbursed에서 Ms. Parker가 얼마(How much)를 환급 받을 것으로 예상하는지를 묻고 있으므로 Ms. Parker가 작성한 이메일을 먼저 확인한다.
[단서 1] 세 번째 지문(이메일)의 'I just wanted to follow up on my reimbursement request. It was for a workshop I joined at Devon Music Institute on May 13.'에서 그저 저, 즉 Ms. Parker의 환급 요청에 대해 후속 조치를 취하고자 했다며 그것은 그녀가 5월 13일에 Devon 음악 교육원에서 참가했던 워크숍에 대한 것이었다고 했다. 그런데 5월 13일의 워크숍이 얼마였는지 제시되지 않았으므로 광고에서 관련 내용을 확인한다.
[단서 2] 첫 번째 지문(광고)의 'May 13', '$55'에서 5월 13일의 워크숍이 55달러임을 확인할 수 있다.
두 단서를 종합할 때, Ms. Parker는 5월 13일에 워크숍에 참가했으므로 55달러를 환급 받을 것으로 예상한다는 것을 알 수 있다. 따라서 (B)가 정답이다.

199

What is indicated about Ms. Parker?

(A) She attended a seminar with one of her coworkers.
(B) She received the wrong amount of money from the accounting department.
(C) She planned to attend several workshops at an institute.
(D) She submitted a request at least three weeks ago.

Ms. Parker에 대해 암시되는 것은?

(A) 동료 중 한 명과 함께 세미나에 참석했다.
(B) 회계 부서로부터 잘못된 금액을 받았다.
(C) 교육 기관에서 열리는 여러 워크숍에 참석할 계획이었다.
(D) 요청을 최소 3주 전에 제출했다.

■ 추론 세부 정보   정답 (D)

질문의 핵심 어구인 Ms. Parker에 대해 추론하는 문제이므로 Ms. Parker가 작성한 세 번째 지문인 이메일을 확인한다. 이메일의 'I just wanted to follow up on my reimbursement request.'에서 그저 저, 즉 Ms. Parker의 환급 요청에 대해 후속 조치를 취하고자 했다고 한 후, 'In the past, it has never taken more than three weeks.'에서 예전에는 이것, 즉 환급 요청이 처리되는 것이 3주 이상 걸렸던 적이 없었다고 한 것에서 현재 요청이 처리되는 데에 3주 이상이 걸리고 있다는 것을 알 수 있으므로 Ms. Parker가 최소 3주 전에 환급 요청을 제출했다는 사실을 추론할 수 있다. 따라서 (D)가 정답이다.

어휘 coworker n. 동료 submit v. 제출하다

Which department does Ms. Parker probably work in?	Ms. Parker는 어느 부서에서 일할 것 같은가?
(A) Promotion (B) Accounting (C) Marketing (D) Distribution	(A) 홍보 (B) 회계 (C) 마케팅 (D) 유통

■ 추론 연계 문제   정답 (A)

세 지문 중 두 지문의 내용을 종합적으로 확인한 후 추론해서 풀어야 하는 연계 문제이다. 질문의 핵심 어구인 department ~ Ms. Parker ~ work in과 관련된 내용이 언급된 이메일을 먼저 확인한다.

단서 1 세 번째 지문(이메일)의 'my manager, Mr. Hong'에서 자신, 즉 Ms. Parker의 관리자가 Mr. Hong이라고 했다. 그런데 Mr. Hong이 어느 부서의 관리자인지 제시되지 않았으므로 회람에서 관련 내용을 확인한다.

단서 2 두 번째 지문(회람)의 'Greg Hong, promotions manager'에서 Greg Hong이 홍보 관리자라는 사실을 확인할 수 있다.

두 단서를 종합할 때, Ms. Parker는 Mr. Hong이 관리자인 홍보 부서에서 일한다는 사실을 추론할 수 있다. 따라서 (A)가 정답이다.

정답 ▮

TEST 01

101 (D)	102 (A)	103 (B)	104 (D)	105 (C)
106 (C)	107 (D)	108 (B)	109 (A)	110 (C)
111 (D)	112 (D)	113 (C)	114 (B)	115 (A)
116 (C)	117 (C)	118 (B)	119 (A)	120 (B)
121 (C)	122 (B)	123 (C)	124 (A)	125 (D)
126 (A)	127 (A)	128 (D)	129 (C)	130 (B)
131 (B)	132 (C)	133 (C)	134 (D)	135 (C)
136 (A)	137 (D)	138 (B)	139 (D)	140 (C)
141 (A)	142 (D)	143 (A)	144 (C)	145 (A)
146 (B)	147 (B)	148 (D)	149 (C)	150 (C)
151 (B)	152 (D)	153 (A)	154 (D)	155 (B)
156 (D)	157 (A)	158 (D)	159 (C)	160 (A)
161 (A)	162 (C)	163 (B)	164 (B)	165 (D)
166 (B)	167 (A)	168 (B)	169 (C)	170 (C)
171 (A)	172 (D)	173 (D)	174 (C)	175 (D)
176 (C)	177 (B)	178 (A)	179 (C)	180 (B)
181 (B)	182 (D)	183 (C)	184 (A)	185 (D)
186 (C)	187 (C)	188 (C)	189 (D)	190 (B)
191 (C)	192 (A)	193 (D)	194 (A)	195 (D)
196 (B)	197 (A)	198 (D)	199 (B)	200 (D)

TEST 02

101 (C)	102 (B)	103 (D)	104 (A)	105 (B)
106 (A)	107 (D)	108 (A)	109 (C)	110 (D)
111 (B)	112 (A)	113 (C)	114 (D)	115 (C)
116 (B)	117 (D)	118 (A)	119 (A)	120 (C)
121 (A)	122 (D)	123 (C)	124 (C)	125 (B)
126 (B)	127 (D)	128 (C)	129 (B)	130 (A)
131 (A)	132 (B)	133 (D)	134 (C)	135 (D)
136 (C)	137 (D)	138 (C)	139 (C)	140 (C)
141 (A)	142 (C)	143 (B)	144 (D)	145 (B)
146 (C)	147 (D)	148 (C)	149 (C)	150 (D)
151 (B)	152 (A)	153 (D)	154 (D)	155 (C)
156 (B)	157 (D)	158 (A)	159 (D)	160 (D)
161 (B)	162 (C)	163 (A)	164 (C)	165 (D)
166 (C)	167 (A)	168 (A)	169 (B)	170 (D)
171 (C)	172 (B)	173 (D)	174 (A)	175 (C)
176 (C)	177 (B)	178 (C)	179 (D)	180 (D)
181 (C)	182 (A)	183 (C)	184 (B)	185 (B)
186 (A)	187 (B)	188 (C)	189 (C)	190 (D)
191 (A)	192 (C)	193 (D)	194 (A)	195 (B)
196 (C)	197 (D)	198 (B)	199 (D)	200 (B)

TEST 03

101 (C)	102 (D)	103 (A)	104 (B)	105 (B)
106 (D)	107 (A)	108 (C)	109 (B)	110 (C)
111 (C)	112 (B)	113 (B)	114 (B)	115 (A)
116 (D)	117 (B)	118 (A)	119 (C)	120 (D)
121 (B)	122 (C)	123 (D)	124 (A)	125 (B)
126 (B)	127 (D)	128 (A)	129 (D)	130 (D)
131 (B)	132 (A)	133 (C)	134 (D)	135 (C)
136 (D)	137 (A)	138 (C)	139 (C)	140 (D)
141 (A)	142 (B)	143 (C)	144 (B)	145 (C)
146 (B)	147 (D)	148 (A)	149 (C)	150 (B)
151 (B)	152 (C)	153 (A)	154 (C)	155 (B)
156 (C)	157 (D)	158 (C)	159 (C)	160 (B)
161 (C)	162 (A)	163 (D)	164 (B)	165 (C)
166 (B)	167 (B)	168 (B)	169 (B)	170 (A)
171 (C)	172 (D)	173 (A)	174 (B)	175 (D)
176 (D)	177 (C)	178 (B)	179 (A)	180 (C)
181 (B)	182 (D)	183 (A)	184 (D)	185 (B)
186 (B)	187 (B)	188 (D)	189 (B)	190 (A)
191 (B)	192 (B)	193 (C)	194 (A)	195 (D)
196 (A)	197 (B)	198 (A)	199 (D)	200 (C)

TEST 04

101 (B)	102 (B)	103 (D)	104 (C)	105 (C)
106 (D)	107 (B)	108 (D)	109 (C)	110 (C)
111 (D)	112 (C)	113 (A)	114 (D)	115 (B)
116 (C)	117 (A)	118 (A)	119 (C)	120 (C)
121 (B)	122 (D)	123 (C)	124 (C)	125 (C)
126 (B)	127 (C)	128 (B)	129 (D)	130 (B)
131 (A)	132 (A)	133 (C)	134 (B)	135 (C)
136 (A)	137 (C)	138 (B)	139 (C)	140 (D)
141 (C)	142 (C)	143 (C)	144 (A)	145 (D)
146 (B)	147 (B)	148 (D)	149 (C)	150 (A)
151 (B)	152 (A)	153 (D)	154 (A)	155 (D)
156 (A)	157 (B)	158 (D)	159 (C)	160 (B)
161 (D)	162 (B)	163 (B)	164 (C)	165 (C)
166 (C)	167 (B)	168 (B)	169 (B)	170 (C)
171 (C)	172 (C)	173 (B)	174 (C)	175 (D)
176 (C)	177 (C)	178 (D)	179 (B)	180 (B)
181 (C)	182 (A)	183 (D)	184 (C)	185 (B)
186 (C)	187 (D)	188 (B)	189 (C)	190 (A)
191 (C)	192 (B)	193 (B)	194 (D)	195 (A)
196 (C)	197 (A)	198 (D)	199 (B)	200 (C)

▌TEST 05

101 (B)	102 (B)	103 (C)	104 (A)	105 (B)
106 (C)	107 (C)	108 (A)	109 (B)	110 (C)
111 (A)	112 (A)	113 (D)	114 (C)	115 (A)
116 (A)	117 (B)	118 (B)	119 (D)	120 (B)
121 (B)	122 (D)	123 (D)	124 (B)	125 (B)
126 (C)	127 (A)	128 (C)	129 (D)	130 (D)
131 (D)	132 (C)	133 (D)	134 (D)	135 (B)
136 (C)	137 (C)	138 (A)	139 (D)	140 (B)
141 (A)	142 (D)	143 (C)	144 (A)	145 (C)
146 (D)	147 (C)	148 (C)	149 (B)	150 (A)
151 (C)	152 (C)	153 (A)	154 (D)	155 (D)
156 (C)	157 (C)	158 (B)	159 (D)	160 (B)
161 (B)	162 (D)	163 (C)	164 (B)	165 (D)
166 (C)	167 (B)	168 (A)	169 (A)	170 (D)
171 (D)	172 (B)	173 (D)	174 (A)	175 (B)
176 (C)	177 (D)	178 (C)	179 (A)	180 (A)
181 (A)	182 (C)	183 (B)	184 (B)	185 (D)
186 (C)	187 (C)	188 (D)	189 (C)	190 (A)
191 (A)	192 (C)	193 (B)	194 (C)	195 (D)
196 (B)	197 (C)	198 (D)	199 (B)	200 (A)

▌TEST 06

101 (D)	102 (B)	103 (A)	104 (B)	105 (B)
106 (D)	107 (A)	108 (A)	109 (B)	110 (C)
111 (C)	112 (A)	113 (C)	114 (D)	115 (C)
116 (A)	117 (B)	118 (C)	119 (B)	120 (D)
121 (B)	122 (D)	123 (D)	124 (A)	125 (A)
126 (D)	127 (C)	128 (B)	129 (D)	130 (B)
131 (B)	132 (D)	133 (A)	134 (B)	135 (B)
136 (C)	137 (A)	138 (B)	139 (C)	140 (D)
141 (A)	142 (C)	143 (D)	144 (C)	145 (D)
146 (A)	147 (B)	148 (C)	149 (C)	150 (D)
151 (D)	152 (C)	153 (A)	154 (B)	155 (D)
156 (C)	157 (C)	158 (D)	159 (B)	160 (B)
161 (A)	162 (A)	163 (C)	164 (C)	165 (A)
166 (B)	167 (C)	168 (A)	169 (B)	170 (D)
171 (B)	172 (A)	173 (C)	174 (A)	175 (D)
176 (D)	177 (C)	178 (A)	179 (C)	180 (D)
181 (B)	182 (C)	183 (B)	184 (C)	185 (D)
186 (D)	187 (B)	188 (C)	189 (C)	190 (B)
191 (B)	192 (A)	193 (D)	194 (A)	195 (B)
196 (C)	197 (C)	198 (A)	199 (B)	200 (D)

▌TEST 07

101 (D)	102 (D)	103 (B)	104 (A)	105 (A)
106 (A)	107 (C)	108 (C)	109 (B)	110 (A)
111 (B)	112 (B)	113 (C)	114 (D)	115 (D)
116 (B)	117 (D)	118 (C)	119 (C)	120 (C)
121 (D)	122 (B)	123 (D)	124 (A)	125 (A)
126 (B)	127 (C)	128 (B)	129 (D)	130 (B)
131 (D)	132 (A)	133 (B)	134 (D)	135 (D)
136 (C)	137 (C)	138 (D)	139 (B)	140 (D)
141 (A)	142 (C)	143 (C)	144 (A)	145 (D)
146 (A)	147 (A)	148 (D)	149 (D)	150 (B)
151 (A)	152 (C)	153 (D)	154 (D)	155 (B)
156 (C)	157 (B)	158 (D)	159 (D)	160 (D)
161 (C)	162 (D)	163 (C)	164 (C)	165 (D)
166 (C)	167 (B)	168 (A)	169 (D)	170 (C)
171 (B)	172 (C)	173 (A)	174 (B)	175 (D)
176 (B)	177 (C)	178 (D)	179 (A)	180 (D)
181 (D)	182 (A)	183 (C)	184 (C)	185 (D)
186 (A)	187 (C)	188 (A)	189 (A)	190 (C)
191 (B)	192 (D)	193 (C)	194 (B)	195 (A)
196 (A)	197 (C)	198 (C)	199 (B)	200 (C)

▌TEST 08

101 (A)	102 (C)	103 (C)	104 (B)	105 (C)
106 (A)	107 (D)	108 (C)	109 (C)	110 (B)
111 (B)	112 (B)	113 (C)	114 (D)	115 (A)
116 (C)	117 (B)	118 (D)	119 (A)	120 (C)
121 (A)	122 (C)	123 (D)	124 (A)	125 (A)
126 (B)	127 (D)	128 (C)	129 (D)	130 (B)
131 (C)	132 (D)	133 (A)	134 (C)	135 (D)
136 (C)	137 (B)	138 (C)	139 (B)	140 (D)
141 (B)	142 (C)	143 (D)	144 (B)	145 (B)
146 (D)	147 (A)	148 (B)	149 (D)	150 (D)
151 (A)	152 (D)	153 (D)	154 (B)	155 (D)
156 (A)	157 (C)	158 (C)	159 (B)	160 (D)
161 (C)	162 (B)	163 (D)	164 (C)	165 (A)
166 (A)	167 (C)	168 (B)	169 (A)	170 (B)
171 (D)	172 (B)	173 (B)	174 (B)	175 (D)
176 (B)	177 (C)	178 (D)	179 (A)	180 (C)
181 (C)	182 (D)	183 (B)	184 (A)	185 (A)
186 (C)	187 (B)	188 (C)	189 (A)	190 (D)
191 (D)	192 (C)	193 (D)	194 (D)	195 (C)
196 (D)	197 (D)	198 (D)	199 (B)	200 (C)

▮TEST 09

101 (C)	102 (D)	103 (C)	104 (A)	105 (B)
106 (A)	107 (C)	108 (D)	109 (B)	110 (C)
111 (C)	112 (B)	113 (C)	114 (C)	115 (D)
116 (D)	117 (A)	118 (D)	119 (D)	120 (D)
121 (B)	122 (B)	123 (C)	124 (A)	125 (B)
126 (B)	127 (A)	128 (C)	129 (D)	130 (A)
131 (C)	132 (D)	133 (A)	134 (D)	135 (C)
136 (B)	137 (D)	138 (B)	139 (A)	140 (D)
141 (C)	142 (C)	143 (B)	144 (A)	145 (C)
146 (D)	147 (A)	148 (B)	149 (D)	150 (C)
151 (C)	152 (D)	153 (C)	154 (A)	155 (D)
156 (B)	157 (D)	158 (D)	159 (C)	160 (C)
161 (A)	162 (B)	163 (A)	164 (B)	165 (B)
166 (C)	167 (D)	168 (B)	169 (D)	170 (C)
171 (A)	172 (D)	173 (C)	174 (B)	175 (B)
176 (D)	177 (A)	178 (C)	179 (C)	180 (B)
181 (D)	182 (A)	183 (D)	184 (B)	185 (D)
186 (B)	187 (A)	188 (D)	189 (B)	190 (B)
191 (C)	192 (A)	193 (B)	194 (B)	195 (A)
196 (D)	197 (C)	198 (D)	199 (B)	200 (C)

▮TEST 10

101 (D)	102 (B)	103 (D)	104 (D)	105 (A)
106 (D)	107 (B)	108 (C)	109 (B)	110 (B)
111 (C)	112 (D)	113 (B)	114 (A)	115 (B)
116 (D)	117 (D)	118 (C)	119 (C)	120 (A)
121 (D)	122 (C)	123 (D)	124 (C)	125 (C)
126 (B)	127 (B)	128 (D)	129 (C)	130 (B)
131 (B)	132 (C)	133 (D)	134 (D)	135 (A)
136 (B)	137 (C)	138 (D)	139 (D)	140 (C)
141 (A)	142 (C)	143 (A)	144 (D)	145 (C)
146 (A)	147 (C)	148 (D)	149 (C)	150 (A)
151 (C)	152 (B)	153 (B)	154 (D)	155 (D)
156 (D)	157 (B)	158 (C)	159 (B)	160 (C)
161 (D)	162 (C)	163 (C)	164 (A)	165 (D)
166 (C)	167 (B)	168 (C)	169 (A)	170 (A)
171 (D)	172 (D)	173 (B)	174 (D)	175 (C)
176 (C)	177 (D)	178 (B)	179 (D)	180 (A)
181 (C)	182 (B)	183 (C)	184 (B)	185 (C)
186 (B)	187 (C)	188 (A)	189 (C)	190 (A)
191 (D)	192 (A)	193 (D)	194 (B)	195 (C)
196 (A)	197 (D)	198 (B)	199 (D)	200 (A)

최신 기출유형으로 실전 완벽 마무리

해커스 토익 RC

실전 1000제 READING 1 해설집

개정 5판 5쇄 발행 2024년 7월 8일

개정 5판 1쇄 발행 2023년 1월 2일

지은이	해커스 어학연구소
펴낸곳	㈜해커스 어학연구소
펴낸이	해커스 어학연구소 출판팀

주소	서울특별시 서초구 강남대로61길 23 ㈜해커스 어학연구소
고객센터	02-537-5000
교재 관련 문의	publishing@hackers.com
동영상강의	HackersIngang.com

ISBN	978-89-6542-506-9 (13740)
Serial Number	05-05-01

외국어인강 1위, 해커스인강
HackersIngang.com

ⓘ 해커스인강

· 해커스 토익 스타강사의 **본 교재 인강**
· 최신 출제경향이 반영된 **무료 온라인 실전모의고사**
· 들으면서 외우는 **무료 단어암기장 및 단어암기 MP3**
· 빠르고 편리하게 채점하는 **무료 정답녹음 MP3**

영어 전문 포털, 해커스토익
Hackers.co.kr

ⓘ 해커스토익

· 무료 매월 적중예상특강 및 실시간 토익시험 정답확인/해설강의
· 매일 실전 RC/LC 문제 및 토익 기출보카 TEST, 토익기출 100단어 등 다양한 무료 학습 콘텐츠

헤럴드 선정 2018 대학생 선호브랜드 대상 '대학생이 선정한 외국어인강' 부문 1위

"1분 레벨테스트"로
바로 확인하는 내 토익 레벨! ▶

┃토익 교재 시리즈

유형+문제

현재 점수에 맞는 교재를 선택하세요! ⟷ : 교재별 학습 가능 점수대

~450점 왕기초	450~550점 입문	550~650점 기본	650~750점 중급	750~900점 이상 정규

해커스 토익 왕기초 리딩 / 해커스 토익 왕기초 리스닝 / 해커스 첫토익 LC+RC+VOCA / 해커스 토익 스타트 리딩 / 해커스 토익 스타트 리스닝 / 해커스 토익 700+ [LC+RC+VOCA] / 해커스 토익 750+ RC / 해커스 토익 750+ LC / 해커스 토익 리딩 / 해커스 토익 리스닝 / 해커스 토익 Part 7 집중공략 777

실전모의고사

해커스 토익 실전 LC+RC 1 / 해커스 토익 실전 LC+RC 2 / 해커스 토익 실전 1200제 리딩 / 해커스 토익 실전 1200제 리스닝 / 해커스 토익 실전 1000제 1 리딩/리스닝 (문제집 + 해설집) / 해커스 토익 실전 1000제 2 리딩/리스닝 (문제집 + 해설집) / 해커스 토익 실전 1000제 3 리딩/리스닝 (문제집 + 해설집)

보카 / 문법 · 독해

해커스 토익 기출 보카 / 그래머 게이트웨이 베이직 / 그래머 게이트웨이 베이직 Light Version / 그래머 게이트웨이 인터미디엇 / 해커스 그래머 스타트 / 해커스 구문독해 100

┃토익스피킹 교재 시리즈

해커스 토익스피킹 스타트 / 만능 템플릿과 위기탈출 표현으로 해커스 토익스피킹 5일 완성 / 해커스 토익스피킹 / 해커스 토익스피킹 실전모의고사 15회

┃오픽 교재 시리즈

해커스 오픽 스타트 [Intermediate 공략] / 서베이부터 실전까지 해커스 오픽 매뉴얼 / 해커스 오픽 [Advanced 공략]

정가 **17,900원**

문제집 별매 (서점)

13740
ISBN 978-89-6542-506-9
9 788965 425069